수능기출 전국연합 학력평가

하루 20분 30일 완성

미니모의고사

고2
국어

수능 모의고사 전문 출판
입시플라이

하루 12문제·20분
국어 30일 완성

미니모의고사

가볍게 하루 12문제씩 20분을 학습하면 수능 실전 감각을 키워줄 뿐 아니라 '국어 1등급을 위한 나만의 학습 루틴(routine)'이 됩니다. [30일 완성 미니모의고사]는 수능 국어 전 유형을 매일 골고루 풀 수 있도록 7개년 수능 및 모의평가와 [고2 학력평가] 중 우수한 문제만을 엄선 후 난이도별로 배치했습니다. 학습 부담 없는 30일 완성 미니모의고사로 수능·내신 '1등급의 감각을 유지'하세요.

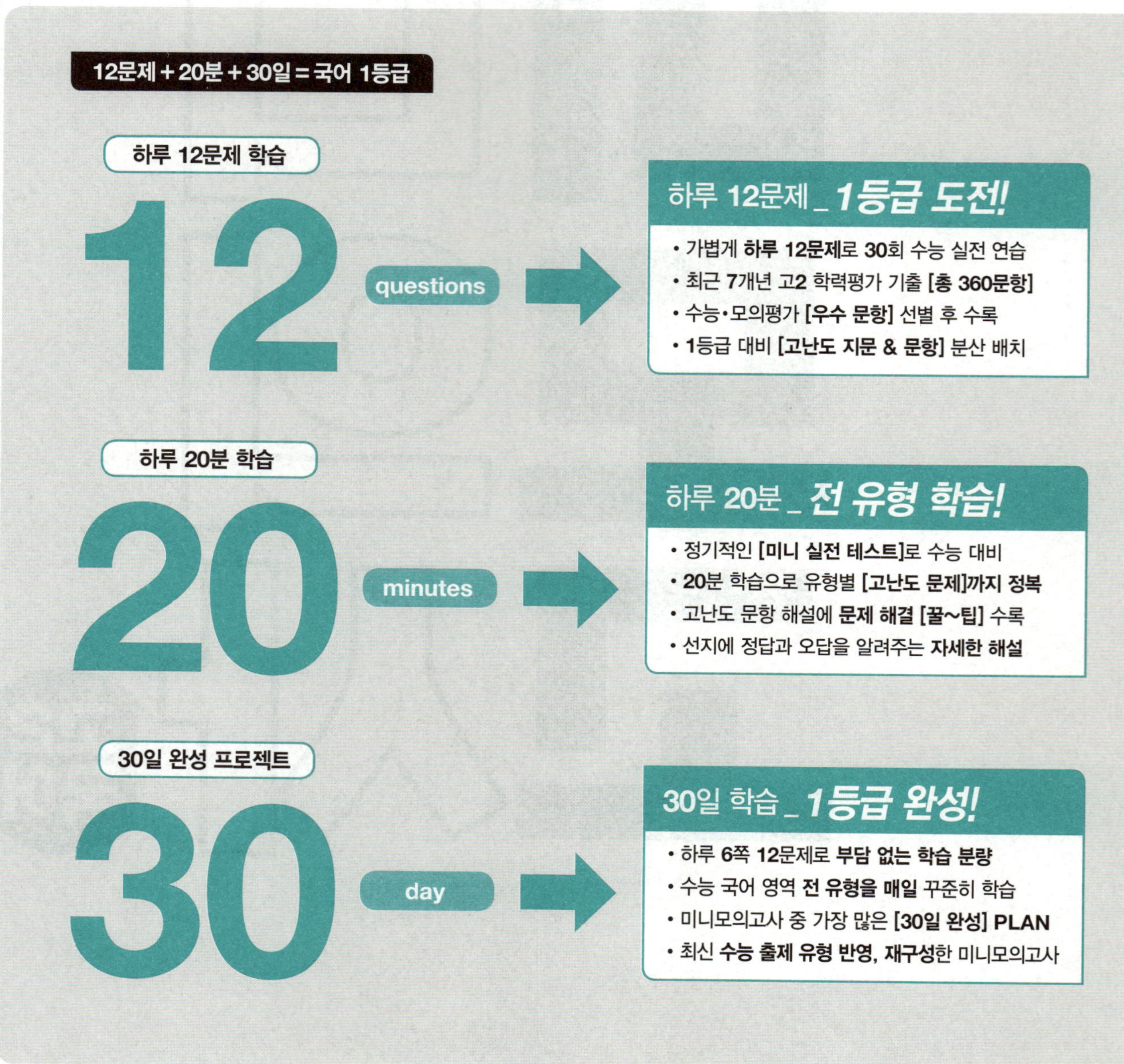

※ 미니모의고사가 수능에서 반드시 필요한 이유는 대부분의 수험생들이 국어 과목을 주제(유형)별 위주로 학습하기 때문입니다. 수능 국어 전 유형을 골고루 풀어 볼 수 있는 미니 모의고사로 하루 12문제씩 학습하면 '실전 감각도 함께 쌓을 수' 있습니다.

Contents &
30 Day planner

고2 국어

- 날짜별로 정해진 **학습 분량에 맞춰 공부하고 학습 결과를 기록**합니다.
- **planner**를 이용해 학습 일정을 계획하고 **자신의 성적을 체크하면서 30일 완성으로 목표**를 세우세요.
- 가볍게 매일 20분씩 꾸준하게 학습을 하세요. 주어진 목표 시간 안에 문제를 푸는 연습은 수능 실전에서 자신감까지 UP해 줍니다.

차례	쪽수	학습 날짜	소요 시간	틀린 문제 & 복습할 문제	복습 날짜
Day 01	004쪽	월 일			월 일
Day 02	010쪽	월 일			월 일
Day 03	016쪽	월 일			월 일
Day 04	022쪽	월 일			월 일
Day 05	028쪽	월 일			월 일
Day 06	034쪽	월 일			월 일
Day 07	040쪽	월 일			월 일
Day 08	046쪽	월 일			월 일
Day 09	052쪽	월 일			월 일
Day 10	058쪽	월 일			월 일
Day 11	064쪽	월 일			월 일
Day 12	070쪽	월 일			월 일
Day 13	076쪽	월 일			월 일
Day 14	082쪽	월 일			월 일
Day 15	088쪽	월 일			월 일
Day 16	094쪽	월 일			월 일
Day 17	100쪽	월 일			월 일
Day 18	106쪽	월 일			월 일
Day 19	112쪽	월 일			월 일
Day 20	118쪽	월 일			월 일
Day 21	124쪽	월 일			월 일
Day 22	130쪽	월 일			월 일
Day 23	136쪽	월 일			월 일
Day 24	142쪽	월 일			월 일
Day 25	148쪽	월 일			월 일
Day 26	154쪽	월 일			월 일
Day 27	160쪽	월 일			월 일
Day 28	166쪽	월 일			월 일
Day 29	172쪽	월 일			월 일
Day 30	178쪽	월 일			월 일

DAY 01

수능기출
전국연합학력평가 **20분 미니 모의고사**

● 날짜 :　　월　　일　 ● 시작 시각 :　　시　　분　　초　 ● 목표 시간 : 20분　　　　　　　　 ※ 점수 표기가 없는 문항은 모두 **2점**입니다.

01~02 다음은 학생의 발표이다. 물음에 답하시오.

안녕하세요? 일상 속 과학 원리에 대해 발표하게 된 ○○○입니다. 며칠 전 본 영화에서 주인공이 라면 국물에는 역시 갓 지은 밥보다 찬밥을 말아 먹어야 더 맛있다는 말을 하더라고요. 그 이유를 찾아보면서 알게 된 호화와 노화의 원리에 대해 발표하겠습니다.

우선 밥이 지어지는 과정에 대해 살펴보겠습니다. 쌀의 약 70%는 전분으로 이루어져 있다는 것을 아시나요? (청중의 반응을 확인하고) 전분이 무엇인지 잘 모르시는 것 같으니 그것부터 설명해야겠군요. 전분은 탄수화물의 일종으로, 쌀, 밀 등의 식물에 있습니다. (그림 1을 보여 주며) 이것은 생쌀의 전분 입자인데, 아밀로오스와 아밀로펙틴 분자가 밀집된 구조로 되어 있습니다. (그림 1에서 입자의 일부를 확대한 부분을 가리키며) 여기를 보시면 용수철처럼 생긴 아밀로오스와 갈퀴처럼 생긴 아밀로펙틴의 모양을 확인할 수 있습니다.

생쌀과 물을 함께 끓이면 어떻게 될까요? (그림 2를 보여주며) 밀집된 분자들 사이로 수분이 침투합니다. 이로 인해 분자 사이의 간격이 커지고 분자의 모양도 흐트러져 그림처럼 전분 입자의 모양과 구조가 변합니다. (그림 1과 그림 2를 나란히 보여 주며) 이렇게 전분이 왼쪽 그림의 상태에서 오른쪽 그림의 상태로 변하는 과정을 호화라고 합니다. 호화된 쌀은 부드럽고 촉촉해서 사람들은 보통 갓 지은 밥을 선호합니다.

그런데 갓 지은 밥을 오래 두면 식으면서 밥알이 굳습니다. 이는 전분의 노화 때문입니다. (그림 3을 보여 주며) 노화는 호화된 전분의 수분이 빠져나가면서 이와 같이 일부 탄수화물 분자가 원래 상태로 돌아가고 분자 사이의 간격도 좁아지는 과정입니다. 노화는 온도가 0도에서 60도 사이이거나 전분의 수분 함량이 30%에서 60% 사이일 때 잘 일어납니다. 전분이 노화되면 밥이 딱딱해지고 맛이 떨어지기 때문에 이를 방지하기 위해 온도나 수분 함량을 조절하기도 합니다.

그렇다면 라면 국물에는 찬밥이 더 어울리는 이유로 돌아가 볼까요? 찬밥의 노화된 전분은 국물을 흡수하면서 수분을 회복해 호화된 전분의 상태로 돌아갑니다. 밥에 간도 잘 배어 맛있을 수밖에 없습니다. 이에 반해 갓 지은 밥의 경우는 어떨지 그 전분 구조를 노화된 전분과 비교해 살펴볼까요? (그림 2와 그림 3을 나란히 보여 주며) 왼쪽 그림의 호화된 전분에는 오른쪽 그림의 노화된 전분에 비해 수분이 많습니다. 따라서 전분의 수분이 국물로 이동하는 삼투압 현상이 발생해 간이 싱거워져 찬밥을 만 경우에 비해 맛이 떨어집니다.

정리하자면 라면 국물에 찬밥이 어울리는 이유는 (그림 1, 2, 3을 차례로 보여 주며) 온도와 수분의 변화에 따라 전분의 상태가 이렇게 변화하기 때문이라고 할 수 있습니다. 우리가 매일 먹는 밥에도 이러한 과학적 원리가 숨어 있습니다. 여러분도 일상 속 궁금증을 지나치지 않으면 신기한 과학의 원리를 찾을 수 있을지도 모른답니다.

01

고2 • 2024년 3월 1번

위 발표에 대한 설명으로 가장 적절한 것은?

① 청중과 공유하는 경험을 언급하며 발표를 시작하고 있다.
② 청중의 배경지식을 확인한 후 발표 내용을 조절하고 있다.
③ 발표 내용을 중간중간에 요약하여 청중의 이해를 돕고 있다.
④ 전문가의 말을 인용하여 발표의 핵심 내용을 강조하고 있다.
⑤ 청중에게 바라는 바와 소감을 밝히며 발표를 마무리하고 있다.

02

고2 • 2024년 3월 2번

다음은 발표자가 제시한 그림이다. 발표자의 그림 활용에 대한 계획 중 발표에 반영되지 <u>않은</u> 것은? [3점]

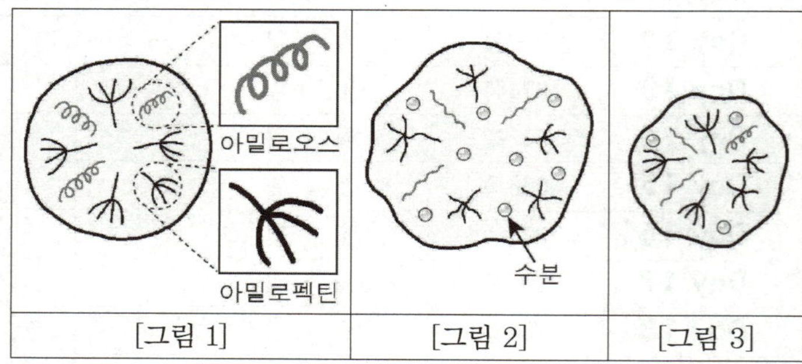

① [그림 1]의 특정 부분을 가리키며 전분을 구성하는 탄수화물 분자의 모양을 상세하게 보여 주어야겠어.
② [그림 2]를 활용하여 전분의 호화 과정에서 나타나는 전분 입자의 변화를 구체적으로 보여 주어야겠어.
③ [그림 1]과 [그림 2]를 함께 제시해서 호화 이전과 이후 전분의 상태를 한눈에 비교할 수 있도록 해야겠어.
④ [그림 2]와 [그림 3]을 함께 제시해서 찬밥의 노화된 전분이 국물을 흡수하면서 생기는 변화를 설명해야겠어.
⑤ [그림 1], [그림 2], [그림 3]을 순차적으로 제시해서 라면 국물에 찬밥이 어울리는 이유를 호화 및 노화의 원리와 종합하여 이해할 수 있도록 해야겠어.

03 (가)는 글쓰기를 위한 학생의 생각이고, (나)는 (가)를 바탕으로 쓴 학생의 초고이다. 물음에 답하시오.

(가) [학생의 생각]

학교 주변의 어린이 식품안전보호구역은 불량 식품과 관련 있다고 들었어. 무엇이 불량 식품이고, 이를 없애기 위해 우리 사회는 어떤 노력을 하고 있을까? 교지 원고를 모집하던데, 불량 식품에 관한 글을 써 봐야지. ㉠ 불량 식품의 개념과 ㉡ 불량 식품에 해당하는 것을 밝히고, ㉢ 불량 식품을 근절하는 방안을 제시해야겠어.

(나) [학생의 초고]

불량 식품은 건강과 직접적으로 관련된다. 따라서 불량 식품에 대해 이해하는 것은 중요하다. 연구 보고서에 따르면, 불량 식품은 생산, 유통, 판매 등의 과정에서 식품 위생 관련 법규를 준수하지 않은 식품을 말한다.

불량 식품에 해당하는 것이 다양하다 보니 무엇이 불량 식품인지 잘 모르는 경우가 있다. 예를 들어, 저렴한 군것질거리는 불량 식품으로 생각되기 쉽지만 법규에 맞게 위생적으로 만들어져 유통, 판매되는 것이라면 불량 식품이 아니다. 그렇다면 의약품인 것처럼 광고하는 식품은 불량 식품일까? 허위 광고나 과대광고를 통해 판매되는 식품은 소비자에게 유해한 불량 식품이다.

안전한 식생활을 위해 불량 식품을 근절하는 방안이 시행되고 있다. 첫째, 어린이 식품안전보호구역 제도가 있다. 이 제도는 학교 주변에서 불량 식품 판매 사례가 발생함에 따라 2009년부터 시행되었다. 이 구역의 어린이 기호 식품 조리·판매업소는 식품 위생 및 안전에 대해 관리를 받는다. 이 제도는 어린이가 위생적이고 안전한 식품을 접하게 하는 효과가 있다.

둘째, 이물 보고 의무화 제도가 있다. 이 제도는 식품 이물에 대한 업체의 소극적 대응에 소비자 불만이 커지면서 2010년부터 시행되었다. 업체는 식품에서 이물이 나왔다는 소비자의 신고를 받으면 이를 관련 기관장에게 보고해야 한다. 불량 식품 적발 유형 중 이물 검출 사례가 가장 많았는데, 이 제도는 이물 검출 문제를 해결하는 데 기여할 것으로 보인다.

03

(가)의 ㉠~㉢을 (나)에 구체화한 내용으로 적절하지 않은 것은?

① ㉠: 연구 보고서에서 제시한 불량 식품의 개념을 밝힌다.
② ㉡: 불량 식품인 것과 아닌 것을 구분하여 제시한다.
③ ㉡: 불량 식품에 대한 인식의 변화를 시기별로 제시한다.
④ ㉢: 불량 식품 근절을 위한 제도가 도입된 배경을 제시한다.
⑤ ㉢: 어린이 식품안전보호구역 제도와 이물 보고 의무화 제도를 설명한다.

DAY 01

04

고2 · 2023년 6월 14번

〈보기〉는 '사전 활용하기' 학습 활동을 위한 자료이다. 이에 대해 탐구한 내용으로 적절하지 **않은** 것은?

〈보 기〉

가늘다 형 ① 물체의 지름이 보통의 경우에 미치지 못하고 짧다.
② 소리의 울림이 보통에 미치지 못하고 약하다.

굵다 형 ① 물체의 지름이 보통의 경우를 넘어 길다.
¶ 나뭇가지가 굵다.
② 밤, 대추, 알 따위가 보통의 것보다 부피가 크다.

두껍다 형 ① 두께가 보통의 정도보다 크다. ¶ 두꺼운 종이
② 층을 이루는 사물의 높이나 집단의 규모가 보통의 정도보다 크다.

---

① '가늘다', '굵다', '두껍다'는 모두 다의어이다.
② '가늘다②'의 용례로 '열차의 기적 소리가 가늘게 들려왔다.'를 추가할 수 있다.
③ '두껍다②'의 용례로 '그 책은 수요층이 두껍다.'를 들 수 있다.
④ '굵다①'의 용례에서 '굵다'를 '가늘다'로 바꾸면 '가늘다①'의 용례가 될 수 있다.
⑤ '굵다①'과 '두껍다①'의 의미에 의하면 '굵은 손가락'은 '두꺼운 손가락'으로 쓰는 것이 적절하다.

05~09 다음 글을 읽고 물음에 답하시오.

데카르트로 대표되는 서양의 근대 철학은 주체 중심의 철학이었다. '나는 생각한다. 고로 존재한다.'에서 '생각하는 나'는 존재하는 모든 것의 근거인 주체가 되고, 주체 앞에 놓인 모든 것들은 주체가 지배할 수 있는 대상으로 이해되었다. 하지만 2차 세계대전, 유대인 학살과 같은 폭력의 경험은 이러한 철학 사유를 반성하는 계기가 되었다. 주체 중심의 철학이 타자에 대한 폭력을 정당화하는 근거를 제공한다고 여겼기 때문이다. 전쟁의 참상 앞에 ⓐ 놓였던 철학자 ㉮ 레비나스는 주체성의 의미를 새롭게 정의하고 타자 중심의 철학을 제안하였다.

레비나스는 인간의 삶은 진정한 삶을 향해 나아가는 것, 곧 초월이라고 보았다. 초월은 a에서 b로의 이행이며, 그의 철학은 이러한 이행 과정에서 ㉠ 타자의 존재가 어떤 의미가 있는지에 대해 탐구하는 것이었다. 그는 기존의 철학에서 주체는 주위의 모든 것들을 자기와 동일한 것으로 끊임없이 환원하는 자기중심적 존재로, 이 주체는 타자를 마음대로 할 수 있는 대상으로 취급했다고 보았다. 레비나스는 이러한 주체를 동일자라는 개념으로 설명하면서 타자는 동일자의 틀 안에 들어올 수 없기에 주체가 마음대로 할 수 없는 존재라고 보았다. 이처럼 주체로 환원되지 않는 타자의 성질을 레비나스는 '타자성'이라고 하였다.

이러한 타자 개념을 바탕으로 레비나스는 주체성의 의미를 두 가지로 제시했다. 하나는 '향유'의 주체성이고, 또 하나는 '환대'의 주체성이다. 그는 전자에서 후자로 나아가야 한다고 보았다. 향유는 즐김과 누림이며, 다른 누구도 대신해 줄 수 없는 개체의 고유한 행위이다. 배고픈 사람에게 먹을 것을 줄 수는 있지만, 그를 대신해서 먹어주지는 못한다. 이와 같이 어떤 것에 의존하지 않고 홀로 무엇을 누릴 때 나로서의 모습, '자기성'이 성립한다. 이런 점에서 향유의 주체성은 자기성을 바탕으로 이루어진 주체성이다. 하지만 향유의 대상인 세계는 불확실하기에 주체의 욕구는 항상 충족되지는 않는다. 이에 주체는 주변의 존재들을 소유해 가며 자기성을 계속 확장해 나간다. 이처럼 향유의 주체성은 본질적으로 이기적이며 자기 삶에만 관심을 갖기 때문에 스스로는 초월할 수 없다.

따라서 자신만의 갇힌 세계에서 열린 세계로 초월하기 위한 계기가 요구되는데, 레비나스는 이를 '타자의 출현'이라고 보았다. 세계를 향유하던 주체 앞에 낯선 타자가 나타나 호소한다. 레비나스는 타자의 호소를 무조건적으로 받아들이고 응답할 때 기존과는 다른 참다운 주체의 모습으로 나아가게 된다고 보았다. 타자에 대한 무조건적인 수용을 '환대'라고 하며, 환대의 주체성은 타자의 문제를 자신의 문제로 받아들여 책임을 지는 주체성이다. 타자의 출현으로 인해 주체는 그동안 누려 왔던 자유와 이기성에 의문을 제기하며, 타자의 요구에 무조건적인 응답을 해야 한다는 것이다. 이러한 점에서 주체와 타자는 비상호적 관계이며, 타자를 주체보다 우월한 위치에 올려놓는다는 점에서 비대칭적 관계가 된다.

그렇다면 타자를 환대하기 위해 자기성은 완전히 포기해야 하는 것인가. 레비나스는 타자의 출현은 주체의 이기성을 제한하고 책임의 주체로 설 수 있도록 하는 것이지, 이로 인해 자기

성이 상실되는 것이 아님을 분명히 한다. 타자는 주체의 존재를 침몰시키는 위협적인 존재가 아니라, 오히려 자기성에 갇힌 주체를 무한히 열린 세계로 초월할 수 있게 하는 존재라고 본 것이다.

이처럼 레비나스는 주체성의 의미를 새롭게 정립했다. 또한 그동안 주체가 마음대로 지배하고 배제할 수 있는 대상으로 인식했던 타자를 주체보다 높은 위치로 올려놓았다. 레비나스의 철학은 기존의 철학 사유로는 극복할 수 없었던 문제들을 새로운 방식으로 접근할 수 있는 인식의 틀을 제공했으며, 인간 개개인의 고유성을 존중할 수 있는 근거를 마련했다는 점에서 그 가치를 인정받고 있다.

05

윗글에 대한 이해로 적절하지 <u>않은</u> 것은?

① 동일자는 주위의 모든 것들을 자기중심적으로 대한다.
② 환대는 타자의 호소를 무조건적으로 수용함을 가리킨다.
③ 향유는 다른 누구도 대신할 수 없는 개체의 고유한 행위이다.
④ 타자성은 타자를 위해 주체를 기꺼이 희생하는 성질을 의미한다.
⑤ 자기성은 어떤 것에 의존하지 않고 홀로 무엇을 누릴 때 성립한다.

06

㉠에 대한 레비나스의 답으로 가장 적절한 것은?

① 주체의 욕구가 항상 충족된 상태가 되도록 이끈다.
② 주체의 일부분으로 환원되어 주체와의 합일을 이룬다.
③ 주체의 분열을 유도하여 자기성이 소멸되도록 만든다.
④ 주체를 진정한 삶으로 이끌어 초월을 가능하도록 한다.
⑤ 주체를 열린 세계에서 갇힌 세계로 나아갈 수 있도록 한다.

07 1등급 대비 고난도 2점 문제

ⓐ와 문맥적 의미가 가장 유사한 것은?

① 새로 산 연필이 책상 위에 놓여 있다.
② 어느 하루도 마음이 놓인 날이 없었다.
③ 들판을 가로지르는 새 도로가 놓여 있었다.
④ 하루빨리 다리가 놓여야 학교에 갈 수 있다.
⑤ 꽃무늬가 놓인 장롱을 보면 할머니가 생각난다.

08

㉮와 〈보기〉의 관점을 비교하여 이해한 것으로 가장 적절한 것은?

〈보 기〉

인간은 자기 보존을 위해 무한히 욕망을 추구하는 이기적 존재이다. 타자는 나와 투쟁의 관계에 있으며, 나의 생명과 자유를 박탈하려는 잠재적인 적이다. 이러한 위협과 죽음의 공포에서 벗어나기 위해서는 중재가 필요하다. 모든 인간이 자유에 기반한 권리를 주장하는 한 투쟁은 끝나지 않을 것이기 때문이다. 따라서 공동의 이익과 평화를 위해 인간을 엄격히 통제할 수 있는 힘을 가진 국가가 요구된다. 이러한 국가는 상호 간의 합의와 계약에 근거하여 성립한다.

① ㉮는 인간을 욕망을 추구하는 이기적 존재로 여기는 점에서 〈보기〉와 다르군.
② ㉮는 타자와의 중재를 위해 국가의 존재를 필요로 한다는 점에서 〈보기〉와 다르군.
③ 〈보기〉는 자신을 해칠지도 모르는 잠재적 적으로 타자를 대한다는 점에서 ㉮와 다르군.
④ ㉮와 〈보기〉는 합의와 계약에 근거하여 타자에 대한 의무를 강제해야 한다고 본 점에서 유사하군.
⑤ ㉮와 〈보기〉는 공동의 이익과 평화를 위해서라도 주체의 이익은 제한될 수 없다고 본 점에서 유사하군.

09

고2 · 2021년 6월 20번

〈보기〉는 학급 토론의 한 장면이다. 윗글을 바탕으로 〈보기〉를 이해한 내용으로 적절하지 않은 것은? [3점]

─〈보 기〉─

> **토론 주제:** 난민 신청을 한 외국인들을 받아들여야 한다.

A: 그들을 받아들여서는 안 된다. 그들의 문제는 그들이 해결해야 한다. 그들을 받아들이면 나의 이익과 자유가 제한될 수 있기 때문에 그들을 자국으로 돌려보내는 것이 당연하다.

B: 살 길을 찾아온 그들을 아무런 조건 없이 환영해야 한다. 그들은 외국인이기 이전에 인격을 가진 인간으로서 존중 받아야 한다. 그들의 문제는 그들만의 문제가 아니다. 그들을 위해 내가 가진 것을 나눠 주는 것은 당연하다.

① A는 타자인 외국인들을 마음대로 할 수 있는 대상으로 바라보는 입장이군.

② A는 그동안 누려온 자신의 자유에 의문을 제기하며 새로운 주체의 모습으로 나아가고 있군.

③ B는 외국인들의 문제를 자신의 문제로 받아들여 책임지려는 태도를 보이고 있군.

④ B가 외국인들을 환영해야 한다는 것은 그들을 자신보다 더 높은 위치에 올려놓는다는 것을 의미하는군.

⑤ B는 A와 달리 자신이 가진 것을 나누려는 환대의 주체성을 지닌 존재로 볼 수 있군.

10~12 다음 글을 읽고 물음에 답하시오.

(가)

　여기저기서 단풍잎 같은 슬픈 가을이 뚝뚝 떨어진다. 단풍잎 떨어져 나온 자리마다 봄을 마련해 놓고 나뭇가지 위에 하늘이 펼쳐 있다. 가만히 **하늘을 들여다** 보려면 눈썹에 **파란 물감**이 든다. 두 손으로 **따뜻한 볼을 쏫어*** 보면 **손바닥에도 파란 물감**이 묻어 난다. 다시 손바닥을 들여다 본다. **손금에는 맑은 강물**이 흐르고, 맑은 강물이 흐르고, **강물** 속에는 사랑처럼 슬픈 얼굴 ─ **아름다운 순이의 얼굴이 어린다**. 소년은 **황홀히 눈을 감아** 본다. 그래도 맑은 강물은 흘러 사랑처럼 슬픈 얼굴 ─ 아름다운 **순이의 얼굴은 어린다**.

　　　　　　　　　　　　　　　　　　　　─ 윤동주, 「소년」 ─

* 쏫어: 씻어.

(나)

　할머니들이 아파트 앞에 모여 **햇볕을 쪼이고** 있다.
　굵은 주름 잔주름 하나도 놓치지 않고
[A]　**꼼꼼하게 햇볕을 채워넣고** 있다.
　겨우내 얼었던 뼈와 관절들 다 녹도록
　온몸을 노곤노곤하게 지지고 있다.

[B]　마른버짐 사이로 **아지랑이** 피어오를 것 같고
　잘만 하면 한순간 **뽀얀 젖살**도 오를 것 같다.

　할머니들은 마음을 저수지마냥 넓게 벌려
[C]　한철 폭우처럼 **쏟아지는 빛**을 양껏 받는다.
　미처 몸에 스며들지 못한 빛이 흘러넘쳐
　할머니들 **모두 눈부시다**.

　아침부터 끈질기게 추근거리던 봄볕에 못 이겨
[D]　나무마다 **푸른 망울들**이 터지고
　할머니들은 사방으로 바삐 눈을 흘긴다.
　할머니 **주름살들이 일제히 웃**는다.

　오오, 얼마 만에 환해져보는가.
　일생에 이렇게 **환한 날**이 며칠이나 되겠는가.
　눈앞에는 햇빛이 종일 반짝거리며 떠다니고
[E]　**환한 빛에 한나절 한눈을 팔**다가
　깜빡 졸았던가? 한평생이 그새 또 지나갔던가?
　할머니들은 **가끔 눈을 비빈**다.

　　　　　　　　　　　　　　　　　　　　─ 김기택, 「봄날」 ─

10

(가)와 (나)의 공통점으로 가장 적절한 것은?

① 현재 시제를 활용하여 시적 상황을 제시하고 있다.
② 연쇄법을 활용하여 역동적인 분위기를 형성하고 있다.
③ 다양한 음성 상징어를 사용하여 대상을 묘사하고 있다.
④ 말을 건네는 방식을 통해 대상과의 친밀감을 높이고 있다.
⑤ 지시어의 연속적 배치로 대상에 대한 주목을 유도하고 있다.

11

〈보기〉를 바탕으로 (가)에 대해 이해한 내용으로 적절하지 <u>않은</u> 것은? [3점]

〈보 기〉

　　(가)에 제시된 자연물들은 서로 간의 유사성을 바탕으로 연결되고 변용된다. 또한 이 과정을 거쳐 맞닿은 주체의 신체적 변화를 유발하고 내면의 정서를 표면화하는 것으로 제시된다. 이때 주체의 변화는 자연물의 속성에 조응하는 것으로 그려진다.

① '하늘'을 '들여다 보'려는 소년의 '눈썹'에 든 '파란 물감'은 자연물의 속성이 주체에 영향을 주었음을 드러낸다.
② '따뜻한 볼'을 만지는 소년의 행동은 '하늘'과 연결되어 자연과의 합일을 이룬 소년의 '황홀'함을 환기한다.
③ '손바닥'에 묻어난 '파란 물감'은 '손금'으로 스며들면서 '맑은 강물'로 변용되어 제시된다.
④ '강물'에 '순이의 얼굴이 어리'는 것은 소년이 '강물'의 '맑은' 속성에 조응해 '아름다운 순이'를 떠올린 것임을 드러낸다.
⑤ 소년이 '황홀히 눈을 감'아도 '순이의 얼굴은 어린다'는 것은 '순이'가 소년의 내면에 자리 잡은 대상임을 드러낸다.

12

[A]～[E]에 대한 감상으로 적절하지 <u>않은</u> 것은?

① [A]에서 화자는 '햇볕을 쪼이'고 있는 할머니들의 행동을 '꼼꼼하게 햇볕을 채워넣'는 것으로 구체화하면서 할머니들의 모습에 능동성을 부여하고 있군.
② [B]의 '잘만 하면'이라는 시구는 '아지랑이'뿐만 아니라 '뽀얀 젖살'까지 상상하게 되었음을 부각하여 할머니들의 변화에 대한 화자의 기대를 드러내고 있군.
③ [C]에서 화자는 '쏟아지는 빛'이 할머니들을 '모두 눈부신' 존재로 만들고 있다고 표현하여 '미처 몸에 스며들지 못한 빛'마저 담고자 하는 할머니들의 의지를 부각하고 있군.
④ [D]의 화자는 '푸른 망울들'이 터지는 것을 보고 '주름살들이 일제히 웃'는 할머니들에 주목하여 봄의 생명력에 기뻐하는 할머니들에 대한 정감 어린 시선을 드러내고 있군.
⑤ [E]에서 할머니들이 '가끔 눈을 비비'는 것을 보고 화자는 이를 '한나절 한눈을 팔'던 '환한 빛'으로 인해 '환한 날'을 떠올렸기 때문이라고 여기고 있군.

종료 시각	시 분 초	문항 번호	01	02	03	04	05	06	07	08	09	10	11	12
소요 시간	분 초	채점 결과												
초과 시간	분 초	틀린 문항 복습												

DAY 02

수능기출
전국연합학력평가
20분 미니 모의고사

● 날짜 :　　월　　일　● 시작 시각 :　　시　　분　　초　● 목표 시간 : 20분　　　　　　　　　　　※ 점수 표기가 없는 문항은 모두 2점입니다.

01~02 (가)는 토론의 일부이고, (나)는 토론에 청중으로 참여한 학생이 '토론 후 과제'에 따라 작성한 초고이다. 물음에 답하시오.

(가)

사회자: 이번 시간에는 '인공지능 판사를 도입해야 한다.'라는 논제로 토론을 진행하겠습니다. 먼저 찬성 측이 입론한 후 반대 측에서 반대 신문해 주십시오.

찬성 1: 인공지능 판사는 인간의 학습 능력과 지각 능력을 인공적으로 구현한 인공지능이 법적 분쟁에 대한 법리적 해석을 통해 판결하는 것을 말합니다. 저희는 인공지능 판사를 도입해야 한다고 생각합니다. 첫째, 판사의 수는 법으로 제한되어 있는 반면, 법적 분쟁은 늘고 있습니다. 대법관 1인이 연간 처리해야 하는 사건이 1,000건이 넘는 탓에 대법원 판결까지 수 년이 걸리는 경우도 있습니다. 인공지능 판사는 관련 자료를 신속히 조사하여 판결을 내리므로 시간과 비용을 절약할 수 있습니다. 둘째, 인공지능 판사는 특정한 이해 관계에 얽히지 않습니다. 그래서 뇌물 수수 등의 비윤리적인 문제가 발생할 가능성이 없습니다. 셋째, 인공지능 판사는 방대한 법전과 판례를 참고하여 판결합니다. 전문 지식을 갖추고 있으면서 감정에 흔들릴 여지가 없어서 이른바 '고무줄 판결'을 방지할 수 있습니다. 인공지능 판사를 도입하는 것은 4차 산업혁명 사회의 시대적 흐름이라 할 수 있습니다.

반대 2: 인공지능 판사의 도입이 시대적 흐름이라고 하셨는데요, 그렇게 말씀하신 근거를 제시해 주시겠습니까?

찬성 1: 이미 미국, 중국, 호주 등에서 인공지능 판사를 도입하거나 재판에서 인공지능을 활용하고 있습니다. 또한 에스토니아에서는 2019년부터 인공지능 판사가 소액 사건을 전담하여 사법 처리 효율성이 향상되었다고 합니다.

반대 2: ○○연구소의 보고서에 따르면, 기술적 발전에도 자율주행 자동차의 도입이 어려운 것은 윤리적 딜레마를 극복하지 못했기 때문이라고 합니다. 인공지능 판사도 그 딜레마의 영역을 벗어나지 못하는 것은 아닐까요?

찬성 1: 반대 측 의견은 충분히 수긍합니다. 하지만 사람 판사도 윤리적 딜레마에 빠져 쉽게 결정을 내릴 수 없는 경우가 있습니다. 그렇기에 그런 문제에 앞서 누가 더 합리적 판결을 할 수 있는지를 물어야 합니다.

사회자: 이번에는 반대 측이 입론한 후에 찬성 측에서 반대 신문해 주십시오.

반대 1: 저희는 인공지능 판사의 도입을 반대합니다. 기본적으로 인공지능 판사는 기존의 법전과 판례에 대한 학습을 토대로 판결을 내립니다. 그렇기 때문에 과거에 없었거나 사실 관계가 복잡한 사건에 대해서는 불완전한 판단을 할 수밖에 없습니다. 이런 경우에는 올바른 판결을 위해서 사람 판사가 다시 확인하고 보완하는 과정을 거쳐야 하므로, 처음부터 사람 판사가 진행한 재판에 비해 효율성이 떨어집니다. 또한 인공지능의 알고리즘을 설계하는 것은 인간이므로, 인공지능 판사 역시 인간이 지닐 수 있는 문제에서 자유로울 수 없습니다. 인종차별과 같은 비윤리적 발언을 쏟아내는 바람에 서비스가 중단된 인공지능의 사례에서 이를 확인할 수 있습니다. 끝으로, 인공지능 판사는 기존 판결이 가지는 불공정 문제를 답습할 수밖에 없습니다. 즉, 인공지능 판사가 학습한 과거 판례에 따라 술에 취해 범죄를 저지른 사람은 형을 감경받고, 생계를 위해 음식을 훔친 사람은 실형을 선고받는 문제는 반복됩니다. 인공지능이 사건과 관련된 복잡한 양상을 제대로 이해하지 못한다는 점에서 인공지능 판사의 도입에 대한 우려가 적지 않습니다.

찬성 2: □□대학교에서 판결문을 분석한 보고서에 따르면, 대형 범죄일수록, 피고의 직위가 높을수록 더 쉽게 집행유예를 선고받았다고 합니다. 판사가 사람이기 때문에 국민 법 감정에 어긋난 판결이 내려져 사법 불신을 초래한다고 생각하지 않으십니까?

반대 1: 물론 그런 경우도 있습니다. 그러나 국민들의 기대에 부합하는 판결을 할 수 없는 더 큰 이유는 우리나라의 양형 기준에 제한이 있기 때문이며, 이것은 사법부가 아니라 입법부에 그 책임이 있습니다.

> **토론 후 과제:** 인공지능 판사 도입과 관련한 사회적 현안에 대해 비평하는 글 쓰기

(나)

알파고의 등장 이후 인공지능은 크게 발전하여 인간의 일을 점점 더 많이 대신하고 있다. 이에 공정하고 엄밀한 판단이 요구되는 판사도 인공지능으로 대체하자는 요구가 있다. 국민의 법 감정과 동떨어진 재판 결과에 대한 불신이 반영된 것이다.

인공지능 판사가 도입되면 자료 조사 시간이나 비용을 절감할 수 있어 '신속한 재판을 받을 권리'가 보장된다. 실제로 2019년부터 소액 사건을 인공지능 판사에게 맡긴 에스토니아에서는 사법 처리 효율성이 향상되었다고 한다.

하지만 인공지능 판사의 도입을 우려하는 목소리도 적지 않다. 기존 판례를 학습한 인공지능은 급속한 시대 변화를 따라가기 어렵다. 또한 인공지능 판사는 피의자와 피해자의 관계, 감정 등 본질적으로 재량이 필요한 영역이나 도덕적 가치 판단이 이루어지는 업무를 수행하는 데 한계를 지닌다.

사법 시스템에 인공지능 기술을 도입하는 것은 이제 시대적 흐름일 수 있다. 단, 인공지능 판사의 도입에 대한 사회적 우려를

고려하여, 우선은 판사 업무의 보조적 수단으로 인공지능을 받아들이는 것이 바람직할 것이다.

01

(가)의 입론을 쟁점별로 정리한 내용으로 적절하지 <u>않은</u> 것은?

[쟁점 1] 인공지능 판사는 사람 판사보다 효율적인가?	
찬성: 인공지능 판사는 관련 자료를 빠르게 처리하므로 보다 신속한 판결에 기여한다.	**반대**: 인공지능 판사의 판결에는 사람 판사의 검토가 항상 요구되므로 그 절차가 비효율적이다. ·········· ①
[쟁점 2] 인공지능 판사는 사람 판사보다 윤리적인가?	
찬성: 인공지능 판사는 특정한 이해 관계에 얽히지 않아 비윤리적인 문제를 일으키지 않는다. ·········· ②	**반대**: 인공지능 판사는 인간에 의한 설계 과정에서 비윤리적인 관점을 갖게 될 수 있다. ····· ③
[쟁점 3] 인공지능 판사는 사람 판사보다 공정한가?	
찬성: 인공지능 판사는 감정에 휘둘리지 않고 전문지식에 근거하여 판결한다. ·········· ④	**반대**: 인공지능 판사는 기존 판례에 따르므로 불공정한 판결을 할 수 있다. ·········· ⑤

02

(가)의 토론 내용이 (나)에 반영된 양상으로 적절하지 <u>않은</u> 것은? [3점]

① '찬성 2'의 반대 신문을 반영하여, 1문단에서 인공지능 판사의 도입과 관련된 사회적 배경을 제시하고 있다.

② '찬성 1'의 입론을 반영하여, 2문단에서 인공지능 판사 도입의 긍정적 측면을 제시하고 있다.

③ '찬성 1'의 답변을 반영하여, 2문단에서 인공지능 판사가 도입된 사례를 제시하고 있다.

④ '반대 1'의 입론을 반영하여, 3문단에서 인공지능 판사 도입으로 발생한 부작용을 제시하고 있다.

⑤ '찬성 1'과 '반대 1'의 입론을 반영하여, 4문단에서 인공지능 판사의 도입에 대한 작성자의 견해를 제시하고 있다.

03

〈보기〉의 ⓐ와 ⓑ에 해당하는 음운 변동이 모두 일어나는 것은?

> ─────〈 보 기 〉─────
> '팥빵'은 _____ ⓐ _____ 이/가 일어나서 [판빵]으로 발음되고, '많던'은 _____ ⓑ _____ 이/가 일어나서 [만턴]으로 발음된다.

① 낮설고   ② 놓더라   ③ 맞는지
④ 먹히는   ⑤ 애틋한

04~08 다음을 읽고 물음에 답하시오.

약은 생체의 작용에 영향을 미쳐 생물학적 효과를 내기 위한 목적으로 이용하는 의약품을 말한다. 약은 생체에서 수용체와 결합하여 유익 작용 및 유해 작용을 나타내는 방식을 취하기도 한다. 이 경우 약은 생체의 리간드와 유사한 화학적 분자 구조를 가진 성분을 포함하는데, 이러한 성분으로 인해 약은 생체 내에서 리간드로 기능한다. 여기서 리간드란 수용체와 결합하여 신경 자극이나 화학 반응과 같은 생물학적 반응을 촉발할 수 있는 물질이다. 생체 내 **[A]** 에서 수용체와 친화성이 높은 리간드가 결합하면, 리간드와 결합한 수용체의 작용에 의해 생체의 변화가 일어나기도 하고, 수용체에 의해 리간드의 구조 변화가 일어남으로써 이후의 생물학적 반응이 유도되기도 한다. 이러한 점에서 약은 특정 수용체와 결합할 수 있는 리간드를 인위적으로 생체에 증가시킴으로써 리간드와 결합한 수용체의 수가 일정 시간 동안 일정 수준 이상이 되게 하여 효과를 낸다고 할 수 있다.

대체로 약은 병원체에 작용하거나 생체에 직접 작용하는 방식으로 생물학적 효과를 낸다. 박테리아나 바이러스에 의한 질병의 치료에 활용되는 항생제나 항바이러스제 등은 전자의 방식에 해당하는 경우가 많다. 가령 박테리아에 의한 질병 치료에 사용되는 ㉠ 설파제는, 인간과 박테리아가 모두 대사 과정에서 엽산이라는 물질을 필요로 하는데 엽산을 섭취하여 사용할 수 있는 인간과 달리 박테리아는 엽산을 스스로 만들어야만 한다는 점을 이용한다. 박테리아는 엽산을 만들기 위한 수용체를 가지고 있는데, 파라아미노벤조산(PABA)이 그 수용체와 결합하여 최종적으로 엽산이 된다. 박테리아에 감염된 환자가 설파제를 복용하면 설파제는 체내에서 화학적 변화를 거쳐 PABA와 분자 구조가 매우 유사한 설파닐아마이드가 되어 PABA가 결합할 수용체와 먼저 결합한다. 이로 인해 박테리아는 엽산을 만들지 못하고 결국 죽게 된다.

항바이러스제는, 스스로는 증식하지 못하고 다른 세포에 기생하여 DNA 복제 과정을 거치며 증식하는 바이러스의 특성을 활용하여, 바이러스에 감염된 세포의 증식을 막는 방식으로 바이러스 확산을 억제하기도 한다. ㉡ 뉴클레오사이드 유도체를 포함한 항바이러스제가 이러한 방식의 약에 해당한다. 뉴클레오사이드 유도체는 뉴클레오타이드와 유사하지만, 뉴클레오사이드 유도체가 세포의 DNA나 RNA의 수용체와 결합하면 결과적으로 DNA 복제 과정이 이루어지지 않는다. 또한 뉴클레오사이드 유도체는 바이러스에 감염된 세포와는 쉽게 결합하지만 감염되지 않은 세포와는 잘 결합하지 않는 특성이 있다. 이 때문에 뉴클레오사이드 유도체는 바이러스에 감염된 세포들이 더 이상 증식하지 못하게 할 수 있으며, 이를 통해 바이러스 확산을 억제한다.

한편 신경작용제는 신경전달물질의 작용에 관여하는 방식으로 사람의 정신이나 행동에 영향을 주는 생물학적 효과를 내는 약이다. 하나의 뉴런에서 발생한 전기 신호는 뉴런 말단에 도달하여 신경전달물질을 분비하게 하고, 이러한 신경전달물질은 연접한 다른 뉴런에 존재하는 수용체에 화학 신호를 전달함으로써 연접한 뉴런 간에 신호를 전달하는 매개체의 역할을 한다. 우울증과 관련된 것으로 알려진 신경전달물질인 세로토닌이나 노르에피네프린은, 보통 후(後)연접 뉴런 수용체에서 기능을 다하고 전(前)연접 뉴런에 재흡수되는 과정을 거치는데, 이 과정에서 뉴런 간 연접 틈새에서 세로토닌이나 노르에피네프린의 농도가 낮아지면 우울증이 나타나는 것으로 알려져 있다. 항우울제는 연접 틈새에서 이들 신경전달물질의 부족을 해소하는 방식으로 약효를 낸다. TCA 항우울제는 전연접 뉴런의 수용체와 결합하여 신경전달물질의 재흡수가 일어나지 않도록 하는 방식으로, SNRI 항우울제는 신경전달물질의 재흡수를 억제하거나 후연접 뉴런의 수용체와 결합하는 방식으로, 연접 틈새에서 신경전달물질의 농도가 높아진 것과 같은 효과를 낸다.

대부분의 약들은 약효가 여러 가지인 경우가 많기 때문에 두 가지 약을 함께 복용하면 이들 약의 일차적인 약효는 서로 다를지라도 이차적인 약효는 같을 수 있어, 공통되는 이차적인 약효가 한층 커질 수 있다. 이와 같이 약들이 서로 도와 약효를 높이는 효과를 상승효과라고 한다. 한편 약을 장기간 남용하게 되면 수용체의 민감도가 떨어지게 되어, 결과적으로 기존과 동일한 효과를 내기 위해서 더 많은 약을 필요로 하게 되는 내성이 생길 수 있다.

04

고2·2020년 3월 33번

윗글의 내용과 일치하지 않는 것은?

① 약을 두 종류 이상 함께 복용하면 상승효과가 나타날 수 있다.
② 약은 생체의 신경 자극이나 화학 반응을 조절하는 효과를 낼 수 있다.
③ 약은 생체에서 수용체와 결합하여 유익 작용과 유해 작용을 나타낼 수 있다.
④ 약은 생체의 리간드와 유사한 물질을 포함하여 생체의 생물학적 반응을 조절할 수 있다.
⑤ 약은 생체의 대사 작용에 관여하는 물질을 제거함으로써 병원체를 직접적으로 죽게 할 수 있다.

05

[A]를 이해한 내용으로 가장 적절한 것은?

① 생체에서 리간드에 의해 수용체의 구조에 변화가 일어나면 세포의 기능에 변화가 일어난다.
② 생체에서 생물학적 반응이 일어나면 수용체와 리간드는 동일한 화학적 분자 구조로 변화된다.
③ 약을 복용하면 리간드와 결합된 수용체의 수가 일정 시간 동안 복용 전보다 많은 정도가 유지된다.
④ 약의 효과를 높이기 위해서는 약이 생체의 리간드와 친화성이 높은 리간드를 많이 포함하고 있어야 한다.
⑤ 수용체와 동일한 화학적 분자 구조를 가진 물질을 포함한 약은 생체에서 생물학적 효과를 더 크게 일으킨다.

06

㉠, ㉡에 대한 설명으로 적절하지 <u>않은</u> 것은?

① ㉠은 생체 내에서 화학적 변화를 거친 후 약효를 발휘한다.
② ㉠은 병원체가 대사 과정에서 필요로 하는 물질의 생성을 방해하여 병원체의 사멸을 유도한다.
③ ㉡은 바이러스에 감염된 세포의 DNA 복제 과정에 개입하여 바이러스의 확산을 억제한다.
④ ㉠과 ㉡ 모두 병원체와 병원체에 감염될 수 있는 생체의 차이를 활용하여 생물학적 효과를 낸다.
⑤ ㉠과 ㉡ 모두 병원체와 생체가 공통적으로 필요로 하는 물질을 사용하여 병원체의 확산을 억제한다.

07 1등급 대비 고난도 3점 문제

〈보기〉는 항우울제의 작용을 이해하기 위한 그림이다. 〈보기〉를 이해한 내용으로 적절하지 <u>않은</u> 것은? [3점]

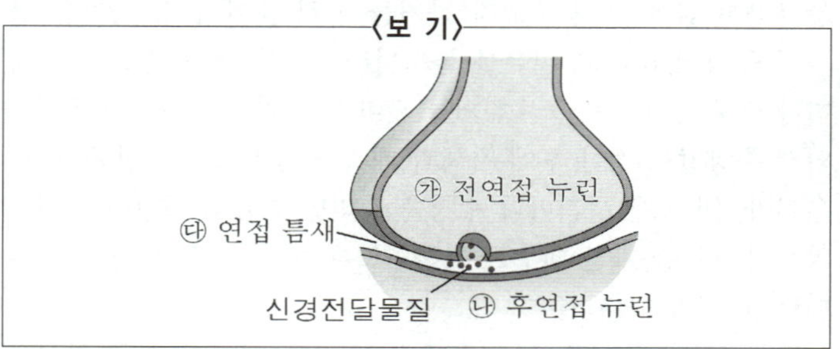

① 보통 ㉮에서 분비된 세로토닌이나 노르에피네프린은 ㉯에 작용한 후 다시 ㉮로 재흡수된다.
② SNRI 항우울제는 ㉯에 지속적으로 흡수됨으로써 ㉰에서 신경전달물질의 농도가 높아지는 효과를 낸다.
③ 우울증의 치료를 위해 ㉰에서 세로토닌이나 노르에피네프린의 농도가 높아지도록 하는 방식을 활용한다.
④ ㉰에서 신경전달물질의 농도가 높은 상태로 장기간 유지되면 수용체의 민감도가 떨어지게 된다.
⑤ 항우울제는 ㉮나 ㉯의 수용체와 결합하여 우울증이 발현되는 원인을 완화하는 효과를 낸다.

08

윗글을 바탕으로 〈보기〉에 대해 보인 반응으로 적절하지 <u>않은</u> 것은?

> 〈보 기〉
>
> 생체의 리간드인 히스타민은 알레르기와 염증의 발생, 위산 분비 등에 모두 관여하는 것으로 알려져 있다. 항히스타민약으로 개발된 메피라민은 알레르기와 염증에는 효과가 있지만 위산 분비 조절에는 거의 효과가 없었다. 이에 연구자들은 히스타민과 친화성을 갖는 두 종류 이상의 수용체가 있을 것으로 가정하고, 위산 분비를 조절하는 새 항히스타민약을 개발하였다.

① 새 항히스타민약을 개발한 연구자들은 히스타민이 알레르기와 염증 발생에 관여하는 수용체 및 위산 분비에 관여하는 수용체 모두와 친화성을 갖는다고 가정했을 것이다.
② 메피라민은 위산 분비에 관여하는 수용체보다 알레르기와 염증 발생에 관여하는 수용체와 친화성이 높을 것이다.
③ 메피라민과 새 항히스타민약은 모두 히스타민과 유사한 화학적 분자 구조를 가진 성분을 포함할 것이다.
④ 메피라민과 새 항히스타민약은 모두 생체에서의 위산 분비 조절을 일차적인 약효로 가질 것이다.
⑤ 새 항히스타민약은 메피라민보다 위산 분비에 관여하는 수용체와 더 높은 친화성을 가질 것이다.

09~12 다음 글을 읽고 물음에 답하시오.

동방이 차차 밝아 오매 마침 영릉골 관비 한 사람이 외촌에 가다가 돌아오는 길에 청수 가에 다다르니 어떤 여자가 물가에서 통곡하며 물에 빠져 죽고자 하거늘 급히 좇아와 강 낭자를 붙들어 물가에 앉히고 이유를 물으니라. 그 후에 제 집으로 가자 하나 낭자 한사코 죽으려 하거늘 관비 여러 가지로 타일러 데리고 와서 수양딸로 정한 후에 자색과 태도를 살펴보니 천상 선녀 같은지라. 이 고을 동리마다 수청을 드리면 천금의 재산이 부럽지 않으며, 만 량 가진 태수를 원하겠느냐. 만 가지로 달래어 다른 데로 못 가게 하더라.

각설. 이때에 유충렬이 강 승상의 집을 떠나서 서쪽 하늘을 바라보고 정처 없이 가며 신세를 생각하니, 속절없고 하릴없다. 이제는 아무것도 할 수 없구나. 산중에 들어가 삭발하고 중이 되어 훗날의 도를 닦으리라 하고 청산을 바라보고 종일토록 가더니 한 곳에 다다르더라. 앞에 ㉠ <u>큰 산</u>이 있으되 천 개의 봉우리와 만 개의 골짜기가 하늘 높이 솟았고, 오색구름이 구리봉에 떠 있고 갖가지 화초가 만발한지라. 장차 신령한 산이라 하고 찾아 들어가니 경치가 뛰어나고 풍경이 산뜻하다. 산행 육칠 리에 들리는 물소리 잔잔하고 보이는 청산은 울창한데 푸른 숲이 더위잡는다. 석양에 올라가니 수양버들의 천만 가지들은 봄바람을 못 이기어 동네 어귀에 흐늘거려 늘어지며, 푸른 대나무와 소나무는 우거진 가지에 백조 봄의 정을 다투었다. 층층이 이루어진 꽃핀 골짜기 위에는 앵무새와 공작새가 넘나들며 노는데, 푸른 하늘에 걸린 폭포가 층암절벽 치는 소리, 한산사 쇠 북소리, 객선에 이르는 듯, 하늘에 솟은 암석과 푸른 소나무 속에 있는 거동이 산수 그림 팔 간 병풍 두른 듯하니 산중에 있는 경치 어찌 다 기록하리.

봄바람이 언 듯하며 경쇠 소리 들리거늘 차츰차츰 들어가니 오색구름 속에 단청하고 휘황한 높고 거대한 누각이 즐비하여 일주문을 바라보니 황금 글자로 '서해 광덕산 백룡사'라 뚜렷이 붙어 있더라. 문으로 들어가니 큰스님이 한 사람 나오거늘 그 중의 거동을 보니 소소한 두 눈썹은 두 눈을 덮어 있고, 백변같이 뚜렷한 귀는 두 어깨에 늘어졌으니 맑고 빼어난 골격과 은은한 정신은 평범한 중이 아닐러라.

백팔염주 육환장을 짚고 흑포장삼의 떨어진 송낙 쓰고 나오며, 유생을 보고 말하길,

"소승이 나이가 많기로 유 상공 오시는 행차에 동구 밖에 나가 맞지 못하니 소승의 무례함을 용서하옵소서."

유생이 크게 놀라 하는 말이

"천한 인생에 팔자 기박하여 일찍 부모를 여의고 정처 없이 다니다가 우연히 이곳에 와 대사를 만나오니, 그토록 관대하시며, 소생의 성을 어찌 아나이까?"

[중략 줄거리] 충렬은 백룡사의 큰스님에게 도술을 배우고, 무기를 얻는다. 이후 정한담은 외적과 결탁하여 반란을 일으킨다.

정한담이 크게 기뻐하여 옥관 도사의 말대로 약속을 정하고 며칠을 지낸 후에, 갑주를 갖추고 진영 문에 나서며 원수를 불러,

"네 한갓 혈기만 믿고 우리를 대적하니 자식들이 가엾도다.

빨리 나와 자웅을 결단하라."

이때에 원수 의기양양하여 진전에 횡행타가 부르는 소리를 듣고 웅성출마하고 한 번 겨루지도 않고 거의 잡게 되었더니, 적진이 또한 쟁을 쳐 거두거늘 이긴 김에 계속 좇아가 바로 적진 선봉을 헤쳐 달려들 때, 장대에서 북소리 나며 난데없는 안개가 사면에 가득하고 적장이 간 데 없고 음산한 바람이 소소하며 차가운 눈이 흩날리니 지척을 모를러라. 가련하다, 유충렬이 적장 꾀에 빠져 함정에 들었으니 목숨이 경각이라. 원수가 크게 놀라 신화경을 펴 놓고 둔갑술로 몸을 감추고 안순법을 베풀어 진영 안을 살펴보니, ㉡ <u>토굴을 깊이 파고 그 가운데 장창 검극은 삼대 같이 벌였으며, 사해의 신장이 나열하여 독한 안개, 모진 모래를 사면으로 뿌리면서 함성 소리 크게 질러 항복하라는 소리 천지에 진동하는지라.</u> 원수 그제야 간계에 빠진 줄 알고 신화경을 다시 펼쳐 육정육갑을 베풀어 신장을 호령하고, 풍백을 바삐 불러 구름과 안개를 쓸어버리니, 명랑한 푸른 하늘과 밝은 해가 일광주를 희롱하고 장성검은 번개 되어 적진이 요란하다. 적진을 살펴보니 무수한 군졸이며 진영에 모든 복병이 둘러싸서 백만 겹을 에웠는데, 장대에서 북을 치며 군사를 재촉하거늘, 원수가 분노하여 일광주를 다시 만져 용린갑을 다스리고 천사마를 채찍질하여 좌우의 진영 안에서 호통하며 좌충우돌 횡행할 때, 호통 소리 지나는 곳에 번갯불이 일어나며 번갯불이 일어나는 곳에 뇌성벽력이 진동하니 군사와 장수가 넋을 잃고 모든 장수 귀가 먹고 눈이 어두워 제 군사를 제가 모른다. 서로 밝혀 분주할 때, 장성검은 동쪽 하늘에 번듯하며 오랑캐 적이 쓰러지고 서쪽 하늘에 번듯하여 전후 군사 다 죽으니 추풍낙엽 볼 만하며, 무릉도원에 붉은 물이 흐르나니 핏물이라.

선봉 중군 다 헤치고 적진 장대 달려드니 정한담이 칼을 들고 대상에 섰거늘, 호통 소리 크게 하고 장성검을 높이 들어 큰 칼에 베어 들고 후군에 달려드니, 이때 황후와 태후가 적진에 잡혀가서 토굴 속에서 소리하여 하는 말이,

"저기 가는 저 장수는 행여 명나라 장수거든 우리 고부 살려 주소."

원수가 분한 기분이 등등하여 적진에 횡행타가 슬픈 소리 나매, 천사마를 그곳으로 행하거늘 급히 가 말에서 내려 말하길,

[A]
┌ "소장은 동성문 안에 거하던 유 주부 아들 충렬이온데, 아비 원수 갚으려고 먼 길을 마다하지 않고 달려와서 정문걸을 한칼에 베고, 그 후에 최일귀와 마룡을 잡고 한담의 목을 베려 이곳에 왔사오니 소장과 함께 본진으로 가나이다." └

황후와 태후가 이 말을 듣고 토굴 밖에 나와 원수의 손을 잡고 치사하여 하는 말이,

[B]
┌ "그대는 분명 유 주부의 아들인가? 어디 가 장성하여 이런 명장 되었는가? 그대 부친은 어디 있느뇨? 장군의 힘을 입어 우리 고부 살려 내어 백발이 성성한 이내 몸이 황제 아들 다시 보고, 곱고 고운 젊은 얼굴 내 며느리 황제 낭군 다시 보게 하니, 그 공로 그 은혜는 태산이 무너져서 평지가 되어도 잊을 수 없고, 천지가 변하여 푸른 바다가 될지라도 잊을 가망 전혀 없네. 머리를 베어 신을 삼고 혀를 빼어 창을 받아 백 년 삼만 육천 일에 날마다 이고서도 그 공로를 다 갚을까. 본진에 돌아가서 내 아들 어서 보세." └

원수 절하고 황후와 태후를 바삐 모셔 본진에 돌아와 정한담의 목을 내어 황제 전에 바치려고 칼끝에 빼어 보니 진짜는 간데없고 허수아비의 목을 베어 왔는지라. 원수가 분노하여 다시 싸움을 돋우더라.

– 작자 미상, 「유충렬전」 –

09

㉠, ㉡에 대한 이해로 가장 적절한 것은?

① ㉠은 인물이 권위를 내세우는 공간이다.
② ㉡은 인물 간의 갈등이 해소되는 공간이다.
③ ㉠은 ㉡과 달리 인물이 긍정적으로 생각하는 공간이다.
④ ㉡은 ㉠과 달리 인물 간의 유대감이 형성되는 공간이다.
⑤ ㉠과 ㉡은 모두 인물이 고난을 겪는 공간이다.

10

윗글의 인물에 대한 이해로 적절하지 <u>않은</u> 것은?

① '황후'는 유충렬의 도움으로 본진에 돌아왔다.
② '유충렬'은 정한담의 목을 베어 황제 전에 바쳤다.
③ '정한담'은 유충렬을 자극하여 싸움을 시작하고 있다.
④ '큰스님'은 백룡사에 찾아온 사람이 유충렬이라는 사실을 알고 있었다.
⑤ '영릉골 관비'는 강 낭자의 자색과 태도를 알아보고 떠나지 않도록 회유하고 있다.

11

[A]와 [B]에 대한 설명으로 가장 적절한 것은?

① [A]는 [B]와 달리 과거 사건을 근거로 들며 문제 해결을 유보하고 있다.
② [B]는 [A]와 달리 불가능한 상황을 설정하여 상대를 설득하고 있다.
③ [A]와 [B]는 모두 대상에 대한 평가를 제시하며 상대의 행동 변화를 요구하고 있다.
④ [A]와 [B]는 모두 자신의 신분을 언급함으로써 자신의 발화에 대한 상대의 의구심을 해소하고 있다.
⑤ [A]는 이전 사건에 대한 정보를 전달하고, [B]는 변화된 현재 상황에 대한 심리를 드러내고 있다.

12   1등급 대비 고난도 3점 문제

〈보기〉를 바탕으로 윗글을 감상한 내용으로 적절하지 <u>않은</u> 것은? [3점]

> ───〈 보 기 〉───
>
> 「유충렬전」은 독자의 흥미를 유발하기 위해 다양한 문학적 장치를 활용하여 대중 소설로서 큰 인기를 끌었다. 그 예로는 영웅의 잠재 능력을 표출시키는 초월적 조력자, 주인공의 영웅성을 더욱 부각하는 신물(神物), 영웅과의 치열한 군담을 만드는 적대자, 위기에 처한 인물의 이야기를 중단하여 독자의 궁금증을 고조시킨 후 다른 인물의 이야기로 넘어가는 단절기법 등이 있다. 또한 일반 백성이 전란으로 겪는 수난을 소설 속 왕가(王家)를 통해 그대로 재현함으로써 독자들이 공감할 수 있게 하였다.

① 강 낭자를 중심으로 하는 서사가 '각설'을 통해 유충렬의 서사로 넘어가는 부분에서 단절기법을 확인할 수 있겠군.
② 유충렬이 백룡사의 '큰스님'을 만나는 부분에서 초월적 조력자가 영웅의 잠재 능력을 표출시키는 모습을 확인할 수 있겠군.
③ '정한담'이 유충렬을 함정에 들게 한 부분에서 영웅과의 치열한 군담을 만드는 적대자를 확인할 수 있겠군.
④ 유충렬이 '일광주'와 '장성검'을 사용하는 부분에서 주인공의 영웅성을 부각하는 신물을 확인할 수 있겠군.
⑤ '황후'와 '태후'가 토굴에서 살려 달라고 소리치는 부분에서 일반 백성이 전란으로 겪은 수난을 재현한 것을 확인할 수 있겠군.

학습 Check!

▶ 몰라서 틀린 문항 × 표기　▶ 헷갈렸거나 찍은 문항 △ 표기　▶ ×, △ 문항은 다시 풀고 ✔ 표기를 하세요.

종료 시각	시 분 초	문항 번호	01	02	03	04	05	06	07	08	09	10	11	12
소요 시간	분 초	채점 결과												
초과 시간	분 초	틀린 문항 복습												

DAY 03

수능기출
전국연합학력평가 **20분 미니 모의고사**

● 날짜 :　　월　　일　● 시작 시각 :　　시　　분　　초　● 목표 시간 : 20분

※ 점수 표기가 없는 문항은 모두 **2점**입니다.

01　다음은 학생들을 대상으로 한 강연의 일부이다. 물음에 답하시오.

　안녕하세요? ○○고 학생 여러분, 문화 해설사 □□□입니다. 한글 창제 이야기는 이미 잘 알고 계실 테니, 오늘은 한글 대중화에 힘쓴 두 인물에 대해 말씀드리죠. (목소리를 높여) 바로 주시경, 최현배 선생입니다. 역사적으로 암울했던 시기에 한글을 교육하고 연구하는 데 앞장선 두 분은 특별한 관계이기도 한데요. 어떤 관계일까요? 강연 내용에 힌트가 있으니 끝까지 잘 들어 주시길 바랍니다.

　(한 손을 올렸다 내리며) "말이 오르면 나라도 오르고, 말이 내리면 나라도 내리나니라." 나라와 민족을 지키기 위해 한글 교육과 연구에 매진했던 주시경 선생이 남긴 말씀입니다. 선생은 한글을 가르칠 수 있다면 어디든 마다하지 않고 책 보따리를 들고 다녔기에 '주 보따리'로 불렸다고 합니다. 이런 열정으로 국어 강습소를 개설했고, 여기에서 배출한 제자들과 함께 국어 연구 학회를 설립하였는데 이는 오늘날 한글 학회의 뿌리가 됩니다. 대표 저서로는 『국어 문법』, 『국어문전음학』, 『국문 초학』 등이 있습니다. 그리고 얼마 전 주시경 선생에 대한 다큐멘터리가 방영되었는데, 이 영상을 찾아보는 것도 도움이 될 것입니다.

　다음 소개할 인물은 최현배 선생입니다. 선생은 국어 강습소에 다니며 만난 어떤 인물로부터 큰 영향을 받게 됩니다. 이쯤에서 주시경 선생과의 관계를 눈치채신 분도 있을 텐데요. (청중의 반응을 살피며) 맞습니다. 두 분은 사제 간입니다. 최현배 선생은 스승의 길을 따라 한글 교육과 연구에 전념합니다. 조선어 학회 사건에 연루되어 옥고를 치르는 중에도 검열을 피해 솜옷 속에 쪽지를 숨겨 놓으며 한글을 연구했다는 이야기는 선생의 굳은 의지를 잘 보여 주죠. 대표 저서로는 『우리말본』과 『한글갈』이 있습니다. 아, '갈'이 무슨 뜻인지 잘 모르실 텐데, 연구를 의미하는 우리말입니다. 선생은 해방 후에 국어 교재 집필과 교원 양성에 힘썼습니다. 최현배 선생에 대한 자료는 △△ 기념관 누리집에서 찾으실 수 있습니다.

01
고3 · 2024학년도 6월 화 · 작 36번

다음은 강연자의 강연 계획이다. 강연에 반영되지 <u>않은</u> 것은?

- **● 화제 선정**
  - 청중의 배경지식을 고려하여 강연 내용을 한글 대중화에 힘쓴 두 인물로 선정해야겠다. ·············· ①
- **● 청중 분석**
  - 청중이 생소하게 느낄 만한 우리말의 의미를 풀이해서 제시해야겠다. ····································· ②
  - 강연 내용에 관심 있는 청중을 위해 추가 정보를 찾을 수 있도록 안내해야겠다. ····················· ③
- **● 강연 전략**
  - 강연 내용에 집중할 수 있도록 먼저 질문을 던져 궁금증을 유발하고 나중에 답을 제시해야겠다. ··········· ④
  - 강연 내용을 인상적으로 기억할 수 있도록 두 인물이 남긴 말을 각각 인용해야겠다. ····················· ⑤

02~03　다음은 작문 상황과 이를 바탕으로 작성한 학생의 초고이다. 물음에 답하시오.

(가) 작문 상황
- ○ 목적: 바람직한 소비 생활을 위한 가치 소비 소개
- ○ 예상 독자: 우리 학교 학생들

(나) 학생의 초고

　최근 '가치 소비'가 사회적으로 관심을 받고 있다. 가치 소비에 대한 우리 학교 학생들의 설문 조사 결과를 살펴보면, 가치 소비라는 말을 들어본 학생이 증가하고 있음을 알 수 있다. 그러나 가치 소비가 무엇인지 제대로 아는 학생은 많지 않다. 이에 가치 소비의 개념과 실천 사례, 그 의의에 대해 소개하고자 한다.

 가치 소비란 소비자가 본인의 가치 판단을 우선시하여 소비하는 방식을 말한다. 소비자 본인이 가치를 부여하는 제품에 대해서는 비용이 더 들더라도 과감하게 소비하되, 그렇지 않은 제품에 대해서는 저렴하거나 실속 있는 것을 선호하는 것이다. 가치 소비에는 타인이 부러워할 만한 고가의 제품을 구매함으로써 개인적인 만족감을 얻는 소비도 있지만, 다소 비싸더라도 사회적·윤리적 의미를 실현하고자 하는 소비도 있다. 소비가 기부로 연결되는 제품이나 동물 실험을 거치지 않은 제품을 구매하는 것이 후자에 해당한다. 이처럼 사회적·윤리적 의미를 추구하는 가치 소비는 사회적으로 긍정적인 영향을 끼칠 수 있다는 점에서 주목받고 있다.

 가치 소비를 적극적으로 표현하는 방법으로 '미닝 아웃(meaning out)'이 있다. 미닝 아웃은 '신념'을 뜻하는 '미닝(meaning)'과 '벽장 속에서 나오다'라는 뜻을 지닌 '커밍 아웃(coming out)'을 결합한 단어로, 소비 행위 등을 통해 개인의 사회적 신념이나 가치관을 표출하는 것을 말한다. 자신이 지향하는 가치를 실현할 수 있는 소비를 한 후 이를 누리소통망(SNS)에 게시함으로써 자신이 어떤 신념을 지니고 있는지를 드러내는 것이 미닝 아웃의 하나이다. 또한 선행을 실천한 가게의 제품 구매를 유도하거나 부도덕한 기업의 제품에 대한 불매 의사를 표현함으로써, 많은 사람의 동참에 영향을 주는 형태도 있다.

 사회적·윤리적 가치를 구매 기준으로 삼는 소비자의 움직임에 발맞추어 기업에서도 사회적 책임이나 윤리적 가치를 추구하는 행보를 보이고 있다. 따라서 소비자의 바람직한 가치 소비가 장기적으로 계속된다면 사회에 선한 영향력을 미칠 것이라 생각한다.

02

초고를 쓰기 위해 떠올린 생각 중 (나)에 반영되지 않은 것은?

① 특정 용어를 분석하여 독자가 그 의미를 쉽게 받아들이도록 해야겠어.

② 가치 소비를 접한 경험을 언급하여 독자가 가치 소비에 흥미를 느끼도록 해야겠어.

③ 미닝 아웃의 여러 형태를 제시하여 독자가 글을 이해하는 데 도움이 되도록 해야겠어.

④ 가치 소비에 대해 다룰 내용을 제시하여 독자가 뒤에 이어질 내용을 추측하도록 해야겠어.

⑤ 가치 소비의 의의를 언급하여 독자가 가치 소비에 지속적으로 관심을 가지도록 해야겠어.

03 1등급 대비 고난도 3점 문제

〈보기〉를 활용하여 (나)를 보완하고자 한다. 자료 활용 방안으로 적절하지 않은 것은? [3점]

〈보 기〉

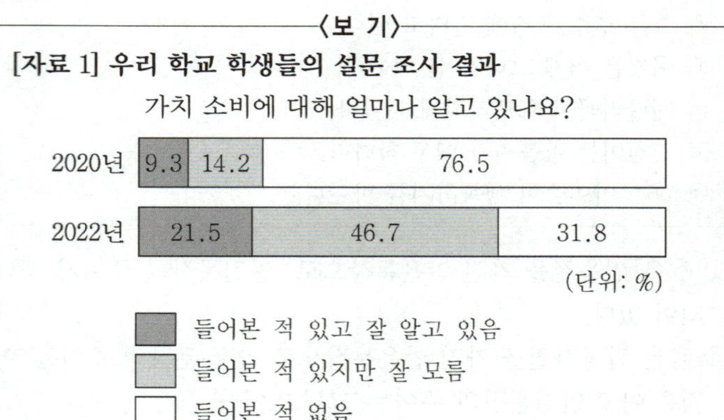

[자료 1] 우리 학교 학생들의 설문 조사 결과

가치 소비에 대해 얼마나 알고 있나요?

[자료 2] 신문 기사

 다른 제품에 비해 비싸더라도 환경보호를 실천하는 기업의 제품에 지갑을 여는 소비자가 늘고 있다. 이에 따라 제품의 생산 과정에서 폐기물을 줄이거나 포장재를 최소화하려고 노력하는 기업 역시 증가하고 있다. 건강한 지구를 미래 세대에게 물려주자는 소비자가 많아질수록 우리의 환경은 더욱 좋아질 것이다.

[자료 3] 전문가 인터뷰

 "미닝 아웃으로 판매자에 대한 잘못된 정보가 전파되거나 불매 운동이 권유가 아닌 강요로 변질된다면, 타인의 권리를 침해할 수 있습니다. 그럼에도 불구하고 미닝 아웃은 윤리적 소비와 연결되어 사회, 환경 등에 긍정적인 영향을 끼칠 수 있기 때문에 우리가 지향해야 할 소비 현상이라 할 수 있습니다."

① [자료 1]을 활용하여, 가치 소비에 대한 우리 학교 학생들의 인지도를 구체적 수치로 제시해야겠군.

② [자료 2]를 활용하여, 가치 소비를 지향하는 사람들을 고려하여 기업이 실천하고 있는 사례를 보충해야겠군.

③ [자료 3]을 활용하여, 미닝 아웃으로 불매 의사를 표현할 때 발생할 수 있는 부작용도 다루어야겠군.

④ [자료 1]과 [자료 2]를 활용하여, 가치 소비에 대한 관심이 높아지는 현상을 소비자와 기업의 상호 의존적인 관계로 설명해야겠군.

⑤ [자료 2]와 [자료 3]을 활용하여, 가치 소비가 바람직하게 전개되었을 때 얻을 수 있는 효과를 언급해야겠군.

04

〈보기〉의 ㉠~㉤에 대한 설명으로 적절하지 <u>않은</u> 것은?

〈보 기〉

㉠ 그는 영수가 집에 간다고 했다.
㉡ 이것은 어제 그녀가 산 책이다.
㉢ 개나리꽃이 흐드러지게 피었다.
㉣ 영철이는 마음씨가 매우 착하다.
㉤ 나는 아이들이 행복하기를 바란다.

---

① ㉠은 인용절을 가진 안은문장으로, 안긴문장의 주어가 생략되어 있다.
② ㉡은 관형사절을 가진 안은문장으로, 안은문장의 주어는 '이것은'이고 안긴문장의 주어는 '그녀가'이다.
③ ㉢은 부사절을 가진 안은문장으로, 안긴문장의 주어가 생략되어 있다.
④ ㉣은 서술절을 가진 안은문장으로, 안은문장의 주어는 '영철이는'이고 안긴문장의 주어는 '마음씨가'이다.
⑤ ㉤은 명사절을 가진 안은문장으로, 안은문장의 주어는 '나는'이고 안긴문장의 주어는 '아이들이'이다.

주택 임대차는 임차인이 주택의 소유자인 임대인에게 보증금을 지급하고 합의한 기간 동안 목적물인 주택을 사용한 후, 기간이 만료되면 보증금을 반환받는 계약이다. 임대차를 체결하여 임차인에게 발생하는 권리인 ㉠ 임차권은 채권에 해당한다. 채권을 가진 사람은 원칙적으로 특정한 채무자에 대해서만 일정한 행위를 요구할 수 있고, 제삼자에게는 권리를 주장할 수 없다. 반면에 소유권이나 저당권, 전세권 등 물건에 대한 지배권이라 할 수 있는 물권은 누구에게나 주장할 수 있는 권리이다. 따라서 물권은 일반적으로 채권에 우선하는 효력이 인정되며, 같은 물권들 사이에서는 선순위 물권이 후순위보다 우선한다. 그래서 임차인은 계약을 맺은 임대인에 대해서만 임차권을 주장할 수 있고, 매매 등으로 주택의 소유권이 변경되면 새로운 소유자에게는 임차권을 주장하지 못할 수 있다.

이 문제를 해결하기 위한 방법으로 민법에는 ㉡ 전세권이 있다. 이는 보증금을 지급하고 부동산을 약정 기간 동안 이용한 후 부동산을 반환하고 보증금을 돌려받는 권리로, 임차권과 내용이 같지만 물권이라는 점에서 차이가 있다. 임차한 주택에 전세권을 설정하면 임대차 내용이 등기부에 기재된다. 등기는 부동산에 관한 물권의 권리관계를 등기부에 기재하여 공시함으로써 제삼자가 해당 내용을 알 수 있도록 하는 제도이다. 전세권을 설정하기 위해서는 임대인의 동의가 필요한데 대체로 임차인의 지위가 낮은 현실에서 임대인의 동의를 얻기는 쉽지 않다. 이러한 임차인의 지위를 보호하여 국민 주거 생활을 안정시키기 위해 제정된 특별법이 주택임대차보호법이다. 이 법률은 임차인이 일정한 요건을 갖추었을 경우 임차권에 물권적 효력을 부여하여 임차인의 지위를 강화한다. 그 요건은 임차인이 주택을 인도받는 것과 전입 신고를 마치는 것이다. 요건을 충족한 다음 날부터 임차권은 제삼자에게도 대항력을 갖는다. 요건만 갖추면 효력이 발생하고 임대인의 동의도 필요하지 않기 때문에 임차인을 효과적으로 보호하는 것이 가능하다.

대항력을 갖는다는 것은 제삼자에게도 임차권을 주장할 수 있게 되었다는 의미이다. 예컨대 임차한 주택이 경매되면 일반적으로 임차권은 소멸하지만 주택임대차보호법에 따른 대항력을 갖춘 경우에는 그렇지 않다. 임차인은 이에 덧붙여 주민센터 등의 공공 기관에서 주택 임대차 계약서에 확정일자를 받을 수 있다. 우선변제권을 확보하기 위해서이다. 임차한 주택이 경매되었을 때 임차인은 자신의 우선변제권 성립보다 뒤에 설정된 물권에 우선하여 보증금을 변제받을 수 있다. 우선변제권의 효력은 대항력과 확정일자가 모두 갖추어진 날부터 발생한다. 또한 주택임대차보호법에서는 사회적 약자를 보호하는 취지에서, 대항력을 갖춘 소액임차인에게는 정해진 금액까지의 보증금을 선순위 물권자보다 우선하여 변제받을 수 있는 최우선변제권까지 부여한다. 소액임차인으로 인정될 수 있는 보증금의 기준과 최우선변제권으로 변제받을 수 있는 금액은 대통령령으로 정해지며 지역에 따라 다르다.

주택 임대차가 만료되었는데 임차인이 임대인으로부터 보증금을 반환받지 못하는 일이 생기기도 한다. 이 경우 임차인은 이사를 가면 자신의 권리 순위가 상실될 수 있다는 우려를 하게 된다. 이런 문제 때문에 주택임대차보호법에는 임차권등기 명령 제도가 포함되어 있다. 이는 종료된 임차권을 법원의 명령으로 등기부에 공시할 수 있도록 하는 것이다. 임대차가 종료된 후 보증금이 반환되지 않은 경우 임차인은 관할 법원에 임차권등 기명령을 신청할 수 있고, 법원이 이를 심리하여 결정한다. 이때 임대인의 동의는 필요하지 않고, 전입 신고를 하지 않았거나 확 정일자를 받지 않았던 임차인도 임차권등기를 하게 되면 대항 력과 우선변제권을 취득하게 된다. 한편 임차권이 등기된 뒤에 해당 주택에 새로 임대차를 체결한 다른 소액임차인은 보증금의 최우선변제를 받을 수 없도록 하였다. 임차권등기를 한 임차인이 예상하지 못한 손해를 입을 수 있기 때문이다.

05

윗글의 내용과 일치하지 않는 것은?

① 주택임대차보호법은 일정한 요건을 갖춘 임차인의 지위를 강화한다.

② 주택 임대차가 체결되면 관할 법원은 임대차 내용을 등기부에 기재해야 한다.

③ 주택 임대차가 만료되면 임차인은 임대인에게 임대차의 목 적물을 반환해야 한다.

④ 최우선변제권이 있는 소액임차인이더라도 보증금의 전부를 반환받지 못할 수 있다.

⑤ 어떤 물건에 대한 지배권을 모든 사람에게 주장하려면 해당 물건에 대한 물권이 필요하다.

06 **1등급 대비 고난도 2점 문제**

㉠, ㉡을 이해한 내용으로 적절하지 않은 것은?

① ㉠을 가진 사람은 원칙적으로는 임대인에게만 계약 내용에 따른 행위를 요구할 수 있다.

② ㉡을 설정하기 위해서는 임대인의 동의가 필요하다.

③ ㉡을 가진 임차인은 임대차 기간 동안 목적물이 되는 주택의 소유권을 가지게 된다.

④ ㉠이나 ㉡을 가진 사람은 계약상의 주택에 대한 자신의 권리를 주장할 수 있다.

⑤ 일반적으로 ㉡은 ㉠에 우선하는 효력이 인정된다.

07

주택임대차보호법을 이해한 내용으로 적절하지 않은 것은?

① 임차인이 대항력을 갖추면 임차한 주택이 경매되더라도 임 차권이 유지될 수 있도록 한다.

② 임차인이 전입 신고를 하지 않으면 확정일자를 받더라도 계약 기간 동안 우선변제권이 생기지 않는다.

③ 대항력을 갖춘 임차인이 주택 임대차 계약서에 확정일자를 받으면 다음 날부터 우선변제권의 효력이 발생한다.

④ 소액임차인이 다른 지역에서 새로운 임대차를 체결하면 그 지역에서는 최우선변제권을 부여받지 못할 수도 있다.

⑤ 임차한 주택을 인도받고 전입 신고를 한 날에 주택에 다른 물권이 성립되면 임차권은 새로운 물권보다 후순위가 된다.

08

윗글을 바탕으로 〈보기〉를 이해한 내용으로 적절한 것은? [3점]

〈보 기〉

> 을이 갑에게 2억 원의 보증금을 지급하고 갑 소유의 A 주택을 2021년 2월 5일부터 2년간 임대하기로 하는 임대차가 갑과 을 사이에 체결되었다. 을은 2021년 2월 5일에 A 주택으로 이사 하고 전입 신고를 하였지만 계약 기간 내내 확정일자는 받지 않았다. A 주택에 거주해 오던 을은 임대차 만료를 앞두고 이사 갈 집을 구하여 새로운 임대차를 체결하였고, 2022년 12월 4일 에 갑에게 기존의 임대차를 연장하지 않겠다는 의사를 밝혔다. 갑은 사정이 생겨 보증금을 제때 돌려주지 못한다고 통보하였다. 갑은 임대차가 만료된 현재까지 보증금을 돌려주지 않고 있다.

① 을은 2022년 12월 4일부터 임차권등기명령을 신청할 수 있다.

② 을은 임차권등기명령을 신청하는 즉시 갑에게 보증금을 돌 려받을 수 있다.

③ 을은 기존의 우선변제권이 유지되도록 임차권등기명령 제도 를 이용할 수 있다.

④ 을의 신청으로 임차권등기명령이 내려지면 갑은 A 주택을 다른 사람에게 매도할 수 없다.

⑤ 을의 신청으로 임차권등기명령이 내려지면 을이 이사를 가 더라도 을이 가지고 있던 임차권은 등기부에 기재된다.

09~12 다음 글을 읽고 물음에 답하시오.

(가)

죽창(竹窓)의 **병(病)**이 깁고 포금(布衾)이 냉낙(冷落)ᄒ대 *
돌미나리 ᄒ줌으로 석찬(夕饌)을 ᄒ쟈터니
상 위에 그저 노코 님 싱각 ᄒᄂ 뜻은
아리ᄯ온 **님의 거동(擧動) 친(親)** ᄒ적 업건마ᄂ
불관(不關)ᄒ * **이 내 몸이 님을 조차 삼기오니**
월노(月老)의 노(繩) *흘 믿가 연분(緣分)도 하 중(重)ᄒ고
조믈(造物)이 새오던가 박명(薄命) *흠도 그지업다
(중략)
이팔(二八) 방년(芳年)이 손꼽아 다ᄃ르니
십니(十里) 벽도화(碧桃花)의 구름이 머흔 속의
내 소식 님 모르고 ㉠ 님의 집 나 모를 제
세ᄉ(世事)의 마(魔)히 고하 * 홍안(紅顔)이 복(福)이 업셔
하ᄅ밤 놀난 우레 풍우(風雨)조차 섯거치니
뜰알픠 심근 규화(葵花) 못피여 시들거다
ᄒ 고기 흐린 물이 왼 못을 더러인다
형극(荊棘)의 써딘 불이 난혜총(蘭蕙叢)의 붓터오니 *
내 얼골 고은 줄을 님이 엇디 알으시고
화공(畫工)의 붓긋흐로 그려 내여 울닐 손가
연년(延年)의 가곡(歌曲)으로 씌여다가 도도올가
대가티 고든 졀(節)은 님이 더욱 모르려든

– 이긍익, 「죽창곡(竹牕曲)」 –

* 포금이 냉낙ᄒ대: 이부자리가 차가운데.
* 불관ᄒ: 관계없는.
* 월노의 노: 남녀의 인연을 맺어 주는 끈.
* 박명: 복이 없고 팔자가 사나움.
* 세ᄉ의 마히 고하: 세상일을 방해하는 장애물이 생겨.
* 형극의 써딘 불이 난혜총의 붓터오니: 가시덤불에 떨어진 불이 난초와 혜
  초 무더기에 붙으니.

(나)

　숭정(崇禎) 9년 4월에, 주인이 노비 운(雲)을 시켜 마구간 바
닥에 매어 엎드려 있는 말을 끌어 내오게 하고, 말에게 이르기를,
"안타깝구나, 말아. 너의 나이도 이제 많아졌고 힘도 쇠하여
졌구나. 장차 너를 빨리 달리게 한즉 네가 달릴 수 없음을 알며,
장차 너를 뛰게 한즉 네가 그럴 수 없음을 안다. 내가 너에게
수레를 매어 매우 멀고 험한 길을 넘게 한즉 너는 넘어질 것이
며, 내가 너에게 무거운 짐을 싣고 풀이 우거진 먼 길을 건
너게 하면 너는 곧 죽을 것이다. 말이여, 장차 너를 어디에
쓰겠느냐? 너를 백정에게 주어 뼈와 살을 바르게 할까? 나는
너에게 차마 그럴 수는 없다. 장차 너를 성 안의 저자거리에
가서 팔더라도 사람들이 너에게서 무엇을 얻겠느냐? 안타깝다
말아. 나는 이제 너의 재갈을 벗기고 굴레를 풀어 놓아 네가
가고자 하는 곳을 너에게 맡길 것이니, 가거라. 나는 너에게서
취하여 쓸 것이 없구나."
라고 하니, 말은 이에 귀를 쫑그리고 듣는 것처럼 하고, 머리를
쳐들고 하소연하는 듯하며 몸을 웅크리고 오랫동안 있으나 입으로
말을 할 수는 없는 것이었다. 그러나 그의 대답을 추측컨대,
"슬프구나, 주인의 말씀이 이처럼 정성스러울까. 그러나 주인
역시 어진 사람은 아니다. 옛날 나의 나이가 아직 어려 힘이
왕성할 때, 하루에 백 리를 달렸으나 가는 것에 힘이 없지 아
니하였고, 한 번 짐을 실음에 몇 석을 실었으나 나의 힘이 강
하지 않은 것이 아니었다. 그리고 주인은 가난하였는데, 생각
하건대 내가 아는 바로는, 쑥으로 사방의 벽을 쳤고, 쓸쓸하게
텅 빈집에는 동이에 한 말의 조를 쌓아둠이 없었고, 광주리에는
한 자의 피륙도 저장함이 없었다.
마누라는 야위어 굶주림에 울고 여러 아이들은 밥을 찾으나,
아침에는 된 죽 저녁에는 묽은 죽을 구걸하듯 빌어서 끼니를
이어갔다. 그 당시에 나는 진실로 힘을 다하여 동서로 오가고,
오직 주인의 목숨만을 생각하며 남북으로 오갔으니, 오직 주
인의 목숨을 위해 멀리는 몇 천리 가까이는 몇 십 몇 백리를
짐을 싣고 달리며 짐을 싣고 뛰며 옮기기에 일찍이 감히 하루
라도 편히 살지 못했으니, 나의 수고로움은 컸다고 말할 수
있을 것이다. ㉡ 주인집의 여러 식구의 목숨이 나로 인해 완전
할 수 있었으며, 나로 말미암아 길 위에서 굶어 죽은 시체로
도랑에 빠지지 않게 되지 않았는가.
(중략)
슬프다. 내가 비록 늙었으나 오히려 좋은 밥을 먹을 수 있고,
주인이 나를 길러 줄 뜻을 더해 길러줌에 마음을 쓴다면, 경치
좋은 곳에서 나이나 세면서 한가로이 세월을 보내는 것은 기대
하지 않더라도, 동쪽 교외의 무성한 풀이 내 배고픔을 달래기에
충분하며, 단 샘물은 기대하지 않더라도 남쪽 산골짜기의
맑은 물이면 나의 목마름을 풀기에 충분합니다. 쌓인 피로를
쉬고 고달픔에서 깨어나게 할 수 있으며, 흔들거리거나 넘어
지지 않게 하고 피곤함에서 소생할 수 있게 하며, 힘을 헤아려
짐을 맡기고, 재주를 헤아려 일을 시키면 비록 늙더라도 오히려
능히 빠르게 떨치면서 길게 울어 주인을 위해 채찍질을 당하
면서 쓰임에 대비하고 남은 목숨을 마치는 것이 나의 큰 행복
입니다. 버림받는 것으로 마칠 뿐이라면 나는 곧 발굽으로 눈
서리를 밟고 털로는 찬바람을 막으며 풀을 먹고 물을 마시며
애오라지 스스로 기르며 나의 천명을 완전히 한다면 도리어
나의 참된 천성에 거슬리는 것이니, 나에게 어찌 아픔이겠습
니까? 감히 말씀드립니다."
주인이 이에 실의(失意)하여 탄식하며 이르기를,
"이것은 나의 잘못이로다. 말에게 무슨 죄가 있는가? 옛날에
제(齊)나라 환공(桓公)이 가다가 길을 잃었는데, 관자(管子)가
늙은 말을 풀어놓고 따라가기를 청했으니, 관자만이 오직 늙은
말을 버리지 않고 사용한 것이다. 이러한 까닭으로 능히 그
임금을 도와 천하를 제패한 것이다. 이로 말미암아 보건대 늙은
말을 어찌 소홀히 할 수 있겠는가?"
하면서, 이어 노비 운(雲)에게 명하여 이르기를,
"잘 먹이고 다만 너의 손에 욕 당함이 없도록 하라."
라고 했다.

– 홍우원, 「노마설(老馬說)」 –

09

(가)와 (나)의 공통점으로 가장 적절한 것은?

① 역설적 표현을 통해 주제의 의미를 부각하고 있다.
② 명암의 대비를 통해 대상의 특성을 나타내고 있다.
③ 공간의 이동에 따라 심리 변화의 양상을 드러내고 있다.
④ 음성 상징어를 사용하여 생동감 있게 상황을 제시하고 있다.
⑤ 의문형 어미를 사용하여 전달하고자 하는 내용을 강조하고 있다.

10

〈보기〉를 바탕으로 (가)를 이해한 내용으로 적절하지 <u>않은</u> 것은? [3점]

─〈보 기〉─

이 작품에는 타인의 잘못으로 인해 유배 생활을 하는 작가의 상황이 임을 그리워하는 여성 화자의 모습으로 형상화되어 있다. 화자는 자신이 처한 부정적 상황의 원인을 임이나 자기 자신에게서 찾지 않고 외부의 탓으로 돌리고 있으며, 임과 함께하지 못하는 안타까움과 임에 대한 변치 않는 마음을 노래하고 있다.

① '병이 깊고'와 '돌미나리 ㅎ줌으로 석찬을 ㅎ쟈터니'를 통해 부정적 상황에 놓인 화자의 처지를 알 수 있겠군.
② '님의 거동 친 ㅎ적 업건마ᄂ'과 '이 내 몸이 님을 조차 삼기오니'를 통해 화자가 타인의 잘못으로 현재 상황에 처하게 됐음을 알 수 있겠군.
③ '조믈이 새오던가'와 '셰ᄉ의 마히 고하'를 통해 화자가 처한 상황의 원인을 외부의 탓으로 돌리고 있음을 알 수 있겠군.
④ '뜰알픠 심근 규화 못피여 시들거다'를 통해 임과 함께하지 못하는 화자의 안타까운 마음을 형상화했음을 알 수 있겠군.
⑤ '대가티 고든 졀은 님이 더욱 모르려든'을 통해 임에 대한 화자의 변치 않는 마음을 알 수 있겠군.

11

㉠과 ㉡에 대한 설명으로 가장 적절한 것은?

① ㉠은 '나'와 '님'의 관계가 소원함을 드러내는 소재이고, ㉡은 '말'과 '주인'의 관계가 밀접했음을 드러내는 소재이다.
② ㉠은 '나'와 '님'의 역할이 바뀌었음을 드러내는 소재이고, ㉡은 '말'과 '주인'의 역할이 확정되었음을 드러내는 소재이다.
③ ㉠은 '나'와 '님'의 갈등이 해소되었음을 드러내는 소재이고, ㉡은 '말'과 '주인'의 갈등이 심화되었음을 드러내는 소재이다.
④ ㉠은 '나'와 '님'의 상황이 변화되었음을 드러내는 소재이고, ㉡은 '말'과 '주인'의 상황이 유지되고 있음을 드러내는 소재이다.
⑤ ㉠은 '나'와 '님'의 현실 인식이 긍정적임을 드러내는 소재이고, ㉡은 '말'과 '주인'의 현실 인식이 부정적임을 드러내는 소재이다.

12

〈보기〉는 (나)에 나타난 대화를 구조화한 것이다. 이에 대한 이해로 적절하지 <u>않은</u> 것은?

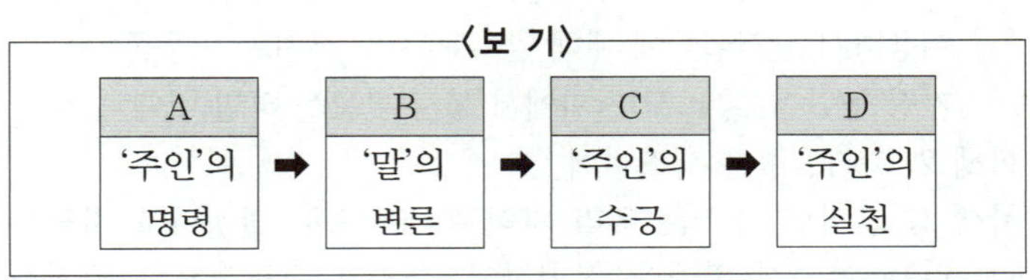

① A에서 '주인'은 '말'의 현재 상태를 근거로 '말'이 더 이상 쓸모가 없다고 판단하고 있다.
② B에서 '말'은 과거 행적을 나열하여 자신의 능력이 변하지 않았음을 근거로 A에서 '주인'이 내린 처분이 부당함을 주장하고 있다.
③ B에서 '말'은 자신을 기르고 쓸 수 있는 구체적인 방안을 제시하며 '주인'을 설득하고 있다.
④ C에서 '주인'은 늙은 말도 쓰임이 있다는 내용의 고사를 인용하여 '말'에 대한 자신의 생각이 잘못되었음을 밝히고 있다.
⑤ D에서 '주인'은 A에서 '말'에게 내린 자신의 처분을 번복하여 노비에게 '말'을 잘 보살필 것을 당부하고 있다.

종료 시각	시 분 초	문항 번호	01	02	03	04	05	06	07	08	09	10	11	12
소요 시간	분 초	채점 결과												
초과 시간	분 초	틀린 문항 복습												

DAY 03

DAY 04

수능기출
전국연합학력평가 **20분 미니 모의고사**

● 날짜 :   월   일 ● 시작 시각 :   시   분   초 ● 목표 시간 : 20분

※ 점수 표기가 없는 문항은 모두 **2점**입니다.

01~02 (가)는 자원봉사 동아리 학생들의 토의이고, (나)는 토의에 참여한 학생이 작성한 제안서의 초고이다. 물음에 답하시오.

(가)

학생 1: 지난 시간에 어르신들을 위해 '자서전 쓰기' 봉사 활동을 하기로 하면서 관련된 자료를 조사해 오자고 했는데 자료는 다들 준비해 왔지? 지금부터 준비해 온 자료를 공유하고 구체적인 활동 계획을 세워 보자.

학생 2: 나는 신문 기사를 찾아봤어. 우리 동네 인근 지역에서 학생들이 어르신들의 삶을 자서전으로 써 드리는 활동을 한 사례가 있더라. 이 활동에 참여한 어르신께서 자신의 인생이 담긴 책을 갖게 되었다는 사실도 뜻깊었지만, 책을 만드는 과정에서 학생들과 함께 한 시간도 소중했다고 말씀하신 것이 인상 깊었어. [A]

학생 3: 그렇구나. 어르신께서 자서전을 갖게 되는 것만큼이나 학생들과 함께 한 시간을 소중하게 생각하신다니 우리도 열심히 해 보자. 나는 우리 지역 어르신들이 주로 이용하시는 시설들에 대해 알아봤는데, 복지관 이용률이 가장 높았어. 우리도 거기에서 봉사 활동을 하면 어때?

학생 2: 그래, 좋은 생각이야.

학생 1: 그러면 장소는 우리 지역 복지관으로 결정하고 지금부터는 어떻게 활동을 진행하면 좋을지 구체적으로 계획을 세워 보자.

학생 2: 먼저 함께 활동할 어르신들을 모집해야 하잖아. 홍보 포스터를 복지관 알림판에 게시하자. 그리고 복지관에서 일주일 정도 활동 안내문을 배부하면서 참가 신청을 받으면 어떨까?

학생 3: 아주 좋은 생각이야. 우선, 참가를 희망하시는 어르신을 세 번 정도 뵙고 살아오신 이야기를 들으면서 녹음하자. 그 내용을 글로 옮겨서 자서전을 만드는 것은 어때? [B]

학생 2: 그런데 자서전 분량이나 녹음 과정을 생각하면 다섯 번 정도는 뵙는 게 좋겠어. 그리고 자서전이 완성되면 어르신의 가족분들도 모시고 다 함께 출판 기념회를 진행하면 더 의미가 있을 것 같아.

학생 1: 좋은 의견들 고마워. 그러면 홍보 포스터를 보고 참여 의사를 밝히신 어르신을 대상으로 자서전을 만들어 드리고 출판 기념회를 하자는 거지? 그런데 이 활동은 복지관의 도움이 필요하니 도움을 요청하는 제안서를 작성해야 할 것 같아. 제안서에 어떤 내용을 담으면 좋을지 이야기해 보자.

학생 3: 제안서에는 지금까지 우리가 의논한 활동 계획을 담고 봉사 활동의 의미를 덧붙이는 것이 좋을 것 같아.

학생 2: 봉사 활동의 의미는 신문 기사에서 봤던 것처럼 우리 세대와 어르신 세대가 소통하고 공감할 수 있는 기회가 될

수 있다는 점에 대해 강조하는 내용이었으면 좋겠어.

학생 1: 그럼, 제안서 작성을 위해 역할을 나눠 보자. 제안서 초고는 내가 작성할게. 너희들은 제안서에 추가할 만한 내용을 더 찾아 주면 좋겠어. 다음 시간에는 초고를 함께 살펴보고 수정해서 제안서를 완성해 보는 것으로 하고 오늘은 이만 마칠게.

학생 2, 3: 그래, 좋아.

(나)

안녕하세요? 저희는 ○○고등학교 자원봉사 동아리입니다. 저희 동아리에서는 봉사 활동으로 우리 지역의 어르신들에게 자서전을 써 드리는 활동을 계획하고 있습니다. 그러나 저희의 힘만으로는 부족한 점이 많아 이렇게 복지관에 도움을 요청하게 되었습니다.

오늘날 지역 사회에서는 다양한 문제가 나타나고 있습니다. 특히 세대 간 문화 단절 현상은 우리 지역에서도 우려하는 문제 중 하나입니다. 올해 우리 학교에서 실시한 설문 조사에서도 세대 간 문화 교류 기회가 부족하여 세대 간 갈등이 걱정된다는 의견이 많았습니다. ㉠ 세대 간의 갈등 외에도 우리 학교에서는 선후배 간의 갈등도 문제가 되고 있습니다. 그래서 저희는 이러한 문제를 해결하기 위한 작은 실천으로 어르신들의 삶을 자서전으로 써 드리는 봉사 활동을 계획했습니다.

먼저, 홍보 포스터를 만들어 복지관 알림판에 게시하고, 복지관에서 일주일 정도 활동 안내문을 배부하면서 참가 신청을 받으려고 합니다. 이후에 어르신을 5회 정도 뵙고, 어르신이 들려주시는 이야기를 녹음한 뒤 글로 옮겨 자서전을 완성할 계획입니다. 그리고 자서전이 ㉡ 완성되어지면 출판 기념회도 진행하려고 합니다. 이런 활동들을 원활하게 진행하기 위해서는 저희가 복지관에서 어르신들을 만나 홍보 활동이나 녹음을 할 수 있는 장소의 지원이 필요합니다. ㉢ 그러나 자서전 출판 기념회 개최를 위한 지원도 요청드립니다.

위와 같이 복지관에서 봉사 활동을 도와주신다면, 어르신들은 인생을 담은 자서전뿐 아니라 학생들과 소통하고 공감하는 소중한 시간도 얻을 수 있으실 것입니다. 또한 저희가 찾은 연구 자료에 따르면 자서전 쓰기를 통해 어르신들이 인생을 ㉣ 돌이켜 회고하며 과거의 감정을 정화하는 것이 자존감 회복에 도움이 된다고 합니다. 이런 점에서 이번 봉사 활동의 의미는 더욱 크다고 할 수 있습니다.

바쁘신 중에도 끝까지 읽어 주셔서 감사합니다. ㉤ 지역 주민에게 긍정적인 영향과 복지관의 발전을 추구할 수 있도록 복지관에서 저희의 요청을 들어주시기를 다시 한번 부탁드립니다.

01

[A]와 [B]에 대한 설명으로 가장 적절한 것은?

① [A]의 '학생 3'과 달리 [B]의 '학생 2'는 상대의 말을 재진술하면서 상대의 의견에 동의하고 있다.
② [A]의 '학생 3'과 달리 [B]의 '학생 2'는 상대가 제안한 내용에 대해 근거를 들어 수정 의견을 제시하고 있다.
③ [B]의 '학생 2'와 달리 [A]의 '학생 3'은 상대가 제시한 내용을 반박하며 자신이 제시했던 의견을 보완하고 있다.
④ [A]와 [B]의 '학생 2'는 모두 구체적인 사례를 들어 자신의 제안이 실현 가능함을 드러내고 있다.
⑤ [A]와 [B]의 '학생 3'은 모두 권위자의 말을 인용하여 자신의 의견을 뒷받침하고 있다.

02 `1등급 대비 고난도 2점 문제`

㉠~㉤을 고쳐 쓰기 위한 의견으로 적절하지 <u>않은</u> 것은?

① ㉠: 글의 흐름에 어긋나는 문장이므로 삭제해야겠어.
② ㉡: 피동 표현이 불필요하게 중복되었으므로 '완성되면'으로 고쳐야겠어.
③ ㉢: 문장의 연결이 어색하므로 '그러므로'로 고쳐야겠어.
④ ㉣: 의미상 중복된 표현이므로 '돌이켜'를 삭제해야겠어.
⑤ ㉤: 문장의 호응 관계가 부적절하므로 '지역 주민에게 긍정적인 영향을 미치고 복지관의 발전을 추구할'로 고쳐야겠어.

03

〈보기〉의 ㉠~㉤에 나타나는 중세 국어의 특징을 탐구한 내용으로 적절하지 <u>않은</u> 것은?

〈보 기〉

[중세 국어] 자내 날 ㉠ <u>향히</u> ᄆᆞᄋᆞᆯ 엇디 가지며 나ᄂᆞᆫ 자내 향히 ᄆᆞᄋᆞᆯ 엇디 가지던고 미양 자내ᄃᆞ려 ㉡ <u>내</u> 닐오디 ᄒᆞᆫ듸 누어셔 이 보소 ᄂᆞᆷ도 우리ᄀᆞ티 서르 에엿쎄 녀겨 ᄉᆞ랑 ᄒᆞ리 ᄂᆞᆷ도 우리 ㉢ <u>ᄀᆞᄐᆞᆫ가</u> ᄒᆞ야 자내ᄃᆞ려 ㉣ <u>니ᄅᆞ더니</u> 엇디 그런 이ᄅᆞᆯ ㉤ <u>싱각디</u> 아녀 나ᄅᆞᆯ ᄇᆞ리고 몬져 가시ᄂᆞᆫ고

– 이응태 부인이 쓴 언간에서 –

[현대어 풀이] 당신이 나를 향하여 마음을 어찌 가지며, 나는 당신을 향하여 마음을 어찌 가지던가? 늘 당신에게 내가 이르되, 함께 누워서, "이 보소, 남도 우리같이 서로 예쁘게 여겨서 사랑하리? 남도 우리 같은가?" 하여 당신에게 이르더니, 어찌 그런 일을 생각지 아니하여 나를 버리고 먼저 가시는가?

---

① ㉠에서 현대 국어에 쓰이지 않는 모음이 사용되었음을 알 수 있군.
② ㉡에서 주격조사가 생략되었음을 알 수 있군.
③ ㉢에서 이어적기가 사용되었음을 알 수 있군.
④ ㉣에서 두음법칙이 적용되지 않았음을 알 수 있군.
⑤ ㉤에서 구개음화가 일어나지 않았음을 알 수 있군.

04~09 다음 글을 읽고 물음에 답하시오.

(가)

16~18세기 유럽의 계몽주의는 구시대의 권위에 반대하여 합리적 이성을 통해 인류의 진보를 꾀하려 한 이념이다. 이는 17세기 과학 혁명과 함께 근대의 시작을 알리며, 중세의 어둠에서 벗어난 서구인들에게 이성에 기초한 사회야말로 인류에게 자유와 풍요를 선사할 것이라는 희망을 안겨 주었다. 그러나 아도르노는 "완전히 계몽된 지구에는 재앙의 ⓐ 징후만이 빛나고 있다."라고 하며 계몽에 대해 다른 입장을 제시하였다.

아도르노는 계몽의 전개를, '자연에 대한 지배'와 '인간에 대한 지배'에서, '인간의 내적 자연에 대한 지배'로 이어지는 과정으로 설명하였다. 첫 번째 단계인 자연에 대한 지배는 인간이 자연의 위협에서 벗어나 자기 보존을 꾀하기 위해 자연을 지배하는 것이다. 뉴턴에 의해 완성된 근대 과학 혁명은 사람들로 하여금 미신과 환상에서 벗어나 자연에 대한 합리적이고 경험적인 지식을 갖게 하였다. 이를 무기로 인간은 지배와 피지배라는 사회적 관계를 공고히 하여 자연에 맞서는 집단적 힘을 키움으로써 자연을 지배할 수 있게 되었다.

그런데 사회적 지배 양식이 강화되면서 계몽의 두 번째 단계인 인간에 대한 지배로 이어진다. 이 과정에서 이성은 사물의 본질을 인식하는 본연의 기능에서 벗어나, 인간과 자연을 지배하기 위한 도구적 이성으로 변질된다. 이는 합리성이라는 ⓑ 미명 아래 오로지 목적 달성을 위한 도구로 사용되는 이성이라 할 수 있다. 사회 전체가 도구적 이성에 의해 총체적으로 관리되면서, 개인은 자율성과 비판적 사유 능력을 상실한 채 목적 달성을 위한 수단으로 전락하였다. 그 결과 사회는 점차 전체를 위해 개인의 자유와 권리를 억압하는 전체주의적 경향을 띠게 되었다.

자연과 인간 사회의 지배자가 된 인간은, 계몽의 마지막 단계로 인간의 내적 자연마저 지배하게 된다. 내적 자연이란, 감정이나 욕망과 같이 인간의 내면에 있는 자연적 요소를 말한다. 이는 비합리적일 뿐만 아니라 목적 달성의 방해 요소라고 여겨졌으므로 사회적으로 통제 가능한 합리적 주체가 되기 위해 인간은 스스로 내적 자연을 억압해야만 했다. 역설적이게도 자연에 대한 폭력적 지배가 인간 스스로에 대한 폭력적 지배로 ⓒ 귀결된 것이다. 그로 인해 인간은 존재의 허무감이나 자기 소외로 인한 불안과 절망을 감당해야 했다. 아도르노는 『오디세이아』에 나오는 세이렌의 일화를 계몽의 전개 과정이 집약적으로 드러난 알레고리*로 보고 그 과정을 설명하였다.

이처럼 아도르노는 근대 문명이 파국으로 치닫게 된 원인을 계몽의 전개 과정, 즉 인간의 자기 보존에서 시작되어 자연에 대한 지배와 인간의 내적 자연에 대한 지배로까지 이어진 결과로 보았다. 특히 인간의 자율성을 억압하는 전체주의, 히틀러에 의한 나치즘과 유대인 학살은, 지배 논리로 전화(轉化)*된 근대 이성이 얼마나 폭력적이고 비합리적일 수 있는지 단적으로 보여 준다. 이러한 관점에서 아도르노는 ㉠ "이성의 차가운 빛 아래 새로운 야만의 싹이 자라난다."라며 애도하였다.

* 알레고리: A를 말하기 위해 B를 사용하여 그 유사성을 적절히 암시하면서 A를 상징적으로 나타내는 방법.

* 전화: 질적으로 바뀌어서 달리 됨.

(나)

고대의 신화, 그리고 중세의 신 중심의 사고에서 벗어난 근대 서구인들에게 이성은 인류를 구원할 빛이자 진리였다. 그러나 이성을 ⓓ 맹신한 결과 전쟁의 비극과 물질문명의 병폐를 경험한 유럽인들은, 이성에 대한 깊은 회의감과 함께 인간의 실존 문제에 관심을 갖게 되었다. 특히 전쟁의 소용돌이 한가운데 있던 독일의 젊은 예술가들은 사회·정치적 긴장 상태에 항거하며, 그동안 근대 이성의 그늘에 가려 소외되어 왔던 인간의 내면을 회화를 통해 분출하고자 하였는데, 이러한 예술 운동을 표현주의라고 부른다.

표현주의는 한 마디로 '감정을 표현한다.'라는 의미이다. 기존의 사실주의 회화가 대상을 있는 그대로 표현하려고 한 반면, 표현주의 회화는 눈에 보이는 대상의 모습이 아닌 작가의 감정이나 내면 등을 표현하려고 하였다. 표현주의 화가인 마티스는 『화가 노트』에서 "회화는 결국 표현이다."라고 주장하면서, 표현이 눈으로 본 것을 눈에 전달하는 것이 아니라 마음으로 느낀 것을 마음에 전달하는 수단임을 강조하였다. 이는 회화의 기본 목적이 대상을 사실적으로 재현하는 것이라는 전통적 규범을 거부하였다는 점에서 아방가르드* 운동의 일종이라 할 수 있다.

표현주의는 화가의 감정을 표현하는 데 중점을 두기 때문에 대상의 색이나 형태가 왜곡되어 나타난다는 특징이 있다. 특히 색의 경우, 각각의 색감이 주는 주관적 느낌을 통해 작가가 느끼는 감정이나 감각을 표현하려 하였다. 따라서 표현주의 작품에서는 사물이 갖는 고유한 색은 무시된 채 내면을 드러내기 위해 작가가 자의적으로 선택한 색이 사용되었다. 또한 순간적으로 분출되는 강렬한 감정을 포착하는 과정에서, 다소 과장되고 거친 붓놀림이 특징적으로 나타났다. 이러한 방법을 통해 표현주의는 전쟁 이후 사회의 불안감이나 인간의 근원적 고통을 화폭에 담아내었다.

표현주의는 ⓔ 도외시되어 온 인간의 감정을 표현하려 했다는 점에서, 회화의 영역을 대상의 외면에 국한하지 않고 인간의 내면까지 확장시킨 운동으로 평가받았다. 이는 훗날 선이나 형, 색 등의 조형 요소를 통해 작가의 감정을 표현하는 현대 추상 미술이 등장하는 기반이 되었다.

* 아방가르드: 기성의 예술 관념이나 형식을 부정하고 혁신적 예술을 주장한 예술 운동.

04 1등급 대비 고난도 2점 문제

(가)와 (나)의 공통점으로 가장 적절한 것은?

① 근대 사회에 내재된 여러 문제와 이의 해결 방안을 분석하고 있다.
② 근대 사회가 발전하게 된 과정을 예술적 관점에서 고찰하고 있다.
③ 근대 사회의 부정적인 측면에 대한 비판적인 입장을 제시하고 있다.
④ 근대 사회의 특성을 상반된 관점에서 분석한 두 이론을 소개하고 있다.
⑤ 근대 사회의 과학 혁명을 이어 가기 위한 당시 사람들의 노력을 설명하고 있다.

05

㉠과 같이 말한 의도로 가장 적절한 것은?

① 계몽에 대한 반작용으로 다시 자연으로 회귀하려는 사회적 움직임을 옹호하고 있다.
② 인류의 진보를 지향했던 계몽주의가 인류의 자율성을 억압하는 방향으로 역행한 것을 경고하고 있다.
③ 신화적 상상력을 기반으로 인간이 자연을 지배하는 과정에서 이성의 힘이 약화되는 것을 우려하고 있다.
④ 인간 소외 문제를 해결해야 한다는 사회적 요구를 반영하여 인간의 집단적 힘이 필요함을 제안하고 있다.
⑤ 근대 문명의 추악한 현실을 극복하기 위해 인간의 자기 보존에 대한 욕망을 회복해야 함을 강조하고 있다.

06

(가)의 내용을 고려할 때 〈보기〉의 Ⓐ, Ⓑ에 해당하는 단계로 가장 적절한 것은?

―〈보 기〉―

아도르노는 인간을 유혹해 제물로 삼는 세이렌을 자연의 위협으로 보고, 오디세우스가 여기에서 벗어나는 과정을 계몽의 전개 과정과 연계하여 설명하였다.

세이렌의 일화

바다 요정 세이렌은 섬을 지나는 사람들을 아름다운 노랫소리로 유혹해 제물로 삼는다. 세이렌의 유혹에 빠지지 않고 섬을 지나기 위해 Ⓐ 오디세우스는 부하들의 귀를 밀랍으로 막아 아무 소리도 듣지 못하게 만들고, 노를 저어 섬을 지나갈 것을 지시한다. 그리고 Ⓑ 아름다운 노랫소리의 유혹에 빠지려는 욕망을 스스로 억압하기 위해 돛대에 자신의 몸을 묶어 움직이지 못하게 한다. 세이렌의 섬을 지날 때 노랫소리가 들려오자 오디세우스는 이성을 잃고 풀어 달라고 애원하지만, 부하들은 아무 소리도 듣지 못한 채 힘차게 노를 저어 무사히 섬을 지나간다.

	Ⓐ	Ⓑ
①	인간에 대한 지배	자연에 대한 지배
②	인간에 대한 지배	내적 자연에 대한 지배
③	내적 자연에 대한 지배	인간에 대한 지배
④	내적 자연에 대한 지배	자연에 대한 지배
⑤	자연에 대한 지배	인간에 대한 지배

07

(나)에서 알 수 있는 내용으로 적절하지 <u>않은</u> 것은?

① 근대 이성에 회의를 느낀 유럽인들은 인간 실존의 문제에 관심을 갖게 되었다.
② 표현주의는 전쟁을 경험한 독일의 젊은 예술가들을 중심으로 등장한 예술 운동이다.
③ 마티스에 의하면 표현의 의미는 눈으로 본 것을 눈에 전달하는 수단이라 할 수 있다.
④ 표현주의는 대상의 외면에만 국한하지 않고 인간의 감정까지 다루었다는 평가를 받는다.
⑤ 표현주의는 대상을 사실적으로 재현하지 않았다는 점에서 당시 혁신적인 예술 운동이었다.

08

(가)의 '아도르노'와 (나)의 '표현주의'의 관점에서 〈보기〉의 작품을 감상한 내용으로 적절하지 <u>않은</u> 것은? [3점]

〈보 기〉

표현주의 작가인 뭉크의 작품 「절규」에서는, 해골의 형상을 한 남자가 공포에 가득 찬 표정으로 귀를 틀어막으며 비명을 지르고 있다. 그 뒤로 핏빛으로 물든 하늘과 검은색 강물을 꿈틀거리듯 왜곡하여 표현함으로써 존재의 허무감에서 오는 불안과 고통을 감상자들이 그대로 느낄 수 있도록 하였다.

뭉크, 「절규」

① (가): 작가가 표현하려고 한 감정은 근대 이성에 의해 억눌려 온 인간의 내적 자연으로 볼 수 있겠군.

② (가): 작가가 전달하는 불안과 고통은 이성이 팽배했던 근대 사회에서 한 개인이 느꼈던 존재의 허무감과 관련이 있다고 볼 수 있겠군.

③ (나): 해골 형상과 꿈틀거리는 강물은 작가가 느끼는 공포를 표현하기 위해 의도적으로 형태를 왜곡한 것이라고 볼 수 있겠군.

④ (나): 비명을 지르는 남자의 모습을 회화적 전통에 따라 표현함으로써 감상자도 그 고통을 그대로 느끼게 한 것으로 볼 수 있겠군.

⑤ (나): 강물의 검은색은 실제 색이라기보다는 작가가 느끼는 고통을 효과적으로 표현하기 위해 자의적으로 선택한 색이 사용된 것으로 볼 수 있겠군.

09

ⓐ～ⓔ의 사전적 의미로 적절하지 않은 것은?

① ⓐ: 겉으로 나타나는 낌새.

② ⓑ: 어떤 사실을 자세히 따져서 바로 밝힘.

③ ⓒ: 어떤 결말이나 결과에 이름.

④ ⓓ: 옳고 그름을 가리지 않고 덮어놓고 믿는 일.

⑤ ⓔ: 상관하지 아니하거나 무시함.

하루 또 하루가 갔다. 인간 시계로 이 년, 개들 시력(時歷)으로 십 년이 흘렀다. 찬성과 에반은 어느새 서로 가장 의지하는 존재가 됐다. 비록 움직임이 굼뜨고 귀가 어두웠지만 에반은 여느 개처럼 공놀이와 산책을 좋아했다. 찬성이 보푸라기 인 테니스공을 멀리 던지면 에반은 찬성의 눈앞에서 사라졌다 반드시 공과 함께 다시 나타났다. 무언가 제자리에 도로 갖고 오는 건 에반이 잘하는 일 중 하나였다. 찬성은 때로 에반이 자기에게 물어다 주는 게 공이 아닌 다른 것처럼 느껴졌다. 그리고 공인 동시에 공이 아닌 그 무언가가 자신을 변화시켰다는 걸 알았다. 그런데 에반이 요즘 좀 이상했다.

할머니는 밤 열 시 넘어 집에 들어왔다. 한 손에 검은 비닐봉지를 들고서였다.

—전자레인지에 돌려 먹어.

찬성이 봉지 안을 들여다봤다. 은박지 사이로 설탕 입힌 통감자가 보였다. ㉠ 찬성이 퇴근한 할머니 뒤를 졸졸 쫓았다.

—할머니, 에반이 좀 이상해.

—지금 안 먹을 거면 냉장고에 넣어 두든가.

할머니가 평소 휴대품을 넣고 다니는 손가방을 안방 바닥에 던지듯 내려놓았다.

—할머니, 에반이 밥을 안 먹어.

—늙어서 그래, 늙어서.

—있지, 내가 공을 던져도 움직이지 않아. 걷다 자주 주저앉고.

—늙어서 그렇다니까.

할머니는 모든 게 성가신 듯 팔을 휘저었다. 그러곤 끄응 소리를 내며 바닥에 이부자리를 폈다.

—저거 봐, 저렇게 자기 다리를 자꾸 핥아. 하루 종일 저래. 아까는 내가 다리를 만졌더니 갑자기 나를 물려고 했어.

㉡ 할머니가 요 위에 누우려다 말고 상체를 들어 찬성을 봤다.

—아니, 진짜로 문 건 아니고 무는 시늉만 했어.

할머니가 눈을 감은 채 이마에 팔을 얹었다.

—할머니, 에반 데리고 병원 가 봐야 되는 거 아닐까?

—쓸데없는 소리 말고 가서 자. 사방에 불 켜 두지 말고.

할머니의 반팔 소매에 엷은 김칫국물이 묻어 있었다. 찬성이 할머니 옆에 앉지도 서지도 못한 채 주춤거렸다.

—할머니, 에반 병원 데려가야 할 것 같다고.

할머니가 버럭 소리를 질렀다.

—무슨 개를 병원에 데리고 가. 사람도 못 가는 걸. 그러니까 내가 개새끼 도로 갖다 놓으라 했어 안 했어? 할머니 화병 나기 전에 얼른 가서 자. 개장수한테 백구 팔아 버리기 전에. 얼른!

—백구 아니야!

㉢ 찬성이 전에 없이 큰소리를 냈다.

—뭐?

그러곤 이내 말끝을 흐리며 소심하게 답했다.

—에반이야.

[중간 부분의 줄거리] 에반을 데리고 동물 병원에 간 찬성은 고통받는 에반을 위해 할 수 있는 것이 안락사뿐이라는 생각을 한다. 찬성은 안락사 비용 십만 원을 모으기 위해 힘들게 전단지 아르바이트를 한다. 그러나 찬성은 이전에 할머니가 얻어온 휴대 전화의 유심칩을 사는 데 모은 돈의 일부를 쓰게 되고, 휴대 전화에 집중하느라 점차 에반과 보내는 시간이 줄어든다.

오랜 궁리 끝에 찬성이 지갑에서 동물 병원 명함을 꺼내 들었다. 상중(喪中)이라 주말까지 쉰다는 말이 생각났지만 찬성은 괜히 한번 병원 전화번호를 눌러 보았다.

'어쩌면 문을 열었을지도 몰라. 누가 받으면 뭐라고 하지?'

휴대 전화 너머로 익숙한 연결음이 들렸다. 찬성은 잘못한 것도 없는데 가슴이 뛰었다. ㉣ 몇 차례 긴 연결음이 이어졌지만 전화를 받는 사람은 없었다. 찬성은 동물 병원 쪽에서 전화를 받지 않았다는 사실에 다시 한번 이상한 안도를 느꼈다. 찬성이 지갑 안에 명함을 넣으며 남은 돈을 세어 보았다. 십만 삼천 원. 에반을 병원에 데려가기에 부족하지 않은 액수였다. 오늘만 지나면, 그러면 꼭…… 다짐하며 일어서는데 찬성 무릎 위의 휴대 전화가 아스팔트 보도 위로 툭 떨어졌다. 찬성이 창백해진 얼굴로 황급히 휴대 전화를 주워 들었다. 그러곤 실금 간 왼쪽 모서리부터 확인했다. 찬성이 거미줄 모양 실금에 손가락을 대고 천천히 문질렀다. 아주 고운 유리 가루 입자가 손끝에 묻어났다. 찬성의 눈동자가 심하게 흔들렸다.

㉤ 집으로 가는 길, 찬성은 한 손을 길게 뻗어 휴대 전화를 좌우로 틀며 햇빛에 비춰 봤다. 검은 액정 표면에 닿은 빛이 물에 뜬 기름처럼 매끈하게 일렁였다. 더불어 찬성의 가슴에도 작은 만족감이 일었다. 액정에 보호 필름을 붙이니 왠지 기계도 새것처럼 보이고, 모서리 쪽 상처도 눈에 덜 띄는 것 같았다. 스스로에게 조금 실망스러운 기분이 들었지만 '어쩔 수 없는' 상황이었다고 변명했다. 찬성은 '구경이나 해 볼 마음'으로 휴게소 전자 용품 매장에 들렀다 액세서리 용품 진열대 앞에 한참 머물렀다. 그러곤 티끌 하나 없이 투명한 보호 필름을 만지며 자기도 모르게 "사흘……."하고 중얼댔다. 그러니까 사흘 정도는…… 에반이 기다려 주지 않을까 하고. 지금껏 잘 견뎌 준 것처럼. 더도 말고 덜도 말고 딱 사흘만 참아 주면 안 될까. 당장 가진 돈과 앞으로 모을 돈을 셈하는 사이 찬성은 어느새 계산대 앞에 서 있었다. 정신을 차리고 보니 지갑 안의 돈이 어느새 구만 오천 원으로 줄어 있었다.

– 김애란, 「노찬성과 에반」 –

10

윗글의 서술상의 특징으로 가장 적절한 것은?

① 인물 간의 대화를 통해 갈등의 양상이 드러나고 있다.
② 두 사건을 병치하여 이야기의 흐름을 지연시키고 있다.
③ 공간적 배경을 묘사하여 시대적 상황을 구체화하고 있다.
④ 서술자를 교체하여 사건을 새로운 국면으로 전환하고 있다.
⑤ 과거와 현재를 교차하여 사건 전개에 입체감을 부여하고 있다.

11

㉠~㉤에 대한 이해로 적절하지 <u>않은</u> 것은?

① ㉠: 할머니를 자꾸 따라다니는 모습으로, 할머니에게 할 이야기가 있음을 드러내고 있다.
② ㉡: 찬성이 물리지는 않았는지 확인하려는 모습으로, 찬성을 염려하고 있음을 드러내고 있다.
③ ㉢: 평소와 다른 찬성의 모습으로, 에반이 찬성에게 특별한 의미를 가진 존재임을 드러내고 있다.
④ ㉣: 동물 병원에 전화를 건 모습으로, 동물 병원이 쉰다는 사실을 모르고 있음을 드러내고 있다.
⑤ ㉤: 휴대 전화를 살피는 모습으로, 상처 난 부분이 잘 가려졌는지 확인하려는 의도를 드러내고 있다.

12

〈보기〉를 바탕으로 윗글을 감상한 내용으로 적절하지 <u>않은</u> 것은? [3점]

〈보 기〉

이 작품은 초등학생 찬성이 유기견을 키우며 겪는 일들을 보여 준다. 에반에게 친밀감과 책임감을 느끼던 찬성은 갖고 싶었던 물건이 생긴 후, 보호자로서의 역할에 점차 소홀해진다. 자신의 행동에 실망감을 느끼기도 하지만 곧 이를 합리화하는 찬성을 통해 '책임'의 의미를 생각해 보게 한다.

① 에반과 공놀이를 하는 찬성의 모습은 찬성과 에반이 친밀감을 느끼는 것을 드러내는군.
② 아픈 에반을 병원에 데려가고자 하는 모습은 찬성이 에반에 대한 책임감을 느끼고 있음을 드러내는군.
③ 땅에 떨어진 휴대 전화를 보며 찬성의 눈동자가 흔들리는 모습은 그것을 갖고 싶어 한 자신에게 실망감을 느꼈음을 드러내는군.
④ 에반을 위해 모은 돈으로 휴대 전화의 보호 필름을 사는 것은 찬성이 보호자로서의 역할에 점차 소홀해지고 있음을 드러내는군.
⑤ 액세서리 용품 진열대 앞에서 사흘 정도는 에반이 기다려 주리라 생각하는 것은 찬성이 자신의 행동을 합리화하고 있음을 드러내는군.

종료 시각	시 분 초	문항 번호	01	02	03	04	05	06	07	08	09	10	11	12
소요 시간	분 초	채점 결과												
초과 시간	분 초	틀린 문항 복습												

DAY 05

수능기출
전국연합학력평가 **20분 미니 모의고사**

● 날짜 :　월　일　● 시작 시각 :　시　분　초　● 목표 시간 : 20분　　　　　　　※ 점수 표기가 없는 문항은 모두 **2점**입니다.

01　다음은 학생의 발표이다. 물음에 답하시오.

　안녕하세요. 저는 동양의 전통 문방구인 '먹'에 대해 발표하고자 합니다. 먹은 색의 농담, 번짐 등 다양한 표현이 가능하고 보존성도 뛰어나 오랫동안 우리의 문화를 기록하는 데에 사용되었습니다. (사진 1 제시) 이렇게 멋진 작품들이 먹으로 그려져 오늘날까지 보존되고 있다는 것이 흥미롭지요? 이제부터 먹의 재료와 종류별 특성을 소개한 뒤, 먹의 제조 과정에 대해 설명하겠습니다.

　먹의 주재료는 무엇일까요? (화면의 QR코드를 가리키며) 각자의 스마트 기기로 설문 페이지에 접속하여 답변을 제출해 주십시오. (잠시 기다린 후 화면 전환) 제출된 답변을 살펴보니, 정답이 있네요. 여기 그을음이라는 단어가 보이시죠? 이것이 바로 먹의 핵심 재료입니다. 그을음이 무엇으로 만들어지느냐에 따라 먹의 종류는 송연 먹과 유연 먹으로 나뉩니다. 송연 먹은 소나무의 송진을, 유연 먹은 기름을 태울 때 생기는 그을음으로 만듭니다. 송연 먹은 유연 먹에 비해 먹색이 진하지만 번짐의 정도는 적다는 특성이 있습니다. (청중의 반응을 살핀 후) 두 먹의 차이를 이해하는 게 어려우신 것 같네요. 그럼 이를 잘 드러내는 자료를 보여 드리겠습니다. (사진 2 제시) 여기 두 개의 선 중 색이 진하고 가장자리가 덜 번진 선이 송연 먹으로 그은 것입니다. 이러한 차이로 인해 송연 먹은 글씨를 쓸 때, 유연 먹은 그림을 그릴 때 주로 사용되었다고 합니다.

　먹의 제조 과정은 여러 단계로 이루어져 있는데, 주요 단계 두 가지만 소개하겠습니다. (두 장의 그림을 한 화면에 제시) 왼쪽은 그을음 채취 단계를 보여 주는 그림입니다. 송연 먹의 그을음은 송진을 가마에서 태워 만드는 반면 유연 먹의 그을음은 기름을 등잔에서 태워 만듭니다. 오른쪽 그림은 채취한 그을음과 아교를 섞은 반죽을 건조하는 단계를 보여 줍니다. 양질의 먹을 생산하기 위해서는 반죽 후에 수분이 잘 빠져나가야 합니다. 이를 위해 온도와 습도를 일정하게 유지하며 먹을 자연 건조시킵니다. (청중의 반응을 살핀 후) 먹의 제조 과정에 흥미를 느끼시는 것 같네요. 그렇다면 반죽하는 모습도 잠깐 보여 드리겠습니다. (다른 그림 제시) 이 그림은 그을음과 아교를 섞어 반죽하는 모습을 보여 주는데요. 기포를 빼기 위해 무려 수만 번 이상 손으로 치대야 한다고 합니다.

　발표 내용이 유익했나요? (화면 제시) 여기 온라인 자료실의 게시판에 발표 자료를 올려두었으니, 동료 평가를 할 때 참고해 주십시오. 이상으로 발표를 마칩니다. 감사합니다.

01

고2 · 2023년 3월 1번

위 발표에 대한 설명으로 가장 적절한 것은?

① 앞서 설명한 내용을 요약하며 발표를 마무리하고 있다.
② 발표 주제를 선정한 이유를 밝히며 발표를 시작하고 있다.
③ 비언어적 표현을 통해 발표 대상의 특징을 강조하고 있다.
④ 발표의 진행 순서를 제시하여 이어질 내용을 안내하고 있다.
⑤ 정보의 출처를 언급하여 발표 내용의 신뢰성을 높이고 있다.

02 다음은 '건강 상식' 잡지의 편집장이 보낸 요청과 그에 따라 기자가 작성한 초고이다. 물음에 답하시오.

> 안녕하세요. 편집장입니다. 기획 연재 '다양한 직업 세계의 직업병' 제2회 원고와 관련하여 '악기 연주자가 겪는 근골격계 질환'을 주제로 글을 쓰면서 ㉠ 질환의 개념, ㉡ 질환의 유병률, ㉢ 질환 완화 방법을 포함해 주세요. 감사합니다.

〈초고〉

　직업성 질환 중 하나인 근골격계 질환은 근육, 신경, 뼈와 주변 조직 등 근골격계에 발생하는 손상 또는 통증을 말한다. 사무직의 요통이 대표적인 예이다. 악기 연주자들도 연주를 할 때 주로 사용하는 부위에 근골격계 질환을 겪는다.

　악기 연주자들의 근골격계 질환 유병률을 악기군과 부위의 범주로 나누어 차이를 살펴보면 다음과 같다. 먼저 악기군별로 보면, 다른 악기 연주자들보다 건반 악기 연주자들의 유병률이 가장 높았다. 피아니스트 ○○○ 씨는 오랜 시간 건반에 손을 얹고 손가락을 과도하게 사용하다 보니 손목과 손가락에 통증이 심하다고 고충을 토로하며, 주변의 건반 악기 연주자들도 흔히 겪는 질환이라고 덧붙였다. 다음으로 부위별 유병률을 보면 목, 어깨, 팔꿈치, 손목과 같은 상지 부위에서 유병률이 가장 높았고, 부위별로 구체적인 유병률은 악기군에 따라 차이를 보였다. 악기군에 따른 근골격계 질환의 전체 부위 유병률 순위와 부위별 유병률 순위는 일부 차이를 보였다.

　악기군별로 차이는 있지만, 연습 중 휴식, 운동, 연주 자세, 연주 기간 등이 근골격계 질환의 유병률에 영향을 미친다. 그렇다면 악기 연주자의 근골격계 질환 완화를 위한 방법은 무엇일까? 악기 연주자들이 실천할 수 있는 방법 중 특히 도움이 되는 것은 연습 중의 규칙적인 휴식이다. 이와 관련하여 근골격계 질환에 영향을 미치는 요인에 대한 악기 연주자의 인식 개선이 필요하다. 또한 근골격계 질환 완화에 도움이 되도록 적절한 운동을 하는 것도 필요하다.

02

고3 · 2022학년도 수능 화 · 작 43번

초고에서 ㉠~㉢을 작성할 때 활용한 글쓰기 방법으로 가장 적절한 것은?

① ㉠: 질환의 개념을 묻고 답하는 방식으로 제시했다.

② ㉡: 두 범주를 설정하여 범주별로 질환 유병률의 차이를 제시했다.

③ ㉡: 악기 연주자의 질환 경험 사례를 악기군별로 제시했다.

④ ㉢: 질환 완화 방법을 질환의 부위별로 분석하여 제시했다.

⑤ ㉢: 질환 완화에 효과가 있는 운동의 과정을 단계별로 제시했다.

03~04 다음 글을 읽고 물음에 답하시오.

　조사는 일반적으로 체언 뒤에 붙어서 문법적인 관계를 나타내거나 의미를 추가하는 의존 형태소로서, 기능과 의미에 따라 격 조사, 접속 조사, 보조사로 나눌 수 있다.

　격 조사는 체언이 문장 안에서 일정한 자격을 가지게 해 주는 조사로서, 주격, 목적격, 관형격, 부사격, 서술격, 보격, 호격 조사로 나눌 수 있다. 주격 조사는 '이/가, 에서' 등으로, 체언이 주어의 자격을 가지게 하며, 목적격 조사는 '을/를'로, 체언이 목적어의 자격을 가지게 한다. 관형격 조사는 '의'로, 체언이 관형어의 자격을 가지게 하며, 부사격 조사는 '에, 에게, 에서, (으)로, 와/과' 등으로, 체언이 부사어의 자격을 가지게 한다. 보격 조사는 '이/가'로, 서술어 '되다, 아니다' 앞에 오는 체언이 보어의 자격을 가지게 한다. 서술격 조사는 '이다'로 체언이 서술어의 자격을 가지게 하고, 호격 조사는 '아/야, (이)시여' 등으로 체언이 호칭어가 되게 하는 조사이다.

　접속 조사는 두 단어를 같은 자격으로 이어 주는 조사로 '와/과'가 대표적이며 '하고, (이)며' 등이 여기에 속한다. 보조사는 특별한 의미를 덧붙여 주는 조사로 '도, 만, 까지, 요' 등이 속한다. 보조사는 체언 뒤는 물론이고, 여러 문장 성분 뒤에도 나타날 수 있다.

　조사는 서로 겹쳐 쓰기도 하는데, 이를 조사의 중첩 이라 한다. 그러나 겹쳐 쓸 때 순서가 있다. 주격 조사, 목적격 조사, 보격 조사, 관형격 조사는 서로 겹쳐 쓸 수 없으나 보조사와는 겹쳐 쓸 수 있는데, 대체로 보조사의 뒤에 쓴다. 부사격 조사는 부사격 조사끼리 겹쳐 쓸 수 있고 다른 격 조사나 보조사와도 겹쳐 쓸 수 있는데, 일반적으로 다른 격 조사나 보조사의 앞에 쓴다. 보조사는 보조사끼리 겹쳐 쓸 수 있고 순서도 자유로운 편이지만, 의미가 모순되는 보조사끼리는 겹쳐 쓰기 어렵다.

03 1등급 대비 고난도 2점 문제

고2 · 2022년 6월 11번

윗글을 바탕으로 밑줄 친 부분을 분석한 내용으로 적절하지 <u>않은</u> 것은?

① '비가 오는데 바람까지 분다.'의 '까지'는 다시 그 위에 더한다는 의미를 가진 보조사이다.

② '나는 아버지보다 어머니와 닮았다.'의 '와'는 '어머니'와 '닮았다'를 이어 주는 접속 조사이다.

③ '우리 동아리에서 학교 축제에 참가하였다.'의 '에서'는 단체 명사 뒤에 쓰이는 주격 조사이다.

④ '신이시여, 우리를 보살피소서.'의 '이시여'는 어떤 대상을 정중하게 부를 때 쓰는 호격 조사이다.

⑤ '철수는요 밥을요 먹어야 하거든요.'의 '요'는 다양한 문장 성분의 뒤에 쓰여 청자에게 존대의 뜻을 나타내는 보조사이다.

04

㉠~㉤을 통해 조사의 중첩을 이해한 내용으로 적절하지 않은 것은? [3점]

> ㉠ 길을 걷다가 철수가를* 만났다.
> ㉡ 그 말을 한 것이 당신만이(당신이만*) 아니다.
> ㉢ 그녀는 전원에서의(전원의에서*) 여유로운 삶을 꿈꾼다.
> ㉣ 모든 관심이 나에게로(나로에게*) 쏟아졌다.
> ㉤ 빵만도* 먹었다.
>
> *는 비문 표시임.

① ㉠에서는 주격 조사와 목적격 조사는 겹쳐 쓸 수 없음을 확인할 수 있군.
② ㉡에서는 보조사와 보격 조사가 결합할 때 보격 조사가 뒤에 쓰였군.
③ ㉢에서는 부사격 조사와 관형격 조사가 결합할 때 관형격 조사가 뒤에 쓰였군.
④ ㉣에서는 부사격 조사와 보조사가 결합할 때 부사격 조사가 보조사 앞에 쓰였군.
⑤ ㉤에서는 유일함을 뜻하는 '만'과 더함을 뜻하는 '도'의 의미가 모순되어 겹쳐 쓰기 어렵군.

05~09 다음 글을 읽고 물음에 답하시오.

데이터를 주고받을 때, 송신 측은 데이터별로 고유하게 부여된 순서 번호에 ⓐ 따라 순차적으로 데이터를 송신하고, 수신 측은 데이터의 순서 번호에 맞추어 송신 측에 응답 데이터를 보내준다. 만약 수신 측에서 데이터 전송 오류가 발생한 것을 파악했다면 오류가 발생한 데이터를 다시 전송해 주도록 송신 측에 요청해야 한다. 이때 자동 반복 요청 방식(ARQ)을 주로 사용한다. ARQ에서 오류가 없는 데이터가 도착할 때 송신 측에 보내는 수신 측의 응답을 ACK, 전송받은 데이터에서 오류가 검출될 경우에 보내는 수신 측의 응답을 NAK라고 한다. 그런데 송신 측에서는 데이터를 전송한 시점부터 타이머를 작동해 지정된 시간 동안 수신 측으로부터 아무런 응답이 없는 경우 '타임 아웃'으로 간주한다. 타임 아웃은 수신 측이 송신 측에 응답을 하지 않거나, 송신 측과 수신 측이 주고받는 데이터가 상대 측에 도달하지 못하고 전송이 중단된 경우에 발생한다. 송신 측은 타임 아웃이 되는 동시에 데이터를 재전송한다.

ARQ는 정지-대기 ARQ, 고-백-앤 ARQ, 선택적 재전송 ARQ 등으로 그 유형을 나눌 수 있다. 정지-대기 ARQ는 가장 단순한 자동 반복 요청 방식으로, 수신 측은 송신 측으로부터 받은 데이터를 먼저 수신 측의 버퍼*인 수신 윈도우에 저장한 후 오류 검사를 실시한다. 그 결과에 따라 수신 측은 ACK 또는 NAK를 전송한 후 해당 데이터를 수신 윈도우에서 삭제한다. 송신 측이 수신 측으로부터 ACK를 수신하면 그다음 데이터를 전송하고, NAK를 수신하거나 타임 아웃이 되면 그에 해당하는 데이터를 재전송한다.

고-백-앤 ARQ는 송신 측이 수신 측의 응답을 기다리지 않고 연속해서 순서 번호가 부여된 데이터를 전송하는 방식으로, 오류가 발생하면 오류가 발생한 데이터를 포함하여 이후에 전송된 모든 데이터를 재전송한다. 이 방식에서 수신 측은 데이터를 수신 윈도우에 하나씩 저장하는데, 송신 측으로부터 오류가 없는 데이터를 수신한 경우에는 무조건 ACK를 ⓑ 보내지만 오류가 있는 데이터를 수신한 경우에는 NAK를 보내거나 무시할 수 있다. 그리고 오류가 발생한 순번 이후의 데이터에 대해서는 수신을 거부한다. 오류가 있는 데이터에 대해 NAK를 보내는 방식을 명시적 방법, NAK를 보내지 않고 무시하는 방식을 묵시적 방법이라고 한다. 명시적 방법을 사용할 경우 송신 측은 NAK를 수신하거나 타임 아웃이 되면 이에 해당하는 데이터부터 순서대로 모든 데이터를 재전송하지만, 묵시적 방법을 사용할 경우 송신 측은 타임 아웃 시간 동안 ACK를 수신하지 않았을 때만 이에 해당하는 데이터부터 순서대로 모든 데이터를 재전송한다.

선택적 재전송 ARQ는 데이터 전송의 기본 원리가 고-백-앤 ARQ와 ⓒ 같지만, 오류가 발생할 경우 송신 측에서는 오류가 발생한 데이터만 재전송한다. 수신 측은 먼저 도착한 데이터의 오류 검사가 끝나지 않았더라도 수신한 데이터는 모두 수신 윈도우에 저장한다. 오류가 발생한 이후의 순번 데이터는 ACK를 보내지 않고 수신 윈도우에 저장한 다음, 재전송된 데이터가 도착하면 해당 데이터에 대한 ACK를 보낸 후, 수신 윈도우에 저장된 데이터와 함께 순서 번호를 맞추어 다음 단계로 전달한다. 이 방식 역시 명시적 방법과 묵시적 방법으로 ⓓ 나눌 수 있다.

그런데 NAK를 수신하거나 타임 아웃이 발생하여 송신 측이 데이터를 재전송하기 위해서는 송신 측에게도 전송한 데이터를 저장하기 위한 버퍼가 필요한데, 이 버퍼를 송신 윈도우라고 한다. 송신 윈도우에 보관된 데이터는 수신 측에게 전송되었으나, 아직 ACK를 받지 못한 데이터라 할 수 있다. 송신 측이 수신 측으로부터 ACK를 받지 않고도 전송할 수 있는 데이터의 최대 개수를 송신 윈도우 크기라고 한다. 또한 수신 측이 전송받은 데이터에 대한 응답을 보내지 않고도 저장할 수 있는 데이터의 최대 개수를 수신 윈도우 크기라 하는데, 이러한 윈도우의 크기는 데이터 통신 방식에 따라 차이가 난다. 정지-대기 ARQ는 송신 측과 수신 측 모두 하나의 데이터와 그 데이터에 대한 응답 값을 주고받는다는 점에서 송신 윈도우와 수신 윈도우의 크기는 모두 1이 된다. 이와 달리 고-백-앤 ARQ의 경우 송신 측은 ACK를 받지 않아도 여러 개의 데이터를 전송할 수 있기 때문에 수신 윈도우의 크기만 1이 된다. ㉠ 선택적 재전송 ARQ는 수신 윈도우 크기가 여러 개의 데이터를 송신할 수 있는 송신 윈도우의 크기와 같아 데이터를 더욱 빠르게 전송할 수 있다.

　한편 송신 윈도우에 저장된 데이터의 관리는 일반적으로 데이터의 전송이 순서 번호를 기반으로 ⓔ 이루어지는 '슬라이딩 윈도우 프로토콜*'에 의해 진행되는데, 이 프로토콜에서는 낮은 순서 번호부터 차례로 데이터 전송이 처리되며 ACK의 회신에 따라 윈도우에 새로 추가될 데이터의 순서 번호도 순차적으로 높은 번호로 이동한다. 이 과정에서 순서 번호에 해당하는 데이터들이 수신 측에 전송된다. 예를 들어, 순서 번호의 최댓값이 9, 송신 윈도우의 크기가 3인 데이터를 전송할 경우, 먼저 '0번, 1번, 2번' 3개의 데이터를 전송한다. 0번 데이터에 대한 ACK가 도착하면 0번 데이터는 송신 윈도우에서 삭제되고, 3번 데이터가 송신 윈도우에 저장되어 수신 측으로 전송된다. 만약 동시에 1번과 2번 데이터의 ACK가 도착하면 송신 윈도우에는 3번 데이터만 남게 되기 때문에 4번과 5번 데이터가 송신 윈도우에 저장되어 수신 측으로 전송된다. 이러한 방식으로 데이터를 전송하다 9번 데이터에 대한 ACK가 도착했다면 다음에 전송되는 데이터는 순서 번호가 0이 되며, 송신 측의 데이터가 모두 전송될 때까지 이 과정이 반복된다.

* 버퍼: 동작 속도가 크게 다른 두 장치 사이에 접속되어 속도 차를 조정하기 위하여 이용되는 일시적인 저장 장치.
* 프로토콜: 컴퓨터와 컴퓨터 사이, 또는 한 장치와 다른 장치 사이에서 데이터를 원활히 주고받기 위하여 약속한 여러 가지 규약.

---

05 1등급 대비 고난도 2점 문제

윗글을 통해 알 수 있는 내용으로 가장 적절한 것은?

① 정지-대기 ARQ에서 수신 측은 NAK를 보낸 후에도 해당 데이터를 수신 윈도우에 저장한다.

② 고-백-앤 ARQ에서 수신 윈도우는 정지-대기 ARQ와 마찬가지로 데이터를 하나씩 저장한다.

③ 선택적 재전송 ARQ와 고-백-앤 ARQ 모두 송신 측은 ACK를 수신한 후에 다음 순번의 데이터를 전송한다.

④ 송신 윈도우의 크기는 송신 측이 수신 측으로부터 동시에 받을 수 있는 ACK의 최대 개수에 따라 결정된다.

⑤ 데이터 전송 과정에서 송신 측이 보내는 데이터는 송신 윈도우 크기보다 큰 순서 번호부터 전송된다.

06 1등급 대비 고난도 2점 문제

윗글을 바탕으로 〈보기〉의 '슬라이딩 윈도우 프로토콜'을 이해한 것으로 적절하지 않은 것은?

〈보 기〉

　송신 측에서 수신 측에 전송하려는 데이터의 개수는 12개이다. 송신 측은 순서 번호의 최댓값을 5로 설정한 후, 슬라이딩 윈도우 프로토콜을 이용하여 데이터를 전송하였다. 아래는 데이터 전송 과정에서 송신 윈도우의 데이터 저장 상태를 도식화한 것이다.

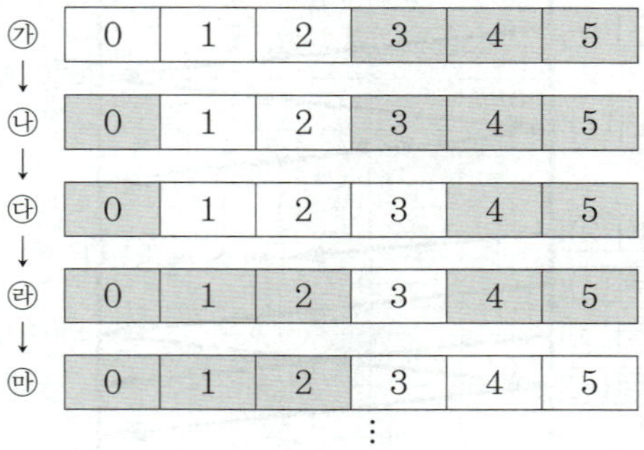

㉮	0	1	2	3	4	5
↓						
㉯	0	1	2	3	4	5
↓						
㉰	0	1	2	3	4	5
↓						
㉱	0	1	2	3	4	5
↓						
㉲	0	1	2	3	4	5

⋮

* ㉮: 송신 윈도우의 최초 저장 상태
* ☐: 윈도우에 저장된 데이터
* ▨: 윈도우에 저장되지 않은 데이터

① ㉮를 통해 알 수 있는 송신 윈도우의 크기는 3이다.

② ㉰에서 순서 번호 '3'에 해당하는 데이터가 저장된 것은 ㉮에서 보낸 데이터의 ACK가 모두 도착했기 때문이다.

③ '㉯ → ㉰' 과정에서 송신 윈도우에 추가된 데이터의 수는 '㉱ → ㉲' 과정에서 송신 윈도우에 추가된 데이터의 수보다 적다.

④ ㉲에서 전송한 데이터에 대한 ACK가 모두 도착했다면, 바로 다음에 전송되는 데이터의 순서 번호는 ㉮와 같다.

⑤ '㉮ → ㉲'의 과정이 한 번 더 반복된 후 송신 측이 보낸 데이터의 ACK가 모두 도착했다면, 송신 윈도우에 저장된 데이터의 수는 0개이다.

07

㉠의 이유를 추론한 것으로 가장 적절한 것은?

① 먼저 도착한 데이터부터 순서대로 데이터 오류 검사를 실시하기 때문에

② 오류 검사가 끝나면 수신 윈도우에 저장된 데이터가 모두 삭제되기 때문에

③ 수신 윈도우에 저장된 데이터의 순번과 상관없이 ACK를 보낼 수 있기 때문에

④ 순번이 빠른 데이터의 오류 검사가 끝나지 않아도 데이터의 수신이 가능하기 때문에

⑤ 데이터에 오류가 발생하면 해당 데이터가 재전송될 때까지 데이터 수신을 거부하기 때문에

08

〈보기〉는 자동 반복 요청 방식을 이용한 데이터 전송 오류 제어 과정의 일부를 도식화한 것이다. 윗글을 참고하여 〈보기〉를 이해한 내용으로 적절하지 <u>않은</u> 것은? [3점]

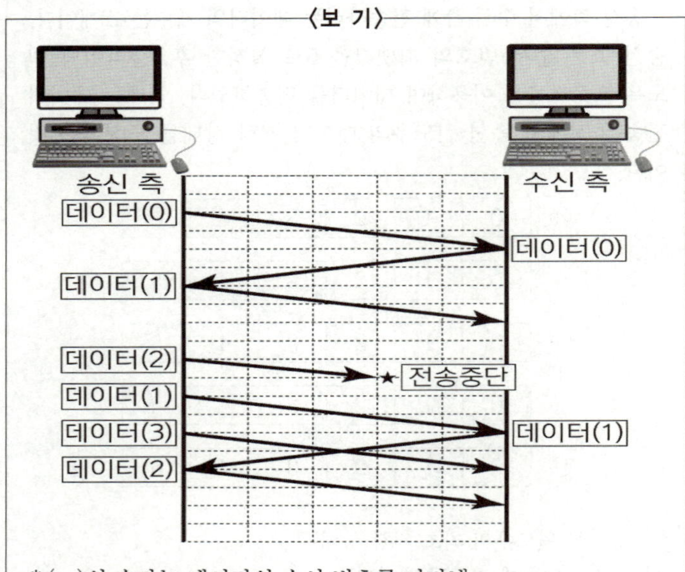

* ( )의 숫자는 데이터의 순서 번호를 나타냄.
* 최초 전송된 데이터(2)는 수신 측에 도달하지 못한 것을 나타냄.

① 데이터(1)을 재전송한 후 데이터(3)을 전송하는 것을 보니 〈보기〉의 오류 전송은 선택적 재전송 ARQ 방식에 해당하겠군.
② 처음 수신한 데이터(1)에 대한 응답 값을 수신 측이 전송하지 않은 것으로 보아 〈보기〉는 묵시적 방법에 해당하겠군.
③ 데이터(1)을 전송한 후 데이터(1)을 재전송하는 데 걸린 시간은 '타임 아웃'으로 설정된 시간에 해당되겠군.
④ 송신 측이 데이터(2)를 재전송한 이유는 최초 전송된 데이터(2)에 대해 수신 측이 NAK를 보내지 않았기 때문이겠군.
⑤ 수신 측이 데이터(3)과 재전송된 데이터(2)에 대해 ACK를 보낸다면 데이터(2)와 데이터(3)은 순서 번호에 맞추어 다음 단계로 전달되겠군.

09

문맥상 ⓐ~ⓔ의 단어와 가장 가까운 의미로 쓰인 것은?

① ⓐ: 그들은 법에 <u>따라</u> 문제를 해결했다.
② ⓑ: 관중들은 선수들에게 응원을 <u>보내느라</u> 정신이 없었다.
③ ⓒ: 여행을 할 때에는 신분증 <u>같은</u> 것을 가지고 다녀야 한다.
④ ⓓ: 수익은 공정하게 <u>나누어야</u> 불만이 생기지 않는다.
⑤ ⓔ: 열심히 노력했더니 소원이 <u>이루어졌다.</u>

 다음 글을 읽고 물음에 답하시오.

(가)

세 끼 밥벌이 고단할 때면 이봐
수시로 늘어나는 **현 조율**이나 하자구
우린 서로 다른 소리를 내지만
어차피 **한 악기**에 정박한 두 현
내가 저 위태로운 낙엽들의 잎맥 소리를 내면
어이, 가장 낮은 흙의 소리를 내줘
내가 팽팽히 조여진 **비명을 노래**할 테니
어이, 가장 따뜻한 두엄의 **속삭임**으로 받아줘
세상과 화음 할 수 없을 때 우리
마주 앉아 **내공에 힘쓰**자구
내공이 깊을수록 **아름다운 소리**를 낸다지
모든 현들은
어미집 같은 한없는 **구멍 속**에서
제 소리를 일군다지
그 구멍 속에서 **마음 놓고** 운다지

　　　　　　　　　　　　　　　– 정끝별, 「현 위의 인생」 –

(나)

한때 나는 **뿌리의 신도**였지만
이제는 뿌리보다 줄기를 믿는 편이다

줄기보다는 가지를,
가지보다는 가지에 매달린 잎을,
잎보다는 하염없이 지는 **꽃잎을 믿는** 편이다

희박해진다는 것
언제라도 **흩날릴 준비가 되어 있다는 것**

뿌리로부터 멀어질수록
가지 끝의 이파리가 위태롭게 파닥이고
당신에게로 가는 **길이 조금씩 보**이기 시작한다

당신은 뿌리로부터 달아나는 데 얼마나 걸렸는지?

뿌리로부터 달아나려는 정신의 행방을
정확히 알 수는 없지만
허공의 손을 잡고 **어딘가를 향해** 가고 있다

뿌리 대신 뿔이라는 말은 어떤가

가늘고 뾰족해지는 감각의 촉수를 밀어 올리면
감히 바람을 찢을 수 있을 것 같은데
무소의 뿔처럼 가벼워질 수 있을 것 같은데

우리는 **뿌리로부터 온 존재**들,
그러나 뿌리로부터 부단히 도망치는 발걸음들

오늘의 일용할 잎과 꽃이
천천히 시들고 마침내 입을 다무는 시간

한때 나는 뿌리의 신도였지만
이미 허공에서 길을 잃어버린 지 오래된 사람

— 나희덕, 「뿌리로부터」 —

10

(가)와 (나)의 공통점으로 가장 적절한 것은?

① 공간의 이동에 따른 정서의 변화를 나타내고 있다.
② 동일한 시어를 반복하여 주제 의식을 강조하고 있다.
③ 명사로 시를 마무리하여 시적 상황을 부각하고 있다.
④ 청유형 종결 어미를 활용하여 화자의 태도를 나타내고 있다.
⑤ 색채어를 통해 대상이 지닌 속성을 감각적으로 드러내고 있다.

11

(가)를 감상한 내용으로 적절하지 않은 것은?

① 화자는 '현'을 '조율'하면서 고단함을 달래려 하겠군.
② 화자는 청자를 '한 악기'에서 함께 소리를 내는 동반자로 인식하겠군.
③ 화자는 청자의 '속삭임'을 통해 '비명을 노래'하는 자신의 삶을 반성하겠군.
④ 화자가 '내공에 힘쓰'려고 하는 이유는 '아름다운 소리'를 내기 위해서겠군.
⑤ 화자는 '구멍 속'이 '마음 놓고' 소리를 낼 수 있는 공간이라고 생각하겠군.

12

〈보기〉를 참고하여 (나)를 감상한 내용으로 적절하지 않은 것은? [3점]

> ───────〈 보 기 〉───────
>
> (나)의 화자는 뿌리에 의지하는 삶을 살다가 심경에 변화가 생겨 뿌리로부터 벗어나기를 원한다. 불안정하고 예측 불가능하지만 새로운 길을 찾아 나선 것이다. 이는 화자가 한 단계 성장하기 위한 과정으로, 존재의 근원인 뿌리로부터 벗어날수록 스스로 존재할 수 있다는 역설적 인식이 바탕에 깔려 있다.

① '뿌리의 신도'였다가 '꽃잎을 믿는' 것에서 화자의 심경에 변화가 생겼음을 확인할 수 있군.
② '흩날릴 준비가 되어 있다는 것'에서 예측 불가능한 상황으로 나아가려는 마음을 확인할 수 있군.
③ '뿌리로부터 멀어질수록' 오히려 '길이 조금씩 보'인다는 것에서 역설적 인식을 확인할 수 있군.
④ '어딘가를 향해' 간다는 것에서 화자는 불안정함을 감수하면서도 스스로 존재하려 함을 확인할 수 있군.
⑤ '뿌리로부터 온 존재'라고 인정하는 것에서 화자가 새로운 길을 찾는 과정을 통해 한 단계 성장하였음을 확인할 수 있군.

학습 Check! ▶ 몰라서 틀린 문항 × 표기 ▶ 헷갈렸거나 찍은 문항 △ 표기 ▶ ×, △ 문항은 다시 풀고 ✔ 표기를 하세요.

종료 시각	시 분 초	문항 번호	01	02	03	04	05	06	07	08	09	10	11	12
소요 시간	분 초	채점 결과												
초과 시간	분 초	틀린 문항 복습												

DAY 06

수능기출
전국연합학력평가 **20분 미니 모의고사**

● 날짜 :   월   일 ● 시작 시각 :   시   분   초 ● 목표 시간 : 20분   ※ 점수 표기가 없는 문항은 모두 **2점**입니다.

01~02 (가)는 교내 신문의 학생 기사문이고, (나)는 (가)의 보도 이후에 열린 회의이다. 물음에 답하시오.

(가)

학생 자치의 꽃, 학생자치실이 달라진다
– 학생 회의를 통해 학생자치실 활용 방안 논의 예정 –

우리 학교는 학생 자치활동 활성화를 위해 지난 3월부터 교육청 지원으로 학생 참여형 학생자치실 구축 사업을 진행 중이며 학생 회의를 열어 학생자치실 활용 방안에 대해 논의할 예정이다.

그동안 우리 학교는 학생회실이라는 공간이 있었지만, 학생회에서 회의를 할 때만 사용하여 학생회실에 대해 잘 모르는 학생들이 많았다. 또한 공간이 협소하여 전교생을 대상으로 하는 학생회 행사를 진행하기에 어려움이 있었다.

따라서 학교는 기존 학생회실과 그 옆에 비어 있는 교실을 합쳐서 학생자치실을 구축하기로 결정했다. 현재는 위치만 정해진 상태로, 학생자치실의 활용 방안에 대해 학생회에서 회의를 개최하여 논의할 예정이다.

회의는 6월 9일에 학생회실에서 열린다. 6월 2일까지 학교 누리집과 누리소통망(SNS)을 통해 학생들을 대상으로 학생자치실의 활용 방안에 대한 설문 조사를 실시할 계획이다. 회의를 참관하려는 학생은 학생회에서 별도 신청을 받는다. 우리가 만들어 갈 공간, 학생자치실에 대한 학생들의 많은 관심과 적극적인 참여가 필요한 상황이다.

(나)

학생회장: 지금부터 회의를 시작하겠습니다. 학생자치실의 활용 방안에 대해 의견을 말씀해 주세요.

학생 1: ㉠ 사전 조사 결과를 살펴보면 사용 대상을 확대하면 좋겠다는 의견이 가장 많습니다.

학생 2: 맞습니다. ㉡ 현재 학생회 임원으로 한정된 사용 대상을 학급, 동아리, 소모임 단위로 확대하면 좋겠습니다.

학생 1: 학생회 임원이 아닌 학생들이 회의나 모임을 할 때도 사용하면 좋겠네요.

학생 3: 네, 하지만 학생들이 사용하려는 기간이 겹치면, 학생자치실 관리에 어려움이 생길 수도 있습니다.

학생회장: 네, 학교 행사나 수행평가 시기에 사용하려는 학생들이 몰릴 수 있을 것 같습니다. 어떻게 하면 이 문제를 해결할 수 있을까요?

학생 1: ㉢ 학생자치실 사용을 사전에 예약할 수 있도록 하면 좋겠습니다.

학생 3: 동의합니다. 학생회에서 예약 관리 담당자를 정하여 운영합시다.

학생회장: 네, 좋습니다. 학생자치실을 학생들의 모임 공간으로 활용하되 예약제로 운영하도록 하겠습니다. 또 다른 활용 방안은 없을까요?

학생 2: 학생자치실에서 학생회 행사를 실시하면 좋겠다는 의견이 많습니다.

학생 3: 좋은 의견입니다. 학생회 행사 장소가 자주 바뀌다 보니 행사를 준비하는 데도 어려움이 있었고, 학생들이 장소를 잘못 찾아가는 혼란도 있었습니다.

학생 2: 맞습니다. 나눔 마켓, 교복 물려주기, 우산 대여와 같은 학생회 활동을 모두 학생자치실에서 진행하면 좋겠습니다.

학생회장: 네, 학생자치실을 학생회 행사를 준비하고 진행하는 장소로 활용하도록 하겠습니다. 또 다른 의견 있으신가요?

학생 3: ㉣ 그런데 학생자치실에서 회의나 모임, 학생회 행사를 하기 위해서는 공간 구성에 대한 고민이 필요하지 않을까요?

학생회장: 네, 활용 방안을 제안하기 위해서는 그에 적합한 공간 구성도 함께 논의해야겠네요.

학생 1: 학생들이 참여할 수 있는 방안이 있으면 좋겠습니다.

학생 2: 그렇다면 우리 학교 동아리의 도움을 받으면 어떨까요?

학생회장: 좋은 생각입니다. 구체적으로 어떤 동아리 학생들에게, 어떻게 도움을 받으면 좋을까요?

학생 2: ㉤ 우리 학교에는 건축 디자인 동아리가 있습니다. 동아리 학생들에게 활용 방안에 맞는 공간 구성 방향을 제안해 달라고 요청하는 겁니다.

학생 1: 해당 동아리 학생들은 공간 디자인 공모전에 참여한 경험이 있으니, 이번 학생자치실 공간 구성에 대해 의견을 받으면 도움이 될 것 같아요.

학생회장: 네, 그럼 동아리 학생들에게 해당 내용을 전달하도록 하겠습니다. 다음 회의 때는 건축 디자인 동아리 학생들의 의견을 참고하여 학생자치실 공간 구성에 대해 논의하도록 하겠습니다. 오늘 회의에 참여해 주셔서 감사합니다.

01

고2 · 2023년 6월 4번

(가)를 쓰기 위해 세운 글쓰기 계획 중, 글에 반영된 것만을 고른 것은?

> ㄱ. 학생자치실 구축 사업을 실시하는 목적을 제시해야겠군.
> ㄴ. 학생자치실 활용과 관련된 회의를 개최하는 주체를 밝혀야겠군.
> ㄷ. 학생자치실을 구축하며 발생할 수 있는 문제에 대한 해결 방안을 제시해야겠군.
> ㄹ. 학생자치실 활용과 관련된 회의의 결과를 언급하며 후속 회의의 주제를 알려야겠군.

① ㄱ, ㄴ   ② ㄱ, ㄷ   ③ ㄴ, ㄷ   ④ ㄴ, ㄹ   ⑤ ㄷ, ㄹ

02

고2・2023년 6월 6번

(가)와 (나)의 맥락을 고려할 때, (가)를 읽고 (나)를 참관한 학생이 보인 반응으로 적절하지 <u>않은</u> 것은? [3점]

① ㉠을 들으니, 회의에서 언급한 조사 결과는 학교 누리집과 누리소통망(SNS)을 통해 취합한 것이겠군.

② ㉡을 들으니, 평소 학생회실을 학생회 임원만 이용해서 학생회실에 대해 학생들이 잘 몰랐겠군.

③ ㉢을 들으니, 학생자치실 사용을 예약제로 운영하자는 것은 학생자치실의 위치를 고려한 의견이겠군.

④ ㉣을 들으니, 학생자치실의 공간 구성 방안은 회의 전에는 계획되지 않은 내용이겠군.

⑤ ㉤을 들으니, 학생자치실 공간 구성에 동아리 학생들의 도움을 받자는 것은 학생 참여를 지향하는 사업 방향에 맞는 제안이겠군.

03

고2・2020년 9월 13번

〈보기〉의 ㉠~㉣에 들어갈 말로 적절한 것은?

─〈 보 기 〉─

선생님: 음운 변동 중에는 한 음운이 앞이나 뒤의 음운의 영향을 받아 다른 음운으로 교체되는 현상이 있는데, 이때 조음 방법이나 조음 위치가 변하게 됩니다. 예를 들면 '밥물[밤물]'은 'ㅂ'이 뒤의 음운 'ㅁ'의 영향으로 비음인 'ㅁ'으로 바뀌어 조음 방법이 달라졌지요. 그럼 다음 단어들에서는 어떤 변화가 일어나는지 탐구해 봅시다.

달님[달림], 공론[공논], 논리[놀리]

학생: (㉠)은/는 한 음운이 (㉡)의 음운의 영향을 받아 (㉢)으로 바뀌어 (㉣)이/가 바뀐 사례입니다.

	㉠	㉡	㉢	㉣
①	달님	앞	유음	조음 방법
②	달님	뒤	비음	조음 위치
③	공론	앞	비음	조음 위치
④	공론	뒤	비음	조음 방법
⑤	논리	뒤	유음	조음 위치

(가)

'예술은 재현의 기술이기 때문에 무가치한 것이다.' 이는 플라톤의 예술관이 드러난 말로, 세계를 '가지적 세계'와 '가시적 세계'로 구분하는 그의 세계관과 밀접한 연관이 있다. 플라톤에게 가지적 세계는 우리의 지성으로만 알 수 있는 세계이며, 결코 변하지 않는 본질, 즉 실재인 '에이도스'가 있는 세계이다. 반면 가시적 세계는 우리 눈으로 지각이 가능한 현실 세계로, 이 세계는 가지적 세계를 모방하여 재현한 환영이자 이미지에 불과하다.

플라톤은 가시적 세계의 사물들을 '에이돌론'이라 부르며, 에이돌론을 에이도스의 성질을 얼마나 반영했는지에 따라 '에이콘'과 '판타스마'로 구분한다. 에이콘은 사물을 만드는 주체가 건축가나 장인처럼 에이도스에 대한 지식을 가지고 에이도스의 성질을 가능한 정확하게 재현한 좋은 이미지이다. 반면 판타스마는 에이도스에 대한 지식은 없이 눈에 보이는 현상만을 모방하여 재현한 나쁜 이미지이다. 즉 모방한 것을 다시 모방한, 사본의 사본에 불과하다. 플라톤은 판타스마를 에이도스의 성질이 없는 가짜, 사이비라는 의미로 '시뮬라크르'라고 부르며 예술이 시뮬라크르에 해당한다고 말한다. 플라톤은 특히 회화는 화가가 실재에 대해 아무것도 모른 채 사람들이 실재라고 믿도록 기만하는 사이비 기술이며, 이러한 기술로 그려진 작품은 본질에서 멀어진 무가치한 것이라고 주장한다.

하지만 반플라톤주의 철학자 들뢰즈는 플라톤이 원본의 성질을 재현한 정도에 따라 원본과 사본, 시뮬라크르로 위계적인 질서를 부여한다고 지적하며, 이러한 플라톤식 사유에는 주체가 이성을 통해 대상의 가치를 판단하고 재단하는 폭력성이 내재해 있다고 비판한다. 다시 말해 플라톤은 원본과의 유사성을 근거로 들어 진짜 유사와 가짜 유사를 구분 짓고 시뮬라크르만을 무가치한 것으로 폐기했다는 것이다.

시뮬라크르가 모방을 거듭하면서 본질에서 멀어진 가짜라고 주장하는 플라톤과 달리 들뢰즈는 사물 그 자체라고 주장한다. 들뢰즈에 의하면 시뮬라크르는 주체의 판단과 상관없이 독립된 존재로서, 원본과 사본의 시뮬라크르에 대한 우위를 부정하는 역동적인 힘이 있다. 그 힘은 반복을 통해 실현되는데, 시뮬라크르를 반복해서 생성할 때 드러나는 모든 차이가 바로 시뮬라크르가 실재로서 지닌 의미 그 자체이다. 이렇듯 시뮬라크르를 긍정하는 들뢰즈에 의하면 예술의 목표는 예술가가 플라톤식 사유에서 벗어나 가장 일상적인 반복에서도 서로 다른 의미를 지닌 예술 작품을 생성해 내는 것이다. 왜냐하면 그것이 예술이 주체의 판단에 의해 가치 없는 것으로 폐기되지 않고 존재 가치를 보존하는 길이기 때문이다. 그래서 들뢰즈는 ㉮ <u>"예술은 모방이 아니라 반복할 뿐이다."</u>라고 선언한다.

(나)

철학자 장 보드리야르는 현대 사회는 미디어와 광고가 생산하는 복제 이미지들로 만들어진 세계라고 ⓐ 말한다. 보드리야르에 의하면 플라톤 이래 원본과 이미지의 경계가 분명했던 서구 근대 사회에서는 복제 이미지가 단순한 복사물에 불과했지만,

DAY 06

현대 사회에서는 실재보다 더 실재적이고 우월한 것이 된다. 그런 의미에서 그는 현대 사회의 이미지를 '초과실재'라 부른다. 이 초과실재가 바로 보드리야르가 말하는 시뮬라크르이다. 오늘날 우리가 역사적 사실보다 현실처럼 믿는 영화 속 이미지나, 실재한다고 믿는 상품 광고 속 캐릭터 등을 그 예로 들 수 있다.

보드리야르는 시뮬라크르가 산출되는 과정을 '시뮬라시옹 현상'이라 부르며, 시뮬라시옹 현상으로 모든 실재가 사라진다고 말한다. 그에 의하면 시뮬라시옹 현상이 끊임없이 일어나는 현대 사회에서 시뮬라크르는 그 자체로서 실재를 대신한다. 우리가 실재보다 시뮬라크르를 더 실재라고 믿고, 그것이 사물의 본질이라고 믿기 때문에 현대 사회의 모든 영역은 '내파'하여 사라진다. 이때 내파란 무한히 증식하여 재생산된 시뮬라크르들이 원래 실재를 지시하던 기능과 가치를 잃어버려 실재와 시뮬라크르 사이의 경계가 붕괴되는 것을 의미한다. 보드리야르는 시뮬라시옹 현상의 예로 쥐를 모델로 하여 만들어진 만화 주인공 미키마우스를 든다. 미키마우스는 다양한 미디어에서 반복되면서 쥐를 지시하던 기능과 가치가 사라졌고 사실상 쥐와 별개의 존재가 되었다. 다시 말해 실제 쥐와 미키마우스 사이의 경계는 붕괴되었고, 미키마우스는 모델이었던 실제 쥐보다 오히려 더 실재적이고 우월한 초과실재가 되었다.

이러한 시뮬라시옹 현상은 오늘날 우리 문화 현상이 되었고 예술의 영역까지 확장된다. 보드리야르는 오늘날 예술 작품이 시뮬라시옹 현상에 의해 도처에서 증식하면서 예술이 가지고 있던 미적 가치가 사라지고 있다고 비판한다. 예술이 일상적 사물에 가까워지고, 일상적 사물은 예술에 가까워지면서 미적인 것은 비미적인 것과의 변별성을 잃고 내파되어 사라지고 있기 때문이다. 보드리야르에 의하면 예술가가 전시장에 깃발, 청소기, 식탁 등과 같은 일상적 사물을 두고 예술을 논하는 등 모든 것이 미학적인 것이 될 때, 그 어떤 것도 더 이상 아름답거나 추하지 않게 되며, 동시에 예술은 자신의 한계를 넘어서 그 자체를 부정하고 청산한다. 즉, 예술 그 자체가 내파되어 사라진 상태가 된다. 보드리야르는 이러한 현상을 '초미학'이라 부르며, ㉯ "예술은 너무 많기 때문에 극도로 보잘것없는 것이다."라고 역설했다.

04

고2 · 2022년 11월 16번

(가)와 (나)에 대한 설명으로 가장 적절한 것은?

① (가)와 달리 (나)는 시뮬라크르가 지닌 오류를 증명하는 과정을 사고 실험을 통해 설명하고 있다.
② (나)와 달리 (가)는 특정한 철학적 관점에서 파생된 예술관을 바탕으로 시뮬라크르가 사라지는 현상의 이유를 밝히고 있다.
③ (가)와 (나)는 모두 특정 철학자의 세계관을 바탕으로 해당 철학자의 시뮬라크르에 대한 관점을 소개하고 있다.
④ (가)와 (나)는 모두 특정한 철학적 관점을 바탕으로 현대의 시뮬라크르가 지닌 문제점에 대한 극복 방법을 제시하고 있다.
⑤ (가)와 (나)는 모두 시뮬라크르에 대한 다양한 예술관이 지닌 문제점을 지적하고 이에 맞서는 새로운 예술관을 모색하고 있다.

05

고2 · 2022년 11월 17번

(가)의 가지적 세계 와 가시적 세계 에 대한 이해로 적절하지 않은 것은?

① 가지적 세계는 지성으로만 알 수 있는 세계이다.
② 가시적 세계는 눈으로 지각 가능한 현실 세계이다.
③ 가시적 세계의 사물들은 에이콘과 판타스마로 구분된다.
④ 가시적 세계는 가지적 세계를 모방한 환영에 불과한 세계이다.
⑤ 가지적 세계에 있는 본질은 에이도스와 에이돌론으로 구분된다.

※ 윗글과 〈보기〉를 바탕으로 6번과 7번의 물음에 답하시오.

─────〈 보 기 〉─────

[자료 1]

음료 회사로부터 캐릭터 제작을 의뢰받은 A는 실제 상품을 베낀 초안을 그린 후 이를 변형한 첫 캐릭터를 그렸지만, 음료 회사는 첫 캐릭터에서 상품의 특징이 드러나지 않는다고 혹평했다. A는 첫 캐릭터를 의인화한 최종 캐릭터를 다시 그렸고, 음료 회사는 최종 캐릭터를 담은 광고를 반복하여 방영했다. 이후 최종 캐릭터는 설문 조사에서, 가장 영향력 있는 인물로 선정되는 등 실제 상품보다 사랑받는 인기 캐릭터가 되었다.

[자료 2]

가구 장인 B가 자신이 만든 의자를 본떠 직접 그린 '의자 1'은 예술성을 인정받아 미술관에 전시됐다. 화가 C는 '의자 1'을 보고 자신만의 방식으로 '의자 2'를 그린 후, 다시 이를 변형한 '의자 3'을 그려 전시했다. 그러자 B는 '의자 1'의 모델인 실제 의자를 '의자 0'으로 전시했고, 평론가들은 이것이야말로 진정한 원본이라고 극찬했다. 이후 예술가들이 깃발, 책상 등을 그대로 전시하고 예술을 논하는 현상이 각국 미술관에서 일어났다.

06

다음은 윗글을 읽은 학생이 〈보기〉를 이해한 내용을 정리한 것이다. 적절하지 <u>않은</u> 것은?

[자료 1]	들뢰즈와 달리 플라톤은 A가 그린 '첫 캐릭터'를, 모방을 거듭한 가짜로 여길 것이다. ·············· ㉠
	플라톤과 달리 들뢰즈는 '초안', '첫 캐릭터', '최종 캐릭터' 사이에 드러나는 차이를 실재로서 지닌 의미로 여길 것이다. ·············· ㉡
	들뢰즈와 달리 보드리야르는 가장 영향력 있는 인물로 선정된 '최종 캐릭터'가 실재를 대신한다고 여길 것이다. ·············· ㉢
[자료 2]	보드리야르와 달리 플라톤은 '의자 0'이 실재보다 우월해졌다고 여길 것이다. ·············· ㉣
	플라톤과 달리 들뢰즈는 '의자 3'이 '의자 1'의 우위를 부정하는 힘이 있다고 여길 것이다. ·············· ㉤

① ㉠ ② ㉡ ③ ㉢ ④ ㉣ ⑤ ㉤

07 **1등급 대비 고난도 3점 문제**

윗글을 바탕으로 〈보기〉에 대해 보인 반응으로 적절하지 <u>않은</u> 것은? [3점]

① 플라톤은 [자료 2]의 B가 만든 의자와 달리 [자료 1]의 초안은 눈에 보이는 현상만을 모방한 나쁜 이미지라고 보겠군.
② 플라톤은 [자료 1]의 A가 그린 캐릭터들과 [자료 2]의 C가 그린 그림들은 모두 사이비 기술로 그려진 것들이라고 보겠군.
③ 들뢰즈는 [자료 1]에서 첫 캐릭터에 대해 음료 회사가 한 혹평과 [자료 2]에서 '의자 0'에 대해 평론가들이 한 극찬에는 모두 대상의 가치를 재단하는 폭력성이 내재해 있다고 보겠군.
④ 보드리야르는 [자료 1]의 인기 캐릭터가 된 최종 캐릭터는 초과실재가, [자료 2]의 '의자 1'은 예술성을 인정받은 순간에 초미학 상태가 되었다고 보겠군.
⑤ 보드리야르는 [자료 1]의 설문 조사 결과를 보고 실제 상품과 광고 속 캐릭터 간의 경계가, [자료 2]의 각국 미술관에서는 일상 사물과 예술 작품 간의 경계가 내파된 현상이 일어났다고 보겠군.

08

㉮와 ㉯에 담긴 의미를 추론한 내용으로 가장 적절한 것은?

① ㉮에는 예술 작품이 사물 그 자체로서 존재 가치를 보존하는 방법이, ㉯에는 예술 작품이 예술로서 미적 가치를 선택하는 방법이 담겨 있다.
② ㉮에는 예술 작품을 사본의 사본으로 평가하는 입장에 대한 수용이, ㉯에는 모든 것이 미학적인 것이 되는 현상에 대한 비판이 담겨 있다.
③ ㉮에는 반복이 실현된 예술 작품은 본질에서 멀어진다는 의미가, ㉯에는 미적인 것과 비미적인 것의 변별성이 사라졌다는 의미가 담겨 있다.
④ ㉮에는 예술 작품을 주체의 판단에서 독립된 존재로 만들지 못하는 예술가의 한계가, ㉯에는 예술 자체를 부정하지 못하는 예술가의 한계가 담겨 있다.
⑤ ㉮에는 반복을 통해 위계적 질서에서 벗어난 예술에 대한 긍정적 태도가, ㉯에는 증식을 통해 그 어떤 것도 아름답거나 추하지 않게 된 예술에 대한 부정적 태도가 담겨 있다.

09

문맥상 ⓐ의 의미와 가장 가까운 것은?

① 사람들은 흔히 내 글을 관념적이라고 <u>말한다</u>.
② 청중들에게 자신의 감정을 <u>말하는</u> 일은 매우 어렵다.
③ 힘센 걸로 <u>말하면</u> 우리 아버지를 따라갈 사람이 없다.
④ 경비 아저씨에게 아이가 오면 문을 열어 달라고 <u>말해</u> 두었다.
⑤ 동생에게 끼니를 거르지 말라고 아무리 <u>말해도</u> 듣지를 않는다.

10~12 다음 글을 읽고 물음에 답하시오.

[앞부분의 줄거리] 불도 수행자 성진은 여덟 선녀를 희롱한 죄로 육관대사에 의해 연화봉에서 쫓겨나 꿈속에서 양소유로 환생한다.

양생이 과거가 닥쳤지만 과거에는 마음이 없어 수일 후에 또 두련사를 찾아보니 두련사가 말하되,

"한 처자가 있으니 재모를 의논하면 분명 양랑의 짝이로되 다만 가문이 너무 높아 공후의 벼슬을 여섯 대에 걸쳐 지냈고 대대로 정승을 한 집안이라. 양랑이 만일 신방 급제를 하면 이 혼사를 의논하려니와 그 전에는 부질없으니 구태여 노신을 자주 찾아와 보지 말고 과거에 힘쓸지어다."

양생이 왈,

"어떤 집 여자니이까?"

두련사가 왈,

"춘명문 안에 사는 정 사도 집이니 붉은 칠한 문이 길에 닿아 있고 위에 계극을 배설한 집이라."

양생이 심중에 섬월이 말하던 여자인 줄 알고 가만히 생각하되, '어떤 여자이기에 두 서울 사이에 이렇듯 이름을 얻었는고?' 하고 묻기를,

"정 씨 여자를 사부께서 일찍이 보신 적이 있으니이까?"

두련사가 왈,

"어찌 보지 못하였으리오. 정 소저는 하늘 사람이니 어찌 언어로 형용하리오?"

양생이 왈,

┌ "소자 감히 자랑하는 것이 아니라 이번 과거는 소자의 주
│   머니 가운데 있는 것이나 다름이 없습니다. 다만 평생 바
[A] 라는 바가 있어 처자의 얼굴을 보지 못하면 구혼을 하지
│   않으려 하나니 사부는 자비를 베풀어 소자로 하여금 한번
└ 보게 하소서."

두련사가 크게 웃고 이르되,

"재상가 처자를 어찌 서로 볼 수 있으리오. 양랑이 노신의 말이 믿음직하지 않은가 의심하느냐?"

양생이 왈,

"소자가 어찌 감히 의심하리이까? 그러나 사람의 마음이 다 각각 다르니 사부의 눈이 어찌 소자와 같겠사옵니까?"

두련사가 왈,

"그렇지 않다. 봉황과 기린은 사람마다 상서로운 줄 알고 청천백일은 사람마다 그 청명함을 우러러보나니 만일 눈 없는 사람이 아니면 어찌 자도가 고운 줄을 모르리오?"

양생이 오히려 기분이 좋지 못하여 돌아왔다가 이튿날 일찍 자청관에 오니 두련사가 웃고 이르되,

"양랑이 일찍 오니 분명 까닭이 있도다."

양생이 말하되,

"정 소저를 보지 못하고는 소자 끝내 의심이 있으니 사부는 우리 모친이 정성을 다해 부탁한 것을 생각하여 계교를 베풀어 무슨 수를 써서라도 잠깐 바라보게 하소서."

(중략)

전 노파가 교자를 타려 하다가 문득 들으니 삼청전 동쪽 정당 앞에서 거문고 소리가 나는데 매우 맑았다. 이에 방황하며 차마

가지 못하고 귀를 기울여 듣자 그 소리가 더욱 묘한지라. 두련사에게 이르되,

"내 부인을 뫼셔 유명하고 잘 타는 거문고를 많이 들었으되 이 곡조는 듣지 못하였으니 대관절 어떤 사람이니이까?"

두련사 대답하되,

"수일 전에 초 땅에서 나이 젊은 여관이 서울 구경차 이곳에 와 머물며 이따금 거문고를 타되 나는 곡조를 알지 못하더니 그대가 칭찬하니 필연 잘 타는 솜씨로다."

전 노파가 말하되,

"우리 부인이 들으시면 부르실 법하니 두련사는 저 사람을 머물러 두소서."

재삼 당부하고 가더라.

두련사가 전 노파를 보내고 양생에게 이 말을 전하고 좋은 소식이 오기를 초조하게 기다리더니 다음날 정 사도 집에서 작은 교자와 시비 한 사람을 보내 거문고 타는 여자를 청하였다. 양생이 여사도의 복장으로 거문고를 안고 나서니 마고 선자와 사자연 같더라. 양생이 교자에 올라 정 사도 집에 가니 부인이 당상에 앉았으니 위의가 매우 단엄하더라.

양생이 거문고를 놓고 당 아래에서 머리를 숙이자 부인이 당으로 올라오라 하여 자리를 주고 말하되,

"어제 집안 시비가 자청관에 갔다가 신선의 풍류를 듣고 왔다 말하기에 한번 보고자 하였더니 이제 도사의 맑은 거동을 서로 대하니 돈연히 더러운 마음을 사라지게 하는도다."

양생이 자리를 피하여 대답하되,

"빈도는 본래 오초의 사람이라. 구름 같은 자취가 정처 없이 다니더니 천한 재주를 인연하여 부인을 뵐 줄은 뜻밖이니이다."

부인이 이르되,

"사부께서 타던 바는 무슨 곡조인고?"

양생이 대답하여 말하기를,

"빈도가 일찍이 남전산에서 이인을 만나 여러 가지 곡조를 전수받았지만 다 옛사람의 소리라. 오늘날 사람의 귀에는 맞지 않을까 하나이다."

부인이 시비로 하여금 양생의 거문고를 가져오라 하여 이르되,

"아주 좋은 재목이라."

양생이 말하되,

"이는 용문산 위 절벽에 있는 꺾어진 백 년 묵은 오동이라. 나무의 성질이 다 없어지고 단단하기가 금석 같으니 비록 천금이라도 바꾸지 못하리이다."

이처럼 문답하되, 소저가 나오지 않으니 양생이 다급하여 부인께 여쭙되,

┌ "빈도가 비록 옛 소리를 배웠으나 스스로 좋고 나쁨을 알지
│   못하더니 자청관에서 듣자오니 소저께서 매우 총명하여
[B] 곡조를 아는 것이 문희보다 나으시다 하오니 원컨대 천한
└ 재주를 시험하여 소저의 가르치심을 바라나이다."

부인이 시비를 시켜 소저를 나오라 하니 향기로운 바람이 패옥 소리를 끌더니 소저가 나와 부인 곁에 모로 앉았다. 양생이 예하여 뵙고 눈을 바로 하여 보니 눈이 부시고 정신이 요란하여 가히 측량하지 못할 지경이었다. 앉은 자리가 소저와 거리가 먼 것을 꺼려 부인에게 청하여 말하되,

"빈도가 소저의 가르침을 들으려 하는데 당이 너무 넓어 자세히 듣지 못하실까 하나이다."

부인이 시녀를 명하여 자리를 가져오라 하니 시녀가 자리를 옮겨 부인 곁에 가까이 놓았다. 소저의 앉은 곳과 멀지 아니하되 옆자리라. 도리어 앞에서 바라볼 때만 못했다. 안타깝지만 감히 다시 청하지 못하더라.

— 김만중, 「구운몽」 —

10 1등급 대비 고난도 2캠 문제

윗글에 대한 이해로 적절하지 않은 것은?

① 양생은 정 소저가 명성이 높음을 알고 있었다.
② 양생은 정 소저와 만나기 위해 과거 시험을 피하고자 하였다.
③ 부인은 교자를 보내 거문고 타는 여자를 집으로 불러 들였다.
④ 부인은 정 소저가 젊은 여관에게 가르침을 주는 것에 동의하였다.
⑤ 두련사는 부인이 전 노파의 이야기를 듣고 양생을 불러주기를 기대하였다.

11

[A]와 [B]에 대한 이해로 가장 적절한 것은?

① [A]와 [B]에서는 모두 상황을 가정하며 상대방을 회유하고 있다.
② [A]와 [B]에서는 모두 이상적 가치를 내세워 자신의 행동을 정당화하고 있다.
③ [A]에서는 과거 사건에 대한 정보를 제공하고, [B]에서는 앞으로 일어날 일을 예견하고 있다.
④ [A]에서는 상대방을 설득하기 위해 자신의 능력을 과시하고, [B]에서는 환심을 사기 위해 우월한 지위를 드러내고 있다.
⑤ [A]에서는 자신이 원하는 바를 직접 드러내고, [B]에서는 자신이 원하는 바를 이루기 위해 상대방의 행동을 유도하고 있다.

12

〈보기〉를 참고하여 윗글을 감상한 내용으로 적절하지 않은 것은? [3점]

〈보 기〉

「구운몽」은 문학적 형상화를 통해 소설적 재미와 진실성을 확보하였다. 속임수를 통한 긴장감의 유발, 애정의 상대를 직접 보고 싶어 하는 인간 본연의 욕망에 대한 진솔한 표현, 당대의 사회적 금기를 넘어서는 인물의 행동, 치밀하게 전개되는 욕망의 성취 과정과 욕망의 성취 과정에서 발생하는 감정의 변화 등은 독자들에게 문학적 쾌감을 주어 널리 애독되었고 후대 문학에 영향을 주었다.

① 양생이 여사도의 복장으로 정 사도 집에 들어가는 부분은 긴장감을 유발한다고 할 수 있겠군.
② 양생이 재상가의 처자인 정 소저를 만나는 부분에서 당대의 사회적 금기를 넘어서는 행동이 드러나는군.
③ 양생이 두련사의 도움을 받고 전 노파를 이용해 부인에게 초대받는 부분은 욕망의 성취 과정이라고 할 수 있겠군.
④ 양생이 부인에게 귀한 거문고를 보이며 천금이라도 바꾸지 않겠다고 하는 부분에서 인간 본연의 욕망이 드러나는군.
⑤ 양생이 정 소저와의 만남을 이루는 과정에서 다급해 하고 정신이 요란해지고 안타까워하는 감정의 변화가 드러나는군.

DAY 06

▶ 몰라서 틀린 문항 × 표기 ▶ 헷갈렸거나 찍은 문항 △ 표기 ▶ ×, △ 문항은 다시 풀고 ✔ 표기를 하세요.

종료 시각	시 분 초	문항 번호	01	02	03	04	05	06	07	08	09	10	11	12
소요 시간	분 초	채점 결과												
초과 시간	분 초	틀린 문항 복습												

DAY 07

수능기출 전국연합학력평가 **20분 미니 모의고사**

● 날짜 :　월　일 ● 시작 시각 :　시　분　초 ● 목표 시간 : 20분

※ 점수 표기가 없는 문항은 모두 **2점**입니다.

01~02 다음은 온라인 수업에서 이루어진 학생의 발표이다. 물음에 답하시오.

안녕하세요. (손동작하며) 제가 한 동작이 무엇인지 아시나요? (채팅 창의 반응을 보고) 네, 맞습니다. (자료 제시) 지금 화면에 공유하고 있는 동작인데요, '안녕하세요.'라는 의미의 수어 인사입니다. 수어는 '수화 언어'의 준말인데요, 최근에 비접촉 인사법으로 수어를 사용하자는 캠페인이 있었습니다. 그 캠페인을 보고 수어에 대한 관심이 생겨 발표 주제로 정하게 되었습니다. 그럼 지금부터 수어에 대해 발표하겠습니다.

수어에서 의미를 만들어 내는 요소로는 수지 기호와 비수지 기호가 있습니다. 그중 수지 기호는 손의 모양, 위치, 움직임 등을 통해 의미를 나타냅니다. 가령, 보고 계신 화면처럼 오른손으로 왼팔을 쓸어내린 다음, 두 주먹을 가슴 앞에서 아래로 내리면 '안녕하세요.' 혹은 '안녕히 계세요.'를 의미하는 수어 인사가 됩니다. 수지 기호에 따라 전달하려는 의미가 달라지는데요, 다음 화면에서 이를 확인할 수 있습니다. (자료 제시) 이렇게 오른손을 펴서 엄지를 이마에 대고 나머지 손가락을 좌우로 흔들면 '닭'을 의미합니다. 그런데 엄지는 이마에 댄 채로 검지, 중지만 펴서 흔들면 '경찰'을 나타냅니다. 손 모양의 차이로 의미가 달라지는 것입니다. 그럼 우리 이름과 같은 고유 명사는 어떻게 표현할까요? 이때는 한글 자모나 숫자, 알파벳 등을 나타내기 위한 손 모양인 지화를 사용합니다.

다음으로 비수지 기호는 손이 아닌 눈, 코, 입, 머리 등의 움직임을 말하는데요, 이를 통해 의미를 나타내거나 문장 형식을 결정하기도 합니다. 다음 화면을 보시죠. (자료 제시) 손으로 턱을 쓰다듬어 내리는 '행복'이라는 수어 동작을 할 때 행복한 표정을 지으면 행복하다는 의미입니다. (시범을 보이며) 반대로 이렇게 불쾌한 표정을 지으며 손동작을 하면 무슨 의미일까요? (채팅 창을 보며) 네, 맞습니다. 그다지 행복하지 않다는 의미입니다. 이처럼 비수지 기호에 따라 의미가 달라지는 것을 알 수 있습니다. 비수지 기호는 문장 형식을 결정하는 기능을 하기도 하는데요, 화면에서와 같이 '행복'을 의미하는 손동작과 함께 눈썹을 올리며 눈을 크게 뜨고 턱을 당기면 '행복하니?'라는 의문문이 됩니다. (천천히 시범을 보이며) 다 함께 따라 해 봅시다.

지금까지 수어의 수지 기호와 비수지 기호에 대해 살펴보았는데요, 수어에 대해 더 알고 싶은 분은 제가 참고한 국립국어원 누리집과 수어 통역사 ○○의 인터넷 수어 강의를 보시면 도움을 받을 수 있습니다. 다 같이 수어 인사를 하며 마칠까요? (채팅 창을 보고) 어떻게 인사를 하냐는 질문이 올라왔는데요, 제가 처음에 알려 드린 수어 인사를 하면 됩니다. (수어 인사를 하고) 이상 발표를 마치겠습니다.

01

고2 · 2022년 3월 1번

위 발표에 대한 설명으로 적절하지 않은 것은?

① 발표를 시작하며 발표 순서와 방법을 안내하고 있다.
② 발표 매체의 특성을 활용하여 청중과 상호작용하고 있다.
③ 발표자의 경험을 언급하며 주제 선정 이유를 밝히고 있다.
④ 시범을 보이며 발표를 진행하여 청중의 이해를 돕고 있다.
⑤ 발표를 마무리하며 추가 정보의 확인 방법을 안내하고 있다.

02

고2 · 2022년 3월 3번

다음은 위 발표를 들은 학생들의 반응이다. 학생의 반응을 이해한 내용으로 가장 적절한 것은?

> **학생 1:** 축제 공연을 준비하면서 안무를 어떻게 구성할지 고민이 많았는데, 수어 인사를 넣어야겠어. '사랑'을 뜻하는 수어를 넣고 싶은데, 국립국어원 누리집을 찾아봐야겠어.
> **학생 2:** 방송에서 보았던 수어 통역사가 코로나 19 상황임에도 마스크를 쓰지 않았던 이유가 궁금했는데, 수어에서 표정이 의미 전달에 중요한 역할을 하기 때문이었군!

① 학생 1은 배경지식을 바탕으로 발표 내용의 정확성을 점검하고 있다.
② 학생 2는 발표에서 들은 내용을 활용하여 자신이 궁금했던 점을 해소하고 있다.
③ 학생 1은 학생 2와 달리 발표 내용에 포함된 정보가 부족한 점을 지적하며 비판하고 있다.
④ 학생 2는 학생 1과 달리 발표 내용과 관련하여 나타날 수 있는 여러 가지 문제점을 예측하고 있다.
⑤ 학생 1과 학생 2는 모두 발표 내용을 바탕으로 평소 자신이 잘못 알고 있었던 정보를 수정하고 있다.

03	다음은 작문 상황과 이를 바탕으로 학생이 작성한 초고이다. 물음에 답하시오.

[작문 상황]

학교 신문의 기고란에 기후 변화 대응과 관련된 글을 쓰려 함.

[초고]

제목: [A]

인류의 생존을 위협하는 기후 변화는 더욱 가속화될 것으로 예측된다. 이에 기후 변화에 대한 대응에 미래 세대인 청소년들이 관심을 가지고 참여해야 한다는 사회적 공감대가 형성되고 있다. 그러나 청소년의 참여도는 여전히 낮은 수준이다.

청소년이 기후 변화 대응 활동에 참여하지 않는 원인은 여러 가지이다. 청소년들은 기후 변화 대응 방안에 무엇이 있는지 제대로 모르는 경우가 많다. 제대로 모르기 때문에 하고자 하는 의지가 있어도 참여하기 어렵다. 반대로 방안을 알면서 참여하지 않는 경우도 있다. 기후 변화에 대응하는 것이 너무 큰 과제라고 인식하기 때문에 자신의 실천은 효과가 없다고 생각하여 참여하지 않는 것이다.

이를 고려할 때 청소년의 참여를 이끌어 내려면 우선 청소년이 실천할 수 있는 방안을 알려 주는 것이 중요하다. 이때의 대응 방안은 생활 속에서 실천할 수 있는 것부터 사회적인 차원의 것까지 다양하다. 생활 속에서의 실천과 함께, 그러한 실천들을 사회적인 차원으로 확산시키려는 노력이 중요하다. 구성원 개개인과 공동체의 노력이 어우러질 때 더 효과적인 대응이 될 것이기 때문이다.

자신의 활동을 통해 상황을 개선할 수 있다는 인식을 형성하는 것도 중요하다. 기후 변화 대응 활동에 관한 긍정적 인식이 형성되어야 자발적 참여를 이끌어 낼 수 있다. 긍정적 인식이 형성되려면, 대응 활동이 효과가 있었다고 체감할 수 있는 성공적인 경험이 쌓여야 한다. 이를 위해서는 체계적이고 지속적인 지원이 필요하다. 학교는 이러한 지원을 할 수 있는 대표적인 곳이다. 그래서 기후 변화 대응 활동에의 참여를 도울 수 있도록 학교 교육에 변화가 필요하다.

개인 및 공동체 차원에서의 실천과 이에 대한 지원을 통해 기후 변화에 대한 대응이 청소년의 삶에서 멀리 있는 것이 아니라는 생각을 만들어 갈 수 있다.

03

고3 · 2024학년도 수능 화·작 44번

〈보기〉는 초고를 읽은 교사의 조언이다. 이를 반영하여 [A]를 작성한다고 할 때, 가장 적절한 것은?

〈보 기〉

"글의 제목은 글에 대한 독자의 관심을 이끌어 낼 수 있도록 표현하는 게 좋아. 기후 변화의 심각성과 글의 5문단에서 말하고자 하는 바가 잘 드러나는 내용으로 쓰는 게 좋겠어."

① 기후 변화 정책, 학교와 사회의 실천적 연대를 지향할 때
② 기후 변화에 대처하는 삶의 양식 전환, 이제 더 이상은 미룰 수 없다
③ 환경에 위협받는 삶, 인간 중심의 삶에서 환경과 공존하는 생활로 전환
④ 기후 변화 문제, 청소년을 위해 모두가 실천적 노력으로 모여야 할 시기
⑤ 미래를 위협하는 기후 변화, 실천을 도와 청소년의 삶에서 대응을 실현할 때

04

고2·2021년 9월 13번

〈보기〉의 [A]에 들어갈 말로 적절하지 <u>않은</u> 것은?

─────〈보 기〉─────

학생: 선생님, 피동 표현은 어떤 경우에 사용하나요?

선생님: 피동 표현은 행위의 주체보다 대상을 부각하고 싶을 때, 행위의 주체를 분명하게 밝히지 않고자 할 때, 행위의 주체가 중요하지 않거나 누구나 아는 사람이어서 말할 필요가 없을 때 사용해요. 또한 행위의 주체를 분명히 설정하기 어려운 경우에 사용하기도 해요. 이제 아래 자료를 보고 피동 표현에 대해 탐구해 봅시다.

- ㉠ ┌ 벌이 그를 쏘았다.
  └ 그가 벌에 쏘였다.
- ㉡ ┌ 내가 편지를 찢었다.
  └ 편지가 찢어졌다.
- ㉢ ┌ 기자가 내 이야기를 신문에 실었다.
  └ 내 이야기가 신문에 실렸다.
- ㉣ ┌ 국민들이 대통령을 뽑았다.
  └ 대통령이 뽑혔다.
- ㉤ ┌ *A가 추웠던 날씨를 풀었다.
  └ 추웠던 날씨가 풀렸다.

※ '*'는 문법에 맞지 않음을 나타냄.

학생: 　　　　　　　　[A]

선생님: 네, 맞아요.

① ㉠을 보니, 피동 표현을 통해 행위의 대상인 '그'를 부각할 수 있겠군요.

② ㉡을 보니, 피동 표현을 통해 '편지'를 찢은 주체를 분명하게 밝히지 않을 수 있겠군요.

③ ㉢을 보니, 행위의 주체인 '기자'가 중요하지 않을 때 피동 표현을 사용할 수 있겠군요.

④ ㉣을 보니, 행위의 주체인 '대통령'이 누구나 아는 사람일 때 피동 표현을 사용할 수 있겠군요.

⑤ ㉤을 보니, 행위의 주체를 분명히 설정하기 어려워 피동 표현을 사용했겠군요.

시각기관인 눈은 시각을 감지하는 데에 관여하는 안구, 안구를 움직이는 근육이나 안구를 보호하는 눈꺼풀과 같은 부속 기관으로 이루어져 있다. 이 중 안구는 두개골의 오목한 부위인 안와에 들어있는 공 모양의 구조물이다.

〈그림〉의 안구를 보면, 안구벽은 세 층으로 되어있다. 바깥층은 공막인데, 검은자위 부분에서 투명하게 변형되어 ㉠ 각막을 이룬다. 각막은 빛을 통과시켜 망막에 상을 맺게 해준다. 중간

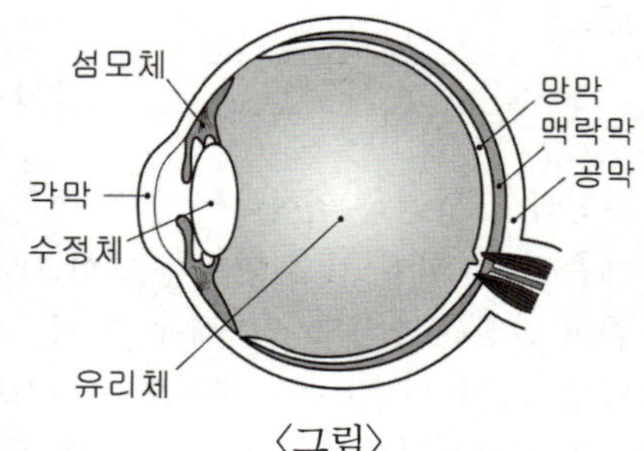

층은 ㉡ 맥락막, 섬모체 등으로 구성된다. 맥락막에는 안구의 각 부분에 영양분을 공급하는 혈관 중 다수가 밀집해 있어 빛의 통과를 막아, 빛이 공막으로 분산되지 않도록 하여 상이 잘 맺히도록 한다. 섬모체는 수정체와 가느다란 실로 연결되어 있어, 수정체가 물체의 원근에 따라 초점을 조절하는 것을 돕는다. 안쪽 층은 빛을 감지하는 ㉢ 망막이다. 안구벽 안쪽에는 유리체가 넓은 부위를 차지하고 있고, 유리체의 앞쪽에는 수정체가 자리 잡고 있다.

그런데 이러한 안구는 단단하지 않다. 단단하지 않은 물체가 기압에 저항해 원래의 모양을 유지하기란 쉽지 않다. 내부 기압이 외부 기압보다 낮으면 물체는 찌그러지며, 반대의 경우에는 부풀어 오를 수 있다. 빛을 수용하고 상을 맺게 하는 눈의 특성상, 약간의 모양 변화로도 빛의 방향이 ⓐ 틀어져 초점이 달라지기 때문에 정확한 안구 형태를 유지하는 것은 매우 중요하다.

이를 일차적으로 담당하는 것은 유리체이다. 안구 내부에서 가장 많은 면적을 채우고 있는 유리체는 투명한 젤 형태의 물질이다. 유리체는 안구 내압을 적정하게 유지함으로써 맥락막에 대하여 망막을 지지해 주고, 안구벽의 붕괴를 방지함으로써 안구의 형태를 유지하는 역할을 한다. 하지만 눈은 단순한 구조가 아니기에, 이것만으로는 안구 전체뿐 아니라 안구를 구성하는 각 부분을 정확한 형태로 유지하기 어렵다.

이 경우 가장 문제가 되는 것이 각막과 수정체 사이의 '안방'이라는 공간이다. 만약 이 공간이 비어 있다면 외부에서 누르는 기압과 이에 대응하기 위해 유리체가 밀어내는 압력 때문에 각막과 수정체는 서로 달라붙거나 찌그러질 가능성이 높다. 그러면 수정체가 원활하게 움직이기가 어려워진다. 따라서 눈은 수정체와 각막 사이의 공간에 채워진 방수로 적절한 내부 압력을 유지한다.

'방에 든 물'을 뜻하는 방수(房水)는 투명한 약알칼리성 액체로, 눈물과는 구별된다. 방수는 안방에 들어차 각막의 형태를 유지하고, 혈관 분포가 없어 투명한 구조인 각막이나 수정체에 영양분을 공급하고 노폐물을 배출하는 역할을 한다. 단순히 공간을 채우는 것만이 아니라 영양분을 공급한다는 것은 방수가 순환되는 물이라는 전제를 포함한다. 섬모체에서 만들어진 방수는 안방을 채우고 섬유주라는 조직을 통해 배출된 후 슐렘관으로

흡수되어 심장으로 들어가 혈액에 합류된다.

　눈의 구조와 시력 유지를 위해 꼭 필요한 방수는 적정량이 제대로 흘러야 한다. 제 역할을 다한 방수는 흘러나가야 하는데, 섬유주의 구조 변화나 슐렘관에 이상이 생기는 등의 이유로 이 과정이 원활하지 않으면 문제가 발생한다. 방수의 배출 여부와 관계없이 섬모체는 계속 방수를 만들어내기 때문에 결국 과도한 방수로 안압이 높아진다. 그 결과 안구의 모든 조직에 압력이 가해져 문제가 생기는데, 그중 특히 약한 조직인 시신경이 먼저 심하게 손상을 받게 된다.

05 `1등급 대비 고난도 2편 문제`

윗글에 대한 이해로 적절하지 <u>않은</u> 것은?

① 각막은 공막과 달리 투명하다.
② 수정체는 빛이 통과할 수 있는 구조이다.
③ 유리체는 맥락막에 대하여 망막을 지지해 준다.
④ 섬모체는 수정체와 연결되어 물체의 원근을 감지한다.
⑤ 방수는 슐렘관을 거쳐 심장으로 들어가 혈액에 합쳐진다.

06

윗글을 참고할 때, 〈보기〉의 ㉮~㉰에 들어갈 말로 적절한 것은?

〈보 기〉

　안방이 비어 있다면, 외부에서 누르는 기압에 대응하기 위해 유리체가 (　㉮　)는 압력 때문에 안방이 찌그러질 가능성이 높다. 따라서 방수가 이 공간을 채우는데, 만약 방수의 공급량에 비해 배출량이 (　㉯　)지게 되면 안압이 (　㉰　)하여 시신경이 손상된다.

	㉮	㉯	㉰
①	밀어내	적어	상승
②	밀어내	적어	하강
③	밀어내	많아	상승
④	당기	많아	하강
⑤	당기	많아	상승

07

㉠~㉢에 대한 이해로 적절한 것은?

① ㉠에는 영양분을 공급하는 혈관이 다수 밀집되어 있다.
② ㉢은 수정체가 초점을 조절하는 것을 돕는다.
③ ㉠과 ㉡은 안구를 보호하는 데 필요한 부속 기관이다.
④ ㉡은 빛의 분산을 막아 ㉢에서 상을 맺는 것을 돕는다.
⑤ ㉢을 통과한 빛이 ㉠에서 감지된다.

08

윗글의 방수 와 〈보기〉의 눈물 을 비교한 내용으로 적절하지 <u>않은</u> 것은? [3점]

〈보 기〉

　눈물 은 윗눈꺼풀 안쪽의 누선에서 분비된다. 눈을 깜박일 때마다 눈물은 안구 표면 전체를 적시는데, 특히 각막을 고르게 덮어준다. 이때 눈물은 각막에 습기를 지속적으로 공급하고, 안구의 운동을 원활하게 한다. 또한 먼지나 병균을 씻어내어 안구를 청결하게 유지한다. 제 역할을 다한 눈물은 안쪽 눈구석에 있는 누점을 통해 누관을 타고 콧속으로 배출된다. 정상적인 눈물은 분비와 배출의 비율이 일정 수준으로 유지되어야 한다.

---

① 방수는 섬유주를 통해, 눈물은 누점을 통해 배출된다.
② 방수는 각막에 영양분을, 눈물은 각막에 습기를 공급한다.
③ 방수는 안구의 형태를 유지하는 데, 눈물은 안구의 청결 상태를 유지하는 데 기여한다.
④ 방수와 눈물은 모두 적정한 양이 유지되어야 정상적인 상태라고 볼 수 있다.
⑤ 방수와 눈물은 모두 안구 표면을 적셔 안구가 원활하게 움직일 수 있도록 한다.

09

ⓐ와 문맥적 의미가 가장 유사한 것은?

① 날아가던 공이 오른쪽으로 <u>틀어졌다</u>.
② 늦잠을 자는 바람에 계획이 <u>틀어졌다</u>.
③ 햇볕에 오래 두었더니 목재가 <u>틀어졌다</u>.
④ 마음이 <u>틀어져서</u> 아무 말도 하지 않았다.
⑤ 초등학교 때부터 사귀던 친구와 <u>틀어졌다</u>.

10~12 다음 글을 읽고 물음에 답하시오.

(가)

鷰子初來時	제비 한 마리 처음 날아와
喃喃語不休	지지배배 그 소리 그치지 않네
語意雖未明	말하는 뜻 분명히 알 수 없지만
似訴無家愁	집 없는 서러움을 호소하는 듯
榆槐老多穴	느릅나무 홰나무 묵어 구멍 많은데
何不此淹留	어찌하여 그곳에 깃들지 않니
燕子復喃喃	제비 다시 지저귀며
似與人語酬	사람에게 말하는 듯
榆穴鸛來啄	느릅나무 구멍은 황새가 쪼고
槐穴蛇來搜	홰나무 구멍은 뱀이 와서 뒤진다오

― 정약용, 「고시(古詩)」 ―

(나)

형님 온다 형님 온다 분고개로 형님 온다
형님 마중 누가 갈까 형님 동생 내가 가지
형님 형님 사촌 형님 시집살이 어떱뎁까
이애 이애 그 말 마라 시집살이 개집살이
앞밭에는 당추(唐楸)* 심고 뒷밭에는 고추 심어
㉠ 고추 당추 맵다 해도 시집살이 더 맵더라
둥글둥글 수박 식기(食器) 밥 담기도 어렵더라
도리도리 도리소반(小盤)* 수저 놓기 더 어렵더라
㉡ 오 리(五里) 물을 길어다가 십 리(十里) 방아 찧어다가
아홉 솥에 불을 때고 열두 방에 자리 걷고
외나무다리 어렵대야 시아버니같이 어려우랴
나뭇잎이 푸르대야 시어머니보다 더 푸르랴
㉢ 시아버니 호랑새요 시어머니 꾸중새요
동세 하나 할림새요 시누 하나 뾰족새요
시아지비 뾰중새요 남편 하나 미련새요
자식 하난 우는 새요 나 하나만 썩는 샐세
귀먹어서 삼 년이요 눈 어두워 삼 년이요
말 못해서 삼 년이요 석 삼 년을 살고 나니
㉣ 배꽃 같던 요내 얼굴 호박꽃이 다 되었네
삼단 같던 요내 머리 비사리춤*이 다 되었네
백옥 같던 요내 손길 오리발이 다 되었네
열새 무명 반물치마* 눈물 씻기 다 젖었네
두 폭 붙이 행주치마 콧물 받기 다 젖었네
울었던가 말았던가 베갯머리 소(沼)* 이뤘네
㉤ 그것도 소(沼)이라고 거위 한 쌍 오리 한 쌍
쌍쌍이 때 들어오네

― 작자 미상, 「시집살이 노래」 ―

---

* 당추: 고추의 한 종류
* 도리소반: 둥글게 생긴 작은 밥상
* 비사리춤: 싸리나무의 껍질
* 반물치마: 짙은 남색 치마
* 소: 작은 연못

10 1등급 대비 고난도 2점 문제

(가)와 (나)의 공통점으로 가장 적절한 것은?

① 반어적인 표현을 사용하여 시적 정서를 부각하고 있다.
② 대화 형식을 활용하여 현실에 대한 인식을 드러내고 있다.
③ 시간의 흐름을 통해 깨달음에 이르는 과정을 제시하고 있다.
④ 감각적 이미지를 활용하여 자연의 아름다움을 드러내고 있다.
⑤ 자연물에 감정을 이입하여 대상에 대한 안타까움을 강조하고
있다.

11

ⓐ~ⓔ 중 (가)를 이해한 내용으로 적절하지 않은 것은?

> 오늘 수업 시간에 정약용의 「고시」가 조선 후기 지배층의 횡포와 피지배층의 고난을 드러낸 작품임을 배웠어. 이 작품에서 ⓐ '황새'와 '뱀'은 백성들을 괴롭히는 지배 세력을 상징하고, ⓑ '제비'는 지배 세력으로부터 착취당하는 백성들을 상징해. ⓒ 피지배층의 고난은 삶의 터전마저 빼앗기는 절박한 상황으로 그려지고 있어. ⓓ 그런 상황에서도 백성들은 현실에 굴하지 않는 꿋꿋한 모습을 보여. 이 작품을 통해 ⓔ 작가는 당대의 부정적 현실을 우회적으로 고발하고 있어.

① ⓐ   ② ⓑ   ③ ⓒ   ④ ⓓ   ⑤ ⓔ

12

〈보기〉를 바탕으로 (나)를 감상한 내용으로 적절하지 않은 것은? [3점]

〈 보 기 〉

「시집살이 노래」는 고통스러운 시집살이를 하는 아녀자들의 생활을 진솔하게 표현한 민요이다. 이 작품 속 여인은 대하기 어려운 시집 식구와 과중한 가사 노동으로 인해 힘든 삶을 살고 있다. 이러한 삶 속에서 여인은 자신의 처지를 한탄하기도 하고, 체념하는 태도를 보이기도 한다.

① ㉠에서 '고추', '당추'와 비교하여 시집살이의 고통을 표현하고 있군.
② ㉡에서 '오 리'와 '십 리'를 활용하여 감당해야 할 노동이 과중함을 강조하고 있군.
③ ㉢에서 '호랑새'와 '꾸중새'를 활용하여 시아버지와 시어머니를 대하기 힘든 존재로 표현하고 있군.
④ ㉣에서 '배꽃'과 '호박꽃'을 대비하여 초라하게 변한 자신의 모습을 한탄하고 있군.
⑤ ㉤에서 '거위'와 '오리'에 빗대어 현실에 대응하지 못하고 체념하는 자신을 드러내고 있군.

DAY 07

▶ 몰라서 틀린 문항 × 표기 ▶ 헷갈렸거나 찍은 문항 △ 표기 ▶ ×, △ 문항은 다시 풀고 ✔ 표기를 하세요.

종료 시각	시 분 초		문항 번호	01	02	03	04	05	06	07	08	09	10	11	12
소요 시간	분 초		채점 결과												
초과 시간	분 초		틀린 문항 복습												

DAY 08

수능기출 전국연합학력평가 **20분 미니 모의고사**

● 날짜 :　　월　　일　● 시작 시각 :　　시　　분　　초　● 목표 시간 : 20분

※ 점수 표기가 없는 문항은 모두 **2점**입니다.

01~02 (가)는 모둠 학생들과 전문가의 면담이고, (나)는 이를 바탕으로 '학생 1'이 쓴 초고이다. 물음에 답하시오.

(가)

학생 1: 안녕하세요. 생활 공간을 쾌적하게 가꾸는 방법에 대한 사회적 관심이 커지면서 주변 정리 정돈에 관심을 가지는 사람들이 많아졌습니다. 이와 관련하여 학생들에게 도움이 될 만한 말씀을 듣고 싶어 이렇게 찾아왔습니다. 면담에 응해 주셔서 감사합니다.

전문가: 반가워요. 제 이야기가 도움이 된다면 좋겠네요.

학생 1: 우선 기본적인 질문을 드리고 싶어요. 정리 정돈을 잘 하라는 말을 자주 들어서 그런지 저희는 '정리 정돈'이라는 말이 익숙한데, 이 분야의 전문가들은 '정리'나 '수납'이라는 용어를 많이 쓰시더라고요. 이유가 있을까요?

전문가: 그렇지 않아도 설명을 하려 했는데, 먼저 질문해 주셔서 고마워요. 정리 정돈에는 '정리', '수납', '청소' 세 단계가 포함되어 있어요. 필요 없는 걸 버리는 게 정리, 필요한 걸 적절한 위치에 두는 게 수납, 더러워진 부분을 쓸고 닦는 게 청소랍니다. 시간을 들여 치웠는데 티가 별로 나지 않는 사람들은, 세 단계의 작업을 동시에 하려고 하는 경우가 많죠. 정리부터 시작해서 수납, 청소로 나아가야 해요. 이 점을 이해하고 정리 정돈이란 말을 쓰면 좋을 것 같아요.

학생 2: 제가 세 단계의 작업을 동시에 하려고 해서 그동안 정리 정돈이 잘 되지 않았군요. 저는 책상이 늘 어질러져 있는데, 선생님께서 말씀해 주신 내용을 책상 정리 정돈에 어떻게 적용할 수 있을까요?

전문가: 앞서 말한 단계대로 '정리'부터 살펴보겠습니다. 한 번에 정리할 범위를 좁히는 방법을 써 보세요. 책상이라면 '서랍 하나', '필기구함'처럼 범위를 좁혀서 버릴 것을 찾는 거예요. '수납' 단계에서는 '1분야 1수납함' 방법을 써 보세요. 책상 위라면 적절한 폭의 파일꽂이들을 마련해 라벨을 붙인 다음, 책, 전선이나 케이블 등 성격이 같은 것끼리 모으는 겁니다. 마지막엔 '청소'로 뒷정리를 하면 됩니다.

학생 1: 학교 사물함 안이 어질러진 경우도 많은데, 말씀하신 수납 방법을 쓰면 효율적일 것 같아요.

학생 3: 학습지와 같은 유인물도 정리 정돈이 늘 어렵습니다. 좋은 방법이 있을까요?

전문가: '정리'부터 말씀드리자면, '5초 안에 결정하기' 방법을 써 보세요. 유인물을 모두 꺼내 놓고 꼭 필요한지를 5초 안에 판단해 보관할 것과 버릴 것을 구분하는 것이지요. 만약 5초 안에 판단이 안 되는 것이 있다면 따로 분류해 두세요. 그리고 보관할 것을 '수납'할 때는, 앞서 말한 파일꽂이를 활용하면 됩니다. 이때 유인물을 하위 분류하고 싶다면 클리

어파일을 활용하여 겉면에 제목을 써서 파일꽂이에 보관하면 됩니다.

학생3: 책상이 이렇게 정리 정돈이 된다면 학생들이 공부하고 싶어질 것 같아요. 마지막으로 정리 정돈과 관련해서 학생들에게 당부하고 싶은 말씀은 없으신가요?

전문가: '주 1회 15분 정리 정돈'을 당부하고 싶어요. 주말 오전처럼 여유 있는 시간을 정해 알람을 맞춰 두고 정리 정돈을 하는 겁니다. 생활 공간의 효율적인 관리는 질서 있는 삶으로 이어질 수 있다는 것이 정리 정돈의 효용입니다. 생활 공간을 잘 가꿔 지금과는 다른 생활을 해 나가길 바랍니다.

학생2: 좋은 말씀 많이 해 주셔서 정말 감사합니다.

(나)

　여러 물건들로 어지러운 책상, 아무렇게나 널브러져 있는 유인물들. 친구들을 보면 귀찮아서 정리 정돈을 하지 않는 경우도 있지만, 마음이 있어도 정리 정돈 방법을 몰라 이런 상황에서 벗어나지 못하는 경우가 많다. 이에 우리 모둠은 학생들에게 도움이 될 만한 정리 정돈의 단계를 소개하고, 구체적인 방법을 제안하고자 한다.

　시간을 들여 치우는데 치운 티가 나지 않는 사람들이 많다. 무엇이 문제일까? 정리 수납 분야 전문가에 따르면, 정리 정돈에는 정리, 수납, 청소라는 세 단계가 있는데, 앞서 말한 사람들은 이 단계를 구분하지 않아서 어려움을 겪는다는 것이다. 정리는 필요 없는 것을 버리는 것, 수납은 필요한 것을 적절한 위치에 두는 것, 청소는 더러워진 부분을 깨끗하게 하는 것인데, 전문가는 이 단계를 차례대로 실행해야 함을 강조한다.

　먼저 '정리'부터 살펴보자. 한 번에 정리해야 할 범위를 좁히는 방법, 필요와 불필요를 5초 안에 판단하는 방법을 활용할 수 있다. 이를 책상 정리에 적용해 보면, 서랍 하나 혹은 필기구함 정도를 한 번에 정리할 범위로 정하고, 꼭 필요한 물건을 5초 안에 판단하여 정리하면 된다는 것이다.

　다음으로 '수납'을 살펴보자. 수납에는 '1분야 1수납함' 방법을 활용할 수 있다. 책상 위에 라벨을 붙인 파일꽂이를 수납함으로 두고 책은 책끼리, 유인물은 유인물끼리 모으는 식이다. 만약 파일꽂이에 모은 유인물을 하위 분류하고 싶다면, 클리어파일에 '학습지', '각종 안내문', '버리기 애매한 것'과 같은 제목을 붙여 모으면 된다. 마지막으로 '청소'는 정리와 수납 후 더러운 곳을 쓸고 닦는 것이다.

　주 1회 15분의 시간을 정해 정리 정돈을 해 나가면 어떨까? 정리 정돈은 생활 공간의 변화를 가져오고 이는 생활 전반이 잘 정돈된 질서 있는 삶으로 이어지게 한다. 제안한 내용들을 잘 살펴 실천함으로써 새로운 생활을 가꿔 나갈 수 있기를 기대한다.

01

다음은 (가)를 진행하기 위한 사전 회의이다. (가)에서 확인할 수 <u>없는</u> 것은?

학생 1: 면담에서 어떤 이야기를 할지 떠올려 보자. ㉮ 우선 방문한 목적과 함께 감사의 인사말을 전해야겠지?

학생 3: 그래, 좋아. ㉯ 나는 유인물을 어떻게 처리해야 하는지 모르겠더라. 좋은 방법이 있는지 여쭤보고 싶어.

학생 2: 제일 문제가 되는 게 학교에서는 사물함, 집에서는 책상 아닐까? ㉰ 나는 사물함과 책상 정리 정돈 방법에 관해 질문하고 싶어.

학생 1: ㉱ 우리는 '정리 정돈'이라는 말을 쓰는데 이 분야의 전문가들은 '정리', '수납'이라는 말을 많이 쓰는 것 같아. 이유가 있는지 여쭤봐야겠어.

학생 3: 그래. ㉲ 정리 정돈과 관련하여 학생들에게 당부하고 싶은 말씀은 없는지도 여쭤보자.

학생 2: 좋아. 지금까지 메모해 둔 내용을 문서로 정리해서 보내 줄게.

① ㉮   ② ㉯   ③ ㉰   ④ ㉱   ⑤ ㉲

02

(가)를 바탕으로 (나)를 설명한 내용으로 적절하지 <u>않은</u> 것은? [3점]

① (가)에서 정리 정돈의 대상이 될 만한 것을 학생들이 언급했는데, (나)의 1문단에서 이를 서두에 제시하여 글을 시작하고 있다.

② (가)에서 전문가는 정리 정돈의 단계를 구분하지 않은 사례를 언급했는데, (나)의 2문단에서 이를 제시하고 질문을 던져 관심을 유도하였다.

③ (가)에서 전문가는 정리의 방법 두 가지를 서로 다른 대상에 각각 적용하여 언급했는데, (나)의 3문단에서는 한데 묶어 책상 정리에 적용하였다.

④ (가)에서 전문가는 수납함 안 유인물의 하위 분류 방법을 언급했는데, (나)의 4문단에서는 예를 들어 구체적으로 설명하였다.

⑤ (가)에서 전문가는 정리 정돈을 위한 실천 방안을 당부하였는데, (나)의 5문단에서는 여기에 글쓴이가 제안하는 실천 방안을 추가하였다.

03

〈보기〉의 ㉠~㉢에 들어갈 말로 바르게 짝지어진 것은?

〈 보 기 〉

중세 국어에서 과거 시제는 선어말 어미 '-더-'를 사용하여, 미래 시제는 선어말 어미 '-리-'를 사용하여 표현하였다. 하지만 현재 시제는 품사에 따라 다르게 표현했는데, 동사는 선어말 어미 '-ᄂᆞ-'를 사용하였고 형용사와 '체언+이다'는 특정한 선어말 어미를 사용하지 않았다.

○ 내 (㉠)
[내가 가겠습니다.]

○ 사ᄅᆞ미 (㉡)
[사람의 스승이시다.]

○ 네 이제 ᄯᅩ (㉢)
[네가 이제 또 묻는다.]

	㉠	㉡	㉢
①	가리이다	스스이시다	묻ᄂᆞ다
②	가리이다	스스이시다	묻다
③	가리이다	스스이시ᄂᆞ다	묻ᄂᆞ다
④	가더이다	스스이시다	묻ᄂᆞ다
⑤	가더이다	스스이시ᄂᆞ다	묻다

DAY 08

04~09 다음 글을 읽고 물음에 답하시오.

(가)

　㉠'<u>완전경쟁시장</u>'은 많은 수의 수요자와 공급자 사이에 동질적인 상품이 거래되는 시장으로, 다른 기업의 시장 진입을 막는 진입장벽이 없어 누구나 들어와 경쟁할 수 있는 시장구조를 말한다. 이에 반해 ㉡'<u>독점시장</u>'은 비슷한 대체재가 없는 재화를 한 기업이 독점적으로 공급하는 극단적인 시장으로, 자원의 희소성이나 기술적 우월성 등으로 인해 진입장벽이 존재하는 시장구조를 말한다.

　완전경쟁시장에서는 경쟁자가 다수이기 때문에 개별 공급자와 수요자가 가격에 영향을 미치기 어렵다. 이때 기업은 '가격 수용자'로서 시장에서 결정된 가격을 그대로 받아들일 수밖에 없고, 시장가격으로 원하는 물량을 얼마든지 판매할 수 있다. 또한 제품을 한 단위 더 판매함으로써 추가로 얻게 되는 한계 수입은 일정하며, 가격과 거래량도 수요와 공급이 일치하는 지점에서 결정된다. 반면에 독점시장에서 기업은 '가격결정자'로서 시장가격을 조정할 힘을 가지며, 이를 통해 이윤을 극대화할 수 있다. 따라서 독점기업은 더 높은 가격을 받으면서 더 적은 제품을 생산할 수 있는 시장지배력을 가진다. 그렇다면, 독점기업은 이윤 극대화를 위한 가격과 생산량을 어떻게 결정할까?

[A]　시장의 유일한 공급자인 독점기업이 생산량을 줄이면 시장가격이 상승하고, 반대의 경우 시장가격이 하락한다. 가령 독점기업이 생산한 제품 한 단위를 100만 원에 판매할 경우, 생산량을 한 단위 더 늘려 두 단위를 판매한다면 가격을 이전보다 낮춰야 다 팔 수 있다. 이때의 가격을 90만 원이라 한다면 총수입은 180만 원이 되고, 제품을 한 단위 더 판매했을 때 추가로 얻는 한계수입은 80만 원이 된다. 즉, 독점기업이 생산량을 늘리면 종전 판매 가격도 함께 낮춰야 하기 때문에, 독점기업의 한계수입은 가격보다 항상 낮다. 이때 독점기업은 이윤 극대화를 위해 한계수입과 더불어 한계비용을 고려한다. 한계비용은 제품을 한 단위 더 생산할 때 추가로 드는 비용을 말한다. 만일 한계수입이 한계비용보다 높으면 생산량을 증가시키고, 반대의 경우 생산량을 감소시킴으로써 한계수입과 한계비용이 일치하는 지점에서 최적 생산량을 결정한다. 이후 독점기업은 이윤 극대화를 위해 수요자들의 최대 지불 용의를 고려하여 최적 생산량을 판매할 수 있는 최고가격을 찾아낸다. 즉, 해당 생산량에서 수요자가 최대로 지불할 수 있는 금액이 최종 시장가격으로 결정되는 것이다. 이처럼 독점시장에서 기업은 시장가격의 상승을 유발하여 수요자에게 부정적 영향을 끼치고, 시장의 비효율성을 유발할 수 있다.

(나)

　공정거래법이라고도 불리는 '독점규제 및 공정거래에 관한 법률'에서는 사업자의 독과점 자체를 금지하지는 않으나, 시장 지배적 지위 남용과 부당한 공동행위 등 경쟁 제한 행위로 인하여 일정한 폐해가 초래되는 경우에는 이를 규제하는 '폐해규제주의'를 ⓐ<u>취하고</u> 있다.

　시장 지배적 지위 남용은 거래 상대방으로부터 독점적 이익을 과도하게 얻어내는 '착취 남용'과 현실적·잠재적 경쟁사업자의 사업 활동을 방해하거나 배제하는 '방해 남용'으로 ⓑ<u>나눌</u> 수 있다. 먼저, 착취 남용은 정당한 이유 없이 상품 가격이나 용역 대가를 변경하거나, 출고량 조절로 시장가격의 상승이나 하락에 중대한 영향을 끼친 경우를 ⓒ<u>말한다</u>. 다음으로 방해 남용은 시장 지배적 사업자와 경쟁 관계에 있는 다른 사업자의 사업 활동을 부당하게 방해하거나, 신규 경쟁사업자의 시장 진입을 배제하여 경쟁 제한의 폐해를 초래하는 것이다. 대표적으로는 '약탈적 가격 설정'과 '배타조건부 거래'가 있다. 약탈적 가격 설정은 상품 또는 용역을 통상적인 가격에 비하여 부당하게 낮은 대가로 공급하거나 높은 대가로 구매하여 경쟁사업자를 배제하는 것이다. 그리고 배타조건부 거래는 다른 경쟁사업자와 거래하지 않는 조건으로 거래 상대방과 거래하는 행위를 말한다. 이 경우 시장 지배적 사업자의 일방적, 강제적 요구뿐만 아니라 거래 상대방과 합의하여 결정한 경우도 모두 포함된다.

　공정거래법에서는 사업자의 부당한 공동행위 또한 제한하고 있다. 흔히 '카르텔'이라고 ⓓ<u>불리는</u> 부당한 공동행위는 동일 업종의 복수 사업자가 경쟁의 제한을 목적으로 가격, 생산량, 거래조건, 입찰 내용 등을 합의하여 형성하는 독과점 형태를 말한다. 이때 합의는 명시적 합의뿐만 아니라 묵시적 합의 모두를 포함한다. 이러한 담합*은 사업자 간에 은밀하게 ⓔ<u>이루어지는</u> 경향이 많아 위법성을 입증하기가 어렵다. 따라서 입증 부담을 경감하고 규제의 실효성을 높이기 위해 둘 이상의 사업자 간에 경쟁 제한적인 합의만 있다면, 비록 그것이 실행되지 않았다 하더라도 부당한 공동행위가 성립한 것으로 본다.

　공정거래법을 위반하면 공정거래위원회는 해당 사업자에게 시정 조치를 명하거나, 금전적 제재 수단으로 과징금을 부과할 수 있다. 이를 통해 과도한 경제력의 집중을 방지하고, 국민 경제의 균형 있는 발전을 도모하고 있다.

＊ 담합: 서로 의논해서 합의함.

04

(가)와 (나)에 대한 설명으로 가장 적절한 것은?

① (가)는 시장구조를 바라보는 다양한 관점을 제시하고 있고, (나)는 공정거래법에 대한 상반된 관점을 제시하고 있다.

② (가)는 시장에서 독점이 필요한 이유를 밝히고 있고, (나)는 부당한 독점 행위를 해결하기 위한 사례를 서술하고 있다.

③ (가)는 균등한 소득 분배를 위한 경제학적 대책을 제안하고 있고, (나)는 경쟁을 제한하기 위한 대책을 제시하고 있다.

④ (가)는 독점기업의 이윤 추구 방법을 설명하고 있고, (나)는 공정한 거래를 저해하는 행위들을 유형별로 제시하고 있다.

⑤ (가)는 독점이 시장에 끼치는 부정적 영향을 언급하고 있고, (나)는 독점 행위를 규제하는 제도의 문제점을 서술하고 있다.

05

㉠, ㉡에 대한 이해로 적절하지 <u>않은</u> 것은?

① ㉠에서 개별 기업은 가격수용자로서 시장에서 결정된 가격에 따라 제품을 판매한다.
② ㉡에서 기업이 제품의 생산량을 늘려 나가는 과정에서 얻게 되는 한계수입은 가격보다 낮아진다.
③ ㉡에서 독점기업은 시장의 유일한 공급자로서 독점기업이 판매량을 늘리려면 가격을 낮춰야 한다.
④ ㉠에는 진입장벽이 존재하지 않으므로, ㉡에 비해 개별 기업들의 시장 진입이 자유롭다.
⑤ ㉠에는 많은 수의 공급자와 수요자가 존재하므로, ㉡보다 기업이 시장을 지배하는 힘이 크다.

06 `1등급 대비 고난도 3점 문제`

[A]를 바탕으로 〈보기〉를 이해한 내용으로 적절하지 <u>않은</u> 것은? [3점]

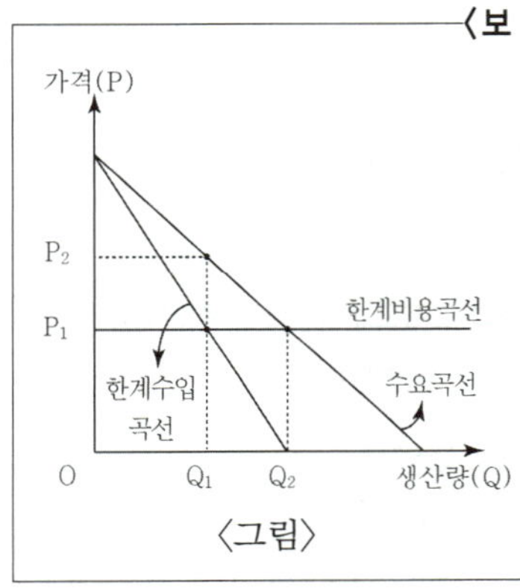

—〈보 기〉—

〈그림〉은 가상의 독점 기업 '갑'이 생산하는 제품의 가격과 생산량을 그래프로 나타낸 것이다. 한계수입곡선과 한계비용곡선은 수량 한 단위의 변화에 따른 총수입과 총비용의 변화를 보여 주고, 수요곡선은 제품에 대한 수요자의 최대 지불 용의를 나타낸다.

① '갑'은 이윤을 최대로 높이기 위한 최적 생산량 수준을, 한계수입곡선과 한계비용곡선이 교차하는 Q_1 지점으로 결정할 것이다.
② '갑'이 생산량을 Q_1에서 Q_2로 늘리면서 제품의 가격을 P_2에서 P_1으로 낮춰 공급하더라도, 독점으로 얻고 있던 이윤은 유지될 것이다.
③ '갑'의 생산량이 Q_1보다 적으면 한계수입이 한계비용보다 높으므로, 이윤을 높이려면 생산량을 Q_1 수준까지 증가시켜야 할 것이다.
④ '갑'의 생산량이 Q_1이고 공급할 제품의 가격이 P_2라면, 해당 기업이 제품을 판매할 때 얻게 되는 단위당 이윤은 P_2-P_1이 될 것이다.
⑤ '갑'은 이윤 극대화를 위해 수요자의 최대 지불 용의 수준을 고려하여 공급할 제품의 최종 시장가격을 P_1이 아닌 P_2로 결정할 것이다.

07

(가)와 (나)를 참고할 때, Ⓐ~Ⓒ에 들어갈 말을 바르게 짝지은 것은?

> 독점기업이 제품의 가격을 한계비용보다 (Ⓐ) 설정하면, 한계비용보다 지불 용의가 낮은 수요자들의 (Ⓑ)가 일어나 결과적으로 상호 이득이 될 수 있었던 거래의 기회가 줄어들게 된다. 이에 공정거래법에서는 시장 진입 제한을 막고, 기업 간 경쟁을 (Ⓒ)하여 독점으로 인한 경제적 손실을 해소하고자 한다.

	Ⓐ	Ⓑ	Ⓒ
①	높게	소비 감소	촉진
②	높게	소비 감소	억제
③	높게	소비 증가	억제
④	낮게	소비 감소	억제
⑤	낮게	소비 증가	촉진

08

(나)를 바탕으로 〈보기〉를 이해한 내용으로 적절하지 <u>않은</u> 것은?

—〈보 기〉—

[사례 1] 반도체 판매 1위인 A사는 국내 PC 제조업체들에게 경쟁업체 B사의 반도체를 구매하지 않겠다는 약속의 대가로, 상호 합의를 거쳐 반도체 대금으로 받은 금액 일부를 되돌려주었다. 이에 대해 공정거래위원회는 A사에 과징금을 부과하였다.

[사례 2] 국내 건설업체 C사는 신축 공사 입찰에서 평소 친분이 있는 건설업체 D사가 낙찰받을 수 있도록 입찰 가격을 묵시적으로 합의하고, D사의 입찰 예정 금액보다 높은 금액을 입찰 가격으로 제시하였다. 그 결과 D사가 최종 사업체로 선정되었지만, 공정거래위원회는 시정 조치를 명하였다.

① [사례 1]에서 공정거래위원회는 A사가 시장 지배적 지위 남용을 통해 경쟁사업자인 B사의 사업 활동을 부당하게 배제하였다고 보았겠군.
② [사례 1]에서 공정거래위원회는 A사와 국내 PC 제조업체들의 상호 합의에 의해 방해 남용인 배타조건부 거래가 발생했다고 판단했겠군.
③ [사례 2]에서 C사와 D사의 합의가 명시적인 형태가 아니라 묵시적인 형태로 이루어졌다고 할지라도, 경쟁 제한 행위의 위법성은 인정될 수 있겠군.
④ [사례 2]에서 C사가 만약 D사와의 입찰 담합을 약속하고도 실제 입찰 과정에서 이를 실행하지 않았다면, 부당한 공동행위는 없었던 것이 되겠군.
⑤ 사업자의 독과점 추구 자체는 금지되어 있지 않지만, [사례 1]과 [사례 2]에서 확인되는 A사와 C사의 행위는 경쟁 제한의 폐해를 초래했기 때문에 규제 대상이 되었겠군.

09

문맥상 ⓐ~ⓔ의 단어와 가장 가까운 의미로 쓰인 것은?

① ⓐ: 그 문제에 대해 강경한 태도를 취했다.
② ⓑ: 나는 그녀와 슬픔을 나누는 친근한 사이이다.
③ ⓒ: 그를 나쁘게 말하는 사람은 별로 없다.
④ ⓓ: 반 아이들의 이름이 하나하나 불렸다.
⑤ ⓔ: 교향악단은 최정상급의 연주자들로 이루어졌다.

10~12 다음 글을 읽고 물음에 답하시오.

"아파트에 이사 오더니 대접이 달라지네. 웬 밤참이야. 근데 이것 자몽 아냐?"

"글쎄, 오늘 은행에 갔다가 잡지를 봤더니 티타임에 곁들이는 간식이 **화보**로 나와 있더라구요. 하마터면 창피당할 뻔했지 뭐예요. 티타임이면 난 그냥 차만 마시는 줄 알았거든요. 그래서 좀 사왔는데 우리 식구들도 좀 맛을 봐야겠기에……."

"그런데 왜 하필 자몽이야?"

"귤이나 사과는 흔해서 잘 안 쓰나 봐요. 화보에 없더라구요. 말로만 듣던 키위가 가게에 가득 쌓여 있었지만 생긴 모양이 고약해서 썩 손이 안 가지더라구요. 바나나는 낱개로는 안 파는지 몸통이 그대로 있잖아요. 그러니 얼마나 비싸겠어요. 딸기도 포도도 있었지만 그것도 너무 비싸서 들었다가 슬쩍 놓았어요. 그래도 자몽이 값이 만만하고 또 먹음직스러워 보여서요."

"한동안 농약이 검출되었다고 텔레비전에서 왕왕거렸는데 당신은 듣지도 보지도 못했단 말야?"

"그래도 **이쪽 동네에서 산 걸요.**"

"내 참, **저쪽 동네**에서 사면 농약이 있고 이쪽 동네에서 사면 농약이 없는 거야?"

아내의 얼굴이 확 붉어졌다. 그래도 두 아이는 순식간에 접시를 비웠다.

밤참이 제공되기 시작한 것은 바로 그날부터였다. 다음날이라도 티타임이 이루어졌다면 부질없는 밤참 습관은 생기지 않았을 것이다. 티타임이 쉽사리 이루어지지 않았으므로 아내는 밤마다 조금씩 식구들에게 티타임에 멋지게 곁들였을 간식을 제공했다. 밤참은 같은 내용이 사나흘쯤 나오다가 바뀌었다. 영 먹을 것 같아 보이지 않는 키위도 나왔고, 맛대가리 없이 크기만 한 멜론, 입 안에 넣으면 슬슬 녹는 질 좋은 카스텔라, 부드럽게 씹히는 전병…… 두 아이가 손도 대지 않은 화과자는 하루에 두 개씩 내가 먹어 치웠고, 슈크림은 들척지근해서 나 대신 아이들이 반겼다. 습관처럼 고약한 것이 있을까. 처음엔 그렇지 않았는데 점점 밤참 시간을 기다리게 된 것이다. 아내에게 내

색은 하지 않았지만 그 시간이 되면 은근히 오늘은 무엇을 내줄 것인지 궁금해 하기도 했다. 두 아이는 아내와 체면을 차릴 사이가 아니어서 그런지 드러내 놓고 밤참을 독촉했다.

"이젠 망년회를 가느라고 다들 좀 바쁜가 봐요. 이 동네 사람들은 아마 호텔 같은 데에서 망년회를 하나 봐요. 상가에서 엿들은 건데 여자들 입에서 서울 시내 호텔 이름은 거의 다 나오는 것 같았어요."

그런데도 아내는 티타임을 포기하지 않고 날마다 밤참 시간을 식구들에게 베풀었다. 그런데 어느 날, 아내가 밤참을 제공하며 폭탄선언을 했다. 당분간 밤참은 없을 거예요. 그렇게 말하는 아내의 표정이 보기 드물게 밝았다. 오늘 내가 머리를 좀 굴렸거든요. 글쎄, 무작정 티타임을 기다리다가는 가계부가 엉망이 되겠더라구요. 허긴 그동안 무리를 했어요. 이쪽으로 이사 오니까 생각보다 훨씬 생활비가 많이 들어가는데다가 엉뚱한 지출을 했으니 당연하지요. 그래서 아까 아침나절에 **13호 여자**가 나가는 소리를 토끼 귀를 해 가지고 기다리다가 쓰레기를 버리는 척하면서 마주치러 나갔지요. 아유, 내 꾀가 맞아떨어졌어요. 우연히 마주친 척 깜짝 놀라면서 반가워했더니 그 여자가 냉큼 티타임을 꺼내더라구요. 그래서 나도 **망년회가 밀려 있어** 도무지 시간을 낼 것 같지 않아 걱정하던 참이라고 내숭을 떨었지요. 망년회도 안 나간다면 시시하게 볼 것 아녜요. 어쨌든 당분간 맘 편히 쉴 수 있겠어요. 적어도 올해는 말예요…… 당분간 밤참이 제공되지 않을 것이라는 사실에 서운하기는 했지만 왠지 나도 아내처럼 개운해지는 기분이 들었다.

[중간 부분의 내용] 얼마 후 '나'는 티타임을 갖자고 술에 취해 복도에서 난동을 부리고, 며칠 뒤 아내는 급작스레 티타임을 갖게 된다.

"어쨌든 기어이 티타임을 갖기는 했군."

아내가 다분히 자조적인 웃음을 내비쳤다. 그리고 말했다. 아뇨, 라고. 그렇다면 우르르 몰려와 아내를 막다른 골목에 몰아붙이고 물 한 모금도 안 마시고 다시 우르르 되돌아갔다는 말인가. 아내가 기운 없는 목소리로 말했다.

"그날 밤 일은 아무도 꺼내지 않았어요. 하지만 그날 밤 일을 모르진 않을 거라구요. 앞 동에서도 인터폰을 두드렸다는데 바로 옆에서 모를 리가 없죠. 모두 시치미를 떼고 있는 게 분명했다구요. 아무튼 들어들 오더니 집 구경 좀 하자면서 한바탕 집 안 구석구석을 돌아보더라구요. 하지만 그다지 볼 게 없는지 금방 시들해져서 저기 거실에서 서 있었거든요. 근데 누가 커튼 색깔이 괜찮다고 말했어요. 어찌나 반갑던지 나도 모르게 식탁보도 같은 걸로 했다고 자랑했지요. 그래서 모두 식탁보를 구경하려고 이쪽으로 왔는데…… 맙소사, 우리 애들이 여기 식탁에서 점심으로 떡을 먹고 있더라구요. 미처 애들을 방으로 밀어 넣지 못했던 거죠. 애들이 그때 피자 같은 걸 먹고 있었다면 얼마나 좋았겠어요. 당신은 아마 그때 기분을 이해하지 못할 거예요."

그러나 나는 아내의 그 기분을 충분히 이해할 수 있었다. 억울하고 부끄럽고 쓸쓸하고 참담했을 그 기분을……

"그런데 어떻게 된 줄 아세요? 글쎄, 13호 여자가 떡 접시를 보더니 환호성을 지르는 거예요. 나한테 먹어도 되느냐고 묻

지도 않고 덥석 떡을 집더라니깐요. 그것도 손으로 말예요. 그러면서 하는 말이 떡은 이렇게 손으로 먹어야 제맛이 난다나요. 그리고 티타임은 그만두고 떡 잔치나 하자고 하질 않겠어요. 그래서 정신없이 냉동실 안에서 떡을 꺼내 찜통에 쪄 냈죠. 동치미를 몇 그릇이나 해치웠게요. 얼마나 신이 나던지……."

그렇다면 아내는 신나게 종잘거려야 한다. 그러나 이상하게도 아내는 너무나 쓸쓸하고 우울한 표정을 짓고 있었고, 목소리도 힘없이 늘어져 있었다. 한바탕 맛있게 떡을 먹고 나서야 본색을 드러냈다는 것인가. 잠자코 떡 접시를 만지작거리기만 하던 아내가 갑자기 나를 빤히 쳐다보더니 말했다.

"여보, 그런데 나는 왜 이쪽 사람들도 **손으로 떡을 집어 먹**을 수 있다는 생각을 못 했지요?"

아내의 표정이 너무 슬펐기 때문일까. 공연히 콧잔등이 근질근질거리면서 눈시울이 뜨거워졌다.

– 이선, 「티타임을 위하여」 –

10

고2 · 2021년 3월 43번

윗글에 대한 설명으로 가장 적절한 것은?

① 중심인물로부터 전해 들은 사건의 전말이 제시되고 있다.
② 특정 인물의 성격과 관련된 외양의 특징이 묘사되고 있다.
③ 과거와 현재가 반복적으로 교차되며 사건이 전개되고 있다.
④ 인물 간 대립된 행동이 갖는 의미가 상세히 설명되고 있다.
⑤ 새로운 인물의 등장으로 조성된 갈등 상황이 부각되고 있다.

11

고2 · 2021년 3월 44번

〈보기〉의 ㉠~㉤에 일어난 사건에 대해 '나'가 했을 법한 생각으로 적절하지 않은 것은?

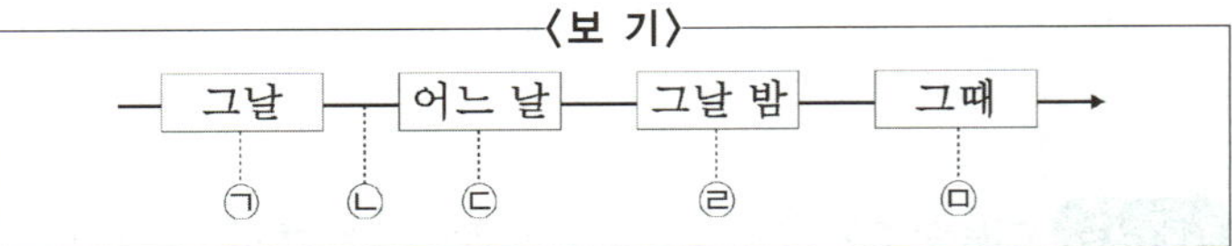

① ㉠: '농약 문제로 시끄러웠는데 왜 굳이 자몽을 사 왔는지 이해가 안 되는군.'
② ㉡: '오늘도 어김없이 밤참이 제공된 것을 보니 티타임을 갖지 못한 것이겠군.'
③ ㉢: '밤참이 제공되지 않아 서운했지만, 아내의 무거운 마음을 생각하니 안타까웠어.'

④ ㉣: '나의 실수 때문에, 이웃들을 만났을 때 아내가 난감한 상황에 처할 수도 있겠어.'
⑤ ㉤: '아이들이 먹는 게 피자 같은 음식이 아니어서 부끄러웠을 아내의 마음이 느껴져.'

12 1등급 대비 고난도 3점 문제

고2 · 2021년 3월 45번

〈보기〉를 바탕으로 윗글을 감상한 내용으로 적절하지 않은 것은? [3점]

〈보 기〉

르네 지라르는 주체가 매개자를 모방함으로써 '간접화된 욕망'이 발생한다고 보았다. 「티타임을 위하여」의 '아내' 역시 아파트 주민들을 매개로 중산층의 삶으로 편입되고자 하는 간접화된 욕망을 지닌다. 아내는 공간을 이분법적으로 구분하고 아파트 주민들을 닮고 싶어 하면서도 그들에게 경쟁 심리를 느끼기도 한다. 그러나 결국 아내의 간접화된 욕망의 대상이 허상임이 밝혀진다.

① '화보'는 아내로 하여금 매개자의 삶에 대한 모방 심리를 자각하게 하여 티타임을 갖겠다고 결심하게 하는 소재이겠군.
② '이쪽 동네에서 산 걸요'라는 말에서 '이쪽 동네'와 '저쪽 동네'를 구분 짓는 이분법적 사고를 엿볼 수 있겠군.
③ 아내가 '13호 여자'의 동태를 살피는 것은 중산층으로의 편입 기회인 티타임을 언제할지 몰라 답답했기 때문이겠군.
④ 아내가 '망년회가 밀려 있'다고 거짓말을 한 것은 욕망의 매개자인 아파트 주민들에 대한 경쟁 심리 때문이겠군.
⑤ '13호 여자'가 '손으로 떡을 집어 먹'은 것은 아내의 간접화된 욕망의 대상이 허상이었음을 보여 주는 것이겠군.

학습 Check!

▶ 몰라서 틀린 문항 × 표기 ▶ 헷갈렸거나 찍은 문항 △ 표기 ▶ ×, △ 문항은 다시 풀고 ✔ 표기를 하세요.

종료 시각	시 분 초	문항 번호	01	02	03	04	05	06	07	08	09	10	11	12
소요 시간	분 초	채점 결과												
초과 시간	분 초	틀린 문항 복습												

DAY 09

수능기출
전국연합학력평가 **20분 미니 모의고사**

● 날짜 :　　월　　일　● 시작 시각 :　　시　　분　　초　● 목표 시간 : 20분　　　　　　　　※ 점수 표기가 없는 문항은 모두 **2점**입니다.

01 다음은 수업 중 학생의 발표이다. 물음에 답하시오.

　안녕하세요? 발표를 맡은 ○○○입니다. 지난 수업 시간에 우리는 도로에서 볼 수 있는 안전 설계에 대해 배웠는데요, 이와 관련한 유익한 내용이 있어 소개하려 합니다.

　여러분, 달리는 차 안에서 특정 구간을 지날 때 드르륵하는 소리가 들리며 차가 진동하는 것을 느껴 본 적 있나요? (대답을 듣고) 많은 분들이 경험했군요. 여러분이 느낀 진동은 도로에 시공된 홈 때문일 수 있습니다. (㉠ 자료 제시) 왼쪽은 진행 방향과 일치하는 세로 홈을, 오른쪽은 진행 방향에 수직인 가로 홈을 진하게 표시한 그림입니다. 세로 홈은 도로에 살얼음이 생기는 일을 줄이고, 가로 홈은 제동 거리를 줄여 주죠.

　특히 가로 홈을 활용하면 도로에서 멜로디가 들리게 할 수 있는데요, 잠시 영상을 보겠습니다. (영상 제시) 차가 특정 도로 구간을 지날 때 동요 멜로디가 들리는 것이 신기하죠? (㉡ 자료 제시) 화면에 보이는 것처럼 홈의 너비와, 홈 사이의 도로면 너비를 합한 값에 따라 음 높이가 정해집니다. 홈 너비는 일정하니까 결국 홈 사이 도로면의 너비에 따라 음 높이가 달라지는 셈이죠. 이 자료에는 없지만 음 길이도 달라지게 홈을 시공하면 차가 달릴 때 멜로디가 들리게 됩니다. 이 멜로디는 운전자의 주의를 환기하여 졸음운전을 예방합니다. 실제로 졸음운전으로 인한 교통사고 발생 건수가 월 평균 2.6건이었던 구간에 멜로디가 들리게 가로 홈을 시공하자 해당 도로 구간에서의 교통사고가 3개월간 0건이었다고 합니다.

　도로에서의 또 다른 안전 설계는 터널에서도 확인할 수 있습니다. (㉢ 자료 제시) 조명등이 설치된 간격이 달라서 낮에 터널 입구 쪽과 출구 쪽이 중간 구간보다 밝은데요, 이는 우리 눈이 터널 입구에서는 어둠에, 출구에서는 밝음에 서서히 익숙해지도록 하는 것이지요.

　이 외에 곡선 도로에서 차가 이탈하는 것을 막기 위해 도로 바깥쪽이 높아지게 경사를 주고, 밤에도 차선이 잘 보이게 미세한 유리 알갱이를 차선에 바르기도 합니다. 발표 내용 잘 이해되었나요? 그동안 무심코 지나쳤던 도로에서 안전을 위한 장치들을 찾아보길 바라며 발표를 마치겠습니다.

01

다음은 발표자가 제시한 자료이다. 발표자의 자료 활용에 대한 설명으로 가장 적절한 것은?

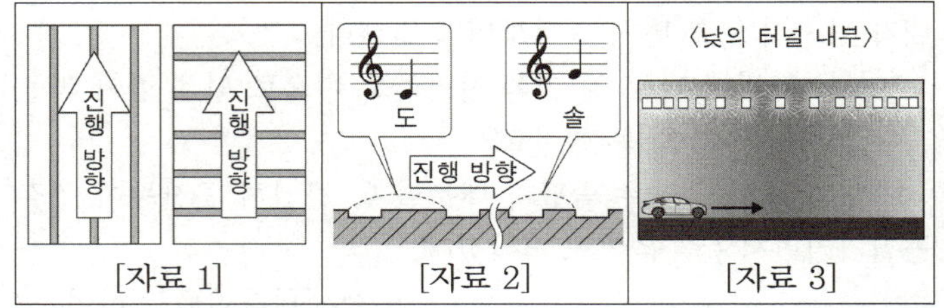

① [자료 1]은 홈 사이의 도로면 너비를 달리해서 멜로디를 만든다는 내용을 설명하기 위해 ㉠에서 활용하였다.

② [자료 1]은 살얼음 발생 감소에 효과적인 홈과 제동 거리 단축에 효과적인 홈을 설명하기 위해 ㉢에서 활용하였다.

③ [자료 2]는 특정 구간을 지날 때 느끼는 차의 진동이 홈 때문일 수 있다는 내용을 설명하기 위해 ㉡에서 활용하였다.

④ [자료 3]은 낮에 터널의 중간 구간이 입구 쪽과 출구 쪽보다 어둡다는 내용을 설명하기 위해 ㉠에서 활용하였다.

⑤ [자료 3]은 달라지는 밝기에 눈이 서서히 적응하도록 조명등의 설치 간격을 달리한다는 내용을 설명하기 위해 ㉢에서 활용하였다.

02~03 다음은 학교 신문에 싣기 위해 학생이 작성한 초고이다. 물음에 답하시오.

　당류의 과다 섭취가 건강 문제를 유발할 수 있다는 점이 알려지면서 대표적 당류인 설탕 대신 사용할 수 있는 다양한 식품이 소개되고 있다. 그중 올리고당은 일상에서 접할 수 있는 대표적인 설탕 대체 식품으로 많은 관심을 받고 있다.

　올리고당은 설탕보다 열량이 낮고, 설탕을 섭취할 때보다 혈당을 천천히 올려 '건강한 단맛'으로 불린다. 올리고당과 설탕은 모두 탄수화물인데, 올리고당은 설탕과 달리 위에서 분해되지 않고 상대적으로 탄수화물 분자 구조가 복잡하여 설탕보다 소화와 흡수가 느리다. 탄수화물 분자 1~2개로 구성된 과당, 포도당, 설탕 등은 흡수 속도가 빨라 당류로 분류되지만, 올리고당은 당류에 포함되지 않는다.

올리고당의 종류는 여러 가지이지만, 우리가 주변에서 쉽게 제품으로 접할 수 있는 올리고당은 정제하지 않은 설탕인 원당을 가공하여 만든 프락토올리고당과, 곡물의 전분을 가공하여 만든 이소말토올리고당이 있다. 프락토올리고당은 이소말토올리고당보다 열량이 낮고 식이섬유 함량이 높지만 열에 약하기 때문에 샐러드 등 차가운 요리를 만들 때 적합하며, 이소말토올리고당은 상대적으로 열량은 다소 높고 식이 섬유 함량이 낮지만 열에 강하기 때문에 조림이나 볶음과 같은 가열 요리에 적합하다. 이러한 특성을 고려하여 올리고당 제품 구입 시에는 용도에 맞는 제품인지 확인해야 한다.

올리고당 제품에 올리고당 외에도 과당, 포도당, 설탕 등 당류가 포함되어 있다는 사실은 잘 알려져 있지 않다. 올리고당의 함량이 낮은 제품을 선택하면 설탕을 비싸게 사는 꼴이 될 수 있다. 또한 올리고당은 설탕보다 단맛의 정도가 덜하기 때문에 기존의 단맛을 기대하면 많은 양의 올리고당을 사용하게 되므로 주의할 필요가 있다.

[A] ⎡ 올리고당은 잘 사용하면 설탕의 섭취를 줄일 수 있는 유사한 식품이다. 올리고당 외에도 자일리톨, 알룰로스 등 설탕을 대체할 수 있는 다양한 감미료가 각광을 받고 있다. ⎦

02

다음은 초고를 작성하기 전에 학생이 떠올린 생각이다. ㉠~㉤ 중, 학생의 초고에 반영되지 <u>않은</u> 것은?

> ○ 올리고당이 주목받는 배경을 소개하며 글을 시작해야겠어. ························· ㉠
>
> ○ 올리고당을 설탕과 비교하며 올리고당이 가지는 장점을 제시해야겠어 ····················· ㉡
>
> ○ 탄수화물 분자 구조를 언급하며 올리고당의 특성을 설명해야겠어. ························· ㉢
>
> ○ 프락토올리고당과 이소말토올리고당이 지닌 문제점을 언급하며 그 원인을 분석해야겠어. ············· ㉣
>
> ○ 잘 알려져 있지 않은 사실을 언급하며 올리고당 제품 선택 시 도움이 될 수 있는 정보를 제공해야겠어. ·············· ㉤

① ㉠ ② ㉡ ③ ㉢ ④ ㉣ ⑤ ㉤

03

〈보기〉는 [A]를 고쳐 쓴 것이다. 그 과정에서 반영된 교사의 조언으로 가장 적절한 것은?

> ─────〈보 기〉─────
>
> 올리고당은 잘 사용하면 설탕의 섭취를 줄일 수 있는 유용한 식품이다. 올리고당 제품을 고를 때에는 용도를 고려하고 함량을 확인하여 선택하고, 요리에 활용할 때에는 적정량을 사용하여 건강하게 섭취할 수 있도록 하자.

① 중의적인 표현을 수정하고, 올리고당을 활용할 수 있는 추가적인 사례를 언급하는 게 어때?

② 중의적인 표현을 수정하고, 올리고당과 설탕을 용도에 맞게 선택하는 방법을 부각하는 게 어때?

③ 단어 선택이 잘못된 부분을 수정하고, 올리고당을 선택하고 사용할 때의 유의점을 강조하는 게 어때?

④ 단어 선택이 잘못된 부분을 수정하고, 올리고당 과잉 섭취가 유발할 수 있는 위험성을 환기하는 게 어때?

⑤ 단어 선택이 잘못된 부분을 수정하고, 올리고당과 유사한 기능을 하는 또 다른 식품을 소개하는 게 어때?

04

〈보기 1〉의 ㉠에 해당하는 것만을 〈보기 2〉에서 있는 대로 고른 것은?

> ─────〈보 기 1〉─────
>
> 합성어는 명사와 명사의 결합, 용언의 관형사형과 명사의 결합, 부사와 용언의 결합처럼 어근과 어근의 연결이 우리말의 어순이나 단어 배열법과 일치하는 ㉠ 통사적 합성어와 용언의 어간과 명사의 결합, 용언의 어간에 용언의 어간이 직접 결합한 것처럼 우리말의 어순이나 단어 배열법과 일치하지 않는 비통사적 합성어로 나눌 수 있다.

> ─────〈보 기 2〉─────
>
> 덮밥, 돌다리, 하얀색, 높푸르다, 잘생기다

① 돌다리, 높푸르다

② 덮밥, 돌다리, 하얀색

③ 덮밥, 하얀색, 높푸르다

④ 돌다리, 하얀색, 잘생기다

⑤ 돌다리, 하얀색, 높푸르다, 잘생기다

05~09 다음 글을 읽고 물음에 답하시오.

시장은 수요와 공급이 일치하지 않는 불균형이 발생할 경우 가격 변화에 의해 균형을 회복한다. 예를 들어, 시장에서 초과 공급이 발생하면 가격 하락으로 수요량이 늘고 공급량이 줄면서 균형이 회복된다. 이러한 시장의 가격 조정 기능과 관련하여 거시 경제학에서는 시간대를 단기와 장기로 구분한다. 단기는 가격 조정이 원활히 이루어지지 않아 시장 불균형이 지속되는 시간 대이며, 장기는 신축적 가격 조정에 의해 시장 균형이 달성되는 시간대이다. 그런데 단기의 지속 시간, 즉 시장 불균형이 발생한 이후 다시 균형을 회복하는 데 걸리는 시간에 대해 서로 다른 입장들이 존재해 왔다.

1930년대 이전까지 경제학의 주류를 이루었던 ㉠ 고전학파는, 시장은 가격의 신축적인 조정에 의해 항상 ⓐ 균형을 달성한다고 보았다. 이른바 '보이지 않는 손'에 의한 시장의 자기 조정 능력을 신뢰하는 입장으로, 이에 따르면 단기는 존재하지 않는다. 즉 불균형이 발생할 경우 즉시 가격이 변화하여 시장은 균형을 회복한다는 것이다. 따라서 고전학파는 호황이나 불황이 나타나는 경기 변동 현상은 발생하지 않는다고 보았다.

하지만 케인즈는 고전학파의 주장과 달리 장기에는 가격이 신축적이지만 단기에는 ⓑ 경직적이라고 생각했다. 그는 오랜 경기 침체와 대규모의 실업이 발생했던 1930년대 대공황의 원인이 이러한 시장의 가격 경직성에 있다고 주장했다. 가격 경직성이 심할수록 소비나 투자 등 총수요*가 변동할 때 극심한 경기 변동 현상이 유발된다고 보았기 때문이다. 또한 노동 시장에서의 가격인 임금이 경직적인 경우 기업의 노동 수요 감소가 임금 하락으로 상쇄되는 대신 대규모 실업을 불러일으킨다고 주장했다.

이러한 케인즈의 주장은 ㉡ 케인즈학파에 의해 발전된다. 케인즈학파는 경기 변동을 시장 균형으로부터의 이탈과 회복, 즉 불균형 상태와 균형 상태가 반복되는 현상으로 보고, 총수요 변동이 유발한 불균형 상태가 가격 경직성으로 말미암아 오래 지속될 수 있다고 보았다. 따라서 이들은 정부가 재정 정책이나 통화 정책 등 경기 안정화 정책을 통해 경제의 총수요를 ⓒ 관리함으로써 경기 변동을 조절해야 한다고 주장했다. 가격 경직성의 존재에도 불구하고 정부의 '보이는 손'을 통해 시장의 균형이 회복될 수 있다고 본 것이다. 특히 1950년대 이후 컴퓨터의 발달과 통계학의 발전으로 거시 계량 모형이 개발되어 경기 예측과 정책 효과 분석에 이용됨에 따라 케인즈학파는 정책을 통해 ⓓ 경기 변동을 제거할 수 있을 것으로 기대했다.

그러나 케인즈학파는 이후 여러 비판에 직면했다. 특히 1970년대, ㉢ 새고전학파는 케인즈학파의 거시 계량 모형에 오류가 있음을 지적했다. 케인즈학파의 거시 계량 모형은 소비와 소득, 금리와 통화량 등 거시 경제 변수들 간의 상관관계를 가정한 방정식으로 구성되었는데, 이러한 방정식의 계수는 과거의 자료를 통해 통계적인 방법으로 추정되었다. 하지만 새로운 정보가 전해지면 경제 주체들은 기존에 보유하고 있던 정보에 추가된 정보를 반영하여 합리적으로 ⓔ 기대를 형성하고 이에 따라 반응을 바꾸므로, 방정식의 계수 혹은 방정식 자체가 바뀌어야 한다. 새고전학파는 케인즈학파가 거시 경제 변수 간의 관계를 임의로

가정하고 과거 자료만으로 이 관계를 추정하려 했다는 점을 비판하면서, 경제 주체의 합리적 선택에 대한 미시적 분석을 바탕으로 거시 경제 현상을 분석해야 한다고 주장했다. 이에 따라 이들은 시장 불균형이 발생한 경우 가격이 조정되는 속도는 매우 빠르다는 고전학파의 전제를 유지하면서, 경기 변동을 균형 자체가 변화하는 현상으로 분석했다. 그리고 총수요 변동이 아닌 기술 변화가 지속적인 경기 변동을 유발한다고 주장했다.

이에 대응해 케인즈학파는 경제 주체의 합리적 선택을 미시적으로 분석하는 새고전학파의 방법론을 받아들여 새케인즈학파로 발전하였다. 하지만 새케인즈학파는 경제 주체들이 합리적 선택을 한 결과로 가격 경직성이 나타난다고 설명함으로써, 경제 주체들이 합리적으로 기대를 형성하더라도 가격 경직성으로 인해 경기 변동이 발생할 수 있다고 주장했다. 그리고 이러한 가격 경직성의 근거로 '메뉴 비용 이론'과 '효율 임금 이론'을 제시했다. 메뉴 비용이란 기업이 가격을 변화시킬 때 발생하는 유·무형의 비용을 지칭한다. 메뉴 비용 이론에 따르면 기업은 제품 가격을 변화시킴으로써 얻을 수 있는 이득과 메뉴 비용을 [A] 비교하여 가격을 변화시키며, 이에 따라 제품 시장의 가격 경직성이 발생할 수 있다. 또한 효율 임금은 노동자의 생산성을 유도하는 임금을 말하는데, 효율 임금 이론은 노동자의 생산성이 임금을 결정한다는 전통적인 임금 이론과 달리 임금이 높을수록 노동자의 생산성이 높아진다고 주장했다. 기업이 노동자에게 높은 임금을 지급함으로써 노동자의 이직과 태만을 방지할 수 있기 때문이라는 것이다. 이와 같이 새케인즈학파는 케인즈학파가 임의로 가정하였던 가격 경직성의 근거를 입증하는 데 주력하면서, 총수요 관리 정책은 여전히 효과를 갖는다고 주장하였다.

---

* 총수요: 한 나라의 모든 경제 주체들이 소비 또는 투자의 목적 등으로 사려고 하는 제품과 서비스의 총합.

---

05   1등급 대비 고난도 2점 문제   고2·2020년 3월 38번

윗글의 내용과 일치하는 것은?

① 고전학파와 새고전학파는 경기 변동의 존재 여부에 대해 서로 다른 입장을 보였다.

② 새고전학파는 시장에 나타난 가격 경직성을 미시적 분석을 통해 해소할 수 있다고 보았다.

③ 케인즈는 노동 시장에 나타나는 임금 경직성이 극심한 고용량의 변화를 방지한다고 보았다.

④ 케인즈는 단기에는 가격이 신축적으로 변화해도 수요와 공급의 불일치를 해소할 수 없다고 보았다.

⑤ 새케인즈학파는 메뉴 비용의 존재로 인해 제품 시장에서 가격이 조정되는 속도가 빠르다고 보았다.

06   1등급 대비 고난도 2점 문제   고2・2020년 3월 39번

〈보기〉의 '모형'에 대한 ㉠, ㉡의 해석을 추론한 내용으로 적절하지 <u>않은</u> 것은?

〈 보 기 〉

〈그림〉은 총수요 변동에 따른 국민 총소득 변화를 나타낸 모형이다. Y^*는 장기 균형 국민 총소득 수준을, AD 곡선은 총수요를 나타낸다. 총수요가 증가하면 AD 곡선이 우측으로, 감소하면 좌측으로 평행 이동한다고 가정한다.

예를 들어, 총수요가 AD_0이고 물가가 P_0, 국민 총소득이 Y^*인 상태에서 총수요가 AD_2로 증가한 경우, 총수요 증가에 따라 물가가 P_2까지 상승하면 국민 총소득은 Y^*로 동일하지만, 물가가 P_0에 고정돼 있으면 국민 총소득은 Y_2로 증가한다. 이때 국민 총소득이 Y^*보다 큰 경우는 호황을, Y^*보다 작은 경우는 불황을 나타낸다.

(단, 총수요는 AD_1과 AD_2 사이에서만 변동한다고 가정한다.)

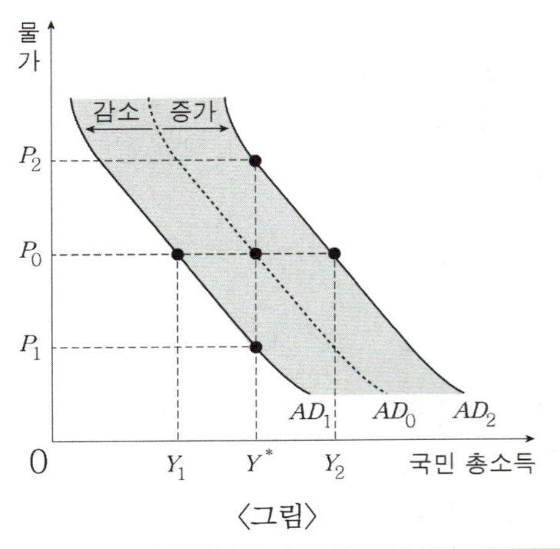

① ㉠: 호황이나 불황은 발생하지 않으므로, AD 곡선이 이동하더라도 국민 총소득이 Y^*로 일정할 것이다.

② ㉠: 시장은 항상 균형 상태에 있으므로, AD 곡선이 이동하더라도 물가가 P_0이고 국민 총소득이 Y^*인 장기 균형이 항상 성립할 것이다.

③ ㉡: 단기에는 가격 경직성으로 말미암아 총수요 변동이 시장 불균형을 유발하므로, AD 곡선이 이동할 때 물가는 P_1과 P_2 사이의 폭보다 작은 폭으로 변화하여 국민 총소득은 Y^*를 이탈할 것이다.

④ ㉡: 가격 경직성이 심할수록 총수요 변동에 따라 극심한 경기 변동이 유발되므로, 물가가 완전히 경직적이라면 AD 곡선이 이동할 때 물가가 P_0에 고정되어 국민 총소득의 변동성은 Y_1에서 Y_2까지 나타날 것이다.

⑤ ㉡: 가격 경직성이 존재하더라도 정부가 '보이는 손'을 통해 경기 변동을 제거할 수 있으므로, 경기 안정화 정책이 유효하다면 물가가 P_0에 고정되더라도 국민 총소득이 Y^*로 일정할 수 있을 것이다.

07   1등급 대비 고난도 3점 문제   고2・2020년 3월 40번

〈보기〉의 '경제학자 갑'의 정책 제안에 대해 ㉢이 할 수 있는 비판으로 가장 적절한 것은? [3점]

〈 보 기 〉

경제학자 갑은 소득과 통화량이 늘어날수록 소비가 증가할 것이라고 가정하고, 이를 반영하여 소비 예측 모형을 개발하였다. 그리고 K국의 지난 10년간의 자료를 통계적으로 분석하여 모형의 계수를 추정하였다. 모형의 분석 결과, 갑은 통화량이 증가한 경우 다음 달의 소비가 증가한다는 결론을 도출한 뒤, 통화량을 늘리는 정책을 K국 정부에 제안하였다. K국 정부는 갑의 제안을 받아들이고 2020년 4월 1일에 확장적 통화 정책을 시행하겠다고 발표하였다.

(단, 현재는 2020년 3월 12일이며, K국은 매년 12월 31일에 해당 시점의 통화량을 발표한다.)

① K국의 확장적 통화 정책이 2019년의 통화량에 대한 K국 국민들의 합리적 기대 형성에 영향을 미쳐 K국 국민들의 반응이 바뀔 수 있다는 점을 고려하지 않았다.

② K국 정부가 확장적 통화 정책을 발표한 이후 통화량에 대한 K국 국민들의 예상이 달라짐에 따라 정책 효과 분석도 달라져야 한다는 점을 고려하지 않았다.

③ 확장적 통화 정책으로 인해 K국의 통화량이 변화할 경우, 2020년 이전의 자료는 배제한 채 소비의 변화를 예측해야 한다는 점을 고려하지 않았다.

④ 2020년 4월 1일에 확장적 통화 정책을 시행함으로써 2020년 12월 30일까지는 K국 국민들의 소비가 변화하지 않을 것이라는 점을 고려하지 않았다.

⑤ K국 정부의 인위적인 통화량 조절로 유발된 총수요 변동이 불황을 불러일으킬 수 있다는 점을 고려하지 않았다.

08

[A]를 이해한 내용으로 가장 적절한 것은?

① 기업이 이윤 추구를 위해 제품 가격과 임금을 결정한 결과로 시장에 가격 경직성이 나타날 수 있다.

② 경제 주체들이 합리적으로 기대를 형성하는 경우에는 총수요 관리 정책이 경기 변동을 줄이는 역할을 할 수 없다.

③ 기업이 공급자로 참여하는 제품 시장과 수요자로 참여하는 노동 시장에서의 기업의 행동 차이로 인해 시장의 가격 경직성이 제거될 수 있다.

④ 메뉴 비용의 크기가 클수록 제품 가격의 변동성 역시 커진다는 것을 밝힐 수 있다면, 제품 시장에 존재하는 가격 경직성의 근거를 입증할 수 있다.

⑤ 기업이 노동 시장의 균형 임금보다 높은 임금을 노동자에게 지급함으로써 생산성을 높일 수 있다면, 노동의 초과 수요가 발생하더라도 임금이 하락할 수 있다.

09

ⓐ~ⓔ를 문맥상 바꿔 쓴 것으로 적절하지 않은 것은?

① ⓐ: 수요와 공급이 일치한다고

② ⓑ: 즉시 바뀌지 않는다고

③ ⓒ: 적절한 수준으로 변화시킴으로써

④ ⓓ: 시장 균형을 없앨 수

⑤ ⓔ: 미래를 예상하고

10~12 다음 글을 읽고 물음에 답하시오.

(가)

㉠ 어쩌다 **바람**이라도 와 **흔들면**
울타리는
슬픈 소리로 울었다.

맨드라미, 나팔꽃, 봉숭아 같은 것
철마다 피곤
소리없이 **져 버렸다.**

차운 한겨울에도
㉡ 외롭게 **햇살**은
청석(靑石) 섬돌 위에서
낮잠을 졸다 갔다.

할일없이 세월은 흘러만 가고
꿈결같이 사람들은
살다 죽었다.

                               – 김춘수, 「부재」 –

(나)

다 왔다.
하늘이 자잔히 잿빛으로 바뀌기 시작한
아파트 동과 동 사이로
마지막 잎들이 지고 있다, 허투루루.
바람이 지나가다 말고 투덜거린다.
엘리베이터 같이 쓰는 이웃이
걸음 멈추고 ㉢ 같이 투덜대다 말고
인사를 한다.
조그만 인사, 서로가 살갑다.

얇은 서리 가운 입던 꽃들 사라지고
땅에 꽂아논 철사 같은 장미 줄기들 사이로
낙엽은 ㉣ 이리저리 돌아다니고
밟히면 먼저 떨어진 것일수록 소리가 엷어진다.
㉤ 아직 햇빛이 닿아 있는 **피라칸사 열매**는 더 붉어지고
하나하나 **눈인사하듯 똑똑해**졌다.
더 똑똑해지면 사라지리라
사라지리라, 사라지리라 이 가을의 모든 것이,
시각을 떠나
청각에서 걸러지며.

두터운 잎을 두르고 있던 **나무** 몇이
가랑가랑 **마른기침 소리**로 나타나
속에 감추었던 **가지와 둥치**들을 내놓는다.
근육을 저리 **바싹 말려버린 괜찮은 삶**도 있었다니!
무엇에 맞았는지 깊이 파인 가슴도 하나 있다.
다 나았소이다, 그가 속삭인다.

이런! 삶을, 삶을 살아낸다는 건……
나도 모르게 가슴에 손이 간다.

– 황동규, 「삶을 살아낸다는 건」 –

10

(가), (나)에 대한 설명으로 가장 적절한 것은?

① (가)는 과거와 현재를 대비하며 시상을 전개하고 있다.
② (나)는 상승과 하강의 이미지를 반복하여 주제를 강조하고 있다.
③ (가)와 (나)는 모두 말줄임표로 끝내는 시행을 사용하여 여운을 주고 있다.
④ (가)와 (나)는 모두 자연물에 인격을 부여하여 시적 의미를 나타내고 있다.
⑤ (가)는 명령적 어조를 활용하여, (나)는 영탄적 어조를 활용하여 화자의 정서를 전달하고 있다.

11

㉠~㉤에 대한 이해로 적절하지 <u>않은</u> 것은?

① ㉠은 규칙적이지 않고 우연한 어떤 시간에 현상이 나타났음을 드러낸다.
② ㉡은 대상이 주어진 환경 속에서 홀로인 상태임을 표현한다.
③ ㉢은 대상의 행위가 혼자만의 행동이 아님을 나타낸다.
④ ㉣은 대상이 규칙적으로 떨어지고 있는 모습을 시각적으로 형상화한다.
⑤ ㉤은 대상의 변화를 이끌어 내는 과정이 끝나지 않고 지속되고 있음을 드러낸다.

12

〈보기〉를 참고하여 (가), (나)를 감상한 내용으로 적절하지 <u>않은</u> 것은? [3점]

> ───────〈 보 기 〉───────
>
> 시인은 관념적 주제를 자연 현상의 속성을 활용하여 형상화한다. (가)에서는 유한한 존재가 지닌 부재의 의미를, 삶과 죽음의 순환적 공존이 일어나는 자연 현상에 대한 정서적 반응을 통해 감각적으로 드러낸다. (나)에서는 삶의 의미를, 소멸하는 자연물이 지닌 생의 감각과 자연과 교감하며 깨달은 일상적인 경험을 세세하게 표현함으로써 드러낸다.

① (가)에서 '사람들'이 '꿈결같이' '살다 죽'는 모습에서 존재의 유한함을 형상화하고 있음을 알 수 있겠군.
② (가)에서 '바람'이 '흔들'면 '울타리'가 '슬픈 소리'로 우는 모습에서 자연 현상에 대한 정서적 반응을 알 수 있겠군.
③ (나)에서 '눈인사하듯 똑똑해'진 '피라칸사 열매'가 '더 똑똑해지면 사라'질 것이라고 하는 모습에서 자연과 교감하며 얻은 깨달음이 드러나 있음을 알 수 있겠군.
④ (가)에서 '햇살'이 '낮잠을 졸다' 사라지는 모습과, (나)에서 '바싹 말'라버린 '나무'의 상태를 '괜찮은 삶'이라고 하는 모습에서 자연 현상의 속성을 활용하여 관념적 주제를 형상화하고 있음을 알 수 있겠군.
⑤ (가)에서 '맨드라미' 같은 꽃들이 '철마다 피'고는 '져 버'리는 모습에서 삶과 죽음의 순환적 공존을, (나)에서 '마른기침 소리'를 내던 나무가 새롭게 '가지와 둥치'를 내놓는 모습에서 생의 감각이 소멸한다는 것을 알 수 있겠군.

DAY 09

종료 시각	시 분 초	문항 번호	01	02	03	04	05	06	07	08	09	10	11	12
소요 시간	분 초	채점 결과												
초과 시간	분 초	틀린 문항 복습												

DAY 10

수능기출
전국연합학력평가 **20분 미니 모의고사**

● 날짜 : 　 월 　 일 　 ● 시작 시각 : 　 시 　 분 　 초 　 ● 목표 시간 : 20분 　 　 ※ 점수 표기가 없는 문항은 모두 **2점**입니다.

01~02 (가)는 반대 신문식 토론의 일부이고, (나)는 토론에 청중으로 참여한 학생이 토론 내용을 바탕으로 학교 신문에 실은 글이다. 물음에 답하시오.

(가)

사회자: 지금부터 '공직자 선거에 온라인투표를 도입해야 한다.'라는 논제로 토론을 시작하겠습니다. 먼저 찬성 측 첫 번째 토론자 입론해 주신 후 반대 측에서 반대 신문해 주십시오.

찬성 1: 저희는 공직자 선거에 '온라인투표'를 도입해야 한다고 생각합니다. 현재의 '종이투표' 방식은 시간과 공간의 제약이 커서 이동이 어려운 계층이나 감염병으로 인해 외출 자체가 제한된 사람의 투표권을 보장하지 못합니다. 이러한 불편을 해소하고 투표권을 보장하기 위해 PC나 모바일 기기를 활용하여 투표에 참여하는 온라인투표를 도입할 필요가 있습니다. 실제 ○○국의 경우 해킹이 원천적으로 불가능한 기술이 적용된 온라인투표 시스템을 활용하여 공직자 선거를 실시하고 있습니다. 온라인투표를 통해 투표권을 보장한 결과 투표 참여율도 예전에 비해 증가했다고 합니다. 또한 종이투표 대신 온라인투표를 실시할 경우 종이투표 과정에서 발생하는 각종 자원이나 인력의 낭비를 줄일 수 있습니다. [A]

반대 2: 저희가 미리 조사한 자료에 따르면 사례로 든 ○○국의 경우 인구 약 130만 명의 매우 작은 나라로 알고 있습니다. 인구로만 따졌을 때 약 40배나 더 큰 규모인 우리나라에 ○○국의 온라인투표 사례를 동일하게 적용하는 것이 가능할까요?

찬성 1: 네. 가능하다고 생각합니다. 인구 규모가 달라진다고 하더라도 보안이 강화된 기술을 적용하는 온라인투표의 원리는 동일합니다. ○○국의 공직자 선거에서 온라인투표가 성공적으로 시행되었듯이 우리나라의 공직자 선거에서도 온라인투표를 얼마든지 도입할 수 있을 것입니다.

사회자: 이번에는 반대 측 첫 번째 토론자 입론해 주신 후 찬성 측에서 반대 신문해 주십시오.

반대 1: 저희는 공직자 선거에 온라인투표를 도입하는 것은 시기상조라고 생각합니다. 현재 투표일은 임시 공휴일로 지정되어 있고, 사전 투표 제도 또한 시행되고 있어 투표를 원하는 유권자의 대부분이 투표권을 보장받고 있는 상황입니다. 최근 공직자 선거 투표에 참여하지 않은 사람들을 대상으로 한 설문 조사 결과에 따르면 시간과 공간의 제약으로 투표를 하지 못한 비율은 약 1.1%로 매우 낮습니다. 온라인투표가 종이투표에 비해 투표권 보장에 더 유리한 측면이 있지만 실제 투표율에는 큰 차이가 없을 것입니다. 오히려 온라인투표 [B]

시스템을 무리하게 도입할 경우 대리 투표와 같은 부정 투표의 가능성을 원천적으로 막을 수 없어서 선거의 중요한 원칙인 직접 선거와 비밀 선거의 원칙에 위배되는 심각한 상황이 발생할 수 있습니다. 또한 투표일에 투표소 접근이 어려운 사람들을 위해 온라인투표를 위한 시스템을 별도로 구축할 경우 오히려 선거 관리 비용이 추가로 지출될 수 있어 경제적이지도 않습니다.

찬성 1: 종이투표의 경우도 타인의 압박이나 회유, 인지 능력이 부족한 사람들에 대한 강제 등으로 인해 선거의 원칙에 위배되는 상황이 얼마든지 발생할 수 있지 않나요?

반대 1: 어떠한 투표 방식이든 타인의 압박이나 회유가 발생한다면 선거의 원칙에 위배될 가능성은 있다고 생각합니다. 하지만 접속 권한만 가지면 투표권을 행사할 수 있는 온라인투표가 선거의 원칙을 위배할 가능성이 더 높다고 생각합니다.

(나)

공직자 선거에 온라인투표를 도입해야 할까?

최근 보안 기술의 발달로 투표권 보장을 위한 온라인투표 도입에 대한 논의가 활발하다. 온라인투표를 도입할 경우 거동이 어려운 노약자나 장애인, 투표 당일에 투표가 어려운 직업군의 사람들뿐만 아니라 일반인들도 시간과 장소에 구애받지 않고 투표에 참여할 수 있어 투표권을 최대한 보장할 수 있다. 실제로 총학생회장 선거에 온라인투표를 도입한 ○○대학교의 경우 투표율이 46%에서 80%로 상승했고, 인근 △△대학교의 경우도 54%에서 81%로 투표율이 크게 상승했다고 한다. 또한 공직자 선거에서 종이투표 방식을 온라인투표로 대체할 경우 1인당 선거 관리 비용이 약 5,000원에서 약 400원으로 줄어들어 공직자 선거에 투입되는 예산을 절감할 수 있다.

하지만 온라인투표에 보안이 강화된 기술을 적용하더라도 대리 투표를 원천적으로 막을 수 없다는 점에서 반대 의견도 제시되고 있다. 대리 투표의 경우 직접 선거와 비밀 선거라는 선거의 기본 원칙을 훼손할 수 있다는 점에서 문제를 지니고 있다. 온라인투표는 온라인 접속 권한만 갖게 되면 타인이 투표권을 대신 행사할 수 있으며, 유권자의 투표 과정이 타인에게 노출될 가능성이 크기 때문이다. 하지만 이러한 문제는 온라인 접속 권한에 대한 철저한 보안과 성숙한 국민 의식을 통해 어느 정도 개선할 수 있다고 생각한다.

따라서 현재의 종이투표 방식을 지속하되, 온라인투표를 공직자 선거에 부분적으로 도입하는 것이 바람직하다. 공직자 선거에 두 방식을 병행하여 운영한다면 투표의 기본 원칙이 훼손될 가능성을 최소화하면서도, 투표에서 소외되는 사람의 투표권을 최대한 보장할 수 있을 것이다. 물론 두 가지 방식을 모두 운영하게 되면 선거 관리 비용은 상승하겠지만 대의민주주의 체제의 대표성을 인정받는 과정에 의미를 둔다면 추가로 예산을 투입할 가치가 충분할 것이다.

01

[A], [B]에 대한 설명으로 적절하지 <u>않은</u> 것은?

① [A]는 공직자 선거에 온라인투표를 실시하고 있는 국가의 사례를 통해 온라인투표의 시행 가능성을 보여 주고 있다.

② [A]는 종이투표 방식의 한계를 지적하며 현재의 투표 방식이 투표권을 제대로 보장하지 못한다는 점에 대해 문제를 제기하고 있다.

③ [B]는 최근 실시된 공직자 선거의 투표율을 근거로 공직자 선거 투표에 참여를 희망하는 사람의 비율이 낮다고 주장하고 있다.

④ [B]는 이미 시행되고 있는 제도의 효과를 언급하며 온라인 투표 도입으로 인한 투표율 상승 효과에 대해 부정적으로 평가하고 있다.

⑤ [A]와 [B]는 모두 종이투표의 대안으로 제시된 온라인투표가 투표권 보장에 더 유리하다는 점에 동의하고 있다.

02

(나)의 작문 맥락을 파악한 내용으로 가장 적절한 것은?

① 온라인투표 도입으로 인한 긍정적 효과를 근거로 제시하여 주장을 설득력 있게 전달하는 것을 작문 목적으로 설정했다.

② 공직자 선거 투표에 참여를 원하지 않는 사람들을 위한 대안이 필요하다는 관점에서 주제를 선정했다.

③ 온라인투표 도입에 대한 의견을 다양하게 수용하기 위해 실시간 의사소통이 가능한 매체를 선택했다.

④ 현재의 투표 제도와 관련된 문제를 인식하고 투표 방식과 절차를 안내하는 글의 유형을 선택했다.

⑤ 온라인투표의 도입을 결정할 수 있는 실질적 권한을 가진 기관을 특정하여 예상 독자로 설정했다.

03   1등급 대비 고난도 2점 문제

〈보기〉는 음운 변동에 대한 수업의 한 장면이다. 학생들의 활동 결과로 적절한 것은?

〈보 기〉

선생님: 음운 변동은 한 음운이 다른 음운으로 바뀌는 '교체', 원래 있던 음운이 없어지는 '탈락', 새로운 음운이 생기는 '첨가', 두 음운이 하나의 음운으로 합쳐지는 '축약'이 있습니다. 음운의 변동이 일어날 때 음운 개수가 변하기도 하는데요. 제시된 단어들에서 일어나는 음운 변동을 있는 대로 모두 찾고 음운 개수의 변화를 정리해 볼까요?

	단어	음운 변동 종류	음운 개수의 변화
①	국밥[국빱]	첨가	하나가 늘어남.
②	뚫는[뚤른]	교체, 탈락	하나가 줄어듦.
③	막내[망내]	교체, 축약	하나가 줄어듦.
④	물약[물략]	첨가	하나가 늘어남.
⑤	밟힌[발핀]	축약	변화 없음.

04~08 다음 글을 읽고 물음에 답하시오.

세포핵 속 DNA에 저장된 생물체의 유전 정보는 mRNA로 전사되어 세포질로 내보내진 후 리보솜을 통해 단백질로 합성된다. 바이러스는 단백질로 둘러싸인 DNA나 RNA를 유전 물질로 갖는 기생체로, 생물체에 침입하여 자신의 유전 물질을 mRNA로 바꾼 뒤 숙주 세포가 스스로 바이러스 단백질을 합성하게 한다. 이에 대항해 생물체는 바이러스 단백질을 항원으로 인식하고 항체를 만들어 대항하거나 기억 세포를 생성해 같은 바이러스가 침입할 경우를 대비한다. 따라서 바이러스를 인공적으로 흉내 낸 물질인 백신을 접종하여 면역 반응을 일으키면 바이러스 감염에 미리 대비할 수 있다.

mRNA 백신은 바이러스 단백질의 유전 정보를 암호화한 ⓐ mRNA를 접종하는 것으로, 주입된 mRNA를 통해 바이러스 단백질을 합성하여 면역 반응을 유도한다. 바이러스를 배양하여 접종하는 기존의 백신과 달리 mRNA 백신은 바이러스가 아니기 때문에 인체가 바이러스에 감염될 위험이 없으며 체내 효소에 의해 쉽게 분해된다. 반면 이처럼 체내에서 불안정할 뿐 아니라 분자의 크기가 크고 음전하를 띠고 있어 세포에 거의 흡수되지 않는 문제가 있다. 따라서 mRNA를 보호하여 세포 내로 진입시키기 위해 지질 나노 입자를 이용한다.

지질 분자는 지방산으로 이루어져 있기 때문에 물 분자와 섞이지 않는 소수성을 갖는다. 물은 분자 내 전하가 양극으로 분리된 상태인 극성을 띠거나 분자가 전하를 띠는 물질, 즉 친수성 물질과만 섞이고 소수성 물질은 소수성 물질과만 섞이기 때문이다. 한편 ㉠ 생물체의 세포막은 인지질로 구성되는데, 인지질은 지방산으로 이루어진 소수성 꼬리와 음전하를 띤 ⓑ 인산기 머리를 갖고 있다. 따라서 인지질은 친수성 용매나 소수성 용매 모두와 섞이는 양친매성 물질이다. 이에 따라 인지질의 친수성 머리는 세포 외부나 세포질의 수용액에 접하고 소수성 꼬리는 소수성 분자 간의 인력으로 인해 서로 몰려 있는 상태로 세포막이 구성된다. 세포막의 이러한 특징으로 인해 친수성 물질이 세포막을 투과하는 것이 차단된다.

양이온성 지질을 지질 나노 입자로 사용하면 mRNA와 세포막 사이에 전기적 반발력이 발생하는 것을 막을 수 있다. 음전하를 띤 mRNA가 양이온성 지질로 둘러싸이면 음전하를 띤 세포막의 인산기 머리와 서로 반발하지 않기 때문이다. 그런데 양이온성 지질은 실험실 환경에서는 mRNA를 세포 내로 진입 시키는 데 도움이 되지만 체내에서는 양이온성 지질에 ⓒ 혈장 단백질이 흡착되어 mRNA의 세포막 투과가 제한된다.

따라서 용액의 pH*에 따라 양이온성이 달라지는 ⓓ 이온화 지질을 지질 나노 입자의 재료로 사용한다. pH가 낮은 용액에서는 수소 이온 농도가 높으므로 이온화 지질이 양이온화된다. 반면 pH가 높은 용액에서는 수소 이온을 적게 받아들여 이온화 지질이 전기적으로 중성이 되므로 이온화 지질에 혈장 단백질이 흡착되지 않는다. 즉 낮은 pH에서 mRNA와 이온화 지질을 결합시킨 뒤 pH를 높이면 중성의 'mRNA–지질 나노 입자 복합체'를 만들 수 있고, 이 복합체는 세포막의 수용체에 결합하여 내포 작용에 의해 세포 내부로 진입할 수 있다. 내포 작용이란

일종의 생화학적 싱크홀 현상으로, 세포막의 일부가 수용체에 결합한 외부 물질과 함께 세포질로 함입되는 현상이다. 내포 작용이 일어나면 세포질 안에 엔도솜 구조체가 형성된다. 세포질에서 엔도솜 내부는 산성화되는데, 이에 따라 ㉡ 세포막에서 유래한 엔도솜 막이 불안정해져 mRNA가 세포질로 방출된다. 그리고 방출된 mRNA가 리보솜과 결합하여 바이러스 단백질을 합성하고 기억 세포를 생성함으로써 인체가 바이러스 감염에 대비할 수 있게 된다.

* pH: 수용액의 수소 이온 농도를 나타내는 지표. 중성 수용액의 pH는 7이며, 산성 용액에서는 7보다 낮다.

---

04 1등급 대비 고난도 2점 문제 고2·2023년 3월 16번

mRNA 백신에 대해 이해한 내용으로 적절한 것은?

① 바이러스 대신 인체 내에서 합성된 바이러스 단백질을 항체로 이용하여 면역 반응을 유도한다.
② 바이러스에 감염되는 경우와 마찬가지로 유전 물질을 통한 세포의 단백질 합성 과정이 수반된다.
③ 기억 세포의 유전 정보를 암호화한 유전 물질을 이용하기 때문에 바이러스 감염으로부터 안전하다.
④ 세포핵 안에서 유전 정보가 전사되는 과정을 조절하여 리보솜의 단백질 합성 작용에 영향을 미친다.
⑤ 바이러스를 배양해서 접종하는 경우와 달리 유전 정보가 제거된 바이러스 단백질을 백신으로 주입한다.

05 고2·2023년 3월 17번

㉠을 설명한 내용으로 적절하지 않은 것은?

① 인산기가 세포 바깥쪽에, 지방산이 세포질에 접하는 형태로 구성된다.
② 수용체를 통해 특정의 세포 외부 물질을 세포 내부로 진입시킬 수 있다.
③ 내포 작용이 발생하면 일부가 세포질로 함입되어 엔도솜 구조체를 형성한다.
④ 친수성 물질 및 소수성 물질 모두와 섞일 수 있는 양친매성의 인지질로 이루어진다.
⑤ 인지질의 소수성 꼬리로 인해 세포 내외의 친수성 물질이 세포막을 투과하는 것을 제한한다.

06 1등급 대비 고난도 2점 문제

ⓐ~ⓓ에 대한 설명으로 적절하지 <u>않은</u> 것은?

① ⓓ는 ⓐ가 체내 효소에 의해 분해되는 것을 방지하는 인공 외막으로 기능한다.

② ⓐ와 ⓑ는 모두 음전하를 띠기 때문에 둘 사이에 서로를 밀어내는 힘이 작용한다.

③ ⓐ가 리보솜에 전달되려면 세포 밖에서 ⓓ와 결합한 후 세포 안에서 ⓓ와 분리되어야 한다.

④ ⓒ는 음전하를 띠는 반면 ⓓ는 주변에 분포하는 수소 이온의 양에 따라 이온화의 정도가 변화한다.

⑤ ⓐ와 결합하면서 ⓓ가 전기적으로 중성이 되기 때문에 체내에서 ⓒ가 흡착되는 현상이 억제된다.

07

〈보기〉는 'mRNA−지질 나노 입자 복합체'의 형성 과정을 나타낸 것이다. 윗글을 참고하여 〈보기〉를 이해한 내용으로 적절하지 <u>않은</u> 것은? [3점]

─〈보 기〉─

산성 용액에 녹인 mRNA와 에탄올에 녹인 이온화 지질을 Y자 형태의 미세관에 일정한 속도로 흘려보낸다. 이렇게 혼합된 용액을 수용성 완충 용액으로 투석 처리하여 pH를 높인다. 그리고 에탄올을 제거하여 균일한 상태의 mRNA−지질 나노 입자 복합체를 얻어낸다.

(단, 이때 에탄올의 pH는 7임.)

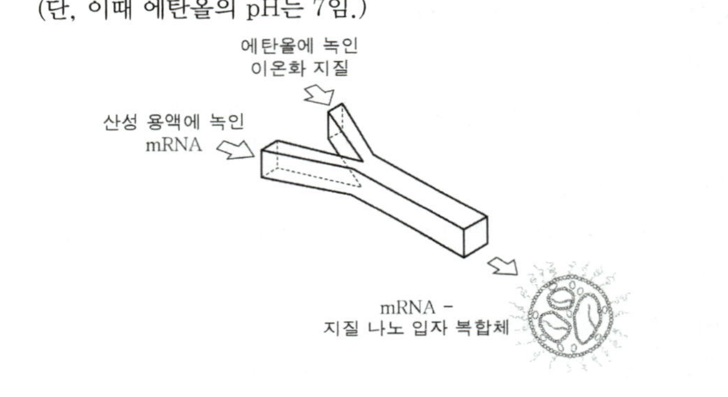

① 이온화 지질이 에탄올에 녹을 수 있는 것은 에탄올이 지질과 섞일 수 있는 소수성을 가진 물질이기 때문이겠군.

② mRNA와 이온화 지질이 녹은 각 용액의 투입 속도를 조절해 투입량을 조절하면 mRNA−지질 나노 입자 복합체의 균일도가 유지되겠군.

③ mRNA가 녹은 산성 용액과 이온화 지질이 녹은 에탄올이 혼합되면 이온화 지질이 양전하를 띠면서 이온화 지질과 mRNA가 결합하는 현상이 나타나겠군.

④ 수용성 완충 용액으로 산성 용액을 투석 처리하면 수소 이온의 농도가 낮아져 이온화 지질이 전기적으로 중성이 되겠군.

⑤ pH가 높아지면 이온화 지질의 소수성이 약해져 소수성 분자 간의 인력이 감소하므로 더욱 미세한 크기의 mRNA−지질 나노 입자 복합체가 형성되겠군.

08 1등급 대비 고난도 2점 문제

ⓛ의 이유를 추론한 내용으로 가장 적절한 것은?

① 엔도솜 내부의 pH가 낮아짐에 따라 mRNA와 지질 나노 입자 사이에 전기적인 반발력이 발생하기 때문이다.

② 엔도솜 막의 인산기와 양이온화된 지질이 서로 결합함으로써 mRNA를 둘러싼 엔도솜 막이 붕괴하기 때문이다.

③ 내포 작용으로 세포질에 함입된 세포막이 엔도솜 내부의 산성화에 따라 다시 세포 표면으로 방출되기 때문이다.

④ 엔도솜 내부가 산성화됨에 따라 mRNA가 음이온화되면서 mRNA와 리보솜 사이에 결합력이 발생하기 때문이다.

⑤ 엔도솜 내부의 pH 변화로 인해 엔도솜 막이 산성화되면서 체내 효소에 의한 엔도솜 분해 작용이 나타나기 때문이다.

09~12 다음 글을 읽고 물음에 답하시오.

[앞부분 줄거리] 천상의 선관이 두꺼비의 모습으로 지상으로 쫓겨나 박판서의 셋째 딸과 혼인한다. 장인의 회갑이 다가오자 동서들은 두꺼비를 빼고 사냥을 가려고 하지만, 두꺼비도 장인을 졸라서 결국 사냥을 간다.

짐을 지고 돌아오는 ㉠ 길에 두 동서를 만났다. 동서들이 두꺼비는 돌아보지도 아니 하였으나, 하인 셋이 무겁게 지고 오는 장끼, 까투리를 보고 놀랐다. 하인들이
"두꺼비 서방님이 잡은 것이라."
하였다. 두 동서는 장끼는 고사하고 쥐 한 마리도 잡지 못하였다. 두꺼비가
"자네들은 얼마나 잡았는고?"
하면서 조롱하거늘, 두 동서가 그제야 두꺼비에게 비는 듯이,
"자네는 사냥을 못하여도 관계없거니와 우리는 책망이 있을 것이니, 자네 사냥한 것을 우리에게 주면 어떻겠나?"
라고 하였다. 두꺼비가 말하기를
"내 동서에게 무엇을 아끼리요? 그러나 나는 본시 그런 것을 줄 때 그 사람의 등에 도장을 찍으니, 동서들은 언짢게 생각 하지 마오."
하였다. 그래도 두 사람이 사냥한 것을 욕심내니, 두꺼비가 쾌히 허락하며, 필낭에서 필묵을 꺼내어 벼루 뚜껑을 벗기고 먹을 묻혀서 등에다 ⓐ 도장을 찍고 종에게 분부하되
"사냥한 짐승들을 다 주어라."
하였다. 하인들이 두꺼비의 명대로 잡은 것을 다 주니, 동서와 여러 하인이 기뻐하였다. 사냥한 짐을 지고 들어가니 집안사람들과 장인과 장모가 칭찬하였다. 뒤늦게 두꺼비가 빈손으로 턱을 덜렁거리며 헐떡헐떡 들어오니, 집안사람들과 노복들이 이르기를
"저런 것이 사냥을 어찌 한단 말인가." 하더라.
그럭저럭 회갑 날이 이르러 마을에 사는 사람이면 상중하 남녀노소 없이 모였는지라. 맏사위와 둘째사위도 참석하여 사수 병풍이며 빛나는 장막 천으로 햇볕을 가리고, 맑고 아름다운 색채를 띄우는 듯한, 춤과 노래, 양금, 거문고를 희롱하며 유유히 좌우로 펼치며 놀았다. 이러한 경사에 두꺼비 내외는 못 오게 하였으니, 그네들이 두꺼비를 매우 미워하기 때문이었다.
이에 두꺼비가 분하여 진언을 외워 그 허물을 벗으니, 하늘에서 청모시 한 필과 하인 열 셋이 내려왔다. 살펴보니 층층다리 무지개 안장에 황금 등자를 걸었으며, 하인들이 치장한 것을 보니 슬렁슬렁 벙거지에 열십자 끈을 넓게 달고 흑띠와 복끈을 둘러 메고 육모방망이 등을 거꾸로 잡고 두꺼비에게 문안하였다. 두꺼비 또한 어느 새 선관의 의복을 제대로 갖추었다. 이리하여 ㉡ 윗문을 나오니 뉘라서 두꺼비인 줄 알리오.
두꺼비가 곧바로 잔치하는 ㉢ 집 사랑에 들어가 대감께 뵈오니, 대감과 좌중이 모두 그 풍채를 보고 놀라 입을 다물지 못하였다. 대감이 말하기를
"어디에 계시며 뉘 댁 사람입니까?"
하니, 두꺼비가 답하기를
"소생은 평안도 송천부에 사는데, 대대로 부린 종 두 놈을 잃고 찾지 못하였더니, 소문을 들으니 이 댁에 왔다 하기로 불원천 리하고 찾아왔습니다."

(중략)

두 동서를 가리키며,
"저 놈들이 나의 종이로소이다."
하였다. 대감이 기가 막혀 옷을 벗기고 보니 과연 그 표가 완연한지라. 두꺼비가 호령하여 말하기를
"저 두 놈을 잡아 결박하라."
하는 소리가 천지를 진동시켰다. 하인이 달려들어 거행하자 두꺼비가 호령을 더욱 추상같이 하는데, 뉘라서 능히 그것을 말리리오? 두꺼비가 호령하기를
"너희가 옷과 밥이 부족하다고 상전을 배반하고 도망하여, 양반에게 장가를 들어 제법 사랑에 앉았다만 어찌 망녕치 아니하리오?"
또 호령하기를
"종놈을 매달아 항복을 받도록 하라."
하는 소리가 천지를 뒤흔드는 듯하였다.
안에서 부인이 이 말을 듣고 통곡하기를
"팔자도 무상하여 딸 하나는 두꺼비 사위를 보고, 딸 둘은 남의 종놈 사위를 보게 되었나!"
하였다. 잔치는 성대하나 분위기는 초상난 집 같더라.
이때 두 사위가 장인께 아뢰기를
"저 사람에게서 한때 도장이나 표를 받은 일은 따로 없고, 우리들이 지난날 사냥 갔을 때에 두꺼비 동서를 만나서 이리이리 하였습니다."
라고 자백하였다. 놀란 대감이 급히 하인을 시켜 두꺼비 사위를 데려오라 하였다. 그러나 곳곳을 찾아도 없는지라. 대감에게 찾지 못함을 아뢰니 대감이 더욱 놀라서 하인을 모두 풀어 사방으로 찾는데, 두꺼비는 벌써 형체를 변형하고 있었으니 두꺼비를 어디에 가서 찾으리오?
그때서야 두꺼비가 마음을 가라앉히고 대감께 절하며
"대감은 너무 근심 마십시오. 제가 두꺼비 사위로소이다."
하였다. 대감이 깜짝 놀라며 반기기를
"두꺼비 사위가 그대인가? 무슨 연고로 두꺼비 허물을 쓰고 사람을 그다지 속이느냐?"
두꺼비가 장인에게 말하기를
"소생은 본디 두꺼비의 모양이 아니라 천상에서 비를 내려 주는 선관이었더니, 인간에 비를 잘못 내린 죄로 옥황상제께서 허물을 씌워 인간에 내쳐서 어부 노인에게 수양자가 되도록 하였습니다. 대감의 사위가 된 것은 다름이 아니라, 대감께서 젊은 시절 벼슬할 때에 애매한 사람을 많이 죽인 죄로 두꺼비 사위를 점지하고 자손을 없게 한 것입니다."
하니, 그제야 대감이 즐겁기도 하고 한편 슬프기도 한 마음을 그치지 못하였다. 부인도 이 말을 듣고는 마음을 진정치 못하며 기뻐하고 칭찬하여 말하기를
"저러한 인물로 그 흉한 허물을 쓰고 있었던가! 내 딸 월성은 벌써 알았을 것이건만 그런 말을 추호도 하지 않았으니, 저런 줄 뉘 알았으리요?" 하며 대단히 기뻐하였다.
"저렇게나 좋은 풍채가 이 세상에 어디에 있으리오."
하고 반기며 좋아하니, 뉘 아니 부러워하리오?
선관이 두 동서를 돌아보고 말하기를

"그대들은 나를 너무 업신여긴 죄로 욕을 보였노라."
하였다. 뒤이어 선관이 빈 상자를 장인에게 올리고는 말하기를
"이것을 간수해 두면 부귀할 것이니 잘 간수하소서."
하고는 곧 소저를 불러 자초지종을 알렸다.

　얼마 지나지 않아 뇌성벽력이 진동하면서 천상에서 ⓑ 옥으로
된 가마가 내려오거늘 선관이 장인장모에게
"정히 섭섭하오나 천명을 이기지 못하고 ㉣ 천상으로 올라가니
어찌할 도리가 없습니다. 만수무강 하십시오." 하였다.

– 작자 미상, 「두껍전」 –

09

윗글에 나타난 서술상의 특징으로 적절한 것은?

① 섬세한 배경 묘사를 통해 작중 상황을 희화화하고 있다.
② 시간의 역전을 통해 인물의 심리 변화를 보여 주고 있다.
③ 대화를 통해 이전에 일어난 사건의 정황을 드러내고 있다.
④ 꿈과 현실의 교차를 통해 앞으로 일어날 사건을 암시하고
　있다.
⑤ 현실 세태와 자연물의 대비를 통해 당대 사회상을 비판하고
　있다.

10

〈보기〉는 윗글의 내용을 공간을 중심으로 도식화한 것이다. 이에 대한 설명
으로 적절하지 않은 것은?

〈보 기〉

㉠	㉡	㉢	㉣
길	윗문	집	천상

① ㉠에서 두꺼비는 동서들의 부탁을 들어주고 있다.
② ㉡의 안쪽에서 분노한 두꺼비는 하인들을 불러 ㉠에서 있었던
　일에 대해 문책을 하고 있다.
③ ㉡에서 ㉢으로 이동한 두꺼비를, 대감은 자신의 사위라고 인식
　하지 못하고 있다.
④ ㉢에서 부인은 두꺼비에 대한 생각을 바꾸게 된다.
⑤ ㉢에서 ㉣로 가기 전에 두꺼비는 장인에게 간직할 물건을 주고
　있다.

11

ⓐ와 ⓑ에 대한 이해로 가장 적절한 것은?

① ⓐ는 인물이 칭찬을 받기 위한 수단이고, ⓑ는 인물이 벌을
　내리기 위한 수단이다.
② ⓐ는 계획한 일을 실현하기 위한 수단이고, ⓑ는 명령을 이행
　하는데 쓰이는 수단이다.
③ ⓐ는 과거의 부귀했던 처지를 드러내는 수단이고, ⓑ는 현재의
　곤궁한 처지를 밝히는 수단이다.
④ ⓐ는 위기 상황을 알리기 위한 수단이고, ⓑ는 위험 상황에서
　벗어났음을 알려주기 위한 수단이다.
⑤ ⓐ는 상대방에 대한 경계심을 나타내는 수단이고, ⓑ는 상대
　방에 대한 거부감을 드러내기 위한 수단이다.

12

〈보기〉를 참고하여 윗글을 감상한 내용으로 적절하지 않은 것은? [3점]

〈보 기〉

　이 작품은 천상에서 쫓겨난 인물이 지상의 삶을 살아간다는
내용의 적강 모티프와 사위가 처가에서 인정받지 못한다는 내
용의 사위 박대담이 결합되어 나타난다. 초월적 존재에게 볼품
없는 외양을 부여받은 주인공은 지상에서 가족들에게 소외되는
등의 박대를 당하며 속죄의 과정을 거친다. 이 과정에서, 정체를
숨긴 채 뛰어난 능력을 발휘하던 주인공은 정체를 밝힌 후 가족
들의 인정을 받고 다시 천상으로 돌아가게 된다.

① 두꺼비가 진언을 외워 하늘에서 하인이 내려오는 장면에서,
　숨기고 있었던 주인공의 정체를 확인할 수 있겠군.
② 부인이 마음을 진정치 못하며 두꺼비의 외양을 언급하는 장면
　에서 가족들에게 인정받는 모습을 확인할 수 있겠군.
③ 회갑 날 두꺼비 내외를 못 오게 한 장면에서 가족 구성원으로
　부터 박대를 당하는 주인공의 모습을 확인할 수 있겠군.
④ 동서들에게 자신이 사냥한 것을 주는 장면에서 속죄를 위해
　뛰어난 능력을 발휘하는 주인공의 모습을 확인할 수 있겠군.
⑤ 두꺼비가 장인에게 자신의 죄에 대해 이야기하는 장면에서
　주인공이 천상에서 쫓겨나 지상의 삶을 살게 된 이유를 확인
　할 수 있겠군.

DAY 10

학습 Check!

▶ 몰라서 틀린 문항 × 표기　▶ 헷갈렸거나 찍은 문항 △ 표기　▶ ×, △ 문항은 다시 풀고 ✔ 표기를 하세요.

종료 시각	시　분　초	문항 번호	01	02	03	04	05	06	07	08	09	10	11	12
소요 시간	분　초	채점 결과												
초과 시간	분　초	틀린 문항 복습												

DAY 11

수능기출
전국연합학력평가 **20분 미니 모의고사**

● 날짜 :　월　일　● 시작 시각 :　시　분　초　● 목표 시간 : 20분　　　　※ 점수 표기가 없는 문항은 모두 **2점**입니다.

01　다음은 학생의 발표이다. 물음에 답하시오.

　안녕하세요. 오늘 발표를 맡은 ○○○입니다. 요즘 스마트 기기로 건강 관리를 하는 분들 많으신데요. 이러한 스마트 기기에 적용된 광용적맥파 측정 기술에 대해 들어 보셨나요? (청중의 반응을 살핀 후) 역시 처음 들어 보는 분들이 많으시네요. (동영상 제시) 앞서 보신 여러 사례에서처럼 우리가 잘 모르는 이 기술이 일상에서 흔하게 사용되고 있었다는 점이 흥미롭지 않으신가요? 그래서 오늘은 광용적맥파 측정 기술에 대해 알려드리고자 발표를 준비했습니다.

　광용적맥파 측정 기술은 PPG 센서를 이용해 심장 박동에 따른 맥박을 측정하는 기술입니다. (그림 1 제시) 보시는 바와 같이 PPG 센서는 빛을 내보내는 LED와 반사된 빛을 감지하는 광센서로 구성되어 있습니다. 여러분, 혹시 예전에 배웠던 빛의 특성에 대해 기억하고 계신가요? (청중 반응을 보며) 잘 기억나지 않는 분들도 계시는 것 같네요. (그림 2 제시) 여기 보시는 것처럼 빛은 물질을 만나면 투과, 흡수, 산란, 반사 등을 하는 특성이 있습니다. LED에서 나온 녹색 빛이 혈류에 도달하면 일부는 흡수되고 일부는 반사되는데 이때 반사된 빛의 양을 광센서를 통해 측정하는 것이 광용적맥파 측정 기술입니다. 이때 (그래프 제시) 보시는 바와 같이 측정 부위의 혈류량이 많을 때는 빛의 흡수량이 늘어나 상대적으로 반사되는 빛이 적어집니다. 반대로 혈류량이 적을 때는 빛의 흡수량이 줄어들어 상대적으로 반사되는 빛이 많아집니다. 그렇다면 왜 하필 녹색 빛을 내보낼까요? 일반적으로 빛은 보색 관계에 있는 색의 빛을 가장 잘 흡수하는데 혈액 속의 헤모글로빈은 붉은색을 띱니다. (그림 3 제시) 따라서 여기 색상환에 보이는 것처럼 붉은색과 보색 관계에 있는 녹색 빛을 사용하는 것입니다.

　오늘 제가 발표한 광용적맥파 측정 기술은 의료 분야 이외에 예술 분야에서도 활용되고 있으며 앞으로는 여러 분야에서 더 활발히 사용될 전망입니다. 발표를 준비하며 제가 찾은 추가 자료들을 저의 개인 누리집에 올려놓을 테니 관심이 있는 분들은 방문해 주시기 바랍니다. 광용적맥파 측정 기술에 대한 궁금증이 조금이나마 해소되었길 바라며 이상으로 발표를 마치겠습니다.

01

고2 · 2022년 11월 2번

다음을 바탕으로 위 발표가 진행되었다고 할 때, 발표자가 사용한 발표 전략으로 적절하지 <u>않은</u> 것은?

청중 분석
㉠ 광용적맥파 측정 기술에 대해 모르는 학생이 많음.
㉡ 빛의 일반적인 특성에 대해 배운 내용을 기억하지 못하는 학생이 있음.
㉢ 스마트 기기에서 나오는 빛이 왜 녹색인지 궁금해할 것임.

제재 분석
㉣ PPG 센서는 기능에 따라 두 가지 요소로 구성됨.
㉤ 광용적맥파 측정 기술은 혈류량에 따른 빛의 반사량의 차이를 이용함.

① ㉠을 고려하여, 광용적맥파 측정 기술이 흔히 사용되는 일상의 사례들을 동영상으로 제시하여 청중의 흥미를 유발해야지.

② ㉡을 고려하여, 빛이 물질을 만났을 때 나타나는 현상을 그림 2로 제시하여 청중의 배경지식을 활성화해야지.

③ ㉢을 고려하여, 혈액 속 헤모글로빈의 붉은색이 녹색과 보색 관계임을 확인할 수 있는 색상환을 그림 3으로 제시하여 청중의 궁금증을 해소해야지.

④ ㉣을 고려하여, 빛을 내보내는 LED와 빛을 감지하는 광센서의 모습을 보여 주는 도식을 그림 1로 제시하여 제재의 특성을 분명하게 드러내야지.

⑤ ㉤을 고려하여, 빛의 반사량이 측정 부위의 혈류량에 비례함을 확인할 수 있는 측정 결과를 그래프로 제시하여 제재의 특성을 쉽게 설명해야지.

---

02 (가)는 학생의 일기이고, (나)는 (가)를 쓴 학생이 친구들과 함께 작성한 글의 초고이다. 물음에 답하시오.

(가)

○월 ○일

환경 동아리 시간에 'PVC가 환경에 끼치는 영향'을 주제로 특강을 들었다. 특강을 통해 PVC가 플라스틱의 일종이라는 것과 정말 많은 물건이 PVC 재질로 만들어져 있다는 것을 알게 되었다. 심지어 나뿐만 아니라 많은 학생들이 가지고 있는 필통에도 PVC가 사용되었다고 한다. 그런데 그 PVC가 환경 문제의 원인이 된다고 한다. 내가 환경을 오염시키고 있었다니! 나 때문에 환경이 오염되면 안 된다는 생각이 문득 들었다. 그래서 동아리 친구들과 이야기를 나눠 보니 친구들도 나와 같은 생각을 하고 있었다. 환경 오염을 조금이라도 줄이기 위해 무엇인가 해야겠다는 생각에 친구들과 함께 의논을 했다.

(나)

안녕하세요? 저희는 □□ 고등학교 환경 동아리 학생들입니다. 저희가 이렇게 글을 쓰게 된 이유는 귀사에서 제조하는 필통에 대해 건의하기 위해서입니다.

저희 학교 학생들은 평소 귀사에서 만든 학용품을 자주 구입합니다. 그런데 귀사의 필통이 몸체는 PVC 재질이고, 지퍼는 철이어서 문제가 있음을 알게 되었습니다.

저희는 귀사가 필통의 재질을 개선하는 것이 옳다고 생각합니다. 귀사뿐 아니라 여러 회사에서 학용품에 PVC 재질의 플라스틱을 사용하는 경우가 많아, 환경을 오염시킬 수 있기 때문입니다. 그렇지 않아도 우리나라 국민들의 플라스틱 사용량은 세계적으로 많고 그 증가율도 매우 높다고 합니다. 플라스틱을 완전히 사용하지 않을 수는 없겠으나, 환경에 끼치는 영향 등을 고려한다면 PVC 사용이라도 줄여 가야 할 것입니다. 그러므로 귀사에서도 필통의 재질을 다른 것으로 바꾸어 주시기를 부탁드립니다.

끝까지 읽어 주셔서 감사합니다.

02

고3 · 2020학년도 6월 8번

작문 맥락을 고려할 때, (가)와 (나)에 대한 설명으로 적절하지 <u>않은</u> 것은?

① (가)의 글쓴이와 같은 생각을 하는 사람들이 (나)의 글쓰기 과정에 참여하고 있다.

② (가)에서 언급한 개인의 경험이 동기가 되어 (나)의 사회적 문제 해결의 글쓰기를 이끌어 내고 있다.

③ (가)는 (나)와 달리 예상 독자의 관심사에 대한 분석이 글쓰기에 중요하게 작용하고 있다.

④ (나)는 (가)와 달리 글쓴이의 주장과 그에 대한 논거가 제시되고 있다.

⑤ (가)는 (나)에 비해 글쓴이의 체험을 기록하고 이를 통해 일상을 반성하려는 성격이 두드러진다.

03~04 다음 글을 읽고 물음에 답하시오.

선어말 어미는 어말 어미 앞에 오는 어미이다. 단어의 끝에 오는 어말 어미는 용언의 어간과 더불어 단어를 이루므로 활용할 때 반드시 있어야 하지만, 용언의 어간과 어말 어미 사이에 오는 선어말 어미는 ㉠ 쓰이지 않는 경우도 있고 ㉡ 하나가 오는 경우도 있으며 ㉢ 두 개 이상 연달아 나타나는 경우도 있다.

선어말 어미는 시제와 높임 등의 문법적 의미를 드러낸다. '선생님은 벌써 댁으로 떠나셨겠다.'의 '떠나셨겠다'에는 '-시-', '-었-', '-겠-'과 같은 선어말 어미가 쓰였다. '-시-'는 주체인 '선생님'을 높이고, '-었-'은 과거 시제를 나타내며, '-겠-'은 추측의 의미를 드러낸다. '떠나겠셨다'와 같은 표현이 어색한 데에서 알 수 있듯, 선어말 어미가 연속해서 나타날 때에는 일정한 결합 순서가 있다. 선어말 어미가 연속해서 쓰일 때는 일반적으로 주체 높임, 시제, 추측이나 회상의 순으로 배열된다.

한편, 어말 어미 앞에 위치한다고 해서 모두 선어말 어미인 것은 아니다. 가령 '문이 바람에 닫혔다.'에서 '-히-'와 '-었-'은 모두 어말 어미 '-다' 앞에 오지만, '-었-'은 선어말 어미인 반면 '-히-'는 접사이다. 접사는 새로운 단어의 형성에 참여한다는 점에서 선어말 어미와 다르다. 선어말 어미가 결합한 '닫았다'는 '닫다'의 과거형이지만, 접사가 결합한 '닫히다'는 '닫다'의 피동사로서 새로운 의미를 가진다. '닫다'가 '닫히다'가 되면 필요로 하는 문장 성분이 달라진다는 점을 보아도 새로운 단어가 형성되었다는 것을 알 수 있다. 국어사전에도 '닫다'와 '닫히다'는 표제어로 올라 있으나 '닫았다'는 그렇지 않다. 또한 선어말 어미에 비하여 접사는 결합할 때 제약이 심하다. 가령 '(구멍을) 뚫다', '(종이를) 찢다'와 같은 용언에 '-었-'은 자유롭게 결합할 수 있는 반면 '-히-'는 결합할 수 없다.

03

고2 · 2023년 9월 11번

윗글을 읽고 이해한 내용으로 적절하지 <u>않은</u> 것은?

① '그 사건은 아직 끝난 것이 아니다.'에서 '끝난', '아니다'를 모두 ㉠의 예로 들 수 있군.

② '시골에 계시는 할머니께 편지를 드렸다.'에서 '계시는', '드렸다'를 모두 ㉡의 예로 들 수 있군.

③ '그녀는 학교 가는 길을 잘 알았다.'에서 '가는'을 ㉠의 예로, '알았다'를 ㉡의 예로 들 수 있군.

④ '여름이 지나고 이제 가을이 왔겠군.'에서 '지나고'를 ㉠의 예로, '왔겠군'을 ㉢의 예로 들 수 있군.

⑤ '그분께서 이 글을 쓰셨을 수도 있겠다.'에서 '있겠다'를 ㉡의 예로, '쓰셨을'을 ㉢의 예로 들 수 있군.

04

고2 · 2023년 9월 12번

윗글을 바탕으로 〈보기〉의 ⓐ~ⓒ를 탐구한 내용으로 적절한 것은? [3점]

〈보 기〉
○ 그는 쪽지를 ⓐ 구겼지만 버리지는 못했다.
○ 그 물건은 어제부터 책상에 ⓑ 놓여 있었다.
○ 우리 가족은 할머니 댁에서 김치를 ⓒ 담갔다.

① ⓐ: 접사가 결합하여 피동의 의미를 나타낸다.
② ⓐ: 선어말 어미가 결합하여 추측의 의미를 드러낸다.
③ ⓑ: 선어말 어미가 결합하여 과거 시제를 나타낸다.
④ ⓑ: 접사가 결합하여 필요로 하는 문장 성분이 달라졌다.
⑤ ⓒ: 접사가 결합하여 사전에 오를 수 있는 단어가 형성되었다.

05~07 다음 글을 읽고 물음에 답하시오.

브레송은 일상의 순간에 예술적 생명감을 불어넣은 '결정적 순간'의 미학을 탄생시킨 사진작가이다. 그는 피사체가 의식하지 못한 상태에서 피사체의 자연스러운 동작이나 표정을 찍는 사진 기법을 활용하여 자신의 예술성을 드러내었다.

브레송은 자신의 예술성을 드러내기 위해 안정된 구도와 유동성을 기반으로 하여 움직임 가운데 균형을 잡아낸 사진을 촬영하였다. '안정된 구도'란 회화에 기초한 구도를 통해 사진에서 안정감을 느낄 수 있도록 하는 것을 의미한다. 그가 사용한 회화의 구도는 황금분할 구도, 기하학적 구도, 주요 요소들을 대비시킨 구도였다. 황금분할 구도는 3:2의 비율로 화면을 분할한 것이고, 기하학적 구도는 여러 종류의 도형이 채워져 있는 것이다. 주요 요소들 간의 대비로는 동(動)과 정(靜)의 대비, 상하 대비, 좌우 대비, 좌우 대각선 대비 등을 사용하였다. 그는 이와

같은 안정된 구도의 기반이 되는 공간을 미리 계획하였다. 그리고 '유동성'은 움직이는 대상에 집중하는 것으로, 그는 자신이 미리 계획했던 구도에 움직이는 대상이 들어와 원하는 형태적 구성을 완성한 순간이 포착될 때까지 끈질기게 기다렸다. 한편 카메라를 눈의 연장으로 생각했던 그는, 화각이 인간의 시야와 가장 비슷한 표준 렌즈를 주로 사용해 사람의 눈높이에서 촬영했다. 이때 화각은 카메라 렌즈를 통해 이미지를 담을 수 있는 범위를 뜻한다. 그는 표준 렌즈에 비해 화각이 넓은 광각 렌즈나 플래시의 사용을 가급적 피했다. 이런 장치를 사용하면 눈으로 보는 실제 모습과 달라지기 때문이었다.

그는 『순간 이미지』라는 자신의 사진집에서 '결정적 순간'이란 어떤 하나의 사실과 관련해 시각적으로 포착된 다양한 모습들이 하나의 긴밀한 구성을 이루고, 그 구성 안에 의미가 실리는 것을 순간적으로 동시에 인식하는 것이라 정의 내렸다. 그는 내용과 구성이 조화를 이룬 '결정적 순간'을 발견하고 타이밍에 맞추어 촬영하였던 것이다.

이후 사진작가들에게 브레송의 미학은 큰 영향을 주었다. 1960년대부터 활동한 마크 코헨은 브레송의 '결정적 순간'에 영향을 받아 자신만의 결정적 순간을 포착하고자 했다. 그는 돌발성을 기반으로 한 근접 촬영 방식을 택해 독특하면서도 기발한 결정적 순간을 포착했다. 그는 광각 렌즈를 부착한 카메라를 들고 길거리에서 마주치는 사람들에게 돌발적으로 접근해 카메라를 허리 밑에 위치한 상태에서 자유로운 각도로 촬영하였다. 그리고 그는 대상의 일부만을 잘라낸 구도를 사용하기도 하였으며 플래시를 사용해 그림자의 모양을 자신의 의도대로 변화시키기도 하였다. 즉 그는 자신이 원한 형태의 사진을 촬영하기에 적합한 방식으로 눈으로 보는 세상과는 다르게 보이도록 인공적으로 만든 자신만의 결정적 순간을 포착한 것이다.

이처럼 예술가가 자신이 원하는 순간을 포착하는 것의 중요성을 보여준 브레송의 '결정적 순간'은 사진작가 각자의 개성이 담긴 결정적 순간으로 확대되면서 예술 지평을 넓혔다는 평가를 받았다.

05

고2 · 2019년 9월 30번

윗글에 대한 설명으로 가장 적절한 것은?

① '결정적 순간'의 미학이 등장하게 된 시대적 배경을 설명하고 있다.
② '결정적 순간'의 의미를 설명하며 이후에 끼친 영향을 제시하고 있다.
③ '결정적 순간'에 대한 상반된 견해를 제시하며 절충점을 모색하고 있다.
④ '결정적 순간'의 사례를 제시하면서 이에 대한 다양한 견해를 비교하고 있다.
⑤ '결정적 순간'을 규정하는 조건이 시대에 따라 달라지는 원인을 분석하고 있다.

06 1등급 대비 고난도 2점 문제

다음은 윗글을 읽은 후 정리한 독서 노트이다. 그 내용이 적절하지 <u>않은</u> 것은?

알게 된 점	브레송의 사진에 회화가 미친 영향	①
	브레송의 사진에 주로 사용된 구도	②
	브레송의 '결정절 순간'이 갖는 예술사적 의의	③
더 알고 싶은 내용	마크 코헨이 결정적 순간을 포착하기 위해 주로 사용한 렌즈	④
	마크 코헨의 결정적 순간이 잘 드러난 대표 작품	⑤

07

〈보기〉는 브레송의 '생 라자르 역(1932)'을 분석하기 위한 그림이다. 윗글을 바탕으로 할 때 〈보기〉에 대해 이해한 것으로 적절하지 <u>않은</u> 것은? [3점]

〈보 기〉

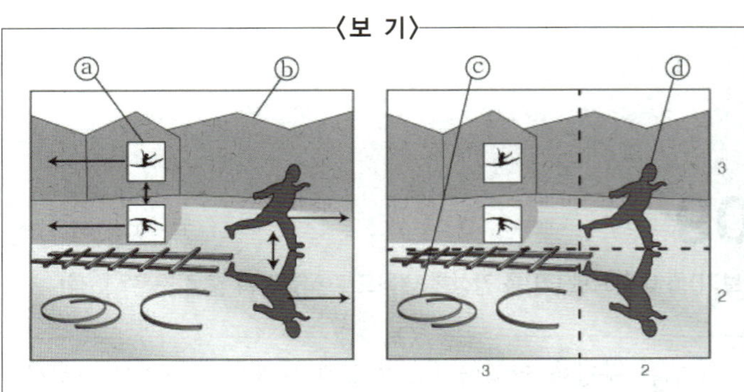

ⓐ: 화살표 방향으로 운동하는 댄서가 있는 포스터
ⓑ: 연속된 삼각형 모양의 지붕과 오각형 건물
ⓒ: 물 위에 흩어져 있는 둥근 모양의 철제 고리
ⓓ: 사다리를 밟고 고요한 물 위를 건너뛰는 남자

① 움직이는 남자와 고요한 물에서 동과 정의 대비를 확인할 수 있군.

② 남자와 그림자, 포스터와 그림자의 위치에서 상하 대비를 보이는 안정된 구도를 확인할 수 있군.

③ 건물, 지붕, 사다리, 고리의 모습에서 여러 종류의 도형이 이루는 기하학적 구도를 찾아볼 수 있군.

④ 남자와 그림자가 일정한 비율로 분할된 곳에 위치한 것에서 황금분할에 기초한 구도를 찾아볼 수 있군.

⑤ 남자와 포스터 속 댄서를 좌우 대각선에 배치한 것에서 미리 계획한 구도에 변화를 주었음을 알 수 있군.

08~12 다음 글을 읽고 물음에 답하시오.

(가)

헌 누더기 입은 무리가 남자인지 여자인지
어린 자식 등에 업고 자란 자식 손에 끌고
울면서 눈물 씻고 엎어지며 오는 모양
차마 보지 못할너라 나직이 묻는 말씀
어디로서 좋아오며 어디로 가려는고
주려들 가는 사람인가 가게 되면 얻어 먹나
아무 데도 한가지라 날 따라 도로 가면
자네 원님 가서 보고 **안접(安接)*하게 하여줌세**
겨우겨우 대답하되 우리 곳은 당진(唐津)이라
여러 해 흉년들어 살길이 없는 중에
도망한 자 신구환(新舊還)*을 있는 자에 물리니
제 것도 못 바치며 남의 곡식 어찌할꼬
못 바치면 매 맞으니 매 맞고 더욱 살까
정처 없이 가게 되면 죽을 줄 알건마는
아니 가고 어찌하리 굶고 맞고 죽을 지경
차라리 구렁*에나 염려 없이 뭇치이면
도리어 편할지라 이런 고로 가노메라
급히 급히 넘어가자 이 백성들 살려보세
둘째 령(嶺)을 올라서서 고을 지경 바라보니
열 집에 일곱 집은 휑그러니 비었더라
읍중(邑中)으로 들어가니 남은 집의 ㉠ 곡성(哭聲)이라
전년의 이천여 호 금년의 칠백 호라
미혹한 유부사(柳府使)*와 답답한 이도호(李都護)*는
국곡(國穀)도 중커니와 인명인들 아니 볼까
백성 없는 곡식 바다 그 무엇에 쓰려하노
출도한 후 전령하여 니징(里徵)* 족징(族徵)* 없이 하고
허두(虛頭)잡이 호역들을 태반이나 덜어 주고
신구환 칠만 석은 탕감하자 아뢰겠네

— 구강, 「북새곡(北塞曲)」 —

* 안접: 편안히 마음을 먹고 머물러 삶.
* 신구환: 올해 세금과 지난해 세금.
* 구렁: 무덤.
* 부사, 도호: 조선시대 관직의 이름.
* 니징, 족징: 세금을 내지 못하는 사람이 있을 때 다른 사람이나 일가족에게 대신 물리던 일.

(나)

십 년 종사(從仕) 후에 고향으로 도라오니
산천의구(山川依舊)ᄒ되 인사(人事)는 달나셰라
아마다 세간존몰(世間存沒)*을 못내 슬허 ᄒ노라 〈1수〉

강산아 나 왓노라 백구(白鷗)야 반갑고야
청풍명월(淸風明月)도 기ᄃ려 줄 알건마ᄂ
성은(聖恩)이 ᄒ 지중(至重)ᄒ시니 자연지체(自然遲滯)*ᄒ여라
〈2수〉

산화(山花)는 믈의 픠고 믈시는 산의 운다
일신이 한가ᄒ야 산수간(山水間)의 누어시니
세상의 어즈러은 긔별을 나는 몰라 ᄒ로라   〈4수〉

거믄고 빗기 들고 산수(山水)을 희롱ᄒ니
청풍(淸風)은 건듯 블고 명월(明月)도 도라 온다
ᄒ믈며 유신(有信)ᄒ 믈여기*는 오명가명 ᄒᄂ니   〈5수〉

산수(山水)의 병(病)이 되고 금가(琴歌)*의 벽(癖)이 이셔
산수(山水) 죠흔 곳의 ⓛ 금가(琴歌)로 노니노라
두어라 초로인생(草露人生)*이 아이 놀고 어이 ᄒ랴   〈8수〉
                                        – 신교, 「귀산음(歸山吟)」 –

* 세간존몰: 세상의 존속과 멸망.
* 자연지체: 저절로 늦어 머뭇거림.
* 믈여기: 갈매기.
* 금가: 거문고에 맞추어 부르는 노래.
* 초로인생: 풀 끝에 달린 이슬처럼 덧없는 인생.

(다)

　기다리는 엿장수는 오지 않았다. 벌써 보름째 나타나지 않는 엿장수의 리어카를 기다리느라 조바심이 난 아이들은 오리처럼 목이 길어졌다. 마당에서 자치기를 하다가도 담 너머로 슬쩍슬쩍 눈을 돌렸고, 꼴을 베다가도 동구 밖을 자주 힐끔거렸다. 여름날, 대청마루에서 낮잠을 자고 있노라면 꿈속에서도 엿장수의 가위 소리가 귓전을 울리곤 했다.

　엿장수의 그 넓적한 가위는 엿을 알맞게 나누는 도구인 동시에 그 소리로 엿장수 자신의 존재를 알리는 훌륭한 홍보 수단이었다. 노련한 엿장수일수록 엿가위에 신명 난 장단을 넣어 아이들의 귀를 길쭉하게 만들었다.

　고요한 마을에 엿장수의 ⓒ 가위 소리가 멀리서 찰각거리기 시작하면 아이들은 너나 할 것 없이 가위 소리가 나는 쪽을 향해 뛰었다. 한쪽 발에만 신을 꿰어 신고 뛰어가는 아이도 있었다. 신발을 손에 들고 뛰는 아이도 있었다. 아예 맨발로 뛰는 아이도 있었다. 바지가 흘러내리는 줄도 모르고, 가랑이가 찢어지는 줄도 모르고 아이들은 뛰었다.

　엿으로 바꿔 먹을 만한 물건이 없나, 하고 아이들은 이미 마루 밑이며 헛간을 수도 없이 뒤진 터였다. 아이들은 고철이나 함석 조각을 챙겨 들고 달렸다. 칠성사이다를 마시고 남은 빈 병을 쥐고 달렸다. 뒤축이 닳아 구멍이 난 흰 고무신을 품고 달렸다. 1원짜리 동전 하나를 달랑 손에 움켜쥐고 달렸다. 어른들의 서릿발 같은 꾸중을 각오하고 멀쩡한 양은 냄비나 숟가락을 들고 달리는 용감한 아이도 있었다.

(중략)

　하지만 이제 우리나라 어디를 가더라도 그 옛날의 엿장수는 없다. 엿장수의 가위 소리도 없고, 그 소리에 넋을 놓고 뛰어가던 아이들도 없다. 이어폰만 귀에 꽂으면 엿장수의 단조로운 가위 소리보다 더 빠르고 변화가 심한 매력적인 음악을 들을 수 있고, 엿가락보다 더 달콤한 군것질거리가 지천에 널려 있다.

　누군가 우스개처럼 말했던 게 생각난다. 엿장수는 외국 자본에

기대지 않고 순수하게 민족 자본으로 성장했던 마지막 기업이었다고. 그렇지 않더라도 엿장수, 넝마주이, 고물상이라는 이름들 앞에 우리는 좀 더 겸손해져야 하지 않을까. 그들은 이 땅에서 쓰레기 분리수거를 제일 먼저 실천했던 선각자들이라고 말이다. 그들이 아니었다면 삼천리 금수강산은 삼천리 유리 파편 강산이 되었을지도 모르는 일이다. 안 그런가?
                                        – 안도현, 「엿장수 생각」 –

08 　1등급 대비 고난도 2점 문제   　고2 · 2023년 6월 16번

(가)와 (나)의 표현상 특징에 대한 설명으로 가장 적절한 것은?

① (가)는 (나)와 달리 문답 구조를 통해 시상을 전개하고 있다.
② (가)는 (나)와 달리 공간을 대비하여 지향하는 가치를 드러내고 있다.
③ (나)는 (가)와 달리 유사한 통사 구조를 반복하여 운율을 형성하고 있다.
④ (나)는 (가)와 달리 구체적인 수치를 활용하여 상황의 변화를 드러내고 있다.
⑤ (가)와 (나)는 모두 계절감이 드러나는 시어를 사용하여 시간의 경과를 보여 주고 있다.

09   　고2 · 2023년 6월 17번

〈보기〉를 바탕으로 (가)를 감상한 내용으로 적절하지 않은 것은? [3점]

> **〈 보 기 〉**
>
> 　(가)는 구강이 암행어사로 겨울에 북관을 지나면서 경험한 일을 바탕으로 쓴 가사이다. 어사로서 임무를 수행하며 백성들의 피폐한 삶과 지방 관리들의 폭정을 대면하고 이를 해결하기 위해 노력하는 과정에서의 감상이 드러나 있다. 이는 위정자로서의 책임감과 함께 인간에 대한 구강의 연민의 정이 표출된 것이다.

① '차마 보지 못할너라'에서 어려운 상황에 처한 백성들에게 연민의 정을 느끼는 작자의 모습을 발견할 수 있어.
② '안접하게 하여줌세'에서 고향으로 돌아가려는 백성들을 도우려는 위정자로서의 책임감을 느낄 수 있어.
③ '도망한 자 신구환을 있는 자에 물리니'에서 불합리하게 부과된 세금으로 고통받는 백성들의 현실을 짐작할 수 있어.
④ '급히 급히 넘어가자 이 백성들 살려보세'에서 암행어사로서 임무에 최선을 다하려는 마음가짐을 엿볼 수 있어.
⑤ '백성 없는 곡식 바다 그 무엇에 쓰려하노'에서 백성들을 수탈하는 지방 관리들에 대한 부정적 인식을 확인할 수 있어.

10

(나)에 대한 설명으로 적절하지 <u>않은</u> 것은?

① 〈1수〉: 돌아온 고향에서 변해 버린 인사(人事)에 대한 슬픔을 나타내고 있다.

② 〈2수〉: 강산을 즐기느라 임금에게 가지 못하는 상황에 대한 미안함을 드러내고 있다.

③ 〈4수〉: 세속의 어지러운 소식을 모른 체하며 살고 싶은 심정을 표현하고 있다.

④ 〈5수〉: 자연과 어우러지는 모습을 통해 자연에 대한 친근감을 드러내고 있다.

⑤ 〈8수〉: 인생이 덧없다고 느끼기에 산수(山水)와 노래를 즐기며 살기를 희망하고 있다.

11

〈보기〉를 바탕으로 (다)를 이해한 내용으로 적절하지 <u>않은</u> 것은?

> ─────〈보 기〉─────
>
> (다)에서 글쓴이는 '엿장수'에 대한 생각과 느낌을 드러내고 있다. 엿장수를 기다리던 모습, 엿장수가 마을에 나타났을 때의 반응, 엿으로 바꿔 먹었던 다양한 물건 등 엿장수와 관련된 추억을 언급하고, 이제는 사라져 버린 대상에 대한 안타까움과 그 가치에 대해 이야기하고 있다.

① 아이들이 엿장수를 기다리던 모습을 묘사하면서 그들의 애타는 심정을 효과적으로 드러내고 있다.

② 엿장수를 향해 정신없이 뛰어가던 아이들의 모습을 생동감 있게 그려내고 있다.

③ 아이들이 엿으로 바꿔 먹기 위해 들고 갔던 다양한 물건을 언급하고 있다.

④ 엿장수가 사라진 이후 변화를 받아들이지 못하는 기존 세대에 대한 안타까운 심정을 토로하고 있다.

⑤ 엿장수가 했던 일에 가치를 부여하여 그 의미를 독자들이 생각해 보도록 하고 있다.

12

㉠~㉢에 대한 설명으로 가장 적절한 것은?

① ㉠은 현재 상황에 대한 슬픔을 드러내는 화자의 소리이고, ㉡은 현재 상황에 대한 만족감을 드러내는 화자의 소리이다.

② ㉠은 현실에 대한 울분을 드러내는 백성들의 소리이고, ㉢은 현실에 대한 불만을 드러내는 엿장수의 소리이다.

③ ㉡은 주변 경관을 감상하며 즐기는 소리이고, ㉢은 주변의 분위기를 분주하게 변화시키는 소리이다.

④ ㉠과 ㉡은 모두 화자의 과거 경험을 떠올리게 하는 소리이다.

⑤ ㉡과 ㉢은 모두 긍정적인 상황에서 부정적인 상황으로의 반전을 유발하는 소리이다.

학습 Check!

▶ 몰라서 틀린 문항 × 표기　▶ 헷갈렸거나 찍은 문항 △ 표기　▶ ×, △ 문항은 다시 풀고 ✔ 표기를 하세요.

종료 시각	시 분 초	문항 번호	01	02	03	04	05	06	07	08	09	10	11	12
소요 시간	분 초	채점 결과												
초과 시간	분 초	틀린 문항 복습												

DAY 12

수능기출 전국연합학력평가 **20분 미니 모의고사**

● 날짜 :   월   일   ● 시작 시각 :   시   분   초   ● 목표 시간 : 20분

※ 점수 표기가 없는 문항은 모두 2점입니다.

01~02 (가)는 교내 신문의 연재 기사문이고, (나)는 (가)의 보도 이후에 열린 회의이다. 물음에 답하시오.

(가)

새로운 모습으로 탈바꿈하게 될 유휴 교실

우리 학교가 교육청의 '학교 공간 개선 지원 사업'의 대상 학교로 선정되어, '유휴 교실 활용 위원회' 회의를 통해 유휴 교실 활용 방안을 논의할 예정이다.

우리 학교는 학급 수 감축으로 생긴 빈 교실 두 칸의 활용도가 낮아, 이를 개선해야 한다는 요구가 계속 제기되어 왔다. 이에 우리 학교는 교육청의 학교 공간 개선 지원 사업에 신청하여 대상 학교로 선정되었다.

학교에서는 학생, 교사, 학부모 위원으로 구성된 유휴 교실 활용 위원회를 조직하여 유휴 교실 활용 방안을 논의하기로 하였다. 본 회의에 앞서 실시된 예비 모임에서는 학교 구성원들의 의견을 먼저 알아본 후에 그 결과를 바탕으로 회의를 열기로 협의하였다. 제1차 유휴 교실 활용 위원회 회의는 오는 ××일에 학생 자치실에서 열린다. 이와 관련해 김○○ 학생은 "학생들이 자유롭게 이용할 수 있는 공간이면 좋겠어요."라고 말했고, 최△△ 교사는 "학교 구성원들의 요구가 잘 충족되기를 바란다."라고 말해 회의에 대한 기대감을 드러내었다.

한편 본보에서는 앞으로 실시될 회의 결과를 연재 기사 형태로 실어 학교 구성원들에게 전달할 예정이다.

(나)

사회자: 제1차 유휴 교실 활용 위원회 회의를 시작하겠습니다. 회의에 앞서 배부한 참고 자료들을 보시면서 유휴 교실의 공간 활용 방안에 대해 논의하겠습니다. 학생 위원 먼저 발언해 주시기 바랍니다.

학생 위원: 학생 선호도 조사를 보면 학생들은 유휴 교실을 휴게실로 사용하기를 가장 원합니다. 교실은 공부를 위한 공간이다 보니, 교실에서 친구들과 이야기를 하거나 공부 이외의 활동을 자유롭게 하기 어렵습니다. 그래서 학생들이 마음 편하게 쉴 수 있는 공간으로 유휴 교실을 활용했으면 좋겠습니다.

교사 위원: 학생 위원의 의견에 공감합니다. 그러나 자료를 보시면 알 수 있듯이 이 사업이 교육청의 지원을 받아 이루어지므로 유휴 교실은 교육 활동을 위한 공간으로 활용되어야 합니다. 그런 점에서 단순히 휴게실로만 이용하는 것은 사업의 취지에 맞지 않습니다.

사회자: 학생 위원은 학생들의 휴식 공간으로의 활용 방안을, 교사 위원은 교육 활동을 위한 공간으로 활용될 ⌉ [A]

필요성을 말씀하셨습니다. 이에 대해 학부모 위원은 어떻게 생각하십니까? ⌋

학부모 위원: 저도 유휴 교실은 교육적인 활동이 이루어지는 공간으로 구성되었으면 합니다. 학생 선호도 조사를 보면 스터디카페에 대한 선호도도 높은 편인데 유휴 교실을 스터디카페로 활용하는 방안은 어떨지요? 자료를 보니 인근의 □□ 고등학교도 유휴 교실을 스터디카페로 활용하여 학생들의 만족도가 높습니다.

학생 위원: 사업 취지를 살펴보면 '교육 활동에 적합한 공간'이라는 말도 있지만 '구성원 모두가 누릴 수 있는 공간'이라는 말도 있습니다. 스터디카페를 만들게 되면 공부하는 학생들만 이용하는 공간으로 제한될 우려가 있습니다. 오히려 학생 모두가 이용할 수 있는 휴게 공간으로 만드는 것이 사업 취지에도 맞습니다.

사회자: 학생 위원과 학부모 위원이 말씀하신 휴게 공간이나 ⌉ 스터디카페 모두 사업의 취지에 부합한다고 볼 수 있 습니다. 그러면 휴게 공간과 교육 공간의 성격을 아우를 [B] 수 있는 공간 활용 방안은 없을까요? ⌋

교사 위원: 유휴 교실 두 칸을 통합하여 북카페의 형태로 공간을 구성하면 가능할 것 같습니다. 스터디카페로 꾸민 □□ 고등학교의 보고서를 보니 이곳을 독서 교육 공간으로 활용했으면 하는 의견도 있는데, 북카페로 만든다면 교과와 연계된 독서 교육 프로그램을 운영하는 공간으로 활용할 수도 있을 것 같습니다.

학부모 위원: 좋은 생각입니다. 그러면 북카페를 학생뿐 아니라 학부모 독서 모임 공간으로도 활용할 수 있습니다.

학생 위원: 북카페로 만든다면 편하게 쉬면서 책도 읽을 수 있어서 학생들도 만족할 것 같습니다. 다만 인근 학교의 사례를 보면 공간 이용에 불편함이 있다는 의견이 있으니, 우리 학교는 내부 디자인 설계 때 학생들의 의견을 반영해 주셨으면 합니다.

사회자: 그럼, 유휴 교실을 북카페로 활용하는 것으로 의견이 모아진 것 같습니다. 말씀하신 공간 내부 디자인 설계 방법에 대해서는 제2차 회의에서 디자인 전문가를 모시고 협의하도록 하겠습니다. 오늘 회의에 참여해 주셔서 감사합니다.

01

(가)를 작성하며 고려한 사항 중 글에 반영되지 <u>않은</u> 것은?

① 기사문의 공적인 성격을 고려하여 격식체를 사용한다.
② 기사문의 예상 독자를 고려하여 회의에 대한 학교 구성원들의 기대감을 나타낸다.
③ 기사문의 형식을 고려하여 기사 맨 앞부분인 전문에 유휴 교실 개선의 필요성을 제시한다.
④ 기사문의 기획 의도를 고려하여 회의 결과를 지속적으로 독자에게 알릴 것임을 언급한다.
⑤ 기사문의 목적을 고려하여 학교 공간 개선 지원 사업 신청 배경에 관한 정보를 전달한다.

02

(나)의 [A], [B]에 드러난 '사회자'의 말하기에 대한 이해로 가장 적절한 것은?

① [A]에서는 참가자의 발언 내용을 되물으며 발언의 정확한 의도를 확인하고 있다.
② [B]에서는 참가자들의 발언의 취지를 확인하며 추가적인 설명을 요구하고 있다.
③ [A]에서는 [B]에서와 달리 참가자들의 발언 내용의 적절성에 대해 평가하고 있다.
④ [B]에서는 [A]에서와 달리 참가자들의 의견이 수렴될 수 있는 방법에 대해 묻고 있다.
⑤ [A]와 [B]에서는 모두 참가자들의 발언 내용을 요약한 뒤 다음 발언자를 지목하고 있다.

03 1등급 대비 고난도 2점 문제

〈보기〉의 ㉠~㉤에 대한 설명으로 적절하지 <u>않은</u> 것은?

---〈 보 기 〉---
㉠ 예쁜 아이가 활짝 웃는다.
㉡ 나는 어제 새 가방을 샀다.
㉢ 지금 이곳은 동화 속 세상처럼 아름답다.
㉣ 작년에는 날씨가 추웠으나 올해에는 따뜻하다.
㉤ 설령 눈이 올지라도 우리는 어김없이 밖에 나간다.

① ㉠에는 주어가 생략된 안긴문장이 있다.
② ㉡은 주어와 서술어의 관계가 한 번 나타나는 문장이다.
③ ㉢에는 하나의 문장 성분처럼 쓰이는 안긴문장이 있다.
④ ㉣은 두 개의 홑문장이 대등하게 연결된 이어진문장이다.
⑤ ㉤은 주어와 서술어의 관계가 두 번 이상 나타나는 문장이다.

04~07 다음 글을 읽고 물음에 답하시오.

 오염된 물을 사용 목적에 맞게 정화하는 정수 처리 기술에서 침전 과정은 부유하는 오염 물질을 가라앉혀 물의 탁도를 제거하는 것을 목적으로 한다. 부유물이 물보다 비중이 큰 경우, 다른 물질과의 상호 작용 없이 중력만으로 가라앉힐 수 있는데 이를 '보통 침전 방식'이라고 한다. 하지만 중력만으로 침전시키기 어려운 콜로이드 입자와 같은 물질들은 화학 약품을 이용하여 입자들을 응집시켜 가라앉히는 방식을 사용하는데 이를 '약품 침전 방식'이라고 한다.

 일반적으로 미세한 입자들은 입자 간의 거리가 일정 거리 이하로 좁혀지면 서로를 끌어당기는 ㉠ 반데르발스 힘의 영향을 받아 응집하게 된다. 하지만 물속에서 부유하는 미세한 콜로이드 입자들은 수산화 이온과의 결합 등으로 인해 음(−) 전하를 띠고 있어 서로를 밀어내는 ㉡ 전기적 반발력의 영향을 받기 때문에 일정 거리 이하로 입자들의 거리가 좁혀지지 않는다. 그 결과 콜로이드 입자들은 물속에서 균일하게 분산되어 안정성을 가지고 부유하게 된다. 이런 입자의 안정성은 물의 탁도를 높이는 주요한 원인이 된다.

 약품 침전 방식에서는 응집제를 주입하여 전기적 중화 작용과 가교 작용을 통해 콜로이드 입자의 영향으로 발생한 물의 탁도를 낮추는 과정을 거치게 된다. 이때 사용된 응집제는 보편적으로 알루미늄염과 철염 등의 양이온계 응집제로 이들은 물과 화학 반응을 하면서 단계적으로 다양한 종류의 화합물을 형성하게 된다.

 우선 전기적 중화 작용에서는 탁도가 높은 물에 주입된 응집제가 물과 화학 반응을 거쳐 양(+) 전하의 금속 화합물을 형성하고, 이 화합물이 음(−) 전하를 띤 콜로이드 입자와 결합하면 콜로이드 입자 간 전기적 반발력이 감소하게 된다. 그 결과 콜로이드 입자들이 불안정화되고 물 분자 운동이나 물의 흐름에 의해 움직이다가 반데르발스 힘이 작용할 정도로 가까워지게 되면 서로 응집하여 침전이 가능한 작은 플록을 형성하게 된다. 이러한 전기적 중화 작용은 응집제 주입 후 극히 단시간 안에 이루어지기 때문에 콜로이드 입자와 금속 화합물이 빠르게 결합하여 반응하게 하기 위해 물을 빠르게 젓는 급속 교반을 해야 한다.

 다음으로 가교 작용에서는 전기적 중화 작용에서 형성된 작은 플록을 더 크게 만든다. 침전 속도를 높이기 위해서는 플록의 크기가 더 커져야 하는데, 반데르발스 힘만으로는 플록의 크기를 키우는 데 한계가 있기 때문이다. 응집제의 주입으로 형성된 화합물 중 긴 사슬 형태의 고분자 화합물은 플록과 플록을 연결하는 일종의 가교 역할을 하게 된다. 이런 작용을 통해 연결된 여러 플록들은 하나의 큰 플록이 되어 중력의 영향을 받아 빠르게 침전한다. 이러한 가교 작용 과정에서는 침전에 용이한 큰 플록을 만들기 위해 플록이 다른 플록과 연결될 때 접촉 시간을 늘려 주고, 연결이 깨지지 않도록 물을 천천히 저어 주어야 한다. 이를 완속 교반이라고 한다.

 한편, 이와 같은 과정을 거쳐 탁도가 낮아진 물에, 전기적 중화 작용과 가교 작용에서 반응하지 못한 응집제가 많이 남아 있게 되면 전기적으로 중화되었던 콜로이드 입자들이 오히려 양(+)

전하를 띠게 된다. 이를 전하 역전 현상이라고 한다. 이렇게 되면 콜로이드 입자들이 재안정화되면서 물의 탁도는 다시 높아진다. 이 상태에서 여분의 응집제는 물과 화학 반응을 통해 최종적으로 침전성 금속 화합물을 형성하게 되고, 이 화합물은 마치 그물망처럼 콜로이드 입자들을 흡착하면서 가라앉는데 이를 체 거름 현상이라고 한다.

04

고2 · 2022년 11월 22번

윗글에서 알 수 있는 내용으로 적절하지 <u>않은</u> 것은?

① 급속 교반은 콜로이드 입자와 금속 화합물의 결합을 촉진한다.
② 약품 침전 방식은 콜로이드 입자의 응집을 위해 화학 약품을 이용한다.
③ 부유물의 비중이 물보다 큰 경우 중력만으로 부유물을 침전시킬 수 있다.
④ 물을 빠르게 저어 플록끼리 접촉할 시간을 늘리면 체 거름 현상이 나타난다.
⑤ 양이온계 응집제는 물과 화학 반응하여 다양한 종류의 화합물을 형성한다.

05

고2 · 2022년 11월 23번

㉠, ㉡에 대한 이해로 가장 적절한 것은?

① ㉠은 입자가 일정 거리 안에서 서로를 밀어내는 힘이라고 할 수 있다.
② ㉠은 입자가 물속에서 균일하게 분산할 수 있게 해 주는 힘이라고 할 수 있다.
③ ㉡은 입자 간의 거리가 멀어지면 발생하는 힘이라고 할 수 있다.
④ ㉡은 입자가 띠고 있는 전하의 성질로 인해 작용하는 힘이라고 할 수 있다.
⑤ ㉠과 ㉡은 모두 입자가 이온과 결합할 때 형성되는 힘이라고 할 수 있다.

06 1등급 대비 고난도 3점 문제

〈보기〉는 응집제의 투입에 따른 물의 탁도 변화를 설명하기 위한 그래프이다. 윗글을 읽은 학생들이 〈보기〉에 대해 보인 반응으로 적절하지 <u>않은</u> 것은? [3점]

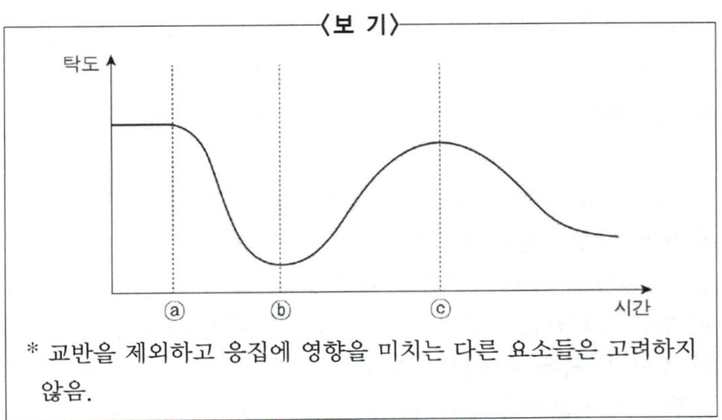

① ⓐ에서 주입된 응집제는 ⓐ와 ⓑ 사이에서 콜로이드 입자 간의 거리를 좁히는 작용을 하겠군.

② ⓐ와 ⓑ 사이에서 형성된 고분자 화합물은 플록과 플록을 연결하여 침전에 용이한 큰 플록을 만들겠군.

③ ⓐ와 ⓑ 사이에서 탁도가 급속하게 낮아진 것은 가교 작용으로 형성된 플록의 침전 속도가 높아졌기 때문이라고 할 수 있겠군.

④ ⓑ와 ⓒ사이에서 탁도가 다시 높아진 것은 ⓐ에서 주입된 응집제가 전기적 중화 작용과 가교 작용에서 반응하지 못하고 남아 있는 것이 원인으로 작용했기 때문이겠군.

⑤ ⓒ 이후 탁도가 낮아지는 것은 ⓑ에서 형성된 긴 사슬 형태의 화합물이 콜로이드 입자들과 흡착하여 침전했기 때문이겠군.

07

〈보기〉는 윗글을 읽은 학생이 정리한 내용의 일부이다. ㉮~㉣에 들어갈 말로 적절한 것은?

〈보 기〉

오염된 물에 존재하는 콜로이드 입자는 수산화 이온과의 결합 등의 원인으로 (㉮)된 상태에서 부유한다. 응집제를 주입하면 (㉯)이/가 일어나고 콜로이드 입자는 (㉰)된다. 응집제를 과다하게 주입하면 (㉱)이/가 나타난다.

	㉮	㉯	㉰	㉱
①	안정화	전하 역전	불안정화	전기적 중화
②	불안정화	전기적 중화	안정화	전하 역전
③	안정화	전기적 중화	불안정화	전하 역전
④	불안정화	전하 역전	안정화	전기적 중화
⑤	안정화	전기적 중화	불안정화	전기적 중화

08~12 다음 글을 읽고 물음에 답하시오.

(가)

昨過永明寺	어제 영명사를 지나다가
暫登浮碧樓	잠시 부벽루*에 올랐네
城空月一片	**텅 빈 성**엔 조각달 떠 있고
石老雲千秋	천년의 **구름** 아래 **바위**는 늙었네
麟馬去不返	기린마*는 떠나간 뒤 돌아오지 않으니
天孫何處遊	**천손***은 지금 어느 곳에서 노니는가
長嘯倚風磴	**돌다리**에 기대어 길게 **휘파람** 부노라
山青江自流	**산**은 오늘도 푸르고 **강**은 절로 흐르네

– 이색, 「부벽루(浮碧樓)」 –

* 부벽루: 고구려의 수도였던 평양에 있는 누각.
* 기린마: 고구려 동명왕이 타고 하늘로 올라갔다고 전해지는 상상의 말.
* 천손: 고구려의 시조인 동명왕을 가리킴.

(나)

와룡산(臥龍山) 나린 아래 반무당(半畝塘)*을 새로 여니
티끌 없는 거울에 산영(山影)이 잠겼구나
이 내의 경영(經營)하는 뜻은 그를 보려 하노라

〈제1수〉

도원(桃源)이 있다 하여도 예 듣고 못 봤더니
홍하(紅霞)*이 만동(滿洞)하니 이 진짓 거기로다
이 몸이 또 어떠하뇨 ⓐ <u>무릉인(武陵人)</u>인가 하노라

〈제14수〉

내 빈천(貧賤)을 보내려 한들 이 빈천 뉘게 가며
남의 부귀(富貴) 오라고 한들 저 부귀 내게 오랴
보내지도 청하지도 말오 내 분대로 하리라

〈제20수〉

다만 **한 간 초옥(草屋)**에 세간도 많기도 많구나
나하고 **책**하고 **벼루 붓**은 무슨 일인고
이 초옥 이 세간 가지고 아니 즐기고 어찌하리

〈제34수〉

어와 벗님네야 모두 모두 죄 오시니
이 **산정(山亭)**이 **늙은이** 오늘날 더 즐겁다
비록 임심노흑(林深路黑)*하나 마나 자주 자주 오소서

〈제48수〉

– 김득연, 「산중잡곡(山中雜曲)」 –

* 반무당: 조그만 연못.
* 홍하: 해 주위에 보이는 붉은 노을.
* 임심노흑: 숲이 우거져 햇볕이 들지 않아 길이 어둑어둑함.

(다)

달관한 사람에게는 괴이한 것이 없으나 ⓑ <u>속인(俗人)</u>들에게는 의심스러운 것이 많다. 이른바 '본 것이 적으면 괴이하게 여기는 것이 많다.'는 것이다. 그러나 어찌 달관한 사람이라 해서 사물들을 일일이 찾아 눈으로 직접 보았겠는가. 한 가지를 들으면 열 가지를 눈앞에 그려보고, 열 가지를 보면 백 가지를 마음속으로 상상해 보았을 뿐이다. 천만 가지 괴기한 것들이란 도리어 사물에 잠시 붙은 것이고, 자기 자신과는 아무런 상관이 없는 것이다. 따라서 마음이 한가롭게 여유가 있으며, 사물에 응수함이 무궁무진하다.

반면 본 것이 적은 자는 해오라기를 기준으로 까마귀가 검다고 비웃고, 오리를 기준으로 학의 다리가 길다고 위태롭다고 여긴다. 그 사물 자체는 본디 괴이할 것이 없는데 저 혼자 화를 내고, **한 가지 일**이라도 제 생각과 같지 않으면 **만물**을 모조리 모함하려 든다.

아! 저 까마귀를 보라. 그 깃털보다 더 검은 것이 없건만, 홀연 옅은 황금빛이 번지기도 하고 다시 연한 녹색을 발하기도 한다. 해가 비치면 자주색이 튀어 올라, 눈에 어른거리다가 비취색으로 바뀐다. 그렇다면 내가 그 새를 **푸른 까마귀**라 불러도 될 것이고, **붉은 까마귀**라 불러도 될 것이다. 그 새에게는 본래 **일정한 색이 없는**데도, 내가 눈으로 먼저 그 색깔을 정한 것이다. 어찌 단지 눈으로만 정했으리오. 보지도 않고서 먼저 **마음속으로** 정해 버린 것이다.

아! 까마귀를 검은색에 가두어 두는 것만으로 충분하거늘, 다시 까마귀를 기준으로 이 세상의 모든 색을 가두어 두려는구나. 까마귀가 과연 검기는 하지만, 앞서 말한 푸른색과 붉은색이 까마귀의 검은색 중에 들어 있는 빛인 줄 누가 또 알겠는가. **검은색을 일러 어둡다고 하는 것**은 비단 까마귀만 알지 못하는 것이 아니라 검은색이 무엇인지조차도 모르는 것이다. 왜냐하면 **물**은 검기 때문에 사물을 비출 수가 있고, **옻칠**도 검기 때문에 능히 거울이 될 수 있기 때문이다. 이런 까닭에 색이 있는 것치고 빛이 있지 않은 것이 없으며, 형체가 있는 것치고 맵시가 있지 않은 것이 없다.

(중략)

세상에는 **달관한 사람**은 적고 속인들만 많으니, 내가 **입을 다물고** 말하지 않는 것이 좋을 것이다. 그럼에도 **쉬지 않고 말을 하게** 되는 것은 무슨 까닭인가? 아, 연암 노인이 연상각(烟湘閣)에서 쓰노라.

– 박지원, 「능양시집서(菱洋詩集序)」 –

08

(가)의 표현상의 특징에 대한 설명으로 가장 적절한 것은?

① 문답 구조를 활용하여 시적 의미를 드러내고 있다.
② 명령형 어조를 활용하여 시적 긴장감을 높이고 있다.
③ 반어적인 표현을 활용하여 시적 상황을 구체화하고 있다.
④ 색채어의 대비를 통해 시적 대상을 생생하게 드러내고 있다.
⑤ 세월의 흐름을 시각적으로 형상화하여 시적 분위기를 조성하고 있다.

09

고2·2022년 6월 22번

(나)에 대한 설명으로 적절하지 <u>않은</u> 것은?

① 〈제1수〉: 화자는 대상이 지닌 속성을 활용하여 자신이 지향하는 가치를 드러내고 있다.
② 〈제14수〉: 화자는 아름다운 경치에서 이상 세계의 면모를 발견하고 있다.
③ 〈제20수〉: 화자는 세속적 가치에 집착하지 않고 자신의 분수를 지키려 하고 있다.
④ 〈제34수〉: 화자는 자신이 소유한 것을 쓰며 즐기는 삶을 부정적으로 인식하고 있다.
⑤ 〈제48수〉: 화자는 자신이 거처하는 곳에 사람들이 자주 오기를 희망하고 있다.

10

고2·2022년 6월 23번

〈보기〉를 바탕으로 (가)와 (나)를 감상한 것으로 적절하지 <u>않은</u> 것은? [3점]

〈보 기〉

　문학 작품 속 공간은 단순한 배경을 넘어 현실에 대한 인식을 드러내는 장치로 사용되기도 한다. (가)에서 부벽루는 자연과 인간사를 대비하는 퇴락한 공간으로, 역사적 전환기를 맞는 지식인이 역사의 유한함에 대해 무상감을 느끼는 장소이다. (나)에서 산중은 화자가 만족감을 누리는 공간으로, 자연 속에서 삶을 즐기며 늙어가는 장소이다.

① (가)의 '텅 빈 성'에서 인간 역사의 유한함을 느낀 화자는 '구름'과 '바위'를 바라보며 감회에 젖어 있군.
② (가)의 '돌다리'에서 '휘파람'을 부는 화자는 역사적 전환기의 지식인인 '천손'을 떠올리며 쓸쓸함을 느끼고 있군.
③ (가)의 '산'과 '강'의 변함없는 모습은 퇴락한 역사적 공간과 대비되어 화자가 느끼는 무상감을 더욱 부각하고 있군.
④ (나)의 '한 간 초옥'에서 화자는 '책', '벼루 붓'과 함께하는 생활에 만족감을 느끼고 있군.
⑤ (나)의 '산정'에 있는 화자는 스스로를 '늙은이'라 칭하며 자연 속에서 삶을 즐기고 있음을 드러내고 있군.

11 1등급 대비 고난도 2점 문제

고2·2022년 6월 24번

〈보기〉를 바탕으로 (다)를 감상한 것으로 적절하지 <u>않은</u> 것은?

〈보 기〉

　글쓴이는 고정 관념에 사로잡혀 사물의 다양한 현상을 제대로 살피지 못하는 태도를 비판하고 있다. 대상의 외양에 얽매이지 않고 본질적 속성을 파악해야 대상의 참모습을 인식하고 있다고 본 것이다. 이를 통해 관습적인 태도에서 벗어나 열린 사고를 지향하는 글쓴이의 통찰을 드러내고 있다.

① 자기 생각과 '한 가지 일'이라도 다르면 '만물'을 모함하려는 것은 다양성을 인정하지 못하는 태도로 볼 수 있겠군.
② 까마귀를 '푸른 까마귀'나 '붉은 까마귀'로 부르는 것이 모두 옳다고 여기는 것은 대상의 참모습을 파악하려는 태도로 볼 수 있겠군.
③ 까마귀의 '일정한 색이 없'다는 인식은 '눈'으로 정한 대상의 외양보다는 '마음속'으로 정한 본질적 속성에 주목해야 함을 강조한 것으로 볼 수 있겠군.
④ '검은색을 일러 어둡다고 하는 것'은 '물'과 '옻칠'에서 사물을 비출 수 있다는 속성을 발견하지 못하고 관습적인 태도에 머물러 있는 모습으로 볼 수 있겠군.
⑤ '달관한 사람'이 적은 현실에서 '입을 다물'기보다 '쉬지 않고 말을 하'는 것은 사물의 본질을 파악하지 못한 어리석은 사람을 깨우치려는 의도로 볼 수 있겠군.

12

고2·2022년 6월 25번

ⓐ와 ⓑ를 비교하여 이해한 것으로 가장 적절한 것은?

① ⓐ는 화자에게 과거에 대한 후회를, ⓑ는 글쓴이에게 미래에 대한 기대를 유발한다.
② ⓐ는 화자가 누리는 삶에 대한 자부심을, ⓑ는 글쓴이가 경계하는 삶의 태도를 드러낸다.
③ ⓐ는 화자에게 삶에 대한 인식의 전환을, ⓑ는 글쓴이에게 구체적 행동의 변화를 가져온다.
④ ⓐ는 화자가 동경하는 세계에 대한 예찬을, ⓑ는 글쓴이가 지향하는 세계에 대한 체념을 드러낸다.
⑤ ⓐ는 화자가 인식한 현실과 이상의 괴리감을, ⓑ는 글쓴이가 발견한 사물에 대한 경외감을 드러낸다.

학습 Check!

▶ 몰라서 틀린 문항 × 표기　▶ 헷갈렸거나 찍은 문항 △ 표기　▶ ×, △ 문항은 다시 풀고 ✔ 표기를 하세요.

종료 시각	시	분	초	문항 번호	01	02	03	04	05	06	07	08	09	10	11	12
소요 시간		분	초	채점 결과												
초과 시간		분	초	틀린 문항 복습												

DAY 13

수능기출 전국연합학력평가

20분 미니 모의고사

● 날짜 :　월　일　● 시작 시각 :　시　분　초　● 목표 시간 : 20분　　　※ 점수 표기가 없는 문항은 모두 **2점**입니다.

01~02 **다음은 학생의 발표이다. 물음에 답하시오.**

안녕하세요? 오늘 발표를 맡은 ○○○입니다. 개똥쑥에서 말라리아 치료 성분을 발견했다는 지난주 특강 내용 기억나시나요? (청중의 대답을 듣고) 네, 인류를 살리는 식물에 관한 얘기였죠. 이런 식물이 지구상에서 사라진 상황, 상상이 되시나요? (화면을 보여 주며) 나무의 경우 30%에 해당하는 종이 멸종 위기라고 합니다. 또 다른 조사 결과에 따르면 (화면을 보여 주며) 보시는 바와 같이 전체 식물 중 40%에 해당하는 종이 멸종 우려 수준이라고 합니다. 그래서 식물을 품고 있는 씨앗, 즉 종자의 보존은 중요합니다. 오늘 발표는 그 종자 보존과 관련된 내용입니다.

종자를 보존하기 위한 시설로 시드볼트가 있습니다. 종자와 금고를 합친 말인데, 용어가 어려우니 종자 금고라고 할게요. 종자 금고는 기후 변화나 전쟁 등 예기치 못한 재앙으로 인한 식물의 멸종을 막기 위해 지어진 종자 영구 보관 시설입니다. 여기서 잠깐 퀴즈를 내 볼게요. 종자 금고는 전 세계에 몇 군데 있을까요? (청중의 대답을 듣고) 아, 정답자가 없네요. 놀라지 마세요. (손가락 두 개를 펼쳐 보이며) 단 두 나라, 노르웨이와 우리나라에 있습니다.

인류의 미래를 지키는 데 일조하고자 지은 우리나라 종자 금고는 경북 봉화군에 있습니다. (화면을 보여 주며) 화면 속 건물 아래쪽에 보이는 공간이 저장고가 있는 지하의 모습인데, 외부 영향을 최소화하기 위해 지하에 종자를 보관하고 있습니다. 우리나라뿐만 아니라 외국의 종자도 기탁받아 4천 종 넘게 보관하고 있는데, 저장고 내부는 종자의 발아를 억제해 장기 보관이 가능하도록 적정 온도와 습도를 유지하고 있습니다. 보관된 종자는 특수한 상황이 아니면 반출하지 않는데 식물의 멸종이나 자생지 파괴 등을 대비해 보관하고 있기 때문입니다.

종자를 지키는 일은 미래를 지키는 일입니다. 다음 세대에 물려주어야 할 살아 있는 유산인 씨앗. 씨앗을 보존하기 위한 노력의 일환인 우리나라의 종자 금고는 그런 점에서 의미가 크다고 할 수 있습니다. 제가 준비한 내용은 여기까지인데 궁금한 점을 질문 받고 발표를 마무리할까 합니다.

01

위 발표자의 말하기 방식으로 가장 적절한 것은?

① 청중에게 친숙한 사례로 개념 간의 차이를 부각하고 있다.

② 비언어적 표현을 통해 청중의 행동 변화를 촉구하고 있다.

③ 발표 중간중간에 청중의 질문을 받으며 청중과 상호 작용하고 있다.

④ 청중과 공유하고 있는 경험을 언급하여 청중의 주의를 환기하고 있다.

⑤ 발표 내용에 대한 청중의 이해 정도를 확인한 후 이어질 발표의 순서를 안내하고 있다.

02

다음은 청자와 발표자가 나눈 질의응답의 일부이다. [A]에 들어갈 청자의 질문으로 적절하지 <u>않은</u> 것은?

> **청자:** 발표 잘 들었습니다. 그런데 듣고 나서 궁금한 점이 생겨 질문합니다.
>
> [A]
>
> **발표자:** 그 내용은 발표에 없었네요. 추가로 그 내용에 대해 알려 드릴게요.

① 종자 금고는 현재 두 나라에 있다고 하셨는데, 두 나라의 종자 금고에는 어떤 차이점이 있나요?

② 기탁받은 종자를 보관하고 있다고 하셨는데, 종자를 기탁받는 절차는 어떻게 되나요?

③ 현재 보관 중인 종자 규모를 말씀하셨는데, 종자 금고에는 우리나라 종자만 보관하나요?

④ 적정한 온도를 유지해 종자를 보관한다고 말씀하셨는데, 적정 온도는 어떻게 되나요?

⑤ 종자 금고에 보관된 종자는 특수한 상황이 아니면 반출하지 않는다고 하셨는데, 반출했던 경우가 있나요?

<table><tr><td>03</td><td>다음은 교지 편집부의 요청에 따라 학생이 쓴 글의 초고이다. 물음에 답하시오.</td></tr></table>

　전 세계 의류 생산량은 경제 성장과 함께 지속적으로 증가해 왔다. 특히 저가의 의류를 짧은 주기로 대량 생산·소비하는 패스트 패션 산업의 영향으로 2015년의 전 세계 의류 생산량은 2000년 대비 약 두 배로 증가하였다. 의류는 신체를 보호하고 개성을 드러내는 수단이지만, 의류의 생산과 사용, 폐기 과정에서 환경 오염이 유발된다. 의류의 생산과 소비가 급격히 늘어나며 확대된 의류 산업은 이 문제를 심화하고 있다.

　의류의 생산 과정에서 발생하는 미세 먼지와 같은 유해 물질은 대기 오염의 원인이 된다. 염색에 사용되는 다양한 염료와 표백제는 땅과 바다로 흘러 들어가 토양 오염과 수질 오염을 유발한다. 의류의 사용과 폐기 과정에서 유발되는 환경 오염도 상당하다. 세탁할 때 의류에서 나오는 미세 플라스틱은 하천과 바다를 오염시킨다. 또한 폐기되는 의류 중 겨우 13%만 재활용되고, 대부분 소각·매립되어 대기 오염과 토양 오염을 일으킨다.

　따라서 의류의 생산, 사용, 폐기 과정 전반에서 환경 오염을 최소화하는 방안이 필요하다. 의류 산업으로 인한 오염 물질의 배출량을 제한하는 제도를 강화해야 한다. 또한 천연 섬유를 일정 비율 이상 사용하도록 의무화하는 제도를 시행하고, 환경에 해가 되지 않는 의류 소재의 개발을 지원해야 한다.

03

고2 · 2023년 3월 8번

다음은 편집장이 원고를 의뢰하며 보낸 이메일이다. 초고에서 ㉠~㉢을 반영할 때 활용한 글쓰기 방법으로 적절하지 <u>않은</u> 것은?

| 답장 | 전체답장 | 전달 | ✕삭제 | 스팸신고 |

　안녕하세요. 편집장입니다. '산업과 환경' 기획 연재와 관련하여 '의류 산업과 환경 오염'이라는 주제로 글을 써 주시길 부탁드립니다. ㉠ 의류 산업이 확대된 배경, ㉡ 의류 산업으로 인한 환경 오염의 문제 상황, ㉢ 문제 상황의 해결 방안을 포함해 주세요. 감사합니다.

① ㉠: 특정한 시기를 언급하고 해당 시기 의류 생산량이 증가하는 데 영향을 준 요인을 제시했다.

② ㉡: 환경 오염의 하위 범주들을 설정하고 오염의 정도를 비교했다.

③ ㉡: 의류 생산 과정에서 발생하는 환경 오염과 사용, 폐기 과정에서 발생하는 환경 오염을 구별하여 제시했다.

④ ㉡: 문제 상황을 인식할 수 있도록 의류 산업으로 인해 발생하는 환경 오염의 사례를 들었다.

⑤ ㉢: 의류 산업으로 인한 환경 오염을 줄일 수 있는 다양한 해결 방안을 나열했다.

---

04 1등급 대비 고난도 2점 문제

고2 · 2023년 9월 14번

다음은 수업 상황의 일부이다. ㉠에 들어갈 말로 적절하지 <u>않은</u> 것은?

학생: 선생님, '회상하건대'를 줄이면 '회상컨대'와 '회상건대' 중 어떻게 적는 게 맞나요?

선생님: 그럴 때는 한글 맞춤법 규정을 살펴봐야 해요.

> **제40항** 어간의 끝음절 '하'의 'ㅏ'가 줄고 'ㅎ'이 다음 음절의 첫소리와 어울려 거센소리로 될 적에는 거센소리로 적는다.
>
> **[붙임]** 어간의 끝음절 '하'가 아주 줄 적에는 준 대로 적는다.

'하'가 줄어드는 기준은 '하' 앞에 오는 받침의 소리인데 '하' 앞의 받침의 소리가 [ㄱ, ㄷ, ㅂ]이면 '하'가 통째로 줄고, 그 외의 경우에는 'ㅎ'이 남아요. 그래서 '회상하건대'는 '하'의 'ㅏ'가 줄고 'ㅎ'이 'ㄱ'과 어울려 거센소리가 되어 '회상컨대'로 적어야 해요.

학생: 네, 감사해요. 한글 맞춤법에도 준말 규정이 있었네요.

선생님: 그럼 다음 자료를 규정에 맞게 준말로 바꿔 볼까요?

| 깨끗하지 않다 | 연구하도록 | 간편하게 |
| 생각하다 못해 | 답답하지 않다 | |

학생: [　　　　　㉠　　　　　]

선생님: 네, 잘했어요.

① '깨끗하지 않다'는 어간의 끝음절 '하'의 'ㅏ'가 줄기 때문에 '깨끗치 않다'로 써야 합니다.

② '연구하도록'은 어간의 끝음절 '하'의 'ㅏ'가 줄기 때문에 '연구토록'으로 써야 합니다.

③ '간편하게'는 어간의 끝음절 '하'의 'ㅏ'가 줄기 때문에 '간편케'로 써야 합니다.

④ '생각하다 못해'는 '하'가 통째로 줄기 때문에 '생각다 못해'로 써야 합니다.

⑤ '답답하지 않다'는 '하'가 통째로 줄기 때문에 '답답지 않다'로 써야 합니다.

05~09 다음 글을 읽고 물음에 답하시오.

(가)

다윈은 같은 종에 속하는 개체들이 생존 경쟁에서 살아남아 번식하면 그 형질 중 일부가 자손에게 전달돼 진화가 일어난다는 '자연 선택설'을 주장하였다. 그런데 개체가 다른 개체들과의 생존 경쟁에서 이기기 위해서는 이기적인 행동을 할 수밖에 없지만, 자연계에서는 동물들의 이타적 행동이 자주 관찰된다. 이에 진화론을 옹호하는 학자들은 동물의 이타적 행동을 설명하는 이론을 제시하였다.

해밀턴은 개체들의 이타적 행동은 자신과 같은 유전자를 공유하는 친족들의 생존과 번식에 도움을 줌으로써 자신의 유전자를 후세에 많이 전달하기 위한 행동이라는 ㉮ 혈연 선택 가설을 제시하였다. ㉠ 해밀턴의 법칙에 의하면, 'r×b-c>0'을 만족할 때 개체의 이타적 유전자가 진화한다. 이때 'r'은 유전적 근연도로 이타적 행위자와 이의 수혜자가 유전자를 공유할 확률을, 'b'는 이타적 행위의 수혜자가 얻는 이득을, 'c'는 이타적 행위자가 감수하는 손실을 의미한다. 부나 모가 자식과 같은 유전자를 공유할 확률은 50%이고, 형제자매 간에 같은 유전자를 공유할 확률도 50%이다. r은 2촌인 형제자매를 기준으로 1촌이 늘어날 때마다 반씩 준다. 가령, 행위자가 세 명의 형제를 구하고 죽는다면 '0.5×3-1>0'이므로 행위자의 유전자는 그의 형제들을 통해 다음 세대로 퍼지게 된다. 이러한 해밀턴의 이론은 유전자의 개념으로 동물의 이타적 행동을 설명한 것으로, 이타적 행동의 진화에 얽힌 수수께끼를 푸는 중요한 열쇠로 평가된다.

도킨스는 ㉯『이기적 유전자』에서 동물의 이타적인 행동은 유전자가 다른 유전자와의 생존 경쟁에서 살아남아 더 많은 자신의 복제본을 퍼뜨리기 위한 행동이라고 설명하였다. 그에 따르면 유전자란 다음 세대에 다른 DNA 서열로 대체될 수 있는 DNA 단편으로, 염색체상에서 임의의 어떤 DNA 단편은 그와 동일한 위치나 순서에 있는 다른 유전자들과 경쟁 관계에 있다. 그는 다윈과 같은 기존의 진화론자와 달리 생존 경쟁의 주체를 유전자로 보고 개체는 단지 그러한 유전자를 다음 세대로 전달하는 운반체에 불과하다고 보았다. 그러므로 이타적으로 보이는 개체의 행동은 겉보기에만 그럴 뿐, 실은 유전자가 다른 DNA와의 생존 경쟁에서 이기기 위한 이기적인 행동인 셈이다. 이러한 도킨스의 이론은 유전자의 이기성으로 동물의 여러 행동을 설명하여 과학계에 큰 반향을 불러일으켰으나, 개체를 단순히 유전자의 생존을 돕는 수동적 존재로 보았다는 점에서 비판을 받기도 하였다.

(나)

경제학적 관점에서 이타적 행동이란 자신의 손해를 감수하면서 타인에게 이익을 주는 행동이기 때문에 이기적 사람들과 이타적 사람들이 공존할 경우 이타적 사람들은 자연히 도태될 수밖에 없다. 그럼에도 불구하고 우리 주변에는 여전히 이타적 행동을 하는 사람들이 존재한다. 이에 대해 최근 진화적 게임 이론에서는 '반복-상호성 가설'과 '집단 선택 가설'을 통해 사람들이 이타적 행동을 하는 이유 및 이타적 인간이 진화하는 이유에 대해 설명하고 있다.

㉰ 반복-상호성 가설에서는 자신이 이기적으로 행동할 경우 상대방도 이기적인 행동으로 보복할 수 있기 때문에 이를 피하기 위해 이타적 행동을 한다고 주장하는데, 이를 게임 이론 중 하나인 TFT 전략으로 설명한다. TFT 전략이란 상대방이 협조할지 배신할지 모르고 선택이 매회 동시에 일어나는 상황에서 처음에는 무조건 상대방에게 협조하고 그다음부터는 상대방이 바로 전에 사용한 방법을 모방하는 전략이다. 즉 상대방이 이타적으로 행동하면 자신도 이타적으로, 상대방이 이기적으로 행동하면 자신도 이기적으로 행동하는 것이다. 이러한 행동이 반복되면 점점 상대방의 배신 횟수는 줄고 협조 횟수는 늘어 서로에게 이득이 되는 결과를 얻게 된다. 반복-상호성 가설은 혈연 관계가 아닌 사람들 사이의 이타적 행동을 설명하는 데 유용하지만 반복적이지 않은 상황에서 나타나는 이타적 행동을 설명하는 데는 한계가 있다.

㉱ 집단 선택 가설에서는 이타적 구성원이 많은 집단이 그렇지 않은 집단과의 생존 경쟁에 유리하기 때문에 이타적 인간이 진화한다고 설명한다. 개인 간의 생존 경쟁에서 우월한 개인이 생존하는 개인 선택에서는 이기적 인간이 살아남는 데 유리하지만, 집단 간의 생존 경쟁에서 우월한 집단이 생존하는 집단 선택에서는 이타적 구성원이 많은 집단일수록 식량을 구하거나 다른 집단과의 분쟁에 효과적으로 대응할 수 있기 때문에 생존할 확률이 높다. 따라서 집단 선택에 의해 이타적인 구성원이 많은 집단이 생존하게 되면 자연히 이를 구성하는 이타적 인간도 진화하게 된다. 실제로 인류는 혹독한 빙하기를 거쳐 살아남은 존재라는 점에서 집단 선택 가설은 설득력을 얻는다. 하지만 이타적인 구성원이 많은 집단이라 하더라도 그 안에는 이기적인 구성원도 함께 존재하기 마련이다. 그러므로 집단 선택에 의해서 이타적인 구성원이 진화하기 위해서는 ㉡ 집단 선택이 일어나는 속도가 개인 선택이 일어나는 속도를 압도해야 한다. 그러나 사회생물학에서는 집단 선택의 속도가 현저하게 느리다는 점을 들어 집단 선택 가설은 논리적으로만 가능할 뿐이라고 비판하고 있다. 이에 대해 최근 집단 선택 가설에서는 개인 선택이 일어나는 속도를 늦추고 집단 선택의 효과를 높이는 장치로서 법과 관습과 같은 제도에 주목하면서, 집단 선택의 유효성을 높일 수 있는 방안에 대해서도 연구를 진행하고 있다.

05

고2 · 2021년 3월 37번

(가)와 (나)의 서술상의 공통점으로 가장 적절한 것은?

① 이타적 행동을 설명하는 대립된 이론을 절충하고 있다.
② 이타적 행동을 정의한 후 구체적 유형을 분류하고 있다.
③ 이타적 행동에 관한 이론들을 통시적으로 고찰하고 있다.
④ 이타적 행동을 설명하는 이론의 발전 방향을 전망하고 있다.
⑤ 이타적 행동에 관한 이론과 그에 대한 평가를 제시하고 있다.

06

고2 · 2021년 3월 38번

㉠을 이해한 내용으로 적절하지 <u>않은</u> 것은?

① 유전적 근연도에 초점을 맞춰 이타적 행위를 설명하고 있다.
② 개체의 이기적 행동에 숨겨진 이타적 동기에 대해 설명하고 있다.
③ 이타적 행위자와 그의 수혜자가 삼촌 관계일 경우 r은 0.25가 된다.
④ 이타적 행위자와 수혜자가 부모 자식이나 형제자매 관계일 경우 r은 같다.
⑤ 이타적 행위자와 그의 수혜자가 혈연관계일 때, b와 c가 같으면 이타적 유전자가 진화하지 않는다.

07

고2 · 2021년 3월 39번

(나)의 TFT 전략을 참고할 때 〈보기〉의 질문에 대한 답으로 적절한 것은?

〈보 기〉

다음은 A와 B의 협조 여부에 따른 보수(편익과 비용의 합)를 행렬로 나타낸 것이다. A와 B가 상대방의 선택을 모르고 선택이 동시에 이루어지는 상황에서 A만 'TFT 전략'을 사용한다고 가정하자. B가 첫 회에만 비협조 전략을 사용한다면, B가 두 번째 회까지 얻게 되는 보수의 합은 얼마인가?

	전략	B 협조	B 비협조
A 협조		(1, 1)	(−1, 2)
A 비협조		(2, −1)	(0, 0)

〈(2, −1)은 A가 비협조 전략, B가 협조 전략을 사용할 때, A의 보수가 2, B의 보수가 −1임을 나타냄.〉

① 0　　　② 1　　　③ 2　　　④ 3　　　⑤ 4

08

고2 · 2021년 3월 40번

㉡의 이유를 추론한 내용으로 가장 적절한 것은?

① 집단 선택의 속도가 개인 선택의 속도보다 느릴 경우, 이타적 구성원의 수가 천천히 증가하기 때문에
② 개인 선택으로 이타적인 구성원이 먼저 소멸한 후, 집단 선택에 의해 이기적인 구성원이 소멸하기 때문에
③ 집단 선택이 천천히 일어날 경우 집단 간의 생존 경쟁이 발생하지 않아 집단 선택이 일어나지 않기 때문에
④ 개인 선택으로 이타적인 구성원이 먼저 소멸하면, 이타적 구성원을 진화하게 하는 집단 선택이 발생할 수 없기 때문에
⑤ 개인 선택의 속도가 집단 선택의 속도보다 빠를 경우, 이타적인 구성원이 많은 집단이 개인 선택에 불리해지기 때문에

09 1등급 대비 고난도 3점 문제

㉮~㉱를 바탕으로 〈보기〉를 이해한 내용으로 적절하지 <u>않은</u> 것은? [3점]

─〈보 기〉─

ㄱ. 개미의 경우, 수정란(2n)은 암컷이 되고, 미수정란(n)은 수컷이 된다. 여왕개미가 낳은 암컷들은 부와는 1, 모와는 0.5, 자매와는 0.75의 유전적 근연도를 갖는다. 암컷 중 여왕개미가 되지 못한 일개미들은 직접 번식을 하지 않고 여왕개미가 낳은 수많은 자신의 자매들을 돌보며 목숨을 걸고 개미 군락을 지키는 역할을 한다.

ㄴ. 현재 지구상에는 390여 개의 부족이 수렵과 채취에 의존해 살아가고 있다. 이러한 부족은 대체로 몇 개의 서로 다른 친족들로 구성되어 있으며, 평등주의적 부족 질서 아래 사냥감을 서로 나누어 먹는 식량 공유 관습을 가지고 있다. 이는 개인의 사냥 성공률이 낮은 상황에서 효과적인 생존 방식이라 할 수 있다.

① ㄱ : ㉮에서는 일개미가 자식을 낳지 않고 자매들을 돌보는 것을 부보다 모의 유전자를 후세에 더 많이 전달하기 위한 전략으로 보겠군.

② ㄱ : ㉯에서는 일개미가 목숨을 걸고 개미 군락을 지키는 것을 다른 DNA와의 생존 경쟁에서 이기기 위한 유전자의 이기적인 행동으로 보겠군.

③ ㄴ : ㉰에서는 자신이 식량을 나눠 주지 않으면 사냥에 실패했을 때 자신도 얻어먹지 못할 수 있기 때문에 식량 공유 관습이 생긴 것으로 보겠군.

④ ㄴ : ㉱에서는 식량 공유 관습을 이기적인 구성원도 식량을 공유하게 함으로써 이타적 구성원이 사회에서 사라지지 않도록 하는 제도로 보겠군.

⑤ ㄴ : ㉮에서는 혈연관계가 없는 구성원과의 식량 공유를 설명할 수 없지만, ㉯에서는 협업을 통해 집단의 생존 확률을 높이는 행동으로 보겠군.

10~12 다음 글을 읽고 물음에 답하시오.

(가)

거울속에는소리가없소
저렇게까지조용한세상은참없을것이오 [A]

거울속에도내게귀가있소
내말을못알아듣는딱한귀가두개나있소 [B]

거울속의나는왼손잡이오
내악수(握手)를받을줄모르는─악수(握手)를모르는왼손잡이오 [C]

거울때문에나는거울속의나를만져보지를못하는구료마는
거울이아니었던들내가어찌거울속의나를만나보기만이라도했겠소 [D]

나는지금(至今)거울을안가졌소마는거울속에는늘거울속의내가있소
잘은모르지만외로된사업(事業)에골몰할게요

거울속의나는참나와는반대(反對)요마는
또꽤닮았소
나는거울속의나를근심하고진찰(診察)할수없으니퍽섭섭하오 [E]

— 이상, 「거울」 —

(나)

누가 내 속에 **가시나무**를 심어놓았다
그 위를 **말벌**이 날아다닌다
몸 어딘가, 쏘인 듯 아프다
생(生)이 벌겋게 부어오른다 잉잉거린다
이건 **지독한 노역(勞役)***이다
나는 놀라서 멈칫거린다
지상에서 생긴 일을 나는 많이 몰랐다
모르다니! 이젠 **가시밭길**이 끔찍해졌다
이 길, 지나가면 다시는 안 돌아오리라
돌아가지 않으리라
가시나무에 기대 다짐하는 나여
이게 오늘 나의 희망이니
가시나무는 얼마나 **많은 가시**를
감추고 있어서 가시나무인가
나는 또 얼마나 **많은 나**를
감추고 있어서 나인가
가시나무는 가시가 있고
나에게는 가시나무가 있다

— 천양희, 「가시나무」 —

* 노역: 괴롭고 힘든 노동.

10

(가)와 (나)에 대한 설명으로 가장 적절한 것은?

① (가)는 명사형으로 시상을 마무리하여 시적 여운을 주고 있다.
② (나)는 유사한 통사 구조를 반복하여 시적 의미를 강조하고 있다.
③ (가)는 (나)와 달리 공간의 이동에 따라 화자의 태도 변화를 드러내고 있다.
④ (나)는 (가)와 달리 수미상관 방식을 통해 구조적 안정감을 드러내고 있다.
⑤ (가)는 음성 상징어를 활용하여, (나)는 청각적 이미지를 활용하여 대상의 속성을 나타내고 있다.

11

(가)의 [A]~[E]를 이해한 내용으로 적절하지 않은 것은?

① [A]에서 화자는 거울 밖과 구분되는 '거울속' 세상이 존재함을 인식하고 있다.
② [B]에서 화자는 '거울속'의 '귀'에 대한 정서적 반응을 표출하고 있다.
③ [C]에서 화자는 '거울속의나'와 소통하고 있지만 지속적일 수 없음을 인식하고 있다.
④ [D]에서 화자는 '거울속의나'를 '만져보지를못하'게 하지만 '만나보'게 해준 거울의 이중적 속성을 파악하고 있다.
⑤ [E]에서 화자는 '거울속의나'와 '나'가 반대이면서도 닮았다는 모순적 상황을 파악하고 있다.

12

〈보기〉를 바탕으로 (나)를 감상한 내용으로 적절하지 않은 것은? [3점]

> ───〈 보 기 〉───
> 이 작품은 고통을 상징하는 '가시'의 이미지를 바탕으로 화자의 내면 풍경과 삶의 과정을 성찰하고 있다. 삶의 고난이 화자를 고통스럽게 만들기에 화자는 그것을 벗어나고 싶어 하지만, 그런 생각조차 '가시나무에 기대'어 하는 모습에서 화자가 결국 고통을 인정하고 있음을 드러낸다. 화자는 고통이 존재의 본질임을 깨닫고 고통과 함께하는 삶을 수용하게 된다.

① 고통받는 화자의 내면 풍경을 '가시나무'와 '말벌'을 이용하여 드러냈다고 할 수 있군.
② 화자의 순탄하지 않았던 삶의 과정을 '가시밭길'이라는 표현으로 드러냈다고 할 수 있군.
③ 고통에서 벗어나려는 화자의 행위를 '지독한 노역'에서 확인할 수 있군.
④ '가시나무'와 '많은 가시', '나'와 '많은 나'의 대응 관계를 통해 존재의 본질을 인식했다고 볼 수 있군.
⑤ 고통과 함께하는 삶을 수용하는 화자의 인식을 '나에게는 가시나무가 있다'로 표현했다고 할 수 있군.

DAY 13

학습 Check!

▶ 몰라서 틀린 문항 × 표기 ▶ 헷갈렸거나 찍은 문항 △ 표기 ▶ ×, △ 문항은 다시 풀고 ✔ 표기를 하세요.

종료 시각	시 분 초	문항 번호	01	02	03	04	05	06	07	08	09	10	11	12
소요 시간	분 초	채점 결과												
초과 시간	분 초	틀린 문항 복습												

DAY 14

수능기출
전국연합학력평가
20분 미니 모의고사

● 날짜 :　　월　　일　● 시작 시각 :　　시　　분　　초　● 목표 시간 : 20분　　　　　　　　　※ 점수 표기가 없는 문항은 모두 **2점**입니다.

01~02 (가)는 학생들이 실시한 토론의 일부이고, (나)는 (가)에 청중으로 참여한 학생이 작성한 초고이다. 물음에 답하시오.

(가)

사회자: 오늘은 '질병 치료를 목적으로 하는 인간 배아의 유전자 편집 기술은 허용해야 한다.'라는 논제로 토론을 진행하겠습니다. 찬성 측이 먼저 입론해 주신 후 반대 측에서 반대 신문을 해 주십시오.

찬성 1: 저희는 질병 치료를 목적으로 하는 인간 배아의 유전자 편집 기술은 허용해야 한다고 생각합니다. 첫째, 유전자로 인한 질병으로부터 해방될 것입니다. 배아 상태의 유전자를 편집하여 유전자 정보 전체를 교정할 수 있다면 현재 이루어지고 있는 유전자 치료의 한계를 극복할 수 있을 것입니다. 둘째, 질병으로 인한 사회경제적 비용을 감소시켜 사회 전체의 이익을 증진할 수 있습니다. 국민건강보험공단에 따르면 질병으로 인해 발생하는 사회경제적 비용이 140조 원을 넘는다고 합니다. 유전자 편집 기술을 사용하여 질병 발생 확률을 줄인다면 이와 같은 비용을 다른 분야에 투자할 수 있을 것입니다. 셋째, 이 기술은 생명 과학 연구를 더욱 발전시키는 토대가 될 것입니다. 인간 배아를 대상으로 하는 유전자 편집 기술이 허용되면 관련 분야에 대한 투자가 활발해질 것이고, 이 기술과 관련된 연구는 보다 활성화될 것입니다.

반대 2: 질병으로 인해 발생하는 사회경제적 비용이 140조 원을 넘는다고 하셨는데요, 모두 유전자와 관련된 질병으로 인해 발생한 비용이라고 할 수 있나요? 그렇지 않다면 이 자료는 근거로 적합하지 않다고 생각합니다. **[A]**

찬성 1: 저희가 조사한 바로는, 공단의 발표 자료에 포함된 대다수의 질병이 유전자와 관련된 것들이었습니다.

사회자: 이번에는 반대 측에서 입론해 주신 후 찬성 측에서 반대 신문을 해 주십시오.

반대 1: 저희는 인간 배아의 유전자를 편집하는 기술은 허용해서는 안 된다고 생각합니다. 첫째, 인간 배아의 유전자를 편집하는 기술은 아직까지 안전성이 확인되지 않았습니다. 따라서 예상치 못한 유전자 변형의 문제가 발생할 수 있을 뿐만 아니라, 그 문제가 미래 세대에게까지 영향을 미칠 위험성이 있습니다. 둘째, 사회적 불평등이 심화될 수 있습니다. 왜냐하면 이 기술을 사용하는 데는 많은 비용이 들 것으로 예상되기 때문에 소수의 사람들만이 기술의 혜택을 받게 될 것입니다. 셋째, 인간은 그 자체로 존엄한 가치를 인정받고 소중한 생명으로 여겨져야 합니다. 그런데 유전자 편집 기술은 유전자 중 결함이 있는 유전자가 있다는 것을 전제하고, 인간을 있는 그대로 인정하지 않는다는 윤리적 문제에서 자유로울 수 없습니다.

찬성 2: 유전자 편집 기술의 혜택을 소수만이 누릴 수 있다고 하셨는데요, 기술이 발전하여 비용을 낮출 수 있다면 그 혜택이 많은 사람들에게 돌아갈 수 있지 않을까요? **[B]**

반대 1: 비용이 낮아질 때까지 얼마의 시간이 걸릴지 알 수 없습니다. 그사이 사회적 불평등이 심화되는 것을 막을 수 없을 것입니다.

(나)

유전병을 앓는 소년을 주인공으로 하는 소설을 본 적이 있다. 죽음을 의연히 받아들이는 주인공의 모습이 인상 깊었지만 동시에 안타까웠다. 혹시 인간 배아의 유전자 편집 기술을 이용하여 유전병에 걸리는 것을 막을 수 있었다면 어땠을까?

나는 유전자 편집 기술이 소년의 병을 고쳐줄 수 있는 획기적인 기술이라고 생각했다. 그래서 처음에는 이 기술을 허용하는 것을 비판하는 입장에 대해 동의하기 어려웠다. 베르누이 법칙을 이용해 비행기를 만들어 먼 원거리를 이동할 수 있게 된 것처럼 유전자 편집 기술을 잘 활용하면 유전병 치료의 한계를 극복할 수 있다고 생각했기 때문이다.

하지만 토론이 끝나고 난 후 나는 생각이 복잡해졌다. 유전자 편집 기술은 아직 인간 배아에 적용하기에는 안전성이 확인되지 않았다는 사실을 알게 되었기 때문이다. 또한 유전자 편집 기술이 불러일으킬 결과들에 대한 반대 측의 의견을 곰곰히 생각해 보니 과학의 발전이 항상 긍정적인 것은 아닐 수 있다는 생각을 하게 되었다. 그래서 나는 과학의 발전에 뒤처지지 않기 위해 과학 소설을 많이 읽기로 했다.

생명 과학은 하루가 다르게 발전하고 있다. 하지만 우리의 가치와 생각이 그 뒤를 좇기만 한다면 우리는 과학 기술이 어디를 향하는지 알지 못한 채 끌려만 가게 될 것이다. 그러나 우리는 무조건 과학 기술을 찬양하는 것이 아니라 과학이 나아가야 하는 방향을 감시하고 비판해야 할 의무도 함께 가져야 할 것 같다.

01

[A], [B]에 대한 설명으로 가장 적절한 것은?

① [A]의 '반대 2'는 상대측이 제시한 자료의 적절성에 의문을 제기하며 근거의 타당성을 지적하고 있다.

② [A]의 '찬성 1'은 상대측의 이의 제기를 일부 인정하며 자신의 의견과 절충하고 있다.

③ [B]의 '찬성 2'는 새로운 정보를 통해 향후 전망을 제시하며 예상되는 문제점을 비판하고 있다.

④ [B]의 '반대 1'은 상대측의 진술 내용에 이의를 제기하며 적합한 사례 제시를 통한 반론을 요청하고 있다.

⑤ [A]의 '반대 2'와 [B]의 '찬성 2'는 모두 상대측의 주장을 재진술하며 실현 가능한 방안을 추가하고 있다.

02

다음은 (가)를 바탕으로 (나)를 쓰기 위해 작성한 메모이다. (나)에 반영되지 않은 것은?

[1문단]
○ 나의 과거의 경험과 토론의 내용을 연결지어 나의 생각을 제시해야겠어. ·· ①

[2문단]
○ 유전자 편집 기술을 허용하는 것을 찬성하는 입장에 대해 동의할 수 없었던 이유를 제시해야겠어. ·················· ②
○ 유전자 편집 기술을 활용해야 할 필요성을 유추할 수 있는 사례를 들어 설명해야겠어. ······························· ③

[3문단]
○ 토론에서 새롭게 알게 된 사실을 언급하며 변화된 생각을 서술해야겠어. ·· ④

[4문단]
○ 우리가 경계해야 할 태도를 제시하며 글을 마무리해야겠어. ·· ⑤

03

〈보기〉는 표준 발음법 중 '받침 'ㅎ'의 발음'의 일부이다. 이를 바탕으로 표준 발음을 이해한 내용으로 적절하지 <u>않은</u> 것은?

<보 기>

㉠ 'ㅎ(ㄶ, ㅀ)' 뒤에 'ㄱ, ㄷ, ㅈ'이 결합되는 경우에는, 뒤 음절 첫소리와 합쳐서 [ㅋ, ㅌ, ㅊ]으로 발음한다.

㉡ 'ㅎ' 뒤에 'ㄴ'이 결합되는 경우에는, [ㄴ]으로 발음한다.

㉢ 'ㅎ(ㄶ, ㅀ)' 뒤에 모음으로 시작된 어미나 접미사가 결합되는 경우에는, 'ㅎ'을 발음하지 않는다.

① '물이 끓고 있다.'의 '끓고'는 ㉠에 따라 [끌코]로 발음한다.
② '벽돌을 쌓지 마라.'의 '쌓지'는 ㉠에 따라 [싸치]로 발음한다.
③ '배가 항구에 닿네.'의 '닿네'는 ㉡에 따라 [단네]로 발음한다.
④ '마음이 놓여.'의 '놓여'는 ㉢에 따라 [노여]로 발음한다.
⑤ '이유를 묻지 않다.'의 '않다'는 ㉢에 따라 [안타]로 발음한다.

DAY 14

04~08 다음 글을 읽고 물음에 답하시오.

인체는 끊임없이 세균과 바이러스, 기생충과 같은 외부 물질의 공격을 받는다. 이들은 주로 감염이나 질병의 원인이 되므로 인체는 이와 같은 외부 물질의 침입에 저항하고 방어하는 작용을 하게 되는데, 이를 면역 반응이라 한다. 따라서 건강하다는 것은 면역 반응이 활발하여 외부 물질들을 완벽하게 제거하는 상태를 의미하는 것으로 이해하기 쉽다.

그러나 면역 반응이 과도해지면 오히려 인체에 해를 끼치기도 한다. 최근 급증하는 알레르기나 천식, 자가면역질환은 불필요한 면역 반응으로 인해 발생한다. 면역계가 일반적으로는 해가 되지 않는 물질들인 꽃가루나 먼지뿐만 아니라 자신의 조직까지 제거해야 할 대상으로 인식하여 공격하는 것이다. 그런데 이와 같은 면역계 과민 반응으로 인한 질병들은 의료 환경이 발달한 선진국에서 점점 더 증가하는 추세이다. 그렇다면 이와 같은 면역계 과민 반응이 나타나는 이유는 무엇일까?

과학자들은 그 이유를 인체가 수백만 년 동안 진화해 온 환경에서 찾았다. 인체는 무균 지대나 청정 지대가 아니라 세균과 바이러스, 기생충 등과 함께 진화해 왔다. 즉 이들 침입자는 인체의 면역계로부터 자신을 보호하기 위해 면역 반응을 억제하도록 진화했고, 인체는 면역 반응을 억제하는 외부 물질의 침입에 대비하여 면역 반응을 일으키도록 진화했다. 그런데 현대 의학의 발달과 환경 개선으로 바이러스 등이 줄어들게 되자 면역 반응이 지나치게 된 것이다. 이를 위생가설이라고 한다. 위생가설에 따르면 바이러스에 접할 기회가 줄어든 깨끗한 환경이 오히려 질병의 원인이 된다.

위생가설은 인체가 외부 물질과의 공존 속에서 면역 반응의 균형을 찾는다는 시사점을 주었다. 모든 외부 물질들이 배척되기만 한다면 면역 반응에 제동을 걸어줄 존재가 사라지므로 균형이 깨어지는 것이다. 그렇다면 면역계는 어떻게 외부 물질과 공존할 수 있을까? 장(腸)에 존재하는 미생물을 통해 이를 설명할 수 있다. 우리 장 안에는 몸 전체의 세포 수보다 10여 배나 더 많은 장내미생물이 살고 있는데, 이는 면역계가 이들의 존재를 인정하고 받아들였기 때문이다.

면역계를 구성하는 면역세포들은 인체에 유입된 외부 물질을 인지하고 이를 제거하는 면역 반응을 일으킨다. 중추적 역할을 하는 면역세포는 수지상세포와 T세포이다. 수지상세포는 말 그대로 세포막이 나뭇가지처럼 기다랗게 뻗어 나와 있는 모양의 세포이다. 수지상세포는 인체에 침입한 외부 물질을 인지하고, 소장과 대장 주변에 분포한 림프절에서 미성숙T세포를 조력T세포와 세포독성T세포로 분화시킨다. 이 두 종류의 T세포가 몸 안에 침입한 이물질을 없애는 역할을 한다.

그런데 장내미생물은 조력T세포나 세포독성T세포의 공격을 피하기 위해 수지상세포에 영향을 미쳐 그 성격을 바꿔놓는다. 즉 수지상세포가 면역 반응을 일으키지 못하게 만드는 것이다. 이렇게 성격이 변한 수지상세포를 조절수지상세포라고 부른다. 조절수지상세포는 림프절에서 미성숙T세포를 조절T세포로 성숙시키는데, 조절T세포는 조력T세포나 세포독성T세포와는 달리 면역 반응을 억제하는 역할을 한다. 그 결과 장내미생물은 외부 물질이면서도 면역계와 공존할 수 있게 된 것이다.

장내미생물은 조절T세포를 통해 자신의 생존을 꾀하지만 그 결과 인체의 면역계는 면역 반응의 강약을 조절하게 된다. 조절T세포가 면역계 과민 반응으로 인한 질병을 치료하는 역할을 담당하게 된 것이다. 실제로 알레르기 환자의 몸에 조절T세포가 작용하면 과민 면역 반응으로 인해 발생한 염증이 억제되면서 증상이 완화된다. 이처럼 조절T세포를 만들게 하는 데 외부 물질인 장내미생물이 중요한 역할을 한다는 사실이 밝혀지면서 면역계와 공존하는 외부 물질에 대한 인식의 전환이 일어나게 되었다.

04

윗글에 대한 설명으로 가장 적절한 것은?

① 면역 반응이 일어나는 과정을 분석하여 가설의 수정이 필요함을 제안하고 있다.

② 면역계 과민 반응의 원인을 설명하여 면역 반응에 대한 통념에 변화를 주고 있다.

③ 면역 반응에 대한 상반된 관점을 소개하고 각각의 관점이 지닌 한계를 설명하고 있다.

④ 면역계 과민 반응의 해결 방안을 제시하고 예상되는 반론을 반박하면서 주장을 강화하고 있다.

⑤ 면역 반응에 주도적 역할을 하는 면역세포를 생성 위치에 따라 분류한 뒤 각각의 역할을 구체화하고 있다.

05

윗글을 통해 답을 확인할 수 없는 질문은?

① 장내미생물이 인체에서 어떻게 생존할 수 있을까?

② 인체가 바이러스를 접할 기회가 줄어든 이유는 무엇일까?

③ 면역계 과민 반응으로 인해 일어나는 질병에는 어떤 것이 있을까?

④ 위생가설에 따를 때 깨끗한 환경이 인체에 미치는 긍정적 변화는 무엇일까?

⑤ 인체가 외부 물질을 제거하지 않고 공존할 때 어떤 이익을 얻을 수 있을까?

06 1등급 대비 고난도 2점 문제

고2 · 2020년 6월 28번

윗글을 이해한 내용으로 적절하지 <u>않은</u> 것은?

① 인체의 면역계는 과도한 면역 반응을 스스로 조절하는 능력이 있다.

② 인체가 건강하다는 것은 면역 반응의 강약이 조절되는 것을 의미한다.

③ 외부 물질이 인체에 유해한 경우도 있지만 유해하지 않은 경우도 있다.

④ 현대 의학의 발달과 환경 개선은 면역 반응이 지나치게 된 원인에 해당한다.

⑤ 장내미생물은 자신을 공격 대상으로 인식하지 못하도록 면역계에 영향을 미친다.

07

고2 · 2020년 6월 29번

윗글을 바탕으로 〈보기〉를 이해한 내용으로 적절하지 <u>않은</u> 것은?

─〈보 기〉─

다음은 윗글에서 설명한 면역계의 작용을 도식화한 것이다.

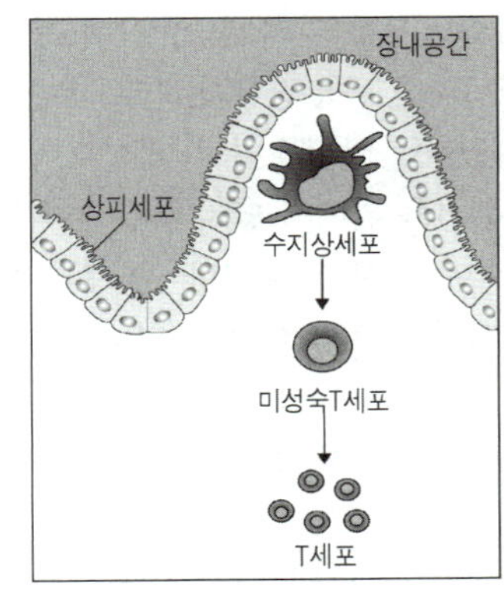

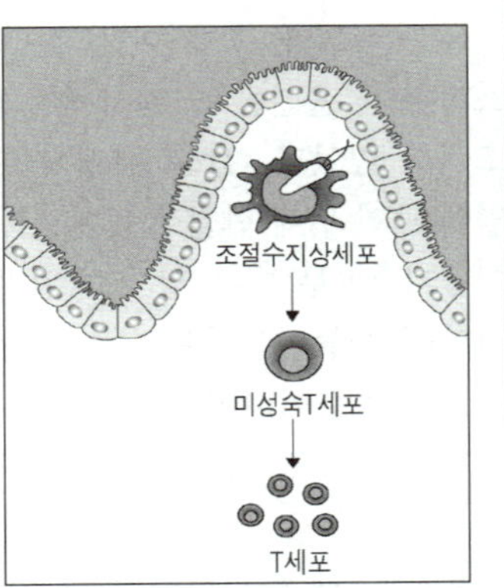

① (가)의 수지상세포는 (나)의 조절수지상세포와 달리 외부 물질을 제거해야 할 대상으로 인지한다.

② (가)의 T세포는 (나)의 T세포와 달리 몸 안에 침입한 이물질을 없애는 역할을 한다.

③ (나)의 미성숙T세포는 (가)의 미성숙T세포와 달리 두 종류의 면역세포로 분화되지 않는다.

④ (나)의 T세포는 (가)의 T세포와 달리 과민 면역 반응으로 발생한 염증을 억제하는 역할을 한다.

⑤ (가)와 (나)의 작용은 모두 외부 물질의 유입을 막음으로써 인체를 보호하기 위해 일어난다.

08

고2 · 2020년 6월 30번

〈보기〉를 활용하여 윗글을 보충하고자 할 때, 그 구체적 방안으로 가장 적절한 것은? [3점]

─〈보 기〉─

최근 기생충이 특정한 질병의 치료에 효과가 있는 것으로 밝혀졌다. 해당 질병을 가진 환자의 뇌 조직을 관찰한 결과, 그 질병 역시 면역계 과민 반응과 연관이 있다는 것이 알려지면서 기생충을 이용한 치료가 시도되었고, 이것이 성과를 거두고 있다.

① 외부 물질과 공존하여 면역 반응이 균형을 이루게 됨을 보여주는 사례로 활용한다.

② 외부 물질이 면역 반응을 활발하게 하는 역할을 함을 뒷받침하는 사례로 활용한다.

③ 인체가 무균 지대나 청정 지대에서 진화를 거듭해 왔음을 드러내는 사례로 활용한다.

④ 면역계가 환경의 발전에 따라 지속적으로 적응하며 변화하고 있음을 설명하는 사례로 활용한다.

⑤ 인체에 침입한 유해한 외부 물질들을 제거하는 면역계의 중요성을 설명하는 사례로 활용한다.

09~12 다음 글을 읽고 물음에 답하시오.

'부산 부두에 발을 올려 딛는 때부터 내 고향이다. 내 고향은 나에겐 편안히 설 자리를 줄 리가 없다. 그것을 바라고 **그것을 피할 나도 아니다.** 그곳에는 여러 동무들이 있을 것이다. 어서 신들메를 끄르지 말고 그대로 뛰어나오시오. 당신만은 온몸을 사리고 저편에 붙지 말고 용감하게 우리 속에 와 끼어 주시오. 이렇게 부르짖는 힘차고 씩씩한 친구들이 나를 맞아 줄 것이다. **오, 어서 달려가다오!**'

윤건은 차 속이 좁고 갑갑한 듯이 땀에 절은 학생복 저고리는 벗어 걸어 놓고 셔츠 바람으로 몇 번이나 승강대에 나와서 날아가는 이국의 밤경치를 내다보곤 하였다.

그 이튿날 아침, 차가 고베 플랫폼에서 쉬게 되었음에 윤건은 도시락을 사러 나왔다가 어떤 낯익은 조선 청년을 만나게 되었다. 그 청년도 윤건을 얼른 알아보고 마주 와서 손을 잡았다.

"귀국하시는 길입니까?"

"네."

"저도 이 찻간에 탔습니다."

그 청년은 윤건이 도시락 사려는 것을 보고 말렸다. 윤건은 그에게 끌려 식당차로 올라갔다. 윤건은 그 청년의 성명을 기억하지는 못하였으나 그가 W 대학 학생이었던 것과 그가 고학은 하나 자기와 같이 험한 일을 하지 않고도 어떻게 좋은 하숙에 있으며, 학비를 넉넉하게 쓰던 사람이란 것으로 그의 낯을 익혀 둔 기억만은 있었다.

"이번이 졸업이시던가요?"

그 남색 신사복을 새로 지어 입은 청년이 보이에게 조반을 시키고 윤건에게 물었다.

"네, 졸업하고 나갑니다."

"저도 이번에 아주 나가는 길이지요. 동경 길을 다시 못 다닐 것을 생각하면 퍽 섭섭해요. 돈만 모으면 얼마든지 또 올 수야 있겠지만…… 실례지만 어데 취직되셨습니까?"

"아직 못 했습니다."

"그럼, 매우 걱정되시겠군요. 놀지들은 말아야 할 터인데…… 어떤 방면을 희망하십니까?"

윤건은 얼른 대답이 나오지 않았다. 그 청년의 말이 몇 마디 내려가지 않아서 윤건의 비위를 건드려 놓았다. 돈만 모으면 또 동경 길을 다닐 수 있다느니, 놀지들은 말아야 한다느니, 어떤 방면을 희망하느냐는 등 몹시 윤건의 귀에 거슬리는 말들이었기 때문이다. 꽤 달랑거리는 친구로구나, 하고 대뜸 멸시를 느꼈으나 윤건은 곧 그것을 후회하였다.

'길동무다! 단순하게 한차를 타고 **한 조선으로 간다는 것**보다도 더 큰 운명에 있어서 길동무가 아니냐?'

윤건은 곧 안색을 고치고 그에게 대답하였다.

"글쎄, 걱정이올시다. 아직 어떤 방면으로 나갈지 생각 중이올시다. 노형은 어데 작정되셨습니까?"

"네, 뭐 신통한 곳은 아니에요. 그래두 여간 힘들지 않은 곳이에요. 더구나 조선 사람은 좀처럼 가 볼 생각도 못 먹는 곳인데 어떻게 **유력자 하나를 만나서 한 1년 졸랐더니 다행히 됐습니다.**"

"어딘데요?"

"○○은행 본점이오."

"**㉠ 좋은 데 취직하셨습니다.**"

윤건은 속으로 아니나 다르랴, 하면서도 상대자가 상대자인 만치 마음에 없는 좋은 대답을 해 주었다.

"뭘요…… 하기는 큰일을 못 할 바에야 내 한 사람이 헐벗지 않도록 하는 것도 작게 보아 **조선 사람 하나가 헐벗지 않는 것**이 되니까요……."

"**㉡ 좋은 해석이십니다.**"

윤건은 또 꿀꺽 참고 마음에 없는 거짓 대답을 해 주었다.

[중략 줄거리] 청년과 헤어진 윤건은 부산행 밤배를 타러 가면서 석탄 연기에 그을린 조선 옷을 입은 사람들을 보게 된다.

'저 옷이 찬란한 문화를 가진 역사 있는 민족의 의복이라 할 수 있을까? 그러나 내일부터 조선 땅에서 보는 저 옷은 여기서 보는 것처럼 저렇게 보기 싫지는 않겠지…….'

윤건은 여러 사람의 행렬에 끼어서 배를 탔다. 여러 사람이 뛰는 바람에 윤건도 손가방을 들고 삼등실 있는 편으로 뛰어갈 때 누가 조선말로 '여보시오?'하고 부르는 이가 있었다. 양복은 입었으나 조선말을 한 것은 물론 얼굴 생김이 어디에다 갖다 놓아도 일견에 조선 사람의 모습이었다. 윤건은 반가워하였다.

"저 부르셨습니까?"

그러나 그 신사는 의외에도 불손스러웠다.

"거기 좀 섰어."

윤건은 그때 그가 무엇하는 사람인지를 알아챘다. 심히 불쾌스러웠다. 윤건은 그 형사에게 행선지가 불분명한 점으로 유다른 조사를 받았다. 갑판 위에서 손가방을 열어젖히고 책갈피마다 열어 보인 뒤에 선실로 들어간즉 윤건을 위해서 남겨 놓은 자리는 없었다. 아무 데나 남의 발치가리에 쑤시고 누웠다. 옆에는 오사카에서 돌아온다는 조선 노동자들이 자리잡고 있었다. 그들 가운데에선 이런 말이 나왔다.

"인전 다 왔소, 이 배만 타면 조선 땅에 온 것이나 다름없소……."

윤건도 과연 그렇다 하였다. 이 배만 타면 조선이란 그립던 땅을 밟은 것이나 다름없는 반가움도 앞서거니와, 그와 반면에는 선실에 들어서기도 전부터 조선다운 울분과 불안이 앞을 막는 것도 벌써 조선 땅의 분위기라 하였다.

"돈을 많이 벌어 가지고 오시오?"

윤건은 울분한 심사를 가라앉혀 가지고 배가 떠난 지 한참 만에 옆에 누운 조선 노동자에게 말을 건넸다.

"돈이 뭐요, 벌이가 좋으면 나가겠소?"

"조선보다야 돈이 흔하지 않소?"

"그 사람네 흔한 거 상관있나요."

"그래, 노형은 무슨 일을 하셨소?"

"길에 산스이 했지요. 일본 와서 큰길에 물만 몇 달 동안 뿌려 주고 가오."

"첨에는 조선 사람도 1원 20전씩은 주었다는데 내가 갔을 때는 80전 줍디다. 그것도 요즘은 50전씩 주니 무얼 모아 보는 수가 있어야지요."

"고향은 어데시오?"

"대구 지나 김천이올시다. 우리 다 **한 고향 사람들**이지요."

"그럼, 고향에 가시면 농사하십니까?"

"농사니 농토가 있어야죠. 우리 제각기 저 한 몸만 같으면 조밥보다는 나으니 일본서 뒹굴겠지만 돈들도 못 벌 바에야 첫째 **처자식이 그리워 허턱대구** 나오지요."

윤건은 더 묻지 않았다. 배는 쿵쿵거리며 엔진 소리가 높아 갔다.

– 이태준, 「고향」 –

09

윗글의 서술상 특징으로 가장 적절한 것은?

① 외부 이야기의 서술자가 자신이 겪은 내부 이야기의 의미를 밝히고 있다.

② 서술자가 여러 인물의 내면을 서술하여 인물의 다양한 특성을 드러내고 있다.

③ 서술자가 공간의 이동에 따라 바뀌면서 인물 간의 갈등을 다각적으로 드러내고 있다.

④ 이야기 외부의 서술자가 특정 인물의 관점에서 사건과 인물의 심리를 서술하고 있다.

⑤ 이야기 내부의 서술자가 고백적 진술을 통해 자신이 처한 심리적 상황을 제시하고 있다.

10

'윤건'에 대한 설명으로 가장 적절한 것은?

① 조선의 친구들이 자신을 반겨 줄 것을 기대하고 있다.

② 오사카로 돌아가는 배에서 노동자와 이야기를 나눈다.

③ 고베 플랫폼에서 도시락을 사려는 조선 청년을 만류한다.

④ 여비가 부족하여 돈을 빌리기 위해 조선 청년을 찾아간다.

⑤ 행선지가 불분명하다는 이유로 일본인으로 보이는 형사에게 조사받는다.

11

맥락을 고려하여 ㉠과 ㉡을 이해한 내용으로 가장 적절한 것은?

① ㉠은 상대의 성취를 축하하는 말이고, ㉡은 상대의 의견에 동조하는 말이다.

② ㉠은 상대의 우월함을 인정하는 말이고, ㉡은 자신의 열등감을 감추기 위해 한 말이다.

③ ㉠은 상대의 의심을 피하기 위해 한 말이고, ㉡은 상대의 관심을 끌기 위해 한 말이다.

④ ㉠과 ㉡은 모두 상대에 대한 진심을 드러내지 않은 말이다.

⑤ ㉠과 ㉡은 모두 상대의 태도를 변화시키고자 하는 의도로 한 말이다.

12 · 1등급 대비 고난도 3점 문제

〈보기〉를 바탕으로 윗글을 감상한 내용으로 적절하지 <u>않은</u> 것은? [3점]

〈보 기〉

1931년에 발표된 「고향」은 '귀향' 모티프를 활용해 고향 사람들과 고국산천이라는 물리적 실체로서의 고향과 민족 공동체라는 정신적 의미의 고향을 형상화하였다. 이를 위해 작가는 귀향의 동기가 대립되는 '지식인'과 물리적 실체로서의 고향을 그리워하는 '노동자'를 등장시킨다. 또한 작가는 '지식인'을 '지사형'과 '속물형'으로 나누고 '지사형'은 개인의 안위보다는 조국을 우선시하는 인물로, '속물형'은 개인적 실리를 좇는 자신의 행위를 조국을 위한 것으로 포장하는 세속적 인물로 그리고 있다.

① '그것을 꾀할 나도 아니'라며 '오, 어서 달려가다오!'라고 하는 데에서, 지사형 인물의 면모를 확인할 수 있겠군.

② '한 조선으로 간다는 것', '한 고향 사람들'이라고 하는 데에서, 민족 공동체라는 정신적 의미의 고향을 확인할 수 있겠군.

③ '유력자 하나를 만나서 한 1년 졸랐더니 다행히 됐'다는 데에서, 속물형 인물의 귀향 동기를 확인할 수 있겠군.

④ '조선 사람 하나가 헐벗지 않는 것'이라고 하는 데에서, 자신의 행위를 조국을 위한 것으로 포장하는 속물형 인물의 면모를 확인할 수 있겠군.

⑤ '처자식이 그리워 허턱대구' 나온다고 하는 데에서, 물리적 실체로서의 고향을 그리워하는 노동자의 모습을 확인할 수 있겠군.

학습 Check!

▶ 몰라서 틀린 문항 × 표기　▶ 헷갈렸거나 찍은 문항 △ 표기　▶ ×, △ 문항은 다시 풀고 ✔ 표기를 하세요.

종료 시각	시	분	초	문항 번호	01	02	03	04	05	06	07	08	09	10	11	12
소요 시간		분	초	채점 결과												
초과 시간		분	초	틀린 문항 복습												

DAY 15

수능기출
전국연합학력평가 **20분 미니 모의고사**

● 날짜 :　월　일　● 시작 시각 :　시　분　초　● 목표 시간 : 20분

※ 점수 표기가 없는 문항은 모두 **2점**입니다.

01　다음은 학생의 발표이다. 물음에 답하시오.

　조선의 수도가 한양이라는 것은 대부분 알고 계시겠지만 한양도성에 대해서 관심이 있는 분들은 드물 것이라고 생각합니다. 먼저 여기를 봐주세요. (동영상 제시) 영상 속 장소가 바로 한양도성인데요. 많은 사람들이 살고 있는 도시에 이처럼 옛 성벽의 형태가 유지되고 있는 경우를 다른 나라에서는 찾아보기 힘듭니다. 그래서 저는 '한양도성에 남겨진 우리 역사의 흔적'이라는 주제로 발표를 준비했습니다.

　(사진 제시) 이 사진은 실제 한양도성 성벽의 한 구간을 촬영한 것인데요. 이처럼 성돌의 모양이 다양하게 나타나는 이유가 무엇인지 궁금하지 않으신가요? 이것은 성벽을 쌓은 시대가 다르기 때문입니다. 가장 아래층은 조선 건국 초 태조 때에 쌓은 것입니다. 짧은 기간에 극심한 추위 속에서 공사가 진행되다 보니 다듬지 않은 자연석을 그대로 활용하여 축성 방법이 거칠었지요. 그 후 홍수 등으로 성벽이 많이 유실되었는데 세종 때에 이를 보수하였습니다. (화면을 가리키며) 바로 이 부분입니다. 비교적 잘 다듬은 돌을 크기별로 쌓았습니다. 그리고 맨 위쪽에 보이는 정사각형으로 다듬어진 돌들은 숙종 때에 쌓은 것입니다. 이때에는 전쟁 이후 무너진 성벽을 본격적으로 보수했습니다.

　그리고 성벽을 자세히 들여다보면 각자성석을 찾을 수 있습니다. 각자성석에 대해서는 처음 들어보실 텐데요. (사진을 확대하여 제시) 이렇게 글자가 새겨져 있는 성돌을 각자성석이라고 합니다. 그렇다면 각자성석에는 어떤 내용이 새겨져 있을까요? (청중의 반응을 확인한 후) 각자성석에는 도성의 축성과 관련된 정보가 기록되어 있습니다. (사진 제시) 태조 때에는 이처럼 축성 구간을 구분하는 정도만 표시하였습니다. 그러다 세종 때에 가면 이렇게 고을 이름도 밝히고 숙종 때에 이르러서는 여기 보이는 것처럼 책임자의 이름까지 밝히게 됩니다. 이를 보면 시대가 흘러감에 따라 도성의 관리를 더욱 철저히 했다는 것을 알 수 있습니다.

　이러한 한양도성이 일제강점기와 전쟁을 겪으면서 상당 부분 훼손되는 아픔을 겪기도 하였습니다. (사진 제시) 오랜 복원 노력으로 옛 모습에 가깝게 정비되었지만 지금 보시는 사진처럼 아직도 훼손된 성벽이 남아 있습니다. 선조들의 축성 기술과 역사를 확인할 수 있는 한양도성이 온전한 모습을 지켜갈 수 있도록 관심을 가지시면 좋겠습니다. 제 발표를 들어주셔서 감사합니다.

01

고2 • 2021년 11월 1번

발표자의 말하기 방식에 대한 설명으로 가장 적절한 것은?

① 자료의 출처를 밝혀 발표 내용의 신뢰성을 높이고 있다.

② 전문가의 말을 인용하여 정보의 객관성을 확보하고 있다.

③ 발표 내용과 관련된 질문을 하여 청중의 주의를 환기하고 있다.

④ 청중의 이해도를 점검하며 발표를 마무리하여 주제를 강조하고 있다.

⑤ 청중의 요청에 따라 발표 내용에 대한 정보를 추가하여 청중의 이해를 돕고 있다.

02~03 다음은 작문 상황과 이를 바탕으로 학생이 작성한 초고이다. 물음에 답하시오.

○ **작문 상황**: ○○ 지역 신문의 독자 기고란에 청소년 문제와 관련해 주장하는 글을 쓰려 함.

○ **초고**

최근 감염병 유행에 따른 일상의 변화로 인해 무기력이나 우울과 불안 등의 부정적 감정을 겪는 청소년이 늘고 있다. 청소년기는 자아 정체성을 확립해 가는 시기로 부정적인 감정이 계속되면 부정적인 정체성을 형성할 우려가 있다. 그러므로 현 상황의 문제 해결을 위해 청소년을 위한 감정 관리 프로그램을 확대 실시해야 한다.

현재 우리 지역에서는 청소년의 감정 관리를 위해 전문 상담 기관을 운영하고 있다. 이를 근거로 청소년의 감정 관리 프로그램이 실시되고 있어 프로그램 확대 실시는 필요 없다고 주장할 수 있다. 하지만 기존의 감정 관리 프로그램은 소수의 청소년만을 대상으로 하며 전문적인 상담 활동만으로 시행된다는 한계가 있다.

감정 관리 프로그램은 청소년이 자신의 감정을 알아차리고 이해함으로써 상황에 따라 감정을 조절할 수 있도록 돕는 것을 목표로 한다. 청소년을 위한 감정 관리 프로그램의 실질적인 확대 실시를 위해서는 실시 대상의 확대와 활동 내용의 다양화라는 두 가지 방향에서 접근해야 한다. 실시 대상의 확대가 필요한 이유는 부정적 감정을 겪는 청소년이 증가했고, 심각한 감정 상태임에도 기존의 전문 상담 기관을 찾지 않는 청소년이 있기 때문이다. 그리고 활동 내용의 다양화가 필요한 이유는 부정적 감정과 관련한 청소년 개개인의 다양성을 고려하여 보다 다양하고 단계적인 활동을 마련해야 청소년의 개인적 특성에 맞는 감정 관리 활동을 선택할 수 있기 때문이다.

[A] 요컨대 청소년 문제에 적극적으로 대응하고 청소년이 심리적으로 건강한 청소년기를 보낼 수 있도록 대상을 모든 청소년으로 확대하여 감정 관리 프로그램을 실시해야 한다. 이를 위해 지역 구성원의 관심이 필요하다.

02

'초고'에 대한 설명으로 가장 적절한 것은?

① 문제의 원인을 항목별로 유형화하였다.
② 일반적 통념이 지닌 모순을 지적하였다.
③ 주장에 대해 예상되는 반론을 반박하였다.
④ 자신의 주장이 지닌 한계점을 제시하였다.
⑤ 다양한 문제 해결 방안의 장단점을 비교하였다.

03 1등급 대비 고난도 2점 문제

〈보기〉는 [A]를 고쳐 쓴 것이다. 그 과정에서 반영된 교사의 조언으로 가장 적절한 것은?

〈보 기〉

요컨대 부정적 감정을 겪는 청소년이 늘고 있는 상황에 적극적으로 대응하고 청소년이 긍정적 자아 정체성을 형성할 수 있도록 청소년 감정 관리 프로그램의 실시 대상을 확대하고 활동 내용을 다양화해야 한다. 이를 위해 청소년 감정 관리 문제에 지역 구성원 모두의 관심이 필요하다.

① 실행 방법이 나타나지 않았으니 글에서 언급한 실행 방법을 강조하는 게 어때?
② 예상 독자가 언급되지 않았으니 예상 독자에게 호소하며 글을 마무리하는 게 어때?
③ 해결 방안 중 일부만 제시되어 있으니 글에서 다룬 주장을 모두 포함하는 게 어때?
④ 앞서 논의한 내용과 거리가 있는 내용이 제시되어 있으니 이를 지우고 글의 요점을 제시하는 게 어때?
⑤ 해결 방안의 이점을 다루지 않았으니 실행을 통해 기대할 수 있는 변화를 구체적으로 드러내는 게 어때?

04

다음은 음운 변동에 대해 학습하기 위한 활동지이다. 활동의 결과로 적절한 것은?

학습 활동지

1. 학습 자료
ㄱ. 목화솜[모콰솜] ㄴ. 흙덩이[흑떵이] ㄷ. 새벽이슬[새병니슬]

2. 학습 활동
ㄱ~ㄷ에 대한 질문에 대해 '예'는 'O', '아니요'는 '×'로 표시하시오.

질문	답변			
	ㄱ	ㄴ	ㄷ	
두 개의 음운 중 하나의 음운이 없어지는 현상이 일어났는가?	×	○	○	……ⓐ
기존에 있던 음운이 다른 음운으로 바뀌는 현상이 일어났는가?	×	○	×	……ⓑ
두 개의 음운이 하나의 음운으로 합쳐지는 현상이 일어났는가?	○	×	×	……ⓒ
원래 없던 음운이 새로 더해지는 현상이 일어났는가?	○	×	○	……ⓓ
음운 변동이 총 2번 일어났는가?	○	×	○	……ⓔ

① ⓐ　　② ⓑ　　③ ⓒ　　④ ⓓ　　⑤ ⓔ

05~08 다음 글을 읽고 물음에 답하시오.

분쟁이 예견되거나 진행 중인 상황에서 후일 상대방이 사실을 번복하거나 그런 내용을 고지받지 못했다고 주장하는 것을 막기 위해 '내용증명'을 활용할 수 있다. 내용증명이란 누가, 언제, 누구에게, 어떤 내용의 문서를 보냈다는 사실을 우체국에서 공적으로 증명해 주는 특수한 우편 제도로, 이를 활용하면 ㉠ 향후 법적 분쟁의 소지를 줄일 수 있다.

내용증명은 개인 간 채권·채무 관계나 권리·의무를 더욱 명확하게 할 필요가 있을 때 주로 이용된다. 예를 들어 방문 판매를 통해 충동적으로 구입한 화장품, 건강식품 등의 구매 계약을 철회 기간 내에 취소하고 싶을 때 사용할 수 있다. 특히 판매자와 연락이 되지 않는 등의 사유로 계약을 철회할 수 있는 기간 내에 철회가 불가능한 경우에도 사용한다.

내용증명은 다른 우편물과는 달리 우체국에 같은 내용의 문서 3부를 제출해야 한다. 이는 발신인, 수신인, 우체국 3자가 각각 동일한 내용의 문서를 소지하기 위함이다. 그 결과 발신인이 작성한 어떤 내용의 문서가 언제 누구에게 발송되었는지를 우체국장이 증명할 수 있게 되는 것이다. 그러나 이것이 문서의 내용이 맞다는 것까지 증명하는 것은 아니라는 점에 유의해야 한다. 내용증명 우편이 발송되었다는 사실은 입증하지만 문서 내용의 진위까지 입증하는 것은 아니므로 그 자체로 문제가 해결되는 것은 아니다.

그렇다면 내용증명은 어떠한 기능을 하는 것일까? 우선, 내용증명은 문서를 발송하였다는 것을 공적으로 증명하는 증거 효력을 갖는다. 만약 법적 대응 과정에서 내용증명을 제출한다면 상대방은 그와 같은 내용의 문서를 언제 받았다는 사실만큼은 문제 삼을 수 없다. 다음으로, 내용증명은 상대방에게 심리적 부담을 주어 그 내용의 이행을 실현하게 하기도 한다. 왜냐하면 내용증명을 보내는 사람이 추후 강력한 법적 대응을 이어갈 의지가 있음을 알리기 때문이다. 예를 들어 A에게 돈을 빌린 B가 채무 이행을 독촉하는 내용증명을 받으면 B는 A가 이후 법적 대응을 할 수도 있다는 심리적 부담을 느껴 자발적으로 돈을 갚을 가능성이 있다는 것이다.

또한 내용증명은 그 자체만으로는 단순히 최고*하는 것에 불과하지만, 소멸시효를 중단시키는 데 중요한 역할을 한다. 채권에는 소멸시효가 있기 때문에 제때 권리 행사를 하지 않으면 소멸시효가 만료되어 그 권리가 소멸된다. 따라서 소멸시효가 만료될 무렵까지 채무 이행이 이루어지지 않고 있다면 채권자는 소멸시효가 더 이상 진행되지 못하도록 중단시켜야 한다. 그러나 내용증명을 발송하였다고 하여 바로 소멸시효가 중단되는 것은 아니다. 내용증명을 보낸 날짜로부터 6개월 이내에 청구나 압류, 가압류, 가처분 등을 해야만 소멸시효가 중단되는 효력이 발생한다. 이러한 법적 대응을 하게 되면 해당 사안의 소멸시효가 내용증명을 보낸 시점에 중단되는 효력이 발생한다. 이렇게 소멸시효가 중단되면 그때까지 경과한 소멸시효의 기간은 무효가 되고 중단 사유가 종료된 때로부터 소멸시효가 새로이 시작된다.

[A]
　내용증명을 작성할 때 정해진 양식이 있는 것은 아니지만 특정일에 특정 내용을 전달했다는 증거가 되므로 발신인, 수신인, 제목, 본문, 날짜 등이 순서대로 포함되어야 한다. 기재된 발신인 및 수신인의 주소와 이름은 반드시 봉투 겉면에 작성하는 주소, 이름과 일치하도록 해야 하고, 제목에는 손해 배상 청구 등과 같이 내용증명의 구체적 목적이 담겨야 한다. 본문에는 계약 경위와 같은 객관적 사실 관계와 요구 사항 등을 분명히 제시해야 한다. 날짜에는 발송 날짜를 쓰고 발신인의 도장을 찍거나 서명을 하도록 한다. 작성하면서 글자나 기호를 정정, 삽입 또는 삭제할 때에는 반드시 '정정', '삽입' 또는 '삭제'라는 문자 및 수정한 글자 수를 여백에 기재하고 그곳에 발송인의 도장 또는 지장을 찍거나 서명을 하여야 한다.

민법의 규정에 따라 문서의 우편 발송은 수신인에게 도달된 때로부터 효력이 발생한다. 그러나 방문판매 등의 청약 철회를 요청하는 내용증명의 경우에는 수신인의 수취 여부와 상관없이 서면을 발송한 날부터 발생한다. 내용증명으로 발송한 우편물은 3년간 우체국에서 보관한다. 발신인이나 수신인이 이를 분실할 경우 발송 우체국에 특수우편물수령증, 주민등록증 등을 제시해 본인임을 입증하면 보관 중인 내용증명의 열람을 청구할 수 있으며 필요시에는 복사를 요청할 수도 있다.

* 최고: 다른 사람에게 일정한 행위를 할 것을 요구하는 통지를 냄.

05

고2·2021년 6월 21번

윗글에 대한 설명으로 가장 적절한 것은?

① 특정 제도의 특징과 기능을 구체적인 사례를 들어 소개하고 있다.
② 특정 제도의 형성 배경과 발달 과정을 순차적으로 서술하고 있다.
③ 특정 제도가 지닌 문제점과 한계를 다양한 측면에서 고찰하고 있다.
④ 특정 제도가 실시되었을 때 예상되는 장점과 단점을 분석하고 있다.
⑤ 특정 제도의 필요성을 언급한 뒤 그 속성을 유사한 대상에 빗대어 설명하고 있다.

06

[A]를 바탕으로 다음의 자료를 이해한 내용으로 적절하지 <u>않은</u> 것은?

내용증명

수신인 : □□시 □□구 □□동 □□번지
　　　　◇◇ 상사 ················· ㉮

방문판매 계약 관련 ················· ㉯

1. 귀사의 발전을 기원합니다.

2. 본인의 아들 홍○○(만 16세)가 2021년 6월 1일 귀사의 서적 시리즈 1세트를 월 15,000원씩 20개월간 납입하기로 하고 <s>곧장</s> 계약하였습니다.
　　삭제 〔홍길동인〕 ················· ㉰

3. 그러나 본인의 아들 홍○○은 미성년자로서, 민법상 행위무능력자가 책을 구입할 경우에는 반드시 법정대리인인 부모의 동의를 얻어야 하는데, 위 경우 법정대리인의 동의 없이 물품을 구입하였습니다. ········· ㉱

4. 이에 「방문판매 등에 관한 법률의 규정」에 따라 인도받은 서적을 반환합니다.
　　　　　　　2021년 6월 3일
　　　　　　발신인 : 홍 길 동 〔홍길동인〕 ················· ㉲

---

① ㉮: 봉투 겉면에 작성하는 것과 일치하도록 발신인의 주소와 이름을 추가해야 해.

② ㉯: 제목에 해당하는 부분이므로 발신인의 목적이 구체적으로 드러나도록 '계약 철회 요청'으로 작성하면 좋겠어.

③ ㉰: 두 글자를 삭제하였으므로 삭제한 글자 수까지 명시하여 '2자 삭제'로 적어야 해.

④ ㉱: 요구 사항이 분명하게 드러나도록 '따라서 이 계약의 취소를 요청합니다.'를 추가해야 해.

⑤ ㉲: 특정일에 전달받았다는 증거가 되도록 수신인이 내용증명을 받게 될 날짜를 밝혀야 해.

07

㉠의 이유로 가장 적절한 것은?

① 수신인에게 분쟁을 철회할 것을 요청하기 때문에

② 수신인에게 의사 표시를 할 것을 주장하기 때문에

③ 발신인이 충동적으로 계약을 맺는 것을 막아 주기 때문에

④ 발신인이 의사 표시를 했음을 객관적으로 드러내기 때문에

⑤ 발신인이 주장하는 내용의 진위를 법적으로 입증하기 때문에

08 　1등급 대비 고난도 3점 문제

윗글을 바탕으로 〈보기〉의 상황을 이해한 내용으로 가장 적절한 것은? [3점]

〈보 기〉

　을은 갑에게 돈을 빌려주었으며, 해당 채무 관계의 소멸시효는 3년으로 2020년 12월 31일에 만료된다. 그런데 갑은 만료일이 다가오도록 을에게 채무를 이행하지 않고 있다. 이에 을은 주변의 조언을 받아 2020년 10월 31일에 채무 이행을 요구하는 내용증명을 보내어 갑에게 도달하였음을 확인하였다.

---

① 을이 갑에게 내용증명을 보낸 궁극적인 목적은 소멸시효 만료를 알리기 위함이다.

② 을이 보낸 내용증명으로 인해 소멸시효 만료일인 2020년 12월 31일로부터 중단 효력이 발생한다.

③ 을이 내용증명을 소멸시효 만료 2개월 전에 보냈으므로 중단 사유 종료 후 소멸시효가 2개월 연장된다.

④ 을이 이후 법적 대응을 할 뜻이 없다면 을이 돈을 받을 수 있는 권리는 2020년 12월 31일까지만 유지된다.

⑤ 을이 2021년 6월 30일까지 가압류, 가처분 등의 조치를 하면 소멸시효는 2020년 10월 31일에 중단된 것으로 본다.

09~12 다음 글을 읽고 물음에 답하시오.

(가)

㉠ 관서(關西) 명승지(名勝地)에 왕명(王命)으로 보내시매
행장을 꾸리니 칼 하나뿐이로다.
연조문(延詔門) 나가서 모화고개 넘어드니
임지로 가고픈 마음에 고향을 생각하랴.
벽제(碧蹄)에 말 갈아 **임진(臨津)**에 배 건너 **천수원(天壽院)**
돌아드니
개성(開成)은 망국(亡國)이라 만월대(滿月臺)도 보기 싫다.
황주(黃州)는 전쟁터라 가시덤불 우거졌도다.
㉡ 석양이 지거늘 채찍으로 재촉해 구현원을 넘어드니
생양관(生陽館) 기슭에 버들까지 푸르다.
재송정(栽松亭) 돌아들어 대동강 바라보니
십 리의 물빛과 안개 속 버들가지는 위아래에 엉기었다.
춘풍이 야단스러워 화선(畫船)*을 비껴 보니
녹의홍상 비껴 앉아 가냘픈 손으로 거문고 짚으며
붉은 입술과 흰 이로 채련곡을 부르니
신선이 연잎 배 타고 옥빛 강으로 내려오는 듯.
㉢ 슬프다, 나랏일 신경 쓰이지만 풍경에 어찌하리.
연광정(練光亭) 돌아들어 부벽루(浮碧樓)에 올라가니
능라도(綾羅島) 꽃다운 풀과 금수산(錦繡山) 안개 속 꽃은 봄
빛을 자랑한다.
㉣ 천 년 평양(平壤)의 태평문물은 어제인 듯하다마는
풍월루(風月樓)에 꿈 깨어 칠성문(七星門) 돌아드니
단출한 무관 차림에 객흥(客興)* 어떠하냐.
누대도 많고 강과 산도 많건마는
백상루(百祥樓)에 올라앉아 **청천강** 바라보니
세 갈래 물줄기는 **장하기도 끝이 없다.**
하물며 결승정(決勝亭) 내려와 철옹성(鐵甕城) 돌아드니
구름에 닿은 성곽은 백 리에 벌여 있고
여러 겹 산등성이는 사면에 뻗어 있네.
사방의 군사 진영(陣營)과 웅장한 경관이 팔도에 으뜸이로다.
㉤ 동산에 배꽃 피고 진달래꽃 못다 진 때
진영에 일이 없어 산수를 보려고
약산동대(藥山東臺)*에 술을 싣고 올라가니
눈 아래 구름 낀 하늘이 끝이 없구나.
백두산 내린 물이 향로봉 감돌아
천 리를 비껴 흘러 대(臺) 앞으로 지나가니
굽이굽이 늙은 용이 꼬리 치며 바다로 흐르는 듯.
형승(形勝)도 끝이 없다, 풍경인들 아니 보랴.

— 백광홍, 「관서별곡」 —

[A]

* 화선: 주연(酒宴)을 베풀 때에 쓰던 배.
* 객흥: 여행에서 느끼는 나그네의 흥취.
* 약산동대: 평안북도 영변군 약산에 있는 천연의 대(臺). 관서 팔경의 하나.

(나)

세상에서 **산수를** 얘기하는 사람들이 **강동(江東) 지방**을 가장
좋은 곳이라 하는데 나는 그렇게 믿지 아니하였다. 내 생각으

로는, "하늘이 물(物)을 창조할 때에 어디는 좋게 어디는 나쁘게
하려는 마음이 본시부터 없었을 터이니, 어찌하여 한 쪽 지역
에만 후하게 했겠는가." 하였었다. 그러다가 **남쪽 지방**으로 다
니면서 경치가 빼어난 곳은 모조리 찾아다니며 실컷 보았다. 그
리고 천하의 좋은 경치라는 것이 아마 이 이상 더 나은 곳은 없으
리라고 생각하였다.
그런데 그곳을 떠나 동쪽으로 갔더니, 명주(溟州)로부터 원주
(原州) 일대 풍토가 특별히 달라지는데 산은 높고 물은 더욱 맑
았다. **일천 봉우리와 일만 골짜기는** 서로 빼어남을 경쟁하는
듯하였다. 백성들이 그 사이에 거주하면서 비탈에서 밭을 갈고
위태롭게 거두어들이니, 완연히 특별한 세계가 따로 이루어진
듯하여, 과거에 다니며 보던 곳은 마땅히 여기에 비하여 모두
모자라고 꿀려 감히 겨룰 수가 없다. 그러고 나서야 태초에
천지를 창조할 때에 순수하고 웅장한 기운이 홀로 어리어서 이
곳이 된 줄을 알게 되었다.

[B]

죽령(竹嶺)에서 20여 리를 가면 **당진(唐津)**이라는 물이
있다. 아래에는 자갈이 많은데 모양이 모두 둥글고 반질
반질하며 푸른 빛이 난다. 빛은 투명하여 물이 푸르게 보
이며 잔잔하여 소리가 나지 아니하고, 물고기 수백 마리가
돌 사이에서 장난을 하고 있다. 좌우편은 모두 어마어마
하게 깎아 세운 듯 산이 솟아서 만 길이나 될 듯한데 붉은
바탕에 푸른 채색을 올린 것처럼 보인다. 벼랑과 골짜기의
모양은 요철 같아 움푹하기도 하고 불룩하기도 하여 두둑
같기도 하고 굴 같기도 하다. 기이한 화초, 아름다운 대나
무가 엇갈리게 자라서 그림자가 물밑에 거꾸로 비친다.

이러한 것은 그 대략만을 적었을 뿐이요, 그 기묘하고 수려한
점은 무어라 형언할 수가 없다. 마침내 끊어진 벼랑 어귀에서
말에서 내려 **석벽(石壁)이 있던 자리**에서 배를 띄웠다. 배 안에서
사람이 말을 하면 산골짜기는 모두 메아리를 친다. 곧 휘파람을
불며 노래를 부르고 스스로 만족스럽게 놀면서 하루 종일 돌아설
줄을 모르고 있었다. 어두운 저녁빛이 먼 데서부터 스며들었다.
그곳이 너무 싸늘하여 오래 머무를 수가 없기에 **시(詩) 한 편을**
읊어서 거기에 써놓고 그곳을 떠났다.

푸른 물 출렁출렁 쪽빛과 같은데
물결에 비친 푸른 절벽은 험한 바위가 거꾸로 서 있는 듯
만리 길 정처없이 동으로 가는 나그네는
홀로 돛대 한 폭을 가을 바람에 달고 가네

내가 동쪽으로 가면서부터 수레바퀴와 말발굽을 끌고 다닌
곳이 많았으나, 여기보다 경치가 더 좋은 곳은 없었다. 만일 **서울**
부근에 가까이 있었다면, **놀기 좋아하는 귀족들은** 반드시 하루에
천 냥씩이라도 값을 올려 가면서 다투어 사들일 것이다. 다만
먼 지역에 떨어져 있기 때문에 오는 사람이 적고 간혹 사냥꾼이나
어부가 여기를 지나지만 별로 거들떠보지도 않는다. 이것은 반
드시 **하늘이 장차 여기를 숨겨** 두었다가 우리 같이 궁하고 근심
있는 사람을 기다린 것일 듯하다.
명주(溟州)의 남쪽 재를 넘어서 북으로 해변에 이르니, **조그**
마한 성(城)이 있는데 동산(洞山)이라 한다. 민가가 사는 촌락은

쓸쓸하고 매우 궁벽하였다. 그 성에 올라서 바라보니 어스름 저녁빛이 어둑어둑하여지는데, 길 옆에 고기잡이하는 집에는 등불이 가물거렸다. 사람으로 하여금 고향을 그리워하게 하며 고장을 떠난 서글픔에 쓸쓸한 감상이 일어나서 슬픔을 자아내게 하였다.

– 임춘, 「동행기」 –

09

㉠~㉢에 대한 이해로 적절하지 <u>않은</u> 것은?

① ㉠: 자신이 맡은 직분이 왕명에 의한 것임을 언급하며 공적인 임무를 수행하기 위해 여정을 떠나는 상황을 나타내고 있다.
② ㉡: 시간적 배경과 화자의 행동을 제시하여 여정을 서두르는 모습을 드러내고 있다.
③ ㉢: 물음의 형식을 활용하여 왕명을 따르는 것과 자연을 즐기는 것 사이의 내적 갈등을 드러내고 있다.
④ ㉣: 풍경을 과장되게 묘사하며 자신의 지난 삶에 대한 회한을 드러내고 있다.
⑤ ㉤: 계절적 배경을 나타내는 자연물을 언급한 후 경치를 즐길 수 있는 이유를 드러내고 있다.

10

(나)에 대한 설명으로 가장 적절한 것은?

① '산수'를 말하는 사람들의 말을 믿지 않았음에도 불구하고 '강동 지방'을 여행하게 된 이유를 제시하고 있다.
② '남쪽 지방'의 경치를 '강동 지방'에 비해 구체적으로 소개하며 '남쪽 지방'의 경치에 대한 만족감을 진술하고 있다.
③ 과거에 자신이 다니며 보던 곳과 비교하여 '일천 봉우리와 일만 골짜기'의 풍경에 대한 감흥을 드러내고 있다.
④ 더 이상 경치를 볼 수 없는 이유를 제시하며 '석벽이 있던 자리'로 배를 타고 떠나야 하는 아쉬움을 드러내고 있다.
⑤ '서울 부근'의 경치를 언급하며 '놀기 좋아하는 귀족들'과의 갈등이 여행을 통해 해소되길 바라는 마음을 드러내고 있다.

11

1등급 대비 고난도 2땀 문제

[A]와 [B]를 비교한 내용으로 가장 적절한 것은?

① [A]와 [B]는 모두 자연의 광활함과 대비되는 인간의 유한성을 나타내고 있다.
② [A]와 [B]는 모두 자연물에 감정을 이입하여 자연 속에서 느끼는 흥겨움을 나타내고 있다.
③ [A]에서는 자연의 모습을 관조하고 있고, [B]에서는 자연을 통해 자신의 모습을 반성하고 있다.
④ [A]는 동적인 자연물의 모습을, [B]는 정적인 자연물의 모습을 다른 대상에 빗대어 드러내고 있다.
⑤ [A]는 지상에서 하늘로, [B]는 원경에서 근경으로 시선을 이동하며 다채로운 자연의 모습을 보여 주고 있다.

12

<보기>를 참고하여 (가)와 (나)를 감상한 내용으로 적절하지 <u>않은</u> 것은? [3점]

〈보 기〉

다양한 공간을 비교적 긴 시간 동안 여행한 경험을 다루고 있는 사대부들의 기행 문학에서 각각의 장면은 여정이나 경치를 제시하는 경(景)과 경치에서 촉발된 흥취나 안타까움 등의 주관적 정서인 정(情), 그리고 경치에 대한 품평이나 자연 현상에 대한 해석과 같이 작가가 펼치는 평가나 주장이 논리적으로 드러나는 의(議)의 반복을 통해 단절되지 않고 유기적으로 연결된다. 이때 작가의 여행 경험을 효과적으로 드러내기 위해 특정한 장소와 관련된 '정'을 상세히 제시하거나 '정'과 '의'를 생략하기도 한다.

① (가)에서 '벽제'와 '임진', '천수원'을 언급할 때 '정'과 '의'를 생략하고 '경'만 제시한 것은 화자의 여행 경험을 속도감 있게 드러내기 위한 것이겠군.
② (가)의 '청천강'을 바라보며 '장하기도 끝이 없다'라고 말하는 모습에서 여행 과정에서 화자가 마주한 '경'과 이에 대한 '정'이 연결되고 있음을 확인할 수 있겠군.
③ (나)의 '시 한 편'에 담긴 정서는 아름다운 경치를 자랑하는 '당진'을 많은 사람들에게 소개할 수 없는 현실에 대한 안타까움을 드러내는 '정'에 해당하는 것이겠군.
④ (나)의 글쓴이가 강동 지방에 대해 자신과 같은 사람들을 위해 '하늘이 장차 여기를 숨겨' 둔 곳이라 말하는 것은 뛰어난 경치를 예찬하는 '의'에 해당하는 것이겠군.
⑤ (나)의 '조그마한 성'에서 바라본 풍경은 글쓴이로 하여금 고향에 대한 그리움과 쓸쓸한 감상을 야기한다는 점에서 '정'을 유발하는 '경'에 해당하는 것이겠군.

학습 Check!

▶ 몰라서 틀린 문항 × 표기　▶ 헷갈렸거나 찍은 문항 △ 표기　▶ ×, △ 문항은 다시 풀고 ✔ 표기를 하세요.

종료 시각	시　분　초	문항 번호	01	02	03	04	05	06	07	08	09	10	11	12
소요 시간	분　초	채점 결과												
초과 시간	분　초	틀린 문항 복습												

DAY 16

수능기출 전국연합학력평가 **20분 미니 모의고사**

● 날짜 :　월　일 ● 시작 시각 :　시　분　초 ● 목표 시간 : 20분　　　　　※ 점수 표기가 없는 문항은 모두 **2점**입니다.

01~02 (가)는 교지 편집부 학생들의 회의이고, (나)는 회의에 참가한 학생들이 작성한 초고이다. 물음에 답하시오.

(가)

편집부장: 지난 회의에서 결정한 대로 교지 특집 기사의 제재에 대한 학생 선호도 조사를 실시했는데 '디지털 탄소 발자국 줄이기'와 '코로나 19 예방을 위한 슬기로운 학교생활'이 선호도가 높았어. 오늘은 이 중 하나를 선정하고 기사로 구성할 내용에 대해 협의해 보자. 어떤 제재가 좋을까?

학생 1: 나는 '디지털 탄소 발자국 줄이기'라는 제재가 더 좋아. 많은 학생들이 디지털 기기는 환경 문제와 무관하다고 생각하는데 디지털 기기 사용과 지구 온난화가 관련이 있다는 사실을 접하면 큰 관심을 보일 것 같아.

학생 2: 나도 그렇게 생각해. 사실 '코로나 19 예방을 위한 슬기로운 학교생활'은 평소 우리가 여러 매체를 통해 접해 왔어. 오히려 코로나 19 상황에서 더 많이 사용하게 된 디지털 기기가 환경에 부정적 영향을 미칠 수 있다는 점을 알리고 디지털 탄소 발자국을 줄이는 방법을 안내하면 좋겠어.

편집부장: 그래, 나도 같은 생각이야. 디지털 탄소 발자국에 대해 모르는 학생들도 많고 환경 문제 개선에도 도움이 될 수 있으니 유익한 기사가 될 것 같아. 그럼 어떤 내용들로 기사를 구성하면 좋을까?

학생 1: 먼저 디지털 탄소 발자국의 개념부터 설명하면 좋겠어. 학생들에게 생소한 개념일 거야.

학생 2: 맞아. 그리고 탄소 발자국 중 디지털 탄소 발자국의 비중이 늘어나고 있다는 점을 언급하면 학생들의 관심을 끌 수 있을 것 같아.

편집부장: 좋은 생각이야. 그런데 학생들은 디지털 기기 사용이 지구 온난화를 가속화하는 이유를 잘 이해하지 못할 것 같아. 그래서 말인데 디지털 기기 사용이 이산화 탄소를 발생시키는 이유를 글의 내용으로 구성하면 어떨까?

학생 2: 동의해. 나도 디지털 탄소 발자국과 관련하여 가장 궁금했던 내용이거든. 막연히 디지털 기기 사용이 지구 온난화를 앞당긴다는 내용보다는 그 이유를 설명하면 학생들의 이해를 도울 수 있을 것 같아.

학생 1: 좋아. 그리고 디지털 탄소 발자국을 줄이는 방법도 소개해 주면 좋을 것 같아.

편집부장: 그럼, 디지털 탄소 발자국을 줄이는 방법에는 어떤 것이 있을지 말해 보자. 내가 본 다큐멘터리에서는 디지털 탄소 발자국을 줄이는 방법의 핵심은 데이터 센터에 저장되거나 송수신되는 정보의 양을 줄이는 것이라고 했어.

학생 2: 그러면 불필요한 이메일이나 메시지를 주고받는 것만 줄여도 디지털 탄소 발자국을 줄이는 데 도움이 되겠네.

학생 1: 맞아. 또 누리 소통망이나 인터넷에 불필요한 상업 광고나 게시물 탑재를 제한하는 것도 효과가 있겠지.

편집부장: 좋은 생각이야. 하지만 상업 광고나 게시물 탑재를 제한하는 것은 학생이 할 수 있는 일이 아니니까 학생들이 자신의 메일함이나 블로그에서 이를 수시로 삭제하도록 안내하는 것이 더 적절한 것 같아.

학생 1, 2: 그게 좋겠다.

편집부장: 자, 그러면 지금까지의 회의 내용을 바탕으로 초고를 작성해 보자.

(나)

지구 온난화를 가속화하는 디지털 탄소 발자국

우리는 흔히 화석 연료를 사용하는 공장이나 자동차 등을 지구 온난화의 주범이라고 생각해 왔다. 지구 온난화를 가속화하는 이산화 탄소의 주요 배출원이 공장이나 자동차였기 때문이다. 그리고 지구 온난화 문제의 심각성을 알리기 위해 '탄소 발자국'이라는 지표를 사용해 왔는데, 탄소 발자국이란 인간의 활동이나 인간이 사용하는 상품의 생산과 소비 과정에서 발생하는 이산화 탄소의 양을 의미한다.

최근 '디지털 탄소 발자국'이 주목을 받고 있다. '디지털 탄소 발자국'은 컴퓨터, 스마트폰, 태블릿 PC와 같은 디지털 기기를 사용할 때 발생하는 이산화 탄소의 양을 의미한다. 국제 환경 단체의 연구 결과에 따르면 스마트폰의 보급 이후 디지털 탄소 발자국이 보급 이전에 비해 3배 이상 증가했다. 그리고 전체 탄소 발자국 중 디지털 탄소 발자국이 차지하는 비중이 현재 2% 정도에서 2040년에는 14%를 넘어설 것이라고 전망되고 있다.

그런데 디지털 기기 사용이 어떻게 이산화 탄소 배출을 늘리는 것일까. 일반적으로 디지털 기기는 와이파이나 LTE, 5G와 같은 네트워크를 사용하는데, 이때 사용되는 다양한 유형의 디지털 정보는 모두 데이터 센터라는 곳에 저장된다. 그리고 데이터 센터에 저장된 정보를 처리할 때 발생하는 열을 냉각하거나 네트워크를 통해 정보를 송수신할 때 많은 전력이 소비된다. 이때 데이터 센터에 필요한 전기를 생산하는 과정에서 이산화 탄소가 배출되는 것이다.

그러면 학생인 우리가 디지털 탄소 발자국을 줄이기 위해 실천할 수 있는 방법은 무엇일까. 가장 핵심적인 방법은 데이터 센터에 저장되는 정보의 양과 데이터 센터를 통해 송수신되는 정보의 양을 줄이는 것이다. 이를 위해 이메일 계정이나 포털 사이트에 저장되어 있는 불필요한 이메일, 인터넷 게시물, 동영상 자료를 삭제하는 것이 바람직하다. 또 불필요한 전화 통화, 이메일이나 메시지의 송수신, 인터넷 검색 등을 줄여 네트워크 사용량을 감소시키는 것도 도움이 될 수 있다. 그리고 이러한 방법들의 실천을 생활화하여 환경을 고려한 디지털 기기 이용

습관을 형성한다면 디지털 탄소 발자국으로 인한 지구 온난화 문제를 개선하는 데 기여할 수 있을 것이다.

01

(가)의 '편집부장'에 대한 설명으로 적절하지 않은 것은?

① 지난 회의 내용과 관련하여 협의해야 할 내용을 밝히고 있다.
② 상대 의견에 대한 공감을 드러내며 그 이유를 설명하고 있다.
③ 회의 중간중간에 상대가 했던 말을 요약하며 정리하고 있다.
④ 물음의 형식을 통해 자신의 의견을 상대에게 제안하고 있다.
⑤ 상대 의견의 실현 가능성을 언급하며 대안을 제시하고 있다.

02

(가)의 내용이 (나)에 반영된 양상으로 적절하지 않은 것은?

① (가)에서 언급된 디지털 탄소 발자국의 주요 배출원을, (나)의 1문단에서 예를 들어 설명하고 있다.
② (가)에서 디지털 탄소 발자국의 개념을 설명하자는 의견을 반영하여, (나)의 2문단에서 그 개념을 구체적으로 소개하고 있다.
③ (가)에서 탄소 발자국 중 디지털 탄소 발자국의 비중이 늘어나고 있다는 점을 언급하자는 의견을, (나)의 2문단에서 자료를 활용하여 반영하고 있다.
④ (가)에서 디지털 기기 사용이 이산화 탄소를 발생시키는 이유를 설명하자는 의견에 따라, (나)의 3문단에서 그 이유를 데이터 센터와 관련지어 서술하고 있다.
⑤ (가)에서 학생들이 디지털 탄소 발자국을 줄일 수 있는 방법을 소개하자는 의견에 따라, (나)의 4문단에서 다양한 방법을 열거하고 있다.

03

〈보기〉의 중세 국어 자료에 나타난 특징을 탐구한 내용으로 적절하지 않은 것은?

> ───〈보 기〉───
>
> [중세 국어] 불·휘기·픈남·ㄱㆍㄴ부ㄹ·매아·니:뮐·씨
> [현대 국어] 뿌리가 깊은 나무는 바람에 아니 움직이므로
>
> 〈용비어천가〉
>
> [중세 국어] ·첫소·리·를어·울·워쓿·디·면글·바·쓰·라
> [현대 국어] 첫소리를 합하여 쓸 것이면 나란히 쓰라.
>
> 〈훈민정음언해〉
>
> [중세 국어] ·몸·이며얼굴·이며머·리털·이·며·술·흔
> [현대 국어] 몸과 형체와 머리털과 살은
>
> 〈소학언해〉

① '기·픈'은 '깊은'과 견주어 보니, 소리 나는 대로 적었음을 알 수 있군.
② ':뮐·씨'는 '움직이므로'에 대응하는 것을 보니, 현대 국어에서는 쓰이지 않는 단어임을 알 수 있군.
③ '·를'은 '를'과 견주어 보니, 현대 국어와 단어의 형태가 달랐음을 알 수 있군.
④ '쓿·디·면'은 '쓸 것이면'에 대응하는 것을 보니, 초성에 서로 다른 두 개의 자음이 함께 사용되었음을 알 수 있군.
⑤ '얼굴'은 '형체'라는 의미였던 것을 보니, 현대 국어로 오면서 단어의 의미가 확대되었음을 알 수 있군.

04~09 다음 글을 읽고 물음에 답하시오.

(가)

미국의 헌법학자 제롬 배런은 1967년 언론 매체 접근・이용권을 최초로 주장하였다. 언론 매체 접근・이용권이란 국민이 자신의 사상이나 의견을 표명하기 위하여 언론 매체에 자유로이 접근하여 이를 이용할 수 있는 권리를 말한다.

배런은 당시 미국과 영국 내 언론의 독과점으로 인해 국민의 다양한 의견을 표출할 수 있는 통로가 점점 사라지고 있음을 지적했다. 또한 그는 상업적 이익만을 추구하는 언론사가 보다 많은 시청자나 독자 등을 확보하기 위하여 사람들이 불편하게 여기는 주장이나 의견보다는 대중적인 주장이나 의견만을 전달하고 있다고 비판하였다. 언론 매체가 공론장의 역할을 하지 못해 국민의 다양하고 공정한 여론을 형성하는 기능을 수행하지 못함을 지적한 것이다. 이러한 상황에서 국민들이 언론 매체가 아닌 다른 수단을 통해 자신의 의견을 표명하려고 해도 매스미디어에 ⓐ 견주면 그 전달 범위가 극히 제한적이라고 보았다. 매스미디어의 거대화, 독점화에 따라 언론의 자유가 매체를 소유하거나 지배하는 소수의 계층이나 집단의 것으로 전락하였기 때문에 시민들의 언론의 자유를 보장하기 위해 언론 매체 접근・이용권을 인정해야 함을 주장한 것이다.

　법적으로 보장받는 언론 매체 접근·이용권의 대표적인 형태는 반론권이다. 이는 언론 매체에 의하여 명예 훼손·비판·공격 등으로 피해를 입은 국민이 자기와 관련이 있는 보도에 대해 반론이나 정정 또는 해명의 기회를 요구할 수 있는 권리이다. 반론권은 언론 매체에 정정 및 반론 보도, 추후 보도 등을 청구할 수 있는 권리로 구체화되어 있다. 반론권 이외에도 방송법에 언론 매체가 사회의 다양성을 해치거나 임의로 특정 의견을 차별하지 못하게 하는 조항을 마련하고 있으며, 시청자 참여 프로그램을 편성하도록 하는 조항 등을 통해 국민이 언론 매체를 이용하여 자신의 의사를 표명할 수 있도록 하고 있다.

　언론 매체 접근·이용권은 국민의 언론의 자유를 보장하고 민주주의 실현에 ⓑ <u>이바지하는</u> 중요한 권리이다. 그러나 언론 매체 접근·이용권은 언론 매체가 신문 등의 표현 내용을 결정하는 권리인 편집권과 ⓒ <u>맞부딪칠</u> 수도 있다. 이에 언론 매체에 일정한 기준의 재량권을 부여하고, 만약 언론 매체가 일정한 재량권을 일탈하거나 남용할 때는 구제 수단을 활용하여 국민의 언론 매체 접근·이용권을 보호하고 있다.

(나)

　언론 보도에 의해 명예나 권리를 침해받은 때에는 어떻게 해야 할까? 명예 훼손죄로 고소할 수도 있지만, 판결이 나오기까지 시간이 오래 걸린다. 따라서 언론중재법에는 언론 매체에 의해 피해를 받은 개인에게 신속하고 대등한 방어 수단을 제공하기 위해 정정 보도 청구권과 반론 보도 청구권이 규정되어 있다.

　정정 보도 청구권은 진실하지 않은 언론 보도 등으로 인해 피해를 입었을 경우 보도 내용의 잘못을 바로잡는 정정 보도를 요구할 수 있는 권리이며, 반론 보도 청구권은 언론 보도 등으로 인해 피해를 입었을 경우 그 보도 내용에 관한 반론을 보도해 줄 것을 요구할 수 있는 권리이다. 정정 보도를 청구하는 피해자는 원 보도가 허위임을 입증해야 한다. 반면 반론 보도는 원 보도의 진위 여부와 상관없이 청구할 수 있다.

　정정 보도 청구권과 반론 보도 청구권의 주체는 보도 내용과 개별적 연관성이 있으며 그 보도로 인해 피해를 입은 자이다. 청구권의 주체는 언론 보도의 '사실적 주장'에 대해 정정 보도와 반론 보도를 청구할 수 있는데, '사실적 주장'이라는 것은 증거에 의해서 그 존재 여부를 판단할 수 있는 사실 관계에 관한 주장을 의미한다. 따라서 단순한 의견이나 논평, 광고 등은 청구의 대상이 아니다. 피해자는 해당 언론 보도 등이 있음을 안 날로부터 3개월 이내에 정정 또는 반론 보도를 청구할 수 있는데, 해당 언론 보도 등이 있은 후 6개월이 지났을 때에는 이를 청구할 수 없다. 정정 또는 반론 보도 청구는 언론사 등의 대표자에게 서면으로 하여야 하며, 언론사가 청구를 수용한다면 청구를 받은 날부터 7일 이내에 정정 또는 반론 보도문을 방송하거나 ⓓ <u>실게</u> 된다. ㉠ <u>이때의 보도는 원 보도와 동일한 채널, 지면에서 이루어져야 하며, 방송 진행자는 보도문을 읽을 때 통상적인 속도로 읽어야 한다.</u>

　만약 언론중재법상 정정 보도를 청구할 수 있는 기간이 지났다면 민법 제764조에 의거하여 정정 보도를 청구할 수도 있다. 민법상 정정 보도 청구권에 따르면 언론 보도 등으로 명예를 훼손당한 사람은 언론 보도가 있음을 안 날로부터 3년 이내에 법원에 소를 제기할 수 있는데, 해당 언론 보도가 있은 후 10년이 지났을 때에는 불가하다. 민법상 정정 보도를 청구할 때는 언론사 등의 대표자뿐만이 아니라, 잘못된 언론 보도로 손해를 가한 기자, 편집자 등에 대해서도 공동으로 청구할 수 있다. 그런데 민법상 정정 보도 청구권이 성립하려면 언론중재법과 달리 언론사의 고의 또는 과실이 있다는 것과, 해당 보도에 위법성이 있음이 입증되어야 한다. 만약 언론 보도가 타인의 명예를 훼손했다 하더라도 해당 보도가 공공의 이익을 위한 것일 때는 위법이 아니라고 인정된다. 이처럼 민법상 정정 보도 청구권은 언론중재법상 정정 보도 청구권을 행사하는 것보다 엄격한 성립 요건을 필요로 한다.

　정정 보도 청구권 및 반론 보도 청구권은 피해를 입은 개인의 입장을 제공하게 하여 개인의 피해 회복을 ⓔ <u>돕고</u> 우리 사회가 진실을 발견하고 올바른 여론을 형성하는 데 일조한다.

04

고2·2023년 9월 20번

(가)와 (나)에 대한 설명으로 가장 적절한 것은?

① (가)는 권리의 유형을 구분하였고, (나)는 권리의 주체를 법률의 내용에 따라 분류하였다.
② (가)는 권리의 발전 과정을 소개하였고, (나)는 권리의 실행 과정에 나타나는 한계를 지적하였다.
③ (가)는 권리의 등장 배경과 실현 양상을 설명하였고, (나)는 근거한 법에 따른 권리의 성립 요건 차이를 비교하였다.
④ (가)는 시대에 따라 변화하는 권리의 의의를 평가하였고, (나)는 다른 권리와 대비하며 권리의 특성을 분석하였다.
⑤ (가)는 권리가 올바르게 실행되기 위한 조건을 제시하였고, (나)는 권리의 실행으로 인해 변화된 양상을 서술하였다.

05

고2·2023년 9월 21번

(가), (나)의 내용과 일치하지 <u>않는</u> 것은?

① 언론 매체가 재량권을 남용한 경우에 국민의 언론 매체 접근·이용권은 보호받을 수 있다.
② 공공의 이익을 위한 보도가 타인의 명예를 훼손한 경우 민법상 정정 보도 청구권은 성립하지 않는다.
③ 민법상 정정 보도 청구권은 언론중재법상 정정 보도 청구권보다 보도를 청구할 수 있는 기한이 길다.
④ 언론중재법상 정정 보도 또는 반론 보도를 청구하려면 언론 보도로 인해 피해를 입은 사실이 있어야 한다.
⑤ 배런은 시민에게 매체를 소유할 수 있는 권리가 주어지지 않아 언론의 자유가 소수의 것으로 전락했다고 보았다.

06

㉠의 이유를 추론한 내용으로 가장 적절한 것은?

① 원 보도와 동일한 효과를 낼 수 있는 대등한 방어 수단을 제공하기 위해서이다.
② 원 보도를 한 언론사의 대표자에게 원 보도를 진실에 맞게 수정해 달라고 요구하기 위해서이다.
③ 원 보도에 비해 신속한 전달 수단을 제공하여 언론 매체에 의한 피해를 최소화하기 위해서이다.
④ 언론 매체가 대중적인 주장과 사람들이 불편하게 여기는 주장을 차별적으로 보도하지 않도록 하기 위해서이다.
⑤ 양측의 주장을 같은 방식으로 제공하여 옳고 그름에 대한 판단을 시청자 또는 독자가 내리도록 하기 위해서이다.

07

(가)를 바탕으로 〈보기〉를 이해한 내용으로 적절하지 <u>않은</u> 것은? [3점]

〈보 기〉

ㄱ. 방송법 제6조 제9항
　방송은 정부 또는 특정 집단의 정책 등을 공표하는 경우 의견이 다른 집단에 균등한 기회가 제공되도록 노력하여야 하고, 또한 각 정치적 이해 당사자에 관한 방송 프로그램을 편성하는 경우에도 균형성이 유지되도록 하여야 한다.

ㄴ. 방송법 제6조 제2항
　방송은 성별·연령·직업·종교·신념·계층·지역·인종 등을 이유로 방송편성에 차별을 두어서는 아니 된다.

ㄷ. 언론중재법 제17조 제1항
　언론 등에 의하여 범죄 혐의가 있거나 형사상의 조치를 받았다고 보도 또는 공표된 자는 그에 대한 형사 절차가 무죄 판결 또는 이와 동등한 형태로 종결되었을 때에는 그 사실을 안 날부터 3개월 이내에 언론사 등에 이 사실에 관한 추후 보도의 게재를 청구할 수 있다.

---

① ㄱ은 언론 매체가 공정한 여론을 형성하는 공론장의 역할을 해야 한다는 인식을 반영하고 있다.
② ㄱ은 언론 매체에 의하여 비판을 당한 국민이 반론의 기회를 요구할 수 있는 권리를 보장하고 있다.
③ ㄴ은 언론 매체가 사회의 다양성을 해치지 못하도록 하고 있다.
④ ㄷ은 매스미디어를 소유하지 않아도 언론의 자유를 보장받을 수 있도록 하고 있다.
⑤ ㄷ은 언론 보도로 피해를 입은 사람이 자신의 의사를 표명할 수 있도록 하고 있다.

08

(나)를 바탕으로 〈보기〉를 탐구한 내용으로 적절하지 <u>않은</u> 것은?

〈보 기〉

　○○동물 병원을 운영하는 A는 △△신문의 기자 B가 제보 내용에 대한 별도의 취재 없이 보도한 기사로 인해 매출이 줄어드는 피해를 입었다. A는 다음의 내용으로 △△신문의 대표자 C 또는 기자 B에게 정정 및 반론 보도를 요청하고자 한다.

　본 신문은 2022년 9월 1일자 10면에 '○○시 소재 동물 병원, 입원한 반려견 방치하고 처방전 미발급'이라는 제목으로 ○○시에 소재한 모 동물 병원이 입원한 반려견에게 먹이를 주지 않았으며 처방전을 발급하지 않고 의약품을 투약했다고 보도하였습니다.
　그러나 해당 동물 병원의 CCTV 영상을 확인한 결과 동물 병원의 직원들이 입원한 반려견에게 적정량의 먹이를 제공한 것으로 밝혀져 이를 바로잡습니다. 또한 해당 동물 병원에서는 처방전을 발급하지 않은 것은 사실이지만, 관련 법에 근거하여 수의사가 직접 처방 대상 동물용 의약품을 투약하는 경우에는 처방전을 발급하지 않을 수 있다고 밝혀왔습니다.

---

① A가 별도의 취재를 하지 않은 B에게 정정 보도를 청구하려면 법원에 소를 제기해야겠군.
② A는 먹이 제공과 관련된 내용은 정정 보도를, 처방전 미발급과 관련된 내용은 반론 보도를 청구하려는 것이겠군.
③ A가 △△신문의 보도가 있음을 안 날이 2023년 9월 1일이라면 민법 제764조에 의거하여 권리를 행사해야겠군.
④ B의 기사 중 입원한 반려견에게 먹이를 주지 않았다는 내용은 사실적 주장에 해당하지 않겠군.
⑤ C가 언론중재법에 의거한 A의 청구를 수용한다면, 청구를 받은 날부터 일주일 이내에 A가 요청한 보도문을 △△신문에 싣겠군.

09

문맥상 ⓐ~ⓔ와 바꾸어 쓰기에 적절하지 <u>않은</u> 것은?

① ⓐ: 비하면
② ⓑ: 기여하는
③ ⓒ: 충돌할
④ ⓓ: 게재하게
⑤ ⓔ: 증진하고

10~12 다음 글을 읽고 물음에 답하시오.

[앞부분의 줄거리] 어머니는 마름집 하인들에게 억울한 일을 당하자, 아들들에게 아버지의 억울한 죽음이 마름집과 관련되어 있다고 이야기한다. 이에 막내아들이 격분하여 마름집을 턴다. 이후 막내아들은 도피 생활을 하던 중 다른 사건에 연루되어 감옥에 갇히게 되고, 어머니에게 복역 중이라는 편지가 전달된다.

발만 동동 구르고 있을 수만은 없어, 도짓소* 내어 준 것을 팔아, 그래도 제깐에는 세상 물정에 귀가 뚫렸다 하는 작은아들 이현이를 광주로 보냈던 것이었는데, 거길 갔다 온 그놈의 말이, 국회의원에 입후보한 독립투사였던 사람을 암살한 범인이기 때문에 징역을 산다더라고 하던 것이었다. 한데, 또 그렇게도 답답할 수가 없던 것은, 언제까지 산다더냐 해도, 언제 나오게 될 것이라더냐 하여도, 이현이 대꾸를 하지 않고 고개를 푹 숙이고 있기만 하던 것이었다.

"먼 일이란가, 먼 일이여?"

그게 무슨 벼락맞을 소리냐고, 우리 막동이는 그럴 아이가 아니라고, 그건 옆의 사람이 지어 붙여 뒤집어씌운 것일 거라고 펄펄 뛰어 보는 것도 마냥 쓸데없는 일이었고, 이때부터, 열흘 걸러 한 번씩 허위허위 보성으로 달려가서 기차를 타고, 광주 땅에 내리기가 바쁘게 동명동 형무소 면회 창구에 면회 신청을 하여, 두 손을 묶이어 나오는 푸르스름한 죄수복의 막동이, 그놈의 허옇고 부석부석한 얼굴을 보면서, 쓰라린 마음을 달래곤 했었다. 그러면서, 그놈에게 늙은 어머니는 누가 너에게 그런 죄를 씌웠느냐고 울며불며 물어보고 했던 것이었지만, 그놈은 멀거니 이 어미의 얼굴을 건너다볼 뿐, 입을 꼭 다물고만 있곤 할 뿐이던 것이었다. 그놈의 그런 태도를 미루어, 그놈의 심중에는 어느 누구한테도 말하지 못할 어떤 사정인가가 있기는 있는 모양이지만, 그걸 무슨 말로 어떻게 해서 비춰 주게 할 것인지 알 수가 없는 것이었다.

늙은 어머니는, 그 **막동이를 그렇게 만들어 놓은** 게 모두 소갈머리 없는 **자기 때문이라** 하며, 혀를 깨물고 콱 죽어야 한다고 생각해 보지 않은 게 아니었지만, 마룻장 위에서 울골골 떨고 있는 그 막동이를 그대로 둔 채 **눈을 감을 수란** 도저히 없는 일이므로, 일일마다가 마냥 답답하고 기막히다 할지라도, 이미 그놈한테 내리 덮인 죄, 그 **죄를 어떻게 벗겨 줄 길**이란 없는 일이니, 이젠 그놈이 벗어 나오는 날까지, 이렇게 면회를 가면 **얼굴이라도 보도록 해 주는 것만도 고맙게 여기**면서, 부지런히 면회를 다니는 길밖에 없다 했다.

한데, 그 면회나 자주 다닐 수 있었으면 하련마는, 그놈이 집에 있을 때 품들어 받아들인 쌀 판 돈으로 마련한 송아지 도짓소로 준 것, 그것을 팔아 젖혀 면회를 다니며 써 버린 뒤로는, 왔다 갔다 할 차비 이천 원에 먹고 잘 돈 오백 원, 면회하면서 그놈에게 먹고 마시게 할 돈 천 원…… 하여 모두 **삼천오백 원** 돈, 그걸 마련 못해 주겠다고 앙탈을 하는 **큰아들들의 소행**들이 못내 섭섭하고 **노여워**, 늙은 어머니는 그 저수지 둑 밑에 주저앉아 다리를 쭉 뻗고 통곡이라도 해 버렸으면 시원할 것 같은 심사를 억누르고, 부지런히 활갯짓을 하면서 오른손에 든 지팡이를 옮겨 놓는 것이었다.

(중략)

'아니, 어짠 일이란가?'

맨 먼저 접수를 시켰으니 응당

"윤 소님 씨!"

하고 늙은 어머니의 이름을 더 먼저 불러들여야 할 일인데도, 이미 늙은 어머니보다 훨씬 늦게 접수한 사람들을 무려 여섯 사람이나 면회장 안으로 불러들이고 있으면서, 그 늙은 어머니를 불러 넣어 주지는 않는 것이었다.

'멋 땀시 그란단가?'

혹시 그놈이 아파서 못 나오는 것은 아닌가, 아니, 어디 다른 델 보내 버렸을까, 하며 조급해진 늙은 어머니의 생각에, 꼭 열두 번째의 사람을 면회장 안으로 불러들였다고 느껴지는 순간,

"윤 소님 씨!"

하는 소리가 들려, 휘이, 이제야 데리고 나왔는가 보다 하며, 난로 위의 뜨거운 **쇠고깃국 냄비**를 뜨거운 것도 **의식하지 못한 채** 덥썩 들어 안고 면회장 안으로 들어서려는데, 입구를 지키던 교도관이

"할머니!"

하고 늙은 어머니를 세우더니, 손에 든 ㉠ 종이쪽지를 옆에 서 있는 다른 교도관에게 보이며 무슨 말인가를 속닥거렸다. 그러더니 눈살을 잔뜩 찌푸리며 쓴 입맛을 다시고,

"이막동이가 아들이요?"

하고 물었다.

"야."

가슴이 후들거리고, 기침이 목구멍 너머에서 자꾸 근질거리며 튀어나오려는 것을 이를 악물어 억누르는데,

"이막동말고 아들 또 있소?"

하고 다시 물었다. 둘이나 있다고 하자, 그 교도관은 옆에 있는 교도관하고 말을 주고받은 뒤 고개를 주억거리다가,

"이막동 씨 어제 옮겨 갔어요."

하는 것이었다.

"야?"

무슨 뜻이냐고 묻자, 교도관이 예쁘장하게 생긴 얼굴을 다시 한번 일그러뜨리고, 문밖으로 멀리 갔다는 손짓을 곁들여, 퉁명스런 목소리로

"목포로 갔단 말이요, 어제. 빨리 그리로 가 보시오."

늙은 어머니는 자기의 귀를 의심했다.

"목포로 윙게라우?"

교도관은 고개를 깊이 주억거려 주고, 잠시 동안 천장을 멀거니 쳐다보다가 다음 사람을 불렀다.

"어따 어메, 어째사 쓰꼬!"

하고 허둥허둥 나서다가, 쿨룩쿠울룩 터져 나오는 기침 때문에 배창자를 긁어 쥐느라고 쪼그려 앉은 늙은 **어머니의 품 속**에서 **우유병** 하나가 떨어져 하얗게 박살이 나고 있었는데, 옆에 섰던 한 남자가 안되었다는 듯 끌끌 혀를 차는 것이, 그 늙은 어머니의 귀에 들어갔을 까닭 없던 것이었다.

– 한승원, 「어머니」 –

* 도짓소: 한 해 동안 곡식을 얼마씩 내기로 하고 빌려 부리는 소.

10

윗글의 서술상 특징으로 가장 적절한 것은?

① 공간적 배경에 대한 묘사를 통해 미래의 일을 암시하고 있다.
② 인물 간 성격의 대비를 통해 사건이 반전되는 양상을 부각하고 있다.
③ 시간의 흐름에 따라 서술자를 달리하여 사건을 입체적으로 조명하고 있다.
④ 다른 공간에서 동시에 일어난 사건을 병치하여 이야기의 흐름을 지연시키고 있다.
⑤ 외부의 서술자가 특정 인물에 초점을 두고 사건을 서술하여 인물의 내면을 드러내고 있다.

11

〈보기〉를 참고하여 윗글을 감상한 내용으로 적절하지 <u>않은</u> 것은? [3점]

―――〈보 기〉―――

이 작품은 아들의 감옥살이를 자신의 탓이라고 여기는 어머니의 한과 자식을 향한 사랑을 그리고 있다. 어머니는 몸도 쇠약하고 경제적으로도 힘들지만, 아들을 만나러 다니는 것을 위안으로 삼는다. 그렇기에 고대하던 아들과의 만남이 무산된 비극적 상황은 어머니의 한이 심화될 것임을 암시한다.

① '막둥이를 그렇게 만들어 놓은' 것이 '자기 때문이라'고 하며 '눈을 감을 수' 없다고 생각하는 장면을 통해 아들의 처지에 대한 어머니의 자책감을 짐작할 수 있겠군.
② '죄를 어떻게 벗겨 줄 길이' 없지만 '얼굴이라도 보도록 해 주는 것만도 고맙게 여기'는 장면을 통해 어머니가 자식을 보러 가는 것을 위안으로 삼고 있음을 짐작할 수 있겠군.
③ '삼천오백 원'을 마련해 주지 않은 '큰아들들의 소행'을 '노여워'하는 장면을 통해 어머니가 경제적 어려움을 자식들 탓으로 여기고 있음을 짐작할 수 있겠군.
④ '쇠고깃국 냄비'의 뜨거움도 '의식하지 못한 채' 들고 가는 장면을 통해 아들을 향한 어머니의 사랑을 짐작할 수 있겠군.
⑤ '어머니의 품'에 있던 '우유병'이 깨지는 장면을 통해 비극적 상황에 처한 어머니의 절망감을 짐작할 수 있겠군.

12

㉠과 관련하여 윗글을 이해한 내용으로 가장 적절한 것은?

① '어머니'는 ㉠을 통해 자신의 마음을 아들에게 전달하고자 했다.
② '어머니'는 ㉠ 때문에 면회가 늦어진 것을 알고 '교도관'에게 항의했다.
③ '교도관'들은 ㉠으로 '어머니'와 '아들' 사이의 갈등을 해소하려고 하였다.
④ '교도관'들은 ㉠을 '어머니'에게 보여 주며 '아들'과 아는 사이임을 드러내었다.
⑤ '교도관'들은 ㉠과 관련하여 알고 있는 사실을 '어머니'에게 전달하기를 불편해 하였다.

▶ 몰라서 틀린 문항 × 표기   ▶ 헷갈렸거나 찍은 문항 △ 표기   ▶ ×, △ 문항은 다시 풀고 ✔ 표기를 하세요.

종료 시각	시 분 초	문항 번호	01	02	03	04	05	06	07	08	09	10	11	12
소요 시간	분 초	채점 결과												
초과 시간	분 초	틀린 문항 복습												

DAY 17

수능기출
전국연합학력평가

20분 미니 모의고사

● 날짜 :　　월　　일　● 시작 시각 :　　시　　분　　초　● 목표 시간 : 20분

※ 점수 표기가 없는 문항은 모두 **2점**입니다.

01　다음은 학생의 발표이다. 물음에 답하시오.

안녕하세요? 이번 탐구 과제는 '우리 문화재 깊이 보기'인데요, 저는 '고구려 고분 벽화'에 대해 발표하려고 합니다. 여러분은 고구려 고분 벽화를 본 적이 있나요? (청중의 대답을 듣고) 생각보다 많지 않네요. 우리나라 고분 벽화의 대다수는 고구려 돌방무덤에 있습니다. 돌방무덤은 돌을 쌓아 방처럼 만든 무덤으로 3세기부터 만들어졌는데요, 바로 이 시기에 고분 벽화가 그려지기 시작했습니다. (자료 제시) 여기가 돌방무덤의 내부입니다. 고분 벽화는 이곳의 천장과 벽에 그려져 있어요.

그럼 고구려 고분 벽화에는 무엇을 그렸을까요? (청중의 반응을 살피고) 네, 다양한 답변이 있네요. 3세기 중반부터 5세기 초에는 밥 먹는 모습, 사냥하는 모습 등 무덤 주인의 일상생활을 주로 그렸습니다. (자료 제시) 이것은 주인과 종의 모습입니다. 여기에서 주목할 점은 주인을 종에 비해 크게 그린 건데요, 이렇게 주가 되는 것을 크게, 나머지는 작게 그리는 방법을 '주대종소법'이라고 합니다. 보시는 것처럼 고분 벽화에서는 이 방법을 활용하여, 무덤 주인의 권위를 강조하고 그의 풍요로운 삶이 사후세계에서도 이어지길 바라는 마음을 담아냈습니다.

5세기 중반부터 6세기 초의 고분 벽화에는 연꽃무늬가 주로 등장합니다. 이때는 불교가 확산되는 시기로, 무덤 주인이 이상세계에 다시 태어나길 바라는 마음을 연꽃을 통해 표현했습니다. 6세기 중반부터 7세기 전반의 일부 고분에는 연꽃 위에 도교 사상과 관련된 신선을 그렸는데요, (자료 제시) 이것은 불교와 도교 사상이 공존하던 당시의 상황이 반영된 것이라 할 수 있습니다. 한편 이 시기 대다수의 고분 벽화에는 도교의 영향으로 청룡, 백호 등과 같은 사신(四神)을 주로 그렸습니다. 사신이 무덤 주인을 수호해 준다고 여겼기 때문입니다.

당대의 인식과 사회상을 담아낸 고분 벽화의 전통은 조선 전기까지 이어졌습니다. 고구려 고분 벽화는 선조들의 삶의 모습을 보여준다는 점에서 역사 자료로서의 가치를 지니고 있습니다. 이상으로 발표를 마치겠습니다.

01

고3 · 2021학년도 수능 1번

위 발표자의 말하기 방식으로 가장 적절한 것은?

① 청중에게 기대하는 바를 언급하여 발표 목적을 부각하고 있다.

② 발표 내용과 관련된 질문을 하여 청중의 반응을 이끌어 내고 있다.

③ 청중의 요청에 따라 발표 내용과 관련된 정보를 추가하여 설명하고 있다.

④ 발표 내용의 순서를 안내하여 청중이 발표 내용을 예측하도록 돕고 있다.

⑤ 발표 내용이 청중과 관련성이 높음을 제시하여 청중의 흥미를 유발하고 있다.

02 | 다음은 작문 상황과 이를 바탕으로 학생이 작성한 초고이다. 물음에 답하시오.

[작문 상황]

○ 일상의 경험에서 발견한 가치를 담은 글을 쓴다.
○ 문학 동아리 합평회의 의견을 반영하여 글을 수정한다.

[초고]

앞집 담장 위로 고개를 내민 산수유가 노란 꽃망울을 터트렸다. 봄이다. 이런 봄날의 산책은 숲길이 제격이다. 집을 나서자마자 수성동 계곡에서 시인의 언덕까지 오늘 산책길을 마음에 그렸다.

수성동 계곡까지는 골목 오르막길을 따라 잠깐 걸으면 된다. 봄비가 엊그제 내려서 제법 물소리가 또랑또랑하게 흐른다. 수성동 계곡은 인왕산 동쪽에서 우리 동네 쪽으로 흐르는 계곡인데, 흰 암반 사이를 흐르는 물소리가 커서 붙여진 이름이다. 이곳을 지날 때마다 은근히 가슴이 뿌듯하다. 조선 후기의 화가인 겸재 정선의 그림에도 등장할 만큼 아름답기 때문이다.

해맞이 동산 숲길에는 싱그러운 봄의 정취가 가득하다. 산들바람에 꽃눈을 매단 조팝나무 가지가 한들거린다. 산들바람이 지나는 길을 따라 풀들이 파릇파릇 잎을 내밀고, 개나리랑 진달래도 벌써 환하게 꽃물이 돈다. 겨울이 지나가고 바로 그 자리에 새봄이 돋아나고 있다.

가온다리를 건너다 보니 길이는 짧지만 우쭐우쭐하게 출렁거린다. '가온'은 '중간의'라는 의미의 순우리말이다. 흔들리는 다리 가운데에서 마음의 중심을 잘 잡아 보라는 뜻인가 보다. 가온다리를 지나면 두꺼비 바위와 이빨 바위를 만날 수 있다. 무심코 지나치면 그 형상을 볼 수 없지만 안내 표지를 확인하고 잠시 멈춰 바라보면 절로 웃음이 난다. 두꺼비 바위는 얼굴 생김새가 정말 두꺼비 같고, 이빨 바위는 딱딱 소리를 낼 것 같다.

이제 시인의 언덕이 멀지 않다. 수성동 계곡에서 시인의 언덕으로 오르는 숲길은 가파르지는 않지만, 나무 계단이 많은 오르막의 연속이다. 오르막을 오를 때 나는 서두르지 않고 천천히 걷는다. 남들의 속도를 의식하지 않고 내 호흡과 발걸음에 맞춰 걷는 것이 중요하다고 생각한다. 다리가 뻐근하고 조금 숨이 차지만 왠지 마음이 달큼하다. 연희전문학교 재학 시절 윤동주 시인은 이 시인의 언덕에 올라 시심을 다듬었다고 한다. 언덕 곁에는 윤동주 문학관이 서 있다. 이곳은 수도 가압장과 물탱크를 개조하여 만들었다. 느려지는 물살에 압력을 가해 다시 힘차게 흐르게 하는 수도 가압장을 문학관으로 꾸민 것이다. 언제부터인지는 모르지만, 난 지치고 힘들 때 이곳에 오르면 내 영혼의 가압을 느낀다.

02

〈보기〉의 합평회 의견을 반영하여 '초고'의 마지막에 추가할 내용을 구성한 것으로 가장 적절한 것은? [3점]

〈보 기〉

부원 1: '영혼의 가압'이라는 표현이 참신하게 느껴져. 시인의 언덕으로의 산책이 너에게 주는 의미를 비유적으로 나타내면 더 좋을 것 같아.

부원 2: 너와 함께 산책하는 기분이 들어 좋았어. 글을 마무리할 때 산책을 끝내고 집에 돌아온 후의 느낌을 드러내면 더 좋겠어.

① 시인의 언덕에 오르니 마음의 근육에 힘줄이 선다. 집에 돌아오니 마음의 뜨락에 봄의 생기가 넘친다.

② 시인의 언덕에 올 때마다 마음이 순수해진다. 시인의 '서시' 한 구절을 읊조리며 산책을 마치고 집에 들어선다.

③ 수도 가압장에서 우러러본 하늘이 매우 파랗다. 시인의 언덕은 재충전의 기회와 용기를 주는 영혼의 가압장이다.

④ 시인의 언덕에 서서 불어오는 바람을 맞으니 기분이 상쾌해진다. 윤동주 문학관에서 집으로 다시 산책을 이어 간다.

⑤ 시인의 언덕은 나에게 세상과 소통하는 길을 보여 준다. 나는 수도 가압장에서 내 영혼이 세차게 흐르는 것을 느낀다.

DAY 17

03~04 다음 글을 읽고 물음에 답하시오.

문장이 문법적으로 올바른지를 판단할 때 확인해야 할 기준은 여러 가지가 있다. 그중 서술어의 특성을 고려하는 기준으로는 서술어의 자릿수와 서술어로 쓰인 단어가 가지는 선택 자질 등을 들 수 있다.

우선 서술어의 자릿수란 문장에서 서술어가 필수적으로 요구하는 문장 성분의 개수를 의미한다. ㉠ 서술어가 필수적으로 요구하는 문장 성분이 갖추어지지 않은 문장은 문법적으로 올바르지 않은 문장이 된다. 서술어가 주어만을 필요로 하면 '한 자리 서술어', 주어 외에 한 개의 문장 성분을 더 필요로 하면 '두 자리 서술어', 주어 외에 두 개의 문장 성분을 더 필요로 하면 '세 자리 서술어'로 분류한다.

그런데 서술어로 사용되는 용언이 다의어일 때는 각각의 의미에 따라 서술어의 자릿수가 달라지는 경우가 있다. 예를 들어 동사 '멈추다'는 '사물의 움직임이나 동작이 그치다.'의 의미로 사용될 때는 '자동차가 멈추다.'에서와 같이 한 자리 서술어이고, '사물의 움직임이나 동작을 그치게 하다.'의 의미로 사용될 때는 '아버지가 자동차를 멈추다.'에서와 같이 두 자리 서술어이다.

다음으로, 문장에서 서술어로 쓰이는 용언은 경우에 따라 특정 체언하고만 어울리는 특성을 갖는데 이를 '선택 자질'이라고 한다. 그리고 용언이 선택 자질에 의해 특정 단어를 선택하여 결합하는 현상을 '선택 제약'이라고 한다. 예를 들어 '먹다'가 '음식 따위를 입을 통하여 배 속에 들여 보내다.'라는 의미로 쓰인 경우, 주어와 목적어 자리에 올 수 있는 체언은 한정된다. 즉 주어로는 입과 배라는 신체 기관을 지닌 생물만을, 목적어로는 음식만을 선택하여 결합해야 서술어의 의미가 온전하게 표현된다. 그렇기 때문에 '아이가 밥을 먹다.'는 문법적으로 올바른 문장이지만 '바위가 밥을 먹다.'와 '아이가 바위를 먹다.'는 서술어의 선택 제약을 어겨 문법적으로 올바르지 않은 문장이 된다.

03

고2 · 2022년 11월 11번

㉠에 해당하는 예로 적절한 것은?

① 동생이 내 손을 꼭 잡았다.
② 선생님께서 제자로 삼으셨다.
③ 이 책의 내용은 생각보다 쉽다.
④ 나는 밤새 보고서를 겨우 만들었다.
⑤ 그는 자신의 친구에게 나를 소개했다.

04 1등급 대비 고난도 3점 문제

고2 · 2022년 11월 12번

윗글을 바탕으로 〈보기〉의 탐구 과제를 수행했을 때, [A]에 들어갈 내용으로 적절하지 않은 것은? [3점]

〈보 기〉

[탐구 과제]
다음 [탐구 자료]에 나타난 서술어의 특징에 대해 알아보자.

[탐구 자료]

살다[1] 「동사」
「1」 생명을 지니고 있다.
  예 그 사람들은 백 살까지 ⓐ 살았다.
「2」 [⋯에/에서] 어느 곳에 거주하거나 거처하다.
  예 그는 하루 종일 연구실에서 ⓑ 산다.
「3」 [⋯을] 어떤 직분이나 신분의 생활을 하다.
  예 그는 조선 시대에 오랫동안 벼슬을 ⓒ 살았다.
「4」 [(⋯과)](('과'가 나타나지 않을 때는 여럿임을 뜻하는 말이 주어로 온다) 어떤 사람과 결혼하여 함께 생활하다.
  예 그녀는 사랑하는 남편과 잘 ⓓ 산다.
  그 부부는 오순도순 잘 ⓔ 산다.

[탐구 결과]

[A]

① ⓐ는 「1」의 의미를 고려할 때, 주어에 '생명을 지닌 존재'만을 선택하여 결합해야 서술어의 의미가 온전하게 표현되겠군.
② ⓑ와 ⓒ는 필수적으로 요구하는 문장 성분의 종류는 다르지만 개수는 동일하겠군.
③ ⓑ와 ⓓ는 각각 「2」와 「4」의 의미를 고려할 때, 필수적으로 요구되는 부사어 자리에 올 수 있는 체언은 한정되겠군.
④ ⓒ는 「3」의 의미를 고려할 때, 목적어와 부사어 자리에 어떤 직분이나 신분을 의미하는 체언하고만 어울리는 선택 자질을 갖겠군.
⑤ ⓔ는 「4」의 의미를 고려할 때, 서술어의 자릿수가 ⓐ와 같겠군.

과학수사에서 'DNA 분석'은 범인을 ⓐ 추정하거나 피해자의 신분 등을 확인할 때 중요한 수단으로 사용된다. DNA 분석이란 혈흔이나 모발 같은 샘플로부터 DNA를 ⓑ 채취하여 동일인 여부를 확인하는 방법으로, 현재 'STR 분석법'이 가장 많이 사용되고 있다. 'STR(Short tandem repeat)'은 '짧은 연쇄 반복'이라는 뜻으로, 'STR 분석법'은 DNA의 특정 구간에서 짧은 염기 서열이 연쇄적으로 반복하여 나타나는 부분을 분석하는 방법이다.

STR 분석법의 원리를 알기 위해서는 상동 염색체, DNA, 염기 서열에 대한 이해가 필요하다. 체세포의 핵에는 모양과 크기가 동일한 염색체가 2개씩 쌍으로 존재하는데, 이들 염색체를 '상동 염색체'라 한다. 상동 염색체는 부계(父系)와 모계(母系)에서 각각 하나씩 물려받는다. 이 상동 염색체를 구성하는 가장 중요한 물질이 유전자를 포함하고 있는 DNA이다. DNA는 아데닌(A), 구아닌(G), 사이토신(C), 타이민(T)이라는 네 종류의 염기 약 30억 개로 구성되는데, 이 염기들이 'AGGCTA…'와 같은 형태로 이어져 있다. 이것을 DNA의 염기 서열이라고 한다.

상동 염색체 내 특정 위치의 DNA 염기 서열을 분석해 보면 짧은 염기 서열이 연속적으로 반복해서 나타나는 특정 구간이 있다. 그리고 사람마다 반복되는 횟수가 다르다는 특징이 있다. STR 분석법은 바로 이 점에 ⓒ 착안하여 샘플 간 비교를 통해 동일인 여부를 확인한다.

STR 분석을 하기 위해서는 먼저, 분석하려는 염색체 내의 위치가 ⓓ 특정되어야 하는데, 이때 그 위치를 '좌위'라고 한다.

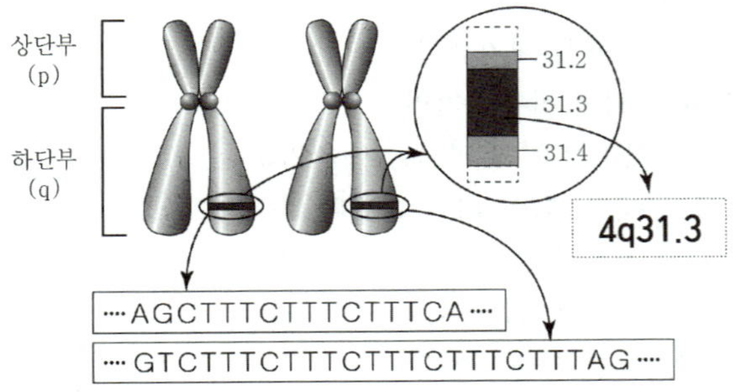

'갑'이라는 사람의 어떤 좌위가 〈그림〉과 같이 '4q31.3'일 때, 이 좌위의 '4'는 염색체 번호를, 'q'는 염색체 하단부를, '31.3'은 염색대* 번호를 가리킨다. 이 좌위에는 염기 서열 'CTTT'가 반복되고 있는데, 왼쪽 염색체에서는 세 번, 오른쪽 염색체에서는 다섯 번 반복되고 있다. 이 경우 분석된 결과를 왼쪽부터 표시하여 '3-5' 형태로 나타낼 수 있다. 즉, '갑'은 4번 염색체 하단부(q)의 31.3번 염색대 위치에 'CTTT'가 '3-5'인 유전형을 가지고 있는 것이다. 이렇게 상동 염색체의 특정 위치에 나타나는 STR을 분석하여 '3-5'와 같은 결괏값으로 표기하는 것을 'DNA 프로필'이라고 한다.

현재 우리나라를 비롯한 여러 나라에서는 20개의 좌위를 표준으로 하여 과학수사에 동일하게 활용하고 있다. 비교 샘플의 DNA 프로필이 20개 좌위에서 모두 동일하다면, 비교 샘플이 동일인의 것일 확률이 100%에 가깝다. 이런 이유로 STR 분석법은 과학수사에서 큰 성과를 거두고 있으며, 관련 기술이 발전

할수록 좌위의 개수도 늘어나 더 ⓔ 정밀한 분석이 가능할 것이다.

* 염색대: 염색체를 염색할 때 발생하는 띠 모양.

05

고2 · 2023년 6월 29번

윗글에 대한 이해로 가장 적절한 것은?

① 사람마다 DNA를 구성하는 염기 종류가 다르다.
② 상동 염색체는 서로 다른 모양을 가진 한 쌍으로 존재한다.
③ STR 분석을 위해서는 먼저 염색체의 개수를 파악해야 한다.
④ 20개의 표준 좌위에서는 염기 서열의 STR이 나타나지 않는다.
⑤ STR 분석법은 DNA에 있는 30억 개 염기 중 일부를 대상으로 한다.

---

06 1등급 대비 고난도 2점 문제

고2 · 2023년 6월 30번

윗글을 읽고 추론한 내용으로 가장 적절한 것은?

① DNA에는 염기 서열이 연쇄적으로 반복하지 않아 STR 분석법에서 사용하기 힘든 구간도 존재하겠군.
② 상동 염색체의 동일한 위치에서는 부계와 모계에서 받은 염색체의 염색대 번호가 서로 다르겠군.
③ 동일인에서 채취한 서로 다른 샘플에서는 같은 좌위라도 염기 서열의 반복 횟수가 다르겠군.
④ STR 분석법은 네 종류의 염기가 모두 반복되는 특정 구간을 분석 대상으로 하겠군.
⑤ 국가 간에 공통적으로 사용하는 좌위가 없어 분석 결과를 공유하기 힘들겠군.

07

윗글을 바탕으로 〈보기〉를 이해한 내용으로 적절하지 <u>않은</u> 것은? [3점]

〈보 기〉

보석 가게에 도난 사건이 발생하였다. 출동한 경찰은 범죄 현장에서 범인의 손톱을 발견하고 DNA를 분석하였다. 다음날 목격자의 제보에 따라 '을'을 용의자로 지목한 후, '을'의 모발로 DNA 분석을 의뢰하였다.

〈범인 손톱의 DNA 프로필과 좌위 정보〉

DNA 프로필		좌위 정보	
좌위	결괏값	위치	반복되는 염기 서열
①	5–3	5q33.1	AGAT
②	6–6	13q31.1	TATC
③	2–7	5q23.2	AGAT
⋮	⋮	⋮	⋮
⑳	8–4	7q21.11	GATA

(단, 좌위는 임의로 4개의 정보만 제시함.)

① 범인은 7번 염색체의 하단부 특정 염색대에 'GATA' 배열이 네 번 반복되는 DNA를 가지고 있군.

② 범인은 부계와 모계에서 받은 염색체의 STR 반복 횟수가 동일하게 나오는 좌위를 하나 이상 가지고 있군.

③ '을'의 'DNA 프로필'을 만들기 위해서는 '을'의 5번 염색체가 두 번 이상 분석에 활용되겠군.

④ '을'이 범인이라면 ①과 ③에서 모계에서 받은 염색체의 'AGAT' 반복 횟수의 합이 12보다 클 수 없겠군.

⑤ '을'의 분석 결과가 ②에서 '4–8', ⑳에서 '8–4'로 나온다면 ⑳의 결괏값만으로도 '을'을 범인으로 확정할 수 있겠군.

08

ⓐ∼ⓔ의 사전적 의미로 적절하지 <u>않은</u> 것은?

① ⓐ: 어떤 일에 대한 의견이나 느낌.

② ⓑ: 연구나 조사에 필요한 것을 찾거나 받아서 얻음.

③ ⓒ: 어떤 문제를 해결하기 위한 실마리를 잡음.

④ ⓓ: 특별히 지정함.

⑤ ⓔ: 아주 정교하고 치밀하여 빈틈이 없고 자세함.

(가)

비탈진 공터 언덕 위 푸른 풀이 덮이고 그 아래 웅덩이 옆 미루나무 세 그루 **갈라진 밑동**에도 **푸른 싹**이 돋았다 때로 늙은 나무도 젊고 싶은가 보다

기다리던 것이 오지 않는다는 것은 누구나 안다 누가 누구를 사랑하고 누가 누구의 목을 껴안듯이 비틀었는가 나도 안다 돼지 목 따는 동네의 더디고 나른한 세월 [A]

때로 우리는 묻는다 **우리의 굽은 등**에 푸른 싹이 돋을까 묻고 또 묻지만 비계처럼 씹히는 달착지근한 혀, 항시 우리들 삶은 낡은 유리창에 흔들리는 **먼지 낀 풍경** 같은 것이었다 [B]

흔들리며 보채며 얼핏 잠들기도 하고 그 잠에서 깨일 땐 솟아오르고 싶었다 세차장 고무호스의 **길길이 날뛰는 물줄기**처럼 갈기갈기 찢어지며 아우성치며 울고불고 머리칼 쥐어뜯고 몸부림치면서…… [C]

그런 일은 없었다 돼지 목 따는 동네의 더디고 나른한 세월, 풀잎 아래 엎드려 숨죽이면 가슴엔 **윤기나는 석탄층***이 깊었다

– 이성복, 「다시 봄이 왔다」 –

*석탄층: 식물이 땅속에 층을 이루어 퇴적되면서 생긴 층.

(나)

옆구리에서 아까부터
무언가 꼼지락거리고 있었다.
내려다보니 **작은 할머니**였다.
만원 전동차에서 내리려고
혼자 ㉠ 헛되이 허우적거리고 있었다.
승객들은 빈틈없이 할머니를 에워싸고
높고 ㉡ 튼튼한 **벽**이 되어 있었다.
할머니가 아무리 중얼거리며 떠밀어도
벽은 꿈쩍도 하지 않았다.
할머니는 있는 힘을 다하였으나
태아의 발가락처럼 꿈틀거릴 뿐이었다.
전동차가 멈추고 문이 열리고 닫혔지만
벽은 ㉢ 조금도 흔들림이 없었다.
할머니가 필사적으로 **꿈틀거리는** 동안
꿈틀거릴수록 점점 작아지는 동안
승객들은 빈틈을 ㉣ 더 세게 조이며
더욱 ㉤ 견고한 벽이 되고 있었다.

– 김기택, 「벽」 –

09

고2 · 2021년 9월 39번

(가)와 (나)의 공통점으로 가장 적절한 것은?

① 단정적 진술을 활용하여 주제 의식을 드러내고 있다.
② 도치의 방식을 활용하여 시적 의미를 부각하고 있다.
③ 점층적 표현을 활용하여 시적 분위기를 고조하고 있다.
④ 반복과 열거를 활용하여 화자의 의지를 강조하고 있다.
⑤ 색채의 상징적 의미를 활용하여 시적 상황을 드러내고 있다.

10

고2 · 2021년 9월 40번

[A]~[C]에 대한 설명으로 적절하지 <u>않은</u> 것은?

① [A]: 변화 가능성이 없는 상황에서 오는 권태로운 삶을 드러내고 있다.
② [B]: 자신이 처해 있는 현실에 대한 회의적인 태도를 드러내고 있다.
③ [B]: 생기 있는 삶을 기대할 수 없는 비관적 현실 인식을 드러내고 있다.
④ [C]: 치열하고 역동적으로 살기 위해 과거의 삶을 반성하는 모습을 드러내고 있다.
⑤ [C]: 무기력한 삶에서 벗어나 자유롭고 활기 있는 삶을 살고자 하는 욕망을 드러내고 있다.

11

고2 · 2021년 9월 41번

㉠~㉤의 의미를 고려하여 (나)를 이해한 내용으로 적절하지 <u>않은</u> 것은?

① ㉠을 활용하여 혼자의 힘으로는 문제를 해결할 수 없는 할머니의 상황을 부각하고 있군.
② ㉡을 활용하여 할머니의 어려움을 심화시키는 대상을 강조하고 있군.
③ ㉢을 활용하여 할머니의 고통에 반응하지 않는 승객들의 모습을 강조하고 있군.
④ ㉣을 활용하여 속박된 상황을 벗어나려는 할머니의 모습을 부각하고 있군.
⑤ ㉤을 활용하여 할머니의 처지에 관계없이 자신의 상황을 고수하고 있는 승객들의 모습을 부각하고 있군.

12

고2 · 2021년 9월 42번

〈보기〉를 바탕으로 (가)와 (나)를 감상한 내용으로 적절하지 <u>않은</u> 것은? [3점]

〈 보 기 〉

시는 언어를 통해 이미지를 발현하고 영화는 영상을 통해 이미지를 표출한다. 시는 시어와 행과 연으로, 영화에서는 쇼트와 쇼트의 조합을 통해 이미지를 구성해 간다. 영화 기법은 영상의 이미지를 다루는 방법으로 시의 이미지를 분석하는 데 중요한 틀을 제공한다.

먼저 촬영 기법인 클로즈업은 주관적 의도에 의해 선택된 대상을 확대하여 대상에 집중하게 하고 관련된 상황과 심리를 강조한다.

한편 편집 기법인 몽타주는 이질적인 장면이나, 시공간이 다른 장면들을 연결하여 그들 사이의 대조나 유사성에 의한 연상적 비교를 일으켜 정서적 반응을 유발한다.

① (가)의 '갈라진 밑동'에 돋은 '푸른 싹'이 클로즈업처럼 확대되어 화자가 바라는 삶의 모습이 강조되겠군.
② (가)의 '우리의 굽은 등'과 '먼지 낀 풍경'은 몽타주 기법처럼 연결되어 화자가 처한 부정적 상황에 대한 정서가 유발되겠군.
③ (가)의 '길길이 날뛰는 물줄기'와 '윤기나는 석탄층'은 몽타주 기법처럼 연결되어 현실에 맞서는 화자에 대한 정서가 유발되겠군.
④ (나)의 '작은 할머니'와 높은 '벽'은 몽타주 기법처럼 연결되어 괴로움을 느끼는 할머니에 대한 정서가 유발되겠군.
⑤ (나)의 '꿈틀거리'는 '할머니'의 모습이 클로즈업처럼 확대되어 할머니가 애쓰는 상황이 강조되겠군.

DAY 17

DAY 18

수능기출 전국연합학력평가 **20분 미니 모의고사**

● 날짜 : 월 일 ● 시작 시각 : 시 분 초 ● 목표 시간 : 20분

※ 점수 표기가 없는 문항은 모두 2점입니다.

01~02 (가)는 교지 편집부 학생들이 나눈 대화이고, (나)는 이를 바탕으로 작성한 비평문의 초고이다. 물음에 답하시오.

(가)

학생 1: 우리가 요약 콘텐츠에 대한 비평문을 어떻게 쓸지 논의하기 위해 모였잖아. 먼저 조사한 내용부터 얘기해 보자.

학생 2: 요약 콘텐츠는 도서, 영화, 드라마와 같은 작품을 요약하거나 재가공해서 만든 영상물을 의미해. 최근 동영상 플랫폼에서 엄청난 인기를 끌고 있어.

학생 3: 맞아. 주변 친구들이 '○○시리즈 영화 5분 요약!' 같은 영상을 많이 시청하더라고. 나도 유명한 책을 요약한 영상을 시청해 보았는데, 원작을 요약하고 의미를 해석해 주는 콘텐츠였어.

학생 2: 단순히 요약만 하는 게 아니라 요약 콘텐츠 제작자의 해석을 덧붙이는 요약 콘텐츠가 있어? [A]

학생 3: 응, 그런 것도 있어. 그 책은 500쪽이 넘는 분량인데 영상은 10분밖에 안 되더라고. 댓글을 보니 영상만 보고도 어려운 원작을 빠르고 쉽게 이해할 수 있어서 좋다는 반응이 많았어.

학생 1: 아, 어려운 원작을 빠르고 쉽게 이해할 수 있으니까 요약 콘텐츠를 시청하는 것이겠구나. 그렇지?

학생 2: 맞아. 내가 본 기사에서도 요약 콘텐츠를 시청하는 가장 큰 이유가 효율성이라고 했어. 또 요약 콘텐츠의 인기 배경이 대중문화 콘텐츠 시장의 성장이라고 하더라.

학생 1: 대중문화 콘텐츠 시장의 성장이 요약 콘텐츠의 인기 현상과 어떤 연관이 있는 건지 잘 이해되지 않는데, 좀 더 구체적으로 설명해 줄래?

학생 2: 최근 대중문화 콘텐츠 시장이 성장하면서 엄청난 양의 작품이 쏟아지고 있어. 이런 상황에서 요약 콘텐츠를 시청하면 많은 작품을 빠르게 접할 수 있으니까 인기가 있다는 거야.

학생 1: 그렇구나. 지금까지 요약 콘텐츠 시청을 긍정적으로 바라보는 관점을 이야기했는데, 요약 콘텐츠를 시청하는 것의 문제는 없을까?

학생 2: 나는 내가 좋아하는 영화를 요약한 콘텐츠를 시청해 보았는데, 인물의 대사도 생략되고 배경 음악도 들을 수 없어서 아쉬웠어. 그 영화의 대사랑 배경 음악이 아름다워서 감동을 느꼈었거든.

학생 3: 내가 시청한 요약 콘텐츠는 원작을 요약하고 해석하는 과정에서 원작 내용을 과장하고 비약하는 것이 문제였어.

학생 2: 그건 요약 콘텐츠 제작자의 해석의 자유라고 봐야 하지 않을까? [B]

학생 3: 요약 콘텐츠 제작자에게 해석의 자유가 있다는 건 맞아. 하지만 그 해석의 자유 때문에 원작의 메시지가 왜곡된다는 게 문제야. 또 이렇게 원작의 메시지가 왜곡된 요약 콘텐츠를 시청하고 그 해석을 원작에 대한 유일한 해석이라고 생각하는 것이 정말 문제라고 생각해.

학생 2: 아, 그런 부분은 생각하지 못했어. 우리 학교 학생들도 요약 콘텐츠를 많이 시청하니까, 이런 문제점에 대해 생각해 보아야 하지 않을까?

학생 1: 네 말이 맞아. 그럼 요약 콘텐츠만 시청하는 것에 대해 부정적 관점으로 비평문을 써 보는 거 어때?

학생 2, 3: 좋은 생각이야.

학생 1: 그래, 그럼 내가 초고를 작성해 볼게. 모두 고마워.

(나)

　최근 동영상 플랫폼에서 800만 회가 넘는 조회 수를 달성한 '○○시리즈 영화 5분 요약!'과 같은 콘텐츠를 시청한 적이 있는가? 이렇게 도서, 영화, 드라마와 같은 작품을 요약하거나 재가공해서 영상물로 만든 '요약 콘텐츠'가 최근 엄청난 인기를 끌고 있다.

　요약 콘텐츠의 댓글에 따르면, 요약 콘텐츠 시청을 긍정적으로 생각하는 사람들은 요약 콘텐츠 시청이 효율적인 작품 감상 방법이라고 말한다. 즉 시간과 노력을 적게 들여 원작을 이해할 수 있다는 것이다. 또한 대중문화 콘텐츠 시장의 성장으로 드라마나 영화가 많이 제작되고 있는데, 요약 콘텐츠 시청을 통해 많은 작품을 빠르게 접할 수 있다는 것이 장점으로 꼽히고 있다.

　하지만 요약 콘텐츠만 시청하는 것은 바람직한 작품 감상 방법이 아니다. 먼저 원작이 전하는 감동을 온전히 느낄 수 없다. 원작의 감동은 줄거리뿐만 아니라 다양한 구성 요소를 통해 전해지는데, 요약 콘텐츠를 통해서는 이러한 구성 요소를 확인할 수 없기 때문이다. 또 원작의 메시지가 왜곡될 수 있다. 원작을 요약하고 해석하는 과정에서 원작 내용을 과장하거나 비약하는 일이 많기 때문이다. 원작을 감상하지 않는다면 요약 콘텐츠의 해석이 원작에 대한 유일한 해석이라고 생각할 수 있다는 것이 심각한 문제이다.

　물론 당장은 요약 콘텐츠 시청을 통해 얻을 수 있는 효율이 크다고 생각할 수 있다. 하지만 우리는 많은 작품을 빠르게 접하기 위해서 작품을 감상하는 것이 아니다. 작품을 감상하는 본질적인 이유는 작품 감상 과정에서 다른 사람의 삶을 간접 경험하거나 장면 및 구절의 의미, 창작자의 의도를 고민하고 자신만의 해석을 내리기 위해서이다. 요약 콘텐츠만 시청하는 것은 이러한 본질을 놓치는 행위이다.

　대중문화 평론가 안△△는 원작을 감상하는 과정에서 주체적

으로 사고하는 힘이 길러지는데, 요약 콘텐츠만 계속 시청하면 비판적인 사고 능력이 저하될 수 있다고 지적한다. 이처럼 요약 콘텐츠만 시청하는 것은 작은 것을 탐하다 큰 것을 놓치는 격이다. 작품을 감상하는 본질적인 이유를 생각해 보고, 원작을 감상하려는 노력이 필요하다.

01

고2 · 2023년 9월 5번

[A], [B]에 대한 설명으로 가장 적절한 것은?

① [A]에서 '학생 2'는 '학생 3'의 발화 내용을 요약한 후 생소한 용어에 대한 설명을 요청하고 있다.
② [A]에서 '학생 3'은 '학생 2'의 의문을 해결하며 자신의 의견에 대한 '학생 2'의 의견을 확인하고 있다.
③ [B]에서 '학생 3'은 '학생 2'의 발화 내용에 동의한 후 추가로 생각해 볼 만한 점을 제시하고 있다.
④ [B]에서 '학생 2'는 '학생 3'의 발화 내용을 비판하고 '학생 3'이 제시한 의견의 한계를 지적하고 있다.
⑤ [A]와 [B] 모두에서 '학생 2'는 '학생 3'의 발화 내용에 이의를 제기하고 잘못된 점을 바로잡고 있다.

02

고2 · 2023년 9월 7번

〈조건〉을 반영하여 (나)의 제목을 작성한 것으로 가장 적절한 것은?

〈 조 건 〉
○ (나)의 마지막 문단과 관련한 글쓴이의 문제의식을 드러낼 것.
○ 부제에서 대구와 비유적 표현을 모두 활용할 것.

① 요약 콘텐츠, 5분 요약의 허점
　– 겉으로는 번지르르, 알고 보면 속 빈 강정
② 쉽게 얻으려다 본질을 놓치는 요약 콘텐츠 시청
　– 오늘은 시간 아끼려는 지름길, 내일은 사고력 잃는 고생길
③ 요약 콘텐츠, 제작자의 시선으로 원작을 재해석하다
　– 해석의 자유인가 원작의 왜곡인가
④ 요약 콘텐츠 시청, 떠먹여 주기식 작품 감상의 한계
　– 쉽고 빠르게 먹으려다 체할 수도 있다면
⑤ 대중문화 콘텐츠 시장에 불어온 새바람, 요약 콘텐츠
　– 요약 콘텐츠의 인기 요인을 분석하다

03 1등급 대비 고난도 3점 문제

고2 · 2021년 9월 14번

〈보기〉의 ㄱ~ㄹ을 탐구한 내용으로 적절하지 않은 것은? [3점]

〈 보 기 〉
ㄱ. 나는 키가 크다.
ㄴ. 나는 여름만 좋아한다.
ㄷ. 그녀는 시인이자 선생님이다.
ㄹ. 그녀가 사과를 먹고 나는 배를 먹는다.

① ㄱ과 ㄷ을 구성하는 문장 성분의 종류는 동일하군.
② ㄱ과 ㄹ은 모두 주어와 서술어의 관계가 두 번 나타나는군.
③ ㄴ과 ㄷ의 서술어의 개수는 동일하군.
④ ㄴ과 ㄹ은 모두 주어와 목적어를 포함하고 있군.
⑤ ㄷ과 ㄹ은 모두 연결 어미를 포함하고 있군.

04~08 다음 글을 읽고 물음에 답하시오.

소크라테스 이후의 전통 형이상학에서는 현실 세계를 불완전하고 거짓된 세계로 간주하고, 보편적 진리로 이루어진 현실 너머의 세계를 참된 세계라고 여겼다. 그들은 삶의 목적이 현실 너머에 있는 초월적 가치의 추구에 있다고 보았으며, 이성적 사유를 통해 이를 발견하고자 하였다. 이것은 삶의 외부에 있는 절대적 가치를 토대로 삶의 의미를 찾고자 하는 사유 방식이었다. 바로 이 점에 반기를 든 철학자가 니체이다.

니체에 따르면, 삶은 삶을 둘러싼 가치들의 근원이며, 가치 평가의 출발점이다. 그리고 가치는 삶에 유용한가, 즉 그것이 삶을 더 강하게 만들어 주는가에 따라 평가된다. 그런데 전통 형이상학은 ⊙'도덕적 선'이라는 절대적 가치를 삶의 궁극적인 목적으로 여기고, 이에 따라 개별적 삶을 재단하려 하였다. 이에 따르면 삶의 본능적 욕망은 억압되어야 하는 것이며, 현실적인 삶은 개선되어야 하는 부정적인 것이다. 따라서 현실적인 삶을 긍정하고 그 속에서 끊임없이 발전하고자 하는 태도는 '도덕적 선'에 부합하지 않는, 무가치한 현실적 욕구들을 충족하려는 태도에 지나지 않게 된다. 결국 현실적인 삶 자체도 무의미한 것이 되고 만다. 니체는 그 자체로 목적이어야 할 삶을 초월적 가치 실현의 수단으로 간주하는 전도된 사유 방식에 전적으로 반대하였다.

니체는 전통 형이상학의 도덕 가치를 좇으며 '노예'로 살아가는 대신 각자가 '주인'으로서 스스로의 삶을 살아갈 것을 강조했다. 그러기 위해서는 끊임없이 무언가를 넘어서고 더 높은 것으로 나아가고자 하는 욕망, 즉 Ⓐ'힘에의 의지'가 필요하다고 보았다. 이것은 자신 내면의 힘과 능력을 더 높은 차원으로 발휘하고자 하는 의지이기도 하다. 하나의 '힘에의 의지'가 다른 '힘에의 의지'를 이겨도 또 다른 '힘에의 의지'가 수시로 나타나므로, 이것은 창조와 생산이 무한히 이루어지게 하는 의지이다. 니체는 '힘에의 의지'를 자연스러운 것으로 수용할 때 현재의 자신을 극복하고 새로운 가치를 창조할 수 있다고 보았다.

니체에 따르면, 삶을 긍정하고 상승시키고자 하는 '강자'들은 삶에 유용한 가치들을 끊임없이 추구한다. 각각의 삶이 자신의 상승을 위해 '힘에의 의지'를 중심으로 경합하기도 하는데, 이때 필요한 것이 '아곤(Agon)', 즉 경쟁이다. 이것은 자신과 동등하거나 자신보다 뛰어난 사람을 넘어서려고 하는 것으로, 자신이 가진 힘의 크기를 확인하고 더 상승시키기 위해 필요한 과정이다. 그렇기에 아곤의 궁극적 목적은 경쟁자의 제압이 아니라 자신의 성장에 있다. 자신이 뛰어넘고자 하는 강자는 자신을 자극하고 발전시키는 선의의 파트너가 된다. 상대를 이기고자 하는 데서 오는 고통이 클수록 상대가 강하다는 뜻이며, 이때 고통은 오히려 성장의 원동력이 된다. 물론 강자들 사이에서도 힘의 차이에 따르는 위계는 존재한다. 그러나 이때의 위계는 일방적 계급 질서가 아니다. 승패는 존재하지만, 비교를 통해서 자신의 힘을 평가하고 좀 더 성장하고자 노력하였음을 서로 인정하므로, 강자와 상대적 약자 간의 힘의 위계는 지배적 형태가 아니라 상호 존중의 형태로 드러난다. 즉, 니체의 아곤은 자신의 삶을 긍정하고 자신의 성장을 위해 타자를 존중하는 태도라고 할 수 있다.

니체는 삶을 긍정한다는 것은 삶이 마주하는 어려움을 잘 극복하고 성장하고자 하는 태도를 의미한다고 보았다. '강자를 넘어서려고 하는 의지'를 옹호한 니체의 철학은, 현실을 살아가는 우리 자신의 삶을 그 자체로 긍정할 수 있는 철학적 토대를 마련하였다는 점에서 의미가 있다.

04

고2・2023년 6월 21번

다음은 윗글을 읽고 학생이 수행한 활동지의 일부이다. 학생의 응답으로 적절하지 **않은** 것은?

	질문	학생의 응답	
		예	아니요
①	니체 철학의 등장 배경을 전통 형이상학과 관련지어 제시하였는가?	✔	
②	니체 철학과 전통 형이상학의 공통점과 차이점을 밝혔는가?		✔
③	니체 철학의 변천 과정을 통시적인 관점에서 드러내었는가?		✔
④	니체 철학의 핵심 개념을 사례를 들어 설명하였는가?	✔	
⑤	니체 철학이 지닌 의의를 밝히며 마무리하였는가?	✔	

05

고2・2023년 6월 22번

윗글의 내용과 일치하지 <u>않는</u> 것은?

① 전통 형이상학에서는 현실 세계와 별개로 참된 세계가 존재한다고 생각하였다.
② 전통 형이상학에서는 절대적 가치를 발견하는 방법으로 이성적 사유를 제시하였다.
③ 니체는 무가치한 현실적 욕구를 충족하려는 태도도 삶을 개선하는 데 기여한다고 보았다.
④ 니체는 사람들이 자신보다 우월한 사람을 넘어서고자 하는 의지를 긍정적으로 평가하였다.
⑤ 니체는 삶에서 오는 어려움을 극복하고 성장하고자 하는 것이 삶을 긍정하는 태도라고 여겼다.

06

니체의 입장을 고려하여 ㉠의 의미를 파악한 내용으로 가장 적절한 것은?

① 개별적 삶을 바탕으로 절대적 가치가 지닌 유용성을 판단하였다.

② 개별적 삶에 절대적 가치를 실현하여 삶이 무의미하다는 점을 밝혀내었다.

③ 절대적 가치에 부합하는 현실적 욕구들을 바탕으로 개별적 삶을 규정하였다.

④ 절대적 가치를 추구하는 것만으로는 삶을 더욱 완전하게 만들 수 없다고 보았다.

⑤ 가치 평가의 기준이어야 할 삶을 삶 외부의 절대적 가치를 기준으로 평가하였다.

07

윗글의 ⓐ와 〈보기〉의 ⓑ를 비교한 내용으로 가장 적절한 것은?

〈보 기〉

쇼펜하우어는 살고자 하는 맹목적 욕망, 즉 ⓑ '삶에의 의지'가 인간의 행위와 인식을 지배한다고 보았다. 욕망이 충족되면 행복을 느끼지만, 이것은 금방 권태로 변하여 또 다른 욕망을 낳는다. 이 의지는 결핍과 권태 사이를 왔다 갔다 하면서 영원히 고통을 발생시키며, 이 의지가 격렬할수록 고통도 커지게 된다. 따라서 고통의 굴레에서 벗어나려면 예술과 명상, 금욕을 통해 이를 다스려야 하며, 참된 행복을 위해서는 이 의지를 완전히 버리는 것이 필요하다고 단언하였다.

① 니체는 ⓐ를 창조적인 삶을 이끄는 힘으로, 쇼펜하우어는 ⓑ를 안정적인 삶을 유지하는 힘으로 보았다.

② 니체는 ⓐ를 더 강해지고자 하는 내적 동기로, 쇼펜하우어는 ⓑ를 더 행복해지게 만드는 외적 동기로 보았다.

③ 니체는 ⓐ를 타인의 존재와 무관한 욕망으로, 쇼펜하우어는 ⓑ를 타인과의 비교를 전제로 한 욕망으로 보았다.

④ 니체는 ⓐ를 자연스럽게 받아들이는 것이, 쇼펜하우어는 ⓑ를 포기하는 것이 더 나은 삶을 만들 수 있다고 보았다.

⑤ 니체는 ⓐ를 최소한으로 가짐으로써, 쇼펜하우어는 ⓑ를 최대한으로 추구함으로써 삶의 고통에서 벗어날 수 있다고 보았다.

08

윗글을 읽은 학생이 〈보기〉에 대해 보인 반응으로 적절하지 <u>않은</u> 것은? [3점]

〈보 기〉

기록 경기인 △△ 종목에서 늘 1, 2위를 다투는 '갑'과 '을'의 라이벌전이 ○○ 올림픽에서 펼쳐졌다. 먼저 출전한 '을'이 신기록을 달성하자 관중들이 열광하였는데, 이때 '을'은 뒤이어 출전하는 '갑'을 위해 관중에게 자제를 요청하였다. 결국 경기는 '을' 1위, '갑' 2위로 종료되었다. 각각 은메달과 금메달을 목에 건 '갑'과 '을'은 서로에게 박수를 보냈으며, 어깨를 감싸 안은 채 경기장을 돌며 관중들에게 답례하였다.

① '늘 1, 2위를 다투는' '갑'과 '을'은 서로에게 끊임없이 자극을 제공하고 성장을 돕는, 선의의 파트너로 볼 수 있군.

② '○○ 올림픽'은 각자의 삶을 상승시키고자 하는 '갑'과 '을'의 힘에의 의지가 맞서 겨루는 장이 된 것으로 볼 수 있군.

③ '신기록'을 세운 뒤 '갑'의 경기를 배려하는 '을'의 모습은 동등한 조건에서 힘의 크기를 비교하여 상대의 능력을 확인하려는 것으로 볼 수 있군.

④ 경기 종료 후 '갑'에게 '은메달'이, '을'에게 '금메달'이 주어진 것은 힘의 차이에 따른 위계를 반영한 것으로 볼 수 있군.

⑤ '갑'과 '을'이 '서로에게 박수를 보'낸 모습은 강자와 상대적 약자 간에 상호 존중의 형태로 힘의 위계가 드러난 것으로 볼 수 있군.

09~12 다음 글을 읽고 물음에 답하시오.

[앞부분의 줄거리] 나는 방송국 기자였던 남편의 갑작스러운 해직 통고를 듣고 생활에 불안감을 느낀다. 매사 능동적이고 자존심이 강했던 남편은 철저히 관계없는 사람처럼 두 번의 역사적인 밤에 현장에 있지 못했다.

그 두 번의 돌연한 '역사적인 밤'을 겪고 난 다음 그는 자신의 직업에 대한 어떤 모멸감을 느꼈다. 아니다. 말이 틀렸다. 자신의 생업에 대한 주저, 회의, 나아가서 모멸은 취재 현장에서 마다 맞닥뜨리곤 했던 터이라 ㉠ 이번에는 자신의 능력 자체 곧 기자로서 마땅히 갖추고 있어야 할 본분을 불신하게 되었다. 자신에게는 그것이 없는 것처럼 여겨졌다. 그러나 동료들은 더 유들유들해진 것 같았고, 더 고분고분해진 듯했다. 다들 **사태를 훤히**

알고 있으면서도 눈만 껌벅거리고 있었고, 공연히 전화질이나 해댔고, 어디선가 날아올 전화를 기다리고 있었고, '다 그런 거지 뭐'라는 **유행가 가사만을 읊조리는** 냉소주의자들로 자족하기에 분주했다. 그것은 엄연한 직무 방기였다. 그래도 줄기차게 화면은 만들어지고 있었는데, 그런 기계적인 일련의 직무 수행을 문득문득 되돌아보면 한편으로 우습기도 하고, ⓒ 다른 한편으로 "이 시덥잖은 것들아, 사기를 치려면 석 달 열흘쯤은 감쪽같이 속아 넘어갈 만한 사기를 치라"고 고함을 지르고 싶었다.

그의 주위에는 점점 두터운 벽이, 묵언의 벽이 둘러싸이고 있었다. 심지어 **그를 따르는** 한 후배 기자까지도 "이선배, 오늘 저녁 부서 회식에 참석할 거요? 나까지 **안 찍히려면 적당한 핑계**를 하나 만들어 놔야지"라고 했다. 그는 자신의 생업에는 패배감을, 직장 안에서의 위상에는 무력감을 느꼈다. 괴물의 화면을 만드는 **괴물의 집단**이었다.

그의 결론은 이랬다.

먹물들은 위기가 닥치면 다 비겁해진다. 그리고 처자식 걱정부터 먼저 한다. 도대체 '이놈의 동네에서는' **기자로서의 사명감**이 없어진 지 오래다. 사명감을 언제부터인가 원천적으로 봉쇄 내지는 마비시켰기 때문에 그런 직업관이 있어야 하는 건지, 있기나 했는지조차 모르고 있다. 따라서 다들 **기계**고, **로봇**일 뿐이다. 과격하게 말하면 모든 먹물들은 태업할 권리조차 있는지 어떤지도 모르는 까막눈이다. 그것도 총 앞에서만 와들와들 떠는 과민성 체질의 까막눈이다. ⓒ 그러니 이미 먹물도 뭣도 아니다.

그는 자신의 입지가 점점 비좁아지고 있음을 매일같이 느끼고 있었다. 그는 될 대로 되라는 식으로 자신을 아무렇게나 내던져 버렸다. 이상하게도 생활에의 불안감 따위는 까마득히 사라졌다.

[A]

나는 그의 실직을 누구에게도 알리지 않을 작정이었다. 이웃 사람들, 예컨대 아래채 셋방 가족, 구멍가게 주인, 쌀가게 주인, 연탄 가게 주인 등에게는 말을 하지 않으면 될 것이었고, 일가친지, 그와 나의 친구들에게는 내가 먼저 전화를 걸지 않으면 될 터였다. 그쪽에서 전화를 걸어 오더라도 그의 근황을 얼버무릴 심산이었다. 실없이 복직에 기대를 걸고 있었기 때문이 아니었다. 그 실직 소식에 껴묻어 올 건성의 걱정을 들어 내기가 고역일 듯싶었고, 그 걱정은 결국 나를 초라하게 만들 것이었다. 도와주지도 않을 동정을 하라 말라 할 수는 없겠지만, 그런 동정은 무조건 받기 싫었다.

(중략)

ⓓ 나는, 우리가 이제 지나온 날을 더듬어 보며 앞으로 살날을 헤아려 보는 어떤 관조기에 들었다고 생각했다.

조금 쓸쓸해져서 나는 그에게로 다가갔고, 그가 봄기운이 무색해지는 말을 슬쩍 흘렸다.

"노인네보다 먼저 죽으면 안 되는데 말이야."

"ⓔ 원, 중병 걸린 사람 같은 소릴 하고 있네, 싱싱한 사람이. 안 죽어요. 죽긴 누가 죽어요?"

"금붕어 밥 줬어?"

그의 얼굴이 너무 진지해서 나는 툭 터져 나오는 웃음을 내버려 두었다.

"무슨 쓸데없는 생각을 그렇게 많이 해요? 안 죽어요, 당신이 먹이 안 줘도 금붕어는 죽지 않아요."

"돈키호테가 이런 거 저런 거를 많이 아는데…… 그 친구가 지금 외국에 나가 있지. 외국 나가 있는 친구들은 소심증, 우울증 같은 것도 모를 거야. 생존경쟁과는 담을 쌓고 붕붕 떠다닐 테니까 말이야. 내가 너무 **정신없이 바쁘게 살았나** 봐. 속이 허해졌고 **진기가 다 빠**져 버렸어."

"이제 나이도 있고 하니 봄을 타는 걸 거예요. 최근에 삼촌은 한번 만났어요?"

"며칠 전에 회사로 찾아와서 점심 같이 했지. 결혼한다대. 심신 무력증 같은 병도 있나?"

그가 엉뚱한 말을 불쑥 내놓았다.

"서울에서는 집만 지니고 있으면 살지?"

"살다마다요. 집 없는 사람도 다 사는데."

"일 년쯤 어디 낯선 데 가서 고생이나 실컷 했으면 좀 살 것 같애. 어젯밤에는 밤새 그 생각만 주물럭거렸어."

"하세요. 누가 말려요. 탄광 같은 데 가서 숨도 제대로 못 쉬고 한번 살다 오세요. 다들 너무 편하니 나사가 풀린 거예요. 해직 기자 중에는 옳은 직장을 못 구해 전전긍긍하는 사람도 있다면서요? 그런 이들을 생각해서라도 열심히 살아야잖아요."

"**교과서 같은 소릴** 하고 있네. 그 친구들은 악이 살아 있을 테니 이런 무력감 같은 것도 모를 거야."

"당신은 악이 없어졌어요."

"언제는 내가 악이 있었나? 난 착한 사람이야. 악이 없다고 사람도 아닌가. 사람이 악만으로 어떻게 살아. 무쇠처럼 살았어. 정말 한심 천만이라는 생각이 들어……."

"궤변 늘어놓지 마시고 나사를 좀 조여 보세요. 당신은 지금 너무 편하고 걱정이 없어서 이런저런 잔걱정이 많은 거예요."

"내가 편하다고? 웃기고 있네. 돈번다고, 남의 돈 벌어 준다고 쓸개까지 빼놓고 별지랄을 다 떠는데도? 나처럼 눈알 똑바로 박힌 놈이 다섯만 있어도 당장 내 사업 벌이겠네. 마누라를 전당포에 잡혀서라도. 어느 놈이 **무슨 욕을 하고** 지랄을 떨어도 **열심히 살아** 봐야지."

[B]

그는 지쳐 있었다. 일에 치여 잠시 멀미를 내고 있을 뿐이었다. 책임감이 강하고, 남의 사정을 쉴 새 없이 곁눈질하며, 속물들이 꾸려 가는 이 세상과 보조를 맞춰 가는 사람이 갑자기 만사에 흥미를 잃어버린 것이었다. 그 증세는 또 다른 일종의 무력감 내지는 허탈감이었고, 삶에의 회의였다. **각성의 계기**가 될지도 모르므로 그에게는 차라리 **축복**이었다. 나는 그를 이해할 수 있었고, 이해했기 때문에 갱년기라기보다는 관조기에 접어든 그의 뒤숭숭한 삶이 당연하다고 생각했다. 그리고 그가 세상살이와 인간관계에 좀 더 분별력이 있어지리라고 믿었다.

– 김원우, 「아득한 나날」 –

09

고2 · 2021년 11월 38번

[A]와 [B]의 서술상 특징에 대한 설명으로 가장 적절한 것은?

① [A]에서는 내적 독백을 통해 서술자의 판단을, [B]에서는 풍자적 서술을 통해 서술 대상의 행위를 비판하고 있다.
② [A]에서는 예상되는 행위의 나열을 통해 서술자의 심리를, [B]에서는 특정 인물의 관점에서 서술 대상에 대한 주관적 판단을 제시하고 있다.
③ [A]에서는 시간의 흐름에 따라 변화되는 서술자의 생각을, [B]에서는 공간적 배경에 대한 묘사를 통해 서술 대상이 처한 상황을 드러내고 있다.
④ [A]에서는 반복되는 사건을 제시하여 서술자와 주변 인물 간의 관계를, [B]에서는 인물 간의 대화를 중심으로 서술 대상과의 갈등을 나타내고 있다.
⑤ [A]에서는 과거와 현재 사건의 대비를 통해 서술자가 세상을 바라보는 관점을, [B]에서는 과거의 사건을 나열하며 서술 대상에 대한 적대적 감정을 강조하고 있다.

10 1등급 대비 고난도 2점 문제

고2 · 2021년 11월 39번

㉠~㉤에 대한 설명으로 적절하지 않은 것은?

① ㉠: 취재 현장에서 기자로서 당연히 해야 할 일을 하지 못한 것에 대한 그의 모멸감이 내재되어 있다.
② ㉡: 의식 없이 반복적으로 주어진 일을 수행하는 것에 대한 그의 분노를 엿볼 수 있다.
③ ㉢: 부당한 무력 앞에서 정당한 권리를 내세우지 못하는 것에 대한 그의 멸시가 드러나 있다.
④ ㉣: 남편과 자신이 지나온 삶을 되돌아보며 앞으로의 삶을 생각하는 시기로 접어드는 것에 대한 나의 쓸쓸함을 엿볼 수 있다.
⑤ ㉤: 갑작스럽고도 엉뚱하게 제시된 남편의 진지한 말에 대한 나의 의심이 내재되어 있다.

11

고2 · 2021년 11월 40번

나사 , 악 을 중심으로 윗글을 이해한 내용으로 적절하지 않은 것은?

① 남편은 아내가 '나사'가 풀려서 이런저런 잔걱정이 많아진 것이라고 여기고 있다.
② '악'과 관련지어 편한 삶을 바라보는 관점은 남편과 아내가 서로 차이를 보이고 있다.
③ 아내는 고생을 실컷 해보고 싶다는 남편을 현재 삶이 너무 편해 '나사'가 풀린 것으로 이해하고 있다.
④ 아내는 남편이 궤변을 늘어놓고 있다고 여기며 '악'이 없어졌으니 '나사'를 다시 조여 보라고 말하고 있다.
⑤ 직장을 못 구했지만 '악'이 살아 있을 것이라고 여겨지는 친구들과 달리 남편은 자신의 삶에 대해 무력감을 느끼고 있다.

12 1등급 대비 고난도 3점 문제

고2 · 2021년 11월 41번

〈보기〉를 참고하여 윗글을 감상한 내용으로 적절하지 않은 것은? [3점]

〈 보 기 〉
이 작품은 현실적 삶을 살아가는 중산층 인물들의 모습을 사실적으로 드러내고 있다. 특히 삶에 매몰된 채, 속물적 사고로 인해 신의를 저버리거나 현실 세계의 문제를 외면하며 살아가는 인물들의 부도덕함을 반성적으로 폭로하고 있다. 또한 원칙과 상식이 통하는 사회에 대한 갈망과 함께 평범한 삶의 의미를 찾아 일상을 회복하는 과정을 보여주고 있다.

① '사태를 훤히 알고 있으면서도 눈만 껌벅거리'며 '유행가 가사만을 읊조리는' 동료들의 모습에서 현실 세계의 문제를 외면하며 살아가는 인물들의 부도덕함을 알 수 있겠군.
② '그를 따'랐지만 '안 찍히려'고 '적당한 핑계'를 만들어 그를 피하려는 후배 기자의 모습에서 삶에 매몰되어 속물적 사고로 인해 신의를 저버리는 중산층의 일면을 확인할 수 있겠군.
③ '기계'와 '로봇'처럼 살아가는 '괴물의 집단'이 '기자로서의 사명감'을 잊었다고 여기는 그의 모습에서 현실적 삶을 반성적으로 인식하고 있는 모습을 확인할 수 있겠군.
④ '정신없이 바쁘게 살'며 '진기가 다 빠'졌다는 그의 상태를 '각성의 계기'이며 '축복'이라고 여기는 나의 모습에서 평범한 일상의 회복에 대한 기대를 알 수 있겠군.
⑤ 나의 말을 '교과서 같은 소'리라고 여기며 남들이 '무슨 욕을 하'더라도 '열심히 살'아가겠다는 그의 모습에서 원칙과 상식이 통하는 사회를 부정하는 태도를 알 수 있겠군.

학습 Check!

▶ 몰라서 틀린 문항 × 표기 ▶ 헷갈렸거나 찍은 문항 △ 표기 ▶ ×, △ 문항은 다시 풀고 ✔ 표기를 하세요.

종료 시각	시 분 초	문항 번호	01	02	03	04	05	06	07	08	09	10	11	12
소요 시간	분 초	채점 결과												
초과 시간	분 초	틀린 문항 복습												

DAY 19

수능기출
전국연합학력평가 **20분 미니 모의고사**

● 날짜 :　　월　　일 ● 시작 시각 :　　시　　분　　초 ● 목표 시간 : 20분

※ 점수 표기가 없는 문항은 모두 2점입니다.

01~02 다음은 수업 중 학생의 발표이다. 물음에 답하시오.

　(㉠ 동영상을 보여준 후) 여러분도 이 학생처럼 스마트폰을 수시로 만지작거리거나 스마트폰 없이 5분을 못 버티나요? 만약 그렇다면 '노모포비아'를 의심해 볼 필요가 있습니다. 노모포비아란 'No mobile-phone phobia'의 줄임말로, 스마트폰을 가지고 있지 않으면 불안을 느끼는 증상입니다. 일종의 스마트폰 과의존 현상인데요, 요즘 이 문제로 어려움을 겪는 청소년이 많다고 합니다. 그래서 저는 오늘 청소년의 스마트폰 과의존 현황, 그에 따른 문제점과 예방법 등에 대해 발표하고자 합니다.

　(㉡ 도표를 보여주며) 통계청 자료에 따르면 스마트폰 의존도는 매년 증가하고 있는데, 특히 10대 청소년의 스마트폰 과의존 위험군은 30.2%로 전 연령대에서 가장 높습니다. 공부를 할 때도 스마트폰으로 동영상을 시청하고, 여가 시간을 보낼 때도 스마트폰으로 인터넷 검색이나 게임 등을 하다 보니, 청소년들의 스마트폰 의존 정도가 높은 것으로 보입니다.

　그렇다면 스마트폰 과의존 현상으로 인해 일어날 수 있는 문제로는 어떤 것들이 있을까요? 우선 신체적 문제를 들 수 있습니다. 장시간의 스마트폰 사용은 시력 저하, 수면 장애, 거북목 증후군 등을 유발하여 신체적 기능을 떨어뜨립니다. 또한 정신적 문제도 들 수 있습니다. 스마트폰에 지나치게 의존하다 보니 대인 관계의 단절, 강박이나 우울증과 같은 정신적 어려움을 겪게 될 수도 있습니다. 끝으로 안전사고에 노출될 위험성도 있습니다. (㉢ 신문 기사를 보여주며) 이 기사의 내용에 따르면, 스마트폰에 주의를 빼앗겨 주변 상황을 살피지 못해 안전사고가 일어날 수 있습니다.

　그러면 이런 문제점들을 예방하기 위해서 우리는 어떤 노력을 해야 할까요? 스마트폰의 사용 시간을 줄이고, 꼭 필요할 때만 쓰는 습관을 기르는 것이 무엇보다 중요합니다. 이때 스마트폰 사용 시간 관리 앱을 활용하거나, 불필요한 알림 기능을 중지해 두면 도움이 됩니다. 그리고 스마트폰을 사용하는 대신에 독서나 운동 같은 다른 취미 활동을 한다면, 스마트폰 의존 정도를 줄일 수 있을 뿐만 아니라 몸과 마음도 건강해질 수 있는 일석이조(一石二鳥)의 효과를 얻을 수 있습니다.

　서로의 안전을 위해 사회적 거리 두기가 필요할 때가 있듯이 지금은 나의 건강을 위해 스마트폰 거리 두기가 필요합니다. 이상 발표를 마치겠습니다.

01

고2·2022년 6월 1번

발표에 반영된 학생의 발표 계획으로 적절하지 <u>않은</u> 것은?

① 발표 내용을 미리 제시하여 청중이 그 내용을 예측하며 듣도록 해야겠어.
② 발표 내용을 선정한 동기를 밝혀 청중이 문제의식을 가지도록 해야겠어.
③ 발표 내용과 관련된 용어의 개념을 설명하여 청중의 이해를 도와야겠어.
④ 발표 중간에 질문을 던져 발표 내용에 대한 청중의 주의를 환기해야겠어.
⑤ 발표 내용을 다른 상황에 빗대어 청중이 잘못 알고 있는 부분을 바로잡아야겠어.

02

고2·2022년 6월 2번

학생이 ㉠~㉢을 활용한 방식에 대한 설명으로 가장 적절한 것은?

① 스마트폰 과의존 현상의 원인을 밝히기 위해 ㉠에 스마트폰을 손에서 놓지 못하는 학생의 동영상을 제시하였다.
② 성별에 따른 스마트폰 의존도의 차이를 보여 주기 위해 ㉡에 구체적인 수치를 도표로 제시하였다.
③ 스마트폰을 현명하게 사용하는 방법을 알려 주기 위해 ㉡에 연령대별 스마트폰 의존도를 도표로 제시하였다.
④ 스마트폰 과의존의 문제점을 분석하기 위해 ㉢에 정신적 문제를 겪는 사람들의 실태를 다룬 신문 기사를 제시하였다.
⑤ 스마트폰에 지나치게 몰입하여 생기는 위험성을 알려 주기 위해 ㉢에 안전사고 발생 사례를 다룬 신문 기사를 제시하였다.

<table><tr><td>03</td><td>(가)는 글을 쓰기 전 학생이 작성한 메모이고, (나)는 (가)를 작성한 학생이 쓴 글이다. 물음에 답하시오.</td></tr></table>

(가) 학생의 메모

- 작문 상황: 교내 학생들에게 인포그래픽에 대해 소개하는 글을 써서 교지에 실으려 함.
- 예상 독자가 궁금해할 만한 내용
  - 어떤 것을 인포그래픽이라고 할까?
  - 인포그래픽의 유형을 나누는 기준은 무엇일까?
  - 비상구 표시등의 그래픽 기호도 인포그래픽일까?
  - 인포그래픽이 글에 비해서 더 나은 점은 무엇일까?
  - 인포그래픽이 널리 쓰이게 된 배경은 무엇일까?

(나) 학생의 글

[그림]과 같이 복합적인 정보의 배열이나 정보 간의 관계를 시각적인 형태로 나타낸 것을 '인포그래픽'이라고 한다.

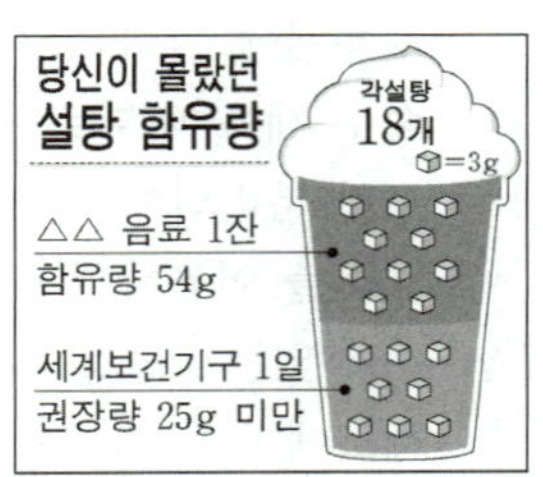

[그림]

인포그래픽에 대한 높은 관심은 시대의 변화와 관련이 있다. 정보가 넘쳐나고 정보에 주의를 지속하는 시간이 점차 짧아지면서, 효과적으로 정보를 전달할 수 있는 인포그래픽에 주목하게 된 것이다. 특히 소셜미디어의 등장은 정보 공유가 용이한 인포그래픽의 쓰임을 더욱 확대하였다.

인포그래픽과 유사한 것으로, 비상구 표시등의 그래픽 기호처럼 시설이나 사물 등을 상징화하여 표시한 픽토그램이 있다. 그러나 픽토그램은 인포그래픽과 달리 복합적인 정보를 나타내기 어렵다. 예를 들어 컴퓨터를 나타낸 픽토그램은 컴퓨터 자체를 떠올리게 하지만, 인포그래픽으로는 컴퓨터의 작동 원리도 효과적으로 설명할 수 있다.

인포그래픽은 독자의 정보 처리 시간을 절감할 수 있다. 글은 문자 하나하나를 읽어야 정보를 파악할 수 있지만, 인포그래픽은 시각 이미지를 통해 한눈에 정보를 파악할 수 있다. 또한 인포그래픽은 독자의 관심을 끌 수 있다. 김○○ 박사의 논문에 따르면, 인포그래픽은 독자들이 정보에 주목하는 정도를 높이는 효과가 있다고 한다.

시각적인 형태로 복합적인 정보를 나타냈다고 해서 다 좋은 인포그래픽은 아니다. 정보를 한눈에 파악하게 하는지, 단순한 형태와 색으로 구성됐는지, 최소한의 요소로 정보의 관계를 나타냈는지, 재미와 즐거움을 주는지를 기준으로 좋은 인포그래픽인지를 판단해 봐야 한다. 시각적 재미에만 치중한 인포그래픽은 정보 전달력을 떨어뜨릴 수 있다.

[A] ┌ 학생들도 쉽게 인포그래픽을 만들 수 있다. 발표를 하거나 보고서를 작성할 때 인포그래픽을 활용해 보면 어떨까? 발표와 보고서의 전달력이 한층 높아질 것이다.

03

〈보기〉는 [A]의 초고이다. 〈보기〉를 [A]로 고쳐 쓸 때 반영한 친구의 조언으로 가장 적절한 것은?

> ─〈보 기〉─
>
> 지금까지 인포그래픽에 대해 살펴보았다. 인포그래픽의 여러 특성에 비추어 볼 때 앞으로 인포그래픽이 활용되는 분야는 더욱 늘어날 것이다.

① 예상 독자가 탐구해야 할 문제가 포함되도록 써 보는 게 어때?
② 예상 독자가 얻을 수 있는 효용이 드러나도록 써 보는 게 어때?
③ 글의 내용에 대해 균형 잡힌 관점이 드러나도록 써 보는 게 어때?
④ 글의 도입에서 제기한 문제에 대한 답이 포함되도록 써 보는 게 어때?
⑤ 글의 내용을 설명한 순서대로 요약한 내용이 포함되도록 써 보는 게 어때?

04

〈보기〉의 ㉠~㉤을 수정하고자 할 때, 적절하지 <u>않은</u> 것은?

〈보 기〉

㉠ (아들이 아버지에게) 아버지, 무슨 고민이 계신가요?

㉡ (형이 동생에게) 삼촌께서 할머니를 데리고 식당으로 가셨어.

㉢ (사원이 다른 사원에게) 부장님이 이제 회의실로 온다고 하셨어.

㉣ (손녀가 할아버지에게) 언니가 할아버지한테 안경을 갖다 주라고 했어요.

㉤ (학생이 다른 학생에게) 문제를 풀다가 어려운 것이 있으면 선생님한테 물어봐.

---

① ㉠: '아버지'를 간접적으로 높이도록 '아버지, 무슨 고민이 있으신가요?'로 수정한다.

② ㉡: '삼촌'을 간접적으로 높이도록 '삼촌께서 할머니를 모시고 식당으로 가셨어.'로 수정한다.

③ ㉢: '부장님'을 직접적으로 높이도록 '부장님께서 이제 회의실로 오신다고 하셨어.'로 수정한다.

④ ㉣: '할아버지'를 직접적으로 높이도록 '언니가 할아버지께 안경을 갖다 드리라고 했어요.'로 수정한다.

⑤ ㉤: '선생님'을 직접적으로 높이도록 '문제를 풀다가 어려운 것이 있으면 선생님께 여쭤봐.'로 수정한다.

05~08 다음 글을 읽고 물음에 답하시오.

바이러스는 체내에 들어와 문제를 일으킬 수 있어 주의해야 할 대상이다. 생명체와 달리, 바이러스는 세포가 아니기 때문에 스스로 생장이 불가능하다. 그래서 바이러스는 살아 있는 숙주 세포에 기생하고, 그 안에서 증식함으로써 살아간다. 바이러스는 바깥을 둘러싸는 피막의 유무에 따라 구조가 달라진다. 피막이 있는 바이러스는 피막의 바깥에 부착 단백질이 박혀 있고 피막 안에는 캡시드라는 단백질이 있다. 캡시드 안에는 핵산이 있는데, 핵산은 DNA와 RNA 중 하나로만 구성된다. 이러한 구조를 갖는 바이러스는 숙주 세포에 어떻게 감염하는 것일까?

[A] 바이러스의 감염 가능 여부는 숙주 세포 수용체의 특성에 따라 결정된다. 바이러스는 감염이 가능한 숙주 세포와 접촉한 후 바이러스 피막의 부착 단백질을 이용해 숙주 세포 수용체에 달라붙는다. 달라붙은 부위를 통해 바이러스가 숙주 세포 내부로 침투하고, 바이러스의 핵산이 캡시드로부터 분리되어 숙주 세포 내부로 빠져나온다. 이후 핵산은 효소를 이용하여 복제된다. 핵산이 DNA일 경우 숙주 세포에 있는 효소를 그대로 이용하고, 반면 RNA일 경우 숙주 세포에 있는 효소를 이용해 자신에 맞는 효소를 합성한다. 또한 핵산은 mRNA라는 전달 물질을 통해 단백질을 합성한다. 합성된 단백질의 일부는 캡시드가 되어 복제된 핵산을 둘러싸고 다른 일부는 숙주 세포막에 부착되어 바이러스의 부착 단백질이 될 준비를 한다. 그 후 단백질이 부착된 숙주 세포막이 캡시드를 감싸 피막이 되면서 증식된 바이러스가 숙주 세포 밖으로 배출된다.

우리 몸은 주로 위의 과정을 통해 지속감염이 일어나기도 하고 위와는 다른 과정을 거쳐 급성감염이 일어나기도 한다. ㉠ 급성 감염은 일반적으로 짧은 기간 안에 일어나는데, 바이러스는 감염된 숙주 세포를 증식 과정에서 죽이고 바이러스가 또 다른 숙주 세포에서 증식하며 질병을 일으킨다. 시간이 흐르면서 체내의 방어 체계에 의해 바이러스를 제거해 나가면 체내에는 더 이상 바이러스가 남아 있지 않게 된다. 반면 ㉡ 지속감염은 급성감염에 비해 상대적으로 오랜 기간 동안 바이러스가 체내에 잔류한다. 지속감염에서는 바이러스가 장기간 숙주 세포를 파괴하지 않으면서도 체내의 방어 체계를 회피하며 생존한다. 지속감염은 바이러스의 발현 양상에 따라 잠복감염과 만성감염, 지연감염으로 나뉜다.

잠복감염은 초기 감염으로 증상이 나타난 후 한동안 증상이 사라졌다가 특정 조건에서 바이러스가 재활성화되어 증상을 다시 동반한다. 이때 같은 바이러스에 의한 것임에도 첫 번째와 두 번째 질병이 다르게 발현되기도 한다. 잠복감염은 질병이 재발하기까지 바이러스가 감염성을 띠지 않고 잠복하게 되는데, 이러한 상태의 바이러스를 프로바이러스라고 부른다. 만성감염은 감염성 바이러스가 숙주로부터 계속 배출되어 항상 검출되고 다른 사람에게 옮길 수 있는 감염 상태이다. 하지만 사람에 따라서 질병이 발현되거나 되지 않기도 하며 때로는 뒤늦게 발현될 수도 있다는 특성이 있다. 지연감염은 초기 감염 후 특별한 증상이 나타나지 않다가, 장기간에 걸쳐 감염성 바이러스의

수가 점진적으로 증가하여 반드시 특정 질병을 유발하는 특성이
있다.

05

고2 • 2020년 9월 33번

윗글의 내용과 일치하지 <u>않는</u> 것은?

① 피막이 있는 바이러스는 숙주 세포막의 효소와 결합하여 숙주
세포 내부로 침투한다.
② 피막이 있는 바이러스의 핵산이 DNA라면 캡시드 안에
RNA는 존재하지 않는다.
③ 바이러스가 숙주 세포에 기생하는 이유는 세포가 아니기 때문
이다.
④ 피막이 있는 바이러스의 가장 바깥에는 부착 단백질이 있다.
⑤ 피막이 있는 바이러스는 캡시드를 피막이 감싸고 있다.

06

고2 • 2020년 9월 34번

〈보기〉는 특정 바이러스 감염 과정의 일부를 그림으로 나타낸 것이다. [A]를
바탕으로 〈보기〉를 이해한 내용으로 적절하지 <u>않은</u> 것은? [3점]

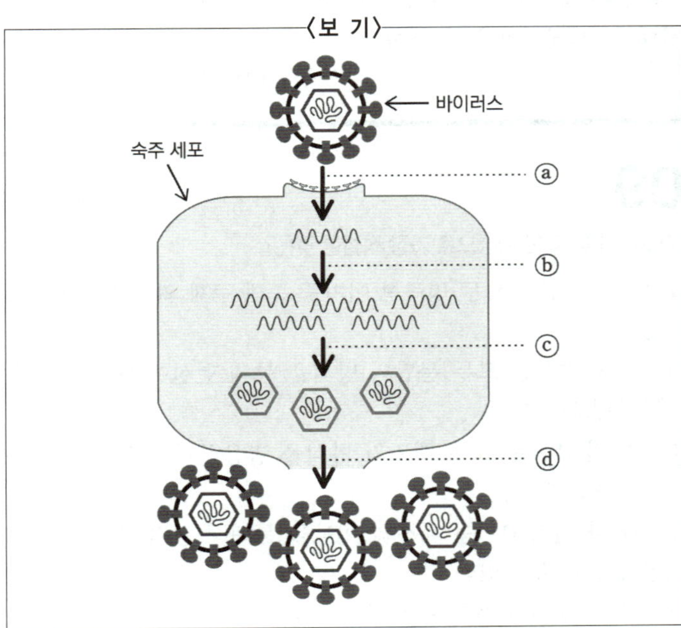

① ⓐ에서 바이러스의 핵산이 숙주 세포 내부로 빠져 나오려면,
바이러스 피막의 부착 단백질을 이용하는 과정이 필요하다.
② ⓑ에서 숙주 세포의 효소를 그대로 이용하지 않는다면, 이
바이러스의 핵산은 RNA이다.
③ ⓑ에서 캡시드가 분리되며 빠져나온 효소는 ⓒ에서 다시 캡
시드를 형성하는 데 도움을 준다.
④ ⓒ에서 바이러스의 핵산을 둘러싸거나 ⓓ에서 바이러스의
부착 단백질이 되는 물질은 mRNA를 통해 합성된다.
⑤ ⓓ에서는 배출되는 바이러스의 피막이 숙주 세포의 구성 요
소를 통해 만들어진다.

07

고2 • 2020년 9월 35번

㉠과 ㉡에 대한 설명으로 적절한 것은?

① ㉠은 ㉡과 달리 체내에서 감염성 바이러스의 수가 점진적으로
증가한다.
② ㉠은 ㉡에 비해 바이러스가 체내의 방어 체계를 오랫동안
회피한다.
③ ㉡은 ㉠과 달리 바이러스가 증식하는 과정에서 숙주 세포를
소멸시킨다.
④ ㉡은 ㉠에 비해 감염한 바이러스가 체내에 장기간 남아 있게
된다.
⑤ ㉠과 ㉡은 체내의 바이러스가 질병을 발현하는지 여부에 따라
구분된다.

08

고2 • 2020년 9월 36번

윗글을 참고할 때, 〈보기〉에 대한 반응으로 적절하지 <u>않은</u> 것은?

〈 보 기 〉

○ '수두–대상포진 바이러스(VZV)'에 감염되면, 처음에는 미
열과 발진성 수포가 생기는 수두가 발병한다. 시간이 지나면
자연적으로 치료되나 'VZV'를 평생 갖고 살아가게 된다. 그러
다가 신체의 면역력이 저하되면 피부에 통증과 수포가 생겨
날 수 있는데, 이를 대상포진이라 한다.
○ 'C형 간염 바이러스(HCV)'에 감염된 환자의 약 80%는 해당
바이러스를 보유하고도 증세가 나타나지 않아 감염 여부를
인지하지 못하다가 우연히 알게 되기도 한다. 하지만 감염
환자의 약 20%는 간에 염증이 나타나고 이에 따른 합병증이
나타나기도 한다.

① 수두를 앓다가 나은 사람은 대상포진이 발병하지 않았을 때
'VZV' 프로바이러스를 갖고 있겠군.
② 'VZV'를 가진 사람의 피부에 통증과 수포가 발생하는 것은
'VZV'가 다시 활성화되는 특정 조건이 되겠군.
③ 'HCV'에 감염된 사람은 간 염증을 앓고 있지 않더라도 타인
에게 바이러스를 옮길 수 있겠군.
④ 'HCV'에 감염된 사람은 나이와 상관없이 간 염증이 나타날
수도 있고 전혀 나타나지 않을 수도 있겠군.
⑤ 'VZV'나 'HCV'에 의한 질병이 발현된 상황이라면, 모두 체
내에 잔류한 바이러스가 주변 세포를 감염시키고 있겠군.

DAY 19

09~12 다음 글을 읽고 물음에 답하시오.

(가)

지팡이 짚고 바람 쐬며 좌우를 돌아보니
누대의 맑은 경치 아마도 깨끗하구나.
㉠ 물도 하늘 같고 하늘도 물 같으니
푸른 물과 긴 하늘이 한빛이 되었거든
물가에 갈매기는 오는 듯 가는 듯 그칠 줄을 모르네.
㉡ 바위 위 산꽃은 수놓은 병풍 되었고
시냇가 버들은 초록 장막 되었는데,
좋은 날 좋은 경치 나 혼자 거느리고
㉢ 꽃피는 시절 허송하지 말리라 하고
아이 불러 하는 말, 이 깊은 산속에서 해산물을 볼쏘냐.
㉣ 살진 고사리, 향기로운 당귀를 돼지고기, 사슴고기 섞어서
크나큰 바구니에 흡족히 담아두고
붕어회에다 눌어, 꿩 섞어 먹음직하게 구워지거든
술동이의 맑은 술을 술잔에 가득 부어
한잔, 또 한잔 취토록 먹은 후에,
㉤ 복숭아꽃 붉은 비 되어 취한 낯에 뿌리는데
낚시터 넓은 돌을 높이 베고 누우니
무회씨 때 사람인가, **갈천씨 때 백성***인가.
태평성대를 다시 보는가 생각노라.
이 힘이 누구 힘인가, 성은이 아니신가.
강호에 물러난들 임금 걱정이야 어느 때에 잊을까.
때때로 머리 들어 북극성 바라보고
남모르는 눈물을 하늘 끝에서 흘리도다.
평생에 품은 뜻을 빕니다, 하느님이시여.
마르고 닳도록 우리 임금 만세를 누리소서.
태평한 세상에 삼대일월* 비추소서.
영원무궁토록 전란을 없애소서.
밭 갈고 샘 파서 격양가*를 부르게 하소서.
이 몸은 이 강산풍월에 늙을 줄을 모르도다.

– 박인로, 「노계가」 –

* 무회씨 때 사람, 갈천씨 때 백성: 중국 상고시대 전설상의 제왕인 무회씨와
  갈천씨 때의 태평성대의 사람.
* 삼대일월: 중국에서 왕도 정치가 행해졌던 하·은·주 시대.
* 격양가: 중국 요 임금 때 늙은 농부가 배를 두드리고 땅을 치면서 천하가
  태평하다며 불렀다는 노래.

(나)

자연은 왜 존재해 있나? 모른다. 그것은 영원한 신비다.
자연은 왜 아름다운가? 모른다. 그것도 영원한 불가사의다.
자연은 왜 말이 없는가? 그것도 모른다. 그것도 영원한 그의
침묵, 그의 성격이다.
우리는 자연의 모든 것을 모른다. 우리는 영원히 그의 신원도,
이력도 캐어낼 수 없을 것이다. 오직 그의 신성한 존재 앞에 백
지와 같은 마음으로 경건한 직감이 있을 뿐이다. 직감 이상으로
자연의 정체를 볼 수 없고 들을 수 없을 것이다. 자연에 대한
우리 인류의 최고 능력은 직감일 것이다.

한 사람이라도 좋다. 자연에 대한 솔직한 감각을 표현하라.
금강산에 어떠한 **문헌**이 있든지 말든지, 백두산에서 어떠한 인
간의 때 묻은 내력이 있든지 없든지, 조금도 그따위에 관심할
것이 없어 산이면 산대로, 물이면 물대로 보고 느끼고 노래하는
시인은 없는가? 경승지에 가려면 문헌부터 뒤지는, 극히 독자
(獨自)의 감각력엔 자신이 없는 사람은 예술가는 아니다. 조그만
학문과 고고의 사무가일 뿐, 빛나는 생명의 예술가는 아니다.
금강산은 금강산이라 이름 붙여지기 훨씬 전부터, 태고 때부터
엄연히 존재해 있는 것이다. **옥녀봉**이니 **명경대**니 하는 이름과
전설은 가장 최근의 일이다. 본래의 금강산과는 아무런 관계도
없는 그야말로 무근지설이다. **소문거리의 '모델'**로서의 금강산,
일만 이천 봉이니 열두 폭이니 하고 **계산된 삽화**로서의 금강산을
보지 못해 애쓸 필요야 무엇인가. 금강산이나 백두산이나 무슨
산이나 간에 그들은 태고 때부터 항구히 살아 가지고 있는 것
이다. 물은 지금도 흐르고 꽃과 단풍은 지금도 그들의 품에서
피고 지거늘 문헌과 전설이 무슨 상관인가. 고완품이나 고적이
라면 모르거니와 죽을 줄 모르는 생명의 덩어리인 자연에게 있어
문헌이란 별무가치인 것이다.
흔히 시인들은 자연을 대상으로 한 시편에서나 기행문에서는
너무들 문헌에 수족이 묶인다. 고완품을 보는 것 같고 자연을
보는 것 같지 않은 것이 흔히 독자에게 주는 불유쾌다.
문헌은 학자들에게 던져두라. 예술가에게는 언제, 어디든지가
신대륙, 신세계여야 할 것이다.

– 이태준, 「자연과 문헌」 –

09

고2 · 2023년 3월 31번

(가)와 (나)에 대한 설명으로 가장 적절한 것은?

① (가)와 (나)는 모두 명령형 어미를 통해 주제 의식을 드러내고
있다.
② (가)와 (나)는 모두 문답의 방식을 통해 현실에 대한 비판을
드러내고 있다.
③ (가)와 (나)는 모두 대조의 방식을 활용하여 태도의 변화를
드러내고 있다.
④ (가)와 달리 (나)는 시선의 이동을 통해 계절적 배경을 다채
롭게 드러내고 있다.
⑤ (나)와 달리 (가)는 초월적 공간을 설정하여 고조된 감정을
드러내고 있다.

10

고2·2023년 3월 32번

㉠~㉤에 대한 이해로 적절하지 <u>않은</u> 것은?

① ㉠: 유사한 문장 구조를 반복하여 자연물 간의 경계가 사라진 풍광을 묘사하고 있다.

② ㉡: 일상의 사물에 빗대어 화자를 둘러싼 자연의 모습을 표현하고 있다.

③ ㉢: 의지적인 어조를 활용하여 학문 수양을 게을리하지 않으려는 자세를 드러내고 있다.

④ ㉣: 자연에서 얻을 수 있는 재료를 나열하여 상황에 대한 만족감을 표현하고 있다.

⑤ ㉤: 자연물의 색채 이미지를 활용하여 화자의 취흥을 강조하고 있다.

11

고2·2023년 3월 33번

〈보기〉를 읽고 (가), (나)를 감상한 내용으로 적절하지 <u>않은</u> 것은? [3점]

───〈 보 기 〉───

(가)의 작가는 전란을 체험한 후 강호에 은거하며 태평성대를 추구하고, (나)의 작가는 자연의 본질에 대한 통찰을 촉구한다. 이들은 일관되고 영속적인 가치를 지향한다. 비록 작가의 지향을 방해하는 일시적인 요소가 있더라도, 이 지향은 과거에서 현재로, 다시 미래로 지속성을 갖고 이어진다.

① (가)의 '물가에 갈매기'가 '오는 듯 가는 듯 그칠 줄을 모르네'라는 구절에서 어울림에 영속성을 부여하고 이를 지향하는 작가의 태도를 확인할 수 있군.

② (가)에서 작가가 자신을 '무회씨 때 사람', '갈천씨 때 백성'과 동일시하여 과거와 현재를 잇는 것은 시간이 흘러도 영속되는 가치에 대한 작가의 인식을 드러낸 것으로 볼 수 있군.

③ (가)의 '영원무궁토록 전란을 없애소서'라는 구절에서 전란이라는 일시적인 요소가 '태평한 세상'이라는 영속적인 가치를 방해하지 않기를 바라는 작가의 인식을 확인할 수 있군.

④ (나)에서 '옥녀봉', '명경대'와 같은 이름으로 자연을 규정하는 것은 자연의 일관성과 지속성에 대한 통찰의 결과라는 작가의 인식을 확인할 수 있군.

⑤ (나)에서 '문헌'은 '소문거리의 '모델'', '계산된 삽화'를 양산함으로써 자연의 영속적인 본질에 대한 접근을 방해하는 요소가 된다는 작가의 인식을 확인할 수 있군.

12

고2·2023년 3월 34번

(나)의 <u>빛나는 생명의 예술가</u>가 갖추어야 할 태도로 가장 적절한 것은?

① 자연의 모든 것을 알아낼 수 있다는 확신으로 탐구에 임해야 한다.

② 직관을 통해 자연에 대한 솔직한 감각을 드러낼 수 있어야 한다.

③ 여러 기록을 참고하며 자연의 새로운 경지를 소개할 수 있어야 한다.

④ 경승지를 보고 이를 대상으로 한 시편을 인용하여 작품을 창작할 수 있어야 한다.

⑤ 자연과 관련된 인간의 내력을 소재로 삼아 자신의 예술성을 표현할 수 있어야 한다.

DAY 19

종료 시각	시 분 초	문항 번호	01	02	03	04	05	06	07	08	09	10	11	12
소요 시간	분 초	채점 결과												
초과 시간	분 초	틀린 문항 복습												

DAY 20 | 수능기출 전국연합학력평가 **20분 미니 모의고사**

● 날짜 :　　월　　일　● 시작 시각 :　　시　　분　　초　● 목표 시간 : 20분　　　　　　　　　　※ 점수 표기가 없는 문항은 모두 **2점**입니다.

01~02 (가)는 학생회 블로그에 올라온 '공지 사항'이고, (나)는 이를 바탕으로 교실에서 동아리 학생들이 나눈 대화이며, (다)는 학생들이 작성한 건의문이다. 물음에 답하시오.

(가)

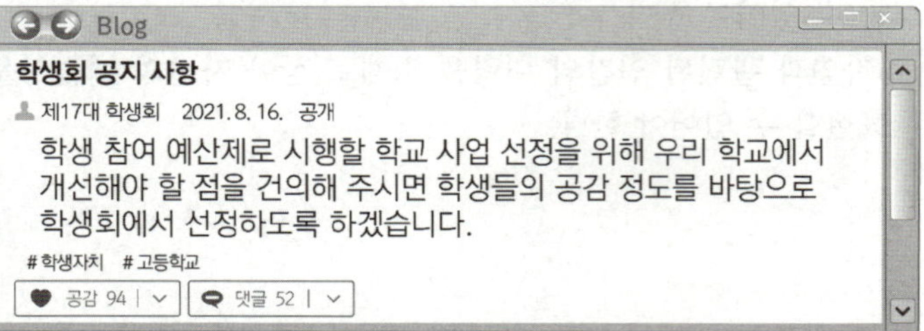

(나)

학생 1: 어제 학생회 블로그에 올라온 공지 사항 봤어?

학생 2: 응. 학생 참여 예산제로 운영할 사업에 대해 건의를 받는다고 하더라.

학생 3: 나도 봤어. 그런데 학생 참여 예산제가 뭐야? ［A］

학생 1: 학생 참여 예산제는 학생회가 주체가 되어 학생들이 제안한 아이디어를 실현하고자 스스로 기획하고 예산을 집행하는 제도야.

학생 3: 아, 우리가 스스로 학교 사업을 제안하는 거네. 우리 제안이 실현되면 엄청 뿌듯하겠다. 한번 참여해 보자.

학생 2: 좋아. 그리고 우리 제안이 실현되지 않더라도 학교 사업에 대해 고민해 보는 것만으로도 의미 있을 것 같아. 너희는 우리 학교의 어떤 점이 개선되었으면 좋겠어?

학생 1: 나는 정수기 옆에 종이컵을 놔 줬으면 좋겠어. 매번 컵을 들고 다니기가 너무 불편해.

학생 3: 편하긴 할 텐데 쓰레기도 너무 많이 생기고 환경 호르몬 때문에 건강에도 안 좋을 것 같아. ［B］

학생 2: 조금 귀찮고 불편해도 개인 컵을 사용하는 것이 좋지 않을까? 그리고 우리 동아리의 성격을 살려서 학교 공간에 대해 건의하면 더 의미가 있을 것 같아.

학생 1: (고개를 끄덕이며) 그렇네. 어디를 개선하면 좋을까?

학생 3: 지난번에 학교 공간에 대해 설문 조사 했잖아. 그때 면학실 개선에 대한 의견이 많았었어. 나도 삼면이 꽉 막힌 1인용 책상으로만 되어 있어서 답답하게 느껴지더라고.

학생 2: 맞아. 평소에 인터넷 강의도 듣고 검색도 해야 하는데 와이파이가 없어서 불편했거든.

학생 3: 그래. 그래서 나는 요즘 돈 내고 카페에 간다니까.

학생 1: 나도 가끔 모둠 과제 할 때 카페에 가는데 은근히 비용이 많이 들더라고.

학생 2: 하긴 '카공족'이라는 신조어까지 생긴 거 보면 요즘 카페에서 공부하는 사람들이 많나 봐. 그런데 카페에서 공부하는 것이 실제로 효과가 있을까?

학생 3: 텔레비전에서 어느 과학자가 카페는 사적 공간과 공적 공간의 경계여서 집중력이 올라가는 효과를 누릴 수 있다는 '커피하우스 이펙트' 이론을 소개한 걸 본 적 있어.

학생 2: (손뼉을 치며) 아, 그런 이론이 있구나. 그럼 우리 면학실을 카페처럼 개선해 달라고 건의해 보자.

학생 1: 좋아. 그럼 지금까지 나온 면학실의 문제점은 다양한 형태의 책상 구비와 와이파이 설치로 해결될 수 있겠다.

학생 3: 나는 운영 방식도 바뀌었으면 좋겠어. 학기 초에 신청한 학생들만 이용할 수 있고 선생님들께서 감독하시니 자유롭게 이동하지 못해서 불편해.

학생 2: 그런데 운영 방식 개선은 현안에서 벗어나지 않을까?

학생 3: 난 꼭 그렇게 생각하지 않는데……. 카페 공간으로의 변화는 운영 방식이 함께 변할 때 더 의미가 있을 것 같아.

학생 2: 음, 기존의 면학실 형태나 운영 방식을 원하는 학생들도 있지 않을까?

학생 1: 학년별로 면학실이 있으니까 한 곳만 카페처럼 만들고 나머지는 그대로 운영하면 되지. 그리고 카페 같은 따뜻한 느낌도 나면 좋겠어.

학생 2: 예산의 규모를 고려하여 우선순위를 정하도록 해결 방안을 제시하는 것이 좋지 않을까?

학생 1: 좋아. 그러면 회의 내용을 바탕으로 건의해 보자.

(다)

　여러분, 안녕하세요? 저희는 공간을 연구하는 동아리 '잇다'입니다. 학생 참여 예산제 사업으로 학교의 면학실을 카페처럼 개선해 주기를 건의합니다.

　'카공족'을 들어 보셨나요? '카공족'은 카페에서 공부하는 문화를 드러내는 신조어입니다. 이를 반영하듯 학교 면학실보다 카페를 이용하는 학생들이 늘고 있습니다. 하지만 고등학생에게는 부담스러운 이용 금액입니다. 그리고 저희 동아리에서 우리 학교 학생들을 대상으로 학교 공간에 대한 설문 조사를 한 결과, 면학실 개선에 대한 요구도 많았습니다.

　따라서 예산을 고려하여 다음과 같은 우선순위에 따라 면학실을 개선해 주기를 바랍니다. 첫째, 모둠이나 짝 활동을 할 수 있는 다양한 형태의 책상을 구비하고 둘째, 인터넷 강의 등을 이용할 수 있도록 인터넷 환경도 갖추어 주기를 바랍니다. 셋째, 카페 같은 따뜻한 분위기가 조성되도록 조명을 설치해 주기 바랍니다.

　그 외에도 주변의 ○○고등학교처럼 학생회 중심으로 이용 규칙을 마련하여 자율적으로 운영하고, 기존의 책상과 운영 방식을 선호하는 학생들을 위해서는 기존의 다른 면학실도 함께 운영하기를 제안합니다.

　면학실을 개선하면 학생들의 다양성을 존중해 주는 학교 문화를 형성할 수 있으며, 집중력이 올라가므로 학생들의 학습 효과를 높일 수 있습니다.

긴 글 읽어 주셔서 감사합니다. 공감하면 하트 눌러 주세요.

2021년 9월 1일
공간 연구 동아리 '잇다'

01

고2 · 2021년 9월 5번

[A]와 [B]를 이해한 내용으로 적절한 것은?

① [A]에서 '학생 2'는 '학생 1'의 발화 내용을 요약하며 자신의 이해 여부를 확인하고 있다.

② [A]에서 '학생 3'은 '학생 2'와 공유하고 있는 정보에서 생소한 용어에 대한 설명을 요청하고 있다.

③ [B]에서 '학생 3'은 '학생 1'의 발화에 대해 일부 동의하며 기대되는 긍정적인 결과를 구체적으로 언급하고 있다.

④ [B]에서 '학생 2'는 '학생 1'이 제시한 의견의 문제점을 지적하며 상대방에게 해결 방법을 제안하고 있다.

⑤ [A]와 [B] 모두에서 '학생 2'는 질문의 형식을 활용하여 자신의 의견에 대한 동의를 구하고 있다.

02

고2 · 2021년 9월 6번

(나)를 바탕으로 세운 글쓰기 계획 중, (다)에 반영되지 않은 것은?

① (나)에서 카페라는 공간적 특성이 가지는 효과에 대해 언급한 것을 반영하여 면학실 개선의 기대 효과를 나타내야겠어.

② (나)에서 최근 '카공족'이 많아진 현상에 대해 언급한 것을 반영하여 질문을 통해 현안에 대한 관심을 유도해야겠어.

③ (나)에서 학생 참여 예산제 공모에 참여하는 의도를 반영하여 건의문을 작성하는 과정에서 얻은 긍정적인 변화를 드러내야겠어.

④ (나)에서 카페를 이용할 때 비용이 많이 든다고 언급한 것을 반영하여 학생의 경제적 부담을 면학실 개선의 이유로 제시해야겠어.

⑤ (나)에서 획일적인 형태의 책상이 불만족스럽다는 의견을 반영하여 다양한 형태의 책상을 구비해야 한다는 것을 해결 방안으로 제시해야겠어.

03

고2 · 2022년 11월 13번

〈보기〉는 문법 수업의 일부이다. 선생님의 설명에 따라 밑줄 친 단어를 이해한 내용으로 적절하지 않은 것은?

〈보 기〉

선생님: 관형사는 체언을 꾸며 주는 품사로 뒤에 오는 체언의 성질이나 상태를 분명하게 해 주는 성상 관형사, 구체적인 대상을 지시해 주는 지시 관형사, 수량을 나타내는 수 관형사로 구분할 수 있습니다. 이러한 관형사는 형태가 변하지 않고 어떤 조사와도 결합하지 않는 특징이 있습니다.

ㄱ. 이 상점, 두 곳에서는 헌 물건을 판다.
ㄴ. 우리 다섯이 새로 산 구슬을 나눠 가지자.
ㄷ. 나는 오늘 어머니께 드릴 새 옷 한 벌을 샀다.

① ㄱ에서 '이'는 '상점'을 꾸며 주는 지시 관형사이다.

② ㄱ에서 '헌'은 체언인 '물건'의 상태를 드러내 준다.

③ ㄴ의 '다섯'은 조사와 결합하는 것을 보니 관형사가 아니다.

④ ㄱ의 '두'와 ㄷ의 '한'은 수량을 나타내는 수 관형사이다.

⑤ ㄴ의 '새로'와 ㄷ의 '새'는 형태가 변하지 않는 성상 관형사이다.

04~08 다음 글을 읽고 물음에 답하시오.

　서양철학에서는 많은 철학자들이 기억을 중요한 사유로 인식하며 논의해 왔다. 플라톤은 사물의 영원하고 불변하는 본질적 원형인 이데아가 기억을 통해 인식될 수 있다고 하였다. 이데아에 대한 기억이 그것에 대한 망각보다 ⓐ 뛰어난 상태라고 이야기함으로써 둘 사이에 가치론적 이분법을 설정한 것이다. 더 나아가 하이데거는 진리가 망각이 없는 상태, 즉 기억이 지배하는 상태를 의미한다고 강조하였다. 이렇듯 전통적 서양철학에서 기억은 긍정적인 능력으로, 망각은 부정적인 능력으로 인식되어 온 것이다.

　이와 같은 철학적 사유 속에서, 피히테는 '자기의식'이라는 개념을 체계적으로 확대하여 설명하는 과정에서 ㉠ 기억을 세계 경험에 대한 최고 수준의 기능으로 인식하였다. 그는 어떤 대상에 대해 '㉡ A는 A이다'라는 명제에 의거하여 주장을 할 때, '나는 나이다'가 성립해야만 한다고 생각하였다. 이는 동일성을 주장하는 '의자는 의자이다'와 같은 명제로 이해 할 수 있다. 예전에 친구와 같이 앉았던 의자를 보았을 때, 우리는 이 의자가 바로 그때의 의자라고 주장할 수 있다. 즉 'A는 A이다'라는 명제는 '과거의 A가 현재의 A이다'라는 주장으로 현실화된다. 이러한 주장이 가능하기 위해서는 과거의 의자를 기억하고 있어야 한다는 것이 전제되어야 하고, 이는 과거 그 의자에 앉았던 자신을 기억하는 것과 마찬가지라는 것이었다. 따라서 그가 주장한 ㉢ 자기의식은 기억의 능력을 통해 과거의 '나'와 현재의 '나'가 같음을 의식하는 것으로 볼 수 있다. 자기의식을 망각한다면 우리는 친구를 만나도 친구인 줄 모를 것이므로, 그의 입장에서는 기억이 없다면 세계도 존재할 수 없는 것이었다.

　한편, 니체는 이와 같은 사유 전통을 거부하며 기억 능력에 대해 비판하였다. 그는 기억이 부정적이고 수동적인 능력이라면, 망각은 능동적이며 창조적인 능력이라고 인식하였다. 그에게 있어 망각은 기억을 뛰어넘고자 하는 치열한 투쟁이었다. 그는 망각에 대해 긍정하기 위해 신체와 관련된 사례를 제시하였다. 새로운 음식을 먹으려면 위를 비워야 하며 음식물을 배설하지 못한다면 건강한 삶을 ⓑ 살아갈 수 없듯이, 과거의 기억들이 정신에 가득 차 있다면 무언가를 새롭게 인식하는 것은 불가능하다고 주장하였다. 그에 따르면 기억에만 집착하는 사람들은 새로운 것을 ⓒ 낯설고 불편한 것으로 여겨 변화와 차이를 긍정할 수 없기 때문에 현재를 행복하게 살아갈 수 없는 것이었다.

　또한 그는 건강한 망각의 역량을 복원하기 위해서 궁극적으로 순진무구한 아이와 같은 모습이 되어야 한다고 주장하였다. 예를 들어 아이가 바닷가에 놀러가 모래성을 만들었을 때, 이것이 부서지더라도 슬퍼하기보다는 웃으면서 즐거워할 것이라고 보았다. 아이는 그 자리에 다시 새로운 모래성을 만들 수 있음을 직감하기 때문에 부서진 모래성을 기억하면서 좌절하고 우울해 할 필요가 없다는 것이었다. 이렇듯 니체에게 아이는 망각의 창조적 능력을 ⓓ 되찾은 인간을 상징하였다. 결국 그는 현재를 행복하게 살아가기 위한 능력으로써 망각을 긍정적으로 바라보았던 것이다.

　그러나 니체가 인간이 가진 기억 능력 자체를 완전히 제거하자고 주장했던 것은 아니다. 철저한 망각은 현실적으로 불가능할 뿐만 아니라, 현재를 향유할 수 있도록 어느 정도 지속되는 기억이 필요했기 때문이었다. 마치 음식이 위에서 전혀 머무르지 않고 바로 배설된다면 건강한 삶을 살 수 없는 것처럼 말이다. 그럼에도 불구하고 기억이 주된 사유로 인식되던 서양철학에서 망각의 능력을 ⓔ 찾아내고자 했다는 점에서 니체의 사유를 주목할 필요가 있을 것이다.

04

독서의 분야를 고려하여 윗글을 읽는다고 할 때, ㉮에 들어갈 내용으로 가장 적절한 것은?

〈보 기〉

——————— ㉮ ——————— 하며 읽어야겠군.

① 인간의 사상을 탐구하고 있으므로, 글에 담긴 관점을 정확하게 파악
② 사회 현상을 다루고 있으므로, 관련된 배경지식을 적극적으로 활용
③ 삶의 문제를 분석하고 있으므로, 글에 반영된 사회적 요구를 논리적으로 평가
④ 사실과 법칙을 인과적으로 설명하고 있으므로, 용어나 개념을 명확하게 이해
⑤ 연구 성과를 실생활에 응용하고 있으므로, 사용된 자료의 신뢰성을 적절히 판단

05

윗글의 내용과 일치하지 <u>않는</u> 것은?

① 플라톤은 가치론적 이분법을 통해 기억을 설명하였다.
② 하이데거는 기억이 지배하는 상태를 진리로 인식하였다.
③ 니체는 망각을 긍정적인 능력이라고 판단하며 서양철학의 전통적 사유를 비판하였다.
④ 니체는 음식물이 위에 가득 남아 있는 상황과 정신이 기억으로 가득 찬 상태가 유사하다고 생각하였다.
⑤ 니체는 현재를 행복하게 살아가기 위해 철저한 망각이 필요하다고 판단하였다.

06

㉠~㉢에 대한 이해로 가장 적절한 것은?

① ㉠이 없어도 ㉡에 의거한 주장이 가능하다.
② ㉠이 가능해야만 ㉢도 가능하다.
③ ㉡이 성립해야만 ㉠이 성립한다.
④ ㉢은 ㉠을 위해 존재한다.
⑤ ㉢은 ㉡이 전제되어야 한다.

07 **1등급 대비 고난도 3점 문제**

윗글을 바탕으로 〈보기〉에 대해 이해한 내용으로 적절하지 <u>않은</u> 것은? [3점]

〈보 기〉

갑: 지갑이 많이 낡았네. 하나 새로 사줄까?
을: 아직은 새로 사기 싫어요. 아빠가 생일 선물로 처음 사주신 거라서 저한테는 의미가 있고 익숙해서 좋아요.
갑: 그렇구나. 근데 지난번에는 평소와 달리 국어 시험 못봤다고 했잖아. 이번 시험 준비는 잘 하고 있니?
을: 지난 시험은 지난 시험일 뿐이죠. 잊을 건 잊고 이번 국어 시험도 열심히 준비하고 있어요.

① 피히테는 을이 선물을 받았던 자신과 현재의 자신이 같음을 기억의 능력을 통해 의식하고 있다고 볼 것이다.
② 피히테는 을의 '지난 시험은 지난 시험이다.'라는 주장은 '시험은 시험이다'라는 명제가 현실화된 것이라고 볼 것이다.
③ 니체는 을이 지갑에 대한 과거의 기억에 집착하여 지갑을 새로 사는 것을 긍정하지 않는다고 볼 것이다.
④ 니체는 을이 국어 시험을 다시 준비하는 것을 보고 기억을 뛰어넘어 현재를 행복하게 살아갈 수 있는 사람이라고 볼 것이다.
⑤ 니체는 을이 지난 시험 결과에 대해 좌절하지 않는 것은 다음 시험에서 좋은 결과를 얻을 수 있을 것임을 직감하기 때문이라고 볼 것이다.

08

문맥상 ⓐ~ⓔ와 바꿔 쓰기에 적절하지 <u>않은</u> 것은?

① ⓐ: 우월(優越)한
② ⓑ: 영위(營爲)할
③ ⓒ: 난해(難解)하고
④ ⓓ: 회복(回復)한
⑤ ⓔ: 발견(發見)하고자

"이봐요 박판돌 씨, 나를 알아보겠소?"

나는 검사실에서 피의자를 다루듯 목줄을 빳빳하게 세우고 꽹과리 치는 소리로 퉁명스럽게 내질렀다.

"알아 뫼시고말고요……. 진작 한번 찾아뵈려고 했으나……."

박판돌이가 이렇게 입을 열며 고개를 쳐들자, 나는 다시 햇살이 묶음으로 쏟아지는 하늘을 쳐다보았다. 정말이지 마음이 떨려서 그를 정면으로 마주 보기가 싫었다. 박판돌의 시선이 찔러 올 때마다 온몸을 쫙 훑어 내리는 듯한 전율에 심신 가눌할 바를 몰라했다.

"그래 돈을 많이 벌었다면서요?"

나는 하늘을 쳐다본 채 허탈하게 물었다. 이마에 땀방울이 숭얼숭얼 맺혔다. 박판돌이도 땡볕에 서 있기가 무더운지 손바닥으로 연신 이마의 땀을 훔쳤다.

"마님은 잘 계시나요?"

박판돌은 비굴한 목소리로 어머니의 안부를 물었다. 나는 대답을 하지 않았다. 어머니는 내가 고향에 간다는 것을 한사코 말렸었다. 자식된 도리로 개죽음 당한 아버지 뼈라도 찾아서 편히 모셔야 하지 않겠냐며, 꿈꾸듯 오랫동안 별러 온 고향에 다녀오겠다는 나를 붙들고 늘어지며,

"아야, 고향 고향 말만 들어도 오장육부가 뒤집히는 것 같다 와. 너는 고향이 징허도 않냐? 지발 고향 이약 그만해라 와. 한번 죽어 흙 된 사람 이제사 뼉다귀 편하게 묻어 준들 죽은 니 아부지가 알아주겄냐? 그러고 그 개만도 못헌 판돌이 놈 만나서 멀 어쩌자는 그냐. 네 아부지 판돌이 놈이 끌고 가서 쥑였다는 것 솔매마을 사람들은 다 알고 있는 일인디, 인저 그 개만도 못헌 놈, 만나서 다리를 분지를 긋이냐, 칼로 배를 딸 긋이냐. 지난 일은 다 잊고 앞으로 살 일이나 걱정혀. 너 잘되면 그기 다 판돌이 놈헌티는 뼈아픈 복수가 되는 기여. 네가 고등 고시 합격혀서 검사가 되었다는 소식 듣고 간이 콩알만 히졌을 긋이다. 아서, 고향 갈 생각을 말으라!"

어머니는 매지매지 가슴에 맺힌 한(恨)을 되씹으며 박판돌이 놈, 박판돌이 놈 하고 이름을 부를 때마다 양미간에 가벼운 경련을 일으켰다.

그런 어머니 말에 나는 자신이 보잘것없이 되었다면 부끄러워서도 고향에 갈 생각을 하지 않았으나, 이만큼이나 되어서 무엇이 두려워 수구초심(首邱初心)으로 동경해 온 귀향을 꺾을 수 있겠느냐고 승낙을 받는 데 진땀을 뺐다. 개죽음 당한 아버지 유골이 지리산 계곡에 비바람 맞으며 나뒹굴어, 구천에 정처 없이 떠돌음하는 혼백이라도 위로해 주어야 할 게 아니냐고 설득을 했다. 얼굴에 도깨비 가죽 둘러쓴 박판돌이가 제 발로 찾아와서 비대발괄 손이 발 되게 빌면 또 몰라도, 염불위괴로 조금도 자기의 죄 뉘우침 없음이 한결 괴악망측하게 생각되었던 것이다.

[중략 줄거리] 나는 판돌과 함께 지리산 세석평전으로 가서 아버지의 유골을 수습하고 그에게서 두 집안에 얽힌 이야기를 듣게 된다. 나는 판돌의 어머니가 나의 조부에게 농락을 당했고, 이를 들킨 나의 조부가 판돌부자를 족보에 올려 주기로 약속했다는 것을 알게 된다.

긴 이야기를 토해 낸 판돌이도, 그의 이야기를 들으면서 어둠에 묻힌 먼 하늘을 바라보기조차 부끄러워 자꾸만 고개가 무겁게 내려앉은 나도 마음이 별 없는 하늘처럼 숨 가쁘게 답답하였다.

[A]
> 　두 사람 사이에 산상(山上)의 밤보다 더 무겁고 답답한 침묵이 늪처럼 찐득하게 괴었다.
>
> 　"우리 아버지한테 당신이 박쇠 아들이라는 건 언제 밝혔소?"
>
> 　나는 바윗덩어리처럼 무겁게 나를 쪄 누르고 있는 판돌이를 마치 박쇠처럼 생각하면서 우울하게 물었다.
>
> 　"어디 기회가 있어야죠. 또 같이 살다 보니께 마음이 약해집디다. 사실 지는 도련님 댁 머슴이었지만, 두 어른들 도움도 많이 받고 자랐거든요. 그라고 도련님 식구들과 오래 한솥밥 묵고 살다 보니께 정도 붙고 해서…… 지난 일들을 잊어버릴까 허는 생각도 납디다. 또 어르신께서 우리 아버지를 쥑이지 않았을지도 모를 일이고…….
>
> 　판돌이는 잠시 말을 멎고 머리를 무겁게 떨구었다가 천천히 들어올렸다.
>
> 　"6·25가 터지고 세상이 뒤집히니께, 지 마음도 세상과 함께 뒤집힙디다요. 좌우당간에 어르신헌테 한번 따져봐야겠다는 생각이 들드만요. 그래서 그 어른을 데리고 지리산으로 들어갔지요. 어르신한테 지가 오래오래 품속에 간직해 왔던, 지 조부님 종 문서허고, 도련님 조부님이 지어주셨다는 우리 부자 이름이 적힌 종이를 보이면서, 지 신분을 밝혔어요. 그러고 우리 아버지를 어디서 죽였느냐고 성질을 냈어요. 사실 그때 지는 어르신네께서 거짓말로라도 지 아버지를 절대 쥑이지 않았다고 말하기를 맘속으로 얼마나 바랐는지 몰라요. 그란디…… 그란디 말입니다. 어르신께서는 지가 그렇게 바랐던 것과는 달리 우리 아버지를 세석평전에서 엽총으로 쏴 쥑였다고 쉽게 고백을 허시고 말았어요. 아버지가 언젠가는 낫으로 어르신의 아버지를 찍어 쥑일 것만 같았고…… 또 지 부자가 도련님 댁 족보에 오르는 것이 싫어서 멧돼지 사냥을 나와 세석평전까지 끌고 가서 쏴 쥑였다고 허드만요. 어르신은 그러면서 보잘것없는 지한테 용서를 빌었어요. 지는 그런 어르신이 싫었던 거지요. 차라리 그때 나헌티 불호령을 치셨더라면 지 마음이 약해져서…….'"

　"그래서 판돌 씨도 우리 아버지를 세석평전까지 끌고 와서……."

　"어르신께서 지 아버지를 쥑인 곳을 알고 있다고 해서…… 지도 어머니 유언대로 올 아버지 뼈라도 찾을까 허고……."

　"그래, 찾았나요?"

　나는 판돌이가 그의 아버지 유골을 찾았기를 바라면서 물었다.

　"워디가요. 세석평전을 다 뒤져 봤제만 철 늦은 철쭉꽃만 휘너후러져서……. 허갸, 족보에도 못 오른 아버진데 무덤은 남겨서 뭘 하겠어요? 차라리 잘됐지요 머. 물론 저도 아직 족보가 없습니다만. 그까짓 족보 있으면 어쩌고 없으면 어쩝니까. 지 아버지는 족보에 이름 석 자 올릴 욕심으로 죽을 때꺼정 껑껑댔지만, 지는 족보 대신 돈을 갖기루 작정했지요. 족보가 없는 대신 돈이라도 몽땅 벌자 허는 생각으로 살았어요. 그래서

돈을 좀 모았지요. 이제는 백만 원만 주고도 지가 박씨 문중에서 문벌 좋은 집안을 탈탈 골라 족보에 이름을 올릴 수 있겠습니다만……. 그까짓 족보 있으면 뭘 해요? 주민등록증 하나면 얼마든지 출세를 허는 세상인듸. 지는 족보 대신에 아직도 우리 조부님 종 문서허고 도련님 조부님이 박판돌이라고 지어주신 지 부자 이름이 적힌 종이쪽지를 소중히 간직허고 있구만요. 으쩌면 족보보다는 그거이 더 귀한 것일지도 모르제요.'"

　판돌이의 이야기를 듣고 난 나는 마지막으로 그에게 아버지를 죽인 사람은 바로 판돌이 당신이었구만요 하고 물으려다가 끝내 입을 열지 못했다.

– 문순태, 「철쭉제」 –

09

윗글에 대한 설명으로 가장 적절한 것은?

① 대화를 통해 이전에 일어난 사건의 내용을 드러내고 있다.
② 공간적 배경에 대해 묘사하여 역사적 사건을 제시하고 있다.
③ 동시에 일어나는 두 개의 사건을 병렬적으로 구성하고 있다.
④ 장면을 빈번하게 전환하여 사건을 반복적으로 제시하고 있다.
⑤ 작품 밖 서술자가 관찰자의 입장에서 사건을 객관적으로 전달하고 있다.

10

족보 에 대해 이해한 내용으로 적절하지 않은 것은?

① 판돌의 아버지는 족보에 이름이 올라가기를 평생 고대했다고 볼 수 있다.
② 판돌은 이전과 다른 방식으로 족보에 이름을 올릴 수 있다고 생각하고 있다.
③ '나'는 족보에 오른 판돌의 이름을 지우기 위해 고향에 돌아왔다고 볼 수 있다.
④ 판돌은 족보를 갖는 대신에 판돌 부자의 이름이 적힌 종이쪽지를 소중히 간직하고 있다.
⑤ '나'의 아버지는 판돌 부자의 이름이 족보에 올라가는 것을 원치 않았다고 볼 수 있다.

11   1등급 대비 고난도 3점 문제

〈보기〉를 참고하여 윗글을 감상한 내용으로 적절하지 <u>않은</u> 것은? [3점]

―〈 보 기 〉―

이 작품의 주인공인 '나'는 가족이 겪은 비극으로 인하여 한을 품게 된다. 소통의 단절로 인하여 한을 해소할 기회를 잃게 된 '나'는 자신만의 삶의 가치를 추구한다. 이후 한을 품게 한 대상과의 재회를 통해 인식이 전환되고, 이는 한을 해소할 수 있는 계기가 된다.

① '나'의 아버지가 죽임을 당한 것은 주인공의 내면에 한이 형성되는 이유가 되었겠군.

② '나'가 고등 고시에 합격하여 검사가 된 것은 한을 품게 한 대상과의 재회를 가능하게 했겠군.

③ '나'가 오랜 시간 고향을 떠나 있었던 것은 소통의 단절로 인해 한을 해소할 기회를 얻지 못한 이유가 되겠군.

④ '나'가 박쇠의 유골을 판돌이 찾았기를 바라는 것은 한의 대상에 대한 인식이 달라졌기 때문이라고 할 수 있겠군.

⑤ '나'가 마주 보기도 싫은 판돌에게 어렵게 근황을 묻는 것은 한을 해소할 수 있는 계기를 마련하기 위해서라고 할 수 있겠군.

12

[A]를 다음의 시나리오로 각색한 후 이를 촬영한다고 할 때, 고려한 사항으로 적절하지 않은 것은?

S#95. 지리산 세석평전(밤)

고개를 들어 판돌을 바라보는 박 검사. 만감이 교차하는 듯한 박 검사의 얼굴.(얼굴 C.U.*)

박 검사: (낮고 우울한 목소리로) 우리에게 당신이 박쇠 아들이라는 건 왜 숨겼소? 우리 아버지한테 박쇠 아들이라는 건 언제 밝혔소?

판돌: 어디 기회가 있어야죠. 또, 같이 살다보니께 마음이 약해집디다. …… 또 어르신께서 우리 아버지를 죽이지 않았을지도 모를 일이고…. (머리를 떨구었다가 천천히 고개를 들며) 6·25가 터지고 세상이 뒤집히니께, 지 마음도 세상과 함께 뒤집힙디다요. 좌우당간에 어르신헌테 한번 따져봐야겠다는 생각이 들드만요. 그래서….

S#96. (과거) 지리산 세석평전(낮)

판돌, 인동(박 검사의 아버지)의 손목을 끌고 산을 오르고 있다. 인동, 가쁜 숨을 몰아쉬며 판돌의 뒤를 따라가다 넘어진다. 그런 인동을 돌아보는 판돌.

판돌: (종이를 인동의 얼굴을 향해 던지며) 이게 뭔줄 아십니까요? 지 조부님 종 문서고, 여기 적힌, (흥분한 목소리로) 박쇠 아들 박판돌이가, 바로 저올시다.

인동: (무릎을 꿇으며) 이럴 수가…. 네가, 박쇠의… (말을 잇지 못하며 체념한 듯한 표정으로) 그래, 이제는 사실을 밝혀야겠구만.

판돌(E.*): 안돼야, 제발, 제발 그 말만은….

인동: (눈물을 흘리며) 느그 아부지를 죽인 것은 나여. 나를 용서해라. 나가 잘못했어야. 미안허다….

* C.U.: 인물이나 물체 등 어느 특정한 부분을 크게 확대하여 잡는 기법.
* E.: 화면에 삽입된 음향.

구 분	고려한 사항
각 색	S#95에서는 판돌이 정체를 밝히지 않은 이유를 묻는 질문을 박 검사의 대사에 추가해 박 검사의 궁금한 점이 여러 가지임을 드러내야겠어. ……………………①
	S#96은 과거 사건에 대해 고백하는 판돌의 말을 당시 상황을 보여주는 대화 장면으로 제시하여 현장감을 높여야겠어. ……………………②
	S#96에서는 판돌이 자신의 신분을 밝히면서 한 행동에 담긴 감정이 효과적으로 드러나도록 지시문을 구성해야겠어. ……………………③
연 출	S#95를 연출할 때는, 판돌을 바라보는 박 검사의 심리를 부각하기 위해 인물의 얼굴을 확대하여 표정이 분명히 드러나도록 해야겠어. ……………………④
	S#96을 연출할 때는, 판돌의 목소리를 효과음으로 처리하여 인동의 말을 거짓이라고 생각하는 판돌의 속마음이 생생하게 전달되도록 해야겠어. ……………………⑤

학습 Check!

▶ 몰라서 틀린 문항 × 표기   ▶ 헷갈렸거나 찍은 문항 △ 표기   ▶ ×, △ 문항은 다시 풀고 ✔ 표기를 하세요.

종료 시각	시 분 초	문항 번호	01	02	03	04	05	06	07	08	09	10	11	12
소요 시간	분 초	채점 결과												
초과 시간	분 초	틀린 문항 복습												

DAY 21

수능기출 전국연합학력평가 **20분 미니 모의고사**

● 날짜 :   월   일 ● 시작 시각 :   시   분   초 ● 목표 시간 : 20분

※ 점수 표기가 없는 문항은 모두 **2점**입니다.

---

01 **다음은 학생이 수업 시간에 한 발표이다. 물음에 답하시오.**

안녕하세요? 이번 시간에 발표를 맡은 ○○○입니다. 저는 전통극과 관련된 문화유산 중 '예산대'를 소개하고자 합니다.

예산대를 알기 위해서는 먼저 '산대'를 알아야 하는데요, 산대는 산 모양의 큰 무대입니다. 산대는 대개 고정되어 있었지만 『광해군 일기』에 사람들이 산대를 끌어냈다는 기록이 있는 것으로 보아 이동이 가능한 산대가 있었음을 알 수 있습니다. 그중 하나가 바로 예산대인데, 이 명칭은 『성종실록』에 이미 기록되어 있습니다. 예산대의 구체적인 모습은 조선 영조 때 중국 사신단의 일정을 담은 『봉사도』에서 찾아볼 수 있습니다. 여러분의 이해를 돕기 위해 준비한 자료를 보겠습니다. (자료 제시) 기이한 돌산처럼 보이는 물체를 사람들이 움직이고 있죠? 이것이 바로 전통 인형극을 위한 예산대의 전체 모습입니다.

우선, 예산대에 있는 인형들을 알아볼까요? 수레바퀴 바로 위에는 선녀 인형과 낚시꾼 인형이, 그 위에는 원숭이 인형 등이 있습니다. 그림이 작아 잘 안 보일 테니 이 인형들만 확대해서 보여 드릴게요. (자료 제시) 지금 보는 선녀 인형은 양팔을 흔들며 춤을 추었답니다. 낚시꾼 인형은 낚싯대를 앞뒤로 움직이는 모습을 연출했다고 해요. 그리고 원숭이 인형은 돌아가면서 주변 구멍에 얼굴을 내밀어 관객들에게 웃음을 주었다고 합니다.

여러분, 예산대 위의 인형들은 어떻게 움직일 수 있었는지 궁금하지 않으세요? 예산대 아랫부분에 힌트가 있습니다. (자료 제시) 여기 보이는 수레바퀴가 그 역할을 했는데요, 이 그림은 최근 예산대를 복원하는 과정에서 내부 구조를 재현한 것입니다. 사람들이 예산대를 이동하면, 예산대 내부의 톱니바퀴가 수레바퀴로부터 동력을 전달받아 회전하면서 인형들을 움직였습니다.

이처럼 예산대는 이동 시에 인형들을 자동으로 움직여 극에 활력을 불어넣었다는 점에서 우리 조상들의 지혜를 보여 줍니다. 여러분, 예산대에 대해 관심이 좀 생겼나요? (청중의 대답을 듣고) 여러분도 기술과 예술을 접목한 전통문화의 또 다른 예를 찾아보면 좋겠습니다. 이상으로 발표를 마치겠습니다.

01

위 발표에 대한 설명으로 적절하지 않은 것은?

① 청중에게 질문을 하여 발표 내용에 관심을 유도하고 있다.

② 정보의 출처를 언급하여 발표 내용의 신뢰성을 높이고 있다.

③ 청중과 공유했던 경험을 제시하며 발표의 목적을 밝히고 있다.

④ 발표 주제와 관련된 단어의 의미를 설명하여 청중의 이해를 돕고 있다.

⑤ 발표에 대한 청중의 반응을 확인하며 청중에게 바라는 바를 제시하고 있다.

02~03 (가)는 작문 상황이고, (나)는 (가)에 따라 쓴 학생의 초고이다. 물음에 답하시오.

(가) 작문 상황

○글의 목적: 아이스 팩으로 인해 발생하는 환경 문제에 대한 관심 촉구
○글의 주제: 아이스 팩의 폐기 과정에서 일어나는 환경 오염 문제와 이에 대한 해결 방안
○예상 독자: 우리 학교 학생들

(나) 학생의 초고

　최근 신선 식품을 집으로 배송받는 문화가 확산됨에 따라 식품의 변질을 막기 위해 사용되는 아이스 팩의 생산량도 급증하고 있다. 아이스 팩은 일반적으로 미세 플라스틱의 일종인 고흡수성 수지를 활용하여 만들어지는데, 한번 사용된 후 버려지는 경우가 많아 폐기 과정에서 환경을 오염시킨다.

　먼저 아이스 팩을 소각할 경우, 고흡수성 수지의 특성상 불완전 연소로 인해 그을음과 일산화탄소가 발생하여 대기를 오염시킨다. 또한 땅에 매립하여 폐기하더라도 토양을 오염시킬 수 있다. 마지막으로 싱크대나 변기에 내용물을 버릴 경우 하천과 바다를 오염시키는 것은 물론, 먹이 사슬을 거쳐 인간이 이를 다시 섭취하게 되는 문제가 발생한다.

　아이스 팩의 폐기 과정에서 발생하는 이러한 환경 오염 문제를 해결하기 위해서는 정부, 기업, 가정의 노력이 필요하다. 우선 정부는 아이스 팩의 전국적인 수거 체계를 구축해야 한다. 수거한 아이스 팩을 필요로 하는 곳에 다시 공급하여 재사용률을 높인다면 각종 환경 오염 문제를 줄일 수 있을 것이다. 다음으로 기업은 제품 배송 시 사용하는 아이스 팩을 친환경 소재의 아이스 팩으로 대체하여 사용하도록 노력해야 한다. 친환경 아이스 팩은 주재료로 물, 전분, 소금 등을 활용하여 환경에 미치는 영향이 상대적으로 적기 때문이다. 마지막으로 가정에서는 더 이상 사용하지 않는 아이스 팩은 수거함에 배출하여 재사용에 적극 동참해야 한다. 이는 일회성으로 사용되고 버려지는 아이스 팩의 양을 줄인다는 측면에서 자원 순환의 효과를 거둘 수 있다.

　우리 생활에 많은 편의를 주고 있음은 분명하다. 하지만 아이스 팩 없이는 신선 식품이 생산되기 힘들다. 그러므로 문제 해결을 위해 정부, 기업, 가정의 협력이 필요하다.

02

(가)를 바탕으로 세운 글쓰기 계획 중 (나)에 활용된 것은?

① 글의 목적을 분명히 하기 위해 환경 문제에 대한 상반된 견해를 비교하여 제시해야겠어.
② 글의 목적을 강조하기 위해 아이스 팩이 일으키는 환경 오염 문제를 유형별로 분류하여 제시해야겠어.
③ 글의 주제를 부각하기 위해 아이스 팩 수거 체계의 운영 현황을 제시해야겠어.
④ 예상 독자의 실천을 촉구하기 위해 친환경 아이스 팩의 구매 방법에 대하여 제시해야겠어.
⑤ 예상 독자의 흥미를 유발하기 위해 우리 학교 학생을 대상으로 한 설문 조사 결과를 제시해야겠어.

03

고2 · 2021년 11월 9번

다음은 학생이 (나)를 보완하기 위해 추가로 수집한 자료이다. 자료의 활용 방안으로 적절하지 **않은** 것은? [3점]

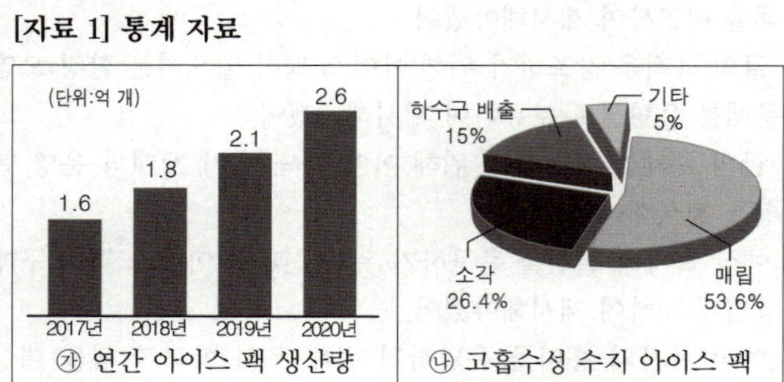

[자료 1] 통계 자료

[자료 2] 신문 기사

아이스 팩에 사용되는 고흡수성 수지는, 미세 플라스틱의 일종이기 때문에 땅에 묻었을 때 자연 분해되는 데만 무려 500년 이상 걸린다. 이런 문제를 해결하고자 친환경 아이스 팩을 사용하는 기업도 있다. 업체 관계자에 따르면 친환경 아이스 팩 사용은 친환경 마케팅의 일환으로, 기업의 사회적 책임을 보여 준다는 점에서 고객 만족도를 향상시켜 매출 증대로 이어지는 효과가 나타나고 있다고 한다.

[자료 3] 환경 단체 인터뷰

"아이스 팩을 버릴 경우 현재 분리배출 규정에 따르면, 아이스 팩은 일반 쓰레기로 분류되기 때문에 종량제 봉투에 버리는 것이 바람직합니다. 하지만 다 쓴 아이스 팩을 버리지 않고 가정 내에서 재활용하는 방법도 있습니다. 바로 토양 보수제로 활용하는 방법인데요. 화분에 물을 충분히 준 뒤에 아이스 팩의 내용물을 올려 두면 고흡수성 수지가 수분의 증발을 막으면서 물을 공급해 오랫동안 물을 주지 않아도 화분이 촉촉한 상태로 유지됩니다."

① [자료 1-㉮]를 활용하여 최근 아이스 팩의 생산량이 급증하고 있다는 내용을 뒷받침하는 근거로 제시해야겠어.

② [자료 2]를 활용하여 친환경 아이스 팩으로의 대체가 기업에 이익이 된다는 것을 기업의 노력을 강조하는 내용으로 사용해야겠어.

③ [자료 3]을 활용하여 아이스 팩을 이용한 생활용품을 만들 수도 있다는 것을 가정에서의 해결 방안으로 추가해야겠어.

④ [자료 1-㉯]와 [자료 2]를 활용하여 고흡수성 수지 아이스 팩을 매립하여 폐기하는 경우가 있다는 것과 미세 플라스틱이 자연 분해되는 데 소요되는 기간을 제시하며 대기 오염 문제의 심각성을 강조해야겠어.

⑤ [자료 1-㉯]와 [자료 3]을 활용하여 아이스 팩을 버리는 방법을 잘못 알고 있던 사람들을 위해 올바른 분리수거 규정을 홍보해야 한다는 내용을 정부에서의 해결 방안으로 추가해야겠어.

04

고2 · 2019년 11월 15번

〈보기〉의 '교사가 제시한 과제'에 대해 학생들이 보인 반응으로 적절하지 **않은** 것은?

─────〈 보 기 〉─────

〈교사가 알려 준 내용〉

현대 국어와 마찬가지로 중세 국어에서도 어말 어미 앞에서 문법적인 기능을 하는 어미가 있었다. 그중 하나인 '-오-'는 현대 국어에서 쓰이지 않는 어미로 문장의 주어가 화자임을 표현하기 위해 쓰였는데, 음성 모음 뒤에서는 '-우-'로 나타났다. 또한 '-오-'는 과거 시제를 나타내는 '-더-'와 결합하면 '-다-'로, 현재 시제를 나타내는 '-ㄴ-'와 결합하면 '-노-'로 나타났다.

〈교사가 제시한 과제〉

※ 다음 예문들을 보고 ㉠~㉢의 어미에 대해 탐구해 보자.

ㅇ 내 어저씌 다숫 가짓 꾸믈 ㉠ 꾸우니
　　[내가 어저께 다섯 가지의 꿈을 꾸니]

ㅇ 내 이룰 爲윙ㅎ야 … 새로 스믈여듧 字쫑룰 ㉡ 밍ㄱ노니
　　[내가 이를 위하여 … 새로 스물여덟 자를 만드니]

ㅇ 太子ㅣ 닐오디 내 ㉢ 롱담ㅎ다라
　　[태자가 말하되, "내가 농담하였다."]

① ㉠의 '-우-'는 어간 '꾸-'에 있는 음성 모음 때문에 나타난 형태이군.

② ㉡의 '-노-'는 '-ㄴ-'와 '-오-'가 결합되어 나타난 형태이군.

③ ㉢의 '-다-'는 '-더-'가 어말 어미와 결합하여 나타난 형태이군.

④ ㉡과 ㉢에는 모두 문장의 시제를 나타내는 기능을 하는 어미가 사용되었군.

⑤ ㉠, ㉡, ㉢ 모두에는 주어가 화자임을 표현하기 위한 어미가 사용되었군.

05~09 다음 글을 읽고 물음에 답하시오.

　경제학에서는 개별 경제 주체들이 주어진 조건하에서 자신이 ⓐ 조절할 수 있는 변수들을 적절히 선택하여 최적의 결과를 추구한다고 본다. 그런데 최적의 결과를 얻기 어려운 상황에 놓인다면 경제 주체들은 일반적으로 효율성을 ⓑ 고려하여 차선의 선택을 고민하게 된다. 하지만 립시와 랭카스터는 차선의 의미에 대해 새로운 관점을 보여 주는 '차선의 이론'을 제시했다.

　차선의 이론에서는 최적의 결과를 얻기 위한 여러 조건 중 한 가지 이상의 조건이 ⓒ 충족되지 못하는 상황이라면 나머지 조건들이 모두 충족되더라도 그 결과는 차선이 아닐 수 있다고 본다. 예를 들어 ㉠ 효율성을 달성하기 위한 10개의 조건 중 9개의 조건이 충족되는 것이 8개의 조건이 충족되는 것보다 반드시 더 낫다고 볼 수는 없다는 의미이다.

　여기서 왜 효율성을 달성하기 위한 10개의 조건 중 9개의 조건이 충족되는 것이 차선이 아닌지를 ⓓ 입증하기 위해서는 공평성을 함께 고려해야 한다. 한 사회가 어떤 것을 공평하다고 여기는지는 사회무차별곡선 을 통해 확인할 수 있다. 사회무차별곡선은 개별 경제 주체가 경제 활동을 통해 얻은 주관적 만족감인 효용수준을 종합한 사회후생수준을 보여 준다. 사회무차별곡선의 모양을 보면 그 사회가 개인의 효용수준에 대한 평가를 통해 공평성에 대해 어떠한 가치판단을 하고 있는지 확인할 수 있다.

　사회무차별곡선 위의 모든 점은 동일한 사회후생수준을 나타내는데, 이 곡선이 원점에서 멀리 위치할수록 사회후생수준이 높다는 것을 나타낸다. 일반적으로 사회무차별곡선의 모양은 원점에 대해 볼록한 곡선으로, 우하향할수록 기울기가 완만해진다. 이는 높은 효용수준을 누리는 사람의 효용에는 상대적으로 낮은 가중치를 ⓔ 적용하고, 낮은 효용수준밖에 누리지 못하는 사람들의 효용에는 높은 가중치를 적용해 사회후생을 계산하는 것이 공평하다는 가치판단이 반영된 결과이다.

　〈그림〉은 사회에서 경제적 자원을 모두 활용하여 쌀과 옷 두 가지 상품만 생산한다는 가정하에 생산가능곡선 CD와 사회무차별곡선(SIC)을 통해 차선의 이론의 예를 보여준다. 〈그림〉의 생산가능곡선 CD는 원점에 대해 오목한 모양으로 이 곡선 위의 점들은 생산의 효율성을 충족한다는 것을 의미하며, 곡선의 바깥쪽은 생산이

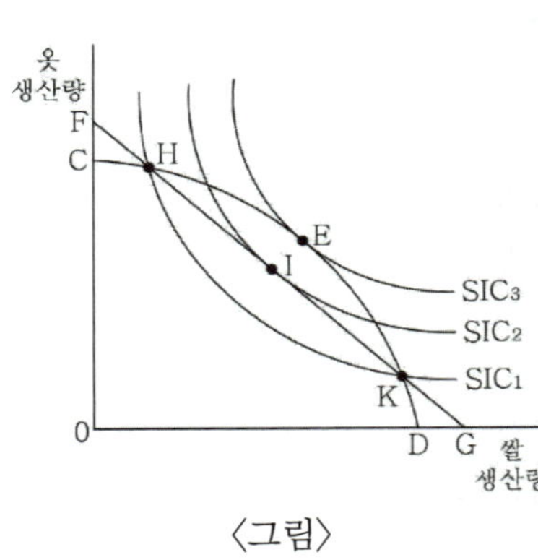

〈그림〉

불가능함을, 곡선의 안쪽은 생산은 가능하나 비효율적임을 나타낸다. 이때 생산가능곡선과 사회무차별곡선이 접하는 E 지점이 최적인데, 만약 선분 FG와 같은 어떤 제약이 가해져 이 선분의 바깥쪽에 있는 지점은 선택할 수 없게 되어 최적의 결과를 얻기 어려운 상황이라고 가정해 보자. 이때 H 지점은 제약하에서도 생산가능곡선 CD 위에 위치하기에 생산의 효율성이나마 충족하고 있으므로 차선의 선택이라고 생각하기 쉽지만 사회후생수준을 고려하면 그렇지 않다. 왜냐하면 SIC_1과 SIC_2의 원점에서의

위치를 고려했을 때 SIC_1 위에 있는 H 지점보다 SIC_2 위에 있는 I 지점의 사회후생수준이 더 높기 때문이다. 따라서 제약하에서 사회후생수준을 고려하면 I 지점이 차선의 선택이 된다.

05

고2 · 2022년 11월 26번

윗글을 읽고 답을 찾을 수 <u>없는</u> 질문은?

① 차선의 이론이 갖는 의미는 무엇인가?

② 생산가능곡선 위의 점들이 의미하는 것은 무엇인가?

③ 립시와 랭카스터가 입증한 차선의 이론의 한계는 무엇인가?

④ 경제 주체들이 차선의 선택을 고민하게 되는 이유는 무엇인가?

⑤ 사회무차별곡선의 모양이 우하향할수록 기울기가 완만해지는 이유는 무엇인가?

06

고2 · 2022년 11월 27번

사회무차별곡선 에 대한 이해로 적절하지 <u>않은</u> 것은?

① 사회무차별곡선 위의 모든 점은 동일한 사회후생수준을 나타낸다.

② 사회무차별곡선은 일반적으로 원점에 대해 볼록한 곡선 모양이다.

③ 사회무차별곡선을 통해 공평성에 대한 사회의 가치판단을 확인할 수 있다.

④ 사회무차별곡선은 개별 경제 주체의 효용수준을 종합한 사회후생수준을 보여준다.

⑤ 사회무차별곡선에는 높은 효용수준을 누리는 사람들의 주관적 만족감이 반영되어 있지 않다.

07

고2 · 2022년 11월 28번

차선의 이론을 통해 ㉠의 이유를 설명한 것으로 가장 적절한 것은?

① 효율성과 다른 기준도 함께 고려할 필요가 있기 때문이다.

② 경제 주체들이 스스로 자신의 효용수준에 대해 평가하기 때문이다.

③ 효율성을 달성하기 위한 조건들의 중요도가 서로 다르기 때문이다.

④ 낮은 효용수준을 누리는 사람의 효용에는 가중치를 적용할 수 없기 때문이다.

⑤ 효율성을 달성하기 위한 모든 조건이 충족되지 않는다면 개별 주체의 효용수준에 영향을 미치지 못하기 때문이다.

[해설편 p.083]

08

고2・2022년 11월 29번

다음은 윗글을 읽고 〈그림〉에 대해 경제 동아리 학생들이 나눈 대화이다. 적절하지 않은 것은? [3점]

> **동아리 회장**: 오늘 살펴본 경제 자료 속 그래프에 대해 더 하고 싶은 얘기가 있으면 해 보자.
>
> **부원 1**: 나는 H가 생산가능곡선 위에 있기 때문에 그렇지 않은 I보다 생산의 효율성이 높다고 생각해.
>
> **부원 2**: 선분 FG와 같은 제약이 있는 상황에서 H가 아닌 I가 차선으로 선택되었다면 그 이유는 사회후생수준을 고려했기 때문이라고 생각해.
>
> **부원 3**: I의 위치를 고려하면 생산이 가능하지 않아 비효율적인 지점이라고 생각해.
>
> **부원 4**: 선분 FG와 같은 제약이 있는 상황에서 생산가능곡선을 고려하면 K도 H와 마찬가지로 생산의 효율성을 충족하는 지점이라고 생각해.
>
> **부원 5**: SIC_3은 SIC_1과 SIC_2보다 사회후생수준이 높다고 생각해.

① 부원 1의 생각 ② 부원 2의 생각
③ 부원 3의 생각 ④ 부원 4의 생각
⑤ 부원 5의 생각

09

고2・2022년 11월 30번

ⓐ~ⓔ의 사전적 의미로 적절하지 않은 것은?

① ⓐ: 균형이 맞게 바로 잡음.
② ⓑ: 생각하고 헤아려 봄.
③ ⓒ: 일정한 분량을 채워 모자람이 없게 함.
④ ⓓ: 어떤 증거 따위를 내세워 증명함.
⑤ ⓔ: 일정한 조건이나 환경 따위에 맞추어 응하거나 알맞게 됨.

10~12 다음 글을 읽고 물음에 답하시오.

(가)

해바라기 씨를 ㉠ 심자.
담모퉁이 참새 눈 숨기고
해바라기 씨를 심자.

누나가 손으로 ㉡ 다지고 나면
바둑이가 앞발로 다지고
괭이가 꼬리로 다진다.

우리가 눈 감고 한밤 자고 나면
이슬이 내려와 같이 자고 가고,

우리가 이웃에 간 동안에
햇빛이 입 맞추고 가고,

해바라기는 첫 시악시인데
㉢ 사흘이 지나도 부끄러워
고개를 아니 든다.

가만히 엿보러 왔다가
소리를 깩! 지르고 간 놈이
오오, 사철나무 잎에 숨은
청개구리 고놈이다.

― 정지용, 「해바라기 씨」―

(나)

낙타를 타고 가리라, 저승길은
㉣ 별과 달과 해와
모래밖에 본 일이 없는 **낙타**를 타고.
세상사 물으면 짐짓, 아무것도 못 본 체
손 저어 대답하면서,
슬픔도 아픔도 까맣게 잊었다는 듯.
누군가 있어 **다시 세상에 나**가란다면
낙타가 되어 가겠다 대답하리라.
별과 달과 해와
모래만 보고 살다가,
돌아올 때는 세상에서 ㉤ 가장
어리석은 사람 하나 **등에 업고 오겠**노라고.
무슨 재미로 세상을 살았는지도 모르는
가장 가엾은 사람 하나 골라
길동무 되어서.

― 신경림, 「낙타」―

10

고2·2023년 9월 43번

(가)와 (나)의 공통점으로 가장 적절한 것은?

① 도치의 방식을 사용하여 시적 상황을 부각하고 있다.
② 공감각적 심상을 활용하여 대상에 입체감을 부여하고 있다.
③ 자연물에 상징적 의미를 부여하여 주제 의식을 드러내고 있다.
④ 영탄적 표현을 활용하여 시간의 급박한 흐름을 보여 주고 있다.
⑤ 대조적인 소재를 사용하여 화자의 달라진 처지를 강조하고 있다.

11

고2·2023년 9월 44번

㉠~㉤의 시적 기능에 대한 설명으로 적절하지 않은 것은?

① ㉠의 청유형을 반복하여 '해바라기 씨'를 심는 행위를 의미 있게 생각하는 인식을 드러내고 있다.
② ㉡의 행위를 반복하여 '해바라기' 꽃을 피우기 위해 여럿의 노력이 필요하다는 인식을 드러내고 있다.
③ ㉢에서 시간의 경과를 제시하여 '해바라기'가 '고개를' 들기 까지 기다리지 못해 단념하는 '우리'의 상황을 드러내고 있다.
④ ㉣에서 유사한 속성의 시어를 나열하여 '저승길'을 '낙타'와 동행하고 싶은 이유를 부각하고 있다.
⑤ ㉤을 수식어로 반복하여 '길동무'로 삼고 싶은 사람의 특징을 강조하려는 의도를 드러내고 있다.

12

고2·2023년 9월 45번

〈보기〉를 바탕으로 (나)를 감상한 내용으로 적절하지 않은 것은? [3점]

〈 보 기 〉

「낙타」의 화자는 자연 현상인 죽음을 부정하지 않고 담담하게 받아들이면서, 죽음과 삶 사이의 경계를 초월하여 회귀의 구조로 삶과 죽음을 바라본다. 이 과정에서 화자는 이승에서의 자기 삶을 돌아보고, 자기 삶의 모습이 자신이 추구하는 모습과 다름을 인식한다. 또한 화자 자신이 닮고자 하는 대상처럼 살아온 사람에 대한 긍정적 인식을 바탕으로 그 사람과 함께하고 싶은 마음을 드러내기도 한다.

① '손 저어 대답'하는 것에는 자연 현상인 죽음을 담담하게 수용 하라는 '누군가'의 말을 외면하려는 마음이 담겨 있군.
② '다시 세상에 나'간다는 것에는 죽음과 삶 사이의 경계를 초월 하여 죽음과 삶을 보는 시각이 전제되어 있군.
③ '낙타가 되어 가겠'다는 것은 삶의 세계로의, '돌아'온다는 것은 죽음의 세계로의 회귀를 나타내는군.
④ '별과 달과 해와/ 모래만 보고 살'겠다는 것에는 '슬픔도 아 픔도' 있었던 이승에서의 삶과 다르게 살고 싶은 바람이 드러나 있군.
⑤ '등에 업고 오겠'다는 것에는 '낙타'처럼 살아온 사람에 대한 긍정적 인식이 반영되어 있군.

▶ 몰라서 틀린 문항 × 표기   ▶ 헷갈렸거나 찍은 문항 △ 표기   ▶ ×, △ 문항은 다시 풀고 ✔ 표기를 하세요.

종료 시각	시	분	초	문항 번호	01	02	03	04	05	06	07	08	09	10	11	12
소요 시간		분	초	채점 결과												
초과 시간		분	초	틀린 문항 복습												

DAY 22

수능기출
전국연합학력평가

20분 미니 모의고사

● 날짜 :　　월　　일　● 시작 시각 :　　시　　분　　초　● 목표 시간 : 20분　　　　　　　　　※ 점수 표기가 없는 문항은 모두 **2점**입니다.

01~02 (가)는 독서반 학생들과 작가의 대화이고, (나)는 이를 바탕으로 쓴 건의문 초고이다. 물음에 답하시오.

(가)

학생 1: 안녕하세요. 작가님 책에 대해 여쭙고, 인간과 자연이 공존하는 법에 대한 조언도 구하고자 찾아뵙게 되었습니다. 우선 멸종 위기종의 이야기를 쓰시게 된 계기가 무엇인가요?

작가: 저는 10여 년간 환경 단체에 몸담으며 멸종 위기종의 보호를 위해 힘써 왔습니다. 모든 생명은 마땅히 존중받아야 한다는 걸 말하고 싶어 멸종 위기에 처한 동식물의 이야기를 다루었습니다.

학생 2: 그렇군요. 멸종 위기종이 자신의 속마음을 이야기한다는 설정이 신선했는데, 특별한 의도가 있나요?

작가: 멸종 위기종도 우리와 동등한 존재임을 독자들이 깨닫길 바랐습니다.

학생 2: 책을 읽는 내내 멸종 위기에 처한 동물들이 가족 같아 마음이 아팠습니다. 특히 멸종 위기종인 반달가슴곰이 웅담 채취용으로 사육되었다는 이야기가 충격적이었습니다.

작가: 인간의 욕심이 빚어낸 끔찍한 일이라 저도 무척 슬펐습니다. 아직 해결해야 할 문제가 많지만 정부에서 사육 곰 증식을 금지하여 이제는 더 이상 철창 안에서 태어나는 곰은 없습니다.

학생 2: 그나마 다행입니다. 소개하신 멸종 위기종 중에 작가님 마음에 특별히 남는 동식물이 있다면 무엇인가요?

작가: 저어새가 특히 안타깝습니다. ○○갯벌은 전 세계 2,400여 마리밖에 남지 않은 저어새가 찾는 산란지인데, 여전히 매립 사업이 진행 중입니다. 인간의 입장에서 보면 갯벌을 매립해서 건물이나 주택을 짓는 게 이득이겠지만, 갯벌은 수많은 생명들의 보금자리라는 사실을 놓쳐서는 안 됩니다.

학생 2: 인간이 결국 다른 생명들의 보금자리를 뺏고 있는 셈이 군요.

작가: 그렇지요. 하지만 '생태 통로'처럼 다른 생명들과 공존하기 위한 최소한의 장치를 마련하려는 노력도 있습니다.

학생 1: '생태 통로'에 대해 더 자세히 말씀해 주시겠어요?

작가: 종종 로드킬(roadkill) 사고를 접하게 되는데요, 로드킬은 야생동물들이 다니던 길에 도로를 만들었기 때문에 발생합니다. 그래서 야생동물이 안전하게 다닐 수 있는 길을 인공적으로 만들어 주어야 하는데, 이와 같은 것을 '생태 통로'라고 합니다.

학생 2: 그리고 보니 얼마 전 우리 지역에서도 천연기념물인 수달이 로드킬 사고를 당했다는 뉴스를 본 적이 있어요. 생태 통로가 있다면 그런 사고를 막을 수 있겠군요. 그렇다면 자연과 공존하기 위해 저희가 할 수 있는 일은 없을까요?

작가: 자연과 인간이 공존하려는 노력은 어렵지 않습니다. 관심을 가지고 인터넷에 댓글을 하나 다는 것도 큰 도움이 됩니다. 반달가슴곰의 경우도 지속적으로 문제를 제기하고 해결책을 건의한 사람들의 열정 덕분에 정부의 정책을 끌어낼 수 있었죠.

학생 1: 적극적으로 목소리를 내는 게 중요하다는 말씀이시죠? 인간과 자연의 공존을 위해 우리가 무엇을 할 수 있는지를 깨닫는 소중한 시간이었습니다. 좋은 말씀 감사합니다.

(나) 건의문 초고

　시장님, 안녕하세요. 저희는 □□고등학교 독서반 학생들입니다. 저희는 최근 한 작가님과 대화하며 멸종 위기종도 우리와 동등한 존재라는 것과 모든 생명은 보호받아야 한다는 것을 깨달았습니다. 그래서 우리 시의 야생동물 보호와 관련하여 몇 가지 건의를 드리고자 합니다.

　지난달에는 천연기념물인 수달이 ◇◇천 앞 도로에서, 지난주에는 삵이 △△터널 부근에서 로드킬 사고를 당했습니다. 통계에 따르면, 한 해 로드킬 사고의 절반이 우리 지역에서 발생한다니 문제의 심각성이 큽니다. 이러한 사고는 생태 통로가 없거나, 유도 울타리가 없어서 생태 통로가 제 기능을 다하지 못했기 때문이라고 합니다.

　이에 저희는 야생동물들의 서식지와 이동 경로를 파악하여 하루빨리 이들을 위한 생태 통로를 마련해 주실 것을 건의합니다. 또한 생태 통로가 제 기능을 다할 수 있도록 유도 울타리를 새로 설치하거나 관리가 안 된 곳은 수리하여 주십시오. 특히 최근 사고가 발생한 우리 시의 ◇◇천과 △△터널 부근을 엄밀히 조사하여 대처해 주시기 바랍니다.

　국립공원관리공단은 생태 통로 설치로 로드킬 사고가 꾸준히 감소했다고 발표했습니다. 우리 시도 생태 통로를 설치하여 제대로 관리한다면 도로 위에서 죽음을 맞는 야생동물의 수를 줄일 수 있을 것입니다. 또한 동물 사체를 피하려다 생기는 2차 사고도 감소할 것이며, 사고 수습 등에 소요되는 사회적 비용도 줄일 수 있습니다.

　정부의 정책으로 웅담 채취용 사육 곰은 고통에서 벗어나게 되었지만, 무분별한 갯벌 개발로 저어새는 갈 곳이 없어 고통받고 있습니다. 우리 지역의 수달과 삵도 로드킬로 인해 언제 사라질지 알 수 없습니다. (＿＿＿＿＿[A]＿＿＿＿＿) 귀중한 생명들이 사라지지 않도록 우리 시의 즉각적인 대책 마련을 간곡히 부탁드립니다.

01

고2 · 2021년 6월 5번

다음은 (가)를 진행하기 위한 독서반 학생들의 사전 회의이다. (가)에서 확인할 수 없는 것은?

> **학생 1**: 대화 진행 순서부터 정해야 하는데, ㉮ 우선 찾아뵌 목적을 말씀드리고 책을 쓰시게 된 계기를 여쭤봐야겠지?
> **학생 2**: 응. 그리고 ㉯ 이 책의 설정이 무척 신선했잖아. 그 의도도 여쭤보자.
> **학생 1**: 좋아. ㉰ 다음으로 책에 나온 멸종 위기종 중 가장 인상적이었던 동물에 대해서도 말씀을 드리자.
> **학생 2**: ㉱ 책에 미처 소개하지 못해 아쉬운 멸종 위기종이 있는지도 여쭤보고.
> **학생 1**: 그래. ㉲ 무엇보다 인간과 자연의 공존을 위해 우리가 할 수 있는 일에 대한 질문이 빠질 수 없겠지?
> **학생 2**: 그렇지. 역할 배분은 어떻게 하지? 네가 전체 진행을 맡고 구체적인 질문은 내가 할까?
> **학생 1**: 그래, 알겠어.

① ㉮　　② ㉯　　③ ㉰　　④ ㉱　　⑤ ㉲

02

고2 · 2021년 6월 7번

〈보기〉는 (나)를 읽은 선생님의 조언이다. 이를 반영할 때, (나)의 [A]에 들어갈 내용으로 가장 적절한 것은?

> ─〈보 기〉─
> **선생님**: 건의문은 독자의 공감을 끌어내 문제 해결의 의지를 갖게 하는 게 필요해요. 이를 위해 비유적 표현과 자신의 정서를 직접 드러내는 어휘를 사용하여 독자에게 호소해 보세요.

① 도로에서 생을 마감한 수달과 삶을 떠올리면 친구를 떠나보낸 것처럼 슬픕니다.
② 수달과 삶의 서식지를 보존하지 못하고 있는 우리 인간들의 모습이 부끄럽습니다.
③ 수달과 삶의 보호에 앞장서서 우리가 그들의 안전을 지키는 등불이 되어야 합니다.
④ 수달과 삶과 같은 야생동물이 사라진 세계에서 인간도 안전하게 살 수가 없습니다.
⑤ 도로 한복판에 쓰러져 있는 수달과 삶의 모습이 자꾸만 떠올라서 가슴이 미어집니다.

03

고2 · 2023년 9월 15번

〈보기〉를 참고하여 중세 국어를 이해한다고 할 때, ㉠과 ㉡의 사례로 바르게 짝지어진 것은?

> ─〈보 기〉─
> 모음 조화는 ㉠ 양성 모음은 양성 모음끼리 어울리고 ㉡ 음성 모음은 음성 모음끼리 어울리는 현상으로, 중세 국어에서는 현대 국어보다 규칙적으로 적용되었다.

	㉠	㉡
①	ᄇᆞᄅ매[바람에]	·뿌·메[씀에]
②	·뿌·메[씀에]	쁘·들[뜻을]
③	쁘·들[뜻을]	거부븨[거북의]
④	ᄆᆞᅀᆞᆯ[마음을]	바ᄂᆞᆯ[바늘을]
⑤	나ᄅᆞᆯ[나를]	도ᄌᆞ기[도적의]

04~08 다음 글을 읽고 물음에 답하시오.

고속도로 이용 요금을 요금소에서 납부하는 방법은 여러 가지가 있다. 그중 '전자요금징수시스템(ETC)'을 이용하면 차량이 달리는 중에 자동으로 요금 납부가 가능하기 때문에 편리하다. 그렇다면 전자요금징수시스템은 어떠한 과정과 방식으로 작동하는 것일까?

[A]
전자요금징수시스템이 작동되는 과정은 다음과 같다. 우선 차량이 요금소의 첫 번째 게이트를 통과할 때, 차량 단말기와 첫 번째 게이트에 설치된 제1기지국 간에 통신이 일어난다. 제1기지국은 차량 단말기로부터 전송받은 요금 징수 관련 데이터를 잃어버리지 않도록 임시 저장소에 보관하면서 거의 동시에 지역요금소 ETC 서버로 전송한다. 지역요금소 ETC 서버는 이 데이터를 분석한 후, 도로공사 요금정산센터의 서버로 전송해서 도로공사 요금정산센터의 서버가 징수할 요금에 관한 데이터를 찾도록 요청한다. 이렇게 찾아진 데이터는 다시 지역요금소 ETC 서버를 거쳐 두 번째 게이트에 설치된 제2기지국을 경유하여 차량 단말기로 전송된다. 이때 이 데이터가 수신되면 차량 단말기를 통해 요금이 징수되며, 그 후 요금 징수 결과가 안내표시기를 통해 운전자에게 안내된다.

이러한 과정에서 차량 단말기와 기지국 간에는 무선으로 데이터 전송이 이루어진다. 이때 통신 규약에 따라 정해진 전자요금징수시스템의 데이터 처리 방식은 시분할 방식이다. 이는 동일한 크기로 분할된 시간의 단위인 타임 슬롯을 차량 단말기에서 전송된 각각의 데이터에 할당하여 데이터를 처리하는 방식이다. 타임 슬롯은 차량이 진입하지 않아도 항상 만들어지는데, 차량이 지나가게 되면 규약으로 정해진 데이터 종류의 순서에 따라 데이터에 타임 슬롯이 할당된다. 차량 한 대가 지나가는 경우 데이터에 할당된 타임 슬롯들에 의해 하나의 집합체가 구성되는데 이를 프레임이라고 한다. 이때 타임 슬롯이 데이터에 할당되는 방식과 프레임이 구성되는 방식은 시분할 방식의 종류에 따라 동기식과 비동기식으로 ⓐ 나누어 볼 수 있다.

동기식 시분할 방식은 통신 규약에 따라 타임 슬롯을 데이터 종류 각각에 지정해 놓는다. 그리고 데이터가 전송되면 그 데이터의 종류에 지정된 타임 슬롯이 해당 데이터에 할당된다. 하지만 데이터가 전송되지 않으면 타임 슬롯은 빈 채로 남아 있게 된다. 그래서 하나의 프레임에 포함된 타임 슬롯의 개수는 차량마다 동일하다. ㉠ 결국 동기식 시분할 방식은 데이터를 처리하는 과정에서 오류가 발생할 가능성은 낮지만, 데이터에 할당되지 않은 타임 슬롯이 존재할 수 있다는 점에서 타임 슬롯이 일부 낭비된다.

비동기식 시분할 방식은 전송되는 데이터가 없는 경우 타임 슬롯을 비워 두지 않고 다음 순서에 해당하는 데이터에 타임 슬롯이 할당된다. 그래서 하나의 프레임에 포함된 타임 슬롯의 개수는 차량에 따라 다를 수 있다. 그리고 데이터의 종류에 따라 정해진 타임 슬롯이 해당 종류의 데이터에 할당되지 않기 때문에 전송되는 모든 데이터마다 그 데이터의 종류를 확인할 수 있는 주소 필드를 포함시켜 프레임이 구성된다. ㉡ 결국 비동기식 시분할 방식은 타임 슬롯이 낭비되지는 않지만, 데이터를 처리하는 과정에서 오류가 발생할 가능성이 상대적으로 높다.

최근 통신 기술의 발전과 교통 환경의 변화에 의해 새로운 장비가 도입되거나 통신 규약이 바뀌기도 하는 등 전자요금징수시스템의 변화는 계속되고 있다.

04

윗글의 내용과 일치하지 <u>않는</u> 것은?

① 전자요금징수시스템을 이용하면 요금 납부를 편리하게 할 수 있다.

② 차량 단말기와 기지국 간에는 데이터 전송이 무선으로 이루어진다.

③ 시분할 방식에서 타임 슬롯은 차량이 진입하지 않아도 항상 만들어진다.

④ 타임 슬롯은 동일한 크기로 분할된 시간의 단위들에 의해 구성된 집합체이다.

⑤ 비동기식 시분할 방식은 전송되는 모든 데이터마다 주소 필드를 포함시켜 프레임이 구성된다.

05

윗글의 [A]를 바탕으로 〈보기〉의 ㉮~㉲를 이해한 것으로 적절하지 <u>않은</u> 것은?

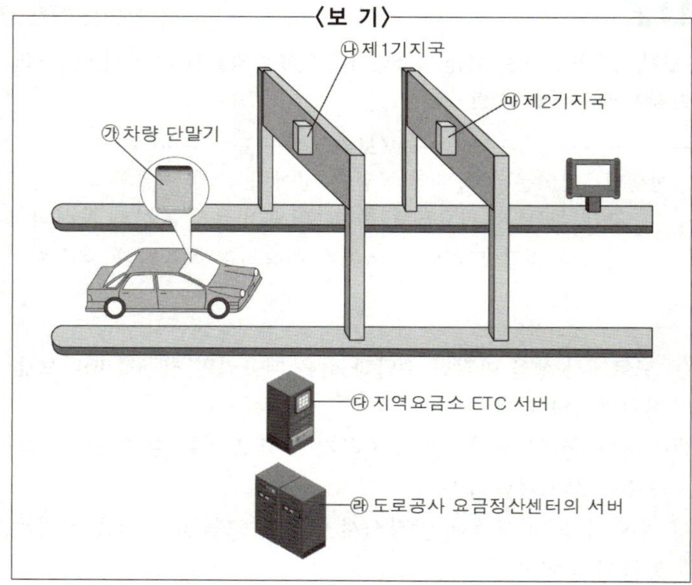

① ㉮에서 ㉯로 '요금 징수 관련 데이터'가 전송된다.

② ㉯에서 ㉰로 '요금 징수 관련 데이터'가 전송된다.

③ ㉲에서 ㉮로 '징수할 요금에 관한 데이터'가 전송된다.

④ ㉰에서 ㉱로 '요금 징수 관련 데이터'가 전송되고, ㉱에서 ㉲로 '징수할 요금에 관한 데이터'가 전송된다.

⑤ ㉱에서 ㉰로 '징수할 요금에 관한 데이터'가 전송되고, ㉲에서 ㉮로 '요금 징수 관련 데이터'가 전송된다.

06

윗글을 읽은 학생이 ㉠과 ㉡에 대해 〈보기〉와 같이 정리했다고 할 때, Ⓐ~ⓒ에 들어갈 말로 가장 적절한 것은?

〈보 기〉

(Ⓐ)은 동기식이 상대적으로 높고, 비동기식이 상대적으로 낮다. 또한 데이터 처리 과정의 효율성은 동기식이 상대적으로 (Ⓑ), 비동기식이 상대적으로 (ⓒ).

	Ⓐ	Ⓑ	ⓒ
①	오류 발생 가능성	낮고	높다
②	오류 발생 가능성	높고	낮다
③	데이터 손실 가능성	높고	낮다
④	데이터 처리 과정의 정확성	낮고	높다
⑤	데이터 처리 과정의 정확성	높고	낮다

07 1등급 대비 고난도 3점 문제

〈보기〉는 □□ 요금소에서의 데이터 처리와 관련하여 설정된 내용이다. 윗글을 읽은 학생들이 〈보기〉에 대해 보인 반응으로 적절하지 <u>않은</u> 것은? [3점]

〈보 기〉

[상황]

□□ 요금소에 전자요금징수시스템으로만 운영하는 하나의 차로를 1번 차량과 2번 차량이 시간의 간격을 두지 않고 순서대로 지나갔다.

[데이터의 전송 유무]

데이터의 종류 차량 구분 (시분할 방식)	Ⅰ-1	Ⅰ-2	Ⅰ-3	Ⅰ-4
1번 차량 (동기식)	유	무	유	유
2번 차량 (비동기식)	유	유	유	무

※ 통신 규약에 따라 정해진 내용

Ⅰ. 데이터 종류의 순서	Ⅰ-1. 차량이 정상적으로 진입함
	Ⅰ-2. 후불 카드를 사용함
	Ⅰ-3. 차량 소유주와 카드 소지자가 일치함
	Ⅰ-4. 요금 감면 대상임
Ⅱ. 데이터의 전송 유무	유: 데이터 종류에 해당하는 내용과 일치함
	무: 데이터 종류에 해당하는 내용과 불일치함

[타임 슬롯(TS)의 흐름]

TS₁	TS₂	TS₃	TS₄	TS₅	TS₆	TS₇	TS₈

(단, 두 차량 사이의 타임 슬롯은 존재하지 않고 1번 차량의 타임 슬롯은 TS₁부터 시작함.)

① TS₂는 비워지는 타임 슬롯으로 이는 1번 차량이 후불 카드를 사용하는 차량이 아니기 때문이겠군.

② TS₃과 TS₇은 모두 차량 소유주와 카드 소지자가 일치하는지의 여부를 확인할 수 있는 타임 슬롯이겠군.

③ TS₄에는 요금 감면 대상이라는 데이터가 담겨 있고, TS₈에는 요금 감면 대상이 아니라는 데이터가 담겨 있겠군.

④ TS₁을 통해서는 1번 차량이 정상적으로 진입했는지를, TS₇을 통해서는 2번 차량의 차량 소유주와 카드 소지자가 일치하는지를 파악할 수 있겠군.

⑤ TS₅에는 차량이 정상적으로 진입한 것에 대한 데이터가 담겨 있다는 것을, TS₆에는 후불 카드를 사용한다는 것에 대한 데이터가 담겨 있다는 것을 확인할 수 있겠군.

08

밑줄 친 부분의 문맥적 의미가 ⓐ와 가장 유사한 것은?

① 사과를 세 조각으로 <u>나누었다</u>.

② 나는 그와 피를 <u>나눈</u> 형제이다.

③ 학생들을 청군과 백군으로 <u>나누었다</u>.

④ 두 사람이 서로 반갑게 인사를 <u>나누었다</u>.

⑤ 그들은 기쁨과 슬픔을 함께 <u>나누며</u> 산다.

09~12 다음 글을 읽고 물음에 답하시오.

[앞부분의 줄거리] 왕경룡은 아버지가 상인에게 빌려준 돈을 받아 절강으로 돌아가던 중 서주에서 기생 옥단을 만나 함께 살게 된다. 기생 어미는 경룡의 재물이 떨어지자 노림에서 죽이려 하지만 경룡은 겨우 목숨을 부지하고 떠돌게 된다. 이후 어렵게 살아가던 경룡은 옥단을 다시 만나고, 잃었던 재물을 옥단의 기지로 되찾아 절강으로 가려 한다.

옥단이 답하여 말하였다.

"열녀는 두 지아비를 섬기지 않는다 하니 만일 방법이 있사오면 목숨을 보존하려니와 만일 몸을 더럽히는 지경에 이른다면 죽을 뿐입니다. 어찌 살기를 바라겠습니까?"

경룡이 마침내 울며 이별하고 절강으로 향하였다.

옥단이 공자를 보내고 **침방**에 돌아와 시비와 함께 약속하고 각각 옷을 찢어 그 입을 막고 줄을 그 손과 발에 얽매고 침상 아래에 거꾸러졌다.

이튿날 **기생집**의 노복이 경룡의 일행과 말이 없어진 것을 보고 기생 어미에게 고하니, 기생 어미가 취함을 이기지 못하여 머리를 들고 일어나 옥단의 침소에 가서 보니 옥단과 시비가 모두 침상 아래에 엎어져 죽은 듯 쓰러져 있었다. 기생 어미가 놀라서 구원하니 짐짓 깨어난 체하며 말하였다.

"내가 어제 공자를 보지 아니하려고 했는데, 모친이 지극히 권해서 이렇게 되었으니 누구를 원망하리요? 공자가 비록 노림에서의 원한을 잊었다 하나 간밤에 취침할 때에 서로 합방치 아니함을 이상히 여겼더니 밤이 깊음에 가만히 그 종자를 불러 들어와 그 금은보화를 다 거두어 갔나이다. 우리를 결박하여 죽이려 하다가 공자가 이를 알고 살렸사오나 첩이 욕봄은 가히 원통치 아니하나 가산을 다 잃었사오니 어찌 통탄치 아니하리요? 첩이 묶일 때에 그 약속하는 말을 들으니 우리가 추적할 것을 두려워하여 서주 관청에 머물다가 도망가자 했으니 속히 잡으십시오."

기생 어미가 이웃 사람을 모아서 말을 타고 **서주 관청**에 이르니, 옥단이 갑자기 기생 어미를 말에서 끌어 내리치고 관청 서리와 이웃 사람에게 고하여 말하였다.

"첩이 본래 양가집 자식으로 부모님을 잃어 의탁할 곳이 없었는데 할미가 나의 자색을 보고 양녀를 삼아 여러 사람들에게 값을 취하려 하니 어찌 어미와 딸 사이의 의리가 있겠습니까? 전날에 절강 사는 왕경룡이 마침 첩을 보고 흠모하여 수만 금을 들여 저를 아내로 맞아 해로하려 했더니, 저 할미가 음모를 꾸미며 노림에서 죽이려 하였습니다. 공자께서 다행히 벗어나 맨몸으로 환향하다가 첩을 사모하여 다시 재물을 가지고 어제 다시 왔었더니, 저 할미가 또 재물을 뺏으려 하니 공자가 그 기미를 알고 피하였습니다. 그런데 이 할미가 다시 데리고 와서는 재물도 빼앗고 공자를 죽이려 하였기에 첩이 거짓으로 함께 모의를 하는 듯하여 왔으니, 당초 일의 과정은 이웃 사람이 다 아는 바이니, 어찌 거짓을 아뢸 수 있겠습니까?"

하고 통곡하며 그 기생 어미를 끌고 송사에 나가려 하였다. 이 일은 이웃 사람들이 아는 바여서, 밤사이의 음모를 믿고 모두 옥단이 옳고 기생 어미가 그르다고 하면서,

[A] ┌ "왕 공자가 재물을 훔쳐 도망갔다고 거짓말을 하여 우리들에게 쫓아가자 하옵기로 왔사오나 만약 공자를 죽이고 재물을 빼앗으려는 사정을 알았으면 어찌 따라왔겠습니까?" └

하였다.

서리들이 또한 노림의 일을 아는지라 모두 다 기생 어미를 꾸짖어 도적이라고 말하고, 옥단에게 권해 송사하게 하였다.

기생 어미가 두려워하거늘, 옥단이 말하였다.

"할미가 비록 지아비를 죽이려는 음모를 꾸몄으나 나를 길러 준 은혜가 있으니 일단 관아에 송사하지는 않겠소. 그러면 나를 끝까지 수절하게 하여, 협박하지 아니하겠소?"

하니, 기생 어미가 허락하거늘, 옥단이 서리를 청하여 문서를 쓰고 이웃 사람에게 서명하게 한 후 문서를 가지고 돌아와 **북루**에 올라 시비를 불러 쌀을 빌어 조석으로 바치게 했다.

그 시비 또한 정성으로 쌀을 빌어 낭자를 구원하니 그 시비의 이름은 난영이었다. 또한 자색이 있고 성품이 타인을 더불어 즐기는 것을 좋아하지 않으니, 본래 옥단이 양가집에서 데리고 온 시비였다.

기생 어미가 옥단을 해치고자 하나, 이웃이 알까 염려하였다. 한편 전날 조씨 상인에게 금은을 받은 바가 있었는데, 조씨 상인이 옥단을 어찌할 수 없음을 알고 금은을 돌려받고자 하였다. 기생 어미는 그 재물이 아까워 몰래 약속하여,

"이리이리하시오."

하였다.

몇 개월 뒤에 기생 어미가 옥단을 구박하여 말하였다.

"네가 공자를 위하여 나를 배반하고 비록 내 집에 있으나 이익되는 것이 없으니 북루를 비우고 나가 살아라."

하고, 옥단을 내쫓았다. 이에 앞서 기생 어미가 마을에 있는 장사치 할미에게 많은 재물을 주고 비밀리에 약속을 했다.

옥단이 쫓겨나 시비 하나를 거느리고 돌아갈 곳이 없어 길가에 앉아 통곡하니, 길에서 한 할미가 그 까닭을 묻고 거짓으로 우는 체하며 말하였다.

"제가 매양 낭자가 정조를 지키려 고생스럽게 쌀을 빌어 입에 풀칠하는 것을 불쌍하게 여겼는데 이제 다시 쫓겨나 의탁할 곳이 없으니 누추한 내 집에서 머물도록 하오."

낭자가 다행스럽게 여겨 감사하고 따라가 할미의 집에 거처하였는데, 한 달이 지나자 할미가 말하였다.

[B] ┌ "저는 낭자가 절개 지킴을 어여삐 여겼습니다. 하여 약간의 가산을 팔아 인마를 갖추어 낭자를 데리고 절강으로 가고자 합니다. 절강에 도착하면 낭자께서는 능히 공자로 하여금 후한 값을 치르게 하여 돌려보낼 수 있겠습니까?" └

옥단이 그 말을 다행히 여겨 감사하여 말하였다.

"그렇게 해 주신다면 어찌 힘을 다하여 갚지 않겠습니까?"

할미가 허락하고 마부와 말을 내어 행장을 수습하여 날을 받아 길을 떠났다.

여러 날 만에 **서주의 경계**에 이르니 갑자기 사람들이 길을 막고 옥단을 에워싸고 구박하면서 데리고 갔다. 옥단이 할미를 불렀으나 간 곳이 없거늘, 무리에게 말하였다.

"무슨 연유로 너희가 나를 위협하여 데리고 가는 게냐?"

모두가 답하여 말하였다.

"우리는 조씨 상인이 시키는 대로 낭자를 맞이하여 데려가거늘 무슨 위협이 있겠소?"

옥단이 몹시 통곡하며 말하였다.

"내가 두 할미에게 속았구나."

하고, 말에서 떨어지니, 무리들이 부둥켜안아 옥단을 말에다 태웠다.

                   – 작자 미상, 「왕경룡전」 –

09

고2・2022년 9월 42번

윗글에 대한 설명으로 적절하지 <u>않은</u> 것은?

① '침방'은 옥단이 경룡의 무리에게 결박당했다고 기생 어미를 속이는 장소이다.

② '기생집'은 기생 어미가 부모를 잃은 옥단을 위해 난영을 시비로 내어 준 공간이다.

③ '서주 관청'은 옥단이 기생 어미의 잘못을 사람들에게 알리기 위해 기생 어미를 유인하여 데리고 간 공간이다.

④ '북루'는 옥단이 경룡에게 절개를 지키겠다고 했던 다짐을 실천하는 공간이다.

⑤ '서주의 경계'는 절강에서 경룡을 만날 수 있다는 옥단의 기대가 깨지는 공간이다.

10 1등급 대비 고난도 2점 문제

윗글에 대한 이해로 가장 적절한 것은?

① 난영은 이웃 사람과 더불어 사귀기를 좋아했다.
② 서리들은 옥단이 작성한 문서에 증인으로 서명했다.
③ 조씨 상인은 자색이 있는 난영을 얻기 위해 무리를 보냈다.
④ 옥단은 관청에서 돌아온 뒤 난영이 빌어 온 양식으로 어렵게 살아갔다.
⑤ 이웃 사람들은 노림의 일에 대한 사실을 알기 위해 옥단에게 송사를 권유했다.

11

[A], [B]에 대한 설명으로 가장 적절한 것은?

① [A]에서 화자는 자신의 불우한 처지를 언급하며 상대의 감정에 호소하고 있다.
② [B]에서 화자는 감정을 절제하며 상대의 결정에 대해 비판적 태도를 드러내고 있다.
③ [A]와 [B] 모두에서 화자는 상대의 과거 행적을 드러내며 상대의 미래를 예견하고 있다.
④ [A]에서는 [B]에서와 달리, 화자가 고사를 인용하여 상대의 요구를 우회적으로 거절하고 있다.
⑤ [A]에서 화자는 상대에게 자신이 현재 장소로 오게 된 이유를 밝히고 있고, [B]에서 화자는 상대에게 현재 장소를 떠날 것을 제안하고 있다.

12

〈보기〉를 바탕으로 윗글을 감상한 내용으로 적절하지 않은 것은? [3점]

> ───────〈 보 기 〉───────
>
> 이 작품은 남녀 주인공의 결합을 방해하는 혼사 장애 모티프를 지닌 애정 소설이다. 여자 주인공 옥단은 신분이 기생이지만 유교 사회에서 여성에게 요구되었던 정절을 지키려고 노력한다. 이런 옥단의 노력은 자신의 이익을 취하려 음모를 꾸미는 악인에 의해 방해를 받는다. 이 작품은 선인과 악인의 대립 구도가 드러나며, 악인의 음모로 인해 새로운 사건이 발생하거나 사건이 전환되기도 한다.

① 옥단을 쫓아낸 기생 어미와 쫓겨난 옥단에게 머물 곳을 제공한 장사치 할미가 대립하는 모습에서 선인과 악인의 대립 구도를 확인할 수 있군.
② 기생 어미가 경룡의 재산을 다시 빼앗고 죽이려 한 음모로 인해, 옥단이 기지를 발휘하여 경룡이 자신의 재물을 되찾는 새로운 사건이 발생하는군.
③ 조씨 상인의 재물을 돌려주는 것을 아까워하는 기생 어미의 욕심은, 기생 어미가 조씨 상인의 무리들에게 옥단을 납치하도록 하는 음모를 꾸미는 원인이 되는군.
④ 옥단과 재회한 경룡이 생명의 위협을 느낀 후 해로하기로 한 옥단을 남겨둔 채 절강으로 떠나는 모습에서, 경룡과 옥단의 결합을 방해하는 혼사 장애 모티프를 확인할 수 있군.
⑤ 옥단이 송사하지 않는다는 조건을 내세워 기생 어미에게 자신의 정절을 훼손하지 않겠다는 승낙을 받는 장면에서, 기생이지만 유교적 가치를 지키려 노력하는 모습을 확인할 수 있군.

종료 시각	시 분 초	문항 번호	01	02	03	04	05	06	07	08	09	10	11	12
소요 시간	분 초	채점 결과												
초과 시간	분 초	틀린 문항 복습												

DAY 23

수능기출 전국연합학력평가 **20분 미니 모의고사**

● 날짜 :　　월　　일　● 시작 시각 :　　시　　분　　초　● 목표 시간 : 20분　　　　　※ 점수 표기가 없는 문항은 모두 **2**점입니다.

01　　**다음은 학생의 발표이다. 물음에 답하시오.**

안녕하세요? 오늘 발표를 맡은 ○○○입니다. 저는 얼마 전 신문 기사에서 우리의 민속놀이가 세계인들에게 많은 관심을 받고 있다는 내용을 접했습니다. 그래서 오늘의 발표 주제를 '일곱 조각으로 만드는 즐거움, 칠교놀이'로 정했는데요, 혹시 칠교놀이에 대해 들어본 적이 있으신가요? (청중의 반응을 보고) 예상대로 많지 않네요.

칠교놀이는 칠교라고 불리는 일곱 개의 나무 조각으로 인물, 동물, 식물, 건축물 등의 모형을 그려 놓은 칠교도에 맞게 다양한 형태를 만드는 놀이입니다. (일곱 조각의 칠교를 보여 주며) 제가 손에 들고 있는 것이 칠교인데요, 칠교는 10cm쯤 되는 작은 정사각형 모양의 나무판을 크기가 각기 다른 직각 삼각형 5개, 정사각형 1개, 평행 사변형 1개 이렇게 총 일곱 조각으로 나눈 것입니다. 칠교놀이의 방법을 그림으로 풀이한『칠교해』라는 책까지 만들어졌다는 점에서 우리 조상들이 오래전부터 칠교놀이를 즐겨했음을 알 수 있습니다.

먼저 칠교놀이 방법에 대한 동영상을 시청한 후 발표를 이어 가겠습니다. (동영상을 시청하고) 방금 보신 동영상에서 칠교놀이의 중요한 규칙 한 가지를 확인할 수 있는데요, 혹시 발견하신 분이 있을까요? (청중의 대답을 듣고) 네, 많은 분들이 다양한 대답을 해 주셨는데요, 말씀해 주신 여러 규칙 가운데 가장 중요한 규칙은 일곱 조각을 모두 사용해야 한다는 것입니다.

칠교놀이는 혼자 할 수도 있고 여럿이 할 수도 있는데요, (시계를 본 후) 발표 시간을 고려하여 오늘은 여럿이 칠교놀이를 하는 방법만 소개하려고 합니다. 보통 여러 명이 칠교놀이를 할 때에는 편을 나눠 상대편이 칠교도에서 지정한 모형을 협동해 만듭니다. 칠교도는 문제도와 해답도로 구분되어 있는데, 예를 들어 상대편에서 '토끼 만들기'를 제시하면 문제도에서 토끼 모형을 찾아 만들고, 만든 모형이 해답도와 같은지를 확인합니다. 만약 제한된 시간 내에 모형을 맞추면 1점을 얻고, 그렇지 않을 때에는 점수를 얻지 못합니다. 이와 같은 방법으로 몇 차례 놀이를 진행해 두 편 중 먼저 목표 점수에 도달한 쪽이 놀이에서 이기게 됩니다.

지금까지 칠교놀이에 대해 소개해 드렸는데요, 오늘 제 발표는 국립민속박물관에서 발간한『한국민속예술사전』의 민속놀이 편을 참고했습니다. 그럼 여기서 발표를 마치겠습니다. 감사합니다.

01

고2 · 2022년 9월 3번

〈보기〉는 위 발표를 들은 학생들의 반응이다. 〈보기〉에 드러난 학생들의 듣기 방식에 대한 설명으로 가장 적절한 것은?

〈보 기〉

학생 1: 칠교놀이 외에 선조들이 즐겨 행했던 민속놀이에는 또 무엇이 있는지 발표자가 언급한 책을 찾아봐야겠어.

학생 2: 칠교놀이 방법을 보니 상대편을 이기기 위해서는 해당 모형의 문제도를 빨리 찾는 것이 우선인 것 같아.

학생 3: 칠교의 크기가 작았다고 하는 걸 보니 소지하기가 편해 어디에서든 칠교놀이를 할 수 있었겠네.

① 학생 1은 학생 2와 달리 새롭게 알게 된 정보를 통해 자신이 평소 생각하던 바를 수정하며 들었다.

② 학생 2는 학생 1과 달리 발표에서 언급된 내용을 평가하며 들었다.

③ 학생 3은 학생 2와 달리 발표를 들으며 갖게 된 의문에 대한 해결 방안을 생각하며 들었다.

④ 학생 1과 학생 3은 모두 발표 이후 자신이 해야 할 일을 떠올리며 들었다.

⑤ 학생 2와 학생 3은 모두 발표자가 직접적으로 언급하지 않은 내용을 추론하며 들었다.

02 (가)는 학교 신문에 실을 글을 쓰기 위해 학생이 작성한 메모이고, (나)는 이에 따라 쓴 초고이다. 물음에 답하시오.

(가) 학생의 메모

[작문 상황]
○ 목적: 지역 방언 보호에 대한 관심 촉구
○ 주제: 지역 방언의 보호가 필요하다.
○ 예상 독자: 우리 학교 학생들

[독자 분석]
○ 지역 방언이 사라져 가는 실태를 잘 모름. ················ ㉠
○ 지역 방언의 가치에 대한 인식이 부족함. ················ ㉡

(나) 학생의 초고

　세계에서 언어가 사라져 가는 현상은 우리나라 지역 방언에서도 벌어지고 있다. 특히 지역 방언의 어휘는 젊은 세대 사이에서 빠르게 사라져 가고 있는 실정이다. 일례로 한 조사에 따르면 우리 지역의 방언 어휘 중 특정 단어들을 우리 지역 초등학생의 80% 이상, 중학생의 60% 이상이 '전혀 사용하지 않는다.'라고 답했다. 또한 2010년에 유네스코에서는 제주 방언을 소멸 직전의 단계인 4단계 소멸 위기 언어로 등록하였다.

　지역 방언이 사라져 가는 원인은 복합적이다. 서울로 인구가 집중되면서 지역 방언을 사용하는 인구가 감소하였으며, 대중 매체의 영향으로 표준어가 확산되어 가는 것도 한 원인이다.

　일부 학생들은 표준어로도 충분히 대화할 수 있다며 지역 방언이 꼭 필요하냐고 말할 수도 있다. 그럼에도 우리는 왜 지역 방언 보호에 관심을 가져야 하는 것일까? 그것은 지역 방언의 가치 때문이다. 지역 방언은 표준어만으로는 표현하기 어려운 감정과 정서의 표현을 가능하게 한다. 그리고 '다슬기' 외에 '올갱이, 데사리, 민물고동'과 같이 동일한 대상을 지역마다 다르게 표현하는 지역 방언이 있는 것처럼 지역 방언은 우리말의 어휘를 더욱 풍부하게 만드는 바탕이 된다.

　지역 방언은 우리의 소중한 언어문화 자산이다. 지역 방언의 세계문화유산 지정이 시급하다. 사라져 가는 지역 방언의 보호에 관심을 기울이자.

02

고3·2020학년도 수능 8번

㉠, ㉡을 바탕으로 세운 글쓰기 계획 중 (나)에 활용되지 _않은_ 것은?

① ㉠을 고려하여, 우리 지역 학생들의 지역 방언 사용 실태를 보여 주는 조사 결과를 제시한다.

② ㉠을 고려하여, 소멸 위기 언어로 등록될 정도로 심각한 위기에 처한 지역 방언이 있다는 내용을 제시한다.

③ ㉠을 고려하여, 문제의식을 환기하기 위해 지역 방언으로 인해 의사소통에 어려움을 겪었던 경험을 제시한다.

④ ㉡을 고려하여, 예상되는 반론을 제시하며 지역 방언의 보호에 관심을 가져야 하는 이유를 강조한다.

⑤ ㉡을 고려하여, 지역 방언의 예를 활용하며 지역 방언의 가치를 설명한다.

03~04 다음 글을 읽고 물음에 답하시오.

　'품사'는 공통된 성질이 있는 단어끼리 묶어서 분류해 놓은 갈래를 뜻하고, '문장 성분'은 문장 안에서 일정한 문법적 기능을 하는 구성 요소를 뜻한다. 관형사는 체언인 명사, 대명사, 수사 앞에서 해당 체언을 꾸며 주는 품사이고, 관형어는 체언을 꾸며 주는 문장 성분이므로, 서로 문법 단위가 다르다. 그런데 관형사나 관형어는 이름과 그 기능이 서로 유사하여, 둘을 구별하기가 쉽지 않다.

　관형사는 단어의 성질 자체가 체언의 수식에 있고, 문장 성분으로는 관형어의 기능을 한다. 하지만 관형어는 관형사로만 실현되는 것은 아니다. 관형사 이외에도 체언과 관형격 조사의 결합, 용언의 어간과 관형사형 어미의 결합, 체언 자체로도 관형어로 쓰일 수 있다.

(가) <u>헌</u> 집이지만 나는 <u>고향</u> 집이 정겹다.
(나) <u>할아버지의</u> 집을 고쳐서 <u>예쁜</u> 집으로 만들었다.

　(가)의 '헌'은 '집'을 꾸며 주는 관형사이다. 이때 '헌'은 조사와 결합하지 않으며, '헌'이라는 고정된 형태로만 쓰인다. 즉 '헌 책, 헌 구두'와 같이 관형사는 언제나 체언을 꾸며 주는 관형어로만 쓰인다. 또한 '고향'은 명사이지만, 뒤에 오는 체언 '집'을 꾸며 주는 기능을 한다. 이처럼 체언이 나란히 올 경우 앞의 체언은 뒤의 체언을 꾸며 주는 관형어로 쓰일 수 있다.

　(나)의 '할아버지'는 관형격 조사 '의'와 결합하여 '집'을 수식하는 관형어로 쓰인다. 또한 '예쁜'은 형용사인데, 어간 '예쁘-'에 관형사형 어미 '-(으)ㄴ'이 결합하여 '집'을 꾸미는 관형어로 쓰인다. 마찬가지로 '살던 집', '구경하는 집'처럼 동사의 어간에 관형사형 어미가 결합하여 관형어로 쓰일 수 있다.

03

고2·2023년 6월 11번

윗글을 읽고 보인 반응으로 적절하지 _않은_ 것은?

① 관형사는 그 형태가 변하지 않는군.

② 관형사와 관형어는 모두 체언을 꾸며 주는군.

③ 관형어가 항상 관형사를 통해 실현되는 것은 아니군.

④ 두 명사가 나란히 올 때 앞 명사는 관형사가 될 수 있군.

⑤ 형용사는 관형사형 어미가 결합하더라도 관형사가 될 수 없군.

04

고2 · 2023년 6월 12번

윗글을 바탕으로 〈보기〉의 문장을 탐구하여 정리한 내용으로 적절한 것은?
[3점]

─〈보 기〉─
ㄱ. 새 가구는 어머니의 자랑거리이다.
ㄴ. 모든 아이들이 달리는 사자를 구경했다.
ㄷ. 그들은 오랫동안 친한 친구로 지내고 있다.
ㄹ. 우리 가족은 가던 걸음을 멈추고 뒤돌아보았다.
ㅁ. 대부분의 학생이 여름 바다를 간절하게 그리워했다.

문장	탐구 정리 내용		
	관형어 개수	관형어	품사
① ㄱ	1	어머니의	명사 + 조사
② ㄴ	2	모든	관형사
		달리는	동사
③ ㄷ	1	친한	관형사
④ ㄹ	1	가던	동사
⑤ ㅁ	2	여름	명사
		간절하게	형용사

05~08 다음 글을 읽고 물음에 답하시오.

공리주의는 일반적으로 어떤 행위의 옳고 그름이 공리에 따라, 즉 그 행위가 인간의 이익과 행복을 늘리는 데 결과적으로 얼마나 기여하는가에 따라 결정된다고 보는 이론이다. 이러한 공리주의는 인간이 자신과 더불어 다른 존재들의 이익과 행복을 공평하게 고려해야 한다는 것을 전제로 한다. 그리고 인간은 자신의 이익과 행복을 증진하려 하는데, 그러한 인간이 할 수 있는 행위들 중에서 인간의 최대 이익과 행복이라는 '최선의 결과'를 가져오는 행위를 옳은 행위로 본다. 공리주의는 이러한 최선의 결과를 본래적 가치로 여긴다. 이때 본래적 가치란 그 자체로서 지니는 가치를 의미하는데, 이는 다른 어떤 것을 위한 수단으로서의 가치인 도구적 가치와는 상대되는 개념이다. 그런데 최선의 결과를 무엇으로 보느냐에 따라 공리주의는 크게 쾌락주의적 공리주의, 선호 공리주의, 이상 공리주의 등으로 나누어 볼 수 있다.

㉠ 쾌락주의적 공리주의는 최선의 결과를 쾌락의 증진으로 보는 이론이다. 다시 말해 인간의 심리적 경험인 쾌락을 본래적 가치로 여기고 있는 것이다. 이 이론에 따르면 도덕적으로 옳은 행위는 자신뿐 아니라, 그 행위가 영향을 미치는 모든 인간들의 쾌락을 가장 많이 증진하는 행위이다. 그러나 쾌락주의적 공리주의는 인간이 어떤 행위를 선택할 때 쾌락만을 추구하는 것이 아니라 다른 것을 추구하기도 한다는 것을 설명하기 어렵다는 한계를 지닌다.

쾌락주의적 공리주의의 이런 한계를 극복하기 위해 등장한 이론이 ㉡ 선호 공리주의이다. 이 이론은 최선의 결과를 선호의 실현으로 본다. 여기에서 선호란 사람마다 원하는 것 혹은 실현하고자 하는 것을 말한다. 선호 공리주의에 따르면 도덕적으로 옳은 행위는 자신뿐 아니라, 그 행위가 영향을 미치는 모든 사람들 각자가 지닌 선호를 가장 많이 실현시키는 행위이다. 선호 공리주의는 쾌락뿐만 아니라 쾌락이 아닌 다른 것을 추구하기도 하는 인간의 행위가 개인의 선호를 반영한 것이고, 이런 선호의 실현이 곧 최선의 결과라고 설명함으로써 쾌락주의적 공리주의의 한계를 극복했다. 그러나 선호 공리주의는 보편적인 관점에서 볼 때 비정상적인 욕구에 기반을 둔 선호의 실현과 정상적인 욕구에 기반을 둔 선호의 실현이 동일한 비중을 갖지 않는다는 점을 설명하기 어렵다는 한계를 지닌다.

쾌락주의적 공리주의와 선호 공리주의에 대한 대안으로 등장한 것이 ㉢ 이상 공리주의이다. 이 이론은 앞의 두 이론과 마찬가지로 인간의 최대 이익과 행복을 가져오는 인간의 행위를 옳은 행위로 여긴다. 그러나 이상 공리주의는 쾌락주의적 공리주의와 달리 쾌락을 유일한 본래적 가치라고 생각하지 않는다. 이 이론은 진실, 아름다움, 정의, 평등, 자유, 생명, 배려 등의 이상들도 본래적 가치에 해당한다고 본다. 또 선호 공리주의와 달리 이상 공리주의는 이런 이상들이 인간의 선호와 무관하게 실현되어야 할 본래적 가치라고 주장한다. 결국 이 이론은 이상의 실현을 최선의 결과로 본다. 이상 공리주의에 따르면 본래적 가치에 해당하는 이상들은 인간의 이익과 행복을 구성한다. 그렇기 때문에 이상 공리주의는 인간들의 서로 다른 관심과는 무관하게 실현되어야 할 이상들을 인간이 더 많이 실현하는 것이 곧 최대의 이익과 행복이라고 본다. 그러나 ⓐ 이상 공리주의는 본래적 가치에 해당하는 이상들이 갈등하는 경우 어떤 이상의 실현이 최선의 결과일지에 대해 설명하기 어렵다는 한계를 지니고 있다.

공리주의에서 말하는 최선의 결과에 대한 논의는 지금도 계속되고 있다. 인간이 이익과 행복을 증진하려는 노력을 계속하는 한 공리주의 담론에서 최선의 결과에 대한 논의는 계속될 것이다.

05

윗글의 내용 전개 방식으로 가장 적절한 것은?

① '최선의 결과'에 대한 역사적인 사건을 제시하고 최선의 결과를 다루고 있는 세 이론의 한계를 지적하고 있다.

② '최선의 결과'를 강조하는 세 이론을 제시하고 각각의 입장을 뒷받침하는 예시들을 활용하여 구체화하고 있다.

③ '최선의 결과'에 대해 서로 다른 관점을 지닌 세 이론을 제시하고 각각의 주장과 한계를 중심으로 설명하고 있다.

④ '최선의 결과'를 중심으로 세 이론을 소개하고 이론들이 제기한 문제점이 해결된 사회적 상황을 부각하고 있다.

⑤ '최선의 결과'에 대한 문제점을 제기하는 세 이론을 소개하고 그 문제점을 보완하는 새로운 이론을 제안하고 있다.

06

윗글의 내용과 일치하지 않는 것은?

① 쾌락주의적 공리주의와 선호 공리주의에 대한 대안으로 이상 공리주의가 등장하였다.

② 선호 공리주의는 쾌락을 추구하는 인간의 행위에 개인의 선호가 반영되어 있다고 본다.

③ 공리주의는 인간의 이익과 행복의 증진과는 무관하게 행위의 옳고 그름이 정해진다고 주장한다.

④ 쾌락주의적 공리주의는 인간이 쾌락이 아닌 다른 것을 추구하기도 한다는 것을 설명하기 어렵다.

⑤ 공리주의는 인간이 자신뿐 아니라 다른 존재들의 이익과 행복을 공평하게 고려해야 한다는 것을 전제로 한다.

07 1등급 대비 고난도 3점 문제

〈보기〉는 ⓐ에 관해 학생들이 나눈 대화의 일부이다. ㉮에 들어갈 말로 가장 적절한 것은? [3점]

< 보 기 >

학생 1: 어떤 경우에 이상들이 갈등할까?

학생 2: 안전벨트 착용을 법제화하는 과정에서 자유와 생명이라는 가치가 갈등했을 거야. 그런데 사회적 차원에서의 인간 행복이라는 가치를 상위의 목적으로 설정하고 이를 실현시키기 위해 자유가 아닌 생명이라는 가치를 실현하는 것이 최선의 결과라고 생각해.

학생 1: 나는 이상 공리주의 관점에서, 너의 의견이 [㉮] 고 봐.

① 생명이라는 가치를 자유라는 본래적 가치의 실현을 위한 도구적 가치로 여기고 있기 때문에 부적절하다

② 사회적 차원에서의 인간 행복이라는 가치를 생명이라는 본래적 가치의 실현을 위한 도구적 가치로 여기고 있기 때문에 적절하다

③ 생명이라는 가치를 사회적 차원에서의 인간 행복이라는 본래적 가치의 실현을 위한 도구적 가치로 여기고 있기 때문에 부적절하다

④ 사회적 차원에서의 인간 행복이라는 가치를 자유라는 도구적 가치를 통해 실현하고자 하는 본래적 가치로 여기고 있기 때문에 적절하다

⑤ 자유라는 가치를 사회적 차원에서의 인간 행복이라는 도구적 가치를 통해 실현하고자 하는 본래적 가치로 여기고 있기 때문에 부적절하다

08

고2 · 2019년 11월 30번

㉠~㉢의 관점에서 〈보기〉에 대해 보인 반응으로 적절하지 <u>않은</u> 것은?

―――〈 보 기 〉―――

　인문학 서적을 읽는 것을 가장 좋아하는 A는 인문학 서적을 더 많이 읽기 위해 같은 성향을 가진 친구들을 모아 동아리를 만들었다. 배려와 관련된 인문학 서적을 읽고 즐거움을 느낀 A는 동아리 첫 시간에 그 서적을 동아리 친구들과 함께 읽었다. 그 인문학 서적을 읽고 A와 동아리 친구들은 모두 큰 즐거움을 느꼈고, 동아리 내에서 서로에 대한 배려를 실현하였다.

① ㉠: A가 인문학 서적을 읽는 것에 대해 동일한 성향을 가진 친구들을 모아 동아리를 만든 행위는 쾌락이라는 심리적 경험을 증진하기 위한 것이라고 볼 수 있겠군.

② ㉠: A가 배려와 관련된 인문학 서적을 동아리 친구들과 함께 읽은 행위는 자신을 포함한 동아리 친구들의 쾌락을 증진하였으므로 동아리 내에서 도덕적으로 옳은 행위라고 볼 수 있겠군.

③ ㉡: A와 동아리 친구들이 인문학 서적을 읽은 것은 A와 동아리 친구들의 선호 실현이라는 인간의 최대 이익과 행복을 가져오는 행위라고 볼 수 있겠군.

④ ㉡: A가 배려와 관련된 인문학 서적을 동아리 친구들과 함께 읽은 행위는 자신과 더불어 동아리 친구들의 선호를 실현시켰으므로 동아리 내에서 도덕적으로 옳은 행위라고 볼 수 있겠군.

⑤ ㉢: A와 동아리 친구들이 배려와 관련된 인문학 서적을 읽고 동아리 내에서 실현한 배려라는 것은 배려에 대한 그들의 관심에 따라 실현되어야 하는 이상이라고 볼 수 있겠군.

09~12 다음 글을 읽고 물음에 답하시오.

(가)

공명(功名)도 잊었노라 부귀(富貴)도 잊었노라
세상(世上) 번우한* 일 다 주어 잊었노라
내 몸을 내마저 잊으니 남이 아니 잊으랴 〈2수〉

질가마 좋이 씻고 바위 아래 샘물 길어
팥죽 달게 쑤고 저리지* 끄어 내니
세상에 이 두 맛이야 남이 알까 하노라 〈5수〉

어화 저 ⓐ 백구(白鷗)야 무슨 수고 하느냐
갈 숲으로 서성이며 고기 엿보기 하는구나
나같이 군마음 없이 잠만 들면 어떠리 〈6수〉

대 막대 너를 보니 유신(有信)하고 반갑고야
내 아이 적에 너를 타고 다니더니
이제란 창(窓)뒤에 섰다가 날 뒤 세우고 다녀라 〈11수〉

– 김광욱, 「율리유곡(栗里遺曲)」 –

* 번우한: 괴로워 근심스러운.
* 저리지: 겉절이.

(나)

　한산(寒山) 어른 송계신보(宋季愼甫)가 나와는 사촌이 된다. 내가 일찍이 그 집에 가보니, 뒤로는 감악산을 등지고 앞으로는 큰 들을 임하여 초막집을 한 채 얽어 한가히 휴식하는 곳으로 삼았었다. 그 당명(堂名)이 무어냐고 물었더니, 주인이 말하기를,
"내가 '취한(就閑)*'이라 이름하려고 하는데, 미처 써 붙이지 못했다."
고 하였다. 내가 말하기를,
"한(閑)은 본디 이 당(堂)이 소유한 것이거니와, 우리 형은 나이 70세가 넘어 하얀 수염에 붉은 얼굴로 여기에서 즐기며 바깥 세상에 바랄 것이 없으니, 어찌 아무 도와주는 것 없이 **충분히 그 운취**를 누릴 수가 있겠습니까. 내가 보건대, 당 한편에 애완(愛玩)*하여 심어놓은 것들이 있으니, 바로 대[竹]와 국화[菊]와 진송(秦松)과 노송(魯松)과 동백(冬柏)이요, 게다가 빙 둘러 사방의 산에는 또 창송(蒼松)이 만여 그루나 있으니, 이 여섯 가지는 모두 세한(歲寒)의 절개가 있어 더위와 추위에도 지조를 변치 않는 것들입니다. 우리 형께서는 늙을수록 건장하여 신기(神氣)가 쇠하지 않았는데도, 사방에 다니는 것을 싫어하고 이곳에 은거하여, 여기에서 노래하고 여기에서 춤추고 여기에서 마시고 취하고 자고 먹고 하니, 이 여섯 가지를 얻어서 벗으로 삼는다면 그 **취미나 기상**이 또한 서로 가깝지 않겠습니까.
　우리 형께서는 또 세상 변천과 세상 물정을 많이 겪고 보았습니다. 그런데 가만히 보면, 세상의 교우(交友) 관계가 처음에는 견고했다가 나중에는 틈이 생기어, 득세한 자에게는 열렬히 따르고 실세한 자에게는 그지없이 냉담하며, 떵떵거리는 자리에는 서로 나가고 **적막한 자리**에는 서로 기피하는 것이 **세태의 풍조**입니다. 그런데 이 여섯 가지는 이런 가운데 생장하면서도 능히 풍상(風霜)을 겪고 우로(雨露)를 머금어 이제까지 울울창창하여서 앉고 눕고 기거하고 근심하고 즐거워하는 것을 처음부터 끝까지 항상 주인과 함께하고 있으니, 차라리 저것을 버리고 이것을 취하여 세상의 걱정을 피해서 자신의 **천진(天眞)*을 온전히 지키는 것**이 낫지 않겠습니까. 이 당에는 실로 이 여섯 가지가 있고 옹(翁)께서 그 가운데에 처하시니, 어찌 'ⓑ 육우(六友)'라 이름하는 것이 좋지 않겠습니까. 그 한(閑)은 바로 여기에 있는 것입니다."
하니, 주인이 그렇게 하겠다고 승낙하고 인하여 나에게 그 기문(記文)을 써 달라고 부탁하였다.

– 윤휴, 「육우당기(六友堂記)」 –

* 취한: 한가로움을 취함.
* 애완: 물품 따위를 좋아하여 가까이 두고 즐김.
* 천진: 세파에 젖지 않은 자연 그대로의 참됨.

09

고2 · 2021년 6월 26번

(가)와 (나)의 공통점으로 가장 적절한 것은?

① 연쇄법을 사용하여 대상을 긴밀하게 연결하고 있다.
② 설의적 표현을 활용하여 주제 의식을 강조하고 있다.
③ 역설적 표현을 사용하여 사물의 의미를 부각하고 있다.
④ 원경에서 근경으로 시선을 이동하여 계절감을 드러내고 있다.
⑤ 의인화된 대상에게 말을 건네는 방식으로 정서를 드러내고 있다.

10

고2 · 2021년 6월 27번

(가)에 대한 설명으로 적절하지 <u>않은</u> 것은?

① 〈2수〉: 화자는 '공명'과 '부귀'에 거리를 두는 욕심 없는 삶을 지향하고 있다.
② 〈2수〉: 화자는 '남'으로부터 소외된 자신의 존재에 대한 안타까움을 드러내고 있다.
③ 〈5수〉: 화자는 '팥죽'과 '저리지'를 통해 소박한 삶에 대한 만족감을 드러내고 있다.
④ 〈11수〉: 화자는 '유신'하다고 여기는 대상에 대한 친밀감을 표현하고 있다.
⑤ 〈11수〉: 화자는 '대 막대'의 쓰임이 달라진 상황을 통해 세월의 흐름을 인식하고 있다.

11 1등급 대비 고난도 2점 문제

고2 · 2021년 6월 28번

ⓐ와 ⓑ를 이해한 내용으로 가장 적절한 것은?

① ⓐ는 화자가 비판적으로 바라보는, ⓑ는 글쓴이가 예찬하는 대상이다.
② ⓐ는 화자의 그리움을, ⓑ는 글쓴이의 외로움을 불러일으키는 대상이다.
③ ⓐ는 화자가 함께 어울리고 싶어 하는, ⓑ는 글쓴이가 본받고 싶어 하는 대상이다.
④ ⓐ는 화자의 처지와 대비되는, ⓑ는 글쓴이의 부정적 현실을 드러내는 대상이다.
⑤ ⓐ는 화자의 상실감을 부각하는, ⓑ는 글쓴이의 기대감을 고조시키는 대상이다.

12

고2 · 2021년 6월 29번

〈보기〉를 바탕으로 (나)를 감상한 내용으로 적절하지 <u>않은</u> 것은? [3점]

> ─〈 보 기 〉─
>
> 이 작품에서 글쓴이는 한(閒)을 추구하는 사촌 형에게 새로운 당명을 권하며 바람직한 삶의 자세에 대한 생각을 밝히고 있다. 글쓴이는 권력의 성쇠에 따라 변하는 세상을 비판적으로 바라보고 있다. 그리고 자연과 벗하며 지조와 신의를 지켜 진정한 한(閒)의 의미를 실현하는 자세가 중요함을 강조하고 있다.

① 글쓴이는 사촌 형이 자연과 벗하며 '충분히 그 운취'를 누리기를 바라고 있군.
② 글쓴이는 사촌 형이 '취미나 기상'에 어울리는 존재와 함께 할 것을 바라며 새로운 당명을 권하고 있군.
③ 글쓴이는 세상 사람들이 기피하는 '적막한 자리'라도 만족하는 것이 진정한 한(閒)에 가까워지는 길이라고 여기고 있군.
④ 글쓴이는 상황에 따라 변하는 '세태의 풍조'와 달리 변치 않는 지조와 신의 있는 삶의 중요성을 강조하고 있군.
⑤ 글쓴이는 '천진을 온전히 지키는 것'을 바람직한 삶의 자세라고 여기고 있군.

학습 Check!

▶ 몰라서 틀린 문항 × 표기　▶ 헷갈렸거나 찍은 문항 △ 표기　▶ ×, △ 문항은 다시 풀고 ✔ 표기를 하세요.

종료 시각	시	분	초	문항 번호	01	02	03	04	05	06	07	08	09	10	11	12
소요 시간		분	초	채점 결과												
초과 시간		분	초	틀린 문항 복습												

DAY 24

수능기출
전국연합학력평가 **20분 미니 모의고사**

● 날짜 : 　월　　일　● 시작 시각 :　　시　　분　　초　● 목표 시간 : 20분　　　　　　　　　※ 점수 표기가 없는 문항은 모두 **2점**입니다.

01~02 (가)는 수업 중 학생 대화이고, (나)는 (가)의 활동 이후 학생 2가 작성한 독서감상문이다. 물음에 답하시오.

(가)

학생 1: 지난 수업 시간까지 『영화도 2배속으로 보는 시대』를 같이 읽었잖아. 오늘은 느낀 점을 먼저 이야기해 볼까?

학생 2: 배속 재생이나 건너뛰기 기능을 사용해서 영화를 보는 걸 새로운 현상으로 소개한 부분이 흥미로웠어.

학생 1: 청소년들 모두가 이미 당연하게 사용하는 방법을 새로운 현상이라고 한 것이 흥미로웠다는 말이구나.

학생 3: 우리 또래가 모두 그런 방식으로 영화를 본다는 것은 지나친 일반화 아닐까?

학생 1: 그럴 수도 있겠다. 너희는 어때? 영화를 볼 때 배속 재생이나 건너뛰기 기능을 사용하는 편이야?

학생 2: 응. 저번 주말에도 그렇게 해서 두 시간 만에 영화 세 편을 몰아 봤는걸. 그 덕에 어제 친구들과 이야기할 거리가 많았어. 이런 이유 때문에 요즘은 배속 재생이나 건너뛰기 기능을 계속 사용하게 돼. ┐

학생 3: 나는 지금은 그렇게 안 봐. 배속 재생으로 봤던 영화를 우연히 원래 속도로 보게 된 적이 있었는데 전혀 다른 영화라는 느낌이 들었어. 그 뒤로는 배속 재생 기능을 사용하지 않아. 많이 보는 것에만 집착하면 그만큼 놓치게 되는 것도 많더라고. ┘ [A]

학생 2: 하지만 영상 구독 서비스가 도입되면서 영화를 볼 수 있는 환경이 달라졌잖아. 너도 구독 서비스를 이용하고 있으니 무제한으로 영화를 볼 수 있을 텐데, 배속 재생과 건너뛰기 기능으로 최대한 많은 영화를 보는 것이 낫지 않겠어?

학생 3: 그건 사람에 따라 다르지 않을까? 나는 한 편의 영화를 보더라도 깊이 있게 보는 것이 더 좋다고 생각해.

학생 1: 너희 이야기를 들으니 배속 재생과 건너뛰기에 대한 태도는 목적에 따라 달라진다고 했던 책의 내용이 떠오르네. 너희들은 영화를 보는 목적이 뭐야?

학생 2: 줄거리 파악이지. 줄거리만 알면 영화 이야기에 참여할 수 있으니까. 친구들과의 어제 대화를 생각하니 현대 사회에서 영화가 사회적 교류의 수단으로 기능한다고 했던 책의 내용을 더 잘 이해할 수 있었어. ┐

학생 3: 줄거리를 아는 것만으로는 부족해. 책에서도 배속 재생이나 건너뛰기로는 영화에 담긴 풍부한 의미를 온전히 감상할 수 없다고 했어. 아까 배속 재생으로 봤던 영화를 원래 속도로 다시 봤다는 얘기를 했잖아? 배속 재생으로 볼 때는 놓쳤던 장면에서 느꼈던 감동이야말로 영화에 담긴 풍부한 의미를 감상한 결과라고 생각해. ┘ [B]

학생 2: 너의 말을 들어보니 내가 지금까지 본 영화에서 놓친

의미가 많을 수 있겠다는 생각이 들어.

학생 1: 이렇게 이야기하다 보니 같은 책을 읽고도 생각이 다르다는 것을 알 수 있구나. 다음에 읽을 책은 소설이지? 책을 다 읽고 나서 오늘처럼 유익한 이야기를 나눌 수 있으면 좋겠어.

(나)

　영상의 수가 적어 한두 편만 시청하는 것만으로도 사람들과 시청 경험을 공유하며 교류할 수 있었던 과거와는 달리, 현대 사회에서는 수십 개의 채널과 다양한 영상 구독 서비스를 통해 수많은 영상을 시청할 수 있다. 이런 상황에서 화제가 되는 모든 영상을 시청하는 것은 거의 불가능하다. 이를 배경으로 한 책 『영화도 2배속으로 보는 시대』는 영화 한 편을 이삼십 분 만에 보는 사람들에 주목하여 '배속 재생'과 '건너뛰기' 기능을 활용한 영화 감상 문화를 소개하고 있다.

　배속 재생과 건너뛰기 기능을 활용하면 짧은 시간 동안 많은 영화를 볼 수 있다. 책에 의하면 이런 기능은 젊은 세대가 특히 많이 활용하는데, 대화에 참여하고 인정받는 것을 중시하는 이들 세대는 많은 영화를 빨리 보고 그 내용을 사회적 교류의 수단으로 사용하고 싶어 한다는 것이다. 또한 원하는 부분만 선택하여 볼 수 있으므로 소비자가 영화를 주도적으로 수용할 수 있게 된다고도 언급한다.

　하지만 책에서는 배속 재생과 건너뛰기 기능이 영화를 감상하는 즐거움을 반감할 수 있다는 점도 지적하고 있다. 영화의 장면들은 상호작용하며 의미를 구성하기에, 원하는 부분만 선택해서 보면 영화에 담긴 의미가 훼손될 수 있다는 것이다. 예를 들어 등장인물이 아무 말 없이 창밖을 바라보는 장면을 대사가 없다는 이유로 배속 재생으로 보거나 건너뛴다면, 헤어진 연인과의 추억을 회상하는 다음 장면의 의미를 제대로 파악할 수 없을 것이다. 책에서는 위의 사례를 통해 줄거리 파악에 지장이 없다고 해서 전개가 느리거나 대사가 없는 장면을 건너뛰고 본다면 창작자의 의도를 간과하게 된다는 것을 강조하였다.

　나는 평소 배속 재생과 건너뛰기를 많이 활용하는 편이고 주말에 시간이 나면 드라마를 한꺼번에 몰아서 보는 일상에도 익숙해진 지 오래다. 그래서 책에서 이런 감상 방식을 새로운 현상으로 지칭하는 것이 흥미롭기도 했다. 하지만 책을 읽고 대화를 나누면서 나오는 다른 감상 방식을 선호하는 친구의 말을 듣고, 그동안 내가 놓친 것이 있을 수 있음을 인정하게 되었다. 또한 영화의 줄거리뿐 아니라 영화가 주는 풍부한 의미를 읽어내고 느끼게 되는 감동도 친구들과의 대화에서 좋은 화젯거리가 될 것이라는 생각도 들었다. 그리고 이제는 줄거리 파악 말고도 영화가 주는 다양한 의미까지 읽어내기 위한 감상 방법도 활용해야겠다고 생각했다.

01

[A]와 [B]를 이해한 내용으로 가장 적절한 것은?

① [A]에서 대화 참여자들이 가지고 있던 통념은 [B]에서 일상의 경험을 상기하는 과정에서 부정되고 있다.

② [A]에서 제시된 대화 참여자들의 입장은 [B]에서 상대방의 경험에 부여한 의미를 진술하는 과정에서 변하고 있다.

③ [A]에서 제시된 대화 참여자들의 개인적 경험은 [B]에서 책의 내용과 연결되면서 독서 경험에 기여한 것으로 드러나고 있다.

④ [A]에서 대화 참여자들이 공통으로 가졌던 의문은 [B]에서 책의 내용을 되짚던 중 이를 해결할 단서를 찾음으로써 해소되고 있다.

⑤ [A]에서 언급된 대화 참여자들의 견해는 [B]에서 책에 나타난 정보의 유용성을 판단하는 기준이 되면서 책에 대한 평가로 이어지고 있다.

02

(가)의 내용이 (나)에 반영된 양상으로 적절하지 <u>않은</u> 것은?

① (가)에서 '학생 2'가 미디어 환경의 변화를 언급한 내용이 (나)의 1문단에 배속 재생과 건너뛰기 문화의 발생 배경으로 제시되었다.

② (가)에서 '학생 3'이 영화에 담긴 풍부한 의미에 대해 언급한 내용이 (나)의 4문단에 친구들과의 대화에서 화젯거리가 다양해질 수 있겠다는 생각으로 제시되었다.

③ (가)에서 '학생 2'가 그동안 영화에서 놓친 의미가 많을 수 있겠다고 언급한 내용이 (나)의 4문단에 영화를 감상하는 다른 방법도 활용하겠다는 다짐으로 제시되었다.

④ (가)에서 '학생 2'가 영화가 사회적 교류 수단으로 기능한다고 언급한 내용이 (나)의 2문단에 집단 내에서 인정받고자 하는 젊은 세대의 성향과 관련지어 제시되었다.

⑤ (가)에서 '학생 3'이 감상 방법에 따라 같은 영화라도 감상 결과가 달라질 수 있다고 언급한 내용이 (나)의 2문단에 수용자가 영화를 주도적으로 감상할 때의 효과로 제시되었다.

03

〈보기〉는 '사전 활용하기 학습 자료'의 일부이다. 〈보기〉를 참고할 때, 밑줄 친 부분의 띄어쓰기가 적절하지 <u>않은</u> 것은?

─〈보 기〉─

데¹ 「의존 명사」
「1」 '곳'이나 '장소'의 뜻을 나타내는 말.
「2」 '일'이나 '것'의 뜻을 나타내는 말.

-데² 「어미」
('이다'의 어간, 용언의 어간 또는 어미 '-으시-', '-었-', '-겠-' 뒤에 붙어) 해할 자리에 쓰여, 과거 어느 때에 직접 경험하여 알게 된 사실을 현재의 말하는 장면에 그대로 옮겨 와서 말함을 나타내는 종결 어미.

-는데 「어미」
('있다', '없다', '계시다'의 어간, 동사 어간 또는 어미 '-으시-', '-었-', '-겠-' 뒤에 붙어) 뒤 절에서 어떤 일을 설명하거나 묻거나 시키거나 제안하기 위하여 그 대상과 상관되는 상황을 미리 말할 때에 쓰는 연결 어미.

① 밥은 있<u>는데</u> 반찬이 없소.
② 지금 <u>가는</u> 데가 어디인가요?
③ 그 사람은 말을 아주 <u>잘하데</u>.
④ 그는 <u>의지할</u> 데 없는 사람이다.
⑤ 책을 다 <u>읽는데</u>만 이틀이 걸렸다.

 다음 글을 읽고 물음에 답하시오.

　패러다임이란 한 시대 사람들의 견해나 사고를 지배하고 있는 이론적 틀이나 개념의 집합체를 뜻하는 말로 과학철학자인 토머스 쿤이 새롭게 제시하여 널리 쓰이는 개념이다. 쿤은 패러다임 속에서 진행되는 연구 활동을 정상 과학이라고 하였으며, 기존의 패러다임에서는 예상하지 못했던 현상을 변칙 사례라고 하였다. 쿤은 정상 과학이 변칙 사례를 설명해 내기도 하나 중요한 변칙 사례가 미해결 상태로 남으면 새로운 패러다임으로의 급격한 대체 과정, 즉 과학혁명이 일어난다고 ⓐ보았다. 그러나 쿤은 옛 패러다임과 새로운 패러다임 중 어떤 패러다임이 더 우월한지는 판단할 수 없다고 주장하였다.

　18세기 말 라부아지에가 새로운 연소 이론을 확립하기 전까지의 패러다임은 플로지스톤이라는 개념으로 연소 현상을 설명하는 것이었다. 그리스어로 '불꽃'을 뜻하는 플로지스톤은 18세기 초 베허와 슈탈이 제안한 개념으로, 가연성 물질이나 금속에 포함되어 있을 것이라고 생각했던 물질이다. 베허와 슈탈은 종이, 숯, 황처럼 잘 타는 물질에 플로지스톤이 많이 포함되어 있으며, 연소는 물질에 포함되어 있던 플로지스톤이 방출되는 과정이라고 주장하였다. 또한 플로지스톤 개념으로 물질의 굳기, 광택, 색의 변화를 설명하기도 하였는데, 플로지스톤을 잃은 물질은 쉽게 부스러지며 탁하고 어둡게 된다고 보았다. 연소 현상뿐만 아니라 금속이 녹스는 현상, 음식이 소화되는 생화학 작용 등 다양한 현상이 플로지스톤 이론을 통해 이해될 수 있었다.

18세기 중반 캐번디시는 자신이 순수한 플로지스톤을 추출하는 데 성공했다고 믿었다. 캐번디시는 금속을 산에 녹일 때 발생하는 기체가 매우 잘 타는 성질을 ⓑ 띠고 있음을 발견하고 이 기체를 '가연성 공기'라고 명명하였다. 녹슨 금속을 산에 녹일 때는 이 기체가 발생하지 않았으므로 ㉠ 이 기체는 금속에 있던 플로지스톤이 빠져 나온 것이라고 생각하였다. 이후 캐번디시는 이 가연성 공기를 태울 때 물이 형성되는 현상을 관찰하기도 하였다.

18세기 후반 프리스틀리는 캐번디시가 발견한 가연성 공기를 활용하여 금속회*를 금속으로 환원하는 실험을 시행하였다. 먼저 프리스틀리는 물을 채운 넓적한 그릇에 빈 유리그릇을 엎어 놓고 그 안에 가연성 공기를 채웠다. 그리고 그 안에 금속회를 놓고 렌즈로 햇빛을 모아 가열하였다. 프리스틀리는 금속회가 플로지스톤을 흡수하여 금속이 될 것이라고 예측하였는데 예측대로 금속회는 금속이 되었다. 또한 유리그릇 안쪽의 수위가 높아지는 현상이 관찰되었는데 이는 유리그릇 안에 있던 플로지스톤이 소모된 증거라고 보았다. 금속에서 나온 기체가 가연성이라는 점, 그 기체를 활용하여 금속회를 금속으로 만들 수 있다는 점이 모두 플로지스톤 패러다임 안에서 설명된 것이다.

그런데 라부아지에는 금속이 녹슬 때 질량이 변화한다는 사실에 주목하며 플로지스톤 이론에 의문 을 가졌다. 라부아지에는 연소 현상에서도 그러한 질량 변화가 있을 것이라고 보고 정밀하게 질량을 측정할 수 있는 기구를 동원하여 실험을 시행하였다. 라부아지에는 밀폐된 유리병 안에서 인과 황을 가열한 후에 가열 전과 비교하여 인과 황의 질량이 늘어난다는 사실을 확인하였고, 이때 질량이 증가한 양은 유리병 속 기체의 질량이 감소한 양과 같음을 확인하였다. 라부아지에는 연소 반응에서 발생하거나 소모되는 기체를 모아 정확히 질량을 측정하면 반응 전후의 총 질량은 변화가 없다는 사실을 근거로, 연소는 플로지스톤을 잃는 것이 아니라 공기 중의 산소와 결합하는 현상이라고 주장하였다.

가연성 공기를 태울 때 물이 형성된다는 캐번디시의 관찰 결과를 토대로 라부아지에는 프리스틀리의 실험을 자신의 이론으로 재해석하였다. 프리스틀리의 실험에서 나타난 현상은 플로지스톤과 금속회가 결합한 것이 아니라 금속회에 있던 산소가 유리그릇으로 방출된 것이며, 이 산소는 유리그릇을 채우고 있던 가연성 공기와 결합하여 물이 되었을 것이라는 설명이었다. 프리스틀리의 기존 실험은 물 위에서 시행되었기 때문에 새롭게 형성된 물을 관찰하기 어려웠으나 같은 실험을 물이 아닌 수은 위에서 다시 시행하자 수은 위에 소량의 물이 형성되는 현상을 관찰할 수 있었다.

이후 플로지스톤 학파는 기존 패러다임 안에서 이론을 일부 수정하여 라부아지에의 이론을 반박하기도 하였으나 정확한 질량 측정을 기반으로 한 라부아지에의 핵심적인 문제 제기는 끝내 명확하게 설명해 내지 못했다. 결국 플로지스톤이라는 개념과 그것으로 연소 현상을 이해하려는 패러다임은 ⓒ 사라지고, 연소를 산소와의 결합으로 이해하는 새로운 패러다임이 자리 잡게 되었다. 또한 물질의 성질을 추상적으로 설명하는 것에서, 정

밀한 측정 도구를 활용하여 실험 과정을 정량화하는 것으로 화학 연구의 패러다임이 ⓓ 바뀌었다.

쿤은 과학사의 이러한 장면들을 통해 과학적 진보는 누적적인 것이 아니라 혁명적인 것이라고 주장하였다. 정상 과학의 시기에는 패러다임이라는 인식의 틀 안에서 퍼즐을 맞추는 활동을 수행하는 것일 뿐 새로운 과학 지식을 만들어 내지는 못한다는 것이다. 더 나아가 쿤은, 하나의 이론 체계를 ⓔ 받아들인다는 것은 그것의 개념, 법칙, 가정을 포함한 패러다임 전체를 믿는 행위이므로 새로운 패러다임을 옛것과 비교하여 어떤 패러다임이 더 우월한 것인지 평가할 논리적 기준은 있을 수 없다고 보았다. 쿤의 과학혁명 가설은 과학의 발전을 새롭게 바라보는 통찰력 있는 관점으로서 많은 과학자들로 하여금 기존 패러다임으로 설명되지 않는 변칙 사례에 주목하게 하였고, 고정된 틀 속에서 문제를 해결하려 한 정상 과학을 반성적으로 바라볼 수 있게 하였다.

* 금속회(Calx): 금속의 산화물.

04

고2·2019년 9월 16번

윗글에 대한 이해로 적절하지 않은 것은?

① 라부아지에는 연소 실험 전후에 물질의 질량을 정밀하게 측정하였다.
② 베허와 슈탈은 종이가 플로지스톤을 많이 포함하고 있기 때문에 잘 타는 것이라고 보았다.
③ 플로지스톤 패러다임에서는 음식이 소화되는 과정을 플로지스톤이 빠져 나가는 것으로 이해하였다.
④ 라부아지에는 금속을 산에 녹일 때 나온 기체가 가연성을 띤다는 캐번디시의 실험 결과를 반박하였다.
⑤ 쿤의 과학혁명 가설은 기존의 이론적 틀 안에서 문제를 해결하려 하는 태도를 반성적으로 바라볼 수 있게 하였다.

05

고2·2019년 9월 17번

캐번디시가 ㉠과 같이 판단한 이유로 가장 적절한 것은?

① 이 기체는 잘 타는 성질을 갖고 있고 타면서 물이 형성되었기 때문에
② 이 기체는 금속에 많이 포함되어 있고 금속이 녹슬면서 나온 것이기 때문에
③ 이 기체는 산에 많이 포함되어 있고 금속을 산에 녹일 때 나온 것이기 때문에
④ 이 기체는 잘 타는 성질을 갖고 있고 녹슬지 않은 금속에서만 나온 것이기 때문에
⑤ 이 기체는 녹슨 금속을 산에 녹일 때는 나오지 않고 가열할 때만 나온 것이기 때문에

06

윗글을 참고할 때 라부아지에가 갖게 된 의문 의 내용으로 가장 적절한 것은?

① 금속이 플로지스톤을 잃어 녹슨 것이라면 녹슬기 전보다 질량이 늘어나야 하지 않을까?

② 금속이 플로지스톤을 잃어 녹슨 것이라면 녹슬기 전보다 질량이 줄어들어야 하지 않을까?

③ 금속이 플로지스톤을 잃어 녹슨 것이라도 녹슬기 전후의 질량은 동일하여야 하지 않을까?

④ 금속이 플로지스톤을 얻어 녹슨 것이라면 녹슬기 전보다 질량이 늘어나야 하지 않을까?

⑤ 금속이 플로지스톤을 얻어 녹슨 것이라도 녹슬기 전후의 질량은 동일하여야 하지 않을까?

07 1등급 대비 고난도 3점 문제

윗글을 바탕으로 〈보기〉를 이해한 것으로 적절하지 않은 것은? [3점]

〈보 기〉

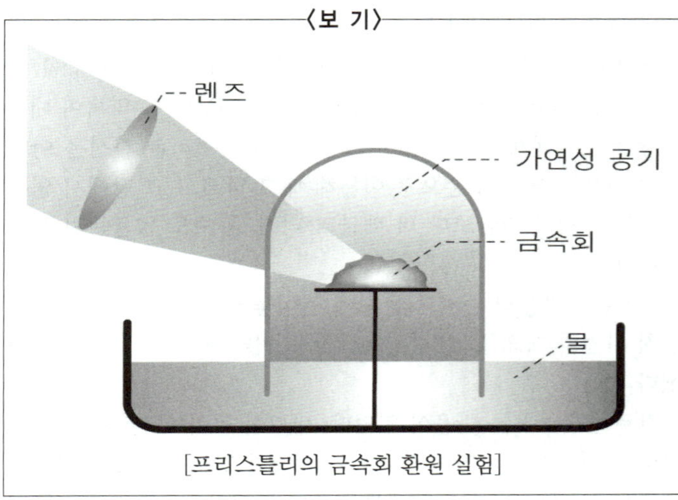

① 프리스틀리는 가열 전의 금속회는 플로지스톤이 결핍된 상태라고 보았다.

② 프리스틀리는 실험 과정 중 가연성 공기가 소모되어 수위가 상승한다고 이해하였다.

③ 프리스틀리는 가연성 공기를 활용하여 금속회를 금속으로 변화시킬 수 있다고 생각하였다.

④ 라부아지에는 금속회를 가열하면 가연성 공기와는 다른 기체인 산소가 방출된다고 보았다.

⑤ 라부아지에는 수은 위에서 실험을 시행하면 물 위에서 실험했을 때와는 달리 새로운 물이 형성될 것이라고 보았다.

08

〈보기〉의 관점에서 윗글의 토머스 쿤 의 주장을 비판한 내용으로 가장 적절한 것은?

〈보 기〉

새로운 패러다임이 기존의 패러다임보다 더 나아졌다고 말할 수 없다면 우리는 과학이 진보하고 있다고 말할 수 없다. 과학은 객관적인 관찰과 자료 분석, 논리적인 접근으로 유도된 지식의 총합이며 이런 지식의 누적이 바로 과학적 진보이다. 뉴턴의 역학은 아리스토텔레스의 이론이 설명하지 못하는 부분까지 해명하므로 뉴턴의 역학이 더 진보되었다고 우리는 믿어 왔다. 그리고 우리가 아인슈타인의 상대성 이론에 열광한 것도 뉴턴 역학으로 설명할 수 없는 부분을 해명할 수 있었기 때문이다.

① 라부아지에는 변칙 사례를 발견하고 이를 정상 과학으로 해명하려 노력하였다는 점에서 정상 과학은 새로운 과학 지식을 만들어 낸다고 볼 수 있다.

② 가연성 공기와 관련한 캐번디시의 실험은 정상 과학의 범주에서 이루어졌다는 점에서 새로운 패러다임은 기존의 패러다임보다 더 진보되었다고 볼 수 있다.

③ 플로지스톤 패러다임에서는 미해결 상태로 남았던 변칙 사례가 라부아지에의 이론으로 해명되었다는 점에서 패러다임 간의 우월성은 존재한다고 볼 수 있다.

④ 플로지스톤 패러다임은 상태 변화의 원인에, 라부아지에의 이론은 물질의 질량 변화에 각각 주목한 것일 뿐이므로 과학적 진보는 혁명적이라고 볼 수 없다.

⑤ 라부아지에 역시 프리스틀리의 실험 결과를 활용하여 자신의 이론을 설명하였다는 점에서 하나의 이론 체계를 받아들인다는 것은 패러다임 전체를 믿는 행위라 볼 수 없다.

09

문맥상 @~ⓔ와 바꿔 쓴 것으로 가장 적절한 것은?

① @: 조망(眺望)하였다

② ⓑ: 소유(所有)하고

③ ⓒ: 생략(省略)되고

④ ⓓ: 전도(顚倒)되었다

⑤ ⓔ: 수용(受容)한다는

10~12 다음 글을 읽고 물음에 답하시오.

[앞부분의 줄거리] 한센병 환자(나환자)의 섬 소록도에 전직 군의관 출신 조백헌 대령이 병원장으로 부임한다. 소록도 출신으로 섬의 역사에 대해 누구보다도 잘 알고 있는 보건과장 이상욱은 조 원장의 부임 인사 이후 열린 술자리에서 조 원장과 대화를 나눈다.

상욱은 자기도 모르게 차츰 목소리가 흥분되어가고 있었다.

"그런데 내가 오늘 30년 뒤에 또 그 사람의 약속을 되풀이하고 있었다는 거구려."

원장은 이제 좀 맥이 빠진 표정이었다. 하지만 그는 원래 여유가 만만한 사내였다. 그는 바야흐로 열이 오르기 시작한 상욱을 방해하려 하진 않았다. 맥이 좀 빠진 듯하면서도 이젠 그 상욱을 향해 빙긋빙긋 장난기 어린 미소까지 지어 보이고 있었다.

㉠ 상욱은 그런 원장의 표정이나 말은 아예 상관을 않으려는 태도였다.

"그분은 무엇보다도 먼저 이 섬을 나환자의 복지로 꾸밀 것을 약속했습니다. 학대받고 쫓겨 다니며 서러운 유랑 생활을 되풀이할 것이 아니라, 오순도순 서로를 위로하며 의지하고 살아갈 그들의 고향을 만들자고 설득했습니다. 인간으로서의 최소한의 긍지와 보람을 누리자고 격려했습니다. 병사와 의료 시설을 늘리고 생활 환경과 후생 시설을 다시 꾸미자고 했습니다. 그러자면 먼저 환자들 자신부터 절망과 비탄에서 벗어나 추악한 유랑 습벽을 버리고 새로운 인간으로 다시 태어나야 한다고 충고했습니다. 그리고 스스로의 복지를 스스로 꾸며 간다는 자부심과 자활 의욕이 솟아나야 한다고 촉구했습니다. 환자들은 박수를 아끼지 않았습니다."

"그는 약속을 지켰겠지."

"하지만 그는 약속을 지킨 대신 이곳에 자신의 동상을 세웠습니다."

㉡ 원장의 얼굴에서 비로소 웃음기가 사라졌다.

"당신 아무래도 좀 이상한 노이로제 증세가 있구만그래. 동상 이야긴 벌써 두 번째 듣고 있는 것 같은데, 도대체 그 동상이라는 건 뭘 말하고 싶은 거요?"

원장은 당황하고 있는 게 분명했으나 상욱의 말을 중단시키려고 하지는 않았다. 눈에 보이지 않는 두 사람의 대결이 주위를 완전히 침묵시키고 있었다.

㉢ 상욱의 어조에선 아직도 열기가 숙을 줄을 몰랐다.

"동상이 무엇을 뜻하는가는 원장님께서도 벌써 충분히 짐작을 하고 계실 줄 압니다. 그보다도 제가 벌써 두 차례씩이나 동상이라는 말을 원장님 앞에서 입에 담게 된 것은 아까 그 원장님 앞에 서 있던 사람들이 그동안에 그러한 동상을 너무도 많이 보아왔을 터이기 때문입니다. 그 사람들은 주정수 이후에도 새 원장님만 갈려 오면 번번이 또 그 원장이 새 동상을, 아니 실인즉슨 또 하나의 주정수의 동상을 보곤 했던 것입니다. 그 사람들은 오늘 낮 원장님을 뵙기 전에 벌써 열 번 이상이나 그곳에 서서 새 원장이 숨겨 가지고 온 주 원장의 동상을 보곤 했습니다. 누구든지 이곳에만 오면 주 원장의 동상을 새로 세우고 싶어 했습니다. 더러는 성공하고 더러는 실패도 했습니다. 어느 쪽이나 원장이 섬을 떠나고 나면 섬에 남는 것은 배반뿐

이었습니다."

(중략)

축구 경기를 보급시키고 시합의 승리를 맛보게 함으로써 섬사람들에게 어느 정도 자신감을 갖게 한 조백헌 원장은 마침내 그의 본격적인 사업 계획을 드러내고 나섰다.

그러나 ㉣ 섬사람들의 반응은 아직도 그의 기대에는 훨씬 미치지 못했다. 조백헌 원장이 오랫동안 혼자 가슴속에 숨겨오면서 공을 들여오던 사업 계획을 실현해 내는 데는 아직도 뛰어넘어야 할 수많은 장벽들이 가로놓여 있었다. 무엇보다 그가 먼저 싸워 넘어서야 할 장벽은 5천여 소록도 주민 바로 그 사람들의 불신감이었다. 축구 시합 승리의 소식을 안겨다 줌으로써 어느 정도 활기를 되찾은 듯싶던 섬사람들은 원장의 새 사업 계획이 드러나자 다시 또 냉랭하게 굳어져 버린 것이다.

"여러분. 이제 여러분은 이 섬을 나가야 합니다. 여러분과 여러분의 후손을 위한 고향을 꾸미기엔 이 섬은 너무도 비좁습니다……"

구름처럼 섬을 뒤덮고 있던 연분홍 꽃무리가 소리 없이 자취를 감추고 난 어느 조용한 봄날 오후, 조백헌 원장은 각 마을 장로 일곱 명을 중앙리 공회당으로 불러 모아 놓고 모처럼 그의 사업 계획을 털어놓았다.

"물론 이 일은 지난날 이 섬에 있었던 어떤 다른 역사보다도 더 힘들고 긴 세월이 필요할 겁니다. 그리고 과거의 다른 어떤 역사에서보다 그 혜택이 멀고 아득한 곳에 있다고밖에 할 수 없는 일입니다. 우리가 마음속에 지니고 기도해 온 약속이 내일 당장 우리에게 이루어질 수는 없습니다. 여러분 자신은 아마 이 일을 여러분의 손으로 이룩해 내고 나서도 그 땅에서 얻은 것을 가지고 지금보다 더 배불리 먹게 될 수도 없을는지 모릅니다."

원장은 5만분의 1 지도를 벽에 걸어놓고 그가 계획하고 있는 간척 사업의 개요를 설명한 다음 장로들을 간곡히 설득하기 시작했다.

장로들 쪽에서는 반응이 없었다. 바다를 막아야 한다는 원장의 말이 떨어지면서 차갑게 굳어지기 시작한 장로들의 얼굴 표정은 계속되는 원장의 설득에도 불구하고 좀처럼 변화의 기미가 엿보이지 않았다.

㉤ 원장은 맥이 풀렸다. 지난 1년 동안 그가 섬에서 이룩해 놓은 것들이 일시에 다시 허사가 되어버리고 있는 것 같았다. 그는 지난해 8월 이 섬으로 부임해 왔을 때의 그 숨이 막힐 듯 깊고 거대한 침묵의 회중 앞에 땀을 뻘뻘 흘리고 서 있었던 바로 그날의 그 회중 앞에 다시 선 기분이었다. 하지만 그는 이제 물러설 수가 없었다.

— 이청준, 「당신들의 천국」 —

10

고2·2020년 6월 35번

윗글의 서술상의 특징으로 가장 적절한 것은?

① 내적 독백을 나열하여 인물들의 심리 변화 양상을 보여 주고 있다.
② 감각적인 묘사를 통하여 시대적 상황을 상징적으로 제시하고 있다.
③ 대화와 행동을 제시하여 인물 간의 갈등 양상을 실감 나게 보여 주고 있다.
④ 과거 회상 장면을 삽입하여 인물 간의 갈등이 해소될 수 있음을 암시하고 있다.
⑤ 다른 공간에서 동시에 진행되는 사건을 병치하여 서사의 흐름을 지연시키고 있다.

11 1등급 대비 고난도 2점 문제

고2·2020년 6월 36번

㉠~㉤에 대한 설명으로 적절한 것은?

① ㉠: 자신의 말을 비웃는 조 원장을 조롱하려는 상욱의 심리를 드러내고 있다.
② ㉡: 자신의 예상과 다르게 상황이 전개됨을 인지한 조 원장이 당황해하는 모습을 보여 주고 있다.
③ ㉢: 상욱은 자신의 말을 막으려는 조 원장의 의도를 파악하지 못하고 있음을 보여 주고 있다.
④ ㉣: 섬사람들은 적극적으로 호응하였으나 조 원장의 기대가 비현실적이었음을 나타내고 있다.
⑤ ㉤: 섬사람들과 신뢰가 무너져 간척 사업을 포기할 수밖에 없는 조 원장의 좌절감이 드러나 있다.

12

고2·2020년 6월 37번

〈보기〉를 참고하여 윗글을 감상한 내용으로 적절하지 <u>않은</u> 것은? [3점]

〈보 기〉

이 작품은 극도의 절망 속에서 살아가는 소록도 나환자들을 새로운 삶의 길로 이끌어 내려는 인물의 이야기를 그려내고 있다. 나환자들을 패배감에서 벗어나게 한 주인공은 그들을 위한 천국을 만들기 위해 대규모의 오마도 간척 사업을 추진한다. 작가는 주인공의 의지는 긍정하지만, 지배와 피지배 사이의 역학 관계 속에서 뜻을 이루려는 주인공이 권력과 명예욕의 화신으로 돌변할지도 모를 타락 가능성을 의심하는 시선을 끝까지 놓지 않고 있다.

① 동상은 이전 원장들의 명예욕과 타락을 상징적으로 보여 주는 소재라고 하겠군.
② 조 원장의 진의를 의심하고 있다는 점에서 상욱은 작가의 시선을 대변하는 인물이라 할 수 있겠군.
③ 조 원장이 축구 경기를 보급한 것은 섬사람들을 패배감에서 벗어나게 하려는 의도와 관련이 있겠군.
④ 장로들이 침묵하는 것은 그들의 천국을 이루려면 간척 사업보다 더 큰 사업이 필요하다고 여기기 때문이겠군.
⑤ 인물들 간의 역학 관계를 중심에 놓고 생각할 때 조 원장은 지배자이고 섬사람들은 피지배자라고 볼 수 있겠군.

▶ 몰라서 틀린 문항 × 표기 ▶ 헷갈렸거나 찍은 문항 △ 표기 ▶ ×, △ 문항은 다시 풀고 ✔ 표기를 하세요.

종료 시각	시 분 초	문항 번호	01	02	03	04	05	06	07	08	09	10	11	12
소요 시간	분 초	채점 결과												
초과 시간	분 초	틀린 문항 복습												

DAY 25

수능기출
전국연합학력평가
20분 미니 모의고사

● 날짜 :　월　일　● 시작 시각 :　시　분　초　● 목표 시간 : 20분

※ 점수 표기가 없는 문항은 모두 2점입니다.

01~02 다음은 봉사 동아리 학생들을 대상으로 한 강연이다. 물음에 답하시오.

안녕하세요. □□ 산림 연구소 연구원 ○○○입니다. 강연 시작에 앞서 먼저 사진을 보실까요? (사진을 보여 주며) 기억나시지요? 지난 겨울 방학에 가로수 지킴이 활동을 하는 여러분의 모습입니다. 이번 여름 방학에도 가로수 지킴이로 활동할 여러분에게 도움을 드리고자 여름철 가로수 고사의 원인과 대책을 주제로 말씀드리겠습니다.

(사진을 보여 주며) 어디인지 아시겠어요? 여러분이 사는 △△시의 2년 전 사진입니다. 몇 월의 모습일까요? (청중의 답변을 듣고) 11월이나 12월이라고요? 그렇게 보이지만 8월의 모습입니다. 그해 여름이 얼마나 더웠는지 기억나시지요? (사진을 보여 주며) 이 사진도 가뭄과 폭염으로 말라 죽은 가로수의 모습입니다. 특히 도시의 가로수가 가뭄과 폭염으로 인한 건조에 취약한 것은 도시의 열악한 토양 환경 때문입니다. 도시의 토양은 물이 스며들기 어려워서 토양 내 수분 함유량이 매우 낮습니다. (그림을 보여 주며) 보시는 바와 같이 차도와 보도의 압력으로 토양 입자 사이의 틈이 줄어들어 있습니다. 이로 인해 뿌리에 충분한 수분이 전달되지 못하는 것이지요. 그래서 건조에 강한 수종을 가로수로 선정합니다. 잔뿌리가 땅 표면 가까이에 분포해서 적은 강우량에도 수분을 잘 흡수할 수 있는 수종을 선택하는 것이지요. 이와 함께 가로수가 건조에 견딜 수 있는 환경을 만들어 주기 위해 가로수의 기존 보호 틀을 확대해 물이 스며드는 면적을 넓히고 잔뿌리가 잘 자라도록 최대한 생육공간을 확보합니다.

그런데 다들 아시는 것처럼 최근 기후 변화로 가뭄과 폭염이 심해지고 있어 도시의 가로수에 수분을 공급하는 일이 절실합니다. 가로수가 말라 죽지 않도록 땅 표면 아래 20 ㎝까지 적셔 주려면 2시간 이상은 비가 내려야 하는데 폭염에는 잠시 쏟아지는 소나기로는 턱없이 부족합니다. 살수차를 동원해 물도 뿌리지만 한계가 있습니다. 그래서 사람이 직접 나무마다 물주머니를 매달고 토양 보습제를 투입하는 것입니다. 일일이 수작업 해야 하는 일이라 여러분과 같은 자원봉사자의 역할이 매우 중요합니다. 가로수를 지키는 건 여러분이 살아갈 도시를 더욱 건강하게 가꾸는 일입니다. 여러분 덕분에 △△시의 가로수가 올 여름에는 말라 죽지 않을 것입니다. 이상 강연을 마칩니다.

01

고3 · 2022학년도 6월 화 · 작 35번

위 강연자의 말하기 방식으로 가장 적절한 것은?

① 강연 대상을 다른 소재에 빗대어 설명하고 있다.
② 강연 내용과 관련한 청중의 경험을 환기하고 있다.
③ 통계 자료를 인용하여 강연 내용을 설명하고 있다.
④ 과거 사례와 최근의 사례를 대조하며 설명하고 있다.
⑤ 강연을 하게 된 소감을 밝히며 강연을 시작하고 있다.

02

고3 · 2022학년도 6월 화 · 작 36번

다음은 동아리 부장이 강연자에게 보낸 전자 우편이다. 이를 바탕으로 세운 강연자의 계획 중 강연에 반영되지 **않은** 것은?

| 답장 | 전체 답장 | 전달 | ✕ 삭제 | 스팸 신고 |　　　　　목록 ┃ 위 ┃ 아래 |

안녕하세요. 저는 △△시 △△고등학교 봉사 동아리 부장입니다. 여름 방학 봉사 활동을 위해 도시의 가로수가 여름에 왜 말라 죽는지, 이를 막기 위해서 필요한 것은 무엇인지, 저희의 활동이 어떤 의미가 있는지를 알고자 동아리 학생들을 대표해 강연을 부탁드립니다. 강연하실 때 저희 지역과 관련한 자료를 활용해 주시면 도움이 될 것 같습니다. 감사합니다.

① 청중이 여름 방학 봉사 활동에 참여하므로 여름철 가로수 지킴이 활동을 위한 준비 사항을 안내한다.
② 청중이 도시 가로수 고사의 원인을 알고자 하므로 이와 관련한 도시의 토양 환경을 시각 자료를 활용하여 설명한다.
③ 청중이 도시 가로수의 고사를 방지하기 위한 방안을 알고자 하므로 가로수에 수분을 공급하는 다양한 방안을 설명한다.
④ 청중이 봉사 활동의 의의를 알고자 하므로 봉사 활동이 가뭄과 폭염에서 가로수를 보호하는 데 기여한다는 것을 설명한다.
⑤ 청중이 자신의 지역과 관련한 자료의 활용을 희망하므로 △△시의 사진을 보여 주며 질의응답한다.

03 다음은 탐방 동아리 블로그에 올릴 학생 글의 '초고'이다. 물음에 답하시오.

보배의 섬, 진도는 참 멀었다. 오후 늦게 할아버지 댁에 도착했다. 반갑게 맞잡은 할아버지의 손이 따뜻하고 묵직했다. 세발낙지 비빔밥으로 저녁을 맛나게 먹었다. 내일 둘러볼 운림산방과 소포마을, 그리고 울돌목 등에 대한 할아버지 말씀을 들으니 마음이 설렜다.

아침 일찍 할아버지와 함께 운림산방으로 향했다. 운림산방은 소치 허련의 화실이다. 소치는 스승인 추사 김정희가 세상을 떠나자 낙향하여 운림산방을 짓고 자연을 벗하여 그림을 그렸다. 운림산방 뒤로 첨찰산이 병풍처럼 둘러 서 있다. 사철 푸르른 첨찰산에 걸친 구름과, 깊은 골짜기를 흘러내린 시내와, 운림산방의 연못에서 피어 오른 안개가 어우러져 한 폭의 수묵화로 머릿속에 그려지고 있었다.

첨찰산에 깃든 쌍계사의 동백꽃을 한참 구경하다가 소포마을로 길을 재촉했다. 소포마을은 소포걸군농악, 강강술래, 남도 민요 등이 전승되는 남도 소리의 산실이다. 봄의 기척이 들려오는 들녘에는 파릇파릇한 대파를 뽑아 묶는 농부들이 보인다. 진도 아리랑 한 가락이 긴 밭두렁을 타고 들리는 듯하다.

점심을 먹고 공연 시간에 맞추어 진도향토문화회관에 도착했다. 이곳에서는 매주 토요일 오후 2시에 씻김굿, 진도 북놀이, 판소리 등의 공연이 진행된다. 무대와 객석이 하나가 되는 신명 나는 공연이었다. 공연이 끝날 때 모두 어우러져 북소리 장단에 맞춰 어깨춤을 췄다. 그 여운이 아직도 가슴 가득하다.

진도대교가 놓여 있는 울돌목의 진면목을 보기 위해 해 질 무렵 전망대에 올랐다. 울돌목, 명량(鳴梁)! 좁은 길목을 빠져 나가는 물살이 거세고 빨라 마치 물이 울음을 우는 것 같다고 해서 이름 붙여진 곳. 진도대교 밑으로 흐르는 바닷물이 물보라를 일으키며 들끓고 있었다. 정유재란 때 이순신 장군이 해류의 흐름을 이용하여 10여 척의 배로 133척의 왜선을 물리쳤다는 명량해전. 수업 시간에 배운 그 역사의 현장에 내가 서 있다. 영화 '명량'을 보며 선생님은 영웅의 지략과 민초들의 헌신을 역설하셨다. 영화의 한 장면이 눈앞에 펼쳐진다. 왜선들을 마주하고 홀로 선 대장선의 깃발이 펄럭이고 북소리가 들린다.

03

윗글을 블로그에 싣기 위한 매체 언어의 활용 방안으로 적절하지 않은 것은?

① 1문단에서 탐방 지역의 약도를 시각 자료로 제시하여 여정을 한눈에 볼 수 있도록 한다.

② 2문단에서 운림산방과 첨찰산의 사진을 시각 자료로 제시하여 장소에 대한 독자의 이해를 돕는다.

③ 3문단에서 진도 아리랑을 청각 자료로 제시하여 독자가 직접 진도 아리랑을 들어 볼 수 있는 기회를 제공한다.

④ 4문단에서 진도향토문화회관의 공연 정보를 하이퍼링크로 제시하여 독자가 정보를 탐색할 수 있도록 안내한다.

⑤ 5문단에서 씻김굿의 한 장면을 영상 자료로 제시하며 영웅의 지략과 민초들의 헌신을 실감나게 전달한다.

04 1등급 대비 고난도 2점 문제

고2 · 2020년 11월 15번

〈보기〉는 문법 수업의 일부이다. 탐구 과제를 수행한 결과로 적절하지 <u>않은</u> 것은?

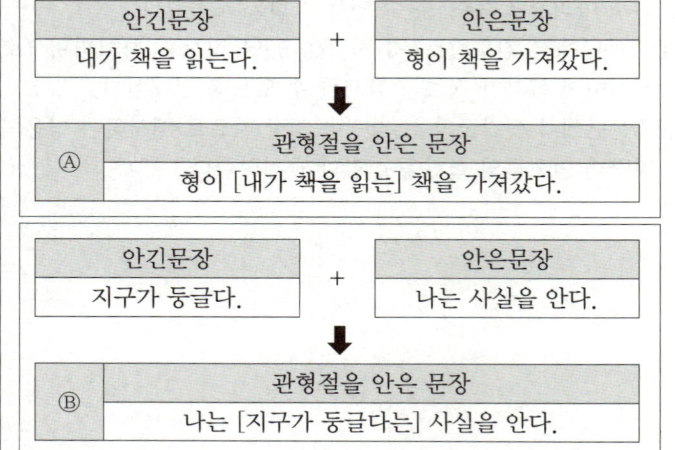

위에서 보듯이, Ⓐ의 유형처럼 안은문장과 공통된 체언이 생략된 관형절을 안은 문장이 있고, Ⓑ의 유형처럼 생략된 성분 없이 문장의 필수 성분을 완전하게 갖춘 관형절을 안은 문장이 있습니다.

[탐구 과제]

○ 다음의 관형절을 안은 문장들을 탐구해 보자.

ㄱ. 그가 지은 시는 감동적이었다.
ㄴ. 나는 벽에 걸려 있던 사진을 떠올렸다.
ㄷ. 나는 그가 한국에 돌아왔다는 소문을 들었다.
ㄹ. 그 사람이 나를 속일 가능성은 매우 낮다.
ㅁ. 나는 수건으로 이마에 흐르는 땀을 닦았다.

① ㄱ은 안긴문장의 체언을 생략하여 관형절을 만들었다는 점에서 Ⓐ와 같은 유형이다.
② ㄴ은 안긴문장과 안은문장의 공통된 체언이 생략되지 않고 관형절이 만들어졌다는 점에서 Ⓑ와 같은 유형이다.
③ ㄷ은 '그가 한국에 돌아왔다.'라는 안긴문장이 생략된 성분 없이 관형어로 쓰이고 있다는 점에서 Ⓑ와 같은 유형이다.
④ ㄹ은 관형절이 문장의 필수 성분을 모두 갖추고 있다는 점에서 Ⓑ와 같은 유형이다.
⑤ ㅁ은 안긴문장과 안은문장의 공통된 체언인 '땀'이 관형절에서 생략되어 있다는 점에서 Ⓐ와 같은 유형이다.

05~09 다음 글을 읽고 물음에 답하시오.

우리는 냄새를 어떻게 인식할까? 냄새의 원인이 되는 기체 상태의 분자가 코로 들어온 후 몇 가지 과정을 거쳐 뇌에서 냄새를 인식하게 된다. 과학자들은 분자의 구조와 뇌가 인식하는 냄새 사이에 직접적인 관련이 있다고 추측하고 이를 밝히려고 했으나 한계에 부딪혔다. 단일 분자 물질이 농도에 따라 전혀 다른 냄새로 인식되는 경우를 설명할 수 없었기 때문이다. 이후 다른 감각들은 자극이 전기 신호로 바뀌어 인식된 것이라는 점에 착안하여 후각을 이해하려는 접근이 도입되었다. 20세기 후반에 미국의 과학자인 액설과 벅은 냄새 분자를 전기 신호로 전환하는 매개체인 후각 수용체를 발견했다. 후각 수용체를 중심으로 후각 자극의 신호 전달 과정을 살펴보자.

코안의 가장 윗부분에 후각 수용체가 있는 엄지손톱 크기의 후각 상피가 있다. 냄새 분자는 우리가 호흡할 때 공기에 실려 후각 상피로 가는데, 방향에 따라 정방향 경로와 역방향 경로가 있다. 전자는 숨을 들이쉴 때 신체 외부에 있던 냄새 분자가 콧속으로 유입되는 경로이고, 후자는 신체 내부에 있던 냄새 분자가 목구멍을 통해 코 뒤로 올라가 숨을 내쉴 때 후각 상피에 도달하는 경로이다. 후자를 통해 이동한 냄새 분자는 미각으로 느낀 맛을 더욱 풍부하게 할 수 있다.

이러한 경로를 통해 냄새 분자가 도달한 ㉠ 후각 상피에는 냄새를 받아들이는 후각 신경 세포 수백만 개가 밀집해 있다. 세포의 말단에는 가느다란 섬모들이 뻗어 나와 얇

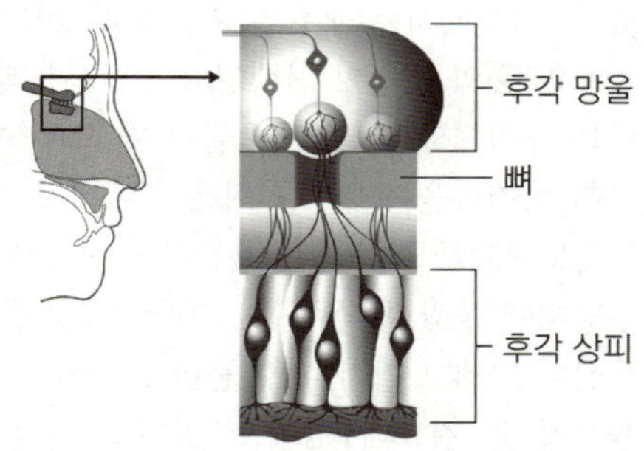

은 점액질층에 잠겨 있고, 섬모 표면에는 특정한 몇 종류의 분자와 선택적으로 결합하는 막단백질인 후각 수용체가 점점이 박혀 있는데 한 개의 후각 신경 세포에는 한 종류의 후각 수용체만 존재한다. 냄새 분자는 점액질층을 통과하여 후각 수용체와 결합한다. 대부분의 냄새에는 수백 종류의 분자가 포함되는데, 이 냄새 분자와 특이적으로 결합하는 후각 수용체가 동시에 활성화된다. 인간은 약 400종류의 후각 수용체로 1만여 가지의 냄새를 맡을 수 있다.

후각 수용체가 활성화되면 후각 신경 세포의 세포막 안팎에 전압 차가 만들어지면서 후각 신경 세포에서 전기 신호가 발생한다. 이 신호는 후각 신경 세포에서 뻗어 나온 긴 돌기인 축삭을 타고 뼈의 구멍을 통해 뇌로 올라가 ㉡ 후각 망울에 있는 토리로 전달된다. 하나의 토리에는 동일한 종류의 후각 수용체가 활성화되어 만들어진 모든 전기 신호가 모인다. 이때 수천 개의 토리 중 신호를 전달받은 토리들이 패턴을 만드는데, 신호의 세기도 패턴에 반영된다. 냄새마다 고유한 일종의 패턴 지도가 있어 다른 냄새와 구별할 수 있는 특징이 된다. 단일 분자로 이루어진 물질이라도 농도에 따라 다른 패턴이 만들어진다면 우리는 이를 전혀 다른 냄새로 인식한다.

후각 망울의 토리에서 만들어진 패턴은 신경 세포인 승모 세

포를 통해 전기 신호가 강화되어 대뇌로 전달되고, 대뇌의 다양한 정보들과 합쳐져 최종적으로 냄새를 인식하게 된다. 승모 세포가 연결된 대뇌의 후각 겉질에는 과거에 맡았던 냄새 정보가 저장되어 있어 새로운 냄새의 정보를 기존의 것과 비교하고, 냄새 정보를 편도체, 해마, 눈확이마 겉질 등 대뇌의 다른 영역으로 보낸다. 이 냄새 정보는 정서 반응에 관여하는 편도체 및 기억을 담당하는 해마로 즉시 전달된다. 이 때문에 어떤 냄새를 맡으면 무의식중에 즐겁거나 불쾌한 감정을 느낄 수도 있고, 순식간에 과거의 기억이 ⓐ 떠오를 수도 있다. 그리고 눈확이마 겉질에서는 개인의 경험, 기대, 상황 등의 정보를 종합하여 최종적으로 어떤 냄새인지 판단하여 냄새를 인식하게 된다.

05

고2 · 2023년 9월 26번

윗글을 통해 답을 찾을 수 있는 질문으로 적절한 것은?

① 후각 상피에 있는 점액질층의 성분은 무엇인가?
② 후각 겉질과 눈확이마 겉질을 나누는 기준은 무엇인가?
③ 후각 수용체가 냄새 분자와 결합하는 원리는 무엇인가?
④ 냄새 분자가 정방향 경로로 들어올 때의 장점은 무엇인가?
⑤ 냄새를 맡으면 순식간에 기억이 떠오르는 이유는 무엇인가?

06

고2 · 2023년 9월 27번

윗글을 읽고 추론한 내용으로 적절하지 않은 것은?

① 두 물질의 냄새 분자가 다르다면 토리에서 만들어진 패턴이 다르겠군.
② 액설과 벅은 냄새 분자의 구조에 따라 냄새가 인식되는 방법을 발견했겠군.
③ 자극이 전기 신호로 바뀌어 인식될 것이라는 접근은 후각 이외의 감각에 먼저 도입되었겠군.
④ 어떤 냄새를 귤 냄새로 판단했다면 과거의 냄새 정보와 새로운 정보를 비교하는 과정이 있었겠군.
⑤ 코가 막혔을 때 미각으로 느낀 맛을 더욱 풍부하게 느끼지 못하는 것은 후각 상피로 가는 역방향 경로가 막혔기 때문이겠군.

07

고2 · 2023년 9월 28번

후각 자극의 신호 전달 과정 을 중심으로 ㉠, ㉡을 이해한 내용으로 적절하지 않은 것은?

① ㉠에서 냄새 분자가 섬모에 닿으려면 먼저 점액질층을 통과해야 한다.
② ㉠에서 냄새 분자와 후각 수용체가 결합하면 후각 신경 세포에서 전기 신호가 발생한다.
③ ㉡에서 만들어진 패턴은 승모 세포를 통해 전기 신호가 강해져 대뇌의 후각 겉질로 전달된다.
④ ㉠에서 서로 다른 종류의 후각 수용체가 활성화되어 발생한 전기 신호는 한 개의 축삭에 모여 ㉡으로 전달된다.
⑤ ㉠으로부터 전달된 전기 신호와 세기를 반영하여 ㉡에서는 패턴이 만들어진다.

08

고2 · 2023년 9월 29번

윗글과 〈보기〉를 이해한 내용으로 적절하지 않은 것은? [3점]

> ─〈 보 기 〉─
>
> '전자 코'는 질병 조기 진단, 식품의 신선도 측정 등에 두루 쓰인다. 최근 사람의 후각과 원리가 비슷한 6가지 나노 금 입자로 구성된 전자 코가 개발돼 질병 진단을 위해 단백질을 분석할 때 쓰이고 있다. 6가지 나노 금 입자에 특정한 단백질과 결합하는 물질들이 코팅되어 있다. 나노 금 입자는 형광물질과 결합한 상태인데 단백질이 결합하면 형광물질이 분리되면서 빛을 낸다. 나노 금 입자와 단백질의 결합 여부 및 결합하는 정도에 따라 빛의 세기가 달라지고, 이러한 빛들이 만드는 빛의 분포는 단백질마다 다른 고유한 특징이다. 이러한 빛의 분포를 컴퓨터로 분석하고 기존의 데이터와 비교하여 단백질의 종류를 파악한다.

① '토리에서 만들어진 패턴'과 '빛의 분포'는 대상마다 다르게 나타나는 고유한 특징이라는 점에서 유사하다고 볼 수 있겠군.
② '후각 수용체'와 '단백질과 결합하는 물질들'은 대상과 선택적으로 결합한다는 점에서 유사하다고 볼 수 있겠군.
③ '대뇌의 후각 겉질'과 '컴퓨터'는 새로운 정보를 기존의 정보와 비교한다는 점에서 유사하다고 볼 수 있겠군.
④ '승모 세포'와 '나노 금 입자'는 대상과의 결합 여부와 정도를 알려 준다는 점에서 유사하다고 볼 수 있겠군.
⑤ '전기 신호'와 '빛'은 두 대상의 결합으로 인해 발생한다는 점에서 유사하다고 볼 수 있겠군.

09

문맥상 @의 의미와 가장 가까운 것은?

① 바람에 날린 연이 높이 <u>떠올랐다</u>.
② 붉은 태양이 바다 위로 <u>떠올랐다</u>.
③ 어머니의 얼굴에 미소가 <u>떠올랐다</u>.
④ 그 사람의 이름이 이제야 <u>떠올랐다</u>.
⑤ 그녀는 배구계의 새 강자로 <u>떠올랐다</u>.

10~12 다음 글을 읽고 물음에 답하시오.

(가)

세상의 열매들은 왜 모두
둥글어야 하는가.
가시나무도 향기로운 그의 탱자만은 둥글다.

땅으로 땅으로 파고드는 뿌리는
날카롭지만
하늘로 하늘로 뻗어가는 가지는
뾰족하지만
스스로 익어 떨어질 줄 아는 열매는
모가 나지 않는다.

덥썩 / 한입에 물어 깨무는
탐스런 한 알의 능금
먹는 자의 이빨은 예리하지만
먹히는 능금은 부드럽다.

그대는 아는가,
모든 생성하는 존재는 둥글다는 것을
스스로 먹힐 줄 아는 열매는
모가 나지 않는다는 것을.

– 오세영, 「열매」 –

(나)

제 손으로 만들지 않고
한꺼번에 싸게 사서
마구 쓰다가 / 망가지면 내다 버리는
플라스틱 물건처럼 느껴질 때
나는 당장 **버스**에서 뛰어내리고 싶다
현대 아파트가 들어서며
홍은동 사거리에서 사라진
털보네 대장간을 찾아가고 싶다
풀무질로 이글거리는 불 속에
시우쇠*처럼 나를 달구고
모루* 위에서 벼리고 / 숫돌에 갈아
시퍼런 무쇠낫으로 바꾸고 싶다
땀흘리며 두들겨 하나씩 만들어낸
꼬부랑 호미가 되어
소나무 자루에서 송진을 흘리면서
대장간 벽에 걸리고 싶다
지금까지 살아온 인생이
온통 부끄러워지고
직지사 해우소
아득한 나락으로 떨어져내리는
똥덩이처럼 느껴질 때
나는 **가던 길**을 멈추고 문득
어딘가 걸려 있고 싶다

– 김광규, 「대장간의 유혹」 –

* 시우쇠: 무쇠를 불에 달구어 단단하게 만든 쇠붙이.

* 모루: 대장간에서 불린 쇠를 올려놓고 두드릴 때 받침으로 쓰는 쇳덩이.

10

고2 · 2021년 6월 43번

(가)에 대한 설명으로 가장 적절한 것은?

① 자연물에 감정을 이입하여 시적 정서를 드러내고 있다.
② 청각적 심상을 활용하여 시적 상황을 구체화하고 있다.
③ 유사한 통사 구조의 반복으로 시적 의미를 강조하고 있다.
④ 색채어의 대비를 통해 대상에서 받은 인상을 부각하고 있다.
⑤ 계절의 흐름을 활용하여 대상의 변화 과정을 드러내고 있다.

11

고2 · 2021년 6월 44번

(나)에 대한 이해로 적절하지 <u>않은</u> 것은?

① '버스'에서 뛰어내리고 싶다고 한 것을 통해 부정적 상황에서 벗어나고 싶어 하는 태도를 드러내고 있다.
② '홍은동 사거리'의 변화로 인해 사라진 공간을 찾아가고 싶은 심정을 드러내고 있다.
③ '털보네 대장간'을 통해 자신을 단련하여 탈바꿈하고 싶은 마음을 드러내고 있다.
④ '직지사 해우소'와 관련된 소재를 통해 자신의 삶에 대한 반성적 인식을 보여 주고 있다.
⑤ '가던 길'을 멈추는 행동을 통해 현실과 일시적으로 타협하려는 모습을 보여 주고 있다.

12

고2 · 2021년 6월 45번

〈보기〉를 바탕으로 (가)와 (나)를 감상한 내용으로 적절하지 <u>않은</u> 것은? [3점]

〈보 기〉

(가)와 (나)는 모두 상징적 소재를 통해 바람직한 삶의 자세에 대한 깨달음을 그리고 있다. (가)는 나무의 모습을 관찰하며 원만한 삶의 태도와 자기희생적 정신을 발견하고, 이를 통해 얻은 깨달음을 확장하고 있다. (나)는 플라스틱 제품과 대장간의 농기구를 통해 무가치하고 소모품적인 존재가 아니라 자기만의 의미와 가치를 지닌 존재가 되고 싶다는 소망을 보여 주고 있다.

① (가): 날카로운 '뿌리'와 대비되는 둥근 '열매'의 모습에서 원만한 삶의 태도를 발견할 수 있군.
② (가): '스스로 먹힐 줄' 아는 열매에서 다른 생명을 위한 자기희생의 자세를 볼 수 있군.
③ (가): '모든 생성하는 존재'가 둥글다는 인식은 열매의 모습에서 얻은 깨달음을 확장한 것으로 볼 수 있군.
④ (나): '망가지면 내다 버리는' 물건은 무가치하고 소모품적인 존재를 의미한다고 볼 수 있군.
⑤ (나): '꼬부랑 호미'가 '송진'을 흘리며 벽에 걸린 모습에서 무가치한 존재로 머물러 있음을 알 수 있군.

▶ 몰라서 틀린 문항 × 표기   ▶ 헷갈렸거나 찍은 문항 △ 표기   ▶ ×, △ 문항은 다시 풀고 ✔ 표기를 하세요.

종료 시각	시 분 초	문항 번호	01	02	03	04	05	06	07	08	09	10	11	12
소요 시간	분 초	채점 결과												
초과 시간	분 초	틀린 문항 복습												

DAY 26

수능기출 전국연합학력평가 20분 미니 모의고사

● 날짜 :　　월　　일　● 시작 시각 :　　시　　분　　초　● 목표 시간 : 20분

※ 점수 표기가 없는 문항은 모두 **2점**입니다.

01　다음은 교지에 실을 글을 쓰기 위한 인터뷰이다. 물음에 답하시오.

학생: 안녕하세요? □□고 교지편집부 기자 ◇◇◇입니다. 사전에 말씀드린 것처럼 △△△ 님의 음악 활동을 교지 특집호에 실으려고 합니다. 직접 찾아뵙고 인터뷰하게 되니 떨리네요.

가수: 편하게 물어보세요. 선배라고 불러도 돼요.

학생: 감사합니다. 본격적으로 질문하기 전에 하나만 여쭤 볼게요. 저희 반 ○○○ 선생님께서 선배님 2학년 때 담임 선생님이셨다던데, 참 좋은 분이시죠?

가수: 그럼요. 그분 덕분에 제 음악적 재능도 발견하고 자신감도 키울 수 있었어요. 후배님도 ○○○ 선생님께 배우고 있다니 한결 가까워진 느낌이네요.

학생: 저도요, 선배님. 이제 음악 활동에 관해 질문 드릴게요. 선배님께서 진행하시는 프로젝트 공연 『와!』가 최근 화제가 되고 있는데, 간단히 소개해 주세요.

가수: 『와!』는 즉흥과 소통을 테마로 하는 길거리 공연이에요. 시간이나 장소를 공지하지 않은 상황에서 매달 한 번씩 기습적으로 길거리 공연을 하는 거예요. 그날 모인 관객들과 소통하며 공연 프로그램도 유연하게 진행하고요.

학생: 그렇군요. 그런데 궁금한 게 있는데요. 선배님 하면 다들 떠올리는 게 '음원 대장'이잖아요. 많은 일정으로 바쁘실 텐데, 따로 길거리 공연을 시작하게 된 계기가 뭔가요?

가수: 초기에는 관객 열 명 앞에서도 기쁘게 노래했는데 어느 순간 관객이 늘고 음원 순위가 높아져도 만족하지 못하는 자신을 발견했어요. 그래서 초심으로 돌아가고 싶어서 『와!』를 시작하게 되었죠.

학생: 길거리 공연을 통해 초심으로 돌아갈 수 있었다는 말씀이시죠?

가수: 네, 맞아요. 그런데 그 이상의 것을 얻고 있어요. 길거리 공연을 통해 가까운 곳에서 만나는 관객들의 반응은 제게 새로운 것을 시도할 수 있는 자극을 줘요.

학생: 그런 점에서 특별히 기억에 남는 공연이 있나요?

가수: 관객들과 즉흥적으로 노래를 만들어 부른 적이 있어요. 순간의 느낌을 가사에 담아 멜로디를 붙여 같이 부르는데 전율이 생기더라고요. 그럴 때 정말 행복합니다.

학생: 저도 그 자리에 함께했다면 좋았을 것 같아요. 마지막 질문입니다. 앞으로 『와!』는 어떻게 진행될까요?

가수: 기습 공연인 만큼 진행에 관련된 건 비밀이에요. 살짝 귀띔해 드리자면, 이번 달에는 □□고 후배들을 만나게 될지도 모르겠어요.

학생: 엄청난 소식인데요. 귀중한 시간 내주셔서 감사드립니다.

가수: 감사합니다.

01

고2 · 2020년 3월 4번

학생의 말하기 방식에 대한 설명으로 적절하지 **않은** 것은?

① 찾아온 목적을 밝히며 인터뷰를 시작하고 있다.

② 자기 경험을 언급하여 인터뷰의 중요성을 부각하고 있다.

③ 공유하는 요소를 언급하여 친밀감을 형성하고 있다.

④ 상대방의 답변 일부를 재진술하며 이해한 내용이 맞는지 확인하고 있다.

⑤ 상대의 말과 관련된 구체적인 사례가 있는지 답변을 요청하고 있다.

---

02 다음은 작문 과제에 따라 학생들이 작성한 글이다. 물음에 답하시오.

> **[작문 과제]**
> 일상의 경험을 바탕으로 자신을 성찰하는 글을 써 보자.

[학생의 글]

(가) 학생 1

　체력을 기르기 위해 달리기를 시작했다. 처음 달리기를 했을 때는 너무 힘들었다. 마음만 앞서서 무작정 속도를 높였고 결국 목표했던 거리를 달리지도 못한 채 지쳐서 주저앉았다. 거친 숨을 내쉬면서 생각했다. 무엇이 그렇게 급했던 것일까? 생각해 보면 나는 평소에도 무언가를 할 때 급한 마음에 처음부터 모든 힘을 쏟다가 금방 지쳐서 포기하는 경우가 많았다. 공부할 때도 마찬가지였다. 현재의 내 실력과 상관없이 마음만 앞서서 무리한 계획을 세웠고 며칠 지나지 않아 그만둔 적이 많았다. 공부뿐만 아니라 어떤 일을 끝까지 마무리하기 위해서는 계획을 세우고 나에게 맞는 속도를 찾아 꾸준히 해 나가야겠다는 생각을 하였다.

(나) 학생 2

　나는 어떤 일이든 혼자 힘으로 해내야 한다는 생각을 하고 있었다. 이번에 참가한 마라톤 대회의 출발선에 섰을 때도 같은 생각이었다. 달리기는 혼자서 모든 것을 감당해야 하는 외로운 싸움이라는 생각을 하며 달리기 시작하였다. 호흡이 가빠지고 다리가 무거워져서 잠시 멈춰 있을 때, 한 무리의 사람들을 만났다. 그 사람들은 힘들면 함께 달리자고 하였고, 계속 격려의 말을 나누면서 서로 발을 맞추어 달리다 보니 힘듦은 어느새 사라지고 즐거움만 남았다. 그동안 누군가를 의지하지 않고 어떤 일을 해야만 성취감을 느낄 수 있다고 생각했었는데, 서로를 의지하며 함께 했을 때 더 큰 성취감을 느낄 수 있다는 것을 깨달았다.

02

(가)와 (나)의 글쓰기 방식에 대한 설명으로 가장 적절한 것은?

① (가)와 (나) 모두 묻고 답하는 방식을 활용하여 글을 전개하였다.

② (가)와 (나) 모두 다양한 경험을 나열하는 방식으로 서술하였다.

③ (가)는 공간의 이동을 중심으로, (나)는 시간의 흐름을 중심으로 글을 전개하였다.

④ (가)는 깨달은 점을 글의 도입부에서 강조하였고, (나)는 깨달은 점을 정리하며 글을 마무리하였다.

⑤ (가)는 경험에서 깨달은 점을 다른 상황에 적용하여, (나)는 경험 전후의 생각을 대비하여 서술하였다.

03

〈보기〉의 ㉠, ㉡에 해당하는 사례를 바르게 짝지은 것은?

> **〈 보 기 〉**
>
> 　국어의 음절 종성에서는 자음을 두 개 발음할 수 없다. 따라서 겹받침으로 끝나는 형태소와 다른 형태소가 결합하면 자음군 단순화와 더불어 다른 음운 변동이 함께 적용되는 경우가 많다. 예를 들어 '닭만[당만]'은 ㉠ 자음군 단순화와 비음화가 함께 적용된 경우에 해당하고, '맑지[막찌]'는 ㉡ 자음군 단순화와 된소리되기가 함께 적용된 경우에 해당한다.

	㉠	㉡
①	값만[감만]	흙과[흑꽈]
②	잃는[일른]	읊고[읍꼬]
③	덮지[덥찌]	밝혀[발켜]
④	밟는[밤:는]	닭다[닥따]
⑤	젊어[절머]	짧지[짤찌]

04~08 다음 글을 읽고 물음에 답하시오.

유엔해양법협약은 해양의 이용을 둘러싸고 ⓐ 발생하는 국가 간의 상반된 이익을 절충하고 갈등을 해결하는 규범의 역할을 담당하고 있다.

유엔해양법협약에 따르면 해양을 둘러싸고 해당 협약에 대한 해석이나 적용에 관해 국가 간 분쟁이 발생하였을 때, 분쟁 당사국들은 우선 의무적으로 분쟁 해결에 관하여 신속히 의견을 ⓑ 교환해야 하고 교섭이나 조정 절차 등 국가 간 합의에 의한 평화적 수단을 통해 분쟁 해결을 위해 노력해야 한다. 이러한 평화적 분쟁 해결 수단을 거쳐야 할 의무를 당사국에 부과하는 이유는 국제법의 특성상, 분쟁 해결의 원리가 기본적으로 각 국가의 동의를 바탕으로 적용되기 때문이다. 그런데 만약 이러한 방법으로도 분쟁이 해결되지 못할 경우에는 구속력 있는 결정을 수반하는 절차에 들어가게 되는데 이를 강제절차라고 한다.

강제절차란 분쟁 당사국들이 국제적인 분쟁 해결 기구를 통해 분쟁을 해결하는 절차이다. 이때 당사국들은 자국의 이익이나 분쟁 내용 등을 고려해 분쟁 해결 기구를 선택할 수 있는데, 선택 가능한 기구에는 중재재판소, 국제해양법재판소 등 유엔해양법협약에 의해 설립된 분쟁 해결 기구들이 있다. 이 중 중재재판소는 필요할 때마다 분쟁 당사국 간의 합의를 통해 구성되고, 국제해양법재판소는 상설 기구로 재판관 임명이나 재판소 조직 등이 사전에 결정되어 있다. 만약 분쟁 당사국들이 분쟁 해결 기구를 선택하지 않았거나 양국이 동일한 선택을 하지 않은 경우에는 별도의 합의를 하지 않는 한, 사건이 중재재판소에 회부된다.

본안 소송을 담당하는 재판소가 분쟁에 대한 최종 판결을 내리기 위해서는 먼저 본안 소송 관할권의 존재 여부를 판단하여 확정하는 심리* 절차를 거쳐야 한다. 여기서 관할권이란 회부된 사건을 재판소가 다룰 수 있는 권한을 의미하는데, 이후 본안 소송의 관할권이 확정된 사안에 대해 해당 재판소는 재판 과정을 거쳐 분쟁에 대한 최종 판결을 내리게 된다.

그런데 재판의 최종 판결이 내려지기까지 일정 시간이 ⓒ 소요되기 때문에, 해당 재판소는 분쟁 당사국의 요청이 있으면 필요한 경우 잠정조치를 명령할 수 있다. 이때 잠정조치란 긴급한 상황에서 분쟁 당사국의 이익을 보호하거나 해양 환경의 중대한 피해를 방지할 목적으로 내려지는 구속력 있는 임시 조치이다. 잠정조치는 효력이 임시적이므로 본안 소송의 최종 판결이 내려지면 효력이 종료된다.

분쟁 당사국이 소송을 제기하여 재판소에 사건이 회부되면 소송 절차가 개시되고, 그 이후 분쟁 당사국들은 언제든지 잠정조치를 요청할 수 있다. 일반적으로 잠정조치는 사건이 회부된 재판소에서 ⓓ 담당하지만, 본안 소송의 재판소와 잠정조치를 명령하는 재판소가 다른 경우도 있다. 본안 소송과 마찬가지로 잠정조치도 관할권을 필요로 한다.

예를 들어 유엔해양법협약에 의한 중재재판소에 사건이 회부되었지만, 사안이 긴급하여 재판소 구성을 기다릴 수 없는 경우에 국제해양법재판소가 잠정조치를 담당할 수 있다. 이때 본안 소송을 담당하는 중재재판소의 관할권이 확정되지 않았더라도,

잠정조치가 요청된 국제해양법재판소에서 ㉠ 본안 소송의 관할권을 심리한 결과, 중재재판소가 관할권을 갖게 될 가능성이 예측되어야 국제해양법재판소는 ㉡ 잠정조치의 관할권을 가질 수 있다. 기본적으로 잠정조치에 대한 관할권은 본안 소송을 담당하는 재판소가 관할권을 갖게 될 가능성이 큰 경우에 인정되기 때문이다. 결국 사건이 회부된 중재재판소의 본안 소송의 관할권 존재 가능성이 예측되고, 분쟁 해결이 긴급하여 잠정조치의 필요성이 인정되면, 분쟁 당사국의 이익을 보호하거나 해양 환경의 중대한 피해를 ⓔ 방지하기 위해 국제해양법재판소가 잠정조치 재판을 통해 잠정조치를 명령할 수 있는 것이다.

* 심리: 사실 관계 및 법률관계를 명확히 하기 위하여 증거나 방법 따위를 심사하는 것.

04

고2·2021년 11월 23번

윗글에서 알 수 있는 내용으로 적절하지 <u>않은</u> 것은?

① 잠정조치 재판에서 내려진 결정은 구속력이 없는 임시 조치이다.
② 분쟁 당사국들은 자국의 이익을 고려하여 분쟁 해결 기구를 선택할 수 있다.
③ 유엔해양법협약에 따른 분쟁 해결 원리는 각 국가의 동의를 바탕으로 적용된다.
④ 국제해양법재판소는 유엔해양법협약에 의해 설립된 국제적인 분쟁 해결 기구이다.
⑤ 유엔해양법협약은 분쟁 당사국들에게 분쟁 해결에 대한 신속한 의견 교환 의무를 부과하고 있다.

05

〈보기〉는 '유엔해양법협약에 대한 모의재판' 수업에 사용된 사례이다. 윗글을 참고할 때 〈보기〉에 대한 반응으로 적절하지 <u>않은</u> 것은? [3점]

─〈보 기〉─

유엔해양법협약에 가입된 A국과 B국 간에 해양을 둘러싼 분쟁이 발생하였다. A국은 B국의 공장 건설로 인하여 자국의 인근 바다에 해양 오염 물질이 유출될 것을 우려하여, B국과 교섭을 시도하였으나 B국은 이에 응하지 않았다. 추후 A국은 국제해양법재판소를, B국은 중재재판소를 통한 재판을 원하였으나 합의를 이루지 못했다. 이후 절차에 따라 양국이 제기한 소송은 재판에 회부 되었다. A국은 판결이 내려지기까지 오랜 시일이 걸릴 것을 염려하여 잠정조치를 바로 요청하였다. 이를 받아들여 재판소는 잠정조치를 명령하였다.

① A국이 잠정조치를 요청할 수 있었던 것은 B국과의 사건이 재판에 회부되었기 때문이겠군.
② A국이 요청한 결과 잠정조치 명령이 내려졌으므로 B국과의 본안 소송 재판은 종결되겠군.
③ A국이 B국에게 교섭을 시도한 것은 분쟁 당사국들에게 평화적 해결 수단을 거쳐야 할 의무가 있기 때문이겠군.
④ A국과 B국은 동일한 분쟁 해결 기구를 선택하지 않았으므로 두 국가 간 분쟁은 중재재판소를 통해 해결되겠군.
⑤ A국이 재판에 사건이 회부된 후 바로 잠정조치를 요청한 것은 B국으로 인한 자국의 해양 오염을 시급히 막기 위함이겠군.

06

다음은 윗글에 제시된 분쟁 해결 절차를 도식화한 것이다. 이를 이해한 것으로 적절하지 <u>않은</u> 것은?

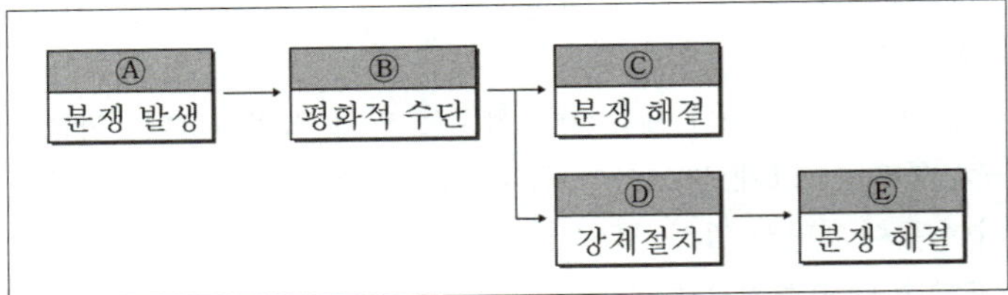

① Ⓐ는 유엔해양법협약의 해석과 적용에 대하여 국가 간 다툼이 있다는 것을 의미한다.
② Ⓓ를 진행하는 모든 분쟁 해결 기구는 분쟁이 발생하기 전에 재판소가 구성되어 있다.
③ Ⓑ를 통해 Ⓒ로 가는 과정은 분쟁 당사국 간 합의에 따라 진행된 것이다.
④ Ⓓ를 통해 Ⓔ로 가는 과정은 국제적 분쟁 해결 기구의 구속력 있는 결정을 통해 이루어진 것이다.
⑤ Ⓓ를 통해 Ⓔ로 가는 과정에서 잠정조치 명령이 내려졌다면 그 효력은 최종 판결 전까지만 유효하다.

07

㉠, ㉡에 대한 이해로 가장 적절한 것은?

① ㉠의 존재 가능성이 예측되어야 ㉡은 인정된다.
② ㉠에 대한 판단에 앞서 ㉡의 존재 여부를 판단한다.
③ ㉡이 확정되지 않으면 ㉠은 인정되지 않는다.
④ 본안 소송의 최종 판결 이후 ㉠이 확정된다.
⑤ 본안 소송의 개시 시점은 ㉡의 인정 시점과 일치한다.

08

문맥상 ⓐ~ⓔ와 바꿔 쓰기에 적절하지 <u>않은</u> 것은?

① ⓐ: 생겨나는
② ⓑ: 주고받아야
③ ⓒ: 짧아지기
④ ⓓ: 맡지만
⑤ ⓔ: 막기

09~12 다음 글을 읽고 물음에 답하시오.

[앞부분의 줄거리] 명나라의 진성운은 순경, 호원, 학눅을 만나 연을 맺고 문무의 재주를 익힌다. 적군이 침략하여 천자가 동관으로 피란하자 성운은 적을 무찌르고 천자를 구하여 대원수가 된다. 그러나 금인국 장수 중행달과 맹호원이 쳐들어와 천자와 그 가족은 다시 위험에 처한다.

원수가 생각하기를, '중행달은 천하 명장이라. 조용히 잡지 못할 것이니 다른 술법으로 잡으리라.'고 하였다.

그리하여 밤이 깊은 후에 원수는 갑옷과 투구를 벗어 놓고 초의를 입고 갈건을 쓰고 청려장을 짚고 중행달의 침소로 갔다. 이때 중행달이 잠이 깊이 들어 있는 것을 보고는 그 곁에 앉아 행달을 깨웠다. 행달이 놀라 일어나자 원수가 천연히 위로하며 말하기를,

[A]
"그대는 놀라지 말지어다. 나는 금인국 백화산의 신령이라. 세상을 둘러보니 중국이 어진 천자를 얻지 못하여 백성이 도탄 중에 들었으니, 하늘이 노하시어 장군으로 천하를 평정하게 하였다. 그러나 대명 대원수 진성운은 천하의 명장이라, 그대가 조용히 잡지는 못할 것이다. 내일 아침에 태풍이 일어날 것이니, 장군은 배를 낱낱이 육지로 흩어 놓으라. 바람이 일어나면 배가 풍비박산할 것이니, 모든 배를 한데 잡아매도록 하라."

하고는 몸을 날려 공중으로 솟아오르며 사라졌다. 이에 중행달이 크게 기뻐하며 말하기를,

"귀신이 나를 도우니 이제는 무슨 염려 있겠느냐?"

하고는 그 말대로 배를 낱낱이 한데 잡아매었다.

원수가 본진에 돌아가 제장과 의논하기를,

"적진이 분명히 배를 한데 잡아맬 것이니, 제장은 적진의 사면에서 불을 준비하고 있다가, 방포 일성*에 들어가 배에 불을 질러라." 하고, 순경과 학눅에게 말하기를

"정병 오천씩 거느리고 적진 좌우에 매복하였다가 불이 일어남을 보고 또 군사를 놓아 쳐라." 하고는 때를 기다렸다.

밤이 밝아오자, 원수가 장대*에 올라 진풍경*을 외우니 난데없는 바람이 서북에서 일어나며 먼지가 천지에 자욱하였다. 중행달은 바람이 일어남을 보고 즐겨 말하기를,

"어젯밤 신령의 말이 옳구나!" 하고 즐거워하였다.

뜻밖에 불이 일어나더니 배가 모두 불탔다. ㉠ 배를 한 곳에 잡아매었으니 따로 떨어질 수도 없었고, 모진 바람이 급하게 부니 불꽃을 잡을 길이 없었다. 그 와중에 사면에서 순경과 학눅이 군사로 급히 몰아쳤다. 고각 함성이 천지를 진동하고 바람 소리 또한 천지를 진동했다. 이렇게 뜻하지 못한 화를 만나자 장수와 장졸이 각각 도망하다가 서로 밟혀 죽는 것이 부지기수로 만여 명이 되었다. 중행달이 수백만 군사를 강 가운데서 잃고, 탄식하며 도망하여 녹림산으로 갔다.

원수가 적국을 파하고 승전고를 울리며 동관성에 들어갔다. 모든 신하와 천자가 원수의 손을 잡고 못내 칭찬하니, 여러 충신 등이 다 태평가를 부르며 천자께서도 대장수라 외쳤다. 원수가 군사를 거느리고 천자와 백관과 더불어 장안에 도달하였다.

이때 금인국 장수 맹호원이 십만 대병을 거느리고 녹림산으로 급하게 달려왔다. 과연 황후와 태자와 공주 세 자매가 녹림산에

피란을 와 있었는데, 불의에 맹호원이 나타나 군사로 녹림산을 둘러쌌다. 그리고는 황후와 태자와 공주 세 자매를 데려다가 진중에 두고 기다리는데, 중행달이 대군을 패하고 녹림산으로 들어왔다. 맹호원이 황후, 태자, 공주 세 자매를 데려다가 군중에 두니 중행달이 말하기를,

"이제 천자가 항복하는 것은 어렵지 아니할 것이다."

하고, 동관에 들어가 군사를 웅거하게 하였다. 또한 성중에 지하 감옥을 만들어 황후, 태자, 공주 세 자매를 그곳에 가두고 장안으로 격서*를 전하여 말하기를,

"만일 천자가 항복하지 아니하면 황후, 태자, 공주 세 자매를 죽이리라." 하기에, 천자가 격서를 보시고 크게 근심하여,

"이 일을 어찌할까?" 하시니, 진성운이 대답하기를,

"폐하는 너무 근심 마십시오. 소장이 군사를 거느리고 나가 보겠습니다." 하였다.

성운이 정병 백만을 거느리고 순경과 호원과 학눅을 데리고 녹림산으로 나갔다. 성 밖에 진을 치고 이삼 일을 유진*하였는데, 중행달이 종시 나오지 아니하고 성문을 굳게 닫고 있었다.

성운이 순경에게,

"그대가 접전하되, 만일 적이 성문을 열고 나오면 내가 군사를 거느리고 싸우다가 달아날 것이니, 그때 재빨리 성에 들어가 황후와 태자와 공주 세 자매를 뫼시고 급히 나오도록 하라."

하고, 군사 대여섯 명에게 적병의 옷을 입혀 진문 밖에 세우고는 군사가 좌우에서 옹위하게 하였다.

그리고 성운이 성 위에 올라 외치며 말하기를,

[B]
"적장은 나의 재주를 모르느냐? 아느냐? 어젯밤에 내가 이미 너의 진중에 들어가서 황후와 태자와 공주 세 자매를 모셔다가 진문 밖에 계시게끔 하였다. 네가 이제는 성중에 천년을 있어도 쓸데없을 것이니 급히 나와 승부를 결단하자."

중행달이 그 말을 듣고 성운의 진을 바라보니, 과연 금인의 옷을 입은 사람 대여섯이 그 진중에서 군사들의 옹위를 받고 있었다. 이에 중행달이 탄식하며,

"진성운의 재주는 과연 귀신 같구나! 어느 사이에 들어와 데리고 갔는가?"

하고, 마침내 군사를 재촉하여 성문을 열고 접전하였다. 성운이 군사를 몰아 크게 싸우다가 급히 도망하니, 중행달이 승승장구하여 쫓아오면서 말하기를,

"계속 접전하였으면 진성운의 머리를 베었을 것이다."

하며 계속 뒤쫓아왔다.

이때 순경과 학눅과 호원이 군사를 거느리고 급히 성을 넘어가 보니, 과연 지하 감옥에 황후와 태자와 공주 세 자매가 갇혀 있었다. 순경이 급히 모시고 나와서 학눅에게 군사 사천을 주어,

"황후와 태자와 공주 세 자매를 모시고 장안으로 가라."

하고, 순경과 호원은 중행달을 좇아 군사를 재촉하였다.

이때 성운이 도망치기를 멈추고, 군사를 몰아 중행달의 군사를 앞뒤로 둘러싸니, 천하 명장인들 이에서 어찌 벗어나겠는가?

그중에 순경과 호원이 장창단검으로 적진 중에 들어가 좌우를 치고 죽이니, 중행달이 스스로 벗어날 길이 없을 줄 알고는 칼을 빼어 자결하고, 맹호원은 남은 군졸과 함께 항복하였다.

원수가 적장을 장대 아래에 꿇리고 죄를 물은 후에 대군을 거

느리고 승전곡과 태평가를 부르며 들어오니, 천자가 남문 밖에 나와 원수를 맞아들이고 크게 칭찬하였다.

　　　　　　　　　　　　　　　　　– 작자 미상, 「진성운전」 –

* 방포 일성: 군중의 호령으로 총을 한 번 쏘아 소리를 냄.
* 장대: 장수가 올라서서 명령·지휘하던 대.
* 진풍경: 먼지 섞인 바람을 일으키게 하는 경전의 일종.
* 격서: 군병을 모집하거나, 적군을 달래거나 꾸짖기 위한 글.
* 유진: 군사들이 머물러 있음.

09 1등급 대비 고난도 2점 문제

고2 · 2022년 6월 31번

윗글에 대한 이해로 적절한 것은?

① 학녹은 순경과 함께 적진 근처에 매복해 있다가 불을 보고 적을 공격하였다.
② 맹호원은 군대를 이끌고 녹림산으로 달려와 천자와 그 가족을 사로잡았다.
③ 중행달은 성운과 다시 맞붙고 싶다는 내용을 담은 격서를 장안으로 보냈다.
④ 성운은 순경에게 적병의 옷을 입히고 진문 밖에 세워 군사가 좌우에서 옹위하게 하였다.
⑤ 순경은 성운이 중행달과 싸우다가 달아난 것을 알지 못하고 군사를 몰아 중행달의 뒤를 쫓았다.

10

고2 · 2022년 6월 32번

[A]와 [B]에 대한 설명으로 가장 적절한 것은?

① [A]는 [B]와 달리 자신이 상대의 편이라고 속여 자신의 목적을 달성하려 하고 있다.
② [A]는 [B]와 달리 상대가 처한 무력한 상황을 언급하여 자신의 능력을 과시하고 있다.
③ [B]는 [A]와 달리 상대의 환심을 사기 위해 자신이 초월적 존재라는 것을 밝히고 있다.
④ [B]는 [A]와 달리 자신의 예지 능력을 근거로 들어 상대의 행동 변화를 촉구하고 있다.
⑤ [A]와 [B]는 모두 위기에 처한 백성을 위해 상대가 수행할 임무를 일깨우고 있다.

11

고2 · 2022년 6월 33번

〈보기〉를 참고하여 윗글을 감상한 내용으로 적절하지 않은 것은? [3점]

〈보 기〉

　　이 작품은 진성운을 비롯한 복수(複數)의 영웅이 등장하여 활약하는 내용을 담은 영웅 군담 소설이다. 영웅들은 자신들이 지향하는 세계 질서를 위협하는 무리를 적으로 규정하고 바람직한 질서를 회복하기 위해 노력한다. 영웅이 전기(傳奇)적 능력을 드러낼 뿐만 아니라 현실적 차원에서 기지를 발휘하고 전략을 세우는 점이 이 작품의 흥미로운 요소로 꼽힌다.

① 중행달이 천자에게 항복을 종용한 것은 영웅들이 중행달을 적으로 규정한 이유로 볼 수 있군.
② 성운이 배에 불을 지르기 위해 배를 묶게 한 것은 전략을 세워 활약하는 영웅의 모습으로 볼 수 있군.
③ 성운이 천자의 가족이 탈출한 것처럼 중행달의 눈을 속인 것은 영웅이 전기적 능력을 발휘한 모습으로 볼 수 있군.
④ 순경과 학녹 등이 천가의 가족을 구하기 위해 함께 힘을 합친 것은 복수의 영웅이 활약하는 모습으로 볼 수 있군.
⑤ 성운이 적군을 파하고 난 후 승전곡을 부르며 돌아온 것은 영웅들이 지향하는 세계 질서가 회복된 모습으로 볼 수 있군.

12

고2 · 2022년 6월 34번

㉠의 상황을 나타낸 말로 가장 적절한 것은?

① 진퇴양난(進退兩難)
② 자가당착(自家撞着)
③ 이심전심(以心傳心)
④ 다다익선(多多益善)
⑤ 기사회생(起死回生)

학습 Check!

▶ 몰라서 틀린 문항 × 표기　▶ 헷갈렸거나 찍은 문항 △ 표기　▶ ×, △ 문항은 다시 풀고 ✔ 표기를 하세요.

종료 시각	시 분 초	문항 번호	01	02	03	04	05	06	07	08	09	10	11	12
소요 시간	분 초	채점 결과												
초과 시간	분 초	틀린 문항 복습												

DAY 27

수능기출 전국연합학력평가 **20분 미니 모의고사**

● 날짜 :　　월　　일　●시작 시각 :　　시　　분　　초　●목표 시간 : 20분

※ 점수 표기가 없는 문항은 모두 **2점**입니다.

01 다음은 식물원을 방문한 학생들을 대상으로 한 강연이다. 물음에 답하시오.

　안녕하세요. 저는 식물학자 ○○○입니다. 오늘 우리 식물원을 방문해 주셔서 감사합니다. 화면을 먼저 보실까요? ('*Hibiscus syriacus* L.[히비스커스 시리아커스 엘]'이라 적힌 자료를 보여 주며) 이 식물은 무엇일까요? (청중의 반응을 확인한 후) 대답하기 쉽지 않죠? 정답은 여러분이 잘 알고 있는 무궁화입니다. 그런데 어떻게 무궁화가 이 이름으로 불리게 된 것일까요? 오늘은 그 해답을 찾는 과정을 통해, 식물에 학명(學名)을 붙이는 방법을 알아볼까 합니다.

　여러분, 만약 특정 식물을 지칭하는 표준 이름이 없다면 어떻게 될까요? 학술적으로 식물 분류 체계가 엉망이 될 수밖에 없습니다. 그래서 국제식물학회에서는 식물명명규약을 만들어, 세계적으로 공인된 단 하나의 이름인 학명을 쓰기로 약속했습니다. 여러분이 지금 보고 있는 '*Hibiscus syriacus* L.'은 바로 무궁화의 학명인 것이죠.

　학명은 흔히 '이명법(二名法)'으로 짓는데, 이는 두 이름을 나열하는 방법입니다. 여기서 두 이름은 '속명'과 '종소명'인데, '*Hibiscus*'는 속명에, '*syriacus*'는 종소명에 해당합니다. 속명과 종소명에는 특정 의미가 담겨 있는 경우가 많은데, 일반적으로 속명에는 식물의 생태적·형태적 특성 등이, 종소명에는 식물의 자생지나 처음 발견된 곳 등이 반영되어 있습니다. '*Hibiscus*'는 '아욱과 식물'을 뜻하는데, '이집트의 여신 히비스를 닮은 꽃'이라는 의미가 담겨 있습니다. 그리고 '*syriacus*'는 '시리아'라는 나라 이름을 뜻하죠. 그러니까 무궁화의 학명은, '이집트의 여신 히비스를 닮은, 시리아에서 발견한 꽃' 정도로 풀이할 수 있습니다.

　한편 속명과 종소명은 라틴어로 기울여 쓰는 것이 원칙인데, 속명의 첫 글자는 대문자로, 종소명의 첫 글자는 소문자로 써야 합니다. 그리고 학명의 끝에 있는 'L.'은 명명자로, 해당 식물에 이름을 부여한 사람에게서 따옵니다. 예를 들어, 무궁화의 학명에서 'L.'은 린네(Linné)라는 식물학자의 이름을 약자로 표기한 것이죠. 이때 명명자는 생략할 수도 있습니다. 다만 표기를 한다면, 기울여 쓰지 않는 것이 원칙입니다.

　지금까지 무궁화를 예로 들어 식물에 학명을 붙이는 방법을 살펴보았는데요. 오늘 이곳에서 학명이 궁금한 식물이 있다면, 인터넷 검색으로 그 의미를 찾아보면서 관람하면 좋겠습니다. 아마 식물을 감상하는 재미가 더해질 겁니다. 이상 강연을 마치겠습니다.

01

고2 · 2023년 6월 1번

위 강연자의 말하기 방식으로 가장 적절한 것은?

① 강연을 하게 된 소감을 밝히며 강연을 시작하고 있다.
② 전문가의 견해를 인용하여 강연 내용을 설명하고 있다.
③ 청중의 요청에 따라 강연 내용의 수준을 조정하고 있다.
④ 청중의 질문에 답을 하며 청중의 궁금증을 해소하고 있다.
⑤ 청중에게 바라는 바를 언급하며 강연을 마무리하고 있다.

02~03 다음은 학교 협동조합을 운영하는 학생이 작성한 보고서의 초고이다. 물음에 답하시오.

우리 학교 협동조합의 운영 개선안

Ⅰ. 서론

　우리 학교는 '협력을 통한 나눔 실천'이라는 취지로 학생 조합원으로 구성된 협동조합을 만들어 전교생을 대상으로 협동 매점을 운영하고 있다. 조합 설립 2년 차를 맞이하여 ㉠ 협동조합의 현황을 살펴보고 문제점을 확인한 후, 그로 인해 ㉡ 발생할 수 있는 어려움을 파악하고, 문제점을 해결할 수 있는 방안을 찾기 위해 이 보고서를 작성하였다. ㉢ 문제의 원인을 파악하기 위해 전교생을 대상으로 한 설문 조사를 진행하였다.

Ⅱ. 본론

　1. 현황

　조합원들이 점심시간(12:30~13:30)에 협동 매점을 운영하고 있고, 수익금 전액을 ○○ 환경 단체에 기부하는 데 사용하고 있다. 조합원은 설립 초기에 107명으로 시작하였고 지난해 4분기에는 85명이었다. 전교생은 322명으로, 지난 1년간 인원 변동은 없었다. 아래의 표는 협동조합의 1년 차 운영과 관련해 전교생 대비 조합원 비율 및 협동 매점 수익금의 변동 추이를 보여 주는 통계 자료이다.

	1분기	2분기	3분기	4분기
조합원 비율 (%)	33.2	30.4	28.6	26.4
협동 매점 수익금(원)	752,400	672,600	547,200	461,700

〈조합원 비율 및 협동 매점 수익금〉

2. 문제점 분석 및 해결 방안

현황을 통해 문제점을 확인할 수 있었다. 첫째, 조합원 비율이 감소하고 있다. 이러한 상황이 지속되면 협동조합을 유지하기 어려워질 수 있다. 둘째, 협동 매점의 수익금이 줄고 있다. 그래서 수익금 기부를 통한 나눔 실천 활동을 지속하기가 어려워질 수 있다.

설문 조사 결과, 조합원 비율이 감소한 원인은 조합원에 대한 혜택이 부족해서 탈퇴한 것, 홍보가 부족해서 가입이 저조한 것으로 분석되었다. 또 협동 매점 수익금이 감소하는 원인은 판매 물품, 운영 시간에 대한 불만이 쌓여 협동 매점 이용자가 줄고 있기 때문으로 분석되었다.

첫 번째 문제점의 해결 방안은 두 가지가 있다. 우선 조합원의 탈퇴를 막기 위해 조합원이 혜택을 받을 수 있는 방안을 마련한다. 예를 들어 수익금 중 일부를 조합원의 복지를 위해 체험 활동비로 지원하는 방안 등이다. 다음으로 홍보를 통해 협동조합 가입을 유도하는 방안을 마련한다. 두 번째 문제점의 해결 방안으로 협동 매점의 소비자인 학생들의 불만 사항을 파악할 수 있는 수단을 마련한다.

Ⅲ. 결론

조합원들에 대한 지속적인 관심과 협동 매점 운영에 대한 학생들과의 적극적인 소통이 필요하다. 개선안을 실천한다면 우리 학교의 협동조합이 더욱 발전할 수 있을 것이다.

02

고3 · 2022학년도 9월 화 · 작 43번

학생이 보고서의 초고에 사용한 글쓰기 방법으로 가장 적절한 것은?

① 통계 자료를 통해 객관적인 정보를 제시한다.
② 문헌 자료 분석을 통해 결론의 근거를 제시한다.
③ 다양한 해결 방안의 장단점을 비교하여 설명한다.
④ 조사 기간과 방법 및 대상을 항목화하여 제시한다.
⑤ 조사 내용과 관련된 전문 용어의 개념을 설명한다.

03 1등급 대비 고난도 2점 문제

고3 · 2022학년도 9월 화 · 작 44번

㉠~㉢이 'Ⅱ. 본론'에 구체화된 내용으로 적절하지 않은 것은?

① ㉠: 협동 매점의 운영 시간 및 수익금 사용처
② ㉠: 조합원 비율 및 협동 매점 수익금의 변동 추이
③ ㉡: 협동조합 유지와 설립 취지의 지속적인 실현이 어려움
④ ㉢: 조합원에 대한 혜택이 부족하게 된 과정을 분석하여 파악한 원인
⑤ ㉢: 조합원 비율 및 협동 매점 수익금 감소와 관련된 설문 조사 내용을 분석하여 파악한 원인

04 1등급 대비 고난도 2점 문제

고2 · 2021년 11월 15번

〈보기〉의 선생님의 설명을 바탕으로 ㉠~㉢에 대해 학생이 발표한 내용으로 적절한 것은?

─── 〈보 기〉 ───

선생님: 음운의 변동은 한 음운이 다른 음운으로 바뀌는 교체, 한 음운이 없어지는 탈락, 새로운 음운이 생기는 첨가, 두 음운이 하나의 음운으로 합쳐지는 축약으로 구분됩니다. 음운의 변동이 일어날 때 음운의 개수가 늘어나기도 하고 줄어들기도 합니다. 다음 예시에 나타난 음운의 변동에 대해 발표해 봅시다.

㉠ 꽃잎 → [꼰닙]
㉡ 맑지 → [막찌]
㉢ 막힘없다 → [마키멉따]

① ㉠과 ㉡은 첨가 현상이 일어났습니다.
② ㉠과 ㉢은 탈락 현상이 일어났습니다.
③ ㉡과 ㉢은 축약 현상이 일어났습니다.
④ ㉠과 ㉡은 음운의 개수가 늘었습니다.
⑤ ㉡과 ㉢은 음운의 개수가 줄었습니다.

DAY 27

05~08 다음 글을 읽고 물음에 답하시오.

최근 스마트폰이나 자동차 등에서 인공지능 음성 언어 비서 시스템이 사용되고 있다. 이 시스템이 제대로 작동하기 위해서는 사용자의 음성이 올바르게 인식되어야 한다. 그런데 불분명하게 발음하거나 여러 단어를 쉼 없이 발음하는 경우 시스템이 어떻게 이를 올바른 문장으로 인식할 수 있을까? 이럴 때는 입력된 음성 언어를 문자 언어로 변환한 다음, 통계 데이터를 활용하여 단어나 문장의 오류를 보정하는 자연어 처리 기술이 사용된다. 이러한 기술에는 철자 오류 보정 방식과 띄어 쓰기 오류 보정 방식이 있다.

[A]

철자 오류 보정 방식은 교정 사전과 어휘별 통계 데이터를 ⊙ 기반으로 잘못된 문자열*을 올바른 문자열로 바꿔 주는 방식이다. 철자 오류 보정은 '전처리, 오류 문자열 판단, 교정 후보 집합 생성, 최종 교정 문자열 탐색' 과정을 거친다. 먼저 '전처리'는 입력 문장에서 사용자의 발음이 불분명하게 입력되어 시스템에서 처리가 불가능한 문자열을 처리가 가능한 문자열로 바꿔 주는 과정이다. 가령, '실크'가 '싪'으로 인식될 경우, '싪'이라는 음절이 국어에 쓰이지 않으므로 '실크'로 바꿔 준다. 이렇게 전처리가 끝나면 다음 단계인 '오류 문자열 판단' 단계로 넘어간다. 이 단계에서는 입력된 문장을 어절 단위의 문자열로 ⓒ 구분하여, 각 문자열이 교정 사전의 오류 문자열에 존재하는지 여부를 확인한다. 교정 사전이란 오류 문자열과 이를 수정한 교정 문자열이 쌍을 이루어 구축되어 있는 사전이다. 예를 들어 사람들이 자주 틀리는 어휘인 '할려고'의 경우, 교정 사전의 오류 문자열에 '할려고', 이를 수정한 교정 문자열에 '하려고'가 들어가 있다.

처리된 문자열이 교정 사전의 오류 문자열에 존재하지 않을 경우 바로 결과 문장으로 도출되지만, 존재할 경우 '교정 후보 집합 생성' 단계로 넘어간다. 이 단계에서는 오류 문자열과 교정 문자열 모두를 교정 후보로 하는 교정 후보 집합을 ⓒ 생성한다. 예컨대 처리된 문자열이 '할려고'일 경우, '할려고'와 '하려고' 모두를 교정 후보로 하는 교정 후보 집합을 생성한다. 그런 다음 '최종 교정 문자열 탐색' 단계로 넘어간다. 여기서는 철자 오류가 거의 없는 교과서나 신문 기사와 같은 자료에서 어휘들의 사용 빈도를 추출한 어휘별 통계 데이터를 활용하여, 교정 후보 중 사용 빈도가 높은 문자열을 최종 교정 문자열로 선택하여 결과 문장을 도출한다. 만일 통계 데이터에서 '할려고'의 사용 빈도가 1회, '하려고'의 사용 빈도가 100회라면 '하려고'를 최종 교정 문자열로 선택하는 것이다.

띄어쓰기 오류 보정 방식은 잘못된 띄어쓰기를 통계 데이터와 비교하여 올바른 띄어쓰기로 바꿔 주는 방식이다. 이를 위해서는 입력된 문장의 띄어쓰기를 시스템에서 처리할 수 있도록 이진법으로 변환하는 과정이 요구된다. 이 과정에서 음절의 좌나 우, 혹은 음절의 사이에 공백이 있을 때 1, 공백이 없을 때 0으로 표기한다. 가령 '동생이 밥 을 먹었다'라는 문장에서 '밥'은 음절의 좌, 우에 모두 공백이 있으므로 이를 이진법으로 나타내 '1밥 1'이 되는데, 이를 편의상 '밥(11)'로 나타낸다. 같은 방법으로 '밥 을'은 두 음절의 좌, 사이, 우에 모두 공백이 있으므로 '밥을(111)'이 되고, '밥 을 먹'은 '밥을먹(1110)'이 된다. 이때 문장의 처음과 끝은 공백이 있는 것으로 처리한다. 이렇게 띄어쓰기를 이진법으로 변환한 다음, 올바르게 띄어쓰기가 구현된 문장에서 ⓐ 추출한 통계 데이터와 비교한다. 그 결과 빈도수가 높은 띄어쓰기 결과에 맞춰 띄어쓰기 오류를 보정한다. 만약 통계 데이터에서 '밥을(111)'의 빈도수가 낮고 '밥을(101)'의 빈도수가 높을 경우, 이에 따라 '밥 을'은 '밥을'로 띄어쓰기가 보정된다.

이러한 방법들은 모두 올바른 단어나 문장에서 추출된 통계 데이터를 기반으로 보정이 이루어진다는 공통점이 있다. 보정의 정확도를 ⓜ 향상시키기 위해서는 통계 데이터의 양을 늘리는 것이 요구되지만, 이 경우 데이터 처리 속도가 감소하게 된다는 단점이 있다. 이러한 문제점을 해결하기 위해 최근 보정의 정확도와 데이터의 처리 속도를 모두 향상시키기 위한 방안이 지속적으로 연구되고 있다.

* 문자열: 데이터로 다루는 일련의 문자.

05

고2・2022년 3월 38번

윗글에서 알 수 있는 내용으로 적절하지 <u>않은</u> 것은?

① 잘못 입력된 문장이 보정되지 않으면 음성 언어 비서 시스템이 제 기능을 발휘하지 못한다.
② 음성 인식 오류를 보정할 때는 사용자의 음성 언어를 문자 언어로 변환하는 과정이 선행된다.
③ 철자 오류 보정 방식은 각 단계마다 입력된 문장을 음절 단위로 구분하여 데이터를 처리한다.
④ 띄어쓰기 오류 보정 방식에서 입력된 문장의 처음과 끝은 공백이 있는 것으로 처리된다.
⑤ 통계 데이터에 포함된 데이터의 양을 늘리면 보정의 정확도는 증가하지만 처리 속도는 감소한다.

06

[A]를 참고로 하여 〈보기〉의 ㉮~㉭를 설명한 내용으로 적절하지 <u>않은</u> 것은? [3점]

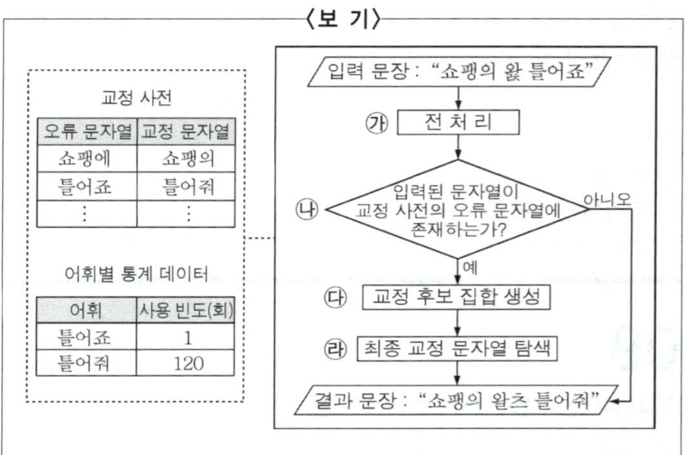

① ㉮: '왏'를 '왈츠'로 교정하여 처리가 가능한 문자열로 바꿔 준다.

② ㉯: '쇼팽의'를 교정 사전에서 확인한 결과 오류 문자열에 해당하지 않으므로 결과 문장으로 바로 보낸다.

③ ㉯: '틀어죠'를 교정 사전에서 확인한 결과 오류 문자열에 해당하므로 '교정 후보 집합 생성' 단계로 보낸다.

④ ㉰: '틀어죠'가 교정 사전의 오류 문자열에 있으므로 '틀어줘'만을 교정 후보로 하는 교정 후보 집합을 생성한다.

⑤ ㉱: 어휘별 통계 데이터를 적용하여 사용 빈도가 높은 '틀어줘'를 최종 교정 문자열로 선택한다.

07

윗글을 바탕으로 할 때, ㄱ~ㅁ에서 〈보기〉의 띄어쓰기 오류 보정이 일어난 이유로 가장 적절한 것은?

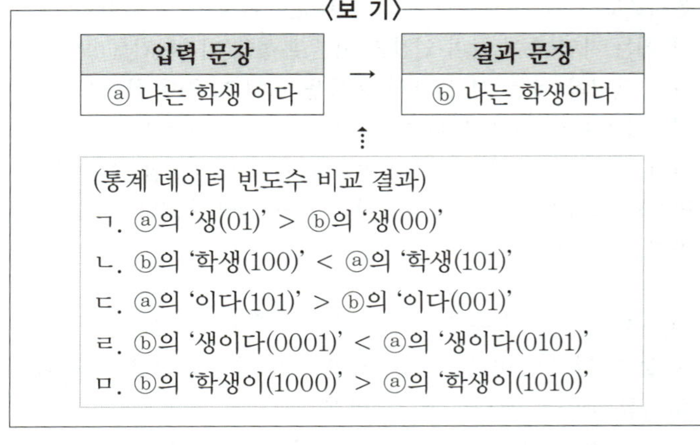

① ㄱ   ② ㄴ   ③ ㄷ   ④ ㄹ   ⑤ ㅁ

08

문맥에 맞게 ㉠~㉢을 바꿔 쓴 것으로 적절하지 <u>않은</u> 것은?

① ㉠: 바탕으로   ② ㉡: 나누어   ③ ㉢: 만든다

④ ㉣: 고친   ⑤ ㉤: 높이기

09~12 다음 글을 읽고 물음에 답하시오.

(가)

이런들 어떠하며 져런들 어떠하랴
초야우생*이 이러타 어떠하랴
ㅎ믈며 **천석고황***을 고쳐 무엇하랴 　　〈언지 제1수〉

연하로 집을 삼고 **풍월**로 벗을 삼아
태평성대에 병으로 늘거가뇌
이즁에 ㅂ라는 일은 **허물**이나 업고쟈 　　〈언지 제2수〉

㉠ **순풍***이 죽다 ㅎ니 진실로 거줏말이
인성이 어지다 ㅎ니 진실로 올흔말이
천하에 허다영재(許多英才)를 속여 말슴ㅎ가 　　〈언지 제3수〉

고인*도 날 못 보고 나도 고인 못 뵈
고인을 못 봐도 **가던 길** 앞에 잇니
가던 길 앞에 잇거든 아니 가고 엇절고 　　〈언학 제3수〉

당시에 가던 길흘 몃 히를 버려 두고
어듸 가 다니다가 이제야 도라온고
이제야 도라오나니 다른 데 **ㅁ음** 마로리 　　〈언학 제4수〉

우부(愚夫)도 알며 ㅎ거니 그 아니 쉬온가
성인(聖人)도 못다 ㅎ시니 그 아니 어려온가
쉽거나 어렵거나 즁에 늙는 줄을 몰래라 　　〈언학 제6수〉

　　　　　　　　　　　　　　　　　– 이황, 「도산십이곡」 –

* 초야우생: 시골에 묻혀 사는 자신을 낮추어 이르는 말.
* 천석고황: 자연의 아름다운 경치를 몹시 사랑하고 즐기는 성질이나 버릇.
* 순풍: 순박한 풍속.
* 고인: 옛사람. 여기서는 공자, 맹자, 주자와 같은 성현을 이름.

(나)

　두 평쯤이나 될까 말까 한 좁은 감방 안에서 7, 8명의 식구가, 때로는 십여 명이 넘는 인구가 똥통과 동거 생활을 하면서 뒤를 볼 때에는 그래도 뒤지*가 필요하였다.

　그러므로 경찰서에서는 이 불가피한 청구에 응하기 위하여 뒤지를 공급하고 있었다. 원래 뒤지감의 종이를 따로 만들어 한 움큼씩 묶어서 파는 것이 있었지만 이 당시에는 전쟁 중의 일본이

경제적 파탄에 직면하고 있었으므로 뒤지조차 구하기 어려웠다.

그리하여 일반으로 신문지나 읽어 넘긴 잡지 같은 것을 썰어서 뒤지로 쓰고 있는 형편이었다. 감방 안에서 이러한 **뒤지의 공급을** 받으면 이것은 도서관에서 책을 대하듯이 **귀중한 읽을거리**였다. 그런데 경찰서나 형무소에서는 구속되어 있는 사람이 바깥세상의 소식을 아는 것을 지극히 꺼리고 있어서 신문지 조각 같은 것은 좀처럼 들여 주지를 않았다. 만일 우리 동지들의 가족 중에서 음식물의 차입을 할 적에 신문지로 싸개지를 삼은 것이 있으면 대개는 난로에 넣어서 태워 버리는 것이 보통이었다. 그래도 혹시 신문지가 남아 있고 그것을 뒤지로 쓰겠다고 청구하면 읽을거리가 없어지도록 잘게 썰어서 넣어 준다. 그리하여 대개는 한 장이나 두 장밖에는 더 주지 않는다.

그러면 뒤를 보기 전에 이 신문지 쪽을 한 줄 한 자도 빼 놓지 않고 읽는다. 뒤지를 받고서 왜 뒤를 안 보느냐고 따지는 일도 있기 때문에 똥통 위에 올라앉아서 그것을 읽어 버리는 일도 있었다.

이러한 재료는 같은 감방에 있는 동지들도 읽어 보기를 열심으로 바라고 있기 때문에 차마 혼자만 보고 없앨 수는 없었다. 그리하여 무슨 꾀를 부리고 무슨 방법을 쓰든지 간에 신문 조각을 돌려 가며 윤독하기로 하는 것이었다. 이것을 읽되 어엿이 펼쳐 놓고 보는 것이 아니라 손바닥 안에 감추어질 만큼 접어서 간수의 눈을 피해 가며 몰래 읽어 내려가는 것이었다. 그러나 신문지 같은 것은 천재일우의 좋은 기회를 얻어야만 볼 수 있는 노릇이요, 보통 경우에는 왜정 당시 경찰계의 유일한 기관지로서 '경무휘보'란 것이 있었다. 그리하여 경찰서에는 이 묵은 잡지의 재고품이 상당히 풍부한 듯하여 **이것으로 우리들에게 뒤지를 공급하고 있었다.**

이 잡지는 주로 경찰 행정에 필요한 지식이나 참고 사항을 재료로 하여 편집한 것인데, 그중에는 혹 취미 기사도 있고 일본 사람으로서 양행한 기행문 같은 것도 있었다.

어쨌든 우리는 문초를 받는 일 외에는 열흘이 하루같이 아무 것도 하는 일 없이 팔짱을 끼고 부라질을 하며 온종일 앉아 있으므로 그 무료하기란 견주어 말할 데가 없었다.

그런데 이러한 글발이 있는 종잇조각이라도 얻어 읽는 경우에는 **한결 지루한 시간이 쉽사리 지나는 것만** 같았다. 더욱이 문초를 전부 마치고 그저 구속만 되어 있는 동안은 진정 세월이 더딘 것이 지루하여 견딜 수가 없었다.

그리하여 우리는 어떻게 하든지 이 '경무휘보'의 잡지 쪽을 많이 입수하도록 갖은 노력을 다 기울이었다.

우선 뒤를 자주 보기로 하였다. 설사가 나니까 한 장만으로 부족하니 석 장 넉 장씩 달라고 하였다. 가다가는 뒤지를 얻기 위하여 헛뒤를 보는 일도 있었다. 이렇게 하여 **다 각각 얻은 뒤지를 서로 돌려 가며 보는 것**이었다.

그러나 이렇게 들여 주는 뒤지만으로는 진정 갈급질*이 나서 못 견딜 지경이었다. 그리하여 다량으로 뒤지를 입수하기에 청소꾼을 이용하는 일이 많았다. 젊은 사람이 청소하러 나가서 마치 담배를 훔쳐 들이듯이 뒤지를 걸터듬어서 감방으로 들여 주곤 하였다. 이와 같이 도둑글을 읽다가 들켜서 뒤지를 **빼앗기는** 일도 있었고 **뺨**을 맞는 일도 한두 번이 아니었다. 그러나 이와

같이 봉변을 당하고도 그래도 또 잡지 쪽 읽기를 단념하지 못하였다. 이로써 미루어 보면 ⓒ 사람이 하고 싶어 하는 <u>의욕은 벌을 받거나 모욕을 당하는 것만으로 깨끗이 청산하여 버리지 못하는 것이 역시 인간인가</u> 싶었다. **이런 것도 인력으로 좌우할 수 없는 본능의 소치**인 듯하였다. 그 진정한 경지는 실지로 당하여 보지 않고서는 이해하기 어려울 것이다.

– 이희승, 「뒤지가 진적*」 –

---

* 뒤지: 똥을 누고 밑을 씻어 내는 종이.
* 갈급질: 부족하여 몹시 바라는 짓.
* 진적: 진귀한 책.

09

(가)와 (나)를 이해한 내용으로 가장 적절한 것은?

① (가)와 (나) 모두 자신의 곁에 없는 사람을 그리워하는 심정이 나타나 있다.

② (가)와 (나) 모두 다른 사람이 처한 문제 상황을 해결해 주려는 자세가 나타나 있다.

③ (가)와 (나) 모두 주변 사물에 가졌던 부정적 인식이 긍정적으로 바뀌게 된 계기가 나타나 있다.

④ (가)에는 자신의 삶을 성찰하는 모습이, (나)에는 자신의 욕구를 충족하기 위한 모습이 나타나 있다.

⑤ (가)에는 역사적 인물에 대한 비판적 태도가, (나)에는 현실 상황에 대한 수용적 태도가 나타나 있다.

10

〈보기〉를 활용하여 (가)를 감상한 내용으로 적절하지 <u>않은</u> 것은? [3점]

> 〈 보 기 〉
>
> 「도산십이곡」은 〈언지〉 여섯 수와 〈언학〉 여섯 수로 이루어진 연시조로서, 창작 의도를 밝힌 발문(跋文)이 함께 전해진다. 〈언지〉에는 자연 속에 살며 인간의 선한 본성을 회복하기를 바라는 뜻이, 〈언학〉에는 선한 본성 회복을 위해 학문에 힘쓰겠다는 의지가 나타나 있다. 또한 발문에는 이황이 이 작품을 우리말로 지어 제자들이 노래로 부르며 향유하게 하여, 지향할 만한 삶의 방식과 바람직한 가치를 마음에 새기게 하려는 교육적 의도를 가지고 있었음이 드러나 있다.

① 〈언지〉에 나타난 뜻을 참고할 때, '연하'와 '풍월'을 가까이하며 '허물'이 없기를 바라는 것은 자연 속에 살며 선한 본성을 회복하기를 바라는 것으로 볼 수 있겠군.

② 〈언학〉에 나타난 의지를 참고할 때, 다른 것에 '마음'을 두지 않으려는 것은 학문에 열중하겠다는 것으로 볼 수 있겠군.

③ 발문의 내용을 참고할 때, '천석고황'을 고치지 않으려는 것은 이황이 제자들에게 지향할 만한 삶의 방식이라고 말하고자 한 것으로 볼 수 있겠군.

④ 발문의 내용을 참고할 때, '고인'이 '가던 길'을 가려는 것은 제자들이 마음에 새길 만큼 바람직한 가치라고 이황이 생각한 것으로 볼 수 있겠군.

⑤ 발문의 내용을 참고할 때, '우부'와 '성인'을 구분하는 것은 제자들에게 성인을 본받아야 함을 보여 주려는 이황의 교육적 의도가 반영된 것으로 볼 수 있겠군.

11

고2·2021년 9월 18번

㉠, ㉡에 대한 설명으로 가장 적절한 것은?

① ㉠은 대조적인 어휘를 사용하여 자신의 판단을 드러내고 있다.

② ㉠은 다른 사람의 말을 인용하여 자신이 주변 사람에게 준 영향을 강조하고 있다.

③ ㉡은 우회적인 표현을 사용하여 자신의 깨달음을 드러내고 있다.

④ ㉡은 유사한 형태의 구절을 반복하여 상황이 나아지리라는 기대를 드러내고 있다.

⑤ ㉠과 ㉡은 모두 말을 건네는 방식을 사용하여 상대와의 유대를 강화하고 있다.

12

고2·2021년 9월 19번

〈보기〉를 바탕으로 (나)를 감상한 내용으로 적절하지 <u>않은</u> 것은?

〈보 기〉

이희승은 일제 강점기에 우리말을 연구하고 보급한 조선어학회에서 활동한 지식인으로, 조선어학회가 민족주의 단체라는 이유로 검거되어 투옥 생활을 하였다. (나)에는 글을 읽는 것이 일상적이었던 사람들인 글쓴이와 조선어학회 동지들이 투옥 생활 중에도 읽을거리를 얻기 위해 노력하며 글을 읽으려는 의지를 보이는 모습이 나타나 있다. 이를 통해 글을 읽는 것을 포기하지 않으려는 글쓴이의 면모가 드러난다.

① '뒤지'를 '귀중한 읽을거리'로 대하는 것에서, 일제 강점기 투옥 생활에서 읽을거리를 접하기가 쉽지 않았던 글쓴이의 처지를 알 수 있군.

② '이것으로 우리들에게 뒤지를 공급하'는 것에서, 글쓴이와 조선어학회 동지들이 읽을거리를 얻기 위해 노력한 결과를 알 수 있군.

③ '한결 지루한 시간이 쉽사리 지나는 것만 같'다고 여기는 것에서, 글을 읽는 것이 일상적이었던 글쓴이와 조선어학회 동지들이 글을 읽을 때 느끼는 만족감을 확인할 수 있군.

④ '다 각각 얻은 뒤지를 서로 돌려 가며 보는 것'에서, 글을 읽으려는 의지를 보이는 글쓴이와 조선어학회 동지들의 모습을 엿볼 수 있군.

⑤ '이런 것도 인력으로 좌우할 수 없는 본능의 소치'라고 생각하는 것에서, 현실적 어려움이 있더라도 글을 읽는 것을 포기하지 않으려는 글쓴이의 면모를 엿볼 수 있군.

학습 Check!

▶ 몰라서 틀린 문항 ✕ 표기   ▶ 헷갈렸거나 찍은 문항 △ 표기   ▶ ✕, △ 문항은 다시 풀고 ✔ 표기를 하세요.

종료 시각	시 분 초	문항 번호	01	02	03	04	05	06	07	08	09	10	11	12
소요 시간	분 초	채점 결과												
초과 시간	분 초	틀린 문항 복습												

DAY 28

수능기출 전국연합학력평가 **20분 미니 모의고사**

● 날짜 :　　월　　일　● 시작 시각 :　　시　　분　　초　● 목표 시간 : 20분　　　　　※ 점수 표기가 없는 문항은 모두 **2점**입니다.

01~02 (가)는 토론의 일부이고, (나)는 토론에 참여한 학생이 '토론 후 과제'에 따라 쓴 초고이다. 물음에 답하시오.

(가)

사회자: 오늘은 '학생회장 선거를 1학기 말에 실시해야 한다.'라는 논제로 토론을 하겠습니다. 먼저 찬성 측에서 입론한 후 반대 측에서 반대 신문해 주십시오.

찬성 1: 저희는 학생회장 선거 시기를 2학기 말인 12월에서 1학기 말인 7월로 바꾸어야 한다고 생각합니다. 1학기 말에 학생회장을 2학년 중에서 선출하고 2학년 2학기부터 3학년 1학기까지를 임기로 하는 학생회를 구성해야 합니다. 그 이유는 다음과 같습니다. 첫째, 지금까지 학생회장들은 대입 전형이 실시되는 2학기에 입시 준비의 부담으로 인해 거의 활동을 하지 못했습니다. 2학년이 2학기부터 학생회장 임기를 시작하면 이런 부담이 덜하므로 적극적인 학생회 활동이 가능합니다. 둘째, 1학기 말은 학교에 큰 행사가 없는 여유로운 시기이므로 후보자 간 공개 토론을 실시하여 그들이 내세운 공약의 실현 가능성을 검증하는 등 새로운 선거 문화를 만들 수 있습니다. 실제 인근의 학교에서는 1학기 말에 학생회장 후보자 간 공개 토론을 진행하여 학생들에게 큰 호응을 얻었다고 합니다. 셋째, 2학기부터 2학년인 학생회장이 활동을 시작하면 3학년의 졸업으로 인한 학생회의 단절 문제를 극복하여 학생회의 연속성이 강화되는 효과도 있을 것입니다.

반대 2: 2학기부터 2학년 학생회장의 임기가 시작되면 학생회의 연속성이 강화될 수 있다고 하셨는데요, 그렇게 생각하는 이유를 구체적으로 말씀해 주시겠습니까?

찬성 1: 아시다시피 지금까지의 학생회장은 항상 선배가 졸업한 후에 임기를 시작하여 믿고 의지할 데가 없었습니다. 그러나 2학기부터 임기를 시작하면 전임 3학년 학생회 임원들에게 조언을 구할 수 있습니다. 그 과정에서 자연스럽게 학생회의 연속성도 강화될 것입니다.

사회자: 이번에는 반대 측에서 입론한 후 찬성 측에서 반대 신문해 주십시오.

반대 1: 저희는 지금처럼 2학기 말에 학생회장 선거를 실시하고, 학생회장의 임기는 3학년 1학기부터 시작해야 한다고 생각합니다. 첫째, 학생회장이 3학년으로서 1학기부터 임기를 시작하면 우선 선배들을 의식하지 않아도 되므로 주체적이고 자율적으로 활동할 수 있습니다. 그런데 1학기 말에 2학년 중에서 학생회장을 선출하여 2학기부터 활동을 하면 전임 3학년 학생회장과 알력이 생길 소지가 다분합니다. 둘째, 학생회장 후보자의 범위가 축소될 우려가 있습니다. 반장이나 부반장이 학생회장을 겸임하지 못하는 상황에서, 1학기 때 학생회장의 자질이 있는 학생들이 대부분 반장이나 부반장으로

선출되면 마땅한 학생회장 후보자를 추천하기 어려울 수 있습니다. 셋째, 대학 입시가 3학년 학생회장의 적극적인 활동을 방해할 수도 있겠지만, 그것은 학생회장의 의지와 체계적인 활동 계획으로 충분히 극복할 수 있을 것입니다. 그래서 3학년 1학기부터 학생회장의 임기가 시작되어도 문제가 없다고 생각합니다.

찬성 1: 방금 체계적인 활동 계획으로 대학 입시의 부담을 극복할 수 있다고 하셨는데, 적극적인 학생회 활동을 위한 구체적인 방안을 제시해 줄 수 있을까요?

반대 1: 예를 들어, 3학년 임원들이 활동하기가 힘든 2학기에는 1학기 동안 학생회 활동을 경험한 2학년 임원들이 주도적으로 학생회를 이끌면서 필요할 때마다 3학년 임원들과 상의하는 것입니다. 그러면 3학년 임원들의 입시 부담도 덜 뿐아니라 2학년 임원들도 학생회 경험을 풍부하게 쌓을 수 있을 것입니다.

토론 후 과제: 찬성 측 입장을 지지하는 글쓰기

(나) 학생의 초고

학생회는 학생들을 대표하는 자치 기구입니다. 따라서 학생회는 학생들의 의견을 반영하며 적극적으로 운영되어야 합니다. 특히 최근에는 사회적으로 여러 지방 자치 단체에서 학생회 활동을 조례로 제정할 만큼 그 역할이 강조되고 있습니다. 그런데 지금까지의 학생회는 소극적인 모습을 보여 왔습니다. 학생회장을 비롯한 3학년 임원들이 대학 입시 준비로 적극적으로 활동하지 못했기 때문입니다. 그래서 해마다 학생회의 자율성과 적극성을 높이겠다던 선거 공약은 공허한 메아리로만 남았습니다.

이런 문제를 개선하기 위해서는 학생회장의 임기가 2학년 2학기부터 시작될 수 있도록 2학년 1학기 말에 차기 학생회장 선거를 실시해야 합니다. 그러면 2학기부터 새로 선출된 학생회장이 차기 학생회를 이끌 수 있어서 주체적이고 적극적으로 학생회 활동을 계획하고 실행할 수 있을 것입니다.

또한 1학기 말에 학생회장 선거를 하면 큰 행사가 없는 시기에 새로운 행사가 생겨서 학생들의 학교생활에 활력을 줄 수도 있을 것입니다. 특히 그 시기는 상대적으로 여유가 있으므로 형식적인 공약 발표만이 아니라 후보자 간의 공개 토론 실시 등 색다른 선거 문화도 경험할 수 있을 것입니다. 그 결과 더욱 실효성 있는 공약을 내세우는 후보자가 뽑히는 이점도 있을 것입니다.

어떤 친구들은 2학년이 2학기부터 학생회장을 맡게 되면 아직 졸업하지 않은 전임 3학년 학생회장과의 알력으로 학생회 운영이 어려울 것이라며 걱정합니다. 그러나 그것은 지나친 걱정입니다. 오히려 선배들에게 틈틈이 조언을 구할 수 있어서 학생회 활동에

도움이 될 것입니다. 물론 선배와의 의견 차이로 가끔은 갈등이 생길 수도 있습니다. 그러나 그러한 갈등을 조율해 가는 과정 자체도 학생회의 자율성을 기르는 데 좋은 경험이 될 것입니다.

01

(가)의 '입론'을 이해한 내용으로 적절하지 <u>않은</u> 것은?

① '찬성 1'은 전임 학생회와의 단절을 극복하고 학생회의 연속성을 강화할 수 있음을 내세우고 있다.
② '찬성 1'은 인근 학교의 사례를 제시하여 새로운 학생회장 선거 문화를 만들어 낼 수 있음을 부각하고 있다.
③ '반대 1'은 전후 학생회장 간의 의견 차이로 선후배 사이에 갈등이 생길 수 있음을 지적하고 있다.
④ '반대 1'은 학생회장 후보자의 범위가 제한됨으로써 학생회의 권한이 축소될 수 있음을 우려하고 있다.
⑤ '반대 1'은 학생회장의 의지와 체계적인 활동 계획으로 적극적인 학생회 활동이 가능함을 강조하고 있다.

02

〈조건〉을 바탕으로 (나)의 끝부분에 한 문단을 추가한다고 할 때, 그 내용으로 가장 적절한 것은? [3점]

> ──〈조 건〉──
> ○ 속담이나 비유를 활용할 것.
> ○ 자신의 주장을 강조하며 마무리할 것.

① 손바닥 뒤집듯이 기존의 선거 방식을 바꾸는 것은 바람직하지 않습니다. 학생회장 선거의 시기 변경은 또 다른 문제를 야기할 수 있음을 명심해야 합니다.
② 현재의 학생회장 선거 시기가 지닌 여러 문제점을 제대로 인식해야 합니다. 보다 나은 학생회를 만들기 위해서 학생회장 선거 시기를 지금 당장 바꾸어야 합니다.
③ 쇠뿔도 단김에 빼야 하듯이 문제점을 인식한 이 시점이 학생회장 선거 시기를 바꿀 적절한 기회입니다. 그래서 이번 기회에 학생회장 선거 시기를 반드시 바꾸어야 합니다.
④ 백지장도 맞들면 낫듯이 우리 모두가 힘을 모으면 학생회장 선거 시기를 바꿀 수 있습니다. 그런 다음에 더 중요한 학생회 임원 구성의 문제를 해결할 방안을 강구해야 합니다.
⑤ 선거 시기의 변경으로 전후 학생회 간에 알력이 생길 수 있습니다. 따라서 학생회장 선거 시기 변경보다는 학생회의 자율성과 적극성을 높이기 위한 새로운 방안을 모색해야 합니다.

03 1등급 대비 고난도 2점 문제

〈보기〉에 따라 탐구한 내용으로 적절한 것은?

> ──〈보 기〉──
> 직접 구성 요소란 어떤 말을 둘로 나누었을 때 나누어진 두 구성 요소 각각을 일컫는다. '먹이통'과 같이 세 개의 구성 요소로 이루어진 단어의 직접 구성 요소 분석은 아래의 그림과 같이 두 단계를 통해 이루어진다. 첫 번째 단계에서는 어근 '먹이'와 어근 '통'으로 나눌 수 있고, 두 번째 단계에서는 '먹이'를 어근 '먹–'과 접사 '–이'로 나눌 수 있다. 이를 통해 복잡하게 이루어진 단어의 짜임을 보다 쉽게 이해할 수 있다.

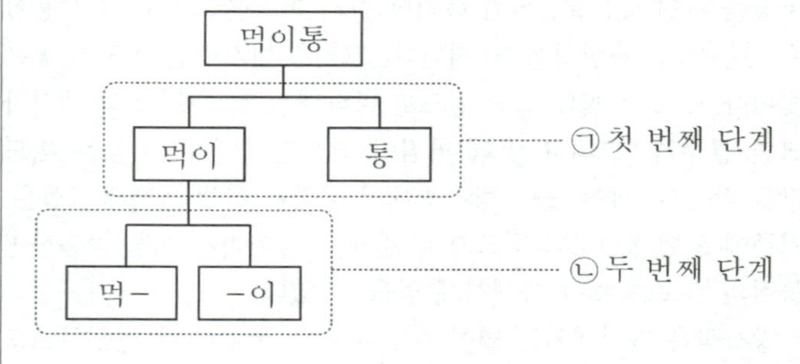

① '울음보'는 ㉠에서 어근과 접사로 분석되고, ㉡에서 어근과 접사로 분석된다.
② '헛웃음'은 ㉠에서 어근과 어근으로 분석되고, ㉡에서 어근과 접사로 분석된다.
③ '손목뼈'는 ㉠에서 어근과 접사로 분석되고, ㉡에서 어근과 어근으로 분석된다.
④ '얼음길'은 ㉠에서 어근과 접사로 분석되고, ㉡에서 어근과 어근으로 분석된다.
⑤ '물놀이'는 ㉠에서 어근과 어근으로 분석되고, ㉡에서 어근과 어근으로 분석된다.

04~08 다음 글을 읽고 물음에 답하시오.

세상에는 너무 작아서 눈으로 볼 수 없는 세계가 많다. 사람의 눈으로 볼 수 있는 가시광선 영역은 파장이 길기 때문에 단백질 분자 구조와 같은 물질의 내부 구조는 관찰할 수 없다. 그래서 미세한 물질의 내부 구조를 파악하기 위해서는 보다 짧은 파장의 빛의 영역까지 활용할 수 있어야 하는데, 이때 활용 가능한 빛이 바로 방사광이다. 방사광이란 빛의 속도에 가깝게 빠른 속도로 운동하는 전자가 방향을 바꿀 때, 바뀐 운동 궤도 곡선의 접선 방향으로 방출되는 좁은 퍼짐의 전자기파를 가리킨다.

방사광은 적외선, 가시광선, 자외선, X선에 이르는 다양한 파장을 가진 빛으로, 실험 목적에 따라 파장을 선택하여 사용할 수 있는 파장 가변성을 ⓐ 지닌다. 그리고 방사광은 휘도가 높은 빛이다. 휘도란 빛의 집중 정도를 나타내는 것으로, 빛의 세기가 크면 클수록, 그리고 빛의 퍼짐이 작으면 작을수록 높은 휘도 값을 갖는다. 예를 들어 방사광에서 실험을 위해 선택된 X선은, 기존에 쓰던 X선보다 휘도가 수만 배 이상이라서 이를 활용하면 물질의 정보를 보다 자세하게 얻을 수 있다.

방사광은 자연에서는 별이 수명을 다해 폭발할 때 발생하기도 하지만, 이를 연구에 활용하는 것은 어려우므로 고성능 슈퍼 현미경이라고도 불리는 방사광가속기를 사용해 인위적으로 만들어 사용한다. 방사광가속기는 일반적으로 크게 전자입사장치, 저장링, 빔라인 등으로 구성되어 있다. 전자입사장치는 전자를 방출시킨 뒤 빛의 속도에 가깝게 가속시켜 저장링으로 주입하는 장치로, 전자총과 선형가속기로 구성된다. 전자총은 고유한 파장을 가진 금속에 그 파장보다 짧은 파장의 빛을 가하면 전자가 방출되는 광전효과를 활용하여 지속적으로 전자를 방출시킨다. 이때 방출되는 전자는 상대적으로 속도가 느려 높은 에너지를 가지지 못하므로, 선형가속기에서는 음(−)전하를 띤 전자가 양(+)전하를 띤 양극 쪽으로 움직이려는 전기적인 힘의 원리를 활용하여 전자를 가속시킨다. 선형가속기에서 빛의 속도에 근접하게 된 전자는 이후 저장링으로 보내진다.

저장링은 휨전자석, 삽입장치, 고주파 공동장치 등으로 구성되어 있고, 일반적으로 n각형 모양으로 설계하여 n개의 직선 부분과 n개의 모서리 부분으로 이루어져 있다. 저장링의 모서리 부분에는 전자의 방향을 조절해 주는 휨전자석을 설치하여 전자가 지속적으로 궤도를 따라 회전할 수 있도록 한다. 전자는 휨전자석을 지나면서 자석 주위의 자기장의 힘을 받아 휘게 되는데, 이때 전자의 운동 궤도 곡선의 접선 방향으로 방사광이 방출된다. 저장링의 직선 부분에는 N극과 S극을 번갈아 배열한 삽입장치가 설치되어 있다. 전자는 삽입장치에서 자기장의 영향을 받아 N극과 S극의 사이에서 주기적으로 방향이 바뀌며 구불구불하게 움직이게 되는데, 방향이 주기적으로 바뀔 때마다 방사광이 방출된다. 이렇게 방출된 방사광은, 위상이 동일한 방사광과 서로 중첩되면서 진폭이 커지는 간섭 현상이 나타난다. 그래서 삽입장치에서 중첩되어 진폭이 커진 방사광은, 휨전자석에서 방출된 방사광보다 큰 에너지를 지닌 더 밝은 방사광이 된다. 이때 휨전자석과 삽입장치를 통과하며 방사광을 방출한 전자는 에너지를 잃게 되고, 고주파 공동장치는 이러한 전자에 에너지를 보충하여 전자가 계속 궤도를 돌게 한다.

마지막으로 빔라인은 실험 목적에 맞도록 방사광에서 원하는 파장을 분리시켜 실험에 이용하는 장치로, 크게 진공 자외선 빔라인과 X선 빔라인으로 나눌 수 있다. 진공 자외선 빔라인에서는 주로 기체 상태의 물질의 구조나 고체 표면에서의 물질의 구조 등에 관한 실험들이 이루어지고, X선 빔라인에서는 다른 빛보다 상대적으로 짧은 파장을 가진 X선의 특성을 이용하여 주로 물질의 내부 구조, 원자 배열 등에 대한 실험이 이루어진다. 특히 X선 빔라인들 중 하나인 ㉠ X선 현미경은 최대 15 나노미터 정도 되는 생체 조직 등과 같은 물질의 내부 구조까지도 확대하여 관찰할 수 있다. X선은 가시광선과 달리 유리 렌즈나 거울을 써서 굴절시키거나 반사시키기 어렵다. 그래서 X선 현미경은, 강력한 전자기장으로 X선을 굴절시켜 빛을 모을 수 있는 특수 금속 렌즈를 이용해 X선을 실험에 활용한다.

04
고2 · 2020년 11월 26번

윗글을 이해한 내용으로 적절하지 않은 것은?

① 실험 목적에 따라 빔라인의 종류는 달라질 수 있다.
② 휨전자석의 개수는 저장링의 모양에 따라 달라질 수 있다.
③ 빛의 집중 정도는 빛의 세기와 퍼짐에 따라 달라질 수 있다.
④ 전자는 양전하를 띤 양극 쪽으로 움직이려는 전기적인 힘이 있다.
⑤ 금속의 고유한 파장보다 긴 파장의 빛을 금속에 쏘면 전자를 방출시킬 수 있다.

05
고2 · 2020년 11월 27번

방사광에 대한 설명으로 적절하지 않은 것은?

① 실험 목적에 따라 파장을 선택해 사용할 수 있는 빛이다.
② 방사광가속기에서 연구 목적으로 가속시키는 전자기파이다.
③ 자연적으로 발생하기도 하고 인위적으로 만들 수도 있는 빛이다.
④ 휘도가 높아 물질에 대한 자세한 정보를 얻을 수 있게 하는 빛이다.
⑤ 빛의 속도에 가깝게 운동하는 전자가 방향을 바꿀 때 방출되는 전자기파이다.

06

〈보기〉는 방사광가속기의 주요 장치를 도식화한 것이다. 윗글을 바탕으로 〈보기〉를 이해한 내용으로 적절하지 <u>않은</u> 것은? [3점]

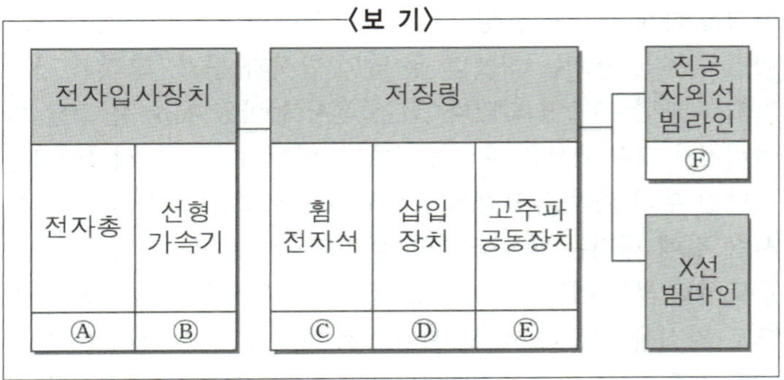

① Ⓐ에서 광전효과를 활용하여 방출시킨 전자는 Ⓑ에서 빛의 속도에 가깝게 가속되어 높은 에너지를 갖게 되겠군.
② 전자는 ⓒ를 지나면서 자석 주위의 자기장의 힘을 받아 방향이 바뀌면서 궤도를 따라 회전할 수 있게 되겠군.
③ ⓒ에서 방출된 방사광이 ⓓ에서 방출된 방사광보다 밝은 이유는 ⓓ에서 방사광이 서로 중첩되어 진폭이 더 커졌기 때문이겠군.
④ ⓒ와 ⓓ를 통과하며 에너지가 손실된 전자는 ⓔ로부터 에너지를 공급받아 궤도를 계속 돌게 되겠군.
⑤ ⓕ는 실험 목적에 맞게 방사광에서 원하는 파장을 분리시켜 실험에 이용하는 장치이겠군.

07

윗글의 ㉠과 〈보기〉의 ㉡을 비교한 내용으로 가장 적절한 것은?

〈보 기〉

㉡ 광학 현미경은 가시광선을 굴절시켜 빛을 모을 수 있는 유리 렌즈를 이용해 물질의 표면을 확대하는 실험 장치이다. 일반적으로 광학 현미경의 렌즈 배율을 최대로 높이면 크기가 200 나노미터 정도 되는 물질까지 관찰할 수 있다.

① ㉠과 달리 ㉡은 물질의 내부 구조를 관찰할 수 있는 장치이다.
② ㉡과 달리 ㉠은 빛이 굴절하는 성질을 이용하여 실험하는 장치이다.
③ ㉡과 달리 ㉠은 유리 렌즈를 활용하여 빛을 모아 물질을 확대하는 장치이다.
④ ㉡은, ㉠에서 사용하는 빛의 영역이 아닌 인간의 눈으로 볼 수 없는 빛의 영역을 이용하는 장치이다.
⑤ ㉠은, ㉡에서 사용하는 빛보다 상대적으로 짧은 파장의 빛을 이용하여 물질을 관찰할 수 있는 장치이다.

08

문맥상 ⓐ와 가장 가까운 의미로 쓰인 것은?

① 그는 딸의 사진을 품속에 지니고 다닌다.
② 그는 일을 성사시킬 책임을 지니고 있다.
③ 그는 어릴 때의 모습을 그대로 지니고 있었다.
④ 그는 유년 시절의 추억을 가슴 속에 지니고 살았다.
⑤ 그는 자신의 이론이 보편성을 지니고 있다고 주장했다.

09~12 다음 글을 읽고 물음에 답하시오.

나는 아주 단순한 세상을 그렸다. 아버지가 꿈꾼 세상보다도 단순했다. **달에 가서 천문대 일을 보겠다**는 것이 아버지의 꿈이었다. 그 꿈을 이루었다면 아버지는 오십 억 광년 저쪽에 있다는 머리카락좌의 성운을 볼 수 있을 것이다. 그러나 불쌍한 아버지는 아무것도 이루지 못하고 돌아갔다. 몸은 화장터에서 반 줌의 재로 분해되고, 영호와 나는 물가에 서서 어머니가 뿌려 넣는 재를 보며 울었다. 난장이 아버지가 무기물로 없어져 버리는 순간이었다. ⓐ 아버지는 생명을 갖는 순간부터 고생을 했다. 아버지의 몸이 작았다고 생명의 양까지 작았을 리는 없다. 아버지는 몸보다 컸던 고통을 죽어서 벗었다. 아버지는 자식들을 잘 먹일 수 없었다. 학교에도 제대로 보낼 수 없었다. ⓑ 우리 집에 새것이라고는 아무것도 없었다. 충분한 영양을 섭취해 본 적도 없었다. 영양 부족으로 일어나는 이상 증세를 우리는 경험했다. 아버지는 열심히 일했다. 열심히 일하고도 인간다운 생활을 할 권리를 잃었다. 그래서 말년의 아버지는 자기 시대에 대해 앙심을 품고 있었다. 아버지 시대의 여러 특성 중의 하나가 권리는 인정하지 않고 의무만 강요하는 것이었다. 아버지는 경제·사회적 생존권을 찾아 상처를 아물리지 못하고 벽돌 공장 굴뚝에서 떨어졌다.

그러나, 아버지는 따뜻한 사람이었다. 아버지는 사랑에 기대를 걸었었다. **아버지가 꿈꾼 세상**은 모두에게 할 일을 주고, 일한 대가로 먹고 입고, 누구나 다 자식을 공부시키며 이웃을 사랑하는 세계였다. 그 세계의 지배 계층은 호화로운 생활을 하지 않을 것이라고 아버지는 말했었다. 인간이 갖는 고통에 대해 그들도 알 권리가 있기 때문이라는 것이었다. 그곳에서는 아무도 호화로운 생활을 하려고 하지 않을 것이다. 지나친 부의 축적을 사랑의 상실로 공인하고, 사랑을 갖지 않은 사람네 집에 내리는 햇빛을 가려 버리고, 바람도 막아 버리고, 전깃줄도 잘라 버리고, 수도선도 끊어 버린다. ⓒ 그런 집 뜰에서는 꽃나무가 자라지 못한다. 날아들어 갈 벌도 없다. 나비도 없다. 아버지가 꿈꾼 세상에서 강요되는 것은 사랑이다. 사랑으로 일하고 사랑으로 자식을 키운다. 사랑으로 비를 내리게 하고, 사랑으로 평형을 이루고, 사랑으로 바람을 불러 작은 미나리아재비 꽃줄기에까지 머물게 한다. 그러나 아버지가 그린 세상도 이상 사회는 아니었다. 사랑을 갖지 않은 사람을 벌하기 위해 법을 제정해야 한다는 것이 문제였다. 법을 가져야 한다면 이 세계와 다를 것이 없다. 내가 그린 세상에서는 누구나 자유로운 이성에 의해 살아갈 수 있다. ㉠ 나는 아버지가 꿈꾼 세상에서 법률 제정이라는 공식을 빼 버렸다. 교육의 수단을 이용해 **누구나 고귀한 사랑을 갖도록 한다**는 것이 나의 생각이었다.

(중략)

근로자 1: "아녜요. 궁금해서 모여 서 있는 거예요. 설혹 무슨 일이 일어난다고 해도 저희들은 하나를 잘못하게 되는 겁니다. 그러나 사용자는 달라요. ⓓ 저희가 어쩌다 하나인데 비해 사용자는 날마다 열 조항의 법을 어기고 있습니다."

사용자 1: "문을 닫으세요."

사용자 2: "양쪽 문을 다 닫으십시오. **얘들을 내보내면 안 돼요.**"

아버지: "**영수를 당분간 내보내지 말아요.**"

어머니: "네."

영희: "큰오빠가 뭘 잘못했어? 잘못한 건 그 집 아이야."

아버지: "그 아이가 뭘 잘못했니?"

영희: "아버지를 난장이라고 놀려댔어."

아버지: "그 아이는 돌멩이를 던져 우리 집 창문을 깨뜨리지 않았다. 그 아이에겐 잘못이 없어. 아버지는 난장이다."

그래서, 나는 사흘 동안이나 밖에 나가 놀 수 없었다. 나는 어머니의 실패에서 바느질 바늘을 빼어 낚싯바늘을 만들었다. 불에 달구어 끝을 정확히 꼬부려 만들었다. 실을 두 겹으로 꼬아 초를 먹이고 그 끝에 바늘을 달았다. 어머니가 나가 놀아도 좋다고 한 날 나는 뒷산으로 달려 올라갔다. 긴 싸리나무를 꺾어다 낚싯대를 만들었다. 그해에도 가뭄이 들었다. 아버지는 날마다 펌프일을 나갔다. 방죽물도 바짝 줄었다. 나는 방죽 중간쯤에 들어가 낚시질을 했다. 내가 낚아 올린 붕어는 벽돌 공장 굴뚝 그림자 속에서 팔딱팔딱 뛰었다. 아버지가 당신의 입으로 난장이라고 한 말을 나는 그래서 꼭 한 번 들었다. 어머니는 **펌프가에 앉아 보리쌀을 씻다 말고 부엌으로 들어**갔다. 나에게 무슨 일이 있었다면 어머니까지 돌아갔을 것이다. 나는 그날 밤 늦게 집으로 돌아갔다. ⓔ 은강 전체가 저기압권에 들어 숨을 쉬기가

아주 어려운 밤이었다. 어머니는 꼼짝도 않고 앉아 있었다. 먼저 영이에 대해 묻고 영희를 물었다. 어머니는 영희에게 했던 것처럼 영이에게 여자가 가져야 할 가족과 가정에 대한 전통적 의무가 어떤 것인지 이야기하고 싶어 했다. 영이가 얼마 동안 고생을 하게 될지 나는 알 수 없었다. 영이의 흰 원피스는 그날로 더러워졌다. 영희는 하룻밤 두 낮의 단식과 구호, 그리고 근로자의 노래만 부르면 되었다. 나는 혼자 돌아왔다. 나는 그날 밤 아버지가 그린 세상을 다시 생각했다. **아버지가 그린 세상**에서는 지나친 부의 축적을 사랑의 상실로 공인하고, 사랑을 갖지 않은 사람 집에 내리는 햇빛을 가려 버리고, 전깃줄도 잘라 버리고, 수도선도 끊어 버린다. 그 세상 사람들은 사랑으로 일하고, 사랑으로 자식을 키운다. 비도 사랑으로 내리게 하고, 사랑으로 평형을 이루고, 사랑으로 바람을 불러 작은 미나리아재비 꽃줄기에까지 머물게 한다. 아버지는 사랑을 갖지 않은 사람을 벌하기 위해 법을 제정해야 한다고 믿었다. 나는 그것이 못마땅했었다. 그러나 그날 밤 ㉡ 나는 나의 생각을 수정하기로 했다. 아버지가 옳았다.

모두 잘못을 저지르고 있었다. 예외란 있을 수 없었다. 은강에서는 신도 예외가 아니었다.

– 조세희, 「잘못은 신에게도 있다」 –

09

고2 · 2022년 9월 21번

윗글에 대한 이해로 적절하지 <u>않은</u> 것은?

① 아버지는 의무만을 강요하는 시대에 불만을 품은 채 말년을 보냈다.

② 아버지는 자신이 난장이임을 나에게 자주 말하며 현실이 준 상처를 드러내곤 했다.

③ 어머니는 영이에게 가족에 대한 전통적 의무에 대해 말하고 싶어 했다.

④ 나는 아버지를 놀린 아이와 관련된 일로 사흘 동안 밖에 나가 놀지 못했다.

⑤ 영희는 나에게는 잘못이 없고 아버지를 놀린 아이에게 잘못이 있다고 생각했다.

10

고2·2022년 9월 22번

ⓐ~ⓔ에 대한 이해로 적절하지 <u>않은</u> 것은?

① ⓐ는 아버지가 난장이로 태어나 고통을 겪었음을 드러내고 있다.

② ⓑ는 아버지가 성실히 살았음에도 인간다운 생활을 할 수 없었던 난장이 가족의 삶을 보여 주고 있다.

③ ⓒ는 아버지가 꿈꾸는 세상에서 지나치게 부를 축적해 벌을 받게 될 사람들이 사는 집의 모습을 보여 주고 있다.

④ ⓓ는 근로자와 사용자의 잘못을 비교하여 잘못의 원인이 근로자에게 있음을 드러내고 있다.

⑤ ⓔ는 은강의 기상 상태를 통해 인물이 느끼는 심리적 압박감을 드러내고 있다.

11

고2·2022년 9월 23번

㉠과 ㉡에 대한 이해로 가장 적절한 것은?

① ㉠과 ㉡은 모두 사랑을 기반으로 한 세상을 바라고 있다.

② ㉠과 ㉡은 모두 교육을 통해 자신이 꿈꾼 세상을 이루려 한다.

③ ㉠과 ㉡은 모두 법률을 제정하여 사람들이 사랑을 지키도록 하려 한다.

④ ㉠은 ㉡과 달리 자신의 생각을 바꾸고 아버지의 생각을 따르려 한다.

⑤ ㉡은 ㉠과 달리 사람들의 자유로운 이성에 대한 믿음을 지니고 있다.

12

고2·2022년 9월 24번

〈보기〉를 바탕으로 윗글을 감상한 내용으로 적절하지 <u>않은</u> 것은? [3점]

> 〈보 기〉
>
> 이 작품에서는 시간적으로 거리가 먼 사건들이 하나의 단락 안에서 명확히 구분되지 않고 시제가 구별되지 않은 채 서술된다. 또한 서로 다른 공간에서 벌어지는 사건들이 유사한 장면으로 연결되기도 한다. 이러한 서술 방식들은 작품에 대한 독자의 이해를 지연시켜 독자로 하여금 사건의 이면에 숨겨진 의미를 파악하도록 노력하게 한다. 한편 이 작품은 주제 의식을 효과적으로 전달하기 위해 단어나 구절 등을 반복하거나 다른 갈래의 형식을 삽입하기도 하고, 비현실적 세계와 현실적 세계를 연결하기도 한다.

① '아버지가 꿈꾼 세상'의 모습이 '아버지가 그린 세상'의 모습에서 반복되어 서술되는데, 이는 인물이 바라는 이상적인 사회의 모습을 강조하는 것으로 볼 수 있겠군.

② 근로자와 사용자의 대화 장면과 우리 가족의 대화 장면은 극의 형식으로 서술되고 있는데, 이는 다른 갈래의 형식을 삽입하여 작품의 주제 의식을 전달하는 것으로 볼 수 있겠군.

③ '달에 가서 천문대 일을 보겠다'는 비현실적인 꿈을 '누구나 고귀한 사랑을 갖도록 한다'는 실현 가능한 꿈과 관련지은 것은, 현실에서 실현된 이상 세계를 보여 주어 주제 의식을 드러낸 것으로 볼 수 있겠군.

④ '얘들을 내보내면 안 돼요.'라는 사용자의 말과 '영수를 당분간 내보내지 말아요.'라는 아버지의 말을 연결한 것은, 서로 다른 공간에서 벌어지는 두 사건이 유사한 장면으로 연결되는 것으로 볼 수 있겠군.

⑤ 어머니가 '펌프가에 앉아 보리쌀을 씻다 말고 부엌으로 들어'가는 장면은 시간적으로 거리가 먼 두 사건 사이에 명확한 시간 구분 없이 삽입되어 해당 부분에 대한 독자의 이해를 지연시킬 수 있다고 볼 수 있겠군.

DAY 28

학습 Check!

▶ 몰라서 틀린 문항 × 표기 ▶ 헷갈렸거나 찍은 문항 △ 표기 ▶ ×, △ 문항은 다시 풀고 ✔ 표기를 하세요.

종료 시각	시 분 초	문항 번호	01	02	03	04	05	06	07	08	09	10	11	12
소요 시간	분 초	채점 결과												
초과 시간	분 초	틀린 문항 복습												

DAY 29

수능기출
전국연합학력평가 **20분 미니 모의고사**

● 날짜 :   월   일 ● 시작 시각 :   시   분   초 ● 목표 시간 : 20분

※ 점수 표기가 없는 문항은 모두 **2점**입니다.

01~02 **(가)는 학교 신문반 회의의 일부이고, (나)는 (가)를 바탕으로 학생이 작성한 기사문의 초고이다. 물음에 답하시오.**

(가)

학생 1: 지난주에 우리 학교 미래 동아리가 주최한 스마트팜(Smart Farm) 체험 행사를 취재했는데, 오늘은 기사로 쓸 내용을 정리해 보자.

학생 2: 스마트팜 체험 행사에 내가 다녀왔는데, 행사에 참여한 학생들이 무척 좋아하더라. 나도 스마트팜에 대해 새롭게 알게 돼서 좋았어.

학생 3: 정말? 나도 함께 가고 싶었는데. 어떤 걸 새로 알게 됐니?

학생 2: 나는 스마트팜이 농장 운영의 편의성을 높이는 시설이라고만 생각했거든. 그런데 내가 몰랐던 장점이 많아서 그것을 기사에서 다루었으면 좋겠어.

학생 1: ⓐ 그래, 그러면 농장 운영의 편의성을 높여 준다는 장점 외에 또 어떤 걸 기사에서 다룰까?

학생 2: 친환경적이고 날씨에 영향을 받지 않는다는 점을 다루면 좋을 것 같아. 그리고 행사 내용도 소개해야겠지?

학생 3: 그래. 이번에 취재하면서 행사를 주최한 미래 동아리 학생도 만났지?

학생 2: 응. 이번 행사를 위해 노력을 많이 했더라. 행사 준비 과정에서 어려웠던 점을 기사에 넣어 주면 좋겠다고 했어.

학생 1: 그래. 또 어떤 내용을 넣을까?

학생 2: 행사를 소개하는 거니까 행사 목적을 포함한 행사의 기본 정보가 들어가야겠지. 그 내용은 내가 정리해 둘게.

학생 3: 고마워. 그리고 행사에 참여한 학생들의 만족도가 높았다고 했잖아. 참여 학생의 반응도 함께 소개하면 어때?

학생 2: 좋은 생각이다. 학생을 인터뷰 한 내용을 활용해 볼게.

학생 1: ⓑ 제목을 놓칠 뻔했는데 표제와 부제에 대해서도 얘기해 보자.

학생 2: 표제는 어렵지 않을 것 같아. 독자의 호기심을 끌 수 있게 질문의 형식을 활용하면 되잖아.

학생 3: 의문문을 사용하면 의도가 잘 전달되지 않을 수도 있으니까 평서문으로 진술하고 행사명이 드러나게 작성해 보자.

학생 2: 그래. 그럼 부제는 학생 인터뷰 내용 중 일부를 활용해서 써 보는 게 어떨까?

학생 1: ⓒ 좋은 생각이지만, 부제는 누가 어떤 행사를 했는지 드러나야 할 것 같은데 좀 더 얘기해 보자.

학생 2: 그럼 부제는 행사 주체와 역할이 드러나게 작성해 보자.

학생 3: 아! 그리고 본문에는 행사 운영에 대한 결과를 드러내면 좋겠어.

학생 2: 운영 결과라면, 참여 학생의 반응을 객관적으로 보여주는 학생 만족도 설문 조사 결과를 제시하는 건 어때?

학생 3: 그래? 그런데 학생 만족도는 인터뷰 내용과 유사한 정보니까 다시 언급하면 정보가 중복되는 느낌을 줄 수 있을 것 같아.

학생 2: 그럼 그 내용은 빼기로 하자. 마지막 문단에는 대구를 사용하여 행사의 의의를 드러내는 건 어때?

학생 3: 좋아. 그리고 앞으로의 미래 동아리 활동 계획도 같이 알려 주면 좋겠어.

학생 2: 그래. 오늘 나온 의견을 반영해서 기사문의 초고를 작성해 볼게.

(나)

스마트팜, 농업에 과학을 입히다
미래 동아리, 스마트팜 체험 행사 개최

미래 동아리는 지난 9월 2일 우리 학교 옥상 스마트팜 체험장에서 전교생을 대상으로 스마트팜 체험 행사인 '농업에 과학을 입히다'를 열었다. 이번 행사는 우리 학교 학생들에게 스마트팜을 소개하고, 농업 관련 진로 체험의 기회를 제공하기 위해 개최되었다.

우리 학교의 스마트팜은 정보 통신 기기를 이용하여 원격으로 관리할 수 있는 농장으로, 사람이 직접 물을 주지 않아도 된다. 또한 LED 조명을 활용하여 날씨에 영향을 받지 않고, 수경 재배 방식을 통해 토양 오염을 유발하지 않으면서 청정농산물을 재배할 수 있다.

이번 스마트팜 체험 행사는 3부로 이루어졌다. 1부에서는 이론 교육인 청년 농부 ○○○ 선생님의 '스마트팜을 알자', 2부에서는 농장 실습인 '상추와 토마토를 스마트하게 길러요', 3부에서는 농업 관련 진로에 대해 궁금한 점을 알아 보는 '청년 농부 ○○○ 선생님과 만나요'라는 시간을 가졌다. 미래 동아리는 이번 행사를 위해 한 달 전부터 본격적인 준비를 하였으며 행사 당일에는 스마트팜 실습 과정에서 어려움을 겪는 학생들에게 도움을 주었다.

체험에 참여한 △△△ 학생은 "주말에 부모님과 함께 작은 텃밭을 가꿨는데, 자주 돌보지 못해 키우던 작물이 말라 죽곤 했어요. 이번 행사에서는 싱싱한 토마토를 직접 딸 수 있어서 즐거웠어요."라고 소감을 밝혔다.

01

(가)의 흐름을 고려할 때, ⓐ~ⓒ의 공통점으로 가장 적절한 것은?

① 상대의 발언 내용을 정리하기 위한 발화이다.
② 논의가 필요한 내용을 제시하기 위한 발화이다.
③ 참여자 사이의 의견 차이를 조정하기 위한 발화이다.
④ 상대가 발언한 내용의 의도를 확인하기 위한 발화이다.
⑤ 상대의 발언 내용에 대한 구체적인 설명을 요청하기 위한 발화이다.

02

(가)를 바탕으로 (나)의 끝 부분에 새로운 문단을 이어 쓴다고 할 때, 그 내용으로 가장 적절한 것은?

① 이번 행사에서 학생들은 '관리는 편하게, 수확은 즐겁게'라는 스마트팜의 가치를 알게 되었다. 농업에 관심을 가지고 있는 학생들에게는 의미 있는 행사였다.
② 이번 행사는 '농업의 발전 가능성과 한계'라는 두 얼굴을 인식하는 계기가 되었다. 미래 동아리는 스마트팜을 개방해 진로 탐색의 기회를 제공하겠다고 밝혔다.
③ 이번 행사에서 학생들은 체험을 통해 '오늘은 팜, 내일은 스마트팜'으로 발전하는 우리의 농업을 알게 되었다. 미래 동아리는 앞으로 진로 체험 행사를 확대하겠다고 밝혔다.
④ 이번 행사는 학생들이 스마트팜을 '어렵지 않고 친근한 농업'으로 받아들일 수 있었던 시간이었다. 미래 동아리는 수확한 농산물을 지역 주민들에게 나누어 줄 계획이라고 밝혔다.
⑤ 이번 행사는 학생들이 '내 삶을 행복하게 하는 팜, 우리 삶을 행복하게 하는 스마트팜'을 체험하는 기회가 되었다. 그리고 미래 농업 기술의 발전 가능성을 확인해 보는 시간이었다.

03

〈보기〉의 ㉠~㉤에 나타나는 중세 국어의 특징을 탐구한 내용으로 적절하지 않은 것은?

─────〈 보 기 〉─────

[중세 국어] 녯 마리 ㉠널오디 어딘 일 ㉡조초미 노푼 디 올옴 ᄀᆞ티고
[현대 국어] 옛말에 이르되 어진 일 좋음이 높은 데 오름 같고

[중세 국어] 善쎤慧ᄤ ㉢對됭荅답ᄒ샤디 부텻긔 받ᄌᆞ보리라
[현대 국어] 선혜가 대답하시되 "부처께 바치리라."

[중세 국어] 烽火ㅣ ㉣석 ᄃᆞᆯ ㉤니세시니
[현대 국어] 봉화가 석 달을 이어지니

① ㉠에서 두음 법칙이 적용되지 않았음을 알 수 있군.
② ㉡에서 이어 적기가 사용되었음을 알 수 있군.
③ ㉢에서 객체를 높이는 선어말 어미가 사용되었음을 알 수 있군.
④ ㉣에서 체언에 조사가 결합할 때 모음 조화가 지켜지고 있음을 알 수 있군.
⑤ ㉤에서 현대 국어에서 쓰이지 않는 자음이 사용되었음을 알 수 있군.

 다음 글을 읽고 물음에 답하시오.

(가)

소쉬르의 언어학은 언어에 대한 전통적인 견해에 대해서 의문을 제기하고 이를 뒤집는다. 소쉬르 이전의 사람들은 일반적으로 언어가 현실 세계의 대상을 지칭한다고 생각했다. 반면 소쉬르는 언어가 현실 세계를 있는 그대로 묘사하는 것이 아니라는 것을 언어의 기호 체계를 통해 설명하며, 오히려 사람들이 그들의 언어 체계에 맞춰 현실 세계를 새롭게 인식한다고 주장한다.

소쉬르에 따르면 언어는 기호 체계로, 현실 세계를 묘사하는 것이 아니라 근본적으로 자의적인 체계이다. 기호란 어떠한 뜻을 나타내기 위해 쓰이는 표지를 이르는데, 기표와 기의로 이루어진다. 기표는 귀로 들을 수 있는 소리로써 의미를 전달하는 외적 형식을 ㉠ 이르며, 기의는 말에 있어서 소리로 표시되는 의미를 이른다. 예컨대 언어의 소리 측면을 지칭하는 '산[san]'이라는 기표에, 그 소리가 지칭하는 의미를 나타내는 '평지보다 높이 솟아 있는 땅의 부분'이라는 기의가 대응하는 것이다. 소쉬르에 따르면 기표와 기의의 관계는 필연적이지 않고 자의적이며, 단지 그 기호를 사용하는 사람들의 사회적 약속일 뿐이다. 이는 '평지보다 높이 솟아 있는 땅의 부분'이라는 기의가, 한국어에서는 '산[san]', 중국어에서는 '山[shān]', 영어에서는 'mountain[máuntən]' 등의 다른 기표로 나타나는 것에서 확인 할 수 있다. 즉 언어는 자의적인 성격을 지닐 뿐이며 현실 세계를 묘사하는 것이 아니라는 것이다.

더불어 소쉬르는 사람들이 언어 체계에 맞춰 현실 세계를 새롭게 인식한다는 것을 설명하기 위해 '랑그'와 '파롤'이라는 개념을 제시한다. 랑그란 언어가 갖는 추상적인 체계이고, 파롤은 랑그에 바탕을 ㉡ 두고 개인이 실현하는 구체적인 발화이다. 소쉬르는 어떤 사람이 어떠한 발화를 하더라도 그 발화의 표현 방식이나 범위는 사실상 그가 사용하는 언어 체계인 랑그에 의해서 지배되거나 제약받는다고 주장한다. 예를 들어 한국어에서는 빨강 계통의 색을 '빨갛다', '시뻘겋다', '새빨갛다', '불긋불긋하다' 등 다채롭게 표현할 수 있다. 하지만 영어에서는 한국어만큼 빨강 계통의 색을 다채롭게 표현할 수 있는 단어가 많지 않다. 따라서 소쉬르는 영어를 사용하는 사람들이 실제로는 다양하게 존재하는 빨강 계통의 색을 그들이 사용하는 랑그에 맞게 인식한다고 본다. 이는 결국 랑그의 차이에 따라 사람들이 현실 세계를 인식하는 방식이 달라진다는 것을 의미하는 것이다.

일반적으로 사람들은 어휘를 선택하고 그것을 언어 체계에 맞추어 발화하는 주체가 자신이라고 생각한다. 하지만 소쉬르는 발화의 진정한 주체는 발화자가 아닌 랑그라는 사실을 전제하고 있다. 결국 소쉬르의 언어학은 언어가 현실 세계를 수동적으로 재현하는 수단이 아니며, 오히려 언어가 현실 세계를 구성한다는 생각을 함축하고 있는 것이다.

(나)

비트겐슈타인에게 언어는 삶의 다양한 맥락에 ⓒ 따라 서로 다르게 혹은 유사한 모습으로 존재한다. 이에 따라 비트겐슈타인은 언어를 이해하는 것은 그것이 어떻게 사용될 수 있는지를 이해하는 것이라는 '의미사용이론'을 제시한다. 비트겐슈타인은 언어를 배우는 것이, 일상 활동들의 맥락 속에서 언어를 어떻게 사용하고 또한 타인의 언어에 어떻게 반응해야 하는지를 배우는 것이라고 말한다. 가령 '빨강'이라는 단어의 의미를 배우는 것은 사전에 실려 있는 추상적 개념을 배우는 것이 아니라, 실제 미술 시간에 눈앞에 있는 빨간 사과를 그려 보라는 교사의 말에 물감 중 필요한 빨간색을 ⓔ 골라 사용할 수 있게 되는 일이다.

비트겐슈타인은 이런 의미사용이론을 설명하기 위해 언어를 게임에 비유하여 설명한다. 예컨대 땅따먹기와 같은 게임의 규칙은 절대 불변의 법칙이 아니라 땅따먹기라는 게임을 원활하게 진행하기 위해서 만들어진 것이며, 이런 게임의 규칙은 그것에 참가한 사람들이 게임을 수행할 수 있도록 만드는 형식에 불과하다. 이렇게 언어를 게임에 빗대어 설명한다는 것은 곧 언어가 그것을 사용하는 사람들의 구체적인 활동과 관련해서만 의미가 있다는 것을 보여준다.

비트겐슈타인은 언어가 사람들의 삶과 엉켜 있으면서 사람들의 삶을 반영한다는 것을 언어의 모호성을 통해서 설명하기도 한다. '크다'나 '작다'와 같은 표현들은 사람에 따라 의미가 다르게 사용되기 때문에 듣는 사람에게 모호하다는 느낌을 줄 수 있다. 하지만 이와 같은 표현이 없다면, 정확한 크기를 알 수 없는 경우에 대해서는 언급 자체를 할 수가 없게 된다. 더욱이 사람들은 간혹 의도적으로 모호한 표현을 사용하기도 한다. 따라서 비트겐슈타인은 언어에 존재하는 많은 불명확성이 오히려 단점이 아닌 장점이 될 수도 있으며, 높은 수준의 명확성이 오히려 융통성의 여지를 없앨 수도 있다고 말한다.

전통적으로 어떤 개념을 형성하는 일은, 수많은 종류의 나무로부터 공통 요소를 추출하여 '나무'라는 개념을 형성하는 것처럼 서로 다른 개별적이고 구체적인 대상으로부터 공통 요소를 추출하는 과정을 통해 이루어졌다. 하지만 비트겐슈타인은 개념을 사용할 때 그것의 적용 사례들에 어떤 공통 요소가 반드시 있어야 한다는 강박 관념을 버려야 한다고 강조한다. 이는 결국 언어가 그것을 사용하는 사람들의 삶과 ⓜ 맞물려 있어 삶의 양식이 다양한 만큼 언어 역시 다양하기 때문이다. 따라서 비트겐슈타인에게 있어 언어란 현실 세계를 재현하는 것이 아니라, 언어를 사용하는 사람들의 소통에 의해서 만들어지는 것이라고 할 수 있다.

04

(가)와 (나)의 서술상의 공통점으로 가장 적절한 것은?

① 언어에 대한 특정한 이론을 관련 사례를 들어 소개하고 있다.

② 언어에 대한 상반된 주장을 제시하여 절충 방안을 모색하고 있다.

③ 언어에 대한 관점들이 통합되어 가는 역사적 과정을 부각하고 있다.

④ 언어에 대한 이론들을 시대순으로 나열하여 공통적인 특성을 도출하고 있다.

⑤ 언어에 대한 다양한 이론을 소개하며 각 이론이 지닌 의의와 한계를 설명하고 있다.

05

[랑그], [파롤]에 대한 이해로 가장 적절한 것은?

① 랑그는 현실 세계를 재현하는 수단이다.

② 파롤은 언어의 추상적 체계를 지칭한다.

③ 랑그는 개인이 실현하는 구체적인 발화이다.

④ 파롤의 표현 방식은 랑그에 의해서 제약을 받는다.

⑤ 랑그는 파롤을 바탕으로 발화자가 주체임을 드러낸다.

06

다음은 온라인 수업 게시판의 일부이다. 윗글을 바탕으로 학생들이 과제를 수행했다고 할 때, ㉮~㉰에 들어갈 말로 가장 적절한 것은?

	㉮	㉯	㉰
①	다르게	구성한다는	삶의 양식
②	다르게	묘사한다는	높은 수준의 명확성
③	비슷하게	구성한다는	삶의 양식
④	비슷하게	구성한다는	높은 수준의 명확성
⑤	비슷하게	묘사한다는	삶의 양식

※ 〈보기〉는 윗글을 읽은 학생의 독서 활동 과정이다. 7번과 8번 물음에 답하시오.

〈보 기〉

읽기 전	기존에 가지고 있던 '언어'에 대한 자신의 생각을 말해 보기
↓	
읽기 중	(가), (나)를 읽고 글의 내용에 대한 이해를 점검하는 질문에 응답하기
↓	
읽기 후	(가), (나)와는 다른 관점을 지닌 글을 찾아서 공통점과 차이점을 설명하기

07

고2·2021년 11월 31번

다음은 '읽기 중' 단계에서 학생이 수행한 활동지의 일부이다. 학생의 응답으로 적절하지 <u>않은</u> 것은?

질문	학생의 응답		
	예	아니요	
소쉬르는 언어가 현실 세계의 대상을 지칭하는 것이라고 주장하고 있나요?		✓	···· ①
비트겐슈타인은 언어에 존재하는 많은 불명확성에 대해 긍정하고 있나요?	✓		···· ②
소쉬르와 비트겐슈타인은 모두, 언어에 대한 전통적인 입장을 고수하고 있나요?		✓	···· ③
소쉬르는 비트겐슈타인과 달리, 언어가 사람들의 약속에 의해 형성된다는 것을 비판하고 있나요?	✓		···· ④
비트겐슈타인은 소쉬르와 달리, 언어가 사용하는 사람들의 맥락에 따라 다르게 사용될 수도 있다는 것을 부정하고 있나요?		✓	···· ⑤

08

고2·2021년 11월 32번

다음은 '읽기 후' 단계에서 학생이 찾은 다른 학자들의 견해이다. 윗글을 바탕으로 주제 통합적 읽기를 수행한 학생의 이해로 적절하지 <u>않은</u> 것은? [3점]

> ⓐ 말소리와 지시물 간에는 직접적인 관계가 없으며 개념이 말소리와 직접적으로 연결된다. 지시물은 개념을 통해 말소리와 간접적으로 연결되어 언어는 일정한 의미를 형성하게 된다.
> ⓑ 언어란 현실 세계를 재현하기 위한 수단이며 언어의 의미는 곧 언어가 구체적으로 지시하는 대상이다. 세계가 먼저 있고 그 세계를 재현하기 위해서 언어가 존재하는 것이다.
> ⓒ 언어에서 사물의 이름은 임의적으로 붙여진 것이 아니다. 사물은 자연의 일부로서 자연을 닮고 서로 유사함을 나누어 가지며, 사물의 이름은 이런 자연의 법칙에 따라 지어진 것이다.

① 개념이 말소리와 직접적으로 연결된다는 ⓐ의 입장과 유사하게, 소쉬르는 언어가 기표와 기의의 대응을 통해 이루어진다고 주장하고 있다.

② 언어는 일정한 의미를 형성하게 된다는 ⓐ의 입장과 달리, 비트겐슈타인은 언어가 사람들의 소통에 의해서 만들어진다고 주장하고 있다.

③ 언어란 현실 세계를 재현하기 위한 수단이라는 ⓑ의 입장과 달리, 소쉬르는 언어가 자의적인 성격을 지닐 뿐이며 현실 세계를 재현하는 것이 아니라고 주장하고 있다.

④ 세계가 먼저 있고 그 세계를 재현하기 위해서 언어가 존재한다는 ⓑ의 입장과 유사하게, 비트겐슈타인은 언어가 먼저 있고 절대 불변의 법칙에 따라 세계가 존재한다고 주장하고 있다.

⑤ 언어에서 사물의 이름은 임의적으로 붙여진 것이 아니라는 ⓒ의 입장과 달리, 소쉬르는 기표와 기의의 관계가 필연적이지 않다고 주장하고 있다.

09

고2·2021년 11월 33번

문맥상 ㉠~㉤의 단어와 가장 가까운 의미로 쓰인 것은?

① ㉠: 그녀는 약속 장소에 이르며 친구에게 전화를 걸었다.
② ㉡: 우리 회사는 세계 곳곳에 많은 지점을 두고 있다.
③ ㉢: 예전에 어머니를 따라 시장 구경을 갔던 기억이 났다.
④ ㉣: 탁자 위에 쌓인 여러 책들 중에 한 권을 골라 주었다.
⑤ ㉤: 그의 입술은 굳게 맞물려 떨어질 줄을 몰랐다.

10~12 다음 글을 읽고 물음에 답하시오.

[앞부분 줄거리] 서울에 살던 7살 상우는 엄마의 사업 실패로 형편이 어려워지자 시골에 사는 외할머니에게 맡겨진다.

㉠ **S#7. 동네 정류장 (해질녘)**

요란한 먼지바람을 일으키며 떠나는 버스. 휑뎅그렁하게 남겨진 상우와 할머니. 상우는 역시 먼지를 질색한다. 할머니는 앉으나 서나 상우의 키만 하다. 꽤 꼬부랑이시다. 벌써 노을이 지려 한다. 서먹서먹한 둘.

할머니, 같이 가자는 시늉을 하자 상우는 더욱 할머니를 우습게 보고, 상우가 움직일 생각을 안 하자 할머니 혼자 앞서 걷는다. 사이가 멀어지자 그제서야 걷기 시작하는 상우. 할머니, 가다가 돌아보면 상우는 딴전을 피우고, 다시 할머니가 걸으니까 상우도 마지못한 듯 따라간다. 카메라, 앞뒤로 떨어져 걷는 둘과 노을 지는 하늘을 멀리서 잡는다.

S#54. 장터 노점상 앞 (아침)

모퉁이에 숨어서 보고 있는 상우. 창피하고 난감하고 슬픈 표정이다. 길 건너편에서는 할머니가 보따리를 풀고 앉아 나물과 채소를 팔고 있다. 젊은 엄마들 사이에 끼어서 손님을 향해 손짓을 하는 할머니. 더 집어 가는 손님을 막지 못하고 손해 보듯 팔고 있다. 할머니 때문에 슬프고 화난다.

S#56. 중국 음식점 (낮)

허름한 중국집. 그래도 손님은 많다. 상우는 짜장면을 허겁지겁 먹고 있고, 할머니는 양파 한 점을 오물거리며 간간이 엽차를 마신다. 자기만 먹는 게 신경 쓰인 상우가 할머니를 보면, 할머니는 '어여 먹어. 난 배 안 고파'라는 손짓을 해 보인다.

(시간 경과)

계산대 앞. 허리춤에서 꼬깃꼬깃한 천 원짜리 몇 장을 꺼내 간신히 계산을 하는 할머니. 전 재산인 듯한 분위기. 상우, 그 광경을 유심히 본다.

㉡ **S#63. 동네 정류장 (해질녘)**

상우, 정류장까지 또 와 버렸다. 버스 한 대가 금방 도착하고 내리는 사람 없이 떠난다. 그런데 저 멀리 버스가 온 방향에서 할머니가 걸어오고 있는 게 아닌가. 그 보따리를 힘들게 들고서. 의아해하는 상우. '왜 버스를 안 타고 걸어올까?' 무척 피곤해 보이는 할머니의 땀에 전 얼굴을 보고 상우는 짐작이 간다. 울고 싶어진다…….

할머니: (수화로) '왜 나와 있어? 집에 있지.'

상우는 미안한 마음에 심통을 부린다. 할머니는 예의 그 '미안'이라는 뜻의 수화를 하는데 이번에는 상우가 짜증을 안 낸다. 대신 할머니의 보따리를 화난 듯 낚아채고 성큼성큼 앞서 걷는다. 걷다가 생각난 듯 주머니의 초코파이를 꺼내 보따리에 살짝 넣어 준다.

S#83. 방 (밤)

상우, 지나간 달력 뒷면을 펼쳐 놓고 할머니에게 글자를 가르치고 있다. '아프다', '보고싶다'라는 단어가 상우의 솜씨로 큼지

막하게 쓰여 있다. 할머니, 상우가 써 준 글자를 따라 써 보지만 눈도 잘 안 보이고 게다가 까막눈이 아니던가……. 글자 폼이 영 아니다.

상우: (자기가 쓴 글을 짚으며) 이건 '아프다', 요건 '보고 싶다' 써 봐, 다시.

할머니, 미안한 표정으로 애를 써 보지만 역시 이상한 선만 그어진다.

상우: 에이 참! 그것도 하나 못 해? (화를 내지만 예전의 상우랑은 다르다.)

할머니, 다시 노력해 보지만…….

상우: 할머니 말 못하니까 전화도 못 하는데 편지도 못 쓰면 어떡해……!

할머니, 면목 없다는 듯 노력해 본다. 애처롭다.

상우: (그 모습 보다가) …… 할머니, 많이 아프면 그냥 아무 것도 쓰지 말고 보내. 그럼 상우가 할머니가 보낸 건 줄 알고 금방 달려올게. 응? 알았지? (울먹울먹하더니 줄줄 운다.)

할머니, 노력해도 안 된다는 걸 아는지라 연필을 꼭 쥔 채로 고개만 주억거리며 눈물을 참는다. 잠시 우는 시간…….

(시간 경과)

할머니는 자고 있고, 상우는 구석에서 등 돌리고 무엇엔가 열중. 보면, 바늘에다 실을 꿰고 있다. 적당한 길이로 실을 끊는다. 반짇고리의 모든 바늘에 실을 꿰어 놓았다.

S#86. 마당 (밤)

창호지 문으로 보이는 실루엣. 흐릿한 불빛 아래 상우가 바닥에다 대고 무언가를 그리고 있다. 밤이 깊어가도록…….

㉢ **S#87. 동네 정류장 (낮)**

엄마, 상우, 할머니가 서 있다. 상우는 올 때와 달리 단출한 짐이다. 많이 운 얼굴이다. 버스가 온다. 상우, 타기 전에 할머니에게 무언가를 소중하게 건네고 홱 돌아 타 버린다.

차창에 작은 키로 붙어서 상우를 보려고 애쓰는 할머니. 상우, 할머니를 외면하고 고개를 떨어뜨리고 있다. 쏟아지는 눈물을 참는 듯. 차가 움직이기 시작하자 할머니를 보려고 뒷좌석으로 달려간다. 멀어져 가는 할머니를 놓치지 않으려는 다급함으로 '미안' 수화를 보낸다. 글썽글썽……. 할머니, 아쉬움에 차를 쫓지만 금세 멀어진다. 그래도 계속 따라간다. 이미 차는 꽁지도 안 보이는데……. 할머니, 드디어 멈춰 선다. 미동도 않고 버스가 사라진 길만 보고 있다. 한참을 보다가 상우가 주고 간 것들을 펴 본다. 상우가 아꼈던 로봇 그림엽서들이다. 뒤집어 보면 다섯 장 모두에 주소와 상우 이름이 상우 글씨로 쓰여 있다. 보내는 사람 칸에는 '할머니', 우표 칸에는 '상우한테 바드세요', 사연 칸에는 할머니가 누워 있는 그림과 할머니 얼굴 그림이 한 장마다 번갈아 그려져 있고, 그 밑에는 '아프다', '보고싶다'라고 쓰여 있다. 모두 다섯 장. '아프다', '보고싶다', '아프다', '보고싶다', 그리고 '보고싶다'……. 엽서를 한 장 한 장 넘기는 할머니의 거친 손이 눈을 찌른다.

할머니가 집을 향하여 걸어가는 모습이 멀리서 보인다. 마치 아무 일도 없었다는 듯 차곡차곡 걸어가는 뒷모습…….
— 이정향 극본, 「집으로」 —

10

윗글에 대한 설명으로 가장 적절한 것은?

① 상우는 할머니가 겪을 수 있는 어려움을 생각하여 도움을 주려 한다.
② 상우는 서울로 돌아가며 시골에 다시 오지 않을 것이라고 다짐한다.
③ 상우는 할머니가 동네 정류장까지 걸어온 것을 알아채지 못한다.
④ 할머니는 상우와 함께 서울로 올라가려고 시도한다.
⑤ 할머니와 상우는 수화로 인해 갈등을 겪는다.

11

㉠~㉢을 이해한 것으로 적절하지 <u>않은</u> 것은?

① ㉠은 인물 간의 심리적 거리감을 물리적인 거리로 보여 준다.
② ㉠에서 '정류장'은 동행의 출발점으로 인물 간의 심리적 거리는 가깝지 않다.
③ ㉡에서 인물의 달라진 심리적 거리감은 물리적 거리에 영향을 준다.
④ ㉡에서 '정류장'은 만남의 공간으로 인물 간의 가까워진 심리가 드러난다.
⑤ ㉢에서 인물 간의 물리적인 거리가 멀어지면서 심리적 거리도 멀어진다.

12

다음은 윗글을 영상화하기 위한 촬영 및 편집 계획이다. 적절하지 <u>않은</u> 것은? [3점]

> ■ 촬영 및 편집 계획
>
> • S#54에서 슬프고 화가 나는 상우의 표정을 강조하기 위해 할머니를 바라보는 상우를 멀리서 촬영해야겠어. ·············· ㉮
>
> • S#56에서 꼬깃꼬깃한 천 원짜리로 간신히 계산하는 할머니의 상황을 부각하기 위해 할머니의 의상을 허름한 것으로 준비해야겠어. ·············· ㉯
>
> • S#83에서 상우의 진심을 보여 주기 위해 겉으로는 화를 내는 표정을 짓지만 속으로는 안타까워하는 감정이 느껴지게 연기하도록 해야겠어. ·············· ㉰
>
> • S#83에서 관객들이 할머니와 상우의 감정에 공감할 수 있도록 할머니가 눈물을 참는 부분부터 슬픈 배경음악을 삽입해야겠어. ·············· ㉱
>
> • S#87에서 관객들에게 여운을 남기기 위해 할머니의 뒷모습이 있는 마지막 장면을 서서히 어두워지게 편집해야겠어. ····· ㉲

① ㉮　　② ㉯　　③ ㉰　　④ ㉱　　⑤ ㉲

▶ 몰라서 틀린 문항 × 표기　▶ 헷갈렸거나 찍은 문항 △ 표기　▶ ×, △ 문항은 다시 풀고 ✔ 표기를 하세요.

종료 시각	시	분	초	문항 번호	01	02	03	04	05	06	07	08	09	10	11	12
소요 시간		분	초	채점 결과												
초과 시간		분	초	틀린 문항 복습												

DAY 30

수능기출
전국연합학력평가 **20분 미니 모의고사**

● 날짜 :　　월　　일　● 시작 시각 :　　시　　분　　초　● 목표 시간 : 20분

※ 점수 표기가 없는 문항은 모두 **2점**입니다.

01　다음은 학생의 발표이다. 물음에 답하시오.

　여러분, '탈'이라고 하면 무엇이 떠오르세요? (청중의 대답을 듣고) 저는 며칠 전에 『세계 여러 나라의 탈』이라는 책을 읽었는데요, 인상적인 탈이 있어서 여러분께 소개하고자 발표 주제로 선정했습니다. 발표를 준비하던 중 마침 국어 시간에 '봉산 탈춤'을 배워서 발표를 준비하는 데 도움이 되었습니다.

　여러분, (화면 1을 가리키며) 이 탈의 이름을 아세요? (청중의 반응이 없자) 안동에서 볼 수 있는 탈이에요. (대답을 듣고) 하회탈이라고 말씀하신 분들이 많군요. 흔히들 그렇게 알고 계시는데 정확히는 하회탈 중 양반탈입니다. '봉산 탈춤'의 양반탈과 달리 눈 아래부터 귀 위까지 이어진 선이 눈꼬리와 겹쳐 미소를 만드는데, 단순한 얼굴형에 특별한 장식이나 화려한 색채 없이 눈썹, 눈, 코, 입을 선으로 표현한 것이 인상적입니다. "양반은 냉수 마시고도 이 쑤신다."라는 말에 담긴 허풍과 여유가 동시에 느껴지지 않나요?

　(화면 2를 가리키며) 이 탈은 중국의 장수 관우 탈인데요, 무엇이 가장 먼저 보이세요? (청중의 대답을 듣고) 저는 용이 새겨진 복잡한 모양의 관에 시선이 갔습니다. 양반탈이 이마 부분까지만 표현돼 있는 것과 달리 관우 탈은 머리에 쓴 관까지 표현돼 있습니다. 그리고 보시는 것처럼 얼굴이 강렬한 붉은색이어서 무시무시하면서도 화려한 느낌을 줍니다. 얼굴과 머리 부분을 모두 이용해 관우의 박력과 위엄을 드러내고 있는 것이 인상적입니다.

　마지막은 아프리카 카메룬의 탈입니다. 일반적으로 아프리카의 탈은 과장과 생략이 특징입니다. (화면 3을 가리키며) 보시는 것처럼 이 탈도 추상적으로 보일 만큼 과감한 생략이 인상적인데요, 단순한 곡선과 직선으로 표현된 커다란 눈이 작은 코와 대비되어 더 두드러져 보입니다.

　지금까지 소개한 탈들을 (화면 4를 가리키며) 이렇게 정리해 보았습니다. 선을 활용하여 단순하게 표현된 왼쪽 탈들, 화려한 장식에 다소 복잡한 오른쪽 탈이 보이시죠? 이 차이가 탈의 용도 때문은 아닌지 궁금하여 기회가 되면 '탈의 용도에 따른 모양'이란 주제로 탐구해 보려 합니다. 여러분도 한번 조사해 보시면 어떨까요? 이만 발표를 마치겠습니다. 감사합니다.

01

〈보기〉는 위 발표를 들으며 떠올린 생각들이다. 〈보기〉의 듣기 활동을 이해한 내용으로 적절하지 <u>않은</u> 것은?

───〈보 기〉───

○ 저 탈이 하회탈인 줄 알았는데, 하회탈의 한 종류였구나. 양반탈 말고 다른 하회탈도 설명해 주겠지?
○ 나도 관우 탈을 박물관에서 봤을 때에 정말 화려하다고 생각했었어.
○ 발표자가 말한 대로 '탈의 용도에 따른 모양'에 대해 조사해 보면 좋을 것 같아.

① 발표 내용을 예측하며 능동적인 태도로 듣고 있다.
② 발표를 들으며 갖게 된 의문을 해결하며 듣고 있다.
③ 발표자가 제안한 탐구 주제를 긍정적으로 수용하며 듣고 있다.
④ 발표 내용과 관련된 경험을 떠올리며 발표자의 설명에 공감하며 듣고 있다.
⑤ 발표를 통해 알게 된 새로운 정보를 활용하여 기존 지식을 수정하며 듣고 있다.

[작문 상황]

○ 진로 탐색 활동 시간에 알게 된 내용을 바탕으로 교지에 실을 글을 쓰고자 함.

[학생의 글]

 평소 한 나라의 미래에 지대한 영향을 미칠 수 있는 새로운 천연자원의 발굴에 관심이 많았다. 그래서 이번 진로 탐색 활동 시간에 최근 주목받고 있는 우리나라의 천연자원을 찾아보았다.

 그중 눈길을 사로잡은 것이 바로 '일라이트(illite)'이다. 일라이트라는 명칭은 1937년 미국 일리노이주에서 그림(Grim) 교수가 처음 발견하여 'ILLITE'라고 명명한 데서 비롯된 것으로, 일리노이주(Illinois)에서 발견된 광물(–lite)이란 뜻이다. 일라이트는 지표에 있는 규산염 광물의 화학적 풍화 작용의 산물로서, 주성분이 이산화규소와 산화알루미늄이며, 백운모 혹은 견운모라고 불리는 백색의 점토광물이다. 동양에서는 이미 오래전부터 '운모'라는 이름으로 불리며 이 광물의 약물적 효능에 관심이 있었던 것으로 알려져 있다.

 일라이트는 최근 '신비의 광물', '미래 자원'으로 불리며 다큐멘터리로 제작되어 방영될 만큼 주목을 받고 있다. 그것은 바로 일라이트가 환경, 의료, 항균, 미용 등 여러 분야에서 다양한 효능을 지니고 있는 자원이기 때문이다. 일라이트는 혈액 순환을 촉진하여 몸을 따뜻하게 하고, 세균이나 곰팡이의 서식이나 번식을 방지할 뿐 아니라 체내 중금속을 배출하는 등의 효과가 있다고 알려져 있다. 또한 피부 노화를 지연시켜 탄력 있는 피부 유지에도 도움을 준다고 한다.

 지금까지 알려진 일라이트 매장 지역은 그리 많지 않다. 우리나라의 충북 영동군을 비롯해 미국, 캐나다, 중국, 호주 등의 일부 지역에서 발견되고 있다. 한국지질자원연구원의 자료에 따르면, 다른 나라의 매장량은 소량인데 충북 영동군의 매장량은 세계 최고일 뿐 아니라 불순물이 적어서 효용 가치도 매우 높다고 한다.

 이러한 자원으로서의 가치를 확신한 몇몇 분들이 오랫동안 일라이트 연구에 몰두하고 있다. 그분들은 일라이트가 언젠가는 인류의 삶의 질을 개선하는 데 기여할 것이라는 신념 하나로 연구에 전념하고 있다고 한다. 그분들의 열정을 보면서 불광불급(不狂不及), 즉 미치지 않으면 미칠 수 없다는 것을 깨달았다. 그리고 새로운 천연자원을 발굴하여 인류의 삶을 더욱 풍요롭게 하는 데 기여할 수 있는 사람이 되어야겠다고 다짐하였다.

02

'학생의 글'에서 활용된 글쓰기 전략으로 적절하지 <u>않은</u> 것은?

① 제재 선정의 동기를 밝혀 독자의 관심을 유도한다.

② 명칭에 얽힌 유래를 소개하여 제재에 대한 이해를 돕는다.

③ 전문기관의 연구 자료를 인용하여 정보의 신뢰성을 높인다.

④ 제재의 활용 분야를 제시하여 그것의 효용 가치를 드러낸다.

⑤ 다른 대상들과 비교하여 제재가 지닌 장점과 단점을 밝힌다.

 주어가 스스로 동작이나 행위를 하는 것을 능동이라 하고, 주어가 다른 대상에 의해 동작이나 행위를 당하게 되는 것을 피동이라 한다. 능동문이 피동문으로 바뀔 때 능동문의 주어는 피동문의 부사어가 되고, 능동문의 목적어는 피동문의 주어가 된다.

 피동은 크게 피동사 피동과 '–아/–어지다' 피동으로 나뉜다. 피동사 피동은 파생어인 피동사에 의한다고 하여 파생적 피동이라고 부르기도 하는데, 피동사는 능동사 어간을 어근으로 하여 피동 접미사 '–이–, –히–, –리–, –기–'가 붙어 만들어진다. 이때 '(건반을) 누르다'가 '눌리다'로 바뀌는 것처럼 동사의 불규칙 활용 형태로 나타나는 경우도 있다.

 그러나 모든 능동사가 피동사로 파생될 수 있는 것은 아니다. '던지다, 지키다'와 같이 어간이 'ㅣ' 모음으로 끝나는 동사의 경우에는 피동 접미사가 결합하기 어렵고, '만나다'나 '싸우다'와 같이 대칭되는 대상이 필요한 동사, '알다'나 '배우다'와 같이 주체의 지각과 관련된 동사 등은 피동사로 파생되지 않는다.

 '–아/–어지다' 피동은 동사의 어간에 보조적 연결 어미 '–아/–어'에 보조 동사 '지다'가 결합한 '–아/–어지다'가 붙어서 이루어지는데, 이를 통사적 피동이라고도 부른다. 동사에 '–아/–어지다'가 결합되면 피동의 의미를 나타내지만, 형용사에 '–아/–어지다'가 결합되면 동사화되어 상태의 변화를 나타낼 뿐 피동의 의미를 나타내지 않는다.

 15세기 국어에서도 피동 표현이 사용되었다. 파생적 피동은 능동사 어간을 어근으로 하여 피동 접미사 '–이–, –히–, –기–'가 붙어 만들어졌는데, 이때 'ㄹ'로 끝나는 어간에 피동 접미사 '–이–'가 결합하면 이어적지 않고 분철하여 표기하였다. 통사적 피동은 보조적 연결 어미 '–아/–어'와 보조 동사 '디다'가 결합한 '–아/–어디다'가 사용되었다. 한편, 15세기 국어에는 피동 접미사와 결합하지 않고도 피동의 의미를 나타내는 동사가 현대 국어보다 많이 존재했다.

03 1등급 대비 고난도 2점 문제

윗글을 이해한 내용으로 적절하지 <u>않은</u> 것은?

① '(물건이) 실리다'는 피동사 파생이 동사의 불규칙 활용 형태로 나타난 것이다.

② '(소리가) 작아지다'는 용언의 어간에 '–아지다'가 결합하여 피동의 의미를 나타낸다.

③ '(줄이) 꼬이다'는 동사 어간 '꼬–'에 피동 접미사 '–이–'가 결합하여 피동사로 파생되었다.

④ '경찰이 도둑을 잡다.'가 피동문으로 바뀔 때에는 능동문의 목적어가 피동문의 주어로 바뀐다.

⑤ '(아버지와) 닮다'는 대칭되는 대상이 필요한 동사로 피동 접미사와 결합하여 파생되지 않는다.

04

윗글을 바탕으로 〈보기〉의 ⓐ~ⓓ를 탐구한 내용으로 적절하지 않은 것은?
[3점]

〈보 기〉

○ 風輪에 ⓐ 담겨(담-+-기-+-어)
[풍륜에 담겨]
○ 뫼해 살이 ⓑ 박거늘(박-+-거늘)
[산에 화살이 박히거늘]
○ 옥문이 절로 ⓒ 열이고(열-+-이-+-고)
[옥문이 절로 열리고]
○ 드트리 두외이 ⓓ 붓아디거늘(부ᇫ-+-아디-+-거늘)
[티끌이 되어 부수어지거늘]

① ⓐ는 능동사 어간에 접미사 '-기-'가 결합하여 피동사가 되었군.
② ⓑ는 파생적 피동이 일어난 단어가 아님에도 피동의 의미를 나타내고 있군.
③ ⓒ는 'ㄹ'로 끝나는 어간에 접미사 '-이-'가 결합한 후 분철되어 표기되었군.
④ ⓓ는 동사 어간 '부ᇫ-'에 '-아디-'가 붙어 피동의 의미를 나타내고 있군.
⑤ ⓑ와 ⓓ는 모두 피동 접미사를 사용하지 않았으므로 통사적 피동에 해당하는군.

05~08 다음 글을 읽고 물음에 답하시오.

미의 본질에 대한 최초의 연구는 고대 그리스 피타고라스 학파에 의해서 이루어졌는데, 이들은 미가 물질적인 대상의 형식적인 구조 속에 표현되는 객관적인 법칙이라고 생각하였다. 피타고라스는 수를 이 세상의 근원으로 보았기 때문에 아름다움은 그 대상을 구성하는 여러 요소들 간의 수적인 비례에 의한 것이라는 균제 이론을 내세웠다. 피타고라스의 철학은 그 후 플라톤, 아리스토텔레스 등 서양 철학사를 주도한 이들에게 수용되어 균제 이론은 서양 미학의 하나의 전통이 되었다.

플로티노스는 몇 가지 이유를 들어 미의 본질은 균제로 대표되는 수적 비례에 있는 것이 아니라고 주장한다. 균제 이론은 부분과 부분, 또는 부분과 전체의 관계 속에서 아름다움을 찾는 것이다. 플로티노스는 균제를 이루고 있는 대상이라 하더라도 아름답지 않은 경우가 있을 수 있으며, 균제를 이루지 않는 단순한 색이나 소리도 아름다울 수 있음을 내세운다. 또한 그는 품위 있는 행동이나 훌륭한 법률과 같은 것들도 아름다울 수 있는데, 그러한 비물질적인 특질에 어떻게 균제를 적용할 수 있는지 반문한다.

미의 본질에 대한 전통적인 견해를 부정한 플로티노스는 균제를 대체할 수 있는 미의 본질을 정신에서 찾았다. 플라톤은 이 세계를 이데아계와 현상계로 나누고, 현상계는 이데아계를 본떠서 생겨난 것이라고 생각했는데, 플로티노스도 플라톤과 마찬가지로 세상을 이데아계인 예지계와 감각세계인 현상계로 구분했다. 그러나 두 세계가 근본적으로 단절되어 있다고 본 플라톤과는 달리 플로티노스는 '유출(流出)'과 '테오리아(theōria)'의 개념을 통해 이 둘이 연결되어 있다고 주장했다. 플로티노스에 의하면 세상의 근원인 '일자(一者)'는 가장 완전하고 충만한 원천으로 마치 광원(光源)과도 같아서 만물은 일자의 빛이 흘러넘침, 즉 유출에 의해 순차적으로 생성된다. 일자로부터 가장 먼저 나온 것은 절대적이며 초개별적인 '정신'이고, 정신으로부터 우주 영혼과 개별 영혼들이 산출된다. 일자, 정신, 영혼 이 세 가지 존재자들이 비물질적인 예지계를 구성한다. 이를 뒤이어 감각적 존재자들의 현상계가 출현하는데, 먼저 영혼으로부터 실재하는 감각 대상들의 세계인 자연이 유출되며, 다시 자연으로부터 가장 낮은 단계의 존재자들인 아무런 형상이 없는 질료*들이 유출된다.

ⓐ 일자에서 ⓑ 정신, ⓒ 영혼, ⓓ 자연, ⓔ 질료로의 유출은 존재의 완전성 정도에 따라 순차적으로 이루어지는 것으로 자기 동일성의 타자적 발현이라 할 수 있다. 따라서 유출로 연결된 존재 간에는 어떤 동일성이 유지되어 있으며, 위계질서를 가진다. 이처럼 예지계와 현상계는 분리되어 있는 것처럼 보이나 질적으로는 서로 연결되어 있다는 것이 플로티노스의 주장이다. 이런 생각에 의거하여 미(美)는 마치 빛이 그 광원에서 멀어질수록 밝기가 약해지듯이, 일자에서 질료로 내려갈수록 점차 추(醜)에 가까워지게 된다.

미에 대한 플로티노스의 이런 생각으로 인해 그는 예술의 가치에 대해 플라톤과 다른 입장을 취했다. 플라톤은 예술이 이데아계를 모방한 현상계를 다시 모방하는 것에 불과하다고 폄하했다. 하지만 아름다움이 실질적으로 정신에서 비롯된 것으로 보고 질적이고 정신적인 미의 중요성을 높이 평가한 플로티노스에게 예술은 모방의 모방이 아니라 정신의 아름다움과 진리를 물질화하는 것이 된다. 플로티노스에게 있어 미의 형상은 본래 정신에 있는 것이지만 예술가의 영혼에도 정신의 속성인 미의 형상이 내재해 있다. 이때 영혼 안에 있는 미의 형상을 질료에 실현시키는 것이 바로 예술이다. 그러므로 예술이란 ㉠ 귀납적 표상으로 형성되는 관념상을 그리는 행위가 아니라 선험적 관념상, 즉 ㉡ 연역적 표상을 현상계의 감각적인 것으로 유출시키는 행위인 것이다. 예술가는 이렇게 질료에 미의 형상을 부여함으로써 자연이 부족하게 가지고 있는 것을 보완한다. 그런 의미에서 플로티노스는 플라톤처럼 예술을 예지계와 현상계 다음에 위치시키지 않는다. 그에게 있어 예술은 예지계와 현상계 중간에 있는 것이다.

플로티노스는 예술을 우리 영혼이 현상계에서 일자로 올라가기 위해 딛고 서야 할 디딤돌이라고 보았다. 영혼은 근원인 일자의 속성을 지니고 있지만 동일한 근원이 다른 모습으로 나타났기에 근원에서 벗어난 것이기도 하다. 그래서 우리 인간은 자신의 영혼이 일자와 동일한 것을 공유한다는 것을 잊고 물질세계의 감각적인 것에 매몰되어 있다. 우리의 영혼이 일자와 합일해야 한다고 본 플로티노스는 영혼이 내면을 관조함으로써 자신의 근원인 일자를 상기할 수 있으며, 일자로 돌아갈 수 있다고 했다. 이렇게 일자로부터의 유출로 생성된 각 단계의 존재들이 거꾸로 예지계의 일자에게로 회귀하는 상승 운동이 '테오리아'이다. 테오리아를 위해서는 자신의 영혼에 정신의 미가 존재하고 있다는 사실부터 깨달아야 하는데, 이것을 깨닫게 해 주는 것이 바로 감각적인 미이다. 플로티노스가 예술을 중시하는 것은 예술이 미적 경험을 환기하여 테오리아를 일으키는 강력한 추동력을 갖고 있기 때문이다.

이처럼 예술가의 내면, 나아가 그 원형인 정신세계의 아름다움을 담은 예술의 가치를 높이 평가한 플로티노스의 미 이론은 인간의 영혼과 초월적인 존재의 신성함을 표현하려 했던 중세의 비잔틴 예술을 탄생하게 했다. 또한 가시적인 외부 세계의 재현을 부정하고 현실 세계에서 벗어난 예술을 이해할 수 있는 단초를 제공하였다는 점에서 그의 미 이론은 낭만주의와 현대 추상 회화의 근본을 마련하였다는 평가를 받는다.

* 질료: 물체의 생성과 변화의 바탕이 되는 재료.

05

윗글에서 언급된 내용이 <u>아닌</u> 것은?

① 미에 대한 피타고라스학파의 인식
② 플로티노스가 분류한 예술의 유형
③ 균제 이론에 대한 플로티노스의 시각
④ 플라톤과 플로티노스 예술관의 차이
⑤ 플로티노스의 미 이론이 지니는 의의

06

ⓐ~ⓔ에 대한 플로티노스의 생각으로 적절하지 <u>않은</u> 것은?

① ⓐ의 속성은 위계적 차등에 따라 ⓑ, ⓒ, ⓓ, ⓔ로 전해진다.
② ⓐ에 가까운 정도를 기준으로 하여 미, 추를 판단할 수 있다.
③ ⓐ~ⓔ는 동일성을 함유하면서 질적으로 서로 연결되어 있다.
④ 유출은 ⓐ에서 ⓔ로, 테오리아는 ⓔ에서 ⓐ로 향하는 방향성을 갖는다.
⑤ ⓐ, ⓑ, ⓒ의 예지계와 ⓓ, ⓔ의 현상계는 정신에 의해 상호 보완적 관계를 유지한다.

07

윗글의 '플로티노스'와 〈보기〉의 '칸딘스키'의 공통된 예술관으로 가장 적절한 것은?

〈보 기〉

칸딘스키의 추상은 세잔, 입체파, 몬드리안 식의 그것과는 다르다. 그의 추상은 사물의 단계적 단순화로 시작하여 종국에 그 본원적 모습을 밝히는 것이 아니라 직관적인 방법으로 정신이나 초월적인 것을 구현해 내기 위한 것이었다. 그에게 있어 예술은 형이상학적 관념을 구현하는 것으로 예술가는 그것의 발견자 내지 전달자이다.

① 정신의 아름다움과 진리를 질료를 통해 물질화할 수 없다고 본 점
② 예술이 바람직한 삶의 자세에 대한 형이상학적 깨달음을 줄 수 있다고 본 점
③ 객관적인 법칙이 형식적인 구조 속에 표현될 때 미적 가치가 구현될 수 있다고 본 점
④ 초월적인 존재의 미적 가치를 드러내기 위해서는 감각적 미를 탈피해야 한다고 본 점
⑤ 예술의 본질이 현실 세계에서 감각적으로 지각되지 않는 관념을 표현하는 데 있다고 본 점

08

고2 · 2021년 3월 36번

다음은 윗글의 ㉠, ㉡과 관련한 독서 활동 과정이다. 과제 해결 단계의 (A), (B)에 들어갈 말로 적절한 것은? [3점]

과제 설정	● 글의 맥락을 고려할 때 ㉠, ㉡의 의미는 무엇일까?

↓

자료 조사	● 백과사전에서 '귀납', '연역', '표상'의 의미 찾기 〈귀납〉 – 개개의 현상으로부터 보편적 원리를 도출하는 것 〈연역〉 – 보편적 원리로부터 개개의 현상을 이끌어내는 것 〈표상〉 – 마음이나 의식에 나타나는 것

↓

의미 구성	● 조사 내용을 바탕으로 의미 구성해 보기 ㄱ. 현상계의 경험에서 도출한 보편적 미를 형상화하는 행위 ㄴ. 일자에서 비롯된 미의 형상을 발견해 질료에 담는 행위 ㄷ. 질료의 형식적 구조에서 비물질적 특성을 도출하는 행위 ㄹ. 영혼이 내면을 관조하여 자연에 존재하는 미를 발견하는 행위

↓

과제 해결	● 구성 내용 중 적절한 것을 골라 과제 해결하기 → ㉠은 (A)이고, ㉡은 (B)이다.

	(A)	(B)
①	ㄱ	ㄴ
②	ㄱ	ㄷ
③	ㄴ	ㄷ
④	ㄴ	ㄹ
⑤	ㄷ	ㄹ

09~12 다음 글을 읽고 물음에 답하시오.

고전 시가에는 둘 이상의 인물이 서로의 의견을 교환하는 대화체로 구성된 작품들이 있다. 이들 작품 속에 나타나는 대화 양상은 임진왜란을 전후로 하여 차별성을 보이는데, 아래 작품들은 그 차별성을 확인할 수 있는 사례에 해당한다.

송강 정철은 1585년 당쟁으로 조정에서 물러나 창평에서 머물며 (가)를 지었다.

(가)

뎨 가는 뎌 각시 본 듯도 ᄒᆞ더이고
천상 백옥경(白玉京)을 엇디ᄒᆞ야 이별ᄒᆞ고
㉠ 히 다 뎌 져믄날의 눌을보라 가시ᄂᆞᆫ고
어와 네여이고 이 내 ᄉᆞ셜 드러보오
내 얼굴 이 거동이 님 괴얌즉* ᄒᆞᆫ가마ᄂᆞᆫ
엇딘디 날보시고 네로다 녀기실ᄉᆡ
나도 님을미더 군 ᄯᅳᆮ디 젼혀업서
이리야* 교ᄐᆡᆨ야 어ᄌᆞ러이 ᄒᆞ돗던디
반기시ᄂᆞᆫ 낫비치 녜와엇디 다ᄅᆞ신고
누어 싱각ᄒᆞ고 니러안자 혜여ᄒᆞ니
내 몸의 지은 죄 뫼ᄀᆞ티 빠혀시니
하ᄂᆞᆯ히라 원망ᄒᆞ며 사ᄅᆞᆷ이라 허믈ᄒᆞ랴
셜워 플텨혜니 조믈의 타시로다
(중략)
어와 허ᄉᆞ로다 이 님이 어디간고
결의 니러안자 창을열고 ᄇᆞ라보니
어엿븐 그림재 날조츨 ᄲᅮᆫ이로다
출하리 싀여디여* 낙월이나 되야이셔
님 겨신 창안히 번드시 비최리라
㉡ 각시님 ᄃᆞᆯ이야 ᄏᆞ니와 구ᄌᆞᆫ비나 되쇼셔

– 정철, 「속미인곡」 –

* 괴얌즉: 사랑받음직.
* 이리야: 아양이며.
* 싀여디여: 죽어져서.

(가)는 작품 전체가 두 인물의 대화로 구성되어 있다고 볼 수 있다. 이들의 대화는 서로 대등한 비중으로 이루어지지 않고, 한 인물의 사설이 작품의 대부분을 차지하며 대화를 주도한다. 반면 다른 한 인물은 질문을 통해 상대방의 사설을 이끌어내거나, 상대방의 사설에 의견을 덧붙여 첨언을 하는 등 보조적 역할만을 담당한다. 이러한 대화체의 경우, 주도적 인물의 사설은 작자의식을 드러내고, 보조적 인물의 사설은 작자의식을 강조하는 기능을 한다. 그래서 작품의 대화는 어느 정도 통합된 주제로 나타나는데, 이러한 대화체를 '닫힌 대화체'라고 한다. ⓐ (가)에서 작자는 정치적 반대 세력에 의해 임금이 있는 조정을 떠난 상황에서 자신의 태도와 정서를 닫힌 대화체를 통해 드러내고 있다. 이를 통해 작자는 자신이 처한 상황에 대해 자책하고 나아가 이를 자신의 운명으로 받아들이고 있음을 확인할 수 있다. 또한 임금 곁에 머물 수 없는 상황에 대해 탄식하면서도 임금에 대

한 변치 않는 충정을 드러내고 있음을 확인할 수 있다.

한편 임진왜란 이후에는 이전의 대화 양상과 다른 새로운 대화체가 등장하였는데, 1661년에 임유후가 지은 (나)를 그 예로 들 수 있다.

(나)

[A]
녹양방초(綠楊芳草) 안의 **소 먹이난 아해들아**
인간영락(人間榮樂)*을 아난다 모라난다
인생 백년이 풀끗에 이슬이라
삼만 육천일을 다사라도 초초(草草)커든*
수단(修短)이 명(命)이어니 사생(死生)을 결(缺)할소냐
생애는 유한(有限)하되 사일(死日)은 무궁(無窮)하다
역려건곤(逆旅乾坤)*의 부유(蜉蝣)*가티 나왓다가
공명(功名)도 못 일우고 초목(草木)가티 썩어디면
공산백골(空山白骨)*이 긔 아니 늣거오냐*
(중략)
입신양명(立身揚名)을 헴 밧긔 더뎌두고
연교(煙郊) 초야(草野)*의 소치기만 하나산다

목동(牧童)이 대답하되

[B]
어와 긔 뉘신고 우은 말삼 듯건디고
형용이 고고(枯槁)하니 초대부(楚大夫) 삼려(三閭)*신가
잔혼(殘魂)이 영락(零落)하니 유학사(柳學士) 자후(子厚)*신가
일모(日暮) 수죽(修竹)의 혼자 어득 셔 겨오셔
ⓒ 내 근심 더뎌 두고 남의 분별(分別) 하시는고
(중략)
기산(箕山)*의 귀 씻기와 상류(上流)의 소 먹이기
ⓔ 즐겁고 즐거오믈 너해난 모라리라
내 노래 한 곡조랄 불너든 드러보소
장안(長安)을 도라보니 풍진(風塵)이 아득하다
ⓜ 부귀(富貴)는 부운(浮雲)이오 공명(功名)은 와각(蝸殼)*이라
이 통소 한 곡조의 행화촌(杏花村)*을 차자리라
– 임유후, 「목동문답가」 –

* 인간영락: 인간 생활이 영화롭고 즐거움.
* 초초커든: 갖출 것을 다 갖추지 못하여 초라하거든.
* 역려건곤: 덧없고 허무한 세상.
* 부유: 하루살이.
* 공산백골: 아무것도 이루지 못하고 죽음에 이름을 비유하는 말.
* 늣거오냐: 마음에 북받칠까.
* 연교 초야: 시골 들판.
* 삼려: 굴원. 초나라 충신이었으나 참소로 쫓겨나 비극적인 죽음을 맞이한 시인.
* 자후: 유종원. 당나라 개혁에 실패하고 지방 벼슬을 전전한 철학자.
* 기산: 요임금 때 소부와 허유가 공명을 피해 은거했다는 산.
* 와각: 알맹이가 비어 있는 달팽이 껍질.
* 행화촌: 안빈낙도의 이상향.

(나)는 (가)와 달리 '목동이 대답하되'를 중심으로 상호 대립적인 입장을 대표하는 두 인물의 의견이 [A]와 [B]로 대등하게

병치되어 있다. ⓑ [A]의 인물은 인생이 유한하여 허무한 것이라고 여긴다. 그렇기 때문에 부귀공명이나 입신양명과 같은 인간영락을 추구하는 삶이 가치 있다고 강조하며, 대화 상대의 삶의 방식에 대해 질책하고 있다. 이에 대해 [B]의 인물은 물음을 통한 상대방의 간섭에 대해 반문하고, 상대방의 삶의 방식을 조롱하며 자신의 삶의 방식을 과시하기도 한다. 또한 상대방의 의견에 반박하며 자연에 의탁하여 사는 삶의 가치를 강조하고 있다. 이처럼 (나)에 나타난 대화는 독자적 인물들 사이의 긴장을 유지시키며 서로의 주장을 대등한 비중으로 대립시킨다. 그래서 작자의식이 어느 한쪽으로 치우쳐 드러나지 않는데, 이러한 대화체를 '열린 대화체'라고 한다.

09

ⓐ를 바탕으로 (가)를 감상한 내용으로 적절하지 **않은** 것은?

① '천상 백옥경을 엇디ᄒ야 이별ᄒ고'에는 임금이 있는 조정을 떠난 상황이 드러나 있군.
② '내얼굴 이거동이 님괴얌즉 ᄒ가마ᄂ'에는 정치적 반대 세력에 의해 처하게 된 자신의 상황에 대한 자책이 드러나 있군.
③ '셜워 플텨혜니 조물의 타시로다'에는 자신의 상황을 운명으로 받아들이는 모습이 드러나 있군.
④ '어엿븐 그림재 날조찰 뿐이로다'에는 임금 곁에 머물 수 없는 상황에 대한 탄식이 드러나 있군.
⑤ '출하리 싀여디여 낙월이나 되야이셔'에는 임금에 대한 변치 않는 충정이 드러나 있군.

10 1등급 대비 고난도 2캠 문제

ⓑ를 참고하여 [A]를 이해한 내용으로 적절하지 **않은** 것은?

① '소 먹이난 아해들아'와 같은 부름의 표현을 활용하여 대화의 상대를 밝히고 있다.
② '인생 백년이 풀끗에 이슬이라'와 같은 비유적 표현을 활용하여 인생의 허무함을 형상화하고 있다.
③ '생애는 유한하되 사일은 무궁하다'와 같은 대구의 표현을 활용하여 인간영락을 추구해야 하는 이유를 제시하고 있다.
④ '공산백골이 긔 아니 늣거오냐'와 같은 물음의 표현을 활용하여 공명을 추구하지 않은 삶의 결과를 보여주고 있다.
⑤ '연교 초야의 소치기만 하나산다'와 같은 반어적 표현을 활용하여 상대방의 삶의 방식에 대한 질책을 드러내고 있다.

11

고2 · 2020년 11월 44번

'닫힌 대화체'와 '열린 대화체'의 대화 양상을 중심으로 ㉠~㉤에 대해 보인 학생의 반응으로 적절하지 <u>않은</u> 것은? [3점]

① ㉠에서는 보조적 인물의 질문을 통해, 주도적 인물의 사설을 이끌어내는 '닫힌 대화체'의 특징을 엿볼 수 있겠군.

② ㉡에서는 보조적 인물의 첨언을 통해, 주도적 인물의 사설에 담긴 작자의식을 강조하는 '닫힌 대화체'의 특징을 엿볼 수 있겠군.

③ ㉢에서는 상대방에 대한 반문을 통해, 독자적 인물들의 대화를 단일한 주제로 통합시키는 '열린 대화체'의 특징을 엿볼 수 있겠군.

④ ㉣에서는 상대방에 대한 조롱 섞인 과시를 통해, 독자적 인물들 사이의 긴장을 유지시키는 '열린 대화체'의 특징을 엿볼 수 있겠군.

⑤ ㉤에서는 상대방에 대한 반박을 통해, 독자적 인물들의 주장을 대등하게 대립시키는 '열린 대화체'의 특징을 엿볼 수 있겠군.

12

고2 · 2020년 11월 45번

(가)의 내 소설과 (나)의 내 노래에 대한 설명으로 가장 적절한 것은?

① '내 소설'을 통해 자신이 한 일에 대한 성찰을, '내 노래'를 통해 자신이 한 일에 대한 후회를 드러내고 있다.

② '내 소설'을 통해 자신의 문제를 극복하려는 의지를, '내 노래'를 통해 자신의 신세에 대한 한탄을 드러내고 있다.

③ '내 소설'을 통해 자신이 현재 느끼고 있는 흥취를, '내 노래'를 통해 자신이 과거에 느꼈던 흥취를 드러내고 있다.

④ '내 소설'을 통해 자신이 처한 상황의 변화를, '내 노래'를 통해 자신이 추구했던 삶의 방식의 변화를 드러내고 있다.

⑤ '내 소설'을 통해 자신이 현재 상황에 처한 이유를, '내 노래'를 통해 자신이 현재의 삶을 선택한 이유를 드러내고 있다.

학습 Check!

▶ 몰라서 틀린 문항 × 표기　▶ 헷갈렸거나 찍은 문항 △ 표기　▶ ×, △ 문항은 다시 풀고 ✔ 표기를 하세요.

종료 시각	시　분　초	문항 번호	01	02	03	04	05	06	07	08	09	10	11	12
소요 시간	분　초	채점 결과												
초과 시간	분　초	틀린 문항 복습												

DAY						
01	01②	02④	03③	04⑤	05④	06④
	07①	08③	09②	10①	11②	12③
02	01①	02④	03⑤	04⑤	05③	06⑤
	07②	08④	09③	10②	11⑤	12②
03	01⑤	02②	03④	04①	05②	06③
	07③	08⑤	09⑤	10②	11①	12②
04	01②	02③	03②	04③	05②	06②
	07③	08④	09②	10①	11④	12③
05	01④	02②	03②	04④	05②	06②
	07④	08④	09①	10②	11③	12⑤
06	01①	02③	03①	04⑤	05⑤	06④
	07④	08⑤	09①	10②	11⑤	12④
07	01①	02②	03⑤	04④	05④	06①
	07④	08⑤	09①	10②	11④	12⑤
08	01③	02⑤	03①	04④	05⑤	06②
	07①	08④	09①	10①	11③	12①
09	01⑤	02④	03③	04④	05①	06②
	07②	08①	09④	10④	11④	12⑤
10	01③	02①	03②	04②	05①	06⑤
	07⑤	08②	09③	10②	11②	12④
11	01⑤	02③	03②	04④	05②	06④
	07⑤	08①	09②	10②	11④	12⑤
12	01③	02④	03③	04④	05④	06⑤
	07③	08⑤	09④	10②	11③	12②
13	01④	02③	03②	04①	05⑤	06②
	07②	08④	09①	10②	11③	12③
14	01①	02②	03⑤	04②	05④	06①
	07⑤	08①	09④	10①	11④	12②
15	01③	02③	03③	04③	05①	06⑤
	07④	08④	09④	10③	11④	12③
16	01③	02①	03⑤	04③	05⑤	06①
	07②	08④	09⑤	10⑤	11③	12⑤
17	01②	02①	03②	04④	05⑤	06①
	07⑤	08①	09①	10④	11④	12③
18	01③	02②	03③	04④	05③	06⑤
	07④	08③	09②	10⑤	11①	12⑤
19	01⑤	02⑤	03②	04②	05①	06③
	07④	08②	09①	10③	11④	12②
20	01②	02③	03⑤	04①	05⑤	06②
	07②	08③	09①	10③	11⑤	12⑤
21	01③	02②	03④	04③	05③	06⑤
	07①	08③	09⑤	10③	11③	12⑤
22	01④	02①	03①	04④	05⑤	06④
	07③	08③	09②	10④	11⑤	12①
23	01⑤	02③	03④	04②	05③	06③
	07③	08⑤	09②	10②	11①	12③
24	01③	02⑤	03⑤	04④	05④	06②
	07⑤	08③	09⑤	10③	11②	12④
25	01②	02①	03⑤	04②	05⑤	06②
	07④	08④	09④	10③	11⑤	12⑤
26	01②	02⑤	03①	04①	05②	06②
	07①	08③	09①	10①	11③	12①
27	01⑤	02①	03④	04⑤	05③	06④
	07⑤	08④	09④	10⑤	11①	12②
28	01④	02③	03①	04⑤	05②	06③
	07⑤	08⑤	09②	10④	11①	12③
29	01②	02③	03③	04①	05④	06③
	07②	08④	09④	10①	11⑤	12①
30	01②	02⑤	03②	04⑤	05②	06⑤
	07⑤	08①	09②	10⑤	11③	12⑤

수능기출 베스트셀러
리얼 오리지널

수능기출 전국연합 학력평가

하루 20분 30일 완성

미니모의고사

30 Days completed

2030

하루 20분   30일 완성

고2 국어

해설편

- 최신 7개년 수능·모의평가 및 고2 학력평가 문제 중 **우수 문항 총 360제 수록**
- 하루 **12문제를 20분**씩 학습하는 **[30일 완성] mini 모의고사**
- 매일 국어 영역 **[전 유형을 골고루]** 풀 수 있는 체계적인 문항 배치
- 문항별 모든 선지에 **[정답과 오답인 이유]**를 자세히 알려 주는 입체적 해설

수능 모의고사 전문 출판
입시플라이

DAY 01	01② 02④ 03③ 04⑤ 05④ 06④ 07① 08③ 09② 10① 11② 12③
DAY 02	01① 02④ 03⑤ 04⑤ 05③ 06⑤ 07② 08④ 09③ 10② 11⑤ 12②
DAY 03	01⑤ 02② 03④ 04① 05② 06③ 07③ 08⑤ 09⑤ 10② 11① 12②
DAY 04	01② 02③ 03② 04③ 05② 06② 07③ 08④ 09② 10① 11④ 12③
DAY 05	01④ 02② 03② 04④ 05② 06② 07④ 08④ 09① 10② 11③ 12⑤
DAY 06	01① 02③ 03① 04③ 05⑤ 06④ 07④ 08⑤ 09① 10② 11⑤ 12④
DAY 07	01① 02② 03⑤ 04④ 05④ 06① 07④ 08⑤ 09① 10② 11④ 12⑤
DAY 08	01③ 02⑤ 03① 04④ 05⑤ 06② 07① 08④ 09① 10① 11③ 12①
DAY 09	01⑤ 02④ 03③ 04④ 05① 06② 07② 08① 09④ 10④ 11④ 12⑤
DAY 10	01③ 02① 03② 04② 05① 06⑤ 07⑤ 08② 09③ 10② 11② 12④
DAY 11	01⑤ 02③ 03② 04④ 05② 06④ 07⑤ 08① 09② 10② 11④ 12③
DAY 12	01③ 02④ 03③ 04④ 05④ 06⑤ 07③ 08⑤ 09④ 10② 11③ 12②
DAY 13	01④ 02③ 03② 04① 05⑤ 06② 07② 08④ 09① 10② 11③ 12③
DAY 14	01① 02② 03⑤ 04② 05④ 06① 07⑤ 08① 09④ 10① 11④ 12②
DAY 15	01② 02③ 03③ 04⑤ 05① 06⑤ 07④ 08④ 09④ 10③ 11④ 12③
DAY 16	01③ 02① 03⑤ 04③ 05⑤ 06① 07② 08④ 09⑤ 10⑤ 11③ 12⑤
DAY 17	01② 02① 03② 04④ 05⑤ 06① 07⑤ 08① 09① 10④ 11④ 12③
DAY 18	01③ 02② 03③ 04④ 05③ 06⑤ 07④ 08③ 09② 10⑤ 11① 12⑤
DAY 19	01⑤ 02⑤ 03② 04② 05① 06③ 07④ 08② 09① 10③ 11④ 12②
DAY 20	01② 02③ 03⑤ 04① 05⑤ 06② 07② 08③ 09① 10③ 11⑤ 12⑤
DAY 21	01③ 02② 03④ 04③ 05③ 06⑤ 07① 08③ 09⑤ 10③ 11③ 12①
DAY 22	01④ 02① 03① 04④ 05⑤ 06④ 07③ 08③ 09② 10④ 11⑤ 12①
DAY 23	01⑤ 02③ 03④ 04② 05③ 06③ 07③ 08⑤ 09② 10② 11① 12③
DAY 24	01③ 02⑤ 03⑤ 04④ 05④ 06② 07⑤ 08③ 09⑤ 10③ 11② 12④
DAY 25	01② 02① 03⑤ 04② 05⑤ 06② 07④ 08④ 09④ 10③ 11⑤ 12⑤
DAY 26	01② 02⑤ 03① 04① 05② 06② 07① 08③ 09① 10① 11③ 12①
DAY 27	01⑤ 02① 03④ 04⑤ 05③ 06④ 07⑤ 08④ 09④ 10⑤ 11① 12②
DAY 28	01④ 02③ 03① 04⑤ 05② 06③ 07⑤ 08⑤ 09② 10④ 11① 12③
DAY 29	01② 02③ 03③ 04① 05④ 06③ 07④ 08① 09④ 10① 11⑤ 12①
DAY 30	01② 02⑤ 03② 04⑤ 05② 06⑤ 07⑤ 08① 09② 10⑤ 11④ 12⑤

하루 20분 30일 완성

미니모의고사 고2 국어

해설편

Contents

수록된 정답률은 실제와 차이가 있을 수 있습니다. 문제 난도를 파악하는데 참고용으로 활용하시기 바랍니다.

DAY 01 — 20분 미니 모의고사

01 ②	02 ④	03 ③	04 ⑤	05 ④
06 ④	07 ①	08 ③	09 ②	10 ①
11 ②	12 ③			

---

01 · 말하기 전략 파악 정답률 78% | 정답 ②

위 발표에 대한 설명으로 가장 적절한 것은?

① 청중과 공유하는 경험을 언급하며 발표를 시작하고 있다.
발표를 시작할 때 자기 소개와 발표 주제를 선정하게 된 이유를 간략하게 언급하고 있다. 청중과 공유하는 경험을 언급하고 있지 않다.

✔ 청중의 배경지식을 확인한 후 발표 내용을 조절하고 있다.
2문단에서 '쌀의 약 70%는 전분으로 이루어져 있다는 것을 아시나요?'라고 물으며 청중의 배경지식을 확인하고 있다. 그 후 전분에 대한 배경지식이 부족한 청중을 고려해 전분이 무엇인지에 대한 설명을 추가해 발표 내용을 조절하고 있다.

③ 발표 내용을 중간중간에 요약하여 청중의 이해를 돕고 있다.
발표 내용을 중간중간에 요약하고 있지 않다.

④ 전문가의 말을 인용하여 발표의 핵심 내용을 강조하고 있다.
라면 국물에 찬밥이 어울리는 이유에 대해 과학적 원리를 들어 설명하고 있다. 전문가의 말을 인용하고 있지 않다.

⑤ 청중에게 바라는 바와 소감을 밝히며 발표를 마무리하고 있다.
발표자가 자신의 소감을 밝히고 있지 않다.

---

02 · 자료 활용 방안 이해 정답률 71% | 정답 ④

다음은 발표자가 제시한 그림이다. 발표자의 그림 활용에 대한 계획 중 발표에 반영되지 않은 것은? [3점]

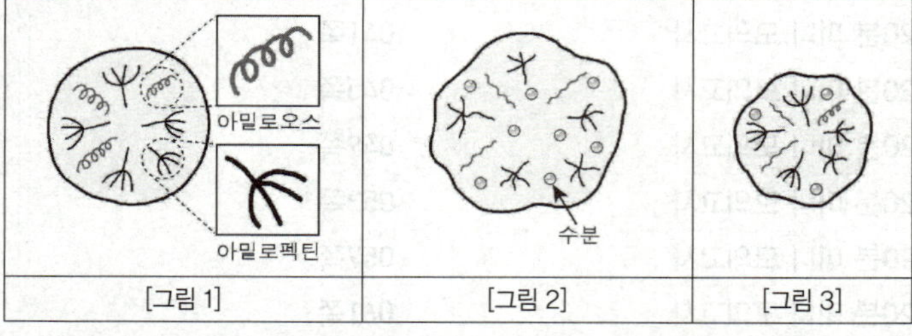

① [그림 1]의 특정 부분을 가리키며 전분을 구성하는 탄수화물 분자의 모양을 상세하게 보여 주어야겠어.
2문단에서 [그림 1]의 특정 부분을 가리키며 전분을 구성하는 탄수화물 분자인 아밀로오스와 아밀로펙틴의 모양을 상세하게 보여 주고 있다.

② [그림 2]를 활용하여 전분의 호화 과정에서 나타나는 전분 입자의 변화를 구체적으로 보여 주어야겠어.
3문단에서 [그림 2]를 보여 주며 전분이 호화될 때 탄수화물 분자 사이의 간격과 분자의 모양에 생기는 변화를 구체적으로 보여 주고 있다.

③ [그림 1]과 [그림 2]를 함께 제시해서 호화 이전과 이후 전분의 상태를 한눈에 비교할 수 있도록 해야겠어.
3문단에서 [그림 1]과 [그림 2]를 나란히 보여 주며 호화 이전과 이후 전분의 상태를 비교하고 있다.

✔ [그림 2]와 [그림 3]을 함께 제시해서 찬밥의 노화된 전분이 국물을 흡수하면서 생기는 변화를 설명해야겠어.
5문단에서 [그림 2]와 [그림 3]을 함께 제시하고 있지만, 이는 찬밥의 노화된 전분이 국물을 흡수하면서 생기는 변화를 설명하기 위한 것은 아니다. 호화된 전분과 노화된 전분을 비교하여, 국물에 찬밥과 갓 지은 밥을 말아 먹을 때 맛의 차이가 나는 이유를 설명하기 위해 제시했다.

⑤ [그림 1], [그림 2], [그림 3]을 순차적으로 제시해서 라면 국물에 찬밥이 어울리는 이유를 호화 및 노화의 원리와 종합하여 이해할 수 있도록 해야겠어.
6문단에서 [그림 1], [그림 2], [그림 3]을 차례로 보여 주며 라면 국물에 찬밥이 어울리는 이유를 호화 및 노화의 원리와 종합해 이해하도록 돕고 있다.

---

03 · 작문 계획의 반영 여부 판단 정답률 93% | 정답 ③

(가)의 ㉠∼㉢을 (나)에 구체화한 내용으로 적절하지 않은 것은?

① ㉠ : 연구 보고서에서 제시한 불량 식품의 개념을 밝힌다.
(나)의 1문단의 '연구 보고서에 따르면, 불량 식품은 ~ 식품을 말한다.'를 통해 ㉠을 구체화하고 있음을 알 수 있다.

② ㉡ : 불량 식품인 것과 아닌 것을 구분하여 제시한다.
(나)의 2문단의 '예를 들어, 저렴한 군것질거리는 ~ 유해한 불량 식품이다.'를 통해 ㉡을 구체화하고 있음을 알 수 있다.

✔ ㉢ : 불량 식품에 대한 인식의 변화를 시기별로 제시한다.
(나)를 통해 불량 식품에 대한 인식의 변화를 시기별로 제시하는 내용을 찾아볼 수 없으므로, ㉢을 구체화하였다고 할 수 없다.

④ ㉣ : 불량 식품 근절을 위한 제도가 도입된 배경을 제시한다.
(나)의 3문단의 '학교 주변에서 불량 식품 판매 사례가 발생함에 따라'와 4문단의 '식품 이물에 대한 업체의 소극적 대응에 소비자 불만이 커지면서'를 통해 ㉣을 구체화하고 있음을 알 수 있다.

⑤ ㉤ : 어린이 식품안전보호구역 제도와 이물 보고 의무화 제도를 설명한다.
(나)의 3문단에서는 어린이 식품안전보호구역 제도를, 4문단에서는 이물 보고 의무화 제도를 설명하고 있으므로 ㉤을 구체화하고 있음을 알 수 있다.

---

04 · 단어의 의미 이해 정답률 73% | 정답 ⑤

〈보기〉는 '사전 활용하기' 학습 활동을 위한 자료이다. 이에 대해 탐구한 내용으로 적절하지 않은 것은?

───〈보 기〉───

가늘다 〔형〕 ① 물체의 지름이 보통의 경우에 미치지 못하고 짧다.
② 소리의 울림이 보통에 미치지 못하고 약하다.

굵다 〔형〕 ① 물체의 지름이 보통의 경우를 넘어 길다.
¶ 나뭇가지가 굵다.
② 밤, 대추, 알 따위가 보통의 것보다 부피가 크다.

두껍다 〔형〕 ① 두께가 보통의 정도보다 크다.
¶ 두꺼운 종이
② 층을 이루는 사물의 높이나 집단의 규모가 보통의 정도보다 크다.

① '가늘다', '굵다', '두껍다'는 모두 다의어이다.
〈보기〉의 각 단어는 모두 2개 이상의 서로 관련된 의미를 가지므로 다의어에 해당한다고 할 수 있다.

② '가늘다 ②'의 용례로 '열차의 기적 소리가 가늘게 들려왔다.'를 추가할 수 있다.
'열차의 기적 소리가 가늘게 들려왔다.'에서 '가늘다'는 '소리의 울림이 보통에 미치지 못하고 약하다.'라는 의미이므로, 이 문장은 '가늘다 ②'의 용례로 볼 수 있다.

③ '두껍다 ②'의 용례로 '그 책은 수요층이 두껍다.'를 들 수 있다.
'그 책은 수요층이 두껍다.'에서 '두껍다'는 '층을 이루는 사물의 높이나 집단의 규모가 보통의 정도보다 크다.'라는 의미이므로, 이 문장은 '두껍다 ②'의 용례로 볼 수 있다.

④ '굵다 ①'의 용례에서 '굵다'를 '가늘다'로 바꾸면 '가늘다 ①'의 용례가 될 수 있다.
'나뭇가지가 가늘다.'에서 '가늘다'는 '물체의 지름이 보통의 경우에 미치지 못하고 짧다.'라는 의미이므로, 이 문장은 '가늘다 ①'의 용례로 볼 수 있다.

✔ '굵다 ①'과 '두껍다 ①'의 의미에 의하면 '굵은 손가락'은 '두꺼운 손가락'으로 쓰는 것이 적절하다.
'굵다 ①'은 '물체의 지름이 보통의 경우를 넘어 길다.'라는 의미이고 '두껍다 ①'은 '두께가 보통의 정도보다 크다.'라는 의미이다. 따라서 '두꺼운 손가락'이 아닌 '굵은 손가락'으로 써야 한다.

05~09 · 인문

'타인의 얼굴(재구성)'

해제 이 글은 초월의 과정에서 타자의 존재가 어떤 의미가 있는지 탐구한 레비나스의 타자 중심의 철학에 대해 서술하고 있다. 레비나스는 주체로 환원되지 않는 타자성을 바탕으로 '향유'의 주체성과 '환대'의 주체성이란 두 개념으로 주체성을 새롭게 정립하면서, '향유'의 주체성에서 '환대'의 주체성으로 나아갈 때 참다운 주체로 나아갈 수 있다고 보았다. 또한 타자를 지배의 대상으로 본 기존 철학과 달리 **레비나스는 타자를 주체보다 높은 위치에 올려 놓았다.** 이러한 **레비나스의 철학은 기존의 철학 사유로는 극복할 수 없었던 문제들을 새로운 방식으로 접근할 수 있는 인식의 틀을 제공하고, 인간 개개인의 고유성을 존중할 수 있는 근거를 마련했다는 점에서 의의가 있다.**

주제 레비나스의 타자 중심의 철학

문단 핵심 내용

1문단	레비나스의 타자 중심의 철학이 발생한 배경
2문단	주체와 타자에 대한 레비나스의 관점
3문단	레비나스의 향유의 주체성의 의미 및 특징
4문단	주체가 초월하기 위해 필요한 레비나스의 환대의 주체성의 의미
5문단	자기성에 갇힌 주체를 열린 세계로 초월할 수 있게 해 주는 타자
6문단	레비나스 철학의 가치 및 의의

---

05 세부 정보의 이해   정답률 82% | 정답 ④

윗글에 대한 이해로 적절하지 <u>않은</u> 것은?

① 동일자는 주위의 모든 것들을 자기중심적으로 대한다.
2문단을 통해 주위의 모든 것들을 자기와 동일한 것으로 끊임없이 환원하는 자기중심적 존재가 주체임을 알 수 있고, 레비나스는 이러한 주체를 동일자라는 개념으로 설명하였으므로 적절하다.

② 환대는 타자의 호소를 무조건적으로 수용함을 가리킨다.
4문단을 통해 레비나스가 타자에 대한 무조건적인 수용을 환대라 보고 있으므로 적절하다.

③ 향유는 다른 누구도 대신할 수 없는 개체의 고유한 행위이다.
3문단을 통해 향유가 즐김과 누림이며, 다른 누구도 대신해 줄 수 없는 개체의 고유한 행위임을 알 수 있으므로 적절하다.

✔ 타자성은 타자를 위해 주체를 기꺼이 희생하는 성질을 의미한다.
2문단을 통해 주체로 환원되지 않는 타자의 성질을 레비나스가 '타자성'이라 하였음을 알 수 있으므로, '타자성'이 주체가 타자를 위해 희생하는 성질이라고 한 내용은 적절하지 않다.

⑤ 자기성은 어떤 것에 의존하지 않고 홀로 무엇을 누릴 때 성립한다.
3문단을 통해 어떤 것에 의존하지 않고 홀로 무엇을 누릴 때 나로서의 모습인 '자기성'이 성립한다고 하였으므로 적절하다.

---

06 새로운 내용 추론   정답률 83% | 정답 ④

㉠에 대한 레비나스의 답으로 가장 적절한 것은?

① 주체의 욕구가 항상 충족된 상태가 되도록 이끈다.
3문단을 통해 향유의 대상인 세계는 불확실하므로 주체의 욕구는 항상 충족되지는 않음을 알 수 있다.

② 주체의 일부분으로 환원되어 주체와의 합일을 이룬다.
2문단을 통해 레비나스가 타자를 주체로 환원될 수 없는 존재로 보았음을 알 수 있다.

③ 주체의 분열을 유도하여 자기성이 소멸되도록 만든다.
5문단을 통해 타자의 출현으로 인해 자기성이 상실되는 것이 아님을 알 수 있다. 그리고 이 글을 통해 타자가 주체의 분열을 유도한다는 내용은 찾아볼 수 없으므로, 글의 내용상으로도 적절하지 않다.

✔ 주체를 진정한 삶으로 이끌어 초월을 가능하도록 한다.
5문단을 통해 레비나스가 타자를 자기성에 갇힌 주체를 무한히 열린 세계로 초월할 수 있게 하는 존재로 보고 있음을 알 수 있고, 2문단을 통해 레비나스가 인간의 삶은 진정한 삶을 향해 나아가는 초월이라 하였음을 알 수 있다. 이렇게 볼 때, 레비나스는 타자에 대해 주체를 진정한 삶으로 이끌어 초월이 가능하도록 하는 존재라 인식하였음을 알 수 있다.

⑤ 주체를 열린 세계에서 갇힌 세계로 나아갈 수 있도록 한다.
5문단을 통해 타자는 주체를 갇힌 세계에서 열린 세계로 나아가게 함을 알 수 있다.

★★★ 1등급 대비 고난도 2점 문제

07 단어의 문맥적 의미 파악   정답률 34% | 정답 ①

ⓐ와 문맥적 의미가 가장 유사한 것은?

✔ 새로 산 연필이 책상 위에 **놓여** 있다.
ⓐ는 '물체가 일정한 곳에 두어지다.'의 의미로 사용되었으므로, ①의 '놓여'가 이와 유사한 의미로 사용되었다.

② 어느 하루도 마음이 **놓인** 날이 없었다.
'걱정이나 근심, 긴장 따위가 사라지거나 풀리다.'의 의미로 사용되었다.

③ 들판을 가로지르는 새 도로가 **놓여** 있었다.
'일정한 곳에 기계나 장치, 구조물 따위가 설치되다.'의 의미로 사용되었다.

④ 하루빨리 다리가 **놓여야** 학교에 갈 수 있다.
'일정한 곳에 기계나 장치, 구조물 따위가 설치되다.'의 의미로 사용되었다.

⑤ 꽃무늬가 **놓인** 장롱을 보면 할머니가 생각난다.
'무늬나 수가 새겨지다.'의 의미로 사용되었다.

★★ 문제 해결 꿀~팁 ★★

▶ **많이 틀린 이유는?**
이 문제는 글에 사용된 '놓였던'의 의미를 명확하게 파악하지 못해 오답률이 높았던 것으로 보인다. 또한 선택지 ①의 '놓여'가 글에 사용된 경우와 다르게 사용되고 있어서 적절하지 않다고 판단한 것도 오답률을 높인 원인으로 보인다.

▶ **문제 해결 방법은?**
문맥적 의미가 유사한 것을 찾는 방법 중 하나가 단어 앞의 문장 성분을 파악하는 것이다. 가령 제시된 글의 '놓였던' 앞에 '앞에'라는 부사어가 사용되었고, 정답인 ①의 '놓여' 앞에 역시 앞에 주어가 사용된 다른 선택지와 달리 부사어가 사용되었음을 알 수 있어서, ①이 유사한 의미로 사용되었음을 알 수 있다. 이처럼 문맥적 의미가 유사한 것을 파악할 때는 먼저 앞의 문장 성분을 확인하여 문장 성분이 다른 선택지를 지운 뒤, 남아 있는 것을 통해 의미가 유사한 것을 찾을 수 있도록 한다. 한편 문맥적 의미가 유사하다는 것은 문장이 쓰인 상황이 다르다 하더라도 사용된 의미가 유사함을 드러내는 것이므로, 사용된 상황이 다르다고 해서 문맥적 의미가 다를 것이라는 섣부른 판단은 하지 않기를 바란다.

---

08 다른 관점과의 비교   정답률 79% | 정답 ③

㉮와 〈보기〉의 관점을 비교하여 이해한 것으로 가장 적절한 것은?

〈보 기〉
인간은 자기 보존을 위해 무한히 욕망을 추구하는 이기적 존재이다. 타자는 나와 투쟁의 관계에 있으며, 나의 생명과 자유를 박탈하려는 잠재적인 적이다. 이러한 위협과 죽음의 공포에서 벗어나기 위해서는 중재가 필요하다. 모든 인간이 자유에 기반한 권리를 주장하는 한 투쟁은 끝나지 않을 것이기 때문이다. 따라서 공동의 이익과 평화를 위해 인간을 엄격히 통제할 수 있는 힘을 가진 국가가 요구된다. 이러한 국가는 상호 간의 합의와 계약에 근거하여 성립한다.

① ㉮는 인간을 욕망을 추구하는 이기적 존재로 여기는 점에서 〈보기〉와 다르군.
〈보기〉의 '인간은 자기 보존을 위해 무한히 욕망을 추구하는 이기적 존재이다.'와 3문단의 자기성을 바탕으로 이루어진 주체성인 향유의 주체성은 본질적으로 이기적이며 자기 삶에만 관심을 갖기 때문에 스스로는 초월할 수 없다는 내용을 통해, ㉮와 〈보기〉 모두 인간을 욕망을 추구하는 이기적 존재로 여기고 있음을 알 수 있다.

② ㉮는 타자와의 중재를 위해 국가의 존재를 필요로 한다는 점에서 〈보기〉와 다르군.
〈보기〉에서는 타자와의 중재를 위해 국가의 존재가 필요함을 언급하고 있지만, ㉮는 타자와의 중재나 이를 위한 국가의 존재가 필요하다고 언급하지 않고 있다.

✔ 〈보기〉는 자신을 해칠지도 모르는 잠재적인 적으로 타자를 대하는 점에서 ㉮와 다르군.
〈보기〉를 통해 나와 타자는 투쟁 관계에 있으며, 타자를 자신의 생명과 자유를 박탈하려는 잠재적인 적으로 여기고 있음을 알 수 있다. 그리고 이 글을 통해 ㉮가 타자에 대해 동일자의 틀 안에 들어올 수 없으므로 주체가 마음대로 할 수 없는 존재라고 보았음을 알 수 있다. 따라서 ㉮와 달리 〈보기〉에서는 타자를 자신을 해칠지 모르는 잠재적인 적으로 대하고 있음을 알 수 있다.

④ ㉮와 〈보기〉는 합의와 계약에 근거하여 타자에 대한 의무를 강제해야 한다고 본 점에서 유사하군.
〈보기〉에서는 공동의 이익과 평화를 위해 인간을 엄격히 통제할 수 있는 국가가 요구되고, 이러한 국가는 상호 간의 합의와 계약에 근거하여 성립한다고 하였으므로, 합의와 계약에 의해 타자에 대한 의무를 강제해야 한다고 보았음을 알 수 있다. 하지만 3문단을 통해 ㉮는 타자에 대해 무조건적으로 환대해야 하는 존재라 보고 있으므로, 합의와 계약에 의해 타자에 대한 의무를 강제해야 한다고 보지 않았음을 알 수 있다.

⑤ ㉮와 〈보기〉는 공동의 이익과 평화를 위해서라도 주체의 이익은 제한될 수 없다고 본 점에서 유사하군.
〈보기〉에서는 공동의 이익과 평화를 위해서 주체의 이익은 제한될 수 있다고 보았고, 4문단의 '타자의 출현으로 인해 주체는 그동안 누려 왔던 자유와 이기성에 의문을 제기하며, 타자의 요구에 무조건적인 응답을 해야 한다는 것이다.'를 통해, ㉮ 또한 타자를 환대할 때 주체의 이익은 제한될 수 있다고 보았음을 알 수 있다.

09 구체적인 상황에의 적용   정답률 72% | 정답 ②

〈보기〉는 학급 토론의 한 장면이다. 윗글을 바탕으로 〈보기〉를 이해한 내용으로 적절하지 않은 것은? [3점]

〈보 기〉

토론 주제 : 난민 신청을 한 외국인들을 받아들여야 한다.

A : 그들을 받아들여서는 안 된다. 그들의 문제는 그들이 해결해야 한다. 그들을 받아들이면 나의 이익과 자유가 제한될 수 있기 때문에 그들을 자국으로 돌려보내는 것이 당연하다.
B : 살 길을 찾아온 그들을 아무런 조건 없이 환영해야 한다. 그들은 외국인이기 이전에 인격을 가진 인간으로서 존중 받아야 한다. 그들의 문제는 그들만의 문제가 아니다. 그들을 위해 내가 가진 것을 나눠 주는 것은 당연하다.

① A는 타자인 외국인들을 마음대로 할 수 있는 대상으로 바라보는 입장이군.
〈보기〉에서 A는 자신의 이익과 자유를 위해 난민 신청을 한 외국인들을 자국으로 돌려보내야 한다고 말하고 있다. 그리고 2문단을 통해 기존의 철학에서 주체는 타자를 마음대로 할 수 있는 대상으로 취급했다고 보았음을 알 수 있다. 따라서 A는 타자인 외국인들을 마음대로 할 수 있는 대상으로 취급하는 주체의 모습을 보인다고 할 수 있다.

✔ ② A는 그동안 누려온 자신의 자유에 의문을 제기하며 새로운 주체의 모습으로 나아가고 있군.
〈보기〉를 통해 A가 난민 신청을 한 외국인들을 자신의 이익과 자유를 제한하는 존재로 여기고 있음을 알 수 있다. 그리고 4문단을 통해 환대의 주체성이, 타자의 출현으로 인해 주체가 그동안 누려 왔던 자유와 이기성에 의문을 제기하면서 타자의 요구에 무조건적인 응답을 해야 하는 것임을 알 수 있다. 따라서 〈보기〉의 A의 모습은 자신의 자유에 의문을 제기하며 타자를 환대하는 새로운 주체의 모습으로 나아가는 것이라 볼 수 없다.

③ B는 외국인들의 문제를 자신의 문제로 받아들여 책임지려는 태도를 보이고 있군.
〈보기〉에서 B는 외국인들을 위해 자신이 가진 것을 나눠 주자 말하고 있고, 4문단을 통해 환대의 주체성이 타자의 문제를 자신의 문제로 받아들여 책임을 지는 주체성임을 알 수 있다. 따라서 B는 외국인들의 문제를 자신의 문제로 받아들여 책임지려는 태도를 보인다고 할 수 있다.

④ B가 외국인들을 환영해야 한다는 것은 그들을 자신보다 더 높은 위치에 올려놓는다는 것을 의미하는군.
B는 살길을 찾아온 외국인들을 아무런 조건 없이 환영해야 한다고 말하고 있고, 4문단을 통해 환대의 주체성이 타자를 주체보다 우월한 위치에 올려놓음을 알 수 있다. 따라서 B는 타자인 외국인들을 주체인 자신보다 더 높은 위치에 올려놓고 있음을 알 수 있다.

⑤ B는 A와 달리 자신이 가진 것을 나누려는 환대의 주체성을 지닌 존재로 볼 수 있군.
A는 난민 신청을 한 외국인들을 받아들이면 자신의 이익과 자유가 제한된다고 여기고 있으므로, 3문단에 언급된 자기성이 바탕이 된 향유의 주체성의 모습을 보인다고 할 수 있다. 이와 달리 B는 외국인들의 문제가 그들만의 문제가 아니라 하면서 자신이 가진 것을 나눠 주어야 한다고 하였으므로, 4문단에 언급된 환대의 주체성의 모습을 보인다고 할 수 있다.

10~12 현대시

(가) 윤동주, 「소년」

감상 이 글은 하늘을 바라보는 소년의 모습을 연쇄적 방식으로 묘사하고 있다. 소년은 하늘을 바라보며 파란 물감이 드는데, 이 물감은 눈썹 – 손바닥 – 손금을 거쳐 맑은 강물이 되어 소년의 마음속에 흐른다. 이때, 순이의 얼굴은 소년의 마음속에 존재하는 대상이다.

주제 순이에 대한 사랑과 그리움

표현상의 특징

• 시어, 시구, 유사한 통사 구조의 반복을 통해 운율을 형성해 줌.
• 연상의 흐름에 따른 시상 전개를 보여 주고 있음.

• 색채어를 활용하여 시적 분위기를 형성함.
• 현재형 어미를 활용하고 있음.

(나) 김기택, 「봄날」

감상 이 글은 겨울 끝에 온 봄볕을 한가롭게 쪼이고 있는 할머니들을 봄볕만큼 따뜻하게 바라보고 있다. 이 시에서 할머니들은 봄볕에 그들의 주름살, 뼈와 관절, 마른버짐을 한껏 널어놓는데, 어느덧 겨우내 얼어붙어 있던 그들의 몸만 녹는 것이 아니라, 그들의 마음도 녹아 내리고 있다. 이 시는 할머니들이 아직도 그들이 눈부시게 환한 웃음을 지을 수 있는 존재들이라는 점을 따뜻한 시선으로 드러내고 있다.

주제 봄볕을 쬐며 생명력을 얻는 할머니들

표현상의 특징

• 현재 시제를 활용해 현장감이 느껴짐.
• 대상의 구체적인 모습을 감각적으로 표현함.
• 할머니들을 애정어린 시선으로 바라봄.

10 표현상 공통점 파악   정답률 78% | 정답 ①

(가)와 (나)의 공통점으로 가장 적절한 것은?

✔ ① 현재 시제를 활용하여 시적 상황을 제시하고 있다.
(가)에는 '떨어진다', '든다', '묻어난다'와 같은 시어에서 현재형 어미 '–ㄴ 다'를 확인할 수 있는데, 이는 소년에게 가을 하늘을 상징하는 파란 물감이 스며들고 있는 상황을 제시하고 있다. (나)는 '양껏 받는다', '흘긴다', '웃는다'와 같은 시어에서 현재형 어미 '–는다'를 확인할 수 있는데, 이는 봄볕에 햇볕을 쪼이고 있는 할머니들의 상황을 제시하고 있다.

② 연쇄법을 활용하여 역동적인 분위기를 형성하고 있다.
(가)에는 '하늘'의 '파란 물감'이 '눈썹'을 거쳐 '손바닥'으로, '손바닥'에서 '손금'으로 이어져 '맑은 강물'이 되는 연쇄법이 드러나 있다. 그러나 (나)에는 연쇄법이 드러나 있지 않다.

③ 다양한 음성 상징어를 사용하여 대상을 묘사하고 있다.
(가)에는 '뚝뚝'이라는 음성 상징어를 사용하여 슬픈 가을이 떨어지는 모습을 묘사하고 있다. (나)에는 '노곤노곤'이라는 음성 상징어를 사용하여 봄볕을 쪼이고 있는 할머니들의 모습을 묘사하고 있다. 그러나 (가)와 (나)에는 다양한 음성 상징어를 사용하여 대상을 묘사하지는 않고 있다.

④ 말을 건네는 방식을 통해 대상과의 친밀감을 높이고 있다.
(가)와 (나)에는 모두 말을 건네는 방식이 드러나지 않는다.

⑤ 지시어의 연속적 배치로 대상에 대한 주목을 유도하고 있다.
(가)에는 '여기저기서'에서 '여기', '저기'라는 지시어가 쓰였고, (나)에는 '이렇게', '그새'에서 각각 '이'와 '그'라는 지시어가 들어간 표현이 쓰였다. 그러나 지시어가 연속적으로 배치되어 대상에 주목을 유도하고 있는 것은 아니다.

11 외적 준거에 따른 작품의 감상   정답률 67% | 정답 ②

〈보기〉를 바탕으로 (가)에 대해 이해한 내용으로 적절하지 않은 것은? [3점]

〈보 기〉

(가)에 제시된 자연물들은 서로 간의 유사성을 바탕으로 연결되고 변용된다. 또한 이 과정을 거쳐 맞닿은 주체의 신체적 변화를 유발하고 내면의 정서를 표면화하는 것으로 제시된다. 이때 주체의 변화는 자연물의 속성에 조응하는 것으로 그려진다.

① '하늘'을 '들여다 보'려는 소년의 '눈썹'에 든 '파란 물감'은 자연물의 속성이 주체에 영향을 주었음을 드러낸다.
자연물인 '하늘'의 파란 속성은 소년의 눈썹을 파랗게 만드는 것처럼 제시되어, 소년의 몸에 영향을 주는 '하늘'의 모습을 보여 주고 있다.

✔ ② '따뜻한 볼'을 만지는 소년의 행동은 '하늘'과 연결되어 자연과의 합일을 이룬 소년의 '황홀'함을 환기한다.
'하늘'의 '파란 물감'이 소년에게 물든 것은 소년과 하늘이 연결됨을 보여 주는 단서이다. (가)에서 소년이 황홀함을 느끼는 것은 맑은 강물을 통해 '순이의 얼굴'을 보았기 때문이다. 소년이 '따뜻한 볼'을 만지는 행위를 통해 '파란 물감'이 물든 것은 맞지만, 이 행동이 황홀함을 환기하는 것은 아니다.

③ '손바닥'에 묻어난 '파란 물감'은 '손금'으로 스며들면서 '맑은 강물'로 변용되어 제시된다.
'하늘'에서 묻어온 '파란 물감'이 소년의 '손바닥'에 묻고, 그 '손바닥'의 '손금'이 '맑은 강물'이 변한 것은, '파란 물감'이 '맑은 강물'로 변용되었음을 드러낸 것이라 할 수 있다.

④ '강물'에 '순이의 얼굴이 어리'는 것은 소년이 '강물'의 '맑은' 속성에 조응해 '아름다운 순이'를 떠올린 것임을 드러낸다.
소년이 '맑은 강물'에서 '순이의 얼굴'을 보는 것은 주체의 내면이 표면화되는 것인데 강물에서 순이의 얼굴을 보았으므로, 강물의 '맑은' 속성과 조응하는 것이라 할 수 있다.

⑤ 소년이 '황홀히 눈을 감'아도 '순이의 얼굴은 어린다'는 것은 '순이'가 소년의 내면에 자리 잡은 대상임을 드러낸다.
소년이 본 '맑은 강물'은 소년의 내면이며, 그 내면에 떠오른 순이는 내면 속 대상이다. 이때 눈을 뜨고 '맑은 강물'을 보며 '순이'를 마주하게 된 소년이 '눈을 감'아도 순이가 떠오른다는 것은 순이가 내면에 자리 잡은 대상임을 보여 준다고 할 수 있다.

12 시구의 의미 이해 정답률 55% | 정답 ③

[A]~[E]에 대한 감상으로 적절하지 <u>않은</u> 것은?

① [A]에서 화자는 '햇볕을 쪼이'고 있는 할머니들의 행동을 '꼼꼼하게 햇볕을 채워넣'는 것으로 구체화하면서 할머니들의 모습에 능동성을 부여하고 있군.
[A]에서 '꼼꼼하게 햇볕을 채워넣'는 것은 '햇볕을 쪼이'고 있는 할머니들의 모습을 보다 구체적으로 표현한 것이며, 이는 할머니들이 봄볕을 보다 능동적으로 받아들이고 있음을 부각하는 표현이다.

② [B]의 '잘만 하면'이라는 시구는 '아지랑이'뿐만 아니라 '뽀얀 젖살'까지 상상하게 되었음을 부각하여 할머니들의 변화에 대한 화자의 기대를 드러내고 있군.
[B]는 봄볕을 쬐는 할머니들의 변화를 화자가 상상하는 내용으로 볼 수 있다. 화자는 할머니들이 봄볕을 쬐는 모습을 보며 마른버짐에서 '아지랑이'가 피어오를 것 같다고 하는데, 그 모습에서 현재 할머니들에게서 보기 어려운 '뽀얀 젖살'까지 오를 것 같다고 하고 있다. '잘만 하면'에서는 이러한 할머니들의 변화에 대한 화자의 기대가 드러난다.

✓ [C]에서 화자는 '쏟아지는 빛'이 할머니들을 '모두 눈부신' 존재로 만들고 있다고 표현하여 '미처 몸에 스며들지 못한 빛'마저 담고자 하는 할머니들의 의지를 부각하고 있군.
[C]에서 화자는 압도적으로 내리쬐는 봄볕을 받기 위해서 마음을 저수지마냥 넓게 벌려서 빛을 받는다고 표현하며 할머니들이 모두 눈부시게 됨을 발견하고 있다. '미처 몸에 스며들지 못한 빛'은 할머니들의 변화된 모습을 보이게 하는 것일 뿐, 할머니들의 의지를 부각하고 있지는 않다.

④ [D]의 화자는 '푸른 망울들'이 터지는 것을 보고 '주름살들이 일제히 웃'는 할머니들에 주목하여 봄의 생명력에 기뻐하는 할머니들에 대한 정감 어린 시선을 드러내고 있군.
[D]에서 화자는 '주름살들이 일제히 웃'는 할머니들의 모습을 제시한다. 이 모습은 할머니들이 환하게 웃는 장면을 연상케 한다. 이로 보아 화자는 나무의 변화를 기특해하고 기뻐하는 할머니들에 대한 정감 어린 시선을 드러내고 있다고 할 수 있다.

⑤ [E]에서 할머니들이 '가끔 눈을 비비'는 것을 보고 화자는 이를 '한나절 한눈을 팔'던 '환한 빛'으로 인해 '환한 날'을 떠올렸기 때문이라고 여기고 있군.
[E]는 화자가 봄볕을 쪼이고 있는 할머니들의 입장을 추측해 본 것이다. 화자는 '가끔 눈을 비비'는 할머니들의 행동을 보고, 봄볕의 '환한 빛'에 할머니들이 주목한 것은 할머니들이 자신의 한평생에서 봄볕을 쪼이는 지금처럼 만족스러웠던 환한 날을 떠올렸기 때문이라고 여긴 것이다.

DAY 02 **20분 미니 모의고사**

01 ①	02 ④	03 ⑤	04 ⑤	05 ③
06 ⑤	07 ②	08 ④	09 ③	10 ②
11 ⑤	12 ②			

01 입론 이해 정답률 60% | 정답 ①

(가)의 입론을 쟁점별로 정리한 내용으로 적절하지 <u>않은</u> 것은?

[쟁점 1] 인공지능 판사는 사람 판사보다 효율적인가?	
찬성 : 인공지능 판사는 관련 자료를 빠르게 처리하므로 보다 신속한 판결에 기여한다.	반대 : 인공지능 판사의 판결에는 사람 판사의 검토가 항상 요구되므로 그 절차가 비효율적이다. ……………… ①

[쟁점 2] 인공지능 판사는 사람 판사보다 윤리적인가?	
찬성 : 인공지능 판사는 특정한 이해 관계에 얽히지 않아 비윤리적인 문제를 일으키지 않는다. ……………… ②	반대 : 인공지능 판사는 인간에 의한 설계 과정에서 비윤리적인 관점을 갖게 될 수 있다. ……………… ③

[쟁점 3] 인공지능 판사는 사람 판사보다 공정한가?	
찬성 : 인공지능 판사는 감정에 휘둘리지 않고 전문지식에 근거하여 판결한다. … ④	반대 : 인공지능 판사는 기존 판례에 따르므로 불공정한 판결을 할 수 있다. …… ⑤

✓ 반대 : 인공지능 판사의 판결에는 사람 판사의 검토가 항상 요구되므로 그 절차가 비효율적이다.
'반대 1'의 입론에서 '기본적으로 인공지능 ~ 효율성이 떨어집니다.' 부분을 보면, 인공지능 판사의 불완전한 판단을 사람 판사가 보완하는 과정을 거치는 경우에는 사람 판사가 진행한 재판에 비해 효율성이 떨어진다는 반대 측 입장을 확인할 수 있다. 즉, 인공지능 판사의 판결에 사람 판사의 검토가 항상 요구된다고 본 것은 아니다.

② 찬성 : 인공지능 판사는 특정한 이해 관계에 얽히지 않아 비윤리적인 문제를 일으키지 않는다.
'찬성 1'의 입론에서 '둘째, 인공지능 판사는 ~ 가능성이 없습니다.' 부분을 보면, 인공지능 판사는 특정한 이해 관계에 얽히지 않아 비윤리적인 문제를 일으키지 않는다고 보고 있다.

③ 반대 : 인공지능 판사는 인간에 의한 설계 과정에서 비윤리적인 관점을 갖게 될 수 있다.
'반대 1'의 입론에서 '또한 인공지능의 알고리즘을 ~ 확인할 수 있습니다.' 부분을 보면, 인공지능 판사는 인간에 의한 설계 과정에서 비윤리적인 관점을 갖게 될 수 있다고 보고 있다.

④ 찬성 : 인공지능 판사는 감정에 휘둘리지 않고 전문지식에 근거하여 판결한다.
'찬성 1'의 입론에서 '셋째, 인공지능 판사는 ~ 방지할 수 있습니다.' 부분을 보면, 인공지능 판사는 감정에 휘둘리지 않고 전문지식에 근거하여 판결한다고 보고 있다.

⑤ 반대 : 인공지능 판사는 기존 판례에 따르므로 불공정한 판결을 할 수 있다.
'반대 1'의 입론에서 '끝으로, 인공지능 판사는 ~ 우려가 적지 않습니다.' 부분을 보면 인공지능 판사는 기존 판례에 따르므로 불공정한 판결을 할 수 있다고 보고 있다.

★★★ *1등급* 대비 고난도 3편 문제

02 내용 조직 파악 정답률 38% | 정답 ④

(가)의 토론 내용이 (나)에 반영된 양상으로 적절하지 <u>않은</u> 것은? [3점]

① '찬성 2'의 반대 신문을 반영하여, 1문단에서 인공지능 판사의 도입과 관련된 사회적 배경을 제시하고 있다.
(나)의 1문단에 인공지능 판사의 도입과 관련된 사회적 배경으로 제시된 '국민의 법 감정과 동떨어진 재판 결과에 대한 불신'은 '찬성 2'의 반대 신문 내용이 반영된 것이다.

② '찬성 1'의 입론을 반영하여, 2문단에서 인공지능 판사 도입의 긍정적 측면을 제시하고 있다.
(나)의 2문단에 인공지능 판사 도입의 긍정적 측면으로 제시된 '신속한 재판을 받을 권리의 보장'은 '찬성 1'의 입론 내용이 반영된 것이다.

③ '찬성 1'의 답변을 반영하여, 2문단에서 인공지능 판사가 도입된 사례를 제시하고 있다.
(나)의 2문단에 인공지능 판사의 도입 사례로 제시된 '에스토니아의 경우'는 반대 신문에 대한 '찬성 1'의 답변이 반영된 것이다.

✔ '반대 1'의 입론을 반영하여, 3문단에서 인공지능 판사 도입으로 발생한 부작용을 제시하고 있다.
(나)의 3문단 내용은 인공지능 판사가 갖는 한계를 제시하는 것이지 인공지능 판사의 도입으로 발생한 부작용을 제시한 것은 아니다.

⑤ '찬성 1'과 '반대 1'의 입론을 반영하여, 4문단에서 인공지능 판사의 도입에 대한 작성자의 견해를 제시하고 있다.
(나)의 4문단에 인공지능 판사의 도입에 대한 작성자의 견해로 제시된 절충적 입장은 '찬성 1'과 '반대 1'의 입론의 마무리 발언이 반영된 것이다.

★★ 문제 해결 꿀~팁 ★★

▶ 많이 틀린 이유는?
어휘가 가진 뉘앙스의 차이를 꼼꼼하게 살피지 못했기에 오답률이 높았던 것으로 보인다.
▶ 문제 해결 방법은?
이 문제에서 찬성과 반대 입장을 단순히 주장과 대응시키는 것만으로는 적절하지 않은 선지를 가려낼 수 없다. ④는 3문단에서 인공지능 판사 도입으로 발생한 부작용을 제시하고 있는지 여부를 판단하라고 묻고 있다. 이때 인공지능 판사 도입으로 발생한 부작용을 언급하는 것은 반대 측의 입장에 속하는 것으로 보인다. 그러나 지문에서 근거를 찾으면, 3문단은 인공지능 판사 도입으로 발생한 '부작용'을 제시하고 있는 것이 아니라 인공지능 판사 도입이 가질 수 있는 '한계'를 지적하고 있다. 이와 같은 문제를 어렵지 않게 해결하기 위해서는 선지가 묻는 바를 지문에서 정확히 확인하는 연습을 반복해야 한다.

★★★ 1등급 대비 고난도 2점 문제

03　음운 변동의 이해　　정답률 48% | 정답 ⑤

〈보기〉의 @와 ⓑ에 해당하는 음운 변동이 모두 일어나는 것은?

───────〈 보 기 〉───────
'팥빵'은 ⓐ 이/가 일어나서 [팓빵]으로 발음되고, '많던'은 ⓑ 이/가 일어나서 [만턴]으로 발음된다.

① 낳설고
'낳설고'는 받침 'ㅊ'이 'ㄷ'으로 바뀌는 평파열음화(교체)가 일어나 [낟설고]로 발음된 뒤, 'ㄷ' 뒤의 'ㅅ'이 'ㅆ'으로 바뀌는 된소리되기(교체)가 일어나 [낟썰고]로 발음된다.

② 놓더라
'놓더라'는 'ㅎ'과 뒤의 'ㄷ'이 'ㅌ'으로 합쳐지는 거센소리되기(축약)가 일어나 [노터라]로 발음된다.

③ 맞는지
'맞는지'는 받침 'ㅈ'이 'ㄷ'으로 바뀌는 평파열음화(교체)가 일어나 [맏는지]로 발음된 뒤, 'ㄷ'이 'ㄴ'의 영향을 받아 'ㄴ'으로 바뀌는 비음화(교체)가 일어나 [만는지]로 발음된다.

④ 먹히는
'먹히는'은 'ㄱ'과 뒤의 'ㅎ'이 'ㅋ'으로.합쳐지는 거센소리되기(축약)가 일어나 [머키는]으로 발음된다.

✔ 애틋한
〈보기〉의 '팥빵'은 받침 'ㅌ'이 'ㄷ'으로 바뀌는 평파열음화가 일어나 [팓빵]으로 발음되고, '많던'은 'ㅎ'과 뒤의 'ㄷ'이 'ㅌ'으로 합쳐지는 거센소리되기가 일어나 [만턴]으로 발음된다. 따라서 '팥빵'은 음운 교체가, '많던'은 음운 축약이 일어남을 알 수 있다. 이러한 음운 교체와 축약이 모두 일어나는 것은 ⑤로, '애틋한'은 받침 'ㅅ'이 'ㄷ'으로 바뀌는 평파열음화(교체)가 일어나 [애튿한]으로 발음된 뒤, 앞의 'ㄷ'과 뒤의 'ㅎ'이 'ㅌ'으로 합쳐지는 거센소리되기(축약)가 일어나 [애트탄]으로 발음된다.

★★ 문제 해결 꿀~팁 ★★

▶ 많이 틀린 이유는?
이 문제는 ⓐ, ⓑ의 음운 변동을 파악하지 못하였거나, 이를 파악했어도 선택지에 제시된 사례에 발음이 언급되지 않아 ⓐ, ⓑ가 일어나는지 여부를 확인하는 데 어려움을 겪어 오답률이 높았던 것으로 보인다. 또한 음운 변동과 관련된 설명이 없는 것도 문제 해결에 어려움을 겪었던 것으로 보인다.
▶ 문제 해결 방법은?
이 문제를 해결하기 위해서는 먼저 단어와 단어의 발음을 명확히 비교하여 어떤 음운 변동이 일어났는지를 파악해야 한다. 가령 '팥빵'은 [팓빵]으로 발음되는 것을 통해 받침 'ㅌ'이 'ㄷ'으로 바뀌는 평파열음화가 일어났음을 파악해야 하고, '많던'은 [만턴]으로 발음

되는 것을 통해 'ㅎ'과 뒤의 'ㄷ'이 'ㅌ'으로 합쳐지는 거센소리되기가 일어남을 파악해야 한다. 그런 다음 발음이 제시되지 않은 선택지를 통해 '팥빵'과 '많던'에서 일어나는 음운 변동이 모두 사용된 것을 찾으면 된다. 이때 유의할 점은 자신의 발음대로 판단하지 말고 각 단어의 자음에 유의하여 어떻게 발음되는지를 파악하여야 한다. 가령 오답률이 높았던 ②의 경우 '놓'의 'ㅎ'과 뒤에 제시된 '더'의 'ㄷ'이 제시되고 있음을 파악하여 'ㅌ'으로 소리가 날 것임을 파악하여야 한다. 한편 이 문제에서 알 수 있듯이 음운 변동에 대한 설명 없이 배경지식을 바탕으로 문제 해결을 요구하는 경우가 있으므로, 평소 음운 변동과 관련된 기본 지식은 충분히 습득할 수 있어야 한다.

04~08　과학

최문근, 「의약화학」

해제　이 글은 약이 생체 내에서 기능하는 방식을 수용체와 리간드의 작용을 통해 설명하면서 약 복용과 관련된 효과와 문제점에 대해 제시하고 있다. 약은 생체의 리간드와 유사한 화학적 분자 구조의 성분을 포함하고 있는데, **약은 특정 수용체에 결합할 수 있는 리간드로 기능을 하여 약효를 낸다**고 언급하고 있다. 그리고 이러한 설명을 바탕으로 **병원체나 생체에 작용하는 약, 즉 항생제인 설파제, 뉴클레오사이드 유도체를 포함한 항바이러스제, 신경작용제인 항우울제를 구체적인 사례로 들면서, 이러한 약들이 생체 내에서 생물학적 효과를 내는 원리에 대해 설명**하고 있다. 그리고 두 가지 이상의 약을 함께 복용할 경우 상승효과가 나타날 수 있지만, 장기간 약을 남용할 경우 내성이 생길 수 있음도 지적하고 있다.

주제　약이 생체 내에서 기능하는 방식

문단 핵심 내용

1문단	생체 내에서 리간드로 기능하는 약
2문단	병원체에 작용하여 효과를 내는 약 1 – 항생제(설파제)
3문단	병원체에 작용하여 효과를 내는 약 2 – 항바이러스제
4문단	생체에 직접 작용하여 효과를 내는 약 – 신경작용제(항우울제)
5문단	약 복용과 관련된 효과 및 문제점

04　내용의 사실적 이해　　정답률 69% | 정답 ⑤

윗글의 내용과 일치하지 않는 것은?

① 약을 두 종류 이상 함께 복용하면 상승효과가 나타날 수 있다.
5문단을 통해 두 가지 약을 함께 복용하면 이차적인 약효는 같을 수 있어서 공통되는 이차적인 약효가 한층 커지는 상승효과가 나타남을 알 수 있다.

② 약은 생체의 신경 자극이나 화학 반응을 조절하는 효과를 낼 수 있다.
1문단을 통해 수용체와 결합하여 신경 자극이나 화학 반응과 같은 생물학적 반응을 촉발할 수 있는 물질이 리간드이고, 약은 생체 내에서 리간드로 기능함을 알 수 있다. 따라서 약은 생체에서 수용체와 결합하여 신경 자극이나 화학 반응과 같은 생물학적 반응을 조절하는 효과를 낼 수 있다고 할 수 있다.

③ 약은 생체에서 수용체와 결합하여 유익 작용과 유해 작용을 나타낼 수 있다.
1문단의 '약은 생체에서 수용체와 결합하여 유익 작용 및 유해 작용을 나타내는 방식을 취하기도 한다.'를 통해 알 수 있다.

④ 약은 생체의 리간드와 유사한 물질을 포함하여 생체의 생물학적 반응을 조절할 수 있다.
1문단을 통해 약은 생체의 리간드와 유사한 화학적 분자 구조를 가진 성분을 포함하고 있고, 리간드와 결합한 수용체의 작용에 의해 생체의 변화가 일어나기도 하고, 수용체에 의해 리간드의 구조 변화가 일어남으로써 이후의 생물학적 반응이 유도됨을 알 수 있다. 따라서 리간드와 유사한 물질을 포함한 약은 생체의 생물학적 반응을 조절할 수 있음을 알 수 있다.

✔ 약은 생체의 대사 작용에 관여하는 물질을 제거함으로써 병원체를 직접적으로 죽게 할 수 있다.
2문단을 통해 생체의 대사 작용에 관여하는 물질이 엽산임을 알 수 있고, 설파제는 엽산을 스스로 만들어야만 한다는 박테리아의 특성을 이용하여 박테리아가 엽산을 만들지 못하게 하여 죽게 만든다는 것을 알 수 있다. 따라서 약이 박테리아가 필요로 하는 엽산을 제거하는 것이 아니라, 박테리아가 엽산을 만들지 못하게 하는 방식으로 약효를 낸다고 할 수 있다.

05 세부 정보의 이해 정답률 60% | 정답 ③

[A]를 이해한 내용으로 가장 적절한 것은?

① 생체에서 리간드에 의해 수용체의 구조에 변화가 일어나면 세포의 기능에 변화가 일어난다.
생체 내에서 수용체와 리간드가 결합하면 수용체에 의해 리간드의 구조 변화가 일어난다고 하였으므로, 리간드에 의해 수용체의 구조에 변화가 일어난다는 내용은 적절하지 않다.

② 생체에서 생물학적 반응이 일어나면 수용체와 리간드는 동일한 화학적 분자 구조로 변화된다.
생체 내에서 수용체와 리간드가 결합하면, 수용체에 의해 리간드의 구조 변화가 일어남으로써 이후의 생물학적 반응이 유도된다고 하였으므로, 생체에서 생물학적 반응이 일어나 수용체와 리간드의 구조가 변화된다고는 할 수 없다. 또한 구조 변화가 일어나는 것은 리간드만 해당한다.

✔ 약을 복용하면 리간드와 결합된 수용체의 수가 일정 시간 동안 복용 전보다 많은 정도가 유지된다.
[A]의 '약은 특정 수용체와 결합할 수 있는 ~ 효과를 낸다고 할 수 있다.'를 통해, 약을 복용하게 되면 약을 복용하기 전보다 리간드와 결합된 수용체의 수가 일정 시간 동안 많은 정도가 유지된다고 할 수 있다.

④ 약의 효과를 높이기 위해서는 약이 생체의 리간드와 친화성이 높은 리간드를 많이 포함하고 있어야 한다.
약은 생체의 리간드와 유사한 화학적 분자 구조를 가진 성분을 포함하고 있어서 생체 내에서 리간드로 기능하고 있고, 생체 내에서는 수용체와 친화성이 높은 리간드가 결합함을 알 수 있다. 따라서 약은 생체의 수용체와 친화성이 높은 리간드를 포함하고 있는 것이지, 생체의 리간드와 친화성이 높은 리간드를 포함한다고는 볼 수 없다.

⑤ 수용체와 동일한 화학적 분자 구조를 가진 물질을 포함한 약은 생체에서 생물학적 효과를 더 크게 일으킨다.
약은 리간드와 유사한 화학적 구조의 성분을 포함하고 있어서 생체 내에서 리간드로 기능하고, 생체 내에서 수용체와 친화성이 높은 리간드가 결합하여 생물학적 효과를 내게 된다. 따라서 약이 수용체와 동일한 화학적 분자 구조를 가진 물질을 포함하였다는 내용은 적절하지 않다.

06 핵심 정보의 파악 정답률 45% | 정답 ⑤

㉠, ㉡에 대한 설명으로 적절하지 않은 것은?

① ㉠은 생체 내에서 화학적 변화를 거친 후 약효를 발휘한다.
2문단을 통해 박테리아에 감염된 환자가 설파제를 복용하면, 설파제는 체내에서 화학적 변화를 거쳐 설파닐아미드가 되어 PABA가 결합할 수용체와 먼저 결합하여 박테리아는 엽산을 만들지 못하고 죽게 됨을 알 수 있다.

② ㉠은 병원체가 대사 과정에서 필요로 하는 물질의 생성을 방해하여 병원체의 사멸을 유도한다.
2문단을 통해 박테리아가 대사 과정에서 엽산이라는 물질을 필요로 하는데, 설파제는 박테리아가 엽산을 만들지 못하게 방해하여 죽게 함을 알 수 있다.

③ ㉡은 바이러스에 감염된 세포의 DNA 복제 과정에 개입하여 바이러스의 확산을 억제한다.
3문단을 통해 항바이러스제는 스스로 증식하지 못하고 다른 세포에 기생하여 DNA 복제 과정을 거치며 증식하는 바이러스의 특성을 활용하여, 바이러스에 감염된 세포의 증식을 막는 방식으로 바이러스 확산을 억제함을 알 수 있다.

④ ㉠과 ㉡ 모두 병원체와 병원체에 감염될 수 있는 생체의 차이를 활용하여 생물학적 효과를 낸다.
2문단을 통해 설파제는 엽산을 섭취하여 사용할 수 있는 인간과 달리 박테리아는 엽산을 스스로 만들어야만 한다는 점을 이용하고 있음을 알 수 있다. 그리고 3문단을 통해 항바이러스제는 스스로는 증식하지 못하고 다른 세포에 기생하여 DNA 복제 과정을 거치며 증식하는 바이러스의 특성을 활용하고 있음을 알 수 있다. 즉 항바이러스제는 증식할 수 있는 생체의 세포와 달리 스스로는 증식하지 못하는 바이러스의 특성을 활용하였다고 할 수 있다.

✔ ㉠과 ㉡ 모두 병원체와 생체가 공통적으로 필요로 하는 물질을 사용하여 병원체의 확산을 억제한다.
2문단을 통해 인간과 박테리아는 공통적으로 대사 과정에 엽산을 필요로 하는데, 설파제는 인간과 달리 엽산을 스스로 만들어야만 하는 박테리아의 특성을 이용함을 알 수 있다. 즉 설파제는 체내에서 설파닐아미드가 되어 박테리아가 엽산을 만들지 못하게 해 죽게 함을 알 수 있다. 따라서 설파제는 병원체와 생체가 공통적으로 필요로 하는 엽산을 사용하는 것은 아니다. 그리고 3문단을 통해 항바이러스제는 DNA 복제 과정을 거치며

증식하는 바이러스의 특성을 활용한 것으로, 뉴클레오사이드 유도체를 포함한 항바이러스제가 이러한 방식의 약에 해당함을 알 수 있다. 따라서 뉴클레오사이드 유도체를 포함한 항바이러스제 역시 병원체와 생체가 공통적으로 필요로 하는 물질을 사용한다고 볼 수 없다.

★★★ 1등급 대비 고난도 3점 문제

07 글의 내용을 통한 한 자료의 이해 정답률 33% | 정답 ②

〈보기〉는 항우울제의 작용을 이해하기 위한 그림이다. 〈보기〉를 이해한 내용으로 적절하지 않은 것은? [3점]

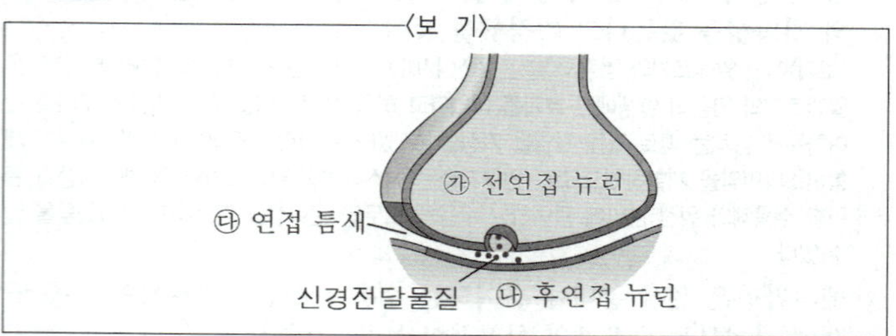

① 보통 ㉮에서 분비된 세로토닌이나 노르에피네프린은 ㉯에 작용한 후 다시 ㉮로 재흡수된다.
4문단을 통해 신경전달물질인 세로토닌이나 노르에피네프린이 보통 후(後)연접 뉴런 수용체에서 기능을 다하고 전(前)연접 뉴런에 재흡수되는 과정을 거침을 알 수 있다.

✔ SNRI 항우울제는 ㉯에 지속적으로 흡수됨으로써 ㉰에서 신경전달물질의 농도가 높아지는 효과를 낸다.
4문단에서 SNRI 항우울제가 신경전달물질의 재흡수를 억제하거나 후연접 뉴런의 수용체와 결합하는 방식으로, 연접 틈새에서 신경전달물질의 농도가 높아진 것과 같은 효과를 낸다고 하였으므로, SNRI 항우울제가 후연접 뉴런에 지속적으로 흡수된다고 볼 수 없다.

③ 우울증의 치료를 위해 ㉰에서 세로토닌이나 노르에피네프린의 농도가 높아지도록 하는 방식을 활용한다.
4문단을 통해 항우울제가 연접 틈새에서 신경전달물질의 부족을 해소하는 방식으로 약효를 낸다는 것을 알 수 있다.

④ ㉰에서 신경전달물질의 농도가 높은 상태로 장기간 유지되면 수용체의 민감도가 떨어지게 된다.
4문단을 통해 항우울제가 연접 틈새에서 신경전달물질의 농도가 높아진 것과 같은 효과를 내어 약효가 발휘됨을 알 수 있다. 그런데 5문단에서 약을 장기간 남용하게 되면 수용체의 민감도가 떨어진다고 하였으므로, 연접 틈새에서 신경전달물질의 농도가 높은 상태로 유지되면 수용체의 민감도가 떨어진다고 할 수 있다.

⑤ 항우울제는 ㉮나 ㉯의 수용체와 결합하여 우울증이 발현되는 원인을 완화하는 효과를 낸다.
4문단을 통해 TCA 항우울제는 전연접 뉴런의 수용체와 결합하여 신경전달물질의 흡수가 일어나지 않도록 하는 방식으로, SNRI 항우울제는 신경전달물질의 재흡수를 억제하거나 후연접 뉴런의 수용체와 결합하는 방식으로 약효를 내고 있음을 알 수 있다. 따라서 항우울제는 전연접 뉴런의 수용체나 후연접 뉴런의 수용체와 결합하여 우울증을 완화하는 효과를 낸다고 할 수 있다.

★★ 문제 해결 꿀~팁 ★★

▶ 많이 틀린 이유는?
이 문제는 〈보기〉와 관련된 글의 내용을 정확히 이해하지 못하여 오답률이 높았던 것으로 보인다. 특히 〈보기〉를 이해한 선택지 중 글의 특정 부분에 제시되어 있지 않고 두 부분 이상 결합하여 제시된 것이 있어서 이를 찾는 데 어려움을 겪어 오답률이 높았던 것으로 보인다.

▶ 문제 해결 방법은?
이 문제를 해결하기 위해서는 '항우울제'와 관련된 문단을 찾고, 이를 바탕으로 〈보기〉의 ㉮, ㉯, ㉰에 대한 설명을 찾아야 한다. 그런 다음 〈보기〉를 이해한 선택지의 내용과 연관시켜 적절성을 판단할 수 있어야 한다. 가령 정답인 ②의 경우, 4문단에 SNRI 항우울제에 대한 설명이 있으므로, 이러한 설명 내용과 선택지를 비교하여 적절성을 판단하면 된다. 한편 오답률이 높았던 ④의 경우에는 4문단과 5문단을 통해 이해할 수 있어야 하고, ⑤의 경우에는 4문단에 제시된 TCA 항우울제와 SNRI 항우울제 부분을 통해 이해할 수 있어야 한다. 과학에서 제시되는 '그림' 이해 문제 대부분은 반드시 글의 내용을 통해 설명하고 있으므로, 반드시 어느 부분과 연관되는지 찾고, 이를 선택지와 비교할 수 있도록 한다.

08　글의 내용을 통한 새로운 정보의 이해　　　정답률 62% | 정답 ④

윗글을 바탕으로 〈보기〉에 대해 보인 반응으로 적절하지 <u>않은</u> 것은?

― 〈 보 기 〉―

생체의 리간드인 히스타민은 알레르기와 염증의 발생, 위산 분비 등에 모두 관여하는 것으로 알려져 있다. 항히스타민약으로 개발된 메피라민은 알레르기와 염증에는 효과가 있지만 위산 분비 조절에는 거의 효과가 없었다. 이에 연구자들은 히스타민과 친화성을 갖는 두 종류 이상의 수용체가 있을 것으로 가정하고, 위산 분비를 조절하는 새 항히스타민약을 개발하였다.

① 새 항히스타민약을 개발한 연구자들은 히스타민이 알레르기와 염증 발생에 관여하는 수용체 및 위산 분비에 관여하는 수용체 모두와 친화성을 갖는다고 가정했을 것이다.
〈보기〉에서 알레르기와 염증의 발생, 위산 분비에 관여하는 히스타민과 달리 메피라민은 알레르기와 염증의 발생에만 효과를 내었다고 하였으므로, 이를 통해 위산의 분비와 관여하는 수용체는 따로 있을 것임을 가정할 수 있다. 이러한 가정에 따라 연구자들이 새 항히스타민약을 개발하였으므로, 연구자들은 히스타민이 알레르기와 염증의 발생과 관련한 수용체와 위산 분비에 관여하는 수용체 모두와 친화성을 갖는다고 가정했음을 알 수 있다.

② 메피라민은 위산 분비에 관여하는 수용체보다 알레르기와 염증 발생에 관여하는 수용체와 친화성이 높을 것이다.
〈보기〉에서 메피라민이 알레르기와 염증에는 효과가 있고, 위산 분비 조절에는 효과가 없었다고 하였으므로, 알레르기와 염증 발생과 관련된 수용체와는 친화성이 높지만, 위산 분비와 관련된 수용체와는 친화성이 높지 않음을 짐작할 수 있다.

③ 메피라민과 새 항히스타민약은 모두 히스타민과 유사한 화학적 분자 구조를 가진 성분을 포함할 것이다.
〈보기〉에서 메피라민과 새 항히스타민약이 생체의 리간드인 히스타민이 관여하는 증상과 관련된 효과를 내고 있음을 볼 때, 두 약은 히스타민과 유사한 화학적 분자 구조를 가진 성분이 포함되어 있다고 할 수 있다.

④ **메피라민과 새 항히스타민약은 모두 생체에서의 위산 분비 조절을 일차적인 약효로 가질 것이다.**
〈보기〉를 통해 메피라민은 알레르기와 염증에는 효과가 있으나 위산 분비 조절에는 효과가 없음을 알 수 있는데, 이는 리간드인 히스타민이 알레르기와 염증의 발생에 관여하는 수용체와 위산 분비에 관여하는 수용체가 다름을 보여 주는 것이라 할 수 있다. 그리고 〈보기〉를 통해 새 항히스타민약은 메피라민과는 달리 위산 분비에 효과가 있음을 알 수 있다. 따라서 메피라민은 알레르기와 염증과 관련한 일차적인 약효를 갖는다고 할 수 있고, 새 항히스타민약은 위산 분비와 관련한 일차적인 약효를 갖는다고 할 수 있다.

⑤ 새 항히스타민약은 메피라민보다 위산 분비에 관여하는 수용체와 더 높은 친화성을 가질 것이다.
〈보기〉를 통해 새 항히스타민약이 위산 분비 조절에 효과가 있음을 알 수 있으므로, 메피라민보다 위산 분비에 관여하는 수용체와 친화성이 높을 것임을 알 수 있다.

09~12　고전 소설

작자 미상, 「유충렬전」

감상　이 작품은 조선 후기의 대표적인 영웅 군담 소설이자 국문 소설로, 영웅의 일대기 구조에 따라 유충렬의 고난과 영웅적인 활약상을 그리고 있다. 이 작품은 천상계의 신선이었던 주인공이 죄를 짓고 지상으로 적강하여 악인의 모해와 반역으로 위기에 처하지만, 신기한 능력을 발휘하여 위기에 처한 가문과 국가를 구출한다는 이야기이다. 이와 같은 서사 구조는 '주몽 신화'의 전통을 계승한 것으로 볼 수 있다.

주제　유충렬의 영웅적 행적과 일대기

작품 줄거리　유심은 명나라 개국 공신의 자손이다. 그는 늦도록 자식이 없었다. 부인 장 씨와 형산에 치성을 드리고 신이한 꿈을 꾼 뒤 마침내 아들 충렬을 얻는다. 유충렬은 원래 천상계의 신선인 자미성이었는데, 정한담으로 환생한 익성의 모함을 받아 지상계로 내려온다. 유심은 정한담 등의 계략에 빠져 부인 장 씨, 충렬과 함께 달아나다가 서로 흩어진다. 충렬은 전직 고관인 강희주의 도움으로 목숨을 건지고 그의 사위가 된다. 그러나 강희주도 정한담 등과 대립하다 밀려나고 충렬은 백룡사의 노승을 만나 때를 기다리며 도술을 배운다. 이때 정한담 등이 호왕과 내통하여 반란을 일으킨다. 이에 유충렬이 군사를 일으켜 반란을 진압하여 나라를 위기에서 구한다.

09　공간의 의미 파악　　　정답률 75% | 정답 ③

㉠, ㉡에 대한 이해로 가장 적절한 것은?

① ㉠은 인물이 권위를 내세우는 공간이다.
이 글에서 큰스님이 '소승의 무례함을 용서'하라고 말하고 있고, 유생이 '천한 인생에 팔자 기박하'다고 말하는 것을 볼 때, ㉠을 인물이 권위를 내세우는 공간이라고 볼 수 없다.

② ㉡은 인물 간의 갈등이 해소되는 공간이다.
㉡은 적장이 함정으로 파 놓은 공간에 해당하므로, 인물 간의 갈등이 해소되는 공간이라 할 수 없다.

③ **㉠은 ㉡과 달리 인물이 긍정적으로 생각하는 공간이다.**
이 글에서 유충렬은 ㉠을 '장차 신령한 산'이라 생각하고 찾아 들어가고 있으므로 ㉠은 인물이 긍정적으로 생각하는 공간으로 볼 수 있다. 반면에 ㉡은 적장이 함정으로 파 놓은 공간에 해당하므로 긍정적으로 생각하는 공간이라고 할 수 없다.

④ ㉡은 ㉠과 달리 인물 간의 유대감이 형성되는 공간이다.
㉠에서 큰스님은 유충렬을 알아보고 있고, 유충렬은 큰스님에게 관대하다고 말하고 있으므로, ㉠은 인물 간의 유대감이 형성되는 공간으로 볼 수 있다. 하지만 ㉡은 적장이 파 놓은 공간에 해당하므로 유대감이 형성되는 공간이라 할 수 없다.

⑤ ㉠과 ㉡은 모두 인물이 고난을 겪는 공간이다.
이 글에서 유충렬은 ㉠을 '신령한 산'이라고 생각하고 있으므로, 인물이 고난을 겪고 있는 공간이라 할 수 없다.

10　작품 내용의 이해　　　정답률 70% | 정답 ②

윗글의 인물에 대한 이해로 적절하지 <u>않은</u> 것은?

① '황후'는 유충렬의 도움으로 본진에 돌아왔다.
'원수 절하고 황후와 태후를 바삐 모셔 본진에 돌아와'를 통해 유충렬의 도움으로 황후가 본진에 돌아왔다는 것을 알 수 있다.

② **'유충렬'은 정한담의 목을 베어 황제 전에 바쳤다.**
'정한담의 목을 내어 황제 전에 바치려고 칼끝에 빼어 보니 진짜는 간데없고 허수아비의 목을 베어 왔는지라.'를 통해 유충렬이 정한담의 목을 황제에게 바치지 못했음을 알 수 있다.

③ '정한담'은 유충렬을 자극하여 싸움을 시작하고 있다.
'네 한갓 ~ 결단하라.'를 통해 정한담이 유충렬을 자극하여 싸움을 시작하고 있다는 것을 알 수 있다.

④ '큰스님'은 백룡사에 찾아온 사람이 유충렬이라는 사실을 알고 있었다.
'유 상공 오시는 행차에'라고 말하는 부분에서 큰스님이 백룡사에 찾아온 사람이 유충렬이라는 사실을 알고 있었음을 확인할 수 있다.

⑤ '영릉골 관비'는 강 낭자의 자색과 태도를 알아보고 떠나지 않도록 회유하고 있다.
'자색과 ~ 같은지라.'를 통해 영릉골 관비가 강 낭자의 자색과 태도를 알아보는 것을, '만 가지로 ~ 하더라'를 통해 떠나지 않도록 회유하고 있음을 확인할 수 있다.

11　인물의 말하기 방식 파악　　　정답률 60% | 정답 ⑤

[A]와 [B]에 대한 설명으로 가장 적절한 것은?

① [A]는 [B]와 달리 과거 사건을 근거로 들며 문제 해결을 유보하고 있다.
[A]에서 과거 사건을 드러내고 있지만, 이러한 과거 사건을 근거로 들면서 문제 해결을 유보하지는 않고 있다.

② [B]는 [A]와 달리 불가능한 상황을 설정하여 상대를 설득하고 있다.
[B]에서 '태산이 무너져서 평지가 되어도', '천지가 변하여 푸른 바다가 될지라도'와 같이 불가능한 상황을 설정하고 있지만 상대를 설득하지는 않고 있다.

③ [A]와 [B]는 모두 대상에 대한 평가를 제시하며 상대의 행동 변화를 요구하고 있다.
[A]와 [B]에서 유충렬이 대상에 대한 평가를 제시하며 상대의 행동 변화를 요구하지는 않고 있다.

④ [A]와 [B]는 모두 자신의 신분을 언급함으로써 자신의 발화에 대한 상대의 의구심을 해소하고 있다.
[A]는 '소장은 ~ 충렬이온데'에서 자신의 신분을 언급하고 있으나, 자신의 발화에 대한 상대의 의구심이 나타나 있지 않았으므로 이를 해소하고 있지 않다.

⑤ **[A]는 이전 사건에 대한 정보를 전달하고, [B]는 변화된 현재 상황에 대한 심리를 드러내고 있다.**
[A]에서는 유충렬이 아버지의 원수를 갚기 위해 이곳에 왔다는 과거의 사건을 요약적으로 제시하여 정보를 전달하고 있다. 그리고 [B]에서는 유충렬이 자신을 구해 준 것에

대한 감사함을 표현하고 있다. 따라서 [A]에서는 이전 사건에 대한 정보를 전달하고 있고, [B]에서는 변화된 현재 상황에 대한 심리를 드러내고 있음을 알 수 있다.

★★★ 1등급 대비 고난도 3점 문제

12 외적 준거에 따른 작품의 감상   정답률 16% | 정답 ②

〈보기〉를 바탕으로 윗글을 감상한 내용으로 적절하지 <u>않은</u> 것은? [3점]

─〈보 기〉─

「유충렬전」은 독자의 흥미를 유발하기 위해 다양한 문학적 장치를 활용하여 대중 소설로서 큰 인기를 끌었다. 그 예로는 영웅의 잠재 능력을 표출시키는 초월적 조력자, 주인공의 영웅성을 더욱 부각하는 신물(神物), 영웅과의 치열한 군담을 만드는 적대자, 위기에 처한 인물의 이야기를 중단하여 독자의 궁금증을 고조시킨 후 다른 인물의 이야기로 넘어가는 단절기법 등이 있다. 또한 일반 백성이 전란으로 겪는 수난을 소설 속 왕가(王家)를 통해 그대로 재현함으로써 독자들이 공감할 수 있게 하였다.

① 강 낭자를 중심으로 하는 서사가 '각설'을 통해 유충렬의 서사로 넘어가는 부분에서 단절기법을 확인할 수 있겠군.
위기에 처한 강 낭자의 이야기가 중단되어 독자의 궁금증을 고조시킨 후 '각설'을 통해 유충렬의 이야기로 넘어가는 부분에서 단절기법을 확인할 수 있다.

✔ 유충렬이 백룡사의 '큰스님'을 만나는 부분에서 초월적 조력자가 영웅의 잠재 능력을 표출시키는 모습을 확인할 수 있겠군.
유충렬이 서해 광덕산 백룡사의 큰스님을 만나는 부분에서 그가 평범한 중이 아닌 초월적 조력자가 될 것임을 짐작할 수 있으나, 영웅의 잠재 능력을 표출시키는 모습은 확인할 수 없다.

③ '정한담'이 유충렬을 함정에 들게 한 부분에서 영웅과의 치열한 군담을 만드는 적대자를 확인할 수 있겠군.
'가련하다 ~ 목숨이 경각이라.'에서 유충렬이 적장의 꾀로 함정에 빠지는 부분을 통해 유충렬과 비등한 능력을 지닌 적대자인 정한담이 영웅과의 치열한 군담을 만들고 있음을 알 수 있다.

④ 유충렬이 '일광주'와 '장성검'을 사용하는 부분에서 주인공의 영웅성을 부각하는 신물을 확인할 수 있겠군.
'원수가 분노하여 일광주를 ~ 제가 모른다.'와 '장성검은 동쪽 하늘에 ~ 핏물이라.'를 통해, 유충렬의 영웅성이 '일광주'와 '장성검'이라는 신물을 통해 부각되고 있음을 알 수 있다.

⑤ '황후'와 '태후'가 토굴에서 살려 달라고 소리치는 부분에서 일반 백성이 전란으로 겪은 수난을 재현한 것을 확인할 수 있겠군.
'저기 가는 저 장수는 ~ 우리 고부 살려 주소.'라고 황후와 태후가 말하는 부분에서 일반 백성이 전란에서 겪는 수난을 왕가를 통해 재현하고 있음을 확인할 수 있다.

★★ 문제 해결 꿀~팁 ★★

▶ **많이 틀린 이유는?**
이 문제는 작품을 정확하게 이해하지 못하였거나 〈보기〉를 정확하게 이해하지 못하여 오답률이 높았던 것으로 보인다.

▶ **문제 해결 방법은?**
이 문제를 해결하기 위해서는 〈보기〉로 제시된 내용, 즉 「유충렬전」에 나타난 문학적 장치를 정확히 이해하여야 한다. 그리고 이러한 문학적 장치를 작품 내용과 연관시킨 선택지의 적절성을 판단하면 되는데, 이때 작품 내용에 대한 정확한 이해를 바탕으로 해야 한다. 가령 정답인 ②의 경우, 유충렬이 백룡사의 큰스님을 만나는 부분에서 백룡사 큰스님이 영웅의 잠재 능력을 표출시키는 모습을 확인할 수 없으므로 적절하지 않은 것이다. 이 선택지처럼 작품을 정확하게 이해하지 못하면 잘못된 선택을 할 수 있으므로 작품을 정확히 읽을 수 있도록 한다.

▶ **오답인 ①, ⑤를 많이 선택한 이유는?**
이 문제의 경우 학생들이 ①, ⑤가 적절하지 않다고 하여 오답률이 높았는데, 이는 〈보기〉를 정확히 이해하지 못했기 때문으로 보인다. 즉 ①의 경우 〈보기〉를 통해 단절기법이 위기에 처한 인물의 이야기를 중단하여 독자의 궁금증을 고조시킨 후 다른 인물의 이야기임을 알았다면 적절함을 알았을 것이다. 또한 ⑤의 경우 〈보기〉를 통해 '일반 백성이 전란으로 겪는 수난을 소설 속 왕가를 통해 그대로 재현'을 알았다면 적절함을 알았을 것이다. 이처럼 〈보기〉를 정확히 이해하지 못하면 잘못된 선택을 할 수 있으므로 주어진 〈보기〉는 충분히 이해할 수 있도록 주의를 기울여야 한다.

DAY 03 — 20분 미니 모의고사

01 ⑤	02 ②	03 ④	04 ①	05 ②
06 ③	07 ③	08 ⑤	09 ⑤	10 ②
11 ①	12 ②			

01 강연 계획의 반영 여부 판단   정답률 88% | 정답 ⑤

다음은 강연자의 강연 계획이다. 강연에 반영되지 <u>않은</u> 것은?

- **화제 선정**
  - 청중의 배경지식을 고려하여 강연 내용을 한글 대중화에 힘쓴 두 인물로 선정해야겠다. ………………… ①
- **청중 분석**
  - 청중이 생소하게 느낄 만한 우리말의 의미를 풀이해서 제시해야겠다. ………… ②
  - 강연 내용에 관심 있는 청중을 위해 추가 정보를 찾을 수 있도록 안내해야겠다. … ③
- **강연 전략**
  - 강연 내용에 집중할 수 있도록 먼저 질문을 던져 궁금증을 유발하고 나중에 답을 제시해야겠다. ……………… ④
  - 강연 내용을 인상적으로 기억할 수 있도록 두 인물이 남긴 말을 각각 인용해야겠다. ………………… ⑤

① 청중의 배경지식을 고려하여 강연 내용을 한글 대중화에 힘쓴 두 인물로 선정해야겠다.
1문단의 '한글 창제 이야기는 이미 잘 알고 계실 테니'를 통해, 강연자는 한글 창제 이야기에 대한 청중의 배경지식을 고려하고 있음을 알 수 있다. 그러면서 강연자는 한글 대중화에 힘쓴 주시경, 최현배 선생을 강연의 화제로 제시하고 있으므로 적절하다.

② 청중이 생소하게 느낄 만한 우리말의 의미를 풀이해서 제시해야겠다.
3문단에서 강연자는 최현배 선생의 대표 저서인 「한글갈」을 소개한 뒤, 청중이 생소하게 느낄 만한 우리말 '갈'의 의미를 풀이해서 제시하고 있다.

③ 강연 내용에 관심 있는 청중을 위해 추가 정보를 찾을 수 있도록 안내해야겠다.
강연자는 강연 내용에 관심 있는 청중이 추가 정보를 찾을 수 있도록 2문단에서 주시경 선생에 대한 다큐멘터리를, 3문단에서 최현배 선생에 대한 자료가 있는 △△ 기념관 누리집을 안내하고 있다.

④ 강연 내용에 집중할 수 있도록 먼저 질문을 던져 궁금증을 유발하고 나중에 답을 제시해야겠다.
1문단에서 강연자는 주시경, 최현배 선생이 어떤 관계일지 질문을 던져 학생들의 궁금증을 유발하고 있다. 그런 다음 3문단에서 두 인물이 사제 간이라는 답을 제시하고 있다. 이러한 강연자의 말하기 방식은 청중이 강연 내용에 집중하게 해 주는 효과를 준다고 할 수 있다.

✔ 강연 내용을 인상적으로 기억할 수 있도록 두 인물이 남긴 말을 각각 인용해야겠다.
2문단의 '말이 오르면 나라도 오르고, 말이 내리면 나라도 내리나니라.'를 통해, 강연자는 주시경 선생의 말을 인용하여 청중이 강연 내용을 인상적으로 기억할 수 있도록 하고 있다. 하지만 이 강연에서 강연에서 최현배 선생이 남긴 말을 인용한 부분은 찾아볼 수 없으므로 적절하지 않다.

02 글쓰기 계획 파악   정답률 87% | 정답 ②

초고를 쓰기 위해 떠올린 생각 중 (나)에 반영되지 <u>않은</u> 것은?

① 특정 용어를 분석하여 독자가 그 의미를 쉽게 받아들이도록 해야겠어.
3문단에서 '미닝 아웃'을 '미닝'과 '커밍 아웃'으로 분석하여 독자가 미닝 아웃의 의미를 쉽게 받아들이도록 하고 있다.

✔ 가치 소비를 접한 경험을 언급하여 독자가 가치 소비에 흥미를 느끼도록 해야겠어.
(나)의 '학생의 초고'를 통해 가치 소비를 접한 학생의 경험은 찾아볼 수 없다.

③ 미닝 아웃의 여러 형태를 제시하여 독자가 글을 이해하는 데 도움이 되도록 해야겠어.

3문단에서 누리소통망(SNS) 게시, 제품 구매 유도, 불매 의사표현 등 미닝 아웃의 여러 형태를 제시하여, 독자가 글을 이해하는 데 도움이 되도록 하고 있다.

④ **가치 소비에 대해 다룰 내용을 제시하여 독자가 뒤에 이어질 내용을 추측하도록 해야겠어.**
1문단에서 가치 소비의 개념, 실천 사례, 의의에 대해 다룰 것임을 제시하여 독자가 뒤에 이어질 내용을 추측하도록 하고 있다.

⑤ **가치 소비의 의의를 언급하여 독자가 가치 소비에 지속적으로 관심을 가지도록 해야겠어.**
4문단에서 소비자의 바람직한 가치 소비가 장기적으로 계속되면 사회에 선한 영향력을 미칠 것이라고 그 의의를 언급하여, 독자가 가치 소비에 지속적으로 관심을 갖도록 하고 있다.

★★★ 1등급 대비 고난도 3점 문제

03 자료 활용의 적절성 파악 · 정답률 41% | 정답 ④

〈보기〉를 활용하여 (나)를 보완하고자 한다. 자료 활용 방안으로 적절하지 **않은** 것은?
[3점]

──〈 보 기 〉──

[자료 1] 우리 학교 학생들의 설문 조사 결과

가치소비에 대해 얼마나 알고 있나요?

연도	들어본 적 있고 잘 알고 있음	들어본 적 있지만 잘 모름	들어본 적 없음
2020년	9.3	14.2	76.5
2022년	21.5	46.7	31.8

(단위: %)

■ 들어본 적 있고 잘 알고 있음
▨ 들어본 적 있지만 잘 모름
□ 들어본 적 없음

[자료 2] 신문 기사
　다른 제품에 비해 비싸더라도 환경보호를 실천하는 기업의 제품에 지갑을 여는 소비자가 늘고 있다. 이에 따라 제품의 생산 과정에서 폐기물을 줄이거나 포장재를 최소화하려고 노력하는 기업 역시 증가하고 있다. 건강한 지구를 미래 세대에게 물려주자는 소비자가 많아질수록 우리의 환경은 더욱 좋아질 것이다.

[자료 3] 전문가 인터뷰
　"미닝 아웃으로 판매자에 대한 잘못된 정보가 전파되거나 불매 운동이 권유가 아닌 강요로 변질된다면, 타인의 권리를 침해할 수 있습니다. 그럼에도 불구하고 미닝 아웃은 윤리적 소비와 연결되어 사회, 환경 등에 긍정적인 영향을 끼칠 수 있기 때문에 우리가 지향해야 할 소비 현상이라 할 수 있습니다."

① **[자료 1]을 활용하여, 가치 소비에 대한 우리 학교 학생들의 인지도를 구체적 수치로 제시해야겠군.**
[자료 1]의 설문 조사 결과를 활용하여 1문단에서 가치 소비를 들어본 학생과 가치 소비에 대해 모르는 학생의 비율을 수치로 나타낼 수 있다.

② **[자료 2]를 활용하여, 가치 소비를 지향하는 사람들을 고려하여 기업이 실천하고 있는 사례를 보충해야겠군.**
[자료 2]의 기업이 폐기물을 줄이거나 포장재를 최소화한다는 내용을 활용하여, 가치 소비를 추구하는 움직임에 맞추어서 기업이 실천하고 있는 사례로 4문단에 보충할 수 있다.

③ **[자료 3]을 활용하여, 미닝 아웃으로 불매 의사를 표현할 때 발생할 수 있는 부작용도 다루어야겠군.**
[자료 3]의 불매 운동이 타인의 권리를 침해할 수 있다는 내용을 활용하여, 3문단에 미닝 아웃의 부작용으로 다룰 수 있다.

✔ **[자료 1]과 [자료 2]를 활용하여, 가치 소비에 대한 관심이 높아지는 현상을 소비자와 기업의 상호 의존적인 관계로 설명해야겠군.**
[자료 1]에서 가치 소비에 대한 관심이 높아지는 현상을 확인할 수 있다. 그러나 [자료 2]를 활용하여 소비자와 기업이 상호 의존적인 관계라고 설명할 수 없다. 이러한 내용은 (나)와도 관련 없다.

⑤ **[자료 2]와 [자료 3]을 활용하여, 가치 소비가 바람직하게 전개되었을 때 얻을 수 있는 효과를 언급해야겠군.**
[자료 2]에서 환경보호를 지향하는 제품을 구매하면 지구 환경이 좋아질 수 있으며, [자료 3]에서 미닝 아웃이 사회와 환경에 긍정적 영향을 끼칠 수 있다고 언급하였다. 이를 활용하여 4문단에서 가치 소비가 바람직하게 전개되었을 때 얻을 수 있는 효과를 언급할 수 있다.

★★ 문제 해결 꿀~팁 ★★

▶ **많이 틀린 이유는?**
이 문제는 〈보기〉로 제시된 자료를 정확히 이해하지 못하여 오답률이 높았던 것으로 보인다. 또한 이러한 자료를 활용하는 과정에서 잘못 판단하여 오답률이 높았던 것으로 보인다.

▶ **문제 해결 방법은?**
이 문제를 해결하기 위해서는 기본적으로 〈보기〉로 제시된 자료를 정확히 이해하여야 한다. 즉, [자료 1]을 통해서는 가치 소비에 대한 관심이 높아지는 현상을 파악해야 하고, [자료 2]를 통해서는 환경보호를 실천하는 소비자와 기업이 증가하고 있음을 파악해야 한다. 그리고 [자료 3]을 통해서는 미닝 아웃이 부작용이 있지만 긍정적인 영향을 끼치므로 지향해야 할 소비 현상임을 파악해야 한다. 그런 다음 선택지를 통해 자료 활용의 적절성을 판단하면 되는데, 정답인 ④의 경우 [자료 1]과 [자료 2]는 소비자와 기업의 상호 의존적인 관계와는 관련이 없으므로 적절하지 않다. 이처럼 자료 활용 문제 풀이의 핵심은 자료 이해에 있으므로 자료를 정확히 읽은 다음 선택지의 적절성을 판단하도록 한다.

▶ **오답인 ⑤를 많이 선택한 이유는?**
이 문제의 경우 학생들이 ⑤가 적절하지 않다고 하여 오답률이 높았는데, 이는 선택지의 '전제되었을 때'라는 의미를 정확히 이해하지 못했기 때문으로 보인다. 그런데 [자료 2]에서 환경보호를 지향하는 제품을 구매하면 지구 환경이 좋아질 수 있다고 하였고, [자료 3]에서 미닝 아웃이 윤리적 소비와 연결되면 사회와 환경에 긍정적 영향을 끼칠 수 있다고 언급하고 있다. 따라서 이는 가치 소비가 바람직하게 전제되었을 때 얻을 수 있는 효과와 관련되므로 적절한 것이다. 또한 이 선택지의 경우 4문단의 '소비자의 바람직한 가치 소비가 장기적으로 계속된다면 사회에 선한 영향력을 미칠 것'이라는 내용과 연결시켰으면 적절함을 알았을 것이다.

---

04 이어진문장과 안은문장 · 정답률 71% | 정답 ①

〈보기〉의 ㉠ ~ ㉤에 대한 설명으로 적절하지 **않은** 것은?

──〈 보 기 〉──

㉠ 그는 영수가 집에 간다고 했다.
㉡ 이것은 어제 그녀가 산 책이다.
㉢ 개나리꽃이 흐드러지게 피었다.
㉣ 영철이는 마음씨가 매우 착하다.
㉤ 나는 아이들이 행복하기를 바란다.

✔ **㉠은 인용절을 가진 안은문장으로, 안긴문장의 주어가 생략되어 있다.**
'그는 영수가 집에 간다고 했다.'는 인용을 나타내는 조사 '고'가 쓰인 인용절을 가진 안은문장이다. 안은문장의 주어는 '그는'이고 안긴문장의 주어는 '영수가'이므로 안긴문장의 주어가 생략되어 있지 않다.

② **㉡은 관형사절을 가진 안은문장으로, 안은문장의 주어는 '이것은'이고 안긴문장의 주어는 '그녀가'이다.**
'이것은 어제 그녀가 산 책이다'는 관형사형 전성어미 '-ㄴ'이 쓰인 관형사절을 가진 안은문장이다. 안은문장의 주어는 '이것은'이고 안긴문장의 주어는 '그녀가'이다.

③ **㉢은 부사절을 가진 안은문장으로, 안긴문장의 주어가 생략되어 있다.**
'개나리꽃이 흐드러지게 피었다'는 부사형 전성어미 '-게'가 쓰인 부사절을 가진 안은문장이다. 안긴문장의 주어가 생략되어 있다.

④ **㉣은 서술절을 가진 안은문장으로, 안은문장의 주어는 '영철이는'이고 안긴문장의 주어는 '마음씨가'이다.**
'영철이는 마음씨가 매우 착하다'는 '마음씨가 매우 착하다'라는 서술절을 가진 안은문장이다. 안은문장의 주어는 '영철이는'이고 안긴문장의 주어는 '마음씨가'이다.

⑤ **㉤은 명사절을 가진 안은문장으로, 안은문장의 주어는 '나는'이고 안긴문장의 주어는 '아이들이'이다.**
'나는 아이들이 행복하기를 바란다.'는 명사형 전성어미 '-기'가 쓰인 명사절을 가진 안은문장이다. 안은문장의 주어는 '나는'이고 안긴문장의 주어는 '아이들이'이다.

05~08 사회

송덕수, 「신 민법강의」

[해제] 이 글은 주택임대차보호법에 대해 설명하고 있다. 주택임대차보호법은 주택임대차에서 임차인의 권리를 강화하기 위한 특별법이다. 임차인이 주택을 인도받고 전입 신고를 완료하면 대항력이 생겨서 제삼자에게 임차권을 주장할 수 있고, 확정일자까지 부여받은 경우에는 우선변제권을 확보할 수 있어 뒤에 설정된 물권에 우선하여 보증금

을 변제받을 수 있다. 임대차 기간이 만료되었을 때 임대인에게 보증금을 반환받지 못하는 경우 임대차등기명령을 신청하여 법원이 승인하면 종료된 임차권이 등기부에 공시되어 대항력과 우선변제권을 유지할 수 있다.

주제 주택임대차보호법의 이해

문단 핵심 내용

1문단	주택 임대차에서 임차인이 임차권을 주장하거나 그렇지 못하는 경우
2문단	전세권과 주택임대차보호법의 이해
3문단	주택 임대차 계약서에 확정일자를 받는 이유
4문단	주택임대차보호법의 임차권등기명령 제도

---

05 내용의 사실적 이해 　　정답률 42% | 정답 ②

윗글의 내용과 일치하지 <u>않는</u> 것은?

① 주택임대차보호법은 일정한 요건을 갖춘 임차인의 지위를 강화한다.
2문단을 통해 주택임대차보호법은 임차인이 일정한 요건을 갖추었을 경우 임차권에 물권적 효력을 부여하여 임차인의 지위를 강화하는 제도임을 알 수 있다.

✔ **주택 임대차가 체결되면 관할 법원은 임대차 내용을 등기부에 기재해야 한다.**
2문단과 4문단을 통해 임차권이 등기부에 기재되기 위해서는 전세권을 설정하거나 임대차등기명령을 신청해야 함을 알 수 있다. 따라서 임대차가 체결되었을 때 관할 법원이 등기부에 기재해야 하는 것은 아니므로 적절하지 않다.

③ 주택 임대차가 만료되면 임차인은 임대인에게 임대차의 목적물을 반환해야 한다.
1문단을 통해 주택 임대차는 합의한 기간 동안 목적물인 주택을 사용하는 계약임을 알 수 있다.

④ 최우선변제권이 있는 소액임차인이더라도 보증금의 전부를 반환받지 못할 수 있다.
3문단을 통해 최우선변제권은 정해진 금액까지의 보증금을 우선하여 변제받는 권리임을 알 수 있다.

⑤ 어떤 물건에 대한 지배권을 모든 사람에게 주장하려면 해당 물건에 대한 물권이 필요하다.
1문단을 통해 물권은 누구에게나 권리를 주장할 수 있는 권리임을 알 수 있다.

★★★ 1등급 대비 고난도 2점 문제

06 핵심 정보의 비교 이해 　　정답률 33% | 정답 ③

㉠, ㉡을 이해한 내용으로 적절하지 <u>않은</u> 것은?

① ㉠을 가진 사람은 원칙적으로는 임대인에게만 계약 내용에 따른 행위를 요구할 수 있다.
1문단을 통해 임차권은 채권에 해당하고, 채권을 가진 사람은 원칙적으로 특정한 채무자에 대해서만 일정한 행위를 요구할 수 있음을 알 수 있다.

② ㉡을 설정하기 위해서는 임대인의 동의가 필요하다.
2문단을 통해 전세권을 설정하기 위해서는 임대인의 동의가 필요함을 알 수 있다.

✔ **㉡을 가진 임차인은 임대차 기간 동안 목적물이 되는 주택의 소유권을 가지게 된다.**
2문단을 통해 전세권은 임차권을 제삼자에게 주장할 수 있는 권리이지 주택의 소유권을 가지는 권리는 아님을 알 수 있다. 한편 소유권은 물권의 다른 종류 중 하나이다.

④ ㉠이나 ㉡을 가진 사람은 계약상의 주택에 대한 자신의 권리를 주장할 수 있다.
1문단과 2문단을 통해 임차권이나 전세권을 가진 사람은 임대에 내용에 따라 주택에 대한 자신의 권리를 주장하는 것이 가능함을 알 수 있다.

⑤ 일반적으로 ㉡은 ㉠에 우선하는 효력이 인정된다.
1문단을 통해 임차권은 채권에 해당하고 전세권은 물권에 해당한다. 그리고 물권은 일반적으로 채권에 우선하는 효력이 인정됨을 알 수 있다.

★★ 문제 해결 꿀~팁 ★★

▶ **많이 틀린 이유는?**
이 문제는 ㉠, ㉡에 대해 설명하고 있는 1, 2문단의 내용을 정확히 이해하지 못하여 오답률이 높았던 것으로 보인다.

▶ **문제 해결 방법은?**
이 문제를 해결하기 위해서는 선택지에 제시된 내용 이해를 바탕으로 이에 해당하는 내용을 글에서 찾아 적절성을 판단해야 한다. 가령 정답인 ③의 경우 선택지를 통해 임차인이 임대차 기간 동안 주택의 소유권을 가진다는 내용을 파악한 다음, 이를 글에서 확인하면 된다. 그런데 2문단을 통해 전세권이 임차권을 제삼자에게 주장할 수 있는 권리임을 알 수 있지만, 주택의 소유권을 가지는 권리는 아님을 알 수 있으므로 적절하지 않은 것이라 할 수 있다. 이러한 핵심 개념을 묻는 문제를 접하게 되면, 항상 선택지를 먼저 읽은 다음, 관련 내용을 글에서 찾아 비교할 수 있도록 한다.

▶ **오답인 ④를 많이 선택한 이유는?**
이 문제의 경우 학생들이 ④가 적절하지 않다고 하여 오답률이 높았는데, 이는 ㉠과 ㉡의 공통점과 차이점을 글을 통해 정확히 파악하는 데 어려움을 겪었기 때문으로 보인다. 하지만 이 문제 역시 선택지에서 묻는 것이 ㉠과 ㉡ 모두 '계약상의 주택에 대한 자신의 권리를 주장할 수 있'는 것에 있으므로, 각각에 해당하는 내용을 찾아 확인하면 된다. 즉 ㉠은 1문단을 통해, ㉡은 2문단을 통해 확인하게 되면 적절한 이해임을 알 수 있었을 것이다.

---

07 핵심 정보의 이해 　　정답률 38% | 정답 ③

주택임대차보호법을 이해한 내용으로 적절하지 <u>않은</u> 것은?

① 임차인이 대항력을 갖추면 임차한 주택이 경매되더라도 임차권이 유지될 수 있도록 한다.
3문단을 통해 임차인이 대항력을 갖춘 경우에는 임차한 주택이 경매되더라도 임차권이 소멸하지 않음을 알 수 있다.

② 임차인이 전입 신고를 하지 않으면 확정일자를 받더라도 계약 기간 동안 우선변제권이 생기지 않는다.
3문단을 통해 임차인이 우선변제권을 얻기 위해서는 대항력과 확정일자를 모두 갖추어야 함을 알 수 있다. 따라서 임차인이 전입 신고를 하지 않으면 대항력이 갖춰지지 않으므로 확정일자를 받더라도 우선변제권이 생기지 않는다고 할 수 있다.

✔ **대항력을 갖춘 임차인이 주택 임대차 계약서에 확정일자를 받으면 다음 날부터 우선변제권의 효력이 발생한다.**
3문단을 통해 우선변제권의 효력은 임차인이 대항력과 확정일자를 모두 갖춘 날을 기준으로 발생함을 알 수 있다. 따라서 대항력을 이미 갖춘 임차인이 확정일자를 받으면 그날부터 우선변제권의 효력이 발생한다고 할 수 있다.

④ 소액임차인이 다른 지역에서 새로운 임대차를 체결하면 그 지역에서는 최우선변제권을 부여받지 못할 수도 있다.
3문단을 통해 최우선변제권을 부여받는 보증금의 기준과 변제받을 수 있는 금액은 지역에 따라 다르기 때문에 소액임차인이 다른 지역에서 새로운 임대차를 체결하면 최우선변제권을 부여받지 못할 수도 있음을 알 수 있다.

⑤ 임차한 주택을 인도받고 전입 신고를 한 날에 주택에 다른 물권이 성립되면 임차권은 새로운 물권보다 후순위가 된다.
2문단을 통해 임차인이 대항력을 갖게 되면 임차권에 물권적 효력이 발생함을 알 수 있다. 하지만 대항력은 요건을 갖춘 다음 날부터 발생하기 때문에 대항력이 발생하기 전 새로운 물권이 생긴다면 임차권은 해당 물권보다 후순위가 될 수 있다.

---

08 구체적인 사례에의 적용 　　정답률 42% | 정답 ⑤

윗글을 바탕으로 〈보기〉를 이해한 내용으로 적절한 것은? [3점]

〈보 기〉

　을이 갑에게 2억 원의 보증금을 지급하고 갑 소유의 A 주택을 2021년 2월 5일부터 2년간 임대하기로 하는 임대차가 갑과 을 사이에 체결되었다. 을은 2021년 2월 5일에 A 주택으로 이사하고 전입 신고를 하였지만 계약 기간 내내 확정일자는 받지 않았다. A 주택에 거주해 오던 을은 임대차 만료를 앞두고 이사 갈 집을 구하여 새로운 임대차를 체결하였고, 2022년 12월 4일에 갑에게 기존의 임대차를 연장하지 않겠다는 의사를 밝혔다. 갑은 사정이 생겨 보증금을 제때 돌려주지 못한다고 통보하였다. 갑은 임대차가 만료된 현재까지 보증금을 돌려주지 않고 있다.

① 을은 2022년 12월 4일부터 임차권등기명령을 신청할 수 있다.
4문단을 통해 임차권등기명령은 임대차가 종료된 후에 신청하는 것임을 알 수 있고, 〈보기〉를 통해 임대차는 2023년 2월 4일에 종료됨을 알 수 있다. 따라서 임차권등기명령은 2023년 2월 5일부터 신청할 수 있다.

② 을은 임차권등기명령을 신청하는 즉시 갑에게 보증금을 돌려받을 수 있다.
4문단을 통해 임차권등기명령이 내려지기 위해서는 임차인의 신청 후 법원의 승인이

필요함을 알 수 있다. 또한 임차권등기명령이 내려지더라도 갑에게 즉시 보증금을 돌려받는 것은 아님을 알 수 있다.

③ 을은 기존의 우선변제권이 유지되도록 임차권등기명령 제도를 이용할 수 있다.
〈보기〉를 통해 을은 계약 기간 내내 확정일자를 받지 않았기 때문에 우선변제권을 부여받지 못한 상태임을 알 수 있다. 따라서 임차권등기명령이 내려지면 우선변제권을 새롭게 부여받는 것이지 기존의 우선변제권을 유지하는 것은 아니라 할 수 있다.

④ 을의 신청으로 임차권등기명령이 내려지면 갑은 A 주택을 다른 사람에게 매도할 수 없다.
1문단을 통해 임차권이 존재한 상태에서도 주택의 소유권은 변동이 가능함을 알 수 있으므로 임대차등기명령이 내려지더라도 갑은 A 주택을 다른 사람에게 매도할 수 있다.

☑ 을의 신청으로 임차권등기명령이 내려지면 을이 이사를 가더라도 을이 가지고 있던 임차권은 등기부에 기재된다.
4문단을 통해 임대차등기명령이 내려지면 종료된 임차권은 등기부에 기재되어 물권적 효력이 유지됨을 알 수 있다. 따라서 을이 임대차등기명령을 신청하고 법원이 승인하면 을이 이사를 가더라도 을이 가지고 있던 임차권은 등기부에 기재되고 물권적 효력이 유지된다고 할 수 있다.

09~12　고전 시가 + 수필

(가) 이긍익, 「죽창곡」

감상　이 작품은 작자가 아버지의 귀양살이를 뒷바라지하던 28세(1763년) 경에 지은 가사이다. 이 작품에서는 타인의 잘못으로 인해 유배 생활을 하는 작가의 상황이 임을 그리워하는 여성 화자의 모습으로 형상화되어 있다. 이 작품의 화자는 자신이 처한 부정적 상황의 원인을 임이나 자기 자신에게서 찾지 않고 외부의 탓으로 돌리고 있으며, 임과 함께하지 못하는 안타까움과 임에 대한 변치 않는 마음을 노래하고 있다.

주제　임에 대한 그리움과 변치 않는 절개

현대어 풀이

죽창(대나무로 만든 창)에 병이 깊고 이부자리가 차가운데
돌미나리 한 줌으로 저녁 반찬을 하자 하더니
상 위에 (반찬을) 그저 놓고 님 생각하는 뜻은
아리따운 님의 거동 친한 적이 없건마는
관계없는 이 내 몸이 님을 조차 삼기오니
월하노인이 실을 매었는가 연분이 크게 중하고
조물주의 시샘인가 복이 없고 팔자가 사나움도 그지없다
〈중략〉
꽃다운 열여섯 나이가 손꼽아 다다르니
십 리 밖의 벽도화(碧桃花)에 구름이 험한 곳에
내 소식을 님은 모르고 님의 집을 내가 모를 제
세사 일을 방해하는 장애물이 생겨 고운 얼굴이 복이 없어
하룻밤 놀란 우레 비바람조차 섞어서 치니
뜰 앞에 심은 해바라기 못 피어 시들었다
고기 하나 흐린 물이 온 연못을 더럽힌다
가시덤불에 떨어진 불이 난초와 혜초 무더기에 붙으니
내 얼굴 고운 줄을 님이 어찌 아시겠는가.
화공의 붓 끝으로 그려 내어 올릴 것인가.
임의 장수를 비는 노래로 띄워다가 돌올까?
대 같이 곧은 절개 임은 더욱 모르거든.

(나) 홍우원, 「노마설」

감상　이 작품은 말과의 대화 구조와 말을 의인화하여 주인에게 깨달음을 주고 이기적인 세태에 대한 성찰을 유도하고 있는 고전 수필이다. 이 글에서는 이제는 늙어서 더 이상 쓸모없는 말을 버리려는 주인과 이러한 주인의 처사에 대한 부당함을 호소하는 말과의 대화 형식을 통해, 자신의 이익만을 따지는 이기적인 인간의 모습을 비판하고 있다.

주제　이익에 따라 대상을 대하는 세태 비판

09　표현상 공통점 파악　　정답률 67% | 정답 ⑤

(가)와 (나)의 공통점으로 가장 적절한 것은?

① 역설적 표현을 통해 주제의 의미를 부각하고 있다.
(가), (나) 모두 역설적 표현은 사용되지 않고 있다.

② 명암의 대비를 통해 대상의 특성을 나타내고 있다.
(가), (나) 모두 명암을 대비하는 표현은 찾아볼 수 없다.

③ 공간의 이동에 따라 심리 변화의 양상을 드러내고 있다.
(가), (나) 모두 공간의 이동은 드러나지 않고 있다.

④ 음성 상징어를 사용하여 생동감 있게 상황을 제시하고 있다.
(가), (나) 모두 음성 상징어가 사용되지 않고 있다.

☑ 의문형 어미를 사용하여 전달하고자 하는 내용을 강조하고 있다.
(가)에서는 '화공의 붓긋흐로 그려 내어 울닐 손가' 등의 의문형 형식을 사용하여 소망을 이루지 못한 화자의 안타까움을 강조하고 있다. 그리고 (나)에서는 '말에게 무슨 죄가 있는가?' 등의 의문형 형식을 사용하여 '말'에게는 잘못이 없음을 강조하고 있다. 따라서 (가), (나) 모두 의문형 어미를 사용하여 전달하고자 하는 내용을 강조하고 있음을 알 수 있다.

10　외적 준거에 따른 작품의 감상　　정답률 68% | 정답 ②

〈보기〉를 바탕으로 (가)를 이해한 내용으로 적절하지 않은 것은? [3점]

> **보　기**
> 이 작품에는 타인의 잘못으로 인해 유배 생활을 하는 작가의 상황이 임을 그리워하는 여성 화자의 모습으로 형상화되어 있다. 화자는 자신이 처한 부정적 상황의 원인을 임이나 자기 자신에게서 찾지 않고 외부의 탓으로 돌리고 있으며, 임과 함께하지 못하는 안타까움과 임에 대한 변치 않는 마음을 노래하고 있다.

① '병이 깁고'와 '돌미나리 흐줌으로 석찬을 흐쟈터니'를 통해 부정적 상황에 놓인 화자의 처지를 알 수 있겠군.
'병이 깁고'와 '돌미나리 흐줌으로 석찬을 흐쟈터니'는 화자의 힘들고 곤궁한 상황을 드러내고 있다. 이를 통해 부정적 상황에 놓인 화자의 처지를 알 수 있으므로 적절하다.

☑ '님의 거동 친 흐적 업건마ᄂᆞ'과 '이 내 몸이 님을 조차 삼기오니'를 통해 화자가 타인의 잘못으로 현재 상황에 처하게 됐음을 알 수 있겠군.
'님의 거동 친 흐적 업건마ᄂᆞ'은 임과 함께한 적이 없는 상황을 드러내는 것이고, '이 내 몸이 님을 조차 삼기오니'는 화자와 임이 운명적으로 연결된 사이라는 것을 의미한다. 따라서 화자가 타인의 잘못으로 현재 상황에 처하게 됐음을 알 수 있다는 내용은 적절하지 않다.

③ '조믈이 새오던가'와 '셰ᄉ의 마히 고하'를 통해 화자가 처한 상황의 원인을 외부의 탓으로 돌리고 있음을 알 수 있겠군.
'조믈이 새오던가'는 조물주의 시샘을, '셰ᄉ의 마히 고하'는 세상일을 방해하는 장애물이 생겼음을 의미한다. 이를 통해 화자가 자신이 처한 상황의 원인을 외부의 탓으로 돌리고 있음을 알 수 있으므로 적절하다.

④ '뜰알픠 심근 규화 못피여 시들거다'를 통해 임과 함께하지 못하는 화자의 안타까운 마음을 형상화했음을 알 수 있겠군.
'규화'는 화자를 의미하며 '못피여 시들거다'에는 임과의 만남이 실현되지 못한 화자의 안타까움이 나타난다. 이를 통해 임과 함께하지 못하는 화자의 안타까운 마음을 형상화했음을 알 수 있으므로 적절하다.

⑤ '대가티 고든 졀은 님이 더욱 모르려든'을 통해 임에 대한 화자의 변치 않는 마음을 알 수 있겠군.
'대가티 고든 졀'은 임에 대한 화자의 절개를 의미한다. 이를 통해 임에 대한 화자의 변치 않는 마음을 알 수 있으므로 적절하다.

11　소재의 의미 파악　　정답률 65% | 정답 ①

㉠과 ㉡에 대한 설명으로 가장 적절한 것은?

☑ ㉠은 '나'와 '님'의 관계가 소원함을 드러내는 소재이고, ㉡은 '말'과 '주인'의 관계가 밀접했음을 드러내는 소재이다.
(가)에서 ㉠의 '님의 집'은 화자가 '님의 집'을 모르고 있다는 점에서 화자와 임의 관계가 소원함을 드러내 준다고 할 수 있다. 그리고 (나)에서 ㉡의 '주인집'은 '여러 식구의 목숨이 나로 인해 완전할 수 있었'다는 점에서 늙은 말과 주인의 관계가 밀접했음을 드러내 준다고 할 수 있다.

② ㉠은 '나'와 '님'의 역할이 바뀌었음을 드러내는 소재이고, ㉡은 '말'과 '주인'의 역할이 확정되었음을 드러내는 소재이다.
(가)에서 화자는 ㉠을 모르고 있으므로, ㉠이 '나'와 '님'의 역할이 바뀌었음을 드러내는 소재라 보기 어렵다. 그리고 (나)에서 '말'이 노동을 해서 여러 식구의 목숨을 완전하게 해 주었다는 점에서 ㉡은 '말'과 '주인'의 역할이 확정되어 있음을 보여 준다고도 볼 수 있다.

③ ㉠은 '나'와 '님'의 갈등이 해소되었음을 드러내는 소재이고, ㉡은 '말'과 '주인'의 갈등이 심화되었음을 드러내는 소재이다.
(가)에서 화자는 임을 그리워하고 있지만, 임과 갈등하고 있는지는 알 수 없으므로 ㉠이 '나'와 '님'의 갈등이 해소되었음을 드러내는 소재라 보기 어렵다. 그리고 (나)에서 ㉡은 여러 식구의 목숨이 '말'로 인해 완전할 수 있었다는 점에서 '말'과 '주인'의 갈등이 심화되었음을 드러낸다고 보기 어렵다.

④ ㉠은 '나'와 '님'의 상황이 변화되었음을 드러내는 소재이고, ㉡은 '말'과 '주인'의 상황이 유지되고 있음을 드러내는 소재이다.
(가)에서 화자는 임을 그리워하고 있으므로 ㉠이 '나'와 '님'의 상황이 변화되었음을 드러내는 소재라 할 수 없다. 그리고 (나)에서 '주인'은 '말'의 말을 듣고 버리지 않고 있으므로 ㉡이 '말'과 '주인'의 상황이 유지되고 있음을 드러내는 소재라고 볼 수 있다.

⑤ ㉠은 '나'와 '님'의 현실 인식이 긍정적임을 드러내는 소재이고, ㉡은 '말'과 '주인'의 현실 인식이 부정적임을 드러내는 소재이다.
(가)와 (나)에서 현실 인식은 잘 드러나지 않으므로, ㉠이 '나'와 '님'의 현실 인식이 긍정적임을 드러내는 소재이고, ㉡이 '말'과 '주인'의 현실 인식이 부정적임을 드러내는 소재라고 할 수 없다.

---

12 구조도를 통한 작품의 감상 　　　정답률 52% | 정답 ②

〈보기〉는 (나)에 나타난 대화를 구조화한 것이다. 이에 대한 이해로 적절하지 <u>않은</u> 것은?

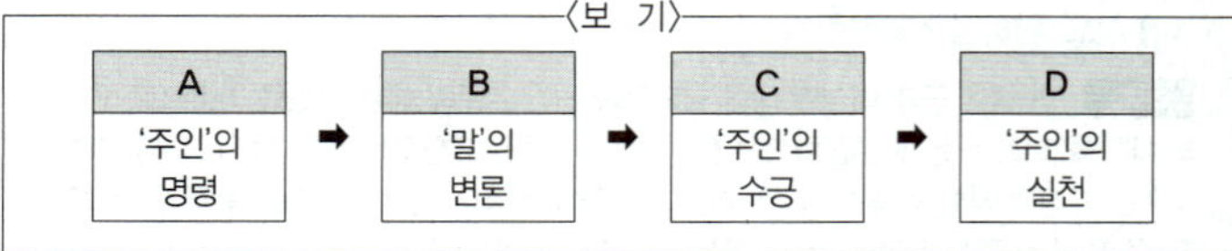

① A에서 '주인'은 '말'의 현재 상태를 근거로 '말'이 더 이상 쓸모가 없다고 판단하고 있다.
A에서 '주인'은 '말'이 '나이도 이제 많아졌고 힘도 쇠하여졌'으므로 더 이상 쓸모가 없다고 판단하고 있으므로 적절하다.

☑ B에서 '말'은 과거 행적을 나열하여 자신의 능력이 변하지 않았음을 근거로 A에서 '주인'이 내린 처분이 부당함을 주장하고 있다.
B에서 '말'은 과거 자신의 공로를 나열하여 A에서 '주인'이 말에게 나가라고 한 것이 부당함을 주장하고 있다. 하지만 '나이가 아직 어려 힘이 왕성할 때'와 노쇠해진 지금의 능력에 차이가 있음을 인정하고 있으므로 자신의 능력이 변하지 않았음을 근거로 한다는 내용은 적절하지 않다.

③ B에서 '말'은 자신을 기르고 쓸 수 있는 구체적인 방안을 제시하며 '주인'을 설득하고 있다.
B에서 '말'은 자신을 기르는 데 있어 '동쪽 교외의 무성한 풀'과 '남쪽 산골짜기의 맑은 물' 정도면 충분하고, 자신을 사용하는 데 있어 '힘'과 '재주'를 헤아려 일을 시키면 된다는 구체적인 방안을 제시해 '주인'을 설득하고 있으므로 적절하다.

④ C에서 '주인'은 늙은 말도 쓰임이 있다는 내용의 고사를 인용하여 '말'에 대한 자신의 생각이 잘못되었음을 밝히고 있다.
C에서 '주인'은 '관자'가 늙은 말 덕분에 길을 찾을 수 있었던 고사를 인용하여 '말'에 대한 자신의 생각이 잘못되었음을 밝히고 있으므로 적절하다.

⑤ D에서 '주인'은 A에서 '말'에게 내린 자신의 처분을 번복하여 노비에게 '말'을 잘 보살필 것을 당부하고 있다.
D에서 '주인'은 A에서 '말'에게 나가라고 했던 자신의 처분을 번복하고 노비에게 '말'을 '잘 먹이'고 '욕 당함이 없도록 하라'고 당부하고 있으므로 적절하다.

DAY 04 — 20분 미니 모의고사

01 ②	02 ③	03 ②	04 ③	05 ②
06 ②	07 ③	08 ④	09 ②	10 ①
11 ④	12 ③			

---

01 말하기 방식 파악 　　　정답률 85% | 정답 ②

[A]와 [B]에 대한 설명으로 가장 적절한 것은?

① [A]의 '학생 3'과 달리 [B]의 '학생 2'는 상대의 말을 재진술하면서 상대의 의견에 동의하고 있다.
[A]의 '학생 3'은 '학생 2'의 말을 재진술하면서 상대의 의견에 동의하고 있지만, [B]의 '학생 2'는 '학생 3'의 말을 재진술하면서 동의하지 않고 있다.

☑ [A]의 '학생 3'과 달리 [B]의 '학생 2'는 상대가 제안한 내용에 대해 근거를 들어 수정 의견을 제시하고 있다.
[A]의 '학생 3'은 상대가 제안한 내용에 대해 근거를 들어 수정 의견을 제시하지 않고 있다. 이와 달리 [B]의 '학생 3'의 '참가를 희망하시는 어르신을 세 번 정도 뵙'자는 제안에 대해, '학생 2'는 '그런데 자서전 ~ 뵙는 게 좋겠어.'라며 '자서전 분량이나 녹음 과정을 생각하면'을 근거로 '다섯 번' 정도 뵙는 게 좋겠다는 수정 의견을 제시하고 있으므로 적절하다.

③ [B]의 '학생 2'와 달리 [A]의 '학생 3'은 상대가 제시한 내용을 반박하며 자신이 제시했던 의견을 보완하고 있다.
[B]의 '학생 2'는 '학생 3'이 제시한 내용을 반박하며 자신이 제시했던 의견을 보완하고 있지만, [A]의 '학생 3'은 '학생 2'가 제시한 내용을 반박하며 자신이 제시했던 의견을 보완하지는 않고 있다.

④ [A]와 [B]의 '학생 2'는 모두 구체적인 사례를 들어 자신의 제안이 실현 가능함을 드러내고 있다.
[A]에서 '학생 2'는 구체적인 사례를 들고 있지만 자신의 제안이 실현 가능함을 드러내지는 않고 있다. 그리고 [B]에서 '학생 2'는 구체적인 사례를 들지는 않고 있다.

⑤ [A]와 [B]의 '학생 3'은 모두 권위자의 말을 인용하여 자신의 의견을 뒷받침하고 있다.
[A]와 [B]에서 '학생 3'은 권위자의 말을 인용하지는 않고 있다.

★★★ 1등급 대비 고난도 2점 문제

02 고쳐쓰기의 적절성 파악 　　　정답률 43% | 정답 ③

㉠ ~ ㉤을 고쳐 쓰기 위한 의견으로 적절하지 <u>않은</u> 것은?

① ㉠ : 글의 흐름에 어긋나는 문장이므로 삭제해야겠어.
(나)의 2문단에서는 세대 간 갈등 문제가 있어 이를 해결하기 위해 봉사 활동을 계획했다는 내용이 드러나 있다. 따라서 ㉠의 '세대 간의 갈등 외에도 우리 학교에서는 선후배 간의 갈등도 문제가 되고 있습니다.'는 이러한 글의 흐름에 어긋나는 문장이므로 삭제하는 것이 적절하다.

② ㉡ : 피동 표현이 불필요하게 중복되었으므로 '완성되면'으로 고쳐야겠어.
㉡의 '완성되어지면'의 '되어지다'는 '-되다'와 '-어지다'의 피동 표현이 불필요하게 중복되므로 '완성되면'으로 고치는 것이 적절하다.

☑ ㉢ : 문장의 연결이 어색하므로 '그러므로'로 고쳐야겠어.
㉢의 앞 문장과 뒷 문장인 '이런 활동들을 ~ 지원이 필요합니다.'와 '자서전 출판 ~ 지원도 요청드립니다.'는 병렬적으로 연결되므로, 앞의 내용과 뒤의 내용이 상반될 때 쓰는 접속 부사인 '그러나'를 사용하는 것은 적절하지 않다. 그런데 이를 수정하기 위해 앞의 내용이 뒤의 내용의 이유나 원인, 근거가 될 때 쓰는 접속 부사인 '그러므로'로 고치는 것도 적절하지 않다.

④ ㉣ : 의미상 중복된 표현이므로 '돌이켜'를 삭제해야겠어.
㉣의 '돌이켜'는 뒤에 오는 '지나간 일을 돌이켜 생각하다.'는 의미의 동사인 '회고하며'와 의미상 중복된 표현이므로 '돌이켜'를 삭제하는 것이 적절하다.

⑤ ㉤ : 문장의 호응 관계가 부적절하므로 '지역 주민에게 긍정적인 영향을 미치고 복지관의 발전을 추구할'로 고쳐야겠어.
㉤의 '지역 주민에게 긍정적인 영향과 복지관의 발전을 추구할'에서 '긍정적인 영향'에 호응하는 서술어가 없으므로 '미치다'라는 서술어를 추가하여, '지역 주민에게 긍정적인 영향을 미치고 복지관의 발전을 추구할'로 고치는 것이 적절하다.

★★ 문제 해결 꿀~팁 ★★

▶ 많이 틀린 이유는?
이 문제는 글의 흐름을 정확히 이해하지 못하여 오답률이 높았던 것으로 보인다. 또한 문장 호응 관계에 대한 이해 부족도 오답률을 높였던 것으로 보인다.

▶ 문제 해결 방법은?
이러한 고쳐쓰기의 유형을 해결하기 위해서는 기본적으로 ㉠~㉤을 보고 글의 흐름을 바탕으로 어떤 잘못이 있는지 생각해 본 다음, 선택지에서 고친 내용과 비교해 보아야 한다. 가령 ①의 경우에 (나)의 2문단의 내용을 살펴 ㉠이 글의 흐름에 맞는지 생각한 다음, 선택지에서 제시한 내용이 적절한지 판단해야 한다. 그리고 정답인 ③의 경우에도 글의 흐름을 통해 '그러나'가 적절한지 판단한 다음, '그러나'가 잘못되었으면 어떤 접속어가 적절한지 생각하여 선택지에서 고친 접속어가 타당한지 살펴야 한다. 이때 유의할 것은 접속어의 사용은 앞뒤 문장을 이어 주는 것이므로 앞 문장과 뒷 문장이 어떻게 연결되었는지 파악해야 한다. 이렇게 볼 때, ㉢의 앞 문장과 뒷 문장은 대등한 내용을 나열한 것이므로 선택지에서 고친 '그러므로' 역시 적절하지 않음을 알 수 있다. 이처럼 고쳐쓰기 문제를 해결할 때는 반드시 글의 흐름을 고려하여 적절성을 판단할 수 있어야 한다.

▶ 오답인 ⑤를 많이 선택한 이유는?
이 문제의 경우 학생들이 ⑤가 적절하지 않다고 하여 오답률이 높았는데, 이는 문장의 호응 관계에 대해 정확히 이해하지 못했기 때문으로 보인다. 만일 목적어의 경우에는 그 목적어를 서술하는 서술어가 필요하다는 것, 즉 ㉤에서 '긍정적인 영향'이라는 목적어의 서술어가 '추구할'로 제시되어 있으므로 적절하지 않고 '긍정적인 영향을 미치고'로 바꾸어야 한다. 한편 문장 호응과 관련해서는 주어와 서술어의 호응, 부사와 서술어의 호응 등도 있으므로 기본적인 호응 관계를 평소 익혀 두면 호응 관련 고쳐쓰기는 쉽게 해결할 수 있을 것이다.

03　중세 국어의 특징 파악　　　정답률 48% | 정답 ②

〈보기〉의 ㉠~㉤에 나타나는 중세 국어의 특징을 탐구한 내용으로 적절하지 **않은** 것은?

――――〈보 기〉――――

[중세 국어] 자내 날 ㉠ 향히 ᄆᄋᄆᆯ 엇디 가지며 나ᄂᆞ 자내 향히 ᄆᄋᄆᆯ 엇디 가지던고 ᄆᆡ양 자내ᄃᆞ려 ㉡ 내 닐오ᄃᆡ ᄒᆞᄃᆡ 누워셔 이 보소 ᄂᆞᆷ도 우리ᄀᆞ티 서로 에엿쎄 녀겨 ᄉᆞ랑ᄒᆞ리 ᄂᆞᆷ도 우리 ㉢ ᄀᆞᄐᆞᆫ가 ᄒᆞ야 자내ᄃᆞ려 ㉣ 니ᄅᆞ더니 엇디 그런 이ᄅᆞᆯ ㉤ ᄉᆡᆼ각디 아녀 나ᄅᆞᆯ ᄇᆞ리고 몬져 가시ᄂᆞᆫ고

― 이응태 부인이 쓴 언간에서 ―

[현대어 풀이]　당신이 나를 향하여 마음을 어찌 가지며, 나는 당신을 향하여 마음을 어찌 가지던가? 늘 당신에게 내가 이르되, 함께 누워서, "이 보소, 남도 우리같이 서로 예쁘게 여겨서 사랑하리? 남도 우리 같은가?" 하여 당신에게 이르더니, 어찌 그런 일을 생각지 아니하여 나를 버리고 먼저 가시는가?

① ㉠에서 현대 국어에 쓰이지 않는 모음이 사용되었음을 알 수 있군.
㉠에서 'ㆍ'가 쓰인 것으로 보아, 현대 국어에 쓰이지 않는 모음이 사용되고 있음을 확인할 수 있다.

☑ ② ㉡에서 주격조사가 생략되었음을 알 수 있군.
㉡의 현대 국어 '내가'는 '나'의 이형태인 '내'와 주격조사 '가'가 결합된 형태이고, 중세 국어의 '내'는 '나'와 주격조사 'ㅣ'가 결합된 형태이다. 따라서 주격조사가 생략되었다는 말은 적절하지 않다.

③ ㉢에서 이어적기가 사용되었음을 알 수 있군.
㉢과 현대 국어에서 '같은가'를 비교해 보면, 중세 국어에는 이어적기가 사용되었음을 확인할 수 있다.

④ ㉣에서 두음법칙이 적용되지 않았음을 알 수 있군.
㉣이 현대 국어에서 '이르더니'로 쓰인 것으로 보아, 중세 국어에는 두음법칙이 적용되지 않았음을 확인할 수 있다.

⑤ ㉤에서 구개음화가 일어나지 않았음을 알 수 있군.
현대 국어에서 '생각지'로 쓰인 것으로 보아, 중세 국어에는 구개음화가 일어나지 않았음을 확인할 수 있다.

04~09　인문 + 예술

(가) 아도르노·호르크하이머, 「계몽의 변증법」

해제　이 글은 근대 계몽 이성이 자유와 풍요를 선사할 것이라는 기대와 달리 인류를 파국으로 치닫게 한 원인에 대해 비판적 관점에서 분석하고 있다. 아도르노는 계몽의 전개 과정을, 자연에 대한 지배, 인간에 대한 지배, 인간의 내적 자연에 대한 지배라는

변증법적 과정으로 분석하고 있다. 자연에 대한 지배는 인간이 자연의 위협에서 벗어나 자기 보존을 꾀하기 위해 자연을 지배하는 단계이고, 인간에 대한 지배는 사회 전체가 도구적 이성에 의해 총체적으로 관리되면서 개인이 자율성과 비판적 사유 능력을 상실한 채 목적 달성을 위한 수단으로 전락하는 단계이다. 마지막으로 인간의 내적 자연에 대한 지배는, 사회적으로 통제 가능한 합리적 주체가 되기 위해 인간이 감정이나 욕망과 같은 인간의 내면에 있는 자연적 요소를 스스로 억압하는 단계이다. 아도르노는 근대 문명이 파국으로 치닫게 된 원인을 인간의 자기 보존에서 시작하여 자연과 내적 자연의 지배로까지 이어진 결과로 보고, 지배 논리로 전화된 이성의 폭력성과 비합리성을 비판하고 있다.

주제　계몽에 대한 아도르노의 비판

문단 핵심 내용

1문단	계몽에 대해 다른 입장을 제시한 아도르노
2문단	아도르노가 본 계몽의 첫 번째 단계―자연에 대한 지배
3문단	아도르노가 본 계몽의 두 번째 단계―인간에 대한 지배
4문단	아도르노가 본 계몽의 마지막 단계―내적 자연에 대한 지배
5문단	근대 문명의 파국의 원인이 계몽이라고 본 아도르노

(나) 하요 뒤히팅, 「표현주의」

해제　이 글은 근대 이성에 대한 회의감과 인간 실존에 대한 관심을 바탕으로, 인간의 내면을 회화를 통해 분출하고자 했던 예술 운동인 표현주의를 소개하고 있다. 표현주의는 대상의 사실적 재현이라는 기존의 회화적 전통을 거부하고 회화를 통해 감정을 표현하였다는 점에서 아방가르드 운동의 일종이다. 이는 화가의 감정을 표현하기 위해 대상의 색이나 형태를 왜곡해서 나타낸다는 특징이 있다. 이러한 방법을 통해 표현주의는 사회에 대한 비판적 감정이나 인간의 근원적 고통, 불안 등을 화폭에 담아냈다. 훗날 표현주의는 회화의 영역을 대상의 외면에서 인간의 내면까지 확장시킨 운동으로 평가받으며, 현대 추상 미술이 등장하는 기반이 되었다.

주제　표현주의 작품의 이해

문단 핵심 내용

1문단	표현주의의 등장 배경
2문단	표현주의 회화의 특징
3문단	표현주의 작품의 특징
4문단	표현주의 작품의 의의

★★★ 1등급 대비 고난도 2점 문제

04　내용 전개상 공통점 파악　　　정답률 57% | 정답 ③

(가)와 (나)의 공통점으로 가장 적절한 것은?

① 근대 사회에 내재된 여러 문제와 이의 해결 방안을 분석하고 있다.
(가), (나)를 통해 근대 사회의 문제는 찾아볼 수 있지만, 이러한 문제의 해결 방안을 분석한 내용은 찾아볼 수 없다.

② 근대 사회가 발전하게 된 과정을 예술적 관점에서 고찰하고 있다.
(가)에서는 근대 사회의 부정적인 측면을 비판한 아도르노의 주장이 제시될 뿐, 근대 사회가 발전하게 된 과정을 예술적 관점에서 고찰하는 내용은 제시되어 있지 않다.

☑ ③ 근대 사회의 부정적인 측면에 대한 비판적인 입장을 제시하고 있다.
(가)에서 인간의 자율성을 억압하는 근대 사회의 폭력성과 비합리성을 비판적으로 분석한 아도르노의 주장을 드러내고 있다. 그리고 (나)에서는 근대 이성을 맹신한 결과 전쟁과 물질문명의 폐해를 경험한 유럽의 젊은 예술가들이 이를 비판하며 등장한 표현주의에 대해 설명하고 있다. 따라서 (가)와 (나) 모두 근대 사회의 부정적인 측면에 대한 비판적 입장을 제시하였다고 할 수 있다.

④ 근대 사회의 특성을 상반된 관점에서 분석한 두 이론을 소개하고 있다.
(가)에서는 아도르노의 생각이, (나)에서는 표현주의 화가들의 생각이 드러나고 있을 뿐, (가)와 (나) 모두 상반된 관점의 두 이론이 제시되지는 않고 있다.

⑤ 근대 사회의 과학 혁명을 이어 가기 위한 당시 사람들의 노력을 설명하고 있다.
(가)를 통해 근대 사회의 과학 혁명에 대한 내용은 찾아볼 수 있지만, (가)와 (나) 모두 근대 사회의 과학 혁명을 이어가기 위한 노력은 찾아볼 수 없다.

★★ 문제 해결 꿀~팁 ★★

▶ **많이 틀린 이유는?**
이 문제는 선택지에 제시된 두 글의 공통점을 두 글을 통해 일일이 확인하는 데서 어려움을 겪어 오답률이 높았던 것으로 보인다. 또한 두 글에 대한 정확한 이해 부족도 오답률을 높였던 것으로 보인다.

▶ **문제 해결 방법은?**
이 문제처럼 두 글의 공통점이나 차이점을 묻는 문제의 경우에는 기본적으로 선택지를 정확히 읽어야 한다. 그런 다음 이를 글을 통해 확인해야 하는데, 이때 두 글 중 한 글 (여기서는 (가))을 중심으로 적절한지 여부를 판단해야 한다. 즉, ①은 근대 사회의 문제의 해결 방안을 분석한 내용은 찾아볼 수 없다는 점에서, ②는 근대 사회가 발전하게 된 과정을 예술적 관점에서 고찰하는 내용이 없다는 점에서, ④는 상반된 관점의 두 이론이 제시되지는 않고 있다는 점에서, ⑤는 근대 사회의 과학 혁명을 이어가기 위한 노력은 찾아볼 수 없다는 점에서 적절하지 않음을 알 수 있다. 이렇게 하면 답이 바로 ③임을 알 수 있었을 것이다. 이처럼 공통점과 차이점을 묻는 문제의 경우 빠르면서도 정확한 방법은 위와 같은 방법이므로 적절히 활용할 수 있도록 한다.

▶ **오답인 ④를 많이 선택한 이유는?**
이 문제의 경우 학생들이 ④가 적절하지 않다고 하여 오답률이 높는데, 이는 (나)에 제시된 표현주의가 이성을 중시한 계몽주의를 비판하여 나왔다는 점에서 두 글이 상반된 관점이라 생각했기 때문으로 보인다. 하지만 이는 선택지를 정확히 읽지 못한 것으로, 선택지에서는 (가), (나) 각각이 근대 사회의 특성을 상반된 관점에서 분석한 두 이론을 소개하였다는 것이므로, (가)와 (나) 각각에서 이를 찾아볼 수 없으므로 적절하지 않은 것이다. 이처럼 선택지를 잘못 읽으면 잘못 선택할 수 있으므로 선택지를 정확히 읽을 수 있도록 한다.

---

05   인용된 말의 의도 파악   정답률 80% | 정답 ②

㉠과 같이 말한 의도로 가장 적절한 것은?

① 계몽에 대한 반작용으로 다시 자연으로 회귀하려는 사회적 움직임을 옹호하고 있다.
(가)를 통해 자연으로 회귀하려는 사회적 움직임은 찾아볼 수 없다.

☑ **인류의 진보를 지향했던 계몽주의가 인류의 자율성을 억압하는 방향으로 역행한 것을 경고하고 있다.**
아도르노가 말한 '이성의 차가운 빛 아래 새로운 야만의 싹이 자라난다.'에서 '야만의 싹'은 이성이 도구적 이성으로 전락함에 따라 인간이 인간을 폭력적으로 지배하고 자율성을 억압하는 것을 비유적으로 나타낸 것이라 할 수 있다. 이러한 내용을 볼 때, ㉠은 인류의 진보를 지향했던 계몽주의가 인류의 자율성을 억압하는 방향으로 역행한 것을 경고하는 것으로 볼 수 있다.

③ 신화적 상상력을 기반으로 인간이 자연을 지배하는 과정에서 이성의 힘이 약화되는 것을 우려하고 있다.
(가)를 통해 인간이 신화적 상상력을 기반으로 인간이 자연을 지배한 내용은 찾아볼 수 없고, 이성의 힘이 강화되었음을 알 수 있다. 따라서 신화적 상상력을 기반으로 자연을 지배하는 과정에서 이성의 힘이 약화된 내용은 적절하지 않다.

④ 인간 소외 문제를 해결해야 한다는 사회적 요구를 반영하여 인간의 집단적 힘이 필요함을 제안하고 있다.
(가)에서 아도르노는 인간이 인간을 폭력적으로 지배하는 것을 비판하고 있으므로, 인간의 집단적 힘이 필요함을 제안한 것이라 볼 수 없다.

⑤ 근대 문명의 추악한 현실을 극복하기 위해 인간의 자기 보존에 대한 욕망을 회복해야 함을 강조하고 있다.
(가)에서 아도르노는 인간의 자기 보존에 대한 욕망에서 시작된 계몽의 결과를 비판하고 있으므로, 인간의 자기 보존에 대한 욕망을 회복해야 함을 강조한 것이라 할 수 없다.

---

06   구체적인 자료에의 적용   정답률 82% | 정답 ②

(가)의 내용을 고려할 때 〈보기〉의 Ⓐ, Ⓑ에 해당하는 단계로 가장 적절한 것은?

─〈보 기〉─
아도르노는 인간을 유혹해 제물로 삼는 세이렌을 자연의 위협으로 보고, 오디세우스가 여기에서 벗어나는 과정을 계몽의 전개 과정과 연계하여 설명하였다.

세이렌의 일화
바다 요정 세이렌은 섬을 지나는 사람들을 아름다운 노랫소리로 유혹해 제물로 삼는다. 세이렌의 유혹에 빠지지 않고 섬을 지나가기 위해 Ⓐ 오디세우스는 부하들의 귀를 밀랍으로 막아 아무 소리도 듣지 못하게 만들고, 노를 저어 섬을 지나갈 것을 지시한다. 그리고 Ⓑ 아름다운 노랫소리의 유혹에 빠지려는 욕망을 스스로 억압하기 위해 돛대에 자신의 몸을 묶어 움직이지 못하게 한다. 세이렌의 섬을 지날 때 노랫소리가 들려오자 오디세우

스는 이성을 잃고 풀어 달라고 애원하지만, 부하들은 아무 소리도 듣지 못한 채 힘차게 노를 저어 무사히 섬을 지나간다.

	Ⓐ	Ⓑ
①	인간에 대한 지배	자연에 대한 지배

☑   **인간에 대한 지배**   **내적 자연에 대한 지배**
(가)를 통해 아도르노가 세이렌의 일화를 계몽의 전개 과정이 집약적으로 드러난 알레고리로 보고 그 과정, 즉 '자연에 대한 지배 – 인간에 대한 지배 – 인간의 내적 자연에 대한 지배'를 설명하고 있음을 알 수 있다. 그리고 〈보기〉를 통해 인간을 유혹해서 제물로 삼는 세이렌은 인간을 위협하는 거대한 자연을 상징한다고 볼 수 있다. 이러한 내용을 바탕으로 〈보기〉의 '세이렌 일화'를 분석하면, 섬을 무사히 지나기 위한 목적을 달성하기 위해 오디세우스가 부하들의 귀를 밀랍으로 막아 감각을 상실시켜 오로지 노를 젓게 만든 것은 부하들의 자율성과 비판적 능력을 상실시켜 부하들을 목적 달성을 위한 수단으로 전락시켰다는 점에서 인간에 대한 지배를 상징한다고 볼 수 있다. 또한 오디세우스가 자신의 몸을 돛대에 묶은 것은 노랫소리에 이끌리는 자신의 욕망과 감정을 스스로 억압한 것이므로 이는 인간의 내적 자연에 대한 지배를 상징한다고 볼 수 있다. 한편 오디세우스와 부하들이 세이렌의 제물이 되지 않고 섬을 무사히 지난 것은 인간이 자연의 위협에서 벗어났다는 점에서 자연에 대한 지배를 상징한다고 볼 수 있다.

	Ⓐ	Ⓑ
③	내적 자연에 대한 지배	인간에 대한 지배
④	내적 자연에 대한 지배	자연에 대한 지배
⑤	자연에 대한 지배	인간에 대한 지배

---

07   세부적인 내용의 이해   정답률 90% | 정답 ③

(나)에서 알 수 있는 내용으로 적절하지 않은 것은?

① 근대 이성에 회의를 느낀 유럽인들은 인간 실존의 문제에 관심을 갖게 되었다.
(나)의 1문단의 '이성에 대한 깊은 회의감과 함께 인간의 실존 문제에 관심을 갖게 되었다.'를 통해 알 수 있다.

② 표현주의는 전쟁을 경험한 독일의 젊은 예술가들을 중심으로 등장한 예술 운동이다.
(나)의 1문단의 '독일의 젊은 예술가들은 사회·정치적 긴장 상태에 항거하며, 그동안 이성의 그늘에 가려 소외되어 왔던 인간의 내면을 회화를 통해 분출하고자 하였는데, 이러한 예술 운동을 표현주의라고 부른다.'를 통해 알 수 있다.

☑ **마티스에 의하면 표현의 의미는 눈으로 본 것을 눈에 전달하는 수단이라 할 수 있다.**
(나)의 2문단을 통해 마티스가 '표현이 눈으로 본 것을 눈에 전달하는 것이 아니라 마음으로 느낀 것을 마음에 전달하는 수단'임을 강조하였음을 알 수 있다. 이를 통해 마티스가 주장한 표현의 의미는 눈으로 본 것을 눈에 전달하는 수단이 아님을 알 수 있다.

④ 표현주의는 대상의 외면에만 국한하지 않고 인간의 감정까지 다루었다는 평가를 받는다.
(나)의 4문단의 '회화의 영역을 대상의 외면에 국한하지 않고 인간의 내면까지 확장시킨 운동으로 평가받았다.'를 통해 알 수 있다.

⑤ 표현주의는 대상을 사실적으로 재현하지 않았다는 점에서 당시 혁신적인 예술 운동이었다.
(나)의 2문단의 '이는 회화의 기본 목적이 대상을 사실적으로 재현하는 것이라는 전통적 규범을 거부하였다는 점에서 아방가르드 운동의 일종이라 할 수 있다.'를 통해 알 수 있다.

---

08   구체적인 사례에의 적용   정답률 73% | 정답 ④

(가)의 '아도르노'와 (나)의 '표현주의'의 관점에서 〈보기〉의 작품을 감상한 내용으로 적절하지 않은 것은? [3점]

─〈보 기〉─

표현주의 작가인 뭉크의 작품 「절규」에서는, 해골의 형상을 한 남자가 공포에 가득 찬 표정으로 귀를 틀어막으며 비명을 지르고 있다. 그 뒤로 핏빛으로 물든 하늘과 검은색 강물을 꿈틀거리듯 왜곡하여 표현함으로써 존재의 허무감에서 오는 불안과 고통을 감상자들이 그대로 느낄 수 있도록 하였다.

뭉크, 「절규」

① **(가) : 작가가 표현하려고 한 감정은 근대 이성에 의해 억눌려 온 인간의 내적 자연으로 볼 수 있겠군.**
〈보기〉의 작품에서 나타내려고 한 감정은 작가가 느끼는 불안과 고통이다. 아도르노에 의하면 이는 근대 이성에 의해 억압되어 온 인간의 감정, 즉 내적 자연이라고 볼 수 있다.

② **(가) : 작가가 전달하는 불안과 고통은 이성이 팽배했던 근대 사회에서 한 개인이 느꼈던 존재의 허무감과 관련이 있다고 볼 수 있겠군.**
전쟁의 비극과 물질문명의 병폐와 같이 표현주의가 등장하게 된 근대 사회의 부정적 측면을 고려할 때, 〈보기〉의 작품에서 작가가 나타내고자 했던 불안과 고통은 이성이 팽배했던 근대 사회에서 한 개인이 느꼈던 존재의 허무감과 관련이 있다고 볼 수 있다.

③ **(나) : 해골 형상과 꿈틀거리는 강물은 작가가 느끼는 공포를 표현하기 위해 의도적으로 형태를 왜곡한 것이라고 볼 수 있겠군.**
표현주의는 작가가 느끼는 감정이나 감각을 표현하기 위해서 대상의 형태를 왜곡하여 나타낸다. 〈보기〉의 작품에서 남자의 얼굴이 해골의 형상을 한 것이나 강물이 꿈틀거리는 모습은 작가가 느끼는 공포를 표현하기 위해서 의도적으로 형태를 왜곡한 것으로 볼 수 있다.

✔ **(나) : 비명을 지르는 남자의 모습을 회화적 전통에 따라 표현함으로써 감상자도 그 고통을 그대로 느끼게 한 것으로 볼 수 있겠군.**
(나)의 2, 3문단의 내용을 통해 표현주의가 대상을 사실적으로 재현한다는 회화의 전통을 거부하고, 대상의 색이나 형태를 왜곡하여 표현함으로써 작가의 감정이나 감각을 표현하려 하였음을 알 수 있다. 따라서 이러한 내용을 볼 때, 〈보기〉의 작품에서 비명을 지르는 남자의 모습을 회화의 전통에 따라 표현함으로써 감상자도 그 고통을 그대로 느끼게 하였다는 감상 내용은 적절하지 않다.

⑤ **(나) : 강물의 검은색은 실제 색이라기보다는 작가가 느끼는 고통을 효과적으로 표현하기 위해 자의적으로 선택한 색이 사용된 것으로 볼 수 있겠군.**
표현주의 작품에서는 사물이 갖는 고유한 색은 무시된 채 내면을 드러내기 위해 작가가 자의적으로 선택한 색이 사용된다. 따라서 작품에서 강물을 검은색으로 표현한 것은 강물의 실제 색이라기보다는 작가가 느끼는 고통의 감정을 효과적으로 표현하기 위해서 자의적으로 선택한 색이 사용된 것이라고 볼 수 있다.

09 　사전적 의미 파악　　　　　정답률 86% | 정답 ②

ⓐ ~ ⓔ의 사전적 의미로 적절하지 않은 것은?

① ⓐ : 겉으로 나타나는 낌새.

✔ **ⓑ : 어떤 사실을 자세히 따져서 바로 밝힘.**
'미명'의 사전적 의미는 '그럴듯하게 내세운 명목이나 명칭'이다. '어떤 사실을 자세히 따져서 바로 밝힘.'에 해당하는 단어는 '규명'이다.

③ ⓒ : 어떤 결말이나 결과에 이름.

④ ⓓ : 옳고 그름을 가리지 않고 덮어놓고 믿는 일.

⑤ ⓔ : 상관하지 아니하거나 무시함.

10~12 　현대 소설

김애란, 「노찬성과 에반」

　감상　이 작품은 할머니와 둘이 살던 어린 소년 노찬성이 휴게소에 버려져 있는 늙은 개를 데려와 '에반'이라고 이름 짓고 함께 살아가는 이야기를 그리고 있다. 찬성이 아픈 에반을 위해 어렵게 모은 돈을 자신을 위해 조금씩 쓰게 되면서 찬성의 감정 변화를 보여 주고 있는 점이 이 소설의 특징이다. 한편 이 작품은 노찬성의 '에반'에 대한 태도를 통해 생명 경시 풍조에 대한 경계라는 주제 의식도 전달해 주고 있다.

　주제　진정한 관계와 책임감에 대한 성찰

　작품 줄거리　노찬성은 아버지를 사고로 여의고, 휴게소에서 일하는 할머니 손에서 자란다. 그러던 중 찬성은 휴게소에 누군가에 의해 묶여 있던 개를 데려와 에반이라 이름을 짓고, 생명을 책임지는 일이 무엇인지 조금씩 알아간다. 하지만 세월이 흘러 에반은 노쇠해지고, 심지어 암에 걸려 생기를 모두 잃어버린다. 에반을 데리고 동물 병원에 간 찬성은 고통받는 에반을 위해 할 수 있는 것이 안락사뿐이라는 생각을 한다. 찬성은 안락사 비용 십만 원을 모으기 위해 힘들게 전단지 아르바이트를 한다. 그러나 찬성은 이전에 할머니가 얻어온 휴대 전화의 유심칩을 사는 데 모은 돈의 일부를 쓰게 되고, 휴대 전화에 집중하느라 점차 에반과 보내는 시간이 줄어든다. 그러던 어느 날 에반이 사라지고, 에반을 찾아 헤매던 찬성은 주유소 쓰레기통 앞에 버려진 자루를 본다. 찬성은 주유소 형들에게 개가 고의로 뛰어들었다는 말을 듣고는 자루 속을 확인하지 않은 채 자리를 뜬다.

10 　서술상 특징 파악　　　　　정답률 80% | 정답 ①

윗글의 서술상의 특징으로 가장 적절한 것은?

✔ **인물 간의 대화를 통해 갈등의 양상이 드러나고 있다.**
이 글에서 찬성과 할머니의 대화를 통해 찬성은 에반을 동물 병원에 데려가려 하지만, 할머니는 에반을 동물 병원에 데려가는 것을 반대하고 있다. 이렇게 볼 때, 이 글에서는 찬성과 할머니의 대화를 통해 두 인물의 갈등 양상을 드러낸다고 할 수 있다.

② **두 사건을 병치하여 이야기의 흐름을 지연시키고 있다.**
이 글에서는 사건을 시간의 흐름에 따라 제시하고 있으므로, 서로 다른 두 사건을 병치하였다고는 할 수 없다.

③ **공간적 배경을 묘사하여 시대적 상황을 구체화하고 있다.**
이 글에서는 찬성이 사는 집과 동물 병원, 집으로 가는 길이라는 공간적 배경이 드러나고 있지만, 이러한 공간적 배경을 묘사한 부분은 찾아볼 수 없다.

④ **서술자를 교체하여 사건을 새로운 국면으로 전환하고 있다.**
이 글에서 서술자는 작품 밖에서 인물의 모습과 사건을 전달하고 있다. 그런데 이 글을 통해 이러한 서술자를 교체한 부분은 찾아볼 수 없다.

⑤ **과거와 현재를 교차하여 사건 전개에 입체감을 부여하고 있다.**
이 글에서는 시간의 흐름에 따라 사건을 전개하고 있을 뿐, 과거 사건을 제시하지는 않고 있다.

11 　구절의 의미 파악　　　　　정답률 77% | 정답 ④

㉠ ~ ㉤에 대한 이해로 적절하지 않은 것은?

① ㉠ : 할머니를 자꾸 따라다니는 모습으로, 할머니에게 할 이야기가 있음을 드러내고 있다.
할머니에게 에반의 상태에 대해 이야기하는 찬성으로 보아 찬성이 할머니에게 할 이야기가 있어서 할머니를 따라다녔음을 알 수 있다.

② ㉡ : 찬성이 물리지는 않았는지 확인하려는 모습으로, 찬성을 염려하고 있음을 드러내고 있다.
할머니는 에반이 찬성을 물려 했다는 말에 상체를 들어 찬성을 보는 모습에서 할머니가 찬성을 염려하고 있음을 알 수 있다.

③ ㉢ : 평소와 다른 찬성의 모습으로, 에반이 찬성에게 특별한 의미를 가진 존재임을 드러내고 있다.
에반과 찬성은 서로 가장 의지하는 존재로 전에 없이 큰소리를 낸 찬성을 통해 에반은 찬성에게 특별한 의미를 가진 존재임을 알 수 있다.

✔ **㉣ : 동물 병원에 전화를 건 모습으로, 동물 병원이 쉰다는 사실을 모르고 있음을 드러내고 있다.**
㉣ 앞의 내용에서 찬성은 상중이라 주말까지 쉰다는 말이 생각났지만 괜히 한번 병원 전화번호를 눌러 보고 있다. 이러한 찬성의 행동을 볼 때, 찬성이 동물 병원이 쉰다는 사실을 모르고 전화를 걸었다는 것은 적절하지 않다.

⑤ ㉤ : 휴대 전화를 살피는 모습으로, 상처 난 부분이 잘 가려졌는지 확인하려는 의도를 드러내고 있다.
휴대 전화를 살피며 찬성이 만족감을 느끼고, 기계가 새것처럼 보이고 모서리 쪽 상처도 눈에 덜 띄는 것 같다고 한 내용을 통해 휴대 전화의 상처 난 부분이 잘 가려졌는지 확인하려는 찬성의 의도를 알 수 있다.

12 　외적 준거에 따른 작품의 감상　　　　　정답률 88% | 정답 ③

〈보기〉를 바탕으로 윗글을 감상한 내용으로 적절하지 않은 것은? [3점]

〈 보 기 〉
　이 작품은 초등학생 찬성이 유기견을 키우며 겪는 일들을 보여 준다. 에반에게 친밀감과 책임감을 느끼던 찬성은 갖고 싶었던 물건이 생긴 후, 보호자로서의 역할에 점차 소홀해진다. 자신의 행동에 실망감을 느끼기도 하지만 곧 이를 합리화하는 찬성을 통해 '책임'의 의미를 생각해 보게 한다.

① **에반과 공놀이를 하는 찬성의 모습은 찬성과 에반이 친밀감을 느끼는 것을 드러내는군.**
'찬성과 에반은 어느새 ~ 잘하는 일 중 하나였다.'를 통해 찬성이 에반과 공놀이를 하는 모습을 알 수 있는데, 이러한 찬성과 에반의 공놀이는 찬성과 에반이 친밀감을 느끼는 것을 드러내 준다고 할 수 있다.

② **아픈 에반을 병원에 데려가고자 하는 모습은 찬성이 에반에 대한 책임감을 느끼고 있음을 드러내는군.**
에반이 요즘 이상한 것을 알아챈 찬성은 할머니에게 에반을 병원에 데려가자고 조르고

있는데, 아픈 에반을 병원에 데려가고자 하는 이러한 찬성의 모습은 찬성이 에반에 대한 책임감을 느끼고 있음을 드러내 준다고 할 수 있다.

☑ 땅에 떨어진 휴대 전화를 보며 찬성의 눈동자가 흔들리는 모습은 그것을 갖고 싶어 한 자신에게 실망감을 느꼈음을 드러내는군.
땅에 떨어진 휴대 전화를 보며 찬성의 눈동자가 흔들린 것은 휴대 전화가 떨어져 액정의 유리 가루 입자가 손끝에 묻어났기 때문이지 휴대 전화를 갖고 싶어 한 자신에게 실망감을 느낀 것으로 볼 수 없다.

④ 에반을 위해 모은 돈으로 휴대 전화의 보호 필름을 사는 것은 찬성이 보호자로서의 역할에 점차 소홀해지고 있음을 드러내는군.
찬성은 에반을 병원에 데려가기 위해 돈을 모으지만, 휴대 전화의 액정을 보호하기 위해 모은 돈의 일부를 사용하여 휴대 전화의 보호 필름을 사게 된다. 이처럼 찬성이 에반을 위해 모은 돈의 일부를 쓰는 행위는 찬성이 에반의 보호자로서의 역할에 점차 소홀해지고 있음을 드러내 준다고 할 수 있다.

⑤ 액세서리 용품 진열대 앞에서 사흘 정도는 에반이 기다려 주리라 생각하는 것은 찬성이 자신의 행동을 합리화하고 있음을 드러내는군.
찬성은 액세서리 용품 진열대 앞에 머물면서 사흘 정도는 에반이 기다려 주리라 생각하고 있는데, 이는 찬성이 투명한 보호 필름을 사기 위한 자신의 행동을 합리화하는 모습이라 할 수 있다.

DAY 05 〉 20분 미니 모의고사

01 ④	02 ②	03 ②	04 ④	05 ②
06 ②	07 ④	08 ④	09 ①	10 ②
11 ③	12 ⑤			

01 　말하기 방식 파악　　　　　정답률 84% | 정답 ④

위 발표에 대한 설명으로 가장 적절한 것은?

① 앞서 설명한 내용을 요약하며 발표를 마무리하고 있다.
이 발표의 마지막 문단을 통해, 발표를 마무리하며 앞서 설명한 내용을 요약한 내용은 찾아볼 수 없다.

② 발표 주제를 선정한 이유를 밝히며 발표를 시작하고 있다.
1문단의 내용을 통해 발표자가 발표 주제를 선정한 이유를 찾아볼 수 없다.

③ 비언어적 표현을 통해 발표 대상의 특징을 강조하고 있다.
2문단을 통해 화면의 QR코드를 가리키는 비언어적 표현이 사용되었음을 알 수 있다. 하지만 이를 통해 발표 대상인 먹의 특징을 강조하지는 않고 있으므로 적절하지 않다.

☑ 발표의 진행 순서를 제시하여 이어질 내용을 안내하고 있다.
1문단의 '이제부터 먹의 재료와 종류별 특성을 소개한 뒤, 먹의 제조 과정에 대해 설명하겠습니다.'를 통해, 발표의 진행 순서를 제시하여 이어질 내용을 청중에게 안내하고 있음을 알 수 있다.

⑤ 정보의 출처를 언급하여 발표 내용의 신뢰성을 높이고 있다.
이 발표를 통해 정보의 출처를 언급한 부분은 찾아볼 수 없다.

02 　정보 전달 글쓰기 표현 전략 사용　　　　　정답률 80% | 정답 ②

초고에서 ㉠~㉢을 작성할 때 활용한 글쓰기 방법으로 가장 적절한 것은?

① ㉠ : 질환의 개념을 묻고 답하는 방식으로 제시했다.
'초고' 1문단에서 근골격계 질환의 개념을 언급하고 있지만, 질환의 개념을 묻고 답하는 방식으로 제시하지는 않고 있다.

☑ ㉡ : 두 범주를 설정하여 범주별로 질환 유병률의 차이를 제시했다.
'초고' 2문단의 '악기 연주자들의 근골격계 질환 유병률을 악기군과 부위의 범주로 나누어 차이를 살펴보면'에서 유병률의 차이에 대한 내용은 범주를 둘로 나누어 제시하고 있음을 확인할 수 있다.

③ ㉡ : 악기 연주자의 질환 경험 사례를 악기군별로 제시했다.
'초고' 2문단에서 악기 연주자의 질환 경험 사례를 건반 악기 연주자들을 들어 제시하고는 있지만, 악기 연주자의 질환 경험 사례를 악기군별로 제시하지는 않고 있다.

④ ㉢ : 질환 완화 방법을 질환의 부위별로 분석하여 제시했다.
'초고' 3문단에서 악기 연주자의 근골격계 질환 완화 방법을 제시하고는 있지만, 질환을 부위별로 분석하여 제시하지는 않고 있다.

⑤ ㉢ : 질환 완화에 효과가 있는 운동의 과정을 단계별로 제시했다.
'초고' 3문단에서 근골격계 질환 완화에 도움이 되도록 적절한 운동이 필요하다고는 언급하고 있지만, 질환 완화 효과가 있는 운동의 과정을 단계별로 제시하지는 않고 있다.

★★★ 1등급 대비 고난도 2점 문제

03 　조사의 종류와 특징 파악　　　　　정답률 47% | 정답 ②

윗글을 바탕으로 밑줄 친 부분을 분석한 내용으로 적절하지 않은 것은?

① '비가 오는데 바람까지 분다.'의 '까지'는 다시 그 위에 더한다는 의미를 가진 보조사이다.
3문단의 '보조사는 특별한 의미를 덧붙여 주는 조사로 '도, 만, 까지, 요' 등이 속한다.'를 통해, '바람까지 분다.'의 '까지'는 다시 그 위에 더한다는 의미를 가진 보조사라 할 수 있다.

☑ '나는 아버지보다 어머니와 닮았다.'의 '와'는 '어머니'와 '닮았다'를 이어 주는 접속 조사이다.
2문단의 '부사격 조사는 '에, 에게, 에서, (으)로, 와/과' 등으로, 체언이 부사어의 자격을 가지게 한다.'를 통해, '나는 아버지보다 어머니와 닮았다.'에서의 '와'는 부사격 조사로 쓰였음을 알 수 있다.

③ '우리 동아리에서 학교 축제에 참가하였다.'의 '에서'는 단체 명사 뒤에 쓰이는 주격 조사이다.

2문단의 '주격 조사는 '이 / 가, 에서' 등으로, 체언이 주어의 자격을 가지게 하며'를 통해, '우리 동아리에서'의 '에서'는 단체 명사 뒤에 쓰이는 주격 조사라 할 수 있다.

④ '신이시여, 우리를 보살피소서.'의 '이시여'는 어떤 대상을 정중하게 부를 때 쓰는 호격 조사이다.

2문단의 '호격 조사는 '아 / 야, (이)시여' 등으로 체언이 호칭어가 되게 하는 조사이다.'를 통해, '신이시여'의 '이시여'는 어떤 대상을 정중하게 부를 때 쓰는 호격 조사임을 알 수 있다.

⑤ '철수는요 밥을요 먹어야 하거든요.'의 '요'는 다양한 문장 성분의 뒤에 쓰여 청자에게 존대의 뜻을 나타내는 보조사이다.

2문단의 '보조사는 특별한 의미를 덧붙여 주는 조사로 '도, 만, 까지, 요' 등이 속한다. 보조사는 체언 뒤는 물론이고, 여러 문장 성분 뒤에도 나타날 수 있다.'를 통해, '요'는 다양한 문장 성분의 뒤에 쓰여 청자에게 존대의 뜻을 나타내는 보조사임을 알 수 있다.

★★ 문제 해결 꿀~팁 ★★

▶ **많이 틀린 이유는?**

이 문제는 글의 내용을 실제 사례에 적용하는 과정에서 어려움을 겪어 오답률이 높았던 것으로 보인다. 또한 특정 조사가 상황에 따라 다른 기능을 한다는 점을 생각하지 못한 것도 오답률을 높였던 것으로 보인다.

▶ **문제 해결 방법은?**

이 문제를 해결하기 위해서는 기본적으로 제시된 글을 정확히 읽어야 한다. 그런 다음 사례에 대해 분석하고 있는 선택지의 내용이 글의 어느 부분과 관련이 있는지를 판단해야 한다. 가령 정답인 ②의 경우, 선택지에서 조사 '와'에 대해 언급하고 있으므로 이와 관련된 부분을 글에서 찾으면 된다. 그런데 '와'에 대해 2문단에서는 부사격 조사라 언급하고 있고, 3문단에서는 접속 조사라고 언급하고 있으므로, 선택지에 제시된 예문을 통해 어떤 것으로 쓰였는지 확인해야 한다. 즉, '와'가 2문단을 통해 체언이 부사어의 자격을 가지게 함을 파악해야 하고, 3문단을 통해 두 단어를 같은 자격으로 이어 주는 기능을 함을 파악해야 한다. 이렇게 볼 때, 선택지의 '어머니와 닮았다'를 볼 때, '와'가 두 단어를 같은 자격으로 이어 주지 않음을 알 수 있으므로 부사격 조사로 쓰였음을 알았을 것이다. 이 문제처럼 하나의 단어가 상황에 따라 문법적으로 다른 기능을 할 수 있으므로, 주어진 글이나 예문을 통해 정확히 판단할 수 있도록 한다.

▶ **오답인 ③, ⑤를 많이 선택한 이유는?**

이 문제의 경우 학생들이 ③, ⑤가 적절하지 않다고 하여 오답률이 높았는데, 이 역시 글의 내용을 정확히 이해하지 못하여 잘못을 범한 것으로 보인다. 만일 2문단의 주격 조사와 호격 조사에 대해 정확히 이해했다면 분석한 내용이 적절함을 알았을 것이다. 한편 학생들 중에는 주격 조사가 '이/가, 은/는'만 있다고 지레 짐작하고 ③이 적절하다고 판단하였는데, 이처럼 지레 짐작하게 되면 잘못을 범할 수 있으므로, 글이 제시된 경우에는 반드시 글을 통해 확인할 수 있도록 한다.

04　조사의 중첩 이해　　　　정답률 59% | 정답 ④

⊙ ~ ⑩을 통해 조사의 중첩 을 이해한 내용으로 적절하지 않은 것은? [3점]

> ⊙ 길을 걷다가 철수가를* 만났다.
> ⓒ 그 말을 한 것이 당신만이(당신이만*) 아니다.
> ⓒ 그녀는 전원에서의(전원의에서*) 여유로운 삶을 꿈꾼다.
> ⓔ 모든 관심이 나에게로(나로에게*) 쏟아졌다.
> ⑩ 빵만도* 먹었다.
>
> *는 비문 표시임.

① ⊙에서는 주격 조사와 목적격 조사는 겹쳐 쓸 수 없음을 확인할 수 있군.

4문단을 통해 주격 조사, 목적격 조사, 보격 조사, 관형격 조사는 서로 겹쳐 쓸 수 없음을 알 수 있다. 따라서 '길을 걷다가 철수가를* 만났다.'에서 주격 조사 '가'와 목적격 조사 '를'은 서로 겹쳐 쓸 수 없다.

② ⓒ에서는 보조사와 보격 조사가 결합할 때 보격 조사가 뒤에 쓰였군.

4문단을 통해 보격 조사는 보조사와는 겹쳐 쓸 수 있는데, 이때 보격 조사는 대체로 보조사의 뒤에 씀을 알 수 있다. 따라서 '그 말을 한 것이 당신만이(당신이만*) 아니다.'에서 보조사 '만'과 보격 조사 '이'가 함께 쓰일 때는 보격 조사가 보조사의 뒤에 쓰인다고 할 수 있다.

③ ⓒ에서는 부사격 조사와 관형격 조사가 결합할 때 관형격 조사가 뒤에 쓰였군.

4문단을 통해 부사격 조사는 다른 격 조사나 보조사와도 겹쳐 쓸 수 있는데, 일반적으로 다른 격 조사나 보조사의 앞에 씀을 알 수 있다. 따라서 '그녀는 전원에서의(전원의에서*) 여유로운 삶을 꿈꾼다.'에서 부사격 조사 '에서'와 관형격 조사 '의'가 결합할 때 관형격 조사는 부사격 조사의 뒤에 쓰인다고 할 수 있다.

✔ ⓔ에서는 부사격 조사와 보조사가 결합할 때 부사격 조사가 보조사 앞에 쓰였군.

4문단을 통해 부사격 조사는 부사격 조사끼리 겹쳐 쓸 수 있고 다른 격 조사나 보조사와도 겹쳐 쓸 수 있는데, 일반적으로 다른 격 조사나 보조사의 앞에 쓰임을 알 수 있다. 그런데 2문단의 '부사격 조사는 '에, 에게, 에서, (으)로, 와 / 과' 등으로'를 통해, ⓔ에 쓰인 조사 '에게'와 '로'는 모두 부사격 조사이므로 적절하지 않다.

⑤ ⑩에서는 유일함을 뜻하는 '만'과 더함을 뜻하는 '도'의 의미가 모순되어 겹쳐 쓰기 어렵군.

4문단을 통해 의미가 모순되는 보조사끼리는 겹쳐 쓰기 어려움을 알 수 있다. 따라서 '빵만도* 먹었다.'에서 보조사 '만'과 '도'는 의미가 모순되므로, '만'과 '도'는 겹쳐 쓰지 못함을 알 수 있다.

05~09　기술

김은환 외, 「정보 통신과 컴퓨터 네트워크」

해제　이 글은 데이터 전송 오류 해결에 사용되는 자동 반복 요청 방식(ARQ)에 대해 설명하고 있다. 자동 반복 요청 방식(ARQ)은 수신 측에서 데이터 전송 오류가 발생한 것을 파악하고 오류가 발생한 데이터를 다시 전송해 주도록 송신 측에 요청할 때 주로 사용한다. ARQ는 정지-대기 ARQ, 고-백-앤 ARQ, 선택적 재전송 ARQ 등으로 그 유형을 나눌 수 있다. 정지-대기 ARQ는 가장 단순한 자동 반복 요청 방식이고, 고-백-앤 ARQ는 송신 측이 수신 측의 응답을 기다리지 않고 연속해서 순서 번호가 부여된 데이터를 전송하는 방식이다. 그리고 선택적 재전송 ARQ는 데이터 전송의 기본 원리가 고-백-앤 ARQ와 같지만, 오류가 발생할 경우 송신 측에서는 오류가 발생한 데이터만 재전송하는 방식이다. 송신 윈도우의 크기와 수신 윈도우의 크기는 데이터 통신 방식이 무엇이냐에 따라 차이가 난다. 한편 송신 윈도우에 저장된 데이터의 관리는 일반적으로 데이터의 전송이 순서 번호를 기반으로 이루어지는 '슬라이딩 윈도우 프로토콜'에 의해 진행된다.

주제　데이터 전송 오류 해결에 사용되는 자동 반복 요청 방식(ARQ)의 이해

문단 핵심 내용

1문단	데이터 송수신에 주로 사용되는 자동 반복 요청 방식(ARQ)
2문단	정지-대기 ARQ의 이해
3문단	고-백-앤 ARQ의 이해
4문단	선택적 재전송 ARQ의 이해
5문단	데이터 통신 방식에 다른 송신 윈도우와 수신 윈도우의 크기
6문단	슬라이딩 윈도우 프로토콜의 진행 과정

★★★ 1등급 대비 고난도 2펌 문제

05　세부 내용의 이해　　　　정답률 40% | 정답 ②

윗글을 통해 알 수 있는 내용으로 가장 적절한 것은?

① 정지-대기 ARQ에서 수신 측은 NAK를 보낸 후에도 해당 데이터를 수신 윈도우에 저장한다.

2문단을 통해 정지-대기 ARQ는 오류 검사의 결과에 따라 ACK 또는 NAK를 전송한 후 해당 데이터를 수신 윈도우에서 삭제함을 알 수 있다.

✔ 고-백-앤 ARQ에서 수신 윈도우는 정지-대기 ARQ와 마찬가지로 데이터를 하나씩 저장한다.

3문단을 통해 고-백-앤 ARQ의 수신 측은 데이터를 수신 윈도우에 하나씩 저장함을 알 수 있다. 그리고 5문단을 통해 정지-대기 ARQ는 송신 측과 수신 측 모두 하나의 데이터와 그 데이터에 대한 응답 값을 주고받음을 알 수 있다. 따라서 고-백-앤 ARQ에서 수신 윈도우는 정지-대기 ARQ와 마찬가지로 데이터를 하나씩 저장한다고 할 수 있다.

---

③ 선택적 재전송 ARQ와 고-백-앤 ARQ 모두 송신 측은 ACK를 수신한 후에 다음 순번의 데이터를 전송한다.

3문단을 통해 고-백-앤 ARQ의 송신 측은 수신 측의 응답을 기다리지 않고 연속해서 순서 번호가 부여된 데이터를 전송함을 알 수 있다. 그리고 4문단을 통해 선택적 재전송 ARQ는 데이터 전송의 기본 원리가 고-백-앤 ARQ와 같음을 알 수 있다.

④ 송신 윈도우의 크기는 송신 측이 수신 측으로부터 동시에 받을 수 있는 ACK의 최대 개수에 따라 결정된다.

5문단을 통해 송신 윈도우의 크기는 송신 측이 수신 측으로부터 ACK를 받지 않고도 전송할 수 있는 데이터의 최대 개수를 의미함을 알 수 있다.

⑤ 데이터 전송 과정에서 송신 측이 보내는 데이터는 송신 윈도우 크기
보다 큰 순서 번호부터 전송된다.
　　6문단을 통해 송신 측이 보내는 데이터는 송신 윈도우 크기와 상관 없이 낮은 순서 번호
　　부터 전송됨을 알 수 있다.

★★ 문제 해결 꿀~팁 ★★

▶ **많이 틀린 이유는?**
이 문제는 선택지에 제시된 내용이 글의 설명 대상을 비교하는 것이어서 둘을 비교하는
데 어려움을 겪어 오답률이 높았던 것으로 보인다. 또한 지문이 기술 지문이라서 상대
적으로 어려움을 겪은 것도 오답률을 높였던 것으로 보인다.

▶ **문제 해결 방법은?**
이 문제는 최근 수능의 내용 이해 문제의 전형, 즉 선택지를 글의 두 문단에 걸친 내용
을 종합하여 만든 전형을 보여 주고 있다. 따라서 이 문제를 해결하기 위해서는 선택지
에 제시된 설명 대상을 글의 어느 문단에 제시되어 있는지 파악해야 한다. 가령 정답인
②의 경우, 설명 대상이 '고-백-앤 ARQ에서의 수신 윈도우'와 '정지-대기 ARQ'를 비
교하고 있으므로, '고-백-앤 ARQ'를 설명하고 있는 3문단과 '정지-대기 ARQ'를 설명
하고 있는 5문단을 통해 적절성을 판단하면 된다. 마찬가지로 오답률이 높았던 ③의 경
우에도, 3문단을 통해 '고-백-앤 ARQ'에 대해 파악하고, 4문단을 통해 선택적 재전송
ARQ에 대해 이해했으면 적절하지 않음을 알 수 있었을 것이다. 이처럼 기술 지문의
글이라 하더라도 선택지에 제시된 내용이 글의 어느 문단에 제시되어 있는지를 파악할
수 있으면 문제는 의외로 쉽게 해결할 수 있다.

★★★ 1등급 대비 고난도 2점 문제

06　핵심 정보 파악　　　　　　정답률 34% | 정답 ②

윗글을 바탕으로 〈보기〉의 '슬라이딩 윈도우 프로토콜'을 이해한 것으로 적절하지 <u>않은</u>
것은?

〈보 기〉

　　송신 측에서 수신 측에 전송하려는 데이터의 개수는 12개이다. 송신 측은 순서 번호의
최댓값을 5로 설정한 후, 슬라이딩 윈도우 프로토콜을 이용하여 데이터를 전송하였다.
아래는 데이터 전송 과정에서 송신 윈도우의 데이터 저장 상태를 도식화한 것이다.

* ㉮ : 송신 윈도우의 최초 저장 상태
* ☐ : 윈도우에 저장된 데이터 / * ▨ : 윈도우에 저장되지 않은 데이터

① ㉮를 통해 알 수 있는 송신 윈도우의 크기는 3이다.
　　㉮의 송신 윈도우에 저장된 데이터의 개수는 3개이다. 그런데 5문단에서 송신 측이 수신
　　측으로부터 ACK를 받지 않고도 전송할 수 있는 데이터의 최대 개수를 송신 윈도우의
　　크기라고 하였으므로, ㉮를 통해 알 수 있는 송신 윈도우의 크기는 3이라 할 수 있다.

✓ **㉯에서 순서 번호 '3'에 해당하는 데이터가 저장된 것은 ㉮에서 보낸**
데이터의 ACK가 모두 도착했기 때문이다.
　　㉯에서 순서 번호 '3'에 해당하는 데이터가 저장된 것은 ㉮에서 보낸 순서 번호 '0'에
　　해당하는 데이터의 ACK가 도착했기 때문이다.

③ '㉯ → ㉰' 과정에서 송신 윈도우에 추가된 데이터의 수는 '㉱ → ㉲'
과정에서 송신 윈도우에 추가된 데이터의 수보다 적다.
　　'㉯ → ㉰' 과정에서 송신 윈도우에 추가된 데이터는 순서 번호 '3' 하나이다. 그런데 '㉱
　　→ ㉲' 과정에서 송신 윈도우에 추가된 데이터는 순서 번호 '4', '5' 두 개이다. 따라서
　　'㉯ → ㉰' 과정에서 송신 윈도우에 추가된 데이터 수는 '㉱ → ㉲' 과정에서 송신 윈도우
　　에 추가된 데이터 수보다 적다고 할 수 있다고 할 수 있다.

④ ㉲에서 전송한 데이터에 대한 ACK가 모두 도착했다면, 바로 다음
에 전송되는 데이터의 순서 번호는 ㉮와 같다.
　　㉲에서 전송한 데이터에 대한 ACK가 모두 도착했다면, 순서 번호 '5' 다음, 즉 순서 번호
　　'0'에 해당하는 데이터부터 새롭게 송신 윈도우에 저장된다. 그런데 〈보기〉의 송신 윈도우
　　크기는 3이므로, 순서 번호 '0', '1', '2'에 해당하는 데이터가 저장된다. 결과적으로 이는
　　㉮에 저장된 순서 번호와 같다고 할 수 있다.

---

⑤ '㉮ → ㉲'의 과정이 한 번 더 반복된 후 송신 측이 보낸 데이터의
ACK가 모두 도착했다면, 송신 윈도우에 저장된 데이터의 수는 0개
이다.
　　'㉮ → ㉲'의 과정이 두 번 반복된 후 송신 측이 보낸 데이터의 ACK가 모두 도착했다면
　　송신 측에서 수신 측에게 전송하려는 데이터의 총 개수 12개가 전송 완료된 것이기 때문
　　에 송신 윈도우에는 더 이상 저장된 데이터가 없다고 할 수 있다.

★★ 문제 해결 꿀~팁 ★★

▶ **많이 틀린 이유는?**
이 문제는 글의 내용을 실제 사례에 적용하는 과정에서 어려움을 겪어 오답률이 높았던
것으로 보인다. 그리고 글의 내용을 정확히 이해하지 못한 것도 오답률을 높인 원인으로
보인다.

▶ **문제 해결 방법은?**
이 문제를 해결하기 위해서는 '슬라이딩 윈도우 프로토콜'에 대해 설명하고 있는 마지막
문단을 정확히 읽은 다음, 이를 바탕으로 선택지의 적절성을 판단해야 한다. 가령 정답인
②의 경우 글에 제시된 내용, 즉 '0번 데이터에 대한 ACK가 도착하면 0번 데이터는
송신 윈도우에서 삭제되고, 3번 데이터가 송신 윈도우에 저장되어 수신 측으로 전송된
다.'는 내용을 이해했다면 ㉯에서 순서 번호 '3'에 해당하는 데이터가 저장된 것은 ㉮에
서 보낸 순서 번호 '0'에 해당하는 데이터의 ACK가 도착했기 때문임을 알았을 것이다.
이처럼 구체적인 사례 적용 문제 해결의 열쇠는 글에 있으므로, 선택지에 해당하는 글의
내용을 찾아서 적절성을 판단할 수 있도록 한다.

▶ **오답인 ④를 많이 선택한 이유는?**
이 문제의 경우 학생들이 ④가 적절하지 않다고 하여 오답률이 높았는데, 이는 선택지
에 언급된 '㉲에서 전송한 데이터에 대한 ACK가 모두 도착한 상황'에 대한 이해 부족
때문으로 보인다. 그런데 이 역시 글에 제시된 내용을 바탕으로 한다면 충분히 해결할
수 있다. 즉 '이러한 방식으로 데이터를 전송하다 9번 데이터에 대한 ACK가 도착했다
면 다음에 전송되는 데이터는 순서 번호가 0이 된다'라는 내용과 '윈도우의 크기가 3인
데이터를 전송할 경우, 먼저 '0번', '1번', '2번' 3개의 데이터를 전송한다.'는 내용을 정확
히 이해했으면 적절하다고 판단할 수 있었을 것이다.

07　이유의 추론　　　　　　정답률 57% | 정답 ④

㉠의 이유를 추론한 것으로 가장 적절한 것은?

① 먼저 도착한 데이터부터 순서대로 데이터 오류 검사를 실시하기
때문에
　　선택적 재전송 ARQ가 먼저 도착한 데이터부터 순서대로 오류 검사를 실시하는 것은
　　적절하지만, 이는 고-백-앤 ARQ에서도 마찬가지이다. 따라서 선택적 재전송 ARQ가
　　데이터를 더욱 빠르게 전송하는 이유로는 적절하지 않다.

② 오류 검사가 끝나면 수신 윈도우에 저장된 데이터가 모두 삭제되기
때문에
　　오류 검사가 끝나면 수신 윈도우에 저장된 데이터가 모두 삭제되는 것은 모든 ARQ에
　　해당한다. 따라서 선택적 재전송 ARQ가 데이터를 더욱 빠르게 전송하는 이유로는 적절
　　하지 않다.

③ 수신 윈도우에 저장된 데이터의 순번과 상관없이 ACK를 보낼 수
있기 때문에
　　윈도우에 저장된 데이터의 순번에 따라 송신이 이루어지고 이에 대한 응답도 순서에 따라
　　이루어진다. 따라서 수신 윈도우에 저장된 데이터의 순번과 상관없이 ACK를 보낼 수
　　있다는 이유는 글의 내용과 어긋나므로 적절하지 않다.

✓ 순번이 빠른 데이터의 오류 검사가 끝나지 않아도 데이터의 수신이
가능하기 때문에
　　4문단을 통해 선택적 재전송 ARQ는 수신 윈도우 크기와 송신 윈도우 크기가 같아 수신
　　측은 먼저 도착한 데이터의 오류 검사가 끝나지 않았더라도 수신한 데이터를 모두 수신
　　윈도우에 저장할 수 있음을 알 수 있다. 따라서 선택적 재전송 ARQ는 순번이 빠른 데이
　　터의 오류 검사가 끝나지 않아도 데이터의 수신이 가능하기 때문에 데이터를 더욱 빠르게
　　전송할 수 있음을 알 수 있다.

⑤ 데이터에 오류가 발생하면 해당 데이터가 재전송될 때까지 데이터
수신을 거부하기 때문에
　　데이터에 오류가 발생하면 해당 데이터가 재전송될 때까지 데이터 수신을 거부하는 것은
　　고-백-앤 ARQ에 대한 설명이므로 이유로 적절하지 않다.

08　구체적인 사례에의 적용　　　　정답률 42% | 정답 ④

〈보기〉는 자동 반복 요청 방식을 이용한 데이터 전송 오류 제어 과정의 일부를 도식화한
것이다. 윗글을 참고하여 〈보기〉를 이해한 내용으로 적절하지 <u>않은</u> 것은? [3점]

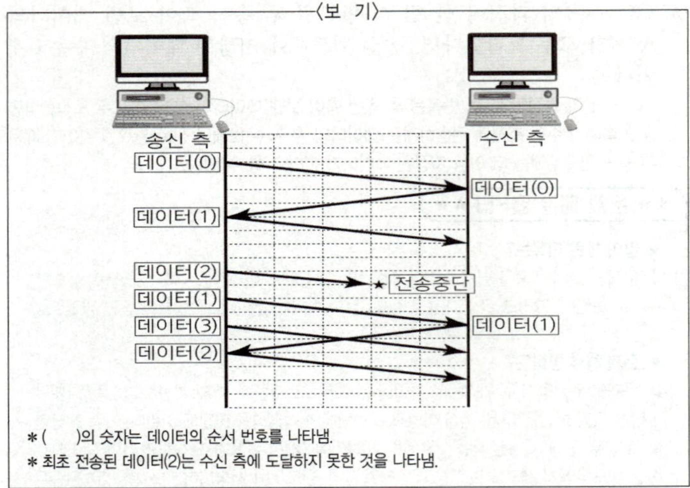

* (　)의 숫자는 데이터의 순서 번호를 나타냄.
* 최초 전송된 데이터(2)는 수신 측에 도달하지 못한 것을 나타냄.

① 데이터(1)을 재전송한 후 데이터(3)을 전송하는 것을 보니 〈보기〉의 오류 전송은 선택적 재전송 ARQ 방식에 해당하겠군.
4문단을 통해 선택적 재전송 ARQ는 수신 측의 응답을 기다리지 않고 연속해서 순서 번호가 부여된 데이터를 전송하며, 오류가 발생할 경우 송신 측에서는 오류가 발생한 데이터만 재전송함을 알 수 있다. 따라서 〈보기〉는 데이터(1)을 재전송한 이후 데이터(3)을 전송하고 있으므로 선택적 재전송 ARQ에 해당함을 알 수 있다.

② 처음 수신한 데이터(1)에 대한 응답 값을 수신 측이 전송하지 않은 것으로 보아 〈보기〉는 묵시적 방법에 해당하겠군.
3문단을 통해 수신 측이 송신 측으로부터 오류가 있는 데이터를 수신한 경우에, NAK를 보내는 명시적 방법을 사용하거나 무시하는 묵시적 방법을 사용하여 오류가 난 데이터를 다시 전송해 주도록 요청함을 알 수 있다. 〈보기〉에서 수신 측은 처음 수신한 데이터(1)에 대한 응답 값을 송신 측에 전송하지 않았으므로, 〈보기〉는 묵시적 방법에 해당함을 알 수 있다.

③ 데이터(1)을 전송한 후 데이터(1)을 재전송하는 데 걸린 시간은 '타임 아웃'으로 설정된 시간에 해당되겠군.
1문단을 통해 송신 측이 데이터를 전송한 후 일정 시간이 지나도 수신 측으로부터 아무런 응답이 없는 경우 '타임 아웃'으로 간주함을 알 수 있다. 또한 타임 아웃이 되면 송신 측이 오류가 발생한 데이터를 재전송함을 알 수 있다.

✔ 송신 측이 데이터(2)를 재전송한 이유는 최초 전송된 데이터 (2)에 대해 수신 측이 NAK를 보내지 않았기 때문이겠군.
〈보기〉는 송신 측이 수신 측의 응답을 기다리지 않고 데이터를 연속해서 전송하고 있으며, 오류가 난 데이터의 경우 해당 데이터만 재전송하고 있으므로 선택적 재전송 ARQ에 해당한다. 또한 오류가 발생한 데이터에 대해 수신 측이 따로 NAK를 보내고 있지 않으므로 오류가 있는 데이터를 무시하는 묵시적 방법을 선택하고 있다. 이를 통해 송신 측이 데이터(2)를 재전송한 이유는 처음 보낸 데이터(2)에 대해 수신 측의 ACK가 도착하지 않아 송신 측이 타임 아웃으로 간주했기 때문임을 알 수 있다. 따라서 송신 측이 데이터(2)를 재전송한 이유가 최초 전송된 데이터(2)에 대해 수신 측이 NAK를 보내지 않았기 때문이라는 것은 적절하지 않다.

⑤ 수신 측이 데이터(3)과 재전송된 데이터(2)에 대해 ACK를 보낸다면 데이터(2)와 데이터(3)은 순서 번호에 맞추어 다음 단계로 전달되겠군.
4문단을 통해 선택적 재전송 ARQ에서 수신 측은 오류가 발생한 이후 전달되는 데이터는 ACK를 보내지 않고 수신 측 버퍼에 저장함을 알 수 있다. 이후 재전송된 데이터가 도착하면 송신 측에 ACK를 보낸 후, 버퍼에 저장된 데이터와 함께 순서 번호를 맞추어 다음 단계로 전달함을 알 수 있다. 〈보기〉는 선택적 재전송 ARQ에 해당하므로 오류가 발생한 데이터(2) 이후 수신된 데이터(3)은 버퍼에 저장된다고 할 수 있다. 재전송된 데이터(2)와 데이터(3)에 대해 수신 측이 ACK를 보낸다면 이 데이터에 오류가 없는 것을 의미하므로, 데이터(2) – 데이터(3)의 순서 번호에 맞춰 다음 단계로 전달된다고 할 수 있다.

09	어휘의 문맥적 의미 파악	정답률 66%	정답 ①

문맥상 ⓐ ~ ⓔ의 단어와 가장 가까운 의미로 쓰인 것은?

✔ ⓐ : 그들은 법에 따라 문제를 해결했다.
ⓐ와 '법에 따라'의 '따라' 모두 '어떤 경우, 사실이나 기준 따위에 의거하다.'의 의미로 사용되었다.

② ⓑ : 관중들은 선수들에게 응원을 보내느라 정신이 없었다.

ⓑ는 '사람이나 물건 따위를 다른 곳으로 가게 하다.'의 의미로, '보내느라'는 '상대편에게 자신의 마음가짐을 느끼어 알도록 표현하다.'의 의미로 사용되었으므로 문맥적 의미가 같지 않다.

③ ⓒ : 여행을 할 때에는 신분증 같은 것을 가지고 다녀야 한다.
ⓒ는 '다른 것과 비교하여 그것과 다르지 않다.'의 의미로, '같은'은 '그런 부류에 속한다는 뜻을 나타내는 말'의 의미로 사용되었으므로 문맥적 의미가 같지 않다.

④ ⓓ : 수익은 공정하게 나누어야 불만이 생기지 않는다.
ⓓ는 '하나를 둘 이상으로 가르다.'의 의미로, '나누어야'는 '몫을 분배하다.'의 의미로 사용되었으므로 문맥적 의미가 같지 않다.

⑤ ⓔ : 열심히 노력했더니 소원이 이루어졌다.
ⓔ는 '어떤 대상에 의하여 일정한 상태나 결과가 생기거나 만들어지다.'의 의미로, '이루어졌다.'는 '뜻한 대로 되다.'의 의미로 사용되었으므로 문맥적 의미가 같지 않다.

10~12 현대시

(가) 정끝별, 「현 위의 인생」

감상 이 작품은 인생을 '현'에 빗대어 세상의 고단함 속에서도 마음을 다스리며 아름다운 소리를 내기 위해 노력하는 화자의 모습이 드러나 있다. 이 작품에서 화자는 청자를 가정하여 말하는 방식으로 시상을 전개하면서, 청유형 어미를 통해 시적 대상과 함께하고자 하는 삶의 지향을 드러내 주고 있다.
주제 인생에서 아름다운 소리를 내기 위한 노력

표현상의 특징

• 동일한 시어를 반복하여 주제 의식을 강조해 줌.
• 청유형 종결 어미를 사용하여 화자의 태도를 드러내 줌.
• 청자에게 말을 건네는 방식으로 시상을 전개함.

(나) 나희덕, 「뿌리로부터」

감상 이 작품은 존재의 근원인 뿌리로부터 벗어나 새로운 길을 찾아 나서는 화자의 모습이 드러나 있다. 이 작품에서 화자는 안정된 뿌리로부터 벗어나 불확실하고 위험하지만 새로운 길을 찾으면서 한 걸음 더 성장하기 위해 노력하는 모습을 보인다. 이는 화자가 한 단계 성장하기 위한 과정으로, 존재의 근원인 뿌리로부터 벗어날수록 스스로 존재할 수 있다는 역설적 인식을 바탕에 깔고 있다.
주제 자유롭고 새로운 가능성의 삶을 찾아 나서고자 하는 염원

표현상의 특징

• 동일한 시어를 반복하여 주제 의식을 강조해 줌.
• 명사로 시상을 마무리하여 시적 여운을 주고 있음.
• 삶을 식물에 비유하여 표현하고 있음.

10	표현상의 특징 파악	정답률 66%	정답 ②

(가)와 (나)의 공통점으로 가장 적절한 것은?

① 공간의 이동에 따른 정서의 변화를 나타내고 있다.
(가), (나)를 통해 화자의 공간의 이동은 나타나지 않는다.

✔ 동일한 시어를 반복하여 주제 의식을 강조하고 있다.
(가)에서는 '소리', (나)에서는 '뿌리'라는 시어를 반복하여 주제 의식을 강조해 주고 있다.

③ 명사로 시를 마무리하여 시적 상황을 부각하고 있다.
(나)에서는 명사인 '사람'으로 시상을 마무리하고 있지만, (가)에서는 동사인 '운다지'로 시상을 마무리하고 있다.

④ 청유형 종결 어미를 활용하여 화자의 태도를 나타내고 있다.
(가)에서는 '하자구, 받아줘'에서 청유형 종결 어미를 활용하고 있음을 알 수 있지만, (나)에서는 청유형 종결 어미를 활용하지는 않고 있다.

⑤ 색채어를 통해 대상이 지닌 속성을 감각적으로 드러내고 있다.
(가), (나)를 통해 색채어는 찾아볼 수 없다.

11	작품의 감상	정답률 88%	정답 ③

(가)를 감상한 내용으로 적절하지 않은 것은?

① 화자는 '현'을 '조율'하면서 고단함을 달래려 하겠군.
'세 끼 밥벌이 고단할 때면 이봐 / 수시로 늘어나는 현 조율이나 하자구'를 통해, 화자는 '현'을 '조율'하면서 고단함을 달래려 함을 알 수 있다.

② 화자는 청자를 '한 악기'에서 함께 소리를 내는 동반자로 인식하겠군.
'우리는 서로 다른 소리를 내지만 / 어차피 한 악기에 정박한 두 현'을 통해 화자는 청자를 '한 악기'에서 함께 소리를 내는 동반자로 인식함을 알 수 있다.

☑ 화자는 청자의 '속삭임'을 통해 '비명을 노래'하는 자신의 삶을 반성하겠군.
화자는 자신이 '비명을 노래'하면 청자에게 '속삭임'으로 받아 달라고 말할 뿐, 자신을 반성하는 부분은 확인할 수 없다.

④ 화자가 '내공에 힘쓰'려고 하는 이유는 '아름다운 소리'를 내기 위해서겠군.
'마주 앉아 내공에 힘쓰자구 / 내공이 깊을수록 아름다운 소리를 낸다지'를 통해, 화자가 '내공에 힘쓰'려고 하는 이유는 '아름다운 소리'를 내기 위해서임을 알 수 있다.

⑤ 화자는 '구멍 속'이 '마음 놓고' 소리를 낼 수 있는 공간이라고 생각하겠군.
'그 구멍 속에서 마음 놓고 운다지'를 통해, 화자는 '구멍 속'이 '마음 놓고' 소리를 낼 수 있는 공간이라고 생각함을 알 수 있다.

---

12 외적 준거에 따른 작품의 감상　　정답률 63% | 정답 ⑤

〈보기〉를 참고하여 (나)를 감상한 내용으로 적절하지 <u>않은</u> 것은? [3점]

> ─〈보 기〉─
> (나)의 화자는 뿌리에 의지하는 삶을 살다가 심경에 변화가 생겨 뿌리로부터 벗어나기를 원한다. 불안정하고 예측 불가능하지만 새로운 길을 찾아 나선 것이다. 이는 화자가 한 단계 성장하기 위한 과정으로, 존재의 근원인 뿌리로부터 벗어날수록 스스로 존재할 수 있다는 역설적 인식이 바탕에 깔려 있다.

① '뿌리의 신도'였다가 '꽃잎을 믿는' 것에서 화자의 심경에 변화가 생겼음을 확인할 수 있군.
〈보기〉의 '화자는 뿌리에 의지하는 삶을 살다가 심경에 변화가 생겨'를 볼 때, '뿌리의 신도'였다가 '꽃잎을 믿는' 것은 화자의 심경에 변화가 생겼음을 보여 주는 것이라 할 수 있다.

② '흩날릴 준비가 되어 있다는 것'에서 예측 불가능한 상황으로 나아가려는 마음을 확인할 수 있군.
〈보기〉의 '불안정하고 예측 불가능하지만 새로운 길을 찾아 나선 것이다.'를 볼 때, '흩날릴 준비가 되어 있다는 것'은 예측 불가능한 상황으로 나아가려는 마음을 보여 주는 것이라 할 수 있다.

③ '뿌리로부터 멀어질수록' 오히려 '길이 조금씩 보'인다는 것에서 역설적 인식을 확인할 수 있군.
〈보기〉의 '존재의 근원인 뿌리로부터 벗어날수록 스스로 존재할 수 있다는 역설적 인식이 깔려 있다.'를 볼 때, '뿌리로부터 멀어질수록' 오히려 '길이 조금씩 보'인다는 것은 역설적 인식을 보여 주는 것이라 할 수 있다.

④ '어딘가를 향해' 간다는 것에서 화자는 불안정함을 감수하면서도 스스로 존재하려 함을 확인할 수 있군.
〈보기〉의 '불안정하고 예측 불가능하지만 새로운 길을 찾아 나선 것이다.'를 볼 때, '어딘가를 향해' 간다는 것은 화자가 불안정함을 감수하면서도 스스로 존재하려 함을 보여 주는 것이라 할 수 있다.

☑ '뿌리로부터 온 존재'라고 인정하는 것에서 화자가 새로운 길을 찾는 과정을 통해 한 단계 성장하였음을 확인할 수 있군.
이 작품에서 화자는 뿌리로부터 멀어지면서 한 단계 성장하고 있는 것이지, 자신이 '뿌리로부터 온 존재'임을 인정하면서 한 단계 성장하고 있는 것은 아니므로 적절하지 않다.

DAY 06　20분 미니 모의고사

01 ①	02 ③	03 ①	04 ③	05 ⑤
06 ④	07 ④	08 ⑤	09 ①	10 ②
11 ⑤	12 ④			

01 글쓰기 계획 파악　　정답률 86% | 정답 ①

(가)를 쓰기 위해 세운 글쓰기 계획 중, 글에 반영된 것만을 고른 것은?

> ㄱ. 학생자치실 구축 사업을 실시하는 목적을 제시해야겠군.
> ㄴ. 학생자치실 활용과 관련된 회의를 개최하는 주체를 밝혀야겠군.
> ㄷ. 학생자치실을 구축하며 발생할 수 있는 문제에 대한 해결 방안을 제시해야겠군.
> ㄹ. 학생자치실 활용과 관련된 회의의 결과를 언급하며 후속 회의의 주제를 알려야겠군.

☑ ㄱ, ㄴ　②ㄱ, ㄷ　③ㄴ, ㄷ　④ㄴ, ㄹ　⑤ㄷ, ㄹ

ㄱ. 학생자치실 구축 사업을 실시하는 목적을 제시해야겠군.
(가)의 1문단의 '우리 학교는 학생 자치활동 활성화를 위해 지난 3월부터 교육청 지원으로 학생 참여형 학생자치실 구축 사업을 진행 중이며'를 통해, 학생자치실 구축 사업을 실시하는 목적이 '학생 자치활동 활성화'임을 확인할 수 있다.

ㄴ. 학생자치실 활용과 관련된 회의를 개최하는 주체를 밝혀야겠군.
3문단의 '학생자치실의 활용 방안에 대해 학생회에서 회의를 개최하여 논의할 예정이다.'를 통해, 학생자치실 활용과 관련된 회의를 개최하는 주체가 '학생회'임을 확인할 수 있다.

ㄷ. 학생자치실을 구축하며 발생할 수 있는 문제에 대한 해결 방안을 제시해야겠군.
(가)의 내용을 통해 학생자치실을 구축하며 발생할 수 있는 문제와 해결 방안은 확인할 수 없다.

ㄹ. 학생자치실 활용과 관련된 회의의 결과를 언급하며 후속 회의의 주제를 알려야겠군.
(가)의 내용을 통해 학생자치실 활용과 관련한 회의의 결과와 후속 회의의 주제는 확인할 수 없다.

---

02 학생의 반응 분석　　정답률 92% | 정답 ③

(가)와 (나)의 맥락을 고려할 때, (가)를 읽고 (나)를 참관한 학생이 보인 반응으로 적절하지 <u>않은</u> 것은? [3점]

① ㉠을 들으니, 회의에서 언급한 조사 결과는 학교 누리집과 누리소통망(SNS)을 통해 취합한 것이겠군.
(가)의 4문단에서 설문 조사를 학교 누리집과 누리소통망(SNS)에서 실시한다고 하였으므로 적절한 반응이다.

② ㉡을 들으니, 평소 학생회실을 학생회 임원만 이용해서 학생회실에 대해 학생들이 잘 몰랐겠군.
(가)의 2문단에서 학생회실이라는 공간이 있지만 학생회에서 회의할 때만 사용하여 학생회실에 대해 잘 모르는 학생이 많다고 하였으므로 적절한 반응이다.

☑ ㉢을 들으니, 학생자치실 사용을 예약제로 운영하자는 것은 학생자치실의 위치를 고려한 의견이겠군.
㉢의 학생자치실 사용을 예약하도록 하는 방안은 학생자치실 사용 대상을 확대하기로 한 것을 고려한 결정임을 알 수 있으므로 적절하지 않다.

④ ㉣을 들으니, 학생자치실의 공간 구성 방안은 회의 전에는 계획되지 않은 내용이겠군.
(가)에서 공간 구성 방안에 대한 사전 회의 계획을 찾을 수 없고, (나)의 회의 과정에서 추가로 논의된 내용에 해당하므로 적절한 반응이다.

⑤ ㉤을 들으니, 학생자치실 공간 구성에 동아리 학생들의 도움을 받자는 것은 학생 참여를 지향하는 사업 방향에 맞는 제안이겠군.
(가)의 1문단에서 해당 사업이 학생 참여형 학생자치실 구축 사업임을 확인할 수 있으므로 적절한 반응이다.

---

03 음운 변동의 탐구　　정답률 60% | 정답 ①

〈보기〉의 ㉠ ~ ㉣에 들어갈 말로 적절한 것은?

─〈보 기〉─

선생님 : 음운 변동 중에는 한 음운이 앞이나 뒤의 음운의 영향을 받아 다른 음운으로 교체되는 현상이 있는데, 이때 조음 방법이나 조음 위치가 변하게 됩니다. 예를 들면 '밥물[밤물]'은 'ㅂ'이 뒤의 음운 'ㅁ'의 영향으로 비음인 'ㅁ'으로 바뀌어 조음 방법이 달라졌지요. 그럼 다음 단어 들에서는 어떤 변화가 일어나는지 탐구해 봅시다.

> 달님[달림], 공론[공논], 논리[놀리]

학생 : (㉠)은/는 한 음운이 (㉡)의 음운의 영향을 받아 (㉢)으로 바뀌어 (㉣)이/가 바뀐 사례입니다.

㉠	㉡	㉢	㉣

✔ **달님 앞 유음 조음 방법**

'달님'은 뒤의 'ㄴ'이 '앞'의 'ㄹ'의 영향을 받아 '유음'인 'ㄹ'로 바뀌어 [달림]으로 발음되므로 '조음 방법'이 바뀐 것이고, '공론'은 뒤의 'ㄹ'이 '앞'의 'ㅇ'의 영향을 받아 '비음'인 'ㄴ'으로 바뀌어 [공논]으로 발음되므로 '조음 방법'이 바뀐 것이다. 또한 '논리'는 앞의 'ㄴ'이 '뒤'의 'ㄹ'의 영향을 받아 '유음'인 'ㄹ'로 바뀌어 [놀리]로 발음되므로 '조음 방법'이 바뀐 것이다.

② 달님 뒤 비음 조음 위치
③ 공론 앞 비음 조음 위치
④ 공론 뒤 비음 조음 방법
⑤ 논리 뒤 유음 조음 위치

04~09 인문

(가) 박정자, 「시뮬라크르의 시대」

해제 이 글은 플라톤의 예술관과 이를 비판한 들뢰즈의 예술관에 대해 설명하고 있다. 플라톤은 예술을 무가치한 것으로 바라보았는데, 이는 세계를 '가지적 세계'와 '가시적 세계'로 구분하는 그의 세계관과 밀접한 연관이 있다. 플라톤은 가시적 세계의 사물들인 에이돌론을 '에이콘'과 '판타스마'로 구분하면서, 판타스마를 에이도스의 성질이 없는 가짜, 사이비라는 의미로 '시뮬라크르'라고 부르며 예술이 시뮬라크르에 해당한다고 말했다. 하지만 반플라톤주의 철학자 들뢰즈는 이러한 플라톤식 사유에는 주체가 이성을 통해 대상의 가치를 판단하고 재단하는 폭력성이 내재해 있다고 비판하였다. 시뮬라크르가 사물 그 자체라고 주장한 들뢰즈는, 예술의 목표는 예술가가 플라톤식 사유에서 벗어나 가장 일상적인 반복에서도 서로 다른 의미를 지닌 예술 작품을 생성해 내는 것이라 하면서 "예술은 모방이 아니라 반복일 뿐이다."라고 선언하였다.

주제 시뮬라크르에 대한 플라톤의 관점과 이를 비판한 들뢰즈의 관점

문단 핵심 내용

1문단	플라톤의 예술관과 관련된 그의 세계관
2문단	예술을 시뮬라크르에 해당한다고 말한 플라톤
3문단	플라톤의 예술관을 비판한 들뢰즈
4문단	시뮬라크르를 사물 그 자체라고 주장한 들뢰즈

(나) 임영매, 「보드리야르 : 현대예술과 초미학」

해제 이 글은 장 보드리야르의 현대 사회의 예술에 대한 인식을 제시하고 있다. 장 보드리야르는 현대 사회에서는 실재보다 더 실재적이고 우월한 것이 된다는 의미에서 현대 사회의 이미지를 '초과실재', 즉 시뮬라크르라 불렀다. 시뮬라크르가 산출되는 과정을 '시뮬라시옹 현상'이라 부른 보드리야르는 시뮬라시옹 현상으로 모든 실재가 사라진다고 말하면서, 시뮬라시옹 현상이 끊임없이 일어나는 현대 사회에서 시뮬라크르는 그 자체로서 실재를 대신한다고 하였다. 보드리야르는 오늘날 예술 작품이 시뮬라시옹 현상에 의해 도처에서 증식하면서 예술이 가지고 있던 미적 가치가 사라지고 있다고 비판하면서, 이러한 현상을 '초미학'이라 불렀다.

주제 장 보드리야르의 현대 사회의 예술에 대한 인식

문단 핵심 내용

1문단	현대 사회의 이미지를 '초과실재'라 부른 장 보드리야르
2문단	시뮬라시옹 현상으로 모든 실재가 사라진다고 말한 장 보드리야르
3문단	시뮬라시옹 현상에 의해 예술의 미적 가치가 사라졌다고 비판한 장 보드리야르

04 내용 전개 방식 파악 정답률 78% | 정답 ③

(가)와 (나)에 대한 설명으로 가장 적절한 것은?

① (가)와 달리 (나)는 시뮬라크르가 지닌 오류를 증명하는 과정을 사고 실험을 통해 설명하고 있다.
(가)와 (나) 모두 시뮬라크르가 지닌 오류를 증명하는 과정을 사고 실험을 통해 설명하지는 않고 있다.

② (나)와 달리 (가)는 특정한 철학적 관점에서 파생된 예술관을 바탕으로 시뮬라크르가 사라지는 현상의 이유를 밝히고 있다.
(가)에서는 플라톤의 철학의 관점에서 파생된 시뮬라크르라는 예술관에 대해 언급하고 있지만, 이를 바탕으로 시뮬라크르가 사라지는 현상의 이유를 밝히지는 않고 있다.

✔ **③ (가)와 (나)는 모두 특정 철학자의 세계관을 바탕으로 해당 철학자의 시뮬라크르에 대한 관점을 소개하고 있다.**
(가)는 플라톤의 철학적 세계관에 따른 시뮬라크르에 대한 관점을 제시하고 이에 대한 반플라톤주의 철학자 들뢰즈의 비판과 그의 시뮬라크르에 대한 관점을 소개하고 있다. (나)는 철학자 보드리야르의 세계관을 바탕으로 한 현대 시뮬라크르에 대한 관점을 시뮬라크르가 산출되는 과정과 초미학을 중심으로 소개하고 있으므로 적절하다.

④ (가)와 (나)는 모두 특정한 철학적 관점을 바탕으로 현대의 시뮬라크르가 지닌 문제점에 대한 극복 방법을 제시하고 있다.
(가)와 (나)는 모두 들뢰즈와 보드리야르의 철학적 관점을 바탕으로 시뮬라크르에 대해 서술하고 있지만, 현대의 시뮬라크르가 지닌 문제점에 대한 극복 방법을 제시하지는 않고 있다.

⑤ (가)와 (나)는 모두 시뮬라크르에 대한 다양한 예술관이 지닌 문제점을 지적하고 이에 맞서는 새로운 예술관을 모색하고 있다.
(가)와 (나) 모두 시뮬라크르에 대한 다양한 예술관이 지닌 문제점을 지적하지 않고 있고, 또한 이에 맞서는 새로운 예술관을 모색하지도 않고 있다.

05 핵심 정보의 이해 정답률 80% | 정답 ⑤

(가)의 가지적 세계와 가시적 세계에 대한 이해로 적절하지 않은 것은?

① 가지적 세계는 지성으로만 알 수 있는 세계이다.
1문단의 '플라톤에게 가지적 세계는 우리의 지성으로만 알 수 있는 세계이며'를 통해 알 수 있다.

② 가시적 세계는 눈으로 지각 가능한 현실 세계이다.
1문단의 '가시적 세계는 우리 눈으로 지각이 가능한 현실 세계로'를 통해 알 수 있다.

③ 가시적 세계의 사물들은 에이콘과 판타스마로 구분된다.
2문단의 '플라톤은 가시적 세계의 사물들을 '에이돌론'이라 부르며, 에이돌론을 에이도스의 성질을 얼마나 반영했는지에 따라 '에이콘'과 '판타스마'로 구분한다.'를 통해 알 수 있다.

④ 가시적 세계는 가지적 세계를 모방한 환영에 불과한 세계이다.
1문단의 '반면 가시적 세계는 우리 눈으로 지각이 가능한 현실 세계로, 이 세계는 가지적 세계를 모방하여 재현한 환영이자 이미지에 불과하다.'를 통해 알 수 있다.

✔ **⑤ 가지적 세계에 있는 본질은 에이도스와 에이돌론으로 구분된다.**
1문단을 통해 플라톤이 가지적 세계와 가시적 세계를 구분하였고, 가지적 세계에는 결코 변하지 않는 본질, 즉 실재인 에이도스가 있음을 알 수 있다. 또한 2문단을 통해 에이돌론은 가시적 세계의 사물임을 알 수 있으므로 가지적 세계에 있는 본질은 에이도스와 에이돌론으로 구분된다는 진술은 적절하지 않다.

06~07

윗글과 〈보기〉를 바탕으로 6번과 7번의 물음에 답하시오.

─〈보 기〉─

[자료 1]
　음료 회사로부터 캐릭터 제작을 의뢰받은 A는 실제 상품을 베낀 초안을 그린 후 이를 변형한 첫 캐릭터를 그렸지만, 음료 회사는 첫 캐릭터에서 상품의 특징이 드러나지 않는다고 혹평했다. A는 첫 캐릭터를 의인화한 최종 캐릭터를 다시 그렸고, 음료 회사는 최종 캐릭터를 담은 광고를 반복하여 방영했다. 이후 최종 캐릭터는 설문 조사에서, 가장 영향력 있는 인물로 선정되는 등 실제 상품보다 사랑받는 인기 캐릭터가 되었다.

[자료 2]
　가구 장인 B가 자신이 만든 의자를 본떠 직접 그린 '의자 1'은 예술성을 인정받아 미술관에 전시됐다. 화가 C는 '의자 1'을 보고 자신만의 방식으로 '의자 2'를

그린 후, 다시 이를 변형한 '의자 3'을 그려 전시했다. 그러자 B는 '의자 1'의 모델인 실제 의자를 '의자 0'으로 전시했고, 평론가들은 이것이야말로 진정한 원본이라고 극찬했다. 이후 예술가들이 깃발, 책상 등을 그대로 전시하고 예술을 논하는 현상이 각국 미술관에서 일어났다.

---

06 구체적인 사례에의 적용　정답률 62% | 정답 ④

다음은 윗글을 읽은 학생이 〈보기〉를 이해한 내용을 정리한 것이다. 적절하지 <u>않은</u> 것은?

[자료 1]	들뢰즈와 달리 플라톤은 A가 그린 '첫 캐릭터'를, 모방을 거듭한 가짜로 여길 것이다. ……………………………………………… ㉠
	플라톤과 달리 들뢰즈는 '초안', '첫 캐릭터', '최종 캐릭터' 사이에 드러나는 차이를 실재로서 지닌 의미로 여길 것이다. ……… ㉡
	들뢰즈와 달리 보드리야르는 가장 영향력 있는 인물로 선정된 '최종 캐릭터'가 실재를 대신한다고 여길 것이다. ……………… ㉢
[자료 2]	보드리야르와 달리 플라톤은 '의자 0'이 실재보다 우월해졌다고 여길 것이다. ………………………………………………… ㉣
	플라톤과 달리 들뢰즈는 '의자 3'이 '의자 1'의 우위를 부정하는 힘이 있다고 여길 것이다. …………………………………… ㉤

① ㉠ 들뢰즈와 달리 플라톤은 A가 그린 '첫 캐릭터'를, 모방을 거듭한 가짜로 여길 것이다.
(가)의 1문단과 2문단, 4문단을 통해 볼 때, 플라톤의 입장에서 〈보기〉의 [자료 1]에서 실제 상품을 베낀 초안을 그린 후 이를 변형한 '첫 캐릭터'는 시뮬라크르로 모방을 거듭하면서 본질에서 멀어진 가짜이다. 하지만 들뢰즈는 시뮬라크르를 사물 그 자체로 보고 있으므로 적절하다.

② ㉡ 플라톤과 달리 들뢰즈는 '초안', '첫 캐릭터', '최종 캐릭터' 사이에 드러나는 차이를 실재로서 지닌 의미로 여길 것이다.
(가)의 2문단과 4문단을 통해 볼 때, 플라톤의 입장에서 〈보기〉의 [자료 1]에서 A가 실제 상품을 베낀 '초안'과 이를 변형한 '첫 캐릭터', 그리고 다시 이를 의인화한 '최종 캐릭터'는 모방한 것을 다시 모방한 것이자, 실재하는 본질에서 멀어진 이미지에 불과한 것이라 볼 것이다. 하지만 들뢰즈의 입장에서는 '초안', '첫 캐릭터', '최종 캐릭터'는 반복을 통해 생성된 실재로서 지닌 의미 그 자체이므로 적절하다.

③ ㉢ 들뢰즈와 달리 보드리야르는 가장 영향력 있는 인물로 선정된 '최종 캐릭터'가 실재를 대신한다고 여길 것이다.
〈보기〉의 [자료 1]에서 '최종 캐릭터'는 광고로 반복하여 방영된 후 가장 영향력 있는 인물로 선정되며 실제 상품보다 사랑받는 인기 캐릭터가 되었음을 알 수 있다. 그리고 (나)의 1문단에서 보드리야르는 광고가 생산한 복제 이미지가 실재보다 더 실재적이고 우월한 것이 된 것을 시뮬라크르라고 말한다고 하였고, 2문단에서는 현대 사회에서 시뮬라크르는 그 자체로서 실재를 대신한다고 하였으므로 적절하다.

✔ ㉣ 보드리야르와 달리 플라톤은 '의자 0'이 실재보다 우월해졌다고 여길 것이다.
〈보기〉의 [자료 2]에서 '의자 0'은 가구 장인 B가 만든 의자를 본떠 직접 그린 '의자 1'의 모델로, 결국 가구 장인 B가 만든 현실 세계의 의자이다. 그런데 (가)의 1문단과 2문단에서 플라톤은 장인처럼 에이도스에 대한 지식을 가지고 만든 가시적 세계의 사물은 실재하는 본질인 에이도스가 있는 가지적 세계를 모방하여 재현한 이미지에 불과하다고 했으므로 적절하지 않다.

⑤ ㉤ 플라톤과 달리 들뢰즈는 '의자 3'이 '의자 1'의 우위를 부정하는 힘이 있다고 여길 것이다.
〈보기〉의 [자료 2]에서 '의자 3'은 화가 C가 '의자 1'을 보고 자신만의 방식으로 그린 '의자 2'를 다시 변형하여 그린 것임을 알 수 있다. 그리고 (가)의 4문단에서 플라톤이 시뮬라크르가 모방을 거듭하면서 본질에서 멀어진 가짜라고 주장하는 것과 달리 들뢰즈는 원본과 사본의 우위를 부정하는 역동적인 힘이 있는 사물 그 자체라고 주장한다고 하였으므로 적절하다.

★★★ 1등급 대비 고난도 3점 문제

---

07 구체적인 사례에의 적용　정답률 38% | 정답 ④

윗글을 바탕으로 〈보기〉에 대해 보인 반응으로 적절하지 <u>않은</u> 것은? [3점]

① 플라톤은 [자료 2]의 B가 만든 의자와 달리 [자료 1]의 초안은 눈에 보이는 현상만을 모방한 나쁜 이미지라고 보겠군.
(가)의 1문단과 2문단을 볼 때, 〈보기〉의 [자료 2]에서 B가 만든 의자는 플라톤의 입장에서 에이도스에 대한 지식을 가진 장인이 만든 좋은 이미지인 것이라 할 수 있다. 이와

달리 〈보기〉의 [자료 1]의 실제 상품을 베껴 그린 초안은 에이도스에 대한 지식은 없이 눈에 보이는 현상만을 모방하여 재현한 나쁜 이미지라 여길 것이므로 적절하다.

② 플라톤은 [자료 1]의 A가 그린 캐릭터들과 [자료 2]의 C가 그린 그림들은 모두 사이비 기술로 그려진 것들이라고 보겠군.
(가)의 2문단을 볼 때, 플라톤의 입장에서 〈보기〉의 [자료 1]의 A가 그린 캐릭터들과 [자료 2]의 C가 그린 그림들은 모두 사이비 기술로 모방한 것을 모방한 가짜에 불과하므로 적절하다.

③ 들뢰즈는 [자료 1]에서 첫 캐릭터에 대해 음료 회사가 한 혹평과 [자료 2]에서 '의자 0'에 대해 평론가들이 한 극찬에는 모두 대상의 가치를 재단하는 폭력성이 내재해 있다고 보겠군.
(가)의 3문단을 볼 때, 들뢰즈의 입장에서 〈보기〉의 [자료 1]에서 음료 회사가 첫 캐릭터에 대해 한 혹평과 [자료 2]에서 평론가들이 '의자 0'에 대해 한 극찬은, 각각 첫 캐릭터는 상품의 특징을 드러낸 것에 따라, '의자 0'은 원본에 가까운 정도에 따라 위계적인 질서를 부여하고 있으므로 적절하다.

✔ 보드리야르는 [자료 1]의 인기 캐릭터가 된 최종 캐릭터는 초과실재가, [자료 2]의 '의자 1'은 예술성을 인정받은 순간에 초미학 상태가 되었다고 보겠군.
(나)의 1문단을 통해 보드리야르는 현대 사회에서는 복제 이미지가 실재보다 더 실재적이고 우월한 것이 된다고 하였고, 이러한 현대 사회의 이미지를 '초과실재'라고 불렀음을 알 수 있다. 그러므로 보드리야르 입장에서 〈보기〉의 [자료 1]에서 실제 상품보다 사랑받는 인기 캐릭터가 된 '최종 캐릭터'는 현대 사회의 복제 이미지가 실재보다 더 실재적이고 우월한 것이 된 초과실재이므로 적절하다. 반면 (나)의 3문단을 통해 보드리야르는 예술이 가지고 있던 미적 가치가 사라지고 그 어떤 것도 더 이상 아름답거나 추하지 않게 된 상태를, 예술 그 자체가 내파되어 사라진 초미학이라고 불렀음을 알 수 있다. 이를 볼 때 보드리야르 입장에서 〈보기〉의 [자료 2]에서 B가 자신이 만든 의자를 본떠 직접 그린 '의자 1'이 예술성을 인정받은 순간은 예술 그 자체가 내파되어 사라진 상태가 아니므로 적절하지 않다.

⑤ 보드리야르는 [자료 1]의 설문 조사 결과를 보고 실제 상품과 광고 속 캐릭터 간의 경계가, [자료 2]의 각국 미술관에서는 일상 사물과 예술 작품 간의 경계가 내파된 현상이 일어났다고 보겠군.
(나)의 2문단과 3문단을 통해 볼 때, 보드리야르 입장에서 〈보기〉의 [자료 1]의 설문 조사 결과에서 '최종 캐릭터'가 가장 영향력 있는 인물로 선정되는 등 실제 상품보다 사랑받는 인기 캐릭터가 된 것은 실제 상품을 모델로 수정되며 그려진 최종 캐릭터가 광고에서 반복되면서 실제 상품보다 더 실재적이고 우월한 초과실재가 된 것이다. 그리고 [자료 2]의 각국 미술관에서 예술가들이 깃발, 책상 등을 그대로 전시하고 예술을 논하는 현상은 일상적인 사물이 예술에 가까워지면서 모든 것이 미학적인 것이 되어 일상 사물과 예술 작품 간의 경계가 붕괴된 상태이므로 적절하다.

★★ 문제 해결 꿀~팁 ★★

▶ **많이 틀린 이유는?**
이 문제는 글에 제시된 인물의 견해를 실제 사례에 적용하는 과정에서 어려움을 겪어 오답률이 높았던 것으로 보인다. 그리고 〈보기〉로 제시된 실제 사례를 정확히 이해하지 못한 것도 오답률을 높였던 것으로 보인다.

▶ **문제 해결 방법은?**
이 문제를 해결하기 위해서는 선택지를 바탕으로 문제를 해결할 수 있어야 한다. 즉, 선택지에서 언급된 〈보기〉의 자료와 이와 관련된 인물이 누구인지 파악하여야 한다. 그런 다음 이를 바탕으로 글에 제시된 인물의 견해를 바탕으로 적절성을 판단해야 한다. 가령 정답인 ④의 경우, 선택지를 통해 '보드리야르'가 '최종 캐릭터'에 대해서는 '초과실재'로, '의자 1'에 대해서는 '초미학 상태'가 되었다는 내용을 파악해야 한다. 그런 다음 글을 통해 '초과실재'와 '초미학 상태'가 무엇인지 이해하여 적절성을 판단해야 한다. 그러면 보드리야르의 '초미학 상태'를 볼 때, B가 자신이 만든 의자를 본떠 직접 그린 '의자 1'이 예술성을 인정받은 순간은 예술 그 자체가 내파되어 사라진 상태가 아니므로 적절하지 않음을 알 수 있었을 것이다. 마찬가지로 오답률이 높았던 ③의 경우에도 이런 과정을 거치면 들뢰즈가 〈보기〉의 [자료 1]의 음료 회사가 첫 캐릭터에 대해 한 혹평과 [자료 2]의 평론가들이 '의자 0'에 대해 한 극찬은 대상의 가치를 재단하는 폭력성이 내재되어 있다고 볼 것임을 알 수 있다. 이 문제처럼 선택지를 바탕으로 역으로 확인하며 적절성을 판단하는 방법이 효과적인 경우도 있으므로, 문제 풀이에 적절히 활용할 수 있도록 한다.

---

08 내용의 추론　정답률 54% | 정답 ⑤

㉮와 ㉯에 담긴 의미를 추론한 내용으로 가장 적절한 것은?

① ㉮에는 예술 작품이 사물 그 자체로서 존재 가치를 보존하는 방법이, ㉯에는 예술 작품이 예술로서 미적 가치를 선택하는 방법이 담겨 있다.

㉮에 예술 작품이 사물 그 자체로서 존재 가치를 보존하는 방법이 담겨 있다고 할 수 있지만, ㉯에 예술 작품이 예술로서 미적 가치를 선택하는 방법이 담겨 있다고 할 수 없다.

② ㉮에는 예술 작품을 사본의 사본으로 평가하는 입장에 대한 수용이, ㉯에는 모든 것이 미학적인 것이 되는 현상에 대한 비판이 담겨 있다.
예술 작품을 사본의 사본으로 평가하는 입장은 플라톤 입장이므로, ㉮에 이에 대한 수용이 담겨 있다고 볼 수 없다. 한편 ㉯에는 모든 것이 미학적인 것이 되는 현상에 대한 비판이 담겨 있다고 볼 수 있다.

③ ㉮에는 반복이 실현된 예술 작품은 본질에서 멀어진다는 의미가, ㉯에는 미적인 것과 비미적인 것의 변별성이 사라졌다는 의미가 담겨 있다.
반복이 실현된 예술 작품은 본질에서 멀어진다는 의미는 들뢰즈의 입장이라고 볼 수 없다. 한편 ㉯에는 미적인 것과 비미적인 것의 변별성이 사라졌다는 의미를 담고 있다고 할 수 있다.

④ ㉮에는 예술 작품을 주체의 판단에서 독립된 존재로 만들지 못하는 예술가의 한계가, ㉯에는 예술 자체를 부정하지 못하는 예술가의 한계가 담겨 있다.
㉮ 앞의 내용을 볼 때, ㉮에 예술 작품을 주체의 판단에서 독립된 존재로 만들지 못하는 예술가의 한계가 담겨 있다고 할 수 없다. 또한 ㉯는 예술 자체를 부정하지 못하는 예술가의 한계와는 거리가 있는 내용이므로 적절하지 않다.

☑ ㉮에는 반복을 통해 위계적 질서에서 벗어난 예술에 대한 긍정적 태도가, ㉯에는 증식을 통해 그 어떤 것도 아름답거나 추하지 않게 된 예술에 대한 부정적 태도가 담겨 있다.
(가)의 마지막 문단에서 들뢰즈는 플라톤과 달리 예술은 모방이 아닌 반복을 통해 주체의 판단과 상관없는 독립된 존재로서 존재 가치를 보존한다고 언급하고 있다. 그리고 (나)의 마지막 문단에서 보드리야르는 시뮬라시옹 현상에 의해 도처에서 예술 작품이 증식하면서 예술이 가지고 있던 미적 가치가 사라져 모든 것이 미학적인 것이 되는 것을 보잘 것없는 것이라고 언급했으므로 적절하다.

---

09 어휘의 문맥적 의미 파악   정답률 82% | 정답 ①

문맥상 ⓐ의 의미와 가장 가까운 것은?

☑ 사람들은 흔히 내 글을 관념적이라고 말한다.
ⓐ는 '평하거나 논하다.'라는 의미로 사용되었고, '사람들은 흔히 내 글을 관념적이라고 말한다.'에서도 '평하거나 논하다.'라는 의미로 사용되었으므로 적절하다.

② 청중들에게 자신의 감정을 말하는 일은 매우 어렵다.
'생각이나 느낌 따위를 말로 나타내다.'라는 의미로 사용되었으므로 적절하지 않다.

③ 힘센 걸로 말하면 우리 아버지를 따라갈 사람이 없다.
'확인·강조'의 뜻을 나타내는 의미로 사용되었으므로 적절하지 않다.

④ 경비 아저씨에게 아이가 오면 문을 열어 달라고 말해 두었다.
'무엇을 부탁하다.'라는 의미로 사용되었으므로 적절하지 않다.

⑤ 동생에게 끼니를 거르지 말라고 아무리 말해도 듣지를 않는다.
'말리는 뜻으로 타이르거나 꾸짖다.'라는 의미로 사용되었으므로 적절하지 않다.

10~12   고전 소설

김만중, 「구운몽」

감상 이 작품은 성진(性眞)이라는 불제자(신선 세계)가 인간 부귀와 남녀 정욕에 대한 번뇌 때문에 꿈속(인간 세계)에서 양소유(楊少遊)로 환생한 뒤, 팔선녀(2처 6첩으로 환생)와 만나 인간 세상의 온갖 부귀영화를 누린 후, 부귀영화라는 것이 일장춘몽(一場春夢)과 같은 허망한 것이라는 것을 알고 꿈에서 깨어, 불교의 '공(空)' 사상을 통해 인생무상의 허무함을 극복하고 불도의 궁극적 깨달음에 도달한다는 내용의 소설이다. 이 작품에서 특이한 점은 꿈속 인간 세계에서의 양소유의 일생이 '비범한 출생 → 비범한 능력 → 큰 공을 세우고 부귀공명 달성'의 내용으로 되어 있다는 것이다. 이는 이 작품에 반영된 영웅 소설적인 면모라 할 수 있다. 즉 '구운몽'은 몽자류 소설이라는 커다란 구조에 영웅 소설이라는 작은 구조가 결합된 작품이라 할 수 있다.

주제 인생무상(人生無常)의 깨달음을 통한 허무의 극복과 불생불멸의 진리에 귀의

작품 줄거리 중국 당나라 때 육관대사의 제자들 중 성진(性眞)이라는 뛰어난 제자가 있었는데, 어느 날 육관대사는 성진을 용궁으로 심부름 보낸다. 용궁에 간 성진은 돌아오는 길에 팔선녀(八仙女)와 다리 위에서 만나 서로 희롱한다. 인간 부귀와 남녀 정욕에 갈등하던 성진은 불법의 계율을 어긴 죄로 지옥에 떨어지게 되고, 인간 세상에 양소유(楊少遊)로 환생하게 된다. 양소유는 조정에 나아가, 하북의 삼진과 토번을 정벌하고 승상이 되어 위국공에 봉해지고, 팔선녀의 환생인 8명의 여자를 2처와 6첩으로 맞이하여 온갖

부귀영화를 누리며 조정에서 물러난다. 조정에서 물러난 양소유는 등고(登高)날 산에 올라 주변 풍광을 내려다보다 자신이 이루어 놓은 부귀영화가 허망한 것임을 깨닫고 불도에 귀의하고자 결심하는데, 이때 꿈에서 깨어난다. 꿈에서 깬 성진은 인간 세상에 환생했던 팔선녀와 함께 육관대사의 가르침을 받고 불법의 심오한 진리를 크게 깨닫는다.

★★★ 1등급 대비 고난도 2편 문제

10   작품 내용의 이해   정답률 47% | 정답 ②

윗글에 대한 이해로 적절하지 않은 것은?

① 양생은 정 소저가 명성이 높음을 알고 있었다.
양생이 두련사에게 재모가 뛰어난 정 소저의 이야기를 듣고 섬월이 말하던 여자임을 깨달으며 '어떤 여자이기에 두 서울 사이에 이렇듯 이름을 얻었는고?'라고 생각하는 부분을 통해 양생이 정 소저의 높은 명성을 알고 있었음을 확인할 수 있다.

☑ 양생은 정 소저와 만나기 위해 과거 시험을 피하고자 하였다.
두련사가 양생에게 정 소저의 '가문이 너무 높아', '신방 급제를 하면 이 혼사를 의논'할 수 있다고 말하고, 양생이 두련사에게 '이번 과거는 소자의 주머니 가운데 있는 것이나 다름이 없습니다.'라고 말한다. 이를 통해 양생이 정 소저와의 혼인을 위한 과거 시험에 대한 자신감을 보이고 있음을 알 수 있다. 즉 양생은 과거 시험을 피하고자 하지 않았음을 확인할 수 있다.

③ 부인은 교자를 보내 거문고 타는 여자를 집으로 불러 들였다.
'정 사도 집에서 작은 작은 교자와 시비 한 사람을 보내 거문고 타는 여자를 청하였다.'를 통해, 부인은 거문고 타는 사람이 양생이 아니라 여자라 생각하고 교자를 보내 집으로 불러들였음을 알 수 있다.

④ 부인은 정 소저가 젊은 여관에게 가르침을 주는 것에 동의하였다.
부인이 '소저의 가르치심을 바라이다.'라는 젊은 여관의 말을 듣고 정 소저를 불러내는 부분에서, 부인은 정 소저가 젊은 여관에게 가르침을 주는 것에 동의하였음을 확인할 수 있다.

⑤ 두련사는 부인이 전 노파의 이야기를 듣고 양생을 불러주기를 기대하였다.
전 노파가 거문고 소리를 들은 후 '우리 부인이 들으시면 부르실 법하니 두련사는 저 사람을 머물러 두소서.'라고 말하고 돌아가자 두련사가 좋은 소식이 오기를 기다리는 부분에서, 두련사는 부인이 전 노파의 이야기를 듣고 양생을 불러주기를 기대하였음을 확인할 수 있다.

★★ 문제 해결 꿀~팁 ★★

▶ 많이 틀린 이유는?
이 문제는 작품 내용을 정확하게 이해하지 못해 오답률이 높았던 것으로 보인다.

▶ 문제 해결 방법은?
이 문제처럼 작품 이해 문제를 해결하기 위해서는 먼저 인물을 중심으로 소설을 읽어 전체 내용을 쉽게 떠올릴 수 있도록 해야 한다. 그런 다음 선택지에 제시된 내용이 글의 어느 부분에 있는지를 떠올려서 이에 해당하는 내용을 찾아 적절한 이해인지 판단하여야 한다. 정답인 ②의 경우에도 두련사와 양생의 대화하는 장면에서 해당 내용이 언급됨을 떠올리고, 이 부분에서 양생이 '이번 과거는 소자의 주머니 가운데 있는 것이나 다름이 없습니다.'라고 말하는 것을 찾았다면 적절하지 않음을 바로 알았을 것이다. 한편 학생들 중에는 소설을 읽을 때 빨리 읽는 것에 치중하여 정확히 읽지 못하는 경우가 있는데, 이럴 경우 문제를 풀 때 어려움을 겪을 수 있으므로 소설이라 하더라도 꼼꼼하게 읽을 수 있도록 한다.

---

11   인물의 말하기 방식 파악   정답률 75% | 정답 ⑤

[A]와 [B]에 대한 이해로 가장 적절한 것은?

① [A]와 [B]에서는 모두 상황을 가정하며 상대방을 회유하고 있다.
[A]와 [B]에서 상황을 가정하며 상대방을 회유하지 않는다.

② [A]와 [B]에서는 모두 이상적 가치를 내세워 자신의 행동을 정당화하고 있다.
[A]와 [B]에서 이상적 가치를 내세워 자신의 행동을 정당화하지 않는다.

③ [A]에서는 과거 사건에 대한 정보를 제공하고, [B]에서는 앞으로 일어날 일을 예견하고 있다.
[A]에서 과거 사건에 대한 정보를 제공하는 내용은 나타나지 않는다. [B]에서는 앞으로 일어날 일을 예견하는 내용이 직접적으로 나타나지는 않지만 정 소저를 만나기 위해 '소저께서 매우 총명하여 곡조를 아는 것이 문희보다 나으시다 하오니 원컨대 천한 재주를 시험하여 소저의 가르치심을 바란다고 하면서 부인에게 정 소저의 가르침을 요청하는 것으로 보아 자신의 요청에 부인이 정 소저를 부를 것이라고 짐작했다고 볼 수 있다.

④ [A]에서는 상대방을 설득하기 위해 자신의 능력을 과시하고, [B]
에서는 환심을 사기 위해 우월한 지위를 드러내고 있다.
[A]의 '이번 과거는 소자의 주머니 가운데 있는 것이나 다름이 없습니다.'라는 말을 통해
상대방을 설득하기 위해 자신의 능력을 과시하고 있음을 알 수 있다. 반면 [B]에서는
'빈도가 비록 옛 소리를 배웠으나 스스로 좋고 나쁨을 알지 못'한다고 자신을 낮추고
있음을 알 수 있으므로 환심을 사기 위해 우월한 지위를 드러내고 있다는 것은 적절하지
않다.

✅ [A]에서는 자신이 원하는 바를 직접 드러내고, [B]에서는 자신이
원하는 바를 이루기 위해 상대방의 행동을 유도하고 있다.
[A]에서는 '다만 평생 ~ 보게 하소서.'라며 원하는 바를 직접 드러내고, [B]에서는 '소저의
가르치심을 바라나이다.'라고 말하며 양생이 진정 원하는 바인 정 소저의 얼굴을 직접
보기 위해 부인으로 하여금 정 소저를 불러내도록 유도하고 있다.

12 　외적 준거에 따른 작품의 감상　　정답률 63% | 정답 ④

〈보기〉를 참고하여 윗글을 감상한 내용으로 적절하지 않은 것은? [3점]

―〈보 기〉―
「구운몽」은 문학적 형상화를 통해 소설적 재미와 진실성을 확보하였다. 속임수를 통한
긴장감의 유발, 애정의 상대를 직접 보고 싶어 하는 인간 본연의 욕망에 대한 진솔한 표현,
당대의 사회적 금기를 넘어서는 인물의 행동, 치밀하게 전개되는 욕망의 성취 과정과 욕망
의 성취 과정에서 발생하는 감정의 변화 등은 독자들에게 문학적 쾌감을 주어 널리 애독
되었고 후대 문학에 영향을 주었다.

① 양생이 여사도의 복장으로 정 사도 집에 들어가는 부분은 긴장감
을 유발한다고 할 수 있겠군.
양생이 여사도의 복장으로 정 사도 집에 들어가는 부분은 속임수를 통해 긴장감이 유발
되는 부분이다.

② 양생이 재상가의 처자인 정 소저를 만나는 부분에서 당대의 사회
적 금기를 넘어서는 행동이 드러나는군.
두련사가 '재상가 처자를 어찌 서로 볼 수 있으리오.'라고 말하는 장면과, 계책을 이용해
야만 양생이 정 소저를 만날 수 있다는 내용을 통해 양생이 정 소저를 만나는 것은 당대
의 사회적 금기를 넘어서는 행동임을 확인할 수 있다.

③ 양생이 두련사의 도움을 받고 전 노파를 이용해 부인에게 초대받
는 부분은 욕망의 성취 과정이라고 할 수 있겠군.
계교를 꾸민 두련사는 거문고를 잘 타는 사람이 나이 젊은 여관이라 전 노파를 속이고
있고, 전 노파는 이를 듣고 부인이 들으면 좋을 것이라 하여 나이 젊은 여관을 머물게
한다. 그리고 부인의 명에 따라 나이 젊은 여관으로 변장한 양생이 부인 집으로 가서
소저를 만나게 된다. 이렇게 볼 때, 양생이 두련사의 도움을 받고 전 노파를 이용해 부인
에게 초대받는 것은 소저를 만나고 싶은 양생의 욕망 성취 과정을 보여 주는 것이라 할
수 있다.

✅ 양생이 부인에게 귀한 거문고를 보이며 천금이라도 바꾸지 않겠다
고 하는 부분에서 인간 본연의 욕망이 드러나는군.
양생이 거문고를 보이며 천금이라도 바꾸지 않겠다고 하는 것은 애정의 상대를 직접
보고 싶어 하는 욕망의 표현이 아니다. 양생의 거문고가 좋은 재목으로 만들어져 있다는
부인의 말을 긍정하며 매우 귀한 거문고임을 강조하는 것이라 할 수 있다.

⑤ 양생이 정 소저와의 만남을 이루는 과정에서 다급해 하고 정신이
요란해지고 안타까워하는 감정의 변화가 드러나는군.
양생이 정 소저를 보고 싶어 하는 것은 애정의 상대를 직접 보고 싶어 하는 인간 본연의
욕망으로, 양생이 정 소저와의 만남을 이루는 과정은 욕망의 성취 과정이라고 볼 수 있다.
이 과정에서 다급해 하고 정신이 요란해지고 안타까워하는 감정의 변화를 확인할 수
있다.

DAY 07 　20분 미니 모의고사

01 ①	02 ②	03 ⑤	04 ④	05 ④
06 ①	07 ④	08 ⑤	09 ①	10 ②
11 ④	12 ⑤			

01 　말하기 방식의 파악　　정답률 93% | 정답 ①

위 발표에 대한 설명으로 적절하지 않은 것은?

✅ 발표를 시작하며 발표 순서와 방법을 안내하고 있다.
1문단을 통해 발표자가 발표 주제에 관심을 갖게 된 이유와 발표 주제를 언급하고 있음
을 알 수 있다. 하지만 1문단을 통해 발표 순서와 방법을 안내하는 내용은 찾아볼 수
없다.

② 발표 매체의 특성을 활용하여 청중과 상호작용하고 있다.
1문단에서 발표자는 질문을 던진 뒤 '(채팅 창의 반응을 보고) 네, 맞습니다.'와 같이 말
하고 있다. 또한 4문단에서도 발표자는 질문을 던진 뒤 '(채팅 창을 보며) 네 맞습니다.'와
같이 말하고 있다. 이를 통해 온라인 수업 상황에서 발표자는 질문을 던지면서 발표 중에
채팅 창에 올라온 청중의 반응을 확인하고 있으므로, 청중과 상호작용하며 발표를 진행
한다고 할 수 있다.

③ 발표자의 경험을 언급하며 주제 선정 이유를 밝히고 있다.
1문단에서 발표자는 수어 인사 캠페인을 본 경험을 언급하면서 발표 주제를 선정한 이유
를 밝히고 있다.

④ 시범을 보이며 발표를 진행하여 청중의 이해를 돕고 있다.
3문단에서 발표자는 '행복'과 '행복하니?'에 대한 수어 동작을 소개하며 직접 시범을 보여
청중의 이해를 돕고 있다.

⑤ 발표를 마무리하며 추가 정보의 확인 방법을 안내하고 있다.
4문단에서 발표자는 발표를 준비하기 위해 자신이 참고한 정보의 출처를 밝혀 청중이
추가 정보를 확인하는 방법을 안내하며 발표를 마무리하고 있다.

02 　청중 반응의 이해　　정답률 95% | 정답 ②

다음은 위 발표를 들은 학생들의 반응이다. 학생의 반응을 이해한 내용으로 가장 적절한
것은?

학생 1 : 축제 공연을 준비하면서 안무를 어떻게 구성할지 고민이 많았는데, 수어 인사를
넣어야겠어. '사랑'을 뜻하는 수어를 넣고 싶은데, 국립국어원 누리집을 찾아봐야겠어.
학생 2 : 방송에서 보았던 수어 통역사가 코로나 19 상황임에도 마스크를 쓰지 않았던
이유가 궁금했는데, 수어에서 표정이 의미 전달에 중요한 역할을 하기 때문이었군!

① 학생 1은 배경지식을 바탕으로 발표 내용의 정확성을 점검하고 있다.
학생 1은 발표를 들은 뒤 발표 내용을 축제 공연의 안무 구성에 적용하려 하고 있고, 이를
위해 발표자가 소개한 방법을 통해 수어 단어를 찾아보려 하고 있다. 하지만 '학생 1'의
반응을 통해 배경지식을 바탕으로 발표 내용의 정확성을 점검하는 내용은 찾아볼 수
없다.

✅ 학생 2는 발표에서 들은 내용을 활용하여 자신이 궁금했던 점을
해소하고 있다.
학생 2는 수어에서 비수지 기호가 의미를 나타내거나 문장 형식을 결정하는 역할을 한
다는 발표 내용을 듣고, 수어 통역사가 코로나 19 상황에서도 마스크를 쓰지 않은 이유에
대한 궁금증을 해소하고 있다.

③ 학생 1은 학생 2와 달리 발표 내용에 포함된 정보가 부족한 점을
지적하며 비판하고 있다.
학생 1과 학생 2의 반응을 통해 발표 내용에 포함된 정보가 부족한 점을 지적한 내용은
찾아볼 수 없다.

④ 학생 2는 학생 1과 달리 발표 내용과 관련하여 나타날 수 있는 여러
가지 문제점을 예측하고 있다.
학생 1과 학생 2의 반응을 통해 발표 내용과 관련하여 나타날 수 있는 문제점을 예측한
내용은 찾아볼 수 없다.

⑤ 학생 1과 학생 2는 모두 발표 내용을 바탕으로 평소 자신이 잘못
알고 있었던 정보를 수정하고 있다.
학생 1과 학생 2의 반응을 통해 발표를 듣고 평소 자신이 잘못 알고 있었던 정보를 수정
한 내용은 찾아볼 수 없다.

03 조언에 따른 제목의 적절성 판단   정답률 84% | 정답 ⑤

〈보기〉는 초고를 읽은 교사의 조언이다. 이를 반영하여 [A]를 작성한다고 할 때, 가장 적절한 것은?

───〈 보 기 〉───

"글의 제목은 글에 대한 독자의 관심을 이끌어 낼 수 있도록 표현하는 게 좋아. 기후 변화의 심각성과 글의 5문단에서 말하고자 하는 바가 잘 드러나는 내용으로 쓰는 게 좋겠어."

① 기후 변화 정책, 학교와 사회의 실천적 연대를 지향할 때
독자의 관심을 이끌어 내는 표현이 없고, 기후 변화의 심각성이 잘 드러나지 않았다.

② 기후 변화에 대처하는 삶의 양식 전환, 이제 더 이상은 미룰 수 없다
'이제 더 이상은 미룰 수 없다'에서 기후 변화의 심각성을 드러내며 독자의 관심을 이끌어 내고 있다고 볼 수 있다. 하지만 '기후 변화에 대처하는 삶의 양식 전환'이라는 표현은 5문단에서 말하고자 하는 바를 잘 드러냈다고 보기 어렵다.

③ 환경에 위협받는 삶, 인간 중심의 삶에서 환경과 공존하는 생활로 전환
'환경에 위협받는 삶'이라는 표현으로 독자의 관심을 끌면서 기후 변화의 심각성을 드러내고 있다. 하지만 '인간 중심의 삶에서 환경과 공존하는 생활로 전환'은 5문단에서 말하고자 하는 바를 잘 드러낸다고 할 수 없다.

④ 기후 변화 문제, 청소년을 위해 모두가 실천적 노력으로 모여야 할 시기
'기후 변화 문제'로 인해 '모두가 실천적 노력으로 모여야 할 시기'를 통해 기후 변화의 심각성이 어느 정도 드러난다고 볼 수는 있다. 하지만 기후 변화 문제는 청소년에게만 해당되는 문제가 아니고 5문단에서 말하고자 하는 바 또한 잘 드러났다고 볼 수 없으므로 적절하지 않다.

✅ 미래를 위협하는 기후 변화, 실천을 도와 청소년의 삶에서 대응을 실현할 때
〈보기〉를 통해 교사는 독자의 관심을 이끌어 낼 수 있도록 표현하면서 기후 변화의 심각성이 잘 드러나는 내용으로 쓸 것, 그리고 글의 5문단의 내용이 잘 드러나는 내용으로 쓸 것을 조언하였음을 알 수 있다. 이러한 선생님의 조언이 잘 반영된 제목은 ⑤로, ⑤에서는 '미래를 위협하는 기후 변화'를 통해 독자의 관심을 이끌어 내는 동시에 기후 변화의 심각성을 드러내고 있음을 알 수 있다. 그리고 '실천을 도와 청소년의 삶에서 대응을 실현할 때'를 통해, 5문단의 내용을 잘 드러내고 있음을 알 수 있다.

04 피동 표현의 탐구   정답률 77% | 정답 ④

〈보기〉의 [A]에 들어갈 말로 적절하지 <u>않은</u> 것은?

───〈 보 기 〉───

학생 : 선생님, 피동 표현은 어떤 경우에 사용하나요?
선생님 : 피동 표현은 행위의 주체보다 대상을 부각하고 싶을 때, 행위의 주체를 분명하게 밝히지 않고자 할 때, 행위의 주체가 중요하지 않거나 누구나 아는 사람이어서 말할 필요가 없을 때 사용해요. 또한 행위의 주체를 분명히 설정하기 어려운 경우에 사용하기도 해요. 이제 아래 자료를 보고 피동 표현에 대해 탐구해 봅시다.

ⓐ ┌ 벌이 그를 쏘았다.
　└ 그가 벌에 쏘였다.

ⓑ ┌ 내가 편지를 찢었다.
　└ 편지가 찢어졌다.

ⓒ ┌ 기자가 내 이야기를 신문에 실었다.
　└ 내 이야기가 신문에 실렸다.

ⓓ ┌ 국민들이 대통령을 뽑았다.
　└ 대통령이 뽑혔다.

ⓔ ┌ *A가 추웠던 날씨를 풀었다.
　└ 추웠던 날씨가 풀렸다.

※ '*'는 문법에 맞지 않음을 나타냄.

학생 : [A]

선생님 : 네, 맞아요.

① ⓐ을 보니, 피동 표현을 통해 행위의 대상인 '그'를 부각할 수 있겠군요.
ⓐ에서 쏘는 행위의 주체는 '벌'이고 행위의 대상은 '그'이다. 따라서 ⓐ은 '그'를 부각하기 위해 피동 표현을 사용한 경우라 할 수 있다.

② ⓑ을 보니, 피동 표현을 통해 '편지'를 찢은 주체를 분명하게 밝히지 않을 수 있겠군요.
선생님의 말을 통해 피동 표현은 행위의 주체를 분명하게 밝히지 않고자 할 때 사용함을 알 수 있다. 따라서 ⓑ은 피동 표현을 통해 '편지'를 찢은 주체인 '나'를 밝히지 않은 경우라 할 수 있다.

③ ⓒ을 보니, 행위의 주체인 '기자'가 중요하지 않을 때 피동 표현을 사용할 수 있겠군요.
선생님의 말을 통해 피동 표현은 행위의 주체가 중요하지 않을 때 사용함을 알 수 있다. 따라서 ⓒ은 행위의 주체인 '기자'가 중요하지 않을 때 피동 표현을 사용할 수 있는 경우라 할 수 있다.

✅ ⓓ을 보니, 행위의 주체인 '대통령'이 누구나 아는 사람일 때 피동 표현을 사용할 수 있겠군요.
선생님의 말을 통해 피동 표현은 행위의 주체가 중요하지 않거나 누구나 아는 사람이어서 말할 필요가 없을 때 사용함을 알 수 있고, ⓓ에서 '대통령'을 뽑은 행위의 주체는 '국민들'임을 알 수 있다. 따라서 ⓓ은 행위의 주체가 누구나 아는 사람이어서 말할 필요가 없을 때 피동 표현을 사용할 수 있는 경우라 할 수 있다.

⑤ ⓔ을 보니, 행위의 주체를 분명히 설정하기 어려워 피동 표현을 사용했겠군요.
선생님의 말을 통해 피동 표현은 행위의 주체를 분명히 설정하기 어려운 경우에 사용함을 알 수 있다. 따라서 ⓔ은 '날씨'를 '푼' 행위의 주체를 분명히 설정하기 어려워 피동 표현을 사용한 경우라 할 수 있다.

05~09 과학

'방수의 기능(재구성)'

해제   이 글은 안구를 이루는 기관들의 역할에 대해 설명하고 있다. 시각기관인 눈은 안구와 부속 기관으로 이루어진다. 안구 중, 안방의 방수와 유리체는 눈의 구조와 시력 유지에 중요한 역할을 담당한다. 특히 방수는 수정체와 각막 사이의 공간을 채움으로써 안구의 형태를 유지하는 것뿐만 아니라, 안구 앞쪽의 투명 구조에 영양분을 공급하고 노폐물을 배출하는 역할도 한다. 이러한 방수는 배출이 원활하지 않으면 안압이 상승하여 시신경이 손상될 수 있다.

주제   안구를 이루는 기관들의 역할

문단 핵심 내용

1문단	눈의 구성 및 안구의 의미
2문단	안구벽을 이루는 기관들의 특징
3문단	안구 형태 유지의 중요성
4문단	유리체의 역할
5문단	방수로 채워져 있는 '안방'
6문단	방수의 역할과 순환 과정
7문단	방수 흐름이 원활하지 않을 때 발생하는 문제점

★★★ 1등급 대비 고난도 2편 문제

05 세부 정보의 이해   정답률 42% | 정답 ④

윗글에 대한 이해로 적절하지 <u>않은</u> 것은?

① 각막은 공막과 달리 투명하다.
2문단에서 안구벽의 바깥층인 공막이 투명하게 변형되어 각막을 이룬다 하였으므로, 각막은 공막과 달리 투명하다고 할 수 있다.

② 수정체는 빛이 통과할 수 있는 구조이다.
2문단의 '혈관 중 다수가 밀집해 있어 빛의 통과를 막'는다는 내용과 6문단의 '혈관 분포가 없어 투명한 구조인 각막이나 수정체'라는 내용을 통해, 수정체는 투명 구조라는 사실과 투명한 구조는 빛이 통과할 수 있다는 사실을 알 수 있다. 따라서 수정체는 빛이 통과할 수 있다고 할 수 있다.

③ 유리체는 맥락막에 대하여 망막을 지지해 준다.
4문단에서 유리체는 안구 내압을 적정하게 유지함으로써 맥락막에 대하여 망막을 지지해 준다고 하였으므로 적절한 이해라 할 수 있다.

✅ 섬모체는 수정체와 연결되어 물체의 원근을 감지한다.
2문단에서 섬모체는 수정체가 물체의 원근에 따라 초점을 조절하는 것을 돕는다고 하였으므로, 섬모체가 물체의 원근을 감지한다는 이해는 적절하지 않다.

⑤ 방수는 슐렘관을 거쳐 심장으로 들어가 혈액에 합쳐진다.
6문단에서 방수는 섬유주를 통해 배출된 후 슐렘관으로 재흡수되어 심장으로 들어가 혈액에 합류된다고 하였으므로 적절한 이해라 할 수 있다.

★★ 문제 해결 꿀~팁 ★★

▶ **많이 틀린 이유는?**
이 문제는 선택지에서 글의 내용을 직접적으로 제시하지 않고 변형하여 제시하여 오답률이 높았던 것으로 보인다. 또한 선택지의 내용이 두 문단에 걸쳐 제시되어 있었던 것도 오답률을 높였던 것으로 보인다.

▶ **문제 해결 방법은?**
최근의 내용 이해 문제는 글의 내용을 직접적으로 제시하지 않고 글의 내용과 유사하게 하면서도 일부 내용을 변형하여 제시하는 경향이 많다. 정답인 ④의 경우에도 2문단에서 섬모체는 수정체가 물체의 원근에 따라 초점을 조절하는 것을 돕는다고 하였는데, 선택지에서는 섬모체가 물체의 원근을 감지한다고 마치 글의 내용처럼 변형하여 제시하고 있다. 하지만 2문단의 내용을 정확히 읽으면 섬모체가 물체의 원근을 감지한다는 이해는 적절하지 않음을 알아차릴 수 있었을 것이다. 이처럼 최근 수능의 내용 이해 문제에서는 글의 내용을 잘못 변형하면서 마치 사실인 것처럼 제시하는 경우가 있으므로, 선택지를 보다 꼼꼼히 읽어서 적절성 여부를 판단할 있도록 한다.

▶ **오답인 ②를 많이 선택한 이유는?**
이 문제의 경우 학생들이 ②가 적절하지 않다고 하여 오답률이 높았는데, 이는 선택지의 내용이 두 문단의 내용을 통합하여 제시하여 정확하게 이해하지 못했기 때문으로 보인다. 만일 2문단의 '혈관 중 다수가 밀집해 있어 빛의 통과를 막'는다는 내용과 6문단의 '혈관 분포가 없어 투명한 구조인 각막이나 수정체'라는 내용을 파악했다면 적절함을 알 수 있었을 것이다. 한편 이러한 선택지 형식 또한 최근의 문제에서 자주 출제되는데, 이 경우에는 선택지의 핵심이 되는 것(②번 선택지에서는 '수정체'임.)을 찾고, 이러한 핵심적인 것에 대한 설명이 글의 어느 부분에서 설명하고 있는지는 확인해야 한다. 그런 다음 이러한 내용을 다시 선택지와 비교하여 적절성 여부를 판단해야 한다. 간혹 학생들 중에는 특정 부분에만 있는 내용으로 판단하는 경우가 있는데, 그렇게 할 경우 잘못을 범하기 쉬우므로 유의하도록 한다.

---

06 내용의 추론   정답률 58% | 정답 ①

윗글을 참고할 때, 〈보기〉의 ㉮ ~ ㉰에 들어갈 말로 적절한 것은?

〈보 기〉
안방이 비어 있다면, 외부에서 누르는 기압에 대응하기 위해 유리체가 (㉮)는 압력 때문에 안방이 찌그러질 가능성이 높다. 따라서 방수가 이 공간을 채우는데, 만약 방수의 공급량에 비해 배출량이 (㉯)지게 되면 안압이 (㉰)하여 시신경이 손상된다.

	㉮	㉯	㉰
✔	밀어내	적어	상승

5문단을 통해 안방이 비어 있다면 외부에서 누르는 기압과 이에 대응하기 위해 유리체가 밀어내는(㉮) 압력 때문에 각막과 수정체가 서로 달라붙거나 찌그러질 가능성이 높음을 알 수 있다. 그리고 7문단을 통해 방수는 배출 여부와 관계없이 계속 공급되므로 배출이 원활하지 않아 공급량에 비해 배출량이 적어지면(㉯), 과도한 방수로 안압이 상승(㉰)하여 시신경이 위축됨을 알 수 있다.

②	밀어내	적어	하강
③	밀어내	많아	상승
④	당기	많아	하강
⑤	당기	많아	상승

---

07 세부 정보의 추론   정답률 67% | 정답 ④

㉠ ~ ㉢에 대한 이해로 적절한 것은?

① ㉠에는 영양분을 공급하는 혈관이 다수 밀집되어 있다.
영양분을 공급하는 혈관 중 다수가 밀집되어 있는 것은 맥락막이다.

② ㉢은 수정체가 초점을 조절하는 것을 돕는다.
수정체가 초점을 조절하는 것을 돕는 것은 섬모체이다.

③ ㉠과 ㉡은 안구를 보호하는 데 필요한 부속 기관이다.
각막과 맥락막은 모두 안구를 구성하는 부분이다.

✔ ㉡은 빛의 분산을 막아 ㉢에서 상을 맺는 것을 돕는다.
2문단을 통해 빛이 각막을 통과하여 망막에 상 맺는 과정에서 맥락막은 빛이 공막으로 분산되지 않도록 하는 역할을 함을 알 수 있다.

⑤ ㉢을 통과한 빛이 ㉠에서 감지된다.
각막을 통과한 빛은 망막에서 감지된다.

---

08 핵심 정보 이해 및 다른 대상과의 비교   정답률 71% | 정답 ⑤

윗글의 방수와 〈보기〉의 눈물을 비교한 내용으로 적절하지 않은 것은? [3점]

〈보 기〉
눈물은 윗눈꺼풀 안쪽의 누선에서 분비된다. 눈을 깜박일 때마다 눈물은 안구 표면 전체를 적시는데, 특히 각막을 고르게 덮어준다. 이때 눈물은 각막에 습기를 지속적으로 공급하고, 안구의 운동을 원활하게 한다. 또한 먼지나 병균을 씻어내어 안구를 청결하게 유지한다. 제 역할을 다한 눈물은 안쪽 눈구석에 있는 누점을 통해 누관을 타고 콧속으로 배출된다. 정상적인 눈물은 분비와 배출의 비율이 일정 수준으로 유지되어야 한다.

① 방수는 섬유주를 통해, 눈물은 누점을 통해 배출된다.
6문단을 통해 방수는 섬유주라는 조직을 통해 배출됨을 알 수 있고, 〈보기〉를 통해 눈물은 누점을 통해 누관을 타고 배출됨을 알 수 있다.

② 방수는 각막에 영양분을, 눈물은 각막에 습기를 공급한다.
6문단을 통해 방수는 각막이나 수정체에 영양분을 공급함을 알 수 있고, 〈보기〉를 통해 눈물은 각막에 습기를 지속적으로 공급함을 알 수 있다.

③ 방수는 안구의 형태를 유지하는 데, 눈물은 안구의 청결 상태를 유지하는 데 기여한다.
6문단을 통해 방수는 각막의 형태를 유지하여 안구의 정확한 형태 유지를 돕고 있음을 알 수 있고, 〈보기〉를 통해 눈물은 먼지나 병균을 씻어 주어 안구를 청결하게 유지함을 알 수 있다.

④ 방수와 눈물은 모두 적정한 양이 유지되어야 정상적인 상태라고 볼 수 있다.
7문단을 통해 방수는 적정량이 제대로 흘러야 문제가 발생하지 않음을 알 수 있고, 〈보기〉를 통해 눈물은 분비와 배출 비율이 일정 수준으로 유지되어야 정상적인 상태임을 알 수 있다.

✔ 방수와 눈물은 모두 안구 표면을 적셔 안구가 원활하게 움직일 수 있도록 한다.
6문단을 통해 섬모체에서 만들어진 방수는 안방을 채운 후 섬유주를 통해 배출됨을 알 수 있고, 5문단을 통해 이러한 방수는 수정체가 원활하게 움직일 수 있도록 돕는다는 것을 알 수 있다. 그러나 〈보기〉를 통해 눈물은 안구 표면을 적셔 안구가 원활하게 움직일 수 있도록 도우므로, 방수와 눈물 모두 안구 표면을 적셔 안구가 원활하게 움직일 수 있도록 한다는 비교는 적절하지 않다.

---

09 단어의 문맥적 의미 파악   정답률 85% | 정답 ①

ⓐ와 문맥적 의미가 가장 유사한 것은?

✔ 날아가던 공이 오른쪽으로 틀어졌다.
ⓐ의 '틀어지다'는 '본래의 방향에서 벗어나 다른 쪽으로 나가다.'는 뜻으로 사용되었으므로, 이와 유사하게 사용된 것은 ①이라 할 수 있다.

② 늦잠을 자는 바람에 계획이 틀어졌다.
'꾀하는 일이 어그러지다.'는 의미로 사용되었다.

③ 햇볕에 오래 두었더니 목재가 틀어졌다.
'어떤 물체가 반듯하고 곧바르지 아니하고 옆으로 굽거나 꼬이다.'는 의미로 사용되었다.

④ 마음이 틀어져서 아무 말도 하지 않았다.
'마음이 언짢아 토라지다.'는 의미로 사용되었다.

⑤ 초등학교 때부터 사귀던 친구와 틀어졌다.
'사귀는 사이가 서로 벌어지다.'는 의미로 사용되었다.

10~12 고전 시가

(가) 정약용, 「고시」

감상   이 작품은 제비를 통해 핍박받는 백성들의 고통을 표현하며 지배 계층의 횡포를 고발하고 있는 한시이다. 관리들에게 수탈당하는 백성들의 눈물겨운 삶의 모습을 우의적으로 표현하면서, 백성에 대한 연민과 더불어 부정적 현실을 고발하고 있다.

주제   백성들이 삶의 터전을 잃은 부당한 현실에 대한 비판

(나) 작자 미상, 「시집살이 노래」

감상   이 작품은 봉건적 가족 관계 속에서 여인들이 겪는 시집살이의 괴로움과 고통을 해학적으로 표현한 민요이다. 사촌 자매 간의 대화 형식으로 시상을 전개하면서, 언어 유희, 비유, 대구 등의 다양한 표현 방식을 사용하여 고된 시집살이로 인한 고충과 체념적 태도를 드러내고 있다.

주제   시집살이로 인한 고통과 체념

DAY 07

★★★ 1등급 대비 고난도 2점 문제

10 표현상 공통점 파악　　정답률 42% | 정답 ②

(가)와 (나)의 공통점으로 가장 적절한 것은?

① 반어적인 표현을 사용하여 시적 정서를 부각하고 있다.
　(가), (나) 모두 반어적인 표현은 사용하지 않았다.

✔ 대화 형식을 활용하여 현실에 대한 인식을 드러내고 있다.
　(가)에서는 제비와 화자와의 대화 형식을 활용하여 '황새'와 '뱀'에 의해 '제비'가 괴롭힘을 당하는 현실에 대한 비판적인 인식을 드러내고 있다. (나)에서는 시집 간 형님과 사촌 동생과의 대화 형식을 활용하여 고달픈 시집살이에 대한 비판적인 인식을 드러내고 있다.

③ 시간의 흐름을 통해 깨달음에 이르는 과정을 제시하고 있다.
　(가), (나) 모두 시간의 흐름과 깨달음에 이르는 과정이 드러나지 않는다.

④ 감각적 이미지를 활용하여 자연의 아름다움을 드러내고 있다.
　(가), (나) 모두 자연의 아름다움을 드러내지 않는다.

⑤ 자연물에 감정을 이입하여 대상에 대한 안타까움을 강조하고 있다.
　(가), (나) 모두 자연물에 화자의 감정을 이입하지 않는다.

★★ 문제 해결 꿀~팁 ★★

▶ 많이 틀린 이유는?
두 작품의 표현상 공통점을 파악하는 문제인데, 선택지에 제시된 개념을 (가), (나)에서 정확히 찾아내지 못하여 오답률이 높았던 것으로 보인다.

▶ 문제 해결 방법은?
가장 기본이 되어야 하는 것은 문학 용어 및 선택지에 제시된 서술에 대한 이해이다. 즉 반어적인 표현, 대화 형식을 활용, 시간의 흐름, 감각적 이미지를 활용, 자연물에 감정을 이입 등을 이해하는 것이다. 이러한 개념이나 선택지에 제시된 서술 내용을 평소에 충분히 숙지하지 못하고 있으면 수능에서 자주 출제되는 이런 문제는 해결하기 어려우므로, 평소 주요 문학 용어 및 서술 내용은 정리하여 숙지할 필요가 있다. 한편 선택지의 앞부분에 제시된 표현은 정확하고 뒤에 이어지는 효과는 정확하지 않은 경우가 있으므로 유의해야 한다.

▶ 오답인 ⑤를 많이 선택한 이유는?
⑤번 문제를 적절하다고 선택하여 오답률이 높았던 가장 큰 이유는, (가), (나) 모두 자연물이 등장하므로 자연물에 감정을 이입하였다고 잘못 생각했기 때문이다. (가)에서 자연물인 제비는 의인화된 대상으로 화자와 대화하는 대상에 해당하므로 화자의 감정이 이입되었다고 볼 수 없다. 그리고 (나)에서는 자연물에 비유하여 화자 자신의 상황을 드러내고 있을 뿐, 이러한 자연물에 감정을 이입하지는 않고 있다. 이처럼 자연물이 제시되더라도 감정이 이입되지 않은 경우가 많으므로, 작품 내용을 충분히 살펴서 감정 이입 여부를 판단할 수 있어야 한다.

11 세부 정보의 파악　　정답률 82% | 정답 ④

ⓐ ~ ⓔ 중 (가)를 이해한 내용으로 적절하지 않은 것은?

> 오늘 수업 시간에 정약용의 「고시」가 조선 후기 지배층의 횡포와 피지배층의 고난을 드러낸 작품임을 배웠어. 이 작품에서 ⓐ '황새'와 '뱀'은 백성들을 괴롭히는 지배 세력을 상징하고, ⓑ '제비'는 지배 세력으로부터 착취당하는 백성들을 상징해. ⓒ 피지배층의 고난은 삶의 터전마저 빼앗기는 절박한 상황으로 그려지고 있어. ⓓ 그런 상황에서도 백성들은 현실에 굴하지 않는 꿋꿋한 모습을 보여. 이 작품을 통해 ⓔ 작가는 당대의 부정적 현실을 우회적으로 고발하고 있어.

① ⓐ '황새'와 '뱀'은 백성들을 괴롭히는 지배 세력을 상징하고
　당시 지배층의 횡포와 피지배층의 고난과 관련지어 이해하면, '황새'와 '뱀'이 '제비'를 괴롭히는 내용이 드러나므로 '황새'와 '뱀'은 백성들을 괴롭히는 지배 세력을 상징한다는 이해는 적절하다.

② ⓑ '제비'는 지배 세력으로부터 착취당하는 백성들을 상징해.
　당시 지배층의 횡포와 피지배층의 고난과 관련지어 이해하면, '황새'와 '뱀'이 '제비'를 괴롭히는 내용이 드러나므로 '제비'는 지배 세력으로부터 착취당하는 백성들을 상징한다는 이해는 적절하다.

③ ⓒ 피지배층의 고난은 삶의 터전마저 빼앗기는 절박한 상황으로 그려지고 있어.
　'집 없는 서러움'에서 피지배층의 고난을 삶의 터전마저 빼앗기는 절박한 상황으로 그리고 있음을 확인할 수 있다.

✔ ⓓ 그런 상황에서도 백성들은 현실에 굴하지 않는 꿋꿋한 모습을 보여.
　그치지 않는 제비의 울음소리로 피지배계층인 백성의 고통을 표현하였으나, 현실에 굴하지 않는 백성들의 꿋꿋한 모습은 드러나지 않는다.

⑤ ⓔ 작가는 당대의 부정적 현실을 우회적으로 고발하고 있어.
　작가는 당대의 부정적 현실을 우화적 기법을 통해 우회적으로 고발하고 있으므로 적절하다.

12 외적 준거에 따른 작품의 감상　　정답률 78% | 정답 ⑤

〈보기〉를 바탕으로 (나)를 감상한 내용으로 적절하지 않은 것은? [3점]

> ─〈보 기〉─
> 「시집살이 노래」는 고통스러운 시집살이를 하는 아녀자들의 생활을 진솔하게 표현한 민요이다. 이 작품 속 여인은 대하기 어려운 시집 식구와 과중한 가사 노동으로 인해 힘든 삶을 살고 있다. 이러한 삶 속에서 여인은 자신의 처지를 한탄하기도 하고, 체념하는 태도를 보이기도 한다.

① ㉠에서 '고추', '당추'와 비교하여 시집살이의 고통을 표현하고 있군.
　'고추', '당추'와 비교하여 시집살이의 고통을 드러내고 있으므로 적절하다.

② ㉡에서 '오 리'와 '십 리'를 활용하여 감당해야 할 노동이 과중함을 강조하고 있군.
　'오 리'와 '십 리'로 가사 노동의 과중함을 표현하므로 적절하다.

③ ㉢에서 '호랑새'와 '꾸중새'를 활용하여 시아버지와 시어머니를 대하기 힘든 존재로 표현하고 있군.
　대하기 힘든 존재인 시아버지와 시어머니를 '호랑새'와 '꾸중새'에 빗대어 표현하고 있으므로 적절하다.

④ ㉣에서 '배꽃'과 '호박꽃'을 대비하여 초라하게 변한 자신의 모습을 한탄하고 있군.
　'배꽃'은 이전 자신의 모습, '호박꽃'은 현재 자신의 모습이다. 이를 대비하여 초라해진 현재 모습을 한탄하고 있으므로 적절하다.

✔ ㉤에서 '거위'와 '오리'에 빗대어 현실에 대응하지 못하고 체념하는 자신을 드러내고 있군.
　화자가 현실에 대응하지 못하고 체념하는 태도는 맞지만, 화자를 '거위'와 '오리'에 빗대어 표현한 것이 아니므로 적절하지 않다. '거위'와 '오리'는 화자의 자식들을 빗대어 표현한 것이다.

DAY 08 — 20분 미니 모의고사

01 ③	02 ⑤	03 ①	04 ④	05 ⑤
06 ②	07 ①	08 ④	09 ①	10 ①
11 ③	12 ①			

---

01 말하기 계획의 반영 여부 파악 정답률 82% | 정답 ③

다음은 (가)를 진행하기 위한 사전 회의이다. (가)에서 확인할 수 없는 것은?

> **학생 1** : 면담에서 어떤 이야기를 할지 떠올려 보자. ㉮ 우선 방문한 목적과 함께 감사의 인사말을 전해야겠지?
> **학생 3** : 그래, 좋아. ㉯ 나는 유인물을 어떻게 처리해야 하는지 모르겠더라. 좋은 방법이 있는지 여쭤보고 싶어.
> **학생 2** : 제일 문제가 되는 게 학교에서는 사물함, 집에서는 책상 아닐까? ㉰ 나는 사물함과 책상 정리 정돈 방법에 관해 질문하고 싶어.
> **학생 1** : ㉱ 우리는 '정리 정돈'이라는 말을 쓰는데 이 분야의 전문가들은 '정리', '수납'이라는 말을 많이 쓰는 것 같아. 이유가 있는지 여쭤봐야겠어.
> **학생 3** : 그래. ㉲ 정리 정돈과 관련하여 학생들에게 당부하고 싶은 말씀은 없는지도 여쭤보자.
> **학생 2** : 좋아. 지금까지 메모해 둔 내용을 문서로 정리해서 보내줄게.

① ㉮ 우선 방문한 목적과 함께 감사의 인사말을 전해야겠지?
'학생 1'의 첫 번째 말인 '이와 관련하여 학생들에게 ~ 이렇게 찾아왔습니다.'를 통해 '방문한 목적'을 밝히고 있음을 알 수 있고, '면담에 응해 주셔서 감사합니다.'를 통해 감사의 인사말을 전하고 있음을 알 수 있다.

② ㉯ 나는 유인물을 어떻게 처리해야 하는지 모르겠더라. 좋은 방법이 있는지 여쭤보고 싶어.
'학생 3'의 첫 번째 말인 '학습지와 같은 유인물도 ~ 좋은 방법이 있을까요?'를 통해 확인할 수 있다.

✔ ③ ㉰ 나는 사물함과 책상 정리 정돈 방법에 관해 질문하고 싶어.
'학생 2'의 첫 번째 발화를 통해 책상 정리 정돈 방법에 대해 질문하고 있음을 알 수 있지만, 이 발화를 통해 사물함 정리 정돈 방법에 대해 질문한 내용은 찾아볼 수 없다.

④ ㉱ 우리는 '정리 정돈'이라는 말을 쓰는데 이 분야의 전문가들은 '정리', '수납'이라는 말을 많이 쓰는 것 같아. 이유가 있는지 여쭤봐야겠어.
'학생 1'의 두 번째 말인 '정리 정돈을 잘 하라는 ~ 이유가 있을까요?'를 통해 확인할 수 있다.

⑤ ㉲ 정리 정돈과 관련하여 학생들에게 당부하고 싶은 말씀은 없는지도 여쭤보자.
'학생 3'의 두 번째 말인 '마지막으로 정리 정돈과 ~ 말씀은 없으신가요?'를 통해 확인할 수 있다.

---

02 글쓰기 내용의 조직 정답률 59% | 정답 ⑤

(가)를 바탕으로 (나)를 설명한 내용으로 적절하지 않은 것은? [3점]

① (가)에서 정리 정돈의 대상이 될 만한 것을 학생들이 언급했는데, (나)의 1문단에서 이를 서두에 제시하여 글을 시작하고 있다.
(가)에서 '학생 2'는 책상이 어질러져 있는 상황을, '학생 1'은 '학교 사물함', '학생 3'은 '유인물'이라는 정리 정돈의 대상이 될 만한 것을 언급하고 있다. 그리고 (나)의 1문단을 통해 (가)에서 학생들이 언급한 내용을 서두에 제시하여 글을 시작하고 있음을 알 수 있다.

② (가)에서 전문가는 정리 정돈의 단계를 구분하지 않은 사례를 언급했는데, (나)의 2문단에서 이를 제시하고 질문을 던져 관심을 유도하였다.
(가)의 전문가의 두 번째 말의 '시간을 들여 치웠는데 ~ 하는 경우가 많죠.'를 통해, 전문가는 정리 정돈의 단계를 구분하지 않은 사례를 언급하고 있음을 알 수 있다. 그리고 (나)의 2문단의 '시간을 들여 치우는데 ~ 무엇이 문제일까?'를 통해 (가)에서 전문가가 언급한 내용을 제시하며 질문을 던지고 있음을 알 수 있다.

③ (가)에서 전문가는 정리의 방법 두 가지를 서로 다른 대상에 각각 적용하여 언급했는데, (나)의 3문단에서는 한데 묶어 책상 정리에 적용하였다.

(가)에서 전문가의 세 번째, 네 번째 말을 통해 '정리'의 방법 두 가지, 즉 '한 번에 정리할 범위를 좁히는 방법'을 책상에 적용하고, '5초 안에 결정하기' 방법을 유인물에 적용하여 언급하고 있음을 알 수 있다. 그리고 (나)의 3문단을 통해 '정리'의 방법 두 가지를 한데 모아 책상 정리에 적용하고 있음을 알 수 있다.

④ (가)에서 전문가는 수납함 안 유인물의 하위 분류 방법을 언급했는데, (나)의 4문단에서는 예를 들어 구체적으로 설명하였다.
(가)에서 전문가의 네 번째 말을 통해 수납함 안 하위 분류 방법으로 클리어파일을 활용하여 겉면에 제목을 써서 보관하는 방법을 언급하고 있음을 알 수 있다. 그리고 (나)의 4문단을 통해 '학습지', '각종 안내문', '버리기 애매한 것'과 같은 예를 들어 구체적으로 설명하고 있음을 알 수 있다.

✔ ⑤ (가)에서 전문가는 정리 정돈을 위한 실천 방안을 당부하였는데, (나)의 5문단에서는 여기에 글쓴이가 제안하는 실천 방안을 추가하였다.
(나)의 5문단을 통해 면담에서 전문가가 제안한 정리 정돈 실천 방안이 소개되어 있음을 알 수 있다. 하지만 5문단을 통해 글쓴이가 제안하는 실천 방안이 추가되지는 않았다.

---

03 중세 국어의 시제 이해 정답률 77% | 정답 ①

〈보기〉의 ㉠ ~ ㉢에 들어갈 말로 바르게 짝지어진 것은?

> **─〈보 기〉─**
> 중세 국어에서 과거 시제는 선어말 어미 '-더-'를 사용하여, 미래 시제는 선어말 어미 '-리-'를 사용하여 표현하였다. 하지만 현재 시제는 품사에 따라 다르게 표현했는데, 동사는 선어말 어미 '-ᄂ-'를 사용하였고 형용사와 '체언+이다'는 특정한 선어말 어미를 사용하지 않았다.
>
> ○ 내 (㉠)
> [내가 가겠습니다.]
> ○ 사ᄅ미 (㉡)
> [사람의 스승이시다.]
> ○ 네 이제 ᄯᅩ (㉢)
> [네가 이제 또 묻는다.]

㉠	㉡	㉢
✔ ① 가리이다	스스이시다	묻ᄂ다
② 가리이다	스스이시다	묻다
③ 가리이다	스스이시ᄂ다	묻ᄂ다
④ 가더이다	스스이시다	묻ᄂ다
⑤ 가더이다	스스이시ᄂ다	묻다

㉠ : 현대어 '가겠습니다'를 통해 ㉠은 동사의 미래 시제임을 알 수 있고, 〈보기〉에서 미래 시제는 선어말 어미 '-리-'를 사용하여 표현하였음을 알 수 있다. 따라서 ㉠의 중세 국어 표현은 선어말 어미 '-리-'를 사용한 '가리이다'임을 알 수 있다.

㉡ : 현대어 '스승이시다'를 통해 ㉡은 '체언 + 이다'의 현재 시제임을 알 수 있고, 〈보기〉에서 현재 시제인 '체언 + 이다'는 특정한 선어말 어미를 사용하지 않았음을 알 수 있다. 따라서 ㉡의 중세 국어 표현은 특정한 선어말 어미를 사용하지 않은 '스스이시다'임을 알 수 있다.

㉢ : 현대어 '묻는다'를 통해 ㉢은 동사의 현재 시제임을 알 수 있고, 〈보기〉에서 현재 시제인 동사는 선어말 어미 '-ᄂ-'를 사용하였음을 알 수 있다. 따라서 ㉢의 중세 국어 표현은 선어말 어미 '-ᄂ-'를 사용한 '묻ᄂ다'임을 알 수 있다.

04~09 사회

(가) '독점기업의 이윤 추구 과정(재구성)'

해제 이 글은 경제학적 관점에서 완전경쟁시장과 독점시장의 차이점을 소개한 후, 독점시장에서 독점기업이 '가격결정자'로서 이윤을 극대화하는 가격을 결정할 수 있음을 말하고 있다. 독점기업은 이윤 극대화를 위해 가격과 생산량을 조절하는데, 최적 생산량과 수요자들의 최대 지불 용의 지점을 찾아 수요자가 최대로 지불할 수 있는 금액을 최종 시장가격으로 결정한다. 또한 독점은 시장가격의 상승을 유발하여 수요자에게 부정적 영향을 끼치고, 시장의 비효율성을 유발한다.

주제 완전경쟁시장과 독점시장의 차이점 및 독점기업의 가격과 생산량 결정 방법

문단 핵심 내용

1문단	완전경쟁시장과 독점시장의 차이
2문단	완전경쟁시장과 독점시장에서의 가격의 결정
3문단	독점기업의 가격과 생산량 결정 방법

(나) '공정거래법의 이해(재구성)'

해제 이 글은 '공정거래법'이라고도 불리는 '독점규제 및 공정거래에 관한 법률'과 관련된 내용을 소개하고 있다. 공정거래법은 사업자의 시장 지배적 지위 남용과 사업자들의 부당한 공동행위 등 불공정한 경쟁 제한 행위를 규제하고 있다. 공정거래법을 위반한 경우, 공정거래위원회는 해당 사업체에 대한 시정 조치와 과징금 부과를 통해 자유로운 경쟁을 촉진하고 경제의 균형 있는 발전을 도모하고 있다.

주제 독점규제 및 공정거래에 관한 법률의 이해

문단 핵심 내용

1문단	독점규제 및 공정거래에 관한 법률에서 취하는 '폐해규제주의'
2문단	시장 지배적 지위 남용의 종류
3문단	사업자의 부당한 공동행위를 제한하고 있는 공정거래법
4문단	공정거래위원회의 역할 및 의의

---

04 내용 전개 방식 파악 　　정답률 72% | 정답 ④

(가)와 (나)에 대한 설명으로 가장 적절한 것은?

① (가)는 시장구조를 바라보는 다양한 관점을 제시하고 있고, (나)는 공정거래법에 대한 상반된 관점을 제시하고 있다.
(가)에서 시장구조를 바라보는 다양한 관점과 (나)에서 공정거래법에 대한 상반된 관점은 확인할 수 없다.

② (가)는 시장에서 독점이 필요한 이유를 밝히고 있고, (나)는 부당한 독점 행위를 해결하기 위한 사례를 서술하고 있다.
(가)에서 독점의 이익 추구 과정은 나타나 있으나, 독점이 필요한 이유는 드러나지 않는다. (나)에서 부당한 독점 행위를 해결하기 위한 사례는 확인할 수 없다.

③ (가)는 균등한 소득 분배를 위한 경제학적 대책을 제안하고 있고, (나)는 경쟁을 제한하기 위한 대책을 제시하고 있다.
(가)에서 균등한 소득 분배를 위한 경제학적 대책은 확인할 수 없다. (나)에서 제시된 공정거래법은 경쟁을 제한하는 행위를 규제하는 대책이다.

④ **(가)는 독점기업의 이윤 추구 방법을 설명하고 있고, (나)는 공정한 거래를 저해하는 행위들을 유형별로 제시하고 있다.**
(가)에서는 독점기업의 이윤 추구 방법과 관련된 독점기업의 가격과 생산량 결정 과정을 설명하고 있다. 그리고 (나)에서는 공정거래법의 내용을 설명하면서 공정한 거래를 저해하는 행위를 유형별로 나누어 설명하고 있다.

⑤ (가)는 독점이 시장에 끼치는 부정적 영향을 언급하고 있고, (나)는 독점 행위를 규제하는 제도의 문제점을 서술하고 있다.
(나)에서 독점 행위를 규제하는 제도의 문제점은 확인할 수 없다.

---

05 핵심 정보의 이해 　　정답률 69% | 정답 ⑤

㉠, ㉡에 대한 이해로 적절하지 않은 것은?

① ㉠에서 개별 기업은 가격수용자로서 시장에서 결정된 가격에 따라 제품을 판매한다.
2문단을 통해 ㉠에서 기업은 가격수용자로서 시장에서 결정된 가격을 그대로 받아들임을 알 수 있다.

② ㉡에서 기업이 제품의 생산량을 늘려 나가는 과정에서 얻게 되는 한계수입은 가격보다 낮아진다.
3문단을 통해 ㉡에서 독점기업이 생산량을 늘려나가면 한계수입은 가격보다 낮아짐을 알 수 있다.

③ ㉡에서 독점기업은 시장의 유일한 공급자로서 독점기업이 판매량을 늘리려면 가격을 낮춰야 한다.
3문단을 통해 시장의 유일한 공급자인 독점기업이 생산량을 줄이면 시장가격이 상승하고, 반대의 경우 시장가격이 하락함을 알 수 있다.

④ ㉠에는 진입장벽이 존재하지 않으므로, ㉡에 비해 개별 기업들의 시장 진입이 자유롭다.
1문단을 통해 ㉠은 진입장벽이 존재하지 않아 누구나 들어와 경쟁할 수 있는 시장구조임을 알 수 있다.

⑤ **㉠에는 많은 수의 공급자와 수요자가 존재하므로, ㉡보다 기업이 시장을 지배하는 힘이 크다.**
1, 2문단을 통해 ㉠은 많은 수의 수요자와 공급자가 존재하므로 개별 공급자와 수요자가

가격에 영향을 미치기 어려움을 알 수 있다. 반면에 ㉡은 한 기업이 독점적으로 재화를 공급하므로 시장지배력을 가짐을 알 수 있다.

★★★ 1등급 대비 고난도 3점 문제

06 구체적인 사례에의 적용 　　정답률 37% | 정답 ②

[A]를 바탕으로 〈보기〉를 이해한 내용으로 적절하지 않은 것은? [3점]

〈보 기〉

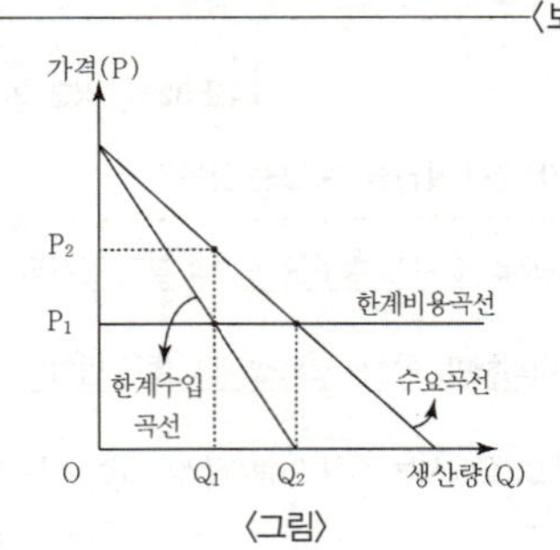

〈그림〉은 가상의 독점 기업 '갑'이 생산하는 제품의 가격과 생산량을 그래프로 나타낸 것이다. 한계수입곡선과 한계비용곡선은 수량 한 단위의 변화에 따른 총수입과 총비용의 변화를 보여 주고, 수요곡선은 제품에 대한 수요자의 최대 지불 용의를 나타낸다.

① '갑'은 이윤을 최대로 높이기 위한 최적 생산량 수준을, 한계수입곡선과 한계비용곡선이 교차하는 Q_1 지점으로 결정할 것이다.
독점기업 '갑'의 최적 생산량 수준은 한계수입곡선과 한계비용곡선이 교차하는 Q_1 지점이다.

② **'갑'이 생산량을 Q_1에서 Q_2로 늘리면서 제품의 가격을 P_2에서 P_1으로 낮춰 공급하더라도, 독점으로 얻고 있던 이윤은 유지될 것이다.**
독점기업 '갑'이 생산량을 Q_1에서 Q_2로 늘리면서 제품의 가격을 P_2에서 P_1으로 낮춰 공급하면, 해당 독점기업이 독점을 통해 얻고 있던 이윤은 사라진다.

③ '갑'의 생산량이 Q_1보다 적으면 한계수입이 한계비용보다 높으므로, 이윤을 높이려면 생산량을 Q_1 수준까지 증가시켜야 할 것이다.
독점기업 '갑'의 이윤 추구 과정에서 한계수입이 한계비용보다 높으면 생산량을 증가시켜야 한다.

④ '갑'의 생산량이 Q_1이고 공급할 제품의 가격이 P_2라면, 해당 기업이 제품을 판매할 때 얻게 되는 단위당 이윤은 P_2-P_1이 될 것이다.
독점기업 '갑'이 제품을 판매할 때 얻게 되는 단위당 이윤은 제품의 가격으로 설정한 P_2에서 한계비용인 P_1만큼을 뺀 값이 된다.

⑤ '갑'은 이윤 극대화를 위해 수요자의 최대 지불 용의 수준을 고려하여 공급할 제품의 최종 시장가격을 P_1이 아닌 P_2로 결정할 것이다.
P_1은 최적 생산량 Q_1에 대응하는 가격이지만, 이윤이 극대화되는 지점은 아니다. 독점기업은 최적 생산량을 Q_1으로 결정한 후, 가격결정자로서 수요자들의 최대 지불 용의 수준(수요곡선)을 고려하여 해당 제품의 가격을 P_2로 결정한다.

★★ 문제 해결 꿀~팁 ★★

▶ 많이 틀린 이유는?
이 문제는 [A]의 내용을 정확히 이해하지 못하여 오답률이 높았던 것으로 보인다. 또한 실제 그래프에 적용하는 과정에서 어려움을 겪은 것도 오답률을 높였던 것으로 보인다.

▶ 문제 해결 방법은?
이 문제를 해결하기 위해서는 그래프와 관련하여 서술하고 있는 선택지의 내용을 이해한 뒤, 이와 관련된 내용을 [A]를 통해 확인하면 된다. 정답인 ②의 경우, 선택지에서 독점 기업 '갑'이 생산량을 늘리면서 가격을 낮춰 공급한다고 했으므로, 이러한 내용에 해당하는 부분을 [A]에서 찾아야 한다. 즉 [A]의 '독점기업이 생산량을 늘리면 ~ 독점기업의 한계수입은 가격보다 항상 낮다.'라는 내용과 관련이 있음을 파악했으면 적절하지 않음을 알 수 있었을 것이다. 마찬가지로 오답률이 높았던 ③의 경우에도 '만일 한계수입이 한계비용보다 높으면 생산량을 증가시키고'를 보면 적절함을 알았을 것이다. 이처럼 그래프가 제시된 문제의 경우 문제 해결 역시 글의 내용에 있으므로, 선택지의 내용을 정확히 이해하여 글의 어느 부분과 관련 있는지를 판단하도록 한다.

---

07 세부 정보의 추론 　　정답률 60% | 정답 ①

(가)와 (나)를 참고할 때, ⒜ ~ ⒞에 들어갈 말을 바르게 짝지은 것은?

독점기업이 제품의 가격을 한계비용보다 (⒜) 설정하면, 한계비용보다 지불 용의가 낮은 수요자들의 (⒝)가 일어나 결과적으로 상호 이득이 될 수 있었던 거래의 기회가 줄어들게 된다. 이에 공정거래법에서는 시장 진입 제한을 막고, 기업 간 경쟁을 (⒞)하여 독점으로 인한 경제적 손실을 해소하고자 한다.

Ⓐ   Ⓑ   Ⓒ

✔ 높게   소비 감소   촉진

독점기업은 이윤 극대화를 위해 제품의 시장가격을 한계비용보다 높게 설정하는데, 시장 가격의 상승으로 한계비용보다 지불 용의가 낮은 수요자들은 소비를 포기하게 된다. 따라서 상호 이득이 될 수 있었던 거래의 기회는 줄게 되고, 시장의 비효율성을 유발할 수 있다. 따라서 공정거래법에서는 독점으로 인한 경제적 손실을 해소하기 위해 시장의 진입 제한을 막고, 기업 간 공정한 경쟁을 촉진한다.

② 높게   소비 감소   억제
③ 높게   소비 증가   억제
④ 낮게   소비 감소   억제
⑤ 낮게   소비 증가   촉진

---

08   구체적인 사례에의 적용   정답률 69% | 정답 ④

(나)를 바탕으로 〈보기〉를 이해한 내용으로 적절하지 않은 것은?

〈보 기〉

[사례 1] 반도체 판매 1위인 A사는 국내 PC 제조업체들에게 경쟁업체 B사의 반도체를 구매하지 않겠다는 약속의 대가로, 상호 합의를 거쳐 반도체 대금으로 받은 금액 일부를 되돌려주었다. 이에 대해 공정거래위원회는 A사에 과징금을 부과하였다.

[사례 2] 국내 건설업체 C사는 신축 공사 입찰에서 평소 친분이 있는 건설업체 D사가 낙찰받을 수 있도록 입찰 가격을 묵시적으로 합의하고, D사의 입찰 예정 금액보다 높은 금액을 입찰 가격으로 제시하였다. 그 결과 D사가 최종 사업체로 선정되었지만, 공정거래위원회는 시정 조치를 명하였다.

① [사례 1]에서 공정거래위원회는 A사가 시장 지배적 지위 남용을 통해 경쟁사업자인 B사의 사업 활동을 부당하게 배제하였다고 보았겠군.

A사는 자신의 시장 지배적 지위를 남용하여 경쟁사업자인 B사의 사업 활동을 부당하게 배제하고 있으므로 적절하다.

② [사례 1]에서 공정거래위원회는 A사와 국내 PC 제조업체들의 상호 합의에 의해 방해 남용인 배타조건부 거래가 발생했다고 판단했겠군.

B사와 거래하지 않는 조건으로 A사가 국내 PC 제조업체들과 합의한 것은 배타조건부 거래에 해당하므로 적절하다.

③ [사례 2]에서 C사와 D사의 합의가 명시적인 형태가 아니라 묵시적인 형태로 이루어졌다고 할지라도, 경쟁 제한 행위의 위법성은 인정될 수 있겠군.

공정거래법에서는 명시적인 형태와 묵시적인 형태 모두 경쟁 제한 행위가 될 수 있다고 보았으므로 적절하다.

✔ [사례 2]에서 C사가 만약 D사와의 입찰 담합을 약속하고도 실제 입찰 과정에서 이를 실행하지 않았다면, 부당한 공동행위는 없던 것이 되겠군.

3문단을 통해 공정거래법에서는 부당한 공동행위를 위한 사업자 간의 합의만 있으면, 비록 그것이 실행되지 않더라도 부당한 공동행위가 성립한 것으로 보고 있음을 알 수 있다.

⑤ 사업자의 독과점 추구 자체는 금지되어 있지 않지만, [사례 1]과 [사례 2]에서 확인되는 A사와 C사의 행위는 경쟁 제한의 폐해를 초래했기 때문에 규제 대상이 되었겠군.

공정거래법에서는 독과점 자체를 금지하지는 않으나, 이로 인해 일정한 폐해가 초래되는 경우 이를 규제하는 폐해규제주의를 취하고 있으므로 적절하다.

---

09   단어의 문맥적 의미 파악   정답률 67% | 정답 ①

문맥상 ⓐ～ⓔ의 단어와 가장 가까운 의미로 쓰인 것은?

✔ ⓐ : 그 문제에 대해 강경한 태도를 취했다.

ⓐ와 '태도를 취했다.'의 '취하다'는 모두 '어떤 일에 대한 방책으로 어떤 행동을 하거나 일정한 태도를 가지다.'라는 뜻으로 사용되었다.

② ⓑ : 나는 그녀와 슬픔을 나누는 친근한 사이이다.

ⓑ의 '나누다'는 '여러 가지가 섞인 것을 구분하여 분류하다.'의 의미로 사용되었으나, '슬픔을 나누는'의 '나누다'는 '즐거움이나 고통, 고생 따위를 함께하다.'라는 뜻으로 사용되었다.

---

③ ⓒ : 그를 나쁘게 <u>말하는</u> 사람은 별로 없다.

ⓒ의 '말하다'는 '어떤 사정이나 사실, 현상 따위를 나타내 보이다.'의 의미로 사용되었으나, '나쁘게 말하는 사람'의 '말하다'는 '평하거나 논하다.'라는 뜻으로 사용되었다.

④ ⓓ : 반 아이들의 이름이 하나하나 <u>불렸다</u>.

ⓓ의 '불리다'는 '무엇이라고 가리켜 말해지거나 이름이 붙여지다.'의 의미로 사용되었으나, '하나하나 불렸다.'의 '불리다'는 '이름이나 명단이 소리 내어 읽히며 대상이 확인되다.'라는 뜻으로 사용되었다.

⑤ ⓔ : 교향악단은 최정상급의 연주자들로 <u>이루어졌다</u>.

ⓔ의 '이루어지다'는 '어떤 대상에 의하여 일정한 상태나 결과가 생기거나 만들어지다.'의 의미로 사용되었으나, '연주자들로 이루어졌다.'의 '이루어지다'는 '몇 가지 부분이나 요소가 모여 일정한 성질이나 모양을 가진 존재가 되다.'라는 뜻으로 사용되었다.

10~12   현대 소설

이선, 「티타임을 위하여」

감상 이 작품은 '나'의 가족이 아파트로 이사하면서 벌어진 사건을 바탕으로 **현대인들의 허영심에 대해 이야기**하고 있다. 이 작품에서 '**아내**'는 아파트 주민들을 매개로 **중산층의 삶으로 편입되고자 하는** 간접화된 욕망을 지니면서, **공간을 이분법적으로 구분**하고 아파트 주민들을 닮고 싶어 하면서도 그들에게 경쟁 심리를 느끼기도 한다. 하지만 **아내의 간접화된 욕망의 대상이 허상임이 밝혀지는데**, 이를 통해 주제 의식을 드러내 주고 있다.

주제 현대인들의 허영심

작품 줄거리 '아내'는 아파트로 이사한 후 주민들의 삶을 동경하며 그들과 어울릴 수 있는 기회를 마련하고자 한다. 티타임을 하자는 이웃의 말을 들은 아내는 그날부터 그럴듯한 티타임을 준비하기 위해 식기류나 온갖 간식을 마련한다. 그러나 티타임은 계속 연기되고 아내는 전전긍긍해 한다. 그러던 중 옛 친구들을 집으로 초대해 술을 마시며 집들이를 하던 날, '나'는 술에 취해 복도로 나가 이웃들을 향해 티타임을 갖자고 소리를 지른다. 그날 이후 아내는 이웃들과 어울리는 것이 더 힘들어졌다며 '나'를 원망하는데, 어느 날 출근한 '나'는 아내로부터 급작스럽게 티타임을 위해 이웃들이 집에 방문하게 되었다는 전화를 받는다. 퇴근한 '나'는 기운이 빠져 앉아 있는 아내로부터 티타임 대신 떡 잔치가 열렸다는 이야기를 듣는다. 그러면서 아내는 그동안 자신이 이쪽 사람들도 손으로 떡을 집어 먹을 수 있다는 생각을 하지 못했다는 것에 허탈해 한다.

---

10   서술상 특징 파악   정답률 50% | 정답 ①

윗글에 대한 설명으로 가장 적절한 것은?

✔ 중심인물로부터 전해 들은 사건의 전말이 제시되고 있다.

이 글에서는 서술자인 '나'가 중심인물인 '아내'로부터 전해 들은 사건의 전말을 중심으로 내용이 전개되고 있다.

② 특정 인물의 성격과 관련된 외양의 특징이 묘사되고 있다.

인물의 외양 묘사는 드러나지 않는다.

③ 과거와 현재가 반복적으로 교차되며 사건이 전개되고 있다.

과거와 현재의 사건이 반복적으로 교차되지 않을 뿐만 아니라, 이를 통해 사건을 전개하고 있지도 않다.

④ 인물 간 대립된 행동이 갖는 의미가 상세히 설명되고 있다.

인물들의 서로 대립되는 행동은 나타나지 않는다.

⑤ 새로운 인물의 등장으로 조성된 갈등 상황이 부각되고 있다.

새로운 인물의 등장으로 발생하는 갈등 상황은 드러나지 않는다.

---

11   사건에 따른 서술자의 심리 이해   정답률 52% | 정답 ③

〈보기〉의 ㉠～㉤에 일어난 사건에 대해 '나'가 했을 법한 생각으로 적절하지 않은 것은?

〈보 기〉

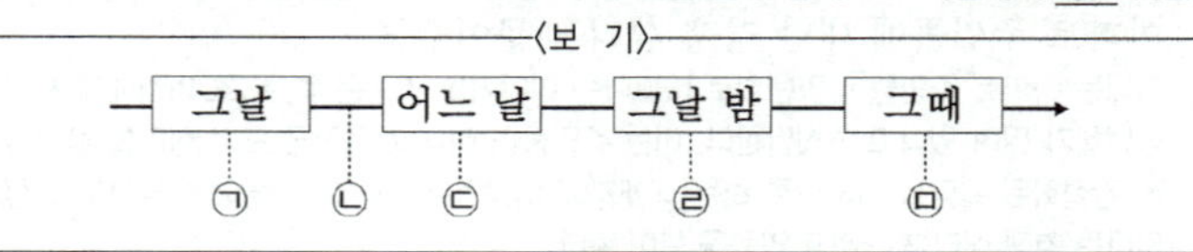

① ㉠ : '농약 문제로 시끄러웠는데 왜 굳이 자몽을 사 왔는지 이해가 안 되는군.'

'그날' 아내는 화보에서 보았다며 '자몽'을 사 온다. 이에 대해 '나'는 한동안 농약이 검출되었다고 시끄러웠는데 왜 하필 자몽을 사 온 것인지 의아해 한다. 이는 '그런데 왜 하필 자몽이야?', '한동안 농약이 ～ 못했단 말야?'에서 확인할 수 있다.

② ㉡ : '오늘도 어김없이 밤참이 제공된 것을 보니 티타임을 갖지 못한 것이겠군.'

밤참을 내오기 시작한 '그날'부터 '어느 날' 폭탄선언을 하기 전까지, 아내는 티타임에 사용하기 위해 계속해서 간식을 구입하지만 밤마다 그 간식을 가족들에게 밤참으로 제공한다. 이에 대해 '나'는 날마다 밤참이 제공되는 것은 티타임이 이루어지지 않았기 때문이라고 생각한다. 이는 '다음날이라도 티타임 ~ 간식을 제공했다.'에서 확인할 수 있다.

✔ ㉢ : '밤참이 제공되지 않아 서운했지만, 아내의 무거운 마음을 생각하니 안타까웠어.'

'어느 날' 아내는 '당분간 밤참은 없을' 것이라는 '폭탄선언'을 한다. 이에 대해 '나'는 서운해 하면서도 밝은 표정으로 당분간 불필요한 지출이 줄겠다고 말하는 아내를 보며 개운함을 느낀다. 이는 '당분간 밤참이 ~ 기분이 들었다.'에서 확인할 수 있다. 따라서 '나'가 마음이 무거울 아내를 생각하면서 안타까움을 느꼈다고 보기는 어렵다.

④ ㉣ : '나의 실수 때문에, 이웃들을 만났을 때 아내가 난감한 상황에 처할 수도 있겠어.'

'그날 밤'에 '나'는 티타임을 갖자고 술에 취해 복도에서 난동을 부린다. 이에 대해 '나'는 '그날 밤'의 소동 때문에 아내가 난처한 입장에 처할 수도 있겠다고 생각한다. 이는 '그렇다면 우르르 ~ 되돌아갔다는 말인가.'에서 확인할 수 있다.

⑤ ㉤ : '아이들이 먹는 게 피자 같은 음식이 아니어서 부끄러웠을 아내의 마음이 느껴져.'

'그때'에 피자 같은 음식이 아닌 떡을 먹고 있던 아이들의 모습을 이웃들이 보게 되면서 아내는 부끄러움을 느낀다. 이에 대해 '나'는 당시 아내가 느낀 부끄러움을 이해한다. 이는 '애들이 그때 ~ 그 기분이……'에서 확인할 수 있다.

★★★ 1등급 대비 고난도 3점 문제

12 외적 준거에 따른 작품의 감상 　　정답률 18% | 정답 ①

〈보기〉를 바탕으로 윗글을 감상한 내용으로 적절하지 않은 것은? [3점]

― 〈 보 기 〉 ―

르네 지라르는 주체가 매개자를 모방함으로써 '간접화된 욕망'이 발생한다고 보았다. 「티타임을 위하여」의 '아내' 역시 아파트 주민들을 매개로 중산층의 삶으로 편입되고자 하는 간접화된 욕망을 지닌다. 아내는 공간을 이분법적으로 구분하고 아파트 주민들을 닮고 싶어 하면서도 그들에게 경쟁 심리를 느끼기도 한다. 그러나 결국 아내의 간접화된 욕망의 대상이 허상임이 밝혀진다.

✔ '화보'는 아내로 하여금 매개자의 삶에 대한 모방 심리를 자각하게 하여 티타임을 갖겠다고 결심하게 하는 소재이겠군.

'화보'는 아내로 하여금 티타임을 더욱 그럴듯하게 준비하고 싶다는 마음을 먹게 하는 소재이다. 또한 '하마터면 창피당할뻔했지 뭐예요. 티타임이면 난 그냥 차만 마시는 줄 알았거든요.'에서 아내가 이전부터 티타임을 준비해야겠다는 생각을 가지고 있었음을 알 수 있다. 따라서 '화보'가 아내로 하여금 티타임을 갖겠다고 결심하게 만드는 소재라는 내용은 적절하지 않다.

② '이쪽 동네에서 산 걸요'라는 말에서 '이쪽 동네'와 '저쪽 동네'를 구분 짓는 이분법적 사고를 엿볼 수 있겠군.

아내는 자신이 거주 중인 아파트가 위치한 동네를 '이쪽 동네'라고 칭하면서, 다른 동네에서라면 몰라도 '이쪽 동네'에서 구입한 자몽이라면 문제가 없을 것이라고 말한다. 이는 아내가 공간을 이분법적으로 구분하고 있음을 보여 준다.

③ 아내가 '13호 여자'의 동태를 살피는 것은 중산층으로의 편입 기회인 티타임을 언제할지 몰라 답답했기 때문이겠군.

아내는 우연을 가장하여 13호 여자를 만나 티타임 시기에 대한 대화를 이끌어내는데, 이는 언제 있을지 모를 티타임 때문에 간식을 사느라 불필요한 지출이 늘었기 때문이다. 이는 아내가 티타임을 아파트 주민들과 교류하면서 중산층의 삶으로 편입될 수 있는 기회로 여기고 있으며, 불필요한 지출이 늘자 티타임 시기가 확정되지 않은 것에 답답함을 느끼고 있음을 보여 준다.

④ 아내가 '망년회가 밀려 있'다고 거짓말을 한 것은 욕망의 매개자인 아파트 주민들에 대한 경쟁 심리 때문이겠군.

아내는 아파트 주민들이 망년회로 바쁘다는 이야기를 엿들은 후, 13호 여자에게 자신도 망년회가 밀려 있다고 거짓말한다. 이는 주민들이 아내로 하여금 모방 심리를 불러일으켜 간접화된 욕망을 가지도록 하는 매개자에 해당하며, 아내는 이들에게 얕보이고 싶지 않다는 경쟁 심리를 느끼고 있음을 보여 준다.

⑤ '13호 여자'가 '손으로 떡을 집어 먹'은 것은 아내의 간접화된 욕망의 대상이 허상이었음을 보여 주는 것이겠군.

아내는 티타임을 위해 만난 자리에서 13호 여자가 떡 잔치나 하자고 하며 손으로 떡을 집어 먹는 것을 보고 충격을 받는다. 이는 아내가 그동안 간접화된 욕망의 대상인 중산층의 삶에 대해 허상을 지니고 있었음을 보여 준다.

★★ 문제 해결 꿀~팁 ★★

▶ 많이 틀린 이유는?

이 문제는 소설의 서사 전개 과정을 정확하게 이해하지 못하여 오답률이 높았던 것으로 보인다.

▶ 문제 해결 방법은?

〈보기〉를 바탕으로 소설 작품을 감상하는 문제 유형 해결의 핵심은 서사 과정에 따른 작품 내용의 이해에 있다. 작품 내용을 정확하게 이해하지 못하면 비록 선택지에서 작품 내용과 〈보기〉를 자연스럽게 연결해 놓았다 하더라도 잘못된 선택을 할 수밖에 없다. 가령 정답인 ①의 경우, 서사 과정을 고려할 때 '아내'는 '화보'를 보기 이전부터 '티타임'을 준비하겠다고 생각하고 있으므로, '아내'가 '화보'를 보고 티타임을 갖겠다고 생각한 것이 아님을 알 수 있는 것이다. 오답률이 높았던 ③, ④의 경우에도 서사 과정에 따라 내용을 충분히 이해했으면 어렵지 않게 적절함을 바로 알았을 것이다. 이처럼 소설에서는 서사 과정에 따라 작품 내용을 정확하게 이해하지 못하면 잘못된 판단을 할 수 있으므로, 소설 작품을 읽을 때에는 주인공을 중심으로 사건이 어떻게 전개되고 있는지 파악할 수 있도록 한다. 한편 〈보기〉가 제시된 경우라 하더라도 선택지 중에는 작품 내용에 부합하지 않는 선택지가 제시되는 경우가 있으므로, 선택지를 읽을 때에는 작품 내용이 적절한지 판단하도록 한다.

DAY 09 · 20분 미니 모의고사

01 ⑤	02 ④	03 ③	04 ④	05 ①
06 ②	07 ②	08 ①	09 ④	10 ④
11 ④	12 ⑤			

---

01 매체 활용의 적절성 판단 · 정답률 91% | 정답 ⑤

다음은 발표자가 제시한 자료이다. 발표자의 자료 활용에 대한 설명으로 가장 적절한 것은?

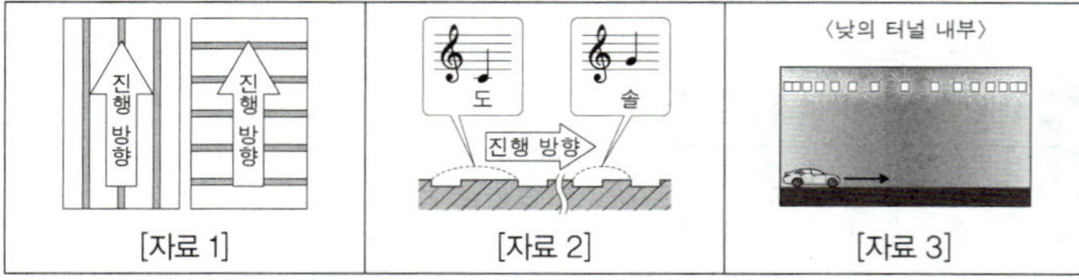

① [자료 1]은 홈 사이의 도로면 너비를 달리해서 멜로디를 만든다는 내용을 설명하기 위해 ㉠에서 활용하였다.
2문단을 통해 [자료 1]은 진행 방향과 일치하는 세로 홈과, 진행 방향에 수직인 가로 홈을 진하게 표시한 그림임을 알 수 있으므로 적절하지 않다.

② [자료 1]은 살얼음 발생 감소에 효과적인 홈과 제동 거리 단축에 효과적인 홈을 설명하기 위해 ㉢에서 활용하였다.
2문단을 통해 [자료 1]은 세로 홈이 도로에 살얼음이 생기는 일을 줄이고, 가로 홈은 제동 거리를 줄여 준다는 것을 보여 주기 위해 ㉠에서 활용된 자료이므로 적절하지 않다.

③ [자료 2]는 특정 구간을 지날 때 느끼는 차의 진동이 홈 때문일 수 있다는 내용을 설명하기 위해 ㉡에서 활용하였다.
3문단을 통해 [자료 2]는 홈의 너비와, 홈 사이의 도로면 너비를 합한 값에 따라 음 높이가 정해진다는 것을 보여 주기 위해 ㉡에서 활용된 자료이므로 적절하지 않다.

④ [자료 3]은 낮에 터널의 중간 구간이 입구 쪽과 출구 쪽보다 어둡다는 내용을 설명하기 위해 ㉠에서 활용하였다.
4문단을 통해 [자료 3]은 터널 입구 쪽과 출구 쪽이 중간 구간보다 밝다는 것을 설명하기 위해 ㉢에서 활용된 자료이므로 적절하지 않다.

✔ [자료 3]은 달라지는 밝기에 눈이 서서히 적응하도록 조명등의 설치 간격을 달리한다는 내용을 설명하기 위해 ㉢에서 활용하였다.
[자료 3]은 〈낮의 터널 내부〉에 대한 자료로, 4문단을 통해 조명등이 설치된 간격이 달라서 낮에 터널 입구 쪽과 출구 쪽이 중간 구간보다 밝다는 것을 보여 주는 자료임을 알 수 있다. 따라서 [자료 3]은 달라지는 밝기에 눈이 서서히 적응하도록 조명등의 설치 간격을 달리한다는 내용을 설명하기 위해 ㉢에서 활용하였음을 알 수 있다.

---

02 작문 계획의 반영 여부 파악 · 정답률 91% | 정답 ④

다음은 초고를 작성하기 전에 학생이 떠올린 생각이다. ㉠ ~ ㉤ 중, 학생의 초고에 반영되지 않은 것은?

○ 올리고당이 주목받는 배경을 소개하며 글을 시작해야겠어. ·········· ㉠
○ 올리고당을 설탕과 비교하며 올리고당이 가지는 장점을 제시해야겠어. ·········· ㉡
○ 탄수화물 분자 구조를 언급하며 올리고당의 특성을 설명해야겠어. ·········· ㉢
○ 프락토올리고당과 이소말토올리고당이 지닌 문제점을 언급하며 그 원인을 분석해야겠어. ·········· ㉣
○ 잘 알려져 있지 않은 사실을 언급하며 올리고당 제품 선택 시 도움이 될 수 있는 정보를 제공해야겠어. ·········· ㉤

① ㉠ 올리고당이 주목받는 배경을 소개하며 글을 시작해야겠어.
1문단을 통해 설탕의 대체 식품으로 올리고당이 주목받는 배경을 소개하며 글을 시작하고 있음을 알 수 있다.

② ㉡ 올리고당을 설탕과 비교하며 올리고당이 가지는 장점을 제시해야겠어.
2문단을 통해 올리고당을 설탕과 비교하며 올리고당이 가지는 장점을 제시하고 있음을 알 수 있다.

③ ㉢ 탄수화물 분자 구조를 언급하며 올리고당의 특성을 설명해야겠어.

2문단을 통해 올리고당의 탄수화물 분자 구조가 설탕에 비해 상대적으로 복잡하다는 점을 언급하면서 소화와 흡수가 느리다는 올리고당의 특성을 설명하고 있음을 알 수 있다.

✔ ㉣ 프락토올리고당과 이소말토올리고당이 지닌 문제점을 언급하며 그 원인을 분석해야겠어.
3문단을 통해 프락토올리고당과 이소말토올리고당이 지니는 각각의 특성이 제시되어 있음을 알 수 있다. 하지만 이러한 두 올리고당의 문제점을 언급하면서 그 원인을 분석하지는 않고 있다.

⑤ ㉤ 잘 알려져 있지 않은 사실을 언급하며 올리고당 제품 선택 시 도움이 될 수 있는 정보를 제공해야겠어.
4문단을 통해 올리고당 제품에 설탕 등의 당류가 포함되어 있다는 잘 알려져 있지 않은 사실을 언급하며 올리고당 제품 선택에 도움이 될 수 있는 정보를 제공하고 있음을 알 수 있다.

---

03 고쳐쓰기의 이해 · 정답률 80% | 정답 ③

〈보기〉는 [A]를 고쳐 쓴 것이다. 그 과정에서 반영된 교사의 조언으로 가장 적절한 것은?

〈보 기〉
올리고당은 잘 사용하면 설탕의 섭취를 줄일 수 있는 유용한 식품이다. 올리고당 제품을 고를 때에는 용도를 고려하고 함량을 확인하여 선택하고, 요리에 활용할 때에는 적정량을 사용하여 건강하게 섭취할 수 있도록 하자.

① 중의적인 표현을 수정하고, 올리고당을 활용할 수 있는 추가적인 사례를 언급하는 게 어때?
[A]와 〈보기〉를 비교해 보면, 중의적인 표현을 수정하거나 올리고당을 활용할 수 있는 추가적인 사례를 언급하지는 않고 있다.

② 중의적인 표현을 수정하고, 올리고당과 설탕을 용도에 맞게 선택하는 방법을 부각하는 게 어때?
[A]와 〈보기〉를 비교해 보면, 중의적인 표현을 수정하거나 올리고당과 설탕을 용도에 맞게 선택하는 방법을 부각하지는 않고 있다.

✔ 단어 선택이 잘못된 부분을 수정하고, 올리고당을 선택하고 사용할 때의 유의점을 강조하는 게 어때?
[A]와 〈보기〉를 비교해 보면 [A]의 첫 번째 문장의 '유사한'을 〈보기〉에서 '유용한'으로 고쳐 썼음을 알 수 있으므로, 단어 선택이 잘못된 부분을 수정하였음을 알 수 있다. 또한 [A]의 두 번째 문장을 〈보기〉의 두 번째 문장으로 고쳐 썼음을 알 수 있으므로, 올리고당 제품을 선택하고 사용할 때의 유의점을 강조하였다는 것을 알 수 있다.

④ 단어 선택이 잘못된 부분을 수정하고, 올리고당 과잉 섭취가 유발할 수 있는 위험성을 환기하는 게 어때?
[A]와 〈보기〉를 비교해 보면, 단어 선택이 잘못된 부분을 수정하고 있지만, 올리고당 과잉 섭취가 유발할 수 있는 위험성을 환기하지는 않고 있다.

⑤ 단어 선택이 잘못된 부분을 수정하고, 올리고당과 유사한 기능을 하는 또 다른 식품을 소개하는 게 어때?
[A]와 〈보기〉를 비교해 보면, 단어 선택이 잘못된 부분을 수정하고 있지만, 올리고당과 유사한 기능을 하는 또 다른 식품을 소개하지는 않고 있다.

---

04 단어 형성의 원리 · 정답률 54% | 정답 ④

〈보기 1〉의 ㉠에 해당하는 것만을 〈보기 2〉에서 있는 대로 고른 것은?

〈보기 1〉
합성어는 명사와 명사의 결합, 용언의 관형사형과 명사의 결합, 부사와 용언의 결합처럼 어근과 어근의 연결이 우리말의 어순이나 단어 배열법과 일치하는 ㉠ 통사적 합성어와 용언의 어간과 명사의 결합, 용언의 어간에 용언의 어간이 직접 결합한 것처럼 우리말의 어순이나 단어 배열법과 일치하지 않는 비통사적 합성어로 나눌 수 있다.

〈보기 2〉
덮밥, 돌다리, 하얀색, 높푸르다, 잘생기다

① 돌다리, 높푸르다
'돌다리'는 명사인 '돌'과 명사인 '다리'가 결합한 통사적 합성어, '높푸르다'는 용언의 어간인 '높-'과 용언의 어간인 '푸르-'가 결합한 비통사적 합성어이다.

② 덮밥, 돌다리, 하얀색
'덮밥'은 용언의 어간인 '덮-'과 명사인 '밥'이 결합한 비통사적 합성어, '돌다리'는 명사인 '돌'과 명사인 '다리'가 결합한 통사적 합성어, '하얀색'은 용언의 관형사형인 '하얀'과 명사인 '색'이 결합된 통사적 합성어이다.

③ 덮밥, 하얀색, 높푸르다

'덮밥'은 용언의 어간인 '덮-'과 명사인 '밥'이 결합한 비통사적 합성어, '하얀색'은 용언의 관형사형인 '하얀'과 명사인 '색'이 결합된 통사적 합성어, '높푸르다'는 용언의 어간인 '높-'과 용언의 어간인 '푸르-'가 결합한 비통사적 합성어이다.

✔ **돌다리, 하얀색, 잘생기다**
'돌다리'는 명사인 '돌'과 명사인 '다리'가 결합한 합성어, '하얀색'은 용언의 관형사형인 '하얀'과 명사인 '색'이 결합된 합성어, '잘생기다'는 부사인 '잘'과 용언인 '생기다'가 결합한 합성어에 해당한다. 따라서 〈보기 1〉의 내용을 볼 때, '돌다리', '하얀색', '잘생기다'는 통사적 합성어에 해당한다고 할 수 있다.

⑤ 돌다리, 하얀색, 높푸르다, 잘생기다
'돌다리'는 명사인 '돌'과 명사인 '다리'가 결합한 통사적 합성어, '하얀색'은 용언의 관형사형인 '하얀'과 명사인 '색'이 결합된 통사적 합성어, '높푸르다'는 용언의 어간인 '높-'과 용언의 어간인 '푸르-'가 결합한 비통사적 합성어, '잘생기다'는 부사인 '잘'과 용언인 '생기다'가 결합한 통사적 합성어이다.

05~09 사회

정운찬·김영식, 「거시경제론」

해제 이 글은 **시장의 가격 조정 속도 중 단기의 지속 시간에 대한 서로 다른 입장**에 대해 설명하고 있다. 즉, 고전학파, 케인즈 학파, 새고전학파, 새케인즈학파의 시장의 가격 조정 속도 중 단기의 지속 시간에 대한 입장을 시간의 흐름에 따라 서술하고 있다. **고전학파**의 경우 **시장은 가격의 신축적인 조정에 의해 항상 균형을 달성하여 단기는 존재하지 않는다**고 보았다. 이에 대해 케인즈의 주장을 발전시킨 **케인즈학파**는 **총수요 변동이 유발한 불균형 상태가 가격 경직성으로 인해 오래 지속될 수 있다**고 하면서, **정부의 경기 안정화 정책으로 경기 변동을 조절해야 한다**고 하였다. 그리고 이러한 케인즈학파에 대해 **새고전학파**는 고전학파의 전제를 유지하면서, **케인즈학파가 내세운 거시 계량 모형에 오류가 있음을 비판**하며 총수요변동이 아닌 **기술 변화가 지속적인 경기 변동을 유발한다**고 주장하였다. **새케인즈학파**는 새고전학파의 경제 주체의 합리적 선택을 미시적으로 분석하는 방법론을 받아들이면서, **경제 주체들이 합리적 선택을 한 결과로 가격 경직성이 일어나 경기 변동이 발생하였음**을 밝히면서, 새고전학파의 케인즈학파에 대한 비판을 방어하는 한편, **총수요 관리 정책이 여전히 효과를 갖는다**고 주장하고 있다.

주제 시장의 가격 조정 속도 중 단기의 지속 시간에 대한 여러 학파의 입장

문단 핵심 내용

1문단	시장 가격 조정과 관련한 시간대의 구분
2문단	단기의 지속 시간에 대한 고전학파의 입장
3문단	단기에 가격이 경직적이라고 생각한 케인즈
4문단	경기 안정화 정책으로 단기의 경기 변동 조절을 주장한 케인즈학파
5문단	케인즈학파의 거시 계량 모형을 비판한 새고전학파
6문단	가격 경직성의 근거를 입증하며 케인즈학파의 주장을 계승한 새케인즈학파

★★★ 1등급 대비 고난도 2점 문제

05 내용의 사실적 이해   정답률 38% | 정답 ①

윗글의 내용과 일치하는 것은?

✔ **고전학파와 새고전학파는 경기 변동의 존재 여부에 대해 서로 다른 입장을 보였다.**
2문단의 '따라서 고전학파는 호황이나 불황이 나타나는 경기 변동 현상은 발생하지 않는다고 보았다.'를 통해, 고전학파는 경기 변동 현상은 발생하지 않는다고 보았음을 알 수 있다. 그리고 5문단의 '그리고 총수요 변동이 아닌 기술 변화가 지속적인 경기 변동을 유발한다고 주장했다.'를 통해, 새고전학파는 경기 변동이 발생한다고 보았음을 알 수 있다. 따라서 고전학파와 새고전학파는 경기 변동의 존재 여부에 대해서는 서로 다른 입장을 보였음을 알 수 있다.

② 새고전학파는 시장에 나타난 가격 경직성을 미시적 분석을 통해 해소할 수 있다고 보았다.
5문단의 '경제 주체의 합리적 선택에 대한 미시적 분석을 바탕으로 거시 경제 현상을 분석해야 한다고 주장했다.'를 통해, 새고전학파는 미시적 분석을 바탕으로 거시 경제 현상을 분석해야 한다고 보고 있지, 미시적 분석을 통해 가격 경직성을 해소할 수 있다고 보지 않았음을 알 수 있다.

③ 케인즈는 노동 시장에 나타나는 임금 경직성이 극심한 고용량의 변화를 방지한다고 보았다.

3문단의 '또한 노동 시장에서의 가격인 임금이 경직적인 경우 기업의 노동 수요 감소가 임금 하락으로 상쇄되는 대신 대규모 실업을 불러일으킨다고 주장했다.'를 통해, 케인즈는 임금 경직성이 극심한 고용량의 변화를 야기한다고 보았지, 임금 경직성이 극심한 고용량의 변화를 방지한다고 보지 않았음을 알 수 있다.

④ 케인즈는 단기에는 가격이 신축적으로 변화해도 수요와 공급의 불일치를 해소할 수 없다고 보았다.
3문단에서 케인즈는 단기에 가격이 경직적이어서 경기 침체와 대규모 실업이 일어났다고 하였으므로, 만일 단기에 가격이 신축적이라면 케인즈는 수요와 공급의 불일치를 해소할 수 있을 것이라 생각할 것임을 짐작할 수 있다.

⑤ 새케인즈학파는 메뉴 비용의 존재로 인해 제품 시장에서 가격이 조정되는 속도가 빠르다고 보았다.
6문단의 '메뉴 비용 이론에 따르면 기업은 제품 가격을 변화시킴으로써 얻을 수 있는 이득과 메뉴 비용을 비교하여 가격을 변화시키며, 이에 따라 제품 시장의 가격 경직성이 발생할 수 있다.'를 통해, 새케인즈학파는 메뉴 비용의 존재로 인해 제품 시장에서 가격이 조정되는 속도가 느리다고 보았음을 짐작할 수 있다.

★★ 문제 해결 꿀~팁 ★★

▶ **많이 틀린 이유는?**
이 문제는 지문 자체가 경제 지문이어서 지문 이해에 어려움을 겪어, 내용 일치 문제임에도 오답률이 높았던 것으로 보인다. 또한 선택지의 내용이 글에 제시된 둘 이상의 정보를 결합한 것도 문제 해결에 어려움을 겪은 듯하다.

▶ **문제 해결 방법은?**
기본적으로 내용 일치 문제 해결 방법은 단순하다. 즉 선택지의 내용이 글의 어느 부분에 있는지 확인하고, 이를 통해 내용 일치 여부를 파악하면 된다. 그런데 대다수의 학생들이 경제 지문(과학, 기술 지문과 마찬가지로)을 이해하는 데 어려움을 겪어 지문을 정확히 이해하지 못하고 문제를 해결하려고 해서 오답률이 높은 것이 사실이다. 그런데 경제 지문은 주로 경제적인 현상을 설명하고 있으므로, 설명하는 내용이 무엇인지 표시해 가면서 차분히 읽게 되면 어떤 문제라도 충분히 해결할 수 있다. 가령 오답률이 높은 ②의 경우, 이와 관련된 문단이 새고전학파에 대해 언급한 5문단임을 알고, 5문단의 내용과 ②를 비교해 보면 일치하지 않음을 쉽게 알 수 있었을 것이다. 한편 최근 수능에서 일치 문제의 경우 두 개의 정보를 결합하여 제시하는 경우가 있는데, 정답인 ①이 이 경우에 해당한다. 따라서 ①을 해결하기 위해서는 2문단의 고전학파의 내용과 5문단의 새고전학파의 내용 중, 경기 변동의 존재 여부에 대한 입장이 어떻게 드러나 있는지 확인하면 된다. 이처럼 내용 일치 문제는 어떻게 제시되더라도 글의 내용을 바탕으로 제시되므로, 선택지에 해당하는 내용을 찾아(비록 두 개 이상의 정보가 결합되어 있더라도) 비교하는 방식으로 충분히 해결할 수 있다.

★★★ 1등급 대비 고난도 2점 문제

06 글의 내용을 통한 자료의 이해   정답률 27% | 정답 ②

〈보기〉의 '모형'에 대한 ㉠, ㉡의 해석을 추론한 내용으로 적절하지 않은 것은?

〈보 기〉

〈그림〉은 총수요 변동에 따른 국민 총소득 변화를 나타낸 모형이다. Y^*는 장기 균형 국민 총소득 수준을, AD 곡선은 총수요를 나타낸다. 총수요가 증가하면 AD 곡선이 우측으로, 감소하면 좌측으로 평행 이동한다고 가정한다.
예를 들어, 총수요가 AD_0이고 물가가 P_0, 국민 총소득이 Y^*인 상태에서 총수요가 AD_2로 증가하는 경우, 총수요 증가에 따라 물가가 P_2까지 상승하면 국민 총소득은 Y^*로 동일하지만, 물가가 P_0에 고정되어 있으면 국민 총소득은 Y_2로 증가한다. 이때 국민 총소득이 Y^*보다 큰 경우는 호황을, Y^*보다 작은 경우는 불황을 나타낸다.
(단, 총수요는 AD_1과 AD_2 사이에서만 변동한다고 가정한다.)

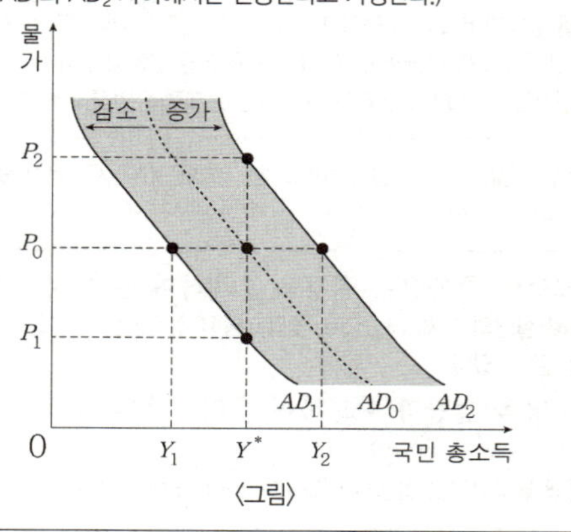

① ㉠ : 호황이나 불황은 발생하지 않으므로, AD 곡선이 이동하더라도 국민 총소득이 Y^*로 일정할 것이다.

2문단을 통해 고전학파에서는 가격의 신축적인 조정에 의해 시장이 항상 균형을 달성한다고 보았고, 호황이나 불황이 나타나는 경기 변동 현상은 발생하지 않는다고 보았음을 알 수 있다. 따라서 고전학파에서는 AD 곡선이 이동하더라도 가격이 신축적으로 변화하여 국민 총소득이 Y^*로 일정할 것이라 판단할 것임을 알 수 있다.

✔ ㉠ : 시장은 항상 균형 상태에 있으므로, AD 곡선이 이동하더라도 물가가 P_0이고 국민 총소득이 Y^*인 장기 균형이 항상 성립할 것이다.

2문단을 통해 고전학파에서는 가격의 신축적인 조정에 의해 시장이 항상 균형을 달성한다고 보았음을 알 수 있다. 즉 고전학파에서는 불균형이 발생할 경우 즉시 가격이 변화하여 시장이 균형을 회복한다고 여기고 있음을 알 수 있다. 이러한 고전학파의 입장을 볼 때, AD 곡선이 이동하더라도 물가가 P_1에서 P_2까지 신축적으로 변화하여 국민 총소득이 Y^*인 장기 균형이 항상 성립할 것이라고 판단할 수 있다. 따라서 AD 곡선이 이동할 경우에는 물가가 P_1에서 P_2까지 신축적으로 변화할 것이므로, 물가가 P_0이 항상 성립한다는 내용은 적절하지 않다.

③ ㉡ : 단기에는 가격 경직성으로 말미암아 총수요 변동이 시장 불균형을 유발하므로, AD 곡선이 이동할 때 물가는 P_1과 P_2 사이의 폭보다 작은 폭으로 변화하여 국민 총소득은 Y^*를 이탈할 것이다.

4문단을 통해 케인즈학파는 총수요 변동이 유발한 불균형 상태가 가격 경직성으로 말미암아 오래 지속될 수 있다고 보았음을 알 수 있다. 따라서 케인즈학파에서는 단기에는 가격 경직성으로 인해 AD 곡선이 이동할 때 물가가 P_1에서 P_2 사이의 폭보다 작은 폭으로 이동할 것이라고 생각하면서, 국민 총소득은 장기 균형인 Y^*를 이탈할 것이라 판단할 것임을 알 수 있다.

④ ㉡ : 가격 경직성이 심할수록 총수요 변동에 따라 극심한 경기 변동이 유발되므로, 물가가 완전히 경직적이라면 AD 곡선이 이동할 때 물가가 P_0에 고정되어 국민 총소득의 변동성은 Y_1에서 Y_2까지 나타날 것이다.

4문단을 통해 케인즈학파는 총수요 변동이 유발한 불균형 상태가 가격 경직성으로 말미암아 오래 지속될 수 있다고, 즉 극심한 경기 변동이 유발될 수 있다고 보았음을 알 수 있다. 그리고 물가가 완전히 경직적이라는 것은, 물가가 P_0에 거의 고정되어 있는 것이라 할 수 있다. 따라서 케인즈학파에서는 AD 곡선이 이동할 때 물가가 P_0에 고정되어 변하지 않으므로, 이로 인해 국민 총소득은 Y_1에서 Y_2까지 변화할 것이라 판단할 것임을 알 수 있다.

⑤ ㉡ : 가격 경직성이 존재하더라도 정부가 '보이는 손'을 통해 경기 변동을 제거할 수 있으므로, 경기 안정화 정책이 유효하다면 물가가 P_0에 고정되더라도 국민 총소득이 Y^*로 일정할 수 있을 것이다.

4문단을 통해 케인즈학파는 가격 경직성의 존재에도 불구하고 정부의 '보이는 손'을 통해 시장의 균형이 회복될 수 있다고 보고 있음을 알 수 있다. 이러한 정부의 경기 안정화 정책이 유효할 경우, 케인즈학파는 물가가 P_0에 고정된 완전히 경직적인 상황이라 해도 경기 안정화 정책으로 총수요를 변화시켜 국민 총소득이 장기 균형인 Y^*로 일정할 수 있을 것이라 판단할 것임을 알 수 있다.

★★ 문제 해결 꿀~팁 ★★

▶ 많이 틀린 이유는?

이 문제는 〈보기〉에 제시된 그래프를 고전학파와 케인즈학파의 이론과 연계하여 이해하는 과정에서 어려움을 겪어 오답률이 높았던 것으로 보인다. 또한 〈보기〉의 그래프에 제시된 '장기 균형 국민 총소득 수준'을 의미하는 'Y^*'와 물가 P_0이 만나는 지점이 글에서 언급한 '균형을 달성한 지점'임을 파악하지 못한 것도 오답률을 높였던 것으로 보인다.

▶ 문제 해결 방법은?

경제 문제에서 그래프가 제시될 때는 그래프를 정확히 이해하는 것이 우선되어야 한다. 즉 〈보기〉의 그래프가 드러내는 것이 무엇이고, 이와 관련된 글의 내용이 어디인지 파악할 수 있어야 한다. 주어진 〈보기〉의 그래프를 보면 '장기 균형 국민 총소득 수준'을 의미하는 'Y^*'와 물가 P_0이 만나는 지점이 시장의 균형에 해당하고, Y_1으로 이동할 때는 불황일 경우, Y_2로 이동할 때는 호황일 때임을 알아야 한다. 그런 다음 문제의 조건이 〈보기〉의 그래프에 대한 ㉠과 ㉡의 해석을 추론하는 것이므로, 글을 통해 ㉠과 ㉡의 생각이 무엇인지 파악할 수 있어야 한다. 이렇게 볼 때, 정답인 ②의 경우, 고전학파의 입장에서 〈보기〉의 그래프를 파악하는 것이므로 '시장이 균형일 때'의 고전학파의 생각이 어떠한지 글을 통해 확인한 다음, 그래프와 연결하여 해석한 선택지의 내용이 적절한지 판단할 수 있어야 한다. 마찬가지로 오답률이 높았던 ③의 경우에도 케인즈학파의 입장을 파악하고, 이 입장에서 〈보기〉의 그래프를 이해한 것이 적절한지를 판단할 수 있어야 한다.

★★★ 1등급 대비 고난도 3점 문제

07 인물의 입장에 대한 비판의 적절성 판단 　　정답률 36% | 정답 ②

〈보기〉의 '경제학자 갑'의 정책 제안에 대해 ㉢이 할 수 있는 비판으로 가장 적절한 것은?
[3점]

〈보 기〉

경제학자 갑은 소득과 통화량이 늘어날수록 소비가 증가할 것이라고 가정하고, 이를 반영하여 소비 예측 모형을 개발하였다. 그리고 K국의 지난 10년간의 자료를 통계적으로 분석하여 모형의 계수를 추정하였다. 모형의 분석 결과, 갑은 통화량이 증가한 경우 다음 달의 소비가 증가한다는 결론을 도출한 뒤, 통화량을 늘리는 정책을 K국 정부에 제안하였다. K국 정부는 갑의 제안을 받아들이고 2020년 4월 1일에 확장적 통화 정책을 시행하겠다고 발표하였다. (단, 현재는 2020년 3월 12일이며, K국은 매년 12월 31일에 해당 시점의 통화량을 발표한다.)

① K국의 확장적 통화 정책이 2019년의 통화량에 대한 K국 국민들의 합리적 기대 형성에 영향을 미쳐 K국 국민들의 반응이 바뀔 수 있다는 점을 고려하지 않았다.

〈보기〉를 통해 K국이 2020년 4월 1일에 확장적 통화 정책 시행을 발표하고 있으므로, 2019년은 이미 지난 시기이고 이때의 통화량은 2019년 12월 31일에 발표되었음을 알 수 있다. 따라서 새고전학파는 확장적 통화 정책이 발표되더라도 K국 국민들의 반응은 바뀌지 않는다고 판단할 것이다.

✔ K국 정부가 확장적 통화 정책을 발표한 이후 통화량에 대한 K국 국민들의 예상이 달라짐에 따라 정책 효과 분석도 달라져야 한다는 점을 고려하지 않았다.

5문단에서 새고전학파는 케인즈학파의 거시 계량 모형에 오류가 있음을 지적하면서, 새로운 정보가 전해질 경우 경제 주체들은 기존에 보유하고 있던 정보에 추가된 정보를 반영하여 합리적으로 기대를 형성하고 이에 따라 반응을 바꾼다고 하고 있다. 이렇게 볼 때, 새고전학파는 K국 정부의 확장적 통화 정책 발표가 국민들의 합리적 기대에 영향을 미쳐 국민들의 반응도 달라지리라 판단할 것임을 알 수 있다. 그런데 〈보기〉에서 경제학자 갑은 소비와 소득, 금리와 통화량 등 과거의 자료만을 통해 K국 정부에게 확장적 통화 정책을 제안하고 있다. 따라서 새고전학파는 경제학자 갑에 대해 K국 정부의 확장적 통화 정책의 효과 분석 역시 달라져야 한다는 점을 고려하지 않았음을 비판할 것이다.

③ 확장적 통화 정책으로 인해 K국의 통화량이 변화할 경우, 2020년 이전의 자료는 배제한 채 소비의 변화를 예측해야 한다는 점을 고려하지 않았다.

5문단을 통해 새고전학파는 새로운 정보가 전해지면 기존의 정보에 추가된 정보를 반영하여 합리적 기대를 형성한다고 판단하므로, 2020년 이전의 자료 역시 고려해야 한다고 판단할 것임을 알 수 있다. 또한 〈보기〉에서 경제학자 갑은 2020년 이전의 자료를 고려하고 있으므로 비판 내용으로 적절하지 않다.

④ 2020년 4월 1일에 확장적 통화 정책을 시행함으로써 2020년 12월 30일까지는 K국 국민들의 소비가 변화하지 않을 것이라는 점을 고려하지 않았다.

〈보기〉를 통해 경제학자 갑이 확장적 통화 정책이 다음 달의 소비를 증가시킨다고 판단하고 있음을 알 수 있다. 따라서 경제학자 갑은 2020년 12월 30일 이전에도 K국 국민들의 소비가 증가할 것이라고 판단하였다고 볼 수 있으므로 적절한 비판이라 할 수 없다.

⑤ K국 정부의 인위적인 통화량 조절로 유발된 총수요 변동이 불황을 불러일으킬 수 있다는 점을 고려하지 않았다.

〈보기〉를 통해 K국 정부의 확장적 재정 정책은 현재는 시행 전임을 알 수 있으므로 통화량이 변화하지 않음을 알 수 있다. 그리고 5문단을 통해 새고전학파에서는 경기 변동의 원인이 총수요 변동이 아닌 기술 변화라고 판단하고 있음을 알 수 있다. 따라서 K국 정부의 인위적인 통화량 조절로 총수요 변동이 유발되더라도 새고전학파에서는 이것이 불황 등의 경기 변동을 유발하지는 않을 것이라고 판단할 것임을 알 수 있으므로 적절하지 않다.

★★ 문제 해결 꿀~팁 ★★

▶ 많이 틀린 이유는?

이 문제는 〈보기〉로 제시된 '갑'의 정책 제안의 내용과 이에 대한 새고전학파의 입장을 연관시키는 과정에서 어려움을 겪어 오답률이 높았던 것으로 보인다. 특히 지문 자체 이해도 어려운 상황에서 〈보기〉 내용도 경제 정책과 관련된 내용이어서 이해에 어려움을 겪어 오답률이 높았던 것으로 보인다.

▶ 문제 해결 방법은?

이 문제를 해결하기 위해서는 글에 제시된 새고전학파의 견해와 〈보기〉의 '경제학자 갑'의 정책에 대한 이해가 선행되어야 한다. 그런 다음 이를 바탕으로 선택지에 제시된 〈보기〉에 대한 비판이 새고전학파의 견해와 연계하여 비판할 수 있어야 한다. 가령 정답인 ②의 경우, 〈보기〉를 통해 경제학자 갑이 과거의 자료만을 통해 K국 정부에게 확장적 통화 정책을 제안하고 있고, 새고전학파에서는 새로운 정보가 전해질 경우 경제 주체들은 기존에 보유하고 있던 정보에 추가된 정보를 반영하여 합리적으로 기대를 형성하고 이에 따라 반응을 바꾼다고 언급하고 있으므로 적절한 비판이라 할 수 있다. 이 문제는 비판을 요구하는 문제이지만 기본적인 문제 해결은 내용의 정확한 이해에 있으므로, 어떤 문제를 풀더라도 반드시 글의 내용에 충실하여 문제를 해결할 수 있어야 한다.

DAY 09

▶ 오답인 ③를 많이 선택한 이유는?
이 문제의 경우 ③을 선택한 학생들이 많았는데, ③을 선택한 이유는 〈보기〉를 정확하게 이해하지 못했기 때문으로 보인다. 〈보기〉에서 경제학자 갑이 2020년 이전의 자료를 고려하고 있음을 확인했다면 쉽게 오답임을 알았을 것이다. 이 선택지처럼 간혹 〈보기〉의 내용과 어긋나는 선택지도 제시될 수 있으므로 〈보기〉 내용도 정확히 읽을 필요가 있다.

08 핵심 정보의 이해 　　　정답률 47% | 정답 ①

[A]를 이해한 내용으로 가장 적절한 것은?

✅ **기업이 이윤 추구를 위해 제품 가격과 임금을 결정한 결과로 시장에 가격 경직성이 나타날 수 있다.**
6문단의 메뉴 비용 이론을 통해, 기업은 메뉴 비용과 제품 가격을 변화시킴으로써 얻을 수 있는 이득을 비교하여 제품 가격을 변화, 즉 가격 변화로 인해 자신에게 이득이 되지 않을 경우 제품 가격을 변화시키지 않을 것이므로 이에 따라 제품 시장의 가격 경직성이 발생할 것임을 알 수 있다. 그리고 효율 임금 이론을 통해, 기업은 높은 효율 임금을 지급하여 생산성을 높이려 할 것임을 알 수 있으므로, 시장 상황에 의해 임금이 하락하더라도 임금을 낮추지 않고 높은 임금을 지급하려 할 것이다. 이렇게 볼 때, 기업이 자신의 이윤을 추구하는 과정에서 제품 가격이나 임금 경직성으로 인해 시장에 가격 경직성이 나타날 것임을 알 수 있다.

② **경제 주체들이 합리적으로 기대를 형성하는 경우에는 총수요 관리 정책이 경기 변동을 줄이는 역할을 할 수 없다.**
6문단을 통해, 경제 주체들이 합리적으로 기대를 형성하더라도 가격 경직성으로 인해 경기 변동이 발생할 수 있음을 알 수 있다. 따라서 총수요 관리 정책은 여전히 경기 변동을 줄이는 역할을 할 수 있다고 볼 수 있다.

③ **기업이 공급자로 참여하는 제품 시장과 수요자로 참여하는 노동 시장에서의 기업의 행동 차이로 인해 시장의 가격 경직성이 제거될 수 있다.**
6문단을 통해 제품 시장과 노동 시장에서 공통적으로 기업은 이윤을 추구하는 행동을 할 것이고, 이로 인해 가격 경직성이 나타날 수 있다. 그런데 6문단에서 기업이 공급자로 참여하는 제품 시장과 수요자로 참여하는 노동 시장에서의 기업의 행동 차이에 대해서는 언급하지 않고 있으므로 적절하지 않다.

④ **메뉴 비용의 크기가 클수록 제품 가격의 변동성 역시 커진다는 것을 밝힐 수 있다면, 제품 시장에 존재하는 가격 경직성의 근거를 입증할 수 있다.**
메뉴 비용의 크기가 클수록 제품 가격의 변동성이 커진다는 것은 가격의 신축성과 관련이 있지, 이를 통해 제품 시장에 존재하는 가격 경직성의 근거를 입증하는 근거로 사용할 수 있다는 것은 적절하지 않다.

⑤ **기업이 노동 시장의 균형 임금보다 높은 임금을 노동자에게 지급함으로써 생산성을 높일 수 있다면, 노동의 초과 수요가 발생하더라도 임금이 하락할 수 있다.**
6문단을 통해 기업이 노동자에게 높은 임금을 지급함으로써 생산성을 높일 수 있는 경우, 노동의 초과 수요가 발생하여 시장의 균형 임금이 상승하면 기업은 더 높은 임금을 지급하여 이직과 태만을 방지하려 할 것임을 알 수 있다.

09 구절의 문맥적 의미 파악 　　　정답률 68% | 정답 ④

ⓐ~ⓔ를 문맥상 바꿔 쓴 것으로 적절하지 않은 것은?

① ⓐ : 수요와 공급이 일치한다고
1문단을 통해 수요와 공급이 일치하는 상태를 시장 균형임을 알 수 있으므로, ⓐ를 '수요와 공급이 일치한다고'로 바꾸는 것은 문맥상 적절하다.

② ⓑ : 즉시 바뀌지 않는다고
3문단을 통해 가격 경직성이 수요와 공급의 변화에 따라 가격 조정이 원활하지 않은 상태임을 알 수 있으므로, ⓑ를 '즉시 바뀌지 않는다고'로 바꾸는 것은 문맥상 적절하다.

③ ⓒ : 적절한 수준으로 변화시킴으로써
4문단을 통해 케인즈학파는 가격 경직성의 존재에도 불구하고 정책을 통해 총수요를 관리함으로써 시장 균형을 회복할 수 있다고 보았으므로, ⓒ를 '적절한 수준으로 변화시킴으로써'로 바꾸는 것은 문맥상 적절하다.

✅ ⓓ : 시장 균형을 없앨 수
4문단에서 케인즈학파는 정부의 경기 안정화 정책을 통해 경기 변동을 조절할 수 있다고 하였으므로, '경기 변동을 제거할 수'를 '시장 균형을 없앨 수'로 바꾸는 것은 문맥상 적절하지 않다. 이보다는 '호황이나 불황의 발생을 없앨 수'로 바꾸는 게 적절하다.

⑤ ⓔ : 미래를 예상하고
5문단을 통해 경제 주체는 자신이 이용 가능한 정보를 바탕으로 미래에 대한 기대를 형성함을 알 수 있으므로, ⓔ를 '미래를 예상하고'로 바꾸는 것은 문맥상 적절하다.

10~12 현대시

(가) 김춘수, 「부재」

감상 이 작품에서는 유한한 존재가 지닌 부재의 의미를, 삶과 죽음의 순환적 공존이 일어나는 자연 현상에 대한 정서적 반응을 통해 감각적으로 드러내고 있다. 자연물에서 인간으로의 시상 확장을 통해 유한적 존재의 소멸과 부재를 강조해 주고 있다.
주제 유한한 존재들의 소멸과 부재

표현상의 특징
• 자연물에 인격을 부여하여 시적 의미를 부여하고 있음.
• 종결 어미 '–었다'의 반복을 통해 운율을 형성함.
• 자연 현상의 속성을 활용하여 관념적 주제를 형상화함.

(나) 황동규, 「삶을 살아낸다는 건」

감상 이 작품에서는 삶의 의미를, 소멸하는 자연물이 지닌 생의 감각과 자연과 교감하며 깨달은 일상적인 경험을 세세하게 표현함으로써 드러내고 있다. 의인법, 음성 상징어, 다양한 감각적 이미지를 활용하여 자연의 소멸을 그려 내면서, 자연과의 교감을 통해 소멸해가는 속에서도 피어나는 새로운 생명력을 인식하며 삶의 의미에 대한 깨달음을 드러내고 있다.
주제 자연과의 교감을 통해 깨달은 삶의 의미

표현상의 특징
• 자연물에 인격을 부여하여 시적 의미를 나타내고 있음.
• 시행을 말줄임표로 끝내며 여운을 주고 있음.
• 영탄적 어조를 활용하여 화자의 정서를 전달하고 있음.

10 표현상 특징 파악 　　　정답률 75% | 정답 ④

(가), (나)에 대한 설명으로 가장 적절한 것은?

① **(가)는 과거와 현재를 대비하며 시상을 전개하고 있다.**
(가)는 과거와 현재를 대비하며 시상을 전개하고 있지 않으므로 적절하지 않다.

② **(나)는 상승과 하강의 이미지를 반복하여 주제를 강조하고 있다.**
(나)는 '마지막 잎들이' 지고 있는 모습에서 하강의 이미지가 나타나 있지만 상승과 하강의 이미지를 반복하고 있지 않으므로 적절하지 않다.

③ **(가)와 (나)는 모두 말 줄임표로 끝내는 시행을 사용하여 여운을 주고 있다.**
(가)에서는 말줄임표로 끝내는 시행이 없으므로 적절하지 않다. 반면에 (나)에서는 '이런! 삶을, 삶을 살아낸다는 건……'에서 시행을 말줄임표로 끝내며 여운을 주고 있다.

✅ **(가)와 (나)는 모두 자연물에 인격을 부여하여 시적 의미를 나타내고 있다.**
(가)에서는 '외롭게 햇살'이 '낮잠을 졸다 갔다'라고 자연물에 인격을 부여하여 시적 의미를 부여하고 있고, (나)에서는 '나무'가 '기침' 소리를 내며 감추었던 것들을 내놓는 모습에서 자연물에 인격을 부여하여 시적 의미를 나타내고 있으므로 적절하다.

⑤ **(가)는 명령적 어조를 활용하여, (나)는 영탄적 어조를 활용하여 화자의 정서를 전달하고 있다.**
(가)에서는 명령적 어조가 드러나 있지 않으므로 적절하지 않다. 반면에 (나)에서는 '괜찮은 삶도 있었다니!'에서 영탄적 어조를 활용하여 화자의 정서를 전달하고 있다.

11 시어의 의미 이해 　　　정답률 81% | 정답 ④

㉠~㉤에 대한 이해로 적절하지 <u>않은</u> 것은?

① **㉠은 규칙적이지 않고 우연한 어떤 시간에 현상이 나타났음을 드러낸다.**
㉠은 규칙적이지 않고 우연한 어떤 시간에 '바람'이 나타났음을 드러내고 있으므로 적절하다.

② **㉡은 대상이 주어진 환경 속에서 홀로인 상태임을 표현한다.**
㉡은 '햇살'이 한겨울에 쓸쓸하게 홀로인 상태임을 표현하고 있으므로 적절하다.

③ **㉢은 대상의 행위가 혼자만의 행동이 아님을 나타낸다.**

ⓒ은 '투덜대다'라는 행위가 혼자가 아닌 여럿이 하는 행동임을 나타내고 있으므로 적절하다.

✔ ㉣은 대상이 규칙적으로 떨어지고 있는 모습을 시각적으로 형상화한다.
ㄹ은 '낙엽'이 이쪽, 저쪽으로 아무렇게나 돌아다니고 있는 모습을 형상화한 것이므로 적절하지 않다.

⑤ ㅁ은 대상의 변화를 이끌어 내는 과정이 끝나지 않고 지속되고 있음을 드러낸다.
ㅁ은 햇빛이 닿아서 '피라칸사 열매'의 변화를 이끌어 내는 과정이 끝나지 않고 지속되고 있음을 드러내고 있으므로 적절하다.

12 외적 준거에 따른 작품의 감상   정답률 60% | 정답 ⑤

〈보기〉를 참고하여 (가), (나)를 감상한 내용으로 적절하지 <u>않은</u> 것은? [3점]

〈보 기〉
시인은 관념적 주제를 자연 현상의 속성을 활용하여 형상화한다. (가)에서는 유한한 존재가 지닌 부재의 의미를, 삶과 죽음의 순환적 공존이 일어나는 자연 현상에 대한 정서적 반응을 통해 감각적으로 드러낸다. (나)에서는 삶의 의미를, 소멸하는 자연물이 지닌 생의 감각과 자연과 교감하며 깨달은 일상적인 경험을 세세하게 표현함으로써 드러낸다.

① (가)에서 '사람들'이 '꿈결같이' '살다 죽'는 모습에서 존재의 유한함을 형상화하고 있음을 알 수 있겠군.
〈보기〉에서 (가)가 유한한 존재가 지닌 부재의 의미를 드러낸다고 하였으므로, '사람들'이 '꿈결같이' '살다 죽'는 모습은 존재의 유한함을 형상화한다고 할 수 있다.

② (가)에서 '바람'이 '흔들'면 '울타리'가 '슬픈 소리'로 우는 모습에서 자연 현상에 대한 정서적 반응을 알 수 있겠군.
〈보기〉에서 (가)가 자연 현상에 대한 정서적 반응을 통해 감각적으로 드러낸다고 하였으므로, '바람'이 '흔들'면 '울타리'가 '슬픈 소리'로 우는 모습은 자연 현상에 대한 정서적 반응을 드러낸 것이라 할 수 있다.

③ (나)에서 '눈인사하듯 똑똑해'진 '피라칸사 열매'가 '더 똑똑해지면 사라'질 것이라고 하는 모습에서 자연과 교감하며 얻은 깨달음이 드러나 있음을 알 수 있겠군.
〈보기〉에서 (나)가 자연과 교감하며 깨달은 일상적인 경험을 세세하게 표현하였다 하였으므로, '눈인사하듯 똑똑해'진 '피라칸사 열매'가 '더 똑똑해지면 사라'질 것이라고 하는 모습은 자연과 교감하며 얻은 깨달음을 드러낸 것이라 할 수 있다.

④ (가)에서 '햇살'이 '낮잠을 졸다' 사라지는 모습과, (나)에서 '바싹 말'라버린 '나무'의 상태를 '괜찮은 삶'이라고 하는 모습에서 자연현상의 속성을 활용하여 관념적 주제를 형상화하고 있음을 알 수 있겠군.
〈보기〉에서 시인은 관념적 주제를 자연 현상의 속성을 활용하여 형상화한다고 하면서, (가), (나)에 대해 설명하고 있다. 따라서 (가)에서 '햇살'이 '낮잠을 졸다' 사라지는 모습과, (나)에서 '바싹 말'라 버린 '나무'의 상태를 '괜찮은 삶'이라고 하는 모습은 자연 현상의 속성을 활용하여 관념적 주제를 형상화한 것이라 할 수 있다.

✔ (가)에서 '맨드라미' 같은 꽃들이 '철마다 피'고는 '져 버'리는 모습에서 삶과 죽음의 순환적 공존을, (나)에서 '마른기침 소리'를 내던 나무가 새롭게 '가지와 둥치'를 내놓는 모습에서 생의 감각이 소멸한다는 것을 알 수 있겠군.
(가)에서 '맨드라미', 나팔꽃, 봉숭아 같은 꽃들이 '철마다 피'고는 '져 버'리는 모습에서 삶과 죽음의 순환적 공존을 알 수 있다. 반면에 (나)에서 '마른기침 소리'를 내던 나무가 새롭게 '가지와 둥치'를 내놓는 모습에서 소멸하는 자연물이 지닌 생의 감각을 알 수 있지만, 생의 감각이 소멸한다는 것은 알 수 없으므로 적절하지 않다.

DAY 10 20분 미니 모의고사

01 ③	02 ①	03 ②	04 ②	05 ①
06 ⑤	07 ⑤	08 ②	09 ③	10 ②
11 ②	12 ④			

01 토론의 입론 내용 파악   정답률 66% | 정답 ③

[A], [B]에 대한 설명으로 적절하지 <u>않은</u> 것은?

① [A]는 공직자 선거에 온라인투표를 실시하고 있는 국가의 사례를 통해 온라인투표의 시행 가능성을 보여 주고 있다.
[A]에서 '찬성 1'은 실제 온라인투표 시스템을 활용하여 공직자 선거를 실시한 ○○국의 사례를 제시하고 있는데, 이는 온라인투표의 시행 가능성을 보여 주기 위해 제시한 사례라 할 수 있다.

② [A]는 종이투표 방식의 한계를 지적하며 현재의 투표 방식이 투표권을 제대로 보장하지 못한다는 점에 대해 문제를 제기하고 있다.
[A]에서 '찬성 1'의 '현재 '종이투표' 방식은 ~ 투표권을 보장하지 못합니다.'를 통해, '찬성 1'이 종이투표 방식의 한계를 지적하면서 현재의 투표 방식이 투표권을 제대로 보장하지 못한다는 점에 대해 문제를 제기하였음을 알 수 있다.

✔ [B]는 최근 실시된 공직자 선거의 투표율을 근거로 공직자 선거 투표에 참여를 희망하는 사람의 비율이 낮다고 주장하고 있다.
[B]에서 '반대 1'은 최근 공직자 선거 투표에 참여하지 않은 사람들을 대상으로 한 설문 조사에서 시간과 공간의 제약으로 투표를 하지 못한 사람들의 비율이 낮다는 점을 근거로 들면서, 온라인투표를 실시하더라도 실제 투표율에 큰 차이가 없을 것이라 주장하고 있다. 하지만 '반대 1'이 공직자 선거 투표에 참여를 희망하는 사람의 비율이 낮다고 주장하지는 않고 있다.

④ [B]는 이미 시행되고 있는 제도의 효과를 언급하며 온라인투표 도입으로 인한 투표율 상승 효과에 대해 부정적으로 평가하고 있다.
[B]에서 '반대 1'은 현재 시행되고 있는 투표일 임시 공휴일 지정과 사전 투표 제도를 통해 투표를 원하는 유권자의 대부분이 투표권을 보장받고 있다고 말하면서, 온라인투표를 도입하더라도 투표율에 큰 차이가 없을 것이라 주장하고 있다.

⑤ [A]와 [B]는 모두 종이투표의 대안으로 제시된 온라인투표가 투표권 보장에 더 유리하다는 점에 동의하고 있다.
[A]에서 '찬성 1'은 시간과 공간의 제약으로 인해 투표를 하지 못했던 사람들의 투표권을 온라인투표가 보장해 줄 수 있다고 주장하고 있다. 그리고 [B]에서 '반대 1'은 온라인투표가 종이투표에 비해 투표권 보장에 더 유리한 측면이 있다는 점을 인정하고 있다. 따라서 [A]의 '찬성 1'과 [B]의 '반대 1' 모두 온라인투표가 투표권 보장에 더 유리하다는 점에 대해서는 동의하였음을 알 수 있다.

02 작문 맥락 파악   정답률 77% | 정답 ①

(나)의 작문 맥락을 파악한 내용으로 가장 적절한 것은?

✔ 온라인투표 도입으로 인한 긍정적 효과를 근거로 제시하여 주장을 설득력 있게 전달하는 것을 작문 목적으로 설정했다.
(나)에서는 온라인투표가 투표권을 보장하여 투표율을 높일 수 있다는 긍정적 효과에 대한 사례를 근거로 들어, 공직자 선거에 온라인투표를 도입할 필요성이 있다는 점을 설득하고 있다.

② 공직자 선거 투표에 참여를 원하지 않는 사람들을 위한 대안이 필요하다는 관점에서 주제를 선정했다.
(나)에서 글쓴이는 공직자 선거에 온라인투표를 부분적으로 도입하자는 의견을 드러내고 있으므로, 공직자 선거 투표에 참여를 원하지 않는 사람들을 위한 대안이 필요하다는 관점에서 주제를 선정했다고는 할 수 없다.

③ 온라인투표 도입에 대한 의견을 다양하게 수용하기 위해 실시간 의사소통이 가능한 매체를 선택했다.
(나)는 학교 신문에 실은 글이므로, 실시간 의사소통이 가능한 매체를 선택하지는 않고 있다.

④ 현재의 투표 제도와 관련된 문제를 인식하고 투표 방식과 절차를 안내하는 글의 유형을 선택했다.
(나)에서 글쓴이는 온라인투표에 대한 문제점을 제기한 반대 의견을 제시하고 있지만, 현재의 투표 제도와 관련된 문제를 제기한 부분은 찾아볼 수 없다. 또한 (나)는 글쓴이의

주장을 드러내는 글이므로, 투표 방식과 절차를 안내하는 설명적인 글의 유형을 선택했다고도 할 수 없다.

⑤ 온라인투표의 도입을 결정할 수 있는 실질적 권한을 가진 기관을 특정하여 예상 독자로 설정했다.

(나)의 글은 학교 신문에 실린 글이므로 예상 독자는 학교의 구성원이라 할 수 있다. 따라서 온라인투표의 도입을 결정할 수 있는 실질적 권한을 가진 기관을 특정하여 예상 독자로 설정했다고는 할 수 없다.

★★★ 1등급 대비 고난도 2점 문제

03 음운 변동의 이해 정답률 35% | 정답 ②

〈보기〉는 음운 변동에 대한 수업의 한 장면이다. 학생들의 활동 결과로 적절한 것은?

―〈보 기〉―

선생님 : 음운 변동은 한 음운이 다른 음운으로 바뀌는 '교체', 원래 있던 음운이 없어지는 '탈락', 새로운 음운이 생기는 '첨가', 두 음운이 하나의 음운으로 합쳐지는 '축약'이 있습니다. 음운의 변동이 일어날 때 음운 개수가 변하기도 하는데요. 제시된 단어들에서 일어나는 음운 변동을 있는 대로 모두 찾고 음운 개수의 변화를 정리해 볼까요?

단어	음운 변동 종류	음운 개수의 변화
① 국밥[국빱]	첨가	하나가 늘어남.

'국밥'에서 'ㅂ'이 'ㅃ'으로 교체되어 [국빱]으로 발음되고, 이때 음운 개수에는 변화가 없다.

| ② 뚫는[뚤른] | 교체, 탈락 | 하나가 줄어듦. |

'뚫는'은 'ㅎ'이 탈락하여 [뚤는]으로 발음된 뒤, 'ㄴ'이 'ㄹ'로 교체하여 [뚤른]으로 발음된다. 따라서 'ㅎ'의 탈락으로 인해 음운 개수는 1개가 줄어든다고 할 수 있다.

| ③ 막내[망내] | 교체, 축약 | 하나가 줄어듦. |

'막내'는 'ㄱ'이 'ㅇ'으로 교체되어 [망내]로 발음되고, 이때 음운 개수에는 변화가 없다.

| ④ 물약[물략] | 첨가 | 하나가 늘어남. |

'물약'은 'ㄴ'이 첨가되어 [물냑]으로 발음된 뒤 'ㄴ'이 'ㄹ'로 교체되어 [물략]으로 발음된다. 이때 'ㄴ'이 첨가되므로 음운은 1개 늘어난다고 할 수 있다.

| ⑤ 밟힌[발핀] | 축약 | 변화 없음. |

'밟힌'은 'ㅂ'과 'ㅎ'이 결합하여 'ㅍ'으로 축약되어 [발핀]으로 발음된다. 이때 두 음운이 결합하여 하나의 음운이 되었으므로 음운은 1개 줄어든다고 할 수 있다.

★★ 문제 해결 꿀~팁 ★★

▶ 많이 틀린 이유는?
이 문제는 실제 단어의 음운 변동 과정을 이해하지 못하여 오답률이 높았던 것으로 보인다.

▶ 문제 해결 방법은?
이 문제를 해결하기 위해서는 기본적으로 주어진 단어들의 음운 변동 과정을 정확히 파악할 수 있어야 한다. 가령 정답인 ②의 경우, '뚫는'이 겹받침 중 'ㅎ'이 탈락하여 [뚤는]으로 발음된 후, 'ㄴ'이 'ㄹ'로 교체하여 [뚤른]으로 발음됨을 알았으면 'ㅎ'이 탈락하여 음운 개수는 1개가 줄어들어 적절함을 알았을 것이다. 마찬가지로 오답률이 높았던 ④의 경우에도, '물약'이 'ㄴ'이 첨가되어 [물냑]으로 발음된 후 'ㄴ'이 'ㄹ'로 교체되어 [물략]으로 발음됨을 알았으면 'ㄴ'이 첨가되어 음운이 1개 늘어남을 알 수 있었을 것이다. 이처럼 음운 변동 문제 해결의 핵심은 주어진 단어의 음운 변동의 과정을 정확히 이해하는 것에 있으므로, 평소 음운 변동을 공부할 때 단어들의 음운 변동 과정을 확인하며 어떤 음운 변동이 일어났는지를 파악할 수 있도록 한다. 한편 음운 수의 경우 '뚫는[뚤른]'의 각 음운의 수를 세어서 확인할 수 있다. 이때 겹받침의 경우 두 개의 자음이라는 사실에 유의하도록 한다.

04~08 과학

전방욱, 「mRNA 혁명, 세계를 구한 백신」

해제 이 글은 mRNA 백신의 핵심 기술인 지질 나노 입자에 대해 설명하고 있다. mRNA 백신은 바이러스 단백질의 유전 정보를 암호화한 유전 물질을 접종하는 것으로, 체내 효소로부터 mRNA를 보호하여 세포 내 리보솜에 전달하기 위해 지질 나노 입자라는 인공 외막을 전달체로 사용한다. 음전하를 띤 mRNA를 낮은 pH에서 양전하를 띠는 이온화 지질로 둘러싼 후 높은 pH에서 전기적으로 중화시키면 내포 작용에 의해 엔도솜 막에 갇힌 채 세포 내로 함입된다. 그리고 세포질 내에서 엔도솜 내부가 산성화되면 엔도솜에서 방출되어 mRNA가 리보솜에 전달된다.

주제 mRNA 백신의 핵심 기술인 지질 나노 입자의 이해

문단 핵심 내용

1문단	바이러스 감염에 대비할 수 있는 방법인 백신 접종

2문단	mRNA 백신이 지질 나노 입자를 이용하는 이유
3문단	친수성 물질의 세포막 투과를 차단시키는 지질 분자인 인지질
4문단	양이온성 지질을 지질 나노 입자로 사용할 때의 문제점
5문단	이온화 지질을 지질 나노 입자의 재료로 사용하는 이유

★★★ 1등급 대비 고난도 2점 문제

04 핵심 정보의 이해 정답률 34% | 정답 ②

mRNA 백신에 대해 이해한 내용으로 적절한 것은?

① 바이러스 대신 인체 내에서 합성된 바이러스 단백질을 항체로 이용하여 면역 반응을 유도한다.
1문단을 통해 mRNA 백신은 인체가 바이러스 단백질을 항원으로 인식하게 하여 면역 반응을 일으킴을 알 수 있으므로 적절하지 않다.

✓ ② 바이러스에 감염되는 경우와 마찬가지로 유전 물질을 통한 세포의 단백질 합성 과정이 수반된다.
1문단을 통해 바이러스는 생물체에 침입하여 자신의 유전 물질을 mRNA로 바꾼 뒤 숙주 세포가 스스로 바이러스 단백질을 합성하게 함을 알 수 있고, mRNA 백신은 mRNA를 통해 바이러스 단백질을 합성함을 알 수 있다. 따라서 mRNA 백신 접종과 바이러스 감염 모두 유전 물질을 통한 세포의 단백질 합성 과정이 수반됨을 알 수 있으므로 적절하다.

③ 기억 세포의 유전 정보를 암호화한 유전 물질을 이용하기 때문에 바이러스 감염으로부터 안전하다.
2문단을 통해 mRNA 백신은 바이러스 단백질의 유전 정보를 암호화한 mRNA를 접종하는 것임을 알 수 있으므로, mRNA 백신은 기억 세포의 유전 정보를 암호화하지 않음을 알 수 있다.

④ 세포핵 안에서 유전 정보가 전사되는 과정을 조절하여 리보솜의 단백질 합성 작용에 영향을 미친다.
2문단을 통해 mRNA 백신은 바이러스 단백질의 유전 정보를 암호화한 mRNA를 접종하는 것임을 알 수 있으므로, mRNA 백신은 세포핵 안에서 유전 정보가 전사되는 과정을 조절하지 않음을 알 수 있다.

⑤ 바이러스를 배양해서 접종하는 경우와 달리 유전 정보가 제거된 바이러스 단백질을 백신으로 주입한다.
2문단을 통해 mRNA 백신은 바이러스 단백질의 유전 정보를 암호화한 mRNA를 접종하는 것임을 알 수 있으므로, mRNA 백신은 유전 정보가 제거된 바이러스 단백질을 백신으로 주입하지 않는다.

★★ 문제 해결 꿀~팁 ★★

▶ 많이 틀린 이유는?
이 문제는 글의 내용을 정확히 이해하지 못하여 오답률이 높았던 것으로 보인다. 또한 선택지가 글의 내용을 바탕으로 변형하여 제시하여 글의 내용과 비교하는 데 어려움을 겪어 오답률이 높았던 것으로 보인다.

▶ 문제 해결 방법은?
이 문제를 해결하기 위해서는 일차적으로 선택지의 내용을 정확히 이해하고, 이러한 내용이 글의 어느 부분에 제시되어 있는지 확인해야 한다. 가령 정답인 ②의 경우 선택지를 통해 mRNA와 바이러스에 감염되는 경우와 비교하고 있으므로, mRNA와 바이러스에 대해 설명하고 있는 문단을 찾아야 한다. 즉 1문단을 통해 mRNA와 바이러스를 비교한 선택지의 적절성을 판단해야 하면 되는데, 바이러스가 생물체에 침입하여 자신의 유전 물질을 mRNA로 바꾼 뒤 숙주 세포가 스스로 바이러스 단백질을 합성하게 한다는 점에서, mRNA 백신이 mRNA를 통해 바이러스 단백질을 합성한다는 점에서 적절함을 알 수 있었을 것이다. 이처럼 내용 이해 문제의 핵심은 선택지에 제시된 내용을 글에서 정확하게 찾는 것이 중요하므로, 글을 읽을 때 내용을 이해할 수 있도록 꼼꼼히 읽을 수 있도록 한다.

▶ 오답인 ①과 ③을 많이 선택한 이유는?
이 문제의 경우 학생들이 ①과 ③이 적절하지 않다고 하여 오답률이 높았는데, 이는 선택지를 학생들이 혼동할 수 있도록 글의 내용을 변형하여 제시하였기 때문이다. 하지만 이 문제 역시 선택지와 글의 내용을 정확히 비교하면 문제를 해결할 수 있다. 즉, 선택지 ①의 경우에는 선택지가 mRNA 백신이 면역 반응을 유도하는 것에 대한 내용임을 파악하고, 이와 관련된 1문단을 통해 적절성을 판단할 수 있어야 한다. 마찬가지로 ③의 경우에도 선택지가 mRNA 백신이 기억 세포의 유전 정보를 암호화한 유전 물질을 이용한다는 내용임을 파악하고 이와 관련된 2문단을 통해 적절성을 판단해야 한다. 이 문제처럼 내용 이해 문제도 글에 제시된 내용 그대로 제시하기보다는 변형하여 제시한 경우 선택지와 글의 내용을 정확히 비교하는 데 있음을 명심한다면 충분히 해결할 수 있을 것이다.

05 세부 정보의 이해   정답률 41% | 정답 ①

㉠을 설명한 내용으로 적절하지 않은 것은?

✔ **인산기가 세포 바깥쪽에, 지방산이 세포질에 접하는 형태로 구성된다.**
3문단을 통해 생물체의 세포막은 인지질로 구성되며, 인지질의 인산기로 이루어진 친수성 머리가 세포 외부나 세포질의 수용액에 접하고 지방산으로 이루어진 소수성 꼬리가 몰려 있는 형태로 구성됨을 알 수 있다. 따라서 지방산이 세포질에 접하는 형태로 구성된다고 할 수 없다.

② 수용체를 통해 특정의 세포 외부 물질을 세포 내부로 진입시킬 수 있다.
5문단을 통해 내포 작용이 발생하면 세포막의 일부가 수용체에 결합한 외부 물질과 함께 세포질로 함입됨을 알 수 있다. 따라서 세포막은 수용체를 통해 특정의 세포 외부 물질을 세포 내부로 진입시킬 수 있음을 알 수 있다.

③ 내포 작용이 발생하면 일부가 세포질로 함입되어 엔도솜 구조체를 형성한다.
5문단을 통해 내포 작용이 발생하면 세포막의 일부가 수용체에 결합한 외부 물질과 함께 세포질로 함입되어 엔도솜 구조체가 형성됨을 알 수 있다.

④ 친수성 물질 및 소수성 물질 모두와 섞일 수 있는 양친매성의 인지질로 이루어진다.
3문단을 통해 세포막의 인지질은 인산기와 지방산으로 구성되어 친수성 물질이나 소수성 물질과도 섞일 수 있는 양친매성 물질임을 알 수 있다.

⑤ 인지질의 소수성 꼬리로 인해 세포 내외의 친수성 물질이 세포막을 투과하는 것을 제한한다.
3문단을 통해 세포막은 양친매성 물질인 인지질로 구성되어 친수성 물질의 투과를 차단함을 알 수 있다.

★★★ 1등급 대비 고난도 2편 문제

06 글의 핵심 정보의 비교 이해   정답률 25% | 정답 ⑤

ⓐ ~ ⓓ에 대한 설명으로 적절하지 않은 것은?

① ⓓ는 ⓐ가 체내 효소에 의해 분해되는 것을 방지하는 인공 외막으로 기능한다.
ⓐ는 체내 효소에 의해 쉽게 분해되므로, ⓐ를 보호하여 세포 내로 진입시키기 위해 ⓓ로 둘러싼 채 세포 내로 진입시킨다.

② ⓐ와 ⓑ는 모두 음전하를 띠기 때문에 둘 사이에 서로를 밀어내는 힘이 작용한다.
ⓐ와 ⓑ는 모두 음전하를 띠기 때문에 둘 사이에 밀어내는 힘이 작용한다.

③ ⓐ가 리보솜에 전달되려면 세포 밖에서 ⓓ와 결합한 후 세포 안에서 ⓓ와 분리되어야 한다.
ⓐ가 리보솜에 전달되려면 세포 밖에서 ⓓ와 결합하여 체내 효소에 의해 분해되지 않아야 하며, 세포 안에서 ⓓ와 분리되어야 리보솜을 통해 바이러스 단백질을 합성한다.

④ ⓒ는 음전하를 띠는 반면 ⓓ는 주변에 분포하는 수소 이온의 양에 따라 이온화의 정도가 변화한다.
ⓒ는 양이온성 지질에는 흡착되지만 전기적으로 중성인 상태의 ⓓ에는 흡착되지 않는데, 이는 ⓒ가 음전하를 띠기 때문이다. ⓓ는 수소 이온의 농도에 따라 양이온성이 달라진다.

✔ **ⓐ와 결합하면서 ⓓ가 전기적으로 중성이 되기 때문에 체내에서 ⓒ가 흡착되는 현상이 억제된다.**
양이온성 지질은 체내에서 ⓒ가 흡착되어 mRNA의 세포막 투과가 제한되지만 ⓓ는 높은 pH에서 전기적으로 중성이 되므로 ⓒ가 흡착되지 않는다. 즉 ⓐ와 결합하면서 ⓓ가 전기적으로 중성이 되기 때문이 아니라, ⓓ가 높은 pH에서 전기적으로 중성이 되기 때문에 체내에서 ⓒ와 흡착되는 현상이 억제된다.

★★ 문제 해결 꿀~팁 ★★

▶ 많이 틀린 이유는?
이 문제는 글 전체를 바탕으로 ⓐ ~ ⓓ의 연관성을 묻고 있어서 연관성 파악에 어려움을 겪어 오답률이 높았던 것으로 보인다. 또한 과학 지문이라 글의 내용을 이해하는 데 어려움을 겪은 것도 오답률을 높였던 것으로 보인다.
▶ 문제 해결 방법은?
이 문제를 해결하기 위해서는 선택지의 내용을 글을 통해 일일이 확인할 수 있어야 한다. 즉 ⓐ ~ ⓓ에 대한 내용을 중심으로 선택지 내용의 적절성을 판단할 수 있어야 한다. 가령 정답인 ⑤의 경우에는 ⓐ와 ⓒ, ⓓ에 대해 묻고 있으므로 선택지에서 이들의 연관

성에서 어떻게 제시하고 있는지 일차적으로 파악해야 한다. 그런 다음 이와 관련한 글의 내용을 찾아 선택지의 적절성을 판단해야 한다. 즉 선택지에서 ⓐ와 결합하면서 ⓓ가 전기적으로 중성이 된다는 내용과 이로 인해 ⓒ가 흡착되는 현상이 억제되는지 글을 통해 확인해야 한다. 이렇게 확인하게 되면 5문단의 내용을 통해 ⓐ와 결합하면서 ⓓ가 전기적으로 중성이 되기 때문이 아니라, ⓓ가 높은 pH에서 전기적으로 중성이 되기 때문임을 알 수 있으므로 적절하지 않음을 알 수 있을 것이다. 마찬가지로 오답률이 높았던 ③, ④의 경우도, ③은 5문단의 내용을 통해, ④의 경우 4문단의 내용을 통해 적절함을 알았을 것이다.

07 구체적인 사례에의 적용   정답률 36% | 정답 ⑤

〈보기〉는 'mRNA-지질 나노 입자 복합체'의 형성 과정을 나타낸 것이다. 윗글을 참고하여 〈보기〉를 이해한 내용으로 적절하지 않은 것은? [3점]

─〈 보 기 〉─

산성 용액에 녹인 mRNA와 에탄올에 녹인 이온화 지질을 Y자 형태의 미세관에 일정한 속도로 흘려보낸다. 이렇게 혼합된 용액을 수용성 완충 용액으로 투석 처리하여 pH를 높인다. 그리고 에탄올을 제거하여 균일한 상태의 mRNA-지질 나노 입자 복합체를 얻어낸다.
(단, 이때 에탄올의 pH는 7임.)

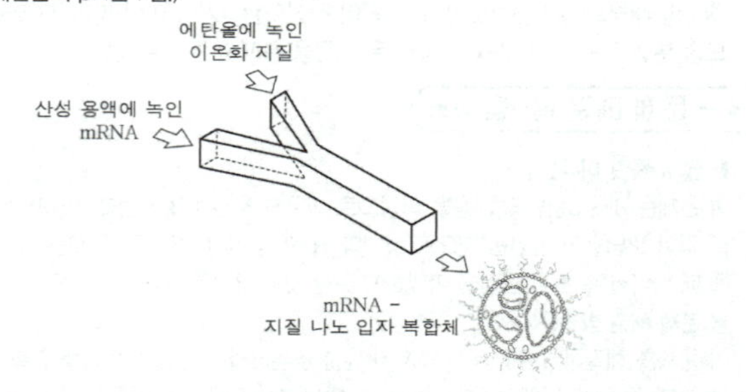

① 이온화 지질이 에탄올에 녹을 수 있는 것은 에탄올이 지질과 섞일 수 있는 소수성을 가진 물질이기 때문이겠군.
전기적으로 중성인 상태에서 소수성 물질인 지질이 에탄올에 녹을 수 있는 것은 에탄올 역시 소수성을 가진 물질이기 때문이다.

② mRNA와 이온화 지질이 녹은 각 용액의 투입 속도를 조절해 투입량을 조절하면 mRNA-지질 나노 입자 복합체의 균일도가 유지되겠군.
각 용액의 투입 속도를 통해 투입량을 조절하면 각각의 용액 속 mRNA와 이온화 지질의 양이 조절되므로 mRNA-지질 나노 입자 복합체의 균일도를 유지할 수 있다.

③ mRNA가 녹은 산성 용액과 이온화 지질이 녹은 에탄올이 혼합되면 이온화 지질이 양전하를 띠면서 이온화 지질과 mRNA가 결합하는 현상이 나타나겠군.
mRNA가 녹은 산성 용액과 이온화 지질이 녹은 에탄올이 혼합되면 pH가 높아져 이온화 지질이 양이온화되므로 음전하를 띤 mRNA와 결합하는 현상이 나타난다.

④ 수용성 완충 용액으로 산성 용액을 투석 처리하면 수소 이온의 농도가 낮아져 이온화 지질이 전기적으로 중성이 되겠군.
수용성 완충 용액으로 산성 용액을 투석 처리하여 pH를 높이면 수소 이온의 농도가 낮아져 이온화 지질이 전기적으로 중화된다.

✔ **pH가 높아지면 이온화 지질의 소수성이 약해져 소수성 분자 간의 인력이 감소하므로 더욱 미세한 크기의 mRNA-지질 나노 입자 복합체가 형성되겠군.**
pH가 높아지면 이온화 지질이 중성이 되므로 이온화 지질의 소수성이 강해진다. 그 결과 이온화 지질 내 소수성 분자 간의 인력이 증가하므로 이온화 지질 간 결합이 증가하여 mRNA-지질 나노 입자 복합체의 크기가 더욱 커지게 된다.

★★★ 1등급 대비 고난도 2편 문제

08 이유의 추론   정답률 22% | 정답 ②

㉡의 이유를 추론한 내용으로 가장 적절한 것은?

① 엔도솜 내부의 pH가 낮아짐에 따라 mRNA와 지질 나노 입자 사이에 전기적인 반발력이 발생하기 때문이다.
엔도솜 내부의 pH가 낮아지면 지질 나노 입자가 양이온화되므로 음전하를 띤 mRNA 사이에 전기적인 반발력이 발생하지 않음을 알 수 있다.

DAY 10

✔ **엔도솜 막의 인산기와 양이온화된 지질이 서로 결합함으로써 mRNA를 둘러싼 엔도솜 막이 붕괴하기 때문이다.**
이온화 지질에 둘러싸인 mRNA가 내포 작용에 의해 세포 안으로 함입되면 엔도솜 구조체가 형성되며, 세포질 안에서 엔도솜 내부는 산성화된다. 엔도솜 내부의 pH가 낮아지면 수소 이온을 많이 받아들여 이온화 지질이 양전하를 띠게 되며, 그 결과 엔도솜 막이 불안정해져 mRNA가 세포질로 방출된다. 이때 엔도솜 막은 세포막에서 유래하였으므로, 음전하를 띤 인산기가 양이온화된 지질과 결합한다. 즉 엔도솜 막의 인산기와 양이온화된 이온화 지질이 서로 결합함으로써 mRNA를 둘러싼 엔도솜 막이 붕괴한다는 것을 추론할 수 있다.

③ 내포 작용으로 세포질에 함입된 세포막이 엔도솜 내부의 산성화에 따라 다시 세포 표면으로 방출되기 때문이다.
엔도솜 내부가 산성화되면 내포 작용으로 세포질에 함입된 세포막이 세포 표면으로 방출된다는 내용은 지문을 통해 추론할 수 없다.

④ 엔도솜 내부가 산성화됨에 따라 mRNA가 음이온화되면서 mRNA와 리보솜 사이에 결합력이 발생하기 때문이다.
mRNA는 음전하를 띠며 엔도솜 내부가 산성화되더라도 이온화의 정도가 변화하지 않음을 알 수 있다.

⑤ 엔도솜 내부의 pH 변화로 인해 엔도솜 막이 산성화되면서 체내 효소에 의한 엔도솜 분해 작용이 나타나기 때문이다.
엔도솜 내부의 pH 변화로 엔도솜 막이 산성화된다거나 이에 따라 체내 효소에 의한 엔도솜 분해 작용이 나타난다는 내용은 지문을 통해 추론할 수 없다.

★★ 문제 해결 꿀~팁 ★★

▶ **많이 틀린 이유는?**
이 문제는 3~5문단의 내용을 바탕으로 이유를 추론해야 하는데, 이 과정에서 어려움을 겪어 오답률이 높았던 것으로 보인다. 또한 ⓒ 앞에 제시된 '엔도솜 내부가 산성화'될 때 나타날 수 있는 현상을 파악하지 못한 것도 오답률을 높였던 것으로 보인다.

▶ **문제 해결 방법은?**
이 문제를 해결하기 위해서는 먼저 이유를 추론하라는 문장의 의미를 정확히 이해하여야 한다. 즉, '세포막에서 유래된 엔도솜 막이 불안정해'지는 이유가 무엇인지 글을 통해 확인할 수 있어야 한다. 정답인 ②의 경우, ⓒ 앞의 내용을 통해 세포질 안에서 엔도솜 내부가 산성화된다고 하였는데, 산성화는 pH가 낮아지는 것을 의미하므로 엔도솜 내부의 pH가 낮아지게 되면 5문단을 통해 이온화 지질이 양전하를 띠게 됨을 알 수 있다. 그리고 엔도솜 막이 세포막에서 유래하였다고 하였으므로 3문단의 내용을 통해 엔도솜 막은 음전하를 띤 인산기 머리를 지니고 있음을 알 수 있다. 따라서 엔도솜 막의 인산기와 양이온화된 이온화 지질이 서로 결합함으로써 mRNA를 둘러싼 엔도솜 막이 붕괴하여 mRNA가 방출된다는 것을 짐작할 수 있다. 이 문제처럼 추론 문제는 추론을 요구하는 내용을 정확히 이해한 뒤, 이와 관련된 글의 내용을 찾는 것이 중요하므로, 추론 내용이나 선택지에 제시된 내용을 글을 통해 확인하면서 적절성을 판단할 수 있도록 한다. 한편 추론 문제에서는 오답률이 높았던 ③의 경우처럼 글의 내용을 통해 확인할 수 없는 것도 제시되므로, 선택지와 글의 내용을 비교하여 글을 통해 확인할 수 있는지 여부를 판단할 수 있도록 한다.

09~12 고전 소설

작자 미상, 「두껍전」

감상 이 작품은 우화 소설로, 천상에서 쫓겨난 인물이 지상의 삶을 살아간다는 내용의 적강 모티프와 사위가 처가에서 인정받지 못한다는 내용의 사위 박대담이 결합되어 나타나 있다. 초월적 존재에게 볼품없는 외양을 부여받은 주인공은 지상에서 가족들에게 소외되는 등의 박대를 당하며 속죄의 과정을 거친다. 이 과정에서, 정체를 숨긴 채 뛰어난 능력을 발휘하던 주인공은 정체를 밝힌 후 가족들의 인정을 받고 다시 천상으로 돌아가게 된다.

주제 두꺼비 사위의 시련 극복 과정

09 서술상 특징 파악   정답률 59% | 정답 ③

윗글에 나타난 서술상의 특징으로 적절한 것은?

① 섬세한 배경 묘사를 통해 작중 상황을 희화화하고 있다.
이 글을 통해 섬세한 배경 묘사는 찾아볼 수 없고, 작중 상황을 희화화하지도 않고 있다.

② 시간의 역전을 통해 인물의 심리 변화를 보여 주고 있다.
이 글에서는 시간의 흐름에 따라 사건을 전개하고 있지, 시간의 역전은 드러나지 않고 있다.

✔ **대화를 통해 이전에 일어난 사건의 정황을 드러내고 있다.**
'두 사위'와 '장인'의 대화에서 '사냥 갔을 때에 두꺼비 동서를 만나서' 일어난 사건의 정황을 드러내고 있고, 두꺼비와 '장인'의 대화에서 두꺼비가 '선관이었'다가 '인간에 내쳐'져 일어난 사건의 정황을 드러내고 있으므로 적절하다.

④ 꿈과 현실의 교차를 통해 앞으로 일어날 사건을 암시하고 있다.
이 글에서 꿈과 현실의 교차는 드러나지 않고 있다.

⑤ 현실 세태와 자연물의 대비를 통해 당대 사회상을 비판하고 있다.
이 글에서 현실 세태와 자연물의 대비를 통해 당대 사회상을 비판한 부분은 찾아볼 수 없다.

10 작품 내용의 이해   정답률 60% | 정답 ②

〈보기〉는 윗글의 내용을 공간을 중심으로 도식화한 것이다. 이에 대한 설명으로 적절하지 않은 것은?

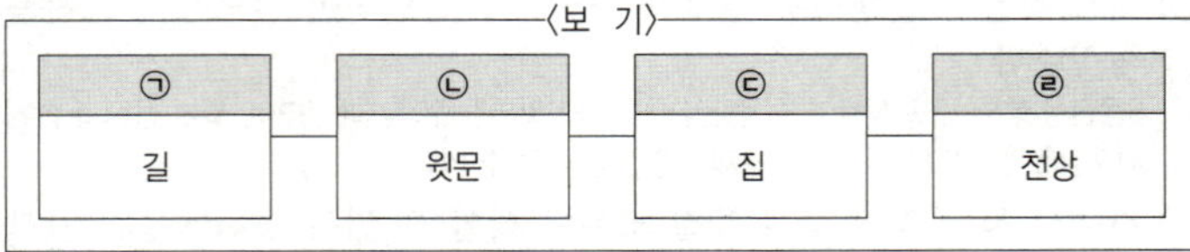

① ㉠에서 두꺼비는 동서들의 부탁을 들어주고 있다.
㉠에서 '두 동서'가 '사냥한 것'을 달라고 하자 '두꺼비가' '허락'한 것에서 두꺼비는 동서들의 부탁을 들어주고 있음을 알 수 있으므로 적절하다.

✔ ② ㉡의 안쪽에서 분노한 두꺼비는 하인들을 불러 ㉠에서 있었던 일에 대해 문책을 하고 있다.
㉡의 안쪽에서 '하늘에서' 내려온 '하인들'은 ㉠의 '하인들'이 아니고 두꺼비가 하인들을 불러 ㉠에서 있었던 일에 대해 문책을 하고 있는 것이 아니므로 적절하지 않다.

③ ㉡에서 ㉢으로 이동한 두꺼비를, 대감은 자신의 사위라고 인식하지 못하고 있다.
㉡에서 ㉢으로 이동한 두꺼비를 보고 '대감'이 '뉘 댁 사람입니까?'라고 하는 것에서 대감은 자신의 사위라고 인식하지 못하고 있음을 알 수 있으므로 적절하다.

④ ㉢에서 부인은 두꺼비에 대한 생각을 바꾸게 된다.
㉢에서 '부인'이 두꺼비의 '좋은 풍채'를 '반기며 좋아'하는 것에서 부인이 두꺼비에 대한 생각을 바꾸게 됨을 알 수 있으므로 적절하다.

⑤ ㉢에서 ㉣로 가기 전에 두꺼비는 장인에게 간직할 물건을 주고 있다.
㉢에서 ㉣로 가기 전에 '선관'이 '빈 상자'를 '장인'에게 주며 '잘 간수하'라고 말하는 것에서 두꺼비는 장인에게 간직할 물건을 주고 있음을 알 수 있으므로 적절하다.

11 소재의 의미 파악   정답률 58% | 정답 ②

ⓐ와 ⓑ에 대한 이해로 가장 적절한 것은?

① ⓐ는 인물이 칭찬을 받기 위한 수단이고, ⓑ는 인물이 벌을 내리기 위한 수단이다.
ⓐ는 두꺼비가 계획한 일을 실현하기 위한 수단이므로 인물이 칭찬을 받기 위한 수단이라 할 수 없다. 그리고 ⓑ를 타고 선관이 하늘로 올라가므로 인물이 벌을 내리기 위한 수단이라 할 수 없다.

✔ ② ⓐ는 계획한 일을 실현하기 위한 수단이고, ⓑ는 명령을 이행하는 데 쓰이는 수단이다.
두꺼비가 '두 동서'의 '등에다 도장을' 찍고 '회갑 날' '그대들은 나를 ~ 욕을 보였노라.'라고 하는 것을 보면 ⓐ는 계획한 일을 실현하기 위한 수단임을 알 수 있다. 그리고 '천상에서' '옥으로 된 가마가 내려오'자 두꺼비가 '장인장모에게' '천명을 이기지 못하여 천상으로 올라'간다고 하는 것을 보면 ⓑ는 명령을 이행하는 데 쓰이는 수단임을 알 수 있다.

③ ⓐ는 과거의 부귀했던 처지를 드러내는 수단이고, ⓑ는 현재의 곤궁한 처지를 밝히는 수단이다.
이 글의 내용을 통해 ⓐ를 과거의 부귀했던 처지를 드러내는 수단이라 할 수 없고, ⓑ는 현재의 곤궁한 처지를 밝히는 수단이라 할 수 없다.

④ ⓐ는 위기 상황을 알리기 위한 수단이고, ⓑ는 위험 상황에서 벗어났음을 알려주기 위한 수단이다.
이 글의 내용을 통해 ⓐ를 위기 상황을 알리기 위한 수단이라 할 수 없고, ⓑ를 위험 상황에서 벗어났음을 알려 주기 위한 수단이라 할 수 없다.

⑤ ⓐ는 상대방에 대한 경계심을 나타내는 수단이고, ⓑ는 상대방에 대한 거부감을 드러내기 위한 수단이다.

ⓐ는 두꺼비가 계획한 일을 실현하기 위한 수단이므로 상대방에 대한 경계심을 나타내는 수단이라 할 수 없다. 그리고 ⓑ는 선관이 하늘로 올라가는 수단에 해당하므로 상대방에 대한 거부감을 드러내기 위한 수단이라 할 수 없다.

---

12 외적 준거에 따른 작품의 감상 　　정답률 54% | 정답 ④

〈보기〉를 참고하여 윗글을 감상한 내용으로 적절하지 <u>않은</u> 것은? [3점]

〈보 기〉

이 작품은 천상에서 쫓겨난 인물이 지상의 삶을 살아간다는 내용의 적강 모티프와 사위가 처가에서 인정받지 못한다는 내용의 사위 박대담이 결합되어 나타난다. 초월적 존재에게 볼품없는 외양을 부여받은 주인공이 지상에서 가족들에게 소외되는 등의 박대를 당하며 속죄의 과정을 거친다. 이 과정에서, 정체를 숨긴 채 뛰어난 능력을 발휘하던 주인공은 정체를 밝힌 후 가족들의 인정을 받고 다시 천상으로 돌아가게 된다.

① 두꺼비가 진언을 외워 하늘에서 하인이 내려오는 장면에서, 숨기고 있었던 주인공의 정체를 확인할 수 있겠군.
두꺼비가 '진언'을 외워 '허물'을 벗으니 '하늘에서' '하인들이' 내려오는 장면에서 두꺼비가 '선관의 의복을 제대로 갖'춘 것을 보면 숨기고 있었던 주인공의 정체를 확인할 수 있으므로 적절하다.

② 부인이 마음을 진정치 못하며 두꺼비의 외양을 언급하는 장면에서 가족들에게 인정받는 모습을 확인할 수 있겠군.
'부인'이 두꺼비에게 '흉한 허물을 쓰고 있었'다고 언급하는 장면에서 두꺼비를 '좋은 풍채'라고 하며 '반기며 좋아하'는 것을 보면 가족들에게 인정받는 모습을 확인할 수 있으므로 적절하다.

③ 회갑 날 두꺼비 내외를 못 오게 한 장면에서 가족 구성원으로부터 박대를 당하는 주인공의 모습을 확인할 수 있겠군.
'회갑 날' '두꺼비 내외'를 '못 오게 하'는 장면에서 '그네들이' 두꺼비를 '미워하기 때문이'라고 한 것을 보면 가족 구성원으로부터 박대를 당하는 주인공의 모습을 확인할 수 있으므로 적절하다.

✔ **동서들에게 자신이 사냥한 것을 주는 장면에서 속죄를 위해 뛰어난 능력을 발휘하는 주인공의 모습을 확인할 수 있겠군.**
'두 동서'가 '사냥한 것'을 달라고 하자 두꺼비가 허락하는 장면에서 두꺼비가 뛰어난 능력을 발휘하는 것이 속죄를 위한 것임을 확인할 수 없으므로 적절하지 않다.

⑤ 두꺼비가 장인에게 자신의 죄에 대해 이야기하는 장면에서 주인공이 천상에서 쫓겨나 지상의 삶을 살게 된 이유를 확인할 수 있겠군.
'두꺼비가 장인에게' 자신이 '천상에서 비를 내려 주는 선관이었'다고 말하는 장면에서 '인간에 비를 잘못 내린 죄로' 지상에 내려왔다고 말하는 것을 보면 주인공이 천상에서 쫓겨나 지상의 삶을 살게 된 이유를 확인할 수 있으므로 적절하다.

---

01 ⑤	02 ③	03 ②	04 ④	05 ②
06 ④	07 ⑤	08 ①	09 ②	10 ②
11 ④	12 ③			

01 발표 전략의 파악 　　정답률 61% | 정답 ⑤

다음을 바탕으로 위 발표가 진행되었다고 할 때, 발표자가 사용한 발표 전략으로 적절하지 <u>않은</u> 것은?

청중 분석
㉠ 광용적맥파 측정 기술에 대해 모르는 학생이 많음.
㉡ 빛의 일반적인 특성에 대해 배운 내용을 기억하지 못하는 학생이 있음.
㉢ 스마트 기기에서 나오는 빛이 왜 녹색인지 궁금해할 것임.

제재 분석
㉣ PPG 센서는 기능에 따라 두 가지 요소로 구성됨.
㉤ 광용적맥파 측정 기술은 혈류량에 따른 빛의 반사량의 차이를 이용함.

① ㉠을 고려하여, 광용적맥파 측정 기술이 흔히 사용되는 일상의 사례들을 동영상으로 제시하여 청중의 흥미를 유발해야지.
1문단에서 발표자는 동영상을 통해 광용적맥파 측정 기술이 일상에서 흔하게 사용되는 사례를 보여 주고 있다. 따라서 발표자는 ㉠을 고려하여 동영상을 통해 청중의 흥미를 유발하고 있음을 알 수 있다.

② ㉡을 고려하여, 빛이 물질을 만났을 때 나타나는 현상을 그림 2로 제시하여 청중의 배경지식을 활성화해야지.
2문단에서 '그림 2'를 통해 빛의 투과, 흡수, 산란, 반사 등의 특성을 설명하고 있다. 따라서 발표자는 ㉡을 고려하여 청중의 배경지식을 활성화하고 있음을 알 수 있다.

③ ㉢을 고려하여, 혈액 속 헤모글로빈의 붉은색이 녹색과 보색 관계임을 확인할 수 있는 색상환을 그림 3으로 제시하여 청중의 궁금증을 해소해야지.
2문단에서 '그림 3'을 통해 혈액 속 헤모글로빈이 붉은색이라서 보색인 녹색을 잘 흡수함을 설명하고 있다. 따라서 발표자는 ㉢을 고려하여 청중의 궁금증 해소를 돕고 있음을 알 수 있다.

④ ㉣을 고려하여, 빛을 내보내는 LED와 빛을 감지하는 광센서의 모습을 보여 주는 도식을 그림 1로 제시하여 제재의 특성을 분명하게 드러내야지.
2문단에서 PPG 센서의 구성을 설명하기 위해 '그림 1'을 제시하여 LED와 광센서의 모습을 보여 주는 도식을 제시하고 있다. 따라서 발표자는 ㉣을 고려하여 제재의 특성을 분명하게 드러내고 있음을 알 수 있다.

✔ **㉤을 고려하여, 빛의 반사량이 측정 부위의 혈류량에 비례함을 확인할 수 있는 측정 결과를 그래프로 제시하여 제재의 특성을 쉽게 설명해야지.**
2문단에서 '측정 부위의 혈류량이 많을 때는 빛의 흡수량이 늘어나 ~ 상대적으로 반사되는 빛이 많아집니다.'라는 내용을 설명하기 위해 그래프를 제시하였음을 알 수 있다. 하지만 빛의 반사량과 측정 부위의 혈류량은 반비례하므로 적절하지 않다.

02 작문의 성격과 기능 파악 　　정답률 91% | 정답 ③

작문 맥락을 고려할 때, (가)와 (나)에 대한 설명으로 적절하지 <u>않은</u> 것은?

① (가)의 글쓴이와 같은 생각을 하는 사람들이 (나)의 글쓰기 과정에 참여하고 있다.
(나)의 글쓴이는 (가)의 글쓴이를 포함한 □□ 고등학교 환경 동아리 학생들에 해당하므로, (가)의 글쓴이와 같은 생각을 하는 사람들이 (나)의 글쓰기에 참여하고 있다고 볼 수 있다.

② (가)에서 언급한 개인의 경험이 동기가 되어 (나)의 사회적 문제 해결의 글쓰기를 이끌어 내고 있다.
(가)의 내용에서 PVC 사용과 관련된 개인의 경험이 (나)와 같은 사회적 문제 해결의 목적이 분명히 드러나는 건의문을 쓰는 계기가 되었음을 알 수 있다.

✔ **(가)는 (나)와 달리 예상 독자의 관심사에 대한 분석이 글쓰기에 중요하게 작용하고 있다.**

④ (나)는 (가)와 달리 글쓴이의 주장과 그에 대한 논거가 제시되고 있다.

(가)는 일기에 해당하므로 주장과 그에 대한 논거를 분명하게 찾기 어려운 반면, 건의문인 (나)에서는 'PVC 재질이 환경을 오염시킬 수 있기 때문'이라는 논거를 제시하면서 '귀사가 필통의 재질을 바꾸어야 한다'는 주장을 제시하고 있다.

⑤ (가)는 (나)에 비해 글쓴이의 체험을 기록하고 이를 통해 일상을 반성하려는 성격이 두드러진다.

(가)는 일기이므로 건의문인 (나)에 비해 글쓴이의 체험을 기록하고 이를 통해 성찰하려는 성격이 두드러진다고 할 수 있다.

03 선어말 어미의 이해　　정답률 48% | 정답 ②

윗글을 읽고 이해한 내용으로 적절하지 <u>않은</u> 것은?

① '그 사건은 아직 끝난 것이 아니다.'에서 '끝난', '아니다'를 모두 ㉠의 예로 들 수 있군.

'끝난'은 어간 '끝나-'와 어말 어미 '-ㄴ'으로 구성되어 있고, '아니다'는 어간 '아니-'와 어말 어미 '-다'로 구성되어 있으므로 모두 ㉠의 예에 해당한다고 할 수 있다.

✔ ② '시골에 계시는 할머니께 편지를 드렸다.'에서 '계시는', '드렸다'를 모두 ㉡의 예로 들 수 있군.

'계시는'은 어간 '계시-'와 어말 어미 '-는'으로 구성되어 있으므로 ㉠의 예에 해당한다. 그리고 '드렸다'는 어간 '드리-', 선어말 어미 '-었-', 어말 어미 '-다'로 구성되어 있으므로 ㉡의 예에 해당한다. 따라서 '계시는', '드렸다' 모두 ㉡의 예에 해당한다고 할 수 없다.

③ '그녀는 학교 가는 길을 잘 알았다.'에서 '가는'을 ㉠의 예로, '알았다'를 ㉡의 예로 들 수 있군.

'가는'은 어간 '가-'와 어말 어미 '-는'으로 구성되어 있으므로 ㉠의 예에 해당한다. 그리고 '알았다'는 어간 '알-', 선어말 어미 '-았-', 어말 어미 '-다'로 구성되어 있으므로 ㉡의 예에 해당한다.

④ '여름이 지나고 이제 가을이 왔겠군.'에서 '지나고'를 ㉠의 예로, '왔겠군'을 ㉢의 예로 들 수 있군.

'지나고'는 어간 '지나-'와 어말 어미 '-고'로 구성되어 있으므로 ㉠의 예에 해당한다. 그리고 '왔겠군'은 어간 '오-', 선어말 어미 '-았-', 선어말 어미 '-겠-', 어말 어미 '-군'으로 구성되어 있으므로 ㉢의 예에 해당한다.

⑤ '그분께서 이 글을 쓰셨을 수도 있겠다.'에서 '있겠다'를 ㉡의 예로, '쓰셨을'을 ㉢의 예로 들 수 있군.

'있겠다'는 어간 '있-', 선어말 어미 '-겠-', 어말 어미 '-다'로 구성되어 있으므로 ㉡의 예에 해당한다. 그리고 '쓰셨을'은 어간 '쓰-', 선어말 어미 '-시-', 선어말 어미 '-었-', 어말 어미 '-을'로 구성되어 있으므로 ㉢의 예에 해당한다.

04 접사와 선어말 어미의 차이점　　정답률 54% | 정답 ④

윗글을 바탕으로 〈보기〉의 ⓐ ~ ⓒ를 탐구한 내용으로 적절한 것은? [3점]

〈보 기〉
○ 그는 쪽지를 ⓐ 구겼지만 버리지는 못했다.
○ 그 물건은 어제부터 책상에 ⓑ 놓여 있었다.
○ 우리 가족은 할머니 댁에서 김치를 ⓒ 담갔다.

① ⓐ : 접사가 결합하여 피동의 의미를 나타낸다.

ⓐ의 '구겼지만'은 '구기-', '-었-', '-지만'으로 구성되어 있으므로, '-었-'은 과거 시제를 나타내는 선어말 어미라 할 수 있다.

② ⓐ : 선어말 어미가 결합하여 추측의 의미를 드러낸다.

ⓐ의 '구겼지만'에는 추측의 선어말 어미인 '-겠-'이 결합하지 않고 있다.

③ ⓑ : 선어말 어미가 결합하여 과거 시제를 나타낸다.

ⓑ의 '놓여'는 접사만 결합하고 있지, 선어말 어미는 결합하지 않고 있다.

✔ ④ ⓑ : 접사가 결합하여 필요로 하는 문장 성분이 달라졌다.

이 글을 통해 '닫다'에 피동 접사 '-히-'가 결합하여 피동사 '닫히다'가 되면 필요로 하는 문장 성분이 달라진다는 내용을 알 수 있고, ⓑ의 '놓여'는 '놓-', '-이-', '-어'로 구성됨을 알 수 있다. 따라서 (물건을) '놓다'가 (물건이) '놓이다'가 되면 필요로 하는 문장 성분이 달라지므로 이때 결합한 '-이-'는 선어말 어미가 아니라 접사로 판단할 수 있다.

⑤ ⓒ : 접사가 결합하여 사전에 오를 수 있는 단어가 형성되었다.

ⓒ의 '담갔다'는 '담그-', '-았-', '-다'로 구성되어 있으므로, '-았-'은 과거 시제를 나타내는 선어말 어미라 할 수 있다. 따라서 ⓒ는 사전에 오를 수 있는 단어가 형성된 것이라 할 수 없다.

05~07 예술

박순기, 「결정적 순간」

해제 이 글은 브레송의 '결정적 순간'에 대해 설명하고 있다. 브레송은 '결정적 순간'의 미학을 완성시킨 사진작가로, 자신의 예술성을 드러내기 위해 안정적 구도와 유동성을 바탕으로 사진을 촬영하였다. 내용과 구성이 조화를 이룬 '결정적 순간'을 발견하여 사진을 촬영한 브레송의 '결정적 순간'은 이후 사진작가들에게 영향을 주었고, 사진작가 개성이 담긴 결정적 순간으로 확대되면서 **예술 지평을 넓혔다는 평가를** 받았다.

주제 브레송의 '결정적 순간'에 대한 이해

문단 핵심 내용

1문단	'결정적 순간'의 미학을 탄생시킨 브레송
2문단	안정된 구도와 유동성을 기반으로 사진을 촬영한 브레송
3문단	내용과 구성이 조화를 이룬 '결정적 순간'을 발견하여 사진을 촬영한 브레송
4문단	다른 사진작가들에게 큰 영향을 준 브레송의 '결정적 순간'
5문단	브레송의 '결정적 순간'에 대한 평가

05 글의 서술상 특징 파악　　정답률 80% | 정답 ②

윗글에 대한 설명으로 가장 적절한 것은?

① '결정적 순간'의 미학이 등장하게 된 시대적 배경을 설명하고 있다.

브레송에 의해 '결정적 순간'이 탄생하였음을 알 수 있지만, 등장하게 된 시대적 배경은 알 수 없다.

✔ ② '결정적 순간'의 의미를 설명하며 이후에 끼친 영향을 제시하고 있다.

1문단에서 브레송이 '결정적 순간'의 미학을 완성시킨 사진작가임을 밝히면서, 2문단에서 브레송의 '결정적 순간'의 촬영 방법에 대해 언급한 뒤, 3문단에서 그의 책을 빌어 '결정적 순간'이 무엇인지 설명해 주고 있다. 그리고 이러한 브레송의 '결정적 순간'이 이후 사진작가, 특히 마크 코헨에게 미친 영향을 제시하고 있다.

③ '결정적 순간'에 대한 상반된 견해를 제시하며 절충점을 모색하고 있다.

'결정적 순간'에 대한 브레송의 생각만 제시되어 있을 뿐, 상반된 견해는 제시되지 않고 있다.

④ '결정적 순간'의 사례를 제시하면서 이에 대한 다양한 견해를 비교하고 있다.

'결정적 순간'이 무엇인지 설명하고 있지만 구체적인 사례는 언급하고 있지 않다. 또한 '결정적 순간'에 대한 다양한 견해를 제시하지는 않고 있다.

⑤ '결정적 순간'을 규정하는 조건이 시대에 따라 달라지는 원인을 분석하고 있다.

'결정적 순간'을 규정하는 조건은 내용과 구성이 조화를 이룬 상황임을 3문단에서 알 수 있지만, '결정적 순간'을 규정하는 조건이 시대에 따라 달라지는 원인을 분석하지는 않고 있다.

★★★ 1등급 대비 고난도 2점 문제

06 글의 세부 내용 파악　　정답률 48% | 정답 ④

다음은 윗글을 읽은 후 정리한 독서 노트이다. 그 내용이 적절하지 <u>않은</u> 것은?

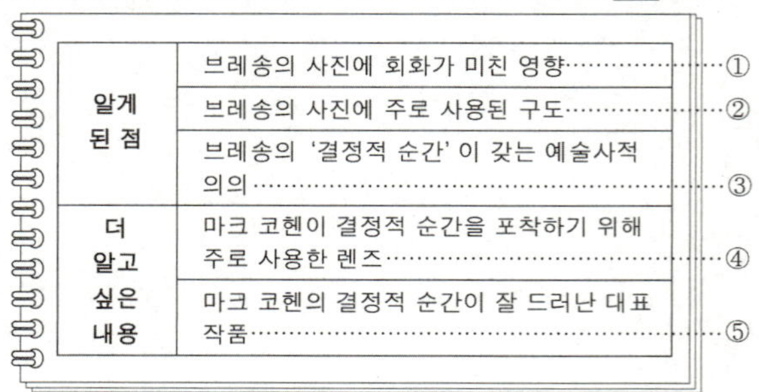

알게 된 점	브레송의 사진에 회화가 미친 영향	①
	브레송의 사진에 주로 사용된 구도	②
	브레송의 '결정적 순간'이 갖는 예술사적 의의	③
더 알고 싶은 내용	마크 코헨이 결정적 순간을 포착하기 위해 주로 사용한 렌즈	④
	마크 코헨의 결정적 순간이 잘 드러난 대표 작품	⑤

① **브레송의 사진에 회화가 미친 영향**
2문단의 '브레송은 자신의 예술성을 드러내기 위해 ~ 사진에서 안정감을 느낄 수 있도록 하는 것을 의미한다.'에서 브레송의 사진에 회화가 미친 영향을 확인할 수 있다.

② **브레송의 사진에 주로 사용된 구도**
2문단의 '그가 사용한 회화의 구도는 ~ 대비시킨 구도였다.'에서 브레송이 사진에 주로 사용한 구도를 확인할 수 있다.

③ **브레송의 '결정적 순간'이 갖는 예술사적 의의**
5문단에서 설명한 내용이므로 알게 된 점이라고 정리한 것은 적절하다.

☑ **마크 코헨이 결정적 순간을 포착하기 위해 주로 사용한 렌즈**
4문단에서 마크 코헨은 광각 렌즈를 부착한 카메라로 촬영했다고 설명하고 있으므로 적절하지 않다.

⑤ **마크 코헨의 결정적 순간이 잘 드러난 대표 작품**
글에서 설명하고 있지 않으므로 더 알고 싶은 내용이라고 생각하는 것은 적절하다.

★★ 문제 해결 꿀~팁 ★★

▶ **많이 틀린 이유는?**
'알게 된 점'과 '더 알고 싶은 내용'을 간과하여 오답률이 높았던 것으로 보인다.

▶ **문제 해결 방법은?**
'알게 된 점'이 이전에 몰랐던 새로운 내용을 글을 통해 알 수 있었음을 의미하므로, 글에 제시되었는지 여부를 파악하면 된다. 그리고 '더 알고 싶은 내용'은 글에 제시되어 있지 않지만 찾아서 더 알고 싶은 내용이므로 글에 제시되어 있지 않은지를 파악하면 된다. 가령 적절하지 않은 ④의 경우, 4문단에서 마크 코헨이 광각 렌즈를 부착한 카메라로 촬영했다는 내용을 통해 글에서 확인할 수 있으므로, '더 알고 싶은 내용'이 아니라 '알게 된 점'에 해당한다고 볼 수 있다. 이와 마찬가지로 오답률이 높았던 ⑤의 경우, 글을 통해 마크 코헨의 대표 작품이 무엇인지 알 수 없으므로, '알게 된 점'이 아니라 '더 알고 싶은 내용'이라 할 수 있다. 학생들 중에는 이처럼 문제를 정확히 읽지 못하여 잘못된 선택을 하는 경우가 많은데, 문제를 풀 때는 반드시 정확히 문제를 읽어 낼 수 있어야 한다.

07 　구체적인 사례에의 적용　　정답률 75% | 정답 ⑤

〈보기〉는 브레송의 '생 라자르 역(1932)'을 분석하기 위한 그림이다. 윗글을 바탕으로 할 때 〈보기〉에 대해 이해한 것으로 적절하지 <u>않은</u> 것은? [3점]

〈보 기〉

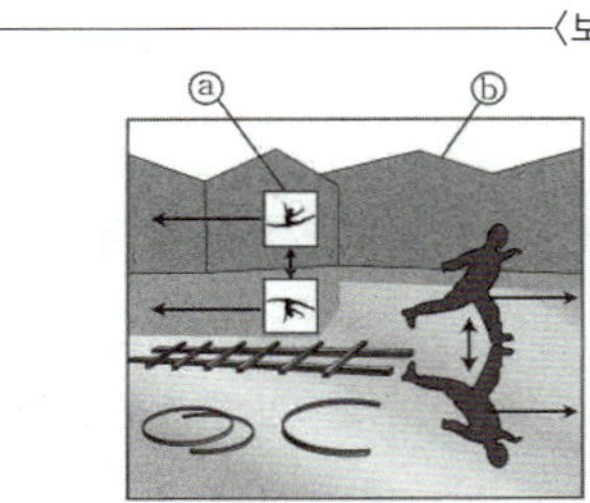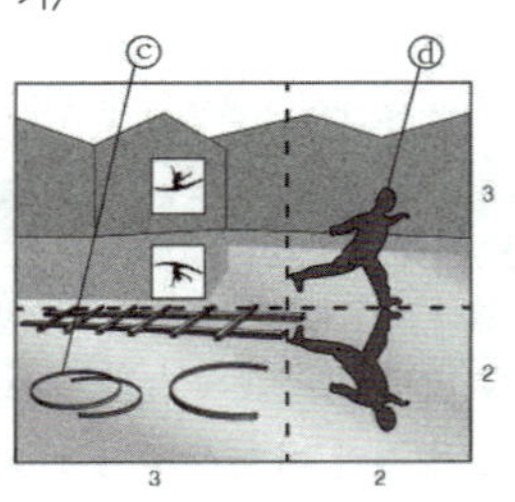

ⓐ : 화살표 방향으로 운동하는 댄서가 있는 포스터
ⓑ : 연속된 삼각형 모양의 지붕과 오각형 건물
ⓒ : 물 위에 흩어져 있는 둥근 모양의 철제 고리
ⓓ : 사다리를 밟고 고요한 물 위를 건너뛰는 남자

① **움직이는 남자와 고요한 물에서 동과 정의 대비를 확인할 수 있군.**
〈보기〉의 ⓓ는 큰 움직임과 배경인 물에서 동과 정의 대비를 보여 준다.

② **남자와 그림자, 포스터와 그림자의 위치에서 상하 대비를 보이는 안정된 구도를 확인할 수 있군.**
〈보기〉의 ⓐ와 ⓓ는 그림자와 각각 상하 대비를 보여 준다.

③ **건물, 지붕, 사다리, 고리의 모습에서 여러 종류의 도형이 이루는 기하학적 구도를 찾아볼 수 있군.**
〈보기〉의 ⓑ에서 삼각형과 오각형, ⓒ에서 원, 사다리에서 사각형을 사용하여 기하학적 구도를 이룬 모습을 보여 준다.

④ **남자와 그림자가 일정한 비율로 분할된 곳에 위치한 것에서 황금 분할에 기초한 구도를 찾아볼 수 있군.**
〈보기〉의 오른쪽 그림에서 남자와 그림자가 3 : 2의 비율로 분할된 곳에 위치하고 있음을 보여 준다.

☑ **남자와 포스터 속 댄서를 좌우 대각선에 배치한 것에서 미리 계획한 구도에 변화를 주었음을 알 수 있군.**
남자와 포스터 속 댄서를 좌우 대각선에 배치한 것은 미리 계획한 구도에 변화를 준 것이라고 할 수 없다.

(가) 구강, 「북새곡」

감상　이 작품은 구강이 암행어사의 임무를 띠고 추운 겨울에 북관, 즉 함경도를 지나며 경험한 일을 기록한 장편 가사이다. 암행어사가 쓴 유일한 국문 시가 작품으로, 백성들의 삶의 현실, 관리들의 실정, 북관의 풍경과 그에 대한 감상이 드러나 있으며, 작품의 끝 부분에는 어사로서 살았던 삶에 대한 회고의 심정이 서술되어 있다.

주제　가난하고 궁핍한 백성들의 삶, 암행어사로서의 책임감

현대어 풀이

헌 누더기를 입은 무리의 사람들이 여자인지 남자인지 (알 수 없는데)
어린 자식은 등에 업고 성장한 자식은 손을 끌고
울면서 눈물 씻고 엎어지며 오는 모양
차마 보지 못하겠구나. 나직이 물어보는 말
어디에서 오는 것이며 어디로 가려고 하는가?
굶주려서 떠나가는 사람인가, 가게 되면 얻어 먹을 수 있는가?
아무 데나 마찬가지다. 나를 따라서 도로 돌아가면
자네 원님을 찾아가서 편안히 머물러 살 수 있게 하여 주겠네.
겨우겨우 대답하기를, 우리가 사는 곳은 당진이라.
여러 해 동안 흉년이 들어 살아갈 길이 없는 중에
도망한 사람의 올해 세금과 지난해 세금을 남아 있는 사람에게 물리니
내 것도 못 바치는데, 남의 곡식은 어찌하겠는가.
(세금을) 못 바치면 매를 맞으니 매를 맞고 어떻게 살겠는가?
정처 없이 가게 되면 죽을 줄을 알지마는
가지 않고 어찌하겠는가? 굶어 죽거나 맞아 죽을 지경에
차라리 구렁에나 걱정 없이 묻힌다면
도리어 편할 것이다. 이런 이유로 가노매라.
급히 급히 넘어가자. 이 백성들을 살려 보세.
둘째 고개에 올라서서 고을 경관을 바라보니
열 집 중에서 일곱 집은 휑그러니 비었더라.
읍내로 들어가니 남은 집에서는 곡성이 들린다.
작년에 이천여 집이 있었는데, 올해는 칠백 집이다.
정신이 혼미한 유 부사와 답답한 이 도호는
나라의 곡식도 중요하지마는 사람의 목숨은 돌아보지 아니하는가?
백성이 없는 곡식을 받아서 그 무엇에 쓰려고 하는가?
어사 출도한 후 명령을 내려서 니징과 족징을 없이 하고
세금 수탈의 첫머리인 호역들을 절반 가량은 줄여 주고
올해와 작년의 세금 칠만 석은 줄이자고 아뢰겠네.

(나) 신교, 「귀산음」

감상　이 작품은 신교가 벼슬살이를 마치고 고향으로 돌아와 고향의 산천을 바라보며 느낀 감상을 서술한 8수의 연시조이다. 10년의 벼슬살이를 끝내고 돌아온 고향 산천에서의 유유자적한 삶을 통해 속세를 멀리하고, 금서를 가까이 하며 지내는 사대부의 여유가 잘 드러나 있다.

주제　귀향하여 자연 속에서의 풍류를 즐기는 삶

현대어 풀이

십 년 벼슬 후에 고향으로 돌아오니
산천은 그대로이나 사람 일은 달라졌네.
아마도 세상의 존속과 멸망을 못내 슬퍼하노라. 〈1수〉

강산아 나 왔노라, 갈매기야 반갑구나.
청풍과 명월도 기다릴 줄 알았지만
임금의 은혜가 너무 크시기에 절로 늦어 머뭇거렸노라. 〈2수〉

산꽃은 물에서 피고 물새는 산에서 운다.
내 몸이 한가하여 산수에 누웠으니
세상의 어지러운 소식을 나는 몰라 하노라. 〈4수〉

거문고 비껴 들고 산수를 희롱하니
맑은 바람 건듯 불고 밝은 달도 돋아 온다.
하물며 믿음 있는 갈매기는 오며가며 하나니. 〈5수〉

산수가 병이 되고 거문고가 버릇 되어
산수 좋은 곳에서 거문고로 노니노라.
두어라, 풀 끝에 달린 이슬처럼 덧없는 인생이 아니 놀고 어찌하리. 〈8수〉

(다) 안도현,「엿장수 생각」

감상 이 글은 글쓴이가 어린 시절에 엿장수와 관련해서 겪었던 다양한 경험을 바탕으로, 그때를 추억하고 그리워하는 마음을 담은 수필이다. 글쓴이는 어린 시절 엿장수를 기다리던 모습, 엿장수가 마을에 나타났을 때의 반응, 엿으로 바꿔 먹었던 다양한 물건 등 엿장수와 관련된 추억을 언급하고, 이제는 사라져 버린 대상에 대한 안타까움과 그 가치에 대해 이야기하고 있다.

주제 엿장수에 대한 추억과 아쉬움

★★★ 1등급 대비 고난도 2편 문제

08 표현상 특징 파악　　　정답률 38% | 정답 ①

(가)와 (나)의 표현상 특징에 대한 설명으로 가장 적절한 것은?

☑ **① (가)는 (나)와 달리 문답 구조를 통해 시상을 전개하고 있다.**
(가)의 5 ~ 8행에서 암행어사인 화자가 백성들에게 질문과 제안을 하고 있고, 9 ~ 17행은 그에 대한 백성들의 대답이 나타나 있다. 따라서 (가)는 암행어사인 화자와 백성의 질문과 대답으로 시상이 전개되고 있음을 알 수 있다. 이와 달리 (나)에서는 문답 구조 방식이 아닌 화자가 일방적으로 서술하고 있다.

② (가)는 (나)와 달리 공간을 대비하여 지향하는 가치를 드러내고 있다.
(가)의 화자가 지향하는 가치가 어사로서의 임무를 수행하여 백성들의 고통을 덜어 주고 싶다는 것이라 할 때, '구렁'은 백성들이 현실을 도피하려는 공간에 해당하므로 화자가 지향하는 가치를 드러내는 공간이라 보기 힘들다.

③ (나)는 (가)와 달리 유사한 통사 구조를 반복하여 운율을 형성하고 있다.
(가)의 '어린 자식 등에 업고 자란 자식 손에 끌고', '어디로서 좇아오며 어디로 가려는고'와 (나)의 '산화는 물의 피고, 물시는 산의 운다', '산수의 병이 되고 금가의 벽이 이셔'를 통해, (가)와 (나) 모두 유사한 통사 구조를 반복하여 운율을 형성하고 있음을 알 수 있다.

④ (나)는 (가)와 달리 구체적인 수치를 활용하여 상황의 변화를 드러내고 있다.
(가)의 '전년의 이천여 호 금년의 칠백 호에서 구체적인 수치를 활용하여 고을의 상황 변화를 드러내고 있음을 확인할 수 있지만, (나)에서는 이를 확인할 수 없다.

⑤ (가)와 (나)는 모두 계절감이 드러나는 시어를 사용하여 시간의 경과를 보여 주고 있다.
(가), (나)를 통해 계절감을 느낄 수 있는 시어를 찾아볼 수 없으므로 적절하지 않다.

★★ 문제 해결 꿀~팁 ★★

▶ **많이 틀린 이유는?**
이 문제는 작품을 통해 표현상 특징을 정확히 파악하지 못했기 때문으로 보인다. 또한 (가)가 학생들에게 익숙하지 않은 고전 시가인 점도 오답률을 높였던 것으로 보인다.

▶ **문제 해결 방법은?**
이 문제처럼 표현상 특징을 묻는 문제의 경우 선택지에 제시된 내용을 (가)를 통해 먼저 판단해 본 뒤, (가)에 해당하는 것을 (나)를 통해 확인하는 방식으로 찾으면 된다. 그런데 이 문제에서 학생들이 ①이 정답이 아니라고 판단하는 경우가 많았는데, 이는 고전 시가에서 직접적으로 문답 형식이 드러나지 않았기 때문으로 보인다. 그런데 (가)를 찬찬히 읽어 보면(고전 시가를 읽을 때는 읽기 지문을 읽는다는 생각으로 읽어서 내용을 이해하는 데 초점을 맞추어야 한다. 이때 어려운 어휘가 있으면 밑줄을 쳐놓으면서 문맥에 따라 뜻을 대강 짐작하며 읽는다.) (가)의 5 ~ 8행을 통해 암행어사인 화자가 백성들에게 질문과 제안을 하고 있음을 알 수 있고, 9 ~ 17행에서는 이에 대한 백성들의 대답이 드러나 있음을 알았을 것이다. 이처럼 고전 시가를 읽을 때는, 어려운 어휘가 있다고 지레 겁먹지 말고 차분히 읽으면 충분히 문제를 해결할 수 있다는 생각으로 읽도록 한다.

▶ **오답인 ③을 많이 선택한 이유는?**
이 문제의 경우 학생들이 ③이 적절하지 않다고 하여 오답률이 높았는데, 이는 선택지에 제시된 '유사한 통사 구조'를 작품을 통해 찾지 못했기 때문으로 보인다. 이 선택지 역시 고전 시가를 정확히 읽지 않았기 때문으로, 만일 차분히 읽었다면 (가)의 '어린 자식 등에 업고 자란 자식 손에 끌고', '어디로서 좇아오며 어디로 가려는고'를 통해, (나)의 '산화는 물의 피고, 물시는 산의 운다', '산수의 병이 되고 금가의 벽이 이셔'를 통해 유사한 통사 구조가 반복되고 있음을 알 수 있었다. 한편 학생들 중에는 유사한 통사 구조가 문장 안에서는 사용되지 않는다고 생각하는 경우가 있는데, 한 문장 안에서도 유사한 통사 구조가 사용될 수 있다는 사실도 이 기회에 알아 두도록 한다.

09 외적 준거에 따른 작품의 감상　　　정답률 62% | 정답 ②

〈보기〉를 바탕으로 (가)를 감상한 내용으로 적절하지 <u>않은</u> 것은? [3점]

――――〈보 기〉――――
(가)는 구강이 암행어사로 겨울에 북관을 지나면서 경험한 일을 바탕으로 쓴 가사이다. 어사로서 임무를 수행하며 백성들의 피폐한 삶과 지방 관리들의 폭정을 대면하고 이를 해결하기 위해 노력하는 과정에서의 감상이 드러나 있다. 이는 위정자로서의 책임감과 함께 인간에 대한 구강의 연민의 정이 표출된 것이다.

① '차마 보지 못할너라'에서 어려운 상황에 처한 백성들에게 연민의 정을 느끼는 작자의 모습을 발견할 수 있어.
헌 누더기를 입은 백성들의 모습을 '차마 보지 못'하겠다고 한 것에서, 백성들에게 연민을 느끼고 있는 구강의 따뜻한 마음씨를 확인할 수 있다.

☑ ② '안접하게 하여줌세'에서 고향으로 돌아가려는 백성들을 도우려는 위정자로서의 책임감을 느낄 수 있어.
9 ~ 17행에서 백성들은 자신들이 당진 출신이지만 세금과 관리의 폭정으로 인해 차라리 죽는 게 편하다 싶어 떠나는 것이라 말하고 있다. 따라서 '고향으로 돌아가려는 백성'이라는 표현은 적절하지 않다.

③ '도망한 자 신구환을 있는 자에 물리니'에서 불합리하게 부과된 세금으로 고통받는 백성들의 현실을 짐작할 수 있어.
'도망한 자 신구환을 있는 자에게 물리니'는 도망한 이에게 부과된 세금까지 부담해야 하는 상황을 드러낸 것이므로, 이를 통해 백성들의 고통을 확인할 수 있다.

④ '급히 급히 넘어가자 이 백성들 살려보세'에서 암행어사로서 임무에 최선을 다하려는 마음가짐을 엿볼 수 있어.
백성들의 문제를 해결하기 위해 '급히급히 고개를 넘어가자'는 말에서, 암행어사로의 임무에 최선을 다하려는 마음가짐을 확인할 수 있다.

⑤ '백성 없는 곡식 바다 그 무엇에 쓰려하노'에서 백성들을 수탈하는 지방 관리들에 대한 부정적 인식을 확인할 수 있어.
백성들이 고을을 떠나고 있음에도 곡식을 거두는 데만 힘쓰고 있다는 내용의 발언을 통해, 지방 관리들에 대한 화자의 비판적 태도를 확인할 수 있다.

10 작품의 이해　　　정답률 74% | 정답 ②

(나)에 대한 설명으로 적절하지 <u>않은</u> 것은?

① 〈1수〉: 돌아온 고향에서 변해 버린 인사(人事)에 대한 슬픔을 나타내고 있다.
화자가 '십 년 관리 생활을 하다 돌아온 '고향'에서 '인사(人事)'가 달라진 것을 보고, '세간 존몰'을 슬퍼하는 부분을 통해 알 수 있다.

☑ ② 〈2수〉: 강산을 즐기느라 임금에게 가지 못하는 상황에 대한 미안함을 드러내고 있다.
〈2수〉를 통해 화자가 귀항이 지체된 이유를 임금님의 은혜가 커서라고 말하고 있으므로, 강산을 즐기느라 임금에게 가지 못하는 상황에 대한 미안함을 드러낸다고 할 수 없다.

③ 〈4수〉: 세속의 어지러운 소식을 모른 체하며 살고 싶은 심정을 표현하고 있다.
'세상의 어즈러운 긔별을 나는 몰라 ᄒᆞ로라'를 통해, 세속의 어지러운 소식을 모른 체하며 살고 싶은 화자의 심정을 알 수 있다.

④ 〈5수〉: 자연과 어우러지는 모습을 통해 자연에 대한 친근감을 드러내고 있다.
'산수를 희롱'하면서 '건듯' 부는 '청풍'과 돌아오는 '명월'을 감상하는 데서 자연과 어우러지는 화자의 모습을 확인할 수 있는데, 이는 자연에 대한 친근감을 드러내는 것으로 볼 수 있다.

⑤ 〈8수〉: 인생이 덧없다고 느끼기에 산수(山水)와 노래를 즐기며 살기를 희망하고 있다.
'초로인생'이 '아이 놀고 어이 ᄒᆞ랴'를 통해, 화자가 인생을 덧없다고 느끼면서 산수와 노래를 즐기며 살기를 희망하고 있음을 알 수 있다.

11 외적 준거에 따른 작품의 감상　　　정답률 89% | 정답 ④

〈보기〉를 바탕으로 (다)를 이해한 내용으로 적절하지 <u>않은</u> 것은?

――――〈보 기〉――――
(다)에서 글쓴이는 '엿장수'에 대한 생각과 느낌을 드러내고 있다. 엿장수를 기다리던 모습, 엿장수가 마을에 나타났을 때의 반응, 엿으로 바꿔 먹었던 다양한 물건 등 엿장수와 관련된 추억을 언급하고, 이제는 사라져 버린 대상에 대한 안타까움과 그 가치에 대해 이야기하고 있다.

① 아이들이 엿장수를 기다리던 모습을 묘사하면서 그들의 애타는 심정을 효과적으로 드러내고 있다.

1문단에서 애타게 엿장수를 기다리던 아이들의 모습을, 그 심정이 잘 드러나도록 묘사하고 있다.

② 엿장수를 향해 정신없이 뛰어가던 아이들의 모습을 생동감 있게 그려내고 있다.
3문단에서 엿장수의 가위 소리가 들리면 엿장수에게 뛰어가던 다양한 모습을 생동감 있게 그려내고 있다.

③ 아이들이 엿으로 바꿔 먹기 위해 들고 갔던 다양한 물건을 언급하고 있다.
4문단에서 고철, 함석 조각, 빈 병 등 엿으로 바꿔 먹었던 물건들이 언급되고 있다.

✔ 엿장수가 사라진 이후 변화를 받아들이지 못하는 기존 세대에 대한 안타까운 심정을 토로하고 있다.
추억으로 남아 있던 엿장수가 사라진 것에 대한 안타까움은 드러나 있지만, 그로 인해 기존 세대가 변화를 받아들이지 못한다는 내용은 글을 통해 확인할 수 없다.

⑤ 엿장수가 했던 일에 가치를 부여하여 그 의미를 독자들이 생각해 보도록 하고 있다.
6문단에서 엿장수에 대해 작가가 생각하고 있는 가치를 언급하면서 독자들에게 질문을 던지고 있다.

12   소재의 기능 파악   정답률 81% | 정답 ③

㉠ ~ ㉢에 대한 설명으로 가장 적절한 것은?

① ㉠은 현재 상황에 대한 슬픔을 드러내는 화자의 소리이고, ㉡은 현재 상황에 대한 만족감을 드러내는 화자의 소리이다.
㉠은 세금으로 인해 힘들어하는 백성들의 울음소리로, 현재 상황에 대한 슬픔을 드러내는 화자의 소리라 볼 수 없으므로 적절하지 않다.

② ㉠은 현실에 대한 울분을 드러내는 백성들의 소리이고, ㉢은 현실에 대한 불만을 드러내는 엿장수의 소리이다.
㉢에서 엿장수의 불만은 드러나지 않으므로 적절하지 않다.

✔ ㉡은 주변 경관을 감상하며 즐기는 소리이고, ㉢은 주변의 분위기를 분주하게 변화시키는 소리이다.
㉡은 자연을 즐기며 거문고 곡조에 맞춰 부르는 노랫소리이다. 그리고 (나)의 3문단을 통해 ㉢은 작가의 추억 속에 있는 '엿장수'가 내던 가위 소리로, 가위 소리가 들리기 시작하면 마을의 분위기가 분주하게 변화하던 모습을 확인할 수 있다.

④ ㉠과 ㉡은 모두 화자의 과거 경험을 떠올리게 하는 소리이다.
㉠과 ㉡은 모두 화자의 과거 경험을 떠올리게 하는 기능을 하지 않으므로 적절하지 않다.

⑤ ㉡과 ㉢은 모두 긍정적인 상황에서 부정적인 상황으로의 반전을 유발하는 소리이다.
㉡과 ㉢이 들린 이후의 상황은 부정적이지 않으므로 ㉡과 ㉢이 긍정적인 상황에서 부정적인 상황으로의 반전을 유발하는 것은 아니라 할 수 있다.

DAY 12   20분 미니 모의고사

01 ③	02 ④	03 ③	04 ④	05 ④
06 ⑤	07 ③	08 ⑤	09 ④	10 ②
11 ③	12 ②			

01   기사문의 형식과 맥락의 이해   정답률 52% | 정답 ③

(가)를 작성하며 고려한 사항 중 글에 반영되지 않은 것은?

① 기사문의 공적인 성격을 고려하여 격식체를 사용한다.
기사문이 공적인 글쓰기 성격임을 고려하여 '예정이다, 제기되어 왔다, 선정되었다' 등 격식체를 사용하고 있다.

② 기사문의 예상 독자를 고려하여 회의에 대한 학교 구성원들의 기대감을 나타낸다.
교내 신문의 예상 독자가 학교 구성원임을 고려하여 지면 인터뷰 형식을 사용해 회의에 대한 교사와 학생의 기대감을 드러내고 있다.

✔ 기사문의 형식을 고려하여 기사 맨 앞부분인 전문에 유휴 교실 개선의 필요성을 제시한다.
(가)의 전문에서는 '학교 공간 개선 지원 사업'의 대상 학교로 우리 학교가 선정되었다는 내용과 '유휴 교실 활용 위원회' 회의를 통해 유휴 교실 활용 방안을 논의할 예정이라는 내용이 요약적으로 제시되고 있다. '유휴 교실 개선의 필요성'은 기사의 본문에서 언급하지 않고 있으므로 적절하지 않다.

④ 기사문의 기획 의도를 고려하여 회의 결과를 지속적으로 독자에게 알릴 것임을 언급한다.
회의 결과를 연재 기사 형태로 실어 학교 구성원들에게 전달할 예정임을 밝히고 있다.

⑤ 기사문의 목적을 고려하여 학교 공간 개선 지원 사업 신청 배경에 관한 정보를 전달한다.
기사문은 정보 전달을 목적으로 하는 글쓰기로 이에 따라 학교 공간 개선 지원 사업 신청 배경에 관한 정보를 전달하고 있다.

02   말하기 방식 파악   정답률 68% | 정답 ④

(나)의 [A], [B]에 드러난 '사회자'의 말하기에 대한 이해로 가장 적절한 것은?

① [A]에서는 참가자의 발언 내용을 되물으며 발언의 정확한 의도를 확인하고 있다.
[A]에서 사회자는 참가자의 발언 내용을 되묻고 있지도 않으며 발언의 정확한 의도도 확인하지 않고 있다.

② [B]에서는 참가자들의 발언의 취지를 확인하며 추가적인 설명을 요구하고 있다.
[B]에서 사회자는 참가자들의 발언의 취지를 확인하고는 있으나 이에 대한 추가적인 설명을 요구하지는 않고 있다.

③ [A]에서는 [B]에서와 달리 참가자들의 발언 내용의 적절성에 대해 평가하고 있다.
[B]에서 사회자는 참가자들의 발언 내용의 적절성을 평가하고 있으나, [A]에서 사회자는 참가자들의 발언 내용의 적절성을 평가하지 않고 있다.

✔ [B]에서는 [A]에서와 달리 참가자들의 의견이 수렴될 수 있는 방법에 대해 묻고 있다.
[B]의 '그러면 휴게 공간과 교육 공간의 성격을 아우를 수 있는 공간 활용 방안은 없을까요?'를 통해, 사회자가 참가자들의 의견이 수렴될 수 있는 방법에 대해 묻고 있지만, [A]에서는 참가자들의 의견이 수렴될 수 있는 방법에 대해 묻지 않고 있다.

⑤ [A]와 [B]에서는 모두 참가자들의 발언 내용을 요약한 뒤 다음 발언자를 지목하고 있다.
[A]와 [B] 모두에서 사회자는 참가자들의 발언 내용을 요약하고 있지만, [A]에서만 다음 발언자를 지목하고 있을 뿐 [B]에서 사회자는 다음 발언자를 지목하지 않고 있다.

★★★ 1등급 대비 고난도 2점 문제

03   문장의 구조 파악   정답률 37% | 정답 ③

〈보기〉의 ㉠ ~ ㉢에 대한 설명으로 적절하지 않은 것은?

─〈 보 기 〉─
㉠ 예쁜 아이가 활짝 웃는다.
㉡ 나는 어제 새 가방을 샀다.
㉢ 지금 이곳은 동화 속 세상처럼 아름답다.
㉣ 작년에는 날씨가 추웠으나 올해에는 따뜻하다.
㉤ 설령 눈이 올지라도 우리는 어김없이 밖에 나간다.

① ㉠에는 주어가 생략된 안긴문장이 있다.
㉠에는 주어 '아이가'가 생략된 안긴문장인 '예쁜'이 있으며, '예쁜'은 체언인 '아이'를 꾸며 주는 관형사절이다.

② ㉡은 주어와 서술어의 관계가 한 번 나타나는 문장이다.
㉡은 주어 '나는'과 서술어 '샀다'가 한 번 나타나는 홑문장이다.

✔ ㉢에는 하나의 문장 성분처럼 쓰이는 안긴문장이 있다.
주어와 서술어의 관계가 한 번만 나타나는 홑문장이고, 주어와 서술어의 관계가 두 번 이상 나타나는 것은 겹문장인 안은문장에 해당한다. 그런데 ㉢의 주어는 '이곳은'이며 서술어는 '아름답다'이므로, ㉢은 주어와 서술어 관계가 한 번만 나타나는 홑문장이라 할 수 있다.

④ ㉣은 두 개의 홑문장이 대등하게 연결된 이어진문장이다.
㉣은 주어 '날씨가'와 서술어 '추웠다'로 이루어진 홑문장과 생략된 주어 '날씨가'와 서술어 '따뜻하다'로 이루어진 홑문장이 대등적 연결 어미 '-으나'로 대등하게 연결된 이어진문장이다.

⑤ ㉤은 주어와 서술어의 관계가 두 번 이상 나타나는 문장이다.
㉤은 주어 '눈이'와 서술어 '오다'로 이루어진 홑문장과 주어 '우리는'과 서술어 '나간다'로 이루어진 홑문장이 종속적 연결 어미 '-ㄹ지라도'로 종속적으로 연결된 이어진문장이다.

★★ 문제 해결 꿀~팁 ★★

▶ 많이 틀린 이유는?
이 문제는 홑문장과 겹문장을 실제 사례를 통해 파악하는 데 어려움을 겪어 오답률이 높았던 것으로 보인다. 또한 겹문장에서의 주어나 목적어의 생략에 대한 이해 부족도 오답률을 높였던 것으로 보인다.

▶ 문제 해결 방법은?
이 문제를 해결하기 위해서는 기본적으로 홑문장과 겹문장에 대한 문법 지식이 바탕이 되어야 한다(이 문제에서는 문법 지식에 대한 설명이 없는데, 이처럼 문법 지식이 제시되지 않은 경우가 있으므로 기본적인 문법 지식은 평소 익혀 두어야 한다.). 그런 다음 이를 바탕으로 〈보기〉에 대한 예문을 설명한 선택지의 적절성을 판단해야 한다. 가령 정답인 ③의 경우, '안긴문장'이 있다는 선택지의 내용을 통해 ㉢이 주어와 서술어의 관계가 두 번 이상 나타나는지를 확인해야 한다. 그런데 ㉢에서는 주어와 서술어의 관계가 한 번만 나타나므로 적절하지 않은 것이다. 한편 학생들 중에는 주어진 문장이 홑문장인지 겹문장인지 헷갈려 하는 경우가 많은데, ㉢에서 보이듯이 '지금'이나 '동화 속 세상처럼'이 없어도 '이곳은 아름답다.'로 문장이 성립하는지를 따져 보면 된다. 이때의 '-처럼'은 부사절인 안긴문장을 만들어 주는 단어가 아님에 유의한다.

▶ 오답인 ①을 많이 선택한 이유는?
이 문제의 경우 학생들이 ①이 적절하지 않다고 하여 오답률이 높았는데, 이는 겹문장에서의 주어의 생략에 대해 정확히 이해하지 못했기 때문이다. 이런 경우에는 겹문장을 홑문장으로 바꾸어서 파악해야 한다. 즉, ㉠이 '아이가 예쁘다.'와 '아이가 활짝 웃는다.'라는 두 개의 홑문장이 결합한 것임을 파악할 수 있어야 한다. 이럴 경우 '예쁜 아이가 활짝 웃는다.'에서는 홑문장에서 두 개인 주어가 하나만 사용되고 있으므로 주어가 생략된 것이라 할 수 있다. 이처럼 홑문장과 겹문장에 대한 문법 문제는 출제 가능성이 높으므로, 평소 정확한 개념뿐만 아니라 겹문장을 홑문장으로 나누는 방법도 익혀 두도록 한다.

04~07 | 기술

Metcalf & Eddy, 「폐수처리공학 Ⅰ」

해제 이 글은 정수 처리 기술의 침전 과정에서의 약품 침전 방식에 대해 설명하고 있다. 정수 처리 기술의 침전 과정에서 부유물이 물보다 비중이 큰 경우와 달리 중력만으로 침전시키기 어려운 콜로이드 물질들은 '약품 침전 방식'을 사용한다. 물속에서 부유하는 미세한 콜로이드 입자들은 물속에서 균일하게 분산되어 안정성을 가지고 부유하게 되는데, 이런 입자의 안정성은 물의 탁도를 높이는 주요한 원인이 된다. 약품 침전 방식에서는 응집제를 주입하여 콜로이드 입자의 영향으로 발생한 물의 탁도를 낮추는 과정을 거치게 되는데, 이에는 전기적 중화 작용과 가교 작용이 있다. 한편 전기적 중화 작용과 가교 작용에서 반응하지 못한 응집제가 많이 남아 있게 되면 전하 역전 현상이 발생하는데, 이 상태에서 여분의 응집제는 침전성 금속 화합물을 형성하여 콜로이드 입자들을 흡착하면서 가라앉는 체 거름 현상이 일어난다.

주제 정수 처리 기술의 침전 과정에서의 약품 침전 방식

문단 핵심 내용

1문단	'약품 침전 방식'의 소개
2문단	물의 탁도를 높이는 주요한 원인이 되는 물의 안정성
3문단	약품 침전 방식에서 물의 탁도를 낮추는 과정
4문단	물의 탁도를 낮추는 과정 1-전기적 중화 작용
5문단	물의 탁도를 낮추는 과정 2-가교 작용
6문단	체 거름 현상의 이해

04 내용의 사실적 이해 정답률 83% | 정답 ④

윗글에서 알 수 있는 내용으로 적절하지 않은 것은?

① 급속 교반은 콜로이드 입자와 금속 화합물의 결합을 촉진한다.
4문단을 통해 급속 교반은 콜로이드 입자와 금속 화합물이 빠르게 결합하여 반응하게 하기 위해 하는 것임을 알 수 있다.

② 약품 침전 방식은 콜로이드 입자의 응집을 위해 화학 약품을 이용한다.
1문단을 통해 약품 침전 방식은 화학 약품을 이용하여 입자들을 응집시켜 가라앉히는 방식임을 알 수 있다.

③ 부유물의 비중이 물보다 큰 경우 중력만으로 부유물을 침전시킬 수 있다.
1문단을 통해 부유물이 물보다 비중이 큰 경우, 다른 물질과의 상호 작용 없이 중력만으로 가라앉힐 수 있음을 알 수 있다.

✔ 물을 빠르게 저어 플록끼리 접촉할 시간을 늘리면 체 거름 현상이 나타난다.
5문단을 통해 플록과 다른 플록이 연결될 때 접촉 시간을 늘려 주기 위해서는 물을 천천히 저어 주어야 함을 알 수 있다. 그리고 이는 '가교 작용 과정'에서 침전에 용이한 큰 플록을 만들기 위한 것이므로 적절하지 않다.

⑤ 양이온계 응집제는 물과 화학 반응하여 다양한 종류의 화합물을 형성한다.
3문단을 통해 양이온계 응집제는 물과 화학 반응을 하면서 단계적으로 다양한 종류의 화합물을 형성함을 알 수 있다.

05 세부 내용의 이해 정답률 82% | 정답 ④

㉠, ㉡에 대한 이해로 가장 적절한 것은?

① ㉠은 입자가 일정 거리 안에서 서로를 밀어내는 힘이라고 할 수 있다.
2문단의 내용을 통해 입자가 일정 거리 안에서 서로를 밀어내는 힘은 ㉠이 아니라 ㉡이라 할 수 있다.

② ㉠은 입자가 물속에서 균일하게 분산할 수 있게 해 주는 힘이라고 할 수 있다.
입자가 물속에서 균일하게 분산할 수 있게 해 주는 힘은 ㉠이 아니라 ㉡이라 할 수 있다.

③ ㉡은 입자 간의 거리가 멀어지면 발생하는 힘이라고 할 수 있다.
㉡은 일정 거리 이하로 입자들의 거리가 좁혀지지 않는 힘이라 할 수 있으므로, 입자 간의 거리가 멀어지면 발생하는 힘이라고 할 수 없다.

✔ ㉡은 입자가 띠고 있는 전하의 성질로 인해 작용하는 힘이라고 할 수 있다.
2문단을 통해 '콜로이드 입자들'은 물속에서 음(−) 전하를 띠고 있어 서로를 밀어내는 전기적 반발력의 영향을 받음을 알 수 있다.

⑤ ㉠과 ㉡은 모두 입자가 이온과 결합할 때 형성되는 힘이라고 할 수 있다.
2문단의 내용을 통해 입자가 이온과 결합할 때 형성되는 힘은 ㉡이라 할 수 있다.

★★★ 1등급 대비 고난도 3점 문제

06 핵심 정보 파악 정답률 43% | 정답 ⑤

〈보기〉는 응집제의 투입에 따른 물의 탁도 변화를 설명하기 위한 그래프이다. 윗글을 읽은 학생들이 〈보기〉에 대해 보인 반응으로 적절하지 않은 것은? [3점]

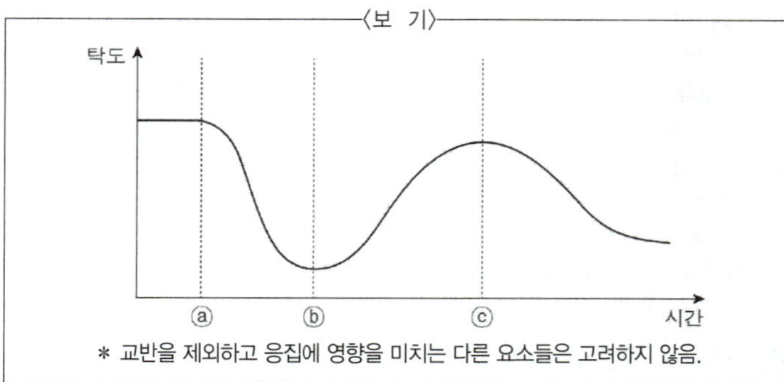

* 교반을 제외하고 응집에 영향을 미치는 다른 요소들은 고려하지 않음.

① ⓐ에서 주입된 응집제는 ⓐ와 ⓑ 사이에서 콜로이드 입자 간의 거리를 좁히는 작용을 하겠군.
3문단에서 응집제를 주입하여 '전기적 중화 작용과 가교 작용'으로 '물의 탁도를 낮'춘다고 하였고, 4문단에서 전기적 중화 작용으로 콜로이드 입자들이 '반데르발스 힘이 작용할 정도로 가까워지게 되면' '작은 플록을 형성'한다고 하였으므로 적절하다.

② ⓐ와 ⓑ 사이에서 형성된 고분자 화합물은 플록과 플록을 연결하여 침전에 용이한 큰 플록을 만들겠군.
5문단에서 '고분자 화합물은 플록과 플록을 연결'한다고 하였고, 이는 '침전에 용이한 큰 플록을 만들기 위해'서라고 하였으므로 적절하다.

③ ⓐ와 ⓑ 사이에서 탁도가 급속하게 낮아진 것은 가교 작용으로 형성된 플록의 침전 속도가 높아졌기 때문이라고 할 수 있겠군.
5문단에서 '가교 작용'의 목적이 '침전 속도를 높이기 위해서'라고 하였고, '연결된 여러 플록들은 하나의 큰 플록이 되어 중력의 영향을 받아 빠르게 침전한다'고 하였으므로 적절하다.

④ ⓑ와 ⓒ 사이에서 탁도가 다시 높아진 것은 ⓐ에서 주입된 응집제가 전기적 중화 작용과 가교 작용에서 반응하지 못하고 남아 있는 것이 원인으로 작용했기 때문이겠군.
6문단에서 '탁도가 낮아진 물에, 전기적 중화 작용과 가교 작용에서 반응하지 못한 응집제가 많이 남아 있게 되면' 콜로이드 입자들이 '양(+) 전하를 띠게 된다'고 하였으므로 적절하다.

☑ ⓒ 이후 탁도가 낮아지는 것은 ⓑ에서 형성된 긴 사슬 형태의 화합물이 콜로이드 입자들과 흡착하여 침전했기 때문이겠군.
〈보기〉에서 ⓐ는 응집제가 주입된 지점, ⓐ와 ⓑ 사이는 전기적 중화 작용과 가교 작용으로 인해 콜로이드 입자들의 침전이 일어나는 구간, ⓑ와 ⓒ 사이는 전하 역전 현상이 일어나는 구간, ⓒ 이후는 체 거름 현상으로 인해 콜로이드 입자들의 침전이 일어나는 구간이다. 5문단에서 '응집제의 주입으로 형성된 화합물 중 긴 사슬 형태의 고분자 화합물'이 가교 작용에 쓰임을 알 수 있고, 6문단에서 '여분의 응집제'로 형성된 '침전성 금속 화합물'이 '콜로이드 입자들을 흡착하면서 가라앉는'다고 하였으므로 적절하지 않다.

★★ 문제 해결 꿀~팁 ★★

▶ 많이 틀린 이유는?
이 문제는 〈보기〉의 ⓐ~ⓒ와 이들 사이가 의미하는 것이 무엇인지 글을 통해 정확히 파악하지 못하여 오답률이 높았던 것으로 보인다.

▶ 문제 해결 방법은?
이 문제는 기본적으로 〈보기〉에 제시된 그래프, 특히 ⓐ~ⓒ와 이들 사이가 의미하는 것이 무엇인지 글을 통해 확인해야 한다. 즉 글의 3~6문단의 내용을 통해, ⓐ가 응집제가 주입된 지점, ⓐ와 ⓑ 사이가 전기적 중화 작용과 가교 작용으로 인해 콜로이드 입자들의 침전이 일어나는 구간, ⓑ와 ⓒ 사이는 전하 역전 현상이 일어나는 구간, ⓒ 이후는 체 거름 현상으로 인해 콜로이드 입자들의 침전이 일어나는 구간임을 알아야 한다. 그런 다음 이를 바탕으로 선택지의 적절성을 판단하면 되는데, 5문단과 6문단의 내용을 볼 때 ⑤는 적절하지 않음을 알았을 것이다. 마찬가지로 오답률이 높았던 ③의 경우에도 이러한 정리를 바탕으로 5문단의 내용을 보면 적절함을 알았을 것이다. 이 문제처럼 그래프를 이해하는 문제인 경우 글의 어느 부분과 관련이 있는지를 살필 수 있어야 한다.

07 세부 내용의 이해   정답률 67% | 정답 ③

〈보기〉는 윗글을 읽은 학생이 정리한 내용의 일부이다. ㉮ ~ ㉱에 들어갈 말로 적절한 것은?

〈보 기〉

오염된 물에 존재하는 콜로이드 입자는 수산화 이온과의 결합 등의 원인으로 (㉮)된 상태에서 부유한다. 응집제를 주입하면 (㉯)이/가 일어나고 콜로이드 입자는 (㉰)된다. 응집제를 과다하게 주입하면 (㉱)이/가 나타난다.

	㉮	㉯	㉰	㉱
①	안정화	전하 역전	불안정화	전기적 중화
②	불안정화	전기적 중화	안정화	전하 역전
☑	안정화	전기적 중화	불안정화	전하 역전
④	불안정화	전하 역전	안정화	전기적 중화
⑤	안정화	전기적 중화	불안정화	전기적 중화

☑ 2문단에서 '음(−) 전하를 띠고 있'는 콜로이드 입자들이 '안정성을 가지고 부유'한다고 하였으므로 ㉮는 '안정화'가 적절하다. 4문단에서 '전기적 중화 작용'은 '양(+) 전하의 금속 화합물'이 '콜로이드 입자와 결합'하면 나타난다고 하였고, 그 결과 '콜로이드 입자들이 불안정화'된다고 하였으므로 ㉯는 '전기적 중화'가, ㉰는 '불안정화'가 적절하다. 6문단에서 전기적 중화 작용과 가교 작용에서 반응하지 못한 응집제가 많이 남아 있게 되면 전기적으로 중화되었던 콜로이드 입자들이 오히려 양(+) 전하를 띠게 된다고 하였으므로 ㉱는 '전하 역전'이 적절하다.

08~12   고전 시가 + 수필

(가) 이색, 「부벽루」

감상   이 작품은 융성했던 과거의 왕조를 회고하면서 권력과 인간사의 덧없음에 대해 노래하고 있는 한시이다. 이 작품에서 화자는 고구려의 옛 도읍지인 평양의 부벽루에서 바라본 풍경을 통해, 자연의 영원함과 인간 역사의 유한함을 대비하여 인간 역사의 무상감에 대한 한탄을 드러내고 있다. 한편 이 작품은 지난 역사의 회고와 고려 국운의 회복이라는 주제 의식을 드러내 주기도 한다.

주제   인간 역사의 무상감에 대한 한탄

(나) 김득연, 「산중잡곡」

감상   이 작품은 아름다운 자연 속에서 살아가는 화자의 즐거움과 만족감을 드러낸 연시조이다. 이 작품에서는 속세를 떠나 아름다운 자연에서 누리는 유유자적함과 풍류, 무릉도원에 비견되는 곳에서 살아가는 자긍심, 소박한 삶을 통한 안분지족, 늙음 속에서도 즐거움을 찾는 여유 등을 드러내 주고 있다.

주제   자연에 묻혀 한가롭게 사는 즐거움과 만족감

(다) 박지원, 「능양시집서」

감상   이 작품은 고정 관념에 사로잡혀 사물의 본질을 제대로 파악하지 못하는 문제점을 비판하고, 열린 사고를 지향하는 글쓴이의 통찰이 드러난 고전 수필이다. 이 작품에서 글쓴이는 대상의 외양에 얽매이지 않고 본질적인 속성을 파악해야만 대상의 참모습을 인식할 수 있다는 주제 의식을 전달해 주고 있다.

주제   세상을 바라보는 올바른 태도

08 표현상 특징 파악   정답률 76% | 정답 ⑤

(가)의 표현상의 특징에 대한 설명으로 가장 적절한 것은?

① 문답 구조를 활용하여 시적 의미를 드러내고 있다.
이 글에서 화자가 묻고 답하는 문답 구조는 찾아볼 수 없다.

② 명령형 어조를 활용하여 시적 긴장감을 높이고 있다.
이 글에서 명령형 어미를 사용한 명령형 어조는 나타나지 않고 있고, 또한 시적 긴장감도 드러나지 않는다.

③ 반어적인 표현을 활용하여 시적 상황을 구체화하고 있다.
이 글에서 실제로 표현하고자 하는 의미와 반대로 표현하는 반어적 표현은 찾아볼 수 없다.

④ 색채어의 대비를 통해 시적 대상을 생생하게 드러내고 있다.
'산은 오늘도 푸르고'에서 색채어가 사용되었지만, 색채어를 대비하지는 않고 있다.

☑ 세월의 흐름을 시각적으로 형상화하여 시적 분위기를 조성하고 있다.
'천년의 구름', '바위는 늙었네'에 알 수 있듯이 시각적 이미지를 활용하여 세월의 흐름을 나타내면서, 이를 통해 세월의 무상감이 느껴지는 쓸쓸한 시적 분위기를 조성해 주고 있다.

09 작품 내용의 이해   정답률 80% | 정답 ④

(나)에 대한 설명으로 적절하지 않은 것은?

① 〈제1수〉 : 화자는 대상이 지닌 속성을 활용하여 자신이 지향하는 가치를 드러내고 있다.

〈제1수〉에서 화자는 티끌 없는 거울 같은 '반무당(연못)'의 속성을 활용하여 자연에 묻혀 살아가고자 하는 자신이 지향하는 가치를 드러내고 있다.

② 〈제14수〉: 화자는 아름다운 경치에서 이상 세계의 면모를 발견하고 있다.
〈제14수〉에서 화자는 '홍하(붉은 노을)'가 가득한 경치의 아름다움을 '도원'이라 여기고 있다. 따라서 이를 통해 화자는 자신이 거주하고 있는 공간을 '도원'에 견줄 수 있는 이상 세계라 여기고 있음을 알 수 있다.

③ 〈제20수〉: 화자는 세속적 가치에 집착하지 않고 자신의 분수를 지키려 하고 있다.
〈제20수〉에서 화자는 남의 '부귀'와 자신의 '빈천'을 바꿀 수 없는 것으로 여기면서 '내 분대로 하'겠다 하고 있으므로, 화자는 세속적 가치에 집착하지 않고 자신의 분수를 지키는 삶을 살려 함을 알 수 있다.

✔ 〈제34수〉: 화자는 자신이 소유한 것을 쓰며 즐기는 삶을 부정적으로 인식하고 있다.
〈제34수〉에서 화자는 '한 간 초옥'에 '세간'인 '책, 벼루, 붓'이 많다고 여기고, '이 초옥', '이 세간'을 가지고 즐기겠다고 표현하고 있다. 따라서 화자는 '한 간 초옥'에서 '책, 벼루, 붓'을 지니고 있는 자신의 삶에 대해 긍정적으로 인식하고 있다고 할 수 있다.

⑤ 〈제48수〉: 화자는 자신이 거처하는 곳에 사람들이 자주 오기를 희망하고 있다.
〈제48수〉에서 화자는 자신이 거처하는 '산정'에 '벗님네'를 불러 그들과 함께 즐기는 상황을 긍정하면서, 자신이 있는 곳으로 사람들이 자주 오기를 희망하고 있다.

---

10 외적 준거에 따른 작품의 감상 　　정답률 54% | 정답 ②

〈보기〉를 바탕으로 (가)와 (나)를 감상한 것으로 적절하지 <u>않은</u> 것은? [3점]

─〈보 기〉─
　문학 작품 속 공간은 단순한 배경을 넘어 현실에 대한 인식을 드러내는 장치로 사용되기도 한다. (가)에서 부벽루는 자연과 인간사를 대비하는 퇴락한 공간으로, 역사적 전환기를 맞는 지식인이 역사의 유한함에 대해 무상감을 느끼는 장소이다. (나)에서 산중은 화자가 만족감을 누리는 공간으로, 자연 속에서 삶을 즐기며 늙어가는 장소이다.

① (가)의 '텅 빈 성'에서 인간 역사의 유한함을 느낀 화자는 '구름'과 '바위'를 바라보며 감회에 젖어 있군.
(가)에서 화자는 고려의 '텅 빈 성'을 통해 인간사의 유한함을 느끼며, '구름'과 '바위'를 바라보며 감회에 젖어 있다.

✔ (가)의 '돌다리'에서 '휘파람'을 부는 화자는 역사적 전환기의 지식인인 '천손'을 떠올리며 쓸쓸함을 느끼고 있군.
(가)에서 화자는 역사적 전환기의 지식인으로서 '돌다리'에서 '휘파람'을 부는 행위를 통해 인간 역사의 유한함에서 느껴지는 쓸쓸함을 표현하고 있다. 또한 화자는 고려의 국운 회복을 바라며 고구려의 동명왕을 가리키는 천손과 같은 영웅이 나타나지 않는 상황에 대한 안타까움을 드러내고 있다.

③ (가)의 '산'과 '강'의 변함없는 모습은 퇴락한 역사적 공간과 대비되어 화자가 느끼는 무상감을 더욱 부각하고 있군.
(가)에서 퇴락한 역사적 공간인 '부벽루'와 변함없는 '산'과 '강'의 대비는 화자가 느끼는 무상감을 더욱 부각해 준다고 있다.

④ (나)의 '한 간 초옥'에서 화자는 '책', '벼루 붓'과 함께하는 생활에 만족감을 느끼고 있군.
(나)의 화자는 '한 간 초옥'에서 자신이 소유한 '책, 벼루, 붓'을 가지고 즐기겠다고 말하며 자신의 삶에 대한 만족감을 드러내고 있다.

⑤ (나)의 '산정'에 있는 화자는 스스로를 '늙은이'라 칭하며 자연 속에서 삶을 즐기고 있음을 드러내고 있군.
(나)에서 화자는 자연 속 공간인 '산정'에서 자신을 '늙은이'로 칭하면서 삶을 즐기고 있다.

★★★ 1등급 대비 고난도 2점 문제

11 외적 준거에 따른 작품의 감상 　　정답률 40% | 정답 ③

〈보기〉를 바탕으로 (다)를 감상한 것으로 적절하지 <u>않은</u> 것은?

─〈보 기〉─
　글쓴이는 고정 관념에 사로잡혀 사물의 다양한 현상을 제대로 살피지 못하는 태도를 비판하고 있다. 대상의 외양에 얽매이지 않고 본질적 속성을 파악해야 대상의 참모습을 인식하고 있다고 본 것이다. 이를 통해 관습적인 태도에서 벗어나 열린 사고를 지향하는 글쓴이의 통찰을 드러내고 있다.

---

① 자기 생각과 '한 가지 일'이라도 다르면 '만물'을 모함하려는 것은 다양성을 인정하지 못하는 태도로 볼 수 있겠군.
자기 생각과 '한 가지 일'이라도 다르면 '만물'을 모함하려는 것은 다양성을 인정하지 못하고 자신의 기준으로 모든 것을 판단하려는 폐쇄적 사고를 나타낸다고 볼 수 있다.

② 까마귀를 '푸른 까마귀'나 '붉은 까마귀'로 부르는 것이 모두 옳다고 여기는 것은 대상의 참모습을 파악하려는 태도로 볼 수 있겠군.
까마귀를 '푸른 까마귀'나 '붉은 까마귀'로 부르는 것이 모두 옳다는 인식은 '검다'라는 일률적 규정의 한계를 지적한 것으로, 사물이 '일정한 색'이 없음에도 한 가지 색만 고집하려는 태도를 비판하는 것으로 볼 수 있다.

✔ 까마귀의 '일정한 색이 없다'는 인식은 '눈'으로 정한 대상의 외양보다는 '마음속'으로 정한 본질적 속성에 주목해야 함을 강조한 것으로 볼 수 있겠군.
까마귀의 '일정한 색이 없다'는 인식은 사물의 본질을 하나에 가두려는 고정 관념과 폐쇄적 사고를 비판한 것으로, 다양한 현상을 자세히 살피지 않고 '눈'과 '마음'으로 섣불리 사물의 본질을 정해 버리는 태도를 비판한 것이라 할 수 있다.

④ '검은색을 일러 어둡다고 하는 것'은 '물'과 '옻칠'에서 사물을 비출 수 있다는 속성을 발견하지 못하고 관습적인 태도에 머물러 있는 모습으로 볼 수 있겠군.
'검은색을 일러 어둡다고 하는 것'은 '물'과 '옻칠'의 검은색이 사물을 비출 수 있다는 속성을 갖는다는 것을 발견하지 못하고 기존의 관습적 태도에 머물러 있는 것으로 볼 수 있다.

⑤ '달관한 사람'이 적은 현실에서 '입을 다물'기보다 '쉬지 않고 말을 하'는 것은 사물의 본질을 파악하지 못한 어리석은 사람을 깨우치려는 의도로 볼 수 있겠군.
'달관한 사람'이 적은 현실에서 내가 '입을 다물'지 않고 '쉬지 않고 말을 하'는 것은 사물의 본질을 재대로 파악하지 못하는 어리석은 속인들을 깨우치려는 글쓴이의 의도로 볼 수 있다.

★★ 문제 해결 꿀~팁 ★★

▶ **많이 틀린 이유는?**
이 문제는 작품 내용을 정확히 이해하지 못하여 오답률이 높았던 것으로 보인다.

▶ **문제 해결 방법은?**
외적 준거에 따른 작품 감상 문제 해결의 핵심은 작품 이해에 있다. 이 문제 역시 작품을 정확히 이해했다면 문제를 쉽게 해결할 수 있었을 것이다. 가령 정답인 ③의 경우, (다)의 3문단의 '그 새에게는 본래 일정한 색이 없는데도 ~ 먼저 마음속으로 정해 버린 것이다.'를 통해, 대상의 참모습을 인식하기 위해서는 눈뿐만 아니라 마음속으로도 고정 관념이나 폐쇄적 사고에 사로잡히지 않아야 함을 알 수 있다. 이렇게 볼 때, 선택지의 '마음 속'으로 정한 본질적 속성에 주목해야 한다는 내용은 적절하지 않음을 알 수 있었을 것이다.

▶ **오답인 ②를 많이 선택한 이유는?**
이 문제의 경우 학생들이 ②가 적절하지 않다고 하여 오답률이 높았는데, 이는 '까마귀를 '푸른 까마귀'나 '붉은 까마귀'로 부르는 것에 대한 이해가 부족했기 때문이다. 즉, 까마귀를 '푸른 까마귀'나 '붉은 까마귀'로 부르는 것이 모두 옳다는 인식은 까마귀가 '검다'라는 일률적 규정과 배치되는 것에 해당하므로, 이는 까마귀가 '일정한 색'이 없음에도 한 가지 색만 고집하려는 태도를 비판한 것이라 할 수 있다. 이 선택지 역시 작품에 드러난 글쓴이의 인식을 정확히 이해하였다면 적절한 감상이었음을 쉽게 알 수 있었을 것이다. 이처럼 외적 준거에 따른 작품 감상 문제를 해결할 때는 반드시 작품 내용을 정확히 이해한 뒤, 이를 바탕으로 〈보기〉와 연관하여 제시된 선택지가 적절한지 판단할 수 있어야 한다. 한편 선택지에서는 간혹 작품 내용과는 어긋난 내용도 제시될 수 있으므로 이 점에도 유의할 수 있도록 한다.

---

12 대상의 의미 비교 　　정답률 79% | 정답 ②

ⓐ와 ⓑ를 비교하여 이해한 것으로 가장 적절한 것은?

① ⓐ는 화자에게 과거에 대한 후회를, ⓑ는 글쓴이에게 미래에 대한 기대를 유발한다.
(나)를 통해 ⓐ가 화자에게 과거에 대한 후회를 유발하지 않음을 알 수 있다. 그리고 (다)의 내용을 통해 ⓑ가 글쓴이에게 미래에 대한 기대를 유발한다고 할 수 없다.

✔ ⓐ는 화자가 누리는 삶에 대한 자부심을, ⓑ는 글쓴이가 경계하는 삶의 태도를 드러낸다.
(나)의 화자는 자신이 거처하는 공간을 '도원'이라는 이상향에 견주면서, 그 속에서 살아가는 자신을 '무릉인'이라고 칭하고 있다. 따라서 '무릉인'은 스스로의 삶에 대한 자부심을 드러낸 것이라 할 수 있다. 그리고 (다)에서 글쓴이는 '속인'들이 고정 관념에 빠져 올바른

인식을 하지 못함을 드러내고 있다. 따라서 '속인'은 글쓴이가 경계하는 삶의 태도를 보이는 대상이라 할 수 있다.

③ ⓐ는 화자에게 삶에 대한 인식의 전환을, ⓑ는 글쓴이에게 구체적 행동의 변화를 가져온다.
(나)를 통해 ⓐ가 화자에게 삶에 대한 인식의 전환을 가져온다고 할 수 없다. 한편 (다)의 글쓴이가 ⓑ를 깨우치려고 글을 쓰고 있으므로, ⓑ는 글쓴이에게 구체적인 행동 변화를 가져온다고 볼 수도 있다.

④ ⓐ는 화자가 동경하는 세계에 대한 예찬을, ⓑ는 글쓴이가 지향하는 세계에 대한 체념을 드러낸다.
(다)를 통해 글쓴이가 체념하는 상황은 드러나지 않으므로 ⓑ를 글쓴이가 지향하는 세계에 대한 체념을 드러낸다고 할 수 없다. 한편 (나)에서 화자는 무릉도원을 동경하고 있으므로 ⓐ를 화자가 동경하는 세계에 대한 예찬을 드러낸다고 볼 수 있다.

⑤ ⓐ는 화자가 인식한 현실과 이상의 괴리감을, ⓑ는 글쓴이가 발견한 사물에 대한 경외감을 드러낸다.
(나)를 통해 화자가 자신이 인식한 현실과 이상이 서로 동떨어져 있다고 여기지 않고 있으므로, ⓐ를 화자가 인식한 현실과 이상의 괴리감을 드러낸다고 할 수 없다. 그리고 (다)를 통해 글쓴이는 사물에 대한 경외감을 드러내지 않고 있으므로, ⓑ를 글쓴이가 발견한 사물에 대한 경외감을 드러내는 것이라 할 수 없다.

DAY 13 20분 미니 모의고사

01 ④	02 ③	03 ②	04 ①	05 ⑤
06 ②	07 ②	08 ④	09 ①	10 ②
11 ③	12 ③			

01 말하기 방식 파악
정답률 69% | 정답 ④

위 발표자의 말하기 방식으로 가장 적절한 것은?

① 청중에게 친숙한 사례로 개념 간의 차이를 부각하고 있다.
발표자는 '종자 금고'가 무엇인지 설명하고 있지만, 청중에게 친숙한 사례로 개념 간의 차이를 부각하지는 않고 있다.

② 비언어적 표현을 통해 청중의 행동 변화를 촉구하고 있다.
2문단의 '(손가락 두 개를 펼쳐 보이며)'를 통해 비언어적 표현이 사용되었음을 알 수 있지만, 이러한 비언어적 표현을 사용하여 청중의 행동 변화를 촉구하지는 않고 있다.

③ 발표 중간중간에 청중의 질문을 받으며 청중과 상호 작용하고 있다.
1문단과 2문단을 통해 발표자가 청중에게 질문을 던지고 청중의 대답을 듣고 있지만, 청중의 질문을 받는 부분은 찾아볼 수 없다.

✔ 청중과 공유하고 있는 경험을 언급하여 청중의 주의를 환기 하고 있다.
1문단의 '개똥쑥에서 말라리아 치료 성분을 발견했다는 지난주 특강 내용 기억나시나요?'를 통해, 발표자는 청중과 공유하고 있는 경험을 언급하고 있는데, 이는 청중의 주의를 환기하는 효과가 있으므로 적절하다.

⑤ 발표 내용에 대한 청중의 이해 정도를 확인한 후 이어질 발표의 순서를 안내하고 있다.
발표 내용에 대한 청중의 이해 정도를 확인한 후, 이어질 발표의 순서를 안내한 부분은 찾아볼 수 없다.

02 발표 내용의 이해 및 평가
정답률 95% | 정답 ③

다음은 청자와 발표자가 나눈 질의응답의 일부이다. [A]에 들어갈 청자의 질문으로 적절하지 않은 것은?

> 청자 : 발표 잘 들었습니다. 그런데 듣고 나서 궁금한 점이 생겨 질문합니다.
>
> [A]
>
> 발표자 : 그 내용은 발표에 없었네요. 추가로 그 내용에 대해 알려 드릴게요.

① 종자 금고는 현재 두 나라에 있다고 하셨는데, 두 나라의 종자 금고에는 어떤 차이점이 있나요?
발표자는 종자 금고가 노르웨이와 우리나라에 있다고 하였으나 두 나라의 종자 금고의 차이에 대해서는 언급하지 않았으므로 질문으로 적절하다.

② 기탁받은 종자를 보관하고 있다고 하셨는데, 종자를 기탁받는 절차는 어떻게 되나요?
발표자는 '우리나라뿐만 아니라 외국의 종자도 기탁받아 4천 종 넘게 보관하고 있'다고 하였으나, 종자를 기탁받는 절차에 대해서는 언급하지 않았으므로 질문으로 적절하다.

✔ 현재 보관 중인 종자 규모를 말씀하셨는데, 종자 금고에는 우리나라 종자만 보관하나요?
청자와 발표자가 나눈 질의응답의 내용을 보면, 발표자가 '그 내용은 발표에 없었네요. 추가로 그 내용에 대해 알려 드릴게요.'라고 말하고 있으므로 [A]에는 발표자가 발표 중에 언급하지 않은 내용에 대한 청자의 질문이 제시되어야 한다. 이렇게 볼 때, 3문단을 통해 종자 금고에는 우리나라 종자만이 아니라 외국의 종자도 기탁받아 보관 중임을 알 수 있으므로, '현재 보관 중인 종자 규모를 말씀하셨는데, 종자 금고에는 우리나라 종자만 보관하나요?'라는 질문은 적절하지 않다.

④ 적정한 온도를 유지해 종자를 보관한다고 말씀하셨는데, 적정 온도는 어떻게 되나요?
발표자는 '장기 보관이 가능하도록 적정 온도와 습도를 유지하고 있'다고 하였으나, 적정 온도가 어느 정도인지에 대해서는 언급하지 언급하지 않았으므로 질문으로 적절하다.

⑤ 종자 금고에 보관된 종자는 특수한 상황이 아니면 반출하지 않는다고 하셨는데, 반출했던 경우가 있나요?

발표자는 '보관된 종자는 특수한 상황이 아니면 반출하지 않'는다고 하였으나, 반출했던 경우에 대해서는 언급하지 않았으므로 질문으로 적절하다.

---

03 글쓰기 전략의 이해 　　　　　정답률 85% | 정답 ②

다음은 편집장이 원고를 의뢰하며 보낸 이메일이다. 초고에서 ㉠~㉢을 반영할 때 활용한 글쓰기 방법으로 적절하지 않은 것은?

> 답장 | 전체답장 | 전달 | ✕ 삭제 | 스팸신고
>
> 안녕하세요. 편집장입니다. '산업과 환경' 기획 연재와 관련하여 '의류 산업과 환경 오염'이라는 주제로 글을 써 주시길 부탁드립니다. ㉠의류 산업이 확대된 배경, ㉡의류 산업으로 인한 환경 오염의 문제 상황, ㉢문제 상황의 해결 방안을 포함해 주세요. 감사합니다.

① ㉠ : 특정한 시기를 언급하고 해당 시기 의류 생산량이 증가하는 데 영향을 준 요인을 제시했다.
1문단에서 2000년과 2015년이라는 시기를 언급하면서 이 시기에 의류 생산량이 증가하는 데 패스트 패션 산업이 영향을 미쳤음을 제시하고 있다.

✔ ㉡ : 환경 오염의 하위 범주들을 설정하고 오염의 정도를 비교했다.
2문단에서 환경 오염의 하위 범주들이 설정되어 있지만, 하위 범주인 대기 오염과 토양 오염, 수질 오염의 정도를 서로 비교하지는 않고 있다.

③ ㉡ : 의류 생산 과정에서 발생하는 환경 오염과 사용, 폐기 과정에서 발생하는 환경 오염을 구별하여 제시했다.
2문단에서 의류의 생산 과정에서 발생하는 오염과, 사용과 폐기 과정에서 발생하는 오염으로 구별하여 각각의 과정에서 발생하는 오염의 양상을 제시하고 있다.

④ ㉡ : 문제 상황을 인식할 수 있도록 의류 산업으로 인해 발생하는 환경 오염의 사례를 들었다.
2문단에서 의류 산업으로 인한 환경 오염의 사례를 구체적으로 제시하고 있다.

⑤ ㉢ : 의류 산업으로 인한 환경 오염을 줄일 수 있는 다양한 해결 방안을 나열했다.
3문단에서 의류 산업으로 인한 환경 오염을 최소화할 수 있는 여러 해결 방안을 나열하고 있다.

★★★ 1등급 대비 고난도 2점 문제

04 한글 맞춤법의 이해 　　　　　정답률 39% | 정답 ①

다음은 수업 상황의 일부이다. ㉠에 들어갈 말로 적절하지 않은 것은?

> 학생 : 선생님, '회상하건대'를 줄이면 '회상컨대'와 '회상건대' 중 어떻게 적는 게 맞나요?
> 선생님 : 그럴 때는 한글 맞춤법 규정을 살펴봐야 해요.
>
> 제40항 어간의 끝음절 '하'의 'ㅏ'가 줄고 'ㅎ'이 다음 음절의 첫소리와 어울려 거센소리로 될 적에는 거센소리로 적는다.
> [붙임] 어간의 끝음절 '하'가 아주 줄 적에는 준 대로 적는다.
>
> '하'가 줄어드는 기준은 '하' 앞에 오는 받침의 소리인데 '하' 앞의 받침의 소리가 [ㄱ, ㄷ, ㅂ]이면 '하'가 통째로 줄고, 그 외의 경우에는 'ㅎ'이 남아요. 그래서 '회상하건대'는 '하'의 'ㅏ'가 줄고 'ㅎ'이 'ㄱ'과 어울려 거센소리가 되어 '회상컨대'로 적어야 해요.
> 학생 : 네, 감사해요. 한글 맞춤법에도 준말 규정이 있었네요.
> 선생님 : 그럼 다음 자료를 규정에 맞게 준말로 바꿔 볼까요?
>
> | 깨끗하지 않다 | 연구하도록 | 간편하게 |
> | 생각하다 못해 | 답답하지 않다 | |
>
> 학생 : [　　　㉠　　　]
> 선생님 : 네, 잘했어요.

✔ '깨끗하지 않다'는 어간의 끝음절 '하'의 'ㅏ'가 줄기 때문에 '깨끗치 않다'로 써야 합니다.
선생님 말을 통해 '하'가 줄어드는 기준은 '하' 앞에 오는 받침의 소리인데 '하' 앞의 받침의 소리가 [ㄱ, ㄷ, ㅂ]이면 '하'가 통째로 줄고, 그 외의 경우에는 'ㅎ'이 남음을 알 수 있다. 또한 'ㅎ'이 남는 경우에는 'ㅎ'이 'ㄱ'과 어울려 거센소리가 됨을 알 수 있다. 그런데 '깨끗하지 않다'에서 '하' 앞의 받침의 소리가 [ㄷ]이므로 '하'가 통째로 줄어든다고 할 수 있으므로 '깨끗지 않다'로 쓰는 것이 맞다.

② '연구하도록'은 어간의 끝음절 '하'의 'ㅏ'가 줄기 때문에 '연구토록'으로 써야 합니다.
'연구하도록'에서 '하' 앞에는 받침이 없어 받침 소리가 [ㄱ, ㄷ, ㅂ]이 아니므로 '하'의 'ㅎ'이 남는다. 그러므로 'ㅎ'이 'ㄷ'과 어울려 거센소리가 되어 '연구토록'으로 쓰는 것이 맞다.

③ '간편하게'는 어간의 끝음절 '하'의 'ㅏ'가 줄기 때문에 '간편케'로 써야 합니다.
'간편하게'에서 '하' 앞의 받침의 소리는 [ㄴ]으로 [ㄱ, ㄷ, ㅂ]이 아니므로 '하'의 'ㅎ'이 남는다. 그러므로 'ㅎ'이 'ㄱ'과 어울려 거센소리가 되어 '간편케'로 쓰는 것이 맞다.

④ '생각하다 못해'는 '하'가 통째로 줄기 때문에 '생각다 못해'로 써야 합니다.
'생각하다 못해'에서 '하' 앞의 받침의 소리는 [ㄱ]이므로 '하'가 통째로 줄어든다. 그러므로 '생각다 못해'로 쓰는 것이 맞다.

⑤ '답답하지 않다'는 '하'가 통째로 줄기 때문에 '답답지 않다'로 써야 합니다.
'답답하지 않다'에서 '하' 앞의 받침의 소리는 [ㅂ]이므로 '하'가 통째로 줄어든다. 그러므로 '답답지 않다'로 쓰는 것이 맞다.

★★ 문제 해결 꿀~팁 ★★

▶ 많이 틀린 이유는?
이 문제는 수업 상황에서 '선생님'이 하는 설명을 정확히 이해하지 못하여 오답률이 높았던 것으로 보인다. 또한 '받침의 소리'라는 내용을 간과한 것도 오답률이 높았던 것으로 보인다.

▶ 문제 해결 방법은?
이 문제를 해결하기 위해서는 기본적으로 선생님의 설명을 정확히 이해하여야 한다. 즉 '하'가 줄어드는 기준이 받침의 소리이고, 받침의 소리가 [ㄱ, ㄷ, ㅂ]이면 '하'가 통째로 줄고, 그 외의 경우에는 'ㅎ'이 남음을 알아야 한다. 또한 'ㅎ'이 남는 경우에는 'ㅎ'이 'ㄱ'과 어울려 거센소리가 됨을 알아야 한다. 이런 내용을 정확히 파악했으면, 오답률이 높았던 ④, ⑤의 '생각하다 못해'나 '답답하지 않다'를 준말로 바꾼 것은 적절함을 알았을 것이다. 마찬가지로 정답인 ①의 경우, '깨끗하지'의 '깨끗'이 [깨끋]으로 발음되므로, 받침의 소리가 [ㄱ, ㄷ, ㅂ]이면 '하'가 통째로 준다는 것을 통해 '깨끗지 않다'로 쓰는 것이 적절함을 알았을 것이다. 이 문제처럼 주어진 설명을 꼼꼼하면서도 정확히 읽으면 쉽게 풀 수 있으므로, 문법과 관련된 설명이 나오면 반드시 정확히 읽을 수 있도록 한다.

05~09 비문학 복합

(가) 장대익, 「진화론도 진화한다」

해제 이 글은 동물들의 이타적 행동을 설명하는 해밀턴의 '혈연 선택 가설'과 도킨스의 『이기적 유전자』에 소개된 주장을 설명하고 있다. 해밀턴의 혈연 선택 가설에서는 개체들의 이타적 행동을 자신의 유전자를 후세에 많이 전달하기 위한 행동이라 하고 있는데, 유전자의 개념으로 동물의 이타적인 행동을 설명하였다는 점에서 의의가 있다. 그리고 도킨스는 동물의 이타적인 행동을 유전자가 다른 유전자와의 생존 경쟁에서 살아남아 더 많은 자신의 복제본을 퍼뜨리기 위한 행동으로 설명하고 있는데, 이 이론은 개체를 단순히 유전자의 생존을 돕는 수동적인 존재로 보고 있다는 점에서 비판을 받고 있다.

주제 동물들의 이타적 행동에 대한 해밀턴과 도킨스의 주장

문단 핵심 내용

1문단	동물의 이타적 행동을 설명하기 위한 이론을 제시한 진화론자들
2문단	동물의 이타적 행동을 설명한 해밀턴의 '혈연 선택 가설'
3문단	동물의 이타적 행동을 설명한 도킨스의 이기적 유전자론

(나) 최정규, 「이타적 인간의 출현」

해제 이 글은 인간의 이타적 행동 이타적 인간이 진화하는 이유를 제시한 한 진화 게임 이론 중 '반복 – 상호성 가설'과 '집단 선택 가설'을 설명하고 있다. '반복 – 상호성 가설'에서는 인간이 이타적인 행동을 하는 이유를 자신이 이기적인 행동을 할 경우 상대방도 자신을 따라 이기적인 행동을 할 수 있기 때문에 이를 피하기 위한 것으로 설명하고 있는데, 이 가설은 혈연관계가 아닌 사람들 사이의 이타적 행동을 설명하는 데는 유용한 반면, 반복적이지 않은 상황에서 나타나는 이타적인 행동을 설명할 수 없다는 한계가 있다. '집단 선택 가설'에서는 개인 간의 생존 경쟁인 개인 선택에서는 이기적인 인간이 생존에 유리하지만, 집단 간의 생존 경쟁인 집단 선택에서는 이타적인 구성원이 많은 집단일수록 생존에 유리하고, 이를 구성하고 있는 이타적인 구성원도 진화하게

된다 하고 있다. 그런데 **이 가설이 성립하기 위해서는 집단 선택이 이루어지는 속도가 개인 선택이 일어나는 속도보다 빨라야 한다는 문제점이** 있다.

> **주제** 인간의 이타적 행동과 이타적 인간이 진화하는 이유를 제시한 진화 게임 이론

> **문단 핵심 내용**
>
> **1문단** 이타적 행동과 이타적 인간이 진화하는 이유를 제시한 진화적 게임 이론
>
> **2문단** 사람들이 이타적으로 행동하는 이유를 밝힌 '반복–상호성 가설'
>
> **3문단** 이타적 인간이 진화하는 이유를 밝힌 '집단 선택 가설'

---

05 서술상의 공통점 파악   정답률 49% | 정답 ⑤

(가)와 (나)의 서술상의 공통점으로 가장 적절한 것은?

① 이타적 행동을 설명하는 대립된 이론을 절충하고 있다.
(가)의 해밀턴의 '혈연 선택 가설'과 도킨스의 이기적 유전자나 (나)의 '반복–상호성 가설'과 '집단 선택 가설'이 대립된 이론이라 볼 수 없고, (가), (나)의 두 이론을 절충하는 내용도 찾아볼 수 없다.

② 이타적 행동을 정의한 후 구체적 유형을 분류하고 있다.
이 글에서 인간들이 이타적 행동을 보이는 이유에 대해 관련 이론을 들어 설명하고 있지만, 이타적 행동의 구체적 유형이 무엇인지 분류하지는 않고 있다.

③ 이타적 행동에 관한 이론들을 통시적으로 고찰하고 있다.
이타적 행동과 관련한 이론을 제시하고 있을 뿐, 이타적 행동에 관한 이러한 이론들을 시간의 흐름에 따라 변화해 온 과정을 고찰하지는 않고 있다.

④ 이타적 행동을 설명하는 이론의 발전 방향을 전망하고 있다.
(나)에서 '집단 선택 가설'과 관련하여 제도에 대한 연구를 통해 이론의 발전 방향을 제시하고 있다. 하지만 (가)에서 해밀턴의 '혈연 선택 가설'과 도킨스의 이기적 유전자 이론의 발전 방향에 대한 전망은 찾아볼 수 없다.

⑤ 이타적 행동에 관한 이론과 그에 대한 평가를 제시하고 있다.
(가)에서는 동물의 이타적 행동을 설명하는 이론인 해밀턴의 '혈연 선택 가설'과 도킨스의 이기적 유전자를 제시하면서, '혈연 선택 가설'에 대해서는 진화에 얽힌 수수께끼를 푸는 중요한 열쇠로 평가된다 하고 있고, 도킨스의 이기적 유전자에 대해서는 개체를 단순히 유전자의 생존을 돕는 수동적 존재로 보았다는 점에서 비판을 받는다 하고 있다. 그리고 (나)에서 진화적 게임 이론인 '반복–상호성 가설'과 '집단 선택 가설'을 통해 사람들이 이타적 행동을 하는 이유 및 이타적 인간이 진화하는 이유를 설명하는 있다. 그러면서 '반복–상호성 가설'은 혈연관계가 아닌 사람들 사이의 이타적 행동을 설명하는 데 유용하지만 반복적이지 않은 상황에서 나타나는 이타적 행동을 설명하는 데는 한계가 있음을 '집단 선택 가설'에 대해서는 논리적으로만 가능할 뿐이라고 비판하고 있음을 제시하고 있다. 이렇게 볼 때, (가)와 (나) 모두 동물이나 인간의 이타적 행동에 관한 이론과 그에 대한 평가를 제시하는 공통점이 있다고 할 수 있다.

---

06 세부적인 내용의 이해   정답률 36% | 정답 ②

㉠을 이해한 내용으로 적절하지 않은 것은?

① 유전적 근연도에 초점을 맞춰 이타적 행위를 설명하고 있다.
'해밀턴의 법칙'은 이타적 행동을 설명하는 법칙에 해당하고, '$r×b-c>c$'에서 'r'은 유전적 근연도에 해당한다. 따라서 ㉠은 유전적 근연도인 r을 중심으로 동물의 이타적 행동을 설명하였다고 볼 수 있다.

② 개체의 이기적 행동에 숨겨진 이타적 동기에 대해 설명하고 있다.
해밀턴은 개체들의 이타적인 행동이 자신과 같은 유전자를 공유하는 친족들의 생존과 번식에 도움을 줌으로써 자신의 유전자를 후세에 많이 전달하기 위한 의도가 담긴 행동이라고 보고 '혈연 선택 가설'을 제시하였고, ㉠은 이러한 '혈연 선택 가설'을 설명하기 위한 법칙이라 할 수 있다. 따라서 ㉠은 해밀턴의 '혈연 선택 가설'의 내용을 볼 때, 개체의 이기적 행동 뒤에 숨은 이타적인 동기에 대해 설명한 것이 아닌, 개체의 이타적인 행동 뒤에 숨은 이기적인 동기에 대해 설명하였다고 볼 수 있다.

③ 이타적 행위자와 그의 수혜자가 삼촌 관계일 경우 r은 0.25가 된다.
r은 2촌인 형제자매를 기준으로 1촌씩 늘어날 때마다 반씩 준다고 하였으므로, 이타적 행위자와 그의 수혜자가 삼촌 관계일 때 r은 0.5×0.5인 0.25가 된다.

④ 이타적 행위자와 수혜자가 부모 자식이나 형제자매 관계일 경우 r은 같다.
부모가 자식과 같은 유전자를 공유할 확률은 50%이고, 형제자매 간에 같은 유전자를 공유할 확률도 50%라 하였으므로, 이타적 행위자와 수혜자가 부모 자식이거나 형제자매 관계일 때 r은 모두 0.5임을 알 수 있다.

⑤ 이타적 행위자와 그의 수혜자가 혈연관계일 때, b와 c가 같으면 이타적 유전자가 진화하지 않는다.
'r'은 유전적 근연도로 형제자매 간에 같은 유전자를 공유할 확률도 50%, 2촌인 형제자매를 기준으로 1촌이 늘어날 때마다 반씩 줄게 되므로 'r'은 $0≤r≤1$가 되어 b=c일 경우 해밀턴의 법칙인 '$r×b-c>c$'을 만족하지 못한다. 따라서 이타적 행위자와 그의 수혜자가 혈연관계일 때, b와 c가 같으면 이타적 유전자는 진화하지 못한다고 할 수 있다.

---

07 구체적인 상황에의 적용   정답률 43% | 정답 ②

(나)의 TFT 전략을 참고할 때 〈보기〉의 질문에 대한 답으로 적절한 것은?

> ───〈보 기〉───
>
> 다음은 A와 B의 협조 여부에 따른 보수(편익과 비용의 합)를 행렬로 나타낸 것이다. A와 B가 상대방의 선택을 모르고 선택이 동시에 이루어지는 상황에서 A만 'TFT 전략'을 사용한다고 가정하자. B가 첫 회에만 비협조 전략을 사용한다면, B가 두 번째 회까지 얻게 되는 보수의 합은 얼마인가?

		B	
	전략	협조	비협조
A	협조	(1, 1)	(−1, 2)
	비협조	(2, −1)	(0, 0)

《(2, −1)은 A가 비협조 전략, B가 협조 전략을 사용할 때, A의 보수가 2, B의 보수가 −1임을 나타냄.》

① 0   **② 1**   ③ 2   ④ 3   ⑤ 4

② 1
(나)의 2문단을 통해 상대방이 협조할지 배신할지 모르고 선택이 매회 동시에 일어나는 상황에서 처음에는 무조건 상대방에게 협조하고 그다음부터는 상대방이 바로 전에 사용한 방법을 모방하는 전략이 TFT 전략임을 알 수 있다. 그리고 〈보기〉에서 A는 'TFT 전략'을 사용하므로 첫 회에는 협조 전략을, 두 번째 회부터는 B가 이전 회에 사용한 전략을 따르는 전략을 사용하고, B는 첫 회에만 비협조 전략을 사용한다 하였으므로 두 번째 회부터는 모두 협조 전략을 사용할 것임을 알 수 있다. 이렇게 볼 때, 첫 회에서는 A는 협조, B는 비협조 전략을, 두 번째 회에서는 A는 비협조, B는 협조 전략을 사용할 것임을 알 수 있다. 이를 바탕으로 〈보기〉의 표를 보면, A와 B의 보수는 첫 회에서는 (−1, 2), 두 번째 회에서는 (2, −1)이 되므로, 두 번째 회까지 얻게 되는 B의 보수의 합은 1이라 할 수 있다.

---

08 이유의 추리   정답률 53% | 정답 ④

㉡의 이유를 추론한 내용으로 가장 적절한 것은?

① 집단 선택의 속도가 개인 선택의 속도보다 느릴 경우, 이타적 구성원의 수가 천천히 증가하기 때문에
집단 선택의 속도가 개인 선택의 속도보다 느릴 경우, 개인 선택에서 이기적 인간이 살아남는 데 유리하게 되므로 이타적 구성원의 수가 증가한다고 할 수 없다.

② 개인 선택으로 이타적인 구성원이 먼저 소멸한 후, 집단 선택에 의해 이기적인 구성원이 소멸하기 때문에
개인 선택이 먼저 일어난 다음에 집단 선택이 일어나는 것은 아니고, 집단 선택에 의해 이기적 구성원이 소멸된다고도 볼 수 없다.

③ 집단 선택이 천천히 일어날 경우 집단 간의 생존 경쟁이 발생하지 않아 집단 선택이 일어나지 않기 때문에
집단 선택의 속도가 느리더라도 집단 간의 생존 경쟁은 발생하여 집단 선택 역시 일어난다고 할 수 있다.

④ 개인 선택으로 이타적인 구성원이 먼저 소멸하면, 이타적 구성원을 진화하게 하는 집단 선택이 발생할 수 없기 때문에
(나)의 3문단을 통해 개인 간의 생존 경쟁에서 우월한 개인이 생존하는 개인 선택에서는 이기적인 인간이 살아남는 데 유리하고, 집단 간의 생존 경쟁에서 우월한 집단이 생존하는 집단 선택에서는 이타적 구성원이 많은 집단일수록 생존 확률이 높아, 자연히 이를 구성하는 이타적 인간도 진화하게 됨을 알 수 있다. 그런데 집단 선택의 속도보다 개인 선택의 속도가 빠르게 되면, 집단 선택에 의해 이타적 구성원의 진화가 일어나기도 전에 집단 내의 이타적 구성원은 이기적인 구성원과의 생존 경쟁에서 도태되어 사라지게 되어, 집단에는 이기적인 구성원만 남게 된다. 따라서 집단 선택이 일어나는 속도가 개인 선택이 일어나는 속도를 압도하지 못하게 되면 개인 선택으로 이타적 구성원이 먼저 소멸하게 되어 이타적 구성원이 진화하게 되는 집단 선택이 제대로 일어나지 못할 것임을 알 수 있다.

⑤ 개인 선택의 속도가 집단 선택의 속도보다 빠를 경우, 이타적인 구성원이 많은 집단이 개인 선택에 불리해지기 때문에

개인 선택은 개인 간의 생존 경쟁에 해당하므로, 이타적 구성원이 많은 집단이 개인 선택에 불리하다는 내용은 적절하다고 할 수 없다.

★★★ 1등급 대비 고난도 3점 문제

09 글의 내용을 바탕으로 한 자료 이해 정답률 28% | 정답 ①

㉮ ~ ㉱를 바탕으로 〈보기〉를 이해한 내용으로 적절하지 **않은** 것은? [3점]

─〈 보 기 〉─

ㄱ. 개미의 경우, 수정란(2n)은 암컷이 되고, 미수정란(n)은 수컷이 된다. 여왕개미가 낳은 암컷들은 부와는 1, 모와는 0.5, 자매와는 0.75의 유전적 근연도를 갖는다. 암컷 중 여왕개미가 되지 못한 일개미들은 직접 번식을 하지 않고 여왕개미가 낳은 수많은 자신의 자매들을 돌보며 목숨을 걸고 개미 군락을 지키는 역할을 한다.

ㄴ. 현재 지구상에는 390여 개의 부족이 수렵과 채취에 의존해 살아가고 있다. 이러한 부족은 대체로 몇 개의 서로 다른 친족들로 구성되어 있으며, 평등주의적 부족 질서 아래 사냥감을 서로 나누어 먹는 식량 공유 관습을 가지고 있다. 이는 개인의 사냥 성공률이 낮은 상황에서 효과적인 생존 방식이라 할 수 있다.

✔ ① ㄱ : ㉮에서는 일개미가 자식을 낳지 않고 자매들을 돌보는 것을 부모다 모의 유전자를 후세에 더 많이 전달하기 위한 전략으로 보겠군.
(가)의 2문단을 통해 해밀턴이 개체들의 이타적인 행동을 자신과 같은 유전자를 공유하는 친족들의 생존과 번식에 도움을 줌으로써 자신의 유전자를 후세에 많이 전달하기 위한 행동이라는 '혈연 선택 가설'을 제시하였음을 알 수 있다. 그리고 〈보기〉의 ㄱ을 통해 암컷 중 여왕개미가 되지 못한 일개미와 부와의 유전적 근연도는 1, 모 간의 유전적 근연도는 0.50이고 자매들 간의 유전적 근연도는 0.75임을 알 수 있다. 따라서 일개미가 직접 번식을 하지 않고 자매들을 돌보는 이유에 대해 해밀턴은 유전적 근연도가 높은 자매들을 돌보는 것이 자신의 유전자를 후세에 더 많이 전달할 수 있기 때문이라 생각할 것임을 알 수 있다.

② ㄱ : ㉯에서는 일개미가 목숨을 걸고 개미 군락을 지키는 것을 다른 DNA와의 생존 경쟁에서 이기기 위한 유전자의 이기적인 행동으로 보겠군.
(가)의 3문단을 통해 도킨스는 이타적으로 보이는 개체의 행동이 겉보기에만 그럴 뿐, 실은 유전자가 다른 DNA와의 생존 경쟁에서 이기기 위한 이기적인 행동이라 여기고 있으므로 적절하다고 할 수 있다.

③ ㄴ : ㉰에서는 자신이 식량을 나눠 주지 않으면 사냥에 실패했을 때 자신도 얻어먹지 못할 수 있기 때문에 식량 공유 관습이 생긴 것으로 보겠군.
(나)의 2문단을 통해 '반복 – 상호성 가설'에서는 이타적인 행동을 하는 이유에 대해 자신이 이기적으로 행동할 경우 상대방도 이기적인 행동으로 보복할 수 있기 때문이라 하고 있으므로 적절하다고 할 수 있다.

④ ㄴ : ㉱에서는 식량 공유 관습을 이기적인 구성원도 식량을 공유하게 함으로써 이타적 구성원이 사회에서 사라지지 않도록 하는 제도로 보겠군.
(나)의 3문단을 통해 '집단 선택 가설'에서는 개인 선택이 일어나는 속도를 늦추고 집단 선택의 효과를 높이는 장치로서, 법과 관습과 같은 집단 선택의 유효성을 높일 수 있는 방법에 대해 연구하고 있으므로 적절하다고 할 수 있다.

⑤ ㄴ : ㉮에서는 혈연관계가 없는 구성원과의 식량 공유를 설명할 수 없지만, ㉱에서는 협업을 통해 집단의 생존 확률을 높이는 행동으로 보겠군.
(가)의 2문단에 제시된 혈연 선택 가설이 같은 유전자를 공유하는 친족들 간의 이타적인 행동을 설명하는 이론임을 알 수 있으므로, 친족이 아닌 부족원 간의 식량 공유 관습을 설명하는 데 한계가 있을 것임을 알 수 있다.

★★ 문제 해결 꿀~팁 ★★

▶ 많이 틀린 이유는?
이 문제는 글에 제시된 ㉮ ~ ㉱를 〈보기〉의 사례와 연관하여 이해하는 과정에서 어려움을 겪어 오답률이 높았던 것으로 보인다.
▶ 문제 해결 방법은?
특정한 관점이나 견해 등을 바탕으로 사례로 제시한 〈보기〉를 이해하는 문제 해결의 바탕은, 기본적으로 글에 제시된 특정한 관점이나 견해 등의 이해가 정확하게 이루어져야 한다. 이 문제에서도 글에 제시된 ㉮ ~ ㉱를 충분히 이해하여야 문제를 해결할 수 있다. 가령 정답인 ①의 경우, 해밀턴이 제시한 '혈연 선택 가설'에서 개체들의 이타적인 행동이 자신의 유전자를 후세에 많이 전달하기 위한 행동이라는 정확한 이해가 이루어졌다면, '모의 유전자를 후세에 더 많이 전달하기 위한 전략'이라는 내용이 잘못되었

음을 알았을 것이다. 한편 특정 관점이나 견해 등이 제시된 글의 경우 반드시 문제로 출제되므로, 글을 읽을 때 관점이나 견해에 해당하는 주요 내용에는 밑줄을 그으면서 정확하게 이해하도록 한다. 이러한 밑줄 긋기는 향후 내용을 다시 확인할 때도 유용하므로 적극적으로 활용하도록 한다.
▶ 오답인 ④를 많이 선택한 이유는?
이 문제의 경우 ④를 선택한 학생들이 많았는데, 이는 〈보기〉의 'ㄴ'에 '이기적인 구성원'과 관련된 내용이 언급되어 있지 않아 잘못된 선택을 한 것으로 보인다. 하지만 글에 제시된 '집단 선택 가설' 내용에서 이타적인 구성원이 많은 집단이라 하더라도 그 안에는 이기적인 구성원도 포함되었다고 하였으므로, '이기적인 구성원도 식량을 공유하게 함'이라는 내용은 적절하다고 할 수 있다.

10~12 현대시

(가) 이상, 「거울」

감상 | 이 작품은 거울이라는 일상적 소재를 활용하여 거울 밖 자아가 거울 속의 자아를 관찰하며 자아에 대한 인식과 성찰을 표현하고 있다. 이 작품에서 거울 밖 자아는 거울 속의 자아에게 소통과 합일을 시도하지만, 결국 자아 간 합일이 불가능하고 소통이 단절된다. 이러한 상황을 통해 비극적 자의식을 효과적으로 드러내 주고 있다.
주제 | 자아 분열로 인한 고통과 현대인의 불안 심리

표현상의 특징

• 띄어쓰기를 무시하는 방법을 사용하고 있음.
• 역설적 표현으로 주제 의식을 효과적으로 드러내고 있음.

(나) 천양희, 「가시나무」

감상 | 이 작품은 가시나무의 속성과 이미지를 통해 삶에서 겪는 고통에 대한 인식과 태도를 드러내고 있다. 이 작품에서는 고통을 상징하는 '가시'를 통해 화자의 내면 풍경을 드러내고, '가시밭길'로 표현되는 삶의 과정에 대해 성찰하고 있다.
주제 | 고통을 수용하려는 삶의 자세

표현상의 특징

• 통사 구조의 반복을 통해 시적 의미를 강조해 줌.
• 시각적, 청각적 이미지를 사용하여 삶의 고통을 강조해 줌.
• 대구법을 사용하여 화자와 '가시나무'와의 대응 관계를 드러내 줌.

10 표현상 특징 파악 정답률 68% | 정답 ②

(가)와 (나)에 대한 설명으로 가장 적절한 것은?

① (가)는 명사형으로 시상을 마무리하여 시적 여운을 주고 있다.
(가)는 서술형으로 시상을 마무리하고 있지, 명사형으로 시상을 마무리하지는 않고 있다.

✔ ② (나)는 유사한 통사 구조를 반복하여 시적 의미를 강조하고 있다.
(나)에서는 '~는 얼마나 많은 ~를 / 감추고 있어서 ~인가'라는 통사 구조가 반복되어 사용되고 있는데, 이러한 통사 구조의 반복은 시적 의미를 강조해 주는 효과가 있다고 할 수 있다.

③ (가)는 (나)와 달리 공간의 이동에 따라 화자의 태도 변화를 드러내고 있다.
(가), (나)를 통해 화자의 공간의 이동은 찾아볼 수 없다.

④ (나)는 (가)와 달리 수미상관 방식을 통해 구조적 안정감을 드러내고 있다.
(가), (나)는 모두 첫 번째 연이나 행을 마지막 연이나 행에 다시 반복하는 수미상관의 방식은 사용되지 않았다.

⑤ (가)는 음성 상징어를 활용하여, (나)는 청각적 이미지를 활용하여 대상의 속성을 나타내고 있다.
(나)에서는 '잉잉거린다'를 통해 청각적 이미지가 사용되었음을 알 수 있지만, (가)에서는 음성 상징어가 사용되지 않았다.

11 작품의 이해 정답률 69% | 정답 ③

(가)의 [A] ~ [E]를 이해한 내용으로 적절하지 않은 것은?

① [A]에서 화자는 거울 밖과 구분되는 '거울속' 세상이 존재함을 인식하고 있다.

화자는 거울 밖과 구분되는 '거울속' 세상을 인식하고 '저렇게까지조용한세상'으로 느끼고 있다.

② [B]에서 화자는 '거울속'의 '귀'에 대한 정서적 반응을 표출하고 있다.
화자는 거울 속의 귀에 대해 '딱하'다는 정서적 반응을 표출하고 있다.

✔ [C]에서 화자는 '거울속의나'와 소통하고 있지만 지속적일 수 없음을 인식하고 있다.
[C]에서 손을 내밀며 '거울속의나'에게 악수를 건네는 화자의 모습은 거울 속 존재에게 소통을 시도하는 것으로 볼 수 있다. 그러나 '악수를받을줄모르는', '악수를모르는'이라고 하였으므로 자아 간의 단절을 확인할 수 있을 뿐 '거울속의나'와 소통한다고 할 수 없다.

④ [D]에서 화자는 '거울속의나'를 '만져보지를못하'게 하지만 '만나보' 게 해준 거울의 이중적 속성을 파악하고 있다.
화자는 거울로 인해 '거울속나'를 '만나'기는 하지만 '만져보지를못'한다는 표현을 통해 소통과 단절이라는 거울의 이중적 속성을 파악하고 있다.

⑤ [E]에서 화자는 '거울속의나'와 '나'가 반대이면서도 닮았다는 모순적 상황을 파악하고 있다.
화자는 '거울속의나'와 '나'의 모습이 반대지만 닮았다는 모순적 상황을 파악하고 있다.

12　외적 준거에 따른 작품의 감상　정답률 75% | 정답 ③

〈보기〉를 바탕으로 (나)를 감상한 내용으로 적절하지 <u>않은</u> 것은? [3점]

―〈보　기〉―
이 작품은 고통을 상징하는 '가시'의 이미지를 바탕으로 화자의 내면 풍경과 삶의 과정을 성찰하고 있다. 삶의 고난이 화자를 고통스럽게 만들기에 화자는 그것을 벗어나고 싶어 하지만, 그런 생각조차 '가시나무에 기대'어 하는 모습에서 화자가 결국 고통을 인정하고 있음을 드러낸다. 화자는 고통이 존재의 본질임을 깨닫고 고통과 함께하는 삶을 수용하게 된다.

① 고통받는 화자의 내면 풍경을 '가시나무'와 '말벌'을 이용하여 드러 냈다고 할 수 있군.
'가시나무'와 '말벌'을 이용하여 쏘인 듯 아프게 고통받는 화자의 내면 풍경을 드러낸 것으로 이해할 수 있다.

② 화자의 순탄하지 않았던 삶의 과정을 '가시밭길'이라는 표현으로 드러냈다고 할 수 있군.
화자의 순탄하지 않았던 삶의 과정을 가시나무가 많은 '가시밭길'이라는 표현에서 이해할 수 있다.

✔ 고통에서 벗어나려는 화자의 행위를 '지독한 노역'에서 확인할 수 있군.
고통에서 벗어나려는 화자의 행위는 '이 길, 지나가면 다시는 안 돌아오리라 돌아가지 않으리라'에서 확인할 수 있다. 따라서 '지독한 노역'이 고통에서 벗어나려는 화자의 행위라고 보는 것은 적절하지 않다.

④ '가시나무'와 '많은 가시', '나'와 '많은 나'의 대응 관계를 통해 존재의 본질을 인식했다고 볼 수 있군.
'가시나무'와 '많은 가시', '나'와 '많은 나'를 각각 대응하여 고통이 존재의 본질임을 인식했다고 볼 수 있다.

⑤ 고통과 함께하는 삶을 수용하는 화자의 인식을 '나에게는 가시나무 가 있다'로 표현했다고 할 수 있군.
'나에게는 가시나무가 있다'는 가시나무 즉, 고통과 함께하는 삶을 수용하는 인식을 드러 낸 것이라 할 수 있다.

DAY 14　20분 미니 모의고사

01 ①	02 ②	03 ⑤	04 ②	05 ④
06 ①	07 ⑤	08 ①	09 ④	10 ①
11 ④	12 ②			

01　말하기 방식 파악　정답률 93% | 정답 ①

[A], [B]에 대한 설명으로 가장 적절한 것은?

✔ [A]의 '반대 2'는 상대측이 제시한 자료의 적절성에 의문을 제기하 며 근거의 타당성을 지적하고 있다.
[A]의 '반대 2'는 '질병으로 인해 ~ 할 수 있나요?'라고 하며 제시된 자료의 비용이 모두 유전병으로 인해 발생한 사회경제적 비용이 아닐 수 있음을 지적하고, '그렇지 않다면 ~ 적합하지 않다고 생각합니다.'라고 하며 근거의 타당성을 지적하고 있으므로 적절 하다.

② [A]의 '찬성 1'은 상대측의 이의 제기를 일부 인정하며 자신의 의견 과 절충하고 있다.
[A]의 '찬성 1'은 상대측의 의견을 자신의 의견과 절충하고 있지 않으므로 적절하지 않다.

③ [B]의 '찬성 2'는 새로운 정보를 통해 향후 전망을 제시하며 예상되 는 문제점을 비판하고 있다.
[B]의 '찬성 2'는 예상되는 문제점을 비판하고 있지 않으므로 적절하지 않다.

④ [B]의 '반대 1'은 상대측의 진술 내용에 이의를 제기하며 적합한 사 례 제시를 통한 반론을 요청하고 있다.
[B]의 '반대 1'은 적합한 사례 제시를 통한 반론을 요청하고 있지 않으므로 적절하지 않다.

⑤ [A]의 '반대 2'와 [B]의 '찬성 2'는 모두 상대측의 주장을 재진술하며 실현 가능한 방안을 추가하고 있다.
[A]의 '반대 2'는 실현 가능한 방안을 추가하고 있지 않으므로 적절하지 않다.

02　글쓰기 계획의 반영 여부 판단　정답률 81% | 정답 ②

다음은 (가)를 바탕으로 (나)를 쓰기 위해 작성한 메모이다. (나)에 반영되지 <u>않은</u> 것은?

[1문단]
○ 나의 과거의 경험과 토론의 내용을 연결지어 나의 생각을 제시해야겠어. ………… ①
[2문단]
○ 유전자 편집 기술을 허용하는 것을 찬성하는 입장에 대해 동의할 수 없었던 이유를 제시해야겠어. …………… ②
○ 유전자 편집 기술을 활용해야 할 필요성을 유추할 수 있는 사례를 들어 설명해야겠어. …………… ③
[3문단]
○ 토론에서 새롭게 알게 된 사실을 언급하며 변화된 생각을 서술해야겠어. ……… ④
[4문단]
○ 우리가 경계해야 할 태도를 제시하며 글을 마무리해야겠어. ………………… ⑤

① 나의 과거의 경험과 토론의 내용을 연결지어 나의 생각을 제시해야 겠어.
1문단의 '혹시 인간 배아의 유전자 ~ 막을 수 있었다면 어땠을까?'를 통해, '나'가 유전 병을 앓는 소년을 주인공으로 하는 소설을 본 과거의 경험과 토론에서 들은 인간 배아의 유전자 편집 기술을 연결 지어 생각하고 있으므로 반영된 내용으로 적절하다.

✔ 유전자 편집 기술을 허용하는 것을 찬성하는 입장에 대해 동의할 수 없었던 이유를 제시해야겠어.
2문단의 '나는 유전자 편집 기술이 소년의 병을 고쳐줄 수 있는 획기적인 기술이라고 생각했다. 그래서 처음에는 이 기술을 허용하는 것을 비판하는 입장에 대해 동의하기 어려웠다.'를 통해, '나'는 유전자 편집 기술을 허용하는 것에 찬성하는 입장을 지니고 있음을 알 수 있다. 따라서 유전자 편집 기술을 허용하는 것을 찬성하는 입장에 대해 동의 할 수 없었던 이유를 제시하였다는 내용은 반영되지 않았다.

③ 유전자 편집 기술을 활용해야 할 필요성을 유추할 수 있는 사례를 들어 설명해야겠어.
2문단에서는 비행기에 사용된 베르누이 법칙과 인간 배아의 유전자 편집 기술이 인간의 삶을 발전시켰다는 유사점에 기초하여 비행기가 먼 거리 이동의 한계를 극복한 것처럼

유전자 편집 기술도 유전병 치료의 한계를 극복할 수 있는 기술임을 설명하는 유추의 방식이 사용되었다. 그리고 이를 통해 유전자 편집 기술을 활용해야 하는 필요성을 이야기하고 있으므로 반영된 내용으로 적절하다.

④ 토론에서 새롭게 알게 된 사실을 언급하며 변화된 생각을 서술해야겠어.
3문단의 '유전자 편집 기술은 아직 ~ 알게 되었기 때문이다.'를 통해 토론에서 새롭게 알게 된 사실을, '또한 유전자 편집 기술이 ~ 생각을 하게 되었다.'를 통해 변화된 생각을 서술하고 있으므로 반영된 내용으로 적절하다.

⑤ 우리가 경계해야 할 태도를 제시하며 글을 마무리해야겠어.
4문단의 마지막 문장인 '무조건 과학 기술을 찬양하는 것이 아니라'를 통해 우리가 경계해야 할 태도를 제시하고 있으므로 반영된 내용으로 적절하다.

---

03 | 표준 발음법의 이해 | 정답률 73% | 정답 ⑤

〈보기〉는 표준 발음법 중 '받침 'ㅎ'의 발음'의 일부이다. 이를 바탕으로 표준 발음을 이해한 내용으로 적절하지 않은 것은?

〈보 기〉
ⓐ 'ㅎ(ㄶ, ㅀ)' 뒤에 'ㄱ, ㄷ, ㅈ'이 결합되는 경우에는, 뒤 음절 첫소리와 합쳐서 [ㅋ, ㅌ, ㅊ]으로 발음한다.
ⓑ 'ㅎ' 뒤에 'ㄴ'이 결합되는 경우에는, [ㄴ]으로 발음한다.
ⓒ 'ㅎ(ㄶ, ㅀ)' 뒤에 모음으로 시작된 어미나 접미사가 결합되는 경우에는, 'ㅎ'을 발음하지 않는다.

① '물이 끓고 있다.'의 '끓고'는 ⓐ에 따라 [끌코]로 발음한다.
'끓고'는 'ㅀ' 뒤에 'ㄱ'이 결합되어 [끌코]로 발음되는 경우로, ⓐ에 해당한다고 할 수 있다.

② '벽돌을 쌓지 마라.'의 '쌓지'는 ⓐ에 따라 [싸치]로 발음한다.
'쌓지'는 'ㅎ' 뒤에 'ㅈ'이 결합되어 [싸치]로 발음되는 경우로, ⓐ에 해당한다고 할 수 있다.

③ '배가 항구에 닿네.'의 '닿네'는 ⓑ에 따라 [단네]로 발음한다.
'닿네'는 'ㅎ' 뒤에 'ㄴ'이 결합되어 'ㅎ'이 [ㄴ]으로 바뀌어 [단네]로 발음되는 경우로, ⓑ에 해당한다고 할 수 있다.

④ '마음이 놓여.'의 '놓여'는 ⓒ에 따라 [노여]로 발음한다.
'놓여'는 'ㅎ' 뒤에 모음으로 시작된 어미가 결합되어 'ㅎ'을 발음하지 않아 [노여]로 발음되는 경우로, ⓒ에 해당한다고 할 수 있다.

✔ '이유를 묻지 않다.'의 '않다'는 ⓒ에 따라 [안타]로 발음한다.
'않다'는 'ㅎ' 뒤에 'ㄷ'이 결합되어 [안타]으로 발음되는 경우에 해당한다. 따라서 이는 ⓒ이 아니라 ⓐ에 따른 것이라 할 수 있다.

04~08 | **과학**

'10퍼센트 인간'

[해제] 이 글은 인체의 면역계와 외부 물질의 공존에 대해 설명하고 있다. 면역 반응이 활발하면 건강하다고 이해하기 쉽지만, **면역 반응이 과도해지면 오히려 인체에 해를 끼치게 된다.** 이러한 **면역계 과민 반응이 나타나는 이유로 외부 물질에 대한 지나친 배척이 오히려 면역계 과민 반응을 일으킨다고 본 위생가설**을 들 수 있는데, **위생가설은 인체가 외부 물질과의 공존 속에서 면역 반응의 균형을 찾는다는 시사점**을 주고 있다. **면역계가 외부 물질과 공존할 수 있는 이유는, 장내미생물이 수지상세포의 성격을 바꾼 조절수지상세포가 성숙시킨 조절T세포 때문**인데, **조절T세포는 면역 반응을 억제하는 역할**을 한다. 그리고 이러한 **조절T세포는 면역계 과민 반응으로 인한 질병을 치료하는 역할**을 담당하게 되어, **인체가 외부 물질과의 공존 속에서 면역 반응의 균형을 유지**하게 되는 것이다.

[주제] 인체의 면역계와 외부 물질의 공존

문단 핵심 내용

1문단	면역 반응의 이해
2문단	면역계 과민 반응의 이해
3문단	면역계 과민 반응이 나타나는 이유인 위생가설
4문단	외부 물질과 공존하는 인체의 면역계
5문단	면역 반응을 일으키는 면역세포인 수지상세포와 T세포
6문단	성격이 변한 수지상세포인 조절수지상세포의 역할
7문단	면역계 과민 반응 치료 역할을 담당하는 조절T세포

---

04 | 내용 전개 방식 파악 | 정답률 74% | 정답 ②

윗글에 대한 설명으로 가장 적절한 것은?

① 면역 반응이 일어나는 과정을 분석하여 가설의 수정이 필요함을 제안하고 있다.
5문단을 통해 면역 반응이 일어나는 과정을 엿볼 수 있지만, 이러한 과정을 분석하면서 가설의 수정이 필요함을 언급하지는 않고 있다.

✔ 면역계 과민 반응의 원인을 설명하여 면역 반응에 대한 통념에 변화를 주고 있다.
1문단을 통해 일반적으로 사람들은 면역 반응을 통해 외부 물질들을 완벽하게 제거하는 것을 건강하다고 여기고 있음을 알 수 있다. 그리고 2문단을 통해 면역계 과민 반응이 오히려 인체에 해를 끼치고, 면역계 과민 반응이 불필요한 면역 반응, 즉 면역계가 일반적으로 해가 되지 않는 물질들뿐만 아니라 자신의 조직까지 제거해야 할 대상으로 인식하여 공격하기 때문에 일어남을 알 수 있다. 이러한 1, 2문단의 내용을 볼 때, 이 글은 면역계 과민 반응의 원인 설명을 통해 활발한 면역 반응이 건강에 이롭다고 여기는 통념을 바꿔 주고 있다고 할 수 있다.

③ 면역 반응에 대한 상반된 관점을 소개하고 각각의 관점이 지닌 한계를 설명하고 있다.
1문단을 통해 면역 반응이 외부 물질의 침입에 저항하고 방어하는 작용을 하여 건강하게 만든다는 내용을 알 수 있고, 2문단을 통해 면역 반응이 지나치게 되면 인체에 해가 됨을 알 수 있으므로, 면역 반응에 대한 상반된 관점을 드러냈다고 볼 수 있다. 하지만 이러한 면역 반응에 대한 두 관점이 지닌 한계를 설명하는 내용은 찾아볼 수 없다.

④ 면역계 과민 반응의 해결 방안을 제시하고 예상되는 반론을 반박하면서 주장을 강화하고 있다.
7문단을 통해 면역계 과민 반응의 해결 방안을 엿볼 수 있지만, 이러한 해결 방안과 관련된 예상되는 반론을 반박하는 내용은 찾아볼 수 없다.

⑤ 면역 반응에 주도적 역할을 하는 면역세포를 생성 위치에 따라 분류한 뒤 각각의 역할을 구체화하고 있다.
5문단을 통해 면역세포들을 역할에 따라 수지상세포와 T세포로 분류하고 있음을 알 수 있지만, 이 글을 통해 수지상세포와 T세포가 생성되는 위치의 차이는 찾아볼 수 없다.

---

05 | 세부 정보의 확인 | 정답률 76% | 정답 ④

윗글을 통해 답을 확인할 수 없는 질문은?

① 장내미생물이 인체에서 어떻게 생존할 수 있을까?
6문단을 통해 면역 반응을 억제하는 조절T세포로 인해 외부 물질인 장내미생물들이 인체의 면역계와 공존하게 되었음을 알 수 있다.

② 인체가 바이러스를 접할 기회가 줄어든 이유는 무엇일까?
3문단을 통해 현대 의학의 발달과 환경 개선으로 인해 바이러스 등이 줄어들게 되었음을 알 수 있다.

③ 면역계 과민 반응으로 인해 일어나는 질병에는 어떤 것이 있을까?
2문단을 통해 알레르기나 천식, 자가면역질환 등이 면역계 과민 반응으로 인해 일어나는 질병임을 알 수 있다.

✔ 위생가설에 따를 때 깨끗한 환경이 인체에 미치는 긍정적 변화는 무엇일까?
3문단에서 위생 가설에 따르면 바이러스에 접할 기회가 줄어든 깨끗한 환경이 오히려 질병의 원인이 됨을 제시하고 있다. 이를 통해 위생가설에 따를 때 깨끗한 환경이 인체에 미치는 부정적 변화는 확인할 수 있지만, 긍정적 변화는 확인할 수 없다.

⑤ 인체가 외부 물질을 제거하지 않고 공존할 때 어떤 이익을 얻을 수 있을까?
4문단을 통해 인체가 외부 물질과 공존하게 되면 면역 반응이 균형을 찾는다는 이점이 있음을 알 수 있다.

★★★ 1등급 대비 고난도 2점 문제

06 | 세부 정보의 추론 | 정답률 50% | 정답 ①

윗글을 이해한 내용으로 적절하지 않은 것은?

✔ 인체의 면역계는 과도한 면역 반응을 스스로 조절하는 능력이 있다.
4문단의 '모든 외부 물질들이 배척되기만 ~ 균형이 깨어지는 것이다.'를 통해, 외부 물질이 면역 반응에 제동을 걸어 균형을 유지하고 있음을 짐작할 수 있다. 하지만 이 글을 통해 외부 물질의 도움 없이 면역계가 과도한 면역 반응을 스스로 조절한다는 내용은 찾아볼 수 없다.

② 인체가 건강하다는 것은 면역 반응의 강약이 조절되는 것을 의미한다.

4문단을 통해 인체가 외부 물질과의 공존 속에서 면역 반응의 균형을 찾음을 알 수 있고, 7문단을 통해 장내미생물이 조절세포를 통해 자신의 생존을 꾀한 결과 인체의 면역계가 면역 반응의 강약을 조절함을 알 수 있다. 따라서 지나친 면역 반응은 인체에 해를 줄 수 있다는 점(2문단)에서 인체가 건강하다는 것은 면역 반응의 강약이 조절되는 것을 의미한다고 할 수 있다.

③ 외부 물질이 인체에 유해한 경우도 있지만 유해하지 않은 경우도 있다.

1문단에서 세균과 바이러스, 기생충 등의 외부 물질이 주로 감염이나 질병의 원인이 된다고 하였으므로 외부 물질이 인체에 유해한 경우가 있다고 할 수 있다. 그리고 7문단에서 외부 물질인 장내미생물이 면역계 과민 반응의 치료법이 되는 조절T세포를 만드는 데 중요한 역할을 한다고 하였으므로, 인체에 유해하지 않은 경우도 있다고 할 수 있다.

④ 현대 의학의 발달과 환경 개선은 면역 반응이 지나치게 된 원인에 해당한다.

3문단을 통해 현대 의학의 발달과 환경 개선으로 인해 바이러스 등이 줄어들게 되자 면역 반응이 지나치게 일어났음을 알 수 있다. 따라서 현대 의학의 발달과 환경 개선은 면역계 과민 반응의 원인이 된다고 할 수 있다.

⑤ 장내미생물은 자신을 공격 대상으로 인식하지 못하도록 면역계에 영향을 미친다.

6문단을 통해 장내미생물이 수지상세포의 성격을 바꾸어 면역 반응을 일으키지 못하게 함을 알 수 있다. 따라서 장내미생물은 자신을 공격 대상으로 인식하지 못하도록 면역계에 영향을 미친다고 할 수 있다.

★★ 문제 해결 꿀~팁 ★★

▶ **많이 틀린 이유는?**

이 문제는 글에 제시된 내용과 선택지의 내용을 비교하는 과정에서, 글의 내용을 정확히 이해하지 못하여 오답률이 높았던 것으로 보인다. 또한 글에 부분적으로 제시된 내용만을 바탕으로 선택지의 적절성 여부를 판단한 것도 오답률을 높였던 것으로 보인다.

▶ **문제 해결 방법은?**

내용 일치 문제뿐만 아니라 내용 이해 문제 해결의 바탕은 선택지의 내용을 글에서 정확히 찾을 수 있는가에 있다. 따라서 이 문제를 해결하는 것 역시 선택지의 내용에 해당하는 글의 내용을 먼저 찾는 데 있다. 이때 주의할 점은 선택지의 내용이 글에 제시되지 않은 경우도 있음을 알아야 한다. 가령 정답인 ①의 경우, 4문단에 외부 물질이 면역 반응에 제동을 걸어 균형을 유지한다는 내용을 확인할 수 있지만, 과도한 면역 반응을 스스로 조절한다는 내용은 제시되어 있지 않아 적절하지 않은 이해라 할 수 있다.

▶ **오답인 ②를 많이 선택한 이유는?**

이 문제의 경우 ②를 선택한 학생들이 많았는데, ②를 선택한 이유는 1문단의 '따라서 건강하다는 것은 ~ 이해하기 쉽다.'를 그대로 받아들였기 때문으로 보인다. 그런데 이후에 전개되는 내용을 볼 때, 면역 반응이 활발하게 일어나서 외부 물질들을 완벽하게 제거하는 것이 건강하지 않다는 것을 의미함을 알 수 있다. 그렇다면 건강하다는 것의 의미를 파악해야 하는데, 이는 4문단과 7문단을 통해 인체가 건강하다는 것은 면역 반응의 강약이 조절되는 것을 의미하는 것임을 알 수 있다. 이처럼 선택지의 내용을 특정 부분을 통해 확인할 경우 잘못된 선택을 할 수 있으므로, 글의 맥락을 이해하고 이에 따라 선택지의 적절성을 파악할 수 있도록 한다.

---

07   구체적 상황에의 적용   정답률 59% | 정답 ⑤

윗글을 바탕으로 〈보기〉를 이해한 내용으로 적절하지 <u>않은</u> 것은?

―〈 보 기 〉―

다음은 윗글에서 설명한 면역계의 작용을 도식화한 것이다.

(가)	(나)

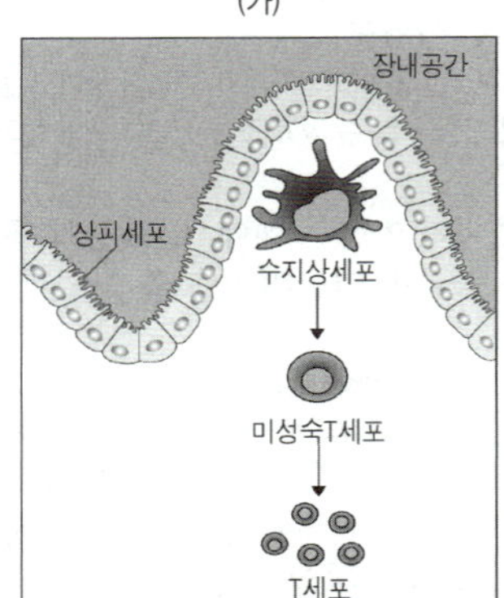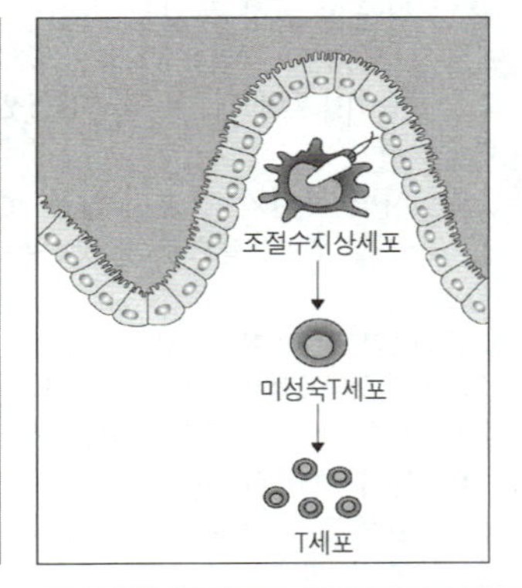

---

① (가)의 수지상세포는 (나)의 조절수지상세포와 달리 외부 물질을 제거해야 할 대상으로 인지한다.

5문단을 통해 인체에 침입한 외부 물질을 인지한 수지상세포는 림프절에서 미성숙T세포를 조력T세포와 세포독성T세포로 분화시키게 되고, 이 두 종류의 T세포가 몸 안에 침입한 이물질을 없애는 것을 알 수 있다. 따라서 (가)의 수지상세포는 외부 물질을 제거해야 할 대상으로 인지한다고 할 수 있다.

② (가)의 T세포는 (나)의 T세포와 달리 몸 안에 침입한 이물질을 없애는 역할을 한다.

5문단을 통해 인체에 침입한 외부 물질을 인지한 수지상세포는 림프절에서 미성숙T세포를 조력T세포와 세포독성T세포로 분화시키게 되고, 이 두 종류의 T세포가 몸 안에 침입한 이물질을 없애는 것을 알 수 있다. 따라서 (가)의 T세포는 외부 물질을 제거하는 역할을 한다고 할 수 있다.

③ (나)의 미성숙T세포는 (가)의 미성숙T세포와 달리 두 종류의 면역 세포로 분화되지 않는다.

5문단을 통해 (가)의 미성숙T세포는 조력T세포와 세포독성T세포 두 가지로 분화됨을 알 수 있고, 6문단을 통해 (나)의 미성숙T세포는 조절T세포로 분화됨을 알 수 있다.

④ (나)의 T세포는 (가)의 T세포와 달리 과민 면역 반응으로 발생한 염증을 억제하는 역할을 한다.

6문단의 '실제로 알레르기 환자의 몸에 조절T세포가 작용하면 과민 면역 반응으로 인해 발생한 염증이 억제되면서 증상이 완화된다.'를 통해, (나)의 조절세포는 과민 면역 반응으로 인한 염증을 억제시킴을 알 수 있다.

☑ **(가)와 (나)의 작용은 모두 외부 물질의 유입을 막음으로써 인체를 보호하기 위해 일어난다.**

〈보기〉의 (가)는 '수지상세포'를 통해 외부 물질을 제거하는 면역 반응의 과정을 도식화한 것임을 알 수 있고, (나)는 '조절수지상세포'를 통해 장내미생물에 의해 면역 반응이 억제되는 과정을 도식화한 것임을 알 수 있다. 따라서 (가)는 외부 물질의 유입으로부터 인체를 보호하기 위해 일어나는 과정에 해당하지만, (나)는 인체로 들어온 외부 물질이 생존하기 위해 면역을 억제하는 과정에 해당한다고 할 수 있다.

---

08   구체적 사례에의 적용   정답률 75% | 정답 ①

〈보기〉를 활용하여 윗글을 보충하고자 할 때, 그 구체적 방안으로 가장 적절한 것은?

[3점]

―〈 보 기 〉―

최근 기생충이 특정한 질병의 치료에 효과가 있는 것으로 밝혀졌다. 해당 질병을 가진 환자의 뇌 조직을 관찰한 결과, 그 질병 역시 면역계 과민 반응과 연관이 있다는 것이 알려지면서 기생충을 이용한 치료가 시도되었고, 이것이 성과를 거두고 있다.

☑ **외부 물질과 공존하여 면역 반응이 균형을 이루게 됨을 보여 주는 사례로 활용한다.**

〈보기〉의 내용은 면역계 과민 반응인 질병을 외부 물질인 기생충을 이용하여 치료한 사례를 드러낸 것으로, 인체가 외부 물질과의 공존 속에서 면역 반응의 균형을 찾게 해 준다는 이 글의 내용과 관련된 것이라 할 수 있다. 따라서 ①이 〈보기〉 사례 활용 방안으로 적절하다고 할 수 있다.

② 외부 물질이 면역 반응을 활발하게 하는 역할을 함을 뒷받침하는 사례로 활용한다.

〈보기〉에서 기생충은 면역계 과민 반응을 억제하는 외부 물질로 사용되었으므로, 외부 물질이 면역 반응을 활발하게 하는 역할을 함을 뒷받침하는 사례로 활용한다는 내용은 적절하지 않다.

③ 인체가 무균 지대나 청정 지대에서 진화를 거듭해 왔음을 드러내는 사례로 활용한다.

인체가 무균 지대나 청정 지역에 노출되었을 때 면역계 과민 반응이 일어나므로, 기생충을 통해 면역계 과민 반응을 억제하는 〈보기〉의 사례와는 거리가 먼 내용이라 할 수 있다.

④ 면역계가 환경의 발전에 따라 지속적으로 적응하며 변화하고 있음을 설명하는 사례로 활용한다.

면역계가 환경 발전에 적응하고 있다면 면역계 과민 반응은 일어나지 않을 수도 있고, 면역계 과민 반응을 억제하기 위해 기생충 같은 외부 물질의 도움을 받을 필요가 없다.

⑤ 인체에 침입한 유해한 외부 물질들을 제거하는 면역계의 중요성을 설명하는 사례로 활용한다.

〈보기〉의 사례는 과민성 면역 반응으로 인한 질병 치료로 기생충을 사용하는 것을 드러낸 것이다. 즉 면역 반응이 지나쳐 질병이 발생한 상황에 해당하므로 면역계의 중요성을 설명하는 사례로 보기 어렵다.

09~12 현대 소설

이태준, 「고향」

감상 이 작품은 '귀향' 모티프를 활용해 고향 사람들과 고국산천이라는 물리적 실체로서의 고향과 민족 공동체라는 정신적 의미로서의 고향을 형상화하고 있다. 이를 위해 작가는 귀향의 동기가 대립되는 '지식인'과 물리적 실체로서의 고향을 그리워하는 '노동자'를 등장시킨다. 또한 작가는 '지식인'을 '지사형'과 '속물형'으로 나누고 '지사형'은 개인의 안위보다는 조국을 우선시하는 인물로, '속물형'은 개인적 실리를 좇는 자신의 행위를 조국을 위한 것으로 포장하는 세속적 인물로 그리고 있다.

주제 일제 강점기 지식인의 비애

작품 줄거리 일본 대학에서 졸업한 윤건은 금의환향을 꿈꾸며 조선으로 돌아오는 배에 오른다. 그는 오는 도중에 어디서 취직하느냐 묻는 조선인 유학생들과 석탄 연기에 그을린 조선 옷을 입은 사람들을 보면서 가고자 했던 고향에 대한 환상이 깨지기 시작한다. 경성에 온 그는 신문사에 취직하려 하지만 취직하지 못하고 하숙비도 밀려 쫓겨나게 된다. 윤건은 친구 창식을 찾아가지만 그는 운동하다 감옥에 있고, 박철을 찾아가지만 그가 변절함을 알고 그의 뺨을 갈겨 버린다. 그리고 거리에 나와 우연히 만난 은행원과 술집에 가는데, 그곳이 학연과 지연의 사교 모임인 걸 알고는 맥주병을 휘두르고, 이내 청찰 신세를 지게 된다.

---

09 서술상 특징 파악
정답률 73% | 정답 ④

윗글의 서술상 특징으로 가장 적절한 것은?

① 외부 이야기의 서술자가 자신이 겪은 내부 이야기의 의미를 밝히고 있다.
이야기 외부에 있는 서술자가 사건을 서술하고 있지만, 외부 서술자가 자신이 겪은 내부 이야기의 의미를 밝히지는 않고 있다.

② 서술자가 여러 인물의 내면을 서술하여 인물의 다양한 특성을 드러내고 있다.
이 글에서 서술자는 중심인물인 윤건의 내면을 서술하고 있을 뿐, 여러 인물의 내면을 서술하지는 않고 있다.

③ 서술자가 공간의 이동에 따라 바뀌면서 인물 간의 갈등을 다각적으로 드러내고 있다.
이 글에서는 공간의 이동에 따라 사건이 전개되고 있지만, 서술자가 공간의 이동에 따라 바뀌거나 인물 간의 갈등을 다각적으로 드러내지는 않고 있다.

☑ ④ 이야기 외부의 서술자가 특정 인물의 관점에서 사건과 인물의 심리를 서술하고 있다.
이 작품은 전지적 작가 시점으로, 이야기 외부의 서술자가 중심인물인 '윤건'의 관점에서 그의 여정에 따라 드러난 사건과 그의 내면 심리를 서술하고 있다.

⑤ 이야기 내부의 서술자가 고백적 진술을 통해 자신이 처한 심리적 상황을 제시하고 있다.
이 글은 이야기 외부의 서술자가 사건을 서술하고 있으므로 이야기 내부의 서술자가 고백적 진술을 한다는 내용은 적절하지 않다.

---

10 작품의 내용의 이해
정답률 72% | 정답 ①

'윤건'에 대한 설명으로 가장 적절한 것은?

☑ ① 조선의 친구들이 자신을 반겨 줄 것을 기대하고 있다.
이 글의 '그곳에는 여러 동무들이 있을 것이다', '친구들이 나를 맞아 줄 것이다'를 통해 조선의 친구들이 자신을 반겨 줄 것을 기대하는 '윤건'의 심리를 알 수 있다.

② 오사카로 돌아가는 배에서 노동자와 이야기를 나눈다.
오사카로 돌아가는 배가 아니라 부산행 밤배에서 자신들의 고향인 김천으로 가는 노동자를 우연히 만나 대화를 나누고 있으므로 적절하지 않다.

③ 고베 플랫폼에서 도시락을 사려는 조선 청년을 만류한다.
도시락을 사는 것을 말리는 사람은 윤건이 아니라 조선 청년에 해당하므로 적절하지 않다.

④ 여비가 부족하여 돈을 빌리기 위해 조선 청년을 찾아간다.
윤건은 도시락을 사기 위해 플랫폼에 나갔다가 우연히 조선 청년을 만난 것이므로, 여비가 부족하여 돈을 빌리기 위해 조선 청년을 찾아갔다는 이해는 적절하지 않다.

⑤ 행선지가 불분명하다는 이유로 일본인으로 보이는 형사에게 조사받는다.
윤건을 조사하는 사람은 일본인으로 보이는 형사가 아니라 '조선말'을 하고 '조선 사람'으로 보이는 형사이므로 적절하지 않다.

---

11 인물의 심리 및 태도 파악
정답률 89% | 정답 ④

맥락을 고려하여 ㉠과 ㉡을 이해한 내용으로 가장 적절한 것은?

① ㉠은 상대의 성취를 축하하는 말이고, ㉡은 상대의 의견에 동조하는 말이다.
㉠, ㉡ 뒤의 '마음에 없는 좋은 대답'과 '마음에 없는 거짓 대답'을 통해, 윤건이 상대의 성취를 축하하고 있거나 상대의 의견에 동조하고 있다고 볼 수 없다.

② ㉠은 상대의 우월함을 인정하는 말이고, ㉡은 자신의 열등감을 감추기 위해 한 말이다.
㉠, ㉡ 뒤의 '마음에 없는 좋은 대답'과 '마음에 없는 거짓 대답'을 통해, 상대의 우월함을 인정하거나 자신의 열등감을 감추기 위해 한 말이라 할 수 없다.

③ ㉠은 상대의 의심을 피하기 위해 한 말이고, ㉡은 상대의 관심을 끌기 위해 한 말이다.
㉠, ㉡ 뒤의 '마음에 없는 좋은 대답'과 '마음에 없는 거짓 대답'을 통해, 상대의 의심을 피하기 위하거나 상대의 관심을 끌기 위해 한 말이라 할 수 없다.

☑ ④ ㉠과 ㉡은 모두 상대에 대한 진심을 드러내지 않은 말이다.
㉠ 바로 뒤에 제시된 '윤건은 속으로 아니나 다르랴, 하면서도 상대자가 상대인만치 마음에 없는 좋은 대답을 해 주었다.'와 ㉡ 바로 뒤에 제시된 '윤건은 또 꿀꺽 참고 마음에 없는 거짓 대답을 해 주었다.'를 통해, 윤건은 불쾌한 자신의 진심을 직접적으로 드러내지 않고 겉으로 '마음에 없는 좋은 대답'과 '마음에 없는 거짓 대답'을 해 주고 있다. 따라서 ㉠과 ㉡은 모두 상대에 대한 진심을 드러내지 않은 말이라 할 수 있다.

⑤ ㉠과 ㉡은 모두 상대의 태도를 변화시키고자 하는 의도로 한 말이다.
㉠, ㉡ 뒤의 내용에서 윤건은 상대가 듣기 좋을 만한 '좋은 대답', '거짓 대답'을 해 주고 있으므로 상대의 태도를 변화시키고자 하는 의도로 말한 것이라고 볼 수 없다.

★★★ 1등급 대비 고난도 3점 문제

12 외적 준거에 따른 작품의 감상
정답률 19% | 정답 ②

〈보기〉를 바탕으로 윗글을 감상한 내용으로 적절하지 않은 것은? [3점]

〈보 기〉

1931년에 발표된 「고향」은 '귀향' 모티프를 활용해 고향 사람들과 고국산천이라는 물리적 실체로서의 고향과 민족 공동체라는 정신적 의미의 고향을 형상화하였다. 이를 위해 작가는 귀향의 동기가 대립되는 '지식인'과 물리적 실체로서의 고향을 그리워하는 '노동자'를 등장시킨다. 또한 작가는 '지식인'을 '지사형'과 '속물형'으로 나누고 '지사형'은 개인의 안위보다는 조국을 우선시하는 인물로, '속물형'은 개인적 실리를 좇는 자신의 행위를 조국을 위한 것으로 포장하는 세속적 인물로 그리고 있다.

① '그것을 꾀할 나도 아니'라며 '오, 어서 달려가다오!'라고 하는 데에서, 지사형 인물의 면모를 확인할 수 있겠군.
윤건이 자신의 고향이 자신에게 편안히 쉴 자리를 줄 리가 없지만, 그것을 바라고 그것을 꾀할 자신도 아니라 하고 있다. 또한 윤건은 '당신만은 온몸을 사리고 저편에 붙지 말고 용감하게 우리 속에 와 끼어 주시오.'라고 부르짖는 힘차고 씩씩한 친구들이 자신을 맞아 줄 것이라 하면서 '오, 어서 달려가다오!' 하고 있다. 이를 볼 때, 지사형 인물의 면모로서의 윤건의 모습을 확인할 수 있다.

☑ ② '한 조선으로 간다는 것', '한 고향 사람들'이라고 하는 데에서, 민족 공동체라는 정신적 의미의 고향을 확인할 수 있겠군.
'고향은 어디시오?'라는 질문에 '대구 지나 김천'이라 답하면서 '우리 다 한 고향 사람들'이라고 말하는 내용을 통해, 고향 사람들이라는 물리적 실체로서의 고향의 의미를 확인할 수 있다.

③ '유력자 하나를 만나서 한 1년 졸랐더니 다행히 됐'다는 데에서, 속물형 인물의 귀향 동기를 확인할 수 있겠군.
조선 청년은 자신이 '유력자 하나를 만나서 한 1년 졸랐더니 다행히' 취직이 됐다고 말하고 있는데, 이를 통해 조선 청년이 속물형 인간임을 알 수 있고 조선 청년의 귀향 동기를 알 수 있다.

④ '조선 사람 하나가 헐벗지 않는 것'이라고 하는 데에서, 자신의 행위를 조국을 위한 것으로 포장하는 속물형 인물의 면모를 확인할 수 있겠군.
조선 청년이 자신이 취직한 것을 두고 '내 한 사람이 헐벗지 않도록 하는 것도 작게 보아 조선 사람 하나가 헐벗지 않는 것이 되니까요.'라고 말하고 있는데, 이는 자신의 행위를 조국을 위한 것으로 포장하는 속물형 인물의 면모를 보여 주는 것이라 할 수 있다.

⑤ '처자식이 그리워 허턱대구' 나온다고 하는 데에서, 물리적 실체로서의 고향을 그리워하는 노동자의 모습을 확인할 수 있겠군.
조선 노동자는 '돈돈도 못 벌 바에야 첫째 처자식이 그리워 허턱대구 나오지요.'라고 말

하고 있는데, 이를 통해 물리적 실체로서의 고향을 그리워하는 노동자의 모습을 알 수 있다.

★★ 문제 해결 꿀~팁 ★★

▶ **많이 틀린 이유는?**
이 문제는 작품 내용을 정확하게 이해하지 못한 상황에서 〈보기〉와 작품을 연관시켜 감상하는 데 어려움을 겪어 오답률이 높았던 것으로 보인다.

▶ **문제 해결 방법은?**
이 문제를 해결하기 위해서는 일차적으로 〈보기〉의 내용을 정확히 이해하여야 한다. 그런 다음 이를 바탕으로 작품과 연관시키면 되는데, 작품 내용을 통해 〈보기〉에서 설명하고 있는 '물리적 실체로서의 고향'과 '민족 공동체라는 정신적 의미의 고향, 그리고 '지사형' 지식인과 '속물형' 지식인이 누구인지 판단할 수 있어야 한다. 그리고 이러한 이해를 바탕으로 선택지의 적절성을 판단하면 되는데, 정답인 ②의 경우 글을 통해 '한 조선으로 간다는 것'과 '한 고향 사람들'이라고 하는 것과 '민족 공동체라는 정신적 의미의 고향'과 관련 있는지 판단해야 한다. 그럴 경우 '단순하게 한차를 타고 한 조선으로 간다는 것'이나 '고향은 어데시오?'라는 질문에 '대구 지나 김천'이라 답하면서 '우리 다 한 고향 사람들'이라는 내용을 통해, '민족 공동체라는 정신적 의미의 고향'과 관련이 없음을 알 수 있었을 것이다. 한편 이 문제처럼 문학 작품에서는 〈보기〉가 주어지는데, 이러한 〈보기〉는 사실적인 정보에 해당하면서 작품 이해에 도움이 된다. 이 문제 역시 주어진 〈보기〉가 작품에 대한 감상에 해당하므로, 이 내용을 바탕으로 작품을 이해하면 도움이 된다.

▶ **오답인 ①, ⑤를 많이 선택한 이유는?**
이 문제의 경우 학생들이 ①, ⑤가 적절하지 않다고 하여 오답률이 높았는데, 이 역시 작품 내용을 정확히 이해하지 못했기 때문으로 보인다. 만일 오답인 ①의 경우 윤건이 '지사형' 지식인에 해당함을 이해하였거나, ⑤의 경우 '돈들도 못 벌 바에야 첫째 처자식이 그리워 허턱대구 나오지요.'라는 내용을 이해하였으면 쉽게 적절함을 알았을 것이다. 한편 이 문제의 선택지에 제시된 것처럼 구절의 의미를 이해할 때는 단순히 주어진 구절만을 보고 판단하지 말고, 구절이 사용된 전후 맥락을 고려하여 의미를 파악할 수 있어야 정확하게 감상할 수 있다.

DAY 15 — 20분 미니 모의고사

01 ③	02 ③	03 ③	04 ③	05 ①
06 ⑤	07 ④	08 ④	09 ④	10 ③
11 ④	12 ③			

---

01 말하기 방식 파악 정답률 88% | 정답 ③

발표자의 말하기 방식에 대한 설명으로 가장 적절한 것은?

① 자료의 출처를 밝혀 발표 내용의 신뢰성을 높이고 있다.
이 발표에서 학생은 동영상, 사진을 제시하고 있지만, 이러한 자료들의 출처를 밝히지는 않고 있다. 한편 자료의 출처를 밝히게 되면 청중에게 발표 내용의 신뢰성을 높일 수가 있다.

② 전문가의 말을 인용하여 정보의 객관성을 확보하고 있다.
이 발표를 통해 전문가의 말을 인용한 부분은 찾아볼 수 없으므로 적절하지 않다.

☑ 발표 내용과 관련된 질문을 하여 청중의 주의를 환기하고 있다.
2문단의 '이처럼 성돌의 모양이 다양하게 나타나는 이유가 무엇인지 궁금하지 않으신가요?', 3문단의 '그렇다면 각자성석에는 어떤 내용이 새겨져 있을까요?'를 통해, 발표자는 발표 내용과 관련된 질문을 하며 청중의 주의를 환기하고 있음을 알 수 있다.

④ 청중의 이해도를 점검하며 발표를 마무리하여 주제를 강조하고 있다.
이 발표의 마지막에서 발표자는 청중에게 관심을 가지기를 바라면서 발표를 마무리하고 있지, 청중의 이해도를 점검하며 발표를 마무리하지 않고 있다.

⑤ 청중의 요청에 따라 발표 내용에 대한 정보를 추가하여 청중의 이해를 돕고 있다.
이 발표를 통해 청중이 발표자에게 요청한 내용은 찾아볼 수 없으므로 적절하지 않다.

---

02 설득 글쓰기 표현 전략 사용 정답률 58% | 정답 ③

'초고'에 대한 설명으로 가장 적절한 것은?

① 문제의 원인을 항목별로 유형화하였다.
초고 1문단을 통해 부정적 감정을 겪는 청소년의 증가라는 문제의 원인이 '감염병 유행에 따른 일상의 변화'라고 제시하고 있음을 알 수 있다. 하지만 원인을 항목별로 유형화하지는 않고 있다.

② 일반적 통념이 지닌 모순을 지적하였다.
초고 내용을 통해 통념을 언급한 내용이나 통념의 모순을 지적한 내용을 찾아볼 수 없다.

☑ 주장에 대해 예상되는 반론을 반박하였다.
초고의 2문단의 '청소년의 감정 관리 프로그램이 실시되고 있어 프로그램 확대 실시는 필요 없다'를 통해, 예상되는 반론의 주장을 제시하고 있음을 알 수 있다. 그리고 '기존의 감정 관리 프로그램은 소수의 청소년만을 대상으로 하며 전문적인 상담 활동만으로 시행되고 있다는 한계가 있다.'를 통해, 예상되는 반론의 주장을 반박하고 있음을 알 수 있다.

④ 자신의 주장이 지닌 한계점을 제시하였다.
초고 3문단을 통해 '청소년을 위한 감정 관리 프로그램의 실질적인 확대 실시'라는 주장을 확인할 수 있지만, 이 주장의 한계점을 제시한 부분은 찾아볼 수 없다.

⑤ 다양한 문제 해결 방안의 장단점을 비교하였다.
초고의 3문단을 통해 학생이 문제 해결 방안으로 실시 대상의 확대와 활동 내용의 다양화를 제시하고 있음을 알 수 있지만, 이에 대한 장단점을 비교하지는 않고 있다.

★★★ 1등급 대비 고난도 2점 문제

03 설득 글쓰기 내용 점검 및 조정 정답률 57% | 정답 ③

〈보기〉는 [A]를 고쳐 쓴 것이다. 그 과정에서 반영된 교사의 조언으로 가장 적절한 것은?

〈 보 기 〉

요컨대 부정적 감정을 겪는 청소년이 늘고 있는 상황에 적극적으로 대응하고 청소년이 긍정적 자아 정체성을 형성할 수 있도록 청소년 감정 관리 프로그램의 실시 대상을 확대하고 활동 내용을 다양화해야 한다. 이를 위해 청소년 감정 관리 문제에 지역 구성원 모두의 관심이 필요하다.

① 실행 방법이 나타나지 않았으니 글에서 언급한 실행 방법을 강조하는 게 어때?

초고의 [A]에서는 모든 청소년을 대상으로 한 '감정 관리 프로그램' 실시를 제시하고 있으므로 실행 방법이 제시되어 있지 않다는 것은 적절하지 않다.

② 예상 독자가 언급되지 않았으니 예상 독자에게 호소하며 글을 마무리하는 게 어때?
초고의 [A]에는 '지역 구성원'이라는 예상 독자가 언급되어 있다.

✔ 해결 방안 중 일부만 제시되어 있으니 글에서 다룬 주장을 모두 포함하는 게 어때?
초고의 [A]와 〈보기〉를 비교해 보면, 초고에서 제시하고 있는 해결 방안의 접근 방향인 '실시 대상 확대'와 '활동 내용 다양화' 중에서 '실시 대상 확대'만을 언급하고 있으나, 〈보기〉에서는 '실시 대상의 확대'와 '활동 내용의 다양화'를 모두 언급하고 있다. 따라서 '해결 방안 중 일부만 제시되어 있으니 글에서 다룬 주장을 모두 포함하는 것은 어때?'가 교사의 조언으로 적절하다고 할 수 있다.

④ 앞서 논의한 내용과 거리가 있는 내용이 제시되어 있으니 이를 지우고 글의 요점을 제시하는 게 어때?
초고의 [A] 내용 중 초고의 내용과 거리가 있는 내용을 찾기 어렵고, 〈보기〉와 비교하더라도 특별히 삭제된 부분을 찾기 어렵다.

⑤ 해결 방안의 이점을 다루지 않았으니 실행을 통해 기대할 수 있는 변화를 구체적으로 드러내는 게 어때?
초고의 [A]에는 '청소년 문제에 적극적으로 대응하고 청소년이 심리적으로 건강한 청소년기를 보낼 수 있도록'이라는 해결 방안의 이점을 다루고 있다.

★★ 문제 해결 꿀~팁 ★★

▶ 많이 틀린 이유는?
이 문제는 〈보기〉로 제시된 것과 [A]로 제시된 것을 정확히 비교하지 못하여 오답률이 높았던 것으로 보인다. 또한 [A]에 제시되어 있지만 제시되지 않았다고 여긴 것도 오답률을 높인 것으로 보인다.

▶ 문제 해결 방법은?
이 문제를 해결하기 위해서는 기본적으로 〈보기〉와 [A]를 비교할 수 있어야 한다. 즉, 〈보기〉와 [A]를 비교하여 바뀐 점은 어느 부분인지, 바뀌지 않은 것은 어디인지를 표시하여 정확히 파악할 수 있어야 한다. 그런 다음 이러한 비교를 바탕으로 선택지가 적절한지 평가하면 되는데, 정답인 ③의 경우 이러한 방법으로 하게 되면 적절함을 알았을 것이다. 한편 선택지 중에는 고치기 전의 [A]에 제시되어 있음에도 그렇지 않은 것처럼 서술된 선택지(①, ②, ⑤)가 있는 경우, 이러한 선택지는 문제 출제 의도에 부합하지 않은 선택지이므로 무조건 잘못되었다고 판단하는 것이 좋다.

---

04 음운 변동의 이해   정답률 68% | 정답 ③

다음은 음운 변동에 대해 학습하기 위한 활동지이다. 활동의 결과로 적절한 것은?

학습 활동지

1. 학습 자료
ㄱ. 목화솜[모콰솜]　　ㄴ. 흙덩이[흑떵이]　　ㄷ. 새벽이슬[새병니슬]

2. 학습 활동
ㄱ ~ ㄷ에 대한 질문에 대해 '예'는 'O', '아니요'는 '×'로 표시하시오.

질문	답변 ㄱ	답변 ㄴ	답변 ㄷ	
두 개의 음운 중 하나의 음운이 없어지는 현상이 일어났는가?	×	O	O	…… ⓐ
기존에 있던 음운이 다른 음운으로 바뀌는 현상이 일어났는가?	×	O	×	…… ⓑ
두 개의 음운이 하나의 음운으로 합쳐지는 현상이 일어났는가?	O	×	×	…… ⓒ
원래 없던 음운이 새로 더해지는 현상이 일어났는가?	O	×	O	…… ⓓ
음운 변동이 총 2번 일어났는가?	O	×	O	…… ⓔ

① ⓐ　　② ⓑ　　✔ ⓒ　　④ ⓓ　　⑤ ⓔ

질문	답변 ㄱ	답변 ㄴ	답변 ㄷ
ⓐ 두 개의 음운 중 하나의 음운이 없어지는 현상이 일어났는가?	×	O	O

두 개의 음운 중 하나의 음운이 없어지는 현상이 일어나는 것은 '흙덩이[흑떵이]'만 해당하므로 적절하지 않다.

	질문	ㄱ	ㄴ	ㄷ
ⓑ	기존에 있던 음운이 다른 음운으로 바뀌는 현상이 일어났는가?	×	O	×

기존에 있던 음운이 다른 음운으로 바뀌는 현상이 일어난 것은 '흙덩이[흑떵이]', '새벽이슬[새병니슬]'이므로 적절하지 않다.

	질문	ㄱ	ㄴ	ㄷ
ⓒ	두 개의 음운이 하나의 음운으로 합쳐지는 현상이 일어났는가?	O	×	×

〈보기〉의 학습 자료 ㄱ ~ ㄷ에 나타난 음운의 변동을 분석하면, '목화솜[모콰솜]'은 'ㄱ'과 'ㅎ'이 합쳐져 'ㅋ'이 되는 음운의 축약이 1회 나타나고, '흙덩이[흑떵이]'는 'ㄺ'의 'ㄹ'이 탈락하는 음운의 탈락 1회와 'ㄷ'이 'ㄸ'으로 교체되는 음운의 교체 1회가 나타난다. 그리고 '새벽이슬[새병니슬]'은 'ㄴ'이 새로 첨가되는 음운의 첨가 1회, 'ㄱ'이 'ㅇ'으로 교체되는 음운의 교체 1회가 나타난다. 따라서 '두 개의 음운이 하나의 음운으로 합쳐지는 현상이 일어났는가?'라는 질문에 대한 답변으로 ㄱ에만 '예'라고 표시하였으므로 적절하다.

	질문	ㄱ	ㄴ	ㄷ
ⓓ	원래 없던 음운이 새로 더해지는 현상이 일어났는가?	O	×	O

원래 없던 음운이 새로 더해지는 현상이 일어난 것은 '새벽이슬[새병니슬]'만 해당하므로 적절하지 않다.

	질문	ㄱ	ㄴ	ㄷ
ⓔ	음운 변동이 총 2번 일어났는가?	O	×	O

음운 변동이 총 2번 일어난 것은 '흙덩이[흑떵이]', '새벽이슬[새병니슬]'이므로 적절하지 않다.

05~08 사회

'고발·고소장·내용증명·탄원서·진정서(재구성)'

해제 이 글은 특수한 우편 제도인 내용증명에 대해 설명하고 있다. 내용증명은 누가, 언제, 누구에게, 어떤 내용의 문서를 보냈다는 사실을 우체국에서 공적으로 증명해 주는 특수한 우편 제도로, 이를 활용하면 향후 법적 분쟁의 소지를 줄일 수 있다. 다른 우편물과는 달리 우체국에 같은 내용의 문서 3부를 제출해야 하는 내용증명은 증거의 기능, 상대방의 의무 이행 독촉 기능, 6개월 이내 법적 대응을 동반할 시 소멸시효 중단의 기능을 갖는다. 내용증명을 작성할 때는 특정일에 특정 내용을 전달했다는 증거가 되므로 발신인, 수신인, 제목, 본문, 날짜 등이 순서대로 포함되어야 하고, 내용증명의 경우 수신인의 수취 여부와 상관없이 서면을 발송한 날부터 효력이 발생한다. 만일 이러한 내용증명을 분실할 경우 발송 우체국에 특수우편물수령증, 주민등록증 등을 제시해 본인임을 입증하면 보관 중인 내용증명의 열람을 청구할 수 있으며 필요시에는 복사를 요청할 수도 있다.

주제 특수한 우편 제도인 내용증명의 이해

문단 핵심 내용

1문단	내용증명의 소개
2문단	내용증명이 주로 이용되는 경우
3문단	다른 우편물과 다른 내용증명의 특징
4문단	내용증명의 기능 1
5문단	내용증명의 기능 2
6문단	내용증명 작성 방법
7문단	내용증명 효력 발생 시점과 보관 및 분실 시 취할 수 있는 방법

---

05 내용 전개 방식 파악   정답률 87% | 정답 ①

윗글에 대한 설명으로 가장 적절한 것은?

✔ 특정 제도의 특징과 기능을 구체적인 사례를 들어 소개하고 있다.
이 글의 1문단에서는 내용증명의 개념과 효과, 2문단에서는 내용증명이 이용되는 경우, 3, 4문단에서는 내용증명의 기능, 5문단에서는 내용증명의 작성 방법, 6문단에서는 내용증명 효력 발생 시점과 보관 및 분실 시 취할 수 있는 방법에 대해 설명하고 있다. 또한 2문단과 4문단에서는 구체적인 사례를 들어 내용증명이 이용되는 경우와 기능에 대해 이해시키고 있음을 알 수 있다. 이렇게 볼 때 이 글은 다른 우편물과 다른 내용증명이 지닌 특징과 기능을 구체적인 사례를 들어 서술하고 있음을 알 수 있다.

② 특정 제도의 형성 배경과 발달 과정을 순차적으로 서술하고 있다.
이 글에서 내용증명의 형성 배경이나 이러한 내용증명이 어떻게 발달되어 왔는지 시간의 흐름에 따라 서술하지는 않고 있다.

③ 특정 제도가 지닌 문제점과 한계를 다양한 측면에서 고찰하고 있다.
내용증명의 개념과 효과, 특징, 기능을 언급하고 있지만, 내용증명이 지닌 문제점과 한계를 다양한 측면에서 살펴보지는 않고 있다.

④ 특정 제도가 실시되었을 때 예상되는 장점과 단점을 분석하고 있다.
내용증명이 지닌 기능을 통해 내용증명이 지닌 장점을 추측할 수 있지만, 이러한 내용증명이 실시되었을 때의 예상되는 장점과 단점을 분석하지는 않고 있다.

⑤ 특정 제도의 필요성을 언급한 뒤 그 속성을 유사한 대상에 빗대어 설명하고 있다.
1문단을 통해 내용증명이 필요한 경우를 언급하고 있지만, 내용증명을 유사한 대상에 빗대어 설명한 유추의 설명 방법은 사용되지 않고 있다.

---

06   구체적인 상황에의 적용   정답률 79% | 정답 ⑤

[A]를 바탕으로 다음의 자료를 이해한 내용으로 적절하지 않은 것은?

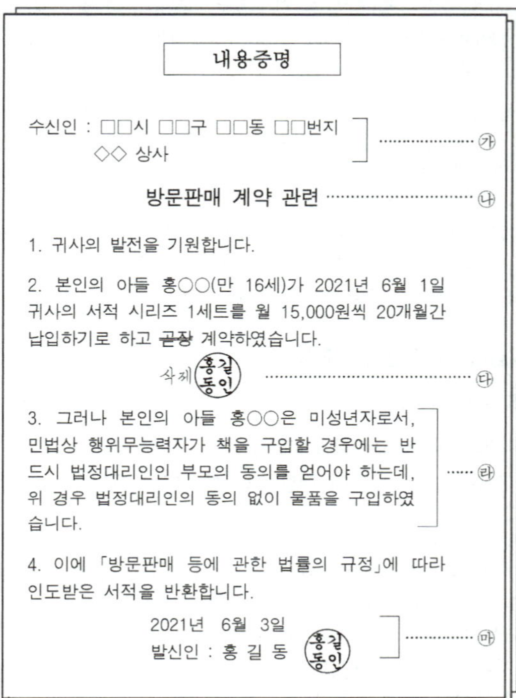

① ㉮ : 봉투 겉면에 작성하는 것과 일치하도록 발신인의 주소와 이름을 추가해야 해.
6문단을 통해 발신인과 수신인의 주소와 이름이 봉투 겉면과 동일하게 작성되어야 함을 알 수 있다. 그런데 자료에는 수신인의 주소와 이름만 작성되어 있으므로 발신인의 주소와 이름을 추가하여야 한다는 이해 내용은 적절하다.

② ㉯ : 제목에 해당하는 부분이므로 발신인의 목적이 구체적으로 드러나도록 '계약 철회 요청'으로 작성하면 좋겠어.
6문단을 통해 제목에는 내용증명의 구체적 목적이 드러나야 함을 알 수 있다. 그런데 자료의 제목인 '방문판매 계약 관련'은 구체적 목적을 드러내지 못하므로, 발신인이 내용증명을 보내는 목적이 드러나도록 '계약 철회 요청'과 같이 작성하여야 한다는 이해 내용은 적절하다.

③ ㉰ : 두 글자를 삭제하였으므로 삭제한 글자 수까지 명시하여 '2자 삭제'로 적어야 해.
6문단을 통해 본문 내용을 수정할 때에는 수정 사유와 수정 글자 수를 여백에 기재하여야 함을 알 수 있다. 그런데 자료는 '삭제'라는 수정 사유가 문자로만 기재되어 있으므로, 삭제한 글자 수까지 명시하여 '2자 삭제'로 적어야 한다는 이해 내용은 적절하다.

④ ㉱ : 요구 사항이 분명하게 드러나도록 '따라서 이 계약의 취소를 요청합니다.'를 추가해야 해.
6문단을 통해 본문에는 객관적 사실관계와 요구 사항이 제시되어야 함을 알 수 있다. 그런데 자료는 객관적 사실관계만 드러나 있으므로, 요구 사항인 '따라서 이 계약의 취소를 요청합니다.'를 추가하여야 한다는 이해 내용은 적절하다.

☑ ㉲ : 특정일에 전달받았다는 증거가 되도록 수신인이 내용증명을 받게 될 날짜를 밝혀야 해.

6문단을 통해 내용증명 작성 시 기재하는 날짜는 문서 발송 날짜임을 알 수 있으므로, ㉲에 수신인이 내용증명을 받게 될 날짜를 밝힐 필요는 없다.

---

07   세부 정보의 추론   정답률 65% | 정답 ④

㉠의 이유로 가장 적절한 것은?

① 수신인에게 분쟁을 철회할 것을 요청하기 때문에
1문단을 통해 내용증명은 분쟁이 예견되거나 진행 중인 상황에서 활용됨을 알 수 있으므로, 내용증명이 수신인에게 분쟁 철회를 요청한다고는 볼 수 없다.

② 수신인에게 의사 표시를 할 것을 주장하기 때문에
1문단의 내용증명의 개념과 2문단의 '개인 간 채권·채무 관계나 권리·의무를 더욱 명확하게 할 필요가 있을 때 주로 이용된다.'를 통해, 내용증명이 발신인의 요구 사항을 밝히는 문서임을 알 수 있다. 따라서 내용증명이 수신인에게 의사를 표시하도록 주장한다고는 볼 수 없다.

③ 발신인이 충동적으로 계약을 맺는 것을 막아 주기 때문에
2문단의 사례를 통해 내용증명이 충동적 계약 체결 후 이를 취소할 때 쓰임을 알 수 있으므로, 내용증명이 충동적 계약을 맺는 것을 막아 준다고는 볼 수 없다.

☑ 발신인이 의사 표시를 했음을 객관적으로 드러내기 때문에
1문단의 내용증명의 개념과 6문단의 내용 증명 작성 방법을 통해 내용증명이 발신인의 의사표시를 담고 있음을 알 수 있고, 2문단을 통해 우체국에서 내용증명 발송 사실을 객관적으로 증명해 줌을 알 수 있다. 그리고 4문단을 통해 법적 대응 과정에서 내용증명을 제출한다면 상대방은 그와 같은 내용의 문서를 언제 받았다는 사실만큼은 문제 삼을 수 없음을 알 수 있다. 따라서 내용증명은 발신인이 의사 표시를 했음을 객관적으로 드러내기 때문에, 발신인과 수신인이 어떤 내용의 문서를 언제 받았다는 사실을 두고 다투지 못하므로 법적 분쟁의 소지를 줄인다고 할 수 있다.

⑤ 발신인이 주장하는 내용의 진위를 법적으로 입증하기 때문에
3문단을 통해 내용증명이 문서의 내용이 맞다는 것까지 증명하지 않음을 알 수 있으므로, 발신인이 주장하는 내용의 진위를 법적으로 입증한다고는 볼 수 없다.

★★★ 1등급 대비 고난도 3점 문제

08   구체적인 사례에의 적용   정답률 47% | 정답 ④

윗글을 바탕으로 〈보기〉의 상황을 이해한 내용으로 가장 적절한 것은? [3점]

〈보 기〉
을은 갑에게 돈을 빌려주었으며, 해당 채무 관계의 소멸시효는 3년으로 2020년 12월 31일에 만료된다. 그런데 갑은 만료일이 다가오도록 을에게 채무를 이행하지 않고 있다. 이에 을은 주변의 조언을 받아 2020년 10월 31일에 채무 이행을 요구하는 내용증명을 보내어 갑에게 도달하였음을 확인하였다.

① 을이 갑에게 내용증명을 보낸 궁극적인 목적은 소멸시효 만료를 알리기 위함이다.
2문단을 통해 내용증명은 개인 간 채권·채무 관계나 권리·의무를 명확하게 하는 데 이용됨을 알 수 있다. 따라서 〈보기〉의 을이 보낸 내용증명의 궁극적인 목적은 갑에게 채무 이행을 요구하는 것이라 할 수 있다.

② 을이 보낸 내용증명으로 인해 소멸시효 만료일인 2020년 12월 31일로부터 중단 효력이 발생한다.
5문단을 통해 내용증명이 소멸시효 중단의 효력을 갖기 위해서는 발송 후 6개월 이내에 청구, 압류, 가압류, 가처분 등의 법적 대응을 해야 함을 알 수 있다. 따라서 〈보기〉의 을이 내용증명을 보낸 이후 법적 대응을 진행한다면 소멸시효는 내용증명을 보낸 2020년 10월 31일에 중단된다고 할 수 있다.

③ 을이 내용증명을 소멸시효 만료 2개월 전에 보냈으므로 중단 사유 종료 후 소멸시효가 2개월 연장된다.
5문단을 통해 소멸시효가 일단 중단되면 그때까지 경과한 소멸시효 기간은 무효가 되고, 중단 사유가 종료된 때로부터 소멸시효가 새로이 시작됨을 알 수 있다. 따라서 중단 사유 종료 후 소멸시효가 2개월 연장되는 것이 아니라 소멸시효가 새롭게 시작된다고 할 수 있다.

☑ 을이 이후 법적 대응을 할 뜻이 없다면 을이 돈을 받을 수 있는 권리는 2020년 12월 31일까지만 유지된다.
5문단을 통해 내용증명이 소멸시효 중단의 효력을 갖기 위해서는 발송 후 6개월 이내에 청구, 압류, 가압류, 가처분 등의 법적 대응을 해야 함을 알 수 있다. 따라서 〈보기〉의 을이 내용증명을 보낸 이후 법적 대응을 하지 않는다면 소멸시효 중단의 효력이 발생하지 않으므로 만료일인 2020년 12월 31일까지만 을의 권리가 유지된다고 할 수 있다.

⑤ 을이 2021년 6월 30일까지 가압류, 가처분 등의 조치를 하면 소멸시효는 2020년 10월 31일에 중단된 것으로 본다.

5문단을 통해 내용증명이 소멸시효 중단의 효력을 갖기 위해서는 발송 후 6개월 이내에 청구, 압류, 가압류, 가처분 등의 법적 대응을 해야 함을 알 수 있다. 따라서 내용증명을 보낸 이후 6개월 이내인 2021년 4월 30일 전에 법적 대응을 진행해야 소멸시효가 중단 된다고 할 수 있다.

★★ 문제 해결 꿀~팁 ★★

▶ 많이 틀린 이유는?
이 문제는 글의 내용을 〈보기〉의 상황에 적용하는 데 어려움을 겪어 오답률이 높았던 것으로 보인다. 특히 글의 내용을 정확히 이해하지 못한 것도 오답률을 높인 것으로 보인다.

▶ 문제 해결 방법은?
구체적 사례나 상황에 적용하는 문제 해결의 핵심은 글의 내용 이해에 있다. 가령 정답인 ④의 경우 내용증명이 소멸시효 중단의 효력을 갖기 위해서는 발송 후 6개월 이내에 청구, 압류, 가압류, 가처분 등의 법적 대응을 해야 한다는 5문단의 내용을 정확히 이해했다면 적절함을 알았을 것이다. 마찬가지로 오답률이 높았던 ⑤의 경우에도 위의 내용을 통해 소멸시효를 중단시키기 위해 내용증명 발송 후 6개월 이내에 청구, 압류, 가압류, 가처분 등의 법적 대응을 해야 함을 알 수 있으므로, 내용증명을 보낸 2020년 10월 31일의 6개월 이내인 2021년 4월 30일 전에 조치를 취해야 함을 알 수 있어서 적절하지 않다고 할 수 있다. 학생들 중에는 글의 내용을 구체적인 사례나 상황에 적용하는 문제를 접하면 지레 겁을 먹는 경우가 있는데, 이러한 문제일수록 글에서 〈보기〉와 관련한 내용만 정확히 파악하여 적용하게 되면 쉽게 해결할 수 있는 문제가 대다수이므로, 차분히 글의 내용과 비교하여 적절성을 판단할 수 있도록 한다.

09~12 　고전 시가 + 수필

(가) 백광홍, 「관서별곡」

감상 이 작품은 작가가 평안도 평사가 되었을 때, 평안도의 자연과 풍물을 두루 돌아다니며 보고 그 아름다움을 노래한 우리나라 최초의 기행 가사이다. 이 작품은 왕명을 받들어 임지로 떠나는 심정에서부터 부임하는 여정, 관서의 풍경과 시절의 태평무사, 부모와 임금에 대한 그리움 등을 읊고 있다. 이러한 점에서 이 작품은 정철의 「관동별곡」에 영향을 주었다고 알려져 있다.

주제 관서 지방의 아름다움과 풍류

(나) 임춘, 「동행기」

감상 이 작품은 고려 말 임춘이 쓴 기행문으로, 작가가 남쪽의 명승지를 돌고 난 뒤, 동쪽으로 이동한 뒤 당진의 풍광을 보고 감탄하며 쓴 글이다. 이 작품에서는 당시의 고려 말 당시 귀족들의 삶을 엿볼 수 있는데, 당시 귀족들이 재력으로 서울 근교 산수가 좋은 곳의 땅을 사들여 그곳에서 노는 것을 즐겼음을 알 수 있다. 한편 이러한 귀족들과 달리 당시 백성들의 삶은 그리 넉넉하지 않았음도 엿볼 수 있다.

주제 동쪽 지역에서 누리는 자연의 아름다움

09　구절의 의미 파악　　정답률 70% | 정답 ④

㉠ ~ ㉤에 대한 이해로 적절하지 않은 것은?

① ㉠ : 자신이 맡은 직분이 왕명에 의한 것임을 언급하며 공적인 임무를 수행하기 위해 여정을 떠나는 상황을 나타내고 있다.
　'왕명으로 보내시매'를 통해 자신이 맡은 직분이 왕명에 의한 것임을 알 수 있고, '행장을 꾸리니 칼 하나뿐이로다'를 통해 왕명으로 공적인 임무를 수행하기 위해 여정을 떠나는 상황임을 알 수 있다.

② ㉡ : 시간적 배경과 화자의 행동을 제시하여 여정을 서두르는 모습을 드러내고 있다.
　'석양이 지거늘'에서 시간적 배경을, '채찍으로 재촉해 구현원을 넘어드니'를 통해 여정을 서두르고 있는 화자의 모습을 알 수 있다.

③ ㉢ : 물음의 형식을 활용하여 왕명을 따르는 것과 자연을 즐기는 것 사이의 내적 갈등을 드러내고 있다.
　'어찌하리'를 통해 물음의 형식을 활용하고 있음을 알 수 있고, 이러한 물음의 형식을 통해 '나랏일 신경 쓰이'는 것과 '풍경'을 즐기는 것, 즉 왕명을 따르는 것과 자연을 즐기는 것 사이의 내적 갈등을 '슬프다'로 드러내고 있다.

✔ ㉣ : 풍경을 과장되게 묘사하며 자신의 지난 삶에 대한 회한을 드러내고 있다.
　화자는 평양의 명승지를 돌아보고, 평양이 옛날처럼 화려한 태평문물을 지닌 고장임을 실감하며 단출한 차림에도 나그네의 흥이 일어난다고 말하고 있을 뿐, 풍경을 과장되게 묘사하거나 자신의 지난 삶에 대한 회한을 드러내지 않는다.

---

⑤ ㉤ : 계절적 배경을 나타내는 자연물을 언급한 후 경치를 즐길 수 있는 이유를 드러내고 있다.
　'배꽃'과 '진달래꽃'이라는 계절적 배경을 나타내는 자연물을 언급하면서, '진영에 일이 없'다는 경치를 즐길 수 있는 이유를 드러내고 있다.

10　작품의 내용 이해　　정답률 53% | 정답 ③

(나)에 대한 설명으로 가장 적절한 것은?

① '산수'를 말하는 사람들의 말을 믿지 않았음에도 불구하고 '강동 지방'을 여행하게 된 이유를 제시하고 있다.
　'강동 지방'을 여행하게 된 이유가 제시되어 있지 않다.

② '남쪽 지방'의 경치를 '강동 지방'에 비해 구체적으로 소개하며 '남쪽 지방'의 경치에 대한 만족감을 진술하고 있다.
　'남쪽 지방'의 경치가 '강동 지방'에 비해 구체적으로 소개되어 있지 않다.

✔ 과거에 자신이 다니며 보던 곳과 비교하여 '일천 봉우리와 일만 골짜기'의 풍경에 대한 감흥을 드러내고 있다.
　'과거에 다니며 보던 곳은 마땅히 여기에 비하여 모두 모자라고 꿀려 감히 겨룰 수가 없었다'고 '남쪽 지방'과 비교하며 '일천 봉우리와 일만 골짜기'의 빼어난 풍경에 대한 감흥을 드러내고 있다.

④ 더 이상 경치를 볼 수 없는 이유를 제시하며 '석벽이 있던 자리'로 배를 타고 떠나야 하는 아쉬움을 드러내고 있다.
　'석벽이 있던 자리'로 배를 타고 떠나야 하는 것이 아니라, '석벽이 있던 자리'에서 배를 타고 떠나는 것이며, 배를 타고 떠나야 하는 아쉬움도 드러나 있지 않다.

⑤ '서울 부근'의 경치를 언급하며 '놀기 좋아하는 귀족들'과의 갈등이 여행을 통해 해소되길 바라는 마음을 드러내고 있다.
　'놀기 좋아하는 귀족들'과의 갈등이 드러나 있지 않다.

★★★ 1등급 대비 고난도 2점 문제
11　작품 간의 공통점, 차이점 파악　　정답률 39% | 정답 ④

[A]와 [B]를 비교한 내용으로 가장 적절한 것은?

① [A]와 [B]는 모두 자연의 광활함과 대비되는 인간의 유한성을 나타내고 있다.
　[A]와 [B]는 모두 자연의 광활함과 대비되는 인간의 유한성이 나타나 있지 않다.

② [A]와 [B]는 모두 자연물에 감정을 이입하여 자연 속에서 느끼는 흥겨움을 나타내고 있다.
　[A]와 [B]는 모두 감정이 이입된 자연물이 나타나 있지 않다.

③ [A]에서는 자연의 모습을 관조하고 있고, [B]에서는 자연을 통해 자신의 모습을 반성하고 있다.
　[A]는 자연의 모습을 예찬하고 있으며, [B]는 자연을 통해 자신을 반성하고 있는 모습을 드러내고 있지 않다.

✔ [A]는 동적인 자연물의 모습을, [B]는 정적인 자연물의 모습을 다른 대상에 빗대어 드러내고 있다.
　[A]는 동적인 자연물인 '백두산 내린 물'을 '늙은 용'에 빗대어 표현하고 있다. [B]는 정적인 자연물인 '벼랑과 골짜기'를 '요철', '두둑', '굴'에 빗대어 표현하고 있다.

⑤ [A]는 지상에서 하늘로, [B]는 원경에서 근경으로 시선을 이동하며 다채로운 자연의 모습을 보여 주고 있다.
　[A]는 약산동대 위에서 눈 아래 펼쳐진 풍경을 바라보며, [B]는 근경에서 원경으로 시선을 이동하며 다채로운 자연의 모습을 보여 주고 있다.

★★ 문제 해결 꿀~팁 ★★

▶ 많이 틀린 이유는?
이 문제는 [A]와 [B]에 제시된 표현상 특징을 정확히 파악하지 못하여 오답률이 높았던 것으로 보인다. 또한 표현 방법에 대한 정확한 이해 부족도 오답률을 높였던 것으로 보인다.

▶ 문제 해결 방법은?
이 문제 역시 [A]와 [B]의 표현상 특징을 비교하는 문제에 해당하므로, 일차적으로 [A]를 통해 선택지의 적절성 여부를 판단해야 한다. 이런 방법으로 하면 ①, ⑤는 선택지를 통해 명확히 적절하지 않음을 알 수 있으므로, 이를 제외하고 [B]를 통해 확인하면 ②, ③, ④ 중 ③이 적절하지 않음을 알 수 있다. 따라서 ②와 ④에서 답을 찾으면 되는데, '감정 이입'은 화자의 감정이 자연물에 이입되는 것이므로 ② 역시 적절하지 않아 ④가 적절함을 알 수 있었을 것이다. 한편 ②가 적절하다고 한 학생들이 많았는데, 이는 감정

이입과 '다른 대상에 빗대어 표현'하는 비유법에 대해 정확히 이해하지 못했기 때문으로 보인다. 만일 [A]에서 자연물인 '백두산 내린 물'을 '늙은 용'으로, [B]에서 자연물인 '벼랑과 골짜기'를 '요철', '두둑', '굴'로 표현하고 있다는 것을 파악했다면, [A]와 [B] 모두 자연물을 다른 대상에 빗대어 표현하고 있음을 알았을 것이다. 이처럼 문학에서 사용되는 기본적인 표현 방법을 정확히 숙지하지 않으면 잘못된 선택을 할 수 있으므로, 평소 구체적인 예시와 함께 충분히 익혀 두도록 한다.

---

12   외적 준거에 따른 작품의 감상   정답률 48% | 정답 ③

〈보기〉를 참고하여 (가)와 (나)를 감상한 내용으로 적절하지 <u>않은</u> 것은? [3점]

〈보 기〉

다양한 공간을 비교적 긴 시간 동안 여행한 경험을 다루고 있는 사대부들의 기행 문학에서 각각의 장면은 여정이나 경치를 제시하는 경(景)과 경치에서 촉발된 흥취나 안타까움 등의 주관적 정서인 정(情), 그리고 경치에 대한 품평이나 자연 현상에 대한 해석과 같이 작가가 펼치는 평가나 주장이 논리적으로 드러나는 의(議)의 반복을 통해 단절되지 않고 유기적으로 연결된다. 이때 작가의 여행 경험을 효과적으로 드러내기 위해 특정한 장소와 관련된 '정'을 상세히 제시하거나 '정'과 '의'를 생략하기도 한다.

① (가)에서 '벽제'와 '임진', '천수원'을 언급할 때 '정'과 '의'를 생략하고 '경'만 제시한 것은 화자의 여행 경험을 속도감 있게 드러내기 위한 것이겠군.
'벽제에 말 갈아 임진에 배 건너 천수원 돌아드니'에서는 '벽제 → 임진 → 천수원'으로 화자의 여정의 과정을 드러내고 있다. 이처럼 화자는 여정의 '경'만을 제시하여 자신의 여행 경험을 속도감 있게 드러내 주는 것이라 할 수 있다.

② (가)의 '청천강'을 바라보며 '장하기도 끝이 없다'라고 말하는 모습에서 여행 과정에서 화자가 마주한 '경'과 이에 대한 '정'이 연결되고 있음을 확인할 수 있겠군.
화자가 '백상루'에 올라앉아 바라보는 '청천강'은 화자가 여행 과정에서 마주한 '경'에 해당하는 것으로, 화자는 이러한 '경'에 대해 '장하기도 끝이 없다'라고 '정'을 드러내고 있다. 따라서 '백상루에 올라앉아 청천강 바라보니 / 세 갈래 물줄기는 장하기도 끝이 없다.'는 화자가 여정에서 화자가 마주한 '경'과 이에 대한 '정'이 연결되는 표현이라 할 수 있다.

☑ (나)의 '시 한 편'에 담긴 정서는 아름다운 경치를 자랑하는 '당진'을 많은 사람들에게 소개할 수 없는 현실에 대한 안타까움을 드러내는 '정'에 해당하는 것이겠군.
(나)의 '시 한 편'은 '당진'의 화려한 경관을 형상화하며 배 위에서 이를 바라보는 화자의 모습을 나타내고 있을 뿐, 당진의 아름다운 경치를 사람들에게 소개할 수 없는 현실에 대한 안타까움을 드러내지는 않고 있다.

④ (나)의 글쓴이가 강동 지방에 대해 자신과 같은 사람들을 위해 '하늘이 장차 여기를 숨겨' 둔 곳이라 말하는 것은 뛰어난 경치를 예찬하는 '의'에 해당하는 것이겠군.
〈보기〉에서 '의'가 경치에 대한 품평이나 자연 현상에 대한 해석과 같이 작가가 펼치는 평가나 주장이 논리적으로 드러나는 것임을 알 수 있다. 따라서 글쓴이가 강동 지방에 대해 '하늘이 장차 여기를 숨겨' 둔 곳이라 말하는 것은 뛰어난 경치에 대해 품평하는 '의'에 해당한다고 할 수 있다.

⑤ (나)의 '조그마한 성'에서 바라본 풍경은 글쓴이로 하여금 고향에 대한 그리움과 쓸쓸한 감상을 야기한다는 점에서 '정'을 유발하는 '경'에 해당하는 것이겠군.
글쓴이는 '조그마한 성'에서 바라본 풍경, 즉 들불이 가물거리는 '길 옆에 고기잡이하는 집'을 보며 고향을 그리워하면서 고장을 떠난 서글픔에 쓸쓸한 감상을 느끼고 있다. 이렇게 볼 때, '경'에 해당하는 '조그마한 성'에서 바라본 풍경은 글쓴이로 하여금 '정'을 유발해 준다고 할 수 있다.

DAY 16   20분 미니 모의고사

01 ③	02 ①	03 ⑤	04 ③	05 ⑤
06 ①	07 ②	08 ④	09 ⑤	10 ⑤
11 ③	12 ⑤			

★★★ 1등급 대비 고난도 2점 문제

01   말하기 방식 파악   정답률 45% | 정답 ③

(가)의 '편집부장'에 대한 설명으로 적절하지 <u>않은</u> 것은?

① 지난 회의 내용과 관련하여 협의해야 할 내용을 밝히고 있다.
첫 번째 말을 통해 편집부장이 지난 회의에서 결정한 내용과 이번 회의에서 협의해야 할 내용을 언급하고 있음을 알 수 있다.

② 상대 의견에 대한 공감을 드러내며 그 이유를 설명하고 있다.
두 번째 말을 통해 편집부장이 '디지털 탄소 발자국 줄이기'라는 제재가 더 적합하다는 학생 2의 의견에 대한 공감을 드러내고 있음을 알 수 있다. 또한 디지털 탄소 발자국에 대해 모르는 학생들이 많으며, 이 제재가 환경 문제 개선에도 도움이 될 수 있다는 공감의 이유를 밝히고 있음을 알 수 있다.

☑ 회의 중간중간에 상대가 했던 말을 요약하며 정리하고 있다.
(가)에서 편집부장은 교지의 기사로 실을 제재를 선정하고 이를 바탕으로 기사에 구성될 내용을 협의하는 회의를 진행하는 사회자 역할을 하고 있다. 하지만 (가)를 통해 편집부장이 회의 중간중간에 상대가 했던 말을 요약하며 정리한 말은 찾아볼 수 없다.

④ 물음의 형식을 통해 자신의 의견을 상대에게 제안하고 있다.
세 번째 말을 통해 편집부장이 '디지털 기기 사용이 이산화 탄소를 발생시키는 이유'를 글의 내용으로 구성하자는 의견을 물음의 형식으로 제안하고 있음을 알 수 있다.

⑤ 상대 의견의 실현 가능성을 언급하며 대안을 제시하고 있다.
다섯 번째 말을 통해 편집부장이 '상업 광고나 게시물 탑재 제한'이라는 방법은 학생이 할 수 있는 일이 아니라 하면서, 학생이 자신의 메일함이나 블로그에서 상업 광고나 게시물을 수시로 삭제하도록 안내하는 것을 대안으로 제시하고 있음을 알 수 있다.

★★ 문제 해결 꿀~팁 ★★

▶ **많이 틀린 이유는?**
이 문제는 편집부장의 발화를 정확히 이해하지 못해 오답률이 높았던 것으로 보인다. 또한 선택지의 내용을 이해하지 못한 것도 오답률을 높인 것으로 보인다.

▶ **문제 해결 방법은?**
이 문제를 해결하기 위해서는 선택지의 의미를 정확히 이해한 다음, 이를 바탕으로 '편집부장'이 발화한 것 중 어디에 해당하는지를 확인할 수 있어야 한다. 가령 정답인 ③의 경우 선택지를 통해 '상대가 했던 말을 요약하며'를 정확히 이해해야 한다. 그런 다음 편집부장의 말을 통해 요약하고 있는지를 확인하면 되는데, 편집부장은 상대의 말에 동의하고는 있지만 상대가 한 말을 요약하지는 않고 있으므로 적절하지 않은 것이다. 오답률이 높았던 ④의 경우에도, 편집부장의 발화 중 물음의 형식을 사용하고 있는지, 그리고 이 물음을 사용하여 자신의 의견을 상대에게 제안하고 있는지 확인하면 된다. 이럴 경우 편집부장의 세 번째 발화를 통해 이를 확인할 수 있으므로 적절하다. 한편 학생들 중에는 편집부장이 의문문을 사용한 일부(첫 번째, 두 번째)만 보고 적절하지 않다고 판단한 경우가 있었는데, 이는 편집부장의 말을 모두 확인하지 않고 지레짐작으로 답을 선택했기 때문으로 보인다. 이에서 알 수 있듯이 이런 문제의 경우에는 시간이 걸리더라도 인물의 발화를 일일이 확인해야 정확한 선택을 할 수 있음을 유념하도록 한다.

---

02   작문에서의 반영 여부 판단   정답률 85% | 정답 ①

(가)의 내용이 (나)에 반영된 양상으로 적절하지 <u>않은</u> 것은?

☑ (가)에서 언급된 디지털 탄소 발자국의 주요 배출원을, (나)의 1문단에서 예를 들어 설명하고 있다.
(나)의 1문단에 자동차, 공장과 같이 지금까지 이산화 탄소 배출의 주요한 원인으로 생각되어 왔던 것들이 제시되어 있지만, (가)에서 언급된 디지털 탄소 발자국을 배출하는 주요 배출원을 사례로 들어 설명하지는 않고 있다.

② (가)에서 디지털 탄소 발자국의 개념을 설명하자는 의견을 반영하여, (나)의 2문단에서 그 개념을 구체적으로 소개하고 있다.
(가)의 '학생 1'의 말을 통해 디지털 탄소 발자국의 개념을 설명하자는 의견을 확인할 수

있고, (나)의 2문단을 통해 디지털 탄소 발자국의 개념에 대한 구체적 설명을 확인할 수 있다.

③ (가)에서 탄소 발자국 중 디지털 탄소 발자국의 비중이 늘어나고 있다는 점을 언급하자는 의견을, (나)의 2문단에서 자료를 활용하여 반영하고 있다.
(가)의 '학생 2'의 말을 통해 탄소 발자국 중 디지털 탄소 발자국의 비중이 늘어나고 있다는 점을 언급하자는 의견을 확인할 수 있다. 그리고 (나)의 2문단을 통해 현재 2% 정도인 디지털 탄소 발자국의 비중이 2040년에는 14%를 넘어설 것이라는 전망을 확인할 수 있다.

④ (가)에서 디지털 기기 사용이 이산화 탄소를 발생시키는 이유를 설명하자는 의견에 따라, (나)의 3문단에서 그 이유를 데이터 센터와 관련지어 서술하고 있다.
(가)의 '편집부장'의 말을 통해 디지털 기기 사용이 이산화 탄소를 발생시키는 이유를 설명하자는 의견을 확인할 수 있다. 그리고 (나)의 3문단을 통해 디지털 기기 사용이 이산화 탄소를 발생시키는 이유를 데이터 센터와 관련지어 설명하는 내용을 확인할 수 있다.

⑤ (가)에서 학생들이 디지털 탄소 발자국을 줄일 수 있는 방법을 소개하자는 의견에 따라, (나)의 4문단에서 다양한 방법을 열거하고 있다.
(가)의 '학생 1'의 말을 통해 학생들이 디지털 탄소 발자국을 줄일 수 있는 방법을 소개해 주자는 내용을 확인할 수 있다. 그리고 (나)의 4문단을 통해 이와 관련하여 디지털 탄소 발자국을 줄이는 다양한 방법이 열거되어 있음을 확인할 수 있다.

03 중세 국어의 특징 이해 · 정답률 69% | 정답 ⑤

〈보기〉의 중세 국어 자료에 나타난 특징을 탐구한 내용으로 적절하지 <u>않은</u> 것은?

〈보 기〉

[중세 국어] 불·휘기·픈남·ᄀᆞᆫ ᄇᆞᄅᆞ·매아·니:뮐·ᄊᆡ
[현대 국어] 뿌리가 깊은 나무는 바람에 아니 움직이므로
〈용비어천가〉

[중세 국어] ·첫소·리·ᄅᆞᆯ어·울·워·ᄡᅳ·디·면글·봐·쓰·라
[현대 국어] 첫소리를 합하여 쓸 것이면 나란히 쓰라.
〈훈민정음언해〉

[중세 국어] ·몸·이며얼굴·이며머·리털·이·며·술·흔
[현대 국어] 몸과 형체와 머리털과 살은
〈소학언해〉

① '기·픈'은 '깊은'과 견주어 보니, 소리 나는 대로 적었음을 알 수 있군.
'기픈'은 어간의 받침 'ㅍ'을 어미의 첫소리로 옮겨 소리 나는 대로 표기한, 이어적기한 것이라 할 수 있다.

② ':뮐·ᄊᆡ'는 '움직이므로'에 대응하는 것을 보니, 현대 국어에서는 쓰이지 않는 단어임을 알 수 있군.
'뮐ᄊᆡ'는 현대 국어에서는 사용되지 않는 단어에 해당한다.

③ '·ᄅᆞᆯ'은 '를'과 견주어 보니, 현대 국어와 단어의 형태가 달랐음을 알 수 있군.
'ᄅᆞᆯ'은 현대 국어의 '를'과 형태가 다르다.

④ 'ᄡᅳ·디·면'은 '쓸 것이면'에 대응하는 것을 보니, 초성에 서로 다른 두 개의 자음이 함께 사용되었음을 알 수 있군.
'ᄡᅳ디면'에는 현대 국어에서 쓰이지 않는 어두자음군 'ㅄ'이 사용되었다.

☑ '얼굴'은 '형체'라는 의미였던 것을 보니, 현대 국어로 오면서 단어의 의미가 확대되었음을 알 수 있군.
중세 국어의 '·몸·이며얼굴·이며'의 현대어 풀이가 '몸과 형체와'임을 통해 '얼굴'이 중세 국어에서 '형체'라는 의미를 가지고 있었음을 알 수 있다. 그런데 현대 국어에서 '얼굴'은 사람의 '낯'이라는 의미로만 사용되고 있으므로 중세보다 의미가 축소되었다고 할 수 있다.

04~09 사회

(가) 김현귀, 「액세스권의 기본권적 의의」

해제 이 글은 제롬 배런이 주장한 언론 매체 접근·이용권에 대해 설명하고 있다. 제롬 배런은 매스미디어의 거대화, 독점화에 따라 언론의 자유가 매체를 소유하거나 지배하는 소수의 계층이나 집단의 것으로 전락하였기 때문에 시민들의 언론의 자유를 보장하기 위해 언론 매체 접근·이용권을 인정해야 함을 주장하였다. 언론 매체 접근·이용

권의 대표적인 형태로 반론권이 있고, 국민이 언론 매체를 이용하여 자신의 의사를 표명할 수 있도록 하기 위해 별도의 조항을 두고 있다. 그런데 이러한 언론 매체 접근·이용권이 언론 매체의 권리인 편집권과 맞부딪칠 수도 있는데, 이 경우에는 구제 수단을 활용하여 국민의 언론 매체 접근·이용권을 보호하고 있다.

주제 언론 매체 접근·이용권의 이해

문단 핵심 내용

1문단	언론 매체 접근·이용권을 최초로 주장한 제롬 배런
2문단	제롬 배런이 언론 매체 접근·이용권을 인정해야 함을 주장한 이유
3문단	언론 매체 접근·이용권의 대표적인 형태인 반론권과 그 외의 조항
4문단	언론 매체 접근·이용권이 언론 매체의 권리인 편집권과 부딪칠 경우의 구제 수단

(나) 심석태, 「사례와 쟁점으로 본 언론법의 이해」

해제 이 글은 언론중재법에 규정되어 있는 정정 보도 청구권과 반론 보도 청구권에 대해 설명하고 있다. 언론중재법에는 언론 매체에 의해 피해를 받은 개인에게 신속하고 대등한 방어 수단을 제공하기 위해 정정 보도 청구권과 반론 보도 청구권이 규정되어 있는데, 정정 보도를 청구하는 피해자는 원 보도가 허위임을 입증해야 하며, 반론 보도는 원 보도의 진위 여부와 상관없이 청구할 수 있다. 정정 보도 청구권과 반론 보도 청구권의 주체는 그 보도로 인해 피해를 입은 자로, 언론 보도의 '사실적 주장'에 대해 정정 보도와 반론 보도를 청구할 수 있다. 이때 피해자는 해당 언론 보도 등이 있음을 안 날로부터 3개월 이내에 정정 또는 반론 보도를 청구할 수 있다. 한편 언론중재법상 정정 보도를 청구할 수 있는 기간이 지났다면 민법 제764조에 의거하여 정정 보도를 청구할 수도 있는데, 이러한 민법상 정정 보도 청구권이 성립하려면 언론중재법과 달리 언론사의 고의 또는 과실이 있다는 것과, 해당 보도에 위법성이 있음이 입증되어야 한다.

주제 정정 보도 청구권 및 반론 보도 청구권의 이해

문단 핵심 내용

1문단	정정 보도 청구권과 반론 보도 청구권이 규정되어 있는 언론중재법
2문단	정정 보도 청구권과 반론 보도 청구권의 주체, 청구 대상, 청구할 시기
3문단	민법상 정정 보도 청구권의 청구 및 민법상 청구 성립 요건
4문단	정정 보도 청구권 및 반론 보도 청구권의 의의

04 글의 전개 방식 파악 · 정답률 80% | 정답 ③

(가)와 (나)에 대한 설명으로 가장 적절한 것은?

① (가)는 권리의 유형을 구분하였고, (나)는 권리의 주체를 법률의 내용에 따라 분류하였다.
(가)에서 권리의 유형을 구분하지 않고 있고, (나)에서 권리의 주체를 법률의 내용에 따라 분류하지 않고 있다.

② (가)는 권리의 발전 과정을 소개하였고, (나)는 권리의 실행 과정에 나타나는 한계를 지적하였다.
(가)에서 권리의 등장 배경을 언급하고 있지만 권리의 발전 과정을 소개하지는 않고 있다. 그리고 (나)에서 정정 보도 청구권 및 반론 보도 청구권의 실행 과정에서 나타나는 한계를 지적하지는 않고 있다.

☑ (가)는 권리의 등장 배경과 실현 양상을 설명하였고, (나)는 근거한 법에 따른 권리의 성립 요건 차이를 비교하였다.
(가)에서는 미국과 영국 내 언론의 독과점 상황을 바탕으로 언론 매체 접근·이용권의 등장 배경을 제시하고 있다. 그리고 반론권 및 방송법의 조항 등을 통해 언론 매체 접근·이용권의 실현 양상을 설명하고 있다. (나)에서는 언론중재법에 근거한 정정 보도 청구권과 달리, 민법에 근거한 정정 보도 청구권은 언론사의 고의나 과실이 있고 해당 보도에 위법성이 있다는 요건을 만족해야 성립한다는 것을 설명하고 있다. 따라서 (나)에서는 두 권리의 성립 요건 차이를 비교하고 있다.

④ (가)는 시대에 따라 변화하는 권리의 의의를 평가하였고, (나)는 다른 권리와 대비하며 권리의 특성을 분석하였다.
(가)에서 시대에 따라 변화하는 권리의 의의를 평가하지 않고 있고, (나)에서 정정 보도 청구권과 반론 보도 청구권을 대비하면서 각각의 특성을 분석하지는 않고 있다.

⑤ (가)는 권리가 올바르게 실행되기 위한 조건을 제시하였고, (나)는 권리의 실행으로 인해 변화된 양상을 서술하였다.

(가)에서 권리가 올바르게 실행되기 위한 조건은 제시되지 않고 있고, (나)에서 권리의
실행으로 인해 변화된 양상을 서술하지 않고 있다.

05 내용의 사실적 이해　　　　　정답률 40% | 정답 ⑤

(가), (나)의 내용과 일치하지 않는 것은?

① 언론 매체가 재량권을 남용한 경우에 국민의 언론 매체 접근·이용
권은 보호받을 수 있다.
(가)의 4문단을 통해 언론 매체가 일정한 재량권을 남용할 때는 구제 수단을 활용하여
국민의 언론 매체 접근·이용권을 보호하고 있음을 알 수 있다.

② 공공의 이익을 위한 보도가 타인의 명예를 훼손한 경우 민법상 정정
보도 청구권은 성립하지 않는다.
(나)의 4문단을 통해 언론 보도가 타인의 명예를 훼손했다 하더라도 해당 보도가 공공의
이익을 위한 것일 때는 위법이 아니라고 인정됨을 알 수 있다.

③ 민법상 정정 보도 청구권은 언론중재법상 정정 보도 청구권보다
보도를 청구할 수 있는 기한이 길다.
(나)의 3문단을 통해 언론중재법상 정정 보도는 해당 언론 보도 등이 있음을 안 날로부터
3개월 이내에 청구할 수 있는데 해당 언론 보도 등이 있은 후 6개월이 지나면 청구할 수
없음을 알 수 있다. 그리고 (나)의 4문단을 통해 민법상 정정 보도는 언론 보도가 있음을
안 날로부터 3년 이내에 법원에 소를 제기할 수 있는데, 해당 언론 보도가 있은 후 10년
이 지났을 때는 불가함을 알 수 있다.

④ 언론중재법상 정정 보도 또는 반론 보도를 청구하려면 언론 보도로
인해 피해를 입은 사실이 있어야 한다.
(나)의 3문단을 통해 언론중재법상 정정 보도 청구권과 반론 보도 청구권의 주체는 보도
내용과 개별적 연관성이 있으며 그 보도로 인해 피해를 입은 자임을 알 수 있다.

☑ 배런은 시민에게 매체를 소유할 수 있는 권리가 주어지지 않아 언론
의 자유가 소수의 것으로 전락했다고 보았다.
(가)의 2문단을 통해 배런이 매스미디어의 거대화, 독점화에 따라 언론의 자유가 매체를
소유하거나 지배하는 소수의 계층이나 집단의 것으로 전락한 것이라고 보았음을 알 수
있다. 따라서 배런이 시민에게 매체를 소유할 수 있는 권리가 주어지지 않아 언론의 자유
가 소수의 것으로 전락했다고 본 것은 아니므로 적절하지 않다.

06 이유의 추리　　　　　정답률 52% | 정답 ①

㉠의 이유를 추론한 내용으로 가장 적절한 것은?

☑ 원 보도와 동일한 효과를 낼 수 있는 대등한 방어 수단을 제공하기
위해서이다.
정정 보도 청구권과 반론 보도 청구권은 언론 매체에 의해 피해를 받은 개인에게 대등한
방어 수단을 제공한다. 이때 대등한 방어 수단이라는 것은 언론 매체의 원 보도와 동일
한 효과를 낼 수 있어야 한다는 것을 의미한다. 만약 정정 또는 반론 보도가 원 보도가
이루어진 것과 다른 방식으로 이루어진다면 이것은 동일한 효과를 내기 어렵다. 따라서
피해자가 청구한 보도가 원 보도와 동일한 채널, 지면에서 이루어져야 하며, 방송 진행
자가 보도문을 읽을 때 통상적인 속도로 읽어야 하는 이유는 원 보도와 동일한 효과를
낼 수 있는 대등한 방어 수단을 제공하기 위해서임을 알 수 있다.

② 원 보도를 한 언론사의 대표자에게 원 보도를 진실에 맞게 수정해
달라고 요구하기 위해서이다.
㉠은 원 보도를 수정한 보도에 해당하므로, 선후 관계상 원 보도를 한 언론사의 대표자에
게 원 보도를 진실에 맞게 수정해 달라고 요구하기 위해서라는 이유는 적절하지 않다.

③ 원 보도에 비해 신속한 전달 수단을 제공하여 언론 매체에 의한 피
해를 최소화하기 위해서이다.
㉠은 정정 보도 및 반론 보도가 원 보도와 동일한 효과를 내도록 한 것이므로, 원 보도에
비해 신속한 전달 수단을 제공한다고 볼 수 없다.

④ 언론 매체가 대중적인 주장과 사람들이 불편하게 여기는 주장을
차별적으로 보도하지 않도록 하기 위해서이다.
㉠은 언론사가 원 보도와 정정 보도 및 반론 보도를 할 때 차별을 두지 않도록 한 것이다.
그러나 원 보도와 정정 보도 및 반론 보도의 관계가 대중적인 주장과 사람들이 불편하게
여기는 주장의 관계라고 보기 어렵다.

⑤ 양측의 주장을 같은 방식으로 제공하여 옳고 그름에 대한 판단을
시청자 또는 독자가 내리도록 하기 위해서이다.
반론 보도의 경우 언론 매체의 시청자 또는 독자에게 반론 보도와 원 보도를 같은 방식
으로 제공하여 양측의 주장의 옳고 그름에 대한 판단을 시청자 또는 독자가 내리도록
한다. 그러나 정정 보도의 경우 진실하지 않은 원 보도 내용의 잘못을 바로잡는 것이므로
옳고 그름에 대한 판단을 시청자 또는 독자가 내리는 것이 아니다. 따라서 정정 보도 및
반론 보도 모두에 적용되는 ㉠의 이유라고 보기 어렵다.

07 구체적인 사례에의 적용　　　　　정답률 55% | 정답 ②

(가)를 바탕으로 〈보기〉를 이해한 내용으로 적절하지 않은 것은? [3점]

> ─〈 보 기 〉─
>
> ㄱ. 방송법 제6조 제9항
> 　방송은 정부 또는 특정 집단의 정책 등을 공표하는 경우 의견이 다른 집단에 균등한
> 기회가 제공되도록 노력하여야 하고, 또한 각 정치적 이해 당사자에 관한 방송 프로그램
> 을 편성하는 경우에도 균형성이 유지되도록 하여야 한다.
>
> ㄴ. 방송법 제6조 제2항
> 　방송은 성별·연령·직업·종교·신념·계층·지역·인종 등을 이유로 방송편성에 차별을
> 두어서는 아니 된다.
>
> ㄷ. 언론중재법 제17조 제1항
> 　언론 등에 의하여 범죄 혐의가 있거나 형사상의 조치를 받았다고 보도 또는 공표된 자는
> 그에 대한 형사 절차가 무죄 판결 또는 이와 동등한 형태로 종결되었을 때에는 그 사실을
> 안 날부터 3개월 이내에 언론사 등에 이 사실에 관한 추후 보도의 게재를 청구할 수 있다.

① ㄱ은 언론 매체가 공정한 여론을 형성하는 공론장의 역할을 해야
한다는 인식을 반영하고 있다.
ㄱ은 언론 매체 접근·이용권을 보장하는 방송법 조항에 해당한다. 언론 매체 접근·이용
권은 언론 매체가 다양하고 공정한 여론을 형성하는 공론장의 역할을 해야 한다는 인식
을 반영하고 있다.

☑ ㄱ은 언론 매체에 의하여 비판을 당한 국민이 반론의 기회를 요구
할 수 있는 권리를 보장하고 있다.
ㄱ은 언론 매체가 사회의 다양성을 해치거나 임의로 특정 의견을 차별하지 못하게 하는
방송법 조항에 해당한다. 언론 매체에 의하여 비판을 당한 국민이 반론의 기회를 요구할
수 있는 권리는 반론권이다.

③ ㄴ은 언론 매체가 사회의 다양성을 해치지 못하도록 하고 있다.
ㄴ은 방송이 임의의 이유로 방송편성에 차별을 두지 못하도록 하는 조항에 해당한다.
차별을 금지하여 언론 매체가 사회의 다양성을 해치지 않고, 사회의 다양성을 방송편성에
반영할 수 있도록 하고 있다.

④ ㄷ은 매스미디어를 소유하지 않아도 언론의 자유를 보장받을 수
있도록 하고 있다.
ㄷ은 언론 매체 접근·이용권의 형태인 언론중재법 조항에 해당한다. 언론사 등에 추후
보도의 게재를 청구할 수 있도록 하여, 매스미디어를 소유하지 않아도 언론 매체를 이용
할 수 있도록 하여 언론의 자유를 보장받을 수 있도록 하고 있다.

⑤ ㄷ은 언론 보도로 피해를 입은 사람이 자신의 의사를 표명할 수 있
도록 하고 있다.
ㄷ은 자신이 범죄 혐의가 있거나 형사상의 조치를 받았다는 언론 보도로 인해 피해를
입은 사람이 추후 보도의 게재를 통해 자신의 의사를 표명할 수 있도록 하고 있다.

★★★ 1등급 대비 고난도 2점 문제

08 구체적인 사례에의 적용　　　　　정답률 39% | 정답 ④

(나)를 바탕으로 〈보기〉를 탐구한 내용으로 적절하지 않은 것은?

> ─〈 보 기 〉─
>
> 　○○ 동물 병원을 운영하는 A는 △△ 신문의 기자 B가 제보 내용에 대한 별도의 취재
> 없이 보도한 기사로 인해 매출이 줄어드는 피해를 입었다. A는 다음의 내용으로 △△ 신
> 문의 대표자 C 또는 기자 B에게 정정 및 반론 보도를 요청하고자 한다.
>
> > 　본 신문은 2022년 9월 1일자 10면에 '○○시 소재 동물 병원, 입원한 반려견 방치
> > 하고 처방전 미발급'이라는 제목으로 ○○시에 소재한 모 동물 병원이 입원한 반려견
> > 에게 먹이를 주지 않았으며 처방전을 발급하지 않고 의약품을 투약했다고 보도하였습
> > 니다.
> > 　그러나 해당 동물 병원의 CCTV 영상을 확인한 결과 동물 병원의 직원들이 입원한
> > 반려견에게 적정량의 먹이를 제공한 것으로 밝혀져 이를 바로잡습니다. 또한 해당 동물
> > 병원에서는 처방전을 발급하지 않은 것은 사실이지만, 관련 법에 근거하여 수의사가
> > 직접 처방 대상 동물용의약품을 투약하는 경우에는 처방전을 발급하지 않을 수 있다
> > 고 밝혀왔습니다.

① A가 별도의 취재를 하지 않은 B에게 정정 보도를 청구하려면 법원
에 소를 제기해야겠군.
(나)의 4문단을 통해 민법상 정정 보도는 잘못된 언론 보도로 손해를 가한 기자에 대해
서도 청구할 수 있음을 알 수 있다. 따라서 A가 별도의 취재를 하지 않은 기자 B에게
정정 보도를 청구하려면 민법 제764조에 의거하여 정정 보도를 청구하는 소를 법원에
제기해야 함을 알 수 있다.

DAY 16

② A는 먹이 제공과 관련된 내용은 정정 보도를, 처방전 미발급과 관련된 내용은 반론 보도를 청구하려는 것이겠군.

A는 CCTV 영상에 의해 '모 동물병원이 입원한 반려견에게 먹이를 주지 않았다'는 것이 허위임을 입증하고 원 보도 내용의 잘못을 바로잡는 정정 보도를 청구하려 하고 있다. '처방전을 발급하지 않고 의약품을 투약했다'는 것은 사실이므로 A는 원 보도의 잘못을 바로잡는 것이 아니라 원 보도 내용에 관한 반론을 보도해 줄 것을 요구하는 반론 보도를 청구하려 하고 있다.

③ A가 △△ 신문의 보도가 있음을 안 날이 2023년 9월 1일이라면 민법 제764조에 의거하여 권리를 행사해야겠군.

(나)의 3문단을 통해, 언론중재법상 정정 보도와 반론 보도는 해당 언론 보도 등이 있은 후 6개월이 지났을 때에는 청구할 수 없음을 알 수 있다. 그런데 △△ 신문의 보도가 있은 것은 2022년 9월 1일로, A가 △△ 신문의 보도 내용을 알게 된 2023년 9월 1일에는 보도가 있은 후 6개월이 지났으므로 언론중재법상 권리를 행사할 수 없다. 따라서 언론 보도가 있음을 안 날로부터 3년, 해당 언론 보도가 있은 후 10년 이내에 법원에 소를 제기할 수 있도록 한 민법 제764조에 의거하여 권리를 행사해야 한다.

✔ B의 기사 중 입원한 반려견에게 먹이를 주지 않았다는 내용은 사실적 주장에 해당하지 않겠군.

(나)의 3문단을 통해 '사실적 주장'은 증거에 의해서 그 존재 여부를 판단할 수 있는 사실 관계에 관한 주장임을 알 수 있다. 그리고 '입원한 반려견에게 먹이를 주지 않았다'는 것은 해당 동물 병원의 CCTV 영상이라는 증거에 의해 먹이를 주지 않은 사실이 존재하지 않음을 판단할 수 있으므로 '입원한 반려견에게 먹이를 주지 않았다'는 것은 사실적 주장이라 할 수 있다.

⑤ C가 언론중재법에 의거한 A의 청구를 수용한다면, 청구를 받은 날부터 일주일 이내에 A가 요청한 보도문을 △△ 신문에 싣겠군.

(나)의 3문단을 통해 언론사가 청구를 수용한다면 청구를 받은 날부터 7일 이내에 정정 또는 반론 보도문을 원 보도와 동일한 지면에 싣게 됨을 알 수 있다.

★★ 문제 해결 꿀~팁 ★★

▶ **많이 틀린 이유는?**
이 문제는 글의 내용을 실제 사례에 적용하는 과정에서 어려움을 겪어 오답률이 높았던 것으로 보인다.

▶ **문제 해결 방법은?**
이 문제를 해결하기 위해서는 〈보기〉에 대해 탐구하고 있는 선택지를 먼저 이해한 뒤, 이 선택지와 관련된 내용을 글에서 찾아 적절성을 판단해야 한다. 가령 정답인 ④의 경우, 선택지에 제시된 '입원한 반려견에 먹이를 주지 않았다는 내용'이 '사실적 주장'인지를 판단하는 것이므로, 글을 통해 '사실적 주장'이 무엇인지 찾을 수 있어야 한다. 즉, (나)의 3문단을 통해 '사실적 주장'이 증거에 의해서 그 존재 여부를 판단할 수 있는 사실 관계에 관한 주장임을 파악하여야 한다. 그런 다음 이를 바탕으로 '입원한 반려견에게 먹이를 주지 않았다'는 것의 사실 존재 여부를 판단할 수 있는지 확인하면 되는데, 이러한 사실 존재 여부를 〈보기〉를 통해 확인할 수 있으므로 적절하지 않은 것이다.

▶ **오답인 ①을 많이 선택한 이유는?**
이 문제의 경우 학생들이 ①이 적절하지 않다고 하여 오답률이 높았는데, 이는 '법원에 소를 제기'하는 것이 단지 정정 보도를 청구할 수 있는 기간이 지난 경우로만 생각했기 때문으로 보인다. 그런데 (나)의 3문단을 통해 언론중재법상 정정 또는 반론은 '언론사 등의 대표자'에게 할 수 있지, 기자 B에게는 할 수 없음을 알 수 있고, 4문단을 통해 민법상 정정 보도는 잘못된 언론 보도로 손해를 가한 기자에 대해서 청구할 수 있음을 알 수 있으므로 적절하다고 할 수 있다. 이 선택지처럼 글의 내용을 정확하게 파악하지 않으면 잘못된 선택을 할 수 있으므로 선택지에 해당하는 내용이 어디인지를 정확히 파악한 뒤, 이와 관련한 내용을 찾을 수 있도록 해야 한다.

09   단어의 문맥적 의미 파악   정답률 82% | 정답 ⑤

문맥상 ⓐ ~ ⓔ와 바꾸어 쓰기에 적절하지 않은 것은?

① ⓐ : 비하면
'비하다'는 '사물 따위를 다른 것에 비교하거나 견주다.'의 의미이므로, '둘 이상의 사물을 질(質)이나 양(量) 따위에서 어떠한 차이가 있는지 알기 위하여 서로 대어 보다.'의 의미인 '견주다'와 바꿔 쓰기에 적절하다.

② ⓑ : 기여하는
'기여하다'는 '도움이 되도록 이바지하다.'의 의미이므로, '도움이 되게 하다.'의 의미인 '이바지하다'와 바꿔 쓰기에 적절하다.

③ ⓒ : 충돌할
'충돌하다'는 '서로 맞부딪치거나 맞서다.'의 의미이므로, '서로 힘 있게 마주 닿다.'의 의미인 '맞부딪치다'와 바꿔 쓰기에 적절하다.

④ ⓓ : 게재하게

'게재하다'는 '글이나 그림 따위를 신문이나 잡지 따위에 싣다.'의 의미이므로, '글, 그림, 사진 따위를 책이나 신문 따위의 출판물에 내다.'의 의미인 '싣다'와 바꿔 쓰기에 적절하다.

✔ ⓔ : 증진하고
'증진하다'는 '기운이나 세력 따위를 점점 더 늘려 가고 나아가게 하다.'의 의미이다. 따라서 '남이 하는 일이 잘되도록 거들거나 힘을 보태다.'의 의미인 '돕다'와 바꾸어 쓰기에 적절하지 않다.

10~12   현대 소설

한승원, 「어머니」

감상   이 작품은 일제 강점기와 해방 직후를 배경으로 그 시대를 살아가는 어머니의 한과 자식에 대한 깊은 사랑을 다루고 있다. 이 작품에서 어머니는 감옥살이를 하는 자식을 면회하기 위해 필요한 여비를 마련하려고 애쓰고 있는데, 그 과정에서 과거부터 지금까지의 일을 회상하며 아들을 만나러 가는 심정을 애절하게 그리고 있다.

주제   어머니의 한스러운 삶과 자식을 향한 지극한 사랑

작품 줄거리   주인공인 늙은 어머니는 해수 기침을 심하게 앓는 몸으로 한겨울에 미역 장사를 한다. 중형을 선고받고 감옥살이를 하는 막내아들에게 면회를 다니기 위해서이다. 아들 둘이 있지만 면회 다닐 여비 한 푼 보태 줄 형편이 못 된다. 늙은 어머니는 섬에서 사온 미역을 딸을 통해 김으로 바꾸어다가 광주 시장에서 팔아 남긴 몇 푼의 이익금으로 막내아들에게 면회를 다니곤 한다. 면회를 할 때마다, 그 아들이 아직 살아 있는지 어쩌는지 조마조마해 하며 고깃국을 마련하고 우유를 준비한다. 그런데 이 날, 면회 신청을 하자 그녀의 아들은 멀고 먼 형무소로 옮겨가고 없음을 알게 된다.

10   서술상 특징 파악   정답률 81% | 정답 ⑤

윗글의 서술상 특징으로 가장 적절한 것은?

① 공간적 배경에 대한 묘사를 통해 미래의 일을 암시하고 있다.
이 글을 통해 공간적 배경으로 면회장이 제시되고 있지만, 이러한 공간에 대한 배경 묘사는 찾아볼 수 없다.

② 인물 간 성격의 대비를 통해 사건이 반전되는 양상을 부각하고 있다.
이 글에서 중심인물인 '어머니'와 다른 인물 간의 성격을 대비하는 장면은 찾아볼 수 없다.

③ 시간의 흐름에 따라 서술자를 달리하여 사건을 입체적으로 조명하고 있다.
이 글은 시간의 흐름에 따라 사건이 전개되고 있지만, 시간의 흐름에 따라 서술자를 달리하지는 않고 있다.

④ 다른 공간에서 동시에 일어난 사건을 병치하여 이야기의 흐름을 지연시키고 있다.
이 글에서 다른 공간에서 동시에 일어난 사건을 병치하지는 않고 있다. 한편 다른 공간에서 동시에 일어난 사건을 병치하는 경우 이야기의 흐름을 지연시키는 효과를 줄 수 있다.

✔ 외부의 서술자가 특정 인물에 초점을 두고 사건을 서술하여 인물의 내면을 드러내고 있다.
이 글은 이야기 밖에 있는 서술자가 중심인물인 '어머니'에 초점을 두면서 막둥이가 감옥에 간 사건이나 막둥이가 목포로 이감된 사건을 그리고 있다. 또한 '어머니'에 대한 생각을 서술하여 '어머니'의 내면도 잘 드러내고 있다.

11   외적 준거에 따른 작품의 감상   정답률 90% | 정답 ③

〈보기〉를 참고하여 윗글을 감상한 내용으로 적절하지 않은 것은? [3점]

< 보 기 >
이 작품은 아들의 감옥살이를 자신의 탓이라고 여기는 어머니의 한과 자식을 향한 사랑을 그리고 있다. 어머니는 몸도 쇠약하고 경제적으로도 힘들지만, 아들을 만나러 다니는 것을 위안으로 삼는다. 그렇기에 고대하던 아들과의 만남이 무산된 비극적 상황은 어머니의 한이 심화될 것임을 암시한다.

① '막동이를 그렇게 만들어 놓은' 것이 '자기 때문이라'고 하며 '눈을 감을 수' 없다고 생각하는 장면을 통해 아들의 처지에 대한 어머니의 자책감을 짐작할 수 있겠군.
〈보기〉의 '아들의 감옥살이를 자신의 탓이라고 여기는 어머니의 한'을 통해 적절한 감상임을 알 수 있다.

② '죄를 어떻게 벗겨 줄 길이' 없지만 '얼굴이라도 보도록 해 주는 것만도 고맙게 여기'는 장면을 통해 어머니가 자식을 보러 가는 것을 위안으로 삼고 있음을 짐작할 수 있겠군.
〈보기〉의 '어머니는 몸도 쇠약하고 경제적으로도 힘들지만, 아들을 만나러 다니는 것을 위안으로 삼는다.'를 통해 적절한 감상임을 알 수 있다.

✔ '삼천오백 원'을 마련해 주지 않은 '큰아들들의 소행'을 '노여워'하는 장면을 통해 어머니가 경제적 어려움을 자식들 탓으로 여기고 있음을 짐작할 수 있겠군.
어머니가 막내아들을 면회하기 위해 필요한 여비를 큰아들들이 마련해 주지 않아서 원망을 한 것이지, 경제적 어려움이 자식들 때문이라고 탓하는 것은 아니다.

④ '쇠고깃국 냄비'의 뜨거움도 '의식하지 못한 채' 들고 가는 장면을 통해 아들을 향한 어머니의 사랑을 짐작할 수 있겠군.
〈보기〉의 '자식을 향한 사랑을 그리고 있다.'를 통해 적절한 감상임을 알 수 있다.

⑤ '어머니의 품'에 있던 '우유병'이 깨지는 장면을 통해 비극적 상황에 처한 어머니의 절망감을 짐작할 수 있겠군.
〈보기〉의 '그렇기에 고대하던 아들과의 만남이 무산된 비극적 상황은 어머니의 한이 심화될 것임을 암시한다.'를 통해 적절한 감상임을 알 수 있다.

12　작품 내용의 이해　　정답률 82% | 정답 ⑤

㉠과 관련하여 윗글을 이해한 내용으로 가장 적절한 것은?

① '어머니'는 ㉠을 통해 자신의 마음을 아들에게 전달하고자 했다.
'종이쪽지'는 어머니가 쓴 것이 아니므로 적절하지 않다.

② '어머니'는 ㉠ 때문에 면회가 늦어진 것을 알고 '교도관'에게 항의했다.
어머니가 면회가 늦어진 것에 대해 항의하지 않고 있으므로 적절하지 않다.

③ '교도관'들은 ㉠으로 '어머니'와 '아들' 사이의 갈등을 해소하려고 하였다.
어머니와 아들 사이에 갈등이 있다고 보기 어렵고, 교도관들이 그것을 해소하려는 것도 확인할 수 없으므로 적절하지 않다.

④ '교도관'들은 ㉠을 '어머니'에게 보여 주며 '아들'과 아는 사이임을 드러내었다.
교도관들과 어머니의 대화 내용에서 교도관들이 아들과 아는 사이인지는 드러나지 않으므로 적절하지 않다.

✔ '교도관'들은 ㉠과 관련하여 알고 있는 사실을 '어머니'에게 전달하기를 불편해 하였다.
어머니를 앞에 두고 교도관끼리 말을 속닥거리고, 다른 아들이 있는지 묻는 행동을 통해, 교도관들이 '종이쪽지'와 관련된 사실을 전달하는 것을 불편해 함을 알 수 있다.

DAY 17　**20분 미니 모의고사**

01 ②	02 ①	03 ②	04 ④	05 ⑤
06 ①	07 ⑤	08 ①	09 ①	10 ④
11 ④	12 ③			

01　발표자의 말하기 방식 파악　　정답률 94% | 정답 ②

위 발표자의 말하기 방식으로 가장 적절한 것은?

① 청중에게 기대하는 바를 언급하여 발표 목적을 부각하고 있다.
이 발표에서는 고구려 고분 벽화가 지니는 가치를 언급하며 발표를 마무리하고 있지, 청중에게 기대하는 바를 언급하면서 발표 목적을 부각하지는 않고 있다.

✔ 발표 내용과 관련된 질문을 하여 청중의 반응을 이끌어 내고 있다.
1문단의 '여러분은 고구려 고분 벽화를 본 적이 있나요? (청중의 대답을 듣고) 생각보다 많지 않네요.'나, 2문단의 '그럼 고구려 고분 벽화에는 무엇을 그렸을까요? (청중의 반응을 살피고) 네, 다양한 답변이 있네요.'를 통해, 발표 내용인 '고구려 고분 벽화'에 대한 질문을 하며 청중의 반응을 이끌어 내고 있음을 알 수 있다.

③ 청중의 요청에 따라 발표 내용과 관련된 정보를 추가하여 설명하고 있다.
이 발표에서 발표자가 청중에게 질문을 던지고는 있지만, 청중이 발표자에게 질문을 하여 발표 내용과 관련된 정보를 추가하여 요청하지는 않고 있다.

④ 발표 내용의 순서를 안내하여 청중이 발표 내용을 예측하도록 돕고 있다.
발표자는 발표를 시작하면서 발표할 내용에 대해 언급하고는 있지만, 어떤 순서로 발표를 할지 발표 순서를 안내하지는 않고 있다.

⑤ 발표 내용이 청중과 관련성이 높음을 제시하여 청중의 흥미를 유발하고 있다.
발표자가 발표 내용인 '고구려 고분 벽화'가 청중과 관련성이 높다는 내용을 언급한 부분은 찾아볼 수 없다.

02　조건에 맞는 글쓰기　　정답률 80% | 정답 ①

〈보기〉의 합평회 의견을 반영하여 '초고'의 마지막에 추가할 내용을 구성한 것으로 가장 적절한 것은? [3점]

〈보 기〉
부원 1 : '영혼의 가압'이라는 표현이 참신하게 느껴져. 시인의 언덕으로의 산책이 너에게 주는 의미를 비유적으로 나타내면 더 좋을 것 같아.
부원 2 : 너와 함께 산책하는 기분이 들어 좋았어. 글을 마무리할 때 산책을 끝내고 집에 돌아온 후의 느낌을 드러내면 더 좋겠어.

✔ 시인의 언덕에 오르니 마음의 근육에 힘줄이 선다. 집에 돌아오니 마음의 뜨락에 봄의 생기가 넘친다.
〈보기〉를 통해 '초고'의 마지막에 '시인의 언덕으로의 산책이 주는 의미를 비유적으로 표현'해야 하고, '집에 돌아온 후의 느낌을 표현'해야 함을 알 수 있다. 이러한 조건을 만족하는 것은 ①로, ①의 '시인의 언덕에 ~ 힘줄이 선다.'에서 시인의 언덕으로의 산책이 글쓴이에게 주는 의미가 비유적으로 표현되었음을 알 수 있다. 그리고 '집에 돌아오니 ~ 생기가 넘친다.'에서 산책을 끝내고 집에 돌아온 후의 느낌이 드러났음을 알 수 있다.

② 시인의 언덕에 올 때마다 마음이 순수해진다. 시인의 '서시' 한 구절을 읊조리며 산책을 마치고 집에 들어선다.
'시인의 언덕에 ~ 마음이 순수해진다.'에는 시인의 언덕으로의 산책이 글쓴이에게 주는 의미가 드러나지만 비유적 표현이 나타나지 않고 있다. 또한 산책을 끝내고 집에 돌아온 후의 느낌은 드러나지 않고 있다.

③ 수도 가압장에서 우러러본 하늘이 매우 파랗다. 시인의 언덕은 재충전의 기회와 용기를 주는 영혼의 가압장이다.
'시인의 언덕은 ~ 영혼의 가압장이다.'에는 시인의 언덕으로의 산책이 글쓴이에게 주는 의미가 비유적으로 표현되었으나, 산책을 끝내고 집에 돌아온 후의 느낌은 드러나지 않고 있다.

④ 시인의 언덕에 서서 불어오는 바람을 맞으니 기분이 상쾌해진다. 윤동주 문학관에서 집으로 다시 산책을 이어 간다.

시인의 언덕으로의 산책이 글쓴이에게 주는 의미를 비유적으로 표현한 내용과 산책을 끝내고 집에 돌아온 후의 느낌 모두 나타나지 않고 있다.

⑤ 시인의 언덕은 나에게 세상과 소통하는 길을 보여 준다. 나는 수도 가압장에서 내 영혼이 세차게 흐르는 것을 느낀다.

'나는 ~ 느낀다.'에는 시인의 언덕으로의 산책이 글쓴이에게 주는 의미가 비유적으로 표현되었으나, 산책을 끝내고 집에 돌아온 후의 느낌은 드러나지 않고 있다.

---

03 서술어의 자릿수 파악   정답률 74% | 정답 ②

㉠에 해당하는 예로 적절한 것은?

① 동생이 내 손을 꼭 잡았다.

'잡다'는 주어와 목적어를 요구하는 두 자리 서술어에 해당한다. 따라서 '동생이 내 손을 꼭 잡았다.'는 주어인 '동생이'와 목적어인 '손을'이 모두 갖추어져 있으므로 ㉠에 해당하는 예로 적절하지 않다.

✔ 선생님께서 제자로 삼으셨다.

'삼다'는 주어와 목적어, 필수적 부사어를 요구하는 세 자리 서술어에 해당한다. 그런데 '선생님께서 제자로 삼으셨다.'는 주어인 '선생님께서'와 필수적 부사어인 '제자로'는 있지만 목적어가 갖추어지지 않았으므로 ㉠에 해당하는 예로 적절하다.

③ 이 책의 내용은 생각보다 쉽다.

'쉽다'는 주어만을 요구하는 한 자리 서술어에 해당한다. 따라서 '이 책의 내용은 생각보다 쉽다.'에는 주어인 '내용은'이 갖추어져 있으므로 ㉠에 해당하는 예로 적절하지 않다.

④ 나는 밤새 보고서를 겨우 만들었다.

'만들다'는 주어와 목적어를 요구하는 두 자리 서술어에 해당한다. 따라서 '나는 밤새 보고서를 겨우 만들었다.'는 주어인 '나는'과 목적어인 '보고서를'이 모두 갖추어져 있으므로 ㉠에 해당하는 예로 적절하지 않다.

⑤ 그는 자신의 친구에게 나를 소개했다.

'소개하다'는 주어와 목적어, 필수적 부사어를 요구하는 세 자리 서술어에 해당한다. 따라서 '그는 자신의 친구에게 나를 소개했다.'는 주어인 '그는', 목적어인 '나를', 필수적 부사어인 '친구에게'가 모두 갖추어져 있으므로 ㉠에 해당하는 예로 적절하지 않다.

★★★ 1등급 대비 고난도 3점 문제

04 서술어의 선택 제약 파악   정답률 28% | 정답 ④

윗글을 바탕으로 〈보기〉의 탐구 과제를 수행했을 때, [A]에 들어갈 내용으로 적절하지 않은 것은? [3점]

〈보 기〉

[탐구 과제]
다음 [탐구 자료]에 나타난 서술어의 특징에 대해 알아보자.

[탐구 자료]

살다「동사」
「1」 생명을 지니고 있다.
  예 그 사람들은 백 살까지 ⓐ 살았다.
「2」[…에/에서] 어느 곳에 거주하거나 거처하다.
  예 그는 하루 종일 연구실에서 ⓑ 산다.
「3」[…을] 어떤 직분이나 신분의 생활을 하다.
  예 그는 조선 시대에 오랫동안 벼슬을 ⓒ 살았다.
「4」[(…과)] ('과'가 나타나지 않을 때는 여럿임을 뜻하는 말이 주어로 온다) 어떤 사람과 결혼하여 함께 생활하다.
  예 그녀는 사랑하는 남편과 잘 ⓓ 산다.
    그 부부는 오순도순 잘 ⓔ 산다.

[탐구 결과]

[A]

① ⓐ는 「1」의 의미를 고려할 때, 주어에 '생명을 지닌 존재'만을 선택하여 결합해야 서술어의 의미가 온전하게 표현되겠군.

ⓐ는 '생명을 지니고 있다.'라는 의미를 고려할 때 주어에 '생명을 지닌 존재'를 선택하여 결합해야 서술어의 의미가 온전하게 표현됨을 알 수 있다.

② ⓑ와 ⓒ는 필수적으로 요구하는 문장 성분의 종류는 다르지만 개수는 동일하겠군.

ⓑ는 주어와 부사어를 요구하는 두 자리 서술어에 해당하고, ⓒ는 주어와 목적어를 요구하는 두 자리 서술어에 해당한다. 따라서 ⓑ와 ⓒ는 필수적으로 요구하는 문장 성분의 종류는 다르지만, 요구하는 문장 성분의 개수는 2개로 동일함을 알 수 있다.

③ ⓑ와 ⓓ는 각각 「2」와 「4」의 의미를 고려할 때, 필수적으로 요구되는 부사어 자리에 올 수 있는 체언은 한정되겠군.

ⓑ는 '어느 곳에 거주하거나 거처하다.'의 의미를 고려할 때 필수적으로 요구되는 부사어 자리에 '장소'를 의미하는 체언이 와야 함을 알 수 있다. 그리고 ⓓ는 '어떤 사람과 결혼하여 함께 생활하다.'의 의미를 고려할 때 필수적으로 요구되는 부사어 자리에 '결혼을 하여 함께 생활하는 사람'을 의미하는 체언이 와야 함을 알 수 있다. 따라서 ⓑ와 ⓓ는 필수적으로 요구되는 부사어 자리에 올 수 있는 체언은 한정된다고 할 수 있다.

✔ ⓒ는 「3」의 의미를 고려할 때, 목적어와 부사어 자리에 어떤 직분이나 신분을 의미하는 체언하고만 어울리는 선택 자질을 갖겠군.

ⓒ는 '어떤 직분이나 신분의 생활을 하다.'라는 의미를 고려할 때 주어와 목적어를 필요로 하는 두 자리 서술어이므로 부사어를 필수적으로 요구하지 않는다. 그리고 어떤 직분이나 신분을 의미하는 체언하고만 어울리는 선택 자질은 목적어 자리에 오는 단어에만 해당하므로 적절하지 않다.

⑤ ⓔ는 「4」의 의미를 고려할 때, 서술어의 자릿수가 ⓐ와 같겠군.

ⓔ는 '과'가 나타나지 않을 때 여럿임을 뜻하는 말이 주어로 온 문장의 서술어이므로 한 자리 서술어에 해당한다. 따라서 ⓐ도 한 자리 서술어이므로 ⓐ와 서술어의 자릿수는 같다고 할 수 있다.

★★ 문제 해결 꿀~팁 ★★

▶ **많이 틀린 이유는?**
이 문제는 탐구 자료의 내용을 정확히 분석하지 못하여 오답률이 높았던 것으로 보인다. 또한 서술어 자릿수를 실제 사례를 통해 확인하는 과정에서 어려움을 겪어 오답률이 높았던 것으로 보인다.

▶ **문제 해결 방법은?**
이 문제를 해결하기 위해서는 기본적으로 탐구 자료를 글의 내용과 연관하여 정확히 이해하고, 이러한 이해를 바탕으로 선택지의 적절성을 판단해 보아야 한다. 가령 정답인 ④의 경우 탐구 자료에 제시된 […을]이라는 의미, 즉 목적어만 사용된다는 의미를 정확히 이해하였으면, '목적어와 부사어 자리'의 '부사어 자리'가 적절하지 않음을 바로 알았을 것이다. 문법 문제에서는 이 선택지처럼 탐구 자료만 정확히 이해하면 풀 수 있는 문제들이 있으므로, 문법 문제를 풀 때에는 〈보기〉로 제시된 사례나 문법 지식 등을 충분히 이해할 수 있도록 한다.

▶ **오답인 ⑤를 많이 선택한 이유는?**
이 문제의 경우 학생들이 ⑤가 적절하지 않다고 하여 오답률이 높았는데, 이 역시 탐구 자료를 정확히 이해하지 못했기 때문으로 보인다. 만일 「1」의 ⓐ가 다른 것과 달리 […을], […에서] 등이 없는 것을 알았다면 바로 주어만 요구되는 한 자리 서술어임을 알 수 있었을 것이다. 또한 ⓔ 역시 탐구 자료를 통해 '…과'가 나타나지 않을 때 여럿임을 뜻하는 말이 주어로 온 문장의 서술어임을 알 수 있으므로 한 자리 서술어에 해당함을 알았을 것이다.

05~08   기술

'STR 분석법(재구성)'

해제   이 글은 과학수사 시 범인 추정 및 피해자 확인 등에 사용되는 'STR 분석법'에 대해 설명하고 있다. 30억 개의 염기 서열로 이루어진 DNA는 특정 구간에서 '짧은 염기 서열이 연쇄적으로 반복(STR)'해서 나타나는 특징을 보여 주는데, 이 특징에 착안하여 동일인 여부를 판별하는 방법이 STR 분석법이다. STR 분석을 위해 염색체 내 특정된 위치를 '좌위'라 하며, 현재 우리나라에서는 20개의 좌위를 표준으로 하여 과학수사에 활용하고 있다.

주제   'STR 분석법'의 이해

문단 핵심 내용

1문단	'DNA 분석'으로 많이 사용되는 'STR 분석법'
2문단	STR 분석법 원리 이해를 위해 필요한 것들
3문단	STR 분석법에서 동일인 여부를 확인하는 방법
4문단	STR을 분석할 때 먼저 해야 할 일
5문단	STR 분석법의 성과 및 전망

---

05 세부 정보의 이해   정답률 74% | 정답 ⑤

윗글에 대한 이해로 가장 적절한 것은?

① 사람마다 DNA를 구성하는 염기 종류가 다르다.

2문단을 통해 DNA는 아데닌, 구아닌, 사이토신, 타이민 네 종류의 염기로만 구성되기 때문에, 사람의 DNA를 구성하는 염기 종류는 동일함을 알 수 있다.

② **상동 염색체는 서로 다른 모양을 가진 한 쌍으로 존재한다.**
2문단을 통해 상동 염색체는 모양과 크기가 동일한 염색체가 2개씩 쌍으로 존재함을 알 수 있다.

③ **STR 분석을 위해서는 먼저 염색체의 개수를 파악해야 한다.**
4문단을 통해 STR 분석을 위해 먼저 해야 할 것은 분석하려는 염색체 내의 위치를 특정하는 것임을 알 수 있다.

④ **20개의 표준 좌위에서는 염기 서열의 STR이 나타나지 않는다.**
4문단을 통해 좌위는 모두 염기 서열의 STR이 나타나는 구간으로 지정되어 있음을 알 수 있다.

☑ **STR 분석법은 DNA에 있는 30억 개 염기 중 일부를 대상으로 한다.**
2문단을 통해 DNA에는 네 종류의 염기가 약 30억 개로 구성되어 있음을 알 수 있고, STR 분석법은 이러한 30억 개의 염기 중 짧은 염기 서열이 연쇄적으로 반복해서 나타나는 특정 구간을 대상으로 함을 알 수 있다.

★★★ 1등급 대비 고난도 2점 문제

06 세부 정보의 추론 정답률 40% | 정답 ①

윗글을 읽고 추론한 내용으로 가장 적절한 것은?

☑ **DNA에는 염기 서열이 연쇄적으로 반복하지 않아 STR 분석법에서 사용하기 힘든 구간도 존재하겠군.**
3문단을 통해 짧은 염기 서열이 연쇄적으로 반복해서 나타나는 특징은 DNA의 특정 구간에서만 나타남을 알 수 있다. 따라서 이러한 특징이 나타나지 않는 구간에는 STR 분석법을 사용할 수 없음을 알 수 있다.

② **상동 염색체의 동일한 위치에서는 부계와 모계에서 받은 염색체의 염색대 번호가 서로 다르겠군.**
2문단을 통해 부계와 모계에서 물려받은 상동 염색체 한 쌍은 모양과 크기가 동일함을 알 수 있다. 따라서 상동 염색체의 동일한 위치에서는 부계와 모계에서 받은 염색체의 염색대 번호는 동일함을 알 수 있다.

③ **동일인에서 채취한 서로 다른 샘플에서는 같은 좌위라도 염기 서열의 반복 횟수가 다르겠군.**
동일인에서 채취한 경우, 혈흔이나 모발 등 샘플이 다르다 하더라도 DNA는 동일하므로, 동일인에서 채취한 서로 다른 샘플에서는 좌위가 같으면 염기 서열의 반복 횟수도 동일하게 나타난다고 할 수 있다.

④ **STR 분석법은 네 종류의 염기가 모두 반복되는 특정 구간을 분석 대상으로 하겠군.**
4문단을 통해 '4q31.3'인 좌위에서는 짧은 염기 서열 'CTTT'가 반복되고 있음을 알 수 있다. 따라서 STR 분석법의 대상이 되는 특정 구간에 네 종류의 염기가 모두 반복되는 것은 아니라 할 수 있다.

⑤ **국가 간에 공통적으로 사용하는 좌위가 없어 분석 결과를 공유하기 힘들겠군.**
5문단을 통해 우리나라를 비롯한 여러 나라에서 20개의 좌위를 표준으로 하여 과학수사에 동일하게 활용함을 알 수 있다. 따라서 20개의 좌위를 사용하는 국가 간에는 분석 결과를 공유할 수 있음을 알 수 있다.

★★ 문제 해결 꿀~팁 ★★

▶ **많이 틀린 이유는?**
이 문제는 선택지의 내용을 글의 내용을 바탕으로 추론하는 데 어려움을 겪어 오답률이 높았던 것으로 보인다.

▶ **문제 해결 방법은?**
이러한 추론 문제를 해결하기 위해서는 일차적으로 선택지에서 제시된 내용과 연관된 부분을 글에서 찾아야 한다. 그런 다음 글의 내용을 바탕으로 선택지의 내용을 추론할 수 있는지 판단할 수 있어야 한다. 가령 정답인 ①의 경우, 선택지의 내용을 통해 글에 해당하는 부분이 3문단임을 알아야 하고, 그런 다음 글의 내용을 바탕으로 선택지의 적절성을 판단하면 된다. 즉, 3문단을 통해 짧은 염기 서열이 연쇄적으로 반복해서 나타나는 특징은 DNA의 특정 구간에서만 나타나므로, 이러한 특징이 나타나지 않는 구간이 있음을 파악해야 한다. 또한 3문단을 통해 STR 분석법이 짧은 염기 서열이 연속적으로 반복해서 나타나는 특정 구간에 착안한 방법임을 알게 되면 적절한 추론임을 알 수 있었을 것이다. 이처럼 추론 문제의 경우에도 추론의 바탕이 되는 것은 글의 내용이므로, 선택지에 해당하는 글의 부분이 어디인지 찾아 둘을 비교하여 적절성을 판단하도록 한다.

▶ **오답인 ③, ④를 많이 선택한 이유는?**
이 문제의 경우 학생들이 ③, ④가 적절하지 않다고 하여 오답률이 높았는데, 이 역시 선택지와 관련된 글의 내용을 정확히 찾아내지 못했기 때문으로 보인다. 만일 ③의 경우 1문단과 4문단의 내용과 관련 있고, ④의 경우 4문단의 내용과 관련 있음을 알았다면 추론 내용으로 적절하지 않았음을 알 수 있었을 것이다.

07 구체적인 사례에의 적용 정답률 49% | 정답 ⑤

윗글을 바탕으로 〈보기〉를 이해한 내용으로 적절하지 않은 것은? [3점]

〈보 기〉

보석 가게에 도난 사건이 발생하였다. 출동한 경찰은 범죄 현장에서 범인의 손톱을 발견하고 DNA를 분석하였다. 다음날 목격자의 제보에 따라 '을'을 용의자로 지목한 후, '을'의 모발로 DNA 분석을 의뢰하였다.

〈범인 손톱의 DNA 프로필과 좌위 정보〉

DNA 프로필		좌위 정보	
좌위	결괏값	위치	반복되는 염기 서열
①	5–3	5q33.1	AGAT
②	6–6	13q31.1	TATC
③	2–7	5q23.2	AGAT
⋮	⋮	⋮	⋮
⑳	8–4	7q21.11	GATA

(단, 좌위는 임의로 4개의 정보만 제시함.)

① **범인은 7번 염색체의 하단부 특정 염색대에 'GATA' 배열이 네 번 반복되는 DNA를 가지고 있군.**
범인은 좌위 '⑳'에서, 즉 7번 염색체 하단부 21.11번 염색대에서 염기 서열 'GATA'가 각각 여덟 번과 네 번 반복되는 상동 염색체를 가지고 있다.

② **범인은 부계와 모계에서 받은 염색체의 STR 반복 횟수가 동일하게 나오는 좌위를 하나 이상 가지고 있군.**
2문단을 통해 상동 염색체는 부계와 모계에서 각각 하나씩 물려받음을 알 수 있다. 따라서 좌위 ②에서 부계와 모계에서 물려받은 두 염색체의 STR 반복 횟수가 '6'으로 동일하다고 할 수 있다.

③ **'을'의 'DNA 프로필'을 만들기 위해서는 '을'의 5번 염색체가 두 번 이상 분석에 활용되겠군.**
'을'의 'DNA 프로필'을 만들 때 〈보기〉와 같이 20개의 좌위가 활용된다. 〈보기〉에서 좌위 ①과 좌위 ③은 5번 염색체에서 분석이 이루어지므로, '을'의 DNA 프로필을 만들기 위해서는 5번 염색체가 최소 두 번은 활용됨을 알 수 있다.

④ **'을'이 범인이라면 ①과 ③에서 모계에서 받은 염색체의 'AGAT' 반복 횟수의 합이 12보다 클 수 없겠군.**
상동 염색체 한 쌍은 부계와 모계에서 각각 하나씩 물려받지만, 그 위치는 왼쪽이나 오른쪽으로 특정할 수 없다. 좌위 ①에서 'AGAT' 반복 횟수는 3과 5이고, 좌위 ③에서 'AGAT' 반복 횟수는 2와 7이므로, 모계에서 받은 염색체의 'AGAT' 반복 횟수의 합은 가장 큰 값인 5와 7의 합을 넘어설 수 없다.

☑ **'을'의 분석 결과가 ②에서 '4–8', ⑳에서 '8–4'로 나온다면 ⑳의 결괏값만으로도 '을'을 범인으로 확정할 수 있겠군.**
5문단을 통해 20개의 좌위에 대한 두 샘플의 결과가 동일하게 나올 때, 두 샘플이 동일인의 것일 확률이 100%에 가까움을 알 수 있다. 〈보기〉와 ⑤번 선지를 비교해 보면 좌위 '⑳'의 결괏값은 일치하지만, 좌위 ②의 결괏값은 서로 다름을 알 수 있다. 따라서 모든 좌위의 결괏값이 일치하는 것은 아니므로, '을'을 범인으로 확정할 수는 없다.

08 단어의 사전적 의미 파악 정답률 68% | 정답 ①

ⓐ ~ ⓔ의 사전적 의미로 적절하지 않은 것은?

☑ **ⓐ : 어떤 일에 대한 의견이나 느낌.**
'어떤 일에 대한 의견이나 느낌'은 '생각'에 대한 사전적 의미이다. '추정'의 사전적 의미는 '추측하여 판정함'이다.

② **ⓑ : 연구나 조사에 필요한 것을 찾거나 받아서 얻음.**

③ **ⓒ : 어떤 문제를 해결하기 위한 실마리를 잡음.**

④ **ⓓ : 특별히 지정함.**

⑤ **ⓔ : 아주 정교하고 치밀하여 빈틈이 없고 자세함.**

09~12 현대시

(가) 이성복, 「다시 봄이 왔다」

감상　이 작품은 변화 없는 삶에서 오는 권태와 생기 있는 삶에 대한 욕망, 욕망의 실현을 기대할 수 없는 현실에 대한 비관적 인식 등을 형상화하고 있는 시이다. 작품에서 봄이 찾아온 상황이 제시되지만 화자는 '우리의 굽은 등에 푸른 싹이 돋을까' 하는 물음에 대해 회의적으로 말하고 있으며, 이를 통해 화자의 비관적 현실 인식이 드러난다. 또한 '세차장 고무호스'의 역동적인 모습은 자유롭고 생기 있는 삶에 대한 욕망을 함축한다고 볼 수 있는데, '석탄층'의 모습을 통해 이러한 욕망이 실현되지 못한 채 억눌려 있는 상황이 선명하게 나타나고 있다.

주제　변화 없는 삶에서 느끼는 권태와 억눌린 욕망

표현상의 특징

• 비유적 표현을 활용하여 화자의 태도와 소망을 드러내고 있음.
• 시어나 시구의 반복을 통해 운율을 형성함.
• 색채 이미지를 통해 계절적 배경이나 시적 상황을 드러내 줌.
• 단정적 진술을 활용하여 주제 의식을 드러냄.

(나) 김기택, 「벽」

감상　이 시는 할머니를 에워싸고 있는 승객들로 인해 전동차에서 내리지 못하는 할머니의 고통스러운 상황을 형상화하고 있다. 이 시에서는 '벽'이라는 시어를 반복하여 할머니를 에워싼 승객들의 행동에 변화가 없음을 강조하여, 타인에 대한 배려와 관심이 없는 현대인의 이기주의적 모습을 비판하고 있다.

주제　타인에 대한 배려와 관심이 단절된 현대인의 모습 비판

표현상의 특징

• 단정적 진술을 활용하여 주제 의식을 드러냄.
• 시어의 반복과 시구의 변주를 통해 시적 의미를 강조해 줌.
• '작은 할머니'와 '높은 벽'의 대비를 통해 할머니에 대한 공감의 정서를 유도해 줌.

09　작품 간의 공통점 파악　　정답률 55% | 정답 ①

(가)와 (나)의 공통점으로 가장 적절한 것은?

✔① 단정적 진술을 활용하여 주제 의식을 드러내고 있다.
(가)의 '항시 우리들 ~ 것이었다, 그런 일은 없었다'와 (나)의 '벽은 꿈쩍도 하지 않았다. 벽은 조금도 흔들림이 없었다'를 통해 단정적인 진술을 사용하고 있음을 알 수 있다. 따라서 (가), (나) 모두 단정적 진술을 활용하여 주제 의식을 효과적으로 드러내 준다고 할 수 있다.

② 도치의 방식을 활용하여 시적 의미를 부각하고 있다.
(가)의 '기다리던 것이 오지 않는다는 것은 누구나 안다'를 통해 도치의 방식이 사용되었음을 알 수 있지만, (나)에서는 도치의 방식이 사용되지 않았다.

③ 점층적 표현을 활용하여 시적 분위기를 고조하고 있다.
(가)에서 말하고자 하는 내용의 비중이나 강도를 점차 높이거나 넓혀 그 뜻을 강조하는 표현하는 점층의 표현은 찾아볼 수 없다. 반면 (나)에서는 '높고 튼튼한 벽'이 보다 더 '견고한 벽'이 되는 것을 통해 의미상 점층의 표현을 엿볼 수 있다.

④ 반복과 열거를 활용하여 화자의 의지를 강조하고 있다.
(가)에서 '푸른, 누구' 등의 시어와 '돼지 목 따는 동네의 더디고 나른한 세월'이라는 시구가 반복되고 있다. (나)에서 '벽, 할머니, 있었다' 등의 시어가 반복되고 '꿈틀거리는 동안, 꿈틀거릴수록', '벽이 되어 있었다, 벽이 되고 있었다' 등의 시구 변주를 통한 반복이 드러나 있다. 하지만 (가), (나) 모두 열거는 사용되지 않고 있다.

⑤ 색채의 상징적 의미를 활용하여 시적 상황을 드러내고 있다.
(가)는 '푸른' 색채 이미지를 통해 계절적 배경이나 시적 상황을 드러내고 있지만, (나)에서는 이를 확인할 수 없다.

10　시의 의미 파악　　정답률 81% | 정답 ④

[A] ~ [C]에 대한 설명으로 적절하지 <u>않은</u> 것은?

① [A] : 변화 가능성이 없는 상황에서 오는 권태로운 삶을 드러내고 있다.
[A]는 '기다리던 것이 오지 않는다'는 변화 가능성이 없는 상황에서 오는 '더디고 나른한 세월'의 권태로운 삶을 드러내고 있다.

② [B] : 자신이 처해 있는 현실에 대한 회의적인 태도를 드러내고 있다.

[B]는 '우리의 굽은 등에 푸른 싹이 돋을까' 하면서 화자가 처해 있는 현실에 대한 회의적인 태도를 드러내고 있다.

③ [B] : 생기 있는 삶을 기대할 수 없는 비관적 현실 인식을 드러내고 있다.
[B]는 '푸른 싹'이 돋는 것과 같은 생기 있는 삶을 기대하지만 '항시 우리들 삶은 낡은 유리창에 흔들리는 먼지 낀 풍경'처럼 비관적이라는 인식을 드러내고 있다.

✔④ [C] : 치열하고 역동적으로 살기 위해 과거의 삶을 반성하는 모습을 드러내고 있다.
[C]는 권태롭고 무기력한 삶에서 벗어나 자유롭고 활기 있는 삶을 살고 싶어 하는 화자의 욕망을 '길길이 날뛰는 물줄기처럼'에서 드러내고 있다. 따라서 [C]는 물줄기처럼 치열하고 역동적으로 살고자 하는 화자의 욕망을 드러내지만, 과거의 삶을 반성하는 모습은 드러내지 않는다.

⑤ [C] : 무기력한 삶에서 벗어나 자유롭고 활기 있는 삶을 살고자 하는 욕망을 드러내고 있다.
[C]는 권태롭고 무기력한 삶에서 벗어나 '세차장 고무호스의 길길이 날뛰는 물줄기'처럼 자유롭고 활기 있는 삶을 살고 싶어 하는 화자의 욕망을 드러내고 있다.

11　시어를 중심으로 한 작품 감상　　정답률 86% | 정답 ④

㉠ ~ ㉤의 의미를 고려하여 (나)를 이해한 내용으로 적절하지 <u>않은</u> 것은?

① ㉠을 활용하여 혼자의 힘으로는 문제를 해결할 수 없는 할머니의 상황을 부각하고 있군.
'헛되이'는 전동차에서 내리려고 하는 할머니의 행동이 소용이 없으며, 앞의 '혼자'라는 표현과 연결되어 혼자의 힘으로는 문제를 해결할 수 없음을 부각하는 표현이다.

② ㉡을 활용하여 할머니의 어려움을 심화시키는 대상을 강조하고 있군.
'튼튼한'은 할머니를 에워싸고 있는 승객들의 견고한 상태를 표현한 것이며, 이는 전동차에서 내리지 못하고 있는 할머니의 어려움을 심화시킨다.

③ ㉢을 활용하여 할머니의 고통에 반응하지 않는 승객들의 모습을 강조하고 있군.
'조금도'는 할머니가 꿈틀거리지만 '벽'으로 표현된 승객들의 행동에 변화가 없음을 강조하는 표현이다.

✔④ ㉣을 활용하여 속박된 상황을 벗어나려는 할머니의 모습을 부각하고 있군.
'더'는 승객들이 할머니에게 고통을 더하고 있는 상황을 부각하는 표현이므로, 속박된 상황을 벗어나려는 할머니의 모습을 부각한다는 표현은 적절하지 않다.

⑤ ㉤을 활용하여 할머니의 처지에 관계없이 자신의 상황을 고수하고 있는 승객들의 모습을 부각하고 있군.
'견고한'은 '벽'으로 표현된 승객의 상황이 변화 없이 단단하게 할머니를 에워싸고 있음을 부각하고 있다.

12　외적 준거에 따른 작품의 감상　　정답률 64% | 정답 ③

〈보기〉를 바탕으로 (가)와 (나)를 감상한 내용으로 적절하지 <u>않은</u> 것은? [3점]

〈보 기〉

　시는 언어를 통해 이미지를 발현하고 영화는 영상을 통해 이미지를 표출한다. 시는 시어와 행과 연으로, 영화에서는 쇼트와 쇼트의 조합을 통해 이미지를 구성해 간다. 영화 기법은 영상의 이미지를 다루는 방법으로 시의 이미지를 분석하는 데 중요한 틀을 제공한다.
　먼저 촬영 기법인 클로즈업은 주관적 의도에 의해 선택된 대상을 확대하여 대상에 집중하게 하고 관련된 상황과 심리를 강조한다.
　한편 편집 기법인 몽타주는 이질적인 장면이나, 시공간이 다른 장면들을 연결하여 그들 사이의 대조나 유사성에 의한 연상적 비교를 일으켜 정서적 반응을 유발한다.

---

① (가)의 '갈라진 밑동'에 돋은 '푸른 싹'이 클로즈업처럼 확대 되어 화자가 바라는 삶의 모습이 강조되겠군.
〈보기〉에서 촬영 기법인 클로즈업은 주관적 의도에 의해 선택된 대상을 확대하여 상황과 심리를 강조한다고 하였으므로, (가)에서는 '갈라진 밑동'에 돋은 '푸른 싹'이 클로즈업처럼 확대되어 화자의 젊어지고 싶은 바람을 강조한다고 할 수 있다.

② (가)의 '우리의 굽은 등'과 '먼지 낀 풍경'은 몽타주 기법처럼 연결되어 화자가 처한 부정적 상황에 대한 정서가 유발되겠군.
〈보기〉에서 편집 기법인 몽타주는 이질적인 장면이나, 시공간이 다른 장면들을 연결하여 그들 사이의 대조나 유사성에 의한 연상적 비교를 일으켜 정서적 반응을 유발한다고 하였

으므로, (가)에서는 '우리의 굽은 등'과 '먼지 낀 풍경'을 몽타주 기법처럼 연결시켜 화자가 처한 부정적 상황에 대한 정서를 유발시킨다고 할 수 있다.

☑ **(가)의 '길길이 날뛰는 물줄기'와 '윤기나는 석탄층'은 몽타주 기법처럼 연결되어 현실에 맞서는 화자에 대한 정서가 유발되겠군.**
〈보기〉에 따르면, (가)에서 생명력 있고 역동적인 삶을 의미하는 '길길이 날뛰는 물줄기'와 이러한 삶을 원하지만 이루지 못하고 그 소망이 굳어버린 것을 의미하는 '윤기나는 석탄층'이 몽타주 기법처럼 연결되어 기대와 소망이 실현되지 않는 현실에 대한 화자의 절망적 인식이 드러나고 이에 대한 정서적 반응이 유발된다고 볼 수 있다. 따라서 화자가 현실에 맞서고 있다는 것은 적절하지 않다.

④ (나)의 '작은 할머니'와 높은 '벽'은 몽타주 기법처럼 연결되어 괴로움을 느끼는 할머니에 대한 정서가 유발되겠군.
(나)에서는 옆구리에서 꼼지락거리는 '작은 할머니'의 모습과 높은 '벽'으로 형상화된 승객들의 모습이 몽타주 기법처럼 연결되어 할머니와 승객들 사이의 대조에 의한 연상적 비교가 일어나 괴로움을 느끼는 할머니에 대한 공감이라는 정서적 반응을 유발한다고 볼 수 있다.

⑤ (나)의 '꿈틀거리'는 '할머니'의 모습이 클로즈업처럼 확대되어 할머니가 애쓰는 상황이 강조되겠군.
〈보기〉에서 촬영 기법인 클로즈업은 주관적 의도에 의해 선택된 대상을 확대하여 대상에 집중하게 한다고 하였으므로, (나)에서는 '꿈틀거리'는 '할머니'의 모습이 클로즈업처럼 확대되어 할머니가 애쓰는 상황을 강조한다고 할 수 있다.

DAY 18 — 20분 미니 모의고사

01 ③	02 ②	03 ③	04 ④	05 ③
06 ⑤	07 ④	08 ③	09 ②	10 ⑤
11 ①	12 ⑤			

---

01 참여자의 말하기 방식 파악   정답률 71% | 정답 ③

[A], [B]에 대한 설명으로 가장 적절한 것은?

① [A]에서 '학생 2'는 '학생 3'의 발화 내용을 요약한 후 생소한 용어에 대한 설명을 요청하고 있다.
[A]에서 '학생 2'는 '학생 3'의 발화 내용을 요약하고 있지 않으며, 생소한 용어에 대한 설명도 요청하지 않고 있다.

② [A]에서 '학생 3'은 '학생 2'의 의문을 해결하며 자신의 의견에 대한 '학생 2'의 의견을 확인하고 있다.
[A]의 '학생 3'의 두 번째 발화를 통해, '학생 2'의 의문을 해결하고 있음을 알 수 있다. 하지만 자신의 의견에 대한 '학생 2'의 의견을 확인하지는 않고 있다.

☑ **[B]에서 '학생 3'은 '학생 2'의 발화 내용에 동의한 후 추가로 생각해 볼 만한 점을 제시하고 있다.**
[B]의 '학생 3'의 두 번째 발화를 통해, 요약 콘텐츠 제작자에게 해석의 자유가 있다는 '학생 2'의 발화 내용에 동의하고 있음을 알 수 있다. 그런 다음 '학생 3'은 원작의 메시지가 왜곡된 요약 콘텐츠를 시청하고 그 해석이 원작에 대한 유일한 해석이라고 생각하는 것이 정말 문제라고, 추가로 생각해 볼 만한 점을 제시하고 있음을 알 수 있다.

④ [B]에서 '학생 2'는 '학생 3'의 발화 내용을 비판하고 '학생 3'이 제시한 의견의 한계를 지적하고 있다.
[B]에서 '학생 2'는 '학생 3'의 의견의 한계를 지적하지는 않고 있다.

⑤ [A]와 [B] 모두에서 '학생 2'는 '학생 3'의 발화 내용에 이의 를 제기하고 잘못된 점을 바로잡고 있다.
[A]에서 '학생 2'는 '학생 3'에게 질문하고 있지만 이의를 제기하며 잘못된 점을 바로잡지는 않고 있다.

---

02 조건을 반영하여 제목 작성하기   정답률 84% | 정답 ②

〈조건〉을 반영하여 (나)의 제목을 작성한 것으로 가장 적절한 것은?

〈조 건〉
○ (나)의 마지막 문단과 관련한 글쓴이의 문제의식을 드러낼 것.
○ 부제에서 대구와 비유적 표현을 모두 활용할 것.

① 요약 콘텐츠, 5분 요약의 허점
　– 겉으로는 번지르르, 알고 보면 속 빈 강정
(나)의 마지막 문단과 관련한 글쓴이의 문제의식이 드러나 있고, 부제에서 비유적 표현을 확인할 수 있지만 대구는 확인할 수 없다.

☑ **쉽게 얻으려다 본질을 놓치는 요약 콘텐츠 시청**
**　– 오늘은 시간 아끼려는 지름길, 내일은 사고력 잃는 고생길**
〈조건〉을 통해 제목은 (나)의 마지막 문단과 관련한 글쓴이의 문제의식을 드러내야 하고, 부제에서 '대구와 비유적 표현 활용'해야 함을 알 수 있다. 그리고 (나)의 마지막 문단을 통해 지속적으로 요약 콘텐츠를 시청하는 것은 비판적 사고 능력의 저하로 이어지며, 작은 것을 탐하다 큰 것을 놓치는 격이라는 글쓴이의 문제의식을 알 수 있다. 이러한 내용을 바탕으로 할 때 〈조건〉을 만족하는 제목은 ②로, ②의 '쉽게 얻으려다 본질을 놓치는 요약 콘텐츠 시청'은 (나)의 마지막 문단과 관련한 글쓴이의 문제의식을 보여 주는 것이라 할 수 있다. 그리고 부제를 통해 '지름길', '고생길'이라는 비유적 표현과 유사한 문장 구조를 활용한 대구가 드러남을 알 수 있다.

③ 요약 콘텐츠, 제작자의 시선으로 원작을 재해석하다
　– 해석의 자유인가 원작의 왜곡인가
(나)의 마지막 문단과 관련한 글쓴이의 문제의식이 드러나 있지 않으며, 부제에서 대구는 확인할 수 있지만 비유적 표현은 확인할 수 없다.

④ 요약 콘텐츠 시청, 떠먹여 주기식 작품 감상의 한계
　– 쉽고 빠르게 먹으려다 체할 수도 있다면
(나)의 마지막 문단과 관련한 글쓴이의 문제의식이 드러나 있고, 부제에서 비유적 표현을 확인할 수 있지만 대구는 확인할 수 없다.

⑤ 대중문화 콘텐츠 시장에 불어온 새바람, 요약 콘텐츠
 – 요약 콘텐츠의 인기 요인을 분석하다
 (나)의 마지막 문단과 관련한 글쓴이의 문제의식이 드러나 있지 않으며, 부제에서 대구와 비유적 표현을 모두 확인할 수 없다.

★★★ 1등급 대비 고난도 3점 문제

| **03** | 문장의 짜임 탐구 | 정답률 32% \| 정답 ③ |

〈보기〉의 ㄱ ~ ㄹ을 탐구한 내용으로 적절하지 <u>않은</u> 것은? [3점]

─〈보 기〉─

ㄱ. 나는 키가 크다.
ㄴ. 나는 여름만 좋아한다.
ㄷ. 그녀는 시인이자 선생님이다.
ㄹ. 그녀가 사과를 먹고 나는 배를 먹는다.

① ㄱ과 ㄷ을 구성하는 문장 성분의 종류는 동일하군.
 ㄱ인 '나는 키가 크다.'는 서술절을 가진 안은문장으로, 주어 '나는'과 서술어의 역할을 하는 서술절 '키가 크다'로 이루어져 있으며, '키가 크다'는 주어 '키가'와 서술어 '크다'로 이루어져 있다. 그리고 ㄷ인 '그녀는 시인이자 선생님이다.'는 이어진문장으로, 앞 절은 주어 '그녀는', 서술어 '시인이자'로, 뒤 절은 주어 '그녀는', 서술어 '선생님이다'로 이루어져 있다. 따라서 ㄱ과 ㄷ을 이루고 있는 문장 성분은 주어와 서술어로 동일하다고 할 수 있다.

② ㄱ과 ㄹ은 모두 주어와 서술어의 관계가 두 번 나타나는군.
 ㄱ은 '나는'이 안은문장의 주어이고 '키가 크다'라는 서술절이 서술어의 역할을 하는, 서술절을 가진 안은문장이다. 그리고 ㄹ인 '그녀가 사과를 먹고 나는 배를 먹는다.'는 '그녀가 사과를 먹다.'와 '나는 배를 먹는다.'라는 2개의 문장이 대등하게 이어진 이어진 문장이다. 따라서 ㄱ, ㄹ은 모두 주어와 서술어의 관계가 두 번 나타난다고 할 수 있다.

✔ ㄴ과 ㄷ의 서술어의 개수는 동일하군.
 ㄴ은 홀문장으로 서술어는 '좋아한다'이고, ㄷ은 겹문장 중 이어진문장으로 서술어는 '시인이자'와 '선생님이다'이다. 따라서 ㄴ의 서술어는 한 개이고 ㄷ의 서술어는 두 개이므로, ㄴ과 ㄷ의 서술어의 개수는 동일하지 않음을 알 수 있다.

④ ㄴ과 ㄹ은 모두 주어와 목적어를 포함하고 있군.
 ㄴ인 '나는 여름만 좋아한다.'의 '나는'은 주어, '여름만'은 목적어에 해당하고, ㄹ의 '그녀가', '나는'은 주어, '사과를', '배를'은 목적어에 해당한다. 따라서 ㄴ과 ㄹ은 모두 주어와 목적어를 포함한다고 할 수 있다.

⑤ ㄷ과 ㄹ은 모두 연결 어미를 포함하고 있군.
 ㄷ과 ㄹ은 대등하게 연결된 이어진문장으로, ㄷ은 '-자'라는 대등적 연결 어미를, ㄹ은 '-고'라는 대등적 연결 어미를 포함하고 있다.

★★ 문제 해결 꿀~팁 ★★

▶ 많이 틀린 이유는?
이 문제는 홑문장과 겹문장의 주어와 서술어의 관계를 정확히 이해하지 못하여 오답률이 높았던 것으로 보인다. 특히 서술절에 대한 이해 부족도 오답률을 높였던 것으로 보인다.

▶ 문제 해결 방법은?
이 문제는 홑문장의 경우 주어와 서술어의 관계가 한 번 나타나고, 겹문장(안은문장이나 이어진문장)의 경우 주어와 서술어의 관계가 두 번 이상 나온다는 배경지식이 있었으면 쉽게 문제를 해결할 수 있는 문제였다. 가령 정답인 ③의 경우 ㄴ은 홑문장이고, ㄷ은 겹문장 중 이어진문장에 해당하므로, 당연히 서술어의 개수는 차이가 있었을 것임을 알 수 있었을 것이다. 한편 학생들 중에는 〈보기〉에 제시된 문장들이 홑문장인지 겹문장인지 구분하지 못하여 어려움을 겪었는데, 이는 홑문장과 겹문장에 대한 정확한 이해 부족 때문으로 보인다. 따라서 평소 홑문장과 겹문장, 그리고 겹문장의 종류에 대해 충분히 익혀 둘 수 있도록 해야 한다.

| **04~08** | 인문 |

'니체의 철학(재구성)'

해제 이 글은 초월적 가치를 토대로 삶의 의미를 찾으려 한 전통 형이상학에 반대한 니체의 철학을 소개하고 있다. 니체는 현실적 삶 자체를 긍정하며, 각자의 삶을 주체적으로 살아갈 것을 강조하였다. 더 높은 것으로 나아가고자 하는 욕망인 '힘에의 의지'와 경쟁을 통해 자신의 성장을 도모하는 '아곤'을 옹호한 니체의 철학은, 현실적인 삶 그 자체로 긍정할 수 있는 철학적 토대를 마련하였다는 의의를 가진다.

주제 전통 형이상학에 반대한 니체 철학의 이해

문단 핵심 내용	
1문단	삶의 목적이 초월적 가치의 추구에 있다고 본 전통 형이상학
2문단	삶에 대한 전통 형이상학의 사유에 반대한 니체
3문단	주체적 삶을 살기 위해 '힘에의 의지'가 필요하다고 본 니체
4문단	니체의 '아곤'에 대한 이해
5문단	니체의 철학이 지니는 의의

| **04** | 내용 전개 방식 파악 | 정답률 59% \| 정답 ④ |

다음은 윗글을 읽고 학생이 수행한 활동지의 일부이다. 학생의 응답으로 적절하지 <u>않은</u> 것은?

	질문	학생의 응답	
		예	아니요
①	니체 철학의 등장 배경을 전통 형이상학과 관련지어 제시하였는가?	✔	
②	니체 철학과 전통 형이상학의 공통점과 차이점을 밝혔는가?		✔
③	니체 철학의 변천 과정을 통시적인 관점에서 드러내었는가?		✔
④	니체 철학의 핵심 개념을 사례를 들어 설명하였는가?	✔	
⑤	니체 철학이 지닌 의의를 밝히며 마무리 하였는가?	✔	

① 1문단을 통해 니체가 전통 형이상학이 초월적 가치를 토대로 삶의 의미를 찾고자 한 것에 반기를 든 철학자임을 알 수 있다.

② 1, 2문단을 통해 니체 철학과 전통 형이상학의 차이점은 밝히고 있음은 알 수 있지만, 이 둘의 공통점은 밝히지는 않고 있다.

③ 이 글을 통해 니체 철학의 변천 과정은 찾아볼 수 없다.

④ 3문단과 4문단에서 니체 철학의 핵심 개념인 '힘에의 의지'와 '아곤'을 설명하고 있다. 하지만 이러한 핵심 개념을 설명하기 위해 사례를 제시하지는 않았으므로 적절하지 않다.

⑤ 5문단을 통해 현실적인 삶을 그 자체로 긍정할 수 있는 철학적 토대를 마련하였다는 니체 철학은 의의를 알 수 있다.

| **05** | 내용의 사실적 이해 | 정답률 74% \| 정답 ③ |

윗글의 내용과 일치하지 <u>않는</u> 것은?

① 전통 형이상학에서는 현실 세계와 별개로 참된 세계가 존재한다고 생각하였다.
 1문단을 통해 전통 형이상학에서는 현실 너머에 보편적 진리로 이루어진 참된 세계가 있다고 여겼음을 알 수 있다.

② 전통 형이상학에서는 절대적 가치를 발견하는 방법으로 이성적 사유를 제시하였다.
 1문단을 통해 전통 형이상학에서는 이성적 사유를 통해 초월적 가치를 추구하고자 하였음을 알 수 있다.

✔ 니체는 무가치한 현실적 욕구를 충족하려는 태도도 삶을 개선하는 데 기여한다고 보았다.
 2문단을 통해 현실적 욕구를 무가치한 것으로 보거나 삶을 개선의 대상으로 본 것은 모두 전통 형이상학의 입장임을 알 수 있다.

④ 니체는 사람들이 자신보다 우월한 사람을 넘어서고자 하는 의지를 긍정적으로 평가하였다.
 5문단을 통해 니체는 '강자를 넘어서려고 하는 의지'를 옹호하였음을 알 수 있다.

⑤ 니체는 삶에서 오는 어려움을 극복하고 성장하고자 하는 것이 삶을 긍정하는 태도라고 여겼다.
 5문단을 통해 니체가 삶을 긍정한다는 것을 삶이 마주하는 어려움을 잘 극복하고 성장하고자 하는 태도를 의미한다고 보았음을 알 수 있다.

06 입장에 따른 의미의 추론

정답률 43% | 정답 ⑤

니체의 입장을 고려하여 ㉠의 의미를 파악한 내용으로 가장 적절한 것은?

① 개별적 삶을 바탕으로 절대적 가치가 지닌 유용성을 판단하였다.

전통 형이상학에서는 절대적 가치를 삶의 궁극적인 목적으로 여기고, 개별적인 삶을 이 기준에 따라 재단하려고 하였으므로, 개별적 삶을 바탕으로 절대적 가치가 지닌 유용성을 판단하였다는 의미는 전통 형이상학과는 거리가 있다.

② 개별적 삶에 절대적 가치를 실현하여 삶이 무의미하다는 점을 밝혀내었다.

전통 형이상학에서는 절대적 가치를 삶의 궁극적인 목적으로 여기고, 개별적인 삶을 이 기준에 따라 재단하려고 하였으므로, 개별적 삶에 절대적 가치를 실현하였다는 내용은 전통 형이상학과는 거리가 있다.

③ 절대적 가치에 부합하는 현실적 욕구들을 바탕으로 개별적 삶을 규정하였다.

전통 형이상학에서는 개별적인 삶을 절대적 가치 기준에 따라 재단하려 하였으므로, 절대적 가치에 부합하는 현실적 욕구들을 바탕으로 개별적 삶을 규정하였다는 의미는 전통 형이상학과 거리가 있다.

④ 절대적 가치를 추구하는 것만으로는 삶을 더욱 완전하게 만들 수 없다고 보았다.

전통 형이상학에서는 삶의 목적이 현실 너머에 있는 초월적 가치 추구에 있다고 보았으므로, 전통적 형이상학에서는 절대적 가치를 추구하는 것만으로는 삶을 더욱 완전하게 만들 수 없다고 보지는 않았음을 알 수 있다.

✔ ⑤ 가치 평가의 기준이어야 할 삶을 삶 외부의 절대적 가치를 기준으로 평가하였다.

전통 형이상학에서는 절대적 가치를 삶의 궁극적인 목적으로 여기고, 개별적인 삶을 이 기준에 따라 재단하려고 하였다. 반면 니체는 현실적인 삶 그 자체가 목적이며, 가치 평가의 출발점이라고 보았다. 따라서 니체의 시각에서 전통 형이상학은, 가치 평가의 기준이어야 할 삶을, 절대적 가치를 기준으로 한 평가 대상으로 만들었다고 볼 수 있다.

07 핵심 개념의 비교

정답률 78% | 정답 ④

윗글의 Ⓐ와 〈보기〉의 Ⓑ를 비교한 내용으로 가장 적절한 것은?

〈 보 기 〉

쇼펜하우어는 살고자 하는 맹목적 욕망, 즉 Ⓑ'삶에의 의지'가 인간의 행위와 인식을 지배한다고 보았다. 욕망이 충족되면 행복을 느끼지만, 이것은 금방 권태로 변하여 또 다른 욕망을 낳는다. 이 의지는 결핍과 권태 사이를 왔다 갔다 하면서 영원히 고통을 발생시키며, 이 의지가 격렬할수록 고통도 커지게 된다. 따라서 고통의 굴레에서 벗어나려면 예술과 명상, 금욕을 통해 이를 다스려야 하며, 참된 행복을 위해서는 이 의지를 완전히 버리는 것이 필요하다고 단언하였다.

① 니체는 Ⓐ를 창조적인 삶을 이끄는 힘으로, 쇼펜하우어는 Ⓑ를 안정적인 삶을 유지하는 힘으로 보았다.

쇼펜하우어는 Ⓑ가 영원히 고통을 발생시킨다고 보았으므로, Ⓑ를 안정적인 삶을 유지하는 힘으로 보았다는 것은 적절하지 않다.

② 니체는 Ⓐ를 더 강해지고자 하는 내적 동기로, 쇼펜하우어는 Ⓑ를 더 행복해지게 만드는 외적 동기로 보았다.

쇼펜하우어는 Ⓑ가 영원히 고통을 발생시킨다고 보았으므로, Ⓑ를 더 행복하게 만드는 힘으로 보았다는 것은 적절하지 않다.

③ 니체는 Ⓐ를 타인의 존재와 무관한 욕망으로, 쇼펜하우어는 Ⓑ를 타인과의 비교를 전제로 한 욕망으로 보았다.

Ⓑ는 살고자 하는 맹목적인 욕망에 해당하므로, 쇼펜하우어가 타인과의 비교를 전제로 한 욕망으로 보았다는 것은 적절하지 않다.

✔ ④ 니체는 Ⓐ를 자연스럽게 받아들이는 것이, 쇼펜하우어는 Ⓑ를 포기하는 것이 더 나은 삶을 만들 수 있다고 보았다.

3문단을 통해 니체는 Ⓐ를 자연스러운 것으로 수용할 때 현재의 자신을 극복하고 새로운 가치를 창조할 수 있다고 보았음을 알 수 있다. 반면에 쇼펜하우어는 Ⓑ를 다스려야 고통의 굴레에서 벗어날 수 있으며, 참된 행복을 위해서는 이 의지를 완전히 버리는 것이 필요하다고 보았음을 알 수 있다.

⑤ 니체는 Ⓐ를 최소한으로 가짐으로써, 쇼펜하우어는 Ⓑ를 최대한으로 추구함으로써 삶의 고통에서 벗어날 수 있다고 보았다.

3문단을 통해 니체는 Ⓐ를 내면의 힘과 능력을 더 높은 차원으로 발휘하고자 하는 의지라고 보았음을 알 수 있다. 따라서 니체가 '힘에의 의지'를 최소한 가짐으로써 고통에서 벗어날 수 있다고 보았다는 것은 적절하지 않다.

08 구체적인 사례에의 적용

정답률 65% | 정답 ③

윗글을 읽은 학생이 〈보기〉에 대해 보인 반응으로 적절하지 <u>않은</u> 것은? [3점]

〈 보 기 〉

기록 경기인 △△ 종목에서 늘 1, 2위를 다투는 '갑'과 '을'의 라이벌전이 ○○ 올림픽에서 펼쳐졌다. 먼저 출전한 '을'이 신기록을 달성하자 관중들이 열광하였는데, 이때 '을'은 뒤이어 출전하는 '갑'을 위해 관중에게 자제를 요청하였다. 결국 경기는 '을' 1위, '갑' 2위로 종료되었다. 각각 은메달과 금메달을 목에 건 '갑'과 '을'은 서로에게 박수를 보냈으며, 어깨를 감싸 안은 채 경기장을 돌며 관중들에게 답례하였다.

① '늘 1, 2위를 다투는' '갑'과 '을'은 서로에게 끊임없이 자극을 제공하고 성장을 돕는, 선의의 파트너로 볼 수 있군.

4문단을 통해 자신이 뛰어넘고자 하는 '강자'는 자신을 자극하고 발전시키는 선의의 파트너가 됨을 알 수 있다. 따라서 '늘 1, 2위를 다투는' '갑'과 '을'은 서로에게 뛰어넘고자 하는 존재이며, 그렇기에 이들은 서로에게 선의의 파트너가 된다고 볼 수 있다.

② '○○ 올림픽'은 각자의 삶을 상승시키고자 하는 '갑'과 '을'의 힘에의 의지가 맞서 겨루는 장이 된 것으로 볼 수 있군.

4문단을 통해 '강자'들 각각의 삶이 자신의 상승을 위해 '힘에의 의지'를 중심으로 경합하기도 함을 알 수 있다. 따라서 '갑'과 '을'의 라이벌전이 펼쳐지는 '○○ 올림픽'은, '갑'과 '을'의 힘에의 의지가 맞서 겨루는 장으로 볼 수 있다.

✔ ③ '신기록'을 세운 뒤 '갑'의 경기를 배려하는 '을'의 모습은 동등한 조건에서 힘의 크기를 비교하여 상대의 능력을 확인하려는 것으로 볼 수 있군.

4문단을 통해 니체의 '아곤'이 서로 간의 비교를 통해서 자신의 힘을 평가하고 더 상승시키기 위해 필요한 것임을 알 수 있다. 따라서 '을'이 '갑'을 배려한 것을 '갑'의 능력을 확인하려는 것으로 보는 것은 적절하지 않다.

④ 경기 종료 후 '갑'에게 '은메달'이, '을'에게 '금메달'이 주어진 것은 힘의 차이에 따른 위계를 반영한 것으로 볼 수 있군.

4문단을 통해 강자들 사이에서도 힘의 차이에 따라 승패가 존재하며, 위계가 형성됨을 알 수 있다. 따라서 1위인 '을'에게 '금메달'이, 2위인 '갑'에게 '은메달'이 주어진 것은 이러한 힘의 차이에 따른 위계를 반영한 것으로 볼 수 있다.

⑤ '갑'과 '을'이 '서로에게 박수를 보'낸 모습은 강자와 상대적 약자 간에 상호 존중의 형태로 힘의 위계가 드러난 것으로 볼 수 있군.

4문단을 통해 강자들 사이에서도 위계가 존재하지만, 좀 더 나은 사람이 되고자 노력하였음을 서로 인정하므로, 강자와 상대적 약자 간의 힘의 위계는 상호 존중의 형태로 드러남을 알 수 있다. 따라서 '갑'과 '을'이 서로의 노력을 인정하고 '서로에게 박수를 보낸' 모습은 강자인 '을' 과 상대적 약자인 '갑' 간에 상호 존중의 형태로 힘의 위계가 드러난 것으로 볼 수 있다.

09~12 현대 소설

김원우, 「아득한 나날」

감상 이 작품은 현실적 삶을 살아가는 중산층 인물들의 모습을 사실적으로 드러내고 있다. 특히 삶에 매몰된 채, 속물적 사고로 인해 신의를 저버리거나 현실 세계의 문제를 외면하며 살아가는 인물들의 부도덕함을 반성적으로 폭로하고 있다. 또한 원칙과 상식이 통하는 사회에 대한 갈망과 함께 평범한 삶의 의미를 찾아 일상을 회복하는 과정을 보여 주고 있다.

주제 이기적이고 속물적인 삶에 대한 반성

09 서술상 특징 파악

정답률 79% | 정답 ②

[A]와 [B]의 서술상 특징에 대한 설명으로 가장 적절한 것은?

① [A]에서는 내적 독백을 통해 서술자의 판단을, [B]에서는 풍자적 서술을 통해 서술 대상의 행위를 비판하고 있다.

[A]에서 서술자인 '나'의 내적 독백은 드러나지만 '나'의 판단을 통해 서술 대상의 행위를 비판하지는 않고 있다. 그리고 [B]에서 풍자적 서술이 사용되었다고 할 수 없다.

✔ ② [A]에서는 예상되는 행위의 나열을 통해 서술자의 심리를, [B]에서는 특정 인물의 관점에서 서술 대상에 대한 주관적 판단을 제시하고 있다.

[A]에서 '나'는 남편이 실직한 사실에 대해 이웃에게 말하지 않을 것이며, 친지나 친구들에게도 먼저 연락하지 않고 근황을 물으면 얼버무릴 심산이라 말하고 있다. 이렇게 볼 때, [A]에서 '나'는 남편의 실직 이후 예상되는 자신의 행위를 나열함으로써 초라해지기 싫고

동정받기 싫은 자신의 심리를 제시하였다고 할 수 있다. 그리고 [B]에서 '나'는 일에 지쳐 무력감을 느끼는 남편에 대해 단지 만사에 흥미를 잃은 것이라 하면서, 이것이 각성의 계기가 될 것이라는 주관적 판단을 내리고 있다.

③ [A]에서는 시간의 흐름에 따라 변화되는 서술자의 생각을, [B]에서는 공간적 배경에 대한 묘사를 통해 서술 대상이 처한 상황을 드러내고 있다.
[A]에서는 서술자의 생각이 드러나 있지만, 시간의 흐름에 따라 변화되는 서술자의 생각이 드러나지는 않고 있다. 그리고 [B]를 통해 공간적 배경에 대한 묘사는 찾아볼 수 없다.

④ [A]에서는 반복되는 사건을 제시하여 서술자와 주변 인물 간의 관계를, [B]에서는 인물 간의 대화를 중심으로 서술 대상과의 갈등을 나타내고 있다.
[A]에서는 반복되는 사건을 제시하지는 않고 있고, 또한 인물 간의 갈등도 찾아볼 수 없다. 그리고 [B]에서는 인물 간의 대화는 드러나지 않고 있다.

⑤ [A]에서는 과거와 현재 사건의 대비를 통해 서술자가 세상을 바라보는 관점을, [B]에서는 과거의 사건을 나열하며 서술 대상에 대한 적대적 감정을 강조하고 있다.
[A]에서는 과거와 현재 사건의 대비가 드러나지 않고 있고, [B]에서는 '그'에 대한 '나'의 생각이 드러나 있지만, 과거의 사건을 나열하지도 않고 있고 '그'에 대한 적대적 감정을 강조하지도 않고 있다.

★★★ 1등급 대비 고난도 2편 문제

10 인물의 심리 파악　　　정답률 57% | 정답 ⑤

㉠ ~ ㉤에 대한 설명으로 적절하지 않은 것은?

① ㉠ : 취재 현장에서 기자로서 당연히 해야 할 일을 하지 못한 것에 대한 그의 모멸감이 내재되어 있다.
'그는 자신의 직업에 대한 어떤 모멸감을 느꼈다.'와 '나아가서 모멸은 ~ 했던 터이라.'를 통해 ㉠에는 그의 모멸감이 내재되어 있음을 알 수 있다.

② ㉡ : 의식 없이 반복적으로 주어진 일을 수행하는 것에 대한 그의 분노를 엿볼 수 있다.
'기계적인 일련의 직무 수행'에 대해 '이 시답잖은 것들아 ~ 고함을 지르고 싶었다.'라고 여긴 것을 통해 ㉡에 그의 분노가 담겨 있다고 할 수 있다.

③ ㉢ : 부당한 무력 앞에서 정당한 권리를 내세우지 못하는 것에 대한 그의 멸시가 드러나 있다.
'모든 먹물들은 ~ 모르는 까막눈이다.'와 '총 앞에서만 와들와들 떠는 ~ 까막눈이다.'를 통해 ㉢에는 '그'의 멸시가 드러나 있음을 알 수 있다.

④ ㉣ : 남편과 자신이 지나온 삶을 되돌아보며 앞으로의 삶을 생각하는 시기로 접어드는 것에 대한 나의 쓸쓸함을 엿볼 수 있다.
'지나온 날'을 '관조기'라고 여기며 '조금 쓸쓸해'하는 것을 통해 ㉣에는 나의 쓸쓸함이 담겨 있다고 할 수 있다.

✔ ㉤ : 갑작스럽고도 엉뚱하게 제시된 남편의 진지한 말에 대한 나의 의심이 내재되어 있다.
㉤에는 '노인네보다 먼저 죽으면 안 되는데 말이야.'라는 갑작스럽고 엉뚱한 남편의 진지한 말에 대해 '안 죽어요. 죽긴 누가 죽어요?'라고 확신을 드러내고 있다. 따라서 남편의 말에 대한 의심이 내재되어 있다는 진술은 적절하지 않다.

★★ 문제 해결 꿀~팁 ★★

▶ 많이 틀린 이유는?
이 문제는 각 인물의 말에 담긴 인물의 심리를 정확히 파악하지 못하여 오답률이 높았던 것으로 보인다.

▶ 문제 해결 방법은?
이 문제처럼 각 구절에 담긴 인물의 심리를 파악하기 위해서는 인물의 말이 제시된 전후 내용과 인물의 말을 정확히 이해할 수 있어야 한다. 가령 오답인 ②의 경우, ㉡ 앞에 제시된 '그런 기계적인 일련의 직무 수행을 문득문득 되돌아보면'을 통해, "그'가 의식 없이 반복적으로 주어진 일을 수행'하고 있음을 알 수 있다. 그리고 ㉡에서 '그'가 '시답잖은 것들'에 대해 '고함을 지르고 싶어' 함을 알 수 있으므로, '그'가 의식 없이 반복적으로 주어진 일을 수행하는 것에 대해 분노하고 있음을 짐작할 수 있다. 마찬가지로 정답인 ⑤의 경우 ㉤ 뒤의 '안 죽어요. 죽긴 누가 죽어요?'를 통해 의심하기보다는 확신을 드러내고 있음을 알 수 있다. 이처럼 인물의 말에 담긴 심리를 파악할 때는, 주어진 인물의 말뿐만 아니라 전후 사건 맥락이나 내용을 바탕으로 해야 정확하게 파악할 수 있음을 잊지 않도록 한다.

11 소재의 의미 파악　　　정답률 63% | 정답 ①

「나사」, 「악」을 중심으로 윗글을 이해한 내용으로 적절하지 않은 것은?

✔ 남편은 아내가 '나사'가 풀려서 이런저런 잔걱정이 많아진 것이라고 여기고 있다.
아내는 '당신은 지금 너무 편하고 걱정이 없어서 이런저런 잔걱정이 많은 거예요.'라며 남편에게 '나사'를 조이라 말하고 있다. 이를 통해 아내는 남편이 나사가 풀려 잔걱정이 많아진 것이라 여기고 있음을 알 수 있다.

② '악'과 관련지어 편한 삶을 바라보는 관점은 남편과 아내가 서로 차이를 보이고 있다.
'당신은 악이 없어졌어요.'라는 아내의 말에 대해 '언제는 내가 악이 있었나? ~ 악만으로 어떻게 살아.'와 '내가 편하다고? 웃기고 있네!'라고 남편이 말하고 있으므로 적절하다.

③ 아내는 고생을 실컷 해보고 싶다는 남편을 현재 삶이 너무 편해 '나사'가 풀린 것으로 이해하고 있다.
'일 년쯤 어디 ~ 고생이나 실컷 했으면 좀 살 것 같애.'라는 남편의 말에 대해 '다들 너무 편하니 나사가 풀린 거예요.'라고 아내가 말하고 있으므로 적절하다.

④ 아내는 남편이 궤변을 늘어놓고 있다고 여기며 '악'이 없어졌으니 '나사'를 다시 조여 보라고 말하고 있다.
'언제는 내가 ~ 무쇠처럼 살았어.'라고 말하는 남편에게 '궤변 늘어놓지 마시고 나사를 좀 조여 보세요.'라고 아내가 말하고 있으므로 적절하다.

⑤ 직장을 못 구했지만 '악'이 살아 있을 것이라고 여겨지는 친구들과 달리 남편은 자신의 삶에 대해 무력감을 느끼고 있다.
'해직 기자 ~ 사람도 있다면서요?'라는 아내의 말에 대해 '그 친구들은 ~ 이런 무력감 같은 것도 모를 거야.'라고 남편이 말하고 있으므로 적절하다.

★★★ 1등급 대비 고난도 3편 문제

12 외적 준거에 따른 작품의 감상　　　정답률 58% | 정답 ⑤

〈보기〉를 참고하여 윗글을 감상한 내용으로 적절하지 않은 것은? [3점]

> ─〈 보 기 〉─
> 이 작품은 현실적 삶을 살아가는 중산층 인물들의 모습을 사실적으로 드러내고 있다. 특히 삶에 매몰된 채, 속물적 사고로 인해 신의를 저버리거나 현실 세계의 문제를 외면하며 살아가는 인물들의 부도덕함을 반성적으로 폭로하고 있다. 또한 원칙과 상식이 통하는 사회에 대한 갈망과 함께 평범한 삶의 의미를 찾아 일상을 회복하는 과정을 보여주고 있다.

① '사태를 훤히 알고 있으면서도 눈만 껌벅거리'며 '유행가 가사만을 읊조리는' 동료들의 모습에서 현실 세계의 문제를 외면하며 살아가는 인물들의 부도덕함을 알 수 있겠군.
동료들이 '다들 사태를 훤히 알고 있으면서도 눈만 껌벅거리'고, 까닭이나 필요 없이 전화를 하며 '유행가 가사만을 읊조리는' 모습에서 현실 세계 문제를 외면하며 살아가는 인물들의 부도덕함을 알 수 있으므로 적절하다.

② '그를 따랐지만 '안 찍히려'고 '적당한 핑계'를 만들어 그를 피하려는 후배 기자의 모습에서 삶에 매몰되어 속물적 사고로 인해 신의를 저버리는 중산층의 일면을 확인할 수 있겠군.
'그를 따'랐던 후배 기자가 '안 찍히려'면 '적당한 핑계'를 하나 만들어 놓겠다고 말하며 부서 회식을 피하려는 모습에서 삶에 매몰되어 속물적 사고로 인해 믿음과 의리를 저버리는 중산층의 모습을 확인할 수 있으므로 적절하다.

③ '기계'와 '로봇'처럼 살아가는 '괴물의 집단'이 '기자로서의 사명감'을 잊었다고 여기는 그의 모습에서 현실적 삶을 반성적으로 인식하고 있는 모습을 확인할 수 있겠군.
기자인 그가 자신이 속해 있는 방송국을 '기계'와 '로봇'처럼 살아가는 '괴물의 집단'이라고 여기며 '이놈의 동네'가 '기자로서의 사명감'이 없어진지 오래다고 여기는 모습에서 현실적 삶을 반성적으로 인식하고 있는 모습을 확인할 수 있으므로 적절하다.

④ '정신없이 바쁘게 살'며 '진기가 다 빠'졌다는 그의 상태를 '각성의 계기'이며 '축복'이라고 여기는 나의 모습에서 평범한 일상의 회복에 대한 기대를 알 수 있겠군.
'정신없이 바쁘게 살'아오며 '진기가 다 빠'져버린 그의 상태를 '각성의 계기'이며 '축복'이라고 여기는 나의 모습에서 평범한 일상의 회복에 대한 기대를 알 수 있으므로 적절하다.

✔ 나의 말을 '교과서 같은 소'라고 여기며 남들이 '무슨 욕을 하'더라도 '열심히 살아'가겠다는 그의 모습에서 원칙과 상식이 통하는 사회를 부정하는 태도를 알 수 있겠군.

해직된 후 직장을 구하지 못한 동료들을 생각해서라도 열심히 살아야 한다는 '나'의 말을 '교과서 같은 소리'라고 여기며, 자신과 뜻이 맞는 사람이 있다면 누가 '무슨 욕을 하'더라도 '열심히 살아'야겠다는 남편의 모습은 원칙과 상식이 통하는 사회를 살아가려는 모습을 보여 준다고 할 수 있다.

★★ 문제 해결 꿀~팁 ★★

▶ 많이 틀린 이유는?
이 문제는 작품 내용을 정확하게 이해하지 못하여 〈보기〉를 바탕으로 감상하는 데 어려움을 겪어 오답률이 높았던 것으로 보인다.

▶ 문제 해결 방법은?
이 문제를 해결하기 위해서는 선택지를 통해 작품 내용과 〈보기〉 내용을 어떻게 연관시키고 있는지를 정확히 이해하여야 한다. 그런 다음 글의 내용을 바탕으로 선택지에 제시된 내용이 적절한지를 판단할 수 있어야 한다. 가령 정답인 ⑤의 경우, 남편은 현실 세계의 문제를 외면하지 않으면서 자신과 뜻이 맞는 사람이 있다면 누가 '무슨 욕을 하'더라도 '열심히 살아'야겠다 하고 있다. 이러한 남편의 모습은 긍정적으로 평가할 수 있으므로 '원칙과 상식이 통하는 사회를 부정'하는 것이 아닌 원칙과 상식이 통하는 사회를 살아가려는 모습이라 할 수 있다. 이 문제처럼 〈보기〉를 바탕으로 한 소설 감상 문제 해결의 핵심은 작품의 정확한 이해에 있으므로, 인물의 모습을 바탕으로 작품 내용을 정확히 읽을 수 있도록 한다.

▶ 오답인 ③, ④를 많이 선택한 이유는?
이 문제의 경우 학생들이 ③, ④가 적절하지 않다고 하여 오답률이 높았는데, 이 역시 작품 내용에 대한 정확한 이해 부족과 이를 〈보기〉와 연관시키는 데 어려움을 겪었기 때문으로 보인다. ③의 경우 그가 자신이 속한 방송국을 '기계'와 '로봇'처럼 살아가는 '괴물의 집단'이라고 여기면서 사명감이 없어진지 오래다고 여기는 모습은 현실에 대한 자기 반성과 관련이 있으므로, 〈보기〉에 제시된 부도덕하게 살아가고 있는 다른 인물들과 달리 '그'는 현실적 삶을 반성하는 것이라 볼 수 있다. 마찬가지로 ④의 경우 '나'가 그의 상태에 대해 '각성의 계기'이며 '축복'이라고 여기고 있으므로, 이는 '나'가 그의 현 상태에 대해 긍정적으로 인식한 것이라 할 수 있다. 따라서 '나'는 그의 상태를 보면서 일상의 회복을 기대하고 있음을 알 수 있다.

DAY 19   20분 미니 모의고사

01 ⑤	02 ⑤	03 ②	04 ②	05 ①
06 ③	07 ④	08 ②	09 ①	10 ③
11 ④	12 ②			

01   발표 계획 반영 여부 판단   정답률 90% | 정답 ⑤

발표에 반영된 학생의 발표 계획으로 적절하지 **않은** 것은?

① 발표 내용을 미리 제시하여 청중이 그 내용을 예측하며 듣도록 해야겠어.
1문단의 '그래서 저는 오늘 청소년의 ~ 발표하고자 합니다.'를 통해, 발표자는 발표하고자 하는 내용을 미리 제시하고 있음을 알 수 있다. 이러한 발표 내용 제시는 청중이 발표 내용을 예측하며 듣게 해 줄 수 있다.

② 발표 내용을 선정한 동기를 밝혀 청중이 문제의식을 가지도록 해야겠어.
1문단을 통해 스마트폰 과의존 현상으로 어려움을 겪는 청소년들이 많아서 관련 내용을 발표하게 되었음을 알 수 있다. 따라서 발표자는 발표 내용을 선정한 동기를 밝혀 청중이 문제의식을 가지도록 하였다고 할 수 있다.

③ 발표 내용과 관련된 용어의 개념을 설명하여 청중의 이해를 도와야겠어.
1문단을 통해 발표 내용과 관련된 '노모포비아'라는 용어의 개념을 설명하고 있음을 알 수 있다. 이러한 용어 설명은 청중의 이해를 도울 수 있다.

④ 발표 중간에 질문을 던져 발표 내용에 대한 청중의 주의를 환기해야겠어.
3문단의 '그렇다면 스마트폰 ~ 어떤 것들이 있을까요?'나 4문단의 '그러면 이런 문제점들을 ~ 어떤 노력을 해야 할까요?'를 통해, 발표 중간에 질문을 던져 발표 내용에 대한 청중의 주의를 환기하였음을 알 수 있다.

✔ **발표 내용을 다른 상황에 빗대어 청중이 잘못 알고 있는 부분을 바로잡아야겠어.**
5문단의 '서로의 안전을 위해 사회적 거리 두기가 필요할 때가 있듯이'를 통해 발표자가 발표 내용을 다른 상황에 빗대고 있음을 알 수 있다. 하지만 이를 통해 청중이 잘못 알고 있는 부분을 바로잡지는 않고 있다.

02   자료 활용의 적절성 파악   정답률 87% | 정답 ⑤

학생이 ㉠~㉢을 활용한 방식에 대한 설명으로 가장 적절한 것은?

① 스마트폰 과의존 현상의 원인을 밝히기 위해 ㉠에 스마트폰을 손에서 놓지 못하는 학생의 동영상을 제시하였다.
㉠은 스마트폰을 수시로 만지작거리거나 스마트폰 없이 5분을 버티지 못하는 학생의 모습을 보여 주기 위해 제시한 동영상이므로, 스마트폰 과의존 현상의 원인을 밝히기 위해 활용한 것은 아니다.

② 성별에 따른 스마트폰 의존도의 차이를 보여 주기 위해 ㉡에 구체적인 수치를 도표로 제시하였다.
㉡은 스마트폰 의존도가 매년 증가함을 보여 주는 자료. 특히 10대 청소년의 스마트폰 과의존 위험군이 전 연령대에서 가장 높음을 보여 주는 도표이다. 따라서 ㉡은 성별에 따른 스마트폰 의존도의 차이를 보여 주기 위해 활용한 것은 아니다.

③ 스마트폰을 현명하게 사용하는 방법을 알려 주기 위해 ㉡에 연령대별 스마트폰 의존도를 도표로 제시하였다.
㉡과 관련된 발표 내용을 통해 스마트폰을 현명하게 사용하는 방법을 알려 주기 위해 ㉡을 활용한 것은 아니다.

④ 스마트폰 과의존의 문제점을 분석하기 위해 ㉢에 정신적 문제를 겪는 사람들의 실태를 다룬 신문 기사를 제시하였다.
㉢은 스마트폰에 주의를 빼앗겨 안전사고가 일어난 사례를 담고 있는 신문 기사이므로 스마트폰 과의존의 문제점을 언급하는 자료라 할 수 있다. 하지만 ㉢은 정신적 문제를 겪는 사람들의 실태를 다루지는 않고 있으므로 적절하지 않다.

✔ **스마트폰에 지나치게 몰입하여 생기는 위험성을 알려 주기 위해 ㉢에 안전사고 발생 사례를 다룬 신문 기사를 제시하였다.**
㉢ 이후의 '이 기사의 내용 ~ 일어날 수 있습니다.'를 통해, ㉢은 스마트폰에 주의를 빼앗겨 안전사고가 일어난 사례를 담고 있음을 알 수 있다. 따라서 발표자는 스마트폰에

지나치게 몰입하여 생기는 위험성, 즉 스마트폰에 주의를 빼앗겨 주변 상황을 살피지 못해 안전사고가 일어날 수 있음을 알려 주기 위해 안전사고 발생 사례를 다룬 ⓒ을 제시한 것이라 할 수 있다.

03 고쳐 쓸 때의 고려 사항 파악 정답률 85% | 정답 ②

〈보기〉는 [A]의 초고이다. 〈보기〉를 [A]로 고쳐 쓸 때 반영한 친구의 조언으로 가장 적절한 것은?

─〈 보 기 〉─

지금까지 인포그래픽에 대해 살펴보았다. 인포그래픽의 여러 특성에 비추어 볼 때 앞으로 인포그래픽이 활용되는 분야는 더욱 늘어날 것이다.

① 예상 독자가 탐구해야 할 문제가 포함되도록 써 보는 게 어때?
　[A]에는 예상 독자가 탐구해야 할 문제가 포함되어 있지 않다.

✓ 예상 독자가 얻을 수 있는 효용이 드러나도록 써 보는 게 어때?
　〈보기〉의 '인포그래픽의 여러 특성에 비추어 볼 때 앞으로 인포그래픽이 활용되는 분야는 더욱 늘어날 것이다.'를 통해 글의 화제와 관련된 전망을 제시하고 있음을 알 수 있다. 그런데 [A]에서는 '학생들도 쉽게 인포그래픽을 만들 수 있다.'와 '발표와 보고서의 전달력이 한층 높아질 것이다.'에서 알 수 있듯이 예상 독자인 '학생'이 얻을 수 있는 효용을 드러내고 있다. 따라서 〈보기〉를 [A]로 바꿀 때, 학생은 '예상 독자가 얻을 수 있는 효용이 드러나도록' 쓰는 것이 좋겠다는 친구의 조언을 받아들였음을 알 수 있다.

③ 글의 내용에 대해 균형 잡힌 관점이 드러나도록 써 보는 게 어때?
　[A]에는 글의 제재에 대한 긍정적인 관점만 드러나 있다.

④ 글의 도입에서 제기한 문제에 대한 답이 포함되도록 써 보는 게 어때?
　글의 도입에서 문제를 제기하고 있지 않으므로 [A]에는 글의 도입에서 제기한 문제에 대한 답이 포함되지 않았다.

⑤ 글의 내용을 설명한 순서대로 요약한 내용이 포함되도록 써보는 게 어때?
　글의 내용을 설명한 순서대로 요약한 내용은 포함되어 있지 않다.

04 높임 표현의 이해 정답률 69% | 정답 ②

〈보기〉의 ㉠ ~ ㉤을 수정하고자 할 때, 적절하지 <u>않은</u> 것은?

─〈 보 기 〉─

㉠ (아들이 아버지에게) 아버지, 무슨 고민이 계신가요?
㉡ (형이 동생에게) 삼촌께서 할머니를 데리고 식당으로 가셨어.
㉢ (사원이 다른 사원에게) 부장님이 이제 회의실로 온다고 하셨어.
㉣ (손녀가 할아버지에게) 언니가 할아버지한테 안경을 갖다 주라고 했어요.
㉤ (학생이 다른 학생에게) 문제를 풀다가 어려운 것이 있으면 선생님한테 물어봐.

① ㉠ : '아버지'를 간접적으로 높이도록 '아버지, 무슨 고민이 있으신가요?'로 수정한다.
　㉠과 수정한 내용인 '아버지, 무슨 고민이 있으신가요?'를 비교해 보면 '계신가요'를 '있으신가요'로 수정하였음을 알 수 있다. 따라서 '있으신가요?'로 수정한 것은 주체인 아버지를 간접적으로 높이기 위한 것이라 할 수 있으므로 적절하다.

✓ ㉡ : '삼촌'을 간접적으로 높이도록 '삼촌께서 할머니를 모시고 식당으로 가셨어.'로 수정한다.
　㉡과 수정한 내용인 '삼촌께서 할머니를 모시고 식당으로 가셨어.'를 비교해 보면 '데리고'를 '모시고'로 수정하였음을 알 수 있다. 따라서 '모시고'라고 수정한 것은 객체인 할머니를 직접적으로 높이기 위한 것이므로 '삼촌'을 간접적으로 높이기 위해 수정하였다는 내용은 적절하지 않다.

③ ㉢ : '부장님'을 직접적으로 높이도록 '부장님께서 이제 회의실로 오신다고 하셨어.'로 수정한다.
　㉢과 수정한 내용인 '부장님께서 이제 회의실로 오신다고 하셨어.'를 비교해 보면 '이'를 '께서'로, '온다고'를 '오신다고'로 수정하였음을 알 수 있다. 따라서 '께서', '오신다고'로 수정한 것은 주체인 부장님을 직접적으로 높이기 위한 것이라 할 수 있으므로 적절하다.

④ ㉣ : '할아버지'를 직접적으로 높이도록 '언니가 할아버지께 안경을 갖다 드리라고 했어요.'로 수정한다.
　㉣과 수정한 내용인 '언니가 할아버지께 안경을 갖다 드리라고 했어요.'를 비교해 보면 '한테'를 '께'로, '주라고'를 '드리라고'로 수정하였음을 알 수 있다. 따라서 '께', '드리라고'로 수정한 것은 객체인 할아버지를 직접적으로 높이기 위한 것이라 할 수 있으므로 적절하다.

⑤ ㉤ : '선생님'을 직접적으로 높이도록 '문제를 풀다가 어려운 것이 있으면 선생님께 여쭤봐.'로 수정한다.
　㉤과 수정한 내용인 '문제를 풀다가 어려운 것이 있으면 선생님께 여쭤봐.'를 비교해 보면

'한테'를 '께'로, '물어봐'를 '여쭤봐'로 수정하였음을 알 수 있다. 따라서 '께', '여쭤봐'로 수정한 것은 객체인 선생님을 직접적으로 높이기 위한 것이라 할 수 있으므로 적절하다.

05~08 과학

유진. W. 네스터 외, 「미생물학」

해제 이 글은 바이러스의 감염 과정 및 바이러스로 인한 감염의 유형에 대해 설명하고 있다. 이 글에서는 먼저 **바이러스의 특징**과 **바이러스의 구조**에 대해 **설명**한 뒤, 바이러스가 숙주 세포에 어떻게 감염되는지 구체적으로 보여 주고 있다. 그리고 이러한 **바이러스의 감염**이 유형에 따라 급성감염과 지속감염으로 나뉘고, 바이러스의 **발현 양상**에 따라 지속감염이 잠복감염, 만성감염, 지연감염으로 나누어짐을 **언급**하면서 각각의 감염에 대해 설명해 주고 있다.

주제 바이러스의 감염 과정 및 감염의 유형

문단 핵심 내용

1문단	바이러스의 특징 및 구조
2문단	바이러스의 감염 과정
3문단	바이러스로 인한 감염의 유형 – 급성감염과 지속감염
4문단	지속감염의 종류

05 글의 세부적 내용 이해 정답률 66% | 정답 ①

윗글의 내용과 일치하지 <u>않는</u> 것은?

✓ 피막이 있는 바이러스는 숙주 세포막의 효소와 결합하여 숙주세포 내부로 침투한다.
　2문단을 통해 바이러스는 감염이 가능한 숙주 세포와 접촉한 후 바이러스 피막의 부착 단백질을 이용해 숙주 세포 수용체에 달라붙고, 달라붙은 부위를 통해 바이러스가 숙주 세포 내부로 침투함을 알 수 있다. 따라서 피막이 있는 바이러스는 피막의 부착 단백질을 이용해 숙주 세포 수용체에 달라붙어 숙주 세포 내부로 침투하는 것이지, 숙주 세포막의 효소와 결합하여 숙주 세포 내부로 침투하는 것은 아니다.

② 피막이 있는 바이러스의 핵산이 DNA라면 캡시드 안에 RNA는 존재하지 않는다.
　1문단을 통해 피막이 있는 바이러스의 핵산이 DNA라면 캡시드 안에 RNA는 존재하지 않는다고 할 수 있다.

③ 바이러스가 숙주 세포에 기생하는 이유는 세포가 아니기 때문이다.
　1문단을 통해 바이러스는 세포가 아니기 때문에 스스로 생장이 불가능하여 살아 있는 숙주 세포에 기생한다는 것을 알 수 있다.

④ 피막이 있는 바이러스의 가장 바깥에는 부착 단백질이 있다.
　1문단을 통해 피막이 있는 바이러스는 피막의 바깥에 부착 단백질이 박혀 있음을 알 수 있다.

⑤ 피막이 있는 바이러스는 캡시드를 피막이 감싸고 있다.
　1문단을 통해 피막이 있는 바이러스는 피막 안에 캡시드라는 단백질이 있음을 알 수 있다.

06 내용을 통한 자료의 이해 정답률 60% | 정답 ③

〈보기〉는 특정 바이러스 감염 과정의 일부를 그림으로 나타낸 것이다. [A]를 바탕으로 〈보기〉를 이해한 내용으로 적절하지 <u>않은</u> 것은? [3점]

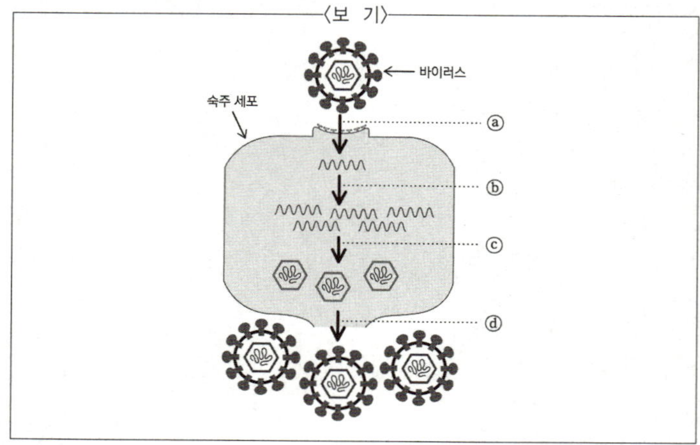

① ⓐ에서 바이러스의 핵산이 숙주 세포 내부로 빠져 나오려면, 바이러스 피막의 부착 단백질을 이용하는 과정이 필요하다.
[A]를 통해 바이러스는 바이러스 피막의 부착 단백질을 이용해 숙주 세포 수용체에 달라붙는 과정이 있어야만 바이러스의 핵산이 숙주 세포 내부로 빠져 나올 수 있음을 알 수 있다.

② ⓑ에서 숙주 세포의 효소를 그대로 이용하지 않는다면, 이 바이러스의 핵산은 RNA이다.
ⓑ는 핵산이 효소를 이용하여 복제되는 과정에 해당하고, 이때 핵산이 RNA라면 숙주 세포에 있는 효소를 이용해 자신에 맞는 효소를 합성한다고 할 수 있다.

✔ ⓑ에서 캡시드가 분리되며 빠져나온 효소는 ⓒ에서 다시 캡시드를 형성하는 데 도움을 준다.
[A]의 '바이러스의 핵산이 캡시드로부터 분리되어 숙주 세포 내부로 빠져나온다.'를 통해, 캡시드로부터 분리되어 빠져나온 것은 효소가 아니라 바이러스의 핵산임을 알 수 있다. 또한 '핵산은 mRNA라는 전달 물질을 통해 단백질을 합성한다. 합성된 단백질의 일부는 캡시드가 되어 복제된 핵산을 둘러싸고'를 통해, 캡시드를 형성하는 데 도움을 주는 것 역시 핵산임을 알 수 있다.

④ ⓒ에서 바이러스의 핵산을 둘러싸거나 ⓓ에서 바이러스의 부착 단백질이 되는 물질은 mRNA를 통해 합성된다.
[A]를 통해 ⓒ에서는 mRNA라는 전달 물질을 통해 핵산이 합성한 단백질의 일부는 캡시드가 되어 복제된 핵산을 둘러싸고, 다른 일부는 숙주 세포막에 부착되어 바이러스의 부착 단백질이 됨을 알 수 있다.

⑤ ⓓ에서는 배출되는 바이러스의 피막이 숙주 세포의 구성 요소를 통해 만들어진다.
[A]의 '단백질이 부착된 숙주 세포막이 캡시드를 감싸 피막이 되면서 증식된 바이러스가 숙주 세포 밖으로 배출된다.'를 통해, ⓓ에서는 배출되는 바이러스의 피막이 숙주 세포의 구성 요소인 세포막을 이용해 만들어짐을 알 수 있다.

07 글의 세부 내용 파악하기   정답률 85% | 정답 ④

㉠과 ㉡에 대한 설명으로 적절한 것은?

① ㉠은 ㉡과 달리 체내에서 감염성 바이러스의 수가 점진적으로 증가한다.
3문단을 통해 지속감염은 바이러스의 발현 양상에 따라 잠복감염과 만성감염, 지연감염으로 나뉨을 알 수 있고, 4문단을 통해 체내에서 감염성 바이러스의 수가 점진적으로 증가하는 것은 지연감염에 해당함을 알 수 있으므로 적절하지 않다.

② ㉠은 ㉡에 비해 바이러스가 체내의 방어 체계를 오랫동안 회피한다.
3문단을 통해 지속감염에서는 바이러스가 장기간 숙주 세포를 파괴하지 않으면서도 체내의 방어 체계를 회피하며 생존함을 알 수 있으므로 적절하지 않다.

③ ㉡은 ㉠과 달리 바이러스가 증식하는 과정에서 숙주 세포를 소멸시킨다.
3문단을 통해 일반적으로 짧은 기간 안에 일어나는 급성감염에서 바이러스는 감염된 숙주 세포를 증식 과정에서 죽임을 알 수 있으므로 적절하지 않다.

✔ ㉡은 ㉠에 비해 감염한 바이러스가 체내에 장기간 남아 있게 된다.
3문단의 내용을 통해 지속감염은 급성감염에 비해 상대적으로 오랜 기간 동안 바이러스가 체내에 잔류함을 알 수 있다.

⑤ ㉠과 ㉡은 체내의 바이러스가 질병을 발현하는지 여부에 따라 구분된다.
3문단을 통해 급성감염과 지속감염은 감염이 지속되는 시간과 바이러스의 숙주 세포 파괴 여부에 따라 구분됨을 알 수 있다. 그리고 바이러스의 발현 양상에 따라 지속감염을 잠복감염과 만성감염, 지연감염으로 나뉨을 알 수 있으므로 적절하지 않다.

★★★ 1등급 대비 고난도 2점 문제

08 구체적인 사례에의 적용   정답률 32% | 정답 ②

윗글을 참고할 때, 〈보기〉에 대한 반응으로 적절하지 않은 것은?

〈 보 기 〉
○ '수두−대상포진 바이러스(VZV)'에 감염되면, 처음에는 미열과 발진성 수포가 생기는 수두가 발병한다. 시간이 지나면 자연적으로 치료되나 'VZV'를 평생 갖고 살아가게 된다. 그러다가 신체의 면역력이 저하되면 피부에 통증과 수포가 생겨날 수 있는데, 이를 대상포진이라 한다.
○ 'C형 간염 바이러스(HCV)'에 감염된 환자의 약 80%는 해당 바이러스를 보유하고도 증세가 나타나지 않아 감염 여부를 인지하지 못하다가 우연히 알게 되기도 한다. 하지만 감염 환자의 약 20%는 간에 염증이 나타나고 이에 따른 합병증이 나타나기도 한다.

---

① 수두를 앓다가 나은 사람은 대상포진이 발병하지 않았을 때 'VZV' 프로바이러스를 갖고 있겠군.
VZV에 의한 감염은 잠복감염에 해당하고, 4문단을 통해 잠복감염은 질병이 재발하기까지 바이러스가 감염성을 띠지 않고 프로바이러스의 상태로 잠복함을 알 수 있다. 따라서 수두를 앓다가 나은 사람이 대상포진이 발병하지 않았을 경우에는 'VZV' 프로바이러스를 갖고 있다고 할 수 있다.

✔ 'VZV'를 가진 사람의 피부에 통증과 수포가 발생하는 것은 'VZV'가 다시 활성화되는 특정 조건이 되겠군.
4문단에서 설명된 잠복감염과 만성감염의 내용을 통해, 〈보기〉의 VZV(수두−대상포진 바이러스)에 의한 감염은 잠복감염, HCV(C형 간염 바이러스)에 의한 감염은 만성감염임을 알 수 있다. 이러한 4문단의 잠복감염에 대한 설명과 〈보기〉의 VZV에 대한 설명인 '그러다가 신체의 면역력이 ~ 이를 대상포진이라 한다.'를 볼 때, VZV를 가진 사람의 피부에 통증과 수포가 발생하는 것은 신체의 면역력 저하라는 특정 조건에서 바이러스가 재활성화되어 나타난 증상임을 알 수 있으므로 적절하지 않다.

③ 'HCV'에 감염된 사람은 간 염증을 앓고 있지 않더라도 타인에게 바이러스를 옮길 수 있겠군.
HCV에 의한 감염은 만성감염임을 알 수 있고, 4문단을 통해 만성감염은 감염성 바이러스가 숙주로부터 계속 배출되어 항상 검출되고 다른 사람에게 옮길 수 있는 감염 상태이지만, 사람에 따라서 질병이 발현되거나 발현되지 않기도 하는 특성이 있음을 알 수 있다. 따라서 'HCV'에 감염된 사람은 간 염증을 앓고 있지 않더라도 타인에게 바이러스를 옮길 수 있다고 할 수 있다.

④ 'HCV'에 감염된 사람은 나이와 상관없이 간 염증이 나타날 수도 있고 전혀 나타나지 않을 수도 있겠군.
4문단을 통해 만성감염은 사람에 따라서 질병이 발현되거나 발현되지 않기도 하며, 때로는 뒤늦게 발현될 수 있다는 특성이 있음을 알 수 있다. 따라서 'HCV'에 감염된 사람은 나이와 상관없이 간 염증이 나타날 수도 있고 전혀 나타나지 않을 수도 있음을 알 수 있다.

⑤ 'VZV'나 'HCV'에 의한 질병이 발현된 상황이라면, 모두 체내에 잔류한 바이러스가 주변 세포를 감염시키고 있겠군.
3문단의 급성감염을 통해 바이러스는 감염된 숙주 세포를 증식 과정에서 죽이고 바이러스가 또 다른 숙주 세포에서 증식하며 질병을 일으킴을 알 수 있고, 지속감염은 급성감염에 비해 상대적으로 오랜 기간 동안 바이러스가 체내에 잔류하는 것임을 알 수 있다. 따라서 지속감염에 해당하는 'VZV'나 'HCV'에 의한 질병이 발현된 상황이라면, 모두 체내에 잔류한 바이러스가 주변 세포를 감염시키고 있다고 볼 수 있다.

★★ 문제 해결 꿀~팁 ★★

▶ 많이 틀린 이유는?
이 문제는 〈보기〉에 제시된 VZV(수두−대상포진 바이러스)와 HCV(C형 간염 바이러스)에 의한 감염의 종류를 정확하게 파악하지 못하여 오답률이 높았던 것으로 보인다.

▶ 문제 해결 방법은?
이 문제를 해결하기 위해서는 〈보기〉에 제시된 VZV(수두−대상포진 바이러스)에 의한 감염과 HCV(C형 간염 바이러스)에 의한 감염이 지속감염의 어느 종류에 해당하는지, 즉 4문단을 통해 〈보기〉의 VZV(수두−대상포진 바이러스)에 의한 감염은 잠복감염, HCV(C형 간염 바이러스)에 의한 감염은 만성감염임을 파악할 수 있어야 한다. 그런 다음 VZV에 의한 감염과 HCV에 의한 감염에 대해 설명하고 있는지 선택지와, 글의 4문단에서 설명하고 있는 지속감염의 종류와 비교하여 선택지의 적절성 여부를 판단하면 된다. 이때 〈보기〉 내용을 정확히 읽지 않으면 잘못된 선택을 할 수 있으므로 유의해야 한다. 정답인 ②의 경우 〈보기〉의 내용을 통해, VZV를 가진 사람의 피부에 통증과 수포가 발생하는 것이 신체의 면역력 저하라는 특정 조건에서 바이러스가 재활성화되어 나타난 증상이라 하였으므로 적절하다고 할 수 없는 것이다. 이 문제처럼 〈보기〉의 내용과 다른 내용이 제시될 수 있으므로 선택지를 읽을 때에도 〈보기〉와 일치하는지 여부도 반드시 확인하도록 한다.

▶ 오답인 ⑤를 많이 선택한 이유는?
이 문제의 경우 ⑤를 선택한 학생들이 많은데, 이는 'VZV'나 'HCV'가 지속감염에 해당하고, 글의 감염 과정을 통해 질병이 유발된다는 내용을 정확히 이해하지 못했기 때문으로 보인다. 따라서 선택지를 읽을 대는 선택지의 의미가 무엇인지, 즉 '질병이 발현된 상황'이 바이러스에 의한 감염이 이루어졌음과 '체내에 잔류'한이 지속감염의 특징에 해당함을 파악할 수 있어야 한다.

09~12 고전 시가 + 수필

(가) 박인로, 「노계가」

감상   이 글은 두 차례의 전란을 겪은 작가 박인로가 말년에 비로소 은거지를 개척하여, 은거지인 노계의 경치를 찬미하고 자연에 묻혀 사는 흥취를 노래한 작품이다. 지문에 제시된 부분에서는 아름다운 자연의 모습을 묘사하면서 태평성대에 강호에서 풍류를 누리는 삶에 대한 만족감을 노래하고, 마지막 대목에서는 유교적 충심을 바탕으로 태평성대가 영속되기를 바라는 작자의 소망을 하늘에 기원하고 있다.

> **주제** 자연에서 즐기는 삶의 흥취와 우국 일념

(나) 이태준, 「자연과 문헌」

> **감상** 이 글은 이태준이 1941년 발표한 수필집 「무서록」에 수록된 수필이다. 당시의 예술가들이 문헌이나 기록 등 부차적인 것에 얽매여 자연이 지닌 생명을 제대로 포착하지 못하고 있음을 비판하며, 고유한 직관을 통해 자연의 생명을 드러내는 것이 예술가의 본분임을 역설하고 있다.

> **주제** 자연의 생명력에 대한 직감의 중요성

★★★ 1등급 대비 고난도 2점 문제

09 표현상 특징 파악   정답률 21% | 정답 ①

(가)와 (나)에 대한 설명으로 가장 적절한 것은?

✔ **① (가)와 (나)는 모두 명령형 어미를 통해 주제 의식을 드러내고 있다.**
(가)에서는 '-소서'와 같은 명령형 어미를 통해 태평성대를 갈망하는 주제 의식을, (나)에서는 '-라'와 같은 명령형 어미를 통해 예술가의 태도 변화를 촉구하는 주제 의식을 드러내고 있다.

② (가)와 (나)는 모두 문답의 방식을 통해 현실에 대한 비판을 드러내고 있다.
(가)와 (나)는 모두 문답의 방식을 활용하고 있으나, (가)에는 현실에 대한 비판이 드러나 있지 않다.

③ (가)와 (나)는 모두 대조의 방식을 활용하여 태도의 변화를 드러내고 있다.
(가)에서는 대조의 방식을 활용하여 태도의 변화를 드러내는 부분을 찾아볼 수 없다. (나)는 '조그만 학문과 고고의 사무가'와 '빛나는 생명의 예술가'의 대조, '본래의 금강산'과 '소문거리의 모델' 또는 '계산된 삽화'로서의 금강산의 대조 등 대조의 방식을 활용하고 있으나 이것을 활용하여 태도의 변화를 드러내고 있지 않다.

④ (가)와 달리 (나)는 시선의 이동을 통해 계절적 배경을 다채롭게 드러내고 있다.
(가)는 '푸른 물과 긴 하늘이 한빛이 되었거든 / 물가에 갈매기는 오는 듯 가는 듯 그칠 줄을 모르네' 등 시선의 이동을 통해 '꽃피는 시절'이라는 계절적 배경을 다채롭게 드러내고 있다. 하지만 (나)에서는 시선의 이동을 통해 계절적 배경을 다채롭게 드러내고 있는 부분을 찾아볼 수 없다.

⑤ (나)와 달리 (가)는 초월적 공간을 설정하여 고조된 감정을 드러내고 있다.
(가)와 (나) 모두 초월적 공간을 설정하는 부분을 지니고 있지 않다.

★★ 문제 해결 꿀~팁 ★★

▶ **많이 틀린 이유는?**
이 문제는 표현상 특징을 정확히 이해하지 못하여 어려움을 겪어 오답률이 높았던 것으로 보인다. 또한 '-소서'라는 어미가 명령형이 아니라고 판단한 것도 오답률을 높였던 것으로 보인다.

▶ **문제 해결 방법은?**
이러한 표현상 특징을 묻는 문제를 해결하기 위해서는 기본적으로 표현 방법에 대한 기본 지식을 지니고 있어야 한다. 그렇지 않을 경우 표현상 특징을 묻는 문제는 거의 해결할 수 없을 것이다. 또한 이런 문제의 경우 선택지에 제시된 표현상 특징을 먼저 (가) 작품에 적용해서 확인하고, (가)에서 확인할 수 있는 것 중 (나)에서 확인할 수 있는 것을 찾는 방식으로 문제를 해결하는 것이 효과적이다. 즉, (가)를 통해 ①, ②, ④에 제시된 표현 방식이 사용되었음을 확인한 뒤, 이들 중 (나)에 사용된 것이 ①, ②임을 확인하면 된다. 그런데 표현상 특징이 사용되었지만, ②처럼 표현 효과가 잘못된 경우(가)에는 현실에 대한 비판 의식이 드러나지 않으므로)가 있으므로 유의해야 한다. 한편 학생들 중에는 '-소서'가 명령형 어미가 아니라 청유형 어미라고 지레짐작한 경우가 많았는데, '-소서'는 '하십시오할 자리에 쓰여, 정중한 부탁이나 기원을 나타내는 종결 어미'에 해당하고, '밭 갈고 샘 파서 격양가를 부르게 하소서.'에서 알 수 있듯이 하느님께 화자에게 명령하는 듯이 표현하고 있으므로, '-소서'는 명령형 어미라 할 수 있다. 이 선택지는 지레짐작으로 판단할 경우 잘못된 선택을 할 수 있다는 사실을 보여 준다고 할 수 있다. 따라서 선택지의 적절성을 판단할 때는 작품에 중점을 두어 정확히 파악할 수 있도록 한다.

10 시구의 의미 파악   정답률 81% | 정답 ③

㉠~㉤에 대한 이해로 적절하지 <u>않은</u> 것은?

① ㉠ : 유사한 문장 구조를 반복하여 자연물 간의 경계가 사라진 풍광을 묘사하고 있다.
'물도 하늘 같고', '하늘도 물 같으니'와 같이 유사한 문장 구조를 반복하여, 푸른 색채 이미지를 통해 '물'과 '하늘'이 '한빛'으로 통합된 자연의 모습을 묘사하고 있다.

② ㉡ : 일상의 사물에 빗대어 화자를 둘러싼 자연의 모습을 표현하고 있다.
'바위 위 산꽃'과 '시냇가 버들'을 각각 '수놓은 병풍'과 '초록 장막'에 빗대어 표현하면서, 병풍이나 장막 등 일상의 사물들이 갖는 쓰임에 주목하여, 자신을 둘러싼 자연의 모습을 묘사하고 있다.

✔ ③ ㉢ : 의지적인 어조를 활용하여 학문 수양을 게을리하지 않으려는 자세를 드러내고 있다.
'허송하지 말리라'와 같이 의지적 어조를 활용하여, 꽃피는 시절 아름다운 자연의 경치를 마음껏 감상하겠다는 화자의 적극적인 태도를 표현하고 있다. 따라서 학문 수양을 게을리하지 않겠다는 진술은 적절하지 않다.

④ ㉣ : 자연에서 얻을 수 있는 재료를 나열하여 상황에 대한 만족감을 표현하고 있다.
자연에서 얻을 수 있는 '살진 고사리', '향기로운 당귀', '돼지고기', '사슴고기' 등의 식재료를 풍부하게 나열하여, 상황에 대한 화자의 만족감을 강조하고 있다.

⑤ ㉤ : 자연물의 색채 이미지를 활용하여 화자의 취흥을 강조하고 있다.
'복숭아꽃'을 '붉은 비'로 빗대어 화자에게 뿌린다는 표현을 통해, 자연물의 붉은 색채 이미지가 화자의 취한 얼굴로 이어지면서 자연과 연결되는 화자의 풍류를 강조하고 있다.

11 외적 준거에 따른 작품의 감상   정답률 66% | 정답 ④

〈보기〉를 읽고 (가), (나)를 감상한 내용으로 적절하지 <u>않은</u> 것은? [3점]

─── 〈보 기〉 ───
(가)의 작가는 전란을 체험한 후 강호에 은거하며 태평성대를 추구하고, (나)의 작가는 자연의 본질에 대한 통찰을 촉구한다. 이들은 일관되고 영속적인 가치를 지향한다. 비록 작가의 지향을 방해하는 일시적인 요소가 있더라도, 이 지향은 과거에서 현재로, 다시 미래로 지속성을 갖고 이어진다.

① (가)의 '물가에 갈매기'가 '오는 듯 가는 듯 그칠 줄을 모르네'라는 구절에서 어울림에 영속성을 부여하고 이를 지향하는 작가의 태도를 확인할 수 있군.
(가)에서 '오는 듯 가는 듯 그칠 줄을 모르네'라는 구절에서 '물가'와 '갈매기'는 모두 강호를 이루는 자연물로, 이 행에서는 강호를 이루는 자연물들이 서로 조화롭게 어울리는 평화로운 광경이 지속됨을 그려 내고 있다.

② (가)에서 작가가 자신을 '무회씨 때 사람', '갈천씨 때 백성'과 동일시하여 과거와 현재를 잇는 것은 시간이 흘러도 영속되는 가치에 대한 작가의 인식을 드러낸 것으로 볼 수 있군.
(가)에서 '무회씨 때 사람', '갈천씨 때 백성'은 모두 태평성대에 살았던 사람을 의미한다. 화자가 자기 자신을 이러한 태평성대의 인물과 동일시하는 것은 현재 자신의 삶이 그때만큼이나 태평성대에 가깝다는 뜻이며, 영속적인 가치인 평화로운 삶에 대한 작가의 지향을 드러낸 것이라 할 수 있다.

③ (가)의 '영원무궁토록 전란을 없애소서'라는 구절에서 전란이라는 일시적인 요소가 '태평한 세상'이라는 영속적인 가치를 방해하지 않기를 바라는 작가의 인식을 확인할 수 있군.
(가)에서 전란을 체험한 작가는 화자의 목소리를 통해 하느님께 직접적으로 평화에 대한 염원을 빌고 있다. 전란이라는 일시적인 요소가 태평성대를 방해하지 않기를 바라는 작가의 인식이 여기에 드러난다고 볼 수 있다.

✔ ④ (나)에서 '옥녀봉', '명경대'와 같은 이름으로 자연을 규정하는 것은 자연의 일관성과 지속성에 대한 통찰의 결과라는 작가의 인식을 확인할 수 있군.
(나)에서 '옥녀봉', '명경대'와 같은 이름은 최근에 와서야 인간들이 붙인 이름으로, 자연의 본질을 통찰할 수 있도록 돕는다기보다는, 과거의 기록에 의존하여 사람들의 인식을 좁게 만드는 요소가 된다. 따라서 '옥녀봉', '명경대'와 같은 이름은 자연의 일관성과 지속성을 통찰하기 어렵게 만드는 방해 요소라 할 수 있다.

⑤ (나)에서 '문헌'은 '소문거리의 모델', '계산된 삽화'를 양산함으로써 자연의 영속적인 본질에 대한 접근을 방해하는 요소가 된다는 작가의 인식을 확인할 수 있군.
(나)에서 '소문거리의 모델'과 '계산된 삽화'를 양산하는 '문헌'은 자연의 본질과는 관계

없는 인간의 기록들을 뜻한다. 작가는 '문헌'에 '시인'들이 수족이 묶인다고 표현하며, 자연의 영속적 본질에 대한 접근에 '문헌'이 방해가 된다고 역설하고 있다.

12 표현에 담긴 작가의 의도 파악 — 정답률 78% | 정답 ②

(나)의 '빛나는 생명의 예술가'가 갖추어야 할 태도로 가장 적절한 것은?

① 자연의 모든 것을 알아낼 수 있다는 확신으로 탐구에 임해야 한다.
'우리는 자연의 모든 것을 모른다. 우리는 영원히 그의 신원도, 이력도 캐어낼 수 없을 것이다.'라는 진술에 부합하지 않는다.

✅ **직관을 통해 자연에 대한 솔직한 감각을 드러낼 수 있어야 한다.**
(나)의 '자연에 대한 인류 최고의 능력은 직감이다.', '자연에 대한 솔직한 감각을 표현하라.'라는 진술을 통해, 빛나는 생명의 예술가가 갖추어야 할 태도는 직관을 통해 자연에 대한 솔직한 감각을 드러내는 것임을 알 수 있다.

③ 여러 기록을 참고하며 자연의 새로운 경지를 소개할 수 있어야 한다.
'자연에게 있어 문헌이란 별무가치인 것'이라는 진술을 고려할 때, 여러 기록을 참고하는 것은 적절하지 않다.

④ 경승지를 보고 이를 대상으로 한 시편을 인용하여 작품을 창작할 수 있어야 한다.
경승지를 대상으로 한 시편을 인용하는 것은 '자연에게 있어 문헌이란 별무가치인 것'이라는 진술에 부합하지 않는다.

⑤ 자연과 관련된 인간의 내력을 소재로 삼아 자신의 예술성을 표현할 수 있어야 한다.
'백두산에서 어떠한 인간의 때 묻은 내력이 있든지 없든지, 조금도 그따위에 관심할 것이 없어'라는 진술을 고려할 때, 자연과 관련된 인간의 내력을 소재로 삼는 것은 적절하지 않다.

DAY 20 — 20분 미니 모의고사

01 ②	02 ③	03 ⑤	04 ①	05 ⑤
06 ②	07 ②	08 ③	09 ①	10 ③
11 ⑤	12 ⑤			

01 대화 참여자의 말하기 방식 파악 — 정답률 83% | 정답 ②

[A]와 [B]를 이해한 내용으로 적절한 것은?

① [A]에서 '학생 2'는 '학생 1'의 발화 내용을 요약하며 자신의 이해 여부를 확인하고 있다.
[A]에서 '학생 2'는 '학생 1'의 발화 내용을 요약하지는 않고 있다.

✅ **[A]에서 '학생 3'은 '학생 2'와 공유하고 있는 정보에서 생소한 용어에 대한 설명을 요청하고 있다.**
[A]에서 '학생 3'은 '학생 2'의 말을 듣고, '나도 봤어.'라고 말하고 있으므로 학생회 블로그에 올라온 공지 사항에서 본 내용을 '학생 2'와 공유한다고 할 수 있다. 그러면서 '학생 3'은 '학생 참여 예산제가 뭐야?'라고 질문하고 있으므로, '학생 3'은 생소한 용어에 대한 설명을 요청하고 있음을 알 수 있다.

③ [B]에서 '학생 3'은 '학생 1'의 발화에 대해 일부 동의하며 기대되는 긍정적인 결과를 구체적으로 언급하고 있다.
[B]에서 '학생 3'은 '학생 1'의 발화에 일부 동의하나, 기대되는 긍정적인 결과를 언급하지는 않고 있다.

④ [B]에서 '학생 2'는 '학생 1'이 제시한 의견의 문제점을 지적하며 상대방에게 해결 방법을 제안하고 있다.
[B]에서 '학생 2'는 '학생 1'의 의견이 지닌 문제점을 지적하거나 해결 방안을 제안하지 않고 있다.

⑤ [A]와 [B] 모두에서 '학생 2'는 질문의 형식을 활용하여 자신의 의견에 대한 동의를 구하고 있다.
'학생 2'가 질문의 형식을 활용하여 자신의 의견에 대한 동의를 구하고 있는 것은 [B]에만 해당한다.

02 글쓰기 계획의 반영 여부 파악 — 정답률 72% | 정답 ③

(나)를 바탕으로 세운 글쓰기 계획 중, (다)에 반영되지 <u>않은</u> 것은?

① (나)에서 카페라는 공간적 특성이 가지는 효과에 대해 언급한 것을 반영하여 면학실 개선의 기대 효과를 나타내야겠어.
5문단에서 카페라는 공간적 특성이 가지는 효과에 따른 면학실 개선의 기대 효과를 찾아볼 수 있다.

② (나)에서 최근 '카공족'이 많아진 현상에 대해 언급한 것을 반영하여 질문을 통해 현안에 대한 관심을 유도해야겠어.
2문단에서 '카공족'에 대한 질문을 통해 현안에 대한 관심을 유도하는 내용을 찾아볼 수 있다.

✅ **(나)에서 학생 참여 예산제 공모에 참여하는 의도를 반영하여 건의문을 작성하는 과정에서 얻은 긍정적인 변화를 드러내야겠어.**
(나)에서는 자신들의 제안이 실현되면 뿌듯할 것이고, 제안이 실현되지 않더라도 학교 사업에 대해 고민해 보는 것만으로도 의미가 있을 것이라고 예산제 공모에 참여하는 의도를 찾아볼 수 있다. 하지만 (다)에는 예산제 공모에 참여하는 의도가 반영되어 있지 않다.

④ (나)에서 카페를 이용할 때 비용이 많이 든다고 언급한 것을 반영하여 학생의 경제적 부담을 면학실 개선의 이유로 제시해야겠어.
2문단에서 학생의 경제적 부담이라는 면학실 개선의 이유를 찾아볼 수 있다.

⑤ (나)에서 획일적인 형태의 책상이 불만족스럽다는 의견을 반영하여 다양한 형태의 책상을 구비해야 한다는 것을 해결 방안으로 제시해야겠어.
3문단에서 다양한 형태의 책상을 구비해야 한다는 해결 방안을 찾아볼 수 있다.

03 관형사의 특징 파악 — 정답률 69% | 정답 ⑤

〈보기〉는 문법 수업의 일부이다. 선생님의 설명에 따라 밑줄 친 단어를 이해한 내용으로 적절하지 <u>않은</u> 것은?

─〈보 기〉─

선생님 : 관형사는 체언을 꾸며 주는 품사로 뒤에 오는 체언의 성질이나 상태를 분명하게 해 주는 성상 관형사, 구체적인 대상을 지시해 주는 지시 관형사, 수량을 나타내는 수 관형사로 구분할 수 있습니다. 이러한 관형사는 형태가 변하지 않고 어떤 조사와도 결합하지 않는 특징이 있습니다.

ㄱ. 이 상점, 두 곳에서는 헌 물건을 판다.
ㄴ. 우리 다섯이 새로 산 구슬을 나눠 가지자.
ㄷ. 나는 오늘 어머니께 드릴 새 옷 한 벌을 샀다.

① ㄱ에서 '이'는 '상점'을 꾸며 주는 지시 관형사이다.
ㄱ에서 '이'는 뒤에 오는 체언인 명사 '상점'을 꾸며 주는 지시 관형사이므로 적절하다.

② ㄱ에서 '헌'은 체언인 '물건'의 상태를 드러내 준다.
ㄱ에서 '헌'은 뒤에 오는 체언인 명사 '물건'의 상태를 드러내 주는 성상 관형사이므로 적절하다.

③ ㄴ의 '다섯'은 조사와 결합하는 것을 보니 관형사가 아니다.
ㄴ의 '다섯'은 수사로 주격 조사 '이'와 결합하고 있으므로 적절하다.

④ ㄱ의 '두'와 ㄷ의 '한'은 수량을 나타내는 수 관형사이다.
ㄱ의 '두'는 뒤에 오는 체언인 의존 명사 '곳'을 수식하고, ㄷ의 '한'은 뒤에 오는 체언인 의존 명사 '벌'을 수식하는 수 관형사이므로 적절하다.

☑ **ㄴ의 '새로'와 ㄷ의 '새'는 형태가 변하지 않는 성상 관형사이다.**
ㄴ의 '새로'는 동사 '사다'의 활용형인 '산'을 꾸며 주는 부사이므로 적절하지 않다. 한편 '새'는 뒤에 오는 '옷'을 꾸며 주는 성상 관형사에 해당한다.

04~08 　인문

강신주, 「철학 vs 철학」

해제 　이 글은 피히테와 니체를 중심으로 서양철학에서의 기억과 망각에 대한 논의를 기술하고 있다. **전통적 서양철학**에서는 **기억을 긍정적인 능력으로 망각을 부정적인 능력으로 인식**하였다. 이와 같은 철학적 사유 속에서 피히테는 '**자기의식**'이라는 개념을 바탕으로 기억을 세계 경험에 대한 최고 수준의 기능임을 설명하였다. 니체는 이와 같은 기억의 사유 전통을 거부하며, **기억은 부정적이고 수동적인 능력인 반면 망각은 능동적이며 창조적인 능력**이라 긍정적으로 인식하면서 **건강한 망각의 역량을 복원**하기 위해서 궁극적으로 순진무구한 아이와 같은 모습이 되어야 한다고 주장하였다. 이러한 **니체의 사유**는 기억이 주된 사유로 인식되던 서양철학에서 **망각의 능력을 찾아내고자 했다는** 점에서 주목할 필요가 있다.

주제 　기억과 망각에 대한 서양철학에서의 논의

문단 핵심 내용

1문단	기억을 중요한 사유로 인식한 전통적 서양철학
2문단	기억을 '자기의식'이라는 개념으로 설명한 피히테
3문단	기억의 사유 전통을 부정하고 망각을 긍정적으로 바라본 니체
4문단	건강한 망각의 역량을 복원하기 위해 니체가 내세운 방법
5문단	망각을 중요하게 여긴 니체의 사유를 주목할 필요가 있는 이유

04 　분야에 따른 독서 방식 파악　　정답률 87% | 정답 ①

독서의 분야를 고려하여 윗글을 읽는다고 할 때, ㉮에 들어갈 내용으로 가장 적절한 것은?

─〈보 기〉─
________㉮________ 하며 읽어야겠군.

☑ **인간의 사상을 탐구하고 있으므로, 글에 담긴 관점을 정확하게 파악**
이 글의 1문단에서는 기억과 망각에 대한 **전통적 서양철학**의 인식을, 2문단에서는 '자기의식'이라는 개념을 바탕으로 기억을 세계 경험에 대한 최고 수준으로 기능이라 여긴 피히테의 인식을 제시하고 있다. 그리고 3, 4문단에서는 기억에 대한 사유 전통을 거부하며 망각을 긍정적으로 여긴 니체의 인식에 대해 제시하고 있다. 이렇게 볼 때, 이 글은 기억과 망각에 대한 사상가들의 사상을 드러내 주고 있으므로, 이 글을 읽을 때는 각 사상가의 관점을 정확하게 파악하며 읽는 것이 필요하다고 할 수 있다.

② 사회 현상을 다루고 있으므로, 관련된 배경지식을 적극적으로 활용
이 글에서는 기억과 망각에 대한 철학자들의 사상을 다루고 있지, 사회 현상을 다루고 있지 않고 있다.

③ 삶의 문제를 분석하고 있으므로, 글에 반영된 사회적 요구를 논리적으로 평가
이 글에서는 기억과 망각에 대한 철학자들의 사상을 다루고 있지, 삶의 문제를 다루고 있지 않고 있다.

④ 사실과 법칙을 인과적으로 설명하고 있으므로, 용어나 개념을 명확하게 이해
이 글을 통해 사실과 법칙을 인과적으로 설명하고 있는 부분은 찾아볼 수 없다.

⑤ 연구 성과를 실생활에 응용하고 있으므로, 사용된 자료의 신뢰성을 적절히 판단
이 글에서 피히테나 니체의 사상을 언급하고 있지만, 이러한 사상을 실생활에 응용하여 제시하지는 않고 있다.

05 　세부 내용의 이해　　정답률 78% | 정답 ⑤

윗글의 내용과 일치하지 <u>않는</u> 것은?

① 플라톤은 가치론적 이분법을 통해 기억을 설명하였다.
1문단을 통해 플라톤이 이데아를 인식하는 긍정적인 능력으로 기억이 망각보다 뛰어나다는 가치론적 이분법을 설정하였음을 알 수 있다.

② 하이데거는 기억이 지배하는 상태를 진리로 인식하였다.
1문단을 통해 하이데거가 진리는 기억이 지배하는 상태를 의미한다고 강조했음을 알 수 있다.

③ 니체는 망각을 긍정적인 능력이라고 판단하며 서양철학의 전통적 사유를 비판하였다.
3문단을 통해 니체는 망각을 능동적이며 창조적인 능력으로 인식하며 기억을 긍정적으로 보는 사유 전통을 거부하였음을 알 수 있다.

④ 니체는 음식물이 위에 가득 남아 있는 상황과 정신이 기억으로 가득 찬 상태가 유사하다고 생각하였다.
3문을 통해 니체가 음식물을 배설하지 못하면 건강한 삶을 살 수 없듯이 기억이 정신에 가득 차 있으면 새로운 인식이 불가능하다고 생각하였음을 알 수 있다.

☑ **니체는 현재를 행복하게 살아가기 위해 철저한 망각이 필요하다고 판단하였다.**
5문단의 '니체가 인간이 가진 기억 능력 자체를 완전히 제거하자고 주장했던 것은 아니다.'를 통해, 니체는 철저한 망각이 필요하다고 주장하지 않았음을 알 수 있다.

06 　핵심 정보 간의 관계 파악　　정답률 77% | 정답 ②

㉠ ~ ㉢에 대한 이해로 가장 적절한 것은?

① ㉠이 없어도 ㉡에 의거한 주장이 가능하다.
2문단의 "A는 A이다"라는 명제는 '과거의 A가 현재의 A이다'라는 주장으로 현실화된다. 이러한 주장이 가능하기 위해서는 과거의 의자를 기억하고 있어야 한다는 것이 전제되어야 하고, 이는 과거 그 의자에 앉았던 자신을 기억하는 것과 마찬가지라는 것이었다.'를 통해, ㉠이 있어야 ㉡에 의거한 주장이 가능하다.

☑ **㉠이 가능해야만 ㉢도 가능하다.**
2문단을 통해 ㉢이 있기 위해서는 ㉠을 바탕으로 과거의 '나'와 현재의 '나'가 같음을 의식해야 함을 알 수 있다. 따라서 ㉠이 가능해야만 ㉢도 가능하다고 할 수 있다.

③ ㉡이 성립해야만 ㉠이 성립한다.
2문단의 '그가 주장한 자기의식은 기억의 능력을 통해 과거의 '나'와 현재의 '나'가 같음을 의식하는 것으로 볼 수 있다. 자기의식을 망각한다면 우리는 친구를 만나도 친구인 줄 모를 것이므로, 그의 입장에서는 기억이 없다면 세계도 존재할 수 없는 것이었다.'를 통해, ㉠이 성립해야만 ㉡이 성립함을 알 수 있다.

④ ㉢은 ㉠을 위해 존재한다.
2문단의 '그가 주장한 자기의식은 기억의 능력을 통해 과거의 '나'와 현재의 '나'가 같음을 의식하는 것으로 볼 수 있다. 자기의식을 망각한다면 우리는 친구를 만나도 친구인 줄 모를 것이므로, 그의 입장에서는 기억이 없다면 세계도 존재할 수 없는 것이었다.'를 통해, ㉠을 통해 ㉢이 가능함을 알 수 있다.

⑤ ㉢은 ㉡이 전제되어야 한다.
2문단의 "A는 A이다'라는 명제는 '과거의 A가 현재의 A이다'라는 주장으로 현실화된다. 이러한 주장이 가능하기 위해서는 과거의 의자를 기억하고 있어야 한다는 것이 전제되어야 하고, 이는 과거 그 의자에 앉았던 자신을 기억하는 것과 마찬가지라는 것이었다.'와 '자기의식은 기억의 능력을 통해 과거의 '나'와 현재의 '나'가 같음을 의식하는 것으로 볼 수 있다. 자기의식을 망각한다면 우리는 친구를 만나도 친구인 줄 모를 것이므로, 그의 입장에서는 기억이 없다면 세계도 존재할 수 없는 것이었다.'를 통해 ㉢이 있기 위해서는 ㉠이 전제되어야 함을 알 수 있다.

07 구체적인 사례에의 적용   정답률 43% | 정답 ②

윗글을 바탕으로 〈보기〉에 대해 이해한 내용으로 적절하지 <u>않은</u> 것은? [3점]

〈보 기〉

갑 : 지갑이 많이 낡았네. 하나 새로 사줄까?

을 : 아직은 새로 사기 싫어요. 아빠가 생일 선물로 처음 사 주신 거라서 저한테는 의미가 있고 익숙해서 좋아요.

갑 : 그렇구나. 근데 지난번에는 평소와 달리 국어 시험 못 봤다고 했잖아. 이번 시험 준비는 잘 하고 있니?

을 : 지난 시험은 지난 시험일 뿐이죠. 잊을 건 잊고 이번 국어 시험도 열심히 준비하고 있어요.

① 피히테는 을이 선물을 받았던 자신과 현재의 자신이 같음을 기억의 능력을 통해 의식하고 있다고 볼 것이다.

〈보기〉에서 을은 자신의 지갑을 아빠가 생일 선물로 사 주신 지갑이라고 말하고 있는데, 이는 과거의 지갑을 기억하고 있음을 보여 주는 것이라 할 수 있다. 이를 피히테의 관점에서 본다면, 을은 과거의 지갑을 기억하고 있고 이는 과거의 자신을 기억하는 것과 마찬가지라 할 것이고, 을이 기억의 능력을 통해 선물을 받았던 자신과 현재의 자신이 같음을 의식하고 있다고 볼 것이다.

☑ **② 피히테는 을의 '지난 시험은 지난 시험이다.'라는 주장은 '시험은 시험이다'라는 명제가 현실화된 것이라고 볼 것이다.**

〈보기〉에서 을의 '지난 시험은 지난 시험이다.'라는 주장은 '과거의 A가 현재의 A이다'라는 형태에 부합하지 않는다. '시험은 시험이다'라는 명제가 주장으로 현실화된다면 '과거의 시험은 현재의 시험이다'라 할 수 있으므로 적절하지 않다.

③ 니체는 을이 지갑에 대한 과거의 기억에 집착하여 지갑을 새로 사는 것을 긍정하지 않는다고 볼 것이다.

3문단을 통해 니체가 기억에만 집착하는 사람들은 새로운 것을 낯설고 불편한 것으로 여겨 변화와 차이를 긍정할 수 없다고 여겼음을 알 수 있다. 그리고 〈보기〉에서 을은 지갑을 새로 사기 싫다고 하면서 아빠가 생일 선물로 사 주신 지갑이 익숙해서 좋다 하고 있다. 이렇게 볼 때, 니체는 을이 지갑에 대한 과거의 기억에 집착하여 지갑을 새로 사는 것을 긍정하지 않는다고 볼 것이다.

④ 니체는 을이 국어 시험을 다시 준비하는 것을 보고 기억을 뛰어넘어 현재를 행복하게 살아갈 수 있는 사람이라고 볼 것이다.

4문단을 통해 니체가 망각은 능동적이고 창조적인 능력이며 현재를 행복하게 살아가기 위한 능력이라고 보았음을 알 수 있다. 따라서 니체는 지난 시험을 잊고 국어 시험을 다시 준비하는 을에 대해 기억을 뛰어넘어 현재를 행복하게 살아갈 수 있는 사람이라고 볼 것이다.

⑤ 니체는 을이 지난 시험 결과에 대해 좌절하지 않는 것은 다음 시험에서 좋은 결과를 얻을 수 있을 것임을 직감하기 때문이라고 볼 것이다.

4문단을 통해 니체는 건강한 망각의 역량을 복원하기 위해 순진무구한 아이가 되어야 한다고 주장하면서, 아이는 만들던 모래성이 부서지더라도 새로운 모래성을 만들 수 있음을 직감하므로 부서진 모래성을 기억하면서 좌절할 필요가 없다고 말하였음을 알 수 있다. 따라서 니체는 을이 다음 시험에서 좋은 결과를 얻을 수 있을 것임을 직감하기 때문에 지난 시험 결과에 대해 좌절하지 않는다고 볼 것이다.

★★ 문제 해결 꿀~팁 ★★

▶ 많이 틀린 이유는?

이 문제는 글에 제시된 피히테와 니체의 기억과 망각에 대한 인식을 구체적인 사례에 적용하는 데 어려움을 겪어 오답률이 높았던 것으로 보인다.

▶ 문제 해결 방법은?

글에 제시된 인물의 인식이나 사고 등이 제시될 경우 반드시 이와 관련하여 문제가 출제되므로 글을 읽을 때 정확히 이해할 수 있어야 한다. 가령 정답인 ②의 경우 피히테가 인식한 '과거의 A가 현재의 A이다'만 정확히 알았어도, '지난 시험은 지난 시험이다'라는 주장이 이에 부합하지 않아 적절하지 않음을 바로 알았을 것이다. 또한 오답률이 높았던 ⑤의 경우에도 니체가 순진무구한 아이가 되어야 한다고 주장하면서, 아이는 만들던 모래성이 부서지더라도 새로운 모래성을 만들 수 있음을 직감하므로 부서진 모래성을 기억하면서 좌절할 필요가 없다는 내용을 연관하여 이해했다면 적절한 이해였음을 알았을 것이다. 한편 이러한 유형의 문제를 풀 때는 선택지를 먼저 읽으면서 제시된 사례를 글의 어느 부분과 연결하여 진술하고 있는지 파악하여, 글을 통해 적절한지 여부를 판단하는 방법이 효과적이므로 이를 적극 활용하도록 한다.

08 어휘의 문맥적 의미 파악   정답률 72% | 정답 ③

문맥상 ⓐ ~ ⓔ와 바꿔 쓰기에 적절하지 <u>않은</u> 것은?

① ⓐ : 우월(優越)한

'그것에 대한 망각보다 뛰어난 상태라고'의 '뛰어나다'는 다른 것보다 낫다는 맥락에서 쓰였으므로 '우월(優越)한'과 바꿔 쓸 수 있다.

② ⓑ : 영위(營爲)할

'건강한 삶을 살아갈 수 없듯이'의 '살아갈'은 목숨을 이어 가거나 생활을 해 나갈의 맥락에서 쓰였으므로 '영위(營爲)할'과 바꿔 쓸 수 있다.

☑ **③ ⓒ : 난해(難解)하고**

'새로운 것을 낯설고 불편한 것으로 여겨'의 '낯설다'는 '전에 본 기억이 없어 익숙하지 아니하다.'의 의미로 쓰였다. '난해(難解)하고'는 '뜻을 이해하기 어렵고, 풀거나 해결하기 어렵고'의 의미이므로 바꿔 쓰기에 적절하지 않다.

④ ⓓ : 회복(回復)한

'망각의 창조적 능력을 되찾은 인간을'의 '되찾다'는 원래의 상태를 되찾는다는 맥락에서 쓰였으므로 '회복(回復)한'과 바꿔 쓸 수 있다.

⑤ ⓔ : 발견(發見)하고자

'망각의 능력을 찾아내고자 했다는 점에서'의 '찾아내다'는 미처 찾아내지 못하였거나 아직 알려지지 아니한 사물이나 현상, 사실 따위를 찾아낸다는 맥락에서 쓰였으므로 '발견(發見)하고자'로 바꿔 쓸 수 있다.

09~12   현대 소설

문순태, 「철쭉제」

감상 이 작품은 철쭉이 만발한 **지리산을 배경으로 인물의 가족사에 얽힌 비극적 삶**을 다루고 있다. 철쭉이 만발한 지리산에서 펼쳐지는 비극적인 가족사는 '나'와 '박판돌' 사이의 원한 관계를 보여 줌과 동시에 봉건적 신분 제도와 6·25 전쟁 등에 얽힌 우리 역사의 비극적 면모를 담아내고 있다. 여기서 주목할 점은 **'철쭉제'의 상징적 의미**다. 철쭉의 그 붉은 시각적 이미지는 한(恨)을 상징하고, '제(祭:제사, 축제)'는 화해와 용서의 의미를 가진다. 즉, **'철쭉제'라는 제목은 불행한 과거로 인한 한을 풀어내는 화해와 용서의 장을 상징**하는 것이라 할 수 있다.

주제 역사적인 비극의 극복

작품 줄거리 '나'는 6·25 때 아버지를 학살한 원수를 갚기 위해 굶주림 속에서 신문팔이를 하는 등 모진 고생과 싸워 끝내 검사가 된다. 그리고 고향으로 내려가게 된다. 아버지를 죽인 '박판돌'은 사장이 되어 있었다. '나'는 그를 앞세우고 지리산 철쭉제가 열리는 세석평전으로 간다. 아버지의 유골을 찾아내자 박판돌은 사라진다. 나중에야 '나'(박 검사) 앞에 나타난 박판돌에게서 모든 이야기를 듣게 된다. 그의 어머니 넙순이 노비로 있을 때, '나'의 조부 박 참봉에게 몸을 빼앗겼다. 박판돌의 부친 박쇠의 아내가 된 후에도 박 참봉은 수시로 몸을 빼앗았다. 그러다가 사실이 탄로나자 박쇠를 무마하여 대신 자기네 족보에 올려 준다고 약속하고서 박 참봉의 아들인 '나'의 아버지가 박쇠를 지리산 속으로 끌고가 엽총으로 살해해 버렸다는 것이다. 박판돌로부터 모든 사실을 알게 된 '나'(박 검사)는 내년 철쭉제에서 다시 만날 것을 약속하고 악수를 청한다.

09 서술상 특징 파악   정답률 85% | 정답 ①

윗글에 대한 설명으로 가장 적절한 것은?

☑ **① 대화를 통해 이전에 일어난 사건의 내용을 드러내고 있다.**

'중략 줄거리' 이후의 '나'와 '판돌'의 대화를 통해 이전에 일어났던 사건의 내용을 확인할 수 있다.

② 공간적 배경에 대해 묘사하여 역사적 사건을 제시하고 있다.

'철 늦은 철쭉꽃이 휘너후러져서……'라는 판돌의 말이 공간적 배경을 묘사한 것이라 볼 수 있지만, 이를 통해 역사적 사건을 제시하고 있는 것은 아니므로 적절하지 않다.

③ 동시에 일어나는 두 개의 사건을 병렬적으로 구성하고 있다.

'나'와 판돌의 바깥 이야기와 판돌의 말 속 안 이야기로 이루어져 있는 액자식 구성으로, 바깥 이야기는 현재에 해당하고 안 이야기는 과거에 해당한다. 따라서 동시에 일어나는 두 개의 사건을 병렬적으로 구성하였다는 내용은 적절하지 않다.

④ 장면을 빈번하게 전환하여 사건을 반복적으로 제시하고 있다.

'중략 줄거리' 이전에는 '나'와 어머니가 대화하는 장면이, '중략 줄거리' 이후에는 '나'와 판돌이 대화하는 장면이 제시되어 있다. 따라서 장면이 빈번하게 전환되거나 사건이 반복적으로 제시되어 있다는 내용은 적절하지 않다.

⑤ 작품 밖 서술자가 관찰자의 입장에서 사건을 객관적으로 전달하고 있다.

바깥 이야기의 서술자는 '나'이고 안 이야기의 서술자는 판돌에 해당한다. 따라서 바깥 이야기와 안 이야기의 서술자가 작품 속에 존재하므로 작품 밖 서술자가 사건을 객관적으로 전달한다는 내용은 적절하지 않다.

10 소재의 의미 파악   정답률 73% | 정답 ③

족보에 대해 이해한 내용으로 적절하지 <u>않은</u> 것은?

① 판돌의 아버지는 족보에 이름이 올라가기를 평생 고대했다고 볼 수 있다.
'지 아버지는 ~ 죽을 때꺼정 껑껑댔지만'에서 판돌의 아버지는 족보에 이름이 올라가기를 평생 고대했음을 확인할 수 있으므로 적절하다.

② 판돌은 이전과 다른 방식으로 족보에 이름을 올릴 수 있다고 생각하고 있다.
'이제는 백만 원만 ~ 올릴 수 있겠습니다만……'에서 판돌은 이전과 다른 방식으로 족보에 이름을 올릴 수 있다고 생각하고 있음이 드러나 있으므로 적절하다.

☑ **'나'는 족보에 오른 판돌의 이름을 지우기 위해 고향에 돌아왔다고 볼 수 있다.**
'물론 저도 아직 족보가 없습니다만.'에서 판돌의 이름이 족보에 오르지 않았다는 것과, '자식된 도리로 ~ 고향에 다녀오겠다는 나'에서 '나'가 고향에 온 이유를 확인할 수 있으므로 족보에 오른 판돌의 이름을 지우기 위해 고향에 돌아왔다고 이해하는 것은 적절하지 않다.

④ 판돌은 족보를 갖는 대신에 판돌 부자의 이름이 적힌 종이쪽지를 소중히 간직하고 있다.
'지는 족보 대신에 ~ 간직하고 있구만요.'에서 판돌은 족보를 갖는 대신에 판돌 부자의 이름이 적힌 종이쪽지를 소중히 간직하고 있음이 드러나 있으므로 적절하다.

⑤ '나'의 아버지는 판돌 부자의 이름이 족보에 올라가는 것을 원치 않았다고 볼 수 있다.
'또 지 부자가 ~ 죄었다고 허드만요.'에서 '나'의 아버지는 판돌 부자의 이름이 족보에 올라가는 것을 원치 않았음을 확인할 수 있으므로 적절하다.

★★★ 1등급 대비 고난도 3점 문제

11 외적 준거에 따른 작품 감상   정답률 38% | 정답 ⑤

〈보기〉를 참고하여 윗글을 감상한 내용으로 적절하지 <u>않은</u> 것은? [3점]

――――〈 보 기 〉――――
이 작품의 주인공인 '나'는 가족이 겪은 비극으로 인하여 한을 품게 된다. 소통의 단절로 인하여 한을 해소할 기회를 잃게 된 '나'는 자신만의 삶의 가치를 추구한다. 이후 한을 품게 한 대상과의 재회를 통해 인식이 전환되고, 이는 한을 해소할 수 있는 계기가 된다.

① '나'의 아버지가 죽임을 당한 것은 주인공의 내면에 한이 형성되는 이유가 되었겠군.
'개죽음 당한 아버지 ~ 아니냐고 설득을 했다.'를 통해 '나'가 아버지의 유골을 수습하지 못했음을 확인할 수 있다. 그리고 〈보기〉에서 '나'는 가족이 겪은 비극으로 인하여 한을 품게 된다.'고 제시하고 있으므로 적절하다.

② '나'가 고등 고시에 합격하여 검사가 된 것은 한을 품게 한 대상과의 재회를 가능하게 했겠군.
'네가 고등 고시 ~ 검사가 되었다'는 것과 '나는 자신이 ~ 승낙을 받는데 진땀을 뺐다.'를 통해 '나'가 고등 고시에 합격하여 검사가 되었기 때문에 부끄러움 없이 고향에 돌아올 수 있었고, 한을 품게 한 대상인 판돌과의 재회가 가능하게 되었음을 확인할 수 있으므로 적절하다.

③ '나'가 오랜 시간 고향을 떠나 있었던 것은 소통의 단절로 인해 한을 해소할 기회를 얻지 못한 이유가 되겠군.
'자식된 도리로 ~ 꿈꾸듯 오랫동안 벼러 온 고향'과 '수구초심으로 동경해 온 귀향'을 통해 '나'가 오랜 시간 고향을 떠나 있었던 것을 확인할 수 있다. 그리고 〈보기〉에서는 '나'가 '소통의 단절로 인하여 한을 해소할 기회를 잃게' 되었다고 제시되어 있다. 따라서 '나'가 오랜 시간 고향을 떠나 있었던 것은 소통의 단절로 인해 한을 해소할 기회를 얻지 못한 이유가 될 수 있으므로 적절하다.

④ '나'가 박쇠의 유골을 판돌이 찾았기를 바라는 것은 한의 대상에 대한 인식이 달라졌기 때문이라고 할 수 있겠군.
'얼굴에 도깨비 가죽 ~ 괴악망측하게 생각되었던 것이다.'에서 판돌에 대한 나의 인식을 확인할 수 있다. 그러나 판돌의 이야기를 듣고 난 후 '판돌이가 그의 아버지 유골을 찾았기를 바라면서' 물어보는 것을 보면 판돌에 대한 인식이 달라졌음을 확인할 수 있으므로 적절하다.

☑ **'나'가 마주 보기도 싫은 판돌에게 어렵게 근황을 묻는 것은 한을 해소할 수 있는 계기를 마련하기 위해서라고 할 수 있겠군.**
'정말이지 마음이 ~ 허탈하게 물었다.'를 통해 '나'가 마주보기도 싫은 판돌에게 어렵게 근황을 묻는 것을 확인할 수 있다. 그리고 〈보기〉에서는 '재회를 통해 인식이 전환되고,

이는 한을 해소할 수 있는 계기가 된다.'라고 제시하고 있다. 따라서 '나'가 판돌에게 어렵게 근황을 묻는 것은 인식의 전환이 일어나기 전이므로 한을 해소할 수 있는 계기를 마련하기 위해서라고 감상한 것은 적절하지 않다.

★★ 문제 해결 꿀~팁 ★★

▶ **많이 틀린 이유는?**
이 문제는 작품 내용을 〈보기〉와 연관하여 이해하는 과정, 즉 인과의 과정에 따라 작품 내용을 적용하는 데에서 어려움을 겪어 오답률이 높았던 것으로 보인다. 또한 작품 내용의 서사 과정을 충분히 이해하지 못한 것도 오답률을 높였던 원인으로 보인다.

▶ **문제 해결 방법은?**
작품 내용을 〈보기〉와 연관하는 문제에서 종종 보이는 선택지의 패턴 중 하나가, 작품 내용은 적절하지만 〈보기〉의 내용을 잘못 연결시키는 경우이다. 정답인 선택지 ⑤가 이에 해당하는데, ⑤에서 작품 내용 이해는 옳게 서술되었지만 이를 〈보기〉와 연관하여 제시한 내용은 적절하지 않다. 즉 〈보기〉에서 한을 품게 된 대상과의 재회-인식의 전환-한을 해소할 수 있는 계기'의 흐름대로 작품이 서술되고 있음을 드러내고 있으므로, 선택지의 '한을 해소할 수 있는 계기 마련'은 '인식의 전환' 이후에 드러나는 것에 해당한다고 할 수 있다. 이렇게 볼 때 '나'가 판돌에게 어렵게 근황을 묻는 것은 '인식의 전환' 이전의 일에 해당하므로, 판돌에게 어렵게 근황을 물음으로써 한을 해소할 수 있는 계기가 마련된다는 것은 적절하다고 할 수 없는 것이다.

▶ **오답인 ②, ④를 많이 선택한 이유는?**
이 문제의 경우 ②, ④를 선택한 학생들이 많았는데, 이는 작품 내용의 서사 과정을 올바르게 이해하지 못했기 때문으로 보인다. 가령 ②의 경우, '나'가 검사가 되어 고향에 내려올 수 있었고, 고향에 내려온 뒤 한을 품게 된 대상인 판돌과 만날 수 있었으므로 적절함을 알았을 것이다. 마찬가지로 ④의 경우에도 '판돌'을 만나기 전의 판돌에 대한 인식과 판돌을 만나 그의 말을 들은 뒤 판돌에 대한 인식이 달라졌다는 서사 과정을 이해했다면 적절한 내용임을 알았을 것이다. 이처럼 서사 과정을 정확히 이해하고 그 과정 속에서 드러난 인물 간의 관계를 이해하게 되면 소설의 내용을 전반적으로 파악할 수 있으므로, 평소 소설 문제를 풀 때 서사가 어떻게 전개되는지 주의 깊게 살펴보도록 한다.

12 각색 과정에서 고려 사항 파악   정답률 59% | 정답 ⑤

[A]를 다음의 시나리오로 각색한 후 이를 촬영한다고 할 때, 고려한 사항으로 적절하지 <u>않은</u> 것은?

S#95. 지리산 세석평전(밤)
　　고개를 들어 판돌을 바라보는 박 검사. 만감이 교차하는 듯한 박 검사의 얼굴.(얼굴 C.U.*)

박 검사 : (낮고 우울한 목소리로) 우리에게 당신이 박쇠 아들이라는 건 왜 숨겼소? 우리 아버지한테 박쇠 아들이라는 건 언제 밝혔소?
판돌 : 어디 기회가 있어야죠. 또, 같이 살다보니께 마음이 약해집디다. …… 또 어르신께서 우리 아버지를 찍지 않았을지도 모를 일이고…. (머리를 떨구었다가 천천히 고개를 들며) 6·25가 터지고 세상이 뒤집히니께, 지 마음도 세상과 함께 뒤집힙디다요. 좌우 당간에 어르신헌테 한번 따져봐야겠다는 생각이 들드만요. 그래서….

S#96. (과거) 지리산 세석평전(낮)
　　판돌, 인동(박 검사의 아버지)의 손목을 끌고 산을 오르고 있다. 인동, 가쁜 숨을 몰아쉬며 판돌의 뒤를 따라가다 넘어진다. 그런 인동을 돌아보는 판돌.

판돌 : (종이를 인동의 얼굴을 향해 던지며) 이게 뭔줄 아십니까요? 지 조부님 종 문서고, 여기 적힌, (흥분한 목소리로) 박쇠 아들 박판돌이가, 바로 저올시다.
인동 : (무릎을 꿇으며) 이럴 수가…. 네가, 박쇠의… (말을 잇지 못하며 체념한 듯한 표정으로) 그래, 이제는 사실을 밝혀야겠구만.
판돌(E.*) : 안돼야, 제발, 제발 그 말만은….
인동 : (눈물을 흘리며) 느그 아부지를 죽인 것은 나여. 나를 용서해라. 나가 잘못했어야. 미안허다….

* C.U. : 인물이나 물체 등 어느 특정한 부분을 크게 확대하여 잡는 기법.
* E. : 화면에 삽입된 음향.

구분	고려한 사항
각색	S#95에서는 판돌이 정체를 밝히지 않은 이유를 묻는 질문을 박 검사의 대사에 추가해 박 검사의 궁금한 점이 여러 가지임을 드러내야겠어. ………………… ①
	S#96은 과거 사건에 대해 고백하는 판돌의 말을 당시 상황을 보여주는 대화 장면으로 제시하여 현장감을 높여야겠어. ………………… ②
	S#96에서는 판돌이 자신의 신분을 밝히면서 한 행동에 담긴 감정이 효과적으로 드러나도록 지시문을 구성해야겠어. ………………… ③

<table>
<tr><td rowspan="2">연출</td><td>S#95를 연출할 때는, 판돌을 바라보는 박 검사의 심리를 부각하기 위해 인물의 얼굴을 확대하여 표정이 분명히 드러나도록 해야겠어. ···························· ④</td></tr>
<tr><td>S#96을 연출할 때는, 판돌의 목소리를 효과음으로 처리하여 인동의 말을 거짓이라고 생각하는 판돌의 속마음이 생생하게 전달되도록 해야겠어. ··················· ⑤</td></tr>
</table>

① S#95에서는 판돌이 정체를 밝히지 않은 이유를 묻는 질문을 박 검사의 대사에 추가해 박 검사의 궁금한 점이 여러 가지임을 드러내야겠어.

[A]와 달리 S#95에서는 '우리에게 당신이 ~ 왜 숨겼소?'를 통해 판돌이 정체를 밝히지 않은 이유를 묻는 질문이 추가되어 박 검사의 궁금한 점이 여러 가지임을 드러내고 있으므로 적절하다.

② S#96은 과거 사건에 대해 고백하는 판돌의 말을 당시 상황을 보여 주는 대화 장면으로 제시하여 현장감을 높여야겠어.

[A]에서 과거 사건에 대해 고백하는 판돌의 말인 '그래서 그 어른을 데리고 ~ 지한테 용서를 빌었어요.'를 S#96은 당시 상황을 보여주는 대화 장면으로 제시하여 현장감을 높이는 효과를 거둘 수 있으므로 적절하다.

③ S#96에서는 판돌이 자신의 신분을 밝히면서 한 행동에 담긴 감정이 효과적으로 드러나도록 지시문을 구성해야겠어.

[A]의 '종이를 보이면서' 판돌이 신분을 밝히는 것을 S#96에서는 '종이를 인동의 얼굴을 향해 던지며'라는 지시문으로 구성하여 판돌의 감정이 효과적으로 드러나는 효과를 거둘 수 있으므로 적절하다.

④ S#95를 연출할 때는, 판돌을 바라보는 박 검사의 심리를 부각하기 위해 인물의 얼굴을 확대하여 표정이 분명히 드러나도록 해야겠어.

S#95에서 클로즈업 기법을 사용하여 박 검사의 얼굴을 확대하여 연출함으로써 판돌을 바라보는 박 검사의 심리를 부각하는 효과를 거둘 수 있으므로 적절하다.

✔ S#96을 연출할 때는, 판돌의 목소리를 효과음으로 처리하여 인동의 말을 거짓이라고 생각하는 판돌의 속마음이 생생하게 전달되도록 해야겠어.

[A]의 '사실 그때 지는 ~ 고백을 허시고 말았어요.'에서 판돌은 나의 아버지가 거짓말로라도 자신의 아버지를 죽이지 않았다고 말하기를 바란 것이지 인동의 말을 거짓이라고 생각한 것이 아님을 확인할 수 있고, S#96에서도 효과음 처리된 판돌이 목소리를 통해 인동의 말을 거짓이라고 생각하고 있음이 드러나지 않으므로 적절하지 않다.

DAY 21 | 20분 미니 모의고사

01 ③	02 ②	03 ④	04 ③	05 ③
06 ⑤	07 ①	08 ③	09 ⑤	10 ③
11 ③	12 ①			

01 말하기 전략의 이해   정답률 93% | 정답 ③

위 발표에 대한 설명으로 적절하지 않은 것은?

① 청중에게 질문을 하여 발표 내용에 관심을 유도하고 있다.

2문단의 '기이한 돌산처럼 보이는 물체를 사람들이 움직이고 있죠?'와 3문단의 '우선, 예산대에 있는 인형들을 알아볼까요?'에서 확인할 수 있다.

② 정보의 출처를 언급하여 발표 내용의 신뢰성을 높이고 있다.

2문단의 『광해군 일기』에 사람들이 산대를 끌어냈다는 기록이 있는 것으로 보아'와 '이 명칭은 『성종실록』에 이미 기록되어 있습니다.'에서 정보의 출처를 밝히고 있다. 이는 발표 내용의 신뢰성을 높이는 효과를 준다.

✔ 청중과 공유했던 경험을 제시하며 발표의 목적을 밝히고 있다.

발표 첫 부분의 '전통극과 관련된 문화유산 중 '예산대'를 소개하고자 합니다.'에서 발표 목적을 알 수 있다. 하지만 청중과 공유했던 경험은 드러나지 않고 있다.

④ 발표 주제와 관련된 단어의 의미를 설명하여 청중의 이해를 돕고 있다.

2문단의 '산대는 산 모양의 큰 무대입니다.'에서 알 수 있다.

⑤ 발표에 대한 청중의 반응을 확인하며 청중에게 바라는 바를 제시하고 있다.

발표의 마지막 부분의 '여러분, 예산대에 대해 관심이 좀 생겼나요?'와 '(청중의 대답을 듣고)'라는 비언어적 표현에서 청중의 반응을 확인하고 있음을 알 수 있다. 또한 '여러분도 ~ 다른 예를 찾아보면 좋겠습니다.'에서 청중에게 바라는 바를 제시하고 있다.

02 글쓰기 계획의 반영 여부 파악   정답률 87% | 정답 ②

(가)를 바탕으로 세운 글쓰기 계획 중 (나)에 활용된 것은?

① 글의 목적을 분명히 하기 위해 환경 문제에 대한 상반된 견해를 비교하여 제시해야겠어.

(나)의 내용을 통해 환경 문제에 대한 상반된 견해는 찾아볼 수 없으므로 적절하지 않다.

✔ 글의 목적을 강조하기 위해 아이스 팩이 일으키는 환경 오염 문제를 유형별로 분류하여 제시해야겠어.

(가)를 통해 (나) 글의 목적이 아이스 팩으로 인해 발생하는 환경 문제에 대한 관심을 촉구하는 것임을 알 수 있다. 그리고 (나)의 2문단을 통해 아이스 팩으로 인해 발생하는 환경 오염 문제를 대기 오염, 토양 오염, 수질 오염의 3가지 유형으로 분류하고 있음을 알 수 있다. 따라서 글의 목적을 강조하기 위해 아이스 팩이 일으키는 환경 오염 문제를 유형별로 분류하여 제시해야겠다는 글쓰기 계획이 (나)에 반영되었음을 알 수 있다.

③ 글의 주제를 부각하기 위해 아이스 팩 수거 체계의 운영 현황을 제시해야겠어.

(나)의 내용을 통해 아이스 팩 수거 체계를 구축해야 한다고 언급하고 있지만, 수거 체계의 운영 현황은 찾아볼 수 없으므로 적절하지 않다.

④ 예상 독자의 실천을 촉구하기 위해 친환경 아이스 팩의 구매 방법에 대하여 제시해야겠어.

(나)의 내용을 통해 아이스 팩으로 인한 환경 문제를 해결하기 위해 정부, 기업, 가정으로 나누어 실천 방안을 제시하고 있지만, 예상 독자의 실천을 촉구하기 위해 친환경 아이스 팩의 구매 방법은 제시되어 있지 않으므로 적절하지 않다.

⑤ 예상 독자의 흥미를 유발하기 위해 우리 학교 학생을 대상으로 한 설문 조사 결과를 제시해야겠어.

(나)의 내용을 통해 우리 학교 학생을 대상으로 한 설문 조사 결과는 찾아볼 수 없으므로 적절하지 않다.

★★★ 1등급 대비 고난도 3점 문제

03 자료 활용 방안의 적절성 판단   정답률 53% | 정답 ④

다음은 학생이 (나)를 보완하기 위해 추가로 수집한 자료이다. 자료의 활용 방안으로 적절하지 않은 것은? [3점]

[자료 1] 통계 자료

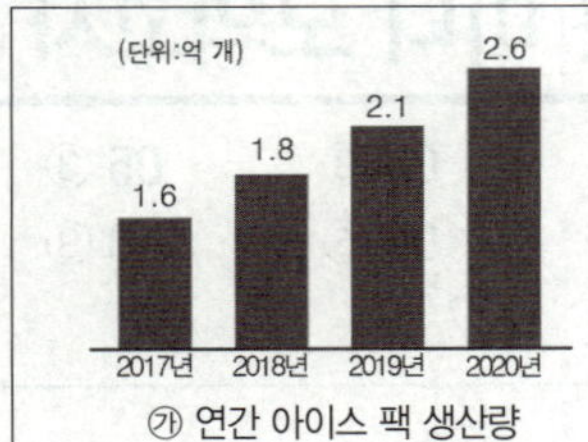

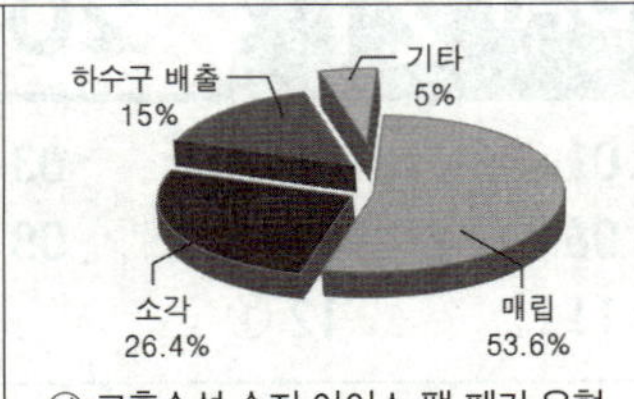

[자료 2] 신문 기사

아이스 팩에 사용되는 고흡수성 수지는, 미세 플라스틱의 일종이기 때문에 땅에 묻었을 때 자연 분해되는 데만 무려 500년 이상 걸린다. 이런 문제를 해결하고자 친환경 아이스 팩을 사용하는 기업도 있다. 업체 관계자에 따르면 친환경 아이스 팩 사용은 친환경 마케팅의 일환으로, 기업의 사회적 책임을 보여 준다는 점에서 고객 만족도를 향상시켜 매출 증대로 이어지는 효과가 나타나고 있다고 한다.

[자료 3] 환경 단체 인터뷰

"아이스 팩을 버릴 경우 현재 분리배출 규정에 따르면, 아이스 팩은 일반 쓰레기로 분류되기 때문에 종량제 봉투에 버리는 것이 바람직합니다. 하지만 다 쓴 아이스 팩을 버리지 않고 가정 내에서 재활용하는 방법도 있습니다. 바로 토양 보수제로 활용하는 방법인데요. 화분에 물을 충분히 준 뒤에 아이스 팩의 내용물을 올려 두면 고흡수성 수지가 수분의 증발을 막으면서 물을 공급해 오랫동안 물을 주지 않아도 화분이 촉촉한 상태로 유지됩니다."

① [자료 1-㉮]를 활용하여 최근 아이스 팩의 생산량이 급증하고 있다는 내용을 뒷받침하는 근거로 제시해야겠어.

[자료 1-㉮]에서 아이스 팩 생산량이 매년 증가하고 있다는 내용을 확인할 수 있으므로, 이를 아이스 팩 생산량이 급증하고 있다는 내용을 뒷받침하는 근거로 활용하는 것은 적절하다.

② [자료 2]를 활용하여 친환경 아이스 팩으로의 대체가 기업에 이익이 된다는 것을 기업의 노력을 강조하는 내용으로 사용해야겠어.

[자료 2]에서 친환경 아이스 팩으로의 대체가 기업의 매출 증대로 이어진다고 제시되어 있으므로, 이를 활용하여 기업의 노력을 강조하는 내용으로 사용하는 것은 적절하다.

③ [자료 3]을 활용하여 아이스 팩을 이용한 생활용품을 만들 수도 있다는 것을 가정에서의 해결 방안으로 추가해야겠어.

[자료 3]에서 다 쓴 아이스 팩으로 토양 보수제를 만든다는 내용을 확인할 수 있으므로, 가정에서 아이스 팩을 이용한 생활용품을 만들 수도 있다는 내용은 해결 방안으로 적절하다.

✔ [자료 1-㉯]와 [자료 2]를 활용하여 고흡수성 수지 아이스 팩을 매립하여 폐기하는 경우가 있다는 것과 미세 플라스틱이 자연 분해되는 데 소요되는 기간을 제시하며 대기 오염 문제의 심각성을 강조해야겠어.

[자료 1-㉯]에서 고흡수성 수지 아이스 팩을 매립하여 폐기하는 경우가 53.6%로 나타난다는 것을 확인할 수 있고, [자료 2]에서 고흡수성 수지가 자연 분해되는 데 소요되는 기간이 무려 500년 이상 걸린다는 것을 확인할 수 있다. 두 자료를 바탕으로 도출할 수 있는 내용은 대기 오염이 아니라 토양 오염과 관련된 것이므로 적절한 자료 활용 방안이라 할 수 없다.

⑤ [자료 1-㉯]와 [자료 3]을 활용하여 아이스 팩을 버리는 방법을 잘못 알고 있던 사람들을 위해 올바른 분리수거 규정을 홍보해야 한다는 내용을 정부에서의 해결 방안으로 추가해야겠어.

[자료 3]에서 아이스 팩을 버릴 때 종량제 봉투에 버리는 것이 바람직함을, [자료 1-㉯]에 아이스 팩을 하수구 배출로 버리는 비율이 15%라는 것을 알 수 있다. 이를 근거로 규정을 잘못 알고 있던 사람들에게 정부가 올바른 분리수거 규정을 홍보해야 한다는 내용은 해결 방안으로 적절하다.

★★ 문제 해결 꿀~팁 ★★

▶ 많이 틀린 이유는?
이 문제는 글의 내용과 자료, 선택지를 정확하게 읽지 못해 오답률이 높았던 것으로 보인다. 또한 선택지 내용을 정확하게 읽지 못한 것도 오답률을 높였던 것으로 보인다.

▶ 문제 해결 방법은?
이 문제를 해결하기 위해서는 글의 내용, 즉 '학생의 초고'와 주어진 자료를 정확히 이해하여야 한다. 가령 정답인 ④의 경우, '학생의 초고'에서 아이스 팩을 소각할 경우 대기 오염이 발생함을 정확히 이해했다면, 선택지에 제시된 아이스 팩을 매립하여 폐기하는

경우와 미세 플라스틱의 자연 분해 소요 시간은 대기 오염이 아니라 토양 오염과 관련이 있으므로 적절하지 않았음을 알 수 있었을 것이다. 오답률이 높았던 ⑤의 경우에도 글에 제시된 정부의 노력과 [자료 3]의 내용을 이해했다면 적절한 자료 활용임을 알았을 것이다. 이처럼 글의 내용이나 자료뿐만 아니라 선택지 내용을 정확히 이해하지 못할 경우 잘못된 선택을 할 수 있으므로 집중해서 글의 내용이나 자료, 선택지를 정확히 읽어야 한다.

04 중세 국어의 특징 탐구 정답률 59% | 정답 ③

〈보기〉의 '교사가 제시한 과제'에 대해 학생들이 보인 반응으로 적절하지 <u>않은</u> 것은?

―〈 보 기 〉―

〈교사가 알려 준 내용〉
현대 국어와 마찬가지로 중세 국어에서도 어말 어미 앞에서 문법적인 기능을 하는 어미가 있었다. 그중 하나인 '-오-'는 현대 국어에서 쓰이지 않는 어미로 문장의 주어가 화자임을 표현하기 위해 쓰였는데, 음성 모음 뒤에서는 '-우-'로 나타났다. 또한 '-오-'는 과거 시제를 나타내는 '-더-'와 결합하면 '-다-'로, 현재 시제를 나타내는 '-ᄂ-'와 결합하면 '-노-'로 나타났다.

〈교사가 제시한 과제〉
※ 다음 예문들을 보고 ㉠~㉢의 어미에 대해 탐구해 보자.
○ 내 어저끽 다섯 가짓 ᄭᅮ믈 ㉠ ᄭᅮ우니
　[내가 어저께 다섯 가지의 꿈을 꾸니]
○ 내 이롤 爲윙ᄒᆞ야 … 새로 스믈여듧 字ᄍᆞᆼ롤 ㉡ ᄆᆡᇰᄀᆞ노니
　[내가 이를 위하여 … 새로 스물여덟 자를 만드니]
○ 太子ㅣ 닐오디 내 ㉢ 롱담ᄒᆞ다라
　[태자가 말하되, "내가 농담하였다."]

① ㉠의 '-우-'는 어간 'ᄭᅮ-'에 있는 음성 모음 때문에 나타난 형태이군.

〈보기〉를 통해 '-오-'는 음성 모음 뒤에서 '-우-'로 나타남을 알 수 있고, ㉠에서 '-오-'는 'ᄭᅮ-'의 음성 모음 뒤에서 '-우-'로 나타났음을 알 수 있으므로, ㉠의 '-우-'는 어간 'ᄭᅮ-'에 있는 음성 모음 때문에 나타난 형태라 할 수 있다.

② ㉡의 '-노-'는 '-ᄂ-'와 '-오-'가 결합되어 나타난 형태이군.

〈보기〉에서 '-오-'는 현재 시제를 나타내는 '-ᄂ-'와 결합하면 '-노-'로 나타남을 알 수 있고, ㉡에서 '-노-'는 '-오-'가 '-ᄂ-'와 결합하여 나타난 것이므로 ㉡의 '-노-'는 '-ᄂ-'와 '-오-'가 결합되어 나타난 형태라 할 수 있다.

✔ ㉢의 '-다-'는 '-더-'가 어말 어미와 결합하여 나타난 형태이군.

〈보기〉를 통해, '-오-'는 어말 어미 앞에서 문법적인 기능을 하는 어미이고, '-오-'는 과거 시제를 나타내는 '-더-'와 결합하면 '-다-'로 표기됨을 알 수 있다. 그리고 ㉢의 '롱담ᄒᆞ다라'의 현대어 풀이가 '농담하였다'이므로 '-다-'는 '-오-'가 과거 시제를 나타내는 '-더-'와 결합한 것임을 알 수 있다. 따라서 ㉢의 '-다-'는 '-더-'가 어말 어미와 결합하여 나타난 형태라는 진술은 적절하지 않다.

④ ㉡과 ㉢에는 모두 문장의 시제를 나타내는 기능을 하는 어미가 사용되었군.

'-오-'가 ㉡에는 현재 시제를 나타내는 '-ᄂ-'와 결합하여 '-노-'로 나타났고, ㉢에는 과거 시제를 나타내는 '-더-'와 결합하여 '-다-'로 나타났으므로, ㉡과 ㉢에는 모두 문장의 시제를 나타내는 기능을 하는 어미가 사용되었다고 할 수 있다.

⑤ ㉠, ㉡, ㉢ 모두에는 주어가 화자임을 표현하기 위한 어미가 사용되었군.

〈보기〉에서 '-오-'는 문장의 주어가 화자임을 표현하기 위해 쓰였음을 알 수 있고, ㉠, ㉡, ㉢ 각각의 주어를 확인하면 세 경우 모두 '-오-'가 문장의 주어가 화자임을 표현하기 위해 쓰였다는 것을 알 수 있다. 따라서 ㉠, ㉡, ㉢ 모두 주어가 화자임을 표현하기 위한 어미가 사용되었다고 할 수 있다.

05~09 사회

이준구, 「미시경제학」

[해제] 이 글은 립시와 랭카스터의 '차선의 이론'을 사회무차별곡선을 통해 설명하고 있다. 립시와 랭카스터는 차선의 의미에 대해 새로운 관점을 보여 주는 '차선의 이론'을 제시했다. '차선의 이론'에서는 최적의 결과를 얻기 위한 여러 조건 중 한 가지 이상의 조건이 충족되지 못하는 상황이라면 나머지 조건들이 모두 충족되더라도 그 결과는 차선이 아닐 수 있다고 본다. 차선이 아닌지를 입증하기 위해서는 공평성을 함께 고려해야 하는데, 한 사회가 어떤 것을 공평하다고 여기는지는 사회무차별곡선을 통해 확인할 수

있다. 사회무차별곡선의 모양은 원점에 대해 볼록한 곡선으로, 우하향할수록 기울기가 완만해지는데, 이에는 공평성이라는 가치판단이 반영되어 있다.

주제 사회무차별곡선을 통해 본 차선의 이론

문단 핵심 내용

1문단	'차선의 이론'을 제시한 립시와 랭카스터
2문단	'차선의 이론'에서 차선이 아니라고 여기는 경우
3문단	차선이 아닌지를 입증하기 위한 공평성
4문단	사회무차별곡선의 모양에 반영된 가치 판단
5문단	차선의 이론의 예를 보여 주는 그림에 대한 설명

---

05 세부 내용의 이해 정답률 71% | 정답 ③

윗글을 읽고 답을 찾을 수 없는 질문은?

① 차선의 이론이 갖는 의미는 무엇인가?
이 글은 최적의 결과를 얻기 위한 여러 조건 중 한 가지 이상의 조건이 충족되지 못하는 상황이라면 나머지 조건들이 모두 충족되더라도 그 결과는 차선이 아닐 수 있다는 '차선의 이론'을 설명하며 차선의 의미에 대해 새로운 관점을 보여 주고 있으므로 적절하다.

② 생산가능곡선 위의 점들이 의미하는 것은 무엇인가?
5문단을 통해 생산가능곡선 CD는 원점에 대해 오목한 모양으로 이 곡선 위의 점들은 생산의 효율성을 충족한다는 것을 의미함을 알 수 있다.

✔ **립시와 랭카스터가 입증한 차선의 이론의 한계는 무엇인가?**
1문단을 통해 립시와 랭카스터가 차선의 이론을 제시한 것은 확인할 수 있지만, 이 글을 통해 이들이 입증한 차선의 이론의 한계는 제시되어 있지 않으므로 적절하지 않다.

④ 경제 주체들이 차선의 선택을 고민하게 되는 이유는 무엇인가?
1문단을 통해 최적의 결과를 얻기 어려운 상황에 놓인다면 경제 주체들은 일반적으로 효율성을 고려하여 차선의 선택을 고민하게 됨을 알 수 있다.

⑤ 사회무차별곡선의 모양이 우하향할수록 기울기가 완만해지는 이유는 무엇인가?
4문단의 '일반적으로 사회무차별곡선의 모양은 ~ 공평하다는 가치판단이 반영된 결과'를 통해 알 수 있다.

---

06 세부 내용의 이해 정답률 69% | 정답 ⑤

사회무차별곡선에 대한 이해로 적절하지 않은 것은?

① 사회무차별곡선 위의 모든 점은 동일한 사회후생수준을 나타낸다.
4문단을 통해 사회무차별곡선 위의 모든 점은 동일한 사회후생수준을 나타냄을 알 수 있다.

② 사회무차별곡선은 일반적으로 원점에 대해 볼록한 곡선 모양이다.
4문단을 통해 일반적으로 사회무차별곡선의 모양은 원점에 대해 볼록한 곡선임을 알 수 있다.

③ 사회무차별곡선을 통해 공평성에 대한 사회의 가치판단을 확인할 수 있다.
3문단의 '사회무차별곡선의 모양을 보면 그 사회가 개인의 효용수준에 대한 평가를 통해 공평성에 대해 어떠한 가치판단을 하고 있는지 확인할 수 있다.'를 통해 알 수 있다.

④ 사회무차별곡선은 개별 경제 주체의 효용수준을 종합한 사회후생수준을 보여준다.
3문단의 '사회무차별곡선은 개별 경제 주체가 경제 활동을 통해 얻은 주관적 만족감인 효용수준을 종합한 사회후생수준을 보여 준다.'를 통해 알 수 있다.

✔ **사회무차별곡선에는 높은 효용수준을 누리는 사람들의 주관적 만족감이 반영되어 있지 않다.**
3문단의 '사회무차별곡선은 개별 경제 주체가 경제 활동을 통해 얻은 주관적 만족감인 효용수준을 종합한 사회후생수준을 보여 준다.'와 4문단의 '일반적으로 사회무차별곡선의 모양은 ~ 공평하다는 가치판단이 반영된 결과'를 통해, 사회무차별곡선에는 높은 효용수준을 누리는 사람들의 주관적 만족감이 반영되어 있지 않다는 진술은 적절하지 않다.

★★★ **1등급 대비 고난도 2점 문제**

07 핵심 정보의 이해 정답률 42% | 정답 ①

차선의 이론을 통해 ㉠의 이유를 설명한 것으로 가장 적절한 것은?

✔ **효율성과 다른 기준도 함께 고려할 필요가 있기 때문이다.**
3문단에서 '왜 효율성을 달성하기 위한 10개의 조건 중 9개의 조건이 충족되는 것이 차선이 아닌지를 입증하기 위해서는 공평성을 함께 고려해야 한다'고 하였으므로, 효율성과 다른 기준도 함께 고려할 필요가 있기 때문이라고 ㉠의 이유를 설명하는 것은 적절하다.

② 경제 주체들이 스스로 자신의 효용수준에 대해 평가하기 때문이다.
3문단의 '사회무차별곡선의 모양을 보면 그 사회가 개인의 효용수준에 대한 평가를 통해'를 볼 때, 경제 주체들의 효용수준에 대해 평가하는 것은 사회임을 알 수 있다.

③ 효율성을 달성하기 위한 조건들의 중요도가 서로 다르기 때문이다.
이 글의 내용을 통해 효율성을 달성하기 위한 조건들의 중요도가 서로 다르다는 언급은 제시되어 있지 않으므로 적절하지 않다.

④ 낮은 효용수준을 누리는 사람의 효용에는 가중치를 적용할 수 없기 때문이다.
4문단의 '낮은 효용수준밖에 누리지 못하는 사람들의 효용에는 높은 가중치를 적용해 사회후생을 계산하는 것이 공평하다는 가치판단이 반영된 결과이다.'를 통해, 낮은 효용수준을 누리는 사람의 효용에도 가중치를 적용할 수 있음을 알 수 있다.

⑤ 효율성을 달성하기 위한 모든 조건이 충족되지 않는다면 개별 주체의 효용수준에 영향을 미치지 못하기 때문이다.
3, 4문단을 통해 효율성을 달성하기 위한 모든 조건이 충족되지 않는다 하더라도 개별 주체의 효용수준에 영향을 미침을 알 수 있다.

★★ **문제 해결 꿀~팁** ★★

▶ **많이 틀린 이유는?**
이 문제는 ㉠의 의미를 정확히 이해하지 못하였거나, 이유와 관련된 내용을 파악하지 못해 오답률이 높았던 것으로 보인다.

▶ **문제 해결 방법은?**
이유를 추론하는 문제의 경우 문제 해결의 핵심은 밑줄 친 부분에 한 이해를 바탕으로, 밑줄 친 내용의 앞이나 이어지는 내용을 바탕으로 추론할 수 있어야 한다. 정답인 ①의 경우, 이어지는 내용인 '여기서 왜 효율성을 달성하기 위한 10개의 조건 중 9개의 조건이 충족되는 것이 차선이 아닌지를 입증하기 위해서는 공평성을 함께 고려해야 한다.'를 볼 때, 효율성뿐만 아니라 공평성도 고려해야 하기 때문에 ㉠이라고 할 수 있음을 알 수 있다. 이처럼 이유 추론 문제는 밑줄 친 내용의 앞과 뒤를 바탕으로 추론하면 되는데, 간혹 글 전체를 바탕으로 추론하는 경우도 있으므로 유의해야 한다. 글 전체를 바탕으로 추론할 때는 이유와 관련된 핵심 내용(이 경우 주로 핵심어를 바탕으로 추론하는 경우가 많다.)이 제시된 부분이 글의 어느 부분에 제시되어 있는지를 찾아서 이유의 적절성을 판단하면 된다. 한편 이유 추론 문제에서 오답률이 높았던 ③처럼 글의 내용을 통해 찾을 수 없거나 글의 내용과 어긋나는 선택지도 제시되므로, 이러한 선택지는 과감히 먼저 지워 버리는 것이 문제 해결에 도움이 된다.

---

08 세부 내용의 추론 정답률 51% | 정답 ③

다음은 윗글을 읽고 〈그림〉에 대해 경제 동아리 학생들이 나눈 대화이다. 적절하지 않은 것은? [3점]

동아리 회장 : 오늘 살펴본 경제 자료 속 그래프에 대해 더 하고 싶은 얘기가 있으면 해 보자.

부원 1 : 나는 H가 생산가능곡선 위에 있기 때문에 그렇지 않은 I보다 생산의 효율성이 높다고 생각해.

부원 2 : 선분 FG와 같은 제약이 있는 상황에서 H가 아닌 I가 차선으로 선택되었다면 그 이유는 사회후생수준을 고려했기 때문이라고 생각해.

부원 3 : I의 위치를 고려하면 생산이 가능하지 않아 비효율적인 지점이라고 생각해.

부원 4 : 선분 FG와 같은 제약이 있는 상황에서 생산가능곡선을 고려하면 K도 H와 마찬가지로 생산의 효율성을 충족하는 지점이라고 생각해.

부원 5 : SIC_3은 SIC_1과 SIC_2보다 사회후생수준이 높다고 생각해.

---

① 부원 1의 생각
5문단에서 '생산가능곡선 CD는 원점에 대해 오목한 모양으로 이 곡선 위의 점들은 생산의 효율성을 충족한다는 것을 의미'한다고 하였고, '곡선의 안쪽은 생산은 가능하나 비효율적임을 나타낸다'고 하였다. 〈그림〉에서 H는 생산가능곡선 위의 한 점이고, I는 생산가능곡선 안쪽에 위치하고 있으므로 H가 생산가능곡선 위에 있어 그렇지 않은 I보다 생산의 효율성이 높다고 생각한다는 진술은 적절하다.

② 부원 2의 생각
5문단에서 '제약하에서 사회후생수준을 고려하면 I 지점이 차선의 선택이 된다'고 하였으므로, 선분 FG와 같은 제약이 있는 상황에서 H가 아닌 I가 차선으로 선택되었다면 그 이유는 사회후생수준을 고려했기 때문이라고 생각한다는 진술은 적절하다.

✔ 부원 3의 생각
5문단에서 생산가능곡선의 '안쪽은 생산은 가능하나 비효율적임을 나타낸다'고 하였고, 〈그림〉에서 I는 생산가능곡선의 안쪽에 위치해 있음을 확인할 수 있다. 따라서 I의 위치를 고려하면 생산이 가능하지 않아 비효율적인 지점이라고 생각한다는 진술은 적절하지 않다.

④ **부원 4의 생각**
5문단에서 'H 지점은 제약하에서도 생산가능곡선 CD 위에 위치하기에 생산의 효율성이 나마 충족하고 있다'고 하였고, 〈그림〉에서 선분 FG와 같은 제약이 있는 상황에서 H와 K는 모두 생산가능곡선 위에 있으므로 선분 FG와 같은 제약이 있는 상황에서 생산가능곡선을 고려하면 K도 H와 마찬가지로 생산의 효율성을 충족하는 지점이라고 생각한다는 진술은 적절하다.

⑤ **부원 5의 생각**
4문단에서 사회무차별곡선은 '원점에서 멀리 위치할수록 사회후생수준이 높다는 것을 나타낸다'고 하였고, 〈그림〉에서 사회무차별곡선의 위치를 보면 SIC_3이 SIC_1과 SIC_2보다 원점에서 멀리 위치하고 있으므로 SIC_3은 SIC_1과 SIC_2보다 사회후생수준이 높다고 생각한다는 진술은 적절하다.

---

09 어휘의 사전적 의미 파악 　　　정답률 61% | 정답 ⑤

ⓐ ~ ⓔ의 사전적 의미로 적절하지 <u>않은</u> 것은?

① ⓐ : 균형이 맞게 바로 잡음.
② ⓑ : 생각하고 헤아려 봄.
③ ⓒ : 일정한 분량을 채워 모자람이 없게 함.
④ ⓓ : 어떤 증거 따위를 내세워 증명함.

✔ ⑤ ⓔ : 일정한 조건이나 환경 따위에 맞추어 응하거나 알맞게 됨.
'적용'의 사전적 의미는 '알맞게 이용하거나 맞추어 씀.'이다. '일정한 조건이나 환경 따위에 맞추어 응하거나 알맞게 됨.'의 의미를 지닌 단어는 '적응'이므로 적절하지 않다.

10~12　현대시

(가) 정지용, 「해바라기 씨」

감상　이 글은 어린 화자를 내세워, 자연과 인간이 하나가 되어 생명을 탄생시키는 노력을 드러내면서, 생명 탄생에 대한 경외감을 드러내고 있다. 이 글에서는 '해바라기 씨'를 심고 싹이 트는 과정까지의 화자, 누나, 바둑이, 이슬 등의 노력을 드러내 주면서, 청개구리의 행동을 통해 싹이 튼 해바라기에 대한 경외감을 보여 주고 있다.

주제　자연과 인간이 하나 되어 탄생한 해바라기에 대한 경외감

표현상의 특징
• 자연물에 상징적 의미를 부여하여 주제 의식을 드러내 줌.
• 대상을 의인화하여 화자의 바람을 효과적으로 드러내 줌.
• 청유형 어미를 반복하여 운율을 형성해 줌.

(나) 신경림, 「낙타」

감상　이 글은 자연물인 '낙타'를 통해 초연한 삶을 살고자 하는 바람을 형상화하고 있다. 이 글에서 초연한 삶을 의미하는 상징적인 존재인 '낙타'와, '낙타'와 마찬가지로 초연한 삶을 의미하는 '별, 달, 해 모래'라는 자연물을 통해 초연한 삶을 살고자 하는 주제 의식을 효과적으로 드러내 주고 있다. 즉, 화자 자신이 닮고자 하는 낙타처럼 살아온 사람에 대한 긍정적 인식을 바탕으로 그 사람과 함께하고 싶은 마음을 드러내 주고 있다.

주제　낙타처럼 초연한 삶을 살고자 하는 의지

표현상의 특징
• 자연물에 상징적 의미를 부여하여 주제 의식을 드러내 줌.
• 도치의 방식을 사용하여 시적 상황을 부각함.
• 대립되는 이미지를 사용하여 시상을 전개해 줌.

---

10 작품 간의 공통점 파악 　　　정답률 82% | 정답 ③

(가)와 (나)의 공통점으로 가장 적절한 것은?

① 도치의 방식을 사용하여 시적 상황을 부각하고 있다.
　(나)에서는 '낙타를 타고 가리라, 저승길은'에서 도치의 방식을 사용하여 시적 상황을 부각하고 있다. 하지만 (가)에서는 도치의 방식을 사용하지 않고 있다.

---

② 공감각적 심상을 활용하여 대상에 입체감을 부여하고 있다.
　(가)와 (나) 모두 공감각적 심상을 활용하지 않고 있다.

✔ ③ 자연물에 상징적 의미를 부여하여 주제 의식을 드러내고 있다.
　(가)에서는 '생명'을 의미하는 자연물인 '해바라기'를 통해 '해바라기 씨'를 심고 '해바라기'가 피기를 바라는 마음을 드러내고 있다. 그리고 (나)에서는 '세상사에 초연한 존재'를 의미하는 자연물인 '낙타'와 낙타의 초연한 삶을 의미하는 자연물인 '별', '달', '해', '모래'를 통해 '낙타'와 같은 삶을 긍정적으로 인식하고 있다. 따라서 (가), (나) 모두 자연물에 상징적 의미를 부여하여 주제 의식을 드러내고 있음을 알 수 있다.

④ 영탄적 표현을 활용하여 시간의 급박한 흐름을 보여 주고 있다.
　(가)에서는 '오오'라는 영탄적 표현을 사용하고 있지만 시간의 급박한 흐름을 드러내지는 않고 있다.

⑤ 대조적인 소재를 사용하여 화자의 달라진 처지를 강조하고 있다.
　(나)에서는 '저승길'과 '세상'이라는 대조적인 소재를 사용하고 있지만, (가)에서는 대조적인 소재를 사용하지 않고 있다.

---

11 시어의 기능 이해 　　　정답률 73% | 정답 ③

㉠ ~ ㉤의 시적 기능에 대한 설명으로 적절하지 <u>않은</u> 것은?

① ㉠의 청유형을 반복하여 '해바라기 씨'를 심는 행위를 의미 있게 생각하는 인식을 드러내고 있다.
　㉠의 청유형 '–자'를 1연 3행에서 반복하여 '해바라기 씨'를 심는 행위를 의미 있게 생각하는 인식을 드러내고 있다.

② ㉡의 행위를 반복하여 '해바라기' 꽃을 피우기 위해 여럿의 노력이 필요하다는 인식을 드러내고 있다.
　㉡에 드러난 행위인 '다지다'를 2연에서 반복해 '누나', '바둑이', '괭이'가 땅을 다지는 모습을 제시하여, '해바라기' 꽃을 피우기 위해 여럿의 노력이 필요하다는 인식을 드러내고 있다.

✔ ③ ㉢에서 시간의 경과를 제시하여 '해바라기'가 '고개를' 들기까지 기다리지 못해 단념하는 '우리'의 상황을 드러내고 있다.
　㉢에는 '해바라기 씨'를 심은 지 '사흘이 지'났다는 시간의 경과가 드러나며, 사흘이나 지났는데도 꽃이 피지 않은 상황을 통해 '해바라기'가 '고개를' 들기까지 '우리'가 기다리는 마음을 표현하고 있다. 따라서 '해바라기'가 '고개를' 들기까지 기다리지 못해 단념하는 '우리'의 상황을 드러낸다는 설명은 적절하지 않다.

④ ㉣에서 유사한 속성의 시어를 나열하여 '저승길'을 '낙타'와 동행하고 싶은 이유를 부각하고 있다.
　㉣에서 '낙타'의 초연한 삶을 상징하는 자연물인 '별', '달', '해', '모래'를 나열하여 '낙타'와 '저승길'을 동행하고 싶은 이유를 부각하고 있다.

⑤ ㉤을 수식어로 반복하여 '길동무'로 삼고 싶은 사람의 특징을 강조하려는 의도를 드러내고 있다.
　㉤을 14행에서 반복하여 '길동무'로 삼고 싶은 사람이 '어리석'고 '가엾'다는 특징을 강조하려는 의도를 드러내고 있다.

---

12 외적 준거에 따른 작품의 감상 　　　정답률 61% | 정답 ①

〈보기〉를 바탕으로 (나)를 감상한 내용으로 적절하지 <u>않은</u> 것은? [3점]

──〈보 기〉──
「낙타」의 화자는 자연 현상인 죽음을 부정하지 않고 담담하게 받아들이면서, 죽음과 삶 사이의 경계를 초월하여 회귀의 구조로 삶과 죽음을 바라본다. 이 과정에서 화자는 이승에서의 자기 삶을 돌아보고, 자기 삶의 모습이 자신이 추구하는 모습과 다름을 인식한다. 또한 화자 자신이 닮고자 하는 대상처럼 살아온 사람에 대한 긍정적 인식을 바탕으로 그 사람과 함께하고 싶은 마음을 드러내기도 한다.

✔ ① '손 저어 대답'하는 것에는 자연 현상인 죽음을 담담하게 수용하려는 '누군가'의 말을 외면하려는 마음이 담겨 있군.
　〈보기〉를 통해 (나)의 화자는 자연 현상인 죽음을 부정하지 않고 담담하게 받아들이고 있음을 알 수 있다. 따라서 '손 저어 대답'하는 것은 '세상사'를 '물으면' '아무것도 못 본 체' 하겠다는 것이라 할 수 있다.

② '다시 세상에 나'간다는 것에는 죽음과 삶 사이의 경계를 초월하여 죽음과 삶을 보는 시각이 전제되어 있군.
　'저승길'에 간 화자가 '다시 세상에 나'간다는 것은 죽음과 삶 사이의 경계를 초월하여 죽음과 삶을 바라보았기 때문에 가능하다고 볼 수 있다.

③ '낙타가 되어 가겠'다는 것은 삶의 세계로의, '돌아'온다는 것은 죽음의 세계로의 회귀를 나타내는군.

'낙타가 되어 가겠'다는 것은 누군가 저승에 있는 화자에게 다시 세상으로 나가라고 할 때 하는 대답이므로 죽음의 세계에서 삶의 세계로의 회귀를 나타낸다. '돌아'온다는 것은 다시 세상에 나간 화자가 낙타로 살다가 저승으로 '돌아'오는 것이므로 삶의 세계에서 죽음의 세계로의 회귀를 나타낸다.

④ '별과 달과 해와 / 모래만 보고 살'겠다는 것에는 '슬픔도 아픔도' 있었던 이승에서의 삶과 다르게 살고 싶은 바람이 드러나 있군.

'낙타'로 다시 태어나 '별과 달과 해와 모래만 보고 살겠다는 것은 세상사에 초연하게 살겠다는 것이며, 이러한 삶은 '슬픔도 아픔도' 있었던 이승에서 세상사에 초연하지 못하고 살았던 모습과 다르다고 할 수 있다.

⑤ '등에 업고 오겠'다는 것에는 '낙타'처럼 살아온 사람에 대한 긍정적 인식이 반영되어 있군.

'가장 어리석은 사람'과 '가장 가엾은 사람'은 화자가 함께하고 싶은 사람이며 '낙타'처럼 살아온 사람이다. 화자는 이 사람에 대한 긍정적 인식을 지니고 있으므로 '길동무'가 되어 '등에 업고 오겠'다고 하고 있다.

DAY 22 — 20분 미니 모의고사

01 ④	02 ①	03 ①	04 ④	05 ⑤
06 ④	07 ③	08 ③	09 ②	10 ④
11 ⑤	12 ①			

01　대화 계획의 반영 여부 판단　　정답률 94% | 정답 ④

다음은 (가)를 진행하기 위한 독서반 학생들의 사전 회의이다. (가)에서 확인할 수 없는 것은?

> **학생 1** : 대화 진행 순서부터 정해야 하는데, ㉮ 우선 찾아뵌 목적을 말씀드리고 책을 쓰시게 된 계기를 여쭤봐야겠지?
> **학생 2** : 응. 그리고 ㉯ 이 책의 설정이 무척 신선했잖아. 그 의도도 여쭤보자.
> **학생 1** : 좋아. ㉰ 다음으로 책에 나온 멸종 위기종 중 가장 인상적이었던 동물에 대해서도 말씀을 드리자.
> **학생 2** : ㉱ 책에 미처 소개하지 못해 아쉬운 멸종 위기종이 있는지도 여쭤보고.
> **학생 1** : 그래. ㉲ 무엇보다 인간과 자연의 공존을 위해 우리가 할 수 있는 일에 대한 질문이 빠질 수 없겠지?
> **학생 2** : 그렇지. 역할 배분은 어떻게 하지? 네가 전체 진행을 맡고 구체적인 질문은 내가 할까?
> **학생 1** : 그래, 알겠어.

① ㉮ 우선 찾아뵌 목적을 말씀드리고 책을 쓰시게 된 계기를 여쭤봐야겠지?

학생 1의 첫 번째 발화인 '작가님 책에 대해 여쭙고, 인간과 자연이 공존하는 ~ 이야기를 쓰시게 된 계기가 무엇인가요?'에서 확인할 수 있다.

② ㉯ 이 책의 설정이 무척 신선했잖아. 그 의도도 여쭤보자.

학생 2의 첫 번째 발화인 '멸종 위기종이 자신의 속마음을 이야기한다는 설정이 신선했는데, 특별한 의도가 있나요?'에서 확인할 수 있다.

③ ㉰ 다음으로 책에 나온 멸종 위기종 중 가장 인상적이었던 동물에 대해서도 말씀을 드리자.

학생 2의 두 번째 발화인 '특히 멸종 위기종인 반달가슴곰이 웅담 채취용으로 사육되었다는 이야기가 충격적이었습니다.'에서 확인할 수 있다.

✔ ㉱ 책에 미처 소개하지 못해 아쉬운 멸종 위기종이 있는지도 여쭤보고.

(가)에 제시된 작가와의 대화를 통해, 책에 소개하지 못해 아쉬운 멸종 위기종에 대한 질문은 찾아볼 수 없다.

⑤ ㉲ 무엇보다 인간과 자연의 공존을 위해 우리가 할 수 있는 일에 대한 질문이 빠질 수 없겠지?

학생 2의 다섯 번째 발화인 '그렇다면 자연과 공존하기 위해 저희가 할 수 있는 일은 없을까요?'에서 확인할 수 있다.

02　조건에 맞는 표현　　정답률 76% | 정답 ①

〈보기〉는 (나)를 읽은 선생님의 조언이다. 이를 반영할 때, (나)의 [A]에 들어갈 내용으로 가장 적절한 것은?

> 〈보 기〉
>
> **선생님** : 건의문은 독자의 공감을 끌어내 문제 해결의 의지를 갖게 하는 게 필요해요. 이를 위해 비유적 표현과 자신의 정서를 직접 드러내는 어휘를 사용하여 독자에게 호소해 보세요.

✔ 도로에서 생을 마감한 수달과 삶을 떠올리면 친구를 떠나보낸 것처럼 슬픕니다.

〈보기〉를 통해 형식적 조건이 '비유적 표현'과 '자신의 정서를 직접 드러내는 어휘'를 사용하는 것임을 알 수 있다. 이러한 조건을 만족하는 것은 ①로, ①에서는 '친구를 떠나 보낸 것처럼'이라는 비유적 표현을 사용하면서 '슬프다'라는 정서를 드러내는 어휘를 사용하고 있다.

② 수달과 삶의 서식지를 보존하지 못하고 있는 우리 인간들의 모습이 부끄럽습니다.

'부끄럽다'라는 정서를 드러내는 어휘는 사용되었지만, 비유적 표현은 사용되지 않았다.

③ 수달과 삶의 보호에 앞장서서 우리가 그들의 안전을 지키는 등불이 되어야 합니다.
'등불'이라는 비유적 표현은 사용되었지만 정서를 드러내는 어휘는 사용되지 않았다.

④ 수달과 삶과 같은 야생동물이 사라진 세계에서 인간도 안전하게 살 수가 없습니다.
비유적 표현과 정서를 드러내는 어휘 모두 사용되지 않았다.

⑤ 도로 한복판에 쓰러져 있는 수달과 삶의 모습이 자꾸만 떠올라서 가슴이 미어집니다.
'미어지다'라는 정서를 드러내는 어휘는 사용되었지만, 비유적 표현은 사용되지 않았다.

---

03 중세 국어의 모음 조화 파악　　정답률 52% | 정답 ①

〈보기〉를 참고하여 중세 국어를 이해한다고 할 때, ㉠과 ㉡의 사례로 바르게 짝지어진 것은?

〈보 기〉
모음 조화는 ㉠ 양성 모음은 양성 모음끼리 어울리고 ㉡ 음성 모음은 음성 모음끼리 어울리는 현상으로, 중세 국어에서는 현대 국어보다 규칙적으로 적용되었다.

　㉠　　　　　㉡

✔ ᄇᆞᄅᆞ매[바람에]　　·뿌·메[씀에]
'ᄇᆞᄅᆞ매'는 'ᄇᆞᄅᆞᆷ'의 양성 모음 'ㆍ'와 조사 '애'의 양성 모음 'ㅐ'가 어울려 나타나므로 ㉠의 사례에 해당한다. 그리고 '·뿌·메'는 '뿜'의 음성 모음 'ㅜ'와 조사 '에'의 음성 모음 'ㅔ'가 어울려 나타나므로 ㉡의 사례에 해당한다.

② ·뿌·메[씀에]　　ᄠᅳ·들[뜻을]
'ᄠᅳ·들'은 '뜯'의 음성 모음 'ㅡ'와 조사 '을'의 음성 모음 'ㅡ'가 어울려 나타나므로 ㉡의 사례에 해당한다. 하지만 '·뿌·메'는 ㉡의 사례에 해당하므로 적절하지 않다.

③ ᄠᅳ·들[뜻을]　　거부븨[거북의]
'거부븨'는 '거붑'의 음성 모음 'ㅜ'와 조사 '의'의 음성 모음 'ㅢ'가 어울려 나타나므로 ㉡의 사례에 해당한다. 하지만 'ᄠᅳ·들'은 ㉡의 사례에 해당하므로 적절하지 않다.

④ ᄆᆞᅀᆞᄆᆞᆯ[마음을]　　바ᄂᆞᆯ[바늘을]
'ᄆᆞᅀᆞᄆᆞᆯ'은 'ᄆᆞᅀᆞᆷ'의 양성 모음 'ㆍ'와 조사 '을'의 양성 모음 'ㆍ'가 어울려 나타나고, '바ᄂᆞᆯ'은 '바늘'의 양성 모음 'ㆍ'와 조사 '을'의 양성 모음 'ㆍ'가 어울려 나타나므로, 이 둘은 ㉠의 사례에 해당한다.

⑤ 나ᄅᆞᆯ[나를]　　도ᄌᆞ기[도적의]
'나ᄅᆞᆯ'은 '나'의 양성 모음 'ㅏ'와 조사 'ᄅᆞᆯ'의 양성 모음 'ㆍ'가 어울려 나타나고, '도ᄌᆞ기'는 '도ᄌᆞᆨ'의 양성 모음 'ㆍ'와 조사 '이'의 양성 모음 'ㅣ'가 어울려 나타나므로, 이 둘은 ㉠의 사례에 해당한다.

04~08　과학·기술

베루즈 A. 포루잔, 「데이터 통신」

해제　이 글은 전자요금징수시스템이 어떠한 과정과 방식으로 작동하는지 설명하고 있다. 요금 납부를 편리하게 해 주는 **전자요금징수시스템의 과정을 구체적으로 언급**한 뒤에, 이러한 **전자요금징수시스템 방식인 시분할 방식에 대해 설명**해 주고 있다. 또한 **시분할 방식을 동기식과 비동기식으로 나누어 각각에 대해 설명하면서 장단점도 언급**해 주고 있다. 마지막으로 이러한 **전자요금징수시스템이 통신 기술 발전과 교통 환경의 변화로 인해 계속적으로 변화하고 있음을 언급**하며 글을 마무리하고 있다.

주제　전자요금징수시스템의 과정과 방식

문단 핵심 내용

1문단	요금 납부가 편리한 전자요금징수시스템
2문단	전자요금징수시스템이 작동되는 과정
3문단	전자요금징수시스템의 데이터 처리 방식인 시분할 방식
4문단	시분할 방식의 종류 1 – 동기식 방식
5문단	시분할 방식의 종류 2 – 비동기식 방식
6문단	기술 발전 및 교통 환경의 변화에 따른 계속되는 전자요금징수시스템의 변화

---

04 사실 정보의 파악　　정답률 81% | 정답 ④

윗글의 내용과 일치하지 <u>않는</u> 것은?

---

① 전자요금징수시스템을 이용하면 요금 납부를 편리하게 할 수 있다.
1문단의 '그중 '전자요금징수시스템(ETC)'을 이용하면 차량이 달리는 중에 자동으로 요금 납부가 가능하기 때문에 편리하다.'를 통해 알 수 있다.

② 차량 단말기와 기지국 간에는 데이터 전송이 무선으로 이루어진다.
3문단의 '이러한 과정에서 차량 단말기와 기지국 간에는 무선으로 데이터 전송이 이루어진다.'를 통해 알 수 있다.

③ 시분할 방식에서 타임 슬롯은 차량이 진입하지 않아도 항상 만들어진다.
3문단의 시분할 방식에 대한 설명과 '타임 슬롯은 차량이 진입하지 않아도 항상 만들어지는데'를 통해 알 수 있다.

④ ✔ 타임 슬롯은 동일한 크기로 분할된 시간의 단위들에 의해 구성된 집합체이다.
3문단의 '동일한 크기로 분할된 시간의 단위인 타임 슬롯'을 통해, 타임 슬롯이 동일한 크기로 분할된 시간의 단위들에 의해 구성된 집합체라는 내용은 적절하지 않다.

⑤ 비동기식 시분할 방식은 전송되는 모든 데이터마다 주소 필드를 포함시켜 프레임이 구성된다.
5문단을 통해 비동기식 시분할 방식이 전송되는 모든 데이터마다 그 데이터의 종류를 확인할 수 있는 주소 필드를 포함시켜 프레임이 구성됨을 알 수 있다.

---

05 핵심 과정의 이해　　정답률 78% | 정답 ⑤

윗글의 [A]를 바탕으로 〈보기〉의 ㉮ ~ ㉲를 이해한 것으로 적절하지 <u>않은</u> 것은?

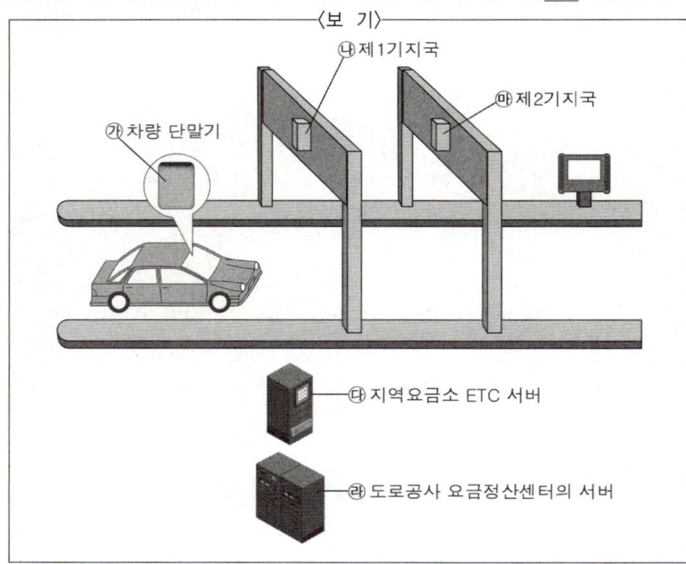

① ㉮에서 ㉰로 '요금 징수 관련 데이터'가 전송된다.
[A]의 '제1기지국은 차량 단말기로부터 전송받은 요금 징수 관련 데이터를 잃어버리지 않도록 임시 저장소에 보관하면서 거의 동시에 지역요금소 ETC 서버로 전송한다.'를 통해, 제1기지국 ㉰는 차량 단말기인 ㉮로부터 '요금 징수 관련 데이터'를 전송받음을 알 수 있다.

② ㉰에서 ㉯로 '요금 징수 관련 데이터'가 전송된다.
[A]의 '제1기지국은 차량 단말기로부터 전송받은 요금 징수 관련 데이터를 잃어버리지 않도록 임시 저장소에 보관하면서 거의 동시에 지역요금소 ETC 서버로 전송한다.'를 통해, 제1기지국 ㉰는 차량 단말기인 ㉮로부터 '요금 징수 관련 데이터'를 전송받음을 알 수 있고, 거의 동시에 지역요금소 ETC 서버인 ㉯로 전송함을 알 수 있다.

③ ㉱에서 ㉮로 '징수할 요금에 관한 데이터'가 전송된다.
[A]의 '이렇게 찾아진 데이터는 다시 지역요금소 ETC 서버를 거쳐 두 번째 게이트에 설치된 제2기지국을 경유하여 차량 단말기로 전송된다.'를 통해, '징수할 요금에 관한 데이터'가 제2기지국인 ㉱를 경유하여 차량 단말기인 ㉮에 전송됨을 알 수 있다.

④ ㉯에서 ㉲로 '요금 징수 관련 데이터'가 전송되고, ㉯에서 ㉱로 '징수할 요금에 관한 데이터'가 전송된다.
[A]의 '지역요금소 ETC 서버는 이 데이터를 분석한 후, 도로공사 요금정산센터의 서버로 전송해서 도로공사 요금정산센터의 서버가 징수할 요금에 관한 데이터를 찾도록 요청한다.'를 통해, 지역요금소 ETC 서버인 ㉯는 '요금 징수 관련 데이터'를 분석한 후 도로공사 요금정산센터의 서버인 ㉲로 전송함을 알 수 있다. 그리고 '지역요금소 ETC 서버는 이 데이터를 분석한 후, ~ 제2기지국을 경유하여 차량 단말기로 전송된다.'를 통해, '징수할 요금에 관한 데이터'가 지역요금소 ETC 서버인 ㉯에서 제2기지국인 ㉱로 전송됨을 알 수 있다.

☑ ㉱에서 ㉲로 '징수할 요금에 관한 데이터'가 전송되고, ㉲에서 ㉮로 '요금 징수 관련 데이터'가 전송된다.

[A]의 '지역요금소 ETC 서버는 이 데이터를 분석한 후, ~ 제2기지국을 경유하여 차량 단말기로 전송된다.'를 통해, 도로공사 요금정산센터의 서버인 ㉲에서 찾아진 '징수할 요금에 관한 데이터'가 지역요금소 ETC 서버인 ㉱로 전송됨을 알 수 있다. 그런데 차량 단말기인 ㉮에 전송되는 데이터는 도로공사 요금정산센터의 서버인 ㉲가 찾은 '징수할 요금에 관한 데이터'에 해당하므로, '요금 징수 관련 데이터'가 전송된다는 내용은 적절하지 않다.

06　주어진 내용을 바탕으로 한 추론　　정답률 71% | 정답 ④

윗글을 읽은 학생이 ㉠과 ㉡에 대해 〈보기〉와 같이 정리했다고 할 때, Ⓐ～Ⓒ에 들어갈 말로 가장 적절한 것은?

〈보 기〉

　(　Ⓐ　)은 동기식이 상대적으로 높고, 비동기식이 상대적으로 낮다. 또한 데이터 처리 과정의 효율성은 동기식이 상대적으로 (　Ⓑ　), 비동기식이 상대적으로 (　Ⓒ　).

	Ⓐ	Ⓑ	Ⓒ
①	오류 발생 가능성	낮고	높다
②	오류 발생 가능성	높고	낮다
③	데이터 손실 가능성	높고	낮다

☑ ④ 데이터 처리 과정의 정확성　　낮고　　높다

㉠을 통해, 동기식 시분할 방식은 데이터를 처리하는 과정에서 오류가 발생할 가능성이 낮으므로 정확성은 높다고 할 수 있지만, 타임 슬롯이 일부 낭비된다는 점에서 데이터 처리 과정의 효율성은 낮다고 할 수 있다. 그리고 ㉡을 통해, 비동기식 시분할 방식을 하는 과정에서 오류가 발생할 가능성이 상대적으로 높으므로 정확성은 낮다고 할 수 있지만, 타임 슬롯이 낭비되지 않으므로 데이터 처리 과정의 효율성은 높다고 할 수 있다. 따라서 ㉠과 ㉡을 바탕으로 정리하면, 데이터 처리 과정의 정확성은 동기식이 비동기식에 비해 상대적으로 높다고 할 수 있고, 데이터 처리 과정의 효율성은 동기식이 비동기식에 비해 상대적으로 낮다고 할 수 있다.

⑤ 데이터 처리 과정의 정확성　　높고　　낮다

★★★ 1등급 대비 고난도 3점 문제

07　내용을 바탕으로 한 자료의 이해　　정답률 47% | 정답 ③

〈보기〉는 □□ 요금소에서의 데이터 처리와 관련하여 설정된 내용이다. 윗글을 읽은 학생들이 〈보기〉에 대해 보인 반응으로 적절하지 않은 것은? [3점]

〈보 기〉

[상황]
　□□ 요금소에 전자요금징수시스템으로만 운영하는 하나의 차로를 1번 차량과 2번 차량이 시간의 간격을 두지 않고 순서대로 지나갔다.

[데이터의 전송 유무]

데이터의 종류 차량 구분(시분할 방식)	Ⅰ-1	Ⅰ-2	Ⅰ-3	Ⅰ-4
1번 차량 (동기식)	유	무	유	유
2번 차량 (비동기식)	유	유	유	무

※ 통신 규약에 따라 정해진 내용

Ⅰ. 데이터 종류의 순서	Ⅰ-1. 차량이 정상적으로 진입함 Ⅰ-2. 후불 카드를 사용함 Ⅰ-3. 차량 소유주와 카드 소지자가 일치함 Ⅰ-4. 요금 감면 대상임
Ⅱ. 데이터의 전송 유무	유 : 데이터 종류에 해당하는 내용과 일치함
	무 : 데이터 종류에 해당하는 내용과 불일치함

[타임 슬롯(TS)의 흐름]

TS₁	TS₂	TS₃	TS₄	TS₅	TS₆	TS₇	TS₈

(단, 두 차량 사이의 타임 슬롯은 존재하지 않고 1번 차량의 타임 슬롯은 TS_1부터 시작함.)

① TS_2는 비워지는 타임 슬롯으로 이는 1번 차량이 후불 카드를 사용하는 차량이 아니기 때문이겠군.

〈보기〉를 통해 1번 차량은 동기식 시분할 방식에 해당하는 차량이고, Ⅰ-2에 해당하는

후불 카드를 사용함이라는 데이터가 존재하지 않음을 알 수 있다. 이를 볼 때, TS_2에 데이터가 담기지 않고 비워진다는 반응은 적절하다고 할 수 있다.

② TS_3과 TS_7은 모두 차량 소유주와 카드 소지자가 일치하는지의 여부를 확인할 수 있는 타임 슬롯이겠군.

〈보기〉를 통해 1번 차량과 2번 차량 모두 Ⅰ-3에 해당하는 차량 소유주와 카드 소지자가 일치함이라는 데이터가 전송되었음을 알 수 있다. 따라서 1번 차량의 일치 여부를 TS_3에서, 2번 차량의 일치 여부를 TS_7에서 확인할 수 있다는 반응은 적절하다고 할 수 있다.

☑ ③ TS_4에는 요금 감면 대상이라는 데이터가 담겨 있고, TS_8에는 요금 감면 대상이 아니라는 데이터가 담겨 있겠군.

3문단을 통해 시분할 방식은 동일한 크기로 분할된 시간의 단위인 타임 슬롯을 차량 단말기에서 전송된 각각의 데이터에 할당하여 데이터를 처리하는 방식임을 알 수 있다. 그리고 〈보기〉를 통해 1번 차량과 2번 차량이 시간의 간격을 두지 않고 순서대로 지나갔고, 두 차량 사이의 타임 슬롯은 존재하지 않고 1번 차량의 타임 슬롯은 TS_1부터 시작함을 알 수 있다. 이렇게 볼 때, TS_1~TS_4는 1번 차량에 해당하고, TS_5~TS_8은 2번 차량에 해당함을 알 수 있다. 이러한 내용을 바탕으로 할 때, 1번 차량의 경우에는 Ⅰ-4에 해당하는 요금 감면 대상이라는 데이터가 전송되어 있으므로 TS_4에 요금 감면 대상이라는 데이터가 담겨 있다고 할 수 있다. 하지만 2번 차량의 경우 Ⅰ-4에 해당하는 요금 감면 대상이라는 데이터가 전송되지 않았으므로 TS_8에 요금 감면 대상이 아니라는 데이터가 담겨 있다는 설명은 적절하다고 할 수 없다.

④ TS_1을 통해서는 1번 차량이 정상적으로 진입했는지를, TS_7을 통해서는 2번 차량의 차량 소유주와 카드 소지자가 일치하는지를 파악할 수 있겠군.

〈보기〉를 통해 1번 차량은 Ⅰ-1에 해당하는 차량이 정상적으로 진입함이라는 데이터가 전송되었으므로 TS_1을 통해 1번 차량이 정상적으로 진입했는지를 파악할 수 있다는 반응은 적절하다고 할 수 있다. 또한 2번 차량은 Ⅰ-3에 해당하는 차량 소유주와 카드 소지자가 일치함이라는 데이터가 전송되었으므로, TS_7을 통해 2번 차량의 차량 소유주와 카드 소지자가 일치하는지를 파악할 수 있다는 반응 역시 적절하다고 할 수 있다.

⑤ TS_5에는 차량이 정상적으로 진입한 것에 대한 데이터가 담겨 있다는 것을, TS_6에는 후불 카드를 사용한다는 것에 대한 데이터가 담겨 있다는 것을 확인할 수 있겠군.

〈보기〉를 통해, 2번 차량은 Ⅰ-1에 해당하는 차량이 정상적으로 진입함이라는 데이터가 전송되었으므로 TS_5에는 차량이 정상적으로 진입한 것에 대한 데이터가 담겨 있다는 것을 확인할 수 있다는 반응은 적절하다고 할 수 있다. 또한 Ⅰ-2에 해당하는 후불 카드를 사용함이라는 데이터가 전송되었으므로 TS_6에는 후불 카드를 사용한다는 것에 대한 데이터가 담겨 있다는 것을 확인할 수 있다는 반응 역시 적절하다고 할 수 있다.

★★ 문제 해결 꿀~팁 ★★

▶ **많이 틀린 이유는?**
이 문제는 〈보기〉를 정확하게 이해하지 못하여, 특히 〈보기〉에 제시된 TS_1~TS_8이 무엇을 의미하는지 정확히 파악하지 못하여 오답률이 높았던 것으로 보인다.

▶ **문제 해결 방법은?**
이 문제 풀이의 핵심은 〈보기〉의 정확한 이해와 동기식과 비동기식 방식의 특징과 차이점이 언급된 4, 5문단의 내용 이해에 있다. 특히 〈보기〉에 언급된 4종류의 데이터와 '타임 슬롯의 흐름'을 통해 TS_1~TS_4가 1번 차량이고, TS_5~TS_8이 2번 차량에 해당함을 정확히 파악하는 데 있다. 이를 정확히 파악했다면 〈보기〉에 제시된 '데이터의 전송 유무'나 '통신 규약에 따라 정해진 내용'을 일일이 대입하기만 하면 문제를 수월하게 풀수 있었을 것이다. 가령 정답인 ③의 경우, 1번 차량에는 Ⅰ-4에 해당하는 요금 감면 대상이라는 데이터가 전송되어 있고, 2번 차량에는 Ⅰ-4에 해당하는 요금 감면 대상이라는 데이터가 전송되지 않았음을 알 수 있으므로 이를 바탕으로 적절하지 않음을 쉽게 파악할 수 있었을 것이다. 이 문제처럼 〈보기〉가 장황하여 어렵게 보일 수 있지만, 〈보기〉를 차근히 이해하게 되면 문제는 의외로 쉽게 풀 수 있다. 이 문제뿐만 아니라 모든 수능 문제에서 〈보기〉를 정확히 이해해야 문제를 정확히 풀 수 있으므로, 〈보기〉를 이해하는 데 신경을 쓸 수 있도록 하자.

08　단어의 문맥적 의미 파악　　정답률 90% | 정답 ③

밑줄 친 부분의 문맥적 의미가 ⓐ와 가장 유사한 것은?

① 사과를 세 조각으로 나누었다.
'하나를 둘 이상으로 가르다.'의 의미로 사용되었다.

② 나는 그와 피를 나눈 형제이다.
'같은 핏줄을 타고나다.'의 의미로 사용되었다.

☑ ③ 학생들을 청군과 백군으로 나누었다.
ⓐ는 '여러 가지가 섞인 것을 구분하여 분류하다.'의 의미로 사용되었으므로, ③의 '나누었다'와 문맥적 의미가 가장 유사하다.

④ 두 사람이 서로 반갑게 인사를 나누었다.
'말이나 인사를 주고받다.'의 의미로 사용되었다.

⑤ 그들은 기쁨과 슬픔을 함께 나누며 산다.
'즐거움, 고통, 고생 따위를 함께하다.'의 의미로 사용되었다.

09~12 고전 소설

작자 미상, 「왕경룡전」

감상 이 작품은 남녀 주인공의 결합을 방해하는 혼사 장애 모티프를 지닌 애정 소설이다. 이 작품은 부잣집 아들이 기녀에게 빠져서 가지고 있던 재물을 모두 탕진하여 냉대를 받아 쫓겨난 뒤, 다시 그 기녀를 만나 도움을 받게 된다는 점에서, 중국 당나라의 애정 소설인 「이와전(李娃傳)」의 영향을 많이 받았다.

주제 고난을 극복하고 이룬 사랑

작품 줄거리 왕경룡은 상인에게 빌려준 은자를 받아 절강으로 돌아가던 중 서주에서 기생 옥단을 사귀게 되면서 수만금을 탕진한다. 옥단이 돈이 떨어진 경룡을 쫓아내라는 기생 어미의 말을 듣지 않자, 기생 어미는 집을 옮겨 경룡으로 하여금 길을 잃고 방황하게 한다. 쫓겨난 경룡은 기생 어미가 시킨 도적들에게 맞아 기절하였다가 마을 노인에게 구조된다. 우연히 전날 옥단을 소개하였던 주모를 만나 사정을 이야기하니, 주모는 경룡의 편지를 옥단에게 전해 주기로 한다. 편지를 받은 옥단은 기뻐하며 경룡을 만난 다음, 황금을 주면서 새 옷을 사 입고 다시 집으로 찾아오라 일러 준다. 경룡은 옥단의 말대로 비단옷을 사서 입고 빈 상자를 재물로 가장하여 그 집을 찾아가고, 기생 어미는 다시 반기며 이전의 잘못을 사과하면서 극진히 접대한다. 이날 밤 옥단과 경룡은 기생집의 보화를 훔쳐 집을 나오고, 이튿날 관가에 기생 어미를 고발하게 된다. 마침 기생 어미에게 돈을 주고 옥단을 첩으로 삼으려던 조모는 화가 나서 옥단을 자기 집으로 납치해 가고, 조모의 처는 옥단을 시기하여 남편과 옥단을 독살하려 하지만 남편만 죽는다. 관가에서는 남편을 죽인 죄로 본처와 옥단을 함께 옥에 가두게 된다. 한편, 경룡은 옥단을 잃은 뒤 그 길로 본가에 돌아가 부친으로부터 엄한 훈계를 받은 다음, 학업에 열중한 결과 장원급제를 하고 암행어사를 제수받는다. 옥단의 연락을 받은 경룡은 곧 암행어사로 출두하여 옥단을 구하고, 옥단과 행복하게 산다.

---

09 배경의 의미와 기능 파악   정답률 45% | 정답 ②

윗글에 대한 설명으로 적절하지 않은 것은?

① '침방'은 옥단이 경룡의 무리에게 결박당했다고 기생 어미를 속이는 장소이다.
옥단은 경룡과 이별하고 '침방'에 돌아와 시비와 함께 손과 발을 묶고, 다음날 경룡의 무리들에게 결박당했다고 기생 어미를 속인다. 따라서 '침방'은 옥단이 기생 어미를 속이는 공간으로 볼 수 있다.

✔ '기생집'은 기생 어미가 부모를 잃은 옥단을 위해 난영을 시비로 내어 준 공간이다.
난영은 옥단이 '기생집'에 들어가기 전 '양가집에서 데리고 온 시비'이다. 따라서 기생 어미가 부모를 잃은 옥단을 위해 난영을 시비로 내어 준 공간이 '기생집'이라는 것은 적절하지 않다.

③ '서주 관청'은 옥단이 기생 어미의 잘못을 사람들에게 알리기 위해 기생 어미를 유인하여 데리고 간 공간이다.
옥단은 경룡을 속여 재물을 빼앗으려 했던 기생 어미의 잘못을 알리기 위해 '서주 관청'으로 기생 어미를 유인한다. 따라서 '서주 관청'은 옥단이 기생 어미를 유인해 데리고 간 공간으로 볼 수 있다.

④ '북루'는 옥단이 경룡에게 절개를 지키겠다고 했던 다짐을 실천하는 공간이다.
옥단은 경룡에게 절개를 더럽히는 지경에 이르면 죽겠다고 했던 다짐을 실천하기 위해 '북루'에서 지낸다. 따라서 '북루'는 옥단이 자신의 다짐을 실천하는 공간으로 볼 수 있다.

⑤ '서주의 경계'는 절강에서 경룡을 만날 수 있다는 옥단의 기대가 깨지는 공간이다.
옥단은 경룡을 만나기 위해 절강으로 가던 중 '서주의 경계'에서 조씨 상인이 보낸 무리에게 끌려간다. 따라서 '서주의 경계'는 경룡과의 만남을 바라던 옥단의 기대가 깨지는 공간으로 볼 수 있다.

★★★ 1등급 대비 고난도 2쩜 문제

10 작품 내용의 이해   정답률 36% | 정답 ④

윗글에 대한 이해로 가장 적절한 것은?

① 난영은 이웃 사람과 더불어 사귀기를 좋아했다.

난영은 타인을 더불어 즐기는 것을 좋아하지 않았다.

② 서리들은 옥단이 작성한 문서에 증인으로 서명했다.
옥단은 서리를 청하여 문서를 쓰고 이웃 사람에게 서명하게 했다.

③ 조씨 상인은 자색이 있는 난영을 얻기 위해 무리를 보냈다.
조씨 상인은 난영이 아닌 옥단을 얻기 위해 무리를 보냈다.

✔ 옥단은 관청에서 돌아온 뒤 난영이 빌어 온 양식으로 어렵게 살아갔다.
옥단은 관청에서 돌아온 뒤 기생 어미와 떨어져 북루에서 지내면서 난영에게 '쌀을 빌어 조석으로 바치게' 하며 어렵게 살아갔다.

⑤ 이웃 사람들은 노림의 일에 대한 사실을 알기 위해 옥단에게 송사를 권유했다.
이웃 사람들은 '노림'의 일을 다 알고 있다.

★★ 문제 해결 꿀~팁 ★★

▶ **많이 틀린 이유는?**
이 문제는 작품 내용을 정확히 이해하지 못하여 오답률이 높았던 것으로 보인다. 또한 선택지에 제시된 내용이 글의 어느 부분에 해당하는지 파악하지 못한 것도 오답률을 높였던 것으로 보인다.

▶ **문제 해결 방법은?**
이 문제를 해결하기 위해서는 선택지에 제시된 내용이 글의 어느 부분에 제시되어 있는지를 파악해야 한다. 이때 유용하게 사용될 수 있는 것이 선택지에 제시된 인물이다(이는 글을 읽을 때 인물 부분에 별도 표시를 할 경우에만 유용하게 활용할 수 있다.). 가령 정답인 ④의 경우 '옥단'과 관련된 부분을 찾으면 되는데, 옥단이 관청에서 돌아온 뒤 기생 어미와 떨어져 북루에서 지내면서 난영에게 '쌀을 빌어 조석으로 바치게' 하였다는 내용을 찾았다면 적절한 이해였음을 쉽게 알았을 것이다. 마찬가지로 오답률이 높았던 ③의 경우에도 '조씨 상인'에 대한 내용을 찾았다면, 조씨 상인이 난영이 아닌 옥단을 얻기 위해 무리를 보냈음을 알 수 있으므로 적절하지 않음을 알았을 것이다. 한편 학생들 중에는 고전 소설에 인물이 많이 제시되거나 인물이 다른 이름으로 제시되어 이해하는 데 어려움을 겪는 경우가 많은데, 이러한 어려움을 해결하기 위해서는 고전 소설을 읽을 때 같은 인물과 다른 인물을 별도 표시하여 두는 것이 좋다. 그럴 경우 이 문제처럼 내용 이해 문제는 비교적 쉽게 해결할 수 있을 뿐만 아니라, 작품 전체를 기억하는 데도 보다 유용할 수 있다.

---

11 인물의 말하기 방식 파악   정답률 63% | 정답 ⑤

[A], [B]에 대한 설명으로 가장 적절한 것은?

① [A]에서 화자는 자신의 불우한 처지를 언급하며 상대의 감정에 호소하고 있다.
[A]에서 이웃 사람들은 자신들이 기생 어미에 속아서 공자를 쫓아갔다고 언급하고 있지만, 이웃 사람들이 자신들의 불우한 처지를 언급하지는 않고 있다.

② [B]에서 화자는 감정을 절제하며 상대의 결정에 대해 비판적 태도를 드러내고 있다.
[B]에서 장사치 할미는 옥단을 속이기 위해 옥단의 절개 지킴을 어여쁘다 하고 있지만, 옥단에 대해 비판적 태도를 드러내지는 않고 있다.

③ [A]와 [B] 모두에서 화자는 상대의 과거 행적을 드러내며 상대의 미래를 예견하고 있다.
[A]와 [B]를 통해 상대의 과거 행적을 드러내며 상대의 미래를 예견한 내용은 찾아볼 수 없다.

④ [A]에서는 [B]에서와 달리, 화자가 고사를 인용하여 상대의 요구를 우회적으로 거절하고 있다.
[A]를 통해 이웃 사람들이 고사를 인용하지는 않고 있으므로 적절하지 않다.

✔ [A]에서 화자는 상대에게 자신이 현재 장소로 오게 된 이유를 밝히고 있고, [B]에서 화자는 상대에게 현재 장소를 떠날 것을 제안하고 있다.
[A]에서 이웃 사람들은 기생 어미가 '왕 공자가 재물을 훔쳐 도망갔다고 거짓말을 하여' 기생 어미를 따라 '서주 관청'에 왔다며 현재 장소로 온 이유를 밝히고 있고, [B]에서 장사치 할미는 옥단에게 경룡을 만나기 위해 현재 장소인 '서주'를 떠날 것을 제안하고 있다.

---

12 외적 준거에 따른 작품의 감상   정답률 45% | 정답 ①

〈보기〉를 바탕으로 윗글을 감상한 내용으로 적절하지 않은 것은? [3점]

<보 기>

이 작품은 남녀 주인공의 결합을 방해하는 혼사 장애 모티프를 지닌 애정 소설이다. 여자 주인공 옥단은 신분이 기생이지만 유교 사회에서 여성에게 요구되었던 정절을 지키려고 노력한다. 이런 옥단의 노력은 자신의 이익을 취하려 음모를 꾸미는 악인에 의해 방해를 받는다. 이 작품은 선인과 악인의 대립 구도가 드러나며, 악인의 음모로 인해 새로운 사건이 발생하거나 사건이 전환되기도 한다.

DAY 23 — 20분 미니 모의고사

01 ⑤	02 ③	03 ④	04 ②	05 ③
06 ③	07 ③	08 ⑤	09 ②	10 ②
11 ①	12 ③			

✔ **옥단을 쫓아낸 기생 어미와 쫓겨난 옥단에게 머물 곳을 제공한 장사치 할미가 대립하는 모습에서 선인과 악인의 대립 구도를 확인할 수 있군.**
장사치 할미는 기생 어미에게 많은 재물을 받고 조씨 상인에게 옥단을 넘기려는 음모에 가담하기로 비밀리에 약속한 후, 쫓겨난 옥단에게 머물 곳을 제공한다. 따라서 장사치 할미는 선인이 아니라, 기생 어미의 음모에 협조하는 악인으로 볼 수 있다.

② **기생 어미가 경룡의 재산을 다시 빼앗고 죽이려 한 음모로 인해, 옥단이 기지를 발휘하여 경룡이 자신의 재물을 되찾는 새로운 사건이 발생하는군.**
기생 어미에게 재산을 빼앗기고 노림에서 목숨의 위협을 받았던 경룡이 다시 재산을 가지고 기생집을 찾아오자, 기생 어미는 다시 경룡의 목숨과 재산을 노리게 된다. 하지만 옥단을 통해 기생 어미의 음모를 알게 된 경룡은 자신의 재물을 되찾아 달아난다.

③ **조씨 상인의 재물을 돌려주는 것을 아까워하는 기생 어미의 욕심은, 기생 어미가 조씨 상인의 무리들에게 옥단을 납치하도록 하는 음모를 꾸미는 원인이 되는군.**
기생 어미는 조씨 상인에게 받은 재물을 돌려주는 것이 아까워 조씨 상인에게 옥단을 넘기려는 음모를 꾸미고, 조씨 상인은 무리를 보내 옥단을 납치하게 된다.

④ **옥단과 재회한 경룡이 생명의 위험을 느낀 후 해로하기로 한 옥단을 남겨둔 채 절강으로 떠나는 모습에서, 경룡과 옥단의 결합을 방해하는 혼사 장애 모티프를 확인할 수 있군.**
옥단과 재회한 경룡이 기생 어미로부터 생명의 위험을 느껴, 옥단을 기생집에 남겨 두고 떠나는 모습에서 혼사 장애 모티프를 확인할 수 있다.

⑤ **옥단이 송사하지 않는다는 조건을 내세워 기생 어미에게 자신의 정절을 훼손하지 않겠다는 승낙을 받는 장면에서, 기생이지만 유교적 가치를 지키려 노력하는 모습을 확인할 수 있군.**
옥단이 자신의 정절을 훼손하지 않겠다는 기생 어미의 승낙을 받고 송사를 포기하는 장면에서 기생이지만 정절을 지키려 노력하는 옥단의 모습을 확인할 수 있다.

---

01 발표 내용의 이해 및 평가   정답률 87% | 정답 ⑤

<보기>는 위 발표를 들은 학생들의 반응이다. <보기>에 드러난 학생들의 듣기 방식에 대한 설명으로 가장 적절한 것은?

<보 기>

학생 1: 칠교놀이 외에 선조들이 즐겨 행했던 민속놀이에는 또 무엇이 있는지 발표자가 언급한 책을 찾아봐야겠어.
학생 2: 칠교놀이 방법을 보니 상대편을 이기기 위해서는 해당 모형의 문제도를 빨리 찾는 것이 우선인 것 같아.
학생 3: 칠교의 크기가 작았다고 하는 걸 보니 소지하기가 편해 어디에서든 칠교놀이를 할 수 있었겠네.

① 학생 1은 학생 2와 달리 새롭게 알게 된 정보를 통해 자신이 평소 생각하던 바를 수정하며 들었다.
'학생 1'은 칠교놀이 외에 선조들이 즐겨 한 민속놀이를 찾아보겠다고 하였지만, 새롭게 알게 된 정보를 통해 자신이 평소 생각하던 바를 수정하며 듣지는 않고 있다.

② 학생 2는 학생 1과 달리 발표에서 언급된 내용을 평가하며 들었다.
'학생 2'는 새로 알게 된 내용을 말하고 있지, 발표에서 언급한 내용을 평가하지는 않고 있다.

③ 학생 3은 학생 2와 달리 발표를 들으며 갖게 된 의문에 대한 해결 방안을 생각하며 들었다.
'학생 3'은 발표자가 말한 칠교놀이의 유용성을 언급하고 있지, 발표를 들으며 갖게 된 의문을 제기하거나, 이러한 의문에 대한 해결 방안을 생각하지는 않고 있다.

④ 학생 1과 학생 3은 모두 발표 이후 자신이 해야 할 일을 떠올리며 들었다.
'학생 1'은 발표 이후 자신이 해야 할 일을 떠올리고 있지만, '학생 3'은 발표 이후 해야 할 일을 언급하지는 않고 있다.

✔ **학생 2와 학생 3은 모두 발표자가 직접적으로 언급하지 않은 내용을 추론하며 들었다.**
'학생 2'는 편을 나눠 칠교놀이를 하는 경우 상대편이 제시한 모형을 제한 시간 내에 만들기 위해서는 문제도에서 해당 모형을 빨리 찾아야 함을 말하고 있다. 그리고 '학생 3'은 칠교가 10cm쯤 되는 작은 정사각형 모양의 나무판이라는 내용을 바탕으로 칠교를 소지하기가 편해 어디에서든 칠교놀이를 할 수 있었겠다고 말하고 있다. 따라서 '학생 2'와 '학생 3'은 발표자가 직접적으로 언급하지 않은 내용을 추론하며 들었다고 할 수 있다.

---

02 글쓰기 계획의 파악   정답률 96% | 정답 ③

㉠, ㉡을 바탕으로 세운 글쓰기 계획 중 (나)에 활용되지 <u>않은</u> 것은?

① ㉠을 고려하여, 우리 지역 학생들의 지역 방언 사용 실태를 보여 주는 조사 결과를 제시한다.
1문단의 '초등학생의 80% 이상, 중학생의 60% 이상이 '전혀 사용하지 않는다.'라고 답했다.'에서 지역 방언 사용 실태 조사 결과를 인용하고 있음을 알 수 있다.

② ㉠을 고려하여, 소멸 위기 언어로 등록될 정도로 심각한 위기에 처한 지역 방언이 있다는 내용을 제시한다.
1문단의 '2010년에 유네스코에서는 제주 방언을 소멸 직전의 단계인 4단계 소멸 위기 언어로 등록하였다.'에서 확인할 수 있다.

✔ **㉠을 고려하여, 문제의식을 환기하기 위해 지역 방언으로 인해 의사소통에 어려움을 겪었던 경험을 제시한다.**
㉠은 지역 방언이 사라져 가는 실태를 잘 모르는 독자인 우리 학교 학생들의 상황을 분석한 것이다. 그런데 '지역 방언으로 인해 의사소통에 어려움을 겪었던 경험'은 ㉠과 직접적인 관련이 없고, (나)에 '지역 방언으로 인해 의사소통에 어려움을 겪었던 경험'이 제시되지도 않았다.

④ ㉡을 고려하여, 예상되는 반론을 제시하며 지역 방언의 보호에 관심을 가져야 하는 이유를 강조한다.

ⓒ은 지역 방언의 가치에 대해 독자인 우리 학교 학생들의 인식이 부족함을 분석한 것에 해당한다. 3문단의 첫 문장에서 이에 대해 예상되는 반론을 제시하고 있고, 이어서 지역 방언의 보호에 관심을 가져야 하는 이유를 제시하고 있다.

⑤ ⓛ을 고려하여, 지역 방언의 예를 활용하며 지역 방언의 가치를 설명한다.
4문단에서 '올갱이, 데사리, 민물고동' 등의 지역 방언의 예를 활용하여 지역 방언의 가치, 즉 우리말의 어휘를 풍부하게 만드는 바탕이 됨을 제시하고 있다.

03 관형사와 관형어 이해하기   정답률 42% | 정답 ④

윗글을 읽고 보인 반응으로 적절하지 않은 것은?

① 관형사는 그 형태가 변하지 않는군.
3문단의 '(가)'의 '헌'은 '집'을 꾸며 주는 관형사이다. 이때 '헌'은 조사와 결합하지 않으며, '헌'이라는 고정된 형태로만 쓰인다.'를 통해, 관형사는 고정된 형태로 쓰임을 알 수 있다.

② 관형사와 관형어는 모두 체언을 꾸며 주는군.
1문단의 '관형사는 체언인 명사, 대명사, 수사 앞에서 해당 체언을 꾸며 주는 품사이고, 관형어는 체언을 꾸며 주는 문장 성분이므로'를 통해 알 수 있다.

③ 관형어가 항상 관형사를 통해 실현되는 것은 아니군.
2문단의 '하지만 관형어는 관형사로만 실현되는 것은 아니다. 관형사 이외에도 체언과 관형격 조사의 결합, 용언의 어간과 관형사형 어미의 결합, 체언 자체로도 관형어로 쓰일 수 있다.'를 통해 알 수 있다.

✔ **두 명사가 나란히 올 때 앞 명사는 관형사가 될 수 있군.**
3문단의 '또한 '고향'은 명사이지만, 뒤에 오는 체언 '집'을 꾸며 주는 기능을 한다. 이처럼 체언이 나란히 올 경우 앞의 체언은 뒤의 체언을 꾸며 주는 관형어로 쓰일 수 있다.'를 통해, 두 명사가 나란히 올 때 앞의 명사는 관형어로 쓰임을 알 수 있다. 하지만 관형사로 품사가 바뀌는 것은 아니므로 적절하지 않다.

⑤ 형용사는 관형사형 어미가 결합하더라도 관형사가 될 수 없군.
4문단의 '또한 '예쁜'은 형용사인데, 어간 '예쁘—'에 관형사형 어미 '—(으)ㄴ'이 결합하여 '집'을 꾸미는 관형어로 쓰인다.'를 통해, 형용사는 관형사형 어미가 결합해도 관형사가 될 수 없음을 알 수 있다.

04 관형어의 이해   정답률 57% | 정답 ②

윗글을 바탕으로 〈보기〉의 문장을 탐구하여 정리한 내용으로 적절한 것은? [3점]

〈보 기〉
ㄱ. 새 가구는 어머니의 자랑거리이다.
ㄴ. 모든 아이들이 달리는 사자를 구경했다.
ㄷ. 그들은 오랫동안 친한 친구로 지내고 있다.
ㄹ. 우리 가족은 가던 걸음을 멈추고 뒤돌아보았다.
ㅁ. 대부분의 학생이 여름 바다를 간절하게 그리워했다.

문장	탐구 정리 내용		
	관형어 개수	관형어	품사
① ㄱ	1	어머니의	명사 + 조사

ㄱ에서 관형어는 '새', '어머니의'로 두 개이며, 이들 품사는 각각 관형사, 명사 + 조사에 해당한다.

		모든	관형사
✔ ② ㄴ	2	달리는	동사

'모든 아이들이 달리는 사자를 구경했다.'에서 '모든'과 '달리는'은 뒤에 오는 체언을 꾸며 주므로 관형어에 해당한다. 그리고 '모든'의 품사는 관형사이고, '달리는'은 동사 '달리다' 뒤에 관형사형 어미가 결합한 것이므로 품사는 동사이다.

③ ㄷ	1	친한	관형사

ㄷ에서 관형어는 '친한'이며, '친한'은 형용사 '친하다'에 관형사형 어미가 결합한 것이므로 품사는 형용사에 해당한다.

④ ㄹ	1	가던	동사

ㄹ에서 관형어는 '우리', '가던'으로 두 개이며, '우리'의 품사는 대명사, '가던'은 동사에 관형사형 어미가 결합한 것이므로 품사는 동사이다.

		여름	명사
⑤ ㅁ	2	간절하게	형용사

ㅁ에서 관형어는 '대부분의', '여름'으로 두 개이며 이들의 품사는 각각 명사 + 조사, 명사에 해당한다.

05~08 인문

카타르지나 드 라자리 – 라덱 외, 「공리주의 입문」

해제 이 글은 '최선의 결과'를 본래적 가치로 여기는 공리주의의 유형을 제시하고, 각 공리주의의 개념 및 추구하는 가치, 한계에 대해 설명하고 있다. 공리주의의 개념과 가치, 그리고 최선의 결과를 무엇으로 보느냐에 따른 공리주의의 종류에 대해 언급한 뒤, 각각의 공리주의에 대해 설명하고 있다. 즉 쾌락주의적 공리주의, 선호 공리주의, 이상 공리주의의 개념 및 추구하는 가치, 그리고 이러한 공리주의들이 지닌 한계에 대해 설명해 주고 있다. 아울러 각각의 공리주의의 공통점과 차이점을 통해 각 공리주의가 지니는 특징을 효과적으로 이해할 수 있도록 하고 있다.

주제 '최선의 결과'를 본래적 가치로 여기는 공리주의의 이해

문단 핵심 내용

1문단	공리주의 개념과 공리주의가 추구하는 가치
2문단	공리주의의 종류 1 – 쾌락주의적 공리주의
3문단	공리주의의 종류 2 – 선호 공리주의
4문단	공리주의의 종류 3 – 이상 공리주의
5문단	최선의 결과에 대한 공리주의의 담론은 지속될 것임.

05 내용 전개 방식 파악   정답률 81% | 정답 ③

윗글의 내용 전개 방식으로 가장 적절한 것은?

① '최선의 결과'에 대한 역사적인 사건을 제시하고 최선의 결과를 다루고 있는 세 이론의 한계를 지적하고 있다.
최선의 결과를 다루고 있는 세 이론, 즉 '쾌락주의적 공리주의', '선호 공리주의', '이상 공리주의'의 한계를 지적하고 있지만, '최선의 결과'에 대한 역사적인 사건은 제시하지 않고 있다.

② '최선의 결과'를 강조하는 세 이론을 제시하고 각각의 입장을 뒷받침하는 예시들을 활용하여 구체화하고 있다.
'최선의 결과'를 강조하는 세 이론에 대해 언급하고 있지만, 각각의 이론에 해당하는 구체적인 예시들은 제시하지 않고 있다.

✔ ③ **'최선의 결과'에 대해 서로 다른 관점을 지닌 세 이론을 제시하고 각각의 주장과 한계를 중심으로 설명하고 있다.**
이 글의 1문단에서는 공리주의의 개념과 공리주의가 추구하는 가치를 언급하면서, 최선의 결과를 무엇으로 보느냐에 따라 '쾌락주의적 공리주의', '선호 공리주의', '이상 공리주의'로 나누어짐을 제시하고 있다. 그런 다음 2문단 ~ 4문단에서 '쾌락주의적 공리주의', '선호 공리주의', '이상 공리주의'의 각각의 주장과 한계를 설명하고 있다. 이렇게 볼 때, 이 글은 '최선의 결과'에 대해 서로 다른 관점을 지닌 세 이론을 제시하면서, 각각의 주장과 한계를 중심으로 설명한다고 할 수 있다.

④ '최선의 결과'를 중심으로 세 이론을 소개하고 이론들이 제기한 문제점이 해결된 사회적 상황을 부각하고 있다.
'최선의 결과'를 중심으로 세 이론의 주장과 한계를 지적하고 있지만, 이러한 이론들이 제기한 문제점이 해결된 사회적 상황에 대해서는 제시하지 않고 있다.

⑤ '최선의 결과'에 대한 문제점을 제기하는 세 이론을 소개하고 그 문제점을 보완하는 새로운 이론을 제안하고 있다.
'최선의 결과'를 무엇으로 보느냐에 따른 세 이론을 제시하고 있지, 세 이론이 '최선의 결과'에 대한 문제점을 제기한다고는 볼 수 없다. 또한 새로운 이론을 제안하지도 않고 있다.

06 세부 내용의 이해   정답률 84% | 정답 ③

윗글의 내용과 일치하지 않는 것은?

① 쾌락주의적 공리주의와 선호 공리주의에 대한 대안으로 이상 공리주의가 등장하였다.
4문단의 '쾌락주의적 공리주의와 선호 공리주의에 대한 대안으로 등장한 것이 이상 공리주의이다.'를 통해 알 수 있다.

② 선호 공리주의는 쾌락을 추구하는 인간의 행위에 개인의 선호가 반영되어 있다고 본다.

3문단의 '선호 공리주의는 쾌락뿐만 아니라 쾌락이 아닌 다른 것을 추구하기도 하는 인간의 행위가 개인의 선호를 반영한 것이고,'를 통해 알 수 있다.

✔ **공리주의는 인간의 이익과 행복의 증진과는 무관하게 행위의 옳고 그름이 정해진다고 주장한다.**
1문단의 '공리주의는 일반적으로 어떤 행위의 옳고 그름이 공리에 따라, 즉 그 행위가 인간의 이익과 행복을 늘리는 데 결과적으로 얼마나 기여하는가에 따라 결정된다고 보는 이론이다.'를 통해, 공리주의가 인간의 이익과 행복의 증진과는 무관하게 행위의 옳고 그름이 정해진다고 주장한다는 내용은 적절하지 않다.

④ 쾌락주의적 공리주의는 인간이 쾌락이 아닌 다른 것을 추구하기도 한다는 것을 설명하기 어렵다.
2문단의 '그러나 쾌락주의적 공리주의는 인간이 어떤 행위를 선택할 때 쾌락만을 추구하는 것이 아니라 다른 것을 추구하기도 한다는 것을 설명하기 어렵다는 한계를 지닌다.'를 통해 알 수 있다.

⑤ 공리주의는 인간이 자신뿐 아니라 다른 존재들의 이익과 행복을 공평하게 고려해야 한다는 것을 전제로 한다.
1문단의 '이러한 공리주의는 인간이 자신과 더불어 다른 존재들의 이익과 행복을 공평하게 고려해야 한다는 것을 전제로 한다.'를 통해 알 수 있다.

★★★ 1등급 대비 고난도 3점 문제

07 제시된 내용의 비판적 이해   정답률 47% | 정답 ③

〈보기〉는 ⓐ에 관해 학생들이 나눈 대화의 일부이다. ㉮에 들어갈 말로 가장 적절한 것은? [3점]

〈보 기〉

학생 1 : 어떤 경우에 이상들이 갈등할까?
학생 2 : 안전벨트 착용을 법제화하는 과정에서 자유와 생명이라는 가치가 갈등했을 거야. 그런데 사회적 차원에서의 인간 행복이라는 가치를 상위의 목적으로 설정하고 이를 실현시키기 위해 자유가 아닌 생명이라는 가치를 실현하는 것이 최선의 결과라고 생각해.
학생 1 : 나는 이상 공리주의 관점에서, 너의 의견이 ㉮ 고 봐.

---

① 생명이라는 가치를 자유라는 본래적 가치의 실현을 위한 도구적 가치로 여기고 있기 때문에 부적절하다

② 사회적 차원에서의 인간 행복이라는 가치를 생명이라는 본래적 가치의 실현을 위한 도구적 가치로 여기고 있기 때문에 적절하다

✔ **생명이라는 가치를 사회적 차원에서의 인간 행복이라는 본래적 가치의 실현을 위한 도구적 가치로 여기고 있기 때문에 부적절하다**
〈보기〉에서 학생 2는 인간 행복이라는 가치를 상위의 목적으로 설정하고 이를 실현시키기 위해 생명이라는 가치를 실현해야 한다고 생각하고 있다. 이를 통해 학생 2는 생명이라는 가치를 본래적 가치의 실현을 위한 도구적 가치로 보고 있음을 알 수 있다. 그런데 1문단의 '이때 본래적 가치란 그 자체로서 지니는 가치를 의미하는데, 이는 다른 어떤 것을 위한 수단으로서의 가치인 도구적 가치와는 상대되는 개념이다.'와 4문단의 '이 이론은 진실, 아름다움, 정의, 평등, 자유, 생명, 배려 등의 이상들도 본래적 가치에 해당한다고 본다.'와 '이상 공리주의에 따르면 본래적 가치에 해당하는 이상들은 인간의 이익과 행복을 구성한다.'를 통해, 생명의 가치는 행복과 마찬가지로 본래적 가치에 해당함을 알 수 있다. 따라서 '학생 1'은 생명이라는 가치를 사회적 차원에서의 인간 행복이라는 본래적 가치의 실현을 위한 도구적 가치로 여기는 '학생 2'의 의견이 부적절하다고 판단할 것임을 알 수 있다.

④ 사회적 차원에서의 인간 행복이라는 가치를 자유라는 도구적 가치를 통해 실현하고자 하는 본래적 가치로 여기고 있기 때문에 적절하다

⑤ 자유라는 가치를 사회적 차원에서의 인간 행복이라는 도구적 가치를 통해 실현하고자 하는 본래적 가치로 여기고 있기 때문에 부적절하다

★★ 문제 해결 꿀~팁 ★★

▶ **많이 틀린 이유는?**
이 문제는 〈보기〉에 제시된 '학생 2'의 생각을 '이상 공리주의 관점'과 연결하여 이해하는 데서 어려움을 겪어 오답률이 높았던 것으로 보인다. 또한 선택지에 제시된 내용을 정확히 이해하지 못한 것도 오답률을 높였던 것으로 보인다.

▶ **문제 해결 방법은?**
이 문제를 해결하기 위해서는 〈보기〉에 제시된 '학생 2'의 생각을 정확히 이해해야 한다. 즉 '학생 2'가 생명이라는 가치를 본래적 가치의 실현을 위한 도구적 가치로 보고 있음을 파악해야 한다. 그리고 글에 제시된 본래적 가치에 해당하는 이상들은 인간의 이익과 행복을 구성한다는 '이상 공리주의 관점'을 파악할 수 있어야 한다. 그런 다음 이러한 이해 내용을 바탕으로 선택지에서 적절한 것을 판단하면 되는데, 선택지 마지막에 언급

된 '적절하다' 또는 '부적절하다'에 유의하여 살펴볼 수 있어야 한다. 이때 선택지 중에는 ①과 같이 〈보기〉의 '학생 2'의 생각을 잘못 진술한 경우도 있으므로 유의한다.

▶ **오답인 ②를 많이 선택한 이유는?**
이 문제의 경우 ②를 선택한 학생들이 많았는데, ②를 선택한 이유는 뒤에 언급된 '적절하다'를 끝까지 읽지 못하고 앞에 제시된 내용이 '학생 2'의 생각과 일치하여 적절하다고 판단했던 것으로 보인다. 이처럼 선택지를 정확히 읽지 못하면 잘못 선택할 수 있으므로, 선택지를 읽을 때는 항상 밑줄을 그어 가며 정확히 읽을 수 있도록 한다.

08 구체적 사례에의 적용   정답률 65% | 정답 ⑤

㉠ ~ ㉢의 관점에서 〈보기〉에 대해 보인 반응으로 적절하지 <u>않은</u> 것은?

〈보 기〉

인문학 서적을 읽는 것을 가장 좋아하는 A는 인문학 서적을 더 많이 읽기 위해 같은 성향을 가진 친구들을 모아 동아리를 만들었다. 배려와 관련된 인문학 서적을 읽고 즐거움을 느낀 A는 동아리 첫 시간에 그 서적을 동아리 친구들과 함께 읽었다. 그 인문학 서적을 읽고 A와 동아리 친구들은 모두 큰 즐거움을 느꼈고, 동아리 내에서 서로에 대한 배려를 실현하였다.

---

① ㉠ : A가 인문학 서적을 읽는 것에 대해 동일한 성향을 가진 친구들을 모아 동아리를 만든 행위는 쾌락이라는 심리적 경험을 증진하기 위한 것이라고 볼 수 있겠군.
2문단의 '쾌락주의적 공리주의는 최선의 결과를 쾌락의 증진으로 보는 이론이다. 다시 말해 인간의 심리적 경험인 쾌락을 본래적 가치로 여기고 있는 것이다.'를 통해, 〈보기〉에서 A가 인문학 서적을 읽는 것에 대해 동일한 성향을 가진 친구들을 모아 동아리를 만든 행위는 쾌락이라는 심리적 경험을 증진하기 위한 것임을 알 수 있다.

② ㉠ : A가 배려와 관련된 인문학 서적을 동아리 친구들과 함께 읽은 행위는 자신을 포함한 동아리 친구들의 쾌락을 증진하였으므로 동아리 내에서 도덕적으로 옳은 행위라고 볼 수 있겠군.
2문단의 '이 이론에 따르면 도덕적으로 옳은 행위는 자신뿐 아니라, 그 행위가 영향을 미치는 모든 인간들의 쾌락을 가장 많이 증진하는 행위이다.'를 통해, 〈보기〉에서 A가 배려와 관련된 인문학 서적을 동아리 친구들과 함께 읽은 행위는 자신을 포함한 동아리 친구들의 쾌락을 증진하였다는 점에서 동아리 내에서 도덕적으로 옳은 행위라 할 수 있다.

③ ㉡ : A와 동아리 친구들이 인문학 서적을 읽은 것은 A와 동아리 친구들의 선호 실현이라는 인간의 최대 이익과 행복을 가져오는 행위라고 볼 수 있겠군.
3문단의 '이 이론은 최선의 결과를 선호의 실현으로 본다. 여기에서 선호란 사람마다 원하는 것 혹은 실현하고자 하는 것을 말한다.'를 통해, 〈보기〉에서 A와 동아리 친구들이 인문학 서적을 읽은 것은 A와 동아리 친구들의 선호 실현이라는 인간의 최대 이익과 행복을 가져오는 행위라 할 수 있다.

④ ㉡ : A가 배려와 관련된 인문학 서적을 동아리 친구들과 함께 읽은 행위는 자신과 더불어 동아리 친구들의 선호를 실현시켰으므로 동아리 내에서 도덕적으로 옳은 행위라고 볼 수 있겠군.
3문단의 '선호 공리주의에 따르면 도덕적으로 옳은 행위는 자신뿐 아니라, 그 행위가 영향을 미치는 모든 사람들 각자가 지닌 선호를 가장 많이 실현시키는 행위이다.'를 통해, 〈보기〉에서 A가 배려와 관련된 인문학 서적을 동아리 친구들과 함께 읽은 행위는 자신과 더불어 동아리 친구들의 선호를 실현시킨 것에 해당하므로 동아리 내에서 도덕적으로 옳은 행위라고 볼 수 있다.

✔ **㉢ : A와 동아리 친구들이 배려와 관련된 인문학 서적을 읽고 동아리 내에서 실현한 배려라는 것은 배려에 대한 그들의 관심에 따라 실현되어야 하는 이상이라고 볼 수 있겠군.**
4문단의 '이 이론은 진실, 아름다움, 정의, 평등, 자유, 생명, 배려 등의 이상들도 본래적 가치에 해당한다고 본다.'를 통해, '배려'가 본래적 가치에 해당함을 알 수 있다. 또한 4문단의 '그렇기 때문에 이상 공리주의는 인간들의 서로 다른 관심과는 무관하게 실현되어야 할 이상들을 인간이 더 많이 실현하는 것이 곧 최대의 이익과 행복이라고 본다.'를 통해, '배려'가 인간들의 서로 다른 관심과는 무관하게 실현되어야 하는 것임을 알 수 있다. 따라서 배려를 A와 동아리 친구들의 관심에 따라 실현되어야 하는 이상이라는 진술은 적절하지 않다.

09~12 갈래 복합

(가) 김광욱, 「율리유곡」

해제 이 작품은 정계에서 은퇴한 작가가 고향인 율리(밤마을)로 내려가 전원생활의 여유와 풍류를 노래한 전체 17곡의 연시조이다. 이 작품에서 작가는 세상의 부귀와

공명을 잊고 자연 속에 묻혀 살면서 느끼는 유유자적한 삶에 대한 만족감을 노래하고 있는데, 이는 정치적 갈등 상황을 배경으로 하는 당대의 작품들이 정치 현실에 대한 긴장감이나 시름 등을 노래했던 것과 대비된다는 점에서 그 의의를 찾을 수 있다.

주제 속세를 떠나 자연 속에서 여유롭게 살아가는 풍류

현대어 풀이

공을 세워 이름을 날리는 것도 잊었노라. 부귀도 잊어 버렸노라.
세상의 번거롭고 걱정스러운 일도 다 주어서 잊었노라.
내 몸을 내 자신까지도 잊어버렸으니 남이 나를 아니 잊을 수 있겠느냐? 〈제2수〉

질흙으로 구워서 만든 가마솥을 깨끗이 씻고, 바위 아래에서 샘물을 길어
팥죽을 달게 쑤고 겉절이를 끄집어 내니
세상에 이 두 맛을 남이 알까 하노라. 〈제5수〉

어와 저 갈매기야, 무슨 수고하느냐?
갈대숲으로 오락가락하며 고기를 얻으려 하는구나.
나처럼 딴마음이 없이 잠만 자면 어떻겠느냐? 〈제6수〉

대막대 너를 보니 믿음직하고 반갑구나.
내가 아이 적에는 너를 타고 다니더니
이제는 창 뒤에 있다가 날 뒤에 세우고 다니는구나. 〈제11수〉

(나) 윤휴, 「육우당기」

해제 이 작품은 글쓴이가 사촌 형이 거처하는 초막집에 '육우'라는 당명을 지어 주게 된 배경과 이유를 밝히고 있다. 이 작품에서는 세상의 신의 없는 교우 관계와, 지조와 절개를 지닌 자연물인 '육우', 즉 '대, 국화, 진송, 노송, 동백, 창송'을 대조시켜 자연을 벗 삼아 천진을 지키는 삶을 권고하고 있다.

주제 '육우'를 벗 삼아 천진을 지키는 삶을 권고함.

09 작품 간의 공통점 파악 정답률 72% | 정답 ②

(가)와 (나)의 공통점으로 가장 적절한 것은?

① 연쇄법을 사용하여 대상을 긴밀하게 연결하고 있다.
(가)와 (나) 모두 글을 쓸 때 앞 구절의 끝 어구를 다음 구절의 첫머리에 이어받아 이미지나 심상을 강조하는 수사법인 연쇄법은 사용되지 않고 있다.

✓ 설의적 표현을 활용하여 주제 의식을 강조하고 있다.
(가)의 '내 몸을 내마저 잊으니 남이 아니 잊으랴'를 통해, 설의적인 표현을 활용하여 자연 속에서 살아가는 화자의 만족감을 강조하고 있음을 알 수 있다. 그리고 (나)의 '이 여섯 가지를 얻어서 벗으로 삼는다면 그 취미나 기상이 또한 서로 가깝지 않겠습니까.', '어찌 육우라 이름하는 것이 좋지 않겠습니까.'를 통해, 글쓴이가 설의적 표현을 활용하여 육우를 벗 삼아 천진을 지키는 삶의 태도를 강조하고 있음을 알 수 있다.

③ 역설적 표현을 사용하여 사물의 의미를 부각하고 있다.
(가)와 (나) 모두 어떤 표현이 겉보기에는 논리적으로 모순되어 보이나, 그 속에 중요한 진실을 담고 있는 역설적 표현은 사용되지 않고 있다.

④ 원경에서 근경으로 시선을 이동하여 계절감을 드러내고 있다.
(나)의 '뒤로는 감악산을 ~ 초막집을 한 채 얽어'를 통해 원경에서 근경으로의 시선 이동이 나타났다고 볼 수 있지만 계절감은 드러나지 않는다. (가)에서는 원경에서 근경으로의 시선 이동은 사용되지 않고 있다.

⑤ 의인화된 대상에게 말을 건네는 방식으로 정서를 드러내고 있다.
(가)의 〈11수〉를 통해 의인화된 대상인 '대 막대'에게 말을 건네는 방식으로 자신의 감회를 드러내고 있음을 알 수 있다. 하지만 (나)에서는 육우를 의인화하여 표현하고 있지만, 이러한 '육우'에게 말을 건네는 방식은 사용되지 않고 있다.

10 작품의 이해 정답률 78% | 정답 ②

(가)에 대한 설명으로 적절하지 않은 것은?

① 〈2수〉 : 화자는 '공명'과 '부귀'에 거리를 두는 욕심 없는 삶을 지향하고 있다.
〈2수〉에서 화자는 세속적 가치를 의미하는 '공명'과 '부귀'를 잊었다고 하였으므로, 이를 통해 화자가 '공명'과 '부귀'에 거리를 두는 욕심 없는 삶을 지향하고 있음을 알 수 있다.

✓ 〈2수〉 : 화자는 '남'으로부터 소외된 자신의 존재에 대한 안타까움을 드러내고 있다.
〈2수〉의 '내 몸을 내마저 잊으니 남이 아니 잊으랴'는 세상과 단절되어 자연 속에서 살아

가는 화자의 만족감을 드러낸 표현이라 할 수 있으므로, 이를 '남'으로부터 소외된 자신의 존재에 대한 안타까움을 드러낸 것이라고는 할 수 없다.

③ 〈5수〉 : 화자는 '팥죽'과 '저리지'를 통해 소박한 삶에 대한 만족감을 드러내고 있다.
〈5수〉에서 화자는 소박한 음식을 의미하는 '팥죽'과 '저리지'의 맛을 '남이 알까 하노라'라고 말하고 있는데, 이를 통해 화자가 소박한 삶을 살아가는 것에 만족하고 있음을 알 수 있다.

④ 〈11수〉 : 화자는 '유신'하다고 여기는 대상에 대한 친밀감을 표현하고 있다.
〈11수〉에서 화자는 '대 막대'를 '너'라고 인격화하여 표현하면서 '유신하고 반갑'다고 표현하고 있는데, 이를 통해 화자가 '대 막대'에 대한 친밀감을 드러내고 있음을 알 수 있다.

⑤ 〈11수〉 : 화자는 '대 막대'의 쓰임이 달라진 상황을 통해 세월의 흐름을 인식하고 있다.
〈11수〉에서 화자는 어릴 적에 타고 다녔던 '대 막대'가 지금은 '날 뒤 세우고 다'니는 지팡이로 쓰이고 있음을 드러내고 있는데, 이러한 '대 막대'의 쓰임이 달라진 상황 제시는 세월의 흐름에 대한 화자의 인식을 드러낸 것이라 할 수 있다.

★★★ 1등급 대비 고난도 2챔 문제

11 소재의 의미 이해 정답률 60% | 정답 ①

ⓐ와 ⓑ를 이해한 내용으로 가장 적절한 것은?

✓ ⓐ는 화자가 비판적으로 바라보는, ⓑ는 글쓴이가 예찬하는 대상이다.
ⓐ는 '갈 숲으로 서성이며 고기 엿보기' 한다는 점에서 욕심을 지닌 대상으로, '군마음 없'이 살아가는 화자와 대조되는 대상이라 할 수 있다. 따라서 ⓐ는 '군마음 없'이 살아가는 화자가 비판적으로 바라보는 대상이라 할 수 있다. 그리고 ⓑ는 '세한의 절가가 있어 더위와 추위에도 지조를 변치 않는' 대상으로, 글쓴이가 취하고자 하는 것이라 할 수 있다. 따라서 글쓴이는 ⓑ에 대해 긍정적으로 바라보고 있으므로 예찬하는 대상이라 할 수 있다.

② ⓐ는 화자의 그리움을, ⓑ는 글쓴이의 외로움을 불러일으키는 대상이다.
ⓐ는 비판의 대상이므로 화자가 그리워하는 대상이라 할 수 없고, ⓑ는 글쓴이가 긍정적으로 바라보는 예찬의 대상이므로 외로움을 불러일으킨다고 할 수 없다.

③ ⓐ는 화자가 함께 어울리고 싶어 하는, ⓑ는 글쓴이가 본받고 싶어 하는 대상이다.
ⓐ는 화자가 비판한다는 점에서 거리를 두고 싶어 하는 대상이라 할 수 있다. 하지만 ⓑ는 지조와 절개를 지니고 있어서 화자가 긍정적으로 인식한다는 점에서 글쓴이가 본받고 싶어 하는 대상이라 볼 수 있다.

④ ⓐ는 화자의 처지와 대비되는, ⓑ는 글쓴이의 부정적 현실을 드러내는 대상이다.
ⓐ는 욕심이 있는 대상이므로 '군마음'이 없는 화자와 대비되는 대상이라 할 수 있다. 하지만 ⓑ는 글쓴이가 긍정적으로 인식하는 예찬의 대상이므로, 글쓴이가 처한 부정적 현실을 드러내는 대상이라고 볼 수 없다.

⑤ ⓐ는 화자의 상실감을 부각하는, ⓑ는 글쓴이의 기대감을 고조시키는 대상이다.
ⓐ가 비판적 대상이기는 하지만 화자의 상실감을 부각하는 대상이라 볼 수 없고, ⓑ는 글쓴이가 예찬하고 있는 대상이지 글쓴이의 기대감을 고조시킨다고는 볼 수 없다.

★★ 문제 해결 꿀~팁 ★★

▶ 많이 틀린 이유는?
이 문제는 '백구(갈매기)'가 일반적으로 자연 친화적 대상으로 사용한다고 여겨 오답률이 높았던 것으로 보인다.

▶ 문제 해결 방법은?
학생들이 고전 시가 문제를 풀 때 잘못을 범하는 경우가 자연물이 상황에 따라 부정적으로 인식될 수 있음에도, 기존의 배경지식을 적용하여 긍정적으로 지레 짐작한다는 것이다. 이 문제에서도 '백구'가 일반적으로 자연 친화적인 대상이라는 기존의 배경지식을 적용하여 오답률이 높았던 ③을 선택한 잘못을 범하고 있다. 이는 작품 내용을 정확히 이해하지 못한 데서 기인한 것으로, 만일 백구가 화자와 같이 '군마음 없'는 존재가 아니라 '군마음'이 있는 존재임을 파악하였다면 화자와 대조되는 대상인 부정적 존재임을 알았을 것이다. 이처럼 문학 작품에 등장하는 소재는 작품 내용 속에서 그 의미를 파악해야지, 배경지식만을 바탕으로 판단해서는 안 된다. 자연물과 같은 소재는 어떤 작품에서는 긍정적으로 제시되지만, 어떤 작품에서는 부정적으로 제시되는 경우도 있으므로, 소재의 의미를 파악할 때는 항상 작품 내용을 이해한 뒤 파악할 수 있도록 한다.

12 외적 준거에 따른 작품의 감상   정답률 63% | 정답 ③

〈보기〉를 바탕으로 (나)를 감상한 내용으로 적절하지 <u>않은</u> 것은? [3점]

〈보 기〉
　이 작품에서 글쓴이는 한(閑)을 추구하는 사촌 형에게 새로운 당명을 권하며 바람직한 삶의 자세에 대한 생각을 밝히고 있다. 글쓴이는 권력의 성쇠에 따라 변하는 세상을 비판적으로 바라보고 있다. 그리고 자연과 벗하며 지조와 신의를 지켜 진정한 한(閑)의 의미를 실현하는 자세가 중요함을 강조하고 있다.

① 글쓴이는 사촌 형이 자연과 벗하며 '충분히 그 운취'를 누리기를 바라고 있군.
'어찌 아무 도와주는 것 없이 충분히 그 운취를 누릴 수가 있겠습니까.'를 통해, 글쓴이는 '도와주는 것'이 있어야 사촌 형이 그 운취를 누릴 수 있다고 생각하고 있음을 알 수 있다. 따라서 글쓴이는 사촌 형이 '도와주는 것', 즉 '육우'와 벗하면서 '충분히 그 운취'를 누리기를 바란다고 볼 수 있다.

② 글쓴이는 사촌 형이 '취미나 기상'에 어울리는 존재와 함께할 것을 바라며 새로운 당명을 권하고 있군.
'이 여섯 가지를 얻어서 벗으로 삼는다면 그 취미나 기상이 또한 서로 가깝지 않겠습니까.'를 통해, 글쓴이는 '육우'와 사촌 형의 '취미나 기상'이 서로 가까움을 들어 '육우'라고 하는 새로운 당명을 권하고 있음을 알 수 있다.

☑ 글쓴이는 세상 사람들이 기피하는 '적막한 자리'라도 만족하는 것이 진정한 한(閑)에 가까워지는 길이라고 여기고 있군.
'적막한 자리에는 서로 기피하는 것이 세태의 풍조입니다.'를 통해, '적막한 자리'는 글쓴이가 거리를 두려는 세태의 한 단면을 드러내기 위해 사용한 것이라 할 수 있다. 따라서 글쓴이가 '적막한 자리'에 만족하는 삶을 진정한 한(閑)에 가까워지는 길이라 보고 있다는 감상 내용은 적절하지 않다.

④ 글쓴이는 상황에 따라 변하는 '세태의 풍조'와 달리 변치 않는 지조와 신의 있는 삶의 중요성을 강조하고 있군.
글쓴이는 '세상의 교우 관계'를 통해 상황에 따라 변하는 '세태의 풍조'를 비판하면서 이와 대비되는 '육우'의 지조와 신의 있는 삶을 드러내 주고 있다. 이렇게 볼 때, 글쓴이는 변치 않은 지조와 신의 있는 삶의 중요성을 강조하고 있음을 알 수 있다.

⑤ 글쓴이는 '천진을 온전히 지키는 것'을 바람직한 삶의 자세라고 여기고 있군.
글쓴이는 '세태의 풍조'를 버리고 '육우'의 지조를 취하여 '천진'을 온전히 지키는 것이 낫다라고 생각하고 있으므로, 글쓴이는 '천진'을 온전히 지키는 것을 바람직한 삶의 자세라고 보아 이를 권유하였다고 할 수 있다.

DAY 24   20분 미니 모의고사

01 ③	02 ⑤	03 ⑤	04 ④	05 ④
06 ②	07 ⑤	08 ③	09 ⑤	10 ③
11 ②	12 ④			

01 담화 전개를 고려한 발화 양상 파악   정답률 63% | 정답 ③

[A]와 [B]를 이해한 내용으로 가장 적절한 것은?

① [A]에서 대화 참여자들이 가지고 있던 통념은 [B]에서 일상의 경험을 상기하는 과정에서 부정되고 있다.
[A]를 통해 '학생 2'와 '학생 3'이 가지고 있던 통념은 찾아볼 수 없다.

② [A]에서 제시된 대화 참여자들의 입장은 [B]에서 상대방의 경험에 부여한 의미를 진술하는 과정에서 변하고 있다.
[A]를 통해 배속 재생과 건너뛰기에 대한 '학생 2'와 '학생 3'의 입장은 확인할 수 있다. 하지만 [B]를 통해 '학생 2'와 '학생 3'이 자신의 경험에 의미를 부여할 뿐 상대방의 경험에 의미를 부여해 진술하는 과정은 찾아볼 수 없으므로 적절하지 않다.

☑ [A]에서 제시된 대화 참여자들의 개인적 경험은 [B]에서 책의 내용과 연결되면서 독서 경험에 기여한 것으로 드러나고 있다.
[A]에서 '학생 2'는 배속 재생으로 영화를 몰아 보고 친구들과 대화한 경험을 말하고 있고, '학생 3'은 같은 영화를 배속 재생과 원래 속도로 감상했을 때 결과가 달라진 경험을 말하고 있다. 그리고 이러한 '학생 2'와 '학생 3'의 경험이 [B]에서 책의 내용과 연결되면서 독서 경험에 기여한 것으로 드러나고 있음을 알 수 있다.

④ [A]에서 대화 참여자들이 공통으로 가졌던 의문은 [B]에서 책의 내용을 되짚던 중 이를 해결할 단서를 찾음으로써 해소되고 있다.
[A]를 통해 '학생 2'와 '학생 3'이 공통으로 가졌던 의문은 찾아볼 수 없다.

⑤ [A]에서 언급된 대화 참여자들의 견해는 [B]에서 책에 나타난 정보의 유용성을 판단하는 기준이 되면서 책에 대한 평가로 이어지고 있다.
[A]를 통해 '학생 2'와 '학생 3'의 경험을 확인할 수 있지만, 이러한 경험이 [B]에서 책에 대한 평가로 이어지지는 않으므로 적절하지 않다.

02 대화 내용이 글에 반영된 양상 이해   정답률 68% | 정답 ⑤

(가)의 내용이 (나)에 반영된 양상으로 적절하지 <u>않은</u> 것은?

① (가)에서 '학생 2'가 미디어 환경의 변화를 언급한 내용이 (나)의 1문단에 배속 재생과 건너뛰기 문화의 발생 배경으로 제시되었다.
(가)에서 '학생 2'의 세 번째 발화 내용이, (나)의 1문단의 '영상의 수가 적어 ~ 영상을 시험할 수 있다.'에 반영되었음을 알 수 있다.

② (가)에서 '학생 3'이 영화에 담긴 풍부한 의미에 대해 언급한 내용이 (나)의 4문단에 친구들과의 대화에서 화젯거리가 다양해질 수 있겠다는 생각으로 제시되었다.
(가)에서 '학생 3'의 네 번째 발화 내용이, (나)의 4문단의 '또한 영화의 줄거리뿐 아니라 ~ 것이라는 생각도 들었다.'에 반영되었음을 알 수 있다.

③ (가)에서 '학생 2'가 그동안 영화에서 놓친 의미가 많을 수 있겠다고 언급한 내용이 (나)의 4문단에 영화를 감상하는 다른 방법도 활용하겠다는 다짐으로 제시되었다.
(가)에서 '학생 2'의 다섯 번째 발화 내용이, (나)의 4문단의 '그리고 이제는 줄거리 ~ 활용해야겠다고 생각했다'에 반영되었음을 알 수 있다.

④ (가)에서 '학생 2'가 영화가 사회적 교류 수단으로 기능한다고 언급한 내용이 (나)의 2문단에 집단 내에서 인정받고자하는 젊은 세대의 성향과 관련지어 제시되었다.
(가)에서 '학생 2'의 네 번째 발화 내용이, (나)의 2문단의 '책에 의하면 이런 가능은 ~ 사용하고 싶어한다는 것이다'에 반영되었음을 알 수 있다.

☑ (가)에서 '학생 3'이 감상 방법에 따라 같은 영화라도 감상 결과가 달라질 수 있다고 언급한 내용이 (나)의 2문단에 수용자가 영화를 주도적으로 감상할 때의 효과로 제시되었다.
(가)의 '학생 3'의 두 번째 발화에서 감상 방법에 따라 같은 영화라도 감상 결과가 달라질 수 있다고 언급한 내용이 드러나 있다. 하지만 이는 배속 재생과 건너뛰기 방식으로

영화를 보는 것에 대한 부정적 태도를 드러낸 것이며, (나)의 2문단에는 그 방식에 대한 긍정적 효과가 나타나 있으므로 (가)의 내용이 (나)에 반영되었다고 볼 수 없다.

---

03 사전 활용의 적절성 파악 　　정답률 65% | 정답 ⑤

〈보기〉는 '사전 활용하기 학습 자료'의 일부이다. 〈보기〉를 참고할 때, 밑줄 친 부분의 띄어쓰기가 적절하지 <u>않은</u> 것은?

〈보 기〉

데¹ 「의존 명사」
　「1」 '곳'이나 '장소'의 뜻을 나타내는 말.
　「2」 '일'이나 '것'의 뜻을 나타내는 말.

–데² 「어미」
　('이다'의 어간, 용언의 어간 또는 어미 '–으시–', '–었–', '–겠–' 뒤에 붙어) 해할 자리에 쓰여, 과거 어느 때에 직접 경험하여 알게 된 사실을 현재의 말하는 장면에 그대로 옮겨 와서 말함을 나타내는 종결 어미.

–는데 「어미」
　('있다', '없다', '계시다'의 어간, 동사 어간 또는 어미 '–으시–', '–었–', '–겠–' 뒤에 붙어) 뒤 절에서 어떤 일을 설명하거나 묻거나 시키거나 제안하기 위하여 그 대상과 상관되는 상황을 미리 말할 때에 쓰는 연결 어미.

①	밥은	있는데	반찬이	없소.				
②	지금	가는	데가	어디인가요?				
③	그	사람은	말을	아주	잘하데.			
④	그는	의지할	데	없는	사람이다.			
⑤	책을	다	읽는데만	이틀이	걸렸다.			

① 밥은 <u>있는데</u> 반찬이 없소.
　'있는데'의 '–는데'는 〈보기〉를 통해 어미임을 알 수 있으므로 붙여 써야 한다.

② 지금 가는 <u>데</u>가 어디인가요?
　'가는 데'의 '데'는 〈보기〉 '데'의 '「1」'에 해당하는, 즉 의존 명사이므로 띄어 써야 한다.

③ 그 사람은 말을 아주 <u>잘하데</u>.
　'잘하데'의 '–데'는 '–데²'에 해당는 어미에 해당하므로 붙여 써야 한다.

④ 그는 의지할 <u>데</u> 없는 사람이다.
　'의지할 데'의 '데'는 '데'의 '「1」'에 해당하는, 즉 의존 명사이므로 띄어 써야 한다.

☑ 책을 다 <u>읽는데만</u> 이틀이 걸렸다.
　'책을 다 읽는데만 이틀이 걸렸다.'에서 '읽는데'의 '데'는 '데'의 '「2」'에 해당한다. 따라서 '데'는 의존 명사로 사용되었으므로 '읽는 데'처럼 띄어 써야 한다.

04~09 과학·인문

토머스 S. 쿤, 「과학혁명의 구조」

　해제　이 글은 **토머스 쿤의 패러다임에 대한 인식**을 연소 이론의 발전 과정을 통해 설명하고 있다. 이 글에서는 먼저 **토머스 쿤의 패러다임의 의미와 새로운 패러다임으로의 대체에 대한 인식**을 드러내고 있다. 그런 다음 이러한 **토머스 쿤의 패러다임을 잘 보여 주는 연소 이론의 확립 과정**에 대해 **시간의 흐름에 따라** 서술해 주고 있다. 즉 18세기 초 베허와 슈탈이 제안한 개념인 **플로지스톤 이론**, 18세기 중반 플로지스톤을 추출했다고 믿은 **캐번디시의 생각**, 18세기 후반 실험을 통해 **플로지스톤 패러다임을 설명한 캐번디시**, 연소에 대해 새로운 주장과 프리스틀리 실험을 재해석한 라부아지에의 실험에 대해 설명해 주고 있다. 그리고 **라부에지에의 실험이 연소에 대한 패러다임과 화학 연구의 패러다임을 바꾸었다**고 하면서, 과학적 진보는 누적적인 것이 아니라 혁명적이라고 주장한 **토머스 쿤의 과학혁명 가설과 이러한 과학혁명 가설이 지닌 의의**를 언급해 주고 있다.

　주제　토머스 쿤의 패러다임에 대한 인식

　문단 핵심 내용

1문단	토머스 쿤의 패러다임의 의미와 새로운 패러다임으로의 대체에 대한 인식
2문단	18세기 초 과학적 패러다임이었던 플로지스톤 이론
3문단	18세기 중반 플로지스톤을 추출했다고 믿은 캐번디시
4문단	18세기 후반 실험을 통해 플로지스톤 패러다임을 설명한 캐번디시
5문단	연소에 대해 새로운 주장을 한 라부아지에
6문단	프리스틀리 실험을 자신의 이론으로 재해석한 라부아지에
7문단	연소에 대한 패러다임과 화학 연구의 패러다임을 바꾼 라부아지에의 실험
8문단	토머스 쿤의 과학혁명 가설 및 과학혁명 가설이 지니는 의의

---

04 내용의 세부적 이해 　　정답률 69% | 정답 ④

윗글에 대한 이해로 적절하지 <u>않은</u> 것은?

① 라부아지에는 연소 실험 전후에 물질의 질량을 정밀하게 측정하였다.
　5문단의 '라부아지에는 연소 반응에서 ~ 질량 변화가 없다는 사실을 근거로'와 7문단의 '정확한 질량 측정을 기반으로 한 라부아지에의 핵심적인 문제 제기'에서 알 수 있다.

② 베허와 슈탈은 종이가 플로지스톤을 많이 포함하고 있기 때문에 잘 타는 것이라고 보았다.
　2문단의 '베허와 슈탈은 종이, 숯, 황처럼 잘 타는 물질에 플로지스톤이 많이 포함되어 있으며'에서 알 수 있다.

③ 플로지스톤 패러다임에서는 음식이 소화되는 과정을 플로지스톤이 빠져 나가는 것으로 이해하였다.
　2문단을 보면 플로지스톤 패러다임에서는 연소 현상, 즉 금속이 녹스는 현상, 음식이 소화되는 현상을 모두 플로지스톤이 빠져 나가는 것으로 이해하였음을 알 수 있다.

☑ 라부아지에는 금속을 산에 녹일 때 나온 기체가 가연성을 띤다는 캐번디시의 실험 결과를 반박하였다.
　6문단의 '가연성 공기를 태울 때 물이 형성된다는 캐번디시의 관찰 결과를 토대로'를 보면, 캐번디시의 실험 결과를 반박하였다고는 볼 수 없다.

⑤ 쿤의 과학혁명 가설은 기존의 이론적 틀 안에서 문제를 해결하려 하는 태도를 반성적으로 바라볼 수 있게 하였다.
　8문단의 '쿤의 과학혁명 가설은 과학의 발전을 ~ 정상 과학을 반성적으로 바라볼 수 있게 하였다.'에서 알 수 있다.

---

05 이유의 추론 　　정답률 54% | 정답 ④

캐번디시가 ㉠과 같이 판단한 이유로 가장 적절한 것은?

① 이 기체는 잘 타는 성질을 갖고 있고 타면서 물이 형성되었기 때문에

② 이 기체는 금속에 많이 포함되어 있고 금속이 녹슬면서 나온 것이기 때문에

③ 이 기체는 산에 많이 포함되어 있고 금속을 산에 녹일 때 나온 것이기 때문에

☑ 이 기체는 잘 타는 성질을 갖고 있고 녹슬지 않은 금속에서만 나온 것이기 때문에
　2문단의 '베허와 슈탈은 종이, 숯, 황처럼 잘 타는 물질에 플로지스톤이 많이 포함되어 있으며'에서 플로지스톤은 물질의 잘 타는 속성과 관련 있음을 알 수 있다. 그리고 3문단에서 녹슨 금속을 산에 녹일 때는 '가연성 공기'가 발생하지 않았다는 것을 볼 때, 플로지스톤은 녹슬지 않은 금속에 포함되어 있을 것이다. 따라서, 캐번디시가 ㉠과 같이 판단한 이유는 금속을 산에 녹일 때 발생한 기체가 매우 잘 타는 성질이 있음을 발견하였고 녹슬지 않은 금속에서만 이 기체가 추출되었기 때문이다.

⑤ 이 기체는 녹슨 금속을 산에 녹일 때는 나오지 않고 가열할 때만 나온 것이기 때문에

---

06 내용의 추론 　　정답률 61% | 정답 ②

윗글을 참고할 때 라부아지에가 갖게 된 <u>의문</u>의 내용으로 가장 적절한 것은?

① 금속이 플로지스톤을 잃어 녹슨 것이라면 녹슬기 전보다 질량이 늘어나야 하지 않을까?

☑ 금속이 플로지스톤을 잃어 녹슨 것이라면 녹슬기 전보다 질량이 줄어들어야 하지 않을까?

③ 금속이 플로지스톤을 잃어 녹슨 것이라도 녹슬기 전후의 질량은 동일하여야 하지 않을까?

④ 금속이 플로지스톤을 얻어 녹슨 것이라면 녹슬기 전보다 질량이 늘어나야 하지 않을까?

⑤ 금속이 플로지스톤을 얻어 녹슨 것이라도 녹슬기 전후의 질량은 동일하여야 하지 않을까?

★★★ 1등급 대비 고난도 3점 문제

07 글의 내용에 따른 자료의 이해   정답률 34% | 정답 ⑤

윗글을 바탕으로 〈보기〉를 이해한 것으로 적절하지 <u>않은</u> 것은? [3점]

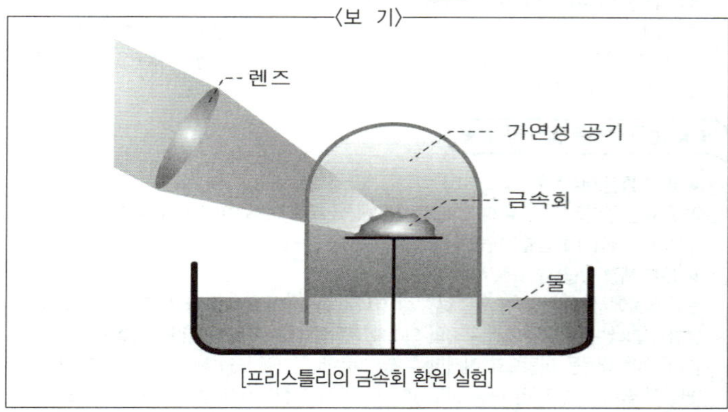

① 프리스틀리는 가열 전의 금속회는 플로지스톤이 결핍된 상태라고 보았다.
4문단의 '프리스틀리는 금속회가 플로지스톤을 흡수하여 금속이 될 것이라고 예측하였는데 예측대로 금속회는 금속이 되었다.'의 내용을 보면, 프리스틀리는 가열 전의 금속회는 플로지스톤이 결핍된 상태였음을 알 수 있다.

② 프리스틀리는 실험 과정 중 가연성 공기가 소모되어 수위가 상승한다고 이해하였다.
4문단에서 프리스틀리는 금속회가 금속이 되는 과정에서 수위가 상승하는 것은 가연성 공기가 소모되는 증거라고 보았다.

③ 프리스틀리는 가연성 공기를 활용하여 금속회를 금속으로 변화시킬 수 있다고 생각하였다.
4문단의 '프리스틀리는 금속회가 플로지스톤을 흡수하여 금속이 될 것이라고 예측하였는데 예측대로 금속회는 금속이 되었다.'의 내용을 보면, 금속회에 가연성 공기를 활용하면 금속으로 변화시킬 수 있다고 생각하였음을 알 수 있다.

④ 라부아지에는 금속회를 가열하면 가연성 공기와는 다른 기체인 산소가 방출된다고 보았다.
6문단의 '프리스틀리의 실험에서 나타난 현상은 ~ 가연성 공기와 결합하여 물이 되었을 것이라는 설명이었다.'에서 알 수 있다.

✔ **라부아지에는 수은 위에서 실험을 시행하면 물 위에서 실험했을 때와는 달리 새로운 물이 형성될 것이라고 보았다.**
6문단에서 라부아지에는 프리스틀리의 실험이 물 위에서 시행되었기 때문에 새롭게 형성된 물을 관찰하기 어려웠을 것으로 보았다. 즉 라부아지에는 프리스틀리가 물 위에서 실험을 하여 물이 발생하였는지 여부를 관찰할 수 없다고 생각한 것이다. 그래서 라부아지에는 물의 발생 여부를 확인하기 위해 수은 위에서 실험을 한 것이므로 적절하지 않다.

★★ 문제 해결 꿀~팁 ★★

▶ 많이 틀린 이유는?
〈보기〉에 제시된 실험이 프리스틀리의 실험에 해당함을 알았지만, 이를 글의 내용과 정확하게 연관 지어 이해하지 못했거나, 라부아지에의 실험과 연관하여 생각하는 데서 잘못 생각하여 오답률이 높았던 것으로 보인다.

▶ 문제 해결 방법은?
먼저 주어진 자료가 무엇인지 파악해야 한다. 주어진 자료 그림을 보면, 물, 금속회, 가연성 공기, 가열할 수 있는 렌즈가 있는 것을 통해 프리스틀리 실험임을 파악해야 한다.

---

08 구체적인 사례에의 적용   정답률 55% | 정답 ③

〈보기〉의 관점에서 윗글의 토머스 쿤의 주장을 비판한 내용으로 가장 적절한 것은?

① 라부아지에는 변칙 사례를 발견하고 이를 정상 과학으로 해명하려 노력하였다는 점에서 정상 과학은 새로운 과학 지식을 만들어 낸다고 볼 수 있다.
라부아지에는 정상 과학으로 변칙 사례를 해명하려 한 것이 아니라 새로운 패러다임으로 해결하려 한 것이다. 또한 〈보기〉에서 제시된 내용과는 상관이 없는 내용이므로 적절하지 않다.

② 가연성 공기와 관련한 캐번디시의 실험은 정상 과학의 범주에서 이루어졌다는 점에서 새로운 패러다임은 기존의 패러다임보다 더 진보되었다고 볼 수 있다.
정상 과학은 새로운 패러다임이라 볼 수 없고, 〈보기〉에서 제시된 내용과는 상관이 없는 내용이므로 적절하지 않다.

✔ **플로지스톤 패러다임에서는 미해결 상태로 남았던 변칙 사례가 라부아지에의 이론으로 해명되었다는 점에서 패러다임 간의 우월성은 존재한다고 볼 수 있다.**
〈보기〉에서는 이전에 설명되지 못했던 문제들을 새로운 이론으로 설명된 사례들을 언급하면서 새로운 패러다임이 기존의 패러다임보다 더 나아졌다고 언급하고 있다. 그리고 이 글의 1, 8문단에 따르면, 쿤은 새로운 패러다임과 기존의 패러다임을 비교 평가할 논리적 기준이 없으므로 두 패러다임 중 어떤 패러다임이 우월한 것인지 판단할 수 없다고 보았다. 따라서 〈보기〉의 관점에서 토머스 쿤의 주장을 비판한다면, 새로운 이론이 미해결 문제를 해명하였다는 점을 들어 패러다임 간의 우월성은 존재할 수 있다는 내용이 적절하다.

④ 플로지스톤 패러다임은 상태 변화의 원인에, 라부아지에의 이론은 물질의 질량 변화에 각각 주목한 것일 뿐이므로 과학적 진보는 혁명적이라고 볼 수 없다.
라부아지에의 설명은 화학 연구의 패러다임을 바뀌게 하였으므로 과학혁명이라 할 수 있다. 또한 〈보기〉에서 제시된 내용과는 상관이 없는 내용이므로 적절하지 않다.

⑤ 라부아지에 역시 프리스틀리의 실험 결과를 활용하여 자신의 이론을 설명하였다는 점에서 하나의 이론 체계를 받아들인다는 것은 패러다임 전체를 믿는 행위라 볼 수 없다.
〈보기〉에서 제시된 내용과는 관련이 없으므로 적절하지 않다.

09 어휘의 문맥적 의미 파악   정답률 75% | 정답 ⑤

문맥상 ⓐ ~ ⓔ와 바꿔 쓴 것으로 가장 적절한 것은?

① ⓐ : 조망(眺望)하였다
'먼 곳을 바라보다.'의 의미이므로 적절하지 않다.

② ⓑ : 소유(所有)하고
'가지고 있다.'의 의미이므로 적절하지 않다.

③ ⓒ : 생략(省略)되고
'전체에서 일부가 줄거나 빠지다.'의 의미이므로 적절하지 않다.

④ ⓓ : 전도(顚倒)되었다

'원래와 달리 거꾸로 되다.'의 의미이므로 적절하지 않다.

☑ ⓔ : 수용(受容)한다는

'하나의 이론 체계를 받아들인다는 것은 ~ 행위이므로'의 '받아들인다는'은 어떠한 것을 받아들인다는 맥락에서 쓰였으므로 '수용(受容)한다는'과 바꿔 쓸 수 있다.

10~12 　현대 소설

이청준, 「당신들의 천국」

감상　이 작품은 나환자들의 거주지인 소록도를 배경으로, **나환자들을 새로운 삶의 길로 이끌어 내려는 인물인 조 원장의 노력과 사랑, 나환자들의 조 원장에 대한 협력**을 그리고 있다. 이러한 조 원장과 나환자들의 모습을 통해 행복한 **사회의 건설이 한 개인에 의해 이루어지는 것이 아니라 사람과 사람 사이의 협력에 의해 이루어져야 함**을 보여 주고 있다. 한편 이 작품에 **상징적으로 등장하는 것이 '동상'**인데, 이러한 동상을 통해 **명예와 권력욕을 앞세운 지배 계층의 허상과 지배 권력욕을 비판**하는 한편, **진정한 의미의 동상이란 타인의 마음을 움직이게 하는 헌신과 노력**임을 보여 주고 있다.

주제　자유와 사랑의 실천을 통한 이상주의적 세계 추구

작품 줄거리　나환자들의 섬 소록도에 전직 군의관 출신 조백헌 대령이 병원장으로 부임한다. 첫날부터 원생의 탈출 사고가 일어나고, 조 원장은 불신과 패배감에 젖어 있는 섬 분위기를 바꾸기 위해 여러 시도를 하지만 번번이 무관심과 불신에 부딪친다. 이는 명예와 권력욕을 채우느라 원생들을 혹사시켰던 일제 강점기의 주정수를 비롯한 역대 원장들에 대한 기억 때문이다. 보건과장 이상욱은 조 원장을 끊임없이 의심하지만, 결국 조 원장은 주민들 설득에 성공하여 간척 사업을 진행한다. 힘겨운 사업의 마무리 단계에서 도 당국은 간척장을 당국에서 인수하겠다고 통보하고 조 원장은 전출 명령을 받는다. 결국 조 원장은 간척 사업의 결말을 보지 못하고 섬을 떠나지만, 5년 뒤 민간인의 신분으로 다시 섬으로 돌아온다. 섬으로 돌아온 조 원장은 섬사람들과 공동의 운명을 같이하는 삶을 살며 믿음과 사랑이 바탕이 된 진정한 천국의 건설을 꿈꾼다.

10　서술상의 특징 파악　　정답률 80% | 정답 ③

윗글의 서술상의 특징으로 가장 적절한 것은?

① 내적 독백을 나열하여 인물들의 심리 변화 양상을 보여 주고 있다.
　이 글에서는 인물들 간의 대화는 드러나 있지만, 인물들의 내적 독백은 나타나지 않고 있다.

② 감각적인 묘사를 통하여 시대적 상황을 상징적으로 제시하고 있다.
　이 글을 통해 감각적인 묘사를 찾아볼 수 없고, 또한 이 글의 시대적 상황을 엿볼 수 있는 부분도 찾아볼 수 없다.

③ ☑ 대화와 행동을 제시하여 인물 간의 갈등 양상을 실감 나게 보여 주고 있다.
　(중략) 앞부분에서는 상욱과 조 원장이 주정수 원장, 그리고 이와 관련된 동상 이야기를 하면서 갈등을 겪고 있음을 알 수 있다. 그리고 (중략) 뒷부분에서는 조 원장과 마을 장로들이 간척 사업으로 인해 갈등을 겪고 있음을 인물들의 행동을 통해 보여 주고 있다. 따라서 이 글은 인물 간의 갈등 양상을 인물들 간의 대화나 인물들의 행동을 통해 실감 나게 제시되고 있음을 알 수 있다.

④ 과거 회상 장면을 삽입하여 인물 간의 갈등이 해소될 수 있음을 암시하고 있다.
　이 글에서 인물의 과거 회상 장면은 드러나 있지 않고 있고, 이를 통해 인물 간 갈등이 해소될 것임을 암시하지도 않고 있다.

⑤ 다른 공간에서 동시에 진행되는 사건을 병치하여 서사의 흐름을 지연시키고 있다.
　(중략) 앞부분과 뒷부분은 다른 공간의 사건에 해당하지만, 이 두 사건이 동시에 진행되었다고 보기 힘들다. 또한 이를 통해 서사의 흐름이 지연되었다고도 할 수 없다.

★★★ 1등급 대비 고난도 2점 문제

11　구절의 의미 파악　　정답률 53% | 정답 ②

㉠ ~ ㉤에 대한 설명으로 적절한 것은?

① ㉠ : 자신의 말을 비웃는 조 원장을 조롱하려는 상욱의 심리를 드러내고 있다.
　㉠은 앞에 말한 조 원장의 말이나 행동에 대해 상관하지 않으려는 상욱의 모습을 드러낸 것이므로, ㉠에 조 원장을 조롱하려는 상욱의 심리가 담겨 있다고는 볼 수 없다. 또한 조 원장이 '상욱을 향해 빙긋빙긋 장난기 어린 미소까지 지어 보이'고 있지만, 내용 전개상 이를 상욱을 비웃는 모습이라 보기는 어렵다.

---

② ☑ ㉡ : 자신의 예상과 다르게 상황이 전개됨을 인지한 조 원장이 당황해하는 모습을 보여 주고 있다.
　상욱의 '그분'의 말에 대해 조 원장은 '그'가 약속을 지켰다고 생각하며 말하자, 상욱은 약속을 지키는 대신 동상을 세웠다고 말하고 있다. 이러한 상욱의 말을 들은 조 원장이 ㉡과 같은 모습을 보이고 있으므로, ㉡은 자신의 예상과 다르게 상황이 전개됨을 인지한 조 원장의 당황해하는 모습을 드러낸 것이라 할 수 있다.

③ ㉢ : 상욱은 자신의 말을 막으려는 조 원장의 의도를 파악하지 못하고 있음을 보여 주고 있다.
　이 글을 통해 조 원장은 상욱의 말을 중단시키지 않고 있으므로, ㉢을 상욱이 자신의 말을 막으려는 조 원장의 의도를 파악하지 못하고 있음을 보여 주는 것이라고는 할 수 없다.

④ ㉣ : 섬사람들은 적극적으로 호응하였으나 조 원장의 기대가 비현실적이었음을 나타내고 있다.
　㉣은 조원장의 기대만큼 간척 사업에 대해 섬사람들의 반응이 미치지 못했음을 드러낸 것이므로, 섬사람들이 조 원장의 기대만큼 적극적으로 호응했다고 볼 수 없다. 또한 조 원장의 기대가 비현실적이라고 단정하기도 어렵다.

⑤ ㉤ : 섬사람들과 신뢰가 무너져 간척 사업을 포기할 수밖에 없는 조 원장의 좌절감이 드러나 있다.
　㉤ 뒤에 이어지는 '그는 이제 물러설 수가 없었다.'는 내용을 통해 조 원장이 간척 사업을 포기하지 않았음을 알 수 있다. 따라서 ㉤을 간척 사업을 포기할 수밖에 없는 조 원장의 좌절감을 드러냈다고는 볼 수 없다.

★★ 문제 해결 꿀~팁 ★★

▶ **많이 틀린 이유는?**
이 문제는 주어진 각 구절의 의미를 전후 맥락을 통해 이해해야 하는데, 특정 상황에만 치우쳐 이해해서 오답률이 높았던 것으로 보인다.

▶ **문제 해결 방법은?**
문학 작품에서 구절 문제는 단순히 구절 자체에 집중하여 의미를 파악하려 하면 낭패를 당하기 쉽다. 문학 작품에서 구절의 의미를 파악할 때는 구절과 관련된 상황을 이해하면서, 전후 내용을 바탕으로 이해할 수 있어야 한다. 가령 오답률이 높았던 ⑤의 경우, '원장이 맥이 풀린 것'은 마을 장로들이 적극적으로 협조하지 않았기 때문임을 알 수 있다. 그런데 이후 조 원장이 '물러설 수가 없었다.'라고 생각한다는 점에서 ⑤가 조 원장의 좌절감을 드러낸다고는 볼 수 없는 것이다. 또한 조 원장이 '간척 사업을 포기'한다는 내용 역시 앞에 제시된 구절을 볼 때 적절하지 않다는 것을 알 수 있을 것이다. 이처럼 소설에서 구절 문제를 풀 때는 인물의 상황과 그 상황에서의 심리나 태도를 구절 전후의 내용을 통해 반드시 확인할 수 있도록 한다.

12　외적 준거에 따른 작품의 감상　　정답률 76% | 정답 ④

〈보기〉를 참고하여 윗글을 감상한 내용으로 적절하지 않은 것은? [3점]

―〈보 기〉―
　이 작품은 극도의 절망 속에서 살아가는 소록도 나환자들을 새로운 삶의 길로 이끌어 내려는 인물의 이야기를 그려내고 있다. 나환자들을 패배감에서 벗어나게 한 주인공은 그들을 위한 천국을 만들기 위해 대규모의 오마도 간척 사업을 추진한다. 작가는 주인공의 의지는 긍정적이지만, 지배와 피지배 사이의 역학 관계 속에서 뜻을 이루려는 주인공이 권력과 명예욕의 화신으로 돌변할지도 모를 타락 가능성을 의심하는 시선을 끝까지 놓지 않고 있다.

① 동상은 이전 원장들의 명예욕과 타락을 상징적으로 보여 주는 소재라고 하겠군.
　상욱의 '그 사람들은 주정수 이후에도 새 원장님만 ~ 주정수의 동상을 보곤 했던 것입니다.', '누구든지 이곳에만 오면 주 원장의 동상을 새로 세우고 싶어 했습니다.'를 통해, 동상은 주정수 원장을 비롯한 이전 원장들이 자신들의 명예의 흔적을 남기기 위한 것이었음을 알 수 있다. 따라서 동상은 이전 원장들의 명예욕과 타락을 상징한다고 볼 수 있다.

② 조 원장의 진의를 의심하고 있다는 점에서 상욱은 작가의 시선을 대변하는 인물이라 할 수 있겠군.
　'그런데 내가 오늘도 ~ 되풀이하고 있었다는 거구려.'라는 조 원장의 말을 통해, 상욱이 조 원장 역시 이전 원장들과 마찬가지로 행동할 것이라 의심하고 있음을 엿볼 수 있다. 따라서 조 원장의 진의를 의심하고 있는 상욱의 모습은, 주인공이 권력과 명예욕의 화신으로 돌변할지도 모를 타락 가능성을 의심하는 작가의 시선을 대변한다고 할 수 있다.

③ 조 원장이 축구 경기를 보급한 것은 섬사람들을 패배감에서 벗어나게 하려는 의도와 관련이 있겠군.
　'축구 경기를 보급시키고 시합의 ~ 어느 정도 자신감을 갖게 한'을 통해, 조 원장이 축구 경기를 보급한 것은 섬사람들을 패배감에서 벗어나게 하려는 의도를 담고 있다고 할 수 있다.

✔ 장로들이 침묵하는 것은 그들의 천국을 이루려면 간척 사업보다 더 큰 사업이 필요하다고 여기기 때문이겠군.
이 글의 '무엇보다 그가 먼저 싸워 넘어서야 할 장벽은 5천여 소록도 주민 바로 그 사람들의 불신감이었다.'를 통해, 마을 사람들이 조 원장을 여전히 불신하고 있음을 알 수 있다. 따라서 조 원장의 설득에도 장로들이 침묵하는 이유는 여전히 조 원장에 대해 불신감을 갖고 있기 때문이라고 할 수 있다.

⑤ 인물들 간의 역학 관계를 중심에 놓고 생각할 때 조 원장은 지배자이고 섬사람들은 피지배라고 볼 수 있겠군.
조 원장이 섬의 제반 계획을 수립하고 진행하려 한다는 점에서 조 원장은 섬의 실질적 권력자로서 지배자라 볼 수 있고, 섬사람들은 피지배라 볼 수 있다.

DAY 25 — 20분 미니 모의고사

01 ②	02 ①	03 ⑤	04 ②	05 ⑤
06 ②	07 ④	08 ④	09 ④	10 ③
11 ⑤	12 ⑤			

01 말하기 방식 파악 정답률 88% | 정답 ②

위 강연자의 말하기 방식으로 가장 적절한 것은?

① 강연 대상을 다른 소재에 빗대어 설명하고 있다.
강연 내용을 통해 강연 대상인 '가로수'를 다른 소재에 빗대어 설명한 내용은 찾아볼 수 없다.

✔ 강연 내용과 관련한 청중의 경험을 환기하고 있다.
1문단의 '(사진을 보여 주며) 기억나시지요?'와 2문단의 '그해 여름이 얼마나 더웠는지 기억나시지요?'를 통해, 강연자는 강연 내용과 관련한 청중의 경험을 환기하며 강연하고 있음을 알 수 있다.

③ 통계 자료를 인용하여 강연 내용을 설명하고 있다.
강연자가 강연 내용을 설명하기 위해 통계 자료를 인용하지는 않고 있다.

④ 과거 사례와 최근의 사례를 대조하며 설명하고 있다.
2문단의 '여러분이 사는 △△시의 2년 전 사진입니다.'를 통해, 강연자가 과거 사례를 제시하고 있음을 알 수 있다. 하지만 강연자는 이 사례를 최근의 사례와 대조하며 설명하지는 않고 있다.

⑤ 강연을 하게 된 소감을 밝히며 강연을 시작하고 있다.
강연을 시작하는 부분에서 강연자는 강연의 주요 내용을 확인할 수 있지만, 강연을 하게 된 소감을 밝히지는 않고 있다.

02 강연 계획 반영 여부 판단 정답률 78% | 정답 ①

다음은 동아리 부장이 강연자에게 보낸 전자 우편이다. 이를 바탕으로 세운 강연자의 계획 중 강연에 반영되지 <u>않은</u> 것은?

> 안녕하세요. 저는 △△시 △△고등학교 봉사 동아리 부장입니다. 여름 방학 봉사 활동을 위해 도시의 가로수가 여름에 왜 말라 죽는지, 이를 막기 위해서 필요한 것은 무엇인지, 저희의 활동이 어떤 의미가 있는지를 알고자 동아리 학생들을 대표해 강연을 부탁드립니다. 강연하실 때 저희 지역과 관련한 자료를 활용해 주시면 도움이 될 것 같습니다. 감사합니다.

✔ 청중이 여름 방학 봉사 활동에 참여하므로 여름철 가로수 지킴이 활동을 위한 준비 사항을 안내한다.
'전자 우편'의 '여름 방학 봉사 활동을 위해'를 통해 청중이 여름 방학 봉사 활동에 참여할 예정임을 알 수 있다. 하지만 여름철 가로수 지킴이 활동을 위한 준비 사항에 대한 내용은 강연을 통해 확인할 수 없으므로, 여름철 가로수 지킴이 활동을 위한 준비 사항을 안내한다는 계획은 강연에 반영되지 않았다.

② 청중이 도시 가로수 고사의 원인을 알고자 하므로 이와 관련한 도시의 토양 환경을 시각 자료를 활용하여 설명한다.
'전자 우편'의 '도시의 가로수가 여름에 왜 말라 죽는지'를 통해, 청중이 도시 가로수 고사의 원인을 알고자 함을 알 수 있다. 그리고 강연 2문단의 '(그림을 보여 주며) 보시는 바와 같이 ~ 전달되지 못하는 것이지요.'를 통해, 도시 가로수 고사의 원인과 관련한 도시의 토양 환경을 시각 자료를 활용하여 설명한다는 계획은 강연에 반영되었음을 알 수 있다.

③ 청중이 도시 가로수의 고사를 방지하기 위한 방안을 알고자 하므로 가로수에 수분을 공급하는 다양한 방안을 설명한다.
'전자 우편'의 '이를 막기 위해서 필요한 것은 무엇인지'를 통해, 청중이 도시 가로수의 고사를 방지하기 위한 방안을 알고자 함을 알 수 있다. 그리고 강연 3문단의 '살수차를 동원해 ~ 투입하는 것입니다.'통해, 가로수에 수분을 공급하는 다양한 방안을 설명한다는 계획은 강연에 반영되었음을 알 수 있다.

④ 청중이 봉사 활동의 의의를 알고자 하므로 봉사 활동이 가뭄과 폭염에서 가로수를 보호하는 데 기여한다는 것을 설명한다.
'전자 우편'의 '저희의 활동이 어떤 의미가 있는지를 알고자'를 통해, 청중이 봉사 활동의 의의를 알고자 함을 알 수 있다. 그리고 강연 3문단의 '여러분 덕분에 △△시의 가로수가 올여름에는 말라 죽지 않을 것입니다.'를 통해, 봉사 활동이 가뭄과 폭염으로부터 가로수를 보호하는 데 기여한다는 것을 설명한다는 계획은 강연에 반영되었음을 알 수 있다.

⑤ 청중이 자신의 지역과 관련한 자료의 활용을 희망하므로 △△시의 사진을 보여 주며 질의응답한다.

'전자 우편'의 '강연하실 때 저희 지역과 관련한 자료를 활용해 주시면 도움이 될 것 같습니다.'를 통해, 청중이 자신의 지역과 관련한 자료의 활용을 희망함을 알 수 있다. 그리고 강연 2문단의 '어디인지 아시겠어요? 여러분이 사는 △△시의 2년 전 사진입니다.', '몇 월의 모습일까요? ~ 8월의 모습입니다.'를 통해, △△시의 사진을 보여 주며 질의응답한다는 계획은 강연에 반영되었음을 알 수 있다.

---

03 매체 언어의 활용   정답률 81% | 정답 ⑤

윗글을 블로그에 싣기 위한 매체 언어의 활용 방안으로 적절하지 <u>않은</u> 것은?

① 1문단에서 탐방 지역의 약도를 시각 자료로 제시하여 여정을 한눈에 볼 수 있도록 한다.

1문단에서 운림산방, 소포마을, 울돌목 등과 관련된 여정을 약도 형태로 제시할 수 있다.

② 2문단에서 운림산방과 첨찰산의 사진을 시각 자료로 제시하여 장소에 대한 독자의 이해를 돕는다.

2문단에서 탐방 지역의 사진을 제시하여 독자의 이해를 효과적으로 도울 수 있다.

③ 3문단에서 진도 아리랑을 청각 자료로 제시하여 독자가 직접 진도 아리랑을 들어 볼 수 있는 기회를 제공한다.

3문단에서 진도 아리랑을 청각 자료로 제시하여 독자가 진도 아리랑을 들어볼 수 있는 기회를 제공할 수 있다.

④ 4문단에서 진도향토문화회관의 공연 정보를 하이퍼링크로 제시하여 독자가 정보를 탐색할 수 있도록 안내한다.

4문단에서 공연 정보를 하이퍼링크로 제시하여 독자에게 공연과 관련된 더 많은 정보를 탐색할 수 있는 기회를 줄 수 있다.

✓ ⑤ 5문단에서 씻김굿의 한 장면을 영상 자료로 제시하며 영웅의 지략과 민초들의 헌신을 실감나게 전달한다.

씻김굿의 한 장면을 영상으로 제시한다는 것은 4문단과 관련된 내용이므로, 5문단에서 영웅의 지략과 민초들의 헌신을 전달하는 영상 자료로 적절하지 않다.

★★★ 1등급 대비 고난도 2점 문제

04 관형절을 안은 문장 탐구   정답률 54% | 정답 ②

〈보기〉는 문법 수업의 일부이다. 탐구 과제를 수행한 결과로 적절하지 <u>않은</u> 것은?

〈 보 기 〉

선생님 : 문장에서 체언을 수식하는 관형어로 쓰이는 절을 관형절이라고 합니다. 오늘은 관형절을 안은 문장의 두 유형에 대해 배워 봅시다.

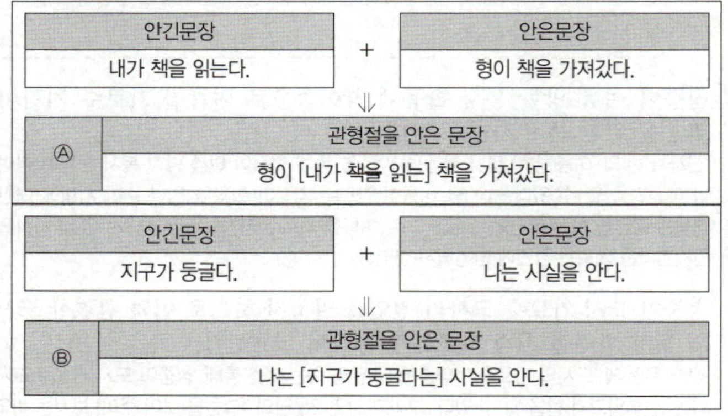

위에서 보듯이, Ⓐ의 유형처럼 안은문장과 공통된 체언이 생략된 관형절을 안은 문장이 있고, Ⓑ의 유형처럼 생략된 성분 없이 문장의 필수 성분을 완전하게 갖춘 관형절을 안은 문장이 있습니다.

[탐구 과제]

○ 다음의 관형절을 안은 문장들을 탐구해 보자.

ㄱ. 그가 지은 시는 감동적이었다.
ㄴ. 나는 벽에 걸려 있던 사진을 떠올렸다.
ㄷ. 나는 그가 한국에 돌아왔다는 소문을 들었다.
ㄹ. 그 사람이 나를 속일 가능성이 매우 낮다.
ㅁ. 나는 수건으로 이마에 흐르는 땀을 닦았다.

① ㄱ은 안긴문장의 체언을 생략하여 관형절을 만들었다는 점에서 Ⓐ와 같은 유형이다.

ㄱ은 '그가 시를 지었다.'가 '시는 감동적이었다.'에 안긴 문장이다. 따라서 ㄱ은 공통된 체언인 '시'를 생략하여 관형절 '그가 지은'을 만들고 있으므로 적절하다.

✓ ② ㄴ은 안긴문장과 안은문장의 공통된 체언이 생략되지 않고 관형절이 만들어졌다는 점에서 Ⓑ와 같은 유형이다.

ㄴ은 '사진이 벽에 걸려 있다.'가 '나는 사진을 떠올렸다.'에 안긴 문장이다. 따라서 ㄴ은 공통된 체언인 '사진'이 생략된 관형절을 안은 문장이라는 점에서 Ⓐ와 같은 유형에 해당하므로 적절하지 않다.

③ ㄷ은 '그가 한국에 돌아왔다.'라는 안긴문장이 생략된 성분 없이 관형어로 쓰이고 있다는 점에서 Ⓑ와 같은 유형이다.

ㄷ은 '그가 한국에 돌아왔다.'라는 안긴문장이 생략된 성분 없이 체언 '소문'을 수식하는 관형어로 쓰이고 있으므로 적절하다.

④ ㄹ은 관형절이 문장의 필수 성분을 모두 갖추고 있다는 점에서 Ⓑ와 같은 유형이다.

ㄹ은 관형절인 '그 사람이 나를 속일'이 문장의 필수 성분을 모두 갖추고 있으므로 적절하다.

⑤ ㅁ은 안긴문장과 안은문장의 공통된 체언인 '땀'이 관형절에서 생략되어 있다는 점에서 Ⓐ와 같은 유형이다.

ㅁ은 '땀이 이마에 흐른다.'가 '나는 수건으로 땀을 닦았다.'에 안긴 문장이다. 따라서 ㅁ은 공통된 체언인 '땀'이 관형절 '이마에 흐르는'에서 생략되어 있으므로 적절하다.

★★ 문제 해결 꿀~팁 ★★

▶ **많이 틀린 이유는?**

이 문제는 '탐구 과제'로 제시된 관형절을 안은 문장을 두 개의 문장으로 구분하는 데 어려움을 겪어 오답률이 높았던 것으로 보인다. 또한 관형절을 안은문장에서 공통된 체언이 생략된다는 이해 부족도 오답률을 높인 원인으로 보인다.

▶ **문제 해결 방법은?**

이 문제를 해결하기 위해서 기본적으로 해야 할 일이 선생님의 말을 통해 '탐구 과제'에 제시된 문장을 두 개의 문장으로 구분하는 것이다. 두 개의 문장으로 구분할 때 각 문장에서 안긴문장이 무엇인지 파악해서 구분해야 하는데, '탐구 과제'의 모든 문장이 관형절로 안은문장에 해당하므로 관형절 부분을 별도의 문장으로 만들어야 한다. 가령 정답인 ②의 경우, ㄴ은 안긴문장이 '사진이 벽에 걸려 있다.'이고 '나는 사진을 떠올렸다.'가 안은문장임을 구분하였다면, ㄴ은 공통된 체언인 '사진'이 생략되어 만들어진 관형절을 안은문장임을 알 수 있었을 것이다. 마찬가지로 오답률이 높았던 ④의 경우에도 ㄹ은 안긴문장이 '그 사람이 나를 속이다.'이고 '가능성이 매우 낮다.'가 안은문장임을 구분하였다면 적절한 것이었음을 알았을 것이다. 이 문제에 언급된 관형절로 안은문장의 문장 구분뿐만 아니라 명사절, 서술절, 부사절, 인용절로 안긴문장의 경우에도 각각의 문장으로 구분할 수 있는 방법을 평소에 알아두면 향후 안긴문장과 관련된 문제를 해결하는 데 도움이 될 것이다.

05~09 과학

박태현, 「냄새와 맛의 과학」

해제 이 글은 후각 수용체를 중심으로 후각 자극의 신호 전달 과정에 대해 설명하고 있다. 냄새 분자는 호흡할 때 공기에 실려 후각 상피로 가는데, 방향에 따라 정방향 경로와 역방향 경로가 있다. 이러한 경로를 통해 냄새 분자가 도달한 후각 상피에는 냄새를 받아들이는 후각 신경 세포 수백만 개가 밀집해 있는데, 한 개의 후각 신경 세포에는 한 종류의 후각 수용체만 존재한다. 대부분의 냄새에는 수백 종류의 분자가 포함되는데, 이 냄새 분자와 특이적으로 결합하는 후각 수용체가 동시에 활성화된다. 후각 수용체가 활성화되면 후각 신경 세포에서 전기 신호가 발생하고, 이 신호는 뇌로 올라가 후각 망울에 있는 토리로 전달된다. 하나의 토리에는 동일한 종류의 후각 수용체가 활성화되어 만들어진 모든 전기 신호가 모이는데, 수천 개의 토리 중 신호를 전달받은 토리들이 패턴을 만든다. 후각 망울의 토리에서 만들어진 이러한 패턴은 대뇌의 다양한 정보들과 합쳐져 최종적으로 어떤 냄새인지 인식하게 된다.

주제 후각 자극의 신호 전달 과정

문단 핵심 내용

1문단	후각 수용체를 발견한 액셀과 벅
2문단	냄새 분자가 후각 상피로 가는 방향– 정방향 경로와 역방향 경로
3문단	냄새 분자와 결합하여 활성화되는 후각 수용체
4문단	패턴을 만드는 후각 망울의 토리들
5문단	냄새를 최종적으로 인식하는 과정

05 글의 세부 내용 파악   정답률 74% | 정답 ⑤

윗글을 통해 답을 찾을 수 있는 질문으로 적절한 것은?

① 후각 상피에 있는 점액질층의 성분은 무엇인가?
3문단의 '세포의 말단에는 가느다란 섬모들이 뻗어 나와 얇은 점액질층에 잠겨 있고'를 통해, 후각 상피에 점액질층이 있음을 알 수 있다. 하지만 이러한 점액질층의 성분에 대해서는 언급하지 않고 있으므로 답을 찾을 수 없는 질문이다.

② 후각 겉질과 눈확이마 겉질을 나누는 기준은 무엇인가?
5문단을 통해 후각 겉질과 눈확이마 겉질이 대해 언급하고 있지만, 이 둘을 나누는 기준은 제시되어 있지 않으므로 답을 찾을 수 없는 질문이다.

③ 후각 수용체가 냄새 분자와 결합하는 원리는 무엇인가?
3문단을 통해 냄새 분자가 점액질층을 통과하여 후각 수용체와 결합함을 알 수 있지만, 이 글을 통해 후각 수용체가 냄새 분자와 결합하는 원리에 대해서는 설명하지 않고 있으므로 답을 찾을 수 없는 질문이다.

④ 냄새 분자가 정방향 경로로 들어올 때의 장점은 무엇인가?
2문단을 통해 냄새 분자가 후각 상피로 가는 방향에 따라 정방향 경로와 역방향 경로가 있음을 알 수 있다. 하지만 냄새 분자가 정방향 경로로 들어올 때의 장점은 무엇인지 설명하고 있지 않으므로 답을 찾을 수 없는 질문이다.

✔ **냄새를 맡으면 순식간에 기억이 떠오르는 이유는 무엇인가?**
5문단을 통해 후각 겉질의 냄새 정보는 기억을 담당하는 해마에 즉시 연결되기 때문에 어떤 냄새를 맡으면 순식간에 과거의 기억이 떠오른다는 것을 확인할 수 있다.

06 글의 세부 내용 추론   정답률 55% | 정답 ②

윗글을 읽고 추론한 내용으로 적절하지 <u>않은</u> 것은?

① 두 물질의 냄새 분자가 다르다면 토리에서 만들어진 패턴이 다르겠군.
3, 4문단을 통해 대부분의 냄새에는 수백 종류의 분자가 포함되는데, 이 분자들은 특정한 몇 종류의 분자와 선택적으로 결합하는 후각 수용체와 결합하여 전기 신호를 만듦을 알 수 있다. 그리고 전기 신호가 토리에 전달되어 해당하는 냄새의 패턴이 만들어짐을 알 수 있다. 따라서 두 물질의 냄새 분자가 다르다면, 토리에서 만들어진 패턴이 다르다고 할 수 있다.

✔ **액설과 벅은 냄새 분자의 구조에 따라 냄새가 인식되는 방법을 발견했겠군.**
1문단을 통해 20세기 후반 이전의 과학자들은 분자의 구조와 뇌가 인식하는 냄새 사이의 관계를 밝히려고 했으나 한계에 부딪혔음을 알 수 있다. 이후 다른 감각들은 자극이 전기 신호로 바뀌어 인식된 것이라는 점에 착안하여 후각을 이해하려는 접근이 도입되었고, 액설과 벅은 냄새 분자를 전기 신호로 전환하는 매개체인 후각 수용체를 발견했음을 알 수 있다. 따라서 액설과 벅이 냄새 분자의 구조에 따라 냄새가 인식되는 방법을 발견했다고 추론하는 것은 적절하지 않다.

③ 자극이 전기 신호로 바뀌어 인식될 것이라는 접근은 후각 이외의 감각에 먼저 도입되었겠군.
1문단을 통해 후각 이외의 다른 감각들은 자극이 전기 신호로 바뀌어 인식된다는 점에 착안하여 후각을 이해하려는 접근이 도입되었음을 알 수 있다. 따라서 자극이 전기 신호로 바뀌어 인식될 것이라는 접근은 후각 이외의 감각에 먼저 도입되었음을 알 수 있다.

④ 어떤 냄새를 귤 냄새로 판단했다면 과거의 냄새 정보와 새로운 정보를 비교하는 과정이 있었겠군.
5문단을 통해 대뇌의 후각 겉질에는 과거에 맡았던 냄새 정보가 저장되어 있어 새로운 냄새의 정보를 기존의 것과 비교하고 눈확이마 겉질에서 최종적으로 어떤 냄새인지 판단함을 알 수 있다. 따라서 어떤 냄새를 새로 맡고 귤 냄새로 판단했다면, 과거의 냄새 정보와 새로 맡은 냄새의 정보를 비교하는 과정을 거친 것이라 할 수 있다.

⑤ 코가 막혔을 때 미각으로 느낀 맛을 더욱 풍부하게 느끼지 못하는 것은 후각 상피로 가는 역방향 경로가 막혔기 때문이겠군.
2문단을 통해, 역방향 경로를 통해 이동한 냄새 분자는 미각으로 느낀 맛을 더욱 풍부하게 해 줌을 알 수 있다. 따라서 코가 막혔을 때 맛을 더욱 풍부하게 느끼지 못하는 것은 후각 상피로 가는 역방향 경로가 막혔기 때문임을 알 수 있다.

07 핵심 정보의 파악   정답률 65% | 정답 ④

후각 자극의 신호 전달 과정을 중심으로 ㉠, ㉡을 이해한 내용으로 적절하지 않은 것은?

① ㉠에서 냄새 분자가 섬모에 닿으려면 먼저 점액질층을 통과해야 한다.
3문단을 통해 냄새 분자는 점액질층을 통과하여 섬모에 있는 후각 수용체와 결합함을

알 수 있으므로, 냄새 분자가 섬모에 닿으려면 먼저 점액질층을 통과해야 함을 알 수 있다.

② ㉠에서 냄새 분자와 후각 수용체가 결합하면 후각 신경 세포에서 전기 신호가 발생한다.
4문단을 통해 냄새 분자와 후각 수용체가 결합하여 후각 수용체가 활성화되면 후각 신경 세포의 세포막 안팎에서 전압 차가 만들어지면서 후각 신경 세포에서 전기 신호가 발생함을 알 수 있다.

③ ㉡에서 만들어진 패턴은 승모 세포를 통해 전기 신호가 강해져 대뇌의 후각 겉질로 전달된다.
5문단을 통해 후각 망울의 토리에서 만들어진 패턴은 신경 세포인 승모 세포를 통해 전기 신호가 강화되어 대뇌의 후각 겉질로 전달됨을 알 수 있다.

✔ **㉠에서 서로 다른 종류의 후각 수용체가 활성화되어 발생한 전기 신호는 한 개의 축삭에 모여 ㉡으로 전달된다.**
3문단을 통해 한 개의 후각 신경 세포에는 한 종류의 후각 수용체만 존재함을, 4문단을 통해 후각 신경 세포에서 만들어진 전기 신호는 후각 신경 세포에서 뻗어 나온 긴 돌기인 축삭을 통해 후각 망울에 있는 토리로 전달됨을 알 수 있다. 따라서 서로 다른 종류의 후각 수용체가 활성화되어 발생한 전기 신호가 한 개의 축삭에 모여 후각 망울로 전달된다는 것은 적절하지 않다.

⑤ ㉠으로부터 전달된 전기 신호와 세기를 반영하여 ㉡에서는 패턴이 만들어진다.
4문단을 통해 후각 수용체가 활성화되면서 만들어진 전기 신호가 후각 신경 세포를 통해 토리로 전달되고, 후각 망울에 있는 수천 개의 토리 중 신호를 전달받은 토리들이 패턴을 만드는데 신호의 세기도 패턴에 반영됨을 알 수 있다.

08 구체적인 사례에의 적용   정답률 61% | 정답 ④

윗글과 〈보기〉를 이해한 내용으로 적절하지 않은 것은? [3점]

> ─── 〈보 기〉 ───
> '전자 코'는 질병 조기 진단, 식품의 신선도 측정 등에 두루 쓰인다. 최근 사람의 후각과 원리가 비슷한 6가지 나노금 입자로 구성된 전자 코가 개발돼 질병 진단을 위해 단백질을 분석할 때 쓰이고 있다. 6가지 나노 금 입자에 특정한 단백질과 결합하는 물질들이 코팅되어 있다. 나노 금 입자는 형광물질과 결합한 상태인데 단백질이 결합하면 형광물질이 분리되면서 빛을 낸다. 나노 금 입자와 단백질의 결합 여부 및 결합하는 정도에 따라 빛의 세기가 달라지고, 이러한 빛들이 만드는 빛의 분포는 단백질마다 다른 고유한 특징이다. 이러한 빛의 분포를 컴퓨터로 분석하고 기존의 데이터와 비교하여 단백질의 종류를 파악한다.

① '토리에서 만들어진 패턴'과 '빛의 분포'는 대상마다 다르게 나타나는 고유한 특징이라는 점에서 유사하다고 볼 수 있겠군.
4문단을 통해 냄새마다 고유한 패턴 지도가 있어 토리에서 만들어진 패턴으로 서로 다른 냄새를 구별함을 알 수 있다. 따라서 전자 코에서 고유한 빛의 분포로 단백질의 종류를 파악할 수 있으므로 토리에서 만들어진 패턴과 기능이 유사하다고 볼 수 있다.

② '후각 수용체'와 '단백질과 결합하는 물질들'은 대상과 선택적으로 결합한다는 점에서 유사하다고 볼 수 있겠군.
3문단을 통해 후각 수용체는 특정한 몇 종류의 분자와 선택적으로 결합함을 알 수 있다. 따라서 전자 코에서 단백질과 결합하는 물질들은 단백질과 선택적으로 결합하므로 후각 수용체와 유사하다고 볼 수 있다.

③ '대뇌의 후각 겉질'과 '컴퓨터'는 새로운 정보를 기존의 정보와 비교한다는 점에서 유사하다고 볼 수 있겠군.
5문단을 통해 대뇌의 후각 겉질에는 과거에 맡았던 냄새 정보가 저장되어 있어 새로운 냄새의 정보를 기존의 것과 비교함을 알 수 있다. 따라서 전자 코의 컴퓨터가 빛의 분포를 기존의 데이터와 비교한다는 점에서 유사하다고 볼 수 있다.

✔ **'승모 세포'와 '나노 금 입자'는 대상과의 결합 여부와 정도를 알려 준다는 점에서 유사하다고 볼 수 있겠군.**
〈보기〉에서 나노 금 입자와 단백질이 결합할 때 결합 여부 및 정도에 따라 빛의 세기가 달라지므로 나노 금 입자는 단백질에 관한 정보를 보여 주는 기능을 한다고 볼 수 있다. 따라서 이 기능은 토리의 신호를 대뇌로 전달하는 승모 세포의 기능과는 다르다고 할 수 있다.

⑤ '전기 신호'와 '빛'은 두 대상의 결합으로 인해 발생한다는 점에서 유사하다고 볼 수 있겠군.
4문단을 통해 냄새 분자가 후각 수용체와 결합하면 후각 수용체가 활성화되어 후각 신경 세포에서 전기 신호가 발생함을 알 수 있다. 따라서 전자 코에서 나노 금 입자와 단백질이 결합하면 나오는 빛은 이 전기 신호와 유사하다고 볼 수 있다.

09 어휘의 문맥적 의미 파악　　　　정답률 90% | 정답 ④

문맥상 ⓐ의 의미와 가장 가까운 것은?

① 바람에 날린 연이 높이 떠올랐다.
'솟아서 위로 오르다.'의 의미로 사용되었다.

② 붉은 태양이 바다 위로 떠올랐다.
'솟아서 위로 오르다.'의 의미로 사용되었다.

③ 어머니의 얼굴에 미소가 떠올랐다.
'얼굴에 어떠한 표정이 나타나다.'의 의미로 사용되었다.

✔ 그 사람의 이름이 이제야 떠올랐다.
ⓐ는 '순식간에 과거의 기억이 떠오르기도'의 의미이므로 '기억이 되살아나거나 잘 구상되지 않던 생각이 나다.'의 의미와 유사하다고 할 수 있다.

⑤ 그녀는 배구계의 새 강자로 떠올랐다.
'관심의 대상이 되어 나타나다.'의 의미로 사용되었다.

10~12 현대시

(가) 오세영, 「열매」

감상　이 작품은 나무의 모습을 관찰하며 바람직한 삶의 자세를 깨닫는 과정을 담고 있다. 화자는 열매를 통해 원만한 삶의 자세와 자기희생적 사랑의 가치를 발견하며, 모든 생성하는 존재는 둥글고 모가 나지 않는다는 것을 깨닫고 있다.

주제　사랑과 자기희생적인 열매를 통한 깨달음

표현상의 특징

• 유사한 통사 구조의 반복으로 운율을 형성하며 의미를 강조해 줌.
• 원과 직선의 대립적 이미지를 바탕으로 주제 의식을 드러내 줌.
• 음성 상징어를 사용하여 상황을 실감나게 제시하고 있음.
• 도치법을 사용하여 시적 의미를 강조해 주고 있음.

(나) 김광규, 「대장간의 유혹」

감상　이 작품은 개성적이고 가치 있는 삶이 상실된 현실을 비판하면서, 이와 대비되는 공간인 **대장간**을 통해 참된 삶의 가치를 지향하려 하고 있다. 화자는 '플라스틱 물건'처럼 마구 쓰다 버려지는 무가치한 존재가 아니라 대장간에서 단련의 과정을 통해 태어난 '무쇠낫'과 '호미'처럼 의미 있고 가치 있는 존재로 거듭나고 싶다는 소망을 드러내고 있다.

주제　가치 있는 삶에 대한 소망

표현상의 특징

• 공간이나 소재의 대비를 통해 주제 의식을 드러내 줌.
• 유사 어구의 반복을 통해 운율을 형성해 주고 있음.
• 비유적 표현을 사용하여 단련하고자 하는 화자 자신의 모습을 드러내 줌.

10 표현상 특징 파악　　　　정답률 66% | 정답 ③

(가)에 대한 설명으로 가장 적절한 것은?

① 자연물에 감정을 이입하여 시적 정서를 드러내고 있다.
'탱자, 능금' 등의 자연물을 소재로 사용하고 있지만, 이러한 자연물들에 화자의 감정을 이입하여 표현하지는 않고 있다.

② 청각적 심상을 활용하여 시적 상황을 구체화하고 있다.
'능금'을 베어 먹는 모습인 '덥썩'이라는 음성 상징어는 사용되고 있지만, 청각적 심상은 활용되고 있지 않다.

✔ 유사한 통사 구조의 반복으로 시적 의미를 강조하고 있다.
'땅으로 땅으로 파고드는 뿌리는 / 날카롭지만 / 하늘로 하늘로 뻗어가는 가지는 / 뾰족하지만'에서는 '~는 ~지만'이라는 통사 구조가, '모든 생성하는 존재는 둥글다는 것을 / 스스로 먹힐 줄 아는 열매는 / 모가 나지 않는다는 것을'에서는 '~는 ~는 것을'이라는 통사 구조가 반복되고 있다. 따라서 (가)에서는 유사한 통사 구조의 반복을 통해 시적 의미를 강조하고 있음을 알 수 있다.

④ 색채어의 대비를 통해 대상에서 받은 인상을 부각하고 있다.
'능금'을 통해 빨간색 이미지를 연상할 수 있지만, 특별히 색채어를 사용하여 색채어의 대비를 활용하지는 않고 있다.

⑤ 계절의 흐름을 활용하여 대상의 변화 과정을 드러내고 있다.
'능금'을 통해 가을이라는 계절적 배경을 연상할 수 있지만 계절의 흐름은 나타나지 않고 있다.

11 작품의 이해　　　　정답률 73% | 정답 ⑤

(나)에 대한 이해로 적절하지 않은 것은?

① '버스'에서 뛰어내리고 싶다고 한 것을 통해 부정적 상황에서 벗어나고 싶어 하는 태도를 드러내고 있다.
화자는 자신이 플라스틱 물건처럼 느껴질 때 '버스'에서 뛰어내리고 싶다고 말하고 있는데, 이는 자신을 쓸모없고 하찮은 '플라스틱'이라고 부정적으로 인식한 상황에서 벗어나려는 행동이라 할 수 있다.

② '홍은동 사거리'의 변화로 인해 사라진 공간을 찾아가고 싶은 심정을 드러내고 있다.
'현대 아파트'가 들어서고 '털보네 대장간'이 사라진 것은 '홍은동 사거리'의 변화를 보여 주는 것이라 할 수 있다. 이러한 상황에서 화자는 '홍은동 사거리에서 사라진 / 털보네 대장간을 찾아가고 싶다'라고 현재에는 사라진 털보네 대장간을 찾아가고 싶은 심정을 드러내 주고 있다.

③ '털보네 대장간'을 통해 자신을 단련하여 탈바꿈하고 싶은 마음을 드러내고 있다.
화자는 '털보네 대장간'에서 시우쇠처럼 자기 자신을 달구고, 벼리고, 갈아 가치 있는 존재인 '무쇠 낫'으로 바꾸고 싶다고 말하고 있다. 이렇게 볼 때 시우쇠처럼 자기 자신을 달구고, 벼리고, 갈아 내는 과정은 새로운 존재로 거듭나기 위한 단련의 과정으로 볼 수 있다.

④ '직지사 해우소'와 관련된 소재를 통해 자신의 삶에 대한 반성적 인식을 보여 주고 있다.
화자가 자신의 인생이 온통 부끄러워지고 '직지사 해우소'의 나락으로 떨어지는 똥덩이처럼 느끼고 있는데, 이는 자신의 삶을 무가치한 것으로 인식하며 반성하는 모습이라 할 수 있다.

✔ '가던 길'을 멈추는 행동을 통해 현실과 일시적으로 타협하려는 모습을 보여 주고 있다.
화자가 자신이 해우소의 '똥덩이'처럼 느껴질 때, '가던 길'을 멈추고 어딘가에 걸려 있고 싶다고 말하고 있는데, 이는 가치 없는 '똥덩이'가 아닌 의미 있는 존재가 되고 싶은 화자의 소망이나 의지를 나타낸 것이라 할 수 있다. 따라서 '가던 길'을 멈추는 행동을 현실과 타협하는 모습이라고 한 이해는 적절하지 않다.

12 외적 준거에 따른 작품의 감상　　　　정답률 82% | 정답 ⑤

〈보기〉를 바탕으로 (가)와 (나)를 감상한 내용으로 적절하지 않은 것은? [3점]

〈보 기〉
　(가)와 (나)는 모두 상징적 소재를 통해 바람직한 삶의 자세에 대한 깨달음을 그리고 있다. (가)는 나무의 모습을 관찰하며 원만한 삶의 태도와 자기희생적 정신을 발견하고, 이를 통해 얻은 깨달음을 확장하고 있다. (나)는 플라스틱 제품과 대장간의 농기구를 통해 무가치하고 소모적인 존재가 아니라 자기만의 의미와 가치를 지닌 존재가 되고 싶다는 소망을 보여 주고 있다.

① (가) : 날카로운 '뿌리'와 대비되는 둥근 '열매'의 모습에서 원만한 삶의 태도를 발견할 수 있군.
'세상의 열매들은 왜 모두 / 둥글어야 하는가'를 통해 '뿌리'의 날카로운 모습과 달리 '열매'는 모가 나지 않는 둥근 모습임을 알 수 있다. 그리고 〈보기〉에서 (가)가 나무의 모습을 관찰하여 원만한 삶의 태도를 발견하였다고 하였으므로, 둥근 '열매'의 모습은 원만한 삶의 태도를 드러낸 것이라 알 수 있다.

② (가) : '스스로 먹힐 줄' 아는 열매에서 다른 생명을 위한 자기희생의 자세를 볼 수 있군.
〈보기〉에서 (가)가 나무의 모습을 관찰하여 자기희생적 정신을 발견하였다 하였으므로, '스스로 먹힐 줄 아는 열매는'은 '열매'가 다른 생명을 위해 자신을 희생하는 자세를 드러낸 것이라 할 수 있다.

③ (가) : '모든 생성하는 존재'가 둥글다는 인식은 열매의 모습에서 얻은 깨달음을 확장한 것으로 볼 수 있군.
'모든 생성하는 존재는 둥글다'는 열매가 생명을 생성시킨다는 깨달음을 보여 주는 것이라 할 수 있는데, 이는 둥근 '열매'를 통해 〈보기〉에서 언급된 것처럼 깨달음을 확장한 것이라 할 수 있다.

④ (나) : '망가지면 내다 버리는' 물건은 무가치하고 소모품적인 존재를 의미한다고 볼 수 있군.
'마구 쓰다가 / 망가지면 내다 버리는 / 플라스틱 물건처럼 느껴질 때'를 통해, '플라스틱

물건'은 〈보기〉에 언급된 무가치하고 소모품적인 존재를 비유적으로 표현한 것이라고 할 수 있다.

✔ **(나) : '꼬부랑 호미'가 '송진'을 흘리며 벽에 걸린 모습에서 무가치한 존재로 머물러 있음을 알 수 있군.**
화자는 '땀흘리며 두들겨 하나씩 만들어 낸', 즉 인간의 땀과 정성이 담긴 '꼬부랑 호미'가 되어 '송진'을 흘리며 벽에 걸리고 싶다라는 소망을 드러내고 있으므로, '꼬부랑 호미'는 가치 있는 존재라 할 수 있다. 따라서 '꼬부랑 호미'가 '송진'을 흘리며 벽에 걸린 모습을 무가치한 존재로 머물러 있다고 한 감상은 적절하지 않다.

DAY 26 20분 미니 모의고사

01 ②	02 ⑤	03 ①	04 ①	05 ②
06 ②	07 ①	08 ③	09 ①	10 ①
11 ③	12 ①			

01 인터뷰 진행자의 말하기 방식 파악 정답률 89% | 정답 ②

학생의 말하기 방식에 대한 설명으로 적절하지 <u>않은</u> 것은?

① 찾아온 목적을 밝히며 인터뷰를 시작하고 있다.
학생은 자신을 소개한 뒤, '△△△ 님의 음악 활동을 교지 특집호에 실으려고 합니다.' 라고 △△△를 찾아온 목적을 밝히고 있다.

✔ **자기 경험을 언급하여 인터뷰의 중요성을 부각하고 있다.**
이 인터뷰에서 학생이 자기 경험을 언급하면서 인터뷰의 중요성을 부각하는 내용은 찾아볼 수 없다.

③ 공유하는 요소를 언급하여 친밀감을 형성하고 있다.
학생은 '저희 반 ○○○ 선생님께서 선배님 2학년 때 담임 선생님이셨다던데, 참 좋은 분이시죠?'라며 말하고 있는데, 이는 담임선생님을 인터뷰 대상과 공유하는 요소로 언급하여 친밀감을 형성하는 것이라 할 수 있다.

④ 상대방의 답변 일부를 재진술하며 이해한 내용이 맞는지 확인하고 있다.
학생은 길거리 공연 시작 계기에 관한 가수의 답변을 듣고 '길거리 공연을 통해 초심으로 돌아갈 수 있었다는 말씀이시죠?'라고 묻고 있는데, 이는 자신이 이해한 내용이 맞는지 확인하기 위해 답변의 일부를 재진술한 것이라 할 수 있다.

⑤ 상대의 말과 관련된 구체적인 사례가 있는지 답변을 요청하고 있다.
학생은 가수의 답변을 듣고 '특별히 기억에 남는 공연이 있나요?'라고 묻고 있는데, 이는 가수의 말과 관련된 구체적 사례가 있는지 답변을 요청하는 말이라 할 수 있다.

02 글쓰기 방식 파악 정답률 84% | 정답 ⑤

(가)와 (나)의 글쓰기 방식에 대한 설명으로 가장 적절한 것은?

① (가)와 (나) 모두 묻고 답하는 방식을 활용하여 글을 전개하였다.
(가)에서는 '무엇이 그렇게 급했던 것일까?'라고 물으면서 이에 대한 자신의 생각을 전달하고 있으므로 묻고 답하는 방식을 사용하고 있음을 알 수 있다. 하지만 (나)에서 묻고 답하는 부분을 찾아볼 수 없다.

② (가)와 (나) 모두 다양한 경험을 나열하는 방식으로 서술하였다.
(가)와 (나) 모두 달리기를 했던 경험을 바탕으로 깨달은 점을 제시하고 있지만 다양한 경험을 나열하지는 않고 있다.

③ (가)는 공간의 이동을 중심으로, (나)는 시간의 흐름을 중심으로 글을 전개하였다.
(가)에서는 공간의 이동이 아니라 자신의 경험과 이를 통한 성찰의 과정을 중심으로 서술하고 있고, (나)에서는 시간의 흐름을 일부 엿볼 수 있지만 성찰 전후의 생각의 변화를 중심으로 서술하고 있다.

④ (가)는 깨달은 점을 글의 도입부에서 강조하였고, (나)는 깨달은 점을 정리하며 글을 마무리하였다.
(가)에서는 경험을 통해 깨달은 점을 도입부가 아닌 글의 마지막 부분에 언급하였고, (나)에서는 경험을 통해 깨달은 점을 글의 마지막 부분에 언급하였다.

✔ **(가)는 경험에서 깨달은 점을 다른 상황에 적용하여, (나)는 경험 전후의 생각을 대비하여 서술하였다.**
(가)에서 학생 1은 달리기를 한 경험을 통해 얻은 무리하지 않고 자신에 맞는 속도로 모든 것을 해야 한다는 깨달음을 자신의 학습 태도 및 다른 상황에 적용하여 서술하고 있다. 그리고 (나)에서 학생 2는 혼자 힘으로 모든 것을 해야 한다는 이전의 생각보다 함께 하는 것이 더 큰 성취감을 준다는 생각을 마라톤 대회에 참가한 경험 전후로 비교하여 서술하고 있다.

03 음운의 변동 탐구 정답률 64% | 정답 ①

〈보기〉의 ㉠, ㉡에 해당하는 사례를 바르게 짝지은 것은?

〈보 기〉
국어의 음절 종성에서는 자음을 두 개 발음할 수 없다. 따라서 겹받침으로 끝나는 형태소와 다른 형태소가 결합하면 자음군 단순화와 더불어 다른 음운 변동이 함께 적용되는 경우가 많다. 예를 들어 '닭만[당만]'은 ⊙ 자음군 단순화와 비음화가 함께 적용된 경우에 해당하고, '맑지[막찌]'는 ⓒ 자음군 단순화와 된소리되기가 함께 적용된 경우에 해당한다.

✔ **값만[감만]   흙과[흑꽈]**
'값만'은 'ㅅ'이 탈락하는 자음군 단순화로 인해 [갑만]으로 바뀐 뒤, 'ㅂ'이 'ㅁ'의 영향을 받아 'ㅁ'으로 교체되는 비음화가 적용되어 [감만]으로 발음되므로 ⊙의 사례에 해당한다. 그리고 '흙과'는 'ㄹ'이 탈락하는 자음군 단순화로 인해 [흑과]로 바뀐 뒤, 두 번째 음절의 초성인 'ㄱ'이 'ㄲ'으로 교체되는 된소리되기가 적용되어 [흑꽈]로 발음되므로 ⓒ의 사례에 해당한다.

② **잃는[일른]   읊고[읍꼬]**
'잃는'은 자음군 단순화로 인해 [일는]으로 바뀐 뒤, 유음화가 적용되어 [일른]으로 발음된다. 그리고 '읊고'는 자음군 단순화로 인해 [읖고]로 바뀐 뒤 음절의 끝소리 규칙([읍고])과 된소리되기가 적용되어 [읍꼬]로 발음된다.

③ **덮지[덥찌]   밝혀[발켜]**
'덮지'는 음절의 끝소리 규칙으로 [덥지]로 바뀐 뒤 된소리되기가 적용되어 [덥찌]로 발음된다. 그리고 '밝혀'는 거센소리되기에 의해 [발켜]로 발음된다.

④ **밟는[밤ː는]   닦다[닥따]**
'밟는'은 자음군 단순화로 인해 [밥ː는]으로 바뀐 뒤 비음화에 의해 [밤ː는]으로 발음된다. '닦다'는 음절의 끝소리 규칙으로 인해 [닥다]로 바뀐 뒤, 된소리되기에 의해 [닥따]로 발음된다.

⑤ **젊어[절머]   짧지[짤찌]**
'젊어'는 'ㅁ' 뒤 음절로 연음되어 [절머]로 발음된다. 그리고 '짧지'는 자음군 단순화로 [짤지]로 바뀐 뒤, 된소리되기에 의해 [짤찌]로 발음된다.

04~08　사회

박찬호 외, 「국제해양법」

[해제] 이 글은 유엔해양법협약에 따른 해결 절차에 대해 서술하고 있다. 유엔해양법협약은 해양의 이용을 둘러싸고 발생하는 국가 간의 상반된 이익을 절충하고 갈등을 해결하는 규범의 역할을 담당한다. 이러한 유엔해양법협약에 따르면 해양을 둘러싼 국가 간 분쟁이 발생하였을 때, 분쟁 당사국들은 평화적 수단을 통해 분쟁 해결을 위해 노력해야 하는데, 이러한 방법으로 분쟁이 해결되지 않을 경우 강제 절차에 들어가게 된다. 유엔해양법협약에 의해 설립된 분쟁 해결 기구에는 중재재판소와 국제해양법재판소 등이 있다. 본안 소송을 거쳐 최종 판결이 내려지기까지의 시간 동안 당사국이나 해양 환경의 중대한 피해가 우려되는 경우, 관할 재판소 및 관할권을 갖게 될 가능성이 큰 재판소는 분쟁 당사국의 요청으로 잠정조치를 명령할 수 있다.

[주제] 유엔해양법협약에 따른 해결 절차

문단 핵심 내용

1문단	유엔해양법협약의 역할
2문단	해양협약에 대한 국가 간 분쟁 발생 시의 절차
3문단	강제 절차 분쟁 해결 기구의 이해
4문단	본안 소송의 절차
5문단	잠정조치의 개념과 효력
6문단	잠정조치 요청 조건 및 잠정조치 관할 재판소 선정 방법
7문단	잠정조치 관할 재판소 선정 구체적 사례

04　세부 정보의 확인　정답률 84% | 정답 ①

윗글에서 알 수 있는 내용으로 적절하지 **않은** 것은?

✔ **잠정조치 재판에서 내려진 결정은 구속력이 없는 임시 조치이다.**
7문단을 통해 잠정조치가 잠정조치 재판을 통해 내려진 결정임을 알 수 있고, 5문단을 통해 이러한 잠정조치가 구속력 있는 임시 조치임을 알 수 있으므로 적절하지 않다.

② **분쟁 당사국들은 자국의 이익을 고려하여 분쟁 해결 기구를 선택할 수 있다.**
3문단의 '당사국들은 자국의 이익이나 분쟁 내용 등을 고려해 분쟁 해결 기구를 선택할 수 있는데'를 통해 알 수 있다.

③ **유엔해양법협약에 따른 분쟁 해결 원리는 각 국가의 동의를 바탕으로 적용된다.**
2문단을 통해 분쟁 해결의 원리는 기본적으로 각 국가의 동의를 바탕으로 적용되는 국제법인 유엔해양법협약을 따름을 알 수 있다.

④ **국제해양법재판소는 유엔해양법협약에 의해 설립된 국제적인 분쟁 해결 기구이다.**
3문단을 통해 국제해양법재판소는 유엔해양법협약에 의해 설립된 분쟁 해결 기구임을 알 수 있다.

⑤ **유엔해양법협약은 분쟁 당사국들에게 분쟁 해결에 대한 신속한 의견 교환 의무를 부과하고 있다.**
2문단을 통해 유엔해양법협약은 분쟁 당사국에 분쟁 해결에 관하여 신속히 의견을 교환해야 하는 의무를 부과하였음을 알 수 있다.

05　구체적 상황에의 적용　정답률 82% | 정답 ②

〈보기〉는 '유엔해양법협약에 대한 모의재판' 수업에 사용된 사례이다. 윗글을 참고할 때 〈보기〉에 대한 반응으로 적절하지 **않은** 것은? [3점]

〈보　기〉
유엔해양법협약에 가입된 A국과 B국 간에 해양을 둘러싼 분쟁이 발생하였다. A국은 B국의 공장 건설로 인하여 자국의 인근 바다에 해양 오염 물질이 유출될 것을 우려하여, B국과 교섭을 시도하였으나 B국은 이에 응하지 않았다. 추후 A국은 국제해양법재판소를, B국은 중재재판소를 통한 재판을 원하였으나 합의를 이루지 못했다. 이후 절차에 따라 양국이 제기한 소송은 재판에 회부되었다. A국은 판결이 내려지기까지 오랜 시일이 걸릴 것을 염려하여 잠정조치를 바로 요청하였다. 이를 받아들여 재판소는 잠정조치를 명령하였다.

① **A국이 잠정조치를 요청할 수 있었던 것은 B국과의 사건이 재판에 회부되었기 때문이겠군.**
6문단을 통해 잠정조치는 분쟁 당사국의 소송 제기 후 재판소에 사건이 회부되면서 소송 절차가 개시되면 언제든 요청될 수 있음을 알 수 있다.

✔ **A국이 요청한 결과 잠정조치 명령이 내려졌으므로 B국과의 본안 소송 재판은 종결되겠군.**
〈보기〉를 통해 A국이 요청한 잠정조치가 받아들여져서 재판소는 잠정조치를 명령하였음을 알 수 있다. 그리고 4문단을 통해 본안 소송을 담당하는 재판소가 최종 판결을 내림을 알 수 있고, 5문단을 통해 잠정조치는 최종 판결 전에 내려짐을 알 수 있다. 따라서 잠정조치 명령이 내려져서 본안 소송 재판이 종결되었다고는 할 수 없다.

③ **A국이 B국에게 교섭을 시도한 것은 분쟁 당사국들에게 평화적 해결 수단을 거쳐야 할 의무가 있기 때문이겠군.**
2문단을 통해 분쟁 당사국들은 의무적으로 교섭이나 조정 절차 등 국가 간 합의에 의한 평화적 수단을 통해 분쟁 해결을 위해 노력해야 함을 알 수 있다.

④ **A국과 B국은 동일한 분쟁 해결 기구를 선택하지 않았으므로 두 국가 간 분쟁은 중재재판소를 통해 해결되겠군.**
〈보기〉를 통해 A국은 국제해양법재판소를 통한, B국은 중재재판소를 통한 재판을 원하였음을 알 수 있다. 그리고 3문단을 통해 이렇게 분쟁 당사국들이 동일한 분쟁 해결 기구를 선택하지 않을 경우 별도의 합의를 하지 않는 한 사건은 중재재판소에 회부됨을 알 수 있다.

⑤ **A국이 재판에 사건이 회부된 후 바로 잠정조치를 요청한 것은 B국으로 인한 자국의 해양 오염을 시급히 막기 위함이겠군.**
5문단을 통해 잠정조치는 긴급한 상황에서 해양 환경의 중대한 피해를 방지하는 등의 목적으로 내려짐을 알 수 있다.

06　핵심 정보의 이해　정답률 76% | 정답 ②

다음은 윗글에 제시된 분쟁 해결 절차를 도식화한 것이다. 이를 이해한 것으로 적절하지 **않은** 것은?

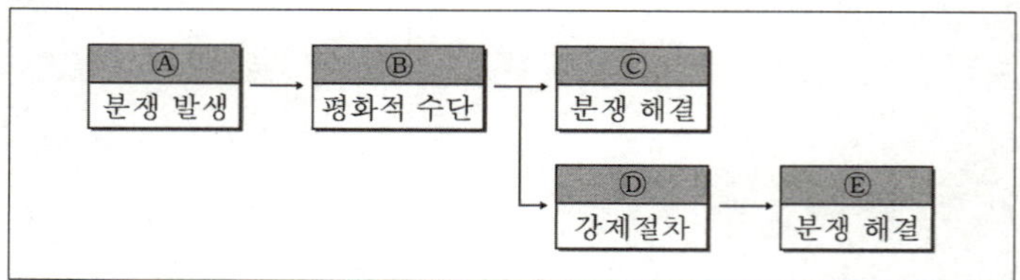

① **Ⓐ는 유엔해양법협약의 해석과 적용에 대하여 국가 간 다툼이 있다는 것을 의미한다.**

2문단을 통해 유엔해양법협약에 따른 분쟁 해결 절차 중 ④는 유엔해양법협약에 대한 해석이나 적용에 관해 국가 간 분쟁이 발생하였다는 것을 의미함을 알 수 있다.

✔ ①를 진행하는 모든 분쟁 해결 기구는 분쟁이 발생하기 전에 재판소가 구성되어 있다.
3문단에서 ①를 진행하는 분쟁 해결 기구 중 중재재판소는, 재판관 임명이나 재판소 조직 등이 사전에 결정되어 있는 국제해양법재판소와 달리, 필요할 때마다 분쟁 당사국 간의 합의를 통해 구성된다고 하였으므로 적절하지 않다.

③ ⑧를 통해 ⓒ로 가는 과정은 분쟁 당사국 간 합의에 따라 진행된 것이다.
2문단을 통해 교섭이나 조정 절차 등 ⑧를 통한 분쟁 해결(ⓒ)이 여의치 않은 경우 ⓓ로 들어가게 됨을 알 수 있다.

④ ⓓ를 통해 ⓔ로 가는 과정은 국제적 분쟁 해결 기구의 구속력 있는 결정을 통해 이루어진 것이다.
2문단을 통해 ⓓ는 구속력 있는 결정을 수반함을 알 수 있고, 3문단을 통해 ⓔ는 분쟁 당사자들이 국제적인 분쟁 해결 기구를 통해 분쟁을 해결하는 절차임을 알 수 있다.

⑤ ⓓ를 통해 ⓔ로 가는 과정에서 잠정조치 명령이 내려졌다면 그 효력은 최종 판결 전까지만 유효하다.
5문단의 '잠정조치는 효력이 임시적이므로 본안 소송의 최종 판결이 내려지면 효력이 종료된다.'를 통해, ⓓ와 ⓔ 사이에 내려진 잠정조치 명령은 최종 판결 전까지만 유효함을 알 수 있다.

---

07   개념 간의 관계 파악   정답률 80% | 정답 ①

㉠, ㉡에 대한 이해로 가장 적절한 것은?

✔ ㉠의 존재 가능성이 예측되어야 ㉡은 인정된다.
7문단에서 ㉠을 심리한 결과, 본안 소송을 담당하는 중재재판소가 관할권을 갖게 될 가능성, 즉 ㉠의 존재 가능성이 예측되어야 국제해양법재판소가 ㉡을 가질 수 있다고 하였다.

② ㉠에 대한 판단에 앞서 ㉡의 존재 여부를 판단한다.
7문단에서 ㉠을 심리한 이후에 국제해양법재판소가 ㉡을 가질 수 있다고 하였으므로, ㉠에 앞서 ㉡의 존재 여부를 판단한다는 것은 적절하지 않다.

③ ㉡이 확정되지 않으면 ㉠은 인정되지 않는다.
7문단을 통해 본안 소송을 담당하는 중재재판소의 관할권, 즉 ㉠이 확정되지 않았더라도 중재재판소가 관할권을 갖게 될 가능성이 예측되면 잠정조치를 담당하는 국제해양법재판소가 ㉡을 가질 수 있음을 알 수 있다.

④ 본안 소송의 최종 판결 이후 ㉠이 확정된다.
4문단에서 본안 소송을 담당하는 재판소가 분쟁에 대한 최종 판결을 내리기 위해서는 먼저 ㉠을 확정해야 한다고 하였다. 따라서 제시된 선택지는 선후 관계가 뒤바뀌었으므로 적절하지 않다.

⑤ 본안 소송의 개시 시점은 ㉡의 인정 시점과 일치한다.
6문단을 통해 본안 소송의 개시 시점은 분쟁 당사국이 소송을 제기하여 재판소에 사건이 회부된 때를 의미하고, 소송 절차가 개시된 후 잠정조치가 요청될 수 있음을 알 수 있다. 그리고 7문단을 통해 ㉠을 심리하는 절차를 거친 후 ㉡의 인정 여부를 확정할 수 있음을 알 수 있다. 따라서 본안 소송의 개시 시점이 ㉡의 인정 시점과 일치한다는 것은 적절하지 않다.

---

08   단어의 문맥적 의미 파악   정답률 92% | 정답 ③

문맥상 ⓐ ~ ⓔ와 바꿔 쓰기에 적절하지 <u>않은</u> 것은?

① ⓐ : 생겨나는
ⓐ는 문맥상 '어떤 일이나 사물이 생겨나다.'의 의미로 사용되었으므로 바꿔 쓰기에 적절하다.

② ⓑ : 주고받아야
ⓑ는 문맥상 '서로 주고받고 하다.'의 의미로 사용되었으므로 바꿔 쓰기에 적절하다.

✔ ⓒ : 짧아지기
ⓒ는 문맥상 '필요로 되거나 요구되다.'의 의미로 사용되었으므로, '짧아지기'로 바꿔 쓰는 것은 적절하지 않다.

④ ⓓ : 맡지만
ⓓ는 문맥상 '어떤 일을 맡다.'의 의미로 사용되었으므로 바꿔 쓰기에 적절하다.

⑤ ⓔ : 막기
ⓔ는 문맥상 '어떤 일이나 현상이 일어나지 못하게 막다.'의 의미로 사용되었으므로 바꿔 쓰기에 적절하다.

09~12   고전 소설

작자 미상, 「진성운전」

감상   이 작품은 진성운과 남순경, 윤호원, 이학녹 등의 영웅들이 효행과 충절로 아버지의 원수를 갚고 나라를 위험에서 구한다는 유교적 명분을 주제로 한 영웅 군담 소설이다. 이 작품은 복수의 영웅이 결연하는 과정과 그들의 가족이 혼사를 통해 연을 맺는 과정을 치밀하게 보여 주고 있다는 특징을 지니고 있다.

주제   진성운의 영웅적 활약

작품 줄거리   명나라 신종 때 진공필은 유리국으로 사신이 되어 가는 도중에 우연히 곤경에 처한 임 진사의 딸을 구해 준다. 이 일로 인해 진공필이 위기에 처했을 때 임 소저의 외할아버지인 선관의 도움을 받아 목숨을 구하고 임 소저와 혼인하게 된다. 진공필이 임 소저와 집으로 돌아오니 먼저 부인이 자결하고 만다. 임 부인은 딸 성희와 아들 성운을 낳고, 성운이 13세에 되던 해에 임 부인이 갑자기 병을 얻어 죽고 진공필은 간신 유경만의 모함을 받아 강남으로 귀양을 간다. 이때 형부시랑 정선결이 진 소저를 후취로 삼으려 하자, 진 소저는 동생과 헤어져서 남 도독 집에 피신하여 남 소저와 친구가 되고, 성운은 아버지를 만나려고 강남으로 가다가 남 도독의 아들 순경을 만나 친구가 된다. 또 성운은 윤 승지의 아들 호원을 만나 친구가 되고 그의 큰누이 형옥과 혼약한다. 성운이 강남에 도착하여 진 상서를 만나지만 병든 진 상서는 곧 죽고, 꿈에서 어머니의 외할아버지의 지시를 받고 도사를 만나 무예를 익힌다. 남 도독 부인은 진 소저를 며느리로 삼고자 혼약을 정해 둔다. 10세가 된 성운은 원수를 갚기 위해 속세로 나와 학록을 만나 친구가 되고, 남해 귀신으로부터 칼 두 자루와 말 두 필을 얻는다. 유경만이 남 도독을 모함하니 남 도독 부부가 자결한다. 이때 연나라가 명나라를 침공하니, 유경만은 연나라에 항복, 합세하고 천자는 위태로운 상황에 처한다. 성운·학록·호원·순경 네 사람은 힘을 합쳐 적을 격파하고 천자를 구한다. 천자는 그들을 각각 초왕·위왕·조왕·제왕에 봉한다. 성운은 공주와 호원의 큰누이를 취하고, 순경은 진 소저와 호원의 둘째 누이, 학록은 순경의 누이와 혼인한다.

★★★ 1등급 대비 고난도 2점 문제

09   작품 내용의 이해   정답률 46% | 정답 ①

윗글에 대한 이해로 적절한 것은?

✔ 학녹은 순경과 함께 적진 근처에 매복해 있다가 불을 보고 적을 공격하였다.
이 글에서 성운은 순경과 학녹에게 '정병 오천씩 거느리고 적진 좌우에 매복하였다가 불이 일어남을 보고 또 군사를 놓아 쳐라.'라고 말하였고, 순경과 학녹은 불이 일어나자 군사를 급히 몰아쳐 적을 공격하였음을 알 수 있다. 따라서 학녹은 순경과 함께 적진 근처에 매복해 있다가 불이 일어나자 적을 공격하였음을 알 수 있다.

② 맹호원은 군대를 이끌고 녹림산으로 달려와 천자와 그 가족을 사로잡았다.
'이때 금인국 장수 맹호원이 ~ 대군을 폐히거 녹림산으로 들어왔다.'를 통해, 맹호원이 '녹림산'에서 사로잡은 사람은 '황후와 태자와 공주 세 자매'임을 알 수 있다. 따라서 맹호원은 천자를 사로잡은 것이라 할 수 없다.

③ 중행달은 성운과 다시 맞붙고 싶다는 내용을 담은 격서를 장안으로 보냈다.
중행달이 보낸 격서에는 '만일 천자가 항복하지 아니하면 황후, 태자, 공주 세 자매를 죽이겠다는 내용이 담겨 있으므로, 격서에는 중행달이 천자의 가족을 인질로 잡고 천자를 협박하는 내용이 담겨 있음을 알 수 있다.

④ 성운은 순경에게 적병의 옷을 입히고 진문 밖에 세워 군사가 좌우에서 옹위하게 하였다.
'군사 대여섯 명에게 적병의 옷을 입혀 진문 밖에 세우고는'을 통해 성운은 순경이 아니라 군사 대여섯 명에게 적병의 옷을 입혀 진문 밖에 세웠음을 알 수 있다.

⑤ 순경은 성운이 중행달과 싸우다가 달아난 것을 알지 못하고 군사를 몰아 중행달의 뒤를 쫓았다.
성운은 순경에게 '만일 적이 성문을 열고 나오면 내가 군사를 거느리고 싸우다가 달아날 것이니'라고 미리 말하였으므로 순경은 성운이 달아날 것을 이미 알고 있었다.

★★ 문제 해결 꿀~팁 ★★

▶ 많이 틀린 이유는?
이 문제는 작품 내용에 대한 정확한 이해가 부족하여 오답률이 높았던 것으로 보인다. 또한 말이나 행동의 주체가 누구인지 정확하게 파악하지 못한 것도 오답률을 높였던 것으로 보인다.

▶ 문제 해결 방법은?
이 문제를 해결하기 위해서는 작품 내용에 대한 정확한 이해, 즉 말이나 행동의 주체가 되는 인물이 누구인지 정확히 파악하여 작품 내용을 이해할 수 있어야 한다. 가령 오답률이 높았던 ④의 경우, '군사 대여섯 명에게 적병의 옷을 입혀 진문 밖에 세우고는'이라는 작품 내용만 알았다면 적절하지 않음을 알았을 것이다. 또한 정답인 ①의 경우, 성운이 순경과 학녹에게 '정병 오천씩 거느리고 적진 좌우에 매복하였다가 불이 일어남을 보고 또 군사를 놓아 쳐라.'라고 말하였고, 순경과 학녹이 성운의 명을 받아 불이 일어나자 군사를 급히 몰아쳐 적을 공격하였음을 알 수 있으므로 적절하다고 할 수 있다. 한편 고전 소설을 이해하는 데 어려움을 겪는 학생들이 간혹 있는데, 이는 고전 소설에 등장하는 인물이 작품 흐름에 따라 다른 이름으로도 제시되기 때문이라 할 수 있다. 따라서 고전 소설을 읽을 때는 중심 인물이 누구인지 표시한 뒤, 작품 흐름에 따라 동일 인물인 경우 같은 표시를 해 두게 되면 작품 이해에도 한결 도움이 될 것이다. 물론 다른 인물의 경우에도 다른 표시로 해 두는 것도 고전 소설 내용을 이해하는 데 도움이 될 수 있다.

---

10 발화의 의도 파악   정답률 59% | 정답 ①

[A]와 [B]에 대한 설명으로 가장 적절한 것은?

✔ **① [A]는 [B]와 달리 자신이 상대의 편이라고 속여 자신의 목적을 달성하려 하고 있다.**
[A]에서 성운은 '금인국 백화산의 신령'이라고 자신을 밝히며 중행달에게 명령하고 있다. 이는 성운 자신이 금인국 장수인 중행달의 편인 것처럼 속여 자신의 술법을 달성하기 위한 것이라 할 수 있다. 그리고 [B]에서 성운은 중행달을 '적장'이라 하여 자신이 그의 적임을 밝히고 있다.

② [A]는 [B]와 달리 상대가 처한 무력한 상황을 언급하여 자신의 능력을 과시하고 있다.
[B]에서 성운은 자신의 능력을 과시하고 있지만, [A]에서 자신의 능력을 과시한 부분은 찾아볼 수 없다.

③ [B]는 [A]와 달리 상대의 환심을 사기 위해 자신이 초월적 존재라는 것을 밝히고 있다.
[A]에서 성운은 '금인국 백화산의 신령'이라고 자신이 초월적 존재임을 밝히고 있음을 알 수 있지만, [B]에서 성운이 자신이 초월적 존재임을 밝히지는 않고 있다.

④ [B]는 [A]와 달리 자신의 예지 능력을 근거로 들어 상대의 행동 변화를 촉구하고 있다.
[A]에서 성운이 자신의 예지 능력을 근거로 들어 상대의 행동 변화를 촉구하고 있음을 알 수 있지만, [B]에서 성운이 자신의 예지 능력을 언급하지는 않고 있다.

⑤ [A]와 [B]는 모두 위기에 처한 백성을 위해 상대가 수행할 임무를 일깨우고 있다.
[A]에서 성운은 위기에 처한 백성을 위해 상대가 수행할 임무를 일깨우고 있음을 알 수 있지만, [B]에서는 백성을 위해 상대가 수행할 임무를 일깨우는 부분은 찾아볼 수 없다.

---

11 외적 준거에 따른 작품의 감상   정답률 51% | 정답 ③

〈보기〉를 참고하여 윗글을 감상한 내용으로 적절하지 않은 것은? [3점]

> ─〈 보 기 〉─
> 이 작품은 진성운을 비롯한 복수(複數)의 영웅이 등장하여 활약하는 내용을 담은 영웅 군담 소설이다. 영웅들은 자신들이 지향하는 세계 질서를 위협하는 무리를 적으로 규정하고 바람직한 질서를 회복하기 위해 노력한다. 영웅이 전기(傳奇)적 능력을 드러낼 뿐만 아니라 현실적 차원에서 기지를 발휘하고 전략을 세우는 점이 이 작품의 흥미로운 요소로 꼽힌다.

① 중행달이 천자에게 항복을 종용한 것은 영웅들이 중행달을 적으로 규정한 이유로 볼 수 있군.
중행달이 천자를 위협한 행위는 영웅들이 지향하는 세계 질서를 위협하는 행위이므로, 중행달을 적으로 규정하였다고 볼 수 있다.

② 성운이 배에 불을 지르기 위해 배를 묶게 한 것은 전략을 세워 활약하는 영웅의 모습으로 볼 수 있군.
성운이 신령으로 변장하여 중행달에게 배를 묶으라고 지시한 것은 승리하기 위해 전략을 세운 모습으로 볼 수 있다.

✔ **③ 성운이 천자의 가족이 탈출한 것처럼 중행달의 눈을 속인 것은 영웅이 전기적 능력을 발휘한 모습으로 볼 수 있군.**
성운이 군사 대여섯 명에게 적병의 옷을 입혀 천자의 가족이라고 속인 것은 전기적 능력이 아니라 현실적 차원에서 기지를 발휘한 모습으로 볼 수 있다.

④ 순경과 학녹 등이 천가의 가족을 구하기 위해 함께 힘을 합친 것은 복수의 영웅이 활약하는 모습으로 볼 수 있군.

순경, 학녹, 호원은 함께 천자의 가족을 구한 후 학녹은 가족을 호위하여 장안으로 가고 순경과 호원은 중행달을 뒤쫓았다. 이것은 세계 질서를 회복하기 위해 힘을 합쳐 노력한 영웅들의 활약상으로 볼 수 있다.

⑤ 성운이 적군을 파하고 난 후 승전곡을 부르며 돌아온 것은 영웅들이 지향하는 세계 질서가 회복된 모습으로 볼 수 있군.
성운이 세계 질서를 위협하는 중행달과 맹호원을 물리친 것은 그들이 지향하는 천자 중심의 세계 질서를 회복한 것으로 볼 수 있다.

---

12 상황에 맞는 한자성어 파악   정답률 86% | 정답 ①

㉠의 상황을 나타낸 말로 가장 적절한 것은?

✔ **① 진퇴양난(進退兩難)**
㉠을 통해 적군이 배를 모두 잡아맨 상태에서 바람까지 불어 불을 끌 수가 없는 막막한 상황에 처해 있음을 알 수 있다. 이러한 적군의 상황에 어울리는 한자성어는 '이러지도 저러지도 못하는 어려운 처지'라는 의미를 지닌 '진퇴양난(進退兩難)'이라 할 수 있다.

② 자가당착(自家撞着)
'같은 사람의 말이나 행동이 앞뒤가 서로 맞지 아니하고 모순됨.'을 뜻하는 말이다.

③ 이심전심(以心傳心)
'마음에서 마음으로 뜻이 통함.'을 뜻하는 말이다.

④ 다다익선(多多益善)
'많을수록 더욱 좋음.'을 뜻하는 말이다.

⑤ 기사회생(起死回生)
'거의 죽을 뻔하다가 도로 살아남.'을 뜻하는 말이다.

DAY 27 — 20분 미니 모의고사

01 ⑤	02 ①	03 ④	04 ⑤	05 ③
06 ④	07 ⑤	08 ④	09 ④	10 ⑤
11 ①	12 ②			

---

01 말하기 방식 파악 · 정답률 89% · 정답 ⑤

위 강연자의 말하기 방식으로 가장 적절한 것은?

① 강연을 하게 된 소감을 밝히며 강연을 시작하고 있다.
이 강연에서 강연자가 강연을 하게 된 소감을 밝히는 부분은 찾아볼 수 없다.

② 전문가의 견해를 인용하여 강연 내용을 설명하고 있다.
이 강연에서 '국제식물학회'라는 전문 단체는 언급되어 있지만, 전문가의 견해를 인용한 부분은 찾아볼 수 없다.

③ 청중의 요청에 따라 강연 내용의 수준을 조정하고 있다.
이 강연에서 강연자가 청중이 요청하는 것에 따라 강연 내용의 수준을 조정하는 부분은 찾아볼 수 없다.

④ 청중의 질문에 답을 하며 청중의 궁금증을 해소하고 있다.
이 강연에서 강연자가 청중에게 질문하는 부분은 확인할 수 있지만, 청중이 강연자에게 질문하는 부분은 찾아볼 수 없다.

☑ **청중에게 바라는 바를 언급하며 강연을 마무리하고 있다.**
5문단의 '오늘 이곳에서 학명이 궁금한 식물이 있다면, 인터넷 검색으로 그 의미를 찾아보면서 관람하면 좋겠습니다.'를 통해, 강연자는 청중에게 바라는 바를 언급하며 강연을 마무리하고 있음을 알 수 있다.

---

02 보고 글쓰기 표현 전략 파악 · 정답률 93% · 정답 ①

학생이 보고서의 초고에 사용한 글쓰기 방법으로 가장 적절한 것은?

☑ **통계 자료를 통해 객관적인 정보를 제시한다.**
'Ⅱ. 본론'의 '1. 현황'에서 〈조합원 비율 및 협동 매점 수익금〉 통계 자료를 제시하고 있으므로, 통계 자료를 활용하여 객관적인 정보를 제시하는 글쓰기 방법이 사용되었음을 알 수 있다.

② 문헌 자료 분석을 통해 결론의 근거를 제시한다.
이 보고서를 통해 문헌 자료를 분석한 내용은 찾아볼 수 없다.

③ 다양한 해결 방안의 장단점을 비교하여 설명한다.
'Ⅱ. 본론'의 '2. 문제점 분석 및 해결 방안' 3문단에 해결 방안이 제시되어 있지만 해결 방안의 장단점을 비교하여 설명하지는 않고 있다.

④ 조사 기간과 방법 및 대상을 항목화하여 제시한다.
'서론'의 '전교생을 대상으로 한 설문 조사를 진행하였다.'를 통해 조사 대상을 제시하였음을 알 수 있지만, 이를 항목화하여 제시하지는 않고 있다. 또한 조사 기간과 방법을 제시하지도 않고 있다.

⑤ 조사 내용과 관련된 전문 용어의 개념을 설명한다.
이 보고서를 통해 조사 내용과 관련된 전문 용어의 개념을 설명한 부분은 찾아볼 수 없다.

★★★ 1등급 대비 고난도 2점 문제

03 글쓰기 내용 생성의 적절성 판단 · 정답률 76% · 정답 ④

㉠ ~ ㉢이 'Ⅱ. 본론'에 구체화된 내용으로 적절하지 않은 것은?

① ㉠ : 협동 매점의 운영 시간 및 수익금 사용처
'1. 현황'의 '조합원들이 점심시간 ~ 사용하고 있다.'를 통해, ㉠과 관련하여 협동 매점의 운영 시간과 수익금 사용처를 확인할 수 있다.

② ㉠ : 조합원 비율 및 협동 매점 수익금의 변동 추이
'1. 현황'의 〈조합원 비율 및 협동 매점 수익금〉 통계 자료를 통해, ㉠과 관련하여 협동 조합의 조합원 비율 및 협동 매점 수익금의 변동 추이를 확인할 수 있다.

③ ㉡ : 협동조합 유지와 설립 취지의 지속적인 실현이 어려움
'2. 문제점 분석 및 해결 방안'의 1문단을 통해, ㉡과 관련하여 '협동조합 유지와 설립 취지의 지속적인 실현이 어려움'을 확인할 수 있다.

☑ **㉢ : 조합원에 대한 혜택이 부족하게 된 과정을 분석하여 파악한 원인**

'2. 문제점 분석 및 해결 방안' 2문단의 '설문 조사 결과, 조합원 비율이 감소한 원인은 조합원에 대한 혜택이 부족해서 탈퇴한 것'을 통해, 조합원에 대한 혜택이 부족하여 조합원 비율이 감소하고 있다는 문제의 원인은 알 수 있다. 하지만 조합원에 대한 혜택이 부족하게 된 과정을 분석한 내용이나 이를 바탕으로 조합원 비율이 감소한 원인을 파악한 내용은 본론에 제시되지 않고 있다.

⑤ ㉢ : 조합원 비율 및 협동 매점 수익금 감소와 관련된 설문 조사 내용을 분석하여 파악한 원인
'2. 문제점 분석 및 해결 방안'의 2문단을 통해, 조합원 비율이 감소한 원인과 협동 매점 수익금이 감소하는 원인에 대한 설문 조사 결과를 제시하였음을 알 수 있다. 따라서 ㉢을 설문 조사 내용을 분석하여 파악하였음을 확인할 수 있다.

★★ 문제 해결 꿀~팁 ★★

▶ **많이 틀린 이유는?**
이 문제는 주어진 글의 내용을 정확하게 이해하지 못해 어려움을 겪은 것으로 보인다. 특히 글에 원인이 제시되어 있어서 '문제의 원인'이 반영되었다고 성급하게 파악한 것도 오답률을 높인 원인으로 보인다.

▶ **문제 해결 방법은?**
이 문제 역시 작문에서 주어진 글을 정확히 이해하고, 이를 선택지의 내용과 비교하여 적절성을 판단했다면 충분히 풀 수 있는 문제이다. 가령 정답인 ④의 경우, '2. 문제점 분석 및 해결 방안' 2문단의 내용을 통해, 조합원에 대한 혜택이 부족하여 조합원 비율이 감소하고 있다는 문제의 원인은 알 수 있다. 그런데 선택지에서는 '조합원에 대한 혜택이 부족하게 된 과정을 분석하여 파악한 원인'에 대한 내용은 찾아볼 수 없으므로 적절하지 않은 것이다. 이 문제에서 보이듯이 '원인'에 대해 글이나 선택지 모두 제시되어 있지만, 선택지에 제시된 원인을 글에서는 찾을 수 없는 경우가 있다. 이는 글의 내용을 정확히 이해하지 못하면 발견할 수 없는 것이므로, 문제를 풀 때는 항상 선택지의 내용이 글에 제시되어 있는지, 글에 제시되어 있더라도 선후나 인과를 바꾸어 잘못 제시되어 있는지를 명확히 판단할 수 있도록 주의를 기울여야 한다.

★★★ 1등급 대비 고난도 2점 문제

04 음운의 변동 이해 · 정답률 54% · 정답 ⑤

〈보기〉의 선생님의 설명을 바탕으로 ㉠ ~ ㉢에 대해 학생이 발표한 내용으로 적절한 것은?

〈보 기〉

선생님 : 음운의 변동은 한 음운이 다른 음운으로 바뀌는 교체, 한 음운이 없어지는 탈락, 새로운 음운이 생기는 첨가, 두 음운이 하나의 음운으로 합쳐지는 축약으로 구분됩니다. 음운의 변동이 일어날 때 음운의 개수가 늘어나기도 하고 줄어들기도 합니다. 다음 예시에 나타난 음운의 변동에 대해 발표해 봅시다.

㉠ 꽃잎 → [꼰닙]
㉡ 맑지 → [막찌]
㉢ 막힘없다 → [마키멉따]

① ㉠과 ㉡은 첨가 현상이 일어났습니다.
② ㉠과 ㉢은 탈락 현상이 일어났습니다.
③ ㉡과 ㉢은 축약 현상이 일어났습니다.
④ ㉠과 ㉡은 음운의 개수가 늘었습니다.

☑ **㉡과 ㉢은 음운의 개수가 줄었습니다.**
㉠의 '꽃잎'은 [꼳잎]으로 바뀐 후, [꼳닙], [꼰닙]으로 이어서 발음되므로, 교체와 첨가가 일어나서 음운의 개수는 늘었다고 할 수 있다. 그리고 ㉡의 '맑지'는 [막지]로 바뀐 후 [막찌]로 발음되므로 탈락과 교체가 일어나서 음운의 개수는 줄었다고 할 수 있다. 또한 ㉢의 '막힘없다'는 [막힘업다]로 바뀐 후, 이어서 [마킴업다], [마키멉따]로 발음되므로 축약과 탈락과 교체가 일어나서 음운의 개수는 줄었다고 할 수 있다. 따라서 ㉠은 음운의 개수가 늘어났지만, ㉡과 ㉢은 음운의 개수가 줄었다고 할 수 있다.

★★ 문제 해결 꿀~팁 ★★

▶ **많이 틀린 이유는?**
이 문제는 음운 변동 과정과 음운 변동의 종류에 대한 정확한 이해 부족, 그리고 겹받침의 경우 음운이 두 개라는 기본적인 지식이 부족하여 어려움을 겪었던 것으로 보인다.

▶ **문제 해결 방법은?**
이 문제를 해결하기 위해서는 각 단어의 음운 변동 과정을 정확히 이해하여야 한다. 가령 '꽃잎'은 '[꼳잎 → 꼰닙]'으로, '맑지'는 '[막지 → 막찌]'로, '막힘없다'는 '[마킴없다 → 마킴업다 → 마키멉따]'의 과정을 이해해야 한다. 즉 〈보기〉에 제시된 마지막으로 발음

되는 것뿐만 아니라 그 중간 과정도 정확히 이해해야 한다. 이렇게 볼 때, ㉡과 ㉢에서는 본래 단어보다 발음된 음운의 개수는 줄어들었음을 알 수 있다. 이때 겹자음의 경우 두 개의 자음으로 이루어졌지만 음절의 끝소리 규칙에 따라 하나의 자음으로만 소리 나므로 음운 개수가 줄어든다. 한편 음운 개수의 변동 여부를 본래 단어(겹받침은 두 개의 자음이고, 아, 어, 오, 우 등은 한 개의 모음임.)와 소리 나는 음운의 개수를 비교해 보면 되는데, 이 경우 〈보기〉를 통해 음운 개수를 세어 보면 바로 알 수 있다. 이처럼 문법 문제를 풀 때에는 〈보기〉에서 사례로 제시된 것을 정확히 파악하는 것도 문제 해결에 도움이 될 수 있다.

▶ **오답인 ③을 많이 선택한 이유는?**
이 문제의 경우 학생들이 ③이 적절하지 않다고 하여 오답률이 높았는데, 이는 음운 변동 과정 및 축약과 탈락 등의 기본적인 문법 지식이 부족했기 때문으로 보인다. 만일 ㉡과 ㉢의 음운 변동 과정과 문법 지식을 정확히 알았다면 ㉡은 축약이 일어나지 않고 된소리되기가 일어났음을 알 수 있어서 적절하지 않음을 알았을 것이다. 이 문제에서처럼 음운 변동과 관련된 문제는 음운 변동에 대한 정확한 이해, 즉 음운 교체, 첨가, 탈락, 축약에 대한 정확한 이해가 필요하므로 평소 정확하게 숙지해 두도록 한다.

05~08 **기술**

김학수, 「인공지능 음성 언어 비서 시스템의 자연어 처리 기술」

해제 이 글은 음성 언어 비서 시스템에서 통계 데이터를 활용하여 단어나 문장의 오류를 보정하는 자연어 처리 기술인 철자 오류 보정 방식과 띄어쓰기 오류 보정 방식을 소개하고 있다. 철자 오류 보정 방식은 교정 사전과 어휘별 통계 데이터를 기반으로 잘못된 문자열을 올바른 문자열로 바꿔 주는 방식이며, 띄어쓰기 오류 보정 방식은 띄어쓰기가 올바르게 구현된 문장에서 추출한 통계 데이터와 비교하여 잘못된 띄어쓰기를 보정해 주는 방식이다.

주제 자연어 처리 기술의 종류와 각각의 오류 보정 방법

문단 핵심 내용

1문단	자연어 처리 기술의 이해
2문단	철자 오류 보정의 과정 1 – 전처리와 오류 문자열 판단
3문단	철자 오류 보정의 과정 1 – 교정 후보 집합 생성과 최종 교정 문자열 탐색
4문단	띄어쓰기 오류 보정 방식
5문단	철자 오류 보정 방식과 띄어쓰기 오류 보정 방식의 정확도 향상 방안

---

05 내용의 사실적 이해 정답률 73% | 정답 ③

윗글에서 알 수 있는 내용으로 적절하지 <u>않은</u> 것은?

① 잘못 입력된 문장이 보정되지 않으면 음성 언어 비서 시스템이 제 기능을 발휘하지 못한다.
1문단을 통해 음성 언어 비서 시스템이 제대로 작동하기 위해서는 사용자의 음성이 올바르게 인식되어야 함을 알 수 있다. 따라서 잘못 입력된 문장이 보정되지 않으면 시스템이 제 기능을 발휘하지 못한다고 할 수 있다.

② 음성 인식 오류를 보정할 때는 사용자의 음성 언어를 문자 언어로 변환하는 과정이 선행된다.
1문단을 통해 입력된 음성 언어를 문자 언어로 변환한 다음, 오류를 보정하는 자연어 처리 기술이 사용됨을 알 수 있으므로, 음성 인식 오류를 보정할 때는 사용자의 음성 언어를 문자 언어로 변환하는 과정이 필요함을 알 수 있다.

✔ **철자 오류 보정 방식은 각 단계마다 입력된 문장을 음절 단위로 구분하여 데이터를 처리한다.**
2문단을 통해 철자 오류 보정 방식의 첫 번째 단계인 '전처리'에서는 국어에 쓰이는 음절에 대한 정보를 바탕으로 처리가 불가능한 문자열을 처리가 가능한 문자열로 바꾸어 줌을 알 수 있다. 그리고 두 번째 단계인 '오류 문자열 판단' 단계부터는 입력된 문장을 어절 단위의 문자열로 나누어 처리함을 알 수 있다. 따라서 철자 오류 보정 방식에서 각 단계마다 입력된 문장을 음절 단위로 구분하여 처리한다는 설명은 적절하지 않다.

④ 띄어쓰기 오류 보정 방식에서 입력된 문장의 처음과 끝은 공백이 있는 것으로 처리된다.
4문단을 통해 띄어쓰기 오류 보정 방식에서 문장의 처음과 끝은 공백이 있는 것으로 처리함을 알 수 있다.

⑤ 통계 데이터에 포함된 데이터의 양을 늘리면 보정의 정확도는 증가하지만 처리 속도는 감소한다.

5문단을 통해 보정의 정확도를 높이기 위해 데이터의 양을 늘리면 처리 속도가 감소함을 알 수 있다.

06 구체적인 상황에의 적용 정답률 76% | 정답 ④

[A]를 참고로 하여 〈보기〉의 ㉮ ~ ㉱를 설명한 내용으로 적절하지 <u>않은</u> 것은? [3점]

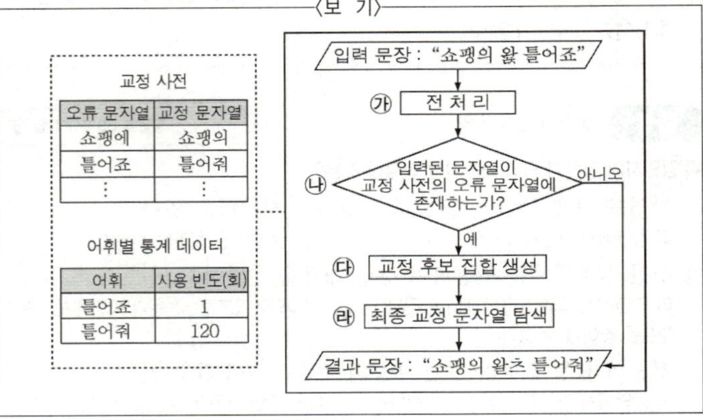

① ㉮ : '왗'를 '왈츠'로 교정하여 처리가 가능한 문자열로 바꿔 준다.
2문단을 통해 '전처리' 단계에서는 불분명하게 입력된 문자열을 처리가 가능한 문자열로 바꿔 줌을 알 수 있다. 따라서 '왗'라는 음절은 국어에 쓰이지 않으므로 처리가 가능한 문자열인 '왈츠'로 바꿔 줌을 알 수 있다.

② ㉯ : '쇼팽의'를 교정 사전에서 확인한 결과 오류 문자열에 해당하지 않으므로 결과 문장으로 바로 보낸다.
3문단을 통해 처리된 문자열이 교정 사전의 오류 문자열에 존재하지 않을 경우 바로 결과 문장으로 도출됨을 알 수 있다. 따라서 '쇼팽의'라는 문자열은 교정 사전의 오류 문자열에 존재하지 않으므로 결과 문장으로 바로 보냄을 알 수 있다.

③ ㉯ : '틀어죠'를 교정 사전에서 확인한 결과 오류 문자열에 해당하므로 '교정 후보 집합 생성' 단계로 보낸다.
2문단을 통해 '오류 문자열 판단' 단계에서는 어절 단위의 문자열이 교정 사전의 오류 문자열에 존재하는지 여부를 확인함을 알 수 있다. 따라서 '틀어죠'라는 문자열은 교정 사전의 오류 문자열에 존재하므로 '교정 후보 집합 생성' 단계로 보냄을 알 수 있다.

✔ ㉰ : '틀어죠'가 교정 사전의 오류 문자열에 있으므로 '틀어줘'만을 교정 후보로 하는 교정 후보 집합을 생성한다.
3문단을 통해 '교정 후보 집합 생성' 단계에서는 오류 문자열과 교정 문자열 모두를 교정 후보로 하는 교정 후보 집합을 생성함을 알 수 있다. 이에 따라 '틀어죠'와 '틀어줘' 모두 교정 후보로 하는 교정 후보 집합을 생성하므로, '틀어줘'만을 교정 후보로 한다는 진술은 적절하지 않다.

⑤ ㉱ : 어휘별 통계 데이터를 적용하여 사용 빈도가 높은 '틀어줘'를 최종 교정 문자열로 선택한다.
3문단을 통해 '최종 교정 문자열 탐색' 단계에서는 교정 후보 중 사용 빈도가 높은 문자열을 최종 교정 문자열로 선택하여 결과 문장을 도출함을 알 수 있다. 따라서 교정 후보 '틀어죠'와 '틀어줘' 중 어휘별 통계 데이터에서 사용 빈도가 높은 '틀어줘'를 최종 교정 문자열로 선택함을 알 수 있다.

★★★ **1등급 대비 고난도 2점 문제**

07 이유의 추리 정답률 60% | 정답 ⑤

윗글을 바탕으로 할 때, ㄱ ~ ㅁ에서 〈보기〉의 띄어쓰기 오류 보정이 일어난 이유로 가장 적절한 것은?

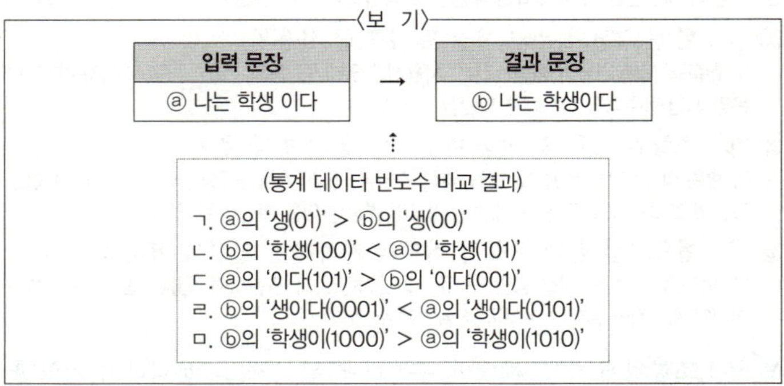

① ㄱ. ⓐ의 '생(01)' > ⓑ의 '생(00)'

ⓐ의 '생(01)'이 ⓑ의 '생(00)'보다 크므로 띄어쓰기 오류 보정이 일어난 이유에 해당하지
않는다.

② ㄴ. ⓑ의 '학생(100)' < ⓐ의 '학생(101)'
ⓑ의 '학생(100)'이 ⓐ의 '학생(101)'이 보다 작으므로 띄어쓰기 오류 보정이 일어난 이유
에 해당하지 않는다.

③ ㄷ. ⓐ의 '이다(101)' > ⓑ의 '이다(001)'
ⓐ의 '이다(101)'가 ⓑ의 '이다(001)'보다 크므로 띄어쓰기 오류 보정이 일어난 이유에
해당하지 않는다.

④ ㄹ. ⓑ의 '생이다(0001)' < ⓐ의 '생이다(0101)'
ⓑ의 '생이다(0001)'가 ⓐ의 '생이다(0101)'보다 작으므로 띄어쓰기 오류 보정이 일어난
이유에 해당하지 않는다.

☑ ㅁ. ⓑ의 '학생이(1000)' > ⓐ의 '학생이(1010)'
4문단을 통해 띄어쓰기 오류 보정 방식에서는 입력 문장의 띄어쓰기를 이진법으로 변환
한 다음 통계 데이터와 비교하여 빈도수가 높은 띄어쓰기 결과에 맞춰 오류를 보정함을
알 수 있다. 따라서 〈보기〉의 통계 데이터 빈도수 비교 결과 중 띄어쓰기 오류 보정이
일어난 이유는 ⓑ의 '학생이(1000)'이 ⓐ의 '학생이(1010)'보다 빈도수가 높은 'ㅁ' 때문
이라 할 수 있다.

★★ 문제 해결 꿀~팁 ★★

▶ 많이 틀린 이유는?
이 문제는 문제의 의도를 정확히 이해하지 못하였거나, 글의 내용을 적용하는 과정에서
어려움을 겪어 오답률을 높였던 것으로 보인다.

▶ 문제 해결 방법은?
이 문제를 해결하기 위해서는 문제의 의도를 정확히 이해해야 한다. 즉 〈보기〉의 '입력
문장'과 '출력 문장'을 비교하여 띄어쓰기 오류 보정이 일어난 곳이 어디인지 파악하고
이를 중심으로 문제를 해결할 수 있어야 한다. 이렇게 볼 때, '입력 문장'의 '학생 이다'를
'학생이다'로 고쳤으므로 이를 중심으로 살펴보면 된다. 그리고 4문단의 내용을 통해
입력 문장의 띄어쓰기를 이진법으로 변환한 다음 통계 데이터와 비교하여 빈도수가 높은
띄어쓰기 결과에 맞춰 오류를 보정한다는 내용을 파악하였다면 ⑤가 적절함을 알았을
것이다. 마찬가지로 ④의 경우에도 4문단의 내용을 바탕으로 할 때, ⓑ의 '생이다(0001)'
가 ⓐ의 '생이다(0101)'보다 작으므로 띄어쓰기 오류 보정이 일어난 이유에 해당하지
않음을 알 수 있다. 이 문제처럼 문제 의도만 정확히 알았다면 ④와 ⑤로 선택지를 좁힐
수 있고, ④와 ⑤ 중에서 '빈도수가 높은 띄어쓰기 결과에 맞춰 오류를 보정한다는 내용'
을 바탕으로 답을 쉽게 파악할 수 있었을 것이다. 따라서 평소 문제를 풀 때는 출제자의
의도를 정확히 파악할 수 있도록 문제의 발문과 발문으로 제시된 〈보기〉를 정확히 읽을
수 있도록 한다.

---

08 문맥적 의미 파악 정답률 91% | 정답 ④

문맥에 맞게 ㉠~㉤을 바꿔 쓴 것으로 적절하지 <u>않은</u> 것은?

① ㉠ : 바탕으로
'기반'은 '기초가 될 만한 바탕'이라는 의미를 지닌 단어이므로, '기반으로'는 '바탕으로'로
바꾸어 쓸 수 있다.

② ㉡ : 나누어
'구분하다'는 '일정한 기준에 따라 갈라 나누다.'라는 의미를 지닌 단어이므로, '구분하여'
는 '나누어'로 바꾸어 쓸 수 있다.

③ ㉢ : 만든다
'생성하다'는 '사물이 생겨 이루어지게 하다.'라는 의미를 지닌 단어이므로, '생성한다'는
'만든다'로 바꾸어 쓸 수 있다.

☑ ㉣ : 고친
'추출하다'는 '전체 속에서 어떤 요소를 뽑아내다.'라는 의미를 지닌 단어이므로, '추출
한'을 '고친'으로 바꾸어 쓰는 것은 적절하지 않다.

⑤ ㉤ : 높이기
'향상시키다'는 '수준이나 기술 따위가 나아지게 하다.'라는 의미를 지닌 단어이므로, 앞에
'정확도'가 쓰인 문맥을 고려해 볼 때 '향상시키기'를 '높이기'로 바꾸어 쓸 수 있다.

09~12 갈래 복합

(가) 이황, 「도산십이곡」

감상 퇴계 이황이 말년에 안동(安東)에 도산서원을 세우고 생활할 때 느낀 감흥과
학문의 경지를 읊은 연시조이다. 이 작품은 **언지(전6곡)와 언학(후6곡)으로 이루어져
있다. '언지(言志, 뜻을 말함)'가** 삶에 대한 작가의 태도를 노래한 것이라면, **'언학(言學,
학문을 말함)'은** 작가의 인생관 중 학문에 관한 것만을 따로 떼어 노래한 것이다. 이 두

가지는 당시 사대부들이 추구한 이상적인 생활 태도로, 이 작품에는 사대부들의 성리
학적 세계관이 투영되어 있다.

주제 자연 친화적 삶의 추구와 학문 수양에 대한 끝없는 의지

현대어 풀이

이런들 어떠하며 저런들 어떠하랴?
시골에 묻혀 사는 어리석은 사람이 이렇게 산다고 해서 어떠하랴?
더구나 자연을 버리고는 살 수 없는 마음을 고쳐 무엇하랴?
〈언지 제1수〉

안개와 노을을 집으로 삼고 바람과 달을 친구로 삼아
태평성대에 (자연을 사랑하는) 병으로 늙어가지만
이 중에 바라는 일은 (사람의) 허물이나 없었으면 (한다.)
〈언지 제2수〉

예로부터 전해오는 순박한 풍속이 다 사라져 없어졌다고 하는 것은 참으로 거짓말이
로다.
인간의 성품이 본래부터 어질다고 하는 말은 참으로 옳은 말이다.
(이) 세상의 많은 슬기로운 사람들을 (어찌) 속여 말할 수 있겠느냐.
〈언지 제3수〉

고인도 나를 못 보고 나도 고인을 못 뵈어
고인을 못 보아도 (고인이) 가던 길이 앞에 있네.
(고인이) 가던 길이 앞에 있는데 가지 않을 수 있겠는가?
〈언학 제3수〉

그 당시 학문 수양에 힘쓰던 길을 몇 해씩이나 버려 두고
어디 가 다니다가 (벼슬길을 헤매다가) 이제야 돌아왔는가?
이제 돌아왔으니 (다시는) 딴 마음 먹지 않으리.
〈언학 제4수〉

아무리 어리석은 사람이라도 (도를) 알려고 하는 것이니 그것이 쉬운 일이 아닌가?
성인도 다 하지는 못하는 법이니 그 얼마나 어려운 일인가?
쉽든 어렵든 간에 (학문을 닦는 생활 속에) 늙어 가는 줄 모르겠구나.
〈언학 제6수〉

(나) 이희승, 「뒤지가 진적」

감상 이 글은 **일제 강점기 투옥 생활에서의 '뒤지'와 관련된 경험을 바탕으로 글쓴
이의 글을 읽는 의지와 글을 읽는 것의 소중함을 드러낸 수필이다.** 이 글에는 글쓴이뿐만
아니라 사람들이 투옥 중에서도 '뒤지'를 통해서라도 글을 읽으려는 의지적인 노력이
잘 드러나 있는데, 이를 통해 **글을 읽는 것을 포기하지 않으려는 면모와 글을 읽는 것이
얼마나 소중한 행위임을** 드러내 주고 있다.

주제 글을 읽으려는 의지와 글을 읽는 것의 소중함

---

09 작품 이해의 적절성 판단 정답률 86% | 정답 ④

(가)와 (나)를 이해한 내용으로 가장 적절한 것은?

① (가)와 (나) 모두 자신의 곁에 없는 사람을 그리워하는 심정이 나타
나 있다.
(가)에서는 '고인'을 따르려는 모습은 드러나 있지만 곁에 없는 사람을 그리워하는 심정은
드러나지 않고 있다. 그리고 (나)에서는 글을 읽기 위해 '뒤지'를 얻으려는 노력은 드러나
있지만, 자신의 곁에 없는 사람을 그리워하는 모습은 드러나지는 않고 있다.

② (가)와 (나) 모두 다른 사람이 처한 문제 상황을 해결해 주려는 자세
가 나타나 있다.
(가)에서 학문을 하지 못했던 화자의 지난날의 상황이 문제 상황이라고 볼 수 있지만, 이는
화자가 처한 상황이지 다른 사람이 처한 문제 상황이라고는 할 수 없다. 그리고 (나)의
글쓴이가 '뒤지'를 구하려고 하는 노력을 통해 문제 상황을 해결하려는 모습을 보이고 있
지만, 이러한 모습을 다른 사람이 처한 문제 상황을 해결해 주려는 자세라고 볼 수 없다.

③ (가)와 (나) 모두 주변 사물에 가졌던 부정적 인식이 긍정적으로 바
뀌게 된 계기가 나타나 있다.
(가)에서 화자는 학문에 매진하겠다 하고 있지, 이러한 학문에 대해 부정적 인식을 드러내
지는 않고 있다. 그리고 (나)에서 글쓴이는 '뒤지'를 통해 글을 읽을 수 있다고 여겨 긍정적
으로 인식하고 있지, 이에 대해 부정적으로 인식하지는 않고 있다. 따라서 (가), (나) 모두
주변 사물에 가졌던 부정적 인식이 긍정적으로 바뀌게 된 계기가 나타난다고는 할 수
없다.

✔ **(가)에는 자신의 삶을 성찰하는 모습이, (나)에는 자신의 욕구를 충족하기 위한 모습이 나타나 있다.**
(가)의 '당시에 가던 길흘 몃 히롤 버려 두고/ 어듸 가 다니다가 이제야 도라온고'를 통해, 학문에 힘쓰지 않았던 화자가 자신의 삶을 성찰하는 모습을 알 수 있다. 그리고 (나)에서는 '뒤지'를 구하기 위한 글쓴이의 노력을 통해, 글을 읽고 싶은 글쓴이의 욕구 충족을 알 수 있다.

⑤ **(가)에는 역사적 인물에 대한 비판적 태도가, (나)에는 현실 상황에 대한 수용적 태도가 나타나 있다.**
(가)에서 화자는 '고인'의 뒤를 따르겠다 하고 있지, 이러한 '고인'에 대해 비판적 태도를 보이지는 않고 있다. 또한 '고인'을 역사적 인물이라고 볼 수도 없다. 그리고 (나)에서 투옥 생활에서 '뒤지'를 얻으려고 노력하는 모습을 보이고 있을 뿐, 투옥 생활을 수용하고 있는 모습은 드러나지 않고 있다.

10 　外的 준거에 따른 작품의 감상　　　정답률 64% | 정답 ⑤

〈보기〉를 활용하여 (가)를 감상한 내용으로 적절하지 **않은** 것은? [3점]

〈보 기〉
「도산십이곡」은 〈언지〉 여섯 수와 〈언학〉 여섯 수로 이루어진 연시조로서, 창작 의도를 밝힌 발문(跋文)이 함께 전해진다. 〈언지〉에는 자연 속에 살며 인간의 선한 본성을 회복하기를 바라는 뜻이, 〈언학〉에는 선한 본성 회복을 위해 학문에 힘쓰겠다는 의지가 나타나 있다. 또한 발문에는 이황이 이 작품을 우리말로 지어 제자들이 노래로 부르며 향유하게 하여, 지향할 만한 삶의 방식과 바람직한 가치를 마음에 새기게 하려는 교육적 의도를 가지고 있었음이 드러나 있다.

① 〈언지〉에 나타난 뜻을 참고할 때, '연하'와 '풍월'을 가까이 하며 '허물'이 없기를 바라는 것은 자연 속에 살며 선한 본성을 회복하기를 바라는 것으로 볼 수 있겠군.
〈언지 제2수〉에서 '연하'와 '풍월'은 자연을 상징하는 것으로, 이들을 가까이 하는 것은 자연 속에 사는 것을 나타낸다. 그리고 '허물'은 선한 본성의 회복을 방해하는 것이므로, 이것이 없기를 바라는 것은 선한 본성을 회복하기를 바라는 것을 나타낸다고 볼 수 있다.

② 〈언학〉에 나타난 의지를 참고할 때, 다른 것에 '무음'을 두지 않으려는 것은 학문에 열중하겠다는 것으로 볼 수 있겠군.
〈언학 제4수〉에서 다른 것에 '무음'을 두지 않으려는 것은 학문에 힘쓰지 않았던 자신을 돌아보며 다짐하는 것으로, 앞으로 학문에 열중하겠다는 것을 나타낸다고 볼 수 있다.

③ 발문의 내용을 참고할 때, '천석고황'을 고치지 않으려는 것은 이황이 제자들에게 지향할 만한 삶의 방식이라고 말하고자 한 것으로 볼 수 있겠군.
〈언지 제1수〉에서 '천석고황'을 고치지 않으려는 것은 자연 속에 살며 자연을 즐기고 사랑하겠다는 것으로, 이황이 제자들에게 지향할 만한 삶의 방식이라고 말하고자 한 것으로 볼 수 있다.

④ 발문의 내용을 참고할 때, '고인'이 '가던 길'을 가려는 것은 제자들이 마음에 새길 만큼 바람직한 가치라고 이황이 생각한 것으로 볼 수 있겠군.
〈언학 제3수〉에서 '고인'이 '가던 길'을 가려는 것은 학문에 힘쓰겠다는 것으로, 제자들이 마음에 새길 만큼 바람직한 가치라고 이황이 생각한 것으로 볼 수 있다.

✔ **발문의 내용을 참고할 때, '우부'와 '성인'을 구분하는 것은 제자들에게 성인을 본받아야 함을 보여 주려는 이황의 교육적 의도가 반영된 것으로 볼 수 있겠군.**
〈언학 제6수〉에서 '우부'와 '성인'을 구분하는 것은 학문하는 것이 우부도 알면 할 정도로 쉽고 성인도 다하지 못할 정도로 어렵다는 것을 나타내기 위한 것이다. 따라서 '우부'와 '성인'을 구분하는 것이 제자들에게 성인을 본받아야 함을 나타낸 것이라는 감상 내용은 적절하지 않다.

11 　표현상의 효과 파악　　　정답률 58% | 정답 ①

㉠, ㉡에 대한 설명으로 가장 적절한 것은?

✔ **㉠은 대조적인 어휘를 사용하여 자신의 판단을 드러내고 있다.**
㉠은 '순풍'이 죽지 않았고 '인성'이 어질다는 판단을 대조적인 어휘인 '거짓말'과 '올흔말'을 사용하여 드러내고 있다.

② ㉠은 다른 사람의 말을 인용하여 자신이 주변 사람에게 준 영향을 강조하고 있다.
㉠에는 다른 사람의 말이 '순풍이 죽다 ᄒ니', '인성이 어지다 ᄒ니'로 인용되고 있으나, 이를 통해 자신이 주변 사람에게 준 영향을 강조하지는 않고 있다.

③ ㉡은 우회적인 표현을 사용하여 자신의 깨달음을 드러내고 있다.
㉡에는 자신의 깨달음이 드러나 있으나, 우회적인 표현이 나타나지 않고 있다.

④ ㉡은 유사한 형태의 구절을 반복하여 상황이 나아지리라는 기대를 드러내고 있다.
㉡에는 상황이 나아지리라는 기대가 드러나지 않고 있다.

⑤ ㉠과 ㉡은 모두 말을 건네는 방식을 사용하여 상대와의 유대를 강화하고 있다.
㉠과 ㉡에서 말을 건네는 방식은 사용되지 않고 있다.

12 　外的 준거에 따른 작품의 감상　　　정답률 67% | 정답 ②

〈보기〉를 바탕으로 (나)를 감상한 내용으로 적절하지 **않은** 것은?

〈보 기〉
이희승은 일제 강점기에 우리말을 연구하고 보급한 조선어 학회에서 활동한 지식인으로, 조선어학회가 민족주의 단체라는 이유로 검거되어 투옥 생활을 하였다. (나)에는 글을 읽는 것이 일상적이었던 사람들인 글쓴이와 조선어학회 동지들이 투옥 생활 중에도 읽을 거리를 얻기 위해 노력하며 글을 읽으려는 의지를 보이는 모습이 나타나 있다. 이를 통해 글을 읽는 것을 포기하지 않으려는 글쓴이의 면모가 드러난다.

① '뒤지'를 '귀중한 읽을거리'로 대하는 것에서, 일제 강점기 투옥 생활에서 읽을거리를 접하기가 쉽지 않았던 글쓴이의 처지를 알 수 있군.
화장실에서 사용하는 '뒤지'를 도서관에서 책을 대하듯이 '귀중한 읽을거리'로 대하는 것은 글쓴이가 일제 강점기 투옥 생활에서 읽을거리를 접하기 쉽지 않았음을 보여 준다.

✔ **'이것으로 우리들에게 뒤지를 공급하'는 것에서, 글쓴이와 조선어학회 동지들이 읽을거리를 얻기 위해 노력한 결과를 알 수 있군.**
'이것으로 우리들에게 뒤지를 공급하'는 것은 경찰서에서 감방에 있는 사람들에게 재고품이 풍부한 경무휘보라는 잡지를 뒤지로 공급하는 것을 나타낸 것으로, 글쓴이와 조선어학회 동지들이 읽을거리를 얻기 위해 노력한 결과로 볼 수 없다.

③ '한결 지루한 시간이 쉽사리 지나는 것만 같'다고 여기는 것에서, 글을 읽는 것이 일상적이었던 글쓴이와 조선어학회 동지들이 글을 읽을 때 느끼는 만족감을 확인할 수 있군.
'한결 지루한 시간이 쉽사리 지나는 것만 같'다고 여기는 것은 감방에서 글을 읽을 때 시간이 쉽게 지나는 것 같다고 여기는 것으로, 이를 통해 글을 읽는 것이 일상적이었던 글쓴이와 조선어학회 동지들이 글을 읽을 때 느끼는 만족감을 확인할 수 있다.

④ '다 각각 얻은 뒤지를 서로 돌려 가며 보는 것'에서, 글을 읽으려는 의지를 보이는 글쓴이와 조선어학회 동지들의 모습을 엿볼 수 있군.
'다 각각 얻은 뒤지를 서로 돌려 가며 보는 것'은 글쓴이와 조선어학회 동지들이 노력하여 얻은 뒤지를 서로 돌려 가며 보는 것으로, 이를 통해 글을 읽으려는 의지를 보이는 모습을 엿볼 수 있다.

⑤ '이런 것도 인력으로 좌우할 수 없는 본능의 소치'라고 생각하는 것에서, 현실적 어려움이 있더라도 글을 읽는 것을 포기하지 않으려는 글쓴이의 면모를 엿볼 수 있군.
'이런 것도 인력으로 좌우할 수 없는 본능의 소치'라고 생각하는 것은 글을 읽고자 하는 의욕이 사람의 힘으로 바꿀 수 없는 본능이라고 생각하는 것으로, 이를 통해 현실적 어려움이 있더라도 글을 읽는 것을 포기하지 않으려는 글쓴이의 면모를 엿볼 수 있다.

DAY 28 · 20분 미니 모의고사

01 ④	02 ③	03 ①	04 ⑤	05 ②
06 ③	07 ⑤	08 ⑤	09 ②	10 ④
11 ①	12 ③			

---

01 토론 입론의 이해   정답률 64% | 정답 ④

(가)의 '입론'을 이해한 내용으로 적절하지 않은 것은?

① '찬성 1'은 전임 학생회와의 단절을 극복하고 학생회의 연속성을 강화할 수 있음을 내세우고 있다.

> 찬성 1이 세 번째 근거로 제시한 '셋째, 2학기부터 2학년인 학생회장이 활동을 시작하면 ~ 학생회의 연속성이 강화되는 효과도 있을 것입니다.'를 통해 알 수 있다.

② '찬성 1'은 인근 학교의 사례를 제시하여 새로운 학생회장 선거 문화를 만들어 낼 수 있음을 부각하고 있다.

> 찬성 1은 두 번째 근거로 후보자 간 공개 토론을 실시하여 그들이 내세운 공약의 실현 가능성을 검증하는 등 새로운 선거 문화를 만들 수 있다고 하면서, 1학기 말에 학생회장 후보자 간 공개 토론을 진행하여 학생들에게 큰 호응을 얻은 인근 학교의 사례를 들고 있다.

③ '반대 1'은 전후 학생회장 간의 의견 차이로 선후배 사이에 갈등이 생길 수 있음을 지적하고 있다.

> 반대 1의 '그런데 1학기 말에 2학년 중에서 학생회장을 ~ 학생회장과 알력이 생길 소지가 다분합니다.'를 통해, 반대 1은 2학년 학생회장과 전임 3학년 학생회장 간에 알력이 생길 수 있음을 지적하고 있다.

✔ **④ '반대 1'은 학생회장 후보자의 범위가 제한됨으로써 학생회의 권한이 축소될 수 있음을 우려하고 있다.**

> (가)의 입론을 통해 반대 1은 '학생회장 선거를 1학기 말에 실시해야 한다.'라는 논제에 대한 반대 이유로 학생회장 후보자의 범위가 축소될 것을 들고 있음을 알 수 있다. 하지만 반대 1은 학생회장 후보자의 범위가 제한되어 학생회의 권한이 축소될 것이라고 언급하지는 않고 있다.

⑤ '반대 1'은 학생회장의 의지와 체계적인 활동 계획으로 적극적인 학생회 활동이 가능함을 강조하고 있다.

> 반대 1의 '대학 입시가 3학년 학생회장의 적극적인 활동을 ~ 활동 계획으로 충분히 극복할 수 있을 것입니다.'를 통해, 반대 1은 학생회장의 의지와 체계적인 활동 계획을 제시하고 있음을 알 수 있다.

---

02 조건에 맞게 글쓰기   정답률 88% | 정답 ③

〈조건〉을 바탕으로 (나)의 끝부분에 한 문단을 추가한다고 할 때, 그 내용으로 가장 적절한 것은? [3점]

〈조 건〉
○ 속담이나 비유를 활용할 것.
○ 자신의 주장을 강조하며 마무리할 것.

① 손바닥 뒤집듯이 기존의 선거 방식을 바꾸는 것은 바람직하지 않습니다. 학생회장 선거의 시기 변경은 또 다른 문제를 야기할 수 있음을 명심해야 합니다.

> 학생회장 선거 시기의 변경이 다른 문제를 야기할 수 있다며 자신의 주장과 상반되는 내용을 전개하고 있으므로 적절하지 않다. 한편 '손바닥 뒤집듯 하다.'라는 속담은 활용하고 있다.

② 현재의 학생회장 선거 시기가 지닌 여러 문제점을 제대로 인식해야 합니다. 보다 나은 학생회를 만들기 위해서 학생회장 선거 시기를 지금 당장 바꾸어야 합니다.

> '보다 나은 학생회를 만들기 위해서 학생회장 선거 시기를 지금 당장 바꾸어야 합니다.'라고 자신의 주장을 강조하며 마무리하고 있지만, 속담이나 비유를 활용하지 않았다.

✔ **③ 쇠뿔도 단김에 빼야 하듯이 문제점을 인식한 이 시점이 학생회장 선거 시기를 바꿀 적절한 기회입니다. 그래서 이번 기회에 학생회장 선거 시기를 반드시 바꾸어야 합니다.**

> '조건'을 통해 형식적 조건이 속담이나 비유 활용이고, 내용적 조건이 학생회장 선거를 1학기말에 실시해야 한다는 주장을 강조하며 마무리하는 것임을 알 수 있다. 이러한

> 조건을 만족하는 것은 ③으로, '쇠뿔도 단김에 빼라.'라는 속담을 활용하고 있고, 자신의 주장인 '학생회장 선거 시기를 반드시 바꾸어야 한다.'는 점을 강조하며 마무리하고 있다.

④ 백지장도 맞들면 낫듯이 우리 모두가 힘을 모으면 학생회장 선거 시기를 바꿀 수 있습니다. 그런 다음에 더 중요한 학생회 임원 구성의 문제를 해결할 방안을 강구해야 합니다.

> 학생회 임원 구성의 문제를 해결할 방안을 강구해야 한다는 새로운 주장으로 마무리하고 있을 뿐, 학생회장 선거를 1학기말에 실시해야 한다는 자신의 주장을 강조하지는 않고 있다. 한편 '백지장도 맞들면 낫다.'라는 속담은 활용하고 있다.

⑤ 선거 시기의 변경으로 전후 학생회 간에 알력이 생길 수 있습니다. 따라서 학생회장 선거 시기 변경보다는 학생회의 자율성과 적극성을 높이기 위한 새로운 방안을 모색해야 합니다.

> 속담이나 비유도 활용하지 않았을 뿐 아니라 학생회장 선거 시기를 변경하지 말아야 한다며 반대 측의 주장으로 마무리하고 있으므로 적절하지 않다.

★★★ 1등급 대비 고난도 2점 문제

03 단어의 구조 파악   정답률 59% | 정답 ①

〈보기〉에 따라 탐구한 내용으로 적절한 것은?

〈보 기〉

> 직접 구성 요소란 어떤 말을 둘로 나누었을 때 나누어진 두 구성 요소 각각을 일컫는다. '먹이통'과 같이 세 개의 구성 요소로 이루어진 단어의 직접 구성 요소 분석은 아래의 그림과 같이 두 단계를 통해 이루어진다. 첫 번째 단계에서는 어근 '먹이'와 어근 '통'으로 나눌 수 있고, 두 번째 단계에서는 '먹이'를 어근 '먹–'과 접사 '–이'로 나눌 수 있다. 이를 통해 복잡하게 이루어진 단어의 짜임을 보다 쉽게 이해할 수 있다.

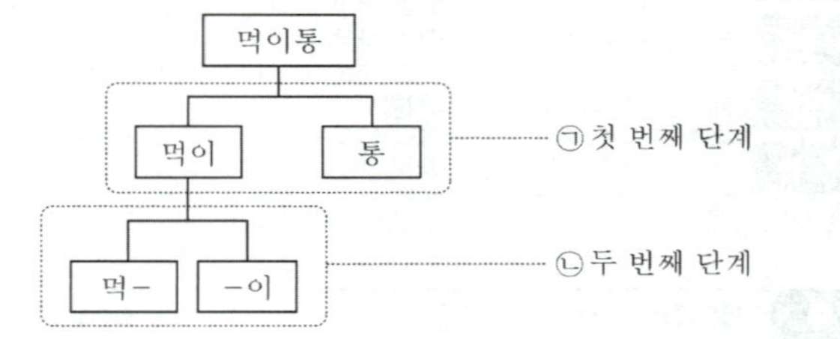

✔ **① '울음보'는 ⓐ에서 어근과 접사로 분석되고, ⓑ에서 어근과 접사로 분석된다.**

> '울음보'는 ⓐ에서 어근 '울음'과 접사 '–보'로 분석되고, ⓑ에서 어근 '울–'과 접사 '–(으)ㅁ'으로 분석되므로 적절한 탐구 내용이라 할 수 있다.

② '헛웃음'은 ⓐ에서 어근과 어근으로 분석되고, ⓑ에서 어근과 접사로 분석된다.

> '헛웃음'은 ⓐ에서 접사 '헛–'과 어근 '웃음'으로 분석되고 ⓑ에서 어근 '웃–'과 접사 '–(으)ㅁ'으로 분석되므로, ⓐ에서 어근과 어근으로 분석된다는 탐구 내용은 적절하지 않다.

③ '손목뼈'는 ⓐ에서 어근과 접사로 분석되고, ⓑ에서 어근과 어근으로 분석된다.

> '손목뼈'는 ⓐ에서 어근 '손목'과 어근 '뼈'로 분석되고 ⓑ에서 어근 '손'과 어근 '목'으로 분석되므로, ⓐ에서 어근과 접사로 분석된다는 탐구 내용은 적절하지 않다.

④ '얼음길'은 ⓐ에서 어근과 접사로 분석되고, ⓑ에서 어근과 어근으로 분석된다.

> '얼음길'은 ⓐ에서 어근 '얼음'과 어근 '길'로 분석되고 ⓑ에서 어근 '얼–'과 접사 '–(으)ㅁ'으로 분석되므로, ⓐ에서 어근과 접사로 분석되고, ⓑ에서 어근과 어근으로 분석된다는 탐구 내용은 적절하지 않다.

⑤ '물놀이'는 ⓐ에서 어근과 어근으로 분석되고, ⓑ에서 어근과 어근으로 분석된다.

> '물놀이'는 ⓐ에서 어근 '물'과 어근 '놀이'로 분석되고 ⓑ에서 어근 '놀–'과 접사 '–이'로 분석되므로, ⓑ에서 어근과 어근으로 분석된다는 탐구 내용은 적절하지 않다.

★★ 문제 해결 꿀~팁 ★★

▶ **많이 틀린 이유는?**
이 문제는 제시된 합성어나 파생어를 직접 구성 요소로 나누지 못하였고, 어근과 접사(파생 접사)에 대한 정확한 문법 지식이 없어서 오답률이 높았던 것으로 보인다.

▶ **문제 해결 방법은?**
이 문제를 해결하기 위해서는 제시된 단어를 직접 구성 요소로 나눌 수 있어야 하며, 이를 바탕으로 나눈 구성 요소를 분석할 수 있어야 한다. 가령 정답인 '울음보'의 경우, '울'과 '음보'로 나누면 어색함을 바로 알 수 있으므로, '울음'과 '–보'로 나눌 수 있음을

알 수 있다. 그리고 이를 분석하게 되면 '울음'은 명사에 해당하고, '-보'는 '그것을 특성으로 지닌 사람'의 뜻을 더하는 접미사에 해당함을 알 수 있으므로 어근과 접사로 분석됨을 알 수 있다. 그리고 '울음'은 '울다'에 명사형 접미사 '-음'으로 나눌 수 있으므로 어근과 접사에 해당함을 알 수 있다. 마찬가지로 오답률이 높았던 ②의 경우, 접사 '헛-'에 명사 '웃음'으로 분석되므로 접사와 어근으로 분석되어 적절하지 않음을 바로 알 수 있었을 것이다. 이 문제에서 알 수 있듯이 문법 문제에서는 기본적인 배경지식, 즉 이 문제에서는 어근이나 접사에 대한 배경지식을 요구하고 있으므로, 평소 문법에서 기본이 되는 배경지식은 충분히 숙지해 두도록 한다.

04~08 과학·기술

이동녕 외, 「방사광과학입문」

해제 이 글은 방사광을 인위적으로 만들어 사용하는 방사광가속기에 대해 설명하고 있다. 먼저 **방사광의 개념과 특성**, 즉 파장 가변성을 지니며 휘도가 높다는 특성을 언급하고 있다. 그리고 이러한 방사광을 인위적으로 만들어 사용할 수 있는 **방사광가속기가 전자입사장치, 저장링, 빔라인 등으로 구성**되어 있음을 밝히면서, **전자입사장치, 저장링, 빔라인의 구성과 각 역할에 대해 설명**하여 방사광가속기에서 방사광을 만들어 활용하는 과정을 이해시키고 있다.

주제 방사광을 인위적으로 만들어내는 방사광가속기의 이해

문단 핵심 내용

1문단	방사광의 이해
2문단	방사광의 특성
3문단	방사광가속기의 구성 ①–전자입사장치
4문단	방사광가속기의 구성 ②–저장링
5문단	방사광가속기의 구성 ③–빔라인

---

04 세부 정보 파악 정답률 74% | 정답 ⑤

윗글을 이해한 내용으로 적절하지 <u>않은</u> 것은?

① 실험 목적에 따라 빔라인의 종류는 달라질 수 있다.
5문단의 '마지막으로 빔라인은 실험 목적에 맞도록 방사광에서 원하는 파장을 분리시켜 실험에 이용하는 장치로, 크게 진공 자외선 빔라인과 X선 빔라인으로 나눌 수 있다.'를 통해 알 수 있다.

② 휨전자석의 개수는 저장링의 모양에 따라 달라질 수 있다.
4문단의 '일반적으로 n각형 모양으로 설계하여 n개의 직선 부분과 n개의 모서리 부분으로 이루어져 있다. 저장링의 모서리 부분에는 전자의 방향을 조절해 주는 휨전자석을 설치하여 전자가 지속적으로 궤도를 따라 회전할 수 있도록 한다.'를 통해 알 수 있다.

③ 빛의 집중 정도는 빛의 세기와 퍼짐에 따라 달라질 수 있다.
2문단에서 '휘도란 빛의 집중 정도를 나타내는 것으로, 빛의 세기가 크면 클수록, 그리고 빛의 퍼짐이 작으면 작을수록 높은 휘도 값을 갖는다.'를 통해 알 수 있다.

④ 전자는 양전하를 띤 양극 쪽으로 움직이려는 전기적인 힘이 있다.
3문단의 '선형가속기에서는 음(-)전하를 띤 전자가 양(+)전하를 띤 양극 쪽으로 움직이려는 전기적인 힘의 원리를 활용하여 전자를 가속시킨다.'를 통해 알 수 있다.

☑ 금속의 고유한 파장보다 긴 파장의 빛을 금속에 쏘면 전자를 방출시킬 수 있다.
3문단의 '전자총은 고유한 파장을 가진 금속에 그 파장보다 짧은 파장의 빛을 가하면 전자가 방출되는 광전효과를 활용하여 지속적으로 전자를 방출시킨다.'를 통해, 금속의 고유한 파장보다 긴 파장의 빛을 금속에 쏘면 전자를 방출시킬 수 있다는 것은 적절하지 않다.

---

05 핵심 개념의 특성 파악 정답률 65% | 정답 ②

방사광 에 대한 설명으로 적절하지 <u>않은</u> 것은?

① 실험 목적에 따라 파장을 선택해 사용할 수 있는 빛이다.
2문단의 '실험 목적에 따라 파장을 선택하여 사용할 수 있는 파장 가변성을 지닌다.'를 통해 알 수 있다.

☑ 방사광가속기에서 연구 목적으로 가속시키는 전자기파이다.
3문단에서 방사광은 방사광가속기를 사용해 인위적으로 만들어 사용한다고 하였다.

그런데 방사광가속기 전자입사장치의 선형가속기에서는 음(-)전하를 띤 전자가 양(+)전하를 띤 양극 쪽으로 움직이려는 전기적인 힘의 원리를 활용하여 전자를 가속시킨다고 하였으므로, 방사광가속기에서 가속시키는 것은 전자기파가 아니라 전자임을 알 수 있다.

③ 자연적으로 발생하기도 하고 인위적으로 만들 수도 있는 빛이다.
3문단에서 '방사광은 자연에서는 별이 수명을 다해 폭발할 때 발생하기도 하지만, ~ 방사광가속기를 사용해 인위적으로 만들어 사용한다.'를 통해 알 수 있다.

④ 휘도가 높아 물질에 대한 자세한 정보를 얻을 수 있게 하는 빛이다.
2문단의 '방사광은 휘도가 높은 빛이다.'와 '방사광에서 실험을 위해 선택된 X선은, 기존에 쓰던 X선보다 휘도가 수만 배 이상이라서 이를 활용하면 물질의 정보를 보다 자세하게 얻을 수 있다.'를 통해 알 수 있다.

⑤ 빛의 속도에 가깝게 운동하는 전자가 방향을 바꿀 때 방출되는 전자기파이다.
1문단의 '방사광이란 빛의 속도에 가깝게 빠른 속도로 운동하는 전자가 방향을 바꿀 때, 바뀐 운동 궤도 곡선의 접선 방향으로 방출되는 좁은 퍼짐의 전자기파를 가리킨다.'를 통해 알 수 있다.

---

06 도식을 통한 세부 정보 파악 정답률 61% | 정답 ③

〈보기〉는 방사광가속기의 주요 장치를 도식화한 것이다. 윗글을 바탕으로 〈보기〉를 이해한 내용으로 적절하지 <u>않은</u> 것은? [3점]

〈보 기〉

전자입사장치		저장링			진공 자외선 빔라인
전자총	선형 가속기	휨 전자석	삽입 장치	고주파 공동장치	⑪
Ⓐ	Ⓑ	Ⓒ	Ⓓ	Ⓔ	X선 빔라인

① Ⓐ에서 광전효과를 활용하여 방출시킨 전자는 Ⓑ에서 빛의 속도에 가깝게 가속되어 높은 에너지를 갖게 되겠군.
3문단에서 '전자총은 고유한 ~ 전자를 방출시킨다.'고 하였고, 전자는 '높은 에너지를 ~ 저장링으로 보내진다.'고 하였으므로 적절하다.

② 전자는 Ⓒ를 지나면서 자석 주위의 자기장의 힘을 받아 방향이 바뀌면서 궤도를 따라 회전할 수 있게 되겠군.
4문단에서 '저장링의 모서리 ~ 회전할 수 있도록 한다.'고 하였고, '전자는 휨전자석을 ~ 힘을 받아 휘게' 된다고 하였으므로 적절하다.

☑ Ⓒ에서 방출된 방사광이 Ⓓ에서 방출된 방사광보다 밝은 이유는 Ⓓ에서 방사광이 서로 중첩되어 진폭이 더 커졌기 때문이겠군.
4문단의 '그래서 삽입장치에서 중첩되어 진폭이 커진 방사광은, 휨전자석에서 방출된 방사광보다 큰 에너지를 지닌 더 밝은 방사광이 된다.'를 통해, Ⓓ에서 방출된 방사광이 Ⓒ에서 방출된 방사광보다 더 밝음을 알 수 있다.

④ Ⓒ와 Ⓓ를 통과하며 에너지가 손실된 전자는 Ⓔ로부터 에너지를 공급받아 궤도를 계속 돌게 되겠군.
4문단에서 '이때 휨전자석과 ~ 궤도를 돌게 한다.'고 하였으므로 적절하다.

⑤ ⑪는 실험 목적에 맞게 방사광에서 원하는 파장을 분리시켜 실험에 이용하는 장치이겠군.
5문단에서 '빔라인은 ~ 실험에 이용하는 장치' 라고 하였으므로 적절하다.

---

07 다른 대상과의 비교 정답률 66% | 정답 ⑤

윗글의 ㉠과 〈보기〉의 ㉡을 비교한 내용으로 가장 적절한 것은?

〈보 기〉

㉡ 광학 현미경은 가시광선을 굴절시켜 빛을 모을 수 있는 유리 렌즈를 이용해 물질의 표면을 확대하는 실험 장치이다. 일반적으로 광학 현미경의 렌즈 배율을 최대로 높이면 크기가 200 나노미터 정도 되는 물질까지 관찰할 수 있다.

① ㉠과 달리 ㉡은 물질의 내부 구조를 관찰할 수 있는 장치이다.
5문단에서 ㉠은 '생체 조직 등과 ~ 관찰할 수 있다.'고 하였으므로 적절하지 않다.

② ㉡과 달리 ㉠은 빛이 굴절하는 성질을 이용하여 실험하는 장치이다.
5문단에서 ㉠은 '강력한 전자기장으로 X선을 굴절'시킨다고 하였고, 〈보기〉에서 ㉡은 '가시광선을 굴절'시킨다고 하였으므로 적절하지 않다.

---

③ ⓛ과 달리 ⓒ은 유리 렌즈를 활용하여 빛을 모아 물질을 확대하는 장치이다.
  5문단에서 ⓒ은 '특수 금속 렌즈를 이용'한다고 하였고 〈보기〉에서 ⓛ은 '유리 렌즈를 이용'한다고 하였으므로 적절하지 않다.

④ ⓛ은, ⓒ에서 사용하는 빛의 영역이 아닌 인간의 눈으로 볼 수 없는 빛의 영역을 이용하는 장치이다.
  ⓛ은 〈보기〉에서 '가시광선을 굴절'시킨다고 하였고, 1문단에서 '가시광선 영역'이 '사람의 눈으로 볼 수 있는' 영역이라고 하였으므로 적절하지 않다.

✔ ⓒ은, ⓛ에서 사용하는 빛보다 상대적으로 짧은 파장의 빛을 이용하여 물질을 관찰할 수 있는 장치이다.
  1문단에서 '가시광선 영역은 파장이 길'다고 하였고 5문단에서 'X선 빔라인에서는 ~ 특성을 이용'한다고 하였으므로 적절하다.

08　단어의 문맥적 의미 파악　정답률 89% | 정답 ⑤

문맥상 ⓐ와 가장 가까운 의미로 쓰인 것은?

① 그는 딸의 사진을 품속에 <u>지니고</u> 다닌다.
  '몸에 간직하여 가지다.'의 의미로 사용되었다.

② 그는 일을 성사시킬 책임을 <u>지니고</u> 있다.
  '어떠한 일 따위를 맡아 가지다.'의 의미로 사용되었다.

③ 그는 어릴 때의 모습을 그대로 <u>지니고</u> 있었다.
  '본래의 모양을 그대로 간직하다.'의 의미로 사용되었다.

④ 그는 유년 시절의 추억을 가슴 속에 <u>지니고</u> 살았다.
  '기억하여 잊지 않고 새겨두다.'의 의미로 사용되었다.

✔ 그는 자신의 이론이 보편성을 <u>지니고</u> 있다고 주장했다.
  ⓐ의 문맥상 의미는 '바탕으로 갖추다.'의 의미로 사용되었으므로 ⑤의 '지니고'가 문맥상 ⓐ와 가까운 의미로 사용되었다고 할 수 있다.

09~12　현대 소설

조세희, 「잘못은 신에게도 있다」

감상　이 작품은 연작 소설인 『난장이가 쏘아 올린 작은 공』에 들어 있는 소설로, 소외 계층을 대변해 주는 난쟁이가 가족의 삶을 통해 도시 빈민과 공장 노동자들의 비참한 삶을 파헤치고 있다. 작가는 이를 통해 당대의 열악한 삶의 현실과 자본주의 사회의 구조적 모순을 폭로하고 있다.

주제　도시 빈민의 비참한 삶과 좌절

작품 줄거리　'나'는 난쟁이의 큰아들은 아버지가 꿈꿨던 세상과, 아버지가 자신에게 남겨준 사랑이라는 기반을 떠올린다. 난쟁이는 사랑을 갖지 않은 사람을 벌하기 위해 법을 제정해야 한다고 믿었고, 그것을 '나'는 못마땅해한다. 하지만 '나'는 은강에 온 후 호흡 장애와 기침·구토를 하며 계속 머리가 아프다는 아머니, 알루미늄 전극 제조 공장의 열처리 탱크가 폭발하며 몸이 잘린 채 희생된 노동자들, 잠을 쫓으며 일을 시키기 위해 옷핀으로 찌르는 반장, 노동 조합 지부장이 끌려가고 많은 해고자가 부당 해고를 당한 모습을 보게 된다. 결국 '나'는 아버지가 옳았다는 결론 끝에 자신의 생각을 수정하기로 한다. 모두 잘못을 저지르고 있었고, 은강에서는 신도 예외가 아니었다.

09　작품 내용의 이해　정답률 75% | 정답 ②

윗글에 대한 이해로 적절하지 <u>않은</u> 것은?

① 아버지는 의무만을 강요하는 시대에 불만을 품은 채 말년을 보냈다.
  '그래서 말년의 자기 시대에 ~ 의무만 강요하는 것이었다.'를 통해, 아버지가 말년에 권리를 인정하지 않고 의무만 강요하는 시대에 불만을 품었음을 알 수 있다.

✔ 아버지는 자신이 난장이임을 나에게 자주 말하며 현실이 준 상처를 드러내곤 했다.
  '아버지가 당신의 입으로 난장이라고 한 말을 나는 그래서 꼭 한 번 들었다.'를 통해, 아버지가 자신의 입으로 스스로를 난장이라 말한 적이 한 번밖에 없음을 알 수 있다.

③ 어머니는 영이에게 가족에 대한 전통적 의무에 대해 말하고 싶어 했다.
  '어머니는 영희에게 했던 것처럼 ~ 이야기하고 싶어 했다.'를 통해, 어머니는 영이에게 전통적 의무가 어떤 것인지에 대해 이야기하고 싶어 했음을 알 수 있다.

④ 나는 아버지를 놀린 아이와 관련된 일로 사흘 동안 밖에 나가 놀지 못했다.
  '중략' 아래의 대사 내용과 '그래서, 나는 사흘 동안이나 밖에 나가 놀 수는 없었다.'를 통해, '나'는 아버지를 난장이라고 놀린 아이와 관련된 일로 인해 사흘 동안 밖에 나가 놀 수 없었음을 알 수 있다.

⑤ 영희는 나에게는 잘못이 없고 아버지를 놀린 아이에게 잘못이 있다고 생각했다.
  '중략' 아래에 제시된 영희의 대사를 통해, 영희는 '나'에게는 잘못이 없고 아버지를 난장이라고 놀린 아이에게 잘못이 있다고 말했음을 알 수 있다.

10　구절의 의미 파악　정답률 81% | 정답 ④

ⓐ ~ ⓔ에 대한 이해로 적절하지 <u>않은</u> 것은?

① ⓐ는 아버지가 난장이로 태어나 고통을 겪었음을 드러내고 있다.
  ⓐ 뒤의 내용을 통해, ⓐ는 난장이로 태어난 아버지가 살아가는 동안 고통을 겪었음을 드러낸 것이라 할 수 있다.

② ⓑ는 아버지가 성실히 살았음에도 인간다운 생활을 할 수 없었던 난장이 가족의 삶을 보여 주고 있다.
  ⓑ는 아버지가 열심히 일했음에도 불구하고 영양 부족으로 일어나는 이상 증세를 경험한 가족의 모습을 드러내 주고 있으므로, 인간다운 생활을 할 수 없었던 우리 가족, 즉 난장이 가족의 고통스러운 삶을 보여 준다고 할 수 있다.

③ ⓒ는 아버지가 꿈꾸는 세상에서 지나치게 부를 축적해 벌을 받게 될 사람들이 사는 집의 모습을 보여 주고 있다.
  아버지가 꿈꾼 세상에서는 지나친 부를 축적한 사람들은 벌을 받게 되는데 ⓒ는 그러한 집 뜰의 모습을 보여 준다고 할 수 있다.

✔ ⓓ는 근로자와 사용자의 잘못을 비교하여 잘못의 원인이 근로자에게 있음을 드러내고 있다.
  ⓓ는 근로자가 어쩌다 하나의 잘못을 하지만, 사용자는 매일 열 조항의 법을 어기고 있다는 것으로, 이는 법을 어긴 횟수를 비교하여 근로자가 아니라 사용자에게 더 큰 잘못이 있음을 드러낸 것이라 할 수 있다.

⑤ ⓔ는 은강의 기상 상태를 통해 인물이 느끼는 심리적 압박감을 드러내고 있다.
  ⓔ는 전체가 저기압권에 들어간 '은강'이라는 무거운 분위기의 공간을 통해 인물이 느끼고 있는 압박감을 드러내는 것이라 할 수 있다.

11　인물의 심리 및 태도 파악　정답률 79% | 정답 ①

ⓛ과 ⓒ에 대한 이해로 가장 적절한 것은?

✔ ⓛ과 ⓒ은 모두 사랑을 기반으로 한 세상을 바라고 있다.
  아버지는 사랑을 기반으로 한 세상을 꿈꾸며 법률을 제정해서, 사랑을 상실한 사람에게 벌을 주어 사람들이 사랑을 지키며 살아가기를 바란다. 반면, '나'(ⓛ)는 아버지가 꿈꾸는 세상을 이루기 위해 법률을 제정하는 대신 교육을 통해 사람들이 자유로운 이성으로 사랑을 갖고 살아가기를 바란다. 그러나 이후 '나'(ⓒ)는 이전의 생각을 수정해 아버지의 생각을 따르기로 한다. 따라서 ⓛ과 ⓒ이 바라는 세상의 공통점은 사랑을 기반으로 한다는 점을 알 수 있다.

② ⓛ과 ⓒ은 모두 교육을 통해 자신이 꿈꾼 세상을 이루려 한다.
  교육을 통해 자신이 꿈꾼 세상을 이루려 하는 것은 ⓛ에 해당하므로 적절하지 않다.

③ ⓛ과 ⓒ은 모두 법률을 제정하여 사람들이 사랑을 지키도록 하려 한다.
  ⓛ의 '나'는 법률을 제정하여 사람들이 사랑을 지키도록 해야 한다는 아버지와 의견 차이를 보이고 있었으므로 적절하지 않다.

④ ⓛ은 ⓒ과 달리 자신의 생각을 바꾸고 아버지의 생각을 따르려 한다.
  자신의 생각을 바꾸고 아버지의 생각을 따르려 하는 것은 ⓒ에 해당하므로 적절하지 않다.

⑤ ⓒ은 ⓛ과 달리 사람들의 자유로운 이성에 대한 믿음을 지니고 있다.
  사람들의 자유로운 이성에 대한 믿음을 지니고 있는 것은 ⓛ에 해당하므로 적절하지 않다.

12　외적 준거에 따른 작품의 감상　정답률 58% | 정답 ③

〈보기〉를 바탕으로 윗글을 감상한 내용으로 적절하지 <u>않은</u> 것은? [3점]

─〈보 기〉─
　이 작품에서는 시간적으로 거리가 먼 사건들이 하나의 단락 안에서 명확히 구분되지 않고 시제가 구별되지 않은 채 서술된다. 또한 서로 다른 공간에서 벌어지는 사건들이 유사한 장면으로 연결되기도 한다. 이러한 서술 방식들은 작품에 대한 독자의 이해를

DAY 28

> 지연시켜 독자로 하여금 사건의 이면에 숨겨진 의미를 파악하도록 노력하게 한다. 한편 이 작품은 주제 의식을 효과적으로 전달하기 위해 단어나 구절 등을 반복하거나 다른 갈래의 형식을 삽입하기도 하고, 비현실적 세계와 현실적 세계를 연결하기도 한다.

① '아버지가 꿈꾼 세상'의 모습이 '아버지가 그린 세상'의 모습에서 반복되어 서술되는데, 이는 인물이 바라는 이상적인 사회의 모습을 강조하는 것으로 볼 수 있겠군.
'아버지가 꿈꾼 세상'의 모습과 '아버지가 그린 세상'의 모습에서는 '지나친 부의 축적을 사랑의 상실로 공인하고', '사랑으로 평형을 이루고, 사랑으로 바람을 불러 작은 미나리아재비 꽃줄기에까지 머물게 한다'의 표현이 반복되고 있는데 이는 인물이 꿈꾸는 이상적 사회의 모습을 강조하기 위한 것으로 볼 수 있다.

② 근로자와 사용자의 대화 장면과 우리 가족의 대화 장면은 극의 형식으로 서술되고 있는데, 이는 다른 갈래의 형식을 삽입하여 작품의 주제 의식을 전달하는 것으로 볼 수 있겠군.
'중략' 아래에서 근로자와 사용자의 대화 장면, 우리 가족의 대화 장면을 극의 형식으로 서술된 것은, 〈보기〉에서 언급된 주제 의식을 효과적으로 전달하기 위해 다른 갈래의 형식을 삽입하였음을 보여 주는 것이라 할 수 있다.

☑ '달에 가서 천문대 일을 보겠다'는 비현실적인 꿈을 '누구나 고귀한 사랑을 갖도록 한다'는 실현 가능한 꿈과 관련지은 것은, 현실에서 실현된 이상 세계를 보여 주어 주제 의식을 드러낸 것으로 볼 수 있겠군.
'달에 가서 천문대 일을 보겠다'는 꿈을 이루지 못하고 아버지는 돌아가셨고, 교육을 통해 '누구나 고귀한 사랑을 갖도록 한다'는 '나'의 꿈은 희망 사항에 불과하므로 이상 세계가 현실에서 실현된 것으로 볼 수 없다.

④ '애들을 내보내면 안 돼요.'라는 사용자의 말과 '영수를 당분간 내보내지 말아요.'라는 아버지의 말을 연결한 것은, 서로 다른 공간에서 벌어지는 두 사건이 유사한 장면으로 연결되는 것으로 볼 수 있겠군.
'중략' 아래에서 '애들을 내보내면 안 돼요.'라는 사용자의 말과 '영수를 당분간 내보내지 말아요.'라는 아버지의 말이 연결되어 있는데, 이는 〈보기〉에서 언급한 서로 다른 공간에서 벌어지는 사건들이 유사한 장면으로 연결된다는 이 글의 특징을 보여 주는 것이라 할 수 있다.

⑤ 어머니가 '펌프가에 앉아 보리쌀을 씻다 말고 부엌으로 들어'가는 장면은 시간적으로 거리가 먼 두 사건 사이에 명확한 시간 구분 없이 삽입되어 해당 부분에 대한 독자의 이해를 지연시킬 수 있다고 볼 수 있겠군.
어머니가 보리쌀을 씻다 부엌으로 들어가는 장면은 '나'가 어릴 적 방죽에서 낚시질을 한 후 집에 돌아온 날의 사건과, '나'가 어른이 된 후 밤 늦게 집에 돌아온 날의 사건 사이에 명확한 시간 구분 없이 삽입되어 있다. 따라서 해당 장면은 독자들의 이해를 지연시킬 수 있다.

DAY 29 〈 20분 미니 모의고사

01 ②	02 ③	03 ③	04 ①	05 ④
06 ③	07 ④	08 ④	09 ④	10 ①
11 ⑤	12 ①			

---

01 회의의 흐름을 통한 발화 의도 파악 　　정답률 86% | 정답 ②

(가)의 흐름을 고려할 때, ⓐ∼ⓒ의 공통점으로 가장 적절한 것은?

① 상대의 발언 내용을 정리하기 위한 발화이다.
상대인 '학생 2'의 발화 내용을 정리하지는 않고 있다.

☑ 논의가 필요한 내용을 제시하기 위한 발화이다.
ⓐ는 기사에서 다룰 스마트팜의 장점에 대해, ⓑ는 표제와 부제 작성에 대해, ⓒ는 부제에 들어갈 내용에 대해 말하고 있다. 따라서 ⓐ∼ⓒ는 공통적으로 앞으로 논의해야 할 회의 내용이 무엇인지 제시하기 위한 발화라 할 수 있다.

③ 참여자 사이의 의견 차이를 조정하기 위한 발화이다.
'학생 1'은 앞으로 다룰 기사 내용에 대해 언급하고 있지, 의견 차이를 조정하기 위해 말하지는 않고 있다.

④ 상대가 발언한 내용의 의도를 확인하기 위한 발화이다.
상대가 발언한 내용의 의도를 확인하기 위해서는 재진술을 해야 하는데, ⓐ∼ⓒ에는 재진술이 드러나지는 않고 있다.

⑤ 상대의 발언 내용에 대한 구체적인 설명을 요청하기 위한 발화이다.
상대인 '학생 2'의 발화를 듣고 한 말이지만, '학생 2'의 발언 내용에 대해 구체적인 설명을 요구하지는 않고 있다.

---

02 조건에 맞는 글쓰기 　　정답률 69% | 정답 ③

(가)를 바탕으로 (나)의 끝 부분에 새로운 문단을 이어 쓴다고 할 때, 그 내용으로 가장 적절한 것은?

① 이번 행사에서 학생들은 '관리는 편하게, 수확은 즐겁게'라는 스마트팜의 가치를 알게 되었다. 농업에 관심을 가지고 있는 학생들에게는 의미 있는 행사였다.
대구를 사용하여 행사의 의의는 제시하고 있지만, 미래 동아리의 활동 계획을 제시하지는 않고 있다.

② 이번 행사는 '농업의 발전 가능성과 한계'라는 두 얼굴을 인식하는 계기가 되었다. 미래 동아리는 스마트팜을 개방해 진로 탐색의 기회를 제공하겠다고 밝혔다.
미래 동아리의 활동 계획을 제시하고는 있지만, 행사의 의의를 제시할 때 대구의 표현 방법을 활용하지 않고 있다.

☑ 이번 행사에서 학생들은 체험을 통해 '오늘은 팜, 내일은 스마트팜'으로 발전하는 우리의 농업을 알게 되었다. 미래 동아리는 앞으로 진로 체험 행사를 확대하겠다고 밝혔다.
(가)의 내용을 바탕으로 할 때, (나)의 끝 문단에는 '대구를 사용하여 행사의 의의'가 담겨 있어야 하고, '앞으로의 미래 동아리 활동 계획'이 담겨 있어야 함을 알 수 있다. 따라서 이러한 조건에 맞게 제시된 것은 ③으로, ③에서는 학생들이 체험을 통해 발전하는 우리의 농업을 알게 되었다는 행사의 의의를 '오늘은 팜, 내일은 스마트 팜'이라는 대구를 활용하여 제시하고 있다. 또한, 진로 체험 행사를 확대하겠다고 앞으로의 미래 동아리 활동 계획을 밝히고 있다.

④ 이번 행사는 학생들이 스마트팜을 '어렵지 않고 친근한 농업'으로 받아들일 수 있었던 시간이었다. 미래 동아리는 수확한 농산물을 지역 주민들에게 나누어 줄 계획이라고 밝혔다.
미래 동아리의 활동 계획을 제시하고는 있지만, 행사의 의의를 제시할 때 대구의 표현 방법을 활용하지 않고 있다.

⑤ 이번 행사는 학생들이 '내 삶을 행복하게 하는 팜, 우리 삶을 행복하게 하는 스마트팜'을 체험하는 기회가 되었다. 그리고 미래 농업 기술의 발전 가능성을 확인해 보는 시간이었다.
대구를 사용하여 행사의 의의는 제시하고 있지만, 미래 동아리의 활동 계획을 제시하지는 않고 있다.

★★★ 1등급 대비 고난도 2점 문제

| 03 | 중세 국어의 특징 이해 | 정답률 49% \| 정답 ③ |

〈보기〉의 ㉠ ~ ㉤에 나타나는 중세 국어의 특징을 탐구한 내용으로 적절하지 <u>않은</u> 것은?

〈보 기〉

[중세 국어] 넷 마리 ㉠ 닐오ᄃᆡ 어던 일 ㉡ 조초미 노폰 딗 올옴 ᄀᆞ고
[현대 국어] 옛말에 이르되 어진 일 좋음이 높은 데 오름 같고

[중세 국어] 善쎤慧뼹 ㉢ 對됭答땁ᄒᆞ샤ᄃᆡ 부텻긔 받ᄌᆞ보리라
[현대 국어] 선혜가 대답하시되 "부처께 바치리라."

[중세 국어] 烽火ㅣ ㉣ 석ᄃᆞᆯ ㉤ 니세시니
[현대 국어] 봉화가 석 달을 이어지니

---

① ㉠에서 두음 법칙이 적용되지 않았음을 알 수 있군.
　㉠의 현대어 풀이가 '이르되'인 것으로 보아 중세 국어에는 두음 법칙이 적용되지 않았음을 확인할 수 있다.

② ㉡에서 이어 적기가 사용되었음을 알 수 있군.
　㉡의 현대어 풀이가 '좋음이'인 것으로 보아, 중세 국어에는 이어 적기가 사용되었음을 확인할 수 있다.

✔ ㉢에서 객체를 높이는 선어말 어미가 사용되었음을 알 수 있군.
　㉢의 현대어 풀이가 '대답하시되'이므로, ㉢에서는 '선혜'를 높이는 주체 높임 선어말 어미인 '-샤-'가 사용되었음을 알 수 있다.

④ ㉣에서 체언에 조사가 결합할 때 모음 조화가 지켜지고 있음을 알 수 있군.
　㉣의 현대어 풀이가 '석 달을'인 것으로 보아, 중세 국어에는 현대 국어와 달리 체언에 조사가 결합할 때 모음조화를 지켰음을 확인할 수 있다.

⑤ ㉤에서 현대 국어에서 쓰이지 않는 자음이 사용되었음을 알 수 있군.
　㉤의 'ㅿ'은 현대 국어에서 쓰이지 않는 자음임이라 할 수 있다.

★★ 문제 해결 꿀~팁 ★★

▶ 많이 틀린 이유는?
이 문제는 중세 국어의 문법에 대한 배경지식을 바탕으로 문제 해결을 요구하고 있어서, 중세 국어의 문법적 지식에 대한 이해 부족으로 오답률이 높았던 것으로 보인다.

▶ 문제 해결 방법은?
이 문제처럼 글이나 〈보기〉를 통한 배경지식을 제시하지 않는 문제가 간혹 출제되는데, 이 문제는 기본적인 문법 지식의 습득이 얼마나 중요한지를 보여 준다고 할 수 있다. 즉, 선택지에 제시된 '두음 법칙, 이어 적기, 객체를 높이는 선어말 어미, 모음 조화'에 대한 정확한 지식이 없을 경우 문제 해결에 어려움을 겪을 수 있다. 가령 정답인 ③의 경우, 높임법에서의 '주체 높임, 객체 높임, 상대 높임'에 대한 정확한 지식이 있었다면, ㉢에서 '선혜'를 높이는 주체 높임 선어말 어미인 '-샤-'가 사용되었음을 알 수 있었을 것이다. 마찬가지로 오답률이 높았던 ④의 경우에도 모음 조화, 즉 양성 모음은 양성 모음끼리, 음성 모음은 음성 모음끼리 사용된다는 것(양성 모음은 'ㆍ, ㅗ, ㅏ' 계열, 음성 모음은 'ㅓ, ㅜ, ㅡ' 계열에 해당)을 알았다면 적절한 탐구였음을 바로 알았을 것이다. 이처럼 중세 국어뿐만 아니라 현대 국어에서의 기본적인 문법 지식은 평소 반드시 숙지할 수 있어야, 이러한 유형의 문제를 해결할 수 있다는 점을 명심하도록 한다.

| 04~09 | 인문 |

(가) 박영욱, 「보고 듣고 만지는 현대사상」

해제　이 글은 소쉬르의 언어학에 대한 생각을 설명하고 있다. 소쉬르는 언어에 대한 전통적인 견해에 대해서 의문을 제기하면서, 사람들이 그들의 언어 체계에 맞춰 현실 세계를 새롭게 인식한다고 주장하였다. 소쉬르는 언어를 현실 세계를 묘사하는 것이 아니라 근본적으로 자의적인 체계라 인식하면서, 사람들이 언어 체계에 맞춰 현실 세계를 새롭게 인식한다는 것을 설명하기 위해 '랑그'와 '파롤'이라는 개념을 제시하였다. 이러한 소쉬르의 언어학은 언어가 현실 세계를 구성한다는 생각을 함축한 것이라 할 수 있다.

주제　소쉬르의 언어학에 대한 이해

문단 핵심 내용

1문단	사람들이 언어 체계에 맞춰 현실 세계를 인식한다고 주장한 소쉬르
2문단	언어를 자의적인 기호 체계로 인식한 소쉬르
3문단	소쉬르가 제시한 언어 체계에서의 '랑그'와 '파롤'
4문단	언어가 현실 세계를 구성한다고 생각한 소쉬르

(나) 이병덕, 「표상의 언어에서 추론의 언어로」

해제　이 글은 비트겐슈타인의 '의미사용이론'을 통해 언어에 비트겐슈타인의 관점을 설명하고 있다. 비트겐슈타인은 언어를 이해하는 것은 그것이 어떻게 사용될 수 있는지를 이해하는 것이라는 '의미사용이론'을 제시하였는데, 이를 설명하기 위해 언어를 게임에 비유하였다. 이는 언어는 그것을 사용하는 사람들의 구체적인 활동과 관련해서만 의미가 있다는 것과 언어가 사람들의 삶과 엉켜 있으면서 사람들의 삶을 반영해 준다는 비트겐슈타인의 언어에 대한 인식을 보여 주는 것이라 할 수 있다. 이렇게 볼 때, 비트겐슈타인에게 있어 언어는 현실 세계를 재현하는 것이 아니라, 언어를 사용하는 사람들의 소통에 의해서 만들어지는 것이라고 할 수 있다.

주제　비트겐슈타인의 '의미사용이론'의 이해

문단 핵심 내용

1문단	비트겐슈타인이 제시한 '의미사용이론'
2문단	언어를 게임에 빗대어 설명한 비트겐슈타인
3문단	언어의 모호성에 대한 비트겐슈타인의 인식
4문단	언어가 지닌 개념에 대한 비트겐슈타인의 생각

| 04 | 서술상 공통점 파악 | 정답률 82% \| 정답 ① |

(가)와 (나)의 서술상의 공통점으로 가장 적절한 것은?

✔ 언어에 대한 특정한 이론을 관련 사례를 들어 소개하고 있다.
　(가)에서는 소쉬르의 언어 이론을 제시하면서, 이러한 소쉬르 이론과 관련된 기표와 기의, 랑그와 파롤의 구체적인 사례를 들고 있다. 그리고 (나)에서는 비크겐슈타인의 언어 이론을 제시하면서, 비트겐슈타인이 언급한 의미사용이론과 관련된 구체적인 사례 및 게임 이론을 구체적인 사례로 들고 있다. 따라서 (가), (나) 모두 언어에 대한 소쉬르와 비트겐슈타인의 이론을 관련 사례를 들어 소개하였다고 할 수 있다.

② 언어에 대한 상반된 주장을 제시하여 절충 방안을 모색하고 있다.
　(가)와 (나)에서 소쉬르와 비트겐슈타인의 견해가 전통적인 견해와 다름을 언급하고 있지만, 이 둘의 견해와 전통적인 견해와의 절충 방안을 모색하지는 않고 있다.

③ 언어에 대한 관점들이 통합되어 가는 역사적 과정을 부각하고 있다.
　(가)와 (나)를 통해 언어에 대한 관점들이 통합되어 가는 역사적 과정은 찾아볼 수 없다.

④ 언어에 대한 이론들을 시대순으로 나열하여 공통적인 특성을 도출하고 있다.
　(가)와 (나)를 통해 언어에 대한 이론들을 시대순으로 나열하여 공통적인 특성을 도출하는 내용은 찾아볼 수 없다.

⑤ 언어에 대한 다양한 이론을 소개하며 각 이론이 지닌 의의와 한계를 설명하고 있다.
　(가)에서는 소쉬르의 이론만, (나)에서는 비트겐슈타인의 언어에 대한 이론을 설명하고 있을 뿐, 언어에 대한 다양한 이론을 소개하지는 않고 있다. 또한 소쉬르의 이론과 비트겐슈타인의 이론이 지닌 한계를 설명하지는 않고 있다.

| 05 | 핵심 정보의 이해 | 정답률 84% \| 정답 ④ |

랑그, 파롤에 대한 이해로 가장 적절한 것은?

① 랑그는 현실 세계를 재현하는 수단이다.
　(가)의 3문단의 '랑그의 차이에 따라 사람들이 현실 세계를 인식하는 방식이 달라진다는 것을 의미하는 것이다.'를 통해, 랑그에 따라 사람마다 현실 세계를 다르게 바라볼 수 있음을 알 수 있으므로, 랑그가 현실 세계를 재현하는 수단이라고 할 수 없다.

② 파롤은 언어의 추상적 체계를 지칭한다.
　(가)의 3문단의 '랑그란 언어가 갖는 추상적인 체계이고'를 통해, 언어의 추상적인 체계를 지칭하는 것은 랑그임을 알 수 있다. 파롤은 랑그에 바탕을 두고 개인이 실현하는 구체적인 발화라 할 수 있다.

③ 랑그는 개인이 실현하는 구체적인 발화이다.
　(가)의 3문단의 '파롤은 랑그에 바탕을 두고 개인이 실현하는 구체적인 발화이다.'를 통해, 개인이 실현하는 구체적인 발화는 랑그가 아닌 파롤임을 알 수 있다.

✔ 파롤의 표현 방식은 랑그에 의해서 제약을 받는다.

DAY 29

(가)의 3문단의 '소쉬르는 어떤 사람이 어떠한 발화를 하더라도 그 발화의 표현 방식이나 범위는 사실상 그가 사용하는 언어 체계인 지배되거나 제약받는다고 주장한다.'를 통해, 개인이 실현하는 구체적 발화인 파롤의 표현 방식은 랑그에 의해서 제약을 받는다는 것을 알 수 있다.

⑤ 랑그는 파롤을 바탕으로 발화자가 주체임을 드러낸다.
(가)의 4문단의 '하지만 소쉬르는 발화의 진정한 주체는 발화자가 아닌 랑그라는 사실을 전제하고 있다.'를 통해, 랑그가 파롤을 바탕으로 발화자가 주체임을 드러내지 않을 알 수 있다.

---

06 구체적인 사례에의 적용 정답률 79% | 정답 ③

다음은 온라인 수업 게시판의 일부이다. 윗글을 바탕으로 학생들이 과제를 수행했다고 할 때, ㉮ ~ ㉱에 들어갈 말로 가장 적절한 것은?

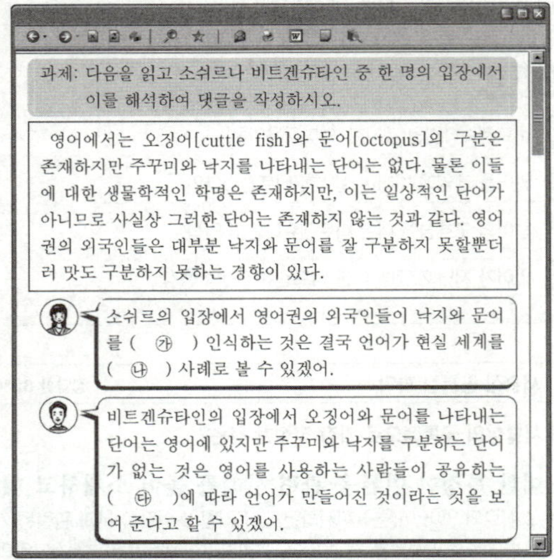

	㉮	㉯	㉰
①	다르게	구성한다는	삶의 양식
②	다르게	묘사한다는	높은 수준의 명확성

✔ **비슷하게 구성한다는 삶의 양식**

〈보기〉에서는 영어권의 외국인들이 오징어와 문어는 구분하지만 낙지와 문어를 잘 구분하지 못함을 언급하고 있다. 그리고 (가)의 3문단의 '이는 결국 랑그의 차이에 따라 사람들이 현실 세계를 인식하는 방식이 달라진다는 것을 의미하는 것이다.'와 4문단의 '오히려 언어가 현실 세계를 구성한다는 생각을 함축하고 있는 것이다.'를 통해, 소쉬르의 입장에서 영어권 외국인들이 낙지와 문어를 구분하지 못한 것은 그들의 언어에 맞게 현실 세계를 구성하였다고 생각할 것이다. 따라서 첫 번째 학생 댓글의 ㉮에는 '비슷하게', ㉯에는 '구성한다는'이 들어가기에 적절하다고 할 수 있다. 또한 〈보기〉에서는 영어에 주꾸미와 낙지를 구분하는 단어가 없음이 언급되어 있다. 그리고 (나)의 4문단의 '이는 결국 언어가 그것을 사용하는 사람들의 삶과 맞물려 있어 삶의 양식이 다양한 만큼 언어 역시 다양하기 때문이다.'를 통해, 비트겐슈타인의 입장에서 영어에 주꾸미와 낙지를 구분하는 단어가 없다는 것은 영어를 사용하는 사람들이 공유하는 삶의 양식에 맞게 영어가 만들어졌기 때문이라 생각할 것이다. 따라서 두 번째 학생의 댓글의 ㉰에는 '삶의 양식'이 들어가기에 적절하다고 할 수 있다.

	㉮	㉯	㉰
④	비슷하게	구성한다는	높은 수준의 명확성
⑤	비슷하게	묘사한다는	삶의 양식

07~08

〈보기〉는 윗글을 읽은 학생의 독서 활동 과정이다. 7번과 8번 물음에 답하시오.

〈보 기〉
읽기 전 : 기존에 가지고 있던 '언어'에 대한 자신의 생각을 말해 보기
↓
읽기 중 : (가), (나)를 읽고 글의 내용에 대한 이해를 점검하는 질문에 응답하기
↓
읽기 후 : (가), (나)와는 다른 관점을 지닌 글을 찾아서 공통점과 차이점을 설명하기

---

07 글의 내용에 대한 이해와 점검 정답률 68% | 정답 ④

다음은 '읽기 중' 단계에서 학생이 수행한 활동지의 일부이다. 학생의 응답으로 적절하지 **않은** 것은?

질문	학생의 응답	
	예	아니요
① 소쉬르는 언어가 현실 세계의 대상을 지칭하는 것이라고 주장하고 있나요?		✔
② 비트겐슈타인은 언어에 존재하는 많은 불명확성에 대해 긍정하고 있나요?	✔ 	
③ 소쉬르와 비트겐슈타인은 모두, 언어에 대한 전통적인 입장을 고수하고 있나요?		✔ 
④ 소쉬르는 비트겐슈타인과 달리, 언어가 사람들의 약속에 의해 형성된다는 것을 비판하고 있나요?	✔	
⑤ 비트겐슈타인은 소쉬르와 달리, 언어가 사용하는 사람들의 맥락에 따라 다르게 사용될 수도 있다는 것을 부정하고 있나요?		✔ 

① (가)의 1문단을 통해 언어가 현실 세계를 있는 그대로 묘사한다는 소쉬르 이전의 사람들과 달리, 소쉬르는 언어가 현실 세계를 있는 그대로 묘사하는 것은 아니라고 생각했음을 알 수 있다. 따라서 소쉬르는 언어가 현실 세계의 대상을 지칭하는 것으로 보고 있지 않으므로, 질문에 '아니요'라고 한 학생의 응답은 적절하다.

② (나)의 3문단을 통해 비트겐슈타인은 언어에 존재하는 많은 불명확성이 오히려 단점이 아닌 장점이 될 수 있다고 생각하였음을 알 수 있다. 따라서 비트겐슈타인은 언어에 존재하는 많은 불명확성에 대해 긍정하고 있으므로, 질문에 '예'라고 한 학생의 응답은 적절하다.

③ (가)의 1문단을 통해 소쉬르는 언어에 대한 전통적인 견해에 대해서 의문을 제기하고 이를 뒤집었음을 알 수 있고, (나)의 4문단을 통해 비트겐슈타인은 개념을 사용할 때 그것의 적용 사례들에 어떤 공통 요소가 반드시 있어야 한다는 강박 관념을 버려야 한다고 강조하였음을 알 수 있다. 따라서 소쉬르와 비트겐슈타인은 모두 언어에 대한 전통적인 입장을 고수하지 않았음을 알 수 있으므로, 질문에 '아니요'라고 한 학생의 응답은 적절하다.

④ (가)의 2문단의 '소쉬르에 따르면 기표와 기의의 관계는 필연적이지 않고 자의적이며, 단지 그 기호를 사용하는 사람들의 사회적 약속일 뿐이다.'를 통해, 소쉬르는 언어가 사람들의 약속에 의해 형성된다는 것을 인정하고 있지, 이를 비판하고 있지 않음을 알 수 있다. 한편 (나)의 2문단의 '게임의 규칙은 절대 불변의 법칙이 아니라 ~ 게임을 수행할 수 있도록 만드는 형식에 불과하다.'를 통해, 비트겐슈타인 역시 언어가 사람들의 약속에 의해 형성된다는 것을 인정하고 있음을 알 수 있다. 따라서 질문 내용에 대해 '예'라고 한 학생의 응답은 적절하지 않다.

⑤ (나)의 1문단을 통해 비트겐슈타인은 언어가 삶의 다양한 맥락에 따라 서로 다르게 혹은 유사한 모습으로 존재한다고 인식하였음을 알 수 있다. 따라서 비트겐슈타인은 언어가 사용하는 사람들의 맥락에 따라 다르게 사용될 수도 있다는 것을 부정하지 않고 있으므로, 질문에 '아니요'라고 한 학생의 응답은 적절하다.

---

08 자료를 바탕으로 한 이해 정답률 66% | 정답 ④

다음은 '읽기 후' 단계에서 학생이 찾은 다른 학자들의 견해이다. 윗글을 바탕으로 주제 통합적 읽기를 수행한 학생의 이해로 적절하지 **않은** 것은? [3점]

ⓐ 말소리와 지시물 간에는 직접적인 관계가 없으며 개념이 말소리와 직접적으로 연결된다. 지시물은 개념을 통해 말소리와 간접적으로 연결되어 언어는 일정한 의미를 형성하게 된다.

ⓑ 언어란 현실 세계를 재현하기 위한 수단이며 언어의 의미는 곧 언어가 구체적으로 지시하는 대상이다. 세계가 먼저 있고 그 세계를 재현하기 위해서 언어가 존재하는 것이다.

ⓒ 언어에서 사물의 이름은 임의적으로 붙여진 것이 아니다. 사물은 자연의 일부로서 자연을 닮고 서로 유사함을 나누어 가지며, 사물의 이름은 이런 자연의 법칙에 따라 지어진 것이다.

① 개념이 말소리와 직접적으로 연결된다는 ⓐ의 입장과 유사하게, 소쉬르는 언어가 기표와 기의의 대응을 통해 이루어진다고 주장하고 있다.

(가)의 2문단을 통해 소쉬르는 언어의 소리 측면을 지칭하는 기표에 소리가 지칭하는 의미를 나타내는 기의가 대응한다 생각하고 있음을 알 수 있고, 〈보기〉의 ⓐ는 개념이

말소리와 직접적으로 연결된다 생각하고 있음을 알 수 있다. 따라서 소쉬르는 ⓐ의 입장과 유사하게 언어가 기표와 기의의 대응을 통해 이루어진다고 주장하였다고 할 수 있다.

② 언어는 일정한 의미를 형성하게 된다는 ⓐ의 입장과 달리, 비트겐슈타인은 언어가 사람들의 소통에 의해서 만들어진다고 주장하고 있다.

(나)의 1문단을 통해 비트겐슈타인은 언어가 삶의 다양한 맥락에 따라 서로 다르게 혹은 유사한 모습으로 존재한다 생각하고 있음을 알 수 있다. 그리고 〈보기〉의 ⓐ는 지시물이 개념을 통해 말소리와 간접적으로 연결되어 언어가 일정한 의미를 형성하게 된다 생각하고 있음을 알 수 있다. 따라서 비트겐슈타인은 ⓐ의 입장과 달리 언어가 사람들의 소통에 의해서 만들어진다고 주장하였음을 알 수 있다.

③ 언어란 현실 세계를 재현하기 위한 수단이라는 ⓑ의 입장과 달리, 소쉬르는 언어가 자의적인 성격을 지닐 뿐이며 현실 세계를 재현하는 것이 아니라고 주장하고 있다.

(가)의 1문단을 통해 소쉬르는 언어가 현실 세계를 있는 그대로 묘사하는 것이 아니라 생각하였고, 2문단을 통해 언어가 자의적인 체계를 지녔다고 생각하였음을 알 수 있다. 그리고 〈보기〉에서 ⓑ는 언어가 현실 세계를 재현하기 위한 수단이라 생각하고 있음을 알 수 있다. 따라서 소쉬르는 ⓑ의 입장과 달리 언어가 자의적인 성격을 지닐 뿐이며 현실 세계를 재현하는 것이 아니라고 주장하였음을 알 수 있다.

(나)의 4문단을 통해 비트겐슈타인은 언어가 현실 세계를 재현하는 것이 아니라, 언어를 사용하는 사람들의 소통에 의해서 만들어지는 것이라 생각하고 있음을 알 수 있고 〈보기〉에서 ⓑ는 세계가 먼저 있고 그 세계를 재현하기 위해서 언어가 존재한다는 입장임을 알 수 있다. 따라서 비트겐슈타인은 ⓑ의 입장과 유사하게 언어가 먼저 있고 절대 불변의 법칙에 따라 세계가 존재한다고 주장한다고 볼 수 없다.

⑤ 언어에서 사물의 이름은 임의적으로 붙여진 것이 아니라는 ⓒ의 입장과 달리, 소쉬르는 기표와 기의의 관계가 필연적이지 않다고 주장하고 있다.

(가)의 2문단을 통해 소쉬르는 기표와 기의의 관계는 필연적이지 않고 자의적이라 생각하였음을 알 수 있다. 그리고 〈보기〉에서 ⓒ는 언어에서 사물의 이름은 임의적으로 붙여진 것이 아니라 자연의 법칙에 따라 지어진 것이라 생각하였음을 알 수 있다. 따라서 소쉬르는 ⓒ의 입장과 달리 기표와 기의의 관계가 필연적이지 않다고 주장하였음을 알 수 있다.

---

09 어휘의 문맥적 의미 파악　　　정답률 91% | 정답 ④

문맥상 ㉠ ~ ㉤의 단어와 가장 가까운 의미로 쓰인 것은?

① ㉠ : 그녀는 약속 장소에 이르며 친구에게 전화를 걸었다.
㉠은 '어떤 대상을 무엇이라고 이름 붙이거나 가리켜 말하다.'의 의미로, '이르며'는 '어떤 장소나 시간에 닿다.'의 의미로 사용되었다.

② ㉡ : 우리 회사는 세계 곳곳에 많은 지점을 두고 있다.
㉡은 '행위의 준거점, 목표, 근거 따위를 설정하다.'의 의미로, '두고'는 '직책이나 조직, 기구 따위를 설치하다.'의 의미로 사용되었다.

③ ㉢ : 예전에 어머니를 따라 시장 구경을 갔던 기억이 났다.
㉢은 '어떤 경우, 사실이나 기준 따위에 의거하다.'의 의미로, '따라'는 '다른 사람이나 동물의 뒤에서, 그가 가는 대로 같이 가다.'의 의미로 사용되었다.

⑤ ㉤ : 그의 입술은 굳게 맞물려 떨어질 줄을 몰랐다.
㉤은 '무엇이 서로 밀접한 관련을 맺으며 어우러지다.'의 의미로, '맞물려'는 '아래윗니나 입술, 주둥이, 부리 따위가 마주 물리다.'의 의미로 사용되었다.

10~12　시나리오

이정향 극본, 「집으로」

감상　이 작품은 7세 소년과 77세 외할머니의 사랑 이야기를 담은 시나리오로, **시골 외할머니와 도시 손자의 세대 차이와 갈등을 극복해 가는 과정**을 통해 **외할머니의 손자에 대한 애정을 효과적으로 그리고 있다.** 한편 이 작품은 고향, 시골마을, 할머니, 동심 등 보편적 정서의 이야기를 다루고 있는데, 이러한 이야기는 당대 관객의 정서적 변화를 담아서 영화적으로 흥행에 성공하였다.

주제　외할머니의 손자에 대한 사랑

작품 줄거리　엄마와 일곱 살 상우는 외할머니 댁으로 간다. 형편이 어려워진 상우 엄마가 상우를 잠시 할머니에게 맡기기로 결정한 것이다. 상우는 말도 못하고 글도 못 읽는 외할머니가 사는 시골 외딴집에 남겨진다. 전자오락기와 롤러블레이드의 세상에서 살아온 상우는 배터리도 팔지 않는 시골 가게와 사방이 돌투성이인 시골집 마당에서 사는 것이 못마땅하다. 상우는 배터리를 사기 위해 할머니의 은비녀를 훔치거나 구들장이 꺼지도록 롤러블레이드를 즐기며 하루하루를 보낸다. 상우는 자신의 온갖 불만을 할머니에게 모두 드러내지만, 할머니는 짓궂은 손자의 투정을 포근히 감싸준다. 그런 할머니와 생활하면서 불만만 가득했던 상우의 마음이 조금씩 열리고, 이내 상우는 할머니와 친구가 되어 간다. 시골에서 부쩍 성장한 상우는 할머니의 정을 뒤로 한 채 엄마를 따라 다시 도시로 돌아온다.

---

10 작품 내용의 이해　　　정답률 79% | 정답 ①

윗글에 대한 설명으로 가장 적절한 것은?

② 상우는 서울로 돌아가며 시골에 다시 오지 않을 것이라고 다짐한다.
상우는 S#83에서 글씨를 쓰지 못하는 할머니에게 '상우가 할머니가 보낸 건 줄 알고 금방 달려올게.'라고 이야기한다.

③ 상우는 할머니가 동네 정류장까지 걸어온 것을 알아채지 못한다.
상우는 S#63에서 할머니가 '땀에 전 얼굴'인 것을 보고 장터에서 동네 정류장까지 걸어왔다는 것을 알아챈다.

④ 할머니는 상우와 함께 서울로 올라가려고 시도한다.
할머니가 상우와 함께 서울로 올라가려는 모습은 확인할 수 없다. S#87에서 할머니는 '아쉬움에 차를 쫓'을 뿐이다.

⑤ 할머니와 상우는 수화로 인해 갈등을 겪는다.
할머니와 상우가 수화로 인해 갈등을 겪는 부분은 확인할 수 없다.

---

11 장면의 의미 파악　　　정답률 78% | 정답 ⑤

㉠ ~ ㉢을 이해한 것으로 적절하지 않은 것은?

① ㉠은 인물 간의 심리적 거리감을 물리적인 거리로 보여 준다.
㉠은 상우와 할머니의 심리적 거리감을 물리적인 거리로 보여 주는 장면이다. 인물 간의 심리적 거리가 가깝지 않은 것을 두 인물이 떨어져 걷는 것에서 확인할 수 있다.

② ㉠에서 '정류장'은 동행의 출발점으로 인물 간의 심리적 거리는 가깝지 않다.
㉠의 '정류장'은 상우와 할머니가 집으로 가는 동행의 출발점이며, 인물 간의 심리적 거리는 가깝지 않다.

③ ㉡에서 인물의 달라진 심리적 거리감은 물리적 거리에 영향을 준다.
상우가 할머니를 정류장까지 마중 나온 장면에서 달라진 심리적 거리감이 물리적 거리에 영향을 주었음을 알 수 있다.

④ ㉡에서 '정류장'은 만남의 공간으로 인물 간의 가까워진 심리가 드러난다.
상우와 할머니는 ㉡에서 만나고, 상우가 할머니의 보따리에 넣어주는 초코파이로 인물 간의 가까워진 심리가 드러난다.

---

12 시나리오의 촬영 및 편집 계획 파악　　　정답률 68% | 정답 ①

다음은 윗글을 영상화하기 위한 촬영 및 편집 계획이다. 적절하지 않은 것은? [3점]

■ 촬영 및 편집 계획

• S#54에서 슬프고 화가 나는 상우의 표정을 강조하기 위해 할머니를 바라보는 상우를 멀리서 촬영해야겠어. ······························· ㉮

• S#56에서 꼬깃꼬깃한 천 원짜리로 간신히 계산하는 할머니의 상황을 부각하기 위해 할머니의 의상을 허름한 것으로 준비해야겠어. ······················· ㉯

• S#83에서 상우의 진심을 보여 주기 위해 겉으로는 화를 내는 표정을 짓지만 속으로는 안타까워하는 감정이 느껴지게 연기하도록 해야겠어. ··················· ㉰

- S#83에서 관객들이 할머니와 상우의 감정에 공감할 수 있도록 할머니가 눈물을 참는 부분부터 슬픈 배경음악을 삽입해야겠어. ···················· ㉣
- S#87에서 관객들에게 여운을 남기기 위해 할머니의 뒷모습이 있는 마지막 장면을 서서히 어두워지게 편집해야겠어. ··· ㉤

✔ ㉮   ② ㉯   ③ ㉰   ④ ㉱   ⑤ ㉲

㉮ **S#54에서 슬프고 화가 나는 상우의 표정을 강조하기 위해 할머니를 바라보는 상우를 멀리서 촬영해야겠어.**
시나리오를 영상화할 때 인물을 멀리서 촬영하는 방법으로는 인물의 표정을 강조하기 어렵다.

㉯ S#56에서 꼬깃꼬깃한 천 원짜리로 간신히 계산하는 할머니의 상황을 부각하기 위해 할머니의 의상을 허름한 것으로 준비해야겠어.
허름한 의상으로 할머니의 경제적 상황을 드러낼 수 있다.

㉰ S#83에서 상우의 진심을 보여 주기 위해 겉으로는 화를 내는 표정을 짓지만 속으로는 안타까워하는 감정이 느껴지게 연기하도록 해야겠어.
배우의 연기로 인물의 복합적인 심정을 드러낼 수 있다.

㉱ S#83에서 관객들이 할머니와 상우의 감정에 공감할 수 있도록 할머니가 눈물을 참는 부분부터 슬픈 배경음악을 삽입해야겠어.
슬픈 배경음악을 삽입해 인물의 감정에 공감하도록 할 수 있다.

㉲ S#87에서 관객들에게 여운을 남기기 위해 할머니의 뒷모습이 있는 마지막 장면을 서서히 어두워지게 편집해야겠어.
마지막 장면을 서서히 어두워지게 편집하는 것은 관객에게 여운을 남기는 데 효과적이다.

DAY 30 ▷ 20분 미니 모의고사

01 ②	02 ⑤	03 ②	04 ⑤	05 ②
06 ⑤	07 ⑤	08 ①	09 ②	10 ⑤
11 ③	12 ⑤			

01 반응의 적절성 평가 　　　　　정답률 78% | 정답 ②

〈보기〉는 위 발표를 들으며 떠올린 생각이다. 〈보기〉의 듣기 활동을 이해한 내용으로 적절하지 <u>않은</u> 것은?

―〈보 기〉―
○ 저 탈이 하회탈인 줄 알았는데, 하회탈의 한 종류였구나. 양반탈 말고 다른 하회탈도 설명해 주겠지?
○ 나도 관우 탈을 박물관에서 봤을 때에 정말 화려하다고 생각했었어.
○ 발표자가 말한 대로 '탈의 용도에 따른 모양'에 대해 조사해보면 좋을 것 같아.

① 발표 내용을 예측하며 능동적인 태도로 듣고 있다.
〈보기〉의 '양반탈 말고 다른 하회탈도 설명해 주겠지?'라는 반응은 발표 내용에 대한 예측을 드러낸 것이다.

✔ 발표를 들으며 갖게 된 의문을 해결하며 듣고 있다.
〈보기〉의 첫 번째 생각에서 '양반탈 말고 다른 하회탈도 설명해 주겠지?'라 말하고 있는데, 이는 발표 내용과 관련된 의문을 가진 것으로 볼 수 있다. 하지만 이에 대한 설명을 발표에서 찾을 수 없으므로 적절하지 않다.

③ 발표자가 제안한 탐구 주제를 긍정적으로 수용하며 듣고 있다.
〈보기〉의 세 번째 생각인 '발표자가 말한 대로 '탈의 용도에 따른 모양'에 대해 조사해 보면 좋을 것 같아.'는 발표자가 제안한 탐구 주제를 긍정적으로 수용하며 들은 것이라 할 수 있다.

④ 발표 내용과 관련된 경험을 떠올리며 발표자의 설명에 공감하며 듣고 있다.
〈보기〉의 두 번째 생각인 '나도 관우 탈을 박물관에서 봤을 때에 정말 화려하다고 생각했어.'는 발표 내용과 관련된 경험을 떠올리며 발표자의 설명에 공감하며 듣고 있는 것이다.

⑤ 발표를 통해 알게 된 새로운 정보를 활용하여 기존 지식을 수정하며 듣고 있다.
〈보기〉의 첫 번째 생각인 '저 탈이 하회탈인 줄 알았는데, 하회탈의 한 종류였구나.'는 발표를 통해 알게 된 새로운 정보를 활용하여 기존 지식을 수정한 것이다.

02 글쓰기 전략 파악 　　　　　정답률 85% | 정답 ⑤

'학생의 글'에서 활용된 글쓰기 전략으로 적절하지 <u>않은</u> 것은?

① 제재 선정의 동기를 밝혀 독자의 관심을 유도한다.
1문단에서 글쓴이는 평소 천연자원의 발굴에 관심이 많았기 때문에 일라이트라는 제재를 선정하게 되었다고 밝히고 있다.

② 명칭에 얽힌 유래를 소개하여 제재에 대한 이해를 돕는다.
2문단에 일라이트라는 명칭이 생긴 유래를 제시하여 독자의 이해를 돕고 있다.

③ 전문기관의 연구 자료를 인용하여 정보의 신뢰성을 높인다.
4문단에 한국지질자원연구원의 자료를 인용하여 일라이트와 관련된 정보의 신뢰성을 높이고 있다.

④ 제재의 활용 분야를 제시하여 그것의 효용 가치를 드러낸다.
3문단에 일라이트의 활용 분야를 제시하여 그것의 효용 가치를 드러내고 있다.

✔ 다른 대상들과 비교하여 제재가 지닌 장점과 단점을 밝힌다.
'학생의 글'에서 일라이트라는 제재의 특성을 알리기 위해 정의나 분석 등의 설명 방법을 사용하고 있지만, 일라이트를 다른 광물자원 등과 비교하지 않았고, 일라이트의 단점에 대해서도 언급하지 않고 있다.

★★★ 1등급 대비 고난도 2점 문제

03 피동 표현의 이해 　　　　　정답률 41% | 정답 ②

윗글을 이해한 내용으로 적절하지 <u>않은</u> 것은?

① '(물건이) 실리다'는 피동사 파생이 동사의 불규칙 활용 형태로 나타난 것이다.

이 글을 통해 '(건반을) 누르다'가 '눌리다'로 바뀌는 것처럼 동사의 불규칙 활용 형태로 나타나는 경우가 있음을 알 수 있다. 이렇게 볼 때 '(물건이) 실리다'는 동사 '싣다'의 어간 '싣-'이 피동 접미사 '-리-'와 결합할 때 어간의 받침 'ㄷ'이 'ㄹ'로 바뀌는 불규칙 활용을 한 것이라 할 수 있다.

✔ '(소리가) 작아지다'는 용언의 어간에 '-아지다'가 결합하여 피동의 의미를 나타낸다.

'(소리가) 작아지다'는 형용사 '작다'의 어간 '작-'에 '-아/-어지다'가 결합하여 동사화된 것이다. 그리고 이 글을 통해 형용사에 '-아/-어지다'가 결합하면 동사화되어 상태의 변화를 나타낼 뿐 피동의 의미를 나타내지 않음을 알 수 있다. 따라서 '작아지다'는 상태의 변화를 나타낸 것일 뿐 피동의 의미를 나타낸다고 할 수 없다.

③ '(줄이) 꼬이다'는 동사 어간 '꼬-'에 피동 접미사 '-이-'가 결합하여 피동사로 파생되었다.

이 글을 통해 피동사는 능동사 어간을 어근으로 하여 피동 접미사 '-이-, -히-, -리-, -기-'가 붙어 만들어짐을 알 수 있다. 따라서 '(줄이) 꼬이다'는 동사 어간 '꼬-'에 피동 접미사 '-이-'가 결합하여 피동사가 되었음을 알 수 있다.

④ '경찰이 도둑을 잡다.'가 피동문으로 바뀔 때에는 능동문의 목적어가 피동문의 주어로 바뀐다.

이 글을 통해 능동문이 피동문으로 바뀔 때 능동문의 주어는 피동문의 부사어가 되고, 능동문의 목적어는 피동문의 주어가 됨을 알 수 있다. 따라서 '경찰이 도둑을 잡다.'의 능동문이 피동문인 '도둑이 경찰에게 잡히다.'로 바뀔 때 능동문의 목적어인 '도둑을'이 피동문의 주어인 '도둑이'로 바뀌었다고 할 수 있다.

⑤ '(아버지와) 닮다'는 대칭되는 대상이 필요한 동사로 피동 접미사와 결합하여 파생되지 않는다.

이 글을 통해 '만나다'나 '싸우다'와 같이 대칭되는 대상이 필요한 동사는 피동사로 파생되지 않음을 알 수 있다. 따라서 '(아버지와) 닮다'는 대칭되는 대상이 필요한 동사이므로 피동 접미사와 결합하여 파생어가 될 수 없다.

★★ 문제 해결 꿀~팁 ★★

▶ 많이 틀린 이유는?
이 문제는 글의 내용을 실제 사례에 적용하는 과정에서 어려움을 겪어 오답률이 높았던 것으로 보인다. 또한 동사와 형용사의 구분에 대한 이해 부족도 오답률을 높였던 것으로 보인다.

▶ 문제 해결 방법은?
이 문제를 해결하기 위해서는 선택지에 제시된 내용을 정확히 이해한 뒤, 글의 내용과 관련 있는 부분을 찾아 적절성을 판단해야 한다. 그런데 이 문제의 경우 기본적인 문법 지식도 요구하고 있는데, 즉 불규칙 활용, 형용사와 동사의 구분 등에 대한 지식을 요구하고 있으므로 이에 대해 정확히 알고 있어야 문제를 해결할 수 있다. 가령 정답인 ②의 경우 '작아지다'의 기본형인 '작다'의 품사를 이해하지 못하면 3문단의 일부 내용만을 통해 적절하다고 판단할 수도 있다. 그런데 동사와 형용사의 구분 방법에 따라 '작다'는 현재형 어미를 사용할 수 없고, 청유형, 명령형으로 사용할 수 없으므로 형용사에 해당함을 알 수 있다. 이렇게 볼 때, 형용사에 '-아/-어지다'가 결합되면 동사화되어 상태의 변화를 나타낼 뿐 피동의 의미를 나타내지 않는다는 3문단의 내용을 통해 적절하지 않음을 알 수 있었을 것이다. 이 문제 역시 기본적인 문법 지식이 요구되는 만큼 평소 기본적인 문법 지식은 충분히 숙지할 수 있도록 한다.

▶ 오답인 ①을 많이 선택한 이유는?
이 문제의 경우 학생들이 ①이 적절하지 않다고 하여 오답률이 높았는데, 이 역시 불규칙 활용이라는 문법 지식이 정확하지 않았기 때문으로 보인다. 만일 '실리다'가 기본형 '싣다'에 피동 접미사 '-리-'가 결합된 것임을 알았다면, 동사 '싣다'가 불규칙 활용(실어, 실으니 등)을 하는 용언임을 파악하여 적절함을 알았을 것이다.

<table>
<tr><td>**04**</td><td>**중세 국어 피동 표현의 이해**</td><td>정답률 63% | 정답 **⑤**</td></tr>
</table>

윗글을 바탕으로 〈보기〉의 ⓐ ~ ⓓ를 탐구한 내용으로 적절하지 않은 것은? [3점]

〈 보 기 〉
○ 風輪에 ⓐ 담겨(담−+−기−+−어)
　[풍륜에 담겨]
○ 뫼해 살이 ⓑ 박거늘(박−+−거늘)
　[산에 화살이 박히거늘]
○ 옥문이 절로 ⓒ 열이고(열−+−이−+−고)
　[옥문이 절로 열리고]
○ 드트리 두외이 ⓓ 붓아디거늘(ㅂ수−+−아디−+−거늘)
　[티끌이 되어 부수어지거늘]

① ⓐ는 능동사 어간에 접미사 '-기-'가 결합하여 피동사가 되었군.

'담겨'는 능동사 어간 '담-'에 파생 접미사 '-기-'가 결합하여 피동사가 된 것이다.

---

② ⓑ는 파생적 피동이 일어난 단어가 아님에도 피동의 의미를 나타내고 있군.

'박거늘'은 피동 접미사가 결합하지 않고 피동의 의미가 실현된 것이다.

③ ⓒ는 'ㄹ'로 끝나는 어간에 접미사 '-이-'가 결합한 후 분철되어 표기되었군.

'열이고'는 동사 어간 '열-'이 'ㄹ'로 끝나므로 접미사 '-이-'가 결합한 후 분철되어 표기된 것이다.

④ ⓓ는 동사 어간 'ㅂ수-'에 '-아디-'가 붙어 피동의 의미를 나타내고 있군.

'붓아디거늘'은 동사 어간 'ㅂ수-'에 보조적 연결 어미 '-아'와 보조 동사 '디다'가 결합된 '-아디-'를 사용하여 피동의 의미를 나타내고 있다.

✔ ⓑ와 ⓓ는 모두 피동 접미사를 사용하지 않았으므로 통사적 피동에 해당하는군.

통사적 피동은 어간에 '-아/-어디다'가 결합하여 만들어지는 것이므로 '붓아디거늘'은 통사적 피동이다. 그러나 '박거늘'은 피동 접미사나 '-아/-어디다'가 결합하지 않고 피동의 의미를 실현하는 것이므로 통사적 피동이 아니다.

<table>
<tr><td>**05~08**</td><td>**예술**</td></tr>
</table>

노영덕, 「플로티노스의 미학과 예술의 존재론적 지위」

해제 　이 글은 미의 본질을 탐구한 플로티노스의 예술론에 대해 설명하고 있다. 플로티노스는 미의 본질을 균제라고 본 피타고라스(피타고라스 학파)의 균제 이론을 비판하면서 미의 본질을 정신에서 찾았다. 세계를 예지계와 현상계로 구분한 플로티노스는, 예술이 이데아계를 모방한 현상계를 다시 모방한 것에 불과하다고 본 플라톤과 달리 예술을 정신의 아름다움과 진리를 물질화한 것으로 보면서 예술을 예지계와 현상계의 중간에 위치시켰다. 이러한 예술의 관점에서 플로티노스는 예술에 대해 우리 영혼이 현상계에서 일자로 올라가는 테오리아를 일으키는 강력한 추동력을 지닌 것이라 여겼다. 정신세계의 아름다움을 담은 예술의 가치를 높이 평가한 플로티노스의 이러한 미 이론은 중세의 비잔틴 예술을 탄생하게 하였고, 낭만주의와 현대 추상 회화의 근본을 마련하였다는 평가를 받았다.

주제 　미의 본질을 탐구한 플로티노스의 예술론

문단 핵심 내용

1문단	서양 미학의 전통이 되었던 피타고라스의 균제 이론
2문단	피타고라스의 균제 이론을 비판한 플로티노스
3문단	플로티노스의 세계에 대한 인식 및 그가 제시한 유출의 이해
4문단	예지계와 현상계를 질적으로 연결해 주는 유출의 특징
5문단	정신적인 미의 중요성을 높이 평가한 플로티노스의 예술에 대한 인식
6문단	예술이 '테오리아'를 일으킨다고 인식한 플로티노스
7문단	후대의 예술에 영향을 미친 플로티노스의 미 이론

<table>
<tr><td>**05**</td><td>**개괄적 정보의 확인**</td><td>정답률 72% | 정답 **②**</td></tr>
</table>

윗글에서 언급된 내용이 아닌 것은?

① 미에 대한 피타고라스학파의 인식

1문단을 통해 피타고라스 학파는 미를 물질적인 대상의 형식적인 구조 속에 표현되는 객관적인 법칙이라 인식하였음을 알 수 있다.

✔ 플로티노스가 분류한 예술의 유형

이 글에서는 미의 본질을 정신에서 찾은 플로티노스의 예술론을 소개하면서 그의 예술관이 미친 영향을 언급하고 있지만, 플로티노스가 예술의 유형을 어떻게 분류했는지에 대한 내용은 찾아볼 수 없다.

③ 균제 이론에 대한 플로티노스의 시각

2문단을 통해 플로티노스가 몇 가지 이유를 들어 미의 본질이 균제로 대표되는 수적 비례에 있는 것이 아니라고 주장하고 있음을 알 수 있다. 이를 통해 플로티노스가 균제 이론에 대해 비판적인 시각을 지녔음을 알 수 있다.

④ 플라톤과 플로티노스 예술관의 차이

5문단을 통해 플라톤은 예술이 이데아계를 모방한 현상계를 다시 모방하는 것에 불과하다고 폄하한 반면, 플로티노스는 미적 아름다움이 실질적으로 정신에서 비롯된 것으로 보고 질적이고 정신적인 미의 중요성을 높이 평가하였음을 알 수 있다.

DAY 30

⑤ 플로티노스의 미 이론이 지니는 의의
7문단을 통해 플로티노스의 미 이론은 중세 비잔틴 예술을 탄생하게 했으며 낭만주의와 현대 추상 회화의 근본을 마련하였다는 의의를 지녔음을 알 수 있다.

06 세부적인 내용의 이해 　　　정답률 53% | 정답 ⑤

ⓐ ~ ⓔ에 대한 플로티노스의 생각으로 적절하지 <u>않은</u> 것은?

① ⓐ의 속성은 위계적 차등에 따라 ⓑ, ⓒ, ⓓ, ⓔ로 전해진다.
4문단의 '일자에서 정신, 영혼, 자연, 질료로의 유출은 존재의 완전성 정도에 따라 순차적으로 이루어지는 것'을 통해, 일자의 속성이 존재의 완전성 정도에 따라 순차적으로 유출된다는 것을 알 수 있다. 즉 일자의 속성이 위계적 차등을 두고 정신, 영혼, 자연, 질료로 전해진다고 볼 수 있다.

② ⓐ에 가까운 정도를 기준으로 하여 미, 추를 판단할 수 있다.
4문단의 '일자에서 질료로 내려갈수록 점차 추(醜)에 가까워지게 된다.'를 통해, 일자에 가까운 정도를 기준으로 미, 추를 판단할 수 있음을 알 수 있다.

③ ⓐ ~ ⓔ는 동일성을 함유하면서 질적으로 서로 연결되어 있다.
4문단의 '유출은 존재의 완전성 정도에 따라 순차적으로 이루어지는 것으로 자기 동일성의 타자적 발현이라 할 수 있다. 따라서 유출로 연결된 존재 간에는 어떤 동일성이 유지되어 있으며, 위계질서를 가진다.'를 통해, 일자, 정신, 영혼, 자연, 질료는 동일성을 함유하면서 질적으로 연결된다고 할 수 있다.

④ 유출은 ⓐ에서 ⓔ로, 테오리아는 ⓔ에서 ⓐ로 향하는 방향성을 갖는다.
4문단을 통해 예지계에서 현상계의 방향으로 이루어지는 것이 유출이고, 6문단을 통해 현상계에서 예지계의 방향으로 이루어지는 것이 테오리아임을 알 수 있으므로, 유출은 일자에서 질료의 방향으로, 테오리아는 질료에서 일자의 방향으로 향한다고 할 수 있다.

✔ ⓐ, ⓑ, ⓒ의 예지계와 ⓓ, ⓔ의 현상계는 정신에 의해 상호 보완적 관계를 유지한다.
3문단을 통해 일자, 정신, 영혼은 비물질적인 예지계를 구성하고, 자연과 질료는 현상계를 구성함을 알 수 있다. 그리고 4문단을 통해 예지계에서 현상계의 방향으로 이루어지는 것이 유출이고, 6문단을 통해 현상계에서 예지계의 방향으로 이루어지는 것이 테오리아임을 알 수 있다. 또한 6문단을 통해 플로티노스가 예술을 우리의 영혼이 현상계에서 예지계에 있는 일자로 올라가기 위해 딛고 서야 할 디딤돌이라고 보았음을 알 수 있다. 이렇게 볼 때, 예지계와 현상계가 정신에 의해 상호 보완적 관계를 유지한다는 설명은 적절하지 않다.

07 관점의 비교 　　　정답률 45% | 정답 ⑤

윗글의 '플로티노스'와 〈보기〉의 '칸딘스키'의 공통된 예술관으로 가장 적절한 것은?

〈보 기〉
칸딘스키의 추상은 세잔, 입체파, 몬드리안 식의 그것과는 다르다. 그의 추상은 사물의 단계적 단순화로 시작하여 종국에 그 본원적 모습을 밝히는 것이 아니라 직관적인 방법으로 정신이나 초월적인 것을 구현해 내기 위한 것이었다. 그에게 있어 예술은 형이상학적 관념을 구현하는 것으로 예술가는 그것의 발견자 내지 전달자이다.

① 정신의 아름다움과 진리를 질료를 통해 물질화할 수 없다고 본 점
5문단의 '하지만 아름다움이 실질적으로 정신에서 비롯된 것으로 보고 질적이고 정신적인 미의 중요성을 높이 평가한 플로티노스에게 예술은 모방의 모방이 아니라 정신의 아름다움과 진리를 물질화하는 것이 된다.'를 통해, 플로티노스가 정신의 아름다움과 진리를 질료를 통해 물질화시킬 수 있다고 보았음을 알 수 있다.

② 예술이 바람직한 삶의 자세에 대한 형이상학적 깨달음을 줄 수 있다고 본 점
6문단을 통해 플로티노스가 예술의 본질이 영혼에 내재된 일자의 속성을 상기하게 하는 것이라 보았음을 알 수 있다. 하지만 이러한 플로티노스의 인식은 바람직한 삶의 자세에 대한 형이상학적 깨달음과 관련이 없다.

③ 객관적인 법칙이 형식적인 구조 속에 표현될 때 미적 가치가 구현될 수 있다고 본 점
1문단을 통해 피타고라스 학파가 객관적 법칙이 형식적인 구조 속에서 표현되는 것이 예술의 본질이라는 인식을 지녔음을 알 수 있다.

④ 초월적인 존재의 미적 가치를 드러내기 위해서는 감각적 미를 탈피해야 한다고 본 점
6문단을 통해 플로티노스가 자신의 영혼에 정신의 미가 존재하고 있다는 사실을 깨닫게 해 주는 것이 감각적 미라고 하였으므로, 초월적 존재의 미적 가치를 드러내기 위해 감각적 미를 탈피해야 한다는 것은 플로티노스의 견해에 부합하지 않는다고 할 수 있다.

✔ 예술의 본질이 현실 세계에서 감각적으로 지각되지 않는 관념을 표현하는 데 있다고 본 점

5문단의 '예술이란 귀납적 표상으로 형성되는 관념상을 그리는 행위가 아니라 선험적 관념상, 즉 연역적 표상을 현상계의 감각적인 것으로 유출시키는 행위인 것이다.'를 통해, 플로티노스가 예술을 경험 이전에 존재하는 선험적 관념상을 감각적인 것으로 유출시키는 행위라고 인식하였음을 알 수 있다. 즉 플로티노스가 예술의 본질이 현실 세계의 경험을 통해 지각되는 것을 표현하는 것이 아니라고 보았음을 알 수 있다. 그리고 〈보기〉를 통해 칸딘스키가 예술을 사물의 단계적 단순화가 아니라 직관적인 방법으로 정신이나 초월적인 것을 구현해 내기 위한 것, 즉 형이상학적 관념을 구현하는 것으로 보았음을 알 수 있다. 따라서 플로티노스와 칸딘스키 모두 예술의 본질이 현실 세계에서 감각적으로 지각되지 않는 관념을 표현하는 데 있다고 보았다.

08 구절의 의미 파악 　　　정답률 42% | 정답 ①

다음은 윗글의 ⊙, ⊙과 관련한 독서 활동 과정이다. 과제 해결 단계의 (A), (B)에 들어갈 말로 적절한 것은? [3점]

과제 설정	• 글의 맥락을 고려할 때 ⊙, ⊙의 의미는 무엇일까?
자료 조사	• 백과사전에서 '귀납', '연역', '표상'의 의미 찾기 〈귀납〉 　– 개개의 현상으로부터 보편적 원리를 도출하는 것 〈연역〉 　– 보편적 원리로부터 개개의 현상을 이끌어내는 것 〈표상〉 　– 마음이나 의식에 나타나는 것
의미 구성	• 조사 내용을 바탕으로 의미 구성해 보기 　ㄱ. 현상계의 경험에서 도출한 보편적 미를 형상화하는 행위 　ㄴ. 일자에서 비롯된 미의 형상을 발견해 질료에 담는 행위 　ㄷ. 질료의 형식적 구조에서 비물질적 특성을 도출하는 행위 　ㄹ. 영혼이 내면을 관조하여 자연에 존재하는 미를 발견하는 행위
과제 해결	• 구성 내용 중 적절한 것을 골라 과제 해결하기 　→ ⊙은 (　A　)이고, ⊙은 (　B　)이다.

　　(A)　　　(B)

✔ ① 　ㄱ　　　ㄴ
ㄱ. '자료 조사'를 통해 귀납이 개개의 현상으로부터 보편적 원리를 도출하는 것임을 알 수 있으므로, 귀납적 표상으로 형성되는 관념을 그린다는 것은 개개의 현상, 즉 현상계의 경험으로부터 도출된 보편적 미를 형상화하는 것으로 볼 수 있다.
ㄴ. '자료 조사'를 통해 연역이 보편적 원리로부터 개개의 현상을 이끌어 내는 것임을 알 수 있으므로, 연역적 표상은 경험에 앞선 선험적 관념을 형상화하는 것이라 할 수 있다. 그리고 플로티노스의 예술론의 관점에서 볼 때 선험적 관념은 일자에서 비롯된 미의 형상이라 할 수 있으므로, 이를 형상화한다는 것은 질료를 통해 실현시키는 것이라 할 수 있다.

② 　ㄱ　　　ㄷ
③ 　ㄴ　　　ㄷ
④ 　ㄴ　　　ㄹ
⑤ 　ㄷ　　　ㄹ

09~12 　고전 시가

(가) 정철, 「속미인곡」

감상　이 작품은 「사미인곡」의 속편으로 **두 여인의 대화를 통해 임에 대한 간절한 마음을 노래한 충신연주지사(忠臣戀主之詞)**이다. 한 여인이 사랑하는 임과 이별하여 서러워하면서도 임을 잊지 못하여 그리워하는 절절한 사모의 정을 표현하고 있는데, 이는 **임금을 떠났어도 일편단심인 작가 자신의 마음을 임과 이별한 여인의 간절한 사랑에 빗대어 드러낸 것**이라 할 수 있다.

주제　임을 향한 그리움, 연군지정

현대어 풀이

저기 가는 저 각시, 본 듯도 하구나.
천상의 백옥경(임금이 계시는 대궐)을 어찌하여 이별하고,
해가 다 져서 저문 날에 누구를 만나러 가시는가?

아, 너로구나. 내 사정 이야기를 들어 보오.
내 모습과 이 나의 태도가 임께서 사랑함직 한가마는
어쩐지 나를 보시고 너로구나 하고 여기시기에(사랑하시기에)
나도 임을 믿어 딴 생각이 전혀 없어
응석과 아양을 부리며 지나치게 굴었던지
반기시는 얼굴빛이 옛날과 어찌 다르신고?
누워 생각하고 일어나 앉아 헤아려 보니
내 몸의 지은 죄가 산같이 쌓였으니
하늘이라 원망하겠으며, 사람을 탓하겠는가?
서러워 풀어 헤아려 보니 조물주의 탓이로다.
                              〈중략〉

아, 헛된 일이로구나. 이 임이 어디 갔는가?
꿈결에 일어나 앉아 창을 열고 바라보니
가엾은 그림자만이 나를 따를 뿐이로다.
차라리 죽어 없어져서 지는 달이나 되어
임 계신 창 안에 환하게 비추리라.
각시님 달은커녕 궂은비나 되시옵소서.

(나) 임유후, 「목동문답가」

감상 이 작품은 **문가(問歌)와 답가(答歌)의 형식을 사용한 가사**로, **입신양명과 자연 귀의 두 삶을 대비적으로 제시하여 두 삶을 조화시켜야 한다는 의도**를 드러내고 있다. 이 작품에서 **화자**는 한편으로 **입신양명의 꿈을 실현해 보고 싶은 뜻**을 보이는가 하면, 한편으로는 **인생무상의 달관을 합리화하고 있는데, 이는 현실 긍정과 현실 부정의 이질적인 향극성의 상충 심리를 균형있게 조화시키는 것**이라 할 수 있다.

주제 입신양명과 자연 귀의 두 삶의 조화

현대어 풀이

푸른 버드나무와 향기로운 풀 속에서 소를 먹이는 아이들아
인간 생활이 영화롭고 즐거움을 아느냐, 모르느냐?
인생 백 년이 풀 끝에 (맺힌) 이슬이구나.
삼만 육천 일(백 년)을 다 갖추지 못하여 초라하거든
짧은 인생을 따르는 것이 운명이니 죽고 사는 것을 빠트릴 수 있겠느냐?
(인간의) 삶은 한계가 있지만 죽음의 날은 끝이 없다.
덧없고 허무한 세상에 하루살이 같이 나왔다가
공명을 이루지 못하고 초목처럼 썩어지면
텅 빈 산에 해골이 되는 것이, 그것이 마음에 북받치지 않겠느냐?
                              〈중략〉

입신양명을 생각 밖에 던져두고서
시골 들판에서 소치기만 하고 있느냐.
목동이 대답하되
어와 그 누구신가. 우스운 말씀 듣겠구려.
외양이 야위어서 파리하니 초나라 대부 굴원인가.
혼백이 보잘것없이 보이니 학사 유종원인가.
저문 녘에 긴 대나무 의지하고 혼자 우뚝 서 계시면서
자기 근심을 버려 두고 남의 걱정 하시는고?
                              〈중략〉

기산에서 귀를 씻는 것과 상류에 (올라가) 소에게 물을 먹이기,
즐겁고 즐거움을 너희들은 모르리라.
내가 노래 한 곡조를 부를 테니 들어 보시오.
장안을 돌아보니 티끌이 가득하다.
부귀는 뜬 구름이요 공명은 달팽이 껍질이라.
이 통소 한 곡조에 주막이 있는 마을을 찾아가리라.

---

09 외적 준거에 따른 작품의 감상 정답률 70% | 정답 ②

ⓐ를 바탕으로 (가)를 감상한 내용으로 적절하지 <u>않은</u> 것은?

① '천상 백옥경을 엇디ㅎ야 이별ㅎ고'에는 임금이 있는 조정을 떠난 상황이 드러나 있군.
'천상 백옥경'은 임금이 있는 조정을 의미하며, '엇디ㅎ야 이별ㅎ고'는 이별의 상황을 짐작할 수 있게 하므로, 임금이 있는 조정을 떠난 상황이 드러나 있다는 진술은 적절하다.

☑ '내얼굴 이거동이 님괴얌즉 혼가마논'에는 정치적 반대 세력에 의해 처하게 된 자신의 상황에 대한 자책이 드러나 있군.

(가)의 '내얼굴 이거동이 님괴얌즉 혼가마논'은 '내 얼굴 이 거동이 임에게 사랑받음직 한가마논'으로, 작자가 조정을 떠나기 전의 임금과의 관계에 대한 생각을 드러내고 있으므로, 정치적 반대 세력에 의해 처하게 된 자신의 상황에 대한 자책이 드러나 있다는 진술은 적절하지 않다.

③ '셜워 플텨혜니 조물의 타시로다'에는 자신의 상황을 운명으로 받아들이는 모습이 드러나 있군.
'조물의 타시로다'에서 자신의 상황을 조물에 의한 운명으로 여기고 있는 모습은, 자신의 상황을 거부할 수 없는 운명으로 받아들이고 있는 모습이므로 적절하다.

④ '어엿븐 그림재 날조츨 뿐이로다'에는 임금 곁에 머물 수 없는 상황에 대한 탄식이 드러나 있군.
'어엿븐 그림재 날조츨 뿐이로다'에는 임금 곁을 떠나 홀로 지내며 임금을 그리워하는 자신의 상황에 대한 탄식이 드러나므로 적절하다.

⑤ '출하리 싀여디여 낙월이나 되야셔'에는 임금에 대한 변치 않는 충정이 드러나 있군.
'출하리 싀여디여 낙월이나 되야셔'에서 죽어서도 낙월이 되어 임금을 비추고 싶다는 충정을 드러내고 있으므로 적절하다.

★★★ 1등급 대비 고난도 2편 문제

10 외적 준거에 따른 장면의 감상 정답률 43% | 정답 ⑤

ⓑ를 참고하여 [A]를 이해한 내용으로 적절하지 <u>않은</u> 것은?

① '소 먹이난 아해들아'와 같은 부름의 표현을 활용하여 대화의 상대를 밝히고 있다.
'소 먹이난 아해들아'라고 대화 대상인 목동을 부르고 있으므로 적절하다.

② '인생 백년이 풀긋에 이슬이라'와 같은 비유적 표현을 활용하여 인생의 허무함을 형상화하고 있다.
'인생 백년이 풀긋에 이슬이라'에는 평생의 삶이 언제 사라질지 모르는 풀 끝의 이슬과 같다고 비유적 표현을 통해 인생의 허무함을 형상화하고 있으므로 적절하다.

③ '생애는 유한하되 사일은 무궁하다'와 같은 대구의 표현을 활용하여 인간영락을 추구해야 하는 이유를 제시하고 있다.
대화 상대에게 인간영락을 아는지 물어보고 난 후 '생애는 유한하되 사일은 무궁하다'와 같이 대구를 통해 삶의 유한함을 강조하고 있으므로 인간영락을 추구해야 하는 이유를 대구의 표현으로 제시하고 있다는 진술은 적절하다.

④ '공산백골이 긔 아니 늣거오냐'와 같은 물음의 표현을 활용하여 공명을 추구하지 않은 삶의 결과를 보여주고 있다.
공명을 이루지 못하고 죽을 때의 북받치는 감정을 '공산백골이 긔 아니 늣거오냐'와 같은 물음의 표현으로 제시하고 있으므로 적절하다.

☑ '연교 초야의 소치기만 하나산다'와 같은 반어적 표현을 활용하여 상대방의 삶의 방식에 대한 질책을 드러내고 있다.
'연교 초야의 소치기만 하나슨다'는 자연에 귀의하여 소 치기를 하는 목동의 삶의 방식에 대한 질책을 설의적 표현으로 제시하고 있으므로, 반어적 표현을 활용하여 상대방의 삶의 방식에 대한 질책을 드러내고 있다는 진술은 적절하지 않다.

★★ 문제 해결 꿀~팁 ★★

▶ **많이 틀린 이유는?**
이 문제는 각 구절에 사용된 표현상 특징을 파악하는 데 어려움을 겪어 오답률이 높았던 것으로 보인다. 특히 물음표를 사용하지 않고 의문형을 드러내는 고전 시가의 특징을 정확히 이해하지 못한 것도 오답률을 높였던 것으로 보인다.

▶ **문제 해결 방법은?**
이 문제에서 문제 해결의 초점은 표현상 특징과 그 특징을 통해 드러내 주는 효과 파악에 있다. 가령 정답인 ⑤의 경우 '연교 초야의 소치기만 하나슨다'에 반어적 표현이 사용되었는지 여부를 확인하면 되는데, 여기에는 반어적 표현이 사용되지 않았으므로 적절하지 않은 것이 된다. 한편 오답률이 높았던 ④의 경우 물음표가 직접적으로 제시되지 않아 '물음의 표현'이 잘못되었다고 판단한 것으로 보인다. 그런데 '긔 아니 늣거오냐'는 '긔 아니'를 통해 볼 때 상대방에게 묻는 표현임을 알 수 있으므로 '물음의 표현을 활용'하였다고 할 수 있는 것이다. 이처럼 고전 시가에서는 물음의 표현이 직접적으로 드러나지 않으므로, 평소 고전 시가를 학습할 때 어느 경우에 물음의 형식이 사용되는지 익혀 두어야 이러한 잘못된 선택을 하지 않음을 명심하도록 한다.

---

11 대화체의 특징 파악 정답률 59% | 정답 ③

'닫힌 대화체'와 '열린 대화체'의 대화 양상을 중심으로 ㉠ ~ ㉤에 대해 보인 학생의 반응으로 적절하지 <u>않은</u> 것은? [3점]

① ㉠에서는 보조적 인물의 질문을 통해, 주도적 인물의 사설을 이끌어내는 '닫힌 대화체'의 특징을 엿볼 수 있겠군.
㉠에서 보조적 인물은 '눌을보라 가시는고'라는 질문을 통해 작자의식이 담긴 주도적 인물의 '내 사설'을 이끌어내고 있으므로 적절하다.

② ㉡에서는 보조적 인물의 첨언을 통해, 주도적 인물의 사설에 담긴 작자의식을 강조하는 '닫힌 대화체'의 특징을 엿볼 수 있겠군.
㉡에서 보조적 인물이 '구즌비나 되쇼셔'라고 의견을 덧붙여 작자의식을 강조하고 있으므로 적절하다.

✔ ㉢에서는 상대방에 대한 반문을 통해, 독자적 인물들의 대화를 단일한 주제로 통합시키는 '열린 대화체'의 특징을 엿볼 수 있겠군.
㉢에서는, 자신의 삶의 방식에 대해 간섭하는 [A]의 인물에게 자신의 근심은 던져두고 남의 분별을 하느냐는 물음을 통해 반문하고 있다. 이는 (나)에 나타난 [B]의 인물이 물음을 통해 상대방의 간섭에 대해 반문하여 대화에 긴장을 유지시켜 작자의식이 어느 한쪽으로 치우쳐 드러나지 않게 하는 '열린 대화체'의 특징이므로 ㉢에서 대화를 단일한 주제로 통합시킨다는 진술은 적절하지 않다.

④ ㉣에서는 상대방에 대한 조롱 섞인 과시를 통해, 독자적 인물들 사이의 긴장을 유지시키는 '열린 대화체'의 특징을 엿볼 수 있겠군.
㉣에서 독자적 인물인 목동이 '너해난 모라리라'와 같이 상대방에 대한 조롱 섞인 과시를 통해 인물들의 대화를 긴장시키고 있으므로 적절하다.

⑤ ㉤에서는 상대방에 대한 반박을 통해, 독자적 인물들의 주장을 대등하게 대립시키는 '열린 대화체'의 특징을 엿볼 수 있겠군.
㉤에서 독자적 인물인 목동이 공명을 중시하는 대화 상대방의 의견에 '부귀는 부운이오 공명은 와각이라'라며 부귀공명은 소용없는 것이라며 반박하여 독자적 인물들의 주장을 대등하게 대립시키고 있으므로 적절하다.

12 소재의 의미 비교　　　　　　정답률 72% | 정답 ⑤

(가)의 [내 사설]과 (나)의 [내 노래]에 대한 설명으로 가장 적절한 것은?

① '내 사설'을 통해 자신이 한 일에 대한 성찰을, '내 노래'를 통해 자신이 한 일에 대한 후회를 드러내고 있다.
'내 사설(내 사정)'에는 '누어 싱각ᄒ고 니러안자 혜여ᄒ니(누워 생각하고 일어나 앉아 헤아려 보니)'와 같이 자신이 한 일에 대한 성찰을 하는 것이 나타나 있지만, '내 노래'에는 자신이 한 일에 대한 후회가 드러나지 않고 있다.

② '내 사설'을 통해 자신의 문제를 극복하려는 의지를, '내 노래'를 통해 자신의 신세에 대한 한탄을 드러내고 있다.
'내 사설(내 사정)'에는 '출하리 싀여디여 낙월이나 되야이셔 / 님겨신 창안히 번드시 비최리라(차라리 죽어 없어져서 지는 달이나 되어 / 임 계신 창 안에 환하게 비추리라.)'와 같이 자신의 문제를 극복하려는 의지가 나타나 있지만, '내 노래'에는 자신의 신세에 대한 한탄이 드러나지 않고 있다.

③ '내 사설'을 통해 자신이 현재 느끼고 있는 흥취를, '내 노래'를 통해 자신이 과거에 느꼈던 흥취를 드러내고 있다.
'내 사설(내 사정)'에는 자신이 현재 느끼고 있는 흥취가 드러나지 않으며, '내 노래'에는 '기산(箕山)의 귀 씻기와 상류(上流)의 소 먹이기 / 즐겁고 즐거오믈 너해난 모라리라'와 같이 자신이 과거에 느꼈던 흥취가 드러나 있다.

④ '내 사설'을 통해 자신이 처한 상황의 변화를, '내 노래'를 통해 자신이 추구했던 삶의 방식의 변화를 드러내고 있다.
'내 사설(내 사정)'에는 '반기시는 눛비치 녜와엇디 다ᄅ신고(반기시는 얼굴빛이 옛날과 어찌 다르신고?)'와 같이 자신이 처한 상황의 변화가 드러나 있지만, '내 노래'에는 화자가 추구했던 삶의 방식의 변화가 드러나지 않고 있다.

✔ '내 사설'을 통해 자신이 현재 상황에 처한 이유를, '내 노래'를 통해 자신이 현재의 삶을 선택한 이유를 드러내고 있다.
'내 사설'에는 '내몸의 지은죄 뫼ᄀ티 빠혀시니'와 같이 임금과 이별한 상황에 대한 이유가 드러나 있고, '내 노래'에는 '장안을 도라보니 풍진이 아득하다'와 '부귀는 부운이오 공명은 와각이라'와 같이 자신이 현실을 떠나 자연에 귀의하여 소 치기를 하는 이유가 드러나 있으므로 '내 사설'을 통해 자신이 현재 상황에 처한 이유를, '내 노래'를 통해 자신이 현재의 삶을 선택한 이유를 드러내고 있다는 진술은 적절하다.